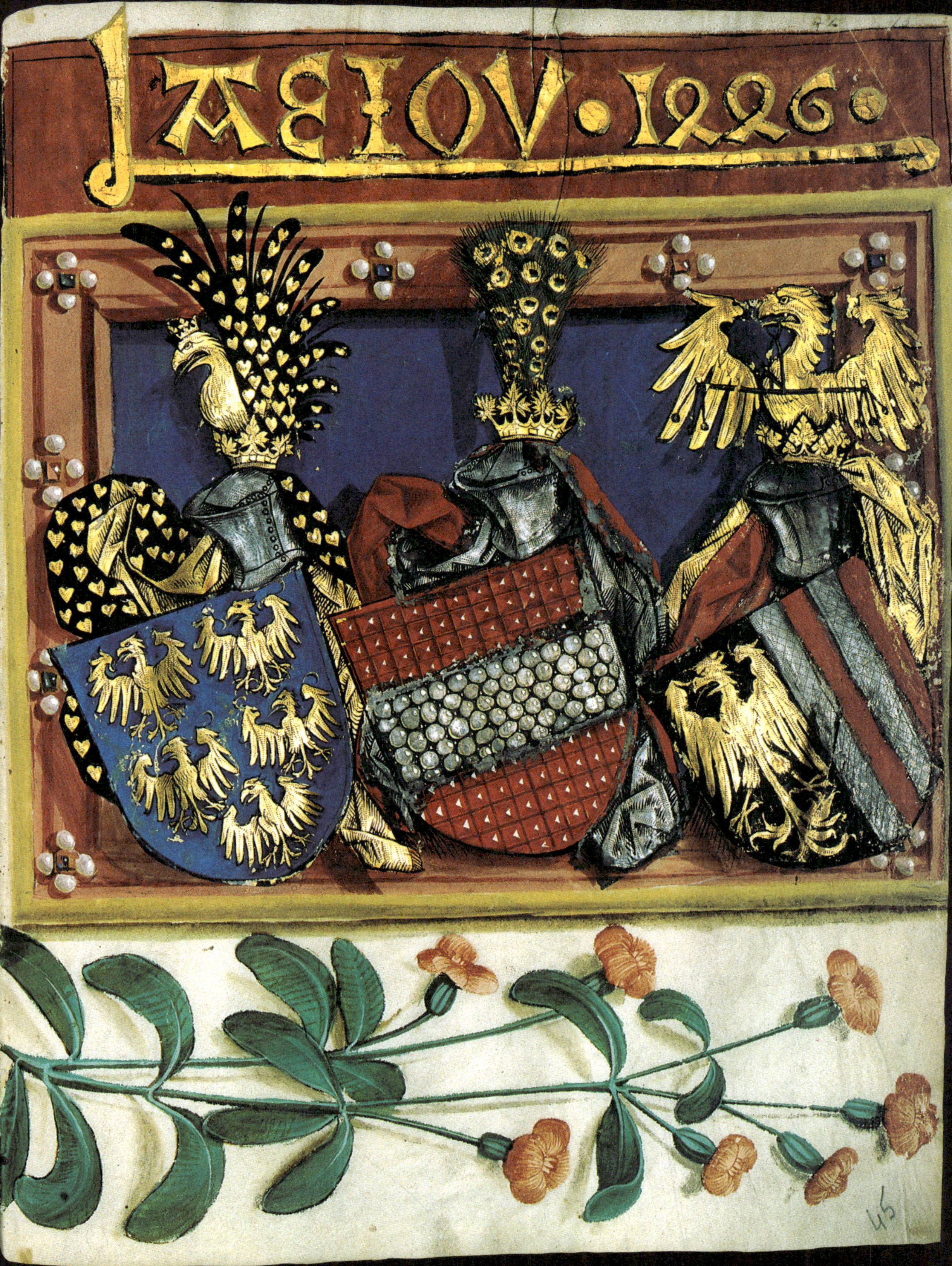
AEIOV · 1446 ·
45

Das Schutzumschlagbild zeigt das Aquarell „Die Stadt Dürnstein an der Donau" von Rudolf Alt, 1841. Künstlerhaus, Wien.
Vor- und Nachsatz zeigen eine Seite mit den Wappen des heutigen Niederösterreich, Österreich und Oberösterreich aus der Handregistratur König Friedrichs IV., Haus-, Hof- und Staatsarchiv, Wien.
Die Vignette auf Seite 5 zeigt Markgraf Leopold III. den Heiligen, Rundbild aus dem Babenberger Stammbaum.

Der Verlag dankt allen öffentlichen und privaten Sammlungen, deren Mitarbeitern, ohne deren Rat und Hilfe das vorliegende Buch nicht zu publizieren gewesen wäre.
Der Verlag dankt auch allen urheberrechtsberechtigten Institutionen oder Personen von Werken, die in dem Buch reproduziert oder zitiert werden.

1. Auflage

Lektorat: Christine Wessely
Gesamtbetreuung: Anna Lorenz, Rudolf Metzger, Peter Kopecky
Graphische Gestaltung: Rudolf Metzger, Franz Hanns, Alexander Rendi.
Technische Betreuung: Rudolf Metzger (Verlag), Josef Bartsch (Reprographie).

Reprographie: Atelier Sykora, Wien
Filmsatz + Offsetdruck: Ferdinand Berger & Söhne Ges.m.b.H., Horn

Christian Brandstätter Verlag & Edition Gesellschaft m.b.H. & Co. KG
1080 Wien, Wickenburggasse 26 · Telephon (0222) 408 38 14-15

LandesChronik
NIEDERÖSTERREICH

3000 Jahre
in Daten, Dokumenten
und Bildern

Mit 1470 Abbildungen

Herausgegeben von Univ.-Prof. Dr. Karl Gutkas

Verlag Christian Brandstätter
Wien – München

Mit Beiträgen von:

Mag. Prof. Friedrich Berger · Dr. Ernst Bezemek · Andreas Biedermann · HR Dr. Gertrud Buttlar · Oberst Anton Dietrich · RR Gerhard Dworzak · HR Dr. Heinz Eischer · Dr. Ernst Englisch · HR Dr. Herbert Foitik · Dr. Franz Forstner · HR Dr. Albert Hamböck · Oberregierungsrat Dr. Bernhard Hetzer · Dr. Hubert Hinteregger · Mag. Franz Hofleitner · Peter Juster · Prof. Franz Kaindl · HR Dr. Johann Kandera · Dr. Manfred Kandler · Dr. Thomas Karl · Dr. Robert Kury · Dr. Hadmar Lechner · HR Mag. Herbert Marady · Dr. Wolfgang May · HR Dr. Walter Michalitsch · Friedel Moll · Univ.-Doz. Dr. Wolfgang Neugebauer · HR Dr. Franz Oswald · HR Dr. Berthold Panzenböck · HR Dr. Peter Partik · HR Dr. Sylvia Petrin · Günther Pöchhacker · Prof. Dr. Erich Rabl · HR Dr. Erwin Rettl · HR Dr. Hermann Riepl · OSR Friedrich Schadauer · HR Dr. Franz Scherz · Prof. Dr. Manfred Schilder · Dr. Matthias Settele · HR Dr. Josef Sodar · Oberst i. R. Herbert Staudigl · Hofrat Dr. Alois Stockinger · HR Mag. Andreas Straihammer · HR Dr. Kurt Suchanek · Prof. Mag. Kurt Uibelacker · Dr. Herbert Waldhauser · Mag. Richard Wanzenböck · Regierungsrat Dr. Heinz Zimper

und Landeshauptmann Siegfried Ludwig

Inhalt

Inhalt

Niederöstereich auf einen Blick*

Fläche: 19,172 km²

Staatsgrenze: 415 km

Verwaltungsbezirke: 25 (davon 4 Städte mit eigenem Statut)

Ortsgemeinden: 562 (davon Städte: 67)

Marktgemeinden: 296

Katastralgemeinden: 3.038 in 3.909 Ortschaften

Kreisgerichtssprengel: 4

Bezirksgerichte: 60

Katholische Pfarren und Exposituren: 915

Evangelische Pfarren, AB, HB: 23

Altkatholische Pfarrgemeinden: 1

Schulbezirke: 25

Gendarmerieabteilungskommandos: 10

Gendarmerieposten: 286

Finanzämter: 21

Vermessungsämter: 20

Standesämter: 186

Postämter (samt Posthilfsstellen): 745

Arbeitsämter: 23

Arbeitsinspektorate: 3

* Stand Ende 1987

Schulen und Kindergärten 1987/88

Kindergärten 896
mit 1.510 Gruppen und 40.168 Kindern

566 Volksschulen mit
3.339 Klassen und 61.811 Kindern

265 Hauptschulen mit
2.144 Klassen und 46.349 Schülern

103 Sonderschulen mit
503 Klassen und 3.937 Schülern

33 Polytechnische Schulen mit
206 Klassen und 4.249 Schülern

AHS Langzeitform mit
909 Klassen und 23.159 Schülern

Oberstufengymnasien mit
86 Klassen und 2.074 Schülern

7 Höhere Technische und gewerbl. Lehranstalten
270 Klassen und 6.973 Schülern

11 Technische und gewerbliche Fachschulen
108 Klassen und 2.168 Schüler

18 Höhere und mittlere kfm. Lehranstalten
256 Klassen und 3.231 Schülern

27 Berufsbildende Pflichtschulen
933 Klassen und 25.205 Schülern

6 Land- und forstwirtschaftliche Berufsschulen
39 Klassen und 279 Schülern

Universitätshörer aus NÖ.	22.233
davon	
Universität Wien	13.107
Technische Universität Wien	4.170
Universität für Bodenkultur Wien	1.085
Kunsthochschule	474

Lehrer an allgem. bildenden Pflichtschulen
11.887

Lehrer an mittleren und höheren Schulen 5.726

Bevölkerung 1987

Gesamtbevölkerung: 1,422.175

Geburten: 15.431

Sterbefälle: 17.315
davon im 1. Lebensjahr: 118

Im Land lebende Ausländer: 48.761
davon Türken: 11.575
Jugoslawen: 13.573

Einbürgerungen: 556

Gebäude 473.073

davon errichtet: vor 1944	183.504
1945–1960	59.712
1961–1970	70.309
ab 1971	109.086
davon Bauernhäuser	46.583
Ein- bis Zweifamilienhäuser	280.472
Wohngebäude mit mehr als zwei Wohnungen	19.895
Ferien- und Wochenendhäuser	24.621
Überwiegend Wohnungen neben Geschäften	14.326
Überwiegend Geschäfte	11.998
Fabriksgebäude	8.214
Öffentliche Gebäude	6.014
Wohnungen insgesamt	591.162

Sozialer Bereich

Öffentliche Krankenanstalten	27
Betten in Krankenanstalten	9.604
Zugänge pro Jahr	736.817
Pflegetage	3,055.541
Personal: Ärzte	3.110
Pflegepersonen	5.832
Verwaltungspersonen	2.584
Praktische Ärzte	1.398
Fachärzte	909
Zahnärzte	341

Sparkassen	48
Raiffeisenkassen	154
Volksbanken u. ä.	30

Fremdenverkehr

Übernachtungen	6,047.486
davon Ausländer:	1,864.350
Ankünfte	1,332.774
Gastronomiebetriebe	6.672
davon Beherbergungsbetriebe:	1.600
Kuranstalten	47

Kultur

Theater (ständige)	2
Besucher der Theater	158.911
Vorstellungen	390
Kinos	131
davon in Betrieb	79
Besucher der Kinos	1,434.000

Medien

Telefonanschlüsse	542.000
Rundfunkbewilligungen	503.794
Fernsehbewilligungen	466.973

Vereine

Vereine insgesamt	13.383
Sportvereine	3.193
Kulturvereine	1.364
Feuerwehren insgesamt	1.751
davon freiwillige Feuerwehren	1.663
Betriebsfeuerwehren	83
aktive Mitglieder	65.334
Brände	4.020
Technische Einsätze	28.907

Dentisten	124
Apotheker	482
Sozialhilfeempfänger	3.058
In Anstalten untergebrachte Personen	11.254
Behinderte	9.386
Blinde	3.135
Kriegsgeschädigte	13.957

Verkehr

Überlandstraßen:	
Autobahnen	361 km
Bundesstraßen	3.016 km
Landstraßen	10.686 km
Kraftfahrzeuge am 31. 12. 1987	870.274
davon PKW	544.698
Busse	982
LKW	45.330
Zugmaschinen	119.712
Motorräder	18.951
Motorfahrräder	122.352
Verkehrsunfälle 1987	36.903
davon mit Personenschaden	7.788
Verkehrstote	355
Flughafen Wien	
Ankünfte	3,430.067
Abflüge	3,928.078
Transit	241.876
Abflüge	62.712
Landungen	59.824

Land- und Forstwirtschaft

Land- und forstwirtschaftliche Betriebe	
	79.865

Ackerland	688.103 ha
Gärten	5.974 ha
Weingärten	32.439 ha
Obstgärten	3.235 ha
Wiesen	184.316 ha
Rinder	650.218
Schweine	1,307.335
Pferde	11.206
Wald	727.600 ha
Holzeinschlag	2,362.000 m²
Jagdgebiete	3.176
Abgeschossenes Wild 1987:	
Rotwild	5.178
Rehe	65.693
Gemsen	1.817
Schwarzwild	6.253
Hasen	108.589
Füchse	8.167

Industrie und Gewerbe

Industriewertschöpfung insgesamt	
	S 130.779,486.000
Beschäftigte in der Industrie	92.896
davon Ausländer:	5.646
Gesamtstromverbrauch	11,584.000 GWh
davon Import:	1,670.000 GWh
Gewerbliche	
Arbeitsstätten	46.823
Beschäftigte	424.000
Lehrlinge	23.994
Banken	25

*Siegel Herzog Friedrichs II. mit dem Binden-
schildwappen auf einer Urkunde vom 30. 12. 1230*

Das niederösterreichische Landeswappen

Das jetzige Wappen des Landes Niederösterreich wurde in der Verfassung vom
30. November 1920 festgelegt. In Artikel 9
heißt es: „Das Wappen des Landes Niederösterreich-Land besteht aus einem blauen
Schild, welcher eine goldene Mauerkrone
mit drei sichtbaren Zinnen trägt und worin
fünf goldene Adler je zwei gegeneinander
gewendet und einer nach links gestellt sind.
Die Farben des Landes Niederösterreich
sind blau-gelb." Dieser Passus wurde im
Artikel 7 der Landesverfassung von 1979
fast wörtlich übernommen, so daß die damals festgelegten Landessymbole noch immer gültig sind.

Dieses Fünf-Adler-Wappen geht auf ein Dekret Kaiser Franz II. vom 11. August 1804
zurück. Als er den Titel eines Kaisers von
Österreich annahm und die entsprechenden
Titulaturen und Wappen regelte, sollte der
Herzschild auf der Brust des schwarzen
Doppeladlers als nunmehriges „Wappen des
allerdurchlauchtigsten Hauses Österreich
einen silbernen Querbalken im roten Feld"
tragen. Zwischen den zwei Hauptquartieren
in den oberen Ecken finden sich dann in
dem obersten von elf Feldern „wegen des
Erzherzogtums Österreich unter der Enns
fünf güldene Adler, im blauen Feld, zu zwei
und zwei zusammenstehend, der unterste
Adler ist rechtsgekehrt". Dem Verordnetenkollegium wurde am 16. Februar 1805
mitgeteilt, daß man dieses Wappen, „nämlich die fünf goldenen Adler im blauen
Feld", die man vormals fälschlich für Lerchen hielt, „zurückerhalten und künftig wieder zu führen habe."

Dem geht eine relativ lange Geschichte vor-
aus. Bei den Babenbergern findet sich erstmals im Jahre 1156 auf dem österreichischen
Herzogssiegel ein einköpfiger Adler im
Schilde, da der Befehlshaber des Aufgebotes von Mark und Herzogtum, später der
Reichsfürst, das Wappen des Kaisers führen
konnte. Die Farben kennt man nicht. 1192
ist dieser Adler erstmals auch im Banner zu
finden.

Im Jahre 1230 ist auf einem Siegel einer
Urkunde Friedrichs II. ein Querbalken und
eine Binde im Schild und im Banner des
Herzogs zu sehen. Die Erklärung für dieses
Wappen und den Zeitpunkt seines Aufkom-
mens ist vielfältig. Der Legende nach soll
Herzog Leopold V. dieses Wappen angenommen haben, als er bei der Belagerung
von Akkon 1190/91 im Kampf seinen Waffenrock so mit Blut färbte, daß bei der Abnahme der Binde ein weißer Streifen sichtbar wurde. Tatsächlich findet sich im „Liber
ad honorem Augusti" des Petrus von Ebulo
aus den Jahren 1195/96 eine Szene mit der
Gefangennahme des Königs Richard Löwenherz von England durch zwei Gefolgsleute Herzog Leopolds V. Beide tragen

Markgraf Leopold III. der Heilige, Rundbild aus dem Babenberger Stammbaum im Stift Klosterneuburg

einen Schild mit einem schrägen Balken.
Wie dieses Bindenschildwappen aufgekom-
men ist, darüber gehen die Meinungen auseinander. Der Forscher und Mediävist Karl
Lechner war der Meinung, es sei von einem
Adelsgeschlecht aus dem Gebiet von Horn,
das die Babenberger beerbten, übernommen worden.

Das Bindenschildwappen blieb nach 1230
das Wappen der österreichischen Herzöge,
später auch des Hauses Österreich und damit das Wappen des Herzogtums Österreich. Auf den Glasgemälden im Brunnenhaus des Klosters Heiligenkreuz, diese entstanden im letzten Viertel des 13. Jahrhunderts, ist der rot-weiß-rote Bindenschild immer wieder als Attribut der Babenberger-
Markgrafen und Herzöge dargestellt.

Unter Rudolf IV. scheint auf einer Urkunde
vom 9. Juli 1359 ein neues Siegel auf. Dieses
zeigt auf der Reversseite, auf der der Herzog als Reichsjägermeister dargestellt ist,
rechts von seinem Kopf den alten Bindenschild, links ein völlig neues Wappen, nämlich fünf Adler, und zwar alle heraldisch
rechts, also vom Beschauer aus links blik-
kend. Dieses Siegel ist in mehreren Urkunden Rudolfs IV. verwendet worden, zuletzt
am 2. August 1360. Allerdings ist dieses
Fünf-Adler-Wappen schon in der ersten
Hälfte des 14. Jahrhunderts auf den Chor-
fenstern von St. Stephan in Wien zu finden.

Die wichtigste Quelle für das frühe Vorkommen dieses Wappens im Bereich der
Kunst sind die Glasfenster, die im 14. Jahrhundert den Kreuzgang des Stiftes Klosterneuburg schmückten. Ins Maßwerk einzelner Fenster waren Bildnisse der Babenberger eingefügt, flankiert von Wappen, und
zwar vom rot-weiß-roten Bindenschild und
vom Fünf-Adler-Schild. So ist etwa auf der
Darstellung Herzog Heinrichs II., der als
Gründer des Schottenklosters bezeichnet
wird und ein Modell des Schottenstiftes in
der Linken hält, ebenfalls ein Adlerwappen
zu sehen. Links ober dem Dreipaß ist noch
einmal das Fünf-Adler-Wappen angebracht,
und zwar symmetrisch zu einem Bindenschild auf der rechten Seite. Diese Fenster
dürften vor 1350 entstanden sein, also vor
der Zeit Rudolfs IV.

Das Fünf-Adler-Wappen hängt auch mit
dem Kult des heiligen Leopold zusammen.
Es gibt im Stift Klosterneuburg Textilreste,
die von Kleidern des hl. Leopold stammen
sollen und auf denen goldene Vögel auf
blauem Grund gewebt sind. Im 15. Jahrhundert wurde der Fünf-Adler-Schild auch als
persönliches Wappen des hl. Leopold angesehen, daher nannte man es das Wappen
„Alt-Österreich", den Bindenschild hingegen das Wappen „Neu-Österreich". Erstmals kommt diese Unterscheidung 1445 vor.
Es gibt auch eine Reihe von Erklärungen

Wie bereits Karl Lechner betont hat, hängt das Fünf-Adler-Wappen eng mit dem Kult des hl. Leopold zusammen. Der Heilige wird gewöhnlich mit diesem Wappen dargestellt, es galt der Kunst als sein persönlicher Schild.

Floridus Röhrig in Das niederösterreichische Landeswappen, Wissenschaftl. Schriftenreihe 57; 1980

Stoffreste, der Legende nach vom Gewand Markgraf Leopolds III. (Stift Klosterneuburg)

Das niederösterreichische Landeswappen

über den Sinn des Fünf-Adler-Wappens, die aber alle nicht recht befriedigen. Im 18. Jahrhundert hat Propst Marquart Herrgott gemeint, die fünf Adler bedeuteten die zwei Reichswürden Pfalzerzherzog und oberster Jägermeister sowie die drei Provinzen Oberösterreich, Krain und Tirol, die einen Adler im Wappen führten. Ein anderer Gelehrter der Barockzeit meinte, daß es sich um die fünf Fürstentümer Österreich, Steyr, Kärnten, Schwaben und Elsaß handelte, nach denen sich Rudolf IV. auf seinem Siegel nannte.

Das Fünf-Adler-Wappen tritt wieder im Jahre 1405 auf einem Siegel Herzog Leopolds IV. auf, dann auf einem Erzherzog Ernsts aus dem Jahre 1418, jenes Habsburgers, der sich auch mit dem Titel Erzherzog bedachte. Auch Herzog Albrecht V. hat in einer Urkunde für Lilienfeld vom Jahre 1414 den Fünf-Adler-Schild als Wappen verwendet, ebenso sein Sohn Ladislaus Postumus, Herzog Albrecht VI. und Kaiser Friedrich III. Auch in Wappenbüchern des 15. Jahrhunderts ist er abgebildet.

Seit der zweiten Hälfte des 15. Jahrhunderts ist ein Nebeneinander der beiden Wappen „Alt-Österreich" (5 Adler) und „Neu-Österreich" (Bindenschild) anzutreffen.

Das Fünf-Adler-Wappen wurde im 15. Jahrhundert auch verändert. Der Humanist Dr. Jacob Menuel schreibt in seiner etwa 1517 entstandenen „Fürstlichen Chronik", daß im Wappen von „Alt-Österreich" fünf goldene Lerchen zu finden seien, und der Humanist Johann Cuspinian gibt dafür die „wissenschaftliche" Erklärung: Früher sei die Ostmark von der römischen Lerchenlegion, welche am Donauufer die Einfälle der Heruler, Quaden und Markomannen abwehrte, besetzt gewesen, die Lerchen als ihr Wappen gebrauchte. Wolfgang Lazius,

Wappen „Alt-Österreich", Glasfenster im Apostelchor der Stephanskirche Wien, um 1340

Herzog Leopold V. auf dem Babenberger Stammbaum

ein anderer Humanist, führte diesen Gedanken weiter und meinte, daß die ersten Markgrafen Österreichs von der römischen Lerchenlegion her fünf goldene Lerchen in einem himmelblauen Schild getragen hätten, bezog also das Wappen auf den Markgrafen und nicht auf die Mark. Da Lazius immer wieder abgeschrieben wurde, blieb die Lerchenlegende erhalten und ist im ganzen 16. und 17. und auch noch im 18. Jahrhundert anzutreffen. Während manche Historiker des 18. Jahrhunderts sich noch dieser Theorie bedienten, hat Marquart Herrgott in seinem Geschichtswerk „Monumenta Augusta Domus Austriae" diese Theorie scharf abgelehnt und wieder für die Neueinführung des Fünf-Adler-Wappens den Beweis erbracht.

Auch die Stände des Landes gebrauchten seit dem 16. und 17. Jahrhundert auf ihren Emblemen beide Wappen, den Binden- und den Fünf-Adler-Schild, so etwa auf dem Renaissance-Portal im Landhaus in Wien, das 1571 geschaffen wurde, oder auf dem Justizthron im Rittersaal des Landhauses, der um 1720 entstand. Mit der Klärung des Landeswappenproblems durch Franz II. im Jahre 1804 ist diese Doppelgleisigkeit beendet worden, und bei der Erneuerung des Landhauses wurde auf beiden Toren nun allein der Fünf-Adler-Schild abgebildet.

Die Landesfarben von Niederösterreich waren im 19. Jahrhundert blau-gold. Von 1903 an findet man die Farbenfolge gold-blau. Später wurde wieder an den Farben blaugold bzw. blau-gelb festgehalten.

Die vier Viertel

Wann die Einteilung Niederösterreichs in vier Viertel entstanden ist, kann nicht genau festgelegt werden. Manche Historiker nehmen an, daß dies schon zur Zeit König Ottokars der Fall gewesen sein dürfte, als er Sprengel für Landrichter schuf, doch ist dafür kein voller Beweis zu erbringen. Erstmals ist die Vierteleinteilung während der Hussitenkriege im dritten Jahrzehnt des 15. Jahrhunderts eindeutig nachweisbar, denn die Organisation der Landesverteidigung wurde damals auf diesem System aufgebaut, und Viertelshauptleute wurden als Kommandanten bestellt. Praktische Bedeutung behielt die Vierteleinteilung im Rahmen der ständischen Verwaltung, deren Aufzeichnungen für die Steuerleistung seit dem 16. Jahrhundert nach Vierteln gegliedert waren. Auch bei Aktionen im Rahmen der Gegenreformation wurde nach Vierteln vorgegangen.

In der landesfürstlichen Verwaltung wurde die Vierteleinteilung erstmals zur Zeit Maria Theresias von Bedeutung. Als man 1753 das Land in Kreise einteilte, wurde für jedes der vier Landesviertel ein Kreisamt geschaffen. Diese Ämter blieben mit kurzer Unterbrechung bis zum Jahre 1859 bestehen. Die Vierteleinteilung lebt in den Kreisgerichten fort, die bis zum heutigen Tag existieren. Lange Zeit erfolgte auch die Einteilung der Wahlkreise bei den Nationalratswahlen nach Landesvierteln, bei den Landtagswahlen ist dies noch immer so, wobei auch politische Bezirke etwa durch die Donau geteilt werden.

Auch die Diözesen der katholischen Kirche sind nach den Vierteln geteilt. Die beiden östlichen gehören zur Erzdiözese Wien, die westlichen bilden die Diözese St. Pölten.

Die Benennung der Viertel erfolgte nach geographischen Trennungslinien, dem Manhartsberg im Norden und dem Wienerwald im Süden. Demnach heißen die Viertel jeweils ‚ob' oder ‚unter' dem genannten Gebirgszug. Die Nord-Süd-Grenze bildet immer die Donau.

Im Lauf des 19. Jahrhunderts kam für die einzelnen Landesviertel eine volkstümliche Bezeichnung auf. Die beiden nördlichen Teile nannte man nach den charakteristischen Vegetationsformen Waldviertel und Weinviertel, das Viertel ob dem Wienerwald wurde meist ‚Mostviertel' genannt, während man das Viertel unter dem Wienerwald als ‚Industrieviertel' bezeichnete. Diese Namen sind bis in die Gegenwart üblich, obwohl die Namen der Realität nicht mehr entsprechen. Das Industrieviertel ist nicht mehr durch Fabriken geprägt und das Mostviertel nur mehr teilweise durch die charakteristischen Birnen- und Äpfelbäume. Am ehesten paßt der alte Name noch für das Waldviertel.

Wappen von Gmünd. Farblithographie. 1885.

Links: Burg Heidenreichstein. Aquarell von Hans Götzinger.

Der Bezirk Gmünd

Der Bezirk Gmünd liegt im nordwestlichsten Teil des Waldviertels. Er erstreckt sich von der ČSFR-Staatsgrenze im Norden bis zur oberösterreichischen Landesgrenze im Süden und weist eine Fläche von 786,24 km² auf.

Bemerkenswert ist die Tatsache, daß der 15. Meridian durch die Bezirkshauptstadt Gmünd verläuft. Dieser geographisch bedeutsame Punkt wird durch einen am östlichen Ortsanfang von Gmünd aufgestellten Granitstein („Meridianstein") gekennzeichnet.

Im Westen grenzt der Bezirk an die ČSFR und im Osten an die Nachbarbezirke Zwettl und Waidhofen an der Thaya.

Die Bezirksgrenze im Norden und im Westen bildet auf eine Länge von ca. 105 km auch die Staatsgrenze zwischen Österreich und der ČSFR.

Der Bezirk gliedert sich in vier Gerichtsbezirke (Gmünd, Litschau, Schrems und Weitra) und hat insgesamt 21 Gemeinden, davon fünf Stadtgemeinden und neun Marktgemeinden.

Geologischer Aufbau und Landschaft

Der Bezirk Gmünd ist geologisch gesehen ein Teil der Böhmischen Masse.

Der Bezirk Gmünd besteht je zur Hälfte aus Eisgarner Granit und aus Weinsberger Granit, der als Tiefengestein in tiefen Teilen der Erdkruste erstarrte und erst durch spätere Abtragungen an die Oberfläche gelangte.

Besonders auffallend ist die Verwitterungsform des Granits, die zu riesigen runden Blöcken führte, die oft fälschlich als „Findlinge" bezeichnet werden. Derartige auffallende Verwitterungsformen (Schalen oder Wackelsteine) können vor allem im Naturpark Blockheide bei Gmünd bewundert werden.

Außer dem Granit gibt es vereinzelte Einlagerungen von Glimmerschiefer und Gneis. Im Umfeld der Bezirksstadt Gmünd tritt auch tertiäre und quartäre Sedimentation auf.

Erwähnenswert sind die Moore (Sedimente aus der Diluvialzeit), die sich nördlich von Gmünd im Raum Schrems–Haslau–Brand ausdehnen, und jene großflächigen Großmoore („Große Heide" – Ausmaß 50 ha), die sich um Karlstift und im Nebelsteingebiet erstrecken.

Die Gewässer

Die bedeutendsten Gewässer sind die Lainsitz und die Braunau. Das Flußsystem im Bezirk Gmünd kann als Besonderheit bezeichnet werden.

Die europäische Wasserscheide, welche die Flußsysteme der Donau (sie mündet in das Schwarze Meer) und jene der Elbe (sie mündet in die Nordsee) trennt, durchquert den Bezirk Gmünd in Nord-Süd-Richtung. Charakteristisch für den Bezirk Gmünd ist nicht nur der Waldreichtum (48 Prozent der Bezirksfläche sind Wald), typisch sind auch die ca. 1000 Teiche, wovon die drei größten jeweils ein Ausmaß von ca. 50–60 ha aufweisen.

Verkehr

Die Bezirksstadt Gmünd liegt an der Franz-Josephs-Bahn, die von Wien nach Prag führt.

Außerdem gibt es noch zwei Schmalspurlinien, wobei eine von Gmünd über Weitra nach Groß Gerungs und die zweite von Gmünd nach Heidenreichstein bzw. Litschau führt. Diese Linien gelten als Fremdenverkehrsattraktionen, da die Zugfahrt mit der Dampflok durch die herrliche, für das Waldviertel typische Landschaft führt.

Die wichtigsten Straßenverbindungen sind die Bundesstraße 41 von Schrems über Gmünd–Weitra–Freistadt nach Linz und die Bundesstraße 303, die von Wien über Horn und Schrems nach Neu-Nagelberg führt und hier die Staatsgrenze überquert.

Aufgrund der neuen politischen Situation in der ČSFR nicht minder bedeutsam ist die Bundesstraße 5, die in Göpfritz von der B 303 abzweigt und über Heidenreichstein nach Grametten führt, wo sie die Staatsgrenze überquert.

Von der Bundesstraße 41 zweigt in der Höhe von Weitra die Bundesstraße 119 ab, welche nach Grein führt und somit eine Verbindung zur Donauregion darstellt.

Wirtschaft

Der Verwaltungsbezirk Gmünd war bis vor kurzem durch seine Lage an der Grenze gegenüber anderen Bezirken Niederösterreichs stark benachteiligt. Dadurch hat die gesamtwirtschaftliche Entwicklung spürbar gelitten. Dies dokumentiert vor allem die rückläufige Bevölkerungszahl und die Entsiedlung der Grenzgebiete durch eine überdurchschnittlich hohe Abwanderung.

Im Bezirk Gmünd gibt es 1500 Betriebe der verschiedensten Bereiche. Die Zahl der in der Landwirtschaft beschäftigten Menschen nimmt immer mehr ab, zusätzlich dazu ist eine Verlagerung vom sekundären Bereich, Industrie und Gewerbe, zu den Dienstleistungen feststellbar.

Über besondere Tradition verfügen die Hohlglasveredler (Glasschleifer), die bereits im 16. Jahrhundert in diesem Bezirk ansässig waren. Neben der Bezirksstadt sind

Flugaufnahme der Stadt Gmünd.

Links: Sgraffito-Häuser auf dem Hauptplatz in Gmünd. Rechts: Das Stadttor von Weitra.

auch die Städte Heidenreichstein, Litschau, Schrems und Weitra, in denen sich bedeutende Betriebe der Nahrungsmittelerzeugung, der Metall-, Bekleidungs- und Elektrotechnikindustrie sowie Webereien und holzverarbeitende Betriebe befinden, wichtige wirtschaftliche Zentren. Zu den bedeutendsten Industriebetrieben zählen die Firmen Agena Stärke GesmbH, Felten & Guilleaume AG, Ergee Textilwerk GesmbH, Respo Mode International AG, Brüder Baumann GesmbH und Joh. Backhausen und Söhne.

Es gibt aber auch einige bedeutende Bauunternehmen, Sägewerke, Lagerhäuser und eine Molkerei.

Die Landwirtschaft ist durch den Anbau von Roggen, Gerste, Hafer und Kartoffeln gekennzeichnet. In Hochlagen des Bezirkes herrscht die Grünlandwirtschaft vor. Auch die Holzwirtschaft, die Jagd und die Fischerei sind bedeutende Wirtschaftsfaktoren.

Der Bezirk zählt zu den echten Hoffnungsgebieten für den Fremdenverkehr in Niederösterreich. Die Naturparks Blockheide Eibenstein, Bad Großpertholz-Reichenau, die Litschauer Seenplatte mit dem Feriendorf Litschau, die Moorheilbäder Bad Großpertholz, Moorbad Harbach und die Kuenringerstadt Weitra mit ihrem reizvollen revitalisierten Stadtkern zählen zu den Besuchermagneten dieses Bezirkes.

Bevölkerung und Siedlungen

Der Bezirk wird von 43.232 Menschen (1981) bewohnt. Ein Großteil des Bezirkes weist geschlossene Siedlungsformen auf, nur im nördlichen und südlichen Bereich herrschen Weiler und Einzelhöfe vor. In den meisten Orten ist eine äußerst rege Bautätigkeit, meist in Form von Einfamilienhäusern, zu verzeichnen. Vor allem in den Städten entstanden zahlreiche Genossenschaftswohnhäuser.

Ein zentraler Ort

Das Zentrum des Bezirkes ist die Stadt Gmünd, wo die Bezirkshauptmannschaft, ein Bezirksgericht, das Finanzamt und andere öffentliche Dienststellen ihren Sitz haben, aber auch ein Bundesgymnasium, eine Bundeshandelsakademie, eine Bundeshandelsschule, das Krankenhaus, Fachärzte und Rechtsanwälte.

Geschichte

Die frühesten Nachweise einer menschlichen Anwesenheit im Gmünder Bezirk stammen aus der Jungsteinzeit. Dann klafft eine Lücke von mindestens 3000 Jahren, aus der bisher kein gesicherter Fund vorliegt.

Aus der nachchristlichen Zeit sind Einzelfunde von römischen Münzen bekannt. Erst ab dem 9. Jahrhundert kann eine dauernde Besiedlung des Gmünder Bezirkes nachgewiesen werden. Erst ab der Wende vom 11. zum 12. Jahrhundert begann die große, planmäßig durchgeführte Besiedelung im Rahmen der deutschen Südostkolonisation. Im 11. Jahrhundert bekamen das landesfürstliche Ministerialengeschlecht der Kuenringer die südliche Hälfte und die Grafen von Raabs die nördliche Hälfte dieses Grenzgebietes durch Königsschenkung in ihren Besitz. Im 12. und 13. Jahrhundert entstanden 200 Siedlungen in Form von Anger-, Straßen- oder Waldhufendörfern, die auch heute noch das Siedlungsbild prägen. Die Grundherrschaften hatten meist Burgen und Schlösser als Mittelpunkt; daneben entstanden im Mittelalter planmäßig angelegte, der militärischen Sicherung dienende Burgstädte und befestigte Märkte (z. B. Gmünd, Heidenreichstein, Litschau und Weitra).

War der Bezirk Gmünd während des 1. Weltkrieges vor allem durch die Auswirkungen der Unterbringung von ca. 53.000 Flüchtlingen aus der Ukraine in einem Flüchtlingslager in Gmünd betroffen, so wurde er und im besonderen die Bezirks-stadt selbst während des 2. Weltkrieges in Mitleidenschaft gezogen.

Am 23. 3. 1945 erfolgte ein folgenschwerer Luftangriff auf Gmünd, der neben enormem Sachschaden auch 336 Menschenleben forderte. Ansonsten blieb der Bezirk von den Greueln des unmittelbaren Kriegsgeschehens weitgehend verschont. Am 9. 5. 1945 besetzten russische Truppen den Bezirk Gmünd.

Kultur

Im Bereich des Bezirkes stehen einige bedeutende Baudenkmäler, etwa die Wasserburg Heidenreichstein, die zu den schönsten Wasserschlössern aus dem 13. bis 15. Jahrhundert zählt, sowie die Schlösser Weitra, Kirchberg am Walde und Litschau.

In Gmünd kann ein Glasmuseum, in Heidenreichstein ein Torfmuseum, in Lauterbach bei Weitra ein Bauernmuseum und in Hirschbach ein Schulmuseum besichtigt werden. Außerdem bestehen zahlreiche kulturelle oder volkstümliche Vereinigungen und Blasmusikkapellen. Vor allem die Städte, in denen auch Musikschulen gegründet wurden, entwickeln sich immer mehr zu kulturellen Zentren.

Johann Böhm

Flugaufnahme der Stadt Litschau.

Der Bezirk Waidhofen an der Thaya

Der Bezirk Waidhofen an der Thaya ist ein Grenzbezirk zur ČSFR (46,3 km Staatsgrenze), hat eine Fläche von 669,08 km².
Die Nordgrenze des Bezirkes ist gleichzeitig Staatsgrenze, im Westen schließt der Bezirk Gmünd, im Osten der Bezirk Horn und im Süden der Bezirk Zwettl an.
Derzeit umfaßt der Bezirk Waidhofen an der Thaya den Gerichtsbezirk Raabs an der Thaya und den Gerichtsbezirk Waidhofen an der Thaya, dem 1925 der Gerichtsbezirk Dobersberg eingegliedert wurde. Die 15 politischen Gemeinden, davon 3 Stadtgemeinden und 10 Marktgemeinden, umfassen 173 Katastralgemeinden bzw. 177 Ortschaften, in denen laut Volkszählung 1981 30.391 Einwohner leben.

Geologischer Aufbau, Landschaft und Klima

Der Bezirk gehört zur Böhmischen Granitplatte. Der Westrand des Bezirkes wird aus Granit gebildet, der in der Natur als breiter, nordsüdlich verlaufender, meist bewaldeter Höhenrücken hervortritt und im Hohen Stein (bei Kautzen) eine Höhe von 650 m erreicht.
Der übrige Teil des Bezirkes wird aus Gneis gebildet, der mit Granulit, Quarz, Serpentin und Lehm durchsetzt ist und in den auch Kalkzüge eingestreut sind. Auch einzelne Graphitflöze sind nachweisbar. Aus Gneisgestein ist der nord-südlich verlaufende Höhenzug in der Mitte des Bezirkes aufgebaut, der im Predigtstuhl (718 m) den höchsten Punkt des Bezirkes erreicht. Ein dritter Höhenzug an der Ostgrenze des Bezirkes wird von der Thaya durchbrochen und erreicht

Die Dreifaltigkeitssäule (1709) in Waidhofen a. d. Thaya, im Hintergrund das Rathaus.

im Kollmitzberg (600 m) seinen höchsten Punkt.
Klimatisch liegt der Bezirk im östlichen Grenzbereich des europäischen Übergangsklimas mit einer mittleren Jännertemperatur von – 3° und einer mittleren Julitemperatur von + 17° C. Die durchschnittliche Jahresniederschlagsmenge liegt um 650 mm.

Gewässer

Die wichtigsten Gewässer des Bezirkes sind die (Deutsche) Thaya und die Mährische Thaya, die bei Raabs in die Thaya mündet.

Die Thaya fließt im Bezirk vorerst in nördlicher Richtung, biegt sodann nach Südosten um, wendet sich schließlich nach Nordosten und markiert beim Austritt (375 m) den tiefsten Punkt des Bezirkes. In Jahrtausenden hat sich der Fluß in vielen Windungen in das Hügelland eingegraben und weist besonders ab Raabs starke Mäanderbildungen auf. Die Thaya sammelt fast alle Bäche des Bezirkes, wobei die meisten Zuflüsse am linken Ufer einmünden.

Verkehr

Die derzeitigen Hauptverkehrsträger im Bezirk sind die B 5 (die ehemalige ‚Reichsstraße') von Göpfritz an der Wild über Waidhofen an der Thaya und Heidenreichstein in die Tschechoslowakei und ein Teilstück der B 30 (‚Thayatalbundesstraße') von Heidenreichstein über Kautzen, Dobersberg, Karlstein und Raabs an der Thaya nach Drosendorf. Als Nord-Südverbindung hat die B 36 von Dobersberg über Thaya, Waidhofen an der Thaya nach Vitis ebenfalls überregionale Bedeutung. Das regionale Straßennetz ist dicht und sehr gut ausgebaut.
Um den Eisenbahnverkehr ist es im Bezirk schlecht bestellt. Die Franz-Josephs-Bahn berührt den Bezirk nur auf kurzen Strecken (bei Blumau an der Wild und bei Vitis). Die einst von Schwarzenau nach Zlabings und die von Göpfritz nach Raabs a. d. Thaya führenden Bahnen dienen nur mehr dem Zeitvertreib.
Für den öffentlichen Nahverkehr ist ein dichtes Netz von Autobuslinien eingerichtet worden.
In Dobersberg steht seit einigen Jahren ein Zivilflugplatz zur Verfügung.
Einen Grenzübergang in die Tschechoslowakei (Fratres–Zlabings) gab es bis 1945. Mit der Wiedereröffnung in nächster Zeit ist zu rechnen.

Wirtschaft

Waidhofen ist noch immer ein Agrarbezirk. Die Agrarquote beträgt 26,3 Prozent und liegt damit eindeutig über dem Landesdurchschnitt. Derzeit zählt man insgesamt 2.800 land- und forstwirtschaftliche Betriebe mit einer genutzten Fläche von rund 60.000 ha, wobei Betriebe unter 10 ha überwiegend nebenberuflich geführt werden.
Die Gebiete um Waidhofen an der Thaya und Großsiegharts waren Zentren der Textilindustrie (Webereien, Frottierwarenerzeugung, Strick- und Wirkwaren). Vor allem aber die Banderzeugung hat diese Region als „Bandlkramerlandl" bekannt gemacht.
Karlstein an der Thaya wiederum wurde Sitz einer blühenden Uhrenerzeugung (Horologenlandl). In beiden Sparten brachte jedoch

Schloß Raabs a. d. Thaya.

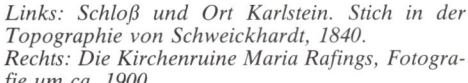
Links: Schloß und Ort Karlstein. Stich in der Topographie von Schweickhardt, 1840.
Rechts: Die Kirchenruine Maria Rafings, Fotografie um ca. 1900.

der Strukturwandel echte Einbrüche. Derzeit erzeugen mehrere Firmen qualitativ hochwertige Textilien und weisen starke Exportquoten auf.

In der Eisen- und Metallverarbeitung sind es vor allem die Betriebe für Feinmechanik und Mikroelektronik, die zukunftsorientiert arbeiten und auf ein beachtliches Exportvolumen verweisen können.

Im Fremdenverkehr liegen im Bezirk noch Entwicklungsreserven. Die in- und ausländischen Gäste schätzen vermehrt den natürlichen Erholungsraum des Waldviertels.

In allen größeren Orten des Bezirkes gibt es Postämter und Geldinstitute. Bereits 1842 nahm der „Sparkassenverein zu Waidhofen an der Thaya" als zweitälteste Sparkasse in Niederösterreich seine Tätigkeit auf. Neben den Pflichtschulen (17 Volksschulen, 8 Hauptschulen, 3 Allgemeine Sonderschulen und 1 Schule des Polytechnischen Lehrganges) und 20 Kindergärten gibt es im Bezirk ein Bundesrealgymnasium, eine Handelsakademie und eine Handelsschule. Besondere Bedeutung – auch für das deutschsprachige Ausland – hat die Bundesfachschule für Uhrmacher in Karlstein an der Thaya, der Abteilungen für Mikromechanik und Mikroelektronik angeschlossen sind und die auch die Möglichkeit zur Ablegung der HTL-Matura bietet. Die Landesfachschule für Textilindustrie in Großsiegharts mit den Fachrichtungen Weberei, Bekleidungsindustrie und Damen- und Herrenbekleidung hat ebenfalls überregionale Bedeutung. Der „Verein der Freunde der Heilkräuter" mit Sitz in Karlstein an der Thaya, dem über 30.000 Mitglieder aus aller Welt angehören, ist um den Anbau und die Nutzung der Heilkräuter als Alternative in der Landwirtschaft erfolgreich bemüht.

Der zentrale Ort

Die Stadt Waidhofen an der Thaya (510 m) ist das Zentrum des Bezirkes. Hier haben die Bezirkshauptmannschaft, das Bezirksgericht, das Finanzamt, die Straßenbauabteilung 8, das Dekanat, die Kammern, das Krankenhaus, ein Landespflegeheim, allgemein- und berufsbildende Schulen, eine Reihe anderer Behörden und Verwaltungsdienststellen, einige Geldinstitute, Museen, größere Gewerbebetriebe und Kaufhäuser aller Art ihren Sitz.

Geschichte

Eine slawische Besiedelung läßt sich an den Ortsnamen im nördlichen Waldviertel nachweisen. Als Musterbeispiel kann der Ortsname Raabs gelten. Aus dem germanischen Personennamen ‚Ratgaoz' wurde später ‚Ra(t)koza', woraus sich das tschechische Rakusi (auch Rakousy) und im 13. Jahrhun-

Die Ruine Kollmitz.

dert Rakousko („das Land hinter Raabs") ableitete, womit aber bereits ganz Österreich gemeint war.

Die deutsche Kolonisation der Region wurde vornehmlich von den Perneggern und den Grafen von Raabs getragen.

Während der Hussiteneinfälle (1421–1434) wurde die Gegend um Waidhofen an der Thaya arg verwüstet, die Stadt selbst war Sammelplatz der österreichischen Truppen, die gegen die Hussiten aufgeboten worden waren.

Im Dreißigjährigen Krieg haben Böhmen und kaiserliche Truppen im nördlichen Waldviertel arge Verwüstungen hinterlassen. 1648 lebten nur mehr 69 Bürger in der Stadt Waidhofen an der Thaya. 1866 zogen preußische Soldaten durch das Gebiet.

Im 2. Weltkrieg war der Bezirk nicht mehr Frontgebiet; nach Kriegsende wurde er von den Truppen der Roten Armee besetzt. Tausende Heimatvertriebene aus dem Sudentenland fanden 1945 hier Aufnahme und Hilfe.

Kultur

Der Bezirk besitzt 16 noch erhaltene, zum Teil aber gänzlich umgebaute Burgen und Schlösser, von denen die Burganlage in Raabs an der Thaya zu den schönsten und größten Wehranlagen dieser Art in Österreich zählt. In Kollmitz und Eibenstein gibt es stattliche Burgruinen, während einige andere Wehranlagen bereits gänzlich verfallen sind.

Der kirchliche Bereich weist eine wesentlich größere Zahl kulturgeschichtlich wertvoller Objekte auf. Beispielhaft sei hier auf die

1720 auf den romanischen und gotischen Vorgängerbauten errichtete Barockkirche in Waidhofen an der Thaya (den „Dom des nördlichen Waldviertels") verwiesen.

Neben diesen Monumentalbauten sind es profane und religiöse Kleindenkmäler, die im Bezirk unübersehbar sind. Dazu gehören die Pranger, die Dreifaltigkeitssäulen und vor allem die Marterln und Wegkreuze, unter denen die hohen Steinkreuze (um 1900) ein Spezifikum sind.

Ältere Bürgerhäuser sind in Waidhofen an der Thaya, Raabs und Großsiegharts erhalten; ein bemerkenswertes Rathaus gibt es nur in Waidhofen an der Thaya. In jüngster Zeit wurde im Bezirk eine Reihe beachtenswerter Heimatmuseen eingerichtet.

Die seit zehn Jahren durchgeführten archäologischen Grabungen in der mittelalterlichen Dorfwüstung Hard (bei Thaya) gewinnen immer mehr an wissenschaftlicher Bedeutung.

Auf dem kulturellen Sektor der Gegenwart sind im Bezirk Musikschulen, Blasmusikkapellen, eine Reihe von Gesangvereinen, Volkstanzgruppen, Laienspielensembles und zahlreiche Einrichtungen der Erwachsenenbildung tätig.

Dem kulturellen Erbe steht aber auch das vielseitige Tun lebender Künstler gegenüber. Bekannte bildende Künstler, Komponisten und Schriftsteller, aber auch Wissenschaftler, Gelehrte und Forscher stammen aus dem Bezirk.

Friedrich Schadauer

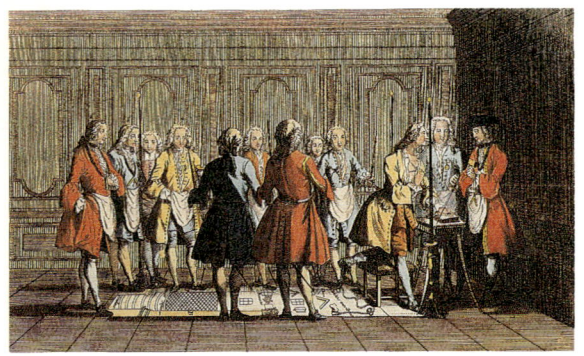

Der Bezirk Zwettl

Der Bezirk Zwettl liegt im nordwestlichen Teil Niederösterreichs, im Waldviertel. Er grenzt im Norden an die Bezirke Gmünd und Waidhofen a. d. Thaya, im Osten an die Bezirke Horn und Krems, im Süden an die Bezirke Krems und Melk und im Westen an das Bundesland Oberösterreich (Bezirke Freistadt und Perg) sowie an den Bezirk Gmünd. Er hat eine Fläche von 1399 km², gliedert sich in die vier Gerichtsbezirke Allentsteig, Groß Gerungs, Ottenschlag und Zwettl und besitzt insgesamt 24 Gemeinden, von denen drei Stadtrang haben, 20 sind Marktgemeinden.

Geologischer Aufbau und Landschaft

Der gesamte Bezirk gehört der Böhmischen Masse an. Die Grenze zwischen den beiden Grundgesteinsarten des Waldviertels, dem Granit und dem Gneis, verläuft in ziemlich gerader Linie von Süden nach Norden durch den Bezirk. Sie beginnt bei Sarmingstein an der Donau und zieht sich über Gutenbrunn, Großweißenbach, Oberstrahlbach, Hirschbach, Pfaffenschlag, Kautzen bis Zlabings. Westlich davon erstreckt sich das geschlossene Granitgebiet, östlich davon herrscht der Gneis vor, in den allerdings auch Granitstöcke eingelagert sind. Eine weitere Grenzlinie verläuft über Krems, Zwettl und Weitra quer durch den Bezirk. Sie trennt das Bergland im Südwesten von der niedrigeren, welligen Hochfläche im Nordosten. Im Südwesten des Bezirkes finden sich auf

Rauhreif im Waldviertel.

Höhen und Kuppen die für das Waldviertel charakteristischen Granitblöcke, es handelt sich dabei um Auswitterungsformen, um Restlinge.

Die Gewässer

Der Hauptfluß im Bezirk, der Kamp, ist zugleich der größte Fluß des Waldviertels. Sein Einzugsgebiet umfaßt mit 1800 km² fast die Hälfte des Waldviertels. Sein Flußlauf ist wie der seiner Nebenflüsse (Kleiner Kamp, Lohnbach, Zwettl, Töpenitzbach) tief in die Hochfläche eingeschnitten. Die von gewaltigen Felsblöcken übersäten Waldschluchten zählen zu den großartigsten landschaftlichen Szenerien des Waldviertels. Im Norden des Bezirkes befinden sich das Quellgebiet und der Oberlauf der Thaya, die im Bezirk noch eine weite und sumpfige Talsohle bilden. Im Süden des Bezirkes entspringen im Gebiet des Weinsberger Waldes, die Große Krems, die Ysper und der Weitenbach.
Von besonderer Bedeutung sind am Flußlauf des Kamps zwischen Stift Zwettl und Wegscheid die drei Stauseen der Kamptalkraftwerke. Eine Vielzahl von Teichen wurde zur Fischzucht künstlich angelegt. Die höchste Erhebung im Bezirk ist der Weinsberg mit 1039 m.

Der Verkehr

Besondere Bedeutung für den Bezirk haben die Straßen, die aus dem Waldviertel in den niederösterreichischen Zentralraum (St. Pölten–Krems) führen, wie die Bundesstraße B 36 von Dobersberg über Waidhofen a. d. Thaya, Zwettl und Ottenschlag zur Donau, aber auch jene, die den Bezirk in west-östlicher Richtung queren, wie etwa die B 38, die Böhmerwald-Bundesstraße, von Freistadt über Zwettl nach Horn, und die B 303, die den nördlichen Teil des Bezirkes durchzieht und eine wichtige Verbindung nach Wien bildet.
Als einzige Bahnlinie mit grenzüberschreitendem Verkehr berührt die Franz-Josefs-Bahn (Wien–Gmünd–Prag–Berlin) den Nordteil des Bezirkes.
Der Bezirk ist in den letzten Jahren durch die Reduzierung des Bahnbetriebes stark betroffen, so wird auf der Bahnlinie Schwarzenau–Martinsberg–Gutenbrunn der Personenverkehr nur mehr von Schwarzenau bis Zwettl geführt. In Göpfritz a. d. Wild zweigt eine Stichbahn nach Raabs a. d. Thaya ab, auch hier wurde der Personenverkehr eingestellt.

Die Wirtschaft

Im Bezirk gibt es 790 Industrie- und Gewerbebetriebe, rund 5800 land- und forstwirt-

schaftliche und 20 forstwirtschaftliche Betriebe. Die Zahl der in der Land- und Forstwirtschaft tätigen Menschen ist in den letzten Jahren stark zurückgegangen.
Die Bezirksstadt Zwettl übt Anziehungskraft auf Arbeitskräfte aus, die in den umliegenden Orten ihren Wohnsitz haben und so täglich in das Bezirkszentrum pendeln. Allerdings können bei weitem nicht alle Bewohner des Bezirkes hier Arbeit finden. Die Tages- und Wochenpendler haben ihre Arbeitsplätze vor allem im niederösterreichischen Zentralraum (St. Pölten–Krems), in Wien und im Raum Linz. Da sich Zwettl in den letzten Jahren zu einer Schulstadt entwickelt hat, pendeln viele Schüler täglich hierher. Für die Schüler aus den Randgebieten des Bezirkes bilden allerdings häufig die Zentren der Nachbarbezirke mit ihren mittleren und höheren Schulen das Ziel der täglichen Fahrt zur Schule.
Bei den im Bezirk ansässigen Gewerbe- und Industriebetrieben handelt es sich fast durchwegs um Klein- und Mittelbetriebe. Neben der Bezirksstadt Zwettl beherbergen vor allem Groß Gerungs, Ottenschlag, Rappottenstein und Sallingberg eine größere Zahl von Gewerbe- und Industriebetrieben. Zu den bedeutendsten Wirtschaftsbetrieben im Bezirk zählen: Fa. Hartl-Haus in Echsenbach, Respo Bekleidungswerk in Groß Gerungs, Franz Eigl, Mineralölgroßhandel in Zwettl, Ergee Textilwerk in Zwettl, Karl Kastner, Spezerei en gros GesmbH in Zwettl und Karl Schwarz, Brauerei in

Zwettl. Portal der Stiftskirche. 1722/27.

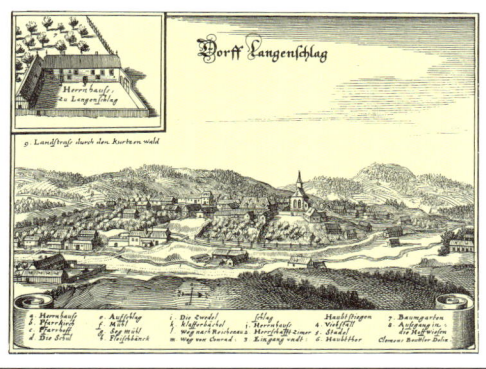

Links: Das Dorf Langschlag. Darstellung der Topographie Provinciarum Austriacarum des Matthäus Merian, 1649.
Rechts: Der Hauptplatz in Zwettl. Um 1920.

Zwettl. Von besonderer Bedeutung sind die zahlreichen Sägewerke im Bezirk. Unter ihnen nimmt die Firma Schweighofer in Brand (Marktgemeinde Waldhausen) eine führende Stellung ein.

Die Landwirtschaft ist im Waldviertel vor allem durch den Anbau von Gerste, Weizen, Roggen und Kartoffeln gekennzeichnet. In den letzten Jahren wird wieder häufiger Mohn angebaut, der zur Blütezeit der Landschaft einen besonderen Reiz verleiht. Wegen der Überproduktion von Kartoffeln und Getreide pflanzen viele Landwirte im Bezirk in jüngster Zeit alternative Feldfrüchte wie Gewürze, Flachs und Hopfen an. Die großen Waldgebiete, besonders im südwestlichen Teil des Bezirkes, werden forstwirtschaftlich genutzt, sie stellen auch wichtige Jagdgebiete dar.

Bevölkerung, Siedlungen

Im Bezirk leben 48.000 Menschen. Die Bevölkerungsentwicklung der letzten Jahre ist von einem deutlichen Geburtenüberschuß gekennzeichnet, dem allerdings eine starke Abwanderung gegenübersteht, die bewirkte, daß die Bevölkerung von 1951 bis 1981 um 7,9 Prozent abnahm.

Besonders in der Bezirkshauptstadt und in den Hauptorten der Gerichtsbezirke ist eine rege Bautätigkeit festzustellen. In vielen Dörfern wurden in den letzten Jahren Bauernhäuser, die nicht mehr bewirtschaftet

Burg Ottenstein. 16./17. Jh.

werden, von Menschen aus den Ballungszentren zu Zweitwohnsitzen umgestaltet.
Der Truppenübungsplatz Allentsteig stellt einen riesigen, siedlungsleeren Raum dar (16.000 Hektar), in dem nur spärliche Reste der ehemaligen Orte zu erkennen sind.

Ein zentraler Ort

Das Zentrum des Bezirkes (übrigens auch das geographische Zentrum des Waldviertels) ist die Stadt Zwettl, in der Bezirkshauptmannschaft, Bezirksgericht, Finanzamt und andere Behörden ansässig sind. Hier befindet sich ein Krankenhaus, Fachärzte und Rechtsanwälte haben in der Stadt ihren Sitz. Zwettl ist Standort vieler Schulen.

Geschichte

Im Unterschied zu den östlichen und südlichen Randgebieten des Waldviertels war der Bezirk Zwettl in ur- und frühgeschichtlicher Zeit kaum besiedelt. Noch im 11. Jahrhundert n. Chr. war das innere Waldviertel nur von wenigen Handelswegen durchzogen. Ab dem letzten Drittel des 11. Jahrhunderts wurde das Waldviertel planmäßig kolonisiert, wobei das Ministerialengeschlecht der Kuenringer eine führende Rolle innehatte. Die Kolonisten drangen entlang der Altstraßen aus dem Raum Eggenburg–Horn nach Westen bzw. von der Donau her nach Norden in das Waldviertel vor. Zur Sicherung der Grenze gegen Böhmen enstanden zahlreiche Burgen und die wehrhafte Stadt Zwettl, die im ausgehenden 12. Jahrhundert am Fuße der Kuenringerburg und in der Nähe einer slawischen Altsiedlung errichtet wurde. 1200 erhielt sie die gleichen Rechte wie Krems. 1138 bereits hatte Hadmar I. von Kuenring das Zisterzienserkloster Zwettl gestiftet. Die planmäßig angelegten Dörfer wurden nach dem jeweiligen Rodungsführer benannt, von daher stammen die für das Waldviertel so charakteristischen genetivischen Ortsnamen wie zum Beispiel Gerungs, Schweiggers, Göpfritz.

Der Bezirk wurde häufig durch kriegerische Ereignisse in Mitleidenschaft gezogen, so zum Beispiel 1426/27 durch die Hussiten, 1461 durch Georg von Podiebrad, 1486–88 durch Matthias Corvinus. 1525/26 und 1596/97 kam es im Bezirk zu Bauernaufständen. 1618–1648 war der Bezirk durch böhmische, kaiserliche und schwedische Truppen Kriegsgebiet, 1741 durch Bayern und Franzosen, 1805 und 1809 durch französische Truppen unter Napoleon.

1938 bis 1941 wurde der Truppenübungsplatz Döllersheim (heute Allentsteig) errichtet. Er liegt fast zur Gänze im Bezirk Zwettl. Das Ende des 2. Weltkrieges brachte neben zahlreichen Flüchtlingen aus dem Osten auch viele Funktionäre des NS-Regimes in den Bezirk. Am 9. Mai 1945 beging Dr. Hugo Jury, der Gauleiter von Niederdonau, in der Stadt Zwettl Selbstmord.

Kultur

Kulturelles Zentrum im Bezirk ist das Stift Zwettl. Romanik, Gotik und Barock haben das heutige äußere Erscheinungsbild dieses Zisterzienserklosters entscheidend geprägt. Im Barockschloß Rosenau befindet sich das österreichische Freimaurermuseum, der Dürnhof bei Zwettl beherbergt ein Museum für Medizin-Meteorologie, das internationale Beachtung findet. Zahlreiche beachtenswerte Baudenkmäler stehen im Bezirk, wie zum Beispiel die Burg Rappottenstein, die Ruinen Arbesbach und Schauenstein, die Schlösser Allentsteig, Schwarzenau und Gutenbrunn, die Pfarrkirchen von Friedersbach, Schönbach und Traunstein. Die teilweise noch erhaltene Stadtmauer von Zwettl ist ein gutes Zeugnis mittelalterlicher Wehrtechnik.

In Stift Zwettl und in Traunstein befinden sich Bildungshäuser, mehrere Gemeinden verfügen über Institutionen der Volksbildung und Volkskultur. Musikschulen, Musikvereine, Volkstanz- und Laienspielgruppen finden sich in den meisten größeren Orten des Bezirkes

Friedel Moll

Burg Rappottenstein. Innerster Hof. Um 1548.

Der Bezirk Horn

Der Bezirk Horn umfaßt den Osten des Waldviertels und reicht noch in das Viertel unter dem Manhartsberg, das Weinviertel, hinein. Die Nordgrenze des Bezirkes bildet gleichzeitig die Staatsgrenze (16,5 km) zur ČSFR. Im Osten grenzt er an den Bezirk Hollabrunn, im Süden an Krems und im Westen an die Bezirke Waidhofen/Thaya und Zwettl.

Der Bezirk Horn hat eine Fläche von 783,93 km², und es leben hier etwa 35.000 Einwohner. Er umfaßt die zwei Gerichtsbezirke Eggenburg und Horn und ist in zwanzig Gemeinden, davon vier Stadt- und neun Marktgemeinden, gegliedert. Insgesamt gibt es 156 Katastralgemeinden.

Geologisch gehört der Bezirk zum Randgebiet der Böhmischen Masse, wobei drei etwa in Nord-Süd-Richtung verlaufende Zonen festzustellen sind: im Osten (Eggenburg) moravische Granite, im Mittelteil die moravische Schieferzone und westlich der Linie Brunn–Geras–Langau die moldanubische Gneis-Glimmer-Schieferzone. In der Horner Mulde und um Langau ist tertiäre Molasse überlagert. Als Bodentypen treten hauptsächlich Braunerden aus Kristallin abwechselnd mit alten Verwitterungsdecken auf.

Gewässer

Die bedeutendsten Gewässer sind die Thaya, die den Bezirk im Norden im Gemeindegebiet von Drosendorf-Zissersdorf durchfließt, und der Kamp, der zunächst ein enges Tal von Steinegg bis Rosenburg in vielen Kehren und weiter von Rosenburg ein breiteres Tal Richtung Süden durchfließt und den Bezirk bei Buchberg verläßt, um in Krems in die Donau zu münden.

Die Pulkau entspringt im Gemeindegebiet von Pernegg und fließt östlich in den Bezirk Hollabrunn. Sie entwässert eine Reihe von Zubringerbächen.

Erwähnenswert sind auch die Teiche von Geras (Camping, Fischzucht) sowie der aufgelassene Bergwerkssee in Langau.

Verkehr

Der Bezirk ist sowohl durch die Eisenbahn als auch durch Straßen gut erreichbar.

Die Franz-Josephs-Bahn (Wien–Gmünd–Prag–Berlin) erreicht die Orte Straning, Grafenberg, Eggenburg, Kleinmeiseldorf, Sigmundsherberg, Kainreith, Hötzelsdorf, Ludweishofen und Irnfritz. Durch die Grenzöffnung nach Osten wird sie wieder an Bedeutung gewinnen.

Sigmundsherberg ist ein Bahnknotenpunkt. Von ihm aus führt die Kamptalbahn nach St. Pölten. Eine weitere Lokalbahn verbindet die nördlichen Gemeinden Weitersfeld, Langau, Geras und Drosendorf mit Wien.

Die wichtigste Durchzugsstraße ist die

Die Burg Gars-Thunau. 11./18. Jh. Photographie. Um 1890.

B 303 (B 4) von Wien über Horn (Umfahrung) nach Gmünd. Die Kamptalbundesstraße (B 34) verbindet die Region mit den Städten Krems und St. Pölten. Die B 4 führt von Horn aus weiter nach Drosendorf.

Wirtschaft

63 Prozent der Fläche des Bezirkes werden landwirtschaftlich und 31 Prozent forstwirt-

Die Rosenburg. 15. Jh.

schaftlich genutzt. Horn ist also ein landwirtschaftlich dominierter Bezirk. Auf dem gewerblichen Sektor herrschen Klein- und Mittelbetriebe vor. In über 1100 Betrieben sind rund 9000 Personen beschäftigt. Nur einige Betriebe beschäftigen mehr als 200 Mitarbeiter. Wirtschaftliches Zentrum ist Horn. Auch in Eggenburg und Gars sind repräsentative Betriebe heimisch. Einen nicht unbedeutenden wirtschaftlichen Faktor stellt das Schwerpunktkrankenhaus Horn dar. Darüber hinaus ist Horn eine Schulstadt (neben Pflichtschulen auch allgemeinbildende und berufsbildende höhere Schulen), was sich ebenfalls wirtschaftlich positiv auswirkt.

In Eggenburg befindet sich eine Berufsschule für Kfz-Mechaniker, und in Geras entsteht eine Berufsschule für Köche und Kellner. Im Osten des Bezirkes dominiert der Weinbau.

Kultur und Fremdenverkehr

Aufgrund seiner landschaftlichen Schönheit und der Vielfalt von kulturellen Einrichtungen befindet sich der Fremdenverkehr im Aufschwung. Das beweisen die Nächtigungszahlen, die von Jahr zu Jahr steigen.

In Geras sind nicht nur das Prämonstratenser-Chorherrenstift mit seinen Teichen und der Naturpark, sondern auch die beliebten Hobbykurse Anziehungspunkt von Besuchern aus aller Welt.

Das Benediktinerstift Altenburg mit seiner berühmten Bibliothek und Krypta und die Rosenburg sind sicher einen Tagesausflug wert.

Berühmt ist auch die Wallfahrtsbasilika Ma-

Links: Maria im Gebirge bei Sallapulka.
Rechts: Ortsansicht von St. Marein. Um 1940.

ria Dreieichen. Das Schloß Hermannsdorf, in dem sich der Sommersitz der Nobelpreisträgerin Bertha von Suttner befand, ist ebenso geschichtsträchtig wie die Ruine Gars. Gars war und ist eine beliebte Sommerfrische, wo einst auch der Komponist Franz von Suppé ein Sommerhaus bewohnte. Das „Biozentrum" unter Führung von Prof. Willi Dungl dient vorzüglich dem wachsenden Gesundheitsbewußtsein. Berühmte Sportler erhalten hier Betreuung und finden wieder zur Hochform, aber auch Gesundheitsfans aus anderen Sparten lassen sich hier körperlich aufbauen.

Die Städte Drosendorf und Eggenburg sind schon allein wegen ihres gut erhaltenen Altstadtkerns sehenswert. In beiden Städten sind noch Teile der Stadtmauern erhalten, eine Dreifaltigkeitssäule und ein Pranger existieren noch, und Sgraffitohäuser zeigen Darstellungen aus der Mythologie und der Bibel. Das Krahuletzmuseum in Eggenburg beherbergt paläontologische und volksgeschichtliche Sammlungen. Für Motorradfans ist das Motorrad- und Technikmuseum in Eggenburg genau das richtige. Wer jedoch moderne „Maschinen" in Aktion sehen will, kann die internationalen Moto-Cross-Veranstaltungen am Nordring in Fuglau, Gemeinde Altenburg, besuchen.

Der einzige Galgen des Bezirkes ist erhalten und auf freiem Feld bei Rothweinsdorf aufgestellt. Nicht weit davon befindet sich das Schloß Wildberg in Messern, das als Wappenschloß Österreichs gilt und von dem die Farben Rot-Weiß-Rot stammen sollen. Auf der Fahrt von Horn in Richtung Geras erhebt

Geras. Portal des Stiftes.

sich weithin sichtbar die spätgotische Klosterkirche von Pernegg. Im zauberhaften Renaissanceschloß Greillenstein werden alljährlich im Sommer Schloßkonzerte aufgeführt, und es steht auch sonst zur Besichtigung offen.

Die dominierenden Weinbaugemeinden im Horner Bezirk sind Röschitz, Stoitzendorf und Straning-Grafenberg. An landschaftlichen Schönheiten finden sich hier neben verträumten Kellergassen das Naturdenkmal Teufelslucke (aus prähistorischer Zeit) in Roggendorf und das Felsgebilde „Fehhaube" zwischen Stoitzendorf und Grafenberg.

Schließlich muß noch die Bezirksstadt Horn erwähnt werden. Sie kann als zentraler Ort des Waldviertels bezeichnet werden. Sie beherbergt zwei Museen, nämlich das Höbarthmuseum (urgeschichtliche Funde) und das Madermuseum (bäuerliche Werkzeuge und Maschinen). Neben der Stadtpfarrkirche ist auch das Sgraffitohaus, in dem das Bezirksgericht untergebracht ist, sehenswert.

Das revitalisierte Piaristen-„Gymnasium" bietet Kunstgenuß durch diverse Ausstellungen bildender Künstler.

Geschichte

Ein faustkeilartiges Gerät vom Horner Galgenberg, eine Klinge aus Kamegg und ein derber Abschlag aus Schönberg am Kamp – alle im Horner Höbarthmuseum ausgestellt – sind die ältesten im Bezirk gefundenen paläolithischen Werkzeuge. Eine eiszeitliche Jagdstation wurde 1931 in Horn an der Raabser Straße entdeckt. Die zahlreichen urgeschichtlichen Funde befinden sich in den Museen von Horn (Höbarthmuseum), Eggenburg (Krahuletzmuseum) und Gars a. Kamp (Grabungsdokumentation). Die wichtigste Siedlungsanlage am Ostrand des Waldviertels ist die von Gars/Thunau, wahrscheinlich ein spätbronzezeitliches Stammeszentrum im Waldviertel. 1986 wurden die Fundamente einer karolingischen Kirche, der ältesten im Gebiet nördlich der Donau, freigelegt.

Inmitten des Horner Beckens wurde die Ende des 10. Jahrhunderts gegründete Siedlung von Horn, 1282 als Stadt bezeichnet, ein wichtiger Handelsplatz. Im ausgehenden 16. und 17. Jahrhundert wurde Horn zu einem Zentrum der Reformation; im „Horner Bund" schlossen sich 1608 die protestantischen Adeligen gegen den katholischen Landesfürsten Matthias zusammen. 1619/20 tagte wieder eine Ständeversammlung in Horn, doch wurde die Stadt 1620 von kaiserlichen Truppen erobert. 1645/46 preßten die Schweden unter ihrem Feldherrn Torstenson große Summen von Kontributionen aus der Bevölkerung heraus. Graf Ferdinand Kurz, Stadtherr in der Zeit der Gegenrefor-

mation, förderte das geistige und wirtschaftliche Leben, er rief den Piaristenorden nach Horn, gründete 1657 ein Gymnasium und schuf mit der Errichtung einer Tuchmachersiedlung die älteste noch erhaltene Arbeitersiedlung Österreichs mit 30 gleichartigen Häusern.

Seit 1850 ist Horn der Sitz einer Bezirkshauptmannschaft. Der junge Horner Gymnasialdirektor Wilhelm Miklas wurde 1907 zum erstenmal als Abgeordneter des Landgemeinden-Wahlkreises Langenlois–Eggenburg–Geföhl in den Reichsrat gewählt; von 1928–1938 war er Bundespräsident. Der spätere Bundespräsident Rudolf Kirchschläger besuchte in den Jahren 1930–1935 die Aufbaumittelschule in Horn, wo 1928 die erste Schule dieser Art für Erwachsene eingerichtet worden war.

Die in der zweiten Hälfte des 19. Jahrhunderts zugewanderten jüdischen Bürger schlossen sich 1873 zur Israelitischen Kultusgemeinde Horn zusammen und errichteten 1903 in Horn eine Synagoge. 1938 wurden die Horner Juden gewaltsam vertrieben. Am 9. Mai 1945 rückten sowjetische Truppen in Horn ein, von 1945–1949 und von 1952–1953 war die Stadt der Sitz einer sowjetischen Kommandantur.

Im Zuge einer Verwaltungsreform wurde 1962 das Bezirksgericht in Geras aufgelassen, durch die Auflösung der Kleingemeinden im Wege der Kommunalstrukturreform wurde zwischen 1965 und 1971 die Zahl der Gemeinden im Bezirk von 134 auf 20 reduziert.

Josef Sodar

Altenburg. Kaisersaal.

Links: Der Körnermarkt in Krems a. d. Donau.
Foto um 1900.
Unten rechts: Das Donautal bei Krems.

Die Stadt Krems an der Donau

Die Stadt Krems besteht in historischer Sicht zunächst aus den beiden Altstadtkernen Krems und Stein und liegt am Ostausgang der Wachau bzw. am Austritt des Kremsflusses aus dem südlichen Waldviertel ins Donaubecken.

Das Stadtgebiet weist heute eine Fläche von 51,37 km² auf. Der engere Stadtbereich der beiden Städte wurde 1905 durch Weinzierl, 1938 durch Rehberg und Landersdorf, 1968 durch Gneixendorf und 1972 durch Egelsee mit dem Scheibenhof erweitert. 1973 wurde die am rechten Donauufer liegende ehemalige Marktgemeinde Hollenburg (mit Angern und Thallern) eingegliedert. 1945 wurde Krems zur Stadt mit eigenem Statut erklärt.

Geologischer Aufbau und Stadtlandschaft

Der Boden des Stadtbezirkes ist nicht einheitlich strukturiert, die Altstadtkerne und die Stadtgebiete nördlich davon bestehen aus Felsterrassen aus Gneis, der teilweise schiefrige Struktur hat. Daneben gibt es bis zu 40 m starke Lößüberlagerungen (Schießstätte) und auch darübergeschobene Schotterterrassen (jenseits des Kremstales). Der Rest des Stadtbereiches im Süden und Osten der Donau stellt ein rezentes Augebiet dar, das durch die Donauregulierung in den 90er Jahren des vorigen Jahrhunderts zur Stadterweiterung genützt werden konnte.

Der Verkehr

In der Verkehrslage war der Bereich der Stadt Krems starkem Bedeutungswandel unterworfen. Bis in die beginnende Neuzeit bildete die Donau einen wichtigen internationalen Handels- und Reiseweg.

Blick auf den Turm der Frauenkirche von Stein.

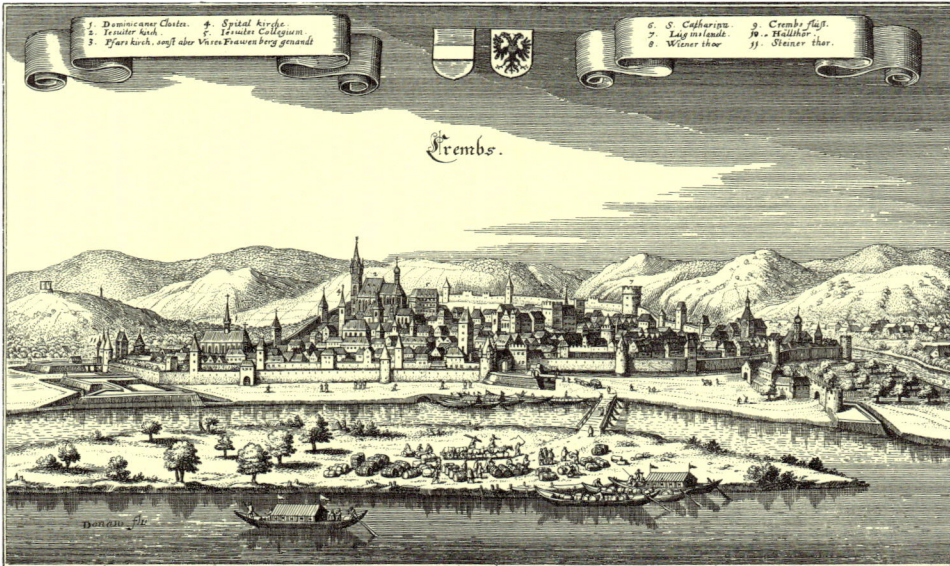

Ansicht von Krems, Kupferstich von Matthäus Merian 1649.

Die Bedeutung in der Verkehrslage wurde durch das Brückenprivileg von 1463 und den Bau einer festen Donaubrücke zwischen Stein und Mautern sehr gehoben.

In der modernen Entwicklung des Straßennetzes nimmt die Stadt Krems einen zentralen Kreuzungspunkt ein.

1872 wurde Krems über Hadersdorf am Kamp an die Franz Josephs-Bahn (1982 elektrifiziert) angeschlossen, 1889 die Verbindungsbahn nach St. Pölten und 1908 die Donauuferbahn nach Grein geschaffen.

Gewässer

Dominierend ist der Donaulauf, zu dem sich in der Geschichte die Städte Krems und Stein hin orientiert haben. Allerdings lag Krems nur an einem Donauarm.

Der Kremsfluß, der der Stadt den Namen gab, kommt aus dem südlichen Waldviertel und erreicht im Ortsteil Rehberg das heutige Stadtgebiet.

Die Wirtschaft

Die Stadt Krems gilt als ausgesprochen mittelständig in ihrer Wirtschaft orientiert. Daneben kommt natürlich der Landwirtschaft in Form des Weinbaues eine bedeutende Rolle zu. Die Weinbaufläche im Stadtbereich macht insgesamt 1.037,43 ha aus. Die Winzergenossenschaft Krems, die allerdings auch stark im Umland (Langenlois, Senftenberg, Stratzing) verankert ist, ist die größte österreichische Winzergenossenschaft (2000 Mitglieder mit 1300 ha).

Daneben ist Krems auch Industriestandort. 1938 wurde im Osten der Stadt die Schmid-Hütte und damit in weiterer Folge ein eige-

ner Stadtteil Lerchenfeld geschaffen. Heute ist dieser metallverarbeitende Industriebetrieb ein Teil der VOEST-ALPINE. Der damals neu errichtete großzügige Donauhafen und die Speicheranlagen haben in jüngster Zeit eine neue Zukunftsperspektive gewonnen. Im Umfeld dieses Hafens siedelten sich weitere Industrieunternehmen an.

Einen besonderen Stellenwert nimmt Krems im Nö. Ausstellungswesen ein. Seit 1948 werden in zweijährigen Abständen Wirtschaftsausstellungen durch die Kremser MesseAG durchgeführt, die seit 1957 den Titel einer Nö. Landesmesse tragen und mit denen traditionsgemäß das Wachauer Volksfest verbunden ist. Diese Veranstaltung wird durch laufende zahlreiche andere Messeveranstaltungen, insbesondere die Nö. Weinmesse, abgerundet.

Links: Das Schloß Rehberg.
Rechts: Das Steiner Tor, Ansichtskarte um 1900.

Bevölkerung und Siedlung

Die Stadt Krems weist einschließlich aller Ortsteile ca. 23.000 Bewohner auf, darunter ist der Anteil an Ausländern mit 460 eher gering.

Durch die besondere Lage der Altstadtkerne hat sich das Siedlungsgebiet stark ausgeweitet. So entstanden in jüngster Zeit zahlreiche Wohnungsanlagen im Osten der Stadt gegen die Donau zu und in den übrigen Ortsteilen, die ursprünglich alle eher agrarisch orientiert waren. Der Hausbestand beträgt heute ca. 5000 Objekte.

Geschichte

Die Stadt Krems liegt auf uraltem Siedlungsboden. Der sensationellste Fund gelang 1989 bei einer Plangrabung an der Gemeindegrenze zwischen Krems und Stratzing, wo auf Kremser Gemeindegebiet eine ca. 32.000 Jahre alte Statuette, die sogenannte „Venus vom Galgenberg", gefunden wurde.

Auch jungsteinzeitliche Funde aus der Zeit um 4000 v. Chr. wurden im Stadtgebiet südlich und nördlich der Donau gemacht. Am Ende des römischen Imperiums wurden im Raum Krems Stämme der Völkerwanderungszeit für kürzere oder längere Zeit seßhaft (Quaden, Langobarden).

Historisch wird Krems erstmals 995 faßbar. Der Altstadtbereich Stein dürfte gleich alt sein, allerdings wird er erst um 1072 erstmals erwähnt.

Die historische Bedeutung der beiden Städte in der Babenberger Zeit lag in ihrer Funktion als Zoll- und Marktstädte (Steiner Zolländerung, vor 1200) bzw. als wichtige Wirtschaftsplätze. So wurde zwischen 1120/30 und 1200 in der Münzstätte Krems die älteste babenbergische Münze, der Kremser Pfennig, geschlagen. Auf der Weltkarte des arabischen Geographen Idrisi 1153 wird Krems unter den wichtigen Donaustädten erwähnt.

Seit der Regierungszeit Markgraf Leopolds III. ist Krems-Stein eine landesfürstliche Stadt. Sie tritt durch die Geschichte bis 1849 als Doppelstadt in Erscheinung und besitzt gemeinsames Stadtrecht, Stadtwappen, Stadtsiegel und Stadtrichter bzw. Bürgermeister. Der einstige Wohlstand der Städte wird auch heute noch in der gotischen Architektur zahlreicher Kirchenbauten sichtbar. Ein besonderes Juwel stellt die Göttweigerhofkapelle in Stein dar, deren Wandmalereien zum Besten gehören, was in der frühen Gotik in Österreich entstanden ist.

Die hohe wirtschaftliche Blüte und die damit verbundene kulturelle Ausstrahlung wirkte noch bis ins ausgehende 16., beginnende 17. Jh. nach. Nun sind es vor allem die bürgerlichen Geschlechter, die ihre

Die Dreifaltigkeitssäule in Krems 1738 von Josef Maria Götz.

Stadthäuser dem Zeitgeschmack entsprechend mit Erkern und Arkaden bereicherten.

In diese Hochblüte der Doppelstadt Krems und Stein fällt 1463 die Verleihung des neuen und heute noch gültigen Stadtwappens durch Kaiser Friedrich III., den Doppeladler mit der Kaiserkrone bekrönt in Gold auf schwarzem Grund.

Das 16. Jahrhundert ist auch geprägt durch das Eindringen der Reformation, wodurch der größte Teil der Bevölkerung protestantisch wurde. Um 1600 setzte auch die mehr oder minder zwangweise Rekatholisierung der beiden Städte ein. Kennzeichnender Ausdruck dafür ist die Ansiedlung der Jesuiten in Krems, der Kapuziner im Kloster Und im Jahre 1616 und der gleichzeitige Beginn des barocken Neubaues der Pfarrkirche zum hl. Veit, der 1630 abgeschlossen wurde. Trotz dieser Neubauten stehen wir nun in einer wirtschaftlich schweren Zeit. Der Tiefpunkt dieser negativen Entwicklung ist in der Besetzung der beiden Städte Krems und Stein 1645/46 durch schwedische Truppen zu sehen.

Erst das 18. Jahrhundert brachte eine Verbesserung, als in den großen Stiften Melk, Göttweig, Dürnstein und Zwettl die barocke Umbautätigkeit einsetzte, aus der den bürgerlichen Handwerkern bedeutende Aufträge zuflossen. Den Höhepunkt dieser positiven Entwicklung stellt ohne Zweifel die Tätigkeit Martin Johann Schmidts, genannt der Kremser Schmidt, dar, der sich 1756 in Stein ansiedelte und bis zu seinem Tod 1801 hier tätig war.

Das frühe 19. Jahrhundert brachte kaum wirtschaftliche Anstöße, die beiden Städte dürften damals ca. 7000 Menschen beherbergt haben. Damals wuchsen die beiden Städte Krems und Stein förmlich zusammen, doch muß dabei berücksichtigt werden, daß von 1850 an, begründet auf dem Gemeindegesetz von 1849, zwei getrennte Stadtgemeinden Krems und Stein existierten.

Die Bedeutung der Stadt wurde durch die Errichtung eines Kreisgerichtes 1850, durch die Erbauung eines Spitales 1872 und den Neubau der großen Kaserne unterstrichen. Eine Zäsur in der Stadtentwicklung brachte das Jahr 1938, als eine Großgemeinde Krems unter Einschluß der Gemeinden Mauternbach, Mautern, Stein, Furth, Palt, Thallern, Ober- und Unter-Rohrendorf, Egelsee, Rehberg, Gneixendorf, Stratzing und Landersdorf geschaffen wurde, wodurch die Bevölkerungszahl auf 26.000 anstieg.

Durch das Ostmarkgesetz wurde Krems zur Gauhauptstadt des Gaues Niederdonau erklärt. Der Zweite Weltkrieg ging auch an der Stadt Krems nicht ohne Verluste vorüber.

Krems als Kulturstadt

Die besondere Bedeutung der Stadt Krems liegt im kulturellen Bereich. Zahlreiche historische Bauwerke und die beachtliche Bausubstanz der Stadt haben dazu geführt, daß man sich schon frühzeitig um die Bereiche Denkmalpflege und Altstadtsanierung bemühte. Für diese Aktivitäten wurde die Stadt Krems im Jahr der europäischen Denkmalpflege 1975 zur Dokumentationsstadt erklärt.

Durch internationale Großausstellungen (Gotik in Niederösterreich 1959, Romanische Kunst in Österreich 1964, Gotik in Österreich 1967, 800 Jahre Franz von Assisi 1982) und viele andere kleinere Ausstellungsvorhaben wurde der Stellenwert der Stadt Krems als kultureller Mittelpunkt im Bundesland Niederösterreich immer wieder unter Beweis gestellt.

Die Stadt ist auch eine alte und wichtige Schulstadt und beherbergt neben allen Formen der allgemeinbildenden höheren Schulen zahlreiche berufsbildende Schulen, die Pädagogische Akademie der Diözese St. Pölten und die Landwirtschaftliche Fachschule für Obst- und Weinbau. 1988 wurde durch das Land Niederösterreich die Wissenschaftliche Landesakademie eröffnet, seit 1969 besteht das Institut für mittelalterliche Realienkunde Österreichs der Österreichischen Akademie der Wissenschaften als Forschungseinrichtung von internationaler Dimension.

Ernst Englisch

Der Bezirk Krems

Der Verwaltungsbezirk Krems liegt im Zentrum von Niederösterreich und hat eine Fläche von 924,35 km². Er erstreckt sich vom Dunkelsteiner Wald im Süden bis zum Kamp im Norden sowie von einer gedachten Linie zwischen Melk und Döllersheim im Westen bis zum Manhartsberg im Osten.

Den zentralen Ort für den politischen Bezirk stellt die Stadt Krems a. d. Donau selbst dar, die jedoch als Stadt mit eigenem Statut eine eigene Verwaltungseinheit bildet.

Im politischen Bezirk Krems wohnen in 29 Gemeinden 52.768 Einwohner. Vier dieser Gemeinden sind Städte (Langenlois, Dürnstein, Mautern und Gföhl), 19 Marktgemeinden.

Der Bezirk Krems gliedert sich in fünf Gerichtsbezirke (Krems a. d. Donau, Mautern, Langenlois, Gföhl und Spitz). Er besteht in seiner heutigen Form durch die Ausgliederung der Randbezirke der Stadt Krems erst seit dem Jahre 1948.

Struktur des Bezirkes

Die agrarische Grundlage sowie das Fehlen großer Gewerbebetriebe führen einerseits zu einer stetigen Abwanderung vor allem junger Menschen, andererseits muß – nach dem Steueraufkommen – der Verwaltungsbezirk Krems zu den ärmeren Bezirken Niederösterreichs gezählt werden.

Flugaufnahme von Grafenegg.

Geologie

Geologisch gesehen ist der Großteil des Bezirkes der Böhmischen Masse zuzurechnen. Diese wird im südlichen Bereich durch die Donau durchschnitten.

Gegen Osten hin senkt sich das Böhmische Massiv zum Tullner Feld stark ab und wird allmählich von Donauschottern überlagert. Durch den Rückgang des tertiären Meeres blieben Sedimente zurück (Sand, Ton, Tegel, Schlier usw.), die sich auf den Kies- und Schotterterrassen ablagerten. Sie bewirken – im östlichen Teil des Bezirkes günstige Bedingungen für die Landwirtschaft.

Im Pleistozän fanden die großen Lößablagerungen statt. Dieser Löß bildet beste Voraussetzungen für eine hochwertige Landwirtschaft. Insbesondere bilden die Lößvorkommen auf Südhängen gute Weinbaulagen.

Klima

Das Klima im Osten des Bezirkes und in der Wachau wird stark pannonisch beeinflußt, so daß das sich nach Osten öffnende Donautal thermisch begünstigt ist.

Das Jahresmittel der Lufttemperatur liegt in Krems selbst bei 8–9 Grad Celsius. Dieser Mittelwert sinkt aber in höheren Lagen stark ab und erreicht vor allem im Waldviertel wesentlich tiefere Temperaturen.

Landschaft

Im Süden befindet sich das Gebiet des hügeligen, überdurchschnittlich bewaldeten Dunkelsteiner Waldes, das nach Norden hin steil zur Donau abfällt. Das Donautal selbst steigt – nach Norden hin betrachtet – wieder steil an und geht eher abrupt in die Höhenlagen des wellenartig wirkenden Waldviertels über.

Im Norden des Bezirkes liegt – eingebettet in die Waldviertler Hügellandschaft – der Kamp mit den Kamptalstauseen.

Trotz der intensiven Nutzung hat die Landschaft ihre charakteristische Eigenschaft bewahrt, so daß sie noch immer Heimat für viele Pflanzen und Tiere darstellt.

Besonderheiten des Bezirkes sind auch die zwei bekannten Höhlen im Bereich der Kleinen Krems unterhalb der Ruine Hartenstein. In diesen beiden Höhlen, es sind dies die Gudenus-Höhle sowie die Eichmayr-Höhle mit dem „Steinernen Saal", wurden zahlreiche fossile Funde gemacht, die die Flora und Fauna der Urzeit darlegen.

Gewässer

Der dominierende Fluß des Bezirkes ist zweifelsohne die Donau. Seit Menschengedenken wird der Strom zum Fischfang und zur Schiffahrt benützt. Er hat sogar durch seine verbindende Funktion die Blüte der an der Donau liegenden Städte bewirkt.

Die Donau ist hier zwischen den Staustufen Melk und Altenwörth eingebettet. In der Wachau selbst befindet sich aber noch immer die ursprüngliche freie Flußstrecke.

Am Oberlauf des Kamps liegen die Stauseen Ottenstein, Dobra und Thurnberg.

Der Kamp fließt nach den Stauseen zuerst nach Osten und dann nach Süden in die Donau, wobei seine Wasserkraft durch zahlreiche kleinere Wasserkraftwerke ausgenützt wird.

Von Nordwesten nach Südosten fließt die Krems, ein Bach, der sehr unberechenbar sein kann. Trotz der geringen Wasserführung bei Schönwetter kann sie nämlich in kurzer Zeit massive Hochwässer mit sich führen und große Schäden anrichten.

Wirtschaft

Im Verwaltungsbezirk Krems werden ungefähr 8200 Personen in zirka 1500 Gewerbebetrieben beschäftigt. Größere Gewerbebetriebe sowie Industriebetriebe befinden sich lediglich im Raum der Stadt Krems.

An agrarischen Produkten werden Weintrauben, verschiedene Obstsorten, Weizen, Hackfrüchte, Zuckerrüben, Mais, Mohn, verschiedene Alternativkulturen etc. angebaut. Vor allem im Waldviertel ist noch die Viehwirtschaft üblich.

Links: Die Kirche von Thallern.
Links außen: Loiben während der Baumblüte.
Rechts: Burg Rastenberg. 16. Jh.

Neben der Landwirtschaft ist auch die Forstwirtschaft von wesentlicher Bedeutung. Der jährliche durchschnittliche Holzeinschlag beträgt zirka 150.000 fm, wobei der Laubholzanteil sich auf etwa 40.000 fm beläuft. Eine wesentliche Einnahmequelle der Bevölkerung bildet der ständig steigende Fremdenverkehr; der auf 320.000 Übernachtungen pro Jahr verweisen kann. Dazu hat vor allem in den letzten Jahren der aufstrebende Wander- und Radtourismus beigetragen. An starken Wochenenden konnten im Sommer bereits über 2000 Radtouristen gezählt werden.

Der Fremdenverkehr hat dazu geführt, daß im Bezirk nicht nur eine gute Ausstattung mit hochwertigen Gastronomiebetrieben vorhanden ist, sondern daß auch die Zahl der vorzüglichen Heurigen ständig zunimmt.

Kulturelle Ereignisse von überregionalem Rang, wie das Donaufestival 1989 oder die zwei Landesausstellungen in Grafenegg, lockten zusätzlich viele Besucher in den Bezirk Krems. Auch das Wachauer Volksfest zieht alle zwei Jahre Tausende Besucher nach Krems.

Aber nicht nur die Feste und Feierlichkeiten – wie z. B. die attraktiven Sonnwendfeiern in der Wachau –, die im Bezirk traditionsreich und gemütlich gefeiert werden, stellen Anziehungspunkte dar, sondern vor allem die sehenswerten Bauwerke aus Österreichs Geschichte. Dazu zählen nicht nur das Schloß Grafenegg, sondern auch die Ruine Aggsbach, Stift Göttweig und Dürnstein sowie eine Vielzahl weiterer romanischer, gotischer und barocker Bauten.

Weinbau

Der Weinbau im Verwaltungsbezirk Krems verdient ein eigenes Kapitel, weil er für diese Gegend wertbestimmend ist. Hier existieren nämlich nicht nur viele Hauer, die ausschließlich vom Ertrag ihrer Reben leben und daher einen ständigen Konkurrenzkampf austragen, sondern hier besteht aufgrund überlieferter Erfahrungen und geeigneter Bodenverhältnisse auch die Möglichkeit, hohe Weinqualitäten zu erreichen.

Die Weinbaukultur und die Kellertradition im Bezirk Krems ist sehr alt; viele Klöster und Herrschaften haben große Weinbesitzungen bewirtschaftet, um ihren Bedarf zu decken und um wertvolle Handelsware zu produzieren. Sie hatten große Kellereien, die sie tief in die Erde gruben oder mit fest gewölbten Mauern ausstatteten.

Der Wein wird überwiegend in Hochkulturen gezogen. Infolge der zum Teil extremen Steillage und der ungünstigen Wasserversorgung muß dabei der durchschnittliche Jahresertrag mit 5.000 bis 10.000 kg Trauben pro ha angenommen werden.

Im Bezirk Krems sind zirka 7.300 ha Weinbaufläche vorhanden, die von etwa 4065 Weinbautreibenden bewirtschaftet werden, wobei über 700 ha Weinbaufläche in Steillagen liegen.

Von den vorhandenen Rebsorten sind derzeit 85 Prozent Weißwein- und 15 Prozent Rotweinsorten ausgepflanzt. Hauptsorte ist der Grüne Veltliner, jedoch werden vermehrt Qualitätsweintrauben wie Rheinriesling, Neuburger, Chardonnay, Weißburgunder etc. bei den Weißweinen und Cabernet bei den Rotweinen angebaut.

Geschichte

Die geographische Situation des Bezirkes bringt es mit sich, daß ein besonderer Reichtum an geschichtlichen und kulturellen Denkmälern gerade diese Region auszeichnet.

Unser Bezirk gehört zu den ältesten Siedlungsgebieten Österreichs, worauf zwei spektakuläre Funde besonders hinweisen: 80 Jahre nach dem Fund der „Venus von Willendorf" in der Wachau gelang kürzlich die Bergung der „Venus vom Galgenberg" (Stratzing–Krems/Rehberg), die mit 32.000 Jahren die älteste figürliche Darstellung der Menschheitsgeschichte überhaupt darstellt. In der Römerzeit gehörte der Raum südlich der Donau zum römischen Imperium, und in der Stadt Mautern-Favianis besitzen wir ein historisch besonders wichtiges Denkmal, da Favianis die Wirkungsstätte des hl. Severin (gestorben 482) war.

Im Mittelalter gehörte das Wachau-Tal zu einem der wichtigsten Landstriche Österreichs. Der Reise- und Handelsweg an der Donau war eine der großen europäischen Verkehrsverbindungen dieser Zeit. Über die historische Donauschiffahrt, die als Wirtschaftszweig allerdings in der neuesten Zeit wesentlich an Gewicht verloren hat,

informiert das Schiffahrtsmuseum des Marktes Spitz. Der zweite dominierende Wirtschaftsfaktor war der Weinbau, der von den Anfängen bis weit in die Neuzeit überwiegend in geistlichem Eigentum war. Zahlreiche Lesehöfe, besonders der bayerischen und österreichischen Klöster, sind heute noch erhalten und prägen gemeinsam mit den Weinbauterrassen das Erscheinungsbild.

Eine Hauptsehenswürdigkeit bildet die Benediktinerabtei Göttweig, die zwar in ihrem barocken Umbau unvollständig blieb, trotzdem aber zu den großen Sehenswürdigkeiten Österreichs gehört. Die Stiftssammlungen und vor allem das graphische Kabinett, die zweitgrößte österreichische Graphiksammlung, sind ein Anziehungspunkt für viele Kunstfreunde. Zur selben Zeit wurde auch das wesentlich kleinere Augustiner-Chorherrenstift Dürnstein barockisiert. Im Zusammenwirken mit der Burgruine und der kleinen Stadt bildet diese barocke Anlage einen der besonderen malerischen Höhepunkte in der Wachau. Eine barocke Anlage ist auch das Schloß Gobelsburg, heute Weingut des Stiftes Zwettl, das eine Außenstelle des österreichischen Volkskundemuseums beherbergt.

Eine besonders reizvolle Sammlung, vor allem mit bürgerlichem Kulturgut, besitzt das in einem Renaissancehaus untergebrachte Heimatmuseum von Langenlois.

Ein wichtiger kultureller Veranstaltungsort, der eine breitgestreute Palette von Möglichkeiten in seinem Jahresprogramm bietet, ist Schloß Grafenegg. Das beinahe völlig restaurierte Schloß im neugotischen Stil hat als Ort jährlich wechselnder Ausstellungen und musikalischer Veranstaltungen Geltung erlangt und auch mit dem „Grafenegger Advent" ein eigenes Markenzeichen kreiert.

Gerhard Hetzer

Ansicht von Senftenberg. Fotografie um 1880.

Ansicht von Dürnstein. Fotografie um 1900.

Links: Wappen von Hollabrunn. Farblithographie. 1885.
Rechts: Der Kalvarienberg in Retz, errichtet 1737.

Der Bezirk Hollabrunn

Lage und Größe

Der Bezirk Hollabrunn ist der westlichste des Weinviertels. Die Nordgrenze, teilweise gebildet durch die Thaya, ist gleichzeitig Staatsgrenze zur ČSFR. Innerhalb des Landes schließen im Uhrzeigersinn die Bezirke Mistelbach, Korneuburg, Tulln, Krems und Horn an Hollabrunn. Verwaltungsmäßig ist der Bezirk in die vier Gerichtsbezirke Haugsdorf, Hollabrunn, Ravelsbach und Retz mit insgesamt 24 Gemeinden unterteilt, die sich aus 158 Katastralgemeinden zusammensetzen. Von diesen haben sechs den Stadtrang, 14 sind Marktgemeinden. Die Fläche des Bezirkes beträgt 1.011 km².

Landschaft und geologischer Aufbau

Die Westgrenze des Bezirkes entspricht in etwa dem Anstieg zum Waldviertel, wobei Hardegg aber schon dem unteren Thayahochland anzurechnen ist. Östlich daran anschließend fällt das Pulkauer-Retzer Weinland zum westöstlich verlaufenden, breitmuldigen Pulkautal ab. Im Süden werden die an den Manhartsberg anschließende Hohenwarther Platte und das zu den Leiser Bergen ansteigende Hollabrunner Hügelland durch Schmida und Göllersbach zur Donau entwässert.
Der Bezirk gehört zum Karpatenvorland mit tertiärer Molasse, das östlich von der Waschbergzone und westlich von der Böhmischen Masse von der Zone moravischer Granite (Maissau–Pulkau–Retz) und der moravischen Schieferzone (Weitersfeld–Hardegg) begrenzt wird.

Klima

Unser Bezirk als Teil des Weinviertels steht unter dem Einfluß des trockenen pannonischen Klimas und ist sehr wasserarm.
Die mittleren Jahressummen der Niederschläge sind daher sehr gering und reichen nur selten über 600 mm. Die Jahresmitteltemperaturen reichen von +7° C (Hardegg) bis über +9° C (Hollabrunn).

Flugaufnahme der Altstadt von Retz.

Flugaufnahme der Landschaft um Mailberg.

Gewässer und Erhebungen

Das bedeutendste Gewässer ist die Thaya, die im Bereich des Bezirkes in zahlreichen Windungen und Kehren ein landschaftlich schönes Engtal bildet, das zu einem Naturschutzgebiet erklärt wurde. Die von West nach Ost fließende Pulkau durchbricht schluchtartig den Steilabfall des Waldviertels und durchfließt nach der Stadt Pulkau ein breites Muldental, um bei Laa in die Thaya zu münden. Der Göllersbach fließt vom Ursprung im Ernstbrunner Wald zuerst im sogenannten „Langen Tal" in ost-westlicher Richtung und wendet sich nach Aufnahme des Gmosbaches in starkem Bogen nach Süden. Die Schmida kommt mit ihren Nebenbächen aus dem Manhartsbergzug. Nach Eintritt in den Bezirk entwässert sie wie der Göllersbach in einem breitmuldigen Tal in südlicher Richtung der Donau zu. Die höchsten Erhebungen liegen im Westen (Manhartsberg 537 m) und im Norden (Hoher Berg 493 m), wo der Bezirk Anteil am Granitplateau des Waldviertels hat. Der Großteil des Bezirkes ist ein flachwelliges Hügelland von 220–400 m Seehöhe, aus dem einzelne Höhenrücken emporragen.

Landwirtschaft und Forstwirtschaft

Von der genutzten Fläche von 85.207 ha entfallen auf: Ackerbau 60.255 ha, Weinbau 8.573 ha, Forstwirtschaft 16.380 ha.
Die Agrarquote – das ist die Zahl der Berufstätigen in der Land- und Forstwirtschaft, gemessen an der Wohnbevölkerung in Prozent – betrug 28,1 Prozent (1971) bzw. 24,3 Prozent (1981). Die Abnahme der in der Landwirtschaft Beschäftigten ist beträchtlich.
Neben den traditionellen Feldfrüchten – Brotgetreide, Gerste, Zuckerrüben, Kartoffeln und Mais – werden in den letzten Jahren immer mehr zum Alternativanbau von Ölsaaten sowie Eiweißpflanzen übergegangen und zwar: Raps, Sonnenblumen, Erbsen, Ackerbohnen, Sojabohnen und Kürbis. Gemüseanbau dominiert vornehmlich im Raum Haugsdorf und im Pulkautal.
Die Weinbaugebiete liegen im Pulkautal, im Gebiet um Retz sowie an den Südwesthängen des Göllersbach- und des Schmidatales. Die Waldgebiete befinden sich auf dem Höhenzug des Manhartsberges, des Buchberges und im Schwarzwald, einem Teil des Ernstbrunner Waldes.

Gewerbe

Das Gewerbe hat vor allem lokale Bedeutung und ist stark an der Landwirtschaft orientiert. Durch die umfassende Mechanisierung und Technisierung ist ein beschleunigter Strukturwandel im Gewerbe in Richtung Kraftfahrzeugmechaniker, Gas- und Wasserleitungsinstallateur, Heizungsbauer, Elektroinstallateur, Radio- und Fernsehtechniker, EDV-Berater u. a. m. festzustellen.

Industrie

Hollabrunn als ausgesprochener Agrarbezirk hat gegenüber anderen Teilen Niederösterreichs nur sehr wenig Industrie. Mit 43 Betrieben ist der Anteil, gemessen an der Gesamtzahl Niederösterreichs, mit 2,4 Prozent sehr gering.

Links: Das Schloß Riegersburg.
Rechts: Die Windmühle bei Retz aus der ersten
Hälfte des 19. Jahrhunderts.

Verkehr

Der Bezirk ist verhältnismäßig gut durch Eisenbahnen und Straßen erschlossen. Die wichtigste Bahnlinie, die Nordwestbahn, die von Wien über Retz nach Znaim in die Tschechoslowakei führt, hat in Zellerndorf einen wichtigen Verkehrsknotenpunkt. Das untere Thayahochland wird durch die Teilstrecke Retz–Drosendorf erschlossen. Das verstärkte Verkehrsaufkommen führte 1979 zur Verlängerung des Schnellbahnverkehrs über Stockerau hinaus bis Hollabrunn. Die wichtigste Straße ist die Schnellstraße S 3, die, von der A 22 von Stockerau kommend, bis Hollabrunn geführt wird und ab da als Bundesstraße B 2 zur Staatsgrenze bei Kleinhaugsdorf und weiter nach Znaim führt. Eine wichtige Verbindung nach Westen ist die Landeshauptstraße LH 43, die von Hollabrunn über Ziersdorf und Hadersdorf nach Krems verläuft.

Bevölkerung, Siedlungen

Der Bezirk zählte im Jahre 1981 laut Volkszählung 50.262 Einwohner, das sind 3,5 Prozent der Bevölkerung Niederösterreichs. Die Bevölkerungsdichte beträgt 49,7.
Den Höchststand der Bevölkerung hatte Hollabrunn 1890 mit 77.584 Personen erreicht. Seither gab es nur Rückgänge.
Als einziger Bezirk Niederösterreichs zeigte Hollabrunn in allen Gemeinden Abnahmen, die geringste in Göllersdorf (–10,8 Prozent), die höchste in Seefeld-Kadolz (–44,7 Prozent).
Der Bezirk besteht aus geschlossenen Siedlungen, die auf ein Anger- oder Straßendorf zurückgehen. Die ursprüngliche Hausform war der Zwerch- und Hakenhof. Eine Besonderheit der Weingegend stellen die zahlreichen Kellergassen dar.

Zentraler Ort

Das Zentrum des Bezirkes ist die Stadt Hollabrunn, Sitz der regionalen Verwaltung mit Bezirkshauptmannschaft, Finanzamt, Krankenhaus usw. und Schulstadt. Weiters ist Hollabrunn als Sportzentrum (Stadion, Sporthalle, Moto-Cross-Rennen) und als Kulturzentrum (Stadthalle, Volkshochschule, Museum) und als Kulturzentrum (Stadthalle, Volkshochschule, Museum) bekannt. Die Stadt ist auch wichtiges Wirtschaftszentrum (Lagerhausgenossenschaft) und Einkaufszentrum des Bezirkes.
Die Weinstadt Retz ist Mittelpunkt des grenznahen Raumes mit jährlichen Weinwochen und dem Weinlesefest.

Geschichte

Der Bezirk ist in die bewegte Geschichte des Weinviertels eingebunden. Eine kontinuierliche Besiedlung läßt sich auf waldfreien Lößböden schon seit der Jungsteinzeit feststellen. Nach der Völkerwanderungszeit wurde unser Gebiet von zurückgebliebenen Germanen und Slawen besiedelt. Einige Orts- und Flußnamen wie Fugnitz, Pulkau, Schmida künden noch von ihnen. Nach Sicherung der Thaya- und Marchgrenze um die Mitte des 11. Jahrhunderts erfolgte ein Zustrom bayerisch-fränkischer Siedler. Zum Schutz des Landes wurden zahlreiche Burgen errichtet, wie sie in Hardegg und in der Ruine Kaja die Zeit überdauert haben. Später kamen planmäßig gegründete Burgstädte wie z. B. Retz dazu. Der Schwedeneinfall 1645 brachte große Not und Verarmung über das Land. Erst mit der Beseitigung der Türkennot setzte ein wirtschaftlicher und kultureller Aufschwung ein, der sich in barocken Kirchen, Schlössern und zahlreichen Marterln dokumentierte. Kriegsschauplatz wurde der Bezirk erneut in den Franzosenkriegen. Verhältnismäßig diszipliniert verlief der Einmarsch der Preußen 1866. Am Ende des Zweiten Weltkrieges 1945 wurde der östliche Teil des Bezirkes Kriegsgebiet.

Kunst und Kultur

Ein kunstgeschichtliches Denkmal ersten Ranges besitzt der Bezirk in der romanischen Kirche von Schöngrabern.
Die Stadt Retz birgt neben einer Reihe von kunstgeschichtlich beachtlichen Bauwerken einen der schönsten Stadtplätze Österreichs und die einzige Windmühle des Landes.

Stiegenhaus im Schloß Mailberg, jetzt Maltesermuseum.

Die Heilig-Blut-Kirche in Pulkau mit dem spätromanisch-frühgotischen Karner.

Unter den gotischen Kunstgütern im Bezirk nimmt der Pulkauer Flügelaltar in der Heilig-Blut-Kirche wohl die erste Stelle ein. Der Pulkauer Karner, ein spätromanisch-frühgotischer Quaderbau, gehört zu den schönsten Bauwerken dieser Art.
Die Schlösser Schönborn und Riegersburg sind Juwele des Barocks und zählen zu den künstlerisch wertvollsten Anlagen Niederösterreichs. Im Bereich des Bezirkes gibt es noch weitere kunstgeschichtlich interessante Schlösser wie Kleinwetzdorf, Guntersdorf, Maissau, Schrattenthal u. a., ebenso eine Reihe von sehenswerten barocken Kirchen wie in Wullersdorf, Ravelsbach, Göllersdorf, Aspersdorf, Retz.
Auf dem „Heldenberg" in Kleinwetzdorf befindet sich um das Mausoleum des Feldherren Radetzky eine Gedenkstätte österreichischer Helden aus den italienischen Feldzügen 1848/49. Ein Soldatenfriedhof aus dem Zweiten Weltkrieg liegt hinter dem Kalvarienberg in Retz.
Zu erwähnen sind die Heimatmuseen der Städte Hollabrunn und Retz. Das Schloßmuseum Mailberg ist dem Malteserorden gewidmet. Im Schloß Kleinwetzdorf wird eine Ausstellung über Radetzky gezeigt. Die Riegersburg bringt als Außenstelle des Nö. Landesmuseums Ausstellungen zu jährlich wechselnden Themen. In der Burg Hardegg befindet sich eine Dauerausstellung über Kaiser Maximilian von Mexiko. Der alte Wallfahrtsort Maria Roggendorf hat durch monatliche Wallfahrten (an jedem 13. des Monats) steigende Bedeutung erhalten.

Josef Aschauer

Links: Wappen von Mistelbach. Farblithographie. 1885.
Rechts: Schloß Ernstbrunn. Fotografie. Um 1900.

Der Bezirk Mistelbach

Der Verwaltungsbezirk Mistelbach liegt im Nordosten Niederösterreichs, im Weinviertel, und erstreckt sich von der Grenze zur ČSFR bis vor die Tore Wiens. Mit einer Fläche von 1290 m² gehört er zu den größten Bezirken des Landes. Er gliedert sich in die vier Gerichtsbezirke Laa a. d. Thaya, Poysdorf, Mistelbach und Wolkersdorf. Die größte Höhe ist der Buschberg mit 492 m. Seiner äußeren Erscheinungsform nach gehört der Großteil des Bezirkes zum Weinviertler Hügelland, nur im Norden und Nordosten greift dieses Gebiet noch in die Flußebenen an der Thaya und im Süden in das Marchfeld. Das Hügelland wird noch durch die Kalkklippen der Leiser und Falkensteiner Berge überragt. Ihr Bindeglied, der einsam am Rande der Laaer Ebene sich erhebende Staatzer Berg, ist mit seiner Burgruine wohl eines der schönsten und markantesten Landschaftsbilder des Weinviertels. Die nördliche und zum Teil die östliche Bezirksgrenze ist gleichzeitig die Staatsgrenze zur ČSFR. Westlich schließen die Bezirke Hollabrunn und Korneuburg, östlich und südlich die Bezirke Gänserndorf und Wien-Umgebung an.

Geologischer Aufbau und Landschaft

Vor Jahrmillionen versank das Verbindungsstück zwischen den Urgesteinsalpen und dem Karpatenbogen. Die Einbruchsstelle wurde von Wassermassen überflutet. In diesem Meer bildeten Kalkreste von Lebewesen mächtige Klippenzüge. Die Kleinen Karpaten deuten die alte Verbindung der Gebirgsmassive an, was aber durch den Einbruch des Wiener Beckens nicht ganz gelingt. Vom Donaudurchbruch bei Klosterneuburg strebt der zweite Klippenzug über den Bisamberg, den Michelberg, den Buschberg, die Staatzer Klippe und das Falkensteiner Bergland nach Norden, um hinter den Pöllauer Bergen in der Mährischen Ebene unterzutauchen. Heute teilt er das Weinviertel in eine östliche und in eine westliche Hälfte.

Gewässer

Im niederschlagsarmen Gebiet des Weinviertels gibt es nur kleine Wasserläufe. Hauptsammelader ist die March, nur der Rußbach fließt direkt zur Donau. Die Thaya berührt nur streckenweise österreichisches Gebiet, nimmt als wichtigsten Nebenfluß die Pulkau auf und bildet in ihrem untersten Talstück die Grenze zwischen Österreich und der Tschechoslowakei. Aus den Leiser Bergen kommt die Zaya, ihr Einzugsgebiet umfaßt 670 km², davon liegen etwa drei Viertel im Bezirk Mistelbach. Ihre wichtigsten Nebenbäche sind Taschlbach, Mistelbach und Poibach.

Die früher zahlreichen Teiche sind fast überall trockengelegt und in Wiesen und Feldland umgewandelt worden.

Wirtschaft

Der Bezirk Mistelbach zählt zu den Agrargebieten mit den günstigsten Produktionsbedingungen in Österreich. Geeignetes Gelände, kommassierte Gebiete, gute Böden und warmes Klima ermöglichen ausgezeichnete Qualitäten bei Brotgetreide, Gerste, Körnermais, Kartoffeln und Zuckerrüben. Seit Jahrhunderten ist der Weinbau ein wesentlicher Erwerbszweig. Die bekannten Weinbauzentren befinden sich in den Gerichtsbezirken Poysdorf, Mistelbach und Wolkersdorf und haben durch die Produktion hervorragender Weine, deren Palette

Die Staatzer Klippen mit der Burgruine.

vom leichten Tischwein bis zu den ausgesuchten Spitzensorten reicht, das Weinbaugebiet Falkenstein zu einem Qualitätsbegriff werden lassen. Trotzdem ist die weitere Entwicklung in der Landwirtschaft von vielen Sorgen und Ungewißheiten geprägt.
Die Erhaltung der Landwirtschaft als Nahrungsmittelproduzent, als Gestalter des ökologischen Raumes, als Arbeitgeber und leistungsfähiger Wirtschaftspartner ist eine Notwendigkeit, denn sie bietet heute noch knapp einem Drittel der Bevölkerung Arbeitsplätze.
Mistelbach ist ein unterindustrialisierter Bezirk. Positive Ansätze zu einer echten Industrialisierung gibt es derzeit vor allem in der Stadt Wolkersdorf im Weinviertel, in welcher sich in jüngster Zeit zahlreiche renommierte Betriebe in einer eigens geschaffenen Industriezone angesiedelt haben.
Das Hauptgewicht liegt bei den Klein- und Mittelbetrieben im Bereich des Handels, Gewerbes und Fremdenverkehrs. Die Zahl der Arbeitsplätze liegt deutlich unter der Zahl der Arbeitskräfte, die daher im vermehrten Ausmaß zum Auspendeln gezwungen sind.

Verkehr

Das Weinviertel war die Wiege der österreichischen Dampfeisenbahn. Die heute noch bestehenden Linien der Ost- und Nordbahn sind mehr als 120 Jahre alt und haben ihre unverzichtbare Bedeutung trotz der in der jüngsten Vergangenheit erbitterten Konkurrenz zwischen Schiene und Straße erhalten. Dem überproportional sich entwickelnden Individualverkehr sind mangels Rentabilität viele Nebenbahnen zum Opfer gefallen. Einige Linien dienen nur mehr dem Güterverkehr. Eine besondere Attraktivität besitzt die im Jahre 1983 in Betrieb genommene Schnellbahnlinie S 2 von Wien über Wolkersdorf nach Mistelbach, die einer dringenden Erweiterung bis nach Laa an der Thaya bedürfte.
Der Hauptträger des öffentlichen Verkehrs ist zweifellos das relativ dichte Netz an Kraftfahrlinien, das durch viele Werksbus- und Schülerbuskurse wirksam ergänzt wird. Das gesamte Netz der Bundes-, Landes- und Gemeindestraßen befindet sich in einem guten Ausbauzustand. Die Öffnung der Grenzen zum ehemaligen Ostblock hat allerdings eine derartige Steigerung der Verkehrsfrequenz gebracht, daß schon in kürzester Zeit dringende Ausbaumaßnahmen, vor allem zu den Grenzübergängen, notwendig sein werden.

Geschichte

Das Gebiet des Bezirkes Mistelbach war bereits, wie Funde beweisen, in der Steinzeit besiedelt. In der Zeit um Christi Geburt siedelten in den Tälern des Hügellandes Markomannen und Quaden, die in den folgenden Jahrhunderten in ihrem Expansionsstreben in sieg- und verlustreiche Kämpfe mit den Römern verwickelt waren.
Im Verlaufe der Völkerwanderung drangen die Heruler, Rugier und Goten in das Weinviertel ein, von denen im Gegensatz zu den Hunnen bemerkenswerte Zeugnisse erhalten blieben.
Nun setzte eine friedliche Entwicklung ein, die durch ein reges Handwerksleben und eine im wesentlichen unbehinderte Bewirtschaftung des fruchtbaren Ackerbodens sowie durch die Intensivierung der Handelsgeschäfte gekennzeichnet war. Der Ausbau vieler Ortschaften machte große Fortschrit-

Links: Blick auf Poysdorf.
Rechts: Kellergasse.

Der Bezirk Mistelbach

te, ebenso die Errichtung von Burgen und Kirchen, denen größtenteils noch heute ihr romanischer Kern anzusehen ist. Starke Verwüstungen und Hungersnöte waren die Folgen des Kriegszuges des Herzogs Wratislaw II. von Böhmen, der im Jahre 1082 bei Mailberg dem Babenberger Markgrafen Leopold II. eine vernichtende Niederlage zufügte. Auch später drohte dieser Region wiederholt Gefahr aus dem nunmehrigen Königreich Böhmen, welche in der siegreichen Schlacht bei Dürnkrut und Jedenspeigen im Jahre 1278 gegen König Przemysl Ottokar II. von Kaiser Rudolf I. vorerst gebannt werden konnte. Besonders arg betroffen wurden die friedlichen Bewohner des Weinviertels durch die Kriegszüge der aus Böhmen einfallenden Hussiten im 15. Jahrhundert und durch das Eindringen der Schweden unter General Torstenson im Jahre 1645. Wenngleich die Türken und Kuruzen das Weinviertel letztlich nicht unter ihre Herrschaft brachten, beeinträchtigten die der Bevölkerung abverlangten Leistungen an die kaiserlichen Truppen doch den bescheidenen Wohlstand.

Im Rampenlicht der Geschichte stand der Bezirk erneut im Jahre 1809 infolge der Präsenz der Armee der Franzosen unter Napoleon I., welcher in der einstigen Wasserburg in Wolkersdorf sogar einige Tage hindurch sein Hauptquartier errichtet hatte. Das Preußendenkmal in Poysdorf erinnert an die preußischen Besatzer in diesem Raum, an die Niederlage der Österreicher bei Königgrätz im Jahre 1866 und die für Österreich schmerzlichen Zugeständnisse im Gefolge des Präliminarfriedens von Nikolsburg sowie des Friedensschlusses von Prag.

Der Zusammenbruch der Monarchie und die beiden Weltkriege mit allen ihren Begleiterscheinungen und Folgen haben dem Weinviertel gleichfalls schwere Wunden geschlagen. Nirgends aber war das südmährische Schicksal in seiner Dramatik so spürbar wie hier, nirgends war so lange ein Leben an einer tatsächlich toten Grenze bedrückender zu erfahren als hier. Daher sind auch für die Weinviertler die jüngsten Ereignisse in der benachbarten ČSFR ein Signal der Hoffnung auf eine bessere Zukunft.

Kultur

Das kulturelle, aber auch das gesellschaftliche Leben wird sehr stark von den privaten Vereinigungen getragen. Im Bezirk Mistelbach gibt es knapp 1000 registrierte Vereine, die zum Großteil sehr aktiv sind und ausgezeichnete Arbeit leisten. Sie übernehmen nicht nur wichtige Aufgaben im Dienste der Allgemeinheit, sondern formen mit ihrem vielschichtigen Angebot das kulturelle Antlitz der Region als unersetzbaren Fak-

tor in der modernen Bildungs- und Kulturlandschaft im ländlichen Raum, der für sich nicht die Vorteile der städtischen Kulturzentren in Anspruch nehmen kann.

Zum Erstaunen vieler wohnen und schaffen im Bezirk zahlreiche weit über die Grenzen Österreichs hinaus bekannte Künstler, die durch ihre Arbeit sehr zum positiven Selbstverständnis des Weinviertels und zur Besinnung auf die kulturelle Tradition beigetragen haben. Kunstausstellungen, Kaffeehaus- und Schulgalerien fördern die Kontakte zwischen den Künstlern und der Umwelt und bereichern die Kulturszene. Museale Einrichtungen, wie z. B. das Weinlandmuseum oder das Museum für Ur- und Frühgeschichte in Asparn an der Zaya, das in Europa führende Schulmuseum in Michelstetten, diverse Heimatmuseen usw., erfreuen sich steigender Besucherzahlen.

Das Brauchtum wird in besonderer Weise gepflegt. Musik- und Gesangvereine sowie mehr als 40 Blasmusikkapellen bestätigen den hohen Stellenwert der Musik für die Menschen dieses Bezirkes, in dem auch eine große Anzahl von Musikschulen die Heranbildung des Nachwuchses fördert.

Großartige Theatergruppen zeigen Theater vom volkstümlichen oder modernen bis hin

zum klassischen Stoff. Das Barockschlößl in Mistelbach ist überhaupt ein Kulturzentrum ersten Ranges, das in der Qualität und Vielfalt seiner Leistungen in Österreich einmalig ist.

Gemeinden und Bevölkerung

Der Bezirk wird von etwa 78.000 Einwohnern bewohnt. Der Anteil an Zweitwohnsitzern beträgt ca. 7000. Die 35 Gemeinden, von denen 4 den Rang einer Stadtgemeinde einnehmen, verfügen über einen hohen Versorgungsstandard.

Das Zentrum des Bezirkes bildet die Bezirkshauptstadt Mistelbach, die mit Ausnahme einer Höheren Technischen Bundeslehranstalt sämtliche Schultypen bis zum Gymnasium und zu einer Handelsakademie anzubieten vermag.

Zentrale Einrichtungen wie die Bezirkshauptmannschaft, das Finanzamt, das Vermessungsamt, das Arbeitsamt und andere Behörden und Ämter haben hier ihren Sitz. Eine den modernsten Erfordernissen entsprechende medizinische Betreuung ist durch das Schwerpunktkrankenhaus sichergestellt.

Herbert Foitik

Das Gebiet um Falkenstein.

Der Bezirk Gänserndorf

Der Bezirk Gänserndorf liegt im Nordosten Niederösterreichs und erstreckt sich vom Zayatal bis zur Donau entlang der March, die die Staatsgrenze zur ČSFR bildet.

An den Bezirk grenzen im Norden und Westen der Bezirk Mistelbach, im Südwesten die Bundeshauptstadt Wien und südlich der Donau die Bezirke Wien-Umgebung und Bruck an der Leitha.

Flächenmäßig hat der Bezirk mit 1271 km² einen Anteil von 6,6 Prozent an Niederösterreich.

Der Bezirk ist in die vier Gerichtsbezirke Gänserndorf, Groß-Enzersdorf, Marchegg und Zistersdorf unterteilt.

Die 44 Gemeinden setzen sich aus 103 Katastralgemeinden zusammen. Fünf Gemeinden haben den Rang einer Stadt: Deutsch Wagram, Gänserndorf, Groß-Enzersdorf, Marchegg und Zistersdorf; 23 Gemeinden besitzen das Marktrecht.

Aufbau und räumliche Gliederung

Vom Relief her unterscheidet man im Bezirk zwei verschiedene Landschaften, das östliche Weinviertel – ein Hügelland im Norden – und das Marchfeld – eine Flußebene im Süden.

Im östlichen Weinviertel blieben die Sande, Schotter und Tone des ehemaligen Tertiärmeeres ziemlich unversehrt erhalten, wurden aber im Pleistozän mit einer Lößschicht überzogen. Dadurch entstand eine gleichförmige Hügel- und Riedellandschaft mit flachen Rücken und Kuppen, die Laubwälder tragen, lößbedeckte Talhänge und breite Talsohlen.

Die Gewässer

Durch die Regulierung von Donau, March und Rußbach war die Gefahr der Donauhochwässer im Frühjahr und der Eisstauwässer im Winter gebannt. Zu beiden Seiten der Donau, aber auch an der Mündung der March finden sich noch einige unberührte Ökotope. Nach der Regulierung der Donau blieben als Reste ehemaliger Flußschlingen zahlreiche Altwässer zurück. Durch die Klimaschwankungen, die Tiefenerosion der Donau nach ihrer Begradigung und durch die jährlich steigenden Wasserentnahmen der Landwirtschaft sank der Grundwasserspiegel pro Jahr um 5 cm, in den Jahren 1983 und 1984 sogar um jeweils 50 cm. Eine wasserwirtschaftliche Sanierung des Marchfeldes wird durch den Bau eines 19 km langen Marchfeldkanales möglich. Der Hauptkanal bringt Donauwasser von Langenzersdorf bis Deutsch Wagram, wo der Kanal in den Rußbach eingebunden wird. Die kleinen Bäche im Bezirk, wie Zaya, Sulz-, Weiden- und Stempfelbach, haben stark schwankende Wasserführung.

Luftbild der Gegend um Eckartsau.

Der Rußbach durchquert das Marchfeld und wird derzeit im Rahmen des Marchfeldkanalprojektes zwischen Deutsch Wagram und Markgrafneusiedl tiefer gelegt. Den Planungen nach soll der Rußbach wieder in die Landschaft eingebunden werden.

Die Bevölkerung

Die Bevölkerungszahl liegt nach der letzten Volkszählung bei 76.000 und hat sich in den vergangenen Jahren wenig verändert.

Der Bezirk hat eine negative Geburtenbilanz, dafür jedoch eine hohe und leicht positive Wanderungsbilanz (Zuwanderung minus Abwanderung).

Die Siedlungen

Das Siedlungsnetz ist im Marchfeld weitmaschig. Es dominieren Straßen- oder Mehrstraßendörfer mit Block- oder Streifenfluren, jedoch begegnet man auch vielen Angerdörfern. Die drei gegründeten Städte Marchegg, Zistersdorf und Groß-Enzersdorf weisen noch Reste mittelalterlicher Stadtmauern auf. Ortsnamen auf -see (Haringsee, Breitensee) weisen darauf hin, daß hier vor Errichtung des Marchfeldschutzdammes 1905 häufig mit Überschwemmungen gerechnet werden mußte.

In jüngster Zeit ist besonders entlang der Hauptverkehrsachsen durch den gestiegenen Flächenanspruch der Siedlungsraum ausgeufert. Besonders nach dem Bau der Schnellbahn sind ganze neue Ortsteile entstanden.

In den alten Ortskernen der Dörfer dominieren Streck- und Hakenhöfe, auch Dreiseithöfe sind vertreten. Viele Gebäude sind durch bauliche Eingriffe nicht mehr in ihrem ursprünglichen Zustand erhalten und haben das alte Dorfbild stark verändert. Bei fast allen Bahnstationen zeigen hohe Getreidesilos, wie dominierend der Ackerbau in dieser Region ist.

Viele für das Weinviertel charakteristische Kellergassen wurden mit viel Aufwand renoviert, und im Rahmen der Dorferneuerung ist aus manch unscheinbarem Dorf ein „Schmuckkästchen" geworden. Die Dichte und die Ausstattung der „zentralen Orte" spiegeln den Lebensstandard und die Lebensqualität der Bevölkerung wider. Alle fünf Städte des Bezirkes sind für die Bevölkerung Versorgungs- und Einkaufszentren. Sorgen bereitet den Geschäftsinhabern der Sog der Großstadt Wien. Wegen der guten Verkehrsverbindungen tätigen viele Bewohner ihre Einkäufe in Wien, andere nutzen bereits das niedrigere Preisniveau der Nachbarstaaten.

Wichtigster zentraler Ort ist die Bezirkshauptstadt Gänserndorf, Sitz der Bezirkshauptmannschaft, des Finanzamtes, der Kammern, Versicherungen, des Notariats, der Fachärzte, einer großen allgemeinbildenden höheren Schule, einer Handelsschule und Handelsakademie und verschiedener Fachgeschäfte und Gewerbetreibender.

Links: Marchauen.
Rechts: Schützenscheibe im Volkskundemuseum Groß Schweinbarth.

Der Bezirk Gänserndorf

Verkehr

Das Straßennetz ist dicht, es sind jedoch nur drei Bundesstraßen von größerer Bedeutung, die B 8, die B 3 und die B 49.
Die wichtigsten Eisenbahnlinien sind die Nordbahn (Wien–Gänserndorf–Hohenau), die Ostbahn (Wien–Marchegg) sowie die Strecken Gänserndorf–Pirawarth und Gänserndorf–Marchegg.
Besonders die im Halbstundentakt verkehrende Schnellbahn stellt ein wichtiges Transportmittel für Tausende Tagespendler nach Wien dar. Die Stadt Gänserndorf ist als Schulstadt ein Einpendelzentrum für etwa 2000 Schüler.

Das Wirtschaftsleben

Die natürlichen Voraussetzungen für die Landwirtschaft sind gut, die geringen Niederschlagsmengen bedeuten aber ein Ertragsrisiko für die Landwirtschaft. Viele Betriebe lösten dieses Problem mit Hilfe von mobilen Bewässerungsanlagen und der Grundwassernutzung aus Feldbrunnen. Gegen Bodenaustrocknung und die drohende Winderosion wurden Föhrenwälder und Windschutzgürtel angelegt. Derzeit bestehen im Bezirk etwa 5000 landwirtschaftliche Betriebe, davon sind 3000 Nebenerwerbsbetriebe.
Im Marchfeld entstand einer der wichtigsten Agrarräume (Kornkammer) des Landes. Neben den traditionellen Feldfrüchten wie Weizen, Gerste und Zuckerrüben werden mehr und mehr „alternative" Produkte wie Spargel, Blattspinat, Zwiebeln, Sonnenblumen, Raps und Erdbeeren angebaut.
Das Weinviertel verdankt seine Fruchtbarkeit den Lößablagerungen, die während der Eiszeit in mehreren Metern Dicke angeweht wurden. Auf hochwertigen Schwarz- und Braunerdeböden wurden Äcker und Wein-

Schloß Orth. 12./16. Jh.

Bauernstube im Volkskundemuseum Groß Schweinbarth.

gärten angelegt, zur natürlichen Vegetation auf den Schotterrücken gehören größere Eichenmischwälder.
Die dichtgereihten Kellergassen weisen auf den traditionellen Weinbau hin. Von den Sorten her dominieren Weißweine, insbesondere der Grüne Veltliner. Im Bezirksbereich wurden über 600 Gewerbebetriebe, jedoch nur eine verhältnismäßig geringe Zahl von Industriebetrieben gezählt.
Die größte Bedeutung hat die Erdöl- und Erdgasproduktion durch die ÖMV-AG und das Tiefbohrunternehmen Richard K. van Sickle. Das Fördergebiet erstreckt sich von Zistersdorf bis in den Raum Matzen–Prottes; um Zwerndorf und Aderklaa bestehen Abbaugebiete für Erdgas.
Die Unifrost GesmbH in Groß-Enzersdorf (Eskimo/Iglo) erzeugt ca. 500 verschiedene Artikel aus den Produktionsgruppen Speiseeis, Tiefkühlkost und Fertiggerichte.

Geschichte

Der Ort Stillfried zählt zu den wichtigsten ur- und frühgeschichtlichen Fund- und Forschungsstätten Österreichs. Am Steilabfall zur March wurde hier die bislang einzige eiszeitliche Jägerstation entdeckt. Doch auch in der Jungsteinzeit und den Metallzeitaltern hinterließen die Menschen hier zahlreiche Spuren. Einen hervorragenden Überblick über die Siedlungs- und Entwicklungsgeschichte bietet der Walldurchstich an der höchsten Erhebung der Wehranlage. Ein konserviertes Schichtprofil zeigt uns die frühesten menschlichen Spuren um 30.000 v. Chr. Darüber Schichten aus der Jungsteinzeit, Bronze- und Eisenzeit, auch Römer und Germanen haben Spuren hinterlassen. Über die mittelalterliche Wehranlage geht es herauf bis in die jüngste Zeit: zu einem Schützenloch aus dem 2. Weltkrieg.

Die eigentliche dauernde Besiedlung, die im wesentlichen bis heute Bestand hat, erfolgte zwischen 1000 und 1150. Knapp nach 1040 dehnten die Babenberger ihr Herrschaftsgebiet bis zur March aus, und dieser Fluß blieb bis heute Sprach-, Landes- und Staatsgrenze.
In diesem Bezirk begann auch der Aufstieg des Hauses Habsburg 1278 mit dem Sieg Kaiser Rudolfs I. über Ottokar von Böhmen zwischen Dürnkrut und Jedenspeigen; doch auch das politische Ende für dieses bedeutende Geschlecht vollzog sich im Marchfeld: Der Habsburger Kaiser Karl I. fand nach seiner Verzichterklärung am 11. 11. 1918 letzte Zuflucht im Schloß Eckartsau, von wo sich die kaiserliche Familie am 23. März 1919 in die Schweiz ins Exil begab.
Weltpolitische Bedeutung hatten auch die Schlachten im Jahre 1809 gegen Napoleon I. bei Aspern und Deutsch Wagram. 1866 bildete der Rußbach die Demarkationslinie zwischen Österreichern und Preußen, und letzten Endes war der Bezirk 1945 hart umkämpftes Kriegsgebiet.

Kultur

In den letzten Jahren wurden viele kulturelle Aktivitäten gesetzt, an der Spitze die Renovierung der beiden Schlösser Schloßhof und Niederweiden mit jährlich wechselnden Ausstellungen, Veranstaltungen und Musiksymposien.
Museen sind in Groß Schweinbarth („Im Meierhof"), in Stillfried (Urgeschichtliches Museum), Deutsch Wagram (Napoleon-Museum und Eisenbahnmuseum) und in Straßhof (Museum Heizhaus mit eisenbahnhistorischer Fahrzeugsammlung) zu besichtigen.

Andreas Straihammer

Schloß Niederweiden. Ende 17. Jh.

Der Bezirk Korneuburg

Der Bezirk Korneuburg im Weinviertel erstreckt sich von der Donau im Süden bis zum Glasweiner und Ernstbrunner Wald im Norden und hat eine Fläche von 626 km². Er grenzt im Osten an die Bundeshauptstadt Wien und an den Bezirk Wien-Umgebung, im Norden an den Bezirk Mistelbach, im Westen an die Bezirke Hollabrunn und Tulln und im Süden wieder an den Bezirk Wien-Umgebung. Er gliedert sich in die beiden Gerichtsbezirke Korneuburg und Stokkerau und hat insgesamt 19 Gemeinden, von denen die beiden Gerichtsorte den Stadtrang haben, 10 sind Marktgemeinden.

Geologischer Aufbau und Landschaft

Der Bezirk gehört im westlichen Teil geologisch zum außeralpinen Wiener Becken mit tertiärer Molasse, im Mittelteil erstreckt sich die Waschbergzone vom Rohrwald bis zu den Leiser Bergen, östlich davon ist das tertiäre Korneuburger Becken der über die Donau reichenden Flyschzone eingelagert. Die Ebene der Donauniederung reicht in beiden Tälern weit in das zum Ernstbrunner Wald ansteigende Weinviertler Hügelland. Die höchste Erhebung des Bezirkes ist der Steinberg (462 m) bei Ernstbrunn; weithin herausragend sind Michelberg (407 m) und Waschberg (394 m) im Zentrum des Bezirks; am östlichen Rand liegt der Bisamberg (361 m).

Die Gewässer

Abgesehen von der Donau (die nur auf etwa 6 km Länge die Bezirksgrenze bildet) gibt es im Bezirk keine Gewässer mit bedeutender Wasserführung. Göllersbach, Schmida, Mühlbach, Rohrbach, Donaugraben, Rußbach und Taschelbach entwässern zur Donau, die im Norden des Bezirks entspringende Zaya zur March. Die in die Donau mündenden Gewässer haben im Aubereich in den letzten Jahren starke Anlandungen und Verschmutzungen mit sich gebracht.

Verkehr

Der Bezirk ist in seinem südlichen Bereich durch Autobahn und Schnellbahn außerordentlich gut mit Wien verbunden. Die Schnellbahn führt von Stockerau in regelmäßigem Taktverkehr weiter bis Hollabrunn. Eine weitere Bahnlinie verbindet bei Absdorf-Hippersdorf Stockerau mit der Franz-Josephs-Bahn.
Die wichtigste Straße, die Donauuferautobahn (A 22), führt ab Korneuburg die Bezeichnung S 3 und nimmt ab Stockerau mit der B 3 und der B 4 einen Großteil des Verkehrs aus dem Wald- und westlichen Weinviertel nach Wien auf. Auch die Bundesstraße B 6 von Laa a. d. Thaya nach

Luftaufnahme des Schlosses Ernstbrunn. 17./18. Jh.

Korneuburg durchzieht den Bezirk von Norden nach Süden. Ebenso berührt die Bundesstraße B 7 von Drasenhofen nach Wien den Bezirk an seinem östlichen Ende bei Hagenbrunn. Da es an einer leistungsfähigen Querverbindung von dieser stark befahrenen Straße nach Westen fehlt, müssen einige Orte wie Hagenbrunn, Kleinengersdorf, Bisamberg und vor allem die Bezirkshauptstadt den Durchzugsverkehr aus dem östlichen Weinviertel und aus der ČSFR zur Westautobahn auf sich nehmen.
Einen nicht mehr sehr bedeutenden Beitrag zum Straßenverkehr leistet die Rollfähre Korneuburg-Klosterneuburg.
Schließlich sind zahlreiche Radwege zu erwähnen, deren wichtigster, der Radwanderweg am nördlichen Donauufer, derzeit bei Korneuburg noch einen etwa 5 km langen Umweg über Leobendorf und Bisamberg machen muß.

Wirtschaft

Im Bezirk Korneuburg gibt es etwa 2000 gewerbliche Betriebe, von denen rund 100 als Industriebetriebe geführt werden. Einerseits gibt es in beiden Städten Fabriken mit teilweise über 100jähriger Tradition, andererseits haben sich in den beiden letzten Jahrzehnten eine Reihe von bedeutenden Industrieunternehmungen neu im Bezirk angesiedelt.
In Korneuburg wurde 1852 eine Schiffswerft gegründet, um für die DDSG Reparaturen durchzuführen. Nach 1945 hat die mit der Linzer Werft vereinigte Österreichische Schiffswerften AG Linz-Korneuburg eine Reihe von auch hochseetauglichen Schiffen für verschiedene europäische und außereuropäische Länder gebaut; Hauptabnehmer für diese Schiffe ist derzeit die Sowjetunion.
Die Heid AG in Stockerau ist die vielleicht traditionsreichste Firma des Bezirkes. Heute werden modernste, computergesteuerte Drehbänke erzeugt; die Firma ist Teil eines deutschen Konzerns.
Die Firma Brüder Girak in Korneuburg, nach dem Ersten Weltkrieg gegründet, erzeugt komplette Seilbahnanlagen, mit denen sie eine bedeutende Position in ganz Österreich und Mitteleuropa errungen hat.
An weiteren bedeutenden Industrieunternehmungen seien erwähnt: die Carl Ueberreuter Druck- und Verlagsgesellschaft M. Salzer in Korneuburg, die Johann Kwizda

Links: Ortsansicht von Stockerau.
Rechts: Schloß Steinabrunn. 1762.

Der Bezirk Korneuburg

GesmbH, welche in Leobendorf und Korneuburg Spritzmittel und landwirtschaftliche Produkte erzeugt, die Franz Haas GesmbH in Leobendorf, die auf dem Sektor der Waffelmaschinen eine weltweite Vorrangstellung innehat, die TEL-Wolle AG Stockerau (Erzeugung von Glaswolle und Dämmstoffen), die MUT GesmbH Stockerau, welche Kommunalfahrzeuge, Förderanlagen und Müllbeseitigungsanlagen erzeugt, die Pumpenfabrik Ernst Vogel Stockerau, im Raum Ernstbrunn die Kalkgewerkschaft Rochleder-Wojna und Co. KG sowie die Eisengießerei und Landmaschinenfabrik Ing. Hans Hammerschmied.

Die Landwirtschaft, einst beherrschender Faktor im Bezirk, weist zwar noch 2213 Betriebe auf, doch sind davon 807 Nebenerwerbs-Landwirtschaften. Der Weinbau, welcher sich noch vor einigen Jahrzehnten über den gesamten Bezirk erstreckte, konzentriert sich jetzt auf die Gebiete Rußbach und Stetteldorf im Westen des Bezirks und auf Gemeinden rund um den Bisamberg. In Enzersfeld, Hagenbrunn, Langenzersdorf, Bisamberg und Stetten wird nahezu die gesamte Weinproduktion direkt auf dem Wege des Buschenschankes vermarktet.

Der Fremdenverkehr ist ausbaufähig; einer Reihe von sehr guten Gastronomiebetrieben steht ein akuter Mangel an Hotelbetten gegenüber, so daß die Nähe der Großstadt für den Besuchertourismus noch kaum genützt werden kann und sich der Bezirk hauptsächlich für Ausflüge, etwa in den Rohrwald, präsentiert.

Luftaufnahme von Burg Kreuzenstein. Ende 19. Jh.

Bevölkerung und Siedlungen

Der Bezirk wird von rund 60.000 Menschen bewohnt, zu denen noch gut 10.000 Personen mit einem weiter entfernten Wohnsitz, meist in Wien, kommen. Insgesamt ergibt sich aufgrund der starken Zuwanderung ein Bevölkerungszuwachs, obwohl nicht zu übersehen ist, daß die nördlichen Gemeinden des Bezirkes einen Rückgang der Bewohner aufweisen. Die 19 Gemeinden wurden aus früher 70 selbständigen Gemeinden großteils freiwillig zusammengelegt. Die Stadt Stockerau als mit 12.500 Einwohnern größte Stadt des Weinviertels gilt als Industrie-, Verkehrs- und Schulstandort (dort befindet sich auch das Gymnasium des Bezirks), wogegen Korneuburg seit langem die zentrale Verwaltungsstadt des Weinviertels (seit 1774 Kreishauptmannschaft des Viertels unter dem Manhartsberg) ist.

Geschichte

Von der Römerzeit über die Jahrhunderte der Völkerwanderung, der Awaren- und der Slawenherrschaft bis zur Karolingerzeit vom 8. bis 10. Jahrhundert war der Bezirk immer Grenzregion. Die Christianisierung hinterließ ihre Spuren in den beiden Urpfarren, St. Agatha in Hausleiten und Oberleis bei Ernstbrunn.

Der Bezirk war im Mittelalter, dann während der Schwedeneinfälle des 17. Jahrhunderts immer wieder Kampfgebiet.

Die Entstehung der Stadt Korneuburg selbst ist mit der Geschichte von Klosterneuburg untrennbar verbunden, da an dieser Stelle eine Furt durch die damaligen Donauarme als Stromübergang und Handelsweg benützt wurde. Die erste Nennung der von Klosterneuburg getrennten Stadt (Nova Civitas) stammt von 1136. Lange Zeit war die Stadt der einzige befestigte Ort am linken Donauufer und als solche im ausgehenden Mittelalter oft sehr umstritten. Die Schweden nahmen 1645 die Stadt Korneuburg und gleichzeitig auch die Burg Kreuzenstein in Besitz. Während die Stadt nach einjähriger Besatzung wieder geräumt wurde, zerstörten die Schweden die Burg Kreuzenstein vollständig.

Auch der Zweite Weltkrieg hinterließ im Bezirk schwere Spuren, da selbst nach der Befreiung Wiens noch die Burg Kreuzenstein von deutschen Truppen besetzt gehalten wurde. Ein kleiner Gedenkstein am Rande des Rohrwaldes zeugt davon, daß hier am 8. Mai 1945, am Tag des Waffenstillstandes nach dem Zweiten Weltkrieg, die Hauptkampflinie verlaufen ist.

Das Fürstenzimmer in der Burg Kreuzenstein.

Kultur

Natürlich gibt es auch im Bezirk Korneuburg zahlreiche kulturhistorisch wertvolle Kirchen und Schlösser. Als besonderes Wahrzeichen des Bezirkes gilt die Burg Kreuzenstein, die allerdings als Ausfluß des Historismus der Jahrhundertwende vom Besitzer, Hans Graf Wilczek, aus den Ruinen der von den Schweden zerstörten Burg neu erbaut wurde. Sie wurde bewußt als mittelalterliche Schauburg errichtet und zeigt vor allem durch die umfangreiche Waffen- und Gerätesammlung ein markantes Bild des Lebens im Mittelalter.

Das heutige kulturelle Leben ist in allen Gemeinden sehr vielfältig und stützt sich auf eine Reihe von Musik-, Gesangs- und sonstigen kulturellen Vereinen. Schwerpunkte bzw. Hauptträger sind die Stockerauer Festspiele sowie das Kulturzentrum „Bevedereschlößl" in Stockerau, der Museumsverein Korneuburg und die Korneuburger Musiktage, ein neues Bisamberger Veranstaltungszentrum mit den Bisamberger Schloßspielen und das Hanak-Museum in Langenzersdorf, welches dem bedeutenden Bildhauer der Zwischenkriegszeit Anton Hanak gewidmet ist. Das Bildungshaus der Erzdiözese Wien in Großrußbach ist ein weiterer kultureller Schwerpunkt für das ganze Vikariat Wien-Nord, welches nahezu ident mit dem Weinviertel ist.

Vorbildliches leisten auch die drei Musikschulen in Korneuburg, Stockerau und Ernstbrunn.

Kurt Suchanek

Links: Das Winzerfest in Klosterneuburg am 14. Oktober 1834. Kupferstich von F. Wolf. Rechts: Kartause Mauerbach.

Der Bezirk Wien-Umgebung

Bevölkerung, Siedlungen, Infrastruktur

Der Bezirk Wien-Umgebung ist der einzige Niederösterreichs, der keine geschlossene Fläche um einen niederösterreichischen zentralen Mittelpunktort besitzt. Er umgibt vielmehr das Bundesland Wien, im Westen mit den Gerichtsbezirken Purkersdorf und Klosterneuburg, im Norden mit der Gemeinde Gerasdorf, die noch zum Gerichtsbezirk Klosterneuburg gehört, und im Osten mit dem Gerichtsbezirk Schwechat. Er weist eine Fläche von rund 484 Quadratkilometer auf. In 42 Katastralgemeinden, die zu 4 Stadt-, 6 Markt- und 10 Dorfgemeinden zusammengelegt sind, wohnen mehr als 100.000 Menschen, von denen nach der letzten Volkszählung 86.850 im Bezirk ihren Hauptwohnsitz hatten. Die Zahl der Wahlberechtigten bei der Gemeinderatswahl 1990 betrug 86.696.

Von den 39.000 Beschäftigten (1981) pendeln 21.000 aus, davon allein 19.000 nach Wien. Andererseits pendeln aber auch 16.000 Personen in den Bezirk ein, und zwar nicht ganz 10.000 aus Wien.

Chorherrenstift Klosterneuburg vor Wien. Ansichtskarte nach einem Aquarell. Um 1930.

Geologischer Aufbau, Landschaft und Gewässer

Der Westen hat großen Anteil am Wienerwald. Sandstein, Kalkstein, Flysch- und Lehmböden wechseln einander ab. Entlang der Donau finden wir noch einen breiten Streifen Auwald, in dem im Bereich von Fischamend auch noch der Hirsch seine Fährte zieht.

Die Gemeinde Gerasdorf gehört bereits der Ebene des Marchfeldes an. Der Gerichtsbezirk Schwechat gehört zum Wiener Becken, einem fruchtbaren Schwemmland, das aus Ablagerungen des vor ca. 25 Millionen Jahren entstandenen Meeres gebildet wurde. Die Schichten enthalten auch Erdöl.

Landschaft im Wienerwald.

Die wichtigsten Gewässer sind die Donau mit dem Klosterneuburger Durchstich, im Westen weiters der Wienerfluß samt dem Wienerwaldsee mit seinen Zuflüssen.

Im Osten sind Liesing, Petersbach, Schwechat, Triesting, Mitterbach, Neubach, Fischa mit Piesting, Jesuitenbach, Reisenbach, Fürbach und Papiermühlbach sowie Kalter Gang aufzuzählen.

Verkehr

Alle Teile des Bezirkes sind sowohl durch Bahnlinien als auch durch ein dichtes Straßennetz gut erschlossen. Durch die Lage des Bezirkes bedingt, herrscht in allen Teilen ein reger Durchzugsverkehr von und nach der Millionenstadt Wien. Dies gilt sowohl für die Bahnlinien als auch für die West- und Ostautobahn sowie für die Bundesstraßen. Eine besondere Bedeutung kommt noch dem Flughafen Wien-Schwechat zu, der zur Gänze im Bezirk gelegen ist. Hier sind rund 5000 Menschen beschäftigt. Er muß auch als ein bedeutender Verkehrserreger angesprochen werden, zumal im Jahre 1989 mehr als 5 Millionen Fluggäste gezählt wurden. Bei der Bezirkshauptmannschaft Wien-Umgebung sind etwa 57.000 Kraftfahrzeuge und Anhänger registriert, bei der Polizeidirektion Schwechat noch rund 10.500 dazu.

Die Wirtschaft

Wollte man eine Reihung aller nö. Bezirke samt den Städten mit eigenem Statut nach dem Verhältnis des Steueraufkommens vornehmen, so würde der Bezirk hinter Mödling landesweit an 2. Stelle rangieren.

Die starke Zunahme der Bevölkerung in den letzten Jahren brachte nicht nur eine rege Bautätigkeit mit sich, sondern auch ein Ansteigen der Gewerbe- und Industriebetriebe. So stieg die Zahl der in der Industrie Beschäftigten allein von 1986 bis 1988 von 7260 auf 7999 (ohne Säge- und Bauindustrie).

In 2880 Arbeitsstätten der gewerblichen Wirtschaft waren 1981 29.313 Personen beschäftigt. 1988 waren in rund 3000 Betrieben 3589 Mitglieder der Handelskammer NÖ. tätig.

Durch die Lage rund um Wien entsteht auch ein sehr großer Kaufkraftabfluß nach Wien, der je nach der Nähe zu Wien nach einer Untersuchung der Handelskammer NÖ. vom Oktober 1989 zwischen 20 und 61 Prozent ausmacht. Die ungünstigsten Werte verzeichnen dabei Klosterneuburg mit 53 Prozent und Gerasdorf mit 61 Prozent! Zu den einzelnen Wirtschaftszweigen ist zu bemerken, daß vor allem im Gerichtsbezirk Schwechat und um Gerasdorf eine intensive Landwirtschaft betrieben wird. Weizen, Mais, Ölfrüchte und Zuckerrüben, aber auch Feldgemüse gedeihen gut. Im Raum Schwechat gibt es mehrere Gärtnereien. Der Großteil des Wienerwaldes wird von den Österreichischen Bundesforsten bewirtschaftet. In Klosterneuburg hat auch der Weinbau noch größere Bedeutung, wobei der weit über die Grenzen des Bezirkes hinaus geschätzte Weiß- und Rotwein nicht nur vom größten Weinbaubetrieb Österreichs, dem Stift Klosterneuburg, sondern auch von zahlreichen Buschenschenken vermarktet wird.

Links: Der Leopoldsberg. Ansichtskarte nach einem Aquarell. Um 1910.
Rechts: Gasthof „Goldenes Kreuz" in Schwechat. Um 1910.

Zu den zahlreichen Industrie- und Gewerbebetrieben sei zur Illustration nur bemerkt, daß allein im Gebiet der Stadt Schwechat sieben Betriebe ansässig sind, die in ihrer Branche österreichweit die größten sind: Auf dem Flughafen arbeiten allein täglich an die 5000 Menschen, dazu seien die ÖMV, die Petrochemie, die Schwechater Brauerei, die AGA-Werke, die Vonwiller-Mühle und Tyrolia-Schibindungen genannt.

Aber auch die Durmont-Teppichbodenfabrik in Ebergassing, die Loba-Feinchemie in Fischamend, die Parachemie in Gramatneusiedl, die Baufirmen Mayreder — Kraus und Brandstätter in Himberg, die Firma Inku AG, die Schömergruppe sowie die Sektkellerei Inführ in Klosterneuburg, Salami-Stastnik, die Firma AEG Maschinenbau, die Baufirmen Mischek und Freund in Gerasdorf und nicht zuletzt die Firmen Jeitler Metallverarbeitung, Plasser und Theurer-Maschinenbau, Frilla-Leuchten, Dibldruck und Rumpold-Fleischhandel in Purkersdorf, sind weit über den Bezirk hinaus bekannt. Eine große Zahl von Gast- und Schankgewerbe- sowie Fremdenverkehrsbetrieben bieten nicht nur zahlreichen Menschen Arbeit, sondern sind auch für das Naherholungsgebiet der Wiener von großer Bedeutung. Geldinstitute sind in allen größeren Orten vorhanden. Die Energieversorgung des Bezirkes erfolgt derzeit noch zum größten Teil durch die Stadtwerke Wien.

Geschichte

Der Bereich des Bezirkes Wien-Umgebung ist uraltes Siedlungsgebiet. Die Geschichte des altehrwürdigen Augustiner-Chorherrenstiftes Klosterneuburg ist ein Spiegelbild der Geschichte des österreichischen Zentralraumes und der Staatswerdung Österreichs. Von römischer und karolingischer Zeit über die Herrschergeschlechter der Babenberger und der Habsburger spannt sich der Bogen bis in die neueste Zeit. Im 2. Weltkrieg litt vor allem der Osten des Bezirkes durch Bombardierung und Kampfhandlungen.

Im Jahre 1938 wurden 98 Gemeinden vom Reichsgau Niederdonau abgetrennt und mit dem Gau Wien vereinigt. Am 1. September 1954 wurden sie zum größten Teil wieder ausgegliedert. Am 14. Juli 1954 verfügte die nö. Landesregierung die Errichtung der Bezirkshauptmannschaft Wien-Umgebung, und am 1. Jänner 1958 erhielt mit der Rücküberweisung der Gemeinden Gerasdorf und Seyring vom Bezirk Mistelbach und deren Eingliederung zum Sprengel des Bezirksgerichtes Klosterneuburg der Bezirk Wien-Umgebung seinen heutigen Umfang.

Kultur

Kultureller und kunstgeschichtlicher Zentralpunkt ist zweifellos das Augustiner-Chorherrenstift Klosterneuburg mit dem weltberühmten Verduner Altar und einer der größten Stiftsbibliotheken Österreichs. Unübersehbar ist seine religiöse Bedeutung nicht nur in der Vergangenheit, sondern durch die volksliturgische Bewegung des Augustiner-Chorherrn Pius Parsch auch im 20. Jahrhundert. Durch das 2. vatikanische Konzil fanden diese Gedanken in die neue römisch-katholische Liturgie Eingang.

Erwähnenswert sind aber auch andere Kulturstätten, so etwa das renovierte Schloß Rothmühle in Schwechat, wo jährlich im Sommer Nestroy-Spiele abgehalten werden. Bemerkenswert in ganz anderer Hinsicht erscheinen auch die traditionellen Wallfahrten zum Franziskanerkloster in Maria Lanzendorf.

Träger der Kultur waren und sind auch die Schulen. Wir finden im Bezirk die Bundesgymnasien in Klosterneuburg und Schwechat, die Schulen des Institutes Sacre Cœur der Erzdiözese Wien in Preßbaum, die bekannte Höhere Bundeslehr- und Versuchsanstalt für Wein- und Obstbau mit dem Institut für Bienenkunde in Klosterneuburg und die landwirtschaftliche Fachschule Tullnerbach. Auf dem Pflichtschulsektor wirken in 26 Volksschulen, einer Privatvolksschule, 13 Hauptschulen, 6 Sonderschulen und einer Schule des Polytechnischen Lehrganges 569 Direktoren und Lehrkräfte.

In den Musikschulen und Volkshochschulen in Klosterneuburg und Schwechat wird ebenfalls rege Bildungsarbeit betrieben. Alle Gemeinden, selbst die kleinsten, sind von einem regen kulturellen Leben erfüllt. Zahlreiche Vereine zur Pflege der Musik, des Sports, Theaters, Fremdenverkehrs, der Ortsverschönerung, um nur einige zu nennen, tragen zum Gemeinschaftsleben bei.

Blick auf Purkersdorf.

Natürlich ist durch die Nähe des vielfältigen, hochrangigen Kulturangebotes in der Bundeshauptstadt auch auf kulturellem Gebiet eine besondere Ausrichtung auf Wien gegeben.

Öffentliche Einrichtungen und Dienststellen

Die Bezirkshauptmannschaft hat ihren Sitz in Wien mit drei großen Außenstellen in Klosterneuburg, Purkersdorf und Schwechat, wo auch Bezirksgerichte eingerichtet sind.

Zwei Bezirksgendarmeriekommanden und 17 Gendarmeriepostenkommanden wachen über die Sicherheit der Bevölkerung. In der Bundespolizeidirektion Schwechat, deren Hauptaufgabe die sicherheitpolizeiliche Betreuung des Flughafengeländes darstellt, sind über 500 Beamte eingesetzt.

In der Pioniertruppenschule in Klosterneuburg und der Panzertruppenschule in Zwölfaxing sind Garnisonen des Bundesheeres stationiert.

Die Nö. Nervenklinik Ost in Klosterneuburg-Maria Gugging und das Allgemeine öffentliche Krankenhaus Klosterneuburg sowie das große Rehabilitationszentrum „Weißer Hof" der Unfallversicherungsanstalt, das Sanatorium Rekawinkel und das Flughafenambulatorium dienen der gesundheitlichen Versorgung der Bevölkerung. Die Bewohner des Gerichtsbezirkes Schwechat werden von den Krankenhäusern Bruck a. d. Leitha und Mödling versorgt.

In drei großen Landespensionistenheimen in Himberg, Klosterneuburg und Preßbaum, im Pflegeheim der Stadt Wien in Klosterneuburg und in sieben privaten Alters- und Pflegeheimen verbringen mehr als 1000 alte und hilfsbedürftige Menschen ihren Lebensabend.

Albert Hamböck

Rechts: Sanatorium Purkersdorf.

Wien in Niederösterreich

Wien ist zwar seit dem Jahre 1922 ein eigenes Bundesland, übt aber weiterhin die Funktion eines Zentrums für das gesamte Land Niederösterreich aus.

Wie viele andere Orte südlich der Donau hatte die Siedlung von jenem Fluß den Namen erhalten, an dem sie gegründet wurde, dem Wienfluß. Vêdunja, ein keltischer Name, heißt Waldbach und war die Vorstufe des Namens Wien, während der römische Name Vindobona verschwunden ist. Dieses Vindobona war ursprünglich ein Legionslager an der Mündung der Wien in die Donau nahe der wesentlich bedeutenderen Stadt Carnuntum in der Provinz Pannonien. Daneben entwickelte sich eine Zivilsiedlung, die unter Kaiser Caracalla (211–217) den Rang eines Munizipiums erhielt. Die Forschung ist zwar der Meinung, das römische Vindobona habe den Übergang ins Mittelalter ohne Unterbrechung erlebt, erwähnt wird die Stadt aber erst wieder 881 in den Salzburger Annalen und dann wieder im Jahre 1030. Sichere Nachrichten besitzen wir erst aus dem Jahre 1137, als Wien in einer Urkunde „civitas" genannt wird.

Zum Zentrum des Landes Österreich wurde Wien, als der Babenberger Heinrich II. um 1160 seine Residenz von Klosterneuburg in die Stadt verlegte. Die Babenberger waren ab dann die Herren dieser Stadt und prägten ihre Entwicklung. Durch mehrere Stadterweiterungen unter Heinrich II. bis Leopold VI. wurde der ursprüngliche Umfang der Römerstadt gesprengt und das Stadtgebiet wesentlich erweitert. Die Gründung des Schottenklosters im Westen der Stadt (1157) gab dieser auch ein geistiges Zentrum. Am Ende der Babenbergerzeit hatte die Stadt einen Umfang erreicht, der bis ins 19. Jahrhundert erhalten blieb. Die Bevölkerung mag damals etwa 20.000 Menschen betragen haben und übertraf alle anderen Städte Österreichs. Zur Zeit Leopolds VI. galt Wien als größte Stadt des Reiches nach Köln. Im Jahre 1221 verlieh der Herzog Wien ein umfangreiches Stadtrecht, das vielleicht eines aus dem 12. Jahrhundert ersetzte.

Wien wurde im 12. Jahrhundert ein Fernhandelszentrum und erhielt das entsprechende Stapelrecht. Dadurch erlangten die Wiener Kaufleute eine beherrschende Stellung im Zwischenhandel sowohl die Donau abwärts wie auch in Richtung Venedig. Während eines Konfliktes des letzten Babenbergers Friedrich II. des Streitbaren mit Kaiser Friedrich II. erhielt die Stadt 1237 vorübergehend die Reichsunmittelbarkeit. Zu Beginn der habsburgischen Zeit wird 1282 ein Bürgermeister genannt. Rudolf von Habsburg, besonders aber sein Sohn Albrecht I., der mit Österreich belehnt worden war, adaptierten das Wiener Stadtrecht

Ansicht der Stadt Wien. Ölgemälde von Gustav Veith. Um 1873. Historisches Museum der Stadt Wien.

so, wie es ihnen für eine landesfürstliche Stadt notwendig schien. Die Habsburger der folgenden Generationen haben ihren Herrschersitz in der Stadt ausgebaut und sie so zur unbestrittenen Hauptstadt gemacht. Besonders Rudolf IV. hat durch die Gründung einer Universität 1365, durch den Ausbau des Stephansdomes und durch legislative Maßnahmen die besondere Stellung der Stadt innerhalb des Landes Österreich hervorgehoben. Seit dem Ende des 14. Jahrhunderts war Wien auch die führende Stadt innerhalb des Ständekollegiums und besaß ebensoviel Einfluß wie alle anderen landesfürstlichen Städte Österreichs zusammen.

Am Beginn des 16. Jahrhunderts hatte Wien bereits etwa 50.000 Einwohner und wurde nun vom habsburgischen Landesfürsten Ferdinand I. nicht nur in das Land Österreich, sondern auch in seinen weit darüber hinaus reichenden Herrschaftsbereich integriert. Wien wurde die Residenzstadt der deutschen Linie der Habsburger, „kaiserliche Haupt- und Residenzstadt"; und war seit 1469 auch Bischofsstadt. 1722 wurde Wien dann zur Erzdiözese erhoben, und 1728 wurde dieser ein wesentlicher Teil des Viertels unter dem Wienerwald unterstellt. Die zentralen Funktionen hatten zur Folge, daß Wien in den Jahren 1529 und 1683 als Ziel der osmanischen Invasion von den Türken belagert und damit zur europäischen Bastion wurde. Seit 1513 besaßen die Stände Niederösterreichs das Landhaus in der Herrengasse und hielten dort ihre Landtage ab. In der Frühbarockzeit haben die führenden Adelsgeschlechter des Landes Stadtpa-

läste erworben, und auch Stifte und Klöster haben hier Stadthäuser besessen.

Die dramatischeste Entwicklung aber nahm Wien im 18. Jahrhundert, als es sich im Zuge des Wiederaufbaues nach den Türkenkriegen bei Beibehaltung der alten Stadtmauer bis zu jener Linie ausdehnte, die heute den Gürtel bildet und die damals als Linienwall zum Schutz gegen die ungarischen Kuruzen markiert wurde. Die Stadt hatte um 1700 etwa 100.000 Bewohner, ihre Zahl wuchs bis 1800 auf etwa 230.000 an.

Der Hof, der Adel und die Behörden beschäftigten viele Menschen, für die man Wohnungen bauen mußte. Auch Kranken-, Invaliden- und Findelhäuser beanspruchten viel Raum. Daneben gab es aber auch eng verbaute Gebiete für Gewerbetreibende und arme Leute. Auch viele Kunsthandwerker, Künstler oder Wissenschaftler aller Art wurden in Wien ansässig, sowohl das Theater als auch das Musikschaffen prägten das geistige Leben der Stadt.

Im Jahre 1848 wurde Wien für das ganze Reich stellvertretend, weil die Revolution hier nicht nur begann, sondern auch immer wieder Höhepunkte und Wenden erreichte, um schließlich Ende Oktober 1848 hier auch zum Abschluß zu gelangen.

Unterdessen war die zentrale Lage der Stadt durch den beginnenden Eisenbahnbau erneut betont worden. Von Wien aus führten die wichtigsten Linien in alle Länder des Reiches, die 1829 gegründete Donaudampfschiffahrtsgesellschaft steigerte die Verkehrsbedeutung noch, und im Rahmen der Industrialisierung der Vorstädte wuchs die

Links: Die UNO-City
Rechts: Das Gebäude der Sezession von Joseph Maria Olbrich.

Das Innere der Postsparkasse von Otto Wagner.

Bevölkerung bis 1850 auf 430.000 an, hatte sich also in einem halben Jahrhundert verdoppelt.

In der zweiten Hälfte des 19. Jahrhunderts wurde Wien immer mehr zum Zentrum eines großen Reiches ausgestaltet. Alle Tageszeitungen Niederösterreichs wurden in Wien hergestellt. Das niederösterreichische Umland wurde nicht nur im geistigen, sondern auch im materiellen Bereich immer stärker von Wien abhängig und zur „Provinz", aus der man Arbeitskräfte bezog. Ein erheblicher Teil der Zuwanderer in die Stadt kam aus Niederösterreich.

Unterdessen hatte die Schleifung der Mauern und Basteien seit 1858 die Anlage der Ringstraße, einer Triumphstraße, die von Prachtbauten gesäumt war, ermöglicht.

Wien wurde im 19. Jahrhundert auch zur Metropole der Musikpflege. Nach der Wiener Klassik und Romantik fanden auch spätere Richtungen bedeutende Komponisten, die Operette und der Wiener Walzer förderten den Ruhm der Stadt. Auch in der Wissenschaft war die zweite Hälfte des 19. Jahrhunderts eine Periode der höchsten Blüte. Nachdem die Stadt durch Eingemeindungen, vor allem durch die des Jahres 1889, wesentlich vergrößert worden war und mehr als die Hälfte der Bewohner des Landes in Wien lebte, waren die Probleme der Stadt innerhalb der Landesverwaltung immer schwerer zu lösen.

In Wien wurden auch die neuen politischen Ideen zum Siege geführt, zuerst der Liberalismus, dann die Strömungen der Massenbewegungen, sowohl der Christlichsozialen als

Die Kirche Am Steinhof auf der Baumgartner Höhe von Otto Wagner.

auch der Sozialdemokraten. 1896 übernahmen die Christlichsozialen die Führung der Stadtverwaltung und stellten mit Dr. Karl Lueger einen Bürgermeister, der eine moderne Kommunalverwaltung aufbaute.

Gleichzeitig kündigte sich aber auch die künftige Rolle der Arbeiterbewegung an, und die Sozialdemokratie war seit der Schaffung einer fünften Wählerklasse auch im Gemeinderat vertreten. Durch die Eingemeindung von Floridsdorf, großteils aber auch durch Zuwanderung hatte die Stadt am Beginn des 20. Jahrhunderts die 2-Millionen-Grenze überschritten. Nun war Wien Wanderziel von Angehörigen vieler Nationalitäten, vor allem aus dem böhmisch-mährischen Bereich. Damit wurde die Stadt mit den Nationalitätenproblemen der Monarchie konfrontiert.

Der Erste Weltkrieg und der Zusammenbruch der Donaumonarchie im Jahre 1918 brachten zu den überkommenen neue Probleme. Wien wurde nun die Hauptstadt der neu geschaffenen Republik, das Größenverhältnis zwischen Staat und Hauptstadt stimmte nicht mehr. Diese beherbergte nahezu ein Drittel der Bewohner des Staates und wesentlich mehr als die Hälfte der Bevölkerung Niederösterreichs. So begannen ab dem Jahre 1919 Verhandlungen, die bis zum Jahre 1922 zur Teilung des Erzherzogtums Österreich unter der Enns in zwei Bundesländer führten. Das Land Niederösterreich behielt aber als Sitz des Landtages und seiner Landesverwaltung das Landhaus in Wien, auch die wesentlichen Interessenvertretungen hatten weiterhin dort ihren Sitz.

Im Jahre 1938 wurde nach der Eingliederung Österreichs in das Deutsche Reich dieser Zustand beibehalten. Wien blieb ein eigener Reichsgau und wurde durch 98 Gemeinden des Umlandes vergrößert. Klosterneuburg, Groß-Enzersdorf, Schwechat, Mödling und Perchtoldsdorf waren damit Teile von Wien. In den letzten Kriegsmonaten wurden Bezirke der Stadt ebenso wie viele Orte und Industriegemeinden des Umlandes durch Bomben zerstört, und in den ersten Apriltagen 1945 wurde sie nach einwöchigem Kampf von der Roten Armee besetzt. Wien wurde wieder Hauptstadt der 2. Republik Österreich und blieb Bundesland. Gleichzeitig wurden durch ein Gebietsänderungsgesetz vom 14. 2. 1946 von den 1938 eingemeindeten Orten 80 wieder ausgemeindet, und Wien wurde von 26 auf 23 Bezirke reduziert. Diese Gebietsänderung wurde aber vom Alliierten Rat nicht anerkannt, so daß bis 1954 die sogenannten Randgemeinden weiterhin von Wien verwaltet wurden. Erst am 1. 9. 1954 wurden diese Gemeinden wieder mit dem Land Niederösterreich vereinigt.

Die Einwohnerzahl der Stadt Wien ging zwar in der Folge zurück, sie blieb aber weiterhin Sitz der wichtigsten Behörden und kulturellen und wirtschaftlichen Institutionen, auch des Landes Niederösterreich.

Der Ausbau der neuen Landeshauptstadt wird die Bedeutung Wiens als Verwaltungssitz Niederösterreichs zwar verringern, die Stadt wird aber weiterhin ihre Vorrangstellung im kulturellen und wirtschaftlichen Bereich auch für Niederösterreich behalten.

Der Bezirk Tulln

Der Bezirk Tulln verläuft entlang der Donau. Er wird im Norden vom Wagram und im Süden von den Ausläufern des Wienerwaldes begrenzt. Im Norden grenzen die Bezirke Krems, Hollabrunn und Korneuburg, im Osten und Süden der Verwaltungsbezirk Wien-Umgebung und im Süden und Westen der Bezirk St. Pölten an. Der Verwaltungsbezirk Tulln weist eine Fläche von 656,96 km² und rund 56.000 Einwohner auf. Er gliedert sich in die zwei Gerichtsbezirke Kirchberg am Wagram und Tulln und hat 20 Gemeinden, 14 Marktgemeinden und 5 Ortsgemeinden.

Geologischer Aufbau und Landschaft

Der Bezirk umfaßt das Tullner Becken nahezu zur Gänze. Dieses Becken gehört drei großen Bauelementen der niederösterreichischen Landschaft an. Während der Westteil des Beckens im Bereich des Waldviertels und somit des kristallinen Grundgebirges liegt, wird die Mitte von den Hügeln des Alpenvorlandes gesäumt. Der östliche Teil und sein Ausgang liegen bereits im Alpenbogen.

Die Gewässer

Das bedeutendste Gewässer ist der Donaustrom, der den Bezirk von West nach Ost durchfließt. Durch die beiden größten Donaukraftwerke in Altenwörth und Greifenstein ist die Donau im Bezirk Tulln fast zur Gänze aufgestaut. Das nördliche Tullnerfeld wird durch Kamp und Schmida, das südliche Tullnerfeld durch die Gewässer Perschling, Große Tulln, Kleine Tulln und Hagenbach zur Donau entwässert.

Der Verkehr

Der Bezirk ist sowohl durch ein dichtes Straßennetz als auch durch die Eisenbahn gut erschlossen. Die wichtigste Bahnlinie ist die Franz-Josephs-Bahn mit Knotenpunkten in Tulln und Absdorf-Hippersdorf. Von Tulln führt eine Linie nach St. Pölten, von Abs-

Weg zur Ruine Greifenstein. Ölgemälde von Thomas Ender. Privatbesitz.

Schloß Stetteldorf. 1588 erbaut, 1703–1707 barock erweitert.

dorf besteht eine Verbindung nach Krems. Wichtige Bundesstraßen sind die Bundesstraße 1, die, von Wien kommend, über den Riederberg nach St. Pölten führt, die Bundesstraße 3 von Stockerau nach Krems und die Bundesstraße 19 von Hainfeld nach Göllersdorf, die der am meisten befahrene Straßenzug des Bezirkes ist.
Die Tullner Donaubrücke ist eine wichtige Verbindung des Weinviertels mit dem Mostviertel. Durch eine geplante neue Donaubrücke soll eine bessere Verbindung des Weinviertels mit St. Pölten erreicht werden.

Die Wirtschaft

Dem Bezirk Tulln kommt besondere Bedeutung hinsichtlich der Gewinnung elektrischer Energie zu. Neben den beiden Donaukraftwerken in Altenwörth und Greifenstein befindet sich im Bezirk Tulln noch das kalorische Kraftwerk in Dürnrohr. Daneben zu erwähnen ist das durch einen Volksentscheid im Jahre 1978 nicht in Betrieb gesetzte Kernkraftwerk Zwentendorf. In Dürnrohr wurde auch das größte Umspannwerk Österreichs errichtet.
Bedeutende Betriebe sind die Zuckerfabrik in Tulln, eine der drei Zuckerfabriken Österreichs, die Donau-Chemie in Zwentendorf, die Süßwarenerzeugung Schmidt in Tulln, die Tullner Großdruckerei Goldmann, in der die Tageszeitung „Der Standard" gedruckt wird, der fleischverarbeitende Großbetrieb Rudolf Berger in Siegharts-

kirchen, die Plastikhaushaltsgegenstände erzeugende Firma Miraplast in Würmla, der Chemiebetrieb Polyform in Kirchberg am Wagram, die Firma Internorm in St. Andrä-Wördern, die Firma „Just Leitern" in Zeiselmauer sowie die großen Textilkaufhäuser Stift und Frank in Tulln.
In der Landwirtschaft dominiert der Anbau von Weizen, Mais und Zuckerrüben, bei der Tierhaltung überwiegen die Schweinemast und Schweinezucht. Im Gebiet des Wagrams wird der Weinbau mit den Hauptsorten Grüner Veltliner und Müller-Thurgau intensiv betrieben. In den Gemeinden Langenrohr und Michelhausen wird intensiv Gemüse angebaut, vor allem Kraut. Von besonderer Bedeutung sind im Tullnerfeld die Baumschulen. Hier sind vor allem die Betriebe Starkl und Praskac zu nennen. Alljährlich findet in der Messestadt Tulln die Internationale Gartenbauausstellung statt, die jeweils von rund 150.000 Personen besucht wird.
Die Stadt Tulln hat sich in den letzten 20 Jahren zum Messezentrum Niederösterreichs entwickelt. Neben der Internationalen Gartenbaumesse finden hier regelmäßig die Bootsmesse, die „Campa" (die Wohnwagenmesse), die Tiermesse sowie seit wenigen Jahren die „Grüne Messe" statt.
Der Bezirk Tulln weist aufgrund des günstigen Angebotes an Arbeitsplätzen die geringste Arbeitslosenrate Niederösterreichs auf. Zahlreiche Einwohner des Bezirkes pendeln täglich zwischen ihrem Wohnsitz und ihrem Arbeitsplatz in Wien.

Links: Blumengarten im Tullnerfeld.
Rechts: Schloß Sitzenberg. Ansichtskarte. Um 1970.

Bevölkerung, Siedlungen und Infrastruktur

Der Bezirk wird von 56.000 Menschen bewohnt, dazu kommen noch zirka 10.000 Zweitwohnsitzer. Zweitwohnsitze gibt es vor allem in den Wienerwaldgemeinden St. Andrä-Wördern, Königstetten, Tulbing, Sieghartskirchen und Würmla. Weiters dienen etwa 1000 Badehütten in den Donauauen im Bereich der Gemeinden Tulln, Zeiselmauer und St. Andrä-Wördern als sommerlicher Zweitwohnsitz für viele Wiener. Der größte Teil des Bezirkes besteht aus geschlossenen Siedlungen. In den meisten Orten herrscht rege Bautätigkeit, insbesondere in den landschaftlich reizvollen Wienerwaldgemeinden und der Stadt Tulln. Als Wohnmöglichkeit wird in erster Linie das Einfamilienhaus gewählt. In der Stadt Tulln überwiegt der Genossenschaftswohnbau. Der Großteil der südlich der Donau gelegenen Gemeinden des Verwaltungsbezirkes verfügt bereits über zentrale Wasserversorgungs- und Abwasserbeseitigungsanlagen.

Zentraler Ort

Zentrum des Bezirkes ist die Stadt Tulln mit der Bezirkshauptmannschaft, dem Bezirksgericht, dem Finanzamt, Vermessungsamt, Arbeitsamt, Landeskrankenhaus, mit Landesfeuerwehrschule und höheren Schulen. Auch zahlreiche Fachärzte und Rechtsanwälte üben hier ihren Beruf aus. In Kürze werden das Landesfeuerwehrkommando sowie der Landesverband des Roten Kreuzes seinen Sitz nach Tulln verlegen.
In der Katastralgemeinde Langenlebarn befindet sich ein großer Militärflughafen (Fliegerhorst Brumovsky), der Sitz der Fliegerdivision des Bundesheeres ist.

Ansicht des Dorfes Ollern. Zeichnung für die „Kirchliche Topographie". Um 1825.

Geschichte

Die Mammutjägerstation in Gösing am Wagram bezeugt, daß der Bezirk bereits seit der Altsteinzeit von Menschen bewohnt wird. Tulln ist eine der ältesten Städte Österreichs. Schon in vorrömischer Zeit besiedelt, wurde im 1. Jahrhundert nach Christus das römische Reiterkastell Comagena errichtet, das auch Stützpunkt der römischen Donauflottille war. Im 5. Jahrhundert hat sich der hl. Severin kurz in Tulln aufgehalten.
Dem Nibelungenlied nach empfing der Hunnenkönig Etzel in Tulln seine Braut Kriemhild. In der Karolingerzeit war der Ort Richtstätte und Sitz eines Grafen. Im 11. Jahrhundert war Tulln als bedeutender Handelsplatz an der Donau einige Jahrzehnte Sitz der Babenberger Markgrafen.
In Zeiselmauer hielt sich 1203 Walther von der Vogelweide mit dem Passauer Bischof Wolfgang von Ellenbrechtskirchen auf, der ihm in einer hier ausgestellten Urkunde fünf „solidi longi" („lange" Schillinge) zur Anschaffung eines Pelzrockes spendete.
In den Türkenkriegen der Jahre 1529 und 1683 hat der Bezirk stark gelitten. 1683 stand Tulln im Blickpunkt der europäischen Geschichte als Sammelplatz des Entsatzheeres zur Befreiung Wiens von den Türken. Während des 2. Weltkrieges war die Raffinerie in Moosbierbaum bei Tulln Ziel zahlreicher schwerer Bombenangriffe.

Links: Der Karner von Tulln. Ansichtskarte. Um 1890.

Kultur

Die Stadt Tulln ist auch kultureller Schwerpunkt des Bezirkes. Das bedeutendste historische Bauwerk ist der spätromanische Karner (Dreikönigskapelle), der in der Mitte des 13. Jahrhunderts von einer Wiener Bauhütte geschaffen wurde, deren Wirken bis nach Ungarn und Mähren verfolgt werden kann. Erwähnenswert ist auch die 1014 erstmals erwähnte Pfarrkirche zum hl. Stephan mit bedeutenden romanischen und gotischen Bauelementen.
Bedeutende Barockkirchen befinden sich in Großweikersdorf (errichtet nach Plänen von Fischer von Erlach) und in Kirchberg am Wagram. In Grafenwörth wurde 1718 der Barockmaler Martin Johann Schmidt, der sogenannte „Kremser Schmidt", geboren.
Im Schloß Atzenbrugg, in dem Franz Schubert mit seinen Freunden von 1820 bis 1828 während der Sommermonate lebte, finden alljährlich Konzerte bedeutender Schubert-Interpreten statt. Im nahe gelegenen Rust im Tullnerfeld wurde 1902 der Staatsmann Leopold Figl geboren. Im ehemaligen Volksschulgebäude ist ein Figl-Museum eingerichtet.
In Altenberg bei St. Andrä-Wördern lebte der 1989 verstorbene Verhaltensforscher und Nobelpreisträger Konrad Lorenz.
Anläßlich der 100. Wiederkehr des Geburtstages von Egon Schiele wurde in Tulln im ehemaligen Gefangenenhaus des Bezirksgerichtes ein Schiele-Museum eröffnet.

Norbert Pastik

Der Bezirk Mödling

Der Verwaltungsbezirk Mödling stellt sich mit 276,97 km² als flächenmäßig kleinster Bezirk Niederösterreichs vor, darf sich allerdings in bevölkerungspolitischer und wirtschaftlicher Hinsicht zu den absoluten Spitzenreitern des Bundeslandes zählen.

Der südlich an Wien grenzende Bezirk liegt mit seinem westlichen Teil im Wienerwald, mit dem östlichen im Wiener Becken. Im Süden und Südwesten ist der Bezirk Baden benachbart, im Osten und Nordosten der Bezirk Wien-Umgebung. Der Verwaltungsbezirk ist mit dem Gerichtsbezirk Mödling ident, er gliedert sich in 20 Gemeinden (1 Stadt-, 11 Markt-, 8 Ortsgemeinden), die sich aus 27 Katastralgemeinden zusammensetzen.

Geologischer Aufbau

Der westliche Teil des Bezirkes gehört geologisch zum Kalkwienerwald und reicht vom Ostabfall bis zu einer gedachten Linie, die von den Orten Alland – Sulz – Kaltenleutgeben – Kalksburg – Mauer gebildet wird. Steile Hänge und darin eingeschnittene wasserlose Täler und Runsen bilden die Oberflächenformen des Kalks und Dolomits. Der Anninger überragt als breiter, langgestreckter Rücken den Südosten des Verwaltungsbezirkes. Inmitten dieses Kalkwienerwaldes ist das Gaadener Becken, Rest einer urzeitlichen Meeresbucht, eingeschlossen; seine welligen und weichen Formen leiten zum westlich der vorgenannten Begrenzungslinie gelegenen Teil des Sandsteinwienerwaldes über. Runde Kuppen und flache Rücken mit sanften Hängen geben der Landschaft das Gepräge; Laubwälder, Wiesen und Felder bedecken den Boden.

Der Ostabfall des Kalkwienerwaldes senkt sich terrassenförmig zur Ebene des Wiener Beckens. Hier bildet eine Randzone ein verbindendes Element, das dem Menschen für

Die Franzensburg in Laxenburg.

Siedlung und Erwerb mannigfachste Vorzüge bietet. Von diesen Terrassen reicht der Blick weit nach Osten in das Wiener Becken hinein.

Landschaft, Gewässer

Der überwiegende Teil des Bezirkes gehört zum Einzugsgebiet der Schwechat, mit Ausnahme des nordwestlichen Teiles, der den Liesingbach speist. Die Talformen zeigen in der Sandsteinzone weite, flache Hänge, im Kalkgebiet hingegen enge, schluchtartige Kerbtäler, die von Talweiten unterbrochen sind.

Von diesen Landschaftsformen werden Siedlung und Verkehr beeinflußt. Den Streusiedlungen in der Sandsteinzone stehen Straßensiedlungen in den Kerbtälern gegenüber. Am Rande des Wiener Beckens hat sich die Kirchensiedlung entwickelt, und an den Taleingängen entstanden bedeutende Verkehrs- und Handelsorte. Diese Orte haben durchwegs bis zum Jahre 1848 bereits den Charakter eines Marktes erreicht (Perchtoldsdorf, Brunn am Gebirge, Maria Enzersdorf am Gebirge, Mödling, Gumpoldskirchen).

Verkehr

Die Hauptverkehrsstraßen gehören zu den ältesten Verkehrs- und Handelswegen Niederösterreichs. Die A 2 (Südautobahn), die A 21 (Allander Autobahn) sowie die Bundesstraßen 16 (Eisenstädter Bundesstraße) und 17 (Triester Bundesstraße) zählen zu den bedeutendsten Verkehrsadern der Gegenwart. Die den Bezirk von Norden nach Süden durchquerende Südbahn teilt ihn in

einen agrarischen Westen und einen industriellen Osten. Die Lokalbahn Baden–Wien, die Aspangbahn sowie die Pottendorfer Linie erschließen den Ostteil und ermöglichen einen Schnellverkehr mit Wien. Lokale Autobuslinien erschließen den Bezirk in Richtung Bezirksvororte.

Geschichte

Auf den Hochflächen der westlichen Terrassenhänge des Jennyberges bei Mödling sowie in der Ebene bei Vösendorf und Guntramsdorf lebten bereits vor 4000 Jahren Bauern der Jungsteinzeit (Badener Kultur). Wie zahlreiche Funde am Liechtenstein beweisen, wurde dort während der Hallstattzeit (1000 bis 500 v. Chr.) eine richtige Tonwarenfabrik errichtet, welche die mystischen, bis heute noch unerklärten Mondidole produzierte und weithin exportierte. Dann siedelten Kelten, Germanen und Römer in dieser Gegend. Die Völkerwanderung und die Stürme der Reformationskriege zogen darüber hinweg. Zweimal brachen die Türken ein. Als eine der ersten deutschen Siedlungen auf dem geschichtsträchtigen Boden wird Mödling als „Medelikha" schon im Jahre 903 in Urkunden des Stiftes Passau erwähnt.

Eine Seitenlinie der babenbergischen Fürsten residierte kurzfristig auf der Burg.

Im 12. Jahrhundert erscheint Mödling schon als Pfarre, und im Jahre 1343 wird die Siedlung zum erstenmal als landesfürstlicher Markt bezeugt. Aus der Zeit des ausgehenden Mittelalters stammen die Schranne (Rathaus), die gotische Spitalskirche und der Wehrbau der Othmarkirche, die als eine

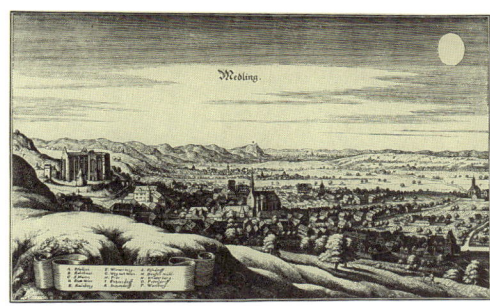

Links: Der Schwarze Turm in Mödling, Ansichtskarte. Um 1930.
Rechts: Ansicht von Mödling in der Topographie des Matthäus Merian, 1649.
Mitte: Blick auf Mödling.
Unten links: Die Klause bei Mödling.
Unten rechts: Gumpoldskirchen. Hof in einem Hauerhaus.

der schönsten Kirchen im Lande, mit dem romanischen Karner am Kirchenplatz zusammen, längst zu steingewordenen Symbolen für Mödling geworden sind. In den Jahren 1938 bis 1954 war der heutige Bezirk Mödling der Stadt Wien als 24. Gemeindebezirk eingegliedert.

Kultur

Der Zauber der Landschaft lockte Musiker, Dichter und Maler an. Beethoven arbeitete hier an seiner Missa Solemnis, Schubert, Grillparzer, Raimund und Richard Wagner schätzten die Mödlinger Landschaft, und Anton Wildgans erwählte Mödling zum Wohnsitz. Die Maler Waldmüller, von Führich und viele andere holten sich hier Motive für ihre Werke.

Sehenswerte Heimatmuseen findet man heute in einigen Gemeinden des Bezirkes (z. B. Mödling, Guntramsdorf, Brunn am Gebirge, Perchtoldsdorf); im Alten Schloß Laxenburg ist das Österreichische Filmarchiv untergebracht. Im Bezirk Mödling sind auch international anerkannte Chöre (Sängerknaben vom Wienerwald in St. Gabriel, „Vox humana" in Gumpoldskirchen) beheimatet.

Die Seegrotte Hinterbrühl, ein ehemaliges Gipsbergwerk, heute als Schaubergwerk eingerichtet, mit dem größten unterirdischen See Mitteleuropas oder der historische Schloßpark Laxenburg mit seinen Anlagen sind gern besuchte Kulturstätten. 47 Kindergärten, 36 Pflichtschulen und 9 allgemeinbildende und berufsbildende höhere Schulen, darunter die Höhere Technische Lehr- und Versuchsanstalt Mödling, die größte derartige Unterrichtsanstalt des gesamten Bundesgebietes, stehen der Jugend für ihre Ausbildung zur Verfügung. Darüber hinaus beherbergt das Missionshaus St. Gabriel eine eigene theologische Hochschule, Mödling die Gendarmeriezentral-

schule, Gumpoldskirchen eine Landesfachschule für Weinbau.

Im Schloß Laxenburg sind mit dem Internationalen Institut für angewandte Systemanalyse sowie der Nö. Akademie für Umweltschutz und Energie Stätten wissenschaftlicher Begegnung auf internationaler Ebene untergebracht.

Bevölkerung, Infrastruktur

Der Bevölkerungsstand betrug 1954, zum Zeitpunkt der Rückführung der ehemaligen Wiener Randgemeinden, 68.000 und stieg auf mehr als 98.000 an, zu denen noch die vielen Bewohner zu zählen sind, die den Bezirk Mödling als Zweitwohnsitz gewählt haben und mit denen die 100.000er-Grenze bei weitem überschritten wird.

Das Zentrum des Bezirkes ist die Stadt Mödling mit ca. 20.000 Einwohnern, wo Bezirkshauptmannschaft, Bezirksgericht, Finanz- und Arbeitsamt, verschiedene Interessenvertretungen sowie das Krankenhaus ihren Sitz haben.

Wirtschaft

Um die Jahrhundertwende besaß der Bezirk Mödling noch eine vorwiegend agrarisch-handwerklich ausgerichtete Bevölkerung. Die Industrie trat in der Folge immer mehr in den Vordergrund, und im wirtschaftlichen Geschehen dominiert derzeit das Gewerbe vor der Industrie und der Landwirtschaft. Diese wird in der Ebene des Wiener Beckens in Form von Ackerbau, im Bereich des Wienerwaldes als Grünland und Forstwirtschaft betrieben, während an der Grenze dieser Betriebsformen am Ost- und Südrand des Wienerwaldes auf einer Fläche von rund 800 Hektar Weinbau betrieben wird. Gumpoldskirchen, Perchtoldsdorf, Brunn am Gebirge und Maria Enzersdorf a. G. sind bekannte Weinbaugemeinden. Die wirtschaftliche Kraft schöpft der Bezirk aber

aus den Gewerbebetrieben, die weit über 30.000 Arbeitnehmern Beschäftigung und Einkommen geben. Besonders hervorgehoben soll das auf den ehemaligen Gründen der Flugmotorenwerke Ostmark errichtete Industriezentrum NÖ-Süd werden, in dem in mehr als 120 Betrieben über 6.000 Arbeitnehmer beschäftigt sind. Dieses Zentrum sowie die zum Handelszentrum gewordene Gemeinde Vösendorf bilden das Rückgrat des wirtschaftlichen Lebens.

Auf dem Arbeitsmarkt klagen viele Firmen über akuten Mangel an Arbeitskräften, vor allem an Facharbeitern. Aber auch arbeitswillige ungelernte Arbeitnehmer sind sehr schwer zu bekommen. Nach wie vor gibt es freie Lehrstellen.

Nicht unerwähnt soll auch bleiben, daß der Bezirk Mödling in der Fremdenverkehrsstatistik ebenfalls einen hervorragenden Platz einnimmt. Neben den Fremdenverkehrsgemeinden im Wienerwald sind es hier vor allem zwei Großhotels in Vösendorf sowie der Campingplatz in Laxenburg, die in- und ausländische Gäste in den Bezirk kommen lassen.

Rege Bautätigkeit

Im Zuge der Aufwärtsentwicklung mußten vom Land Niederösterreich auch die Versorgungseinrichtungen erweitert und modernisiert werden. So wurden das Krankenhaus und die Pensionistenheime Mödling und Perchtoldsdorf großzügig ausgestaltet. Durch Bundes- und Landesmittel konnten weiters Be- und Entwässerungsanlagen, Kanalbauten und Wasserversorgungsprojekte errichtet bzw. durchgeführt werden. Tausende Eigentums- und Genossenschaftswohnungen entstanden. Auch im Bereich der Ortsbildpflege kann der Bezirk Mödling durch mehrfache Spitzenplätze der Gemeinden Mödling und Biedermannsdorf im Landeswettbewerb mit beachtlichen Erfolgen aufweisen.

Heinz Eischer

Der Bezirk Baden

Der Bezirk Baden liegt im Südosten Niederösterreichs und bildet das Herz des sogenannten „Industrieviertels". Er erstreckt sich von den Bergen der Thermalalpen und des Wienerwaldes im Westen bis hin zum Beginn der pannonischen Landschaft an der Leitha im Osten.

Die Fläche des Verwaltungsbezirkes beträgt 752,98 km², er ist mit 114.000 Einwohnern der größte Verwaltungsbezirk Niederösterreichs und gliedert sich in die Gerichtsbezirke Baden, Ebreichsdorf und Pottenstein. Der Bezirk besitzt 30 Gemeinden, wovon Baden, Bad Vöslau, Berndorf und Traiskirchen Stadtgemeinden sind.

Der Verwaltungsbezirk Baden wird im Osten vom Bezirk Bruck a. d. Leitha und dem Burgenland, im Süden vom Bezirk Wiener Neustadt, im Westen von den Bezirken Lilienfeld und St. Pölten und im Norden von den Bezirken Mödling und Wien-Umgebung begrenzt.

Schloß Ebreichsdorf.

Geologischer Aufbau und Landschaft

Der Verwaltungsbezirk Baden erstreckt sich – volkstümlich ausgedrückt – „vom Gebirge bis zur pannonischen Tiefebene".

Seine höchsten Erhebungen sind das Hocheck mit 1036 m, das Kieneck mit 1107 m, die Hohe Mandling mit 989 m und der Schöpfl mit 890 m. Auf dem Schöpfl befindet sich die sogenannte „Figl-Warte", eine Sternwarte der Universität Wien. Der Peilstein mit 718 m beherbergt ein weithin bekanntes Kletterparadies mit einer eigenen Kletterschule.

Die ebenen Flächen des Ostens in Ebreichsdorf, Seibersdorf und Deutsch Brodersdorf sind vor allem Heimat des Niederwildes. Das heute schon in seiner Existenz gefährdete Rebhuhn ist hier noch in stärkeren Populationen vorhanden. Die Großtrappe, die vor 20 Jahren noch in einigen „Flügen" in diesem Gebiet anzutreffen war, gehört bereits der Vergangenheit an.

Der Bezirk Baden zählt zur sogenannten „Thermenlinie", was nicht nur das Vorhandensein nutzbringender Thermalquellen, sondern auch eine erhöhte Erdbebenanfälligkeit zur Folge hat.

Das Zentrum des Bezirkes gehört der Kalkzone der Alpen an, im Nordwesten schließt die Flyschzone des Wienerwaldes an, und im Osten, an der Thermenlinie, befinden sich die mesozoischen Gesteine, die unter den Sedimenten des Wiener Beckens verschwinden.

Dort befindet sich auch das bedeutendste für die Trinkwasserversorgung nutzbare Grundwasservorkommen Europas in der Mitterndorfer Senke, deren Wasser jedoch aufgrund verschiedenster Ursachen (die Chlor-Kohlenwasserstoff-Problematik, das Vorhandensein ungeordneter Deponien) in jüngster Zeit äußerst gefährdet ist.

Die Gewässer

Die bedeutendsten Gewässer des Bezirkes sind die Schwechat, die Triesting, die Leitha und die Fischa, die in die Donau münden. Die Leitha bildet die Ostgrenze des Bezirkes und war ehemals die Grenze zwischen Cis- und Transleithanien (Österreich und Ungarn). Mit dem Wiener Neustädter Kanal besitzt der Verwaltungsbezirk auch ein künstliches Gewässer.

Als Folge der großräumigen Kies- und Schottergewinnung im östlichen Bereich sind viele Schotterteiche entstanden, die zum Teil, wie in Reisenberg, in Oberwaltersdorf und in Weigelsdorf, zu Badeseen und Erholungszentren ausgebaut worden sind.

Der Verkehr

Der Verwaltungsbezirk ist durch ein hochrangiges und dichtes Straßen- und Eisenbahnnetz erschlossen.

So führen die A 2 (Südautobahn), die A 3 (Burgenland-Autobahn) und die A 21, die Verbindung zwischen Süd- und Westautobahn, durch den Bezirk, aber auch die historisch bedeutendste Nord-Süd-Verbindung, die sogenannte „Triester Straße".

An Eisenbahnlinien sind die Südbahn, die Pottendorfer Linie und die Aspangbahn, die heute für den Frachtverkehr besondere Bedeutung besitzen, hervorzuheben.

Auch die Wiener Lokalbahn, besser bekannt als „Badener Bahn", besitzt als Nahverkehrsmittel für den Berufsverkehr zwischen der Stadt Baden und der Stadt Wien große Bedeutung.

Die Wirtschaft

Der Verwaltungsbezirk Baden erhielt schon im ausgehenden 18., vor allem aber im 19. Jahrhundert eine bedeutende Industrie. Als Folge des Zerfalles der Monarchie, der Wirtschaftskrise der dreißiger Jahre und der anschließenden „Arisierung" vieler Textilbetriebe kam es zu einem Niedergang der Textilindustrie.

Die Eisen- und Metallindustrie erlebte ihre Blütezeit um die Jahrhundertwende mit den „Krupp-Werken" in Berndorf und der Munitionsfabrik in Hirtenberg. Heute noch bestehen bedeutende Unternehmen der Metallindustrie wie die „Austria-Metall" in Berndorf, die „Enzesfeld-Caro Metallwerke AG", die Wälzlagerfabrik „FAG" in Berndorf/St. Veit sowie eine Reihe kleinerer Industriebetriebe.

Eine international bedeutende Produktionsstätte der Reifenindustrie sind die „Semperit-Werke" in Traiskirchen.

Rechts: Landschaft südlich von Wien. Ölgemälde von Johann Christian Brand. 1790.
Wien, Nö. Landesmuseum.

Das Bad im 17. Jh. Kupferstich von Matthäus
Merian. 1649.

Landwirtschaft

Im Bezirk finden sich alle landwirtschaftlichen Produktionszweige. Im Südwesten gibt
es bergbäuerliche Betriebe, die vor allem
von der Forstwirtschaft und der Viehwirtschaft leben; am Osthang der Thermalalpen, aber auch auf dem Steinfeld, im Bereich von Baden, Pfaffstätten, Bad Vöslau,
Sooß und Tattendorf herrscht der Weinbau
vor, und im Osten, im Einzugsbereich des
Wiener Beckens, gibt es die Intensiv-Land-
wirtschaft mit Feldgemüseanbau, aber auch
bedeutende Getreide- und Zuckerrübenan-
baugebiete.

Auch der Fremdenverkehr besitzt eine große Bedeutung. Hier sind vor allem die Kur-
und Kongreßorte Baden und Bad Vöslau zu
erwähnen. Der Naherholungsfremdenver-
kehr spielt sich in den Wandergebieten des
Wienerwaldes um Heiligenkreuz, Alland
und Furth a. d. Triesting ab.

Bevölkerung, Siedlungsstruktur

Die meisten Ortschaften im Bezirk Baden
stammen aus der Zeit zwischen 1000 und
1200 und sind das Ergebnis der Siedlungs-
und Kolonisationspolitik der Babenberger.
Eines der bedeutendsten Trinkwasserver-
sorgungsunternehmen Niederösterreichs,
der Wasserleitungsverband der Triestingtal-
und Südbahngemeinden, ist im Verwaltungsbezirk Baden etabliert; der Verband
entnimmt das von ihm zur Trinkwasserversorgung verwendete Wasser den Quellge-
bieten in Furth a. d. Triesting (Harras),
Pottenstein (Antoniusbründl) sowie aus
einem Grundwasserwerk in Blumau-Neu-
rißhof. Der überwiegende Teil der Gemeinden ist an zentrale Abwasseranlagen angeschlossen.
Die Versorgungsnetze für die Energieträger
Strom und Gas sind vorhanden; die Gasversorgung wurde in jüngster Zeit durch die
EVN bedeutend erweitert. Die Stadt Baden
und die Gemeinden Furth a. d. Triesting
und Seibersdorf besitzen Fernwärmewerke;
in Seibersdorf hat sich eine Genossenschaft
etabliert, die eine Fernheizanlage auf der
Basis der Strohverbrennung errichtet hat.

Ein zentraler Ort

Das Zentrum des Bezirkes ist der Bezirksvorort Baden. Hier sind die Bezirkshauptmannschaft, das Bezirksgericht, das Finanzamt, das Vermessungsamt, eine Reihe be-
rufsbildender und allgemeinbildender höherer Schulen, das Pädagogische Institut des
Bundes, eine pädagogische Akademie für
die Lehrerausbildung und eine Vielzahl anderer Institutionen des öffentlichen Lebens
und der Wirtschaft angesiedelt.

Im Bezirksvorort besteht ein städtisches
Krankenhaus, das alle Einrichtungen der
medizinischen Grundversorgung und medi-
zin-technologisch und auch ärztlich einen
hohen Standard besitzt.

Geschichte und Kultur

Der Bezirk Baden ist Siedlungsgebiet seit
prähistorischer Zeit. Die heißen Thermalquellen wurden bereits von den Römern
genützt. In der Zeit der Babenberger erhielt
der Raum wieder große Bedeutung. Das
Stift Heiligenkreuz war der Mittelpunkt der
Kolonisierung und Urbarmachung des Wienerwaldes. Fünfzehn Babenberger haben
dort ihre letzte Ruhestätte gefunden.

Nahe bei Heiligenkreuz liegt der stille Ort
Mayerling, der durch den Selbstmord Kronprinz Rudolfs 1889 weltweit Bekanntheit erlangt hat.

In Baden hat Beethoven Teile seiner Neunten Symphonie, die Missa solemnis und die
Schlachtensymphonie „Wellington" geschrieben. Aber auch Mozart war Gast der
Stadt Baden, weil seine Frau Konstanze hier
lange zur Kur weilte. Sein berühmtes „Ave

Verum" ist in der Stadtpfarrkirche Baden
uraufgeführt worden.
Das Stadttheater in Baden, noch heute eines
der bestausgelasteten Provinztheater mit
hoher Qualität des gebotenen Musik- und
Sprechtheaters, kann als eine besondere
Pflegestätte der Operette betrachtet
werden.
Die Stadt Baden besitzt viele herausragende
Baudenkmäler aus der Biedermeierzeit,
überwiegend Arbeiten des Biedermeier-Ar-
chitekten Josef Kornhäusel (wie z. B. das
Rathaus oder den Sauerhof). Aber auch
Baumeister des Historismus und des Jugendstils wie Otto Wagner und Adolf Loos
haben hier ihre Spuren hinterlassen. Auch
die Stadtgemeinde Bad Vöslau kann auf
eine reichhaltige Bausubstanz vor allem der
letztgenannten Jugendstilarchitekten verweisen.
In Berndorf sind neben der Kirche auch die
vom Industriellen Krupp für die Schulkinder
gespendeten „Stilklassen" besonders erwähnenswert. Auch das sogenannte „Arbeiter-
theater", ebenfalls von Krupp gestiftet,
zählt zu den besonderen Sehenswürdigkeiten der Stadt Berndorf.
Zu Ende des Ersten Weltkrieges befand sich
in der Stadt Baden auch das österreichische
Armeeoberkommando, was zur Folge hatte,
daß Kaiser Karl I. mit seiner Familie hier
residierte.
Das russische Oberkommando in Österreich
befand sich nach 1945 ebenfalls in Baden,
das sich zu einer liebenswerten Kleinstadt
mit hoher Lebens- und Wohnqualität entwickelt hat und in erfrischend aufgeschlosse-
ner Weise Tradition und modernes Leben
zu verbinden versteht.

Richard Wanzenböck

Stift Heiligenkreuz.

Der Bezirk Bruck an der Leitha

Der zwischen Donau und Leithagebirge gelegene Verwaltungsbezirk Bruck an der Leitha reicht von allen Bezirken Niederösterreichs am weitesten nach Osten. Im Westen wird er durch die Fischa, im Süden durch das Leithagebirge und den Leitha-Fluß und im Norden durch die Donau begrenzt. Jenseits der Donau schließt der Bezirk Gänserndorf an, im Westen grenzt er an Wien-Umgebung und Baden und im Süden und Osten an die Bezirke Eisenstadt-Umgebung und Neusiedl am See. Im Nordosten des Bezirkes verläuft auf einer Länge von zirka 10 km die Staatsgrenze gegen die Tschechoslowakei.

Verwaltungsmäßig ist der Bezirk in zwei Gerichtsbezirke, Bruck an der Leitha und Hainburg an der Donau, mit 19 Gemeinden, davon drei Stadt- und 10 Marktgemeinden (37 Katastralgemeinden) unterteilt. Die Fläche des Verwaltungsbezirkes beträgt 494,45 km², das sind 2,6 Prozent der Fläche Niederösterreichs.

Bruck an der Leitha. Ansichtskarte. Um 1930.

Die Landschaft

Der Bezirk hat großen Anteil an der sogenannten Feuchten Ebene, der Wiener Bucht, wie der südlich der Donau gelegene Teil des Wiener Beckens genannt wird. Im Osten des Bezirkes öffnet sich die Wiener Bucht in der zwischen Leithagebirge und Hainburger Bergen gelegenen Brucker Pforte und der die Hainburger Berge und die Kleinen Karpaten trennenden Ungarischen Pforte gegen das große Pannonische Becken. Hier ist die höchste Erhebung des Bezirkes, der Hundsheimer Berg (480 m). Der tiefste Punkt liegt an der Donau östlich von Wolfsthal mit 138 m Seehöhe. Nordöstlich von Bruck erhebt sich, eingeschlossen von Leithamulde, Fischa und Donau, das Arbesthaler Hügelland. Im Westen breitet sich eine ebene Landschaft aus, die „Möser" (= Moore) von Margarethen a. Moos und Götzendorf. Dieses Gebiet war einst eine Moorlandschaft.

Im Süden steigt aus der Ebene das Leithagebirge auf. Es ist dies der letzte Ausläufer der nördlichen Kalkalpen. Den Grundstock dieses Bergzuges bilden Gneis und Glimmer.

Die Gewässer

Von den vielen Flüssen, die die Wiener Bucht durchfließen und ihre Wässer zur Donau schicken, tangieren den Bezirk Bruck nur Fischa und Leitha als Grenzflüsse. Die Fischa, die knapp vor dem Erreichen der Bezirksgrenze die Piesting aufnimmt, führt ihr Wasser in einer verschleppten Mündung der Donau zu. Die Leitha, die aus der Vereinigung der aus dem Schneeberg- und Raxgebiet kommenden Schwarza und der im Wechselgebiet entspringenden Pitten ent-

steht, fließt in nordöstliche Richtung am Fuße des Leithagebirges, bildet im Westen auf einer Länge von etwa 7 km die Grenze gegen den Bezirk Baden, fließt dann durch das Mösergebiet und ist in der Folge von Wilfleinsdorf bis Gattendorf Grenzfluß gegen das Burgenland.

Der Verkehr

Durch den Bezirk führen zwei wichtige Bahnlinien, die Ostbahn von Wien nach Budapest und die Preßburger Bahn von Wien nach Hainburg und Wolfsthal. Alle Orte des Bezirkes sind mit der Bezirkshauptstadt durch Autobuslinien verbunden, denn das regionale Straßennetz ist dicht und gut ausgebaut. Zwei wichtige Straßen sind die Bundesstraße B 9, die Wien, Hainburg und Preßburg verbindet, und die Bundesstraße B 10, die von Wien über Bruck ins Burgenland und weiter nach Ungarn führt. Die Öffnung der Grenze gegen Ungarn und die Tschechoslowakei brachte eine Intensivierung des grenzüberschreitenden Verkehrs. Die Ostautobahn (A 4) wird nach ihrem Ausbau als wichtigste Verkehrsader durch den Bezirk führen und eine spürbare Entlastung bringen.

Schon seit altersher gab es bei Bad Deutsch Altenburg eine Stromüberführung, da hier die Bedingungen für eine Überquerung der Donau am günstigsten sind. Seit 1921 bestand eine Seilfähre, deren Betrieb aber sehr von den Witterungsverhältnissen abhängig war. Im Jahre 1969 wurde mit dem Bau der Donaubrücke begonnen, die im Dezember 1972 für den Verkehr freigegeben wurde und den Bezirk Bruck mit dem nördlichen Niederösterreich verbindet.

Die Wirtschaft

In der Agrargeographie wird das Bezirksgebiet zum „Wiener Boden" gerechnet. Es ist im allgemeinen eine ebene Landschaft von Schotterterrassen, überwiegend bedeckt von fruchtbarer Schwarzerde auf Lößgrund. Die feuchten Felder in den Niederungen der Leitha und Fischa liefern auch in trockenen Jahren gute Ernten. Der Bezirk ist waldarm, nur im Leithagebirge, auf den Hainburger Bergen und im Arbesthaler Hügelland finden wir ausgedehnte Wälder. Die Donau, Fischa und Leitha begleiten Auen. Neben dem Ackerbau verlegten sich viele Landwirte besonders auf Rindermast oder Schweinezucht und Schweinemast, auf Legehühner, Saatgutproduktion oder auf den Weinbau, der im Bezirk eine bedeutende Rolle spielt. Seit der Schließung der Brucker Zuckerfabrik hat der Zuckerrübenanbau abgenommen, während der Raps- und Sonnenblumenanbau an Bedeutung gewonnen hat, denn im Sommer 1989 hat die auf dem Gelände der ehemaligen Zuckerfabrik errichtete Ölmühle ihren Betrieb aufgenommen.

Wichtige bodenständige Industriezweige im Bezirk sind die Stein- und Zementindustrie. Dazu gehören die Perlmoser Zementwerke in Mannersdorf am Leithagebirge und die Hollitzer Baustoffwerke in Bad Deutsch Altenburg. Weitere Industriebetriebe: die Austria Tabakwerke AG. in Hainburg a. d. Donau, die schon genannte Ölmühle und die EFFEM Austria GesmbH, die in Bruck im Jahre 1985 ihre Produktion aufgenommen hat. Erzeugt und vertrieben wird Fertignahrung für Katzen und Hunde. Auch einige bedeutende Bauunternehmen befin-

Links: Bruck an der Leitha. Um 1900.
Rechts: Schloß Petronell. 17. Jh.

Der Bezirk Bruck an der Leitha

den sich im Bezirk. Mit dem Kaiserbad in Bad Deutsch Altenburg verfügt der Bezirk über eines der wichtigsten Kurzentren mit der stärksten Jod-Schwefelquelle Österreichs.

Der Fremdenverkehr

Bedeutende Anziehungspunkte sind die an der Donau gelegenen Orte Petronell-Carnuntum und der Kurort Bad Deutsch Altenburg mit ihren vielen Überresten aus der Römerzeit, die Stadt Hainburg mit ihren mittelalterlichen Wehranlagen, aber auch der Wallfahrtsort Maria Ellend. Der Geburtsort Joseph und Michael Haydns in Rohrau und die Bezirkshauptstadt Bruck a. d. Leitha, die wie Hainburg noch viele mittelalterliche Anlagen aufzuweisen hat, sind ebenfalls das Ziel vieler Fremder.

Bevölkerung

Der Bezirk hat etwas mehr als 37.000 Einwohner. Die Zahl der Zweitwohnsitzer ist zwar nicht sehr bedeutend, doch ist sie ständig im Zunehmen. Die Siedlungen sind geschlossen, die Einzelhöfe gering an der Zahl. In allen Orten ist die Bautätigkeit sehr rege. Hauptsächlich entstehen Einfamilienhäuser, in den größeren Orten aber auch Eigentums- und Genossenschaftswohnhäuser.

Bezirkszentrum

Mittelpunkt des Bezirkes ist die Stadt Bruck a. d. Leitha. Hier haben die Bezirkshauptmannschaft, das Finanzamt und viele andere Behörden ihren Sitz. Bruck ist auch eine Schulstadt. Neben den Pflichtschulen bestehen hier Bundesgymnasium, Bundesrealgymnasium, Handelsakademie, Handelsschule, Landwirtschaftliche Fachschule und die Musikschule der Stadt.

Schloß Trautmannsdorf. 19. Jh.

Geschichte

Funde aus der Alt- und Jungsteinzeit dokumentieren das sehr frühe Auftreten von Menschen in diesem Raum. Daß die Besiedlung kontinuierlich war, bestätigen Gräberfunde aus der Bronze- und Eisenzeit. Zur Römerzeit war die Donau Nordgrenze gegen Germanien. Zur Befestigung wurde hier das Standlager Carnuntum errichtet, und es entstand eine große Zivilstadt. Die meisten Orte entstanden im 11. Jahrhundert, und bis in das 13. Jahrhundert war die Besiedlung des Bezirksgebietes ziemlich dicht. Im Laufe der Jahrhunderte gingen aber viele Orte wieder zugrunde. Besonders die Türkenkriege von 1529 und 1683, die Kriegszüge des Königs Matthias Corvinus im letzten Viertel des 15. Jahrhunderts und die Kuruzeneinfälle zu Beginn des 18. Jahrhunderts brachten schwere Zerstörungen und Verwüstungen. Auch in den Franzosenkriegen von 1805 und 1809 war der Bezirk schwer in Mitleidenschaft gezogen. Am Ende des Zweiten Weltkrieges kam es in den letzten Kriegswochen im Frühjahr 1945 zu schweren Kampfhandlungen auf österreichischem Boden, den ersten seit den Napoleonischen Kriegen. Zum Glück für die Bevölkerung des Brucker Bezirkes erfolgte der Zusammenbruch rasch. Die Rote Armee nahm den Bezirk in wenigen Tagen ein.

Kultur

In Bruck an der Leitha, Hainburg a. d. Donau und Mannersdorf bestehen rührige Museumsvereine, die es sich zur Aufgabe gestellt haben, Erhaltungswürdiges zu sammeln, auszustellen und so der Nachwelt zu erhalten. Das bedeutendste Museum im Bezirk ist das „Museum Carnuntinum" in Bad Deutsch Altenburg mit zahlreichen Funden aus der römischen Vergangenheit. Dieses wird ergänzt durch das Freilichtmuseum in Petronell und die sonstigen Ausgrabungen und Überreste aus der Römerzeit, von denen das sogenannte Heidentor als einziger Rest über der Erde bestehen blieb. Von besonderer Art ist auch das Geburtshaus von Joseph und Michael Haydn in der kleinen Marktgemeinde Rohrau. Bedeutende Baudenkmäler sind die Schlösser in Bruck a. d. Leitha, Rohrau mit der Harrachschen Gemäldegalerie, Petronell, Bad Deutsch Altenburg, Wolfsthal, Trautmannsdorf und Margarethen a. Moos. Ruinen ehemaliger Burgen erinnern daran, daß der Bezirk Bruck als Grenzbezirk sich gegen den Osten wehrhaft zu schützen wußte (Pottenburg, Röthelstein, Scharfeneck).

Kunstgeschichtlich interessant sind Pfarrkirche und Karner in Bad Deutsch Altenburg, die romanische Rundkapelle in Petronell-Carnuntum und viele alte Wehrkirchen. In zahlreichen Orten unseres Bezirkes sind Musikkapellen, Gesangvereine und Kirchenchöre tätig. Die alljährlich stattfindenden Burgspiele auf dem Schloßberg in Hainburg a. d. Donau locken viele Besucher an. Seit der Eröffnung des Stadttheaters in Bruck a. d. Leitha im Jahre 1988 sind auch hier kulturbegeisterte und kulturschaffende Gruppen eifrig tätig.

Theodor Tischler

Links: Hainburg
Rechts: Detail des Haydn-Hauses in Rohrau.

Die Stadt Wiener Neustadt

Wiener Neustadt. Der Bereich um den Dom.

Die Statutarstadt Wiener Neustadt, im südöstlichen Niederösterreich am Rande der Ebene des Steinfeldes gelegen, bildet einen eigenen Verwaltungsbezirk und grenzt an die Bezirke Wiener Neustadt-Land, Neunkirchen und Mattersburg (Burgenland). Wiener Neustadt gehört zum Gerichtsbezirk Wiener Neustadt.

Das Stadtgebiet hatte ursprünglich eine Fläche von 74 km². Davon ging jedoch ein Teil durch die Gründung des Dorfes Theresienfeld (1766) verloren, durch das Ausscheiden des 1822/23 gegründeten Ortes Felixdorf aus dem Wiener Neustädter Gemeindeverband wurde die Fläche 1888 neuerlich reduziert; heute wird die Größe von Wiener Neustadt mit 60,9 km² angegeben.

Geologischer Aufbau und Stadtlandschaft

Wiener Neustadt liegt 265 m ü. d. M. Die Stadt wurde auf dem Ende eines Schotterkegels errichtet, der sich von Neunkirchen nach Norden hin ausbreitet; von Westen erstrecken sich Ausläufer des Schotterkegels von Wöllersdorf bis in das Stadtgebiet. Am Zusammenstoß der beiden Schotterkegel, wo auch die Warme Fischa verläuft, entstand eine Aulandschaft, die sich deutlich vom Erscheinungsbild des sonst so trockenen Steinfeldes abhebt. Die Nähe einer Dislokationsspalte, die bei Bad Fischau in

südnördlicher Richtung verläuft („Thermenlinie"), hatte zur Folge, daß die Stadt Wiener Neustadt in der Vergangenheit immer wieder durch Erdbeben erschüttert wurde.

Gewässer

Der wichtigste Fluß im Stadtgebiet von Wiener Neustadt ist die in Bad Fischau entspringende Fischa („Warme Fischa"), deren bedeutendste Zuflüsse Prossetbach, Frauenbach und Johannesbach sind. Von größter Bedeutung für Wiener Neustadt aber waren und sind zwei künstliche Gerinne: der „Kehrbach", eine Ende des 12. Jahrhunderts geschaffene Abkehrung der Schwarza bei Peisching, sowie der 1797–1803 gebaute „Wiener Neustädter Kanal".

Der Verkehr

An einer von Wien nach dem Süden führenden Handelsstraße errichtet, entwickelte sich Wiener Neustadt bereits im Mittelalter zu einem wichtigen Verkehrszentrum. Der Verkehrsknoten Wiener Neustadt erhielt Anfang des 19. Jahrhunderts nicht nur durch die Anlage eines Wasserweges, der Wien mit Triest verbinden sollte, aber dann nur bis Wiener Neustadt gediehen ist („Wiener Neustädter Kanal"), noch größere Bedeutung als zuvor, sondern vor allem durch

den Bau der Südbahn, die 1841 bereits bis Wiener Neustadt reichte; dazu kamen noch die Gutensteiner Bahn (1877), die Aspangbahn (1881) und die Schneebergbahn (Strecke Wiener Neustadt–Puchberg, 1897 eröffnet). 1909 wurde in Wiener Neustadt das erste offizielle österreichische Flugfeld angelegt, das seit 1913 aber nur mehr als Militärflugplatz verwendet wurde und daher sofort nach Ende des Ersten Weltkrieges stillgelegt werden mußte. Im Zweiten Weltkrieg zum „größten Flugfeld Großdeutschlands" ausgebaut, wird das Wiener Neustädter Flugfeld seit Kriegsende bzw. seit Abzug der Besatzungsmächte zum einen Teil als Militärflugplatz, zum anderen Teil von privaten Flugvereinen genützt. – Eine 1952 quer durch die östliche Altstadt gelegte neue Straße, die „Grazer Straße", sollte dem modernen Verkehr gerecht werden; eine Verkehrsentlastung brachte jedoch erst zwei Jahrzehnte später der Bau der Südautobahn (die A 2 verläuft durch das südwestliche Stadtgebiet) sowie der S 4. – Eine 1926 geschaffene Städtische Autobusunternehmung deckt die Bedürfnisse des öffentlichen Verkehrs im Stadtbereich.

Die Wirtschaft

Wiener Neustadt entwickelte sich bereits am Ende des 18. Jahrhunderts zu einem wichtigen industriellen Mittelpunkt: War es zunächst die Textilindustrie, die hier Fuß faßte, so wurde die Stadt im 19. Jahrhundert immer mehr auch zu einem Zentrum der metallverarbeitenden Industrie (Lokomotivfabrik, Daimler-Werke, Radiatorenfabrik, Flugzeugfabrik). Rüstungszentrum im Ersten und im Zweiten Weltkrieg, hat Wiener Neustadt nach dem Jahre 1945 infolge der Zerstörungen des Krieges, aber auch durch seine Lage in der russischen Besatzungszone, auf industriellem Gebiet nicht mehr die einstige Bedeutung erlangt. Heute dominieren in der Stadt eher Klein- und Mittelbetriebe.

Bedeutendster Dienstgeber ist der Magistrat mit 2162 Bediensteten.

Fußgängerzone in der Altstadt.

Rechts: Der Reckturm. Teil der mittelalterlichen Stadtbefestigung.

Die Stadt Wiener Neustadt

Bevölkerung und Siedlung

Wiener Neustadts Einwohnerzahl beträgt laut Volkszählung von 1981 an „Wohnbevölkerung" 35.006 („Anwesende Bevölkerung" im Jahre 1988: 40.869).

Bis in die 2. Hälfte des 19. Jahrhunderts ist die Stadt – von wenigen, außerhalb der Mauern gelegenen Gebäuden abgesehen – über das rund 600 x 700 m große Mauerviereck aus der Zeit der Stadtgründung kaum hinausgewachsen. Erst durch die Industrialisierung und den damit in Beziehung zu setzenden verstärkten Wohnungsbau sowie durch die Errichtung großer Kasernen begann die Stadt sich auszudehnen. Die nach dem Ende des Zweiten Weltkrieges überaus lebhafte Bautätigkeit betraf nicht nur den Wiederaufbau der durch Bomben furchtbar zerstörten Stadt, sondern ließ am Stadtrand neue Industrieanlagen, Siedlungen und Wohnhäuser entstehen.

Geschichte

Im Jahre 1194 entschloß sich der Babenberger Herzog Leopold V., in dem damals noch zum Herzogtum Steiermark gehörigen südöstlichen Steinfeld eine stark befestigte Stadt zu gründen. Die Realisierung dieses Vorhabens blieb allerdings Herzog Leopold VI. (1194–1230) vorbehalten. Für den Bau der „Newenstat" ist ein Teil des Lösegeldes des englischen Königs Richard Löwenherz verwendet worden.

Durch Verleihung wichtiger Privilegien gedieh die neue Stadt ausgezeichnet. Schon um das Jahr 1200 wurde mit dem Bau der spätromanischen Pfarrkirche „Zu Unserer Lieben Frau" begonnen. Noch in der Babenbergerzeit entstand die viertürmige Burganlage in der Südostecke der Stadt, und seit Mitte des 13. Jahrhunderts sind Niederlassungen des Deutschen Ordens, der Minoriten, Dominikaner und Dominikanerinnen in Wiener Neustadt nachzuweisen.

Ihre Blütezeit erlebte die Stadt Wiener Neustadt im 15. Jahrhundert, als sie Kaiser Friedrich III. viele Jahrzehnte hindurch als Residenz diente. Seine Gemahlin Eleonora

Die Burg als Erziehungsanstalt. Aquarell. Um 1925.

von Portugal – die Mutter Maximilians I. – liegt in der Kirche des Zisterzienserstiftes Neukloster (gegründet 1444) begraben. Der in der Wiener Neustädter Burg 1459 geborene Kaiser Maximilian I. fand hier auch seine letzte Ruhestätte (1519). 1469 wurde das Bistum Wiener Neustadt errichtet.

Nach vielmonatiger Belagerung fiel die Stadt Wiener Neustadt 1487 an den Ungarnkönig Matthias Corvinus; sie blieb bis zum Jahre 1490 unter ungarischer Herrschaft. Im 16. Jh. verlor Wiener Neustadt sehr an Bedeutung. Die ursprüngliche Funktion als Bollwerk gegen den Osten erfüllte die Stadt jedoch auch in der Neuzeit und hielt sich tapfer gegen Türken und Kuruzen.

Im Jahre 1752 gründete Maria Theresia in der kaiserlichen Burg zu Wiener Neustadt eine Militärakademie, die bald zur wichtigsten Ausbildungsstätte der Monarchie wurde.

Auf Befehl Kaiser Josephs II. mußte im Jahre 1785 das Bistum von Wiener Neustadt nach St. Pölten transferiert werden. Mit Ausnahme des Zisterzienserstiftes Neukloster und des Kapuzinerklosters sind 1782–1784 alle in Wiener Neustadt befindlichen Klöster aufgehoben worden. In den nun nicht mehr für kirchliche Zwecke beanspruchten Gebäuden wurden Manufakturen eingerichtet und damit der Grundstein für die industrielle Entwicklung der Stadt gelegt. Im Jahre 1866 erhielt Wiener Neustadt ein Gemeindestatut verliehen.

Die Konzentration kriegswichtiger Industrie in Wiener Neustadt während des Zweiten Weltkrieges führte dazu, daß die Stadt in den Jahren 1943 bis 1945 Ziel schwerster Luftangriffe wurde. Am 2. April 1945 besetzten Truppen der Roten Armee die Stadt, die nun zehn Jahre unter russischer Besatzung verblieb.

Kulturelle Einrichtungen

Wiener Neustadt ist die größte Schulstadt Niederösterreichs. Hier befindet sich auch die Ausbildungsstätte für die Offiziere des österreichischen Bundesheeres, die 1752 in der alten Kaiserburg eingerichtete Theresianische Militärakademie. Möglichkeiten für Erwachsenenbildung bieten die Volkshochschule der Stadt Wiener Neustadt sowie das Bildungshaus St. Bernhard.

Neben dem Stadtmuseum und einer kleinen Schausammlung im „Reckturm" gibt es in Wiener Neustadt noch ein Museum in der Militärakademie, ferner einen Traditionsraum des priv. uniform. Bürgerkorps sowie eine Kunstsammlung im Stift Neukloster. Das Stadtarchiv mit einer wissenschaftlichen Handbibliothek ist im ehemaligen Kloster St. Peter an der Sperr untergebracht.

Für die Darbietung von Kunstausstellungen wurden die beiden profanierten Kirchen – St. Peter an der Sperr und Karmeliter – adaptiert.

Die wichtigsten historischen Sehenswürdigkeiten der Stadt sind der spätromanische Dom, die mittelalterliche Burg mit der gotischen St. Georgskirche, die gotische Kirche und das barockisierte Zisterzienserstift Neukloster, die gotische Wegsäule „Spinnerin am Kreuz", die barocke Mariensäule sowie Bürgerhäuser aus der Renaissance, dem Barock und dem Biedermeier.

Gertrud Buttlar

Militärakademie, Georgskapelle.

Links: Wappen von Wiener Neustadt. Farblithographie. 1885.

Der Bezirk Wiener Neustadt

Der Bezirk Wiener Neustadt-Land liegt im Südosten des Bundeslandes Niederösterreich und erstreckt sich durch das Piestingtal und seine Nebentäler sowie entlang der burgenländischen Grenze bis in die südöstlichste Ecke Niederösterreichs. Er wird durch die Statutarstadt Wiener Neustadt etwa in der Mitte geteilt.

Der Bezirk hat ein Flächenausmaß von zirka 970 km² und grenzt an die Bezirke Neunkirchen, Lilienfeld, Baden, Eisenstadt, Mattersburg, Oberpullendorf und Hartberg. Der Bezirk Neunkirchen wird im Norden und im Osten vom Bezirk Wiener Neustadt umgeben.

Der Bezirk Wiener Neustadt gliedert sich in die Gerichtsbezirke Wiener Neustadt, dem der seinerzeitige Gerichtsbezirk Gutenstein angeschlossen wurde, und Kirchschlag in der Buckligen Welt.

Er hat 35 Gemeinden – vor den Gemeindezusammenlegungen in den sechziger Jahren waren es 48 Gemeinden –, von welchen eine das Stadtrecht besitzt; 17 Gemeinden sind Marktgemeinden.

Geologischer Aufbau und Landschaft

Der Bezirk vereinigt Landschaftstypen vom Gebirge bis zur Steppenlandschaft.

Der Westen liegt am Alpenostrand am Fuße des Schneeberges, des höchsten Berges Niederösterreichs, und ist durch Kalkausformungen gekennzeichnet.

Der Nordosten umfaßt das Steinfeld, das auf Meeresablagerungen im seinerzeitigen Wiener Becken zurückgeht und schottrige Böden aufweist. Dadurch ist die Landwirtschaft in diesem Bereich karg und die Landschaft selbst steppenartig und durch Schotterabbau und Naßbaggerungen geprägt.

Der Osten und Südosten wird durch die Hügel des Leithagebirges und die Ausläufer des Wechselgebirges gebildet und besteht aus einer hügeligen Landschaft, die den Beinamen „Bucklige Welt" hat.

Rohr im Gebirge.

Bergstraße auf die Hohe Wand.

Die Gewässer

Die bedeutendsten Gewässer im Bezirk Wiener Neustadt sind die Piesting und die Leitha. Das Piestingtal stellt den westlichen Teil des Bezirkes dar, der Fluß hatte im 18. und 19. Jahrhundert durch die Wasserkraftanlagen für die Entwicklung der Industrie in diesem Tal große Bedeutung. Die Leitha, die diesen Namen nach der Vereinigung der Flüsse Pitten und Schwarza trägt, ist Grenzfluß zum Burgenland, früher zu Ungarn. Sowohl die Piesting als auch die Leitha reichern das Grundwasser im Bereich der Mitterndorfer Senke an und führen daher in trockenen Jahreszeiten wenig bis kein Wasser.

Der südlichste Teil des Bezirkes entwässert über den Zöbernbach und seine Nebengerinne bereits in das Burgenland.

Historisch interessant ist das künstliche Gerinne des „Tirolerbaches". Er ist eine Ausleitung aus der Piesting und führt nach Theresienfeld, wo er zur Bewässerung des trockenen Steinfeldbodens dient. Zur Zeit Maria Theresias wurden auch künstliche Gerinne südlich der Stadt Wiener Neustadt geschaffen, um die Aufforstungen des Föhrenwaldes zu sichern. Dank dieses Föhrenwaldes sind die fruchtbaren Böden im Bereich von Lanzenkirchen vor Erosion geschützt geblieben.

Der Verkehr

Der Bezirk Wiener Neustadt ist sowohl durch die Eisenbahn als auch durch Straßen gut erschlossen.

Eine der wichtigsten Bahnlinien Österreichs, die Südbahn, durchquert den Bezirk und verbindet viele Nebenlinien im Eisenbahnknotenpunkt Wiener Neustadt. So wird das Piestingtal durch eine Bahnlinie erschlossen, die in Gutenstein endet. Die sogenannte „Schneebergbahn" führt von Wiener Neustadt aus nach Puchberg am Schneeberg, Bezirk Neunkirchen, und findet dort in der berühmten Zahnradbahn auf den Schneeberg ihre Fortsetzung. Die Aspangbahn geht über den Wechsel in die Steiermark. Die Pottendorfer Linie führt von Wiener Neustadt über Pottendorf und die östlichen Teile des Industrieviertels nach Wien.

Die Raab-Ödenburger Bahn, eine Privatbahn, verbindet die Stadt Györ/Raab mit der Stadt Ebenfurth im Bezirk Wiener Neustadt. Parallel zur Südbahn führt die Südautobahn, von der im Raum Wiener Neustadt eine Schnellstraße in das Burgenland abzweigt.

Die Wirtschaft

Der Waldreichtum im Piestingtal hatte zur Folge, daß die Waldbauern eine Fülle von Produkten aus Holz und Harz herstellten. So wurde z. B. für die im Piestingtal angesiedelte Industrie Holzkohle hergestellt, und bäuerliche Nebenerwerbe entwickelten sich.

Aufgrund des Vorkommens von geeignetem Kalkgestein übten die Waldbauern auch das Nebengewerbe der Kalkbrennerei aus, das heute jedoch durch ein am österreichischen Markt führendes großes Kalkwerk in Waldegg, Wopfing, ersetzt ist.

Auf dem kargen Waldboden des Kalksteins wachsen nur mehr die sehr genügsa-

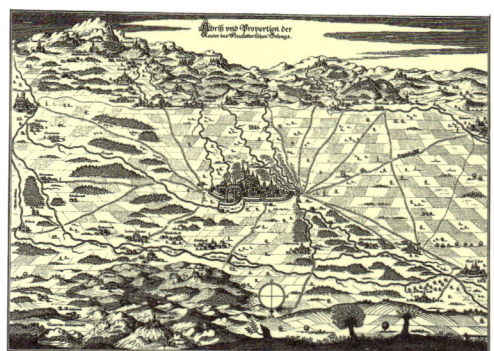

*Links: Das Servitenkloster auf dem Mariahilf-
berg bei Gutenstein. Um 1890.
Rechts: Abriß und Proportion des Neustädter
Geheges. Kupferstich von Matthäus Merian.
1649.*

Der Bezirk Wiener Neustadt

men Föhren, daher war auch die Harzge-
winnung ein Zusatzverdienst für diese Landwirte und Waldbauern.

An der Piesting entstanden zahlreiche Wasserkraftanlagen und Hammerwerke, die jedoch durch die großzügige Aufschließung
durch elektrischen Strom im 20. Jahrhundert an Bedeutung verloren. Zurückgeblieben sind noch einige Betriebe, die an diesen
Wasserkraftanlagen ihren Ursprung hatten.
So gibt es z. B. in Gutenstein einen Gewer-
ken, der Drahtstifte zum Teil heute noch
mit der von der Wasserkraftanlage gewonnenen Energie erzeugt. Aus einer 1866 gegründeten Kunstwollfabrik entstand in Ort-
mann 1917 eine große und ebenfalls den
Markt beherrschende Papierfabrik.

Seit der Errichtung der Eisenbahnen und
dem Bau von Autobahnen sind entlang und
in der Nähe dieser Verkehrswege neue Betriebe entstanden.

So hat sich in den letzten Jahren neben
neuen Industriegebieten in der Statutarstadt
Wiener Neustadt auch im Bezirk, z. B. in
der früher rein landwirtschaftlichen Gemeinde Weikersdorf am Steinfeld, ein beachtliches Industriezentrum entwickelt.

Der zum Teil sehr wertvolle Schotter in der
Ebene des Steinfeldes ließ viele Schotter-
gruben entstehen. Diese Landschaft ist auch
durch die nach Naßbaggerungen entstandenen Seen gekennzeichnet.

Fremdenverkehr und Kultur

Der Fremdenverkehr hatte vor allem im
vergangenen Jahrhundert für den Bezirk
Wiener Neustadt große Bedeutung, weil das
Piestingtal neben dem im Bezirk Neunkirchen gelegenen Fremdenverkehrsgebiet des
Semmerings zu den attraktivsten Erholungs-
gebieten im südlichen Niederösterreich gehörte.

Namhafte Architekten errichteten Villen im
Raum Gutenstein, die den Wiener Besitzern
meist als Sommerfrischenaufenthalt dienten.

Heute ist für den Fremdenverkehr besonders das Schigebiet am Unterberg in den
Gemeinden Muggendorf und Rohr im Gebirge von Bedeutung. Die Hohe Wand, ein
Kalkstock, der an der Bruchlinie des Wiener
Beckens liegt, ist vor allem für den Tages-
fremdenverkehr wichtig und wird auch als
Hausberg der Wiener bezeichnet. Aus einer
Lungenheilanstalt im Bereich der Hohen
Wand ist ein namhaftes Rehabilitationszentrum für Herz- und Kreislaufkran-
ke, die „Felbring" in der Gemeinde Winzen-
dorf-Muthmannsdorf, entstanden.

Die Bruchlinie im Wiener Becken, die auch
Thermenlinie genannt wird, weil hier einige
Thermalquellen entspringen, ist die natürli-
che Grundlage für das Thermalbad in Bad
Fischau-Brunn. Die Suche nach Mineralien

hat zur Entdeckung der kohlensäurehältigen
Quellen in Bad Schönau geführt. Der Kurort wurde vor etwa zehn Jahren durch Errichtung eines großen Kurhotels und anderer Fremdenverkehrsbetriebe ausgebaut.

Für den Fremdenverkehr, aber auch kulturell nennenswert sind die Kirchschlager Passionsspiele, die seit den dreißiger Jahren alle
fünf Jahre, so z. B. auch im Jahr 1990, von
Laiendarstellern aufgeführt werden.

Im Waldbauernmuseum in Gutenstein, das
ursprünglich aus einer privaten Sammlung
hervorgegangen ist, wird die Entwicklung
der bodenständigen Gewerbe und landwirtschaftlichen Nebengewerbe der Waldbauern
anschaulich dargestellt.

Ein barockes Kleinod stellen die Kirche und
das Servitenkloster auf dem Mariahilfberg
bei Gutenstein dar. Auch ein zweites Kloster im Bezirk Wiener Neustadt ist von besonderer Bedeutung, nämlich das Redemp-
toristenkloster in Katzelsdorf. Die Redemp-
toristenpatres führen dort eine allgemeinbildende höhere Schule mit einem Konvikt.
Diese Bildungsanstalt hat, wie auch die Landesberufsschule für das Gastgewerbe in
Waldegg und die kaufmännische Berufsschule in Theresienfeld, neben den Pflichtschulen im Bezirk Wiener Neustadt große
Bedeutung.

Die Geschichte

Das Zentrum des Bezirkes ist die Statutarstadt Wiener Neustadt. Historisch gesehen
ist der Wiener Neustädter Bezirk ein altes
Siedlungsgebiet. Burgen und Ruinen entlang der ungarischen Grenze, wie Kirch-

Der Türkensturz bei Seebenstein.

schlag, Krumbach, Thernberg, Seebenstein,
Pitten, Stadt und Burg Wiener Neustadt,
Emmerberg und die Burgruine Starhem-
berg, sind steinerne Zeugen dieses durch
viele Jahrhunderte hindurch umkämpften
Gebietes.

Auch die Türken kamen auf diesem Weg
aus der ungarischen Tiefebene in unsere
Heimat, desgleichen die ungarischen Freischärler im Zuge der Ereignisse des Anschlusses von Westungarn (Burgenland) an
Österreich nach dem Ersten Weltkrieg.
Beim Gefecht bei Kirchschlag im Jahr 1921
wurde das Burgenland, das im Friedensvertrag von St. Germain nach einer Volksabstimmung Österreich zugeschrieben worden
war, für Österreich gesichert. Die letzte Invasion aus dem Osten erfolgte im Jahr 1945,
als am 30. März die Sowjetarmee in Kirchschlag einmarschierte.

Herbert Marady

Ferdinand Raimunds Sommerhaus in Gutenstein.

Der Bezirk Neunkirchen

Der Verwaltungsbezirk Neunkirchen liegt im südöstlichen Bereich Niederösterreichs am südlichen Ende des Wiener Beckens und erstreckt sich vom Rax-Schneeberg-Massiv über das Semmering- und Wechselgebiet und die Bucklige Welt hinaus in die Steinfeldebene. Er ist im Westen vom Verwaltungsbezirk Lilienfeld, im Norden und Osten vom Verwaltungsbezirk und der Statutarstadt Wiener Neustadt begrenzt. Die südliche Grenze bildet die Landesgrenze zur Steiermark. Der Bezirk hat ein Flächenausmaß von 1146 km² und gliedert sich in die drei Gerichtsbezirke Aspang, Gloggnitz und Neunkirchen mit 44 Gemeinden, die sich aus 3 Stadt-, 13 Markt-, 28 Orts- und 130 Katastralgemeinden bzw. 180 Ortschaften zusammensetzen.

Landschaft und geologischer Aufbau

Im Westen des Bezirkes erheben sich die Kalkhochalpen mit den beiden Gebirgsstöcken Rax (2009 m) und Schneeberg, mit 2075 m Seehöhe der höchste Berg Niederösterreichs, der in nordöstlicher Richtung in das Puchberger Becken ausläuft. Daran schließt im Nordosten die rund 11 Kilometer lange und ca. 4 Kilometer breite Hohe Wand mit der im südlichen Vorland gelegenen „Neuen Welt" und den parallel zur Hohen Wand verlaufenden Fischauer Vorbergen, die in die weite Ebene des Steinfeldes abfallen.
Die im Südosten der Rax anschließende Semmering-Landschaft, zu der auch der Sonnwendstein, die Ottergruppe und der am Ramssattel beginnende und bis Hochegg und Kulmriegl reichende Bergzug gehören, geht gegen Osten nahtlos in das ausgebreitete, aus Urgestein bestehende Massiv des Wechsels und die Bucklige Welt über, die mit dem Pittental die östliche Grenze des Verwaltungsbezirkes darstellt und in Richtung der Bezirksstädte Neunkirchen und Wiener Neustadt an das Steinfeld angrenzt. Die Gebirgs-, Berg- und Hügellandschaft des Bezirkes ist durch seine Täler und Gräben geprägt. Das Rax- und das Schneebergmassiv werden durch das Höllental getrennt, von Gloggnitz zur Bezirksstadt Neunkirchen erstreckt sich das Schwarzatal, nach Aspang das Feistritztal. Von Aspang in Richtung Wiener Neustadt verläuft das Pittental, das Sierningtal windet sich von Puchberg am Schneeberg bis Ternitz, der größten Stadt des Bezirks.

Gewässer

Die bedeutendsten Gewässer des Bezirkes sind die Schwarza und die Pitten, die sich bei Erlach-Haderswörth (Bezirk Wiener Neustadt-Land) vereinen und von hier als Leitha der Donau zufließen.

Das Semmeringgebiet mit der Semmeringstraße.

Verkehr

Der Bezirk ist ein Durchzugsgebiet zwischen Wien und dem Bundesland Steiermark, in das vier wichtige Hauptverkehrsstraßen und zwei Eisenbahnlinien über den Semmering und über den Wechsel führen. Als einer der ehemals größten Industrie- und einer der bedeutendsten Fremdenverkehrsbezirke Niederösterreichs ist er mit einem reich verzweigten Straßennetz ausgestattet.
Der Semmeringpaß diente schon seit ältesten Zeiten als Übergang von Niederösterreich in die Steiermark. Bis zum Jahre 1727 führte nur ein beschwerlicher Saumweg über diesen Bergsattel. Dann ließ Kaiser Karl VI. in nur 48 Tagen die erste Straße über den Semmering bauen; 1839 ließ Kaiser Ferdinand die Straße in sieben sanften, breiten Windungen neu anlegen.
Die Bundesstraße 54 (Wechsel-Straße) kommt von Wiener Neustadt und führt über Seebenstein, Grimmenstein und Aspang-Markt nach Mönichkirchen, wo sie das Bundesland Niederösterreich verläßt.
Der wichtigste Straßenzug, die A 2 (Südautobahn), führt, annähernd parallel zur B 54, diese zweimal kreuzend, über den Wechsel in die Steiermark.
Die beiden Eisenbahnhauptlinien, die Südbahn über den Semmering sowie die Aspangbahn über den Wechsel, gehören zu den schönsten Bergbahnen Europas.

Wirtschaft

Im Bezirk Neunkirchen gibt es 3033 nichtlandwirtschaftliche Betriebsstätten der verschiedensten Bereiche, wobei der Großteil auf das verarbeitende Gewerbe (Industrie und Bauwesen), auf den Handel und den Fremdenverkehr (Beherbergungs- und Gaststättenwesen) entfällt.

Der einstmals größte Industriebezirk Niederösterreichs mußte in den letzten zwei Jahrzehnten aufgrund von Betriebsschließungen sowie Rationalisierungs- und Umstrukturierungsmaßnahmen enorme Verluste an Arbeitsplätzen, vorwiegend im Produktionssektor, hinnehmen. Die noch vorhandenen Industrieanlagen verteilen sich nach wie vor auf mehrere Orte.

Von besonderer Bedeutung sind auch viele leistungsfähige Klein- und Mittelbetriebe.

Die Gemeinden mit hohen Anteilen an der Land- und Forstwirtschaft sind im Süden des Bezirkes und im Gerichtsbezirk Aspang konzentriert. Von den 114.600 ha können rund 37.500 ha landwirtschaftlich genutzt werden. Davon sind nur rund 15.000 Hektar Ackerland. Im Bezirk sind derzeit rund 3000 land- und forstwirtschaftliche Betriebe ansässig, wobei rund 35 Prozent dem Vollerwerb und 65 Prozent dem Zu- bzw. Nebenerwerb zugerechnet werden können. Von den insgesamt 114.600 Hektar sind 72.600 Hektar forstwirtschaftlich genutzt.

Links: Klamm und Paß zu Schott-Wien. Stich bei Georg Matthäus Vischer. 1672. Rechts: Der Schneeberg. Ansichtskarte aus 1911.

Der Bezirk Neunkirchen

Die landwirtschaftliche Vielfalt, die Schlösser und Burgen und die gepflegten Gastgewerbe- und Beherbergungsbetriebe sind wesentliche Voraussetzungen für den regen Fremdenverkehr, der eine bedeutende Rolle spielt, was auch aus der Zahl von 26 Fremdenverkehrsgemeinden und 4 Kurorten (Luftkurort Mönichkirchen, heilklimatische Kurorte Puchberg am Schneeberg, Reichenau an der Rax und Semmering) ersichtlich ist.

Bevölkerung, Siedlungen, Infrastruktur

Der Bezirk Neunkirchen wird derzeit von knapp über 85.000 Einwohnern bewohnt, wobei die Bevölkerung recht unterschiedlich verteilt ist. Sie drängt sich in den Ballungsräumen an der Südbahnstrecke und Aspangbahnstrecke in geschlossenen Siedlungen zusammen. Gerade hier entstanden und entstehen Genossenschaftswohnhäuser, jedoch überwiegen im gesamten Bezirk die Einfamilienhäuser.

Zentraler Ort

Das 1920 zur Stadt erhobene Neunkirchen in 368 Metern Seehöhe hat eine Fläche von 20,28 km² und rund 10.000 Einwohner. Die Stadt ist Sitz der Bezirkshauptmannschaft und vieler Ämter, von fünf Bank- und Kreditinstituten, eines a.ö. Krankenhauses, von praktischen Ärzten, Fach- und Zahnärzten, eines Bundesgymnasiums und Bundesrealgymnasiums, einer Bundeshandelsschule und einer Bundeshandelsakademie, einer Landesberufsschule sowie einer Musik- und einer Volkshochschule, von Kirchen und Pfarrämtern.
Sehenswert ist der Stadtkern mit der gotischen, dreischiffigen Pfarrkirche Maria Himmelfahrt mit romanischem Baukern und bemerkenswerter Rokoko-Einrichtung sowie den Verteidigungsanlagen aus dem 14. bis 17. Jahrhundert um die Kirche herum.

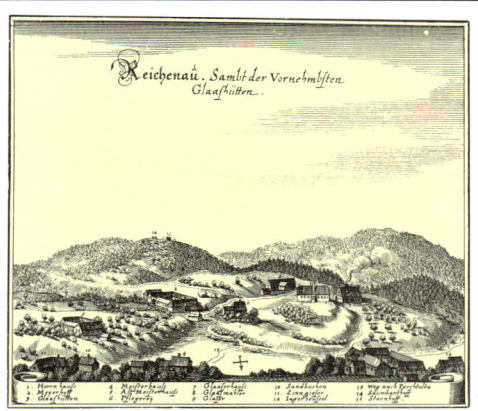

Reichenau mit den Glashütten. Stich von Matthäus Merian, 1649.

Geschichte

Mit größter Wahrscheinlichkeit war der Raum Pitten, Neunkirchen, Pottschach und Payerbach schon seit dem Ende des 3. Jahrtausends v. Chr. (Jungsteinzeit) besiedelt.
Die mit den Awaren seit dem 6. Jahrhundert ins Land gekommenen Slawen entwickelten die „Köttlach-Kultur", eine germanisch-slawisch-awarische Mischkultur. Im Jahre 791 begann die kirchliche und politische Eingliederung in die Karantanische Mark.
Im Jahre 1042 wurden die Magyaren vom Grafen Gottfried von Wels-Lambach geschlagen, der daraufhin die Mark Pitten erhielt. Im Jahre 1055 kam Pitten an Eckbert I. von Formbach-Neuburg, den Gründer von Gloggnitz.
Nach dem Tode Eckberts II. im Jahre 1158 kam die Mark Pitten zur Steiermark. Unter König Ottokar II. wurde der Semmering die Landesgrenze.
1379 wurde Österreich neuerlich geteilt, wobei Leopold III. neben der Steiermark Wiener Neustadt, den Markt Neunkirchen, den Markt Schottwien, die Veste Klamm sowie Veste und Markt Aspang erhielt. Erst seit dem beginnenden 16. Jahrhundert gehört der Bezirk endgültig zu Niederösterreich. Nach zweieinhalb Jahrhunderten von Türkengefahr, Kriegswirren, Seuchen und wirtschaftlicher Not war den Bewohnern des südlichen Niederösterreich im 18. Jahrhundert eine lange Zeitspanne der Ruhe gegönnt, während der die Region eine wirtschaftliche Aufwärtsentwicklung und die Industrialisierung verzeichnen konnte. Erst im April 1945 wurde der Bezirk wieder Kampfgebiet.

Kultur

In kultureller Hinsicht ist der Bezirk Neunkirchen vor allem durch die ehemalige, 1084 gegründete Propstei des Benediktinerklosters Formbach in Gloggnitz (heute Schloß Gloggnitz), das ehemalige, 1236 gegründete Augustiner-Chorfrauenkloster in Kirchberg am Wechsel und das Minoritenkloster in Neunkirchen ausgezeichnet.
Im Bezirk sind folgende Schlösser und Burgen bedeutend: Schloß Aspang, Burg Seebenstein mit Museum, Burg Pitten, Schloß Stixenstein, Schloß Wartenstein, Burg Kranichberg mit Museum, Wartholz, Schloß Feistritz am Wechsel, Wasserschloß Pottschach sowie die Ruinen Puchberg am Schneeberg und Klamm. Bedeutende Kirchen des Bezirkes sind die romanische Rundkirche von Scheiblingkirchen, die spätgotische St. Wolfgangs-Kirche in Kirchberg am Wechsel, die Kirchenfestung von Neunkirchen, die Würflacher St. Anna-Kirche und die romanischen Kirchen von Thernberg, Kirchau und St. Egyden.
Das Dr. Karl Renner-Museum in Gloggnitz ist in der Villa des zweimaligen Staatskanzlers und Bundespräsidenten untergebracht.

Gerhard Dworzak

Das Gebiet um die Rax.

Wasserfall in den Voralpen.

Schottwien.

Der Bezirk Lilienfeld

Der politische Bezirk Lilienfeld erstreckt sich im wesentlichen über das Einzugsgebiet der Traisen und der Gölsen im Voralpengebiet. Er hat eine Fläche von 931 m² und 28.000 Einwohner und ist in zwei Gerichtsbezirke und 14 Gemeinden gegliedert, von denen zwei Stadt- und sechs Marktgemeinden sind.

Der Bezirk liegt vorwiegend im Gebiet der Kalkvoralpen und hat im südlichen Teile eine Reihe hoher Berggipfel, etwa die Reisalpe, Gippel, Göller und im Westen den Ötscher (1893 m). Nur im Norden gehören Teile der Flyschzone zum Bezirk. Der Bezirk Lilienfeld grenzt an die Bezirke Scheibbs, St. Pölten-Land und Wiener Neustadt, im Süden an die Steiermark und wird durch die Traisen, deren Quellflüsse sich in Freiland vereinigen, und von der Gölsen mit ihren Nebenbächen entwässert. Die Straßen durch die Täler in die Steiermark und über den Kaumberg ins Wiener Becken sind seit historischen Zeiten wichtige Verkehrswege. Der hohe Anteil an Wald hat die wirtschaftliche Situation geprägt. Waldnutzung und Holzwirtschaft sind nach wie vor wichtige Faktoren und überwiegen alle anderen Bereiche. Die Landwirtschaft ist weitgehend auf Viehhaltung und Grünlandwirtschaft beschränkt. Seit der zweiten Hälfte des 18. Jahrhunderts wurde der „Neuwald" gerodet und das Holz teilweise auf der Traisen zur Donau geschwemmt. Die Verarbeitung von Holz ist allerdings in den letzten Jahren stark zurückgegangen, wobei die im Jahre 1980 geschlossene Firma Weikersdorfer der letzte größere Betrieb dieser Art war.

Die wirtschaftliche Struktur des Bezirkes hat sich in den letzten Jahren stark verändert. Die Zahl der produzierenden Betriebe ging zurück, nur der Dienstleistungsbereich wuchs.

Wegen der reichen Wasserkraft war die Eisenverarbeitung ein traditioneller Wirt-

Ramsau bei Hainfeld.

Stift Lilienfeld, von Norden gesehen. Fotografie. Um 1890.

schaftszweig, der im 19. Jahrhundert zur Errichtung einiger bedeutender Fabriken führte, von denen einige Werkzeuge, andere Waffen erzeugten. Im 20. Jahrhundert hat sich dieser Wirtschaftszweig auf wenige Standorte verringert, wobei Traisen, Marktl, Rohrbach und St. Aegyd weiterhin vorwiegend von der Industrie geprägt sind. Hingegen sind Türnitz und Hainfeld nicht mehr als Industrieorte zu bezeichnen, auch der Bergbau auf Metall und Kohle ist unterdessen eingestellt worden. Weite Arbeitswege sind daher im Bezirk fast zur Regel geworden. Dies hatte wieder eine beträchtliche Abwanderung zur Folge. Zwischen 1975 und 1985 ist die Zahl der Beschäftigten im Bezirk von 6.713 auf 6.264 zurückgegangen, in der Industrie Beschäftigte verringerten sich von 4.222 auf 3.404. Davon ist immer noch die Mehrzahl, nämlich 2.546, in der Eisen- und Metallindustrie beschäftigt.

Auch im Fremdenverkehr ist ein Strukturwandel zu beobachten. Während der Sommer-Fremdenverkehr stark zurückgegangen ist, sind die Bemühungen um die Wintersportler teilweise dank großer Investitionen von Erfolg begleitet gewesen. Hier ist der Bezirk sehr stark von den Schneeverhältnissen abhängig. Große Bedeutung hat aber der Ausflugsverkehr auf die Berge, auf denen mehrere Schutzhäuser stehen.

Die Struktur des Bezirkes wurde immer durch das Stift Lilienfeld geprägt, das die weitaus größte Grundherrschaft war, da ihm seit der Gründung fast der ganze Bezirk gehörte. Daneben hatte nur die Herrschaft Hohenberg größere Ausdehnung. Das Zisterzienserstift war als Kulturfaktor stets von großer Bedeutung und hat nicht nur seit dem späten Mittelalter und aus der Barockzeit beachtliche Bauwerke vorzuweisen, sondern besitzt auch eine reiche Sammlung von Kunstschätzen. Daneben sind auch die Kirchen von Türnitz, Hainfeld und Hohenberg beachtliche Denkmäler. Der durch das Gölsen- und Traisental führende Wallfahrerweg von Wien nach Mariazell, auch „Heilige Straße" (Via sacra) genannt, hat sich besonders in der Barockzeit in einer Reihe von Bauwerken und Denkmälern dokumentiert, etwa bei Türnitz, auf dem Annaberg und auf dem Josefsberg. Das Stift bietet einem Realgymnasium Unterkunft. Dieses ist neben einer HBLA in Türnitz die wichtigste höhere Schule des Bezirkes.

Die Waldmark

Diese Vorstellung soll nicht nur von Ziffern und Zahlen handeln, sondern von der Landschaft mit ihrer Eigenart und den Menschen in ihrer Arbeit; von der Wirtschaft, die die Grundlage für vieles bildet, und von der Geschichte, die uns manches verständlich macht.

> Zu jeder Zeit, an jedem Ort,
> eilt die Geschichte mit uns fort.
> Doch nur die sie im Herzen haben,
> sind fähig, sich an ihr zu laben.

Gelegen in den nördlichen Kalkalpen und durchflossen von Traisen, Gölsen und oberer Erlauf, grenzt der Bezirk im Süden an die Steiermark. Einst herrschten durch einige Zeit Steirer als Landesherren in dieser Gegend. Vielleicht hat sich deshalb dieser Landstrich in einigen Dingen anders entwickelt, aber gerade dieser Umstand mag zu seinem Reiz beitragen. Möglicherweise hat auch die „Heilige Straße" besondere Einflüsse ausgeübt.

Der Name Waldmark – so wurde dieses Gebiet früher genannt – deutet auf eine Art hin, die verbindet und trennt, wie Brücke und Bach zugleich. Verschieden waren die Menschen, die hierher kamen. Viele sind nur durchgezogen oder bald wieder verschwunden, manche sind geblieben. Jäger und Bauern mögen es vorerst gewesen sein. Die Mönche haben ihnen bei der Arbeit geholfen. Bald wurden die Wasserkräfte genutzt und Erze gewonnen. Der Handel kam, begünstigt durch die Lage der Mark, dazu. Immer wieder wurden die Bewohner von Seuchen gepeinigt, von Naturkatastrophen geschlagen und von Kriegen heimgesucht.

Links: Stift Lilienfeld. Aquarell von Eduard Gurk. Um 1820.
Rechts: Hohenberg. Kupferstich von J. Holnsteiner und Andreas Geiger in der Topographie von Schweickhardt, Bd. 6.

Leider wurden und werden hauptsächlich die Herrscher in der Geschichte gerühmt, die es verstanden haben, ohne Rücksicht auf das Wohl ihrer Landsleute und ohne persönliche Selbstbescheidung Kriege zu führen und gar zu gewinnen.

In geschichtlicher Zeit wurden die Türken an unseren Berghängen aufgehalten, genauso wie später die Russen.

So ist irgendwie geworden, was wir heute für unser eigenes Wirken vorfinden: Auf der Grundlage der Land- und Forstwirtschaft, die die unmittelbaren Bedürfnisse deckt, haben Handel, Gewerbe und Industrie den Menschen zu einem gewissen Wohlstand verholfen, der Fremdenverkehr ist dazugekommen.

> Die Zeitgeschichte lehrt uns auch:
> gar vieles ist nur Schall und Rauch.
> Und leider bleibt als der Väter Erbe
> für manche nur der Most, der herbe.

Bei Handel und Gewerbe ist anzustreben, wie in einem uralten Buch zu lesen steht, daß „die Bedienung des Publikums gesichert und dabei hinlängliche Konkurrenz vorhanden ist". Gleiches gilt für den Fremdenverkehr. Die bevorzugte Lage zwischen den Kalkalpen und dem Hügelland ist ein Grund dafür, daß die Waldmark ein schönes Stück malerisches Österreich bildet und mit Recht eine der Geburtsstätten des Schilaufes genannt wird. Deshalb kommen die vielen Fremden hierher, um freundlichen Umgang zu pflegen und Erholung zu erfahren. Dies meint auch der Dichter, wenn er schreibt: „Ein jeder mag sein Ränzlein binden und so das Glück am Wege finden".

In den Industriebetrieben ist die Mehrzahl der im Berufsleben stehenden Personen beschäftigt. Es erschiene reizvoll, Vergleiche anzustellen zwischen dem seinerzeitigen Bergbau und der Bearbeitung seiner Produkte, und den jetzigen, modernst ausge-

Holzarbeiter im Ötschergebiet.

statteten Betrieben; ist doch die Spanne vom Silberbergbau im St. Anna-Stollen hin zum Stahlguß nicht allzu groß.

Die Sägebetriebe bilden das Bindeglied zur Land- und Forstwirtschaft. Hier hat der Beschäftigungsstand ständig ab-, die Produktion jedoch durch Mechanisierung zugenommen. Vielfach stellen heute landwirtschaftliche Betriebe einen Nebenerwerb dar. In diesem Zusammenhang sei jedoch besonders auf die Funktion der Bergbauern als Schützer und Bewahrer der Landschaft hingewiesen. Die Jagdwirtschaft hat sich – von der notwendigen Hege abgesehen – vor allem zu einem kapitalintensiven Zweig des Fremdenverkehrs gewandelt.

1990, das Gedenkjahr an Joseph II., führt uns gedanklich unmittelbar hin zum Zisterzienserstift Lilienfeld

Wie einst in frühen Zeiten, als hier das Kreuz für einen Zug in das Heilige Lang aufgenommen wurde, bildet das Stift den kulturellen Mittelpunkt des ganzen Bezirkes und weit darüber hinaus. Dies erscheint gerade heute wieder wichtig, wo es neue – geistige – Marken zu gestalten und zu erhalten gilt.

Jedenfalls haben wir Anlaß zu Optimismus, weil der Bezirk Lilienfeld nach Statistiken der waldreichste Mitteleuropas und der gesündeste in Österreich ist und die geringste Arbeitslosenrate in Niederösterreich aufweist. Der Bezirk ist größer als die Stadt Moskau und übertrifft bevölkerungsmäßig das Fürstentum Liechtenstein. Das ist schon etwas, und darüber freuen wir uns.

> Denn Wesentliches bleibt verborgen,
> entgegen kommt nur Vordergrund.
> Und bangt der Narr auch voller Sorgen,
> verschlossen bleibt der Zukunft Mund.

Erwin Rettl

Der Hubertussee.

Links: Wappen von Amstetten. Farblithographie. 1885.
Rechts: Der Sonntagberg. Ansichtskarte. Um 1950.

Der Bezirk Amstetten

Stift und Markt Seitenstetten.

Eine liebliche, hügelige Landschaft, durchzogen von prächtigen Birnbaumzeilen, die im Frühling dem Land das Gepräge eines großen blühenden Gartens verleihen, mit beherrschenden Vierkanthöfen inmitten der Felder – dieses Bild bietet sich dem Reisenden bei der Fahrt auf der Westautobahn durch den Bezirk Amstetten. Doch der große Verkehrsstrom fließt vorbei an dieser Landschaft, weiter in die am Horizont bereits erkennbaren monumentalen Gebirgsregionen des Westens bzw. in die Metropole unseres Landes.

Seit der Landesausstellung 1988 in Stift Seitenstetten mit dem Titel „Kunst und Mönchtum an der Wiege Österreichs" rückt jedoch der Bezirk zunehmend in das Rampenlicht der Öffentlichkeit: Das bevorstehende Jubiläum anläßlich der ersten urkundlichen Erwähnung des Namens „Ostarrîchi – Österreich" vor 1000 Jahren beginnt bereits seine Schatten vorauszuwerfen, und wir erwarten, im Jahre 1996 im Mittelpunkt des gesamten österreichischen Interesses zu stehen.

Man bezeichnet den Amstetter Raum gerne als „Wiege Österreichs", da sich die erste urkundliche Erwähnung des Namens Österreich auf eine Gemeinde dieses Verwaltungsbezirkes bezieht. In einer Urkunde vom 1. November 996 wird die Schenkung Kaiser Ottos III. von 30 Königshufen „in regione vulgari vocabulo ostarrîchi … in loco Niovanhova dicto" an das Hochstift Freising verbrieft. Dieser Taufschein Österreichs wird in der Ostarrîchigedenkstätte in Neuhofen an der Ybbs (das Original der Urkunde befindet sich im Bayerischen Staatsarchiv in München) in sehr anschaulicher Weise dargestellt und erläutert, ebenso wie die weitere Entwicklung des Namens Ostarrîchi – Austria – Österreich im Laufe einer eintausendjährigen Geschichte mit all ihren Höhepunkten und Tiefen. Zahlreiche Kulturdenkmäler in fast jeder Gemeinde unseres Bezirkes geben Zeugnis von einer reichen kulturellen Tradition: das Benediktinerstift Seitenstetten mit seiner bedeutenden Gemäldesammlung und dem berühmten Naturalienkabinett; das ehemalige Chorherrenstift Ardagger mit dem spätromanischen Margaretenfenster (eine kulturhistorische Besonderheit); das Wahrzeichen des Mostviertels: die Prandtauer-Basilika auf dem Sonntagberg, die weithin sichtbar gleichsam über dem ganzen Land thront und überallhin den mächtigen Schutz des dreifaltigen Gottes verheißt; die zahlreichen gotischen Kirchen mit interessanten und kulturhistorisch beachtenswerten Netzrippengewölben wie z. B. Weistrach, Krenstetten, Stadt Haag, Ybbsitz und andere mehr; ebenso die zahlreichen Schlösser, von denen nur Wallsee, Salaberg, Seisenegg, Zeillern, Ulmerfeld, Rohrbach und Hainstetten er-

wähnt werden sollen. Im Zusammenhang mit der heute noch immer lebendigen bäuerlichen Kultur und Überlieferung bietet das Mostviertel das Bild einer durch Jahrhunderte gewachsenen und gestalteten Kulturlandschaft besonderer Art, die sich insbesondere durch ihre Siedlungsstruktur von den übrigen Regionen Niederösterreichs ganz wesentlich unterscheidet. Als westlichster Teil des Landes bildet das Mostviertel ein Bindeglied zwischen Ober- und Niederösterreich.

Der Verwaltungsbezirk Amstetten ist mit 104.000 Einwohnern der zweitgrößte in Niederösterreich. Der geomorphologische Aufbau ist mannigfaltig: im Norden die über die Donau herüberreichende Böhmische Masse der Neustadtler Platte, die Aulandschaften an der Donau (Machland-Süd) sowie die Aulandschaften am Unterlauf der Enns und der Ybbs, die hügelige Riedellandschaft um Strengberg, das Alpenvorland in der Ybbs-Url-Senke, die Flyschzone mit den lieblichen Höhenzügen des Randegger Hochkogels und des Sonntagberges und letztlich das Gebiet der Kalkvoralpen südlich von Waidhofen a. d. Ybbs mit dem Gamsstein als höchster Erhebung (1774 m).

Der Bezirk gliedert sich in die vier Gerichtsbezirke Amstetten, Haag, St. Peter i. d. Au und Waidhofen a. d. Ybbs, umfaßt 34 Gemeinden, darunter die drei Städte Amstetten, Haag und St. Valentin sowie 17 Märkte. Gleichsam als Enklave ist im oberen Ybbstal – an der Grenze zwischen Voralpen und dem hügeligen Alpenvorland – die traditionsreiche und idyllische Statutarstadt

Waidhofen a. d. Ybbs – die Perle des Ybbstales – gelegen. Seiner wirtschaftlichen Struktur nach ist der Verwaltungsbezirk Amstetten ein vorwiegend landwirtschaftlicher Bezirk, in dem vor allem die Viehwirtschaft (Rinder-, Schweine- und Hühnerzucht) überwiegt. In der Vergangenheit bildete auch der Most eine Grundlage des Wohlstandes dieses Landesteiles. Der Reichtum eines Hauses wurde nach den Eimern erzeugten Mosts bemessen: A Mosthaus – a guat's Haus. Die umwälzenden Veränderungen im wirtschaftlichen, besonders im agrarischen Bereich haben die Bedeutung dieses köstlichen Getränks weitgehend herabgesetzt – viele herrliche Obstbäume fielen den Rationalisierungsmaßnahmen zum Opfer. Heute dürfen wir erfreulicherweise jedoch wiederum ein Umdenken feststellen: Ein gutes Glas Most wird wiederum geschätzt, und die jährlichen Auspflanzungsaktionen in den Gemeinden finden ein beachtenswertes Interesse, so daß doch Hoffnung auf die Erhaltung unseres typischen Landschaftsbildes besteht.

Neben der Landwirtschaft ist auch die Industrie im Verwaltungsbezirk von besonderer Bedeutung. Die Eisenindustrie im oberen Ybbstal reicht bis in das 14. Jahrhundert zurück und entwickelte sich bald zur beachtlichen wirtschaftlichen Blüte. Die Produkte der Sensen-, Messer- und Pfannenschmiede aus diesem Teil der „Eisenwurzen" wurden weithin exportiert und waren in allen Ländern überaus geschätzt. Heute noch zeugen die mächtigen Häuser der Hammerherren – der Schwarzen Grafen – in Hollenstein,

Der Bezirk Amstetten

Ybbsitz und Opponitz wie auch die Inschrift auf dem Ybbsturm in Waidhofen a. d. Ybbs „ferrum chalybsque urbis nutrimenta" (Eisen und Stahl ernähren die Stadt) von der Bedeutung dieses Wirtschaftszweiges. Das Sichelmuseum in Opponitz vermittelt ein anschauliches Bild von der Arbeitsweise dieser Werke. Aus diesen Hammerwerken entwickelten sich in den vergangenen Jahrzehnten moderne und leistungsfähige Industriebetriebe, wie z. B. die Firma Welser und die Firma Riess in Ybbsitz. Im vergangenen Jahrhundert entstanden auch im mittleren Ybbstal bedeutende Großindustrien: Die Böhler Ybbstalwerke, die im Böhlerwerk, Gerstlwerk und bei Bruckbach hochwertige Edelstahlerzeugnisse (insbesondere Maschinenmesser) erzeugen; die Ybbstaler Obstverwertung (YO) in Kröllendorf entwickelte sich in den beiden letzten Jahrzehnten zu einem international führenden Fruchtsafterzeuger; die Neusiedler AG in Kematen a. d. Ybbs und Hausmening ist der größte Produzent von Kopierpapieren in Europa; die Umdasch-Unternehmensgruppe konnte eine weltweit führende Marktstellung auf den Gebieten des Ladenbaues und der Schalungstechnik erringen. Aus einem Rüstungsbetrieb des 2. Weltkrieges wurde im Nibelungenwerk St. Valentin ein Betrieb für die Fertigung von Steyr-Traktoren; weitere international bekannte Firmen wie De Beukelaer, Bene-Büromöbel, IFE, Lisec, Ötscher-Berufskleidung, Swarovski u. a. erzeugen hochwertige Spezialprodukte. Jüngeren Ursprungs sind die Industriebetriebe des Enns-Donauwinkels, das ÖMV-Tanklager sowie die Firma Engel mit der Erzeugung hochwertigster Spritzgußmaschinen. Der Ausbau des Enns-Donauhafens läßt eine weitere wirtschaftliche Aufwärtsent-

Die „Not" bei Ybbsitz. Um 1890.

Barocke Plastik im Park von Schloß Salaberg.

wicklung dieses Raumes erwarten. Die Bezirksstadt Amstetten entwickelt sich in zunehmendem Maße zu einem starken regionalen Zentrum zwischen den wirtschaftlichen Großräumen St. Pölten und Linz. Ihren Aufstieg verdankt die Stadt zweifellos der Eisenbahn, besonders im Hinblick auf den Bahnknoten der Westbahn und der Kronprinz-Rudolf-Bahn. Amstetten ist seither aber auch zu einem bedeutenden Verwaltungs- und Schulzentrum geworden, in den letzten zwei Jahrzehnten darüber hinaus zu einer attraktiven Handels- und Einkaufsstadt. Durch die Errichtung einer eigenen Kulturhalle reicht die kulturelle Ausstrahlung weit in die Region hinein – die Amstettner Sommeroperette ist bereits weithin zu einem Begriff geworden. Selbstverständlich erstreckt sich die Wirkung des oberösterreichischen Zentralraumes auch auf diesen Bezirk, und viele Pendler finden in den Industriebetrieben von Linz, Enns und Steyr Arbeit und Beschäftigung.
Im Voralpengebiet nimmt die Forstwirtschaft einen bedeutenden Rang ein. Daneben ist auch die Jagd (Rot- und Gamswild) ein nicht zu vernachlässigender wirtschaftlicher Faktor.
Der Fremdenverkehr hat noch nicht die Bedeutung, wie wir es gerne wünschten – doch sind bereits erfreuliche Entwicklungen, insbesondere in den Gemeinden Neuhofen a. d. Ybbs, Ybbsitz, Haag, Hollenstein und Weistrach, zu verzeichnen. Wir hoffen, daß unser Raum als lohnendes Ausflugsgebiet – ähnlich wie die Wachau – entdeckt wird, sowohl der kulturellen Sehenswürdigkeiten

wegen, als auch wegen der reizvollen Landschaft und der gepflegten Gastlichkeit mit ihren köstlichen Mostviertler Spezialitäten wie Most, Speck, Saumeisen, Selchripperln, Schafkäse u. a. m.
Von einer hochstehenden bäuerlichen Kultur zeugen nicht nur das Freilichtmuseum und Mostmuseum in Haag und das Heimatmuseum Gigereith bei Amstetten, wir finden sie noch immer in so manchen Bauernstuben unserer Vierkanthöfe mit herrlichen geschnitzten alten Tramdecken. Die alte bäuerliche Tradition ist heute auch lebendig in den zahlreichen Blasmusikkapellen mit ihren schmucken Trachten und hohem musikalischem Niveau, in den Chorvereinigungen, in den Trachten- und Volkstanzgruppen.
In dem kürzlich restaurierten Renaissanceschloß Zeillern sollen diese Institutionen nunmehr in einem musischen Schulungszentrum eine Stätte der Aus- und Weiterbildung erhalten.
Das Mostviertel ist eine seit Jahrhunderten von Menschen gestaltete Kulturlandschaft – umgekehrt prägt aber auch die Landschaft die Menschen dieses Raumes: Der Mostviertler ist ein selbstbewußter Mensch, dabei freundlich, großzügig, offen – und heimatbezogen. Dies kommt auch in vielen Liedern und Mundartgedichten zum Ausdruck. Mit einem unserer bedeutendsten Mundartdichter, Erich Stöger vulgo Buchabauer, darf ich daher sagen:

Gehts mit in des Landl, nehmts eng do Zeit,
gehts eini a bißl und reds mit de Leit!
Vo oan wia von ondan, do werd s es daun hörn,
Mostviertl-Hoamat – mia ham die so gern!

Johann Kandera

Marterl in der Landschaft des Mostviertels.

Links: Wappen von Waidhofen an der Ybbs. Farblithographie. 1885.
Rechts: Waidhofen a. d. Ybbs. Kolorierter Kupferstich in der Topographie des Malers Merian, 1649.

Der Bezirk Waidhofen an der Ybbs

Lage

Waidhofen/Ybbs, ein romantisches Städtchen mit eigenem Statut, liegt im südwestlichen Niederösterreich und ist kulturelles und wirtschaftliches Zentrum des Ybbstales. Das Stadtgebiet erstreckt sich über 131,5 km² und besteht aus mehreren malerischen Ortsteilen (Konradsheim, St. Georgen in der Klaus, St. Leonhard am Walde, Waidhofen an der Y.-Stadt, -Land, Windhag) und hat 11.330 Einwohner.

Geologischer und morphologischer Aufbau

Der Raum Waidhofen/Ybbs ist geologisch zum Voralpengebiet und morphologisch zum Mittelgebirge zu rechnen, ein Hügel- und Bergland mit mittelsteilen Hängen und Höhen bis etwa 1000 Meter. Hier treffen Flyschzone – leicht erkennbar als Hügelland mit sanften und regelmäßigen, bis oben begrünten Formen zwischen 400 bis über 800 m Seehöhe (Windhag, St. Leonhard usw.) – und Kalkalpen mit ihren schrofferen Formen (Schnabelberg) aufeinander.

Gewässer

Im Flyschbereich, wo größtenteils wasserundurchlässiges Gestein lagert, ist eine starke Oberflächenentwässerung festzustellen. Hanggekriech und Rutschungen sind oft unerwünschte Begleiterscheinungen; so ist dieses Gebiet mit einem regelmäßigen Bachnetz überzogen (Urlbach, Rettenbach usw.). Im Kalkbereich findet eine starke unterirdische Entwässerung statt; diese ist für die Wasserversorgung der Stadt von großem Nutzen.

Wirtschaft

Waidhofen/Ybbs war in der Vergangenheit ein Zentrum der „Eisenwurzen". Im Mittelalter war die „Wurzel" des Eisens ein bedeutendes Vorkommen an Eisenerz (steirischer Erzberg, Hüttenberger Erzberg). Die Eisenwurzen waren ursprünglich der engere Bereich um die Lagerstätte, später wurde unter „Eisenwurzen" das Gebiet zwischen Traisen, Ybbs, Enns und Krems verstanden, z. T. nur der nö. „Proviantbezirk". Heute sind die „Eisenwurzen" vielfach nur mehr ein schulgeographischer Begriff, ein nicht mehr bestehender wirtschaftlicher Verflechtungsraum. Moderne Nachfolgeindustrien der ehemaligen Hammerwerke und andere Branchen wie Holz-, Textil-, Metallverarbeitung und Chemiewerke prägen heute das Wirtschaftsgeschehen der Stadt. Firmen wie BEAR (Freizeitbekleidung), BENE (Büromöbel), FORSTER (Verkehrstechnik), FUCHS (Metall- und Kunststoffverarbei-

Luftbild von Waidhofen a. d. Ybbs.

tung) und IFE (Industrie-Fertigungsgesellschaft m.b.H.) bewegen sich auf dem Weltmarkt und bewähren sich trotz stärkster internationaler Konkurrenz. Daneben blüht noch ein mannigfaltiges Gewerbe und ergänzt die Wirtschaft der Stadt.

Die Stadt ist bemüht, den Fremdenverkehr auszubauen. Ein Naturpark (Buchenberg), die Idylle der Landschaft (Mostviertel), die Geschichte (die romantische Eisenstadt Waidhofen) und das touristische Angebot im Sommer (Wandern) und im Winter (Schigebiet Forsteralm) bilden ideale Voraussetzungen.

Waidhofen a. d. Ybbs. Ansichtskarte nach einem Aquarell von E. F. Hofecker. Um 1920.

Verkehrslage

Waidhofen/Ybbs ist mit Auto und Bahn bequem erreichbar. Eine modern ausgebaute Bundesstraße führt 25 km von der Abzweigung der A 1 (Westautobahn-Amstetten) nach Waidhofen weiter nach OÖ. Es ist Eilzugsstation der Bahnlinie Wien – Amstetten – Selzthal – Bischofshofen – Innsbruck sowie Kopfstation der Ybbstalbahn über Hollenstein nach Lunz am See.

Geschichte

In einer Schenkung Papst Urbans III. für das Stift Seitenstetten, datiert vom 30. August 1186, wird der Name zum erstenmal urkundlich erwähnt. Das Hochstift Freising übte als Grundherr durch die Pfleger zunächst auf der Burg Konradsheim, später im sogenannten Schloß nächst der Pfarrkirche die Herrschaft aus. Diese freisingische Patronanz dauerte bis zum Reichsdeputationshauptschluß 1803 und bestimmte durch Jahrhunderte die innerstädtische Entwicklung.

Eine ernsthafte Bedrohung erfuhr das gut befestigte Gemeinwesen durch die „Senger und Brenner", Abteilungen des Osmanischen Heeres, im Jahre 1532. Wehrhafte Bürger, Bauern und Schmiede wagten einen Ausfall und schlugen die Türken in die Flucht.

Die Stadt Waidhofen an der Ybbs wurde immer mehr zum Hauptort der Eisenwurzen. Die Erzeugnisse der Handwerker werden überallhin exportiert, die Söhne der wohlhabenden Handelsherren studieren in Deutschland, u. a. auch in Wittenberg. Zwischen Glauben und Heimat gestellt, wandern viele Bürger aus, die Stadt verliert auf lange Zeit ihren Wohlstand. In der Barockzeit wirken vor allem zwei Seelsorger mit dem Namen Pocksteiner als Bauherren und Wohltäter äußerst verdienstvoll. Seit 1786 gibt es einen Bürgermeister statt des Stadtrichters. Schwerste Drangsale bringen die Franzosenkriege über Waidhofen.

Im Zuge der Märzrevolution 1848 sympathisieren die Bürger mit dem liberalen Gedankengut. Die Neuordnung der staatlichen Verwaltung bringt Waidhofen 1869 ein eigenes Statut. Nach einer Reihe von Impulsen auf dem schulischen (Realschule) und wirtschaftlichen Sektor erschließen die Kronprinz Rudolfsbahn nach Kleinreifling (1872) und die Ybbstalbahn (1899) weitere Märkte. Der Niedergang der Kleineisenwerke wird durch neue Industriegründungen ausgeglichen. Nach der Not des Weltkrieges kommt es in der 1. Republik zu Spannungen innerhalb der Bevölkerung, vor allem durch das Auftreten der bewaffneten Wehrverbände Heimwehr und Schutzbund. Anschluß, 2. Weltkrieg und Nachkriegszeit

Die Mariensäule, im Hintergrund der Stadtturm.

mit der russischen Besatzung brachten in die Kleinstadt erneut Leid und Not, wirtschaftliche und menschliche Tragödien.

Das Zusammenwirken der positiven Kräfte beim Wiederaufbau, die Fülle neuer kommunaler Einrichtungen, die Gründung von Schulen (HTL, HAK) und das erstarkte kulturelle Leben läßt die Stadt sich kraftvoll weiterentwickeln.

Mit dem Slogan „Stadt und Land – Hand in Hand" kann Waidhofen auch die schwierige Phase der Kommunalstrukturbereinigung 1972 durch die Eingemeindung von St. Leonhard/Wald, Windhag, Zell/Ybbs mit Zell/Arzberg und Waidhofen-Land mit Konradsheim geschickt meistern.

Sehenswürdigkeiten, kulturelle und sportliche Einrichtungen

Neben dem stattlichen Baukomplex des Schlosses, ehemals Sitz des freisingischen Pflegers, dessen Ursprung mit dem wuchtigen „Berchfrit" in das 14. Jahrhundert reicht, finden wir Portale und reizvolle Innenhöfe sowie andere Zeugen profaner Bausubstanz aus mittelalterlicher Zeit. Die Pfarrkirche zur hl. Büßerin Maria Magdalena und zum hl. Lambert (Bischof vom Lüttich) auf dem malerischen Oberen Stadtplatz stammt aus dem 15. Jahrhundert. Ihr größer Schatz ist die Messerer-Monstranz, ein außerordentliches Meisterstück mittelalterlicher Goldschmiedekunst. Von der

Detail aus der Altstadt.

Waidhofen a. d. Ybbs von Südosten. Im Bildzentrum der Ybbsturm mit der Aufschrift „Ferrum chalybsque urbis nutrimenta" = Eisen und Stahl sind die Ernährer der Stadt.

künstlerisch bemerkenswerten Spitalskirche sind zwei außergewöhnliche Denkmäler der Kunst der Glasmalerei aus dem Jahre 1472 zu nennen. Zu den bedeutendsten Zeugnissen der Renaissance zählt neben dem Stadtturm vor allem das heutige Bezirksgericht, dessen Eingangstor das üppige Roll- und Beschlagwerk sowie die Fruchtgirlanden und Zopfmuster des 16. Jahrhunderts zeigt. Zeichen des erstarkten Katholizismus und der Madonnenverehrung in der Barockzeit sind die Mariensäule und die Marienkapelle. Nach der schweren Zeit der Franzosenkriege entfaltete sich im Biedermeier ein reges Kultur- und Vereinsleben, das sich auch nach der Gewährung eines eigenen Statuts im Jahre 1869 fortsetzte und bis heute anhält. Das Ybbstor, um 1900 klassizistisch verändert, trägt drei Wappen und die Inschrift: „Ferrum chalybsque urbis nutrimenta" – „Eisen und Stahl ernähren die Stadt".

Heute hat sich Waidhofen von der Eisenstadt zur Schulstadt gewandelt. Die Musik erfährt nicht nur durch das Kammerorchester, die große Musikschule, durch mehrere Blasmusikkapellen, durch eine Jagdhornbläsergruppe und mehrere kleinere Ensembles ihre lebendige Pflege, sondern auch beispielsweise durch die Singgemeinschaft des Männergesangsvereines (gegründet 1843), den Kirchenchor und verschiedene Gesangsgruppen.

Die Erwachsenenbildung wird vor allem von der städtischen Volkshochschule durch zahlreiche Vorträge, Kurse und Exkursionen wahrgenommen. Das Kulturamt ergänzt die

Aktivitäten der Vereine durch Kammermusikabende (z. B. durch das Streichquartett der Wiener Philharmoniker, das Küchl-Quartett etc.), Ausstellungen und andere Schwerpunkte. Die Waidhofner Volksbühne, nunmehr im 40. Vereinsjahr, spielt vorwiegend Stücke des leichten Genres, wobei als Höhepunkt jeweils die „Waidhofner Schloßhofspiele" im Sommer gelten.

Schließlich zählt das Waidhofner Heimatmuseum, im Jahre 1990 nach eingehender Renovierung wiedereröffnet, zu den bedeutendsten Stadtmuseen Niederösterreichs. Die Privatsammlung Piaty enthält reiches bäuerliches Volksgut, mit Sorgfalt und sensibler Sachkenntnis gesammelt. Das Stadtarchiv eröffnet eine Fülle von Möglichkeiten für den Heimatforscher.

Die Feste im kirchlichen Jahreskreis werden unter Wahrung des traditionellen Brauchtums (Trachtengruppen) eindrucksvoll gestaltet.

Der ASKÖ und die Turn- und Sport-UNION mit ihren einzelnen Sektionen tragen neben dem FC Waidhofen und den alpinen Vereinen das Hauptangebot der sportlichen Entfaltung, wobei das Trainingszentrum für Jugendschilauf den Spitzensport mit der Berufsreife einer Handelsschule verbindet.

Waidhofen ist nicht nur ein Zentrum in kultureller und wirtschaftlicher Hinsicht, sondern auch ein Ort der Begegnung, der Erholung und Freizeit. Als besonderes Beispiel dafür sei die 1989 geglückte Renovierung des städtischen Parkbades genannt.

Matthias Settele

Der Bezirk Scheibbs

In der südwestlichen Ecke von Niederösterreich gelegen, hat der Verwaltungsbezirk Scheibbs eine Fläche von 1024 km² und rund 40.800 Einwohner in 18 Gemeinden, davon 2 Stadtgemeinden (Scheibbs und Wieselburg).

Der nördliche Teil des Bezirkes gehört zum Alpenvorland, eine Molasse-Hügellandschaft mit günstigen natürlichen Voraussetzungen für Landwirtschaft, Gewerbe und Industrie. Darüber erhebt sich das Scheibbser-Grestener-Gebiet mit Erhebungen bis 800 und 900 m Seehöhe.

Der südlichste Teil des Bezirkes, der zum niederösterreichischen Eisenwurzengebiet gerechnet wird, ist durch alpine Landschaftsstruktur charakterisiert. Die Hauptberge sind Ötscher (1893 m), Dürrenstein (1878 m) und Hochkar (1808 m).

Von der Gesamtfläche des Verwaltungsbezirkes sind etwas mehr als 1000 km² landwirtschaftlich genutzt, davon 560 km² als Wald, 297 km² als Gründland. Etwa 18 Prozent der Waldfläche entfallen auf Schutzwald.

Im Tal der Großen Erlauf liegen die Gemeinden Wieselburg, Purgstall, Scheibbs und Gaming. Im Tal der Kleinen Erlauf, die in Wieselburg in die Große Erlauf mündet, liegen die Siedlungsgebiete der Gemeinden Wieselburg-Land, Wolfpassing, Steinakirchen am Forst, Wang, Randegg, Gresten, Gresten-Land und Reinsberg. Der südliche Teil des Bezirkes wird durch die Ybbs, hier auch noch Ois genannt, entwässert, an der die Gemeinden Lunz am See und Göstling

liegen. Der Anteil des Bezirkes am Melktal wird durch die Gemeinden St. Georgen an der Leys und Oberndorf an der Melk gebildet. Etwas abseits vom Großen Erlauftal, am Jeßnitzbach, liegt die Gemeinde St. Anton an der Jeßnitz, und den Berührungspunkt zum Pielachtal stellt die Gemeinde Puchenstuben dar.

Ursprünglich lag, vor allem in den Alpentälern, eine spärliche keltische Besiedlung vor, römische Stationen sind nachweisbar. Im frühen Mittelalter folgte eine slawische Landnahme und schließlich, nach dem Sieg über die Ungarn auf dem Lechfeld im Jahre 955, erfolgte die Wiederbesiedlung vom bayerischen Raum her. Einen bedeutenden Anteil an der Urbarmachung der Landschaft hatten die Klöster, insbesondere die in den Jahren 1331 bis 1342 aufgrund der Stiftung des Habsburgers Albrecht II. errichtete Kartause „Marienthron" in Gaming.

Ein kräftiger Tauschhandel begann, als die Arbeiter und Bergknappen rund um den steirischen Erzberg Getreide, Schmalz und anderen „Proviant" benötigten, weil diese Güter in der Nähe des Erzberges immer schwieriger zu beschaffen waren. Dazu kam der Mangel an Holzkohle, die zur Verarbeitung des Roheisens benötigt wurde. Neue Standorte der Eisenverarbeitung wurden notwendig. Im Bezirk boten sich der Ybbsfluß und der Erlauffluß aufgrund des Wasserreichtums als Standorte für Hammerwerke an. Einer der wichtigsten Handelswege, die sogenannte „Dreimärktestraße", führte

von Landl über Göstling nach Lunz und weiter über Gaming nach Scheibbs und Purgstall zur Donau. Privilegien für den Eisen- und Provianthandel besaßen unter anderem die Stadt Scheibbs und die Märkte Gresten und Purgstall. Mitte des vergangenen Jahrhunderts betrieb der Fabrikant Andreas Töpper in Neubruck bei Scheibbs das größte Eisenwerk der Monarchie.

Die wirtschaftliche Bedeutung der „schwarzen Grafen", wie die Hammerherren genannt wurden, der Eisen- und Provianthändler ist längst Geschichte. Interessant ist, daß einige der größten Industriebetriebe im Bezirk, z. B. in Wieselburg, Purgstall und Gaming, auch heute Unternehmungen der metallbearbeitenden und -verarbeitenden Industrie sind, wenngleich kein direkter wirtschaftlicher Zusammenhang besteht.

Die Bevölkerungsentwicklung nach Volkszählungsdekaden zeigt das erfreuliche Bild einer Zunahme auf 40.359 Einwohner im Jahre 1981 (vier Prozent mehr als 1971, damals 38.946 Einwohner; 1961 lag die Gesamteinwohnerzahl bei 36.970).

Die Zunahme resultiert aus einer hohen positiven Geburtenbilanz, welche jedoch nicht voll in der Wohnbevölkerung zum Tragen kommt, da die Wanderungsbilanz deutlich negativ ist.

Die wirtschaftliche Basis des Bezirkes liegt in der Land- und Forstwirtschaft, in Handel, Gewerbe und Industrie und selbstverständlich im Fremdenverkehr. Im nördlichen Teil des Bezirkes spielt in der Landwirtschaft auch noch der Ackerbau eine gewisse Rolle,

Purgstall a. d. Erlauf.

Das Hammerwerk in Gaming.

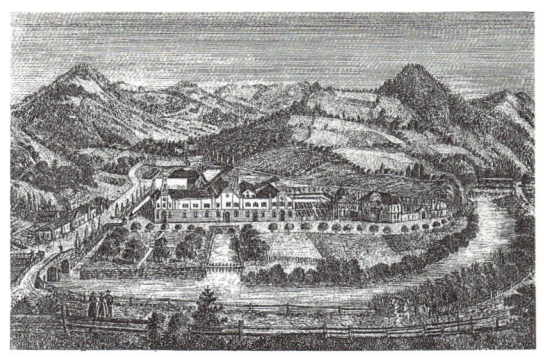

Links: Das Schloß Purgstall. Fotografie. Um 1890.
Rechts: Das Walzwerk des Andreas Töpper in Neubruck. Lithographie von Rudolf Lang. Um 1830.

ansonsten überwiegen die Grünlandwirtschaft mit Großviehhaltung und die Forstwirtschaft. Größere Industriebetriebe sind im Bereich Wieselburg, Purgstall, Scheibbs, Gresten und Gaming angesiedelt, neben denen viele kleinere und mittlere Betriebe des Gewerbes und des Handels Erwerbsmöglichkeiten bieten.

Der Fremdenverkehr konzentriert sich im wesentlichen auf den südlichen Teil des Bezirkes, der sicherlich zu den schönsten Landschaftsteilen Niederösterreichs zählt und daher auch zum Landschaftsschutzgebiet mit der Bezeichnung „Ötscher-Dürrenstein" erklärt wurde. Dazu gehört im besonderen die Berglandschaft des Dürrensteins, von Lunz am See und Göstling an der Ybbs erreichbar, die von Erschließungen und von Eingriffen in die ursprüngliche Natur weitgehend frei geblieben ist. Am Fuße des Dürrensteins, an der Landesgrenze zur Steiermark, befindet sich übrigens der letzte mitteleuropäische Urwald, der „Rotwald".

Die Vorderen Tormäuer, die tief eingeschnittene Tallandschaft der oberen Erlauf zwischen Trübenbach und dem Eibenboden, bilden den Kern des 90 km² großen Naturparks Ötscher-Tormäuer, welcher jährlich vielen Tausenden Besuchern zum Erlebnis wird.

Im Bereich Lackenhof am Fuß des Ötschers und auf dem Hochkar stehen dem Schisportler mit Sesselliften und Schleppliften (auf dem Hochkar wurde vor kurzem die erste Viererssesselbahn Niederösterreichs in Betrieb genommen) bestens erschlossene Schigebiete zur Verfügung. Daneben stehen aber auch in Lunz am See (Maißzinken und Kasten), St. Anton a. d. Jeßnitz (Hochbärneck) und Puchenstuben (Turmkogel und Wastl am Wald) Schlepplifte als Aufstiegshilfen für den Schiläufer zu Verfügung.

Die verkehrsmäßige Erschließung ist sowohl durch ein entsprechendes Straßennetz als auch durch regionale Eisenbahnlinien gegeben. Hauptverkehrsader des Bezirkes ist die Erlauftalstraße (B 25), welche im Norden den Anschluß an die Westautobahn und – durch das große Erlauftal und Ybbstal führend – die Verbindung in die Steiermark und damit in das Enns- und Salzatal bildet. Den Anschluß an die Westbahn stellt die ÖBB-Strecke Kienberg–Gaming–Pöchlarn (Normalspur) her. Das kleine Erlauftal ist durch die Schmalspurbahn Obergrafendorf–Wieselburg–Gresten erschlossen. Von Lunz (der Betrieb auf der Strecke Kienberg–Gaming–Lunz wurde 1989 eingestellt) führt eine Schmalspurbahn über Göstling nach Waidhofen an der Ybbs.

Die Grundversorgung des Bezirkes mit den entsprechenden Dienstleistungsbereichen wie Kindergärten, Postämter, Banken etc. ist in ausreichendem Maße gegeben. Für die

Oben: Puchenstuben.
Unten: Das Netzrippengewölbe der Pfarrkirche von Scheibbs. Ende des 19. Jahrhunderts.

medizinische Versorgung steht das Krankenhaus in Scheibbs mit einer internen, chirurgischen und geburtshilflichen Abteilung zur Verfügung. Im Bildungsbereich sind neben den Pflichtschulen die Höhere Landwirtschaftliche Bundeslehranstalt Francisco-Josefinum in Weinzierl (Wieselburg), das Bundesgymnasium und Bundesrealgymnasium Wieselburg, das Bundes-Oberstufenrealgymnasium Scheibbs, die landwirtschaftliche Fachschule in Gaming und die Musikschulen der Gemeinden zu erwähnen. Die Kartause Gaming stellt auch ein bedeutendes Kulturdenkmal dar.

Die Energieversorgung des Bezirkes erfolgt größtenteils durch die EVN, teilweise aber auch aus Kraftwerken der Wiener Stadtwerke und aus privaten Kleinkraftwerken.

Die Blasmusikkapellen der örtlichen Musikvereine, volkstümliche Musikgruppen, das Bezirkslehrerorchester Melk–Scheibbs und viele kleinere Streichergruppen, Gesangsvereine und Chöre, aber auch Laienspielgruppen bereichern das kulturelle Leben. Zusammenfassend kann daher ohne Übertreibung festgestellt werden, daß der Bezirk Scheibbs, auch vielfach das „Ötscherland" genannt, in kleinen überschaubaren Bereichen eine Lebensqualität zu bieten hat, um die man seine Bewohner sicherlich ein bißchen beneiden darf.

Berthold Panzenböck

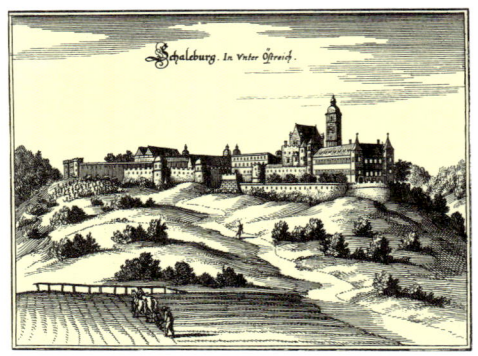

Links: Wappen von Melk. Farblithographie. 1885.
Rechts: Die Schallaburg. Kupferstich. Um 1800.
Unten links: Das Schloß Persenbeug.
Unten rechts: Ansicht von Pöchlarn.

Der Bezirk Melk

Der Verwaltungsbezirk Melk hat eine Fläche von 1013 km² und erstreckt sich in ziemlich gleicher Größe nördlich der Donau in das Waldviertel und südlich in das Mostviertel. Der politische Bezirk wurde 1896 geschaffen und umfaßte damals nur die Gebiete südlich der Donau, die von den Bezirken Amstetten, St. Pölten und Scheibbs abgetrennt wurden. Der Teil nördlich der Donau kam im Jahre 1938 nach Auflassung des Verwaltungsbezirkes Pöggstall zum Verwaltungsbezirk Melk.

Er gliedert sich in vier Gerichtsbezirke (Mank, Melk, Persenbeug und Ybbs). Von den 40 Gemeinden sind vier Stadtgemeinden und 24 Marktgemeinden.

Geologie, Landschaft, Menschen

Durch seine große Nord-Süd-Erstreckung hat der Verwaltungsbezirk Melk Anteil an drei Großlandschaften des westlichen Niederösterreich: Im Norden ist es das Böhmische Massiv, im Süden stellt das Alpenvorland mit seiner vorherrschenden Acker- und Grünlandwirtschaft den landwirtschaftlichen Schwerpunkt des Bezirkes dar.

Zwischen Waldviertel und Alpenvorland hat sich die Donau tief eingeschnitten und die Täler des Nibelungengaues und der Wachau herausgearbeitet. Das Donautal, das durch Jahrhunderte Wirtschafts- und Kulturstraße vieler Völker war, ist die dritte Großlandschaft dieses Bezirkes.

Die Gewässer

Als Hauptstrom durchquert die Donau den Bezirk von West nach Ost und teilt ihn in zwei gleiche Teile. Zu ihr entwässert der Norden mit Ysper- und Weitenbach und deren Nebenbächen, der Süden durch Ybbs, Erlauf, Melk und die in sie mündende Mank und in ihrem Unterlauf die Pielach.

Für die Energieversorgung ist die Donau mit zwei Donaukraftwerken von besonderer Bedeutung, wobei das Donaukraftwerk Ybbs-Persenbeug als erstes Donaukraftwerk Österreichs in den Jahren 1954 bis 1959 errichtet wurde. Das Donaukraftwerk Melk ist im Jahre 1982 in Betrieb gegangen.

Der Verkehr

Der Bezirk Melk ist sowohl durch Eisenbahnlinien als auch durch Straßen sehr gut erschlossen. Die Haupteisenbahnlinie stellt die Westbahn dar, die in Pöchlarn einen Knotenpunkt aufweist; von dort zweigt eine Bahnlinie ins Erlauftal ab.

Nördlich der Donau ist durch die Donauuferbahn eine Ost-West-Verbindung gegeben, im Süden des Bezirkes existiert eine Nebenbahnlinie als Verbindungslinie zwischen der Erlauftalbahn und der Mariazellerbahn im Bezirk St. Pölten.

Die bedeutendste Straße ist die Westautobahn (A 1), die im Bezirk Melk über vier Auf- und Abfahrten verfügt. Nördlich der Donau ist durch die Bundesstraße B 3 eine Ost-West-Verbindung gegeben.

Von den genannten Ost-West-Achsen führen wichtige Straßenverbindungen in den Norden und in den Süden: die B 36 und die B 216 in das Ysper- bzw. Weitental mit einer Fortführung in den Bezirk Zwettl sowie die B 25 in das Erlauftal (Bezirk Scheibbs) und die B 215 in den Raum Mank–St. Leonhard.

Wirtschaft – Fremdenverkehr – Landwirtschaft

Der Bezirk Melk wird als Agrarbezirk bezeichnet, obwohl nur 17 Prozent der Bevölkerung der Land- und Forstwirtschaft zuzuordnen sind.

41 Prozent des Bezirkes sind Waldgebiet und 36 Prozent Ackerland. Aber von den 5301 landwirtschaftlichen Betrieben sind nur 38 Prozent Vollerwerbsbetriebe, und die Entwicklung ist weiter rückläufig.

Zentrales Problem ist daher das Arbeitsplatzdefizit mit 5,5 Prozent im Jahresdurchschnitt 1989. Ein überragendes Arbeitsplatzzentrum ist nicht vorhanden. Schwerpunkte liegen entlang der Donau in Melk, Ybbs und Pöchlarn.

Pfarrkirche Säusenstein. Fresko von Johann Bergl, 1767: „Marterung des hl. Donat".

Eine große wirtschaftliche Chance liegt im Fremdenverkehr, einen Wirtschaftsfaktor, der mit der Frage der Erhaltung unserer Umwelt, dem Schutz unserer Landschaft in engstem Zusammenhang steht.

An der Donau berühren zwei Landschaftsschutzgebiete den Bezirk, nämlich der Strudengau und die Wachau. Wirtschaftlich von noch größerer Bedeutung sind das Yspertal und der Wallfahrtsort Maria Taferl.

Wesentliches Gewicht haben auch der Ausflugs-, Wochenend- und Naherholungsverkehr, wobei hier die weltberühmten Kulturdenkmäler des Bezirkes eine entscheidende Rolle spielen. Das herrliche Barockstift Melk und das Renaissancekleinod Schallaburg mit seinen interessanten Ausstellungen sind die beliebtesten Ziele.

Verstärkten Zustrom erfahren das restaurierte Schloß Plankenstein am südlichen Ende des Bezirkes, das von Kunsthistorikern gerne als „Schwester der Schallaburg" bezeichnet wird, und das ebenfalls der Öffent-

Links: Ansicht von Ybbs. Ansichtskarte. Um 1900.
Rechts: Marbach an der Donau mit Maria Taferl. Fotografie. Um 1890.

lichkeit zugänglich gemachte Schloß Artstetten mit dem Franz-Ferdinand-Museum. Im Norden beherbergt das Schloß Pöggstall als Außenstelle des Nö. Landesmuseums eine Sammlung mittelalterlicher Strafrechtseinrichtungen. Nicht unerwähnt sollten in diesem Zusammenhang der spätgotische Schnitzaltar in Mauer bei Melk und die gotische Pfarrkirche von Kilb mit ihren Altarwechselbildern des Kremser Schmidt bleiben.

Versorgungslage und Infrastruktur

Der Bezirk wird von 76.000 Menschen bewohnt, die meist in geschlossenen Siedlungen leben. Nur im südlichen Bereich und im äußersten Norden sind verstärkt Weiler und Einzelhöfe feststellbar.

Hof der Burg Plankenstein.

Die Versorgungs- und Einkaufsmöglichkeiten für die Bevölkerung des Bezirkes sind im wesentlichen als zufriedenstellend zu bezeichnen. Wenn auch kein dominierendes Versorgungszentrum vorhanden ist, so decken doch die zentralen Orte mittlerer Stufe wie Melk bzw. Ybbs den Bedarf.
Die Trinkwasserversorgung – in Ballungsräumen mit zentralen Anlagen, ansonsten mit Einzelbrunnen – ist zufriedenstellend. Vorbildlich ist im Bezirk Melk die Müllentsorgung geregelt. In Zusammenarbeit zwischen einem Umweltschutzverband – umfassend sämtliche 40 Gemeinden des Bezirkes – und der Nö. Umweltschutzanstalt wird der gesamte Müll des Bezirkes seit dem Jahre 1976 in der Kompostierungsanlage bei Pöchlarn aufgearbeitet.
Die Versorgung der Bevölkerung mit Einrichtungen des Schul- und Kindergartenwesens ist sehr gut. Im Bereich der höheren Schulen wurde neben dem Melker Stiftsgymnasium und der Handelsakademie in

Ybbs im Herbst 1990 in Ysper eine höhere Lehranstalt für wirtschaftliche Berufe eröffnet und damit einer alten Forderung des nördlichen Bezirkes entsprochen. Auch auf dem Gebiet des Gesundheitswesens hat sich durch verstärkte Anstrengungen von Gemeinden, Bezirk und Land eine erfreuliche Verbesserung ergeben. Heute kommt auf 1900 Personen ein praktischer Arzt. Verbessert hat sich auch die Situation bei den Zahnbehandlern. Auf einen Zahnart oder Dentisten entfallen 4000 Personen.
Im Bereich der fachärztlichen Versorgung ergab sich in den letzten 10 Jahren eine Verbesserung von 5575 Personen je Arzt auf 4222.

Geschichte und Kultur

Siedlungsspuren aus der Ur- und Frühgeschichte weisen bereits auf diese „Durchzugsfaktoren" hin. Besonders in der Römerzeit war die Donau als Grenze gegen die Germanen besonders wichtig und entsprechend abgesichert.
Als bekanntester Ort hat das Kastell und der Donauhafen Arelape – Pöchlarn – seine Bedeutung über die Wirren der Völkerwanderungszeit und die frühmittelalterliche Siedlungsphase der Slawen und Bayern herübergerettet. Die Babenberger machten die Burg auf dem heutigen Melker Stiftsfelsen zu ihrer Residenz.
An der Donau entstanden durch die Verkehrsverbindungen auf dem Donauweg nach Osten – gefördert durch die durchziehenden Kreuzritter – wichtige und bedeutende Städte und Märkte: Ybbs, Pöchlarn, Melk. Die Pfarrorganisation erschloß mit den ersten größeren Urpfarren in Melk und Petzenkirchen zuerst diesen Altsiedelraum. Größte Bedeutung hatte der Weinbau für die bayerischen Bistümer, Klöster und Pfarren. Die dichte Durchsiedlung um die Burgen als Herrschaftszentren ließ bedeutende Grundbesitzkomplexe entstehen, die als Machtbasis bedeutender Adelsgeschlechter dienten. Von hier aus ging ein großer Teil der Nahrungsproduktion in die Erzabbaugebiete der Obersteiermark, wofür wiederum Eisen und Eisenwaren über die Marktorte des Bezirkes verhandelt wurden.
Durchzugsraum zu sein, bedeutet für ein Gebiet aber auch Gefährdung in Kriegszeiten. Die Bevölkerung litt stets schwer unter einfallenden Soldaten, ob es nun die Türken, protestantische Aufständige, kaiserliche Entsatztruppen, Bayern, Franzosen oder die einmarschierende russische Armee 1945 waren. Andererseits hinterließ der gehobene Lebensstandard und der relative Reichtum aus Handel und Landwirtschaft ein bedeutendes kulturhistorisches Erbe: Altstadtbereiche (Melk, Ybbs, Pöchlarn), Ruinen (Aggstein, Zelking, Weitenegg), Burgen (Schallaburg, Plankenstein, Pöggstall, Streitwiesen), zahlreiche Dorfkirchen aus der Gotik und – wie bereits erwähnt – eines der schönsten Renaissancejuwele Österreichs, den Hof der Schallaburg, und das weltweit bekannte Barockbauwerk des Stiftes Melk.
Sowohl in der Schallaburg als auch im Stift Melk finden Kulturveranstaltungen (wie Konzerte, Sommerspiele und ähnliches) statt.

Hadmar Lechner

Das Stift Melk.

Das Voralpengebiet mit Kirchberg a. d. Pielach

Der Bezirk St. Pölten-Land

Der Bezirk St. Pölten-Land liegt im Zentrum Niederösterreichs und umschließt das Gebiet der Landeshauptstadt St. Pölten. Er erstreckt sich von der Donau im Norden bis zu den Kalkvoralpen im Süden und hat eine Ausdehnung von 1.121 Quadratkilometern. Er grenzt im Norden an die Bezirke Krems und Tulln, im Osten an Wien-Umgebung und Baden, im Süden an Lilienfeld und im Westen an Scheibbs und Melk. Er gliedert sich in drei Gerichtsbezirke, St. Pölten, Herzogenburg und Neulengbach, und hat insgesamt 39 Gemeinden. Unter diesen haben drei den Stadtrang, 20 sind Marktgemeinden.

Geologischer Aufbau und Landschaft

Der Bezirk hat Anteil an den Randgebieten des Dunkelsteiner Waldes, der zur Böhmischen Masse zählt. Das Alpenvorland besteht zum größten Teil aus ungefalteten tertiären Gesteinsarten und Erden. Im Süden schließt daran die Sandstein-(Flysch)zone, an die sich die Kalkvoralpen anschließen. Entsprechend vielfältig ist die Landschaft, die von den Tälern der Pielach und der Traisen im Westen, der Perschling und der Großen Tulln sowie deren Zubringerbächen gestaltet wird.
Mit dem Pielachtal reicht der Bezirk weit nach Süden ins Gebiet der Kalkvoralpen. Das Zentrum bildet das Alpenvorland von Haunoldstein im Westen bis Eichgraben im Osten. Dort begrenzen die Ausläufer des Wienerwaldes den Bezirk, im Süden die Höhenzüge der Flyschzone und der Kalkvoralpen.

Die Gewässer

Die bedeutendsten Gewässer sind Traisen und Pielach. Die Traisen, die sich südlich des Bezirkes mit der Gölsen vereint, während im Bezirksbereich nur unbedeutende Bäche in den Fluß münden, besitzt an beiden Ufern Werkbäche, die zur Energieversorgung genutzt werden. Sie mündet bei Traismauer in die Donau. Der Mündungsbereich wurde durch die notwendige Anhebung des Wasserspiegels des Stromes beim Bau des Donaukraftwerkes Altenwörth nach Osten verlegt. Im alten Flußbett entstanden Badeseen.
Die Pielach fließt vom Ursprung im Voralpengebiet nach Norden, tritt bei Obergrafendorf in das Alpenvorland aus, wo sie noch den Sierningbach und den Kremnitzbach aufnimmt, und wendet sich dann im Durchbruch zwischen Osterburg und Albrechtsberg nach Westen zur Donau, die sie bei Melk erreicht.
Den Ostrand des Dunkelsteiner Waldes entwässert der Fladnitzbach. Auch die Perschling fließt von Süden nach Norden, bildet

Wilhelmsburg, kol. Kupferstich von Johann Geiger

ein breites Tal und nimmt Michelbach und Stössingbach, die den Hegerberg umfließen, auf. Durch Schotterbaggerungen entstanden an der Pielach und an der Traisen Grundwasserseen.
Die höchsten Berge sind der Hohenstein (1195 m) und der Eisenstein im Süden. Sie und die Höhen der Flyschzone, wie Rudolfshöhe, Steinwandleiten oder Hegerberg, besitzen Schutzhütten und sind beliebte Ausflugsgebiete.

Der Verkehr

Der Bezirk ist sowohl durch die Eisenbahn als auch durch Straßen gut erschlossen. Die wichtigste Bahnlinie Österreichs, die Westbahn, hat in St. Pölten einen wichtigen Haltepunkt. Dort münden sowohl die Leobersdorfer Bahn wie die Mariazellerbahn von Süden und die Linien von Tulln und Krems von Norden ein, die sich in Herzogenburg vereinigen. Die beliebte Mariazellerbahn ist eine Schmalspurbahn, die durch das Pielachtal und weiter über Puchenstuben und Mitterbach nach Mariazell führt. In Obergrafendorf zweigt eine Seitenlinie nach Wieselburg ab.
Die wichtigste Straße ist die Westautobahn (A 1), die im Bezirksbereich im Jahre 1958 eröffnet wurde. An der östlichen Bezirksgrenze zweigt die als großräumige Umfahrung Wiens konzipierte Außenringautobahn (A 21) ab und verbindet die Westautobahn mit der Südautobahn. Eine wichtige Verbindung ist auch die Schnellstraße S 33, die von der Westautobahn durch das Traisental nach Norden und weiter nach Krems führt.

Eine bedeutende Straßenverbindung ist die Bundesstraße 1, die ehemalige Poststraße oder Reichsstraße, die von Ost nach West durch den Bezirk verläuft. Von St. Pölten führen wichtige Bundesstraßen in die Täler und einzelnen größeren Orte, die durch Autobusse der Post oder der Bundesbahnen betreut werden. Auch das regionale und lokale Straßennetz ist dicht und gut ausgebaut.

Die Wirtschaft

Im Bezirk gibt es 2.200 Betriebe der verschiedensten Bereiche. Während die Zahl der in der Landwirtschaft Beschäftigten immer stärker abnimmt, ist eine allmähliche Verlagerung vom sekundären Bereich (Industrie und Gewerbe) zu den Dienstleistungen feststellbar. Die Landeshauptstadt St. Pölten übt eine große Anziehungskraft auf Arbeitskräfte aus, so daß viele Pendler von den umgebenden Orten täglich ins Zentrum fahren. Die Zahl der Pendler nach Wien und in die Industriebetriebe des Bezirkes ist ebenfalls beachtlich. Auch viele Schüler pendeln, denn im Bezirk gibt es keine mittlere oder höhere Schule. Neben der Landeshauptstadt sind auch die Städte Wilhelmsburg, Herzogenburg und Traismauer sowie die Märkte Obergrafendorf und Prinzersdorf, in denen sich bedeutende Betriebe der keramischen Industrie, der Metallindustrie oder der Nahrungsmittelerzeugung befinden, wichtige wirtschaftliche Orte. Zu den bedeutendsten Industriebetrieben zählen die ÖSPAG, Sanitär- und Keramikindustrie, in Wilhelmsburg, die Fir-

Links: Das Alpenvorland bei Karlstetten

Rechts: Das Weinbaugebiet bei Nußdorf ob der Traisen

ma Gebrüder Grundmann, Schlösser und Beschläge, in Herzogenburg, das Folienwalzwerk Brüder Teich in Mühlhofen bei Obergrafendorf, die Firma Ing. Knappl in Kirchberg, die MIRIMI in Prinzersdorf und die Firma Benda-Lutz in Traismauer. Es gibt aber auch einige bedeutende Bauunternehmen, holzverarbeitende Betriebe sowie Betriebe der Nahrungsmittelindustrie.

Die Landwirtschaft ist im Alpenvorland vor allem durch Weizen-, Zuckerrüben- und Maisanbau sowie durch intensive Viehzucht gekennzeichnet. Im unteren Traisental gibt es beträchtlichen Weinbau. Die in der Flyschzone und im Voralpengebiet überwiegenden Einzelhöfe betreiben Grünlandwirtschaft. Holzwirtschaft und die Jagd stellen bedeutende Wirtschaftsfaktoren dar.

Der Fremdenverkehr hat, von Tagesausflüglern abgesehen, nur im Pielachtal größere Bedeutung.

In allen größeren Orten gibt es Geldinstitute und Postämter. Die Energieversorgung mit Strom und Erdgas erfolgt überregional, Bergwerke sind keine in Betrieb.

Pyhra, kol. Kupferstich von Georg Scheth, 1828

Bevölkerung, Siedlungen und Infrastruktur

Der Bezirk wird von 83.000 Menschen bewohnt, davon sind etwa 2.000 Zweitwohnsitzer.

Der größte Teil des Bezirkes besteht aus geschlossenen Siedlungen, nur im südlichen Bereich herrschen Weiler und Einzelhöfe vor. Die meisten Orte zeichnen sich durch rege Bautätigkeit aus, meist in Form von Einfamilienhäusern. Genossenschaftswohnhäuser entstanden in den Industrieorten. Die umweltfreundliche Ver- und Entsorgung hat einen hohen Standard, letztere vor allem durch den Traisentalsammelkanal.

Herzogenburg, Blick vom Hauptplatz zum Turm der Stiftskirche

Ein zentraler Ort

Das Zentrum des Bezirkes ist die Stadt St. Pölten, wo die Bezirkshauptmannschaft, die Gerichte, das Finanzamt und andere Behörden ihren Sitz haben, aber auch höhere Schulen, das Krankenhaus, Fachärzte und Rechtsanwälte ansässig sind.

Geschichte

Der größte Teil des Bezirkes ist Altsiedelgebiet. Seit der Altsteinzeit lebten hier Menschen, im unteren Traisental und im Fladnitztal lassen sich schon seit der Jungsteinzeit kontinuierlich Siedlungen nachweisen. Zur Römerzeit bestanden neben der Stadt Aelium Cetium und dem Kastell Traismauer eine Reihe von Gutshöfen oder Villen, in der Karolingerzeit erhielten Salzburg, Passau und Kremsmünster Besitz und errichteten Stützpunkte. Seit der Gründung der Mark Ostarrîchi 976 gehörte das Alpenvorland zum Markgebiet. Im 10./11. Jahrhundert entstanden die meisten Orte, die noch heute das Siedlungsbild bestimmen.

Die Grundherrschaften hatten meist Burgen und Schlösser als Mittelpunkt, daneben entstanden seit dem Mittelalter Marktorte. Der Bezirk wurde in den Jahren 1482–1490 durch Matthias Corvinus, 1529–1683 durch die Türken, 1741 durch die Bayern und Franzosen, 1805 und 1809 durch die Truppen Napoleons zum Kriegsgebiet. Am Ende des Zweiten Weltkrieges verlief die Front von Norden nach Süden quer durch den westlichen Bezirksbereich.

Kultur

In kultureller Hinsicht ist der Bezirk vor allem durch das Kloster Herzogenburg ausgezeichnet. Das Kloster besitzt auch ein bedeutendes Museum mit Werken der Donauschule. In Traismauer besteht ein frühgeschichtliches Museum des Landes und ein bedeutendes Heimatmuseum, in dem viele der zwischen St. Pölten und Traismauer ergrabenen prähistorischen Funde ausgestellt sind. Zu erwähnen wäre auch der große Soldatenfriedhof in Oberwölbling. Im Bereich des Bezirkes liegen auch einige bedeutende Baudenkmäler, etwa das Kloster in Jeutendorf, die Schlösser in Neulengbach, Heiligenkreuz-Gutenbrunn, Wald, Goldegg oder Walpersdorf, während viele Burgen zu Ruinen verfielen (Weißenburg, Rabenstein, Osterburg, Hohenegg).

Kunstgeschichtlich wertvoll sind u. a. die Kirchen in Böheimkirchen, Pyhra, St. Andrä a. d. Traisen. Heiligenkreuz-Gutenbrunn, Traismauer, Obritzberg, Karlstetten, Obergrafendorf, Rabenstein und Kirchberg a. d. Pielach.

In einigen Orten bestehen kulturelle oder volkskulturelle Vereinigungen oder Blasmusikgruppen, in Traismauer auch ein Laien-Symphonieorchester.

Auch Musikschulen wurden in einigen Orten des Bezirkes gegründet. Obergrafendorf und Michelbach sowie das Stift Herzogenburg besitzen größere, auch für kulturelle Veranstaltungen geeignete Säle. Die ehemalige Filialkirche Katzenberg bei Kapelln entwickelte sich zu einem Kulturzentrum.

Walter Michalitsch

Die Landeshauptstadt St. Pölten

Die Landeshauptstadt St. Pölten liegt im Alpenvorland im Zentrum Niederösterreichs. Der Stadtbezirk hat derzeit 108 km² und ist im Laufe des 20. Jahrhunderts nach Eingemeindungen seit 1922 von 11,6 km² auf diese Größe angewachsen. Im Jahre 1922, als die Stadt ein eigenes Statut erhielt, wurden Spratzern, Viehofen und Wagram, 1939 Radlberg, Ratzersdorf, Stattersdorf, Harland und einige weitere Orte im Süden eingemeindet. Nach Ausgemeindungen im Jahre 1954 erfolgte eine neuerliche Erweiterung 1968 mit Ragelsdorf und Teilen der Gemeinde Mamau sowie 1972 mit Pottenbrunn und Ratzersdorf im Norden, St. Georgen im Süden und Teilen von Gerersdorf im Westen. Diese Gemeinde wurde im Jahre 1982 wiedererrichtet.

Die Stadt wird zur Gänze vom Bezirk St. Pölten-Land umschlossen und gehört zum Gerichtsbezirk St. Pölten.

Geologischer Aufbau

Der Unterboden des Stadtbezirkes besteht aus Schlier, der einem tertiären Molassemeer entstammt. Als das Meer zurückwich, bahnte sich die Urtraisen ihren Weg und lagerte gewaltige Schottermassen ab. Auf den jüngsten siedlungsgünstigen und grundwasserreichen Schottern der Niederterrasse, die in urgeschichtlicher Zeit von Seitenarmen der Traisen durchzogen war, steht die Stadt, während die Hochterrassen beiderseits des Tales von Löß der Quartärzeit überdeckt sind. Die Einengung des Alpenvorlandes durch den Dunkelsteiner Wald westlich von St. Pölten führte zu einer Bündelung von Verkehrswegen am Traisenübergang.

Blick auf das Bahnhofsgebäude vom Westen.

Luftbild der Innenstadt vom Osten gesehen.

Gewässer

Der bedeutendste Flußlauf ist die Traisen, die im Stadtbereich seit dem Jahre 1909 reguliert ist. Ab Spratzern zweigen zwei Werkbäche ab, an denen verschiedene Betriebe stehen. Im Stadtbereich münden der Harlander Bach und der weitgehend verrohrte Nadelbach in den Fluß. Andere Quellen und kleine Wasserläufe werden durch das Kanalsystem der Stadt abgeleitet. Die Traisen wird von einem mächtigen Grundwasserstrom begleitet, der für die Wasserversorgung der Stadt und des Wienerwaldgebietes genutzt wird. Nach Schotterbaggerungen entstanden auch zwei Grundwasserseen. Die Entsorgung erfolgt durch den Traisental-Sammelkanal.

Der Verkehr

Die Stadt St. Pölten ist ein bedeutender Eisenbahnknotenpunkt. Auf dem Hauptbahnhof münden die Leobersdorfer Bahn und die Mariazeller Bahn sowie die Linie von Tulln, Krems und Herzogenburg in die Westbahn ein. Täglich verkehren im Bereich St. Pölten 400 Züge, davon 260 Reisezüge.

Durch den Süden des Stadtbereiches verläuft die Westautobahn A 1, von der die Schnellstraße S 33 nach Norden abzweigt. Im Rahmen des Bundesstraßennetzes ist St. Pölten ebenfalls ein wichtiger Kreuzungspunkt.

Die Wirtschaft

Die Stadt St. Pölten ist eines der wichtigsten wirtschaftlichen Zentren Niederösterreichs und besitzt die größte Wirtschaftskraft aller Orte des westlichen Landesteiles. Schwerpunkte der Wirtschaft sind die Industrie, das Gewerbe, der Handel, das Verkehrswesen, die öffentlichen Dienstleistungen und teilweise auch die Landwirtschaft. Industriestandort wurde St. Pölten seit dem ausgehenden 18. Jahrhundert mit dem gesamten Traisengebiet wegen der Energie aus den Werkbächen der Traisen. Jetzt wird nur mehr ein kleiner Teil des Bedarfs daraus gedeckt. Elektrischer Strom, Erdgas und feste Brennstoffe müssen aus anderen Teilen Österreichs und aus dem Ausland zugeliefert werden. Obwohl ein erheblicher Teil von Industriebetrieben in den letzten 60 Jahren geschlossen wurde, ist der Anteil der Industrie am Bruttourbanprodukt noch erheblich. Hauptprodukte der St. Pöltner Industrie sind Maschinen, Chemiefasern, Papier und Druckwerke, Holzspanplatten, Büromöbel und Getränke. Beim Gewerbe überwiegt das Bauwesen, aber auch einigen Sparten des Baunebengewerbes und den Kraftfahrzeugmechanikern kommt große Bedeutung zu. Der Handel konzentriert sich in den Fachgeschäften der Altstadt und in den über das Stadtgebiet verteilten Großmärkten. Das Verkehrswesen ist durch die Bundesbahn, die sowohl im Fahrdienst als auch in zwei Werkstätten viele Menschen

Links: Das ehemalige Linzer Tor, Zeichnung von Johann Josef Schindler 1792.
Rechts: Die Stadt um 1850. Kolorierte Lithographie.

Die Landeshauptstadt St. Pölten

beschäftigt, sowie in der Straßenverwaltung vertreten. Dienstleistungen erbringen die Behörden, von denen der Magistrat mit dem Krankenhaus, dem Fernheizwerk und anderen Serviceeinrichtungen der größte Dienstgeber ist, Post, Banken, Schulen, Fachärzte, Bundesheer, Interessensvertretungen und eine Reihe von verschiedenen Ämtern. Die Landwirtschaft ist in den Außenbezirken verankert.

Die Stadt weist 31.000 Arbeitsplätze auf, etwa ein Drittel der Beschäftigten pendelt täglich nach St. Pölten ein. Etwa 2800 Personen pendeln aus, davon die Hälfte nach Wien.

Das Bruttourbanprodukt, also die Summe aller erbrachten und erarbeiteten Werte im Stadtbereich, wird für das Jahr 1990 auf etwa 12 Milliarden Schilling geschätzt.

Bevölkerung und Siedlung

Die Stadt wird von 53.000 Menschen bewohnt, von denen mehr als 2000 Zweitwohnsitzer sind. Etwa 2500 Ausländer leben in der Stadt, vor allem als Gastarbeiter. Die Hälfte davon sind Türken, größere Anteile haben auch Jugoslawen, Bürger der BRD und Tunesier.

Durch die Lage im flachen Traisental ist die Stadt St. Pölten eine Bandstadt. Neben der Altstadt mit etwa 3500 Einwohnern entwickelte sich das verbaute Gebiet nach Süden und seit kurzem auch nach Norden, so daß die Katastralgemeinde St. Pölten zur Gänze verbaut ist und von etwa 26.000 Menschen bewohnt wird. Seit dem Ende des 1. Weltkrieges entstanden Siedlungen mit Einfamilienhäusern in Spratzern, Wagram und in dem Gebiet des Stadtwaldes westlich der Stadt. Nach dem 2. Weltkrieg wurden im Stadtbereich die Baulücken geschlossen, und vor allem das Gebiet der Katastralgemeinde Spratzern nördlich der Autobahn wurde verbaut. Die Stadt hat derzeit 8362 Häuser und eine Baufläche von 334 ha. 831 ha sind Gärten, 1640 ha Wald, und 6781 ha werden landwirtschaftlich genützt.

Geschichte

Seine erste zentrale Bedeutung erhielt der Ort zur Römerzeit, als unter Kaiser Hadrian um 125 n. Chr. die Stadtsiedlung Aelium Cetium angelegt wurde. Die Römerstadt hatte städtische Organisation, ihr heute bekanntester Bürger war der hl. Florian. Im 8. Jahrhundert, noch zur Zeit des Bayernherzogs Tassilo, wurde von Tegernsee aus ein Kloster in den Ruinen der Römerstadt gegründet, das später in den Besitz des Bistums Passau überging. Der Ort wird 799 urkundlich als „Treisma" genannt. Seit dem Jahre 976 entwickelte sich neben dem Kloster, das anfangs mit Benediktinern, dann von weltlichen Chorherren und schließlich

mit Augustiner-Chorherren besetzt war, eine Siedlung, die um 1050 das Marktrecht und 1159 vom Bischof Konrad von Passau als Stadtherrn das Stadtrecht verliehen erhielt.

Allmählich verlor der Bischof von Passau seine Stadtherrschaft. Seit 1494 kann St. Pölten als landesfürstliche Stadt gelten. Während des 16. Jahrhunderts schlossen sich die Bewohner der Reformation an. Sie gründeten einen Schule, ein Bürgerspital und schufen kommunale Einrichtungen, wie etwa das Rathaus. Am Ende des Jahrhunderts wurde die Stadt während des niederösterreichischen Bauernkrieges kurz belagert. 1529 und 1683 war sie der Bedrohung durch osmanische Reiterscharen ausgesetzt. Ein Höhepunkt der Stadtentwicklung lag in der Barockzeit. Damals lebten der Baumeister Jakob Prandtauer, der Maler Daniel Gran und mehrere Bildhauer in St. Pölten. Diese Periode ist im Stadtbild durch adelige und bürgerliche Bauten, Kirchen und Klöster dokumentiert. Die barocke Stadt wurde am Ende des 18. Jahrhunderts unter Joseph II. in sozialer Hinsicht umgestaltet. Nach dem Jahre 1848 wurde St. Pölten, das schon seit 1753 ein Kreisamt beherbergte, Verwaltungszentrum. Nun wurden ein Bezirks- und Kreisgericht, eine Bezirkshauptmannschaft, ein Steueramt und andere Behörden geschaffen, eine Sparkasse, ein Krankenhaus, ein Gymnasium, ein Lehrerseminar sowie eine große Garnison entstanden. Auch Fabriken wurden entlang der Werkbäche der Traisen errichtet. Dies führte zu einer allmählichen Vergrößerung der Stadt, die um die Wende zum 20. Jahrhundert 14.000 Einwohner zählte. Von einschneidender Bedeutung war der Bau der Westbahn in den Jahren 1856 bis 1858.

Entscheidend für die Stadtentwicklung wurde das Jahrzehnt vor dem 1. Weltkrieg, weil sich Großbetriebe ansiedelten, denen durch das neu geschaffene E-Werk eine moderne Energieversorgung bereitgestellt wurde.

Die Apotheke an der Ecke Wiener Straße/Kremser Gasse.

Der Herrenplatz in St. Pölten.

Von 1900 bis 1914 wuchs die Stadt um 50 Prozent. Nach dem Krieg wurde das Traisental mit St. Pölten ein Gebiet mit großen wirtschaftlichen Problemen.

Der 2. Weltkrieg brachte bedeutende Rückschläge, weil die Stadt bei Bombenangriffen schwer getroffen wurde und später die als „deutsches Eigentum" deklarierten Großbetriebe von der USIA übernommen wurden. St. Pölten wuchs durch Eingemeindungen und überschritt – als einzige Stadt Niederösterreichs – die Zahl von 50.000 Einwohnern.

Am 10. Juli 1986 wurde St. Pölten durch Beschluß des Landtages von Niederösterreich zur Landeshauptstadt erhoben.

Kulturelle Einrichtungen

St. Pölten ist eine Schulstadt mit einer großen Anzahl mittlerer und höherer Lehranstalten. Die Philosophisch-Theologische Hochschule der Diözese dient der Theologenausbildung. Darüber hinaus bieten das Wirtschaftsförderungsinstitut (WIFI), das Bildungshaus St. Hippolyt, das Berufsförderungsinstitut der Handelskammer (BFI) und die Volkshochschule Weiterbildungsmöglichkeiten für Erwachsene. In der Stadt bestehen mehrere Museen (Stadtmuseum, Diözesanmuseum, Zinnfigurenmuseum Pottenbrunn) und Möglichkeiten für Ausstellungen zeitgenössischer Künstler sowie ein Dokumentationszentrum moderner Literatur. Die Musikkultur wird durch Vereine, das Nö. Tonkünstlerorchester und Gastensembles verschiedener Art getragen. Das Stadttheater hat ein ständiges Ensemble. Die vorbildlich restaurierte ehemalige Synagoge dient ebenfalls für kulturelle Zwecke. Im Stadtbereich gibt es eine Reihe kulturell wichtiger Bauten. Im Stadtbereich liegen weiters die Schlösser Pottenbrunn, Ochsenburg und Wasserburg, auch der Schwaighof, ein barocker Gutshof, wurde revitalisiert, das Schloß Viehofen hingegen verfiel nach dem 2. Weltkrieg zur Ruine.

O Heimat, dich zu lieben,
getreu in Glück und Not,
im Herzen steht's geschrieben
als innerstes Gebot.
Wir singen deine Weisen,
die dir an Schönheit gleich,
und wollen hoch dich preisen,
mein Niederösterreich.

Die Landeshymne

NIEDERÖSTERREICHISCHE LANDESHYMNE

Melodie: Ludwig van Beethoven
Worte: Franz Karl Ginzkey

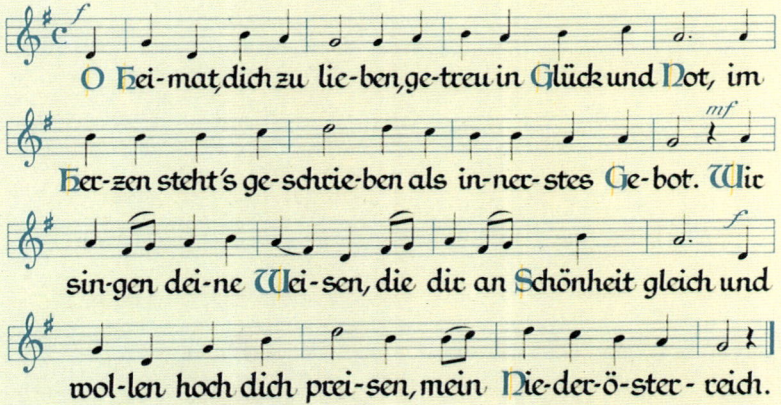

O Hei-mat, dich zu lie-ben, ge-treu in Glück und Not, im
Her-zen steht's ge-schrie-ben als in-ner-stes Ge-bot. Wir
sin-gen dei-ne Wei-sen, die dir an Schönheit gleich und
wol-len hoch dich prei-sen, mein Nie-der-ö-ster-reich.

Im Rauschen deiner Wälder, in deiner Berge Glanz, im
Wogen deiner Felder gehören wir dir ganz. Im Dröhnen der
Maschinen, im Arbeitsfleiß zugleich, wir müh'n uns, dir zu
dienen, mein Niederösterreich.

Getreu dem Geist der Ahnen, wir schaffen uns das Brot und
halten hoch die Fahnen blau-gold und rot-weiß-rot. Wenn sie
im Winde wehen, an ernster Mahnung reich, gilt es zu dir zu
stehen, mein Niederösterreich.

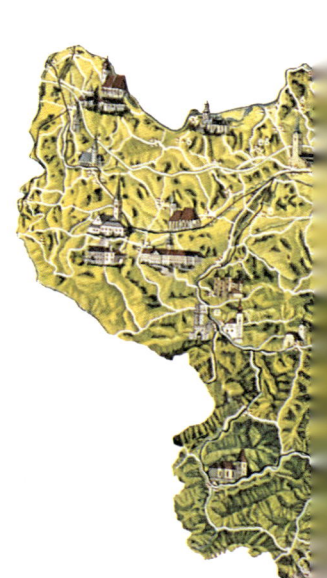

Im Rauschen deiner Wälder,
in deiner Berge Glanz,
im Wogen deiner Felder
gehören wir dir ganz.
Im Dröhnen der Maschinen,
im Arbeitsfleiß zugleich,
wir müh'n uns, dir zu dienen,
mein Niederösterreich.

Getreu dem Geist der Ahnen,
wir schaffen uns das Brot
und halten hoch die Fahnen
blau-gold und rot-weiß-rot.
Wenn sie im Winde wehen,
an ernster Mahnung reich,
gilt es, zu dir zu stehen,
mein Niederösterreich.

O Heimat, dich zu lieben
Text von Franz Karl Ginzkey
Musik von Ludwig van Beethoven

Die Landeshymne

Links: Brücken bei Krems.

Die Donau

Geographisch betrachtet ist die Donau das Rückgrat von Niederösterreich. Von der Mündung der Enns bis zur Marchmündung sind 232 Kilometer des Donaustromes niederösterreichisch. Durch ihren vornehmlich west-östlichen Lauf ist sie bestens geeignet, die Verbindung mit dem Schwarzen Meer herzustellen. Von alters her schaltete die Donau Niederösterreich in den internationalen Verkehr ein und schuf bedeutende Beziehungen zwischen den einzelnen Uferorten.

Die niederösterreichische Strecke der Donau bietet auch einen Höhepunkt an Schönheit und Eindrucksfülle. Schon von der ersten Dampferfahrt von Wien nach Linz im Jahre 1837 wurde berichtet: „Alle anwesenden auswärtigen Reisenden kamen in der Ansicht überein, daß die ganze Reise, besonders aber von Stein bis Grein, Gegenden und Aussichten entwickle, die beinahe alles Gesehene übertreffen". Die Dichte der interessanten Bauwerke, etwa die Häuser von Ybbs, die Kirche von Maria Taferl, das Stift Melk über hohem Felsen, das Schloß Schönbühel, Aggstein auf dem Berge, Spitz mit seinem Weingehänge, das barocke Dürnstein oder die Straßenfront von Stein gestalteten die Fahrt durch ein romantisches Land zu einem eindrucksvollen Erlebnis.

Die Strecke der Donau ist in Niederöster-

Donauauen bei Hainburg.

Die Wachau bei Dürnstein.

reich äußerst abwechslungsreich. Die erste große Enge ist der Strudengau, der jahrhundertelang durch seine aus dem Strom ragenden Felsen und die dadurch gebildeten Wirbel ein starkes Hindernis war. In den Jahren 1856 bis 1858 wurden die Felsen gesprengt und ein früherer Seitenarm mit der Donau vereinigt. Der Strom hatte hier mit bis zu 150 Metern die größte Tiefe. Durch den Bau des Donaukraftwerkes Ybbs/Persenbeug ist die Situation völlig verändert worden, doch sind nun die Gebiete bei Ardagger dem Hochwasser ausgesetzt. Nach Ybbs bildet die „große Beuge" ein weiteres Hindernis. Die Donau tritt nun in das Gebiet des Nibelungengaues ein, der auf dem linken Ufer durch Hänge gekennzeichnet ist, auf denen vor allem die Kirche von Maria Taferl als Wahrzeichen weithin sichtbar ist. Auf dem rechten Ufer ist im Raum Pöchlarn das Tal breiter und geht in das Alpenvorland über. Durch die Schotterablagerungen der aus den Alpen kommenden Flüsse Ybbs und Erlauf wurde hier der Strom an die Hänge der Böhmischen Masse abgedrängt, in die er seinen Lauf einkerbte. Daher liegen die Neustadtler Platte und der Dunkelsteiner Wald südlich des Stromes.

Bei Melk betritt die Donau das 32 km lange Durchbruchstal der Wachau, dessen oberer Teil bis Spitz wesentlich enger ist als der

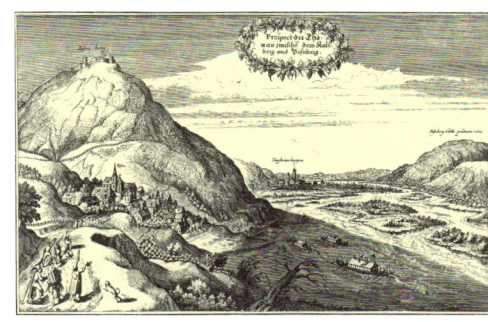

Links: Aulandschaft an der Donau.
Rechts: Prospekt der Donau zwischen Kahlenberg und Bisamberg. Kupferstich von Matthäus Merian. 1649.
Unten rechts: Donaukraftwerk Ybbs-Persenbeug. 1954/59.

untere. Die Waldhänge des Jauerling und des Dunkelsteiner Waldes treten hart an das Ufer des Stromes heran, so daß er bei Aggsbach nur eine Breite von 200 m bei 8,8 m Tiefe gegenüber 340 m Breite und 4,4 m Tiefe bei Weißenkirchen erreicht. Ab Spitz ist das linke Ufer des breiter gewordenen Tales deutlich durch Terrassen geprägt, die von den Bewohnern der Weinorte Weißenkirchen, Wösendorf und Joching angelegt wurden. Unterhalb einer Biegung des Stromes liegt Dürnstein, wohl der schönste Ort an der niederösterreichischen Donau. Das breiter gewordene Tal bietet sodann Platz für die Städte Krems und Stein, die einen zusammenhängenden Siedlungskomplex bilden. In Krems vereinigen sich mehrere Straßen und erzwingen seit alters her den Donauübergang zur rechtsseitig gelegenen Stadtsiedlung Mautern, während im Süden der Blick durch das Benediktinerkloster Göttweig begrenzt wird.

Unterhalb von Krems war das Tal vor der Errichtung des Donaukraftwerkes Altenwörth breiter, der Strom tritt in das Kremser Becken ein, das auf der Südseite Tullnerfeld genannt wird. Hier wird eine weite, in früheren Zeiten bei Hochwasser überflutete Fläche im Norden vom Wagram begrenzt, der mit einem etwa 30 m hohen Steilrand gegen die Donauebene abfällt. Auf diesem Wagram liegen historische Orte.

Südlich des Wagrams, der etwa bis Stockerau reicht, breitet sich eine Ebene von etwa 60 km Länge aus, die von Westen nach Osten und von Norden nach Süden leicht abfällt. In diesem Gebiet liegen auf dem nördlichen Ufer nur wenige Ortschaften. Der Süden hingegen, das Tullnerfeld, ist stärker besiedelt. Ab Tulln wird auch die nördliche Seite wieder stärker besiedelt. Ein wesentlicher Teil dieses Gebietes war früher Aulandschaft, die von Donauarmen durchzogen und von Auwäldern bedeckt war. Jetzt ist durch die Anlage der Kraftwerke Altenwörth und Greifenstein eine neuerli-

Der Industriehafen in Krems.

che Regulierung eingetreten. 1871–1875 wurde die Donau im Raum von Wien durch die umfassende Regulierung total verändert. Heute tritt sie nur durch den Donaukanal an den Stadtkern heran, die Donauschiffahrt ist aber auf die regulierte Donau abgewandert, die in jüngster Zeit durch die Schaffung der Donauinsel erneut vollständig umgestaltet wurde. Seit der Regulierung des 19. Jahrhunderts bildeten Lagerhäuser und der sogenannte Winterhafen die rechtsseitige Uferlandschaft. Das Nordufer ist durch den langgezogenen Hubertusdamm geprägt, hinter sich der Donauarm der „Alten Donau" erhalten hat.

Östlich von Wien ist die Donau auf dem linken Ufer durch die Auwälder des Marchfeldes, auf dem rechten durch Steilhänge gekennzeichnet, die bis zur Ungarischen Pforte reichen. Während das linksufrig gelegene Marchfeld in historischen Zeiten bei vielen Überschwemmungen schwer gelitten hat, kann das Gebiet am rechten Ufer wegen des schützenden Steilabfalls nicht überschwemmt werden. Bei der Hainburger Pforte verläßt der Strom Niederösterreich.

Die Straßen entlang des Stromes, aber auch der Strom selbst als leistungsfähiger Transportweg prägten die wirtschaftliche und kulturelle Struktur des Landes. Die historischen Städte mit starker Wirtschaftskraft lagen nahe am Strom. Bistümer und Klöster Bayerns erwarben im frühen und hohen Mittelalter Weingärten im österreichischen Donautal. Für den Transport von Salz, Holz und Eisen stromabwärts war die Donau ebenso wichtig wie für den Transport von Wein stromaufwärts.

Die Donau war daher seit dem Mittelalter der leistungsfähigste Transportweg des niederösterreichischen Raumes.

Von Ulm und Regensburg abwärts war die Schiffahrt jederzeit möglich, wobei der Gütertransport im Vordergrund stand. Daneben wurden aber auch immer wieder Menschen – etwa zur Besiedlung des Banates – auf der Donau befördert.

Die Erste Donaudampfschiffahrtsgesellschaft, die im September 1837 mit dem Dampfboot „Maria Anna" ihre erste Fahrt von Wien nach Linz durchführte und am Ende dieses Jahres in Stein die erste Donaustation gründete, war ein neuer Wirtschaftsfaktor im Donauraum. Darüber hinaus wurde die Werft in Korneuburg ein bedeutender industrieller Betrieb, der nicht nur für die Donaudampfschiffahrtsgesellschaft, sondern auch für andere Interessenten Schiffe und Warenboote baute und instandsetzte. Auch innerhalb Niederösterreichs vermittelte die Donauschiffahrt den Güteraustausch zwischen einzelnen Donauorten und verband die beiden Donauzentren Wien und Linz.

Vor dem Ersten Weltkrieg, aber auch in der Zwischenkriegszeit war die Erste Donaudampfschiffahrtsgesellschaft das führende Unternehmen auf der Donau. Nach dem Zweiten Weltkrieg stand sie unter sowjetischer Verwaltung und konnte später nur mehr einen Bruchteil des Donauverkehrs an sich ziehen.

Die ursprüngliche und einfachste Form der Überfuhr, die dem Personenverkehr diente, erfolgte durch Zillen, während auf der Plätte auch Fuhrwerke Platz fanden. Dies entsprach einfachen Anforderungen, damit konnte aber kein regelmäßiger Verkehr aufrechterhalten werden. Im 19. Jahrhundert entstanden die „fliegenden Brücken" durch Verheftung der Überfuhrplätten mit einem Anker, der an einem kilometerlangen, mit Bojen versehenen Seil hing. Solche „fliegenden Brücken" bestanden auf der niederösterreichischen Donau bei Marbach a. d. Donau seit 1856, bei Pöchlarn und zwischen Klosterneuburg und Korneuburg seit 1892. Die im Wasser hängenden Ankerseile dieser Überfuhren bildeten aber für die Großschiffahrt ein arges Hindernis, deshalb schuf man Rollfähren, bei denen das Fahrseil in einer solchen Höhe über den Strom gespannt ist, daß der Schiffahrtsbetrieb nicht behindert wird. Bis 1918 wurden sieben solcher Fähren über die Donau in Niederösterreich errichtet, nach 1921 kamen weitere hinzu. Auf diesen Rollfähren konnten auch Autobusse und Lastautos den Strom überqueren. Seit dem 15. Jahrhundert wurden auch Brücken über die Donau errichtet: 1439 bei Wien und 1480 zwischen Stein und Mautern. Im 19. Jahrhundert erhöhte sich diese Zahl um mehrere Eisenbahnbrücken und neue Straßenbrücken, nicht nur in Wien, sondern auch in Krems und Tulln. In den sechziger und siebziger Jahren des 20. Jahrhunderts wurden neue Brücken bei Grein, über die Staumauer von Ybbs-Persenbeug, bei Melk und Hainburg fertiggestellt. Auch im Raum von Wien entstanden weitere neue Donaubrücken.

Links: Granitlandschaft im Waldviertel.
Rechts: Wackelsteine im nördlichen Waldviertel.

Der geologische Bau

Der geologische Bau Niederösterreichs ist außerordentlich mannigfaltig. Dies wird bereits in den unterschiedlichen Landschaftsformen sichtbar, die von den Kalkhochalpen des Schneeberg- und Raxmassivs bis zur Hochfläche des Waldviertels und von der hügeligen Sandsteinzone (= Flyschzone) bis zu den weiten Ebenen des Wiener Beckens reichen. Dieser stark wechselnde Landschaftscharakter ist durch das verschiedenartige Gesteinsmaterial und die wechselvolle Geschichte seiner Entstehung bedingt. Er läßt von Norden nach Süden eine Großgliederung zu, die jedoch keine Aussage trifft über die einstige Position der geologischen Einheiten.

Das niederösterreichische Waldviertel wird im wesentlichen aus den kristallinen Gesteinen der Böhmischen Masse aufgebaut, die sich außerhalb von Niederösterreich weiter nach Westen in den oberösterreichischen Raum und nach Norden in die ČSFR fortsetzt. Das südlich und östlich anschließende flache Hügelland entspricht der Molassezone, einer außeralpinen Einheit, deren tertiärzeitliche (Tertiär: Formation des Känozoikums = Erdneuzeit) Sedimente (= Ablagerungen) durchwegs geringer verfestigt sind und flach lagern. Nur in der südlich anschließenden Randzone, der sogenannten subalpinen Molasse, kommt es durch die Aufschichtung des Alpenkörpers zur Faltung und Verschuppung der Sedimente.

Unter den Molassesedimenten treten mächtige mesozoische (Mesozoikum: Erdmittelalter) und alttertiäre Ablagerungen auf, die dem Kristallin der Böhmischen Masse auflagern und durch tektonische Vorgänge, die in der geologischen Vergangenheit mehrmals stattgefunden haben, teilweise hochgeschuppt wurden. Sie kommen in unmittelbarer Nachbarschaft mit anderen Klippenbildungen vor, unterscheiden sich jedoch eindeutig vom alpinen Mesozoikum und sind dem heutigen Wissensstand entsprechend der Grestener Klippenzone zuzuordnen.

Der nördlich der Donau gelegene Molasseteil wird im Osten durch die bereits landschaftlich auffallende Waschbergzone begrenzt, die ungefähr in SSW-NNO-Richtung verläuft und den Wasch- und Michelberg, die Leiser Berge und die Klippenberge von Staatz und Falkenstein umfaßt. Es handelt sich dabei ebenfalls um mesozoische und tertiäre Ablagerungen auf der Böhmischen Masse, die tektonisch hochgeschuppt wurden und als Fortsetzung der Grestener Klippenzone anzusehen sind.

Südlich der Molasse liegen die Alpen, die aus mehreren Zonen aufgebaut sind. Die nördlichste Einheit bildet die aus sanft gerundeten, bewaldeten Hügelformen bestehende Flyschzone, die im engsten tektonischen Kontakt mit den Klippenzonen steht.

Das Thayatal bei Drosendorf.

So wird die Grestener Klippenzone und damit auch die Waschbergzone der Hauptklippenzone (= Schotterhofzone) und die Ybbsitzer Klippenzone, die ein Südrandelement (Wurzelzone) der Flyschzone darstellt, der St. Veiter Klippenzone im Wienerwald (z. B. im Lainzer Tiergarten aufgeschlossen) gleichgesetzt.

Die nächste Einheit bilden die Nördlichen Kalkalpen, die aus verschiedenen tektonischen Elementen (sogenannten Decken) bestehen und den Großteil der südlichen Landeshälfte einnehmen. Im Süden schließt die Grauwackenzone an, die sich auf niederösterreichischem Gebiet von Prein über Gloggnitz bis nach Ternitz erstreckt. Anteile der ebenfalls Deckenbau zeigenden Zentralzone der Alpen, und zwar das sogenannte Unterostalpin, sind im südlichen und östlichen Teil Niederösterreichs, im Raum des Semmering und Wechsels, der Buckligen Welt, des Rosalien- und Leithagebirges sowie der Hainburger Berge vorhanden. Innerhalb des Alpen-Karpatenbogens erstrecken sich als abgesunkenes und von jungtertiären Sedimenten erfülltes Becken die weiten Ebenen und das Hügelland des Wiener Beckens, das wirtschaftlich durch die Erdöl- und Gaslagerstätten eine besonders bedeutsame Rolle besitzt.

Zu diesen geologischen Zonen kommen noch die Ablagerungen des Quartärs (jüngste Stufe des Känozoikums) als erdgeschichtlich jüngste Bildungen, die vor allem in Form von Flußterrassen und als Lößlandschaften das Landschaftsbild prägen. Besonders deutlich sind die Terrassen im Bereich der Donau ausgebildet, während als typische Lößlandschaft das Gebiet um Gedersdorf und Rohrendorf östlich von Krems anzusehen ist.

Die geologische Großgliederung, die zeigt, daß in Niederösterreich praktisch sämtliche Einheiten mit Ausnahme der Südalpen vertreten sind, spiegelt somit den überaus wechselnden Aufbau des Bundeslandes wider, der zugleich das Ergebnis eines über Jahrmillionen andauernden Vorganges ist, an dessen Rekonstruktion Geologen und Paläontologen beteiligt sind. Im Laufe der geologischen Geschichte kam es wiederholt zu Gebirgsbildungen (Orogenesen) mit Falten-, Schuppen- und Deckenbildungen und damit zur Überschiebung ganzer Schicht- bzw. Gesteinspakete, zu Brüchen und Verwerfungen, zu Hebungen und Senkungen sowie zu Meeresüberflutungen oder zur Trockenlegung einst meeresbedeckter Gebiete. Diese Gebirgsbildungen führten aber nicht nur zur Änderung der ursprünglichen Schichtfolge, sondern waren auch mit einem – je nach Ausmaß der Beanspruchung und der Tiefenstufe verschieden hohen – Grad der Metamorphose, also der Gesteinsumwandlung, verbunden. Derartige Metamorphosen konnten durch Überschiebungen, durch Absenkung ganzer Schichtkomplexe in größere Tiefe (Regionalmetamorphose)

Links: Hügellandschaft bei Mistelbach.
Rechts: Weinviertler Landschaft mit der Staatzer Klippe.

oder durch das meist in Zusammenhang mit Gebirgsbildungen stehende Aufdringen magmatischer Massen erfolgen (Kontaktmetamorphose).

Für den niederösterreichischen Raum ist neben präkambrischen (Präkambrium: Erdfrühzeit) und paläozoischen (Paläozoikum: Erdaltertum) Gebirgsbildungen vor allem die nach den Alpen benannte alpidische Gebirgsbildung wesentlich, die mit ihren ersten wichtigen Phasen im jüngeren Mesozoikum begonnen hatte und sich zur Tertiärzeit fortsetzte und dabei verschiedentlich auch ältere, bereits konsolidierte Einheiten erfaßte.

Tektonische Bewegungen haben zu verschiedenen Zeiten nicht nur zur Überschiebung der Nördlichen Kalkalpen über das Zentralalpin (Mittel- und Unterostalpin, also der Tattermannschuppe nordwestlich des Semmerings und des Semmering-Wechsel-Massivs) hinweg und zur Aufschiebung auf den Flysch, der Flyschdecken auf das Helvetikum und beider auf die Molasse geführt, sondern auch zum teilweisen Einbruch des Alpen-Karpatenbogens und damit zur Entstehung des Wiener und Korneuburger Beckens beigetragen.

Zahlreiche Tiefbohrungen, z. B. in Perschenegg, Mauerbach, Urmannsau bei Gaming und Mitterbach, geophysikalische Daten und neuere Forschungsergebnisse lassen nicht nur konkrete Angaben über die Überschiebungsweiten zu, sondern haben auch tiefere tektonische Einheiten erschlossen,

die durch bloße Oberflächenkartierungen allein nicht nachweisbar waren. Die Erkenntnis vom außerordentlich komplizierten tektonischen Bau der Alpen und Karpaten hat zur Abgrenzung verschiedener tektonischer Einheiten geführt, deren einstige Ablagerungen in verschiedenen Sedimentationsräumen erfolgte und die dementsprechend eine meist etwas voneinander abweichende Fazies, d. h. Fossilinhalt und Sedimentationscharakter, besitzen. Fossilfunde sind auf Absatz- oder Sedimentgesteine beschränkt, demnach fehlen sie primär sämtlichen Magmatiten oder Erstarrungsgesteinen (z. B. Granit, Diorit etc.). Kaum zu erwarten sind sie auch in den meisten metamorphen Gesteinen, die sowohl aus Erstarrungsgesteinen (Orthogneise) als auch aus Sedimenten hervorgegangen sein können (z. B. Paragneise, Marmore, Phyllite: aus tonigem oder mergeligem Ausgangsmaterial, Graphit, Quarzite). Bei Sedimenten kommt es durch Druck und Temperatur meist zu einer Veränderung des Kristallisationsgefüges und damit auch zur Zerstörung des Fossilinhaltes. Die wenigen bekannten Fossilien stammen daher nur aus geringe metamorphen Gesteinen. Dies bedeutet, daß Fossilfunde in den Gesteinen der Böhmischen Masse praktisch nicht (von pflanzlichen Strukturen in Graphitschiefern und graphitischen Kalksteinen abgesehen), in jenen der Zentralzone nur in wenigen metamorphen Gesteinen zu erwarten sind. Die

reichsten Fossilvorkommen finden sich in den tertiärzeitlichen Ablagerungen, wie sie aus dem Wiener Becken und der Molassezone, aber auch aus der Waschbergzone bekannt sind. Die Gesteine der Flyschzone sind ausgesprochen arm an Körperfossilien, enthalten aber zahlreiche fossile Lebensspuren sowie Mikro- und Nannofossilien (Foraminiferen und Nannoplankton). Die tektonisch mit Gesteinen der Flyschzone verschuppten Ablagerungen der Klippenzonen sind – ähnlich den Gesteinen der Kalkalpen – stellenweise gut fossilführend.

Da die genannten fossilhältigen Ablagerungen meist ein mesozoisches oder känozoisches Alter besitzen, kann die Geschichte der Tier- und Pflanzenwelt während des Erdmittelalters und der Erdneuzeit relativ genau rekonstruiert werden. Demgegenüber ist die Fossilführung aus dem Erdaltertum (Paläozoikum) sehr gering. Sie stützt sich fast ausschließlich auf Gesteine der Grauwackenzone und auf ein isoliertes Vorkommen im Bereich der Böhmischen Masse, dem sogenannten Perm von Zöbing, nordöstlich Langenlois, wo jungpaläozische Ablagerungen als Rest einer einst ausgedehnten Sedimentdecke in einem tektonischen Einbruchsgraben vor der Abtragung erhalten geblieben sind.

Abgrenzung, Gliederung und Gesteinsbestand der geologischen Einheiten

1. Das Kristallin der Böhmischen Masse

Die Böhmische Masse nimmt den nordöstlichen Teil von Niederösterreich ein und baut mit ihren kristallinen Gesteinen den Untergrund des Waldviertels auf. Dieses umfaßt nur einen Teil der Böhmischen Masse, die sich in nördlicher und westlicher Richtung weit in die Tschechoslowakei bzw. über Oberösterreich bis nach Bayern erstreckt. Unter Kristallin werden alle Gesteine magmatischen Ursprungs bzw. deren metamorphe Umwandlungsprodukte und metamorph veränderte Sedimentgesteine verstanden.

Die Böhmische Masse reicht somit oberflächlich von der nördlichen und westlichen Landesgrenze nach Süden, mit Ausläufern wie der Neustadtler Platte, dem Kiesbergmassiv und dem Dunkelsteiner Wald bis über die Donau südwärts und im Osten bis an eine annähernd SSW-NNO-Richtung verlaufende Linie, die sich von Krems über Langenlois, Maissau und Retz nach NO verfolgen läßt. Im Süden und Osten tauchen die kristallinen Gesteine unter der Molassezone ab und setzen sich in der Tiefe bis weit unter dem Alpenkörper fort, wie z. B. Tiefbohrungen von Perschenegg in der Flyschzone gezeigt haben.

Weinviertler Landschaft.

Links: Strengberger Hügelland mit Vierkanthöfen.
Rechts: Lößlandschaft am Wagram.

Der geologische Bau

Die Gesteine der Böhmischen Masse sind einerseits Erstarrungsgesteine (Magmatite), und zwar hauptsächlich Tiefengesteine, die einst innerhalb der Erdkruste als Plutone (aus sauren Magmen: Granit und Syenit; aus basischen Magmen: Diorit und Gabbro) und als Ganggesteine (z. B. Pegmatite) erstarrten und erst durch die allmähliche, verwitterungsbedingte Abtragung des Gebirges an die Oberfläche gelangten. Andererseits bestehen sie zu einem Gutteil aus kristallinen Schiefern (Metamorphite), die häufig verfaltet sind und deren stark wechselnde Zusammensetzung aus der Verschiedenheit des Ausgangsmaterials zu erklären ist.
Die wichtigsten Gesteine des Waldviertels sind: Weinsberger, Eisgarner und Mauthausener Granit, Rastenberger Granodiorit, Spitzer, Dobra- und Gföhler Gneis, Hornblendegesteine (Amphibolite), Granulite, Paragneise und Glimmerschiefer, Marmore, Kalksilikatgesteine, Serpentine und Diorite des moldanubischen Anteiles, der von Westen her den größten Teil des Waldviertels einnimmt, sowie Maissauer Granit, Bittescher Gneis und Schiefergesteine wie Phyllite, Marmore und Weitersfelder Stengelgneis des moravischen Anteiles der Böhmischen Masse. Das Moravikum schließt im Osten an das Moldanubikum an und besitzt flächenmäßig eine geringere Ausdehnung.

2. Die Molassezone

Die Molassezone bildet das Vorland des Alpen – Karpatenbogens. Sie läßt sich vom Rhônetal im Westen über die Schweiz, Süddeutschland, Österreich und die Tschechoslowakei bis nach Polen und Rumänien am Außenrand dieses Gebirgszuges verfolgen. Auf niederösterreichischem Boden erstreckt sie sich zwischen dem Kristallin der Böhmischen Masse im Norden und Nordwesten und den Sedimenten der Flyschzone im Süden sowie der Waschbergzone im Osten. Die Molassesedimente stellen den Abtragungsschutt der im Zuge der alpinen Orogenese aufgestiegenen und bis in die Gegenwart anhaltenden Bewegungen der Alpen – Karpaten dar. Es handelt sich in der Regel um flachliegende Sedimente des Oligozäns (oberes Alttertiär) und des Jungtertiärs in Form von Tonen (Pielacher Tegel), Konglomeraten (z. B. Ollersbacher und Moosbierbaumer Konglomerat), Sanden (z. B. Melker Sand und Sande in der Eggenburger und Badener Serie), sandig-glimmrigen Schiefertonen in Form des weit verbreiteten Schliers, Sandsteinen (z. B. Zogelsdorfer Sandstein), Kalke (Leithakalk bei Rohrendorf und Mailberg) und Schotter (Hollabrunn – Mistelbacher Schotterkegel).
In der südlichen und östlichen Molassezone macht sich der Einfluß der auf der Molasse

Das Wiener Becken.

überschobenen Alpen durch Faltung und Verschuppung der Sedimente bemerkbar. Im Bereich des südlichen Randstreifens, der gestörten Molasse, ist es zu Überschiebungen von älteren, flach liegenden Molassesedimenten (autochthone Molasse) und dadurch zu einem nach Süden orientierten Einfallen der Schichten gekommen.

3. Die Waschbergzone

Die Waschbergzone erstreckt sich in wechselnder Breite nördlich der Donau von Stockerau über den Wasch- und Michelberg, die Leiser Berge, Staatz, Falkenstein und Klein-Schweinbarth bis nach Mähren. Sie unterscheidet sich morphologisch durch den stärker hügeligen Charakter und durch die im Gelände markant hervortretenden Härtlinge, die sogenannten Klippen (Staatzer und Falkensteiner Klippe). Es sind dies allerdings keine autochthon einsedimentierten Hügel, sondern ausschließlich tektonisch

Blick vom Hohen Mandling in Richtung Baden.

verfrachtete, härtere Sedimentgesteine, also wurzellose Inselberge. Die Gesteine der Waschbergzone besitzen eine recht unterschiedliche Zusammensetzung. Es handelt sich im wesentlichen um Kalke (z. B. Ernstbrunner und Waschbergkalk), Kalkmergel, Mergel, Sande, Sandsteine und Konglomerate, die in wechselnder Folge auftreten und Jura-, Kreide- und Tertiärablagerungen umfassen. Exakte Mächtigkeitsangaben der Schichtglieder sind entsprechend dem tektonischen Bau (intensiver Schuppenbau) und durch die fazielle Vielfalt kaum zu geben, wobei jedoch in den letzten Jahren durchgeführte Tiefbohrungen im zunehmenden Maß zur besseren Kenntnis dieses Gebietes beigetragen haben.

4. Die Flyschzone und die Klippenzonen

In Niederösterreich bildet die Flyschzone die nördlichste tektonische Einheit der Alpen. Im Westen läßt sich die Flyschzone längs der Nördlichen Kalkalpen bis nach Vorarlberg verfolgen, wo auch eine Parallelisierung mit den Einheiten der Westalpen möglich ist. In Niederösterreich ist es im Zuge der Überschiebung zur Faltung und intensiven Verschuppung und damit zu einer tektonischen Einengung gekommen. Unterschiede im stratigraphisch-faziellen und im tektonischen Bau lassen im Bereich östlich der Traisen eine Gliederung in drei Einheiten erkennen, die von Norden nach Süden als Griffensteiner-, Kahlenberger- und Laaber Decke unterschieden werden. Im Wienerwald beginnt der Flysch aus der alpinen, west-östlichen Streichrichtung in die SW-NO-Richtung der Westkarpaten umzuschwenken. Bedingt durch Randbrüche sinkt der Flysch im Bereich des Korneuburger und Wiener Beckens unter die jungtertiäre Sedimentfüllung ab und bildet teilweise den Untergrund.
Die Flyschsedimente sind Meeresablagerungen im Tiefwasserbereich, die auf sogenannte Trübeströme an den Kontinentalabhängen zurückzuführen sind. Sie sind kennzeichnend für den wiederholten Wechsel von Sandsteinen und Tonen oder Mergeln. Die Flyschzone umfaßt Gesteine von der Unterkreide bis zum Mitteleozän (Alttertiär), wobei die eigentliche, charakteristische Flyschsedimentation erst in der Oberkreide einsetzte (Zementmergelserie = Kahlenberger Schichten und bis 1200 m mächtige Altlengbacher Schichten), als entsprechende tektonische Bewegungen im Hinterland (Liefergebiet) vorausgingen.
Vom Westen kommend streichen die Klippenzonen im engen tektonischen Kontakt zueinander, annähernd durchgehend am oder nahe des Flyschsüdrandes in östliche Richtung, wo sie sich im östlichen Wienerwald in zwei Äste gabeln. Der nördliche

Links: Wienerwald im Herbst.
Rechts: Blick vom Wechsel in die Bucklige Welt.

Ast, der zwischen Kahlenberger- und Laaber Decke eingeschuppt ist, wird als Hauptklippenzone (= Schottenhofzone) bezeichnet und als Fortsetzung der Grestener Klippenzone angesehen. Der Gesteinsbestand umfaßt Ablagerungen aus verschiedenen Meerestiefen vom Jura bis ins Alttertiär und besteht aus Kalken, kieselsäurereichen Kalken, tonig-kieseligen Schiefern, Kohlenbildungen und Sandsteinen. Die Gesteine werden in ihrer Gesamtheit als Klippenkerne bezeichnet. Die in der Grestener Zone weit verbreitete Buntmergelserie als jüngstes Schichtglied ist teilweise flyschähnlich entwickelt und wird als Klippenhülle angesehen. Die Gesteine der Grestener Klippenzone wurden auf dem Kristallinsockel der Böhmischen Masse abgelagert und im Zuge der Orogenese in den von Süden heranrükkenden Alpenkörper eingeschuppt.

Die am Südrand der Laaber Decke, d. h. am Südrand der Flyschzone, auftretende Klippenzone wird nach einem Wiener Stadtteil als St. Veiter Klippenzone benannt und aufgrund der Gesteinsausbildung der Ybbsitzer Klippenzone zugeordnet. Sie stellt ein wurzelnahes Südrandelement der Flyschzone dar und ist daher großtektonisch dem zentralalpinen Nordpennin gleichzusetzen.

Die Schichtfolge umfaßt Schiefertone, kieselsäurehältige Schiefer und Kalke, Breccien, Tiefwasserkalke und Serpentin als Klippenkerne und Flyschbildungen, die der eigentlichen Flyschzone teilweise ähnlich sind, als Klippenhülle. Das Alter der Ablagerungen der Ybbsitzer Klippenzone liegt im Bereich zwischen Mitteljura und Oberkreide.

5. Die Nördlichen Kalkalpen

Die Nördlichen Kalkalpen bauen den Großteil des südlichen Niederösterreich auf. Die Nordgrenze verläuft als tektonische Überschiebungslinie auf die vorgelagerten Einheiten der Flyschzone bzw. Klippenzonen von der Landesgrenze westlich von Waidhofen/Ybbs annähernd in östlicher Richtung bis zum Wienerwald, um dort nach Nordosten umzuschwenken. Die Südgrenze wird durch die Grauwackenzone gebildet und verläuft auf nö. Gebiet von Prein ober dem Payerbach bis Ternitz. Im Osten sinken die Kalkalpen an zahlreichen, N-S-verlaufenden Brüchen unter die Sedimente des Wiener Beckens ab und setzen sich in den Karpaten fort.

Die Nördlichen Kalkalpen sind aus mehreren tektonischen Einheiten aufgebaut, die sich nicht nur durch den tektonischen Bau, sondern auch nach stratigraphischen (altersmäßigen) und faunistisch-faziellen Gesichtspunkten unterscheiden lassen. Von Norden nach Süden und damit von den tiefsten zu

Blick auf Baden bei Wien.

den höchsten Einheiten sind es in Niederösterreich die Frankenfelser-, Lunzer- und Ötscher-Decke der Voralpen, die Hohe Wand (= Mürzalpen) und die Schneeberg-Decke der Hochalpen.

Der Schichtbestand der Kalkalpen ist fast ausschließlich mesozoischen Alters, basal können auch permische (Jungpaläozoikum) Ablagerungen auftreten (z. B. Haselgebirge mit den Salzlagerstätten, die sich nur schwer von der älteren Trias trennen lassen und daher als Permoskyth bezeichnet werden).

Die Kalkalpengesteine sind durch die ganze Vielfalt der Absatzgesteine vertreten; sie bestehen aus Konglomeraten, Breccien, Sandsteinen, Kohlen, Bauxiten, Gips, Anhydrit, Steinsalz, Kalken, Dolomiten, Mergeln, Tonen und vulkanischen Gesteinen.

6. Die Grauwackenzone

Die Grauwackenzone ist in Niederösterreich als ein nur wenige Kilometer breiter

Der Schneeberg.

Geländestreifen entwickelt, der sich in einer Länge von kaum 25 km vom Preiner Gscheid bis annähernd Ternitz erstreckt und im Norden von der von den Nördlichen Kalkalpen, im Süden von der von den Adlitzgräben bis Hart bei Gloggnitz verlaufenden Überschiebungslinie des Mittelostalpins begrenzt wird. Die Gesteinsschichten sind schwach metamorph und bilden zwar die stratigraphische Basis der Nördlichen Kalkalpen, doch ist der Transgressionsverband, der im Präbichl in der Steiermark besteht und aufgeschlossen ist, im niederösterreichischen Anteil gestört. Im einzelnen handelt es sich bei den durch den Lagerstättenreichtum ausgezeichneten Gesteinen, die vom Ordovizium (Altpaläozoikum) bis ins Oberperm (Jungpaläozoikum) reichen, um Schiefer, Quarzite, Porphyroit (metamorphe saure Ergußgesteine als kennzeichnende Gesteinseinheit der Grauwackenzone = Blasseneck-Porphyroit), „Erzführende Kalke" (Eisenerzlagerstätte am steirischen Erzberg), Kalke und Dolomite mit lokalen Magnesitvererzungen, Sandsteine mit Pflanzenresten, Konglomeraten und Graphitschiefer.

7. Die Zentralzone der Alpen

Zur Zentralzone der Ostalpen werden auf niederösterreichischem Boden neben der in den letzten Jahren zum Nordpennin zählenden Flyschzone mit der Ybbsitzer Klippenzone vor allem die aus Glimmerschiefern des Perm bestehende Tattermannschuppe im Semmeringgebiet, wobei deren eindeutige Zuordnung zum Mittelostalpin noch nicht gesichert ist, und das unterostalpine Semmering-Wechsel-System gestellt. Dieses System baut den südlichen Teil Niederösterreichs und Teile seiner östlichen Begrenzung auf. Außerdem reicht es in der im Süden angrenzenden Steiermark bis in den Raum südwestlich von Hartberg. Es umfaßt das Gebiet des Semmering und des Wechsels, der Buckligen Welt, das Rosalien- und den Kern des Leithagebirges sowie die Hainburger Berge.

Die einzelnen Decken dieser geologischen Zone auf niederösterreichischem Gebiet werden von der tiefsten zur höchsten Einheit als Wechseldecke, Stuhleck-Kirchberg-Decke und Mürz-Tachenberg-Decke bezeichnet.

Die Gesteine umfassen im wesentlichen Granitgneise und Tonschiefer, Grobgneise, Glimmerschiefer, permoskythische Quarzite (Semmering-Quarzit) und eine Vielfalt von Triasgesteinen wie z. B. Marmore, Tonschiefer, Rauhwacken, Dolomite, Kalke, Gips und Anhydrit, die als sogenanntes Semmeringmesozoikum oder Semmeringserie bekannt sind.

Links: Urnenfeldzeitliche Wallburg von Stillfried an der March, sogenanntes „Hügelfeld" und Westwall während der Ausgrabungen.

Urgeschichte

Ausgrabungen

Aufgabe der Urgeschichtsforschung ist die Rekonstruktion der schriftlosen Urzeit aus archäologischen Quellen, die bei nach wissenschaftlichen Grundsätzen durchgeführten Ausgrabungen gewonnen werden. Obwohl in Niederösterreich in Urkunden des 9. Jahrhunderts n. Chr. prähistorische Grabhügel, sogenannte „Tumuli" oder „Leeberge", zur Markierung von Besitzgrenzen herangezogen wurden, blickt die ernsthafte wissenschaftliche Auseinandersetzung mit den ältesten Abschnitten der Menschheitsgeschichte auf eine nicht allzulange Tradition zurück. Nach der Sammlung von Kuriositäten („Kuriositätenperiode" 1450–1700) und der Epoche der romantischen Vorstellungen („Romantische Periode" 1700–1836) begann erst mit dem Versuch einer Gliederung der Urzeit in drei Hauptabschnitte („Dreiperiodensystem") der moderne wissenschaftliche Abschnitt der Archäologie. 1899 wurde an der Universität Wien die erste Lehrkanzel für „Prähistorische Archäologie" eingerichtet.

			± 0
Eisenzeit	Latène-(keltische) Kultur	Jüngere Eisenzeit	
			450/400 v. Chr.
	Hallstattkultur	Ältere Eisenzeit	
			800/750 v. Chr.
Bronzezeit	Urnenfelderkultur	Späte Bronzezeit	
			1300/1250 v. Chr.
	Hügelgräberkultur	Mittlere Bronzezeit	
			1600 v. Chr.
	(Hockergräberkultur) Aunjetitzkultur	Frühe Bronzezeit	
			2300/2200 v. Chr.
Jungsteinzeit	Glockenbecherkultur Badener Kultur Mondsee Kultur	Späte Jungsteinzeit (Kupferzeit)	
			3500 v. Chr.
	Bemaltkeramische Kultur	Mittlere Jungsteinzeit	
			4500 v. Chr.
	Bandkeramische Kultur	Frühe Jungsteinzeit	
			6000/5000 v. Chr.
Altsteinzeit	Mittelsteinzeit (Mesolithikum)		8000 v. Chr.
	Endphase der Altsteinzeit (Endpaläolithikum)		10 000 v. Chr.
	Jüngere Stufe der Altsteinzeit (Homo sapiens fossilis)		40 000 v. Chr.
	Mittlere Stufe der Altsteinzeit (Neandertaler)		300 000 v. Chr.
	Ältere Stufe der Altsteinzeit		(außerhalb Österreichs: 4 000 000 v. Chr.)

Chronologietabelle für den Österreichischen Raum

Unter der menschlichen Urzeit ist jene ungeheure Zeitspanne vom ersten Auftreten des Menschen bis zum zeitlich und räumlich verschiedenen Beginn ausreichender les- und deutbarer schriftlicher Nachrichten zu verstehen. Während Vormenschenformen, die sogenannten Australopithecinen, im afrikanischen Raum bereits vor vier Millionen Jahren auftraten, stammen die ältesten Spuren menschlicher Anwesenheit in Österreich erst vom Altmenschen oder Neandertaler ab 300.000 vor Christus. Für Niederösterreich kann die untere Kulturschichte der Gudenus-

höhle bei Hartenstein im Kremstal aus der mittleren Altsteinzeit noch dem Neandertaler und seiner Moustérien-Industrie zugeordnet werden. Der Jäger und Sammler der letzten (Würm-)Eiszeit gehört der Species Homo sapiens an. Dieser Mensch wurde zu Beginn der Jungsteinzeit seßhaft und ging zur produzierenden bäuerlichen Wirtschaftsform über.

Wenngleich erste Metallfunde bereits in das 4. Jahrtausend v. Chr. datiert werden können, so ist der Beginn des Metallzeitalters erst mit 2300 v. Chr. anzusetzen. Das Ende der Urgeschichte ist mit dem Eindringen der Römer in den Alpenraum gegeben, da mit ihnen die Kenntnis der Schrift in unseren Raum kam.

Die Altsteinzeit (Paläolithikum)

Die jüngste geologische Formation, das Quartär, wird in zwei Abschnitte gegliedert, das Pleistozän oder das Eiszeitalter mit etwa siebzehn periodischen Klimaschwankungen und ab 8000 v. Chr. das Holozän oder die geologische Gegenwart. Der Mensch der Altsteinzeit lebte im quartären Eiszeitalter. Erst nach 8000 vor Christus (Präboreal und Boreal), ab der Mittelsteinzeit (Mesolithikum) erfolgte der Übergang in die geologische und klimatische Gegenwart.

In Niederösterreich können wir in der Landschaft deutliche Spuren des Eiszeitalters wie die Moränen und Flußterrassen finden. In den nicht vereisten Gebieten, die von einer baumlosen Kältesteppe bedeckt waren, lagerte der Wind feinen, aus den Überschwemmungsgebieten und Gletschergeschieben ausgeblasenen Staub als Löß ab. Die typischen Lößlandschaften der Wachau, des Kremser Raumes, des Kamp-, Perschling- und Unteren Traisentales und des Weinviertels stellten den Lebensraum des Eiszeitmenschen (Neandertaler und Homo

sapiens fossilis) und der entsprechenden Faunen (z. B. der typischen Mammutfauna) dar.

Die Altsteinzeit wird üblicherweise in ein Alt-, Mittel- und Jung-, bzw. Spätpaläolithikum unterteilt. Dann folgt als Übergang zur Jungsteinzeit (Neolithikum) die Mittelsteinzeit, das Mesolithikum. Im Paläolithikum verwendete der noch unstet als Wildbeuter und Sammler lebende Mensch vorerst Gerölle, später hauptsächlich Feuersteine zur Herstellung der Geräte („Zeit des geschlagenen Steines"). Die Feuersteinknollen wurden anfänglich selbst zu Werkzeugen zugerichtet (Kerntechnik); später wurden die Knollen regelhaft zerteilt (Spalttechnik) und die dermaßen erzielten „Abschläge" zu differenzierten Werkzeugen wie messerartigen Klingen, Schabern, Spitzen, Sticheln etc. weiter verarbeitet. Am Ende dieser Entwicklung stehen relativ kleine (Endpaläolithikum) und auch geometrische Artefakte, die sogenannten „Mikrolithen" des Mesolithikums.

„Gudenushöhle" bei Hartenstein im Tal der Kleinen Krems, mehrmals in der Altsteinzeit besiedelte Höhle.

72

Die drei Hauptperioden der Urzeit

„... Die **Steinzeit,** *oder die Periode, als Waffen und Gerätschaften aus Stein, Holz, Knochen und dergleichen hergestellt wurden, und in der man Metalle entweder sehr wenig oder gar nicht gekannt hat...“*

„... Die **Bronzezeit,** *in welcher die Waffen und schneidenden Gerätschaften von Kupfer oder Bronze waren, und als man entweder gar nicht oder sehr wenig mit Eisen und Silber bekannt gewesen ist...“*

„.. Die **Eisenzeit,** *die dritte und letzte Periode der heidnischen Zeit, in welcher man Eisen zu den Gegenständen gebrauchte, zu denen es vorzugsweise geeignet ist, so daß es für diese an die Stelle der Bronze getreten ist...“*

Chr. Thomsen, Leitfaden zur nordischen Altertumskunde, Kopenhagen 1836.

Das Mittelpaläo-lithikum

Moustérien und Gudenushöhle

In (Nieder-)Österreich sind bislang noch keine altpaläolithischen Relikte zutage gekommen. Die frühesten Hinterlassenschaften stammen aus dem Mittelpaläolithikum (300.000 bis 40.000 v. Chr.) und rühren vom Altmenschen oder Neandertaler her. Außerhalb des alpinen Raumes (z. B. in der in den Voralpen gelegenen Herdengelhöhle mit Funden zw. 110.000 und 85.000 v. Chr.) waren es vor allem die Felsschutzdächer und Höhlen im Tal der Kleinen Krems, die wiederholt von ihm aufgesucht wurden. Den bisher umfangreichsten Komplex der Moustérien-Industrie hat die untere Kulturschichte der Gudenushöhle erbracht.

Die mit Sedimenten fast völlig verfüllte knieförmige Durchgangshöhle im Felsen unterhalb der Burg Hartenstein nur 7,5 m über der Talsohle der Kleinen Krems wurde am 27. September 1883 von drei Heimatforschern entdeckt. Nach einem Suchschnitt wurde die Höhlenfüllung 1883/84 und 1886 von diesen fast völlig ausgeräumt. Hiebei entdeckte man einige Feuerstellen und 10.000 Einzelfundstücke, darunter 1.200 Steinwerkzeuge. Bei ihrer eingehenden Untersuchung kamen die weltberühmten Spezialisten Abbé Henri Breuil und Hugo Obermaier zum Schluß, daß die Ausgräber – ohne es zu bemerken – in der Gudenushöhle zwei unterschiedlich alte Siedlungshorizonte freigelegt hatten. Faustkeile und verschieden zugerichtete breite Abschläge wie Handspitzen, Schaber und Klingen müssen bereits aus einer Kaltzeit vor 90.000 v. Chr. stammen. Eine obere Kulturschichte muß feinere Steingeräte und Knochenartefakte des spätpaläolithischen Magdalénien enthalten haben. Hier ragen ein Knochenstab mit ovaler Lochung („Kommandostab“), eine 4 cm lange Beinpfeife und eine aus einem Adlerknochen gefertigte, mit einem Rentierkopf verzierte Nadelbüchse aus dem Üblichen hervor.

Jungpaläolithikum

Aurignacien und Stratzing

Träger des Jungpaläolithikums (40.000 v. Chr.–10.000 v. Chr.) und der entsprechenden Schmalklingenkulturen mit der verfeinerten Weiterbehandlung der Feuersteinabschläge (Industrien des Aurignacien, Gravettien und Magdalénien) war der Homo sapiens fossilis, der unmittelbare Vorfahre des heutigen Menschen. Das Aurigna-

Mit Steinen befestigte Feuerstelle der Jagdstation des Aurignacien am Galgenberg zwischen Krems-Rehberg und Stratzing.

cien, das zwischen 40.000 und 35.000 v. Chr. begann und bis etwa 28.000 bis 25.000 v. Chr. dauerte, ist in zahlreichen niederösterreichischen Freilandstationen, die aufs engste mit der Jagd verbunden sind, vertreten, wie in den unteren Kulturschichten von Willendorf II, in Senftenberg, Stratzing, Krems-Hundsteig, Großweikersdorf, Getzersdorf und Langmannersdorf. Ein typisches Kennzeichen für die Aurignacien-

Weibliche Statuette aus Amphibolitschiefer in bewegter Haltung vom Galgenberg zwischen Krems-Rehberg und Stratzing, Aurignacien (30.000 v. Chr.).

Industrie ist die regelmäßige stufenförmige Zurichtung des gesamten Umfanges der Feuersteinklingen („Aurignacien-Retusche“).

Die Aurignacien-Station von Stratzing gilt als neueste und auch bedeutendste Entdekkung in Niederösterreich seit Jahrzehnten. Im Zuge des Bauaushubes für einen Wasser-Hochbehälter und vor Neuaussetzungen von Weingärten wurden auf dem Galgenberg

Steingeräte des Aurignacien von der Jagdstation am Galgenberg zwischen Krems-Rehberg und Stratzing.

Urgeschichte

zwischen Stratzing und Krems-Rehberg vom Bundesdenkmalamt Rettungsgrabungen durchgeführt. Dabei wurden zwei Kulturschichten eines öfter aufgesuchten Saisonlagerplatzes der eiszeitlichen Jäger erschlossen. 1989 wurde der Grundriß einer Behausung samt einer von Steinplatten umringten Feuerstelle freigelegt, an der ein Schnitzer von Knochen-, Geweih- und Steinmaterial tätig gewesen war. Hier wurde höchstwahrscheinlich auch die schon im Herbst 1988 geborgene 7,2 cm große Frauenstatuette aus grünlichem Amphibolitschiefer hergestellt. Diese als „Venus vom Galgenberg" bekannt gewordene Halbplastik zeigt im Gegensatz zu den jüngeren Figuren des Gravettien (z. B. der Venus von Willendorf) eine schlanke weibliche Person in bewegter Haltung mit perspektivisch gedrehtem Oberkörper. Bei dem mit Hilfe naturwissenschaftlicher Methoden auf etwa 30.000 v. Chr. datierten Kultobjekt handelt es sich um die derzeit älteste Frauendarstellung der Welt.

Das Gravettien und die Venus von Willendorf

Die das Aurignacien überlagernde Industrie des Gravettien wird durch an einer Längsseite abgestumpfte Klingen und Spitzen charakterisiert. Das mitteleuropäische Gravettien hat sein Zentrum in Niederösterreich, der Slowakei und in Mähren; nach einem bedeutenden südmährischen Fundort Pollau (= Pavlov) wird es auch als Pavlovien bezeichnet, das zwischen 28.000 und 20.000 angesetzt wird. Es wird aufgrund der besonders zahlreich im russischen Raum vorkommenden fettleibigen Venusstatuetten oft mit einem Zustrom von Völkerschaften von Ost- nach Mitteleuropa in Zusammenhang gebracht. Von den zahlreichen Freilandstationen wären u. a. Aggsbach, Willendorf II (Schichten 5–9), Spitz-Mießlingtal (Skelettfund!) und Spitz-Singerriedl, Krems-Wachtberg, Gruebgraben-Kammern, Langenlois, Kamegg und Stillfried zu erwähnen.

Die sieben im Bereiche der Ortschaft Willendorf in der Wachau am nördlichen Donauufer entdeckten Paläolithfundstellen sind als Punkte lokaler Standwildjagd zu deuten (Stationen Willendorf I–VII). Die Erbewegungen im Zuge des Baues der Wachaubahn machten hier 1908 systematische Ausgrabungen des Naturhistorischen Museums notwendig. Dabei wurde am 7. Juli (wohl in der neunten, gravettienzeitlichen Kulturschicht der Fundstelle Willendorf II) die berühmte Venus von Willendorf entdeckt, deren Alter üblicherweise mit 25.000 v. Chr. angegeben wird. Die vollständige, aus Kalkstein gearbeitete Figur ist 11 cm groß. Sie stellt eine fettleibige, unbe-

kleidete Frau mit massiven Brüsten, starken Hüften und vorstehendem Bauch dar. Der Kopf ist abstrahiert; parallele Wulstringe deuten eine geflochtene Frisur an. Auf dem Rücken der ursprünglich stark mit Rötel überzogenen Statuette sind Fettfalten ange-

deutet. Die Venus von Willendorf ist ein charakteristisches Beispiel jener gut 100 von Ost- bis Mitteleuropa zutage gekommenen fettleibigen Figürchen des Gravettien, die als Ausdruck der Fruchtbarkeit im Sinne der „Magna Mater" zu deuten sind.

„Venus von Willendorf", Frontalansicht der gravettienzeitlichen Kalksteinstatuette. 25.000 v. Chr.

Endpaläolithikum und Mesolithikum

Die Übergangsperiode zwischen 10.000 und 6000/5000 v. Chr. wird in ein Endpaläolithikum (10.000 bis 8000 v. Chr.) und ein Mesolithikum (8000 bis 6000/5000 v. Chr.) unterteilt. Insbesondere für das Mesolithikum sind Kleinstgeräte aus Feuerstein, sogenannte „Mikrolithen", charakteristisch. Oft nur wenige Millimeter große Abschläge werden bevorzugt zu geometrischen Formen, wie zu Dreiecken und Trapezen, zuge-

richtet. Sie wurden unter anderem als Geschoßspitzen von Holzpfeilen oder in Schäftungen eingesetzt und als Schneide und Reißwerkzeuge verwendet.

Ein bedeutender endpaläolithischer Fundplatz in Niederösterreich befindet sich auf dem Galgenberg bei Horn; Fundstellen in Limberg und auf dem Bisamberg sind dagegen schon dem Frühmesolithikum (8. u. 7. Jahrtausend v. Chr.) zuzuordnen.

„Während der Zeit der aneignenden Wirtschaftsweise lebt der Mensch als Teil der Natur in ihr, er ist bestrebt, durch sein Verhalten nicht in das Gleichgewicht der natürlichen Kreisläufe, die ihm Nahrung und Überleben bieten, einzugreifen.
Dies ändert sich grundlegend mit der Einführung der produzierenden Wirtschaftsweise, womit wir den Beginn des Neolithikums charakterisieren. Aus uns bis heute noch unbekannten Gründen (Klimaveränderung, Bevölkerungsdruck) beginnt der Mensch zunächst Wildgetreide zu ernten und damit

Vorräte anzulegen, dann selbst anzubauen und später Tiere zu halten, womit er seine Lebensweise steuern kann. Zahlreiche kulturelle Innovationen stellen sich zwangsläufig als Folge der Einführung der produzierenden Wirtschaftsweise ein: Sie erlaubten es dem Menschen, seßhaft zu werden... eine völlig neuartige Sozialstruktur hat die nunmehr notwendigen Gemeinschaftsarbeiten und das Funktionieren einer dörflichen Gemeinschaft zu gewährleisten...“

Ch. Strahm, 1984.

Die Jungsteinzeit (Neolithikum)

Man unterteilt das Neolithikum, die Jungsteinzeit, generell in drei Epochen:
1. Frühe Jungsteinzeit, 6000/5000 v. Chr.–4500 v. Chr.
2. Mittlere Jungsteinzeit, 4500 v. Chr.–3500 v. Chr.
3. Späte Jungsteinzeit (Kupferzeit), 3500 v. Chr.–2300/2200 v. Chr.

Am Ende der Würmvereisung kam es nach einer Wärmeschwankung (Allerödschwankung) und nach einem kurz andauernden Kälterückschlag ab 8000 v. Chr. zum nacheiszeitlichen stetigen Wärmeanstieg, der im Atlantikum zwischen 5500 und 2500 v. Chr. sein Optimum erreichte. Über Mitteleuropa erstreckte sich nun ein fast geschlossener Laub-, bzw. Mischwald; in Trockengebieten war eine Art Waldsteppe verbreitet. Unter diesen Lebensbedingungen kam es zu Beginn des 6. Jahrtausends zur „neolithischen Umwälzung“, also zum Übergang von der aneignenden Lebensweise der Jäger und Sammler(innen) zur produzierenden der Ackerbauern. Für Dauersiedlungen und zugehörige Felder wurden die ersten tieferreichenden Eingriffe in die Umwelt im Sinne ihrer langsamen Umwandlung in Richtung Kulturlandschaft vorgenommen: Die im Waldmeer vorgenommenen Rodungen lieferten Bau- und Feuerholz. Auf den so geschaffenen Lichtungen wurden im Rahmen kleinerer bäuerlicher Gemeinschaften gewaltige vierschiffige Häuser mit einer Länge bis zu 45 Meter errichtet. Sie hatten Wohn- und Speicher-, manchmal auch Stallfunktion. In ihrer unmittelbaren Umgebung erstreckten sich mit Hecken umgebene Felder und eingezäunte Gärten.
Nach der Domestizierung von Wildgräsern lieferte die Feldwirtschaft Weizen, Emmer, Einkorn, Gerste, Hirse, Erbse, Linse, Lein und Mohn. Neben den Wiesen diente vornehmlich der Wald den Haustieren (wie Rind und Schwein) als Weide. Die Jagd spielte nur mehr eine bescheidene Rolle. Die vielseitiger werdenden Tätigkeiten wie Rodungen und Hackbau erforderten spezielle Geräte wie Beile und Hacken aus zugeschliffenem und auch schon durchbohrtem Felsgestein sowie Pflüge und Erntegeräte (z. B. Sicheln). Auch die Herstellung von Gefäßen aus gebranntem Ton scheint durch die Seßhaftigkeit begünstigt worden zu sein.

Rekonstruktion eines Langhauses der Linearkeramik im Museum für Urgeschichte in Asparn an der Zaya.

Die Frühe Jungsteinzeit

Die frühen Bauern, die anfänglich möglicherweise noch eine Zeitlang parallel zu mesolithischen Jäger- und Sammlergruppen gelebt haben könnten, hatten im 6. Jahrtausend v. Chr. für etwa 1000 Jahre eine relativ einheitliche Kulturform, die sogenannte Linearbandkeramik. Ihre ältere Stufe war durch einfache kalottenförmige bis kugelige Gefäße und weitmündige Flaschen mit Linienzier in Band-, Spiral- oder Mäanderform charakterisiert. Erst im Zuge einer Weiterentwicklung bildeten sich in einem jüngeren Abschnitt differenzierte Lokalgruppen heraus wie die Notenkopfkeramik mit musiknotenähnlichen Musterungen oder die Stichbandkeramik mit aus Linien und Einstichen gebildeten Ornamenten auf zumeist kugeligen „Bomben“.
Im Rahmen eines Projekts zur Erforschung der ältesten Bandkeramik wurden im Burgenland und auch in Niederösterreich (1986 Strögen und 1988 Rosenburg) einige Siedlungsplätze untersucht und dabei erstmals in Österreich auch einige fast vollständige Grundrisse ältestbandkeramischer Langhäuser freigelegt. Für die Notenkopfkeramik sind trotz zahlreicher als Lesefunden oberflächlich für die fruchtbaren Lößgebiete des östlichen Wald- und des Weinviertels erschlossener Ansiedlungen nur wenige gesicherte Grabungsbefunde zu nennen, so aus Poigen, Pulkau, Thomasl oder Herrnbaumgarten. Durch den Einsatz der Luft-

Rechts: Hockergrab eines Jugendlichen mit reichen Beigaben aus dem Friedhof der Linearkeramik von Kleinhadersdorf bei Poysdorf.

Links: Luftbild des mittelneolithischen Kreisgrabens von Friebritz.

Urgeschichte

bildarchäologie konnten in Weinsteig und Schletz ausgedehnte, z. T. von Grabensystemen geschützte Siedlungsareale entdeckt werden. Ab 1987 wurden die Untersuchungen auf dem bekannten Bestattungsplatz der Notenkopfkeramik in Kleinhadersdorf bei Poysdorf wieder aufgenommen. Hiebei konnte aufgezeigt werden, daß die schon 1931 erschlossene Gräbergruppe

Komplett erhaltene und mehrfärbig bemalte Frauenstatuette der Lengyelkultur vom Schanzboden zu Falkenstein.

nur einen Teil eines großen, gut 100 Körper- und Brandbeisetzungen umfassenden Friedhofes dargestellt hatte. NÖ. und Mähren sind außerdem ein reiches Fundgebiet für zoo- und anthropomorphe Gefäße und Idolstatuetten. Bei einem Fragment einer Tonplastik aus Maiersch könnte es sich um den Überrest des ältesten Sitzidols (thronende Frau auf Sitzmöbel) in Mitteleuropa handeln.

Ensemble mehrfärbig bemalter Keramiken der Langyelkultur vom Schanzboden zu Falkenstein.

Die Mittlere Jungsteinzeit

Knapp vor der Mitte des 5. Jahrtausends v. Chr. entstand auf der Basis bzw. parallel zu den späten Erscheinungen der Notenkopfkeramik (z. B. Stichbandkeramik) in Mähren in der Südwestslowakei, in Westungarn und in Ostösterreich eine neue mittelneolithische Kultureinheit, die Bemaltkeramik oder der Lengyel-Komplex mit verschiedenen lokalen Ausprägungen. Besonders in den Frühstufen war es Sitte, auf einen Gutteil der Keramik mehrfärbige (rot, weiß, braun, schwarz) pastose Muster (Spiralen und Mäander) aufzutragen. Die polychrome Gefäßbemalung, die Idolplastiken, erste Kenntnisse der Befestigungsbaukunst und Tauschhandel (Obsidian, gediegenes Kupfer) beweisen intensive Beziehungen mit Südosteuropa und Verbindungen zum östlichen Mediterranraum.

Inmitten einer Anzahl einfacher dörflicher Wohnplätze gab es nun bereits Zentralsiedlungen mit Bewehrungen (Gräben, Wälle und Palisaden). Am sogenannten „Schanzboden", im Bergland zwischen Poysdorf und Falkenstein, konnte das Bundesdenkmalamt in den Jahren 1975 bis 1980 die beiden bislang ältesten Wallburgen in Höhenlage in Mitteleuropa entdecken und teilweise auch erforschen. Eine ältere Anlage mit 400 m Durchmesser und teilweise dreifachem Wall- und Grabenring wurde wegen technischer Fehler bereits nach 100 Jahren wieder einplaniert und durch eine kleinere ovale Fluchtburg (die Siedlung befand sich hier außerhalb) ersetzt. Der Charakter einer Zentralsiedlung manifestierte sich auch durch überdurchschnittlichen Fundreichtum, sowohl was die Knochen- und Steingeräte betrifft, als auch auf dem Gebiete der Bemaltkeramik und der Idolplastiken. Her-

„Insgesamt ist die Einführung der produzierenden Wirtschaftsweise eine derart tiefgreifende Erscheinung, daß man ihre Bedeutung zu Recht mit der industriellen Revolution im 18. Jahrhundert verglichen und von der neolithischen Umwälzung (Neolithic Revolution) gesprochen hat."
Ch. Strahm, 1984.
„Die Entwicklung vom ersten Stadium des Anbaus bis zur voll ausgebildeten Ackerbaugesellschaft vollzieht sich in verschiedenen Stufen. Die erste und wichtigste beginnt mit der Einführung des Bodenbaus, ... für den Anbau ist die Vorratshaltung kennzeichnend, sodaß wir damit die früheste Stufe – das Protoneolithikum – definieren. Mit der Einführung der Viehhaltung zusätzlich zum Ackerbau beginnt das akeramische Neolithikum, das zum keramischen Neolithikum wird, sobald die Keramik nachgewiesen werden kann. Erste Metallverarbeitung, die aber noch keine kulturverändernden Auswirkungen hat, charakterisiert das Chalkolithikum, die Endphase des Neolithikums."

Ch. Strahm, 1984.

ausragend war u. a. eine komplett erhaltene stehende weibliche Kleinplastik mit stilisiertem Kopf und Bemalungen.
Die Träger der Bemaltkeramik schufen neben den Wallburgen noch kreisrunde Erdgroßbauten mit Kultcharakter. Der Durchmesser der hauptsächlich durch Luftbildarchäologie entdeckten einfachen bis dreifachen Kreisgrabenanlagen schwankt zwischen 45 und 145 m. Von den dreißig im nö. Weinviertel und östlichen Waldviertel georteten Rondellen, wurden bisher besonders Kamegg im Kamptal und Friebritz bei Laa/Thaya systematisch ausgegraben.

Rechts: Doppelbestattung der Badener Kultur inmitten des Frühbronzezeitgräberfeldes Franzenhausen I.
Unten: Typischer Glockenbecher aus einem Brandgrab von Laa an der Thaya.

Die Späte Jungsteinzeit

Die späte Jungsteinzeit oder Kupferzeit, 3500–2300/2200 v. Chr. (die weiter in ein Jung- und ein Endneolithikum zerfällt) ist einerseits durch die bäuerliche Lebens- und Wirtschaftsweise, andererseits durch die frühe Metallverarbeitung („Kupferzeit") gekennzeichnet. Während in Südosteuropa im 4. Jahrtausend v. Chr. die Metallurgie bereits kulturverändernde Auswirkungen hatte, finden sich in NÖ. vorerst nur vereinzelte importierte Kupfer- und Goldobjekte. Ab dem fortgeschrittenen Spätneolithikum (Mondsee-Kultur) setzte sodann im Salzburger Raum auch der einheimische Erzabbau in Verbindung mit einer Weiterverarbeitung ein.
Während der fortgeschrittenen Lengyel-Kultur, die kaum mehr Gefäßbemalungen kannte, werden weitere Impulse aus dem Südosten greifbar; man spricht nun von einem „Epilengyel-Komplex". Im Wiener Raum wurde nunmehr an mehreren Stellen (z. B. Mauer/Antonshöhe) mit der bergmännischen Gewinnung von Feuerstein begonnen. Die darauffolgende Trichterbecherkultur mit Bechern und Töpfen mit Trichterrand wird heute mit Kultureinflüssen aus dem mährisch-mitteldeutschen Raum in Verbindung gebracht. Im zweiten Abschnitt des Jungneolithikums lösten östliche karpatische Einwirkungen in Ostösterreich einen Neuformungsprozeß aus, der zur Herausbildung der sogenannten Badener Kultur (3300–2800 v. Chr.) führte. Sie erhielt bereits 1925 ihren Namen nach charakteristischen Fundobjekten aus der Königshöhle in der Nähe von Baden bei Wien. Das Untere Traisental und hier insbesondere der Grasberg bei Ossarn bei Herzogenburg bildete ein Zentrum der Siedlungstätigkeit in der jüngeren Stufe der Badener Kultur. Wenngleich bei uns größere geschlossene Friedhöfe noch nicht ergraben werden konnten, so sind einige merkwürdige Doppel- und Mehrfach- sowie auch Sonderbestattungen (Körper- und Brandgräber) zu nennen.
Den Beginn des Endneolithikums (2800–2300/2200 v. Chr.) beherrschten Regionalerscheinungen, wie die von Mähren übergreifende Jaispitz-B und die aus der südostalpinen Zone kommende Laibach-Vučedol Kultur(gruppe). Am Übergang zur Bronzezeit wären die sogenannten Becherkulturen, die „Schnurkeramik-" und die Glockenbecher-Kultur, zu nennen.

Links: Ringbarren, darunter Spiralarmreifen aus Bronze, Ausgrabung von Ragelsdorf.

Die Bronzezeit (Bronze-Metallikum)

Das Bronze-Metallikum kann grob in eine „eigentliche" Bronzezeit (2300/2200 v. Chr.–1300/1250 v. Chr.) mit einer frühen und einer mittleren Stufe („Hockergräber- und Hügelgräberkultur") und eine späte Bronzezeit oder „Urnenfelderkultur" (1300/1250 v. Chr.–800/750 v. Chr.) mit einem Übergangscharakter zur Eisenzeit unterteilt werden. In der Bronzezeit wurden die Siedlungsbereiche weiter ausgedehnt. In den erzreichen Bergen waren Prospektoren (Erzsucher) unterwegs. Die von ihnen aufgefundenen Vorkommen wurden mittels der Feuersetzmethode bis tief unter Tag verfolgt. In unmittelbarer Nähe der Bergbaue – meist etwas talwärts – wurde die Verhüttung (Erzscheide, Röst- und Schmelzprozeß und Trennung des Rohmetalls von der Schlacke) vorgenommen. Das so gewonnene Kupfer wurde in Form von mehreren Kilogramm schweren Gußkuchen, den sogenannten „Reguli" oder „Gußkönigen", aus den Lagerstättenzonen in Gießereiwerkstätten am Rande des Berglandes verbracht. Dort wurden sie zu reinem Kupfer raffiniert und zumeist auch schon mit Zinn zu Bronze legiert; in Form von Ringbarren und Fertigprodukten erfolgte dann der Weitertransport in Richtung der Endverbraucher. Zwischen den Berg- und Hüttenleuten in der alpinen Grauwackenzone und den Gießern und Schmieden im Umland auf der einen Seite und der einen gewissen Nahrungsüberschuß (zur Versorgung der in der Metallgewinnung- und Verarbeitung tätigen Leute) produzierenden Schicht im Alpenvorland auf der anderen Seite sorgte eine mobile Händlerschicht für den ständigen Güteraustausch.

In den Siedlungskammern im Alpenvorland entlang der Nebenflüsse der Donau saßen jene Menschengruppen, die derart mit Ringbarren bzw. mit Fertigprodukten versorgt werden mußten. Zahlreiche Depotfunde (z. B. Ragelsdorf bei St. Pölten) deuten den Verlauf urzeitlicher Handelswege an. Als Knotenpunkte und Orte der Weiterverarbeitung zu Produkten des täglichen Bedarfs kamen natürlich geschützte oder künstlich befestigte Höhensiedlungen – wie z. B. das Hochfeld von Böheimkirchen – in Frage.

Rekonstruktion einer frühbronzezeitlichen Frauentracht nach einem Originalbefund aus dem Gräberfeld Franzhausen I.

Die Frühe Bronzezeit (Hockergräberkultur)

In der Frühbronzezeit (2300/2200–1600 v. Chr.) herrschte in Niederösterreich in kultureller Hinsicht keine Einheitlichkeit, sondern der Raum war in drei regional geprägte Erscheinungsformen („Frühbronzezeitprovinzen") aufgespalten:
– Die Zone nördlich der Donau mit dem Weinviertel und dem Ostrand des Waldviertels hatte Anteil an der nordniederösterreichisch-mährischen bzw. südwestslowakischen Gruppe der Aunjetitzkultur. Von dieser Kultur, die nach Únětice bei Prag benannt ist, sind vornehmlich Bestattungen (Flachgräber in kleineren, geschlossenen Friedhöfen unweit von Gehöften und dörflichen Ansiedlungen) bekannt geworden. Aus dem Inventar sind Henkeltassen (kugelige, später kelchförmige mit tiefem Bauchknick) und gegossene Bronzeobjekte charakteristisch. Für die Spätzeit wären (befe-

Rechts: Reich ausgestattetes Frauen-Hockergrab, „Dame mit Kopfzierde", aus der Frühbronzezeitnekropole Franzhausen I.

„Eine neue Epoche wird dann durch die Metallverarbeitung, die ebenfalls wesentliche sozio-ökonomische Veränderungen mit sich bringt, eingeleitet. Wir nennen heute diese Entwicklungsstufe Metallikum. Dieses umfaßt diejenigen Gruppen, deren gesamte Kultur durch eine intensive Metallverarbeitung und die damit zusammenhängenden Tätigkeiten geprägt wird."

Ch. Strahm, 1984.

Nach dem Kupfer-Metallikum (reine Kupfermetallurgie) folgt in Österreich um 2300/2200 v. Chr. das Bronze-Metallikum. Sein Beginn ist nicht von einem Wandel der natürlichen Umwelt bedingt worden, sondern durch die nunmehr auch bei uns voll beherrschte Metallurgie der Bronze, einer Kupfer-Zinnlegierung. Die Folgen waren ein tiefgreifender Umbau in wirtschaftlichen und sozialen Bereichen.

Ein bronzezeitliches Kupferbergbauzentrum befand sich in Niederösterreich im Rax- und Schneeberggebiet (späte Bronzezeit).
Die Gewinnung von Zinn (es mußten 5 bis 20 Prozent dem Kupfer zugesetzt werden) erfolgte neben kleineren, noch nicht lokalisierten Vorkommen im englischen Cornwall, in Nordwestspanien, in Böhmen und möglicherweise in Mittelitalien.

Unten: Verziertes Bronzeprunkbeil aus einem Kriegergrab der Frühbronzezeitnekropole Gemeinlebarn F.

stigte) Höhensiedlungen, kultisch genutzte Megaronhäuser und zahlreiche Bronzedepotfunde zu nennen.
– Südlich der Donau und östlich des Wienerwaldes sowie im nördlichen Burgenland und im anschließenden Westungarn war die Wieselburg- (nach Mosonmagyarovar) oder Gata- (nach Gattendorf) Kulturgruppe verbreitet. Die Nekropole von Hainburg-Teichtal (zwei Gräbergruppen mit 316 Bestattungen) und das Gräberfeld von Mannersdorf am Leithagebirge (98 Hocker) lieferten bisher die umfangreichsten Inventare, darunter typische Krüge und Amphoren mit sanduhrförmigen Henkeln.
– Im süddanubischen Alpenvorland, zwischen Enns und Wienerwald, besonders aber an den Unterläufen der Enns, Ybbs, Melk, Fladnitz, Traisen und Tulln, lagen die Verbreitungsschwerpunkte der Unterwölblinger Kulturgruppe. Neben zwei Friedhöfen von Gemeinlebarn wären insbesondere jene beiden beim Bau der Kremser Schnellstraße S 33 bzw. beim Schotterabbau entdeckten größten Bestattungsplätze Mitteleuropas mit 2000 Hockern im Raum Franzhausen hervorzuheben. Hier wurde der Glockenbechertyp der Beisetzungssitte mit einer strengen geschlechtsspezifischen Gegensätzlichkeit (Männer nach Norden, Frauen nach Süden orientiert) übernommen. Trotz starken zeitgenössischen Grabraubes ermöglichten die Nekropolen Franzhausen I und II tiefe Einblicke in das Bestattungsbrauchtum, das Beigabenwesen und die Bevölkerungsbiologie der Frühbronzezeit.
Am Ende der Frühbronzezeit (Věteřov-Kultur) sind starke Einflüsse aus Südosteuropa bzw. dem östlichen Mittelmeerraum spürbar. Es tauchen Befestigungen in Höhenlage (z. B. Böheimkirchen), mediterrane Hausbauten (megaronartige Vorhallenhäuser), Importkeramiken und Beinobjekte mit sogenannter „mykenischer Zier" (Guntramsdorf) auf.

Die Mittlere Bronzezeit (Hügelgräberkultur)

Der Übergang von der frühen zur mittleren Bronzezeit (Hügelgräberkultur, 1600–1300/1200 v. Chr.) ging kontinuierlich und ohne größeren Bruch vor sich. So sind die Wurzeln der sich ab 1600 v. Chr. verstärkenden Sitte, die Toten unter mehr oder minder großen Hügeln beizusetzen, bereits im Endneolithikum und in der frühen Bronzezeit zu suchen. Das Gesagte gilt ebenso für die sich nun intensivierende Leichenverbrennung; es war nun ein Nebeneinander von Körper- und Brandbestattung („birituelle Bestattungssitte") üblich. Niederösterreich hatte Anteil an der sudeto-danubischen bzw. mitteldanubischen Gruppe und im süddanubischen Osten an der karpatischen Gruppe der Hügelgräberkultur. Wenngleich die Keramikformen (Tassen, Krüge, Amphoren und Schüsseln) ebenfalls von frühbronzezeitlichen Vorbildern abgeleitet werden können, so weisen sie als Kennzeichen des neuen Geschmacks zahlreich umriefte Buckeln auf. Nach kultischen Umtrunken wur-

Oben: Mittelbronzezeitliches Diadem aus dem Hügelgräberfeld von Pitten.

Unten: Hügelgräber mit Steineinbauten aus dem mittelbronzezeitlichen Gräberfeld von Pitten.

Urgeschichte

den nun gerne Geschirrdepots im Boden deponiert. Gesicherte Aufschlüsse über den Wechsel von den Schachtgräbern ohne Hügel zu den zahlreichen Varianten der Hügelüberdeckungen und zur auf der Entwicklung von Bronzeobjekten basierenden Stufeneinteilung der Mittelbronzezeit (Mistelbach-Regelsbrunn, Pitten-Sieding, Maisbirbaum-Zohor und Strachotín-Velké Hostěradký) erhielten wir 1967 bis 1973 durch die Ausgrabung dreier übereinanderliegender Friedhöfe der Mittel- bis Spätbronzezeit in Pitten zwischen Wiener Neustadt und Neunkirchen. Aus den Bronzebeigaben ragen reich verzierte Diademe mit Nackenstütze, Schmuckscheiben in Malteserkreuzform und riesige Gewandnadeln hervor.

Die Späte Bronzezeit (Urnenfelderkultur)

Ab dem 13. vorchristlichen Jahrhundert ging man in Mitteleuropa fast ausnahmslos zur Brandbestattung über. Die Toten wurden auf Scheiterhaufen verbrannt, die übriggebliebenen Knochenstücke (= sogenannter „Leichenbrand") zumeist in Tonurnen beigesetzt. So entstanden im Laufe der Zeit die großen, für die Kultur namengebenden Urnenfelder (Urnenfelderkultur, 1300/1200–800/750 v. Chr.). Allerdings gab es in ihrem Rahmen auch Brandschüttungs-, Brandgruben- und Bustumgräber. Neben einem Wechsel geistig-religiöser Vorstellungen brachte der kulturelle Umschwung ebenfalls neue, spezifische Metall- und Keramikformen mit sich. Die reichen Grabbeigaben ermöglichen die Unterteilung des Urnenfelder-Komplexes nach einer Übergangsphase, in eine ältere Baierdorf-Velatice- und eine jüngere Podol-Stillfried-Stufe. Kernbereich der Urnenfelderkultur(en) ist eine Zone zwischen den Karpaten, dem nördlichen Balkan und den Ostalpen, wobei starke Beziehungen zum Lausitzer Bereich bestanden. Bevölkerungsverschiebungen, innere Unruhen, Wander- und Rückströmbewegungen sowie spätere Bedrohungen durch östliche kimmerische Steppenreiter bewirkten einen kriegerischen Zeitabschnitt. Zahlreiche Verwahrfunde (aus Sicherheitsgründen vergrabene Metallhorte), Waffen (Schwerter, Lanzenspitzen, Streitäxte, Helme und Reste von Panzerungen) und insbesondere die großen Wallburgen sind unzweifelhaft Belege hiefür.

Während die Erforschung dörflicher Anlagen im Flachland (z. B. Gemeinlebarn und Unteres Traisental) noch etwas nachhinkt, wurden in jüngster Zeit mehrere Wallburgen neu erschlossen (z. B. die Türkenschanze bei Hausenbach, PB. St. Pölten) oder

auch systematisch ergraben wie die Holzwiese bei Gars-Thunau, der Oberleiserberg und insbesondere die 23 Hektar große Anlage von Stillfried an der March. Da ihr Inneres sowohl zur Aufnahme von Wohnbauten wie auch zur Errichtung von Werkstätten, Magazinen und Ställen diente, sieht man in ihnen heute gerne geschützte Zentren mit präurbanem Charakter. Stillfried erbrachte daneben auch Deponierungen menschlicher Skelettreste und Schädel in Siedlungsgruben und zwei Massenkörperbestattungen unter dem Wall der Burg. Aus dem zur Anlage gehörigen Urnengräberfeld stammt u. a. die bekannte Stillfrieder Bronzetasse.

Punktbuckelverzierte Bronzetasse aus einem Brandgrab des urnenfeldzeitlichen Friedhofes von Franzhausen.

„Definitionskriterium des Eisen-Metallikums ist der Nachweis einer voll beherrschten Eisen-Metallurgie."

„Das Eisen, das leichter als Kupfer zu gewinnen, aber schwieriger zu verarbeiten ist, kommt häufiger vor; es ist damit auch weiteren Gruppen zugänglich, und bildet somit einen Grund für die wirtschaftliche Bedeutung einiger Gemeinschaften des späten Metallikums."

Ch. Strahm, 1984.

In der älteren Eisenzeit, der Hallstattkultur, „beobachten wir eine pyramidenförmige Sozialstruktur. Imposant befestigte Burgen mit palastartigen Gebäuden und besonderen Handwerkervierteln, in denen mittelmeerisches Handels- und Ideengut verarbeitet und Gegenstände einer verfeinerten höfischen Kultur hergestellt wurden, nehmen eine wirtschaftliche Vorrangstellung ein. Sie beruht teilweise auf dem Salzreichtum einiger Gegenden („Salzherren"). Weniger wichtige Siedlungen in der Umgebung der Burgen

stehen in ihrer Abhängigkeit; herausragende Grabhügel zeugen von der Macht eines einzelnen „Fürsten" oder ganzer „Fürstendynastien". Im 5. Jahrhundert mit dem Beginn der jüngeren Eisenzeit, der Latènekultur, verschwindet dieses Feudalsystem, und „eine Zeit der Unruhe und Wanderungen kennzeichnet die folgenden Jahrhunderte, in denen eine breite Adelsschicht die Kelten der Latènezeit führt."

Ch. Strahm, 1984.

Die Eisenzeit (Eisen-Metallikum)

Die vorrömische Eisenzeit wurde 1872 vom schwedischen Reichsantiquar Hans Hildebrand in zwei Abschnitte gegliedert: in die ältere Eisenzeit, die Hallstattzeit, und in die jüngere Eisenzeit, die Latènezeit; wobei der Übergang im 5. Jahrhundert vor Christus angesetzt wurde. 1874 wurde die neue Einteilung auf einem internationalen Kongreß in Stockholm vorgestellt.
Während die Hallstattzeit bzw. Hallstattkultur (der Kulturbegriff gilt nur für einen bestimmten geographischen Raum) nach dem berühmten oberösterreichischen Salzbergbauort benannt wurde, diente für die jüngere Eisenzeit das Schweizerische La Tène, eine Sandbank am Nordostufer, am Ausfluß

des Neuenburger Sees, als Locus typicus. Hier hatte man ab der Mitte des 19. Jahrhunderts etwa 2500 Fundgegenstände, vornehmlich Eisenwaffen, einer durch Hochwasser zerstörten Handelsstation entdeckt. Während die Hallstattzeit noch voll der Urgeschichte zugerechnet werden muß, da diese nur sporadisch durch Zustände beschreibende griechische Reiseschilderungen erhellt wird, kommt der Latènezeit ein Übergangscharakter zur Frühgeschichte mit einem Nebeneinander von archäologischen Funden und historischen Nachrichten zu. Zu letzteren zählen die Stammeserzählungen der Kelten selbst und die Berichte antiker Autoren über ihre Völkerwanderungen

und Königszwiste. Während als Träger der Latènekultur allgemein Kelten angesehen werden, so trifft dies in der Hallstattzeit nur für einen westlichen Kulturkreis (Mitteleuropa westlich von Hallstatt) zu; als Träger des Ost- und Südosthallstattkreises werden die Illyrer angesehen.
Nach einer spätbronzezeitlichen (urnenfelderzeitlichen) Übergangsphase mit vereinzelten Schmuckstücken und Geräten aus Eisen verbreiteten sich, vom östlichen Mittelmeerraum ausgehend, im 8. Jahrhundert ausreichende Kenntnisse der Eisentechnologie über den Balkan nach Mitteleuropa. Bei uns wurden intensiv oberflächennahe Braun- und Toneisenerzvorkommen genützt.

Riesengrabhügel der Hallstattkultur von Großmugl.

Die Ältere Eisenzeit (Hallstattkultur)

Auf dem Kalenderberg bei Mödling befand sich eine ausgedehnte Höhensiedlung der Hallstattkultur mit einem Randwall im Norden; neuere Grabungen fanden ab 1970 statt. Die hier häufig aufgefundenen bauchigen einhenkeligen Gefäße, die mit plastischen Verzierungen versehen sind, werden als „Kalenderbergtöpfe" mit „Kalenderbergzier" bezeichnet. Schon 1921 machte Oswald Menghin den Vorschlag, für weite Teile Niederösterreichs, das Burgenland, die Westslowakei und Westungarn den Begriff einer „Kalenderbergkultur" einzuführen. Anhand geschlossener Grabinventare

gelang es, diese in eine ältere Phase (Hallstatt-C) und eine jüngere Phase (Hallstatt-D) zu unterteilen.
Da die ältere Forschung vermeinte, am Alpenostrand 15 befestigte (Höhen-)Siedlungen feststellen zu können, sprach sie von einem „Hallstättischen Ostwall" gegen Bedrohungen östlicher Reitervölker, an ihrer Spitze die Skythen. Unter Außerachtlassung einiger noch unerforschter Anlagen können derzeit jedoch lediglich drei davon wirklich als hallstättische Befestigungen anerkannt werden, und zwar Smolenice in der Slowakei, Sopron-Ödenburg in Ungarn und der

eingangs erwähnte Kalenderberg; der Rest ist entweder unbefestigt oder nicht hallstattzeitlich. Dafür existieren auch außerhalb der vermeintlichen Ostwallzone in Niederösterreich und im Burgenland gut ein Dutzend (befestigter) Höhensiedlungen, wie der Praunsberg bei Stockerau, der Steinberg bei Ernstbrunn oder der Saurüssel bei Erdberg (Poysdorf). In diesen Zentren von Kleinräumen sind Sitze lokaler Machthaber und Verwaltungsmittelpunkte zu sehen. In ihrem Umfeld sind die Hügelgräber zu finden. Sie lassen sich in Hügelgräberfelder mit niedrigeren Erdaufwürfen (z. B. Bad

Urgeschichte

Fischau), in Dreiergruppen mit beachtlichen Formen (z. B. Bernhardsthal, Rabensburg und Gemeinlebarn) und in Riesentumuli (z. B. Großmugl) unterteilen. Sie erbrachten alle bei Grabungen älteren Datums prächtige, oft rot-schwarz bemalte Keramiken, darunter auch Mehrfachgefäße, Stiergefäße und Töpfe mit gemalter, geritzter oder plastischer Figuralzier. In diesem Zusammenhang wäre vor allem die 1981 durchgeführte Untersuchung des Tumulus Nr. 3 von Langenlebarn zu erwähnen, in dessen Grabkammer sich 40 prunkvolle Keramiken fanden.

Die bäuerliche Grundorientierung der übrigen Bevölkerung spiegelt sich in den einfachen bäuerlich-dörflichen Siedlungsformen wider. Die Dörfer und Gehöfte bestanden aus mehrschiffigen Wohnhäusern und Wirtschaftsbauten mit kellerartigen Eintiefungen. Die zugehörigen Toten sind in ärmlicher ausgestatteten Nekropolen beigesetzt. Das anfängliche Überwiegen der Brandbestattung (z. B. Friedhof von Hohenau an der March) weicht im Laufe der Zeit einer Zunahme der Körperbeisetzungen.

Oben: Doppelstierkopfgefäß aus dem hallstattzeitlichen Hügelgrab 3 von Langenlebarn. Links unten: Frühlatènezeitliche figürliche Fibel aus Bronze in Ossarn. Rechts unten: Frühlatènezeitlicher Achsnagel aus Eisen mit Maskendarstellung aus Bronze. Unterradlberg bei St. Pölten.

Die Jüngere Eisenzeit (Latènekultur)

Als Träger der Latènekultur werden in Übereinstimmung mit den antiken Geschichtsschreibern die Kelten (griech. Keltoi, lat. Galli) angenommen. Neben Skythen und Persern lernte der Mittelmeerraum die „barbarische" Keltiké durch Handelsbeziehungen im 6. und 5. Jahrhundert v. Chr. kennen. Alle Lokalisierungsversuche zielen auf einen Raum zwischen Ostfrankreich, Südwestdeutschland und der Nordschweiz ab, so daß man die hier verbreitete westliche Hallstattkultur bereits als keltisch ansprechen kann. Zog man früher für die Ausbreitung keltisch sprechender Völkerschaften über weite Teile Europas bis nach Kleinasien immer nur die historisch überlieferten Wanderungen heran, so ist man aufgrund der neuesten Grabungsergebnisse überzeugt, daß schon ab der Mitte des 5. Jahrhunderts große Teile des tschechischen und österreichischen Raumes bis Westungarn mit der neuen, für die Kelten typischen Kultur, Kunst und Religion konfrontiert wurden. Von den Salzbergbauorten Hallstatt und insbesondere von Hallein wurden ohne kriegerische Ereignisse oder Bevölkerungswechsel die Modeerscheinungen der frühen Latènekultur im Soge des Salzhandels an die Tauschpartner im Osten weitergegeben. Hier übernahm die im Hallstattmilieu lebende einheimische Bevölkerung begierig die neuen eigentümlichen Gegenstände und Gedanken einer bewunderten großen Welt und ahmte sie in der Folge nach. Wenn-

gleich sich diese Menschen sehr bald im neuen keltischen Gewand präsentierten und sich wohl auch selbst als Kelten fühlten, so läßt sich in einigen Bereichen das einheimische Substrat klar fassen (etwa bei mehreren keramischen Formen).

Die frühesten Siedlungsspuren und Gräberfelder Niederösterreichs finden sich ab der 2. Hälfte des 5. Jahrhunderts im Fladnitz- und Traisental (Kuffarn mit der berühmten figuralverzierten Bronzesitula, der Raum um Herzogenburg mit Kleinkunstwerken und Franzhausen mit der bislang größten Nekropole); etwas später sind der Adels-

„Die älteste Nachricht von den Kelten, aus der Zeit gegen 500 v. Chr., stammt von Hekataios von Milet, der berichtet, daß Massilia (Marseille) in der Nähe des keltischen Gebietes gelegen sei... Herodot (um 450) berichtet an zwei Stellen, daß die Donau im Lande der Kelten entspringe. So unsicher manches an der Überlieferung sein mag, sie erhält eine Stütze im archäologischen Befund. Die Hinweise beider Autoren beziehen sich auf einen Raum, der seit dem 5. Jahrhundert v. Chr. von der Latènekultur eingenommen wurde, die damals schon keltisch war."
W. Angeli, 1978.

Mitte: Frühlatènezeitliche Silberkette mit rankenverzierter Bommel aus einem Frauengrab in Pottenbrunn.
Unten: Spätkeltische Befestigung auf dem Plateau des Braunberges bei Hainburg.

friedhof von Pottenbrunn (geflochtene Silberkette mit Bommel und verzierte Schwerter und die Bestattungsplätze im Wiener Becken (Leopoldau, Guntramsdorf) und um das Leithagebirge (Mannersdorf mit einer etruskischen Bronzesitula) anzusetzen. Erwähnenswert in diesem Zusammenhang sind die Aktivitäten von Wundärzten in Pottenbrunn (Arztgrab) und im Raume Guntramsdorf (Bohrtrepanationen).
Die Latènekultur wird üblicherweise in eine Früh (Latène-A, 450–350 v. Chr., Latène-B, 350–250 v. Chr.), Mittel- (Latène-C, 250–100 v. Chr.) und Spätstufe (Latène-D, 100 v. Chr.–Christi Geburt) unterteilt. In der Stufe Latène-C werden die historisch überlieferten Wanderungen spürbar. Als weitere keltische Errungenschaften wären die Verwendung der schnelldrehenden Töpferscheibe, die Erfindung des „Ferrum Noricum" und in der Spätzeit die Einführung des Münzgeldes anzumerken. Kurz vor der Okkupation des nun zum keltischen Königreich Norikum gehörigen Bereiches durch die Römer existierten mehrere (befestigte) Höhensiedlungen, so auf dem Leopoldsberg bei Wien, auf dem Braunsberg bei Hainburg und auf dem Umlaufberg im Kamptal.

Johannes-Wolfgang Neugebauer

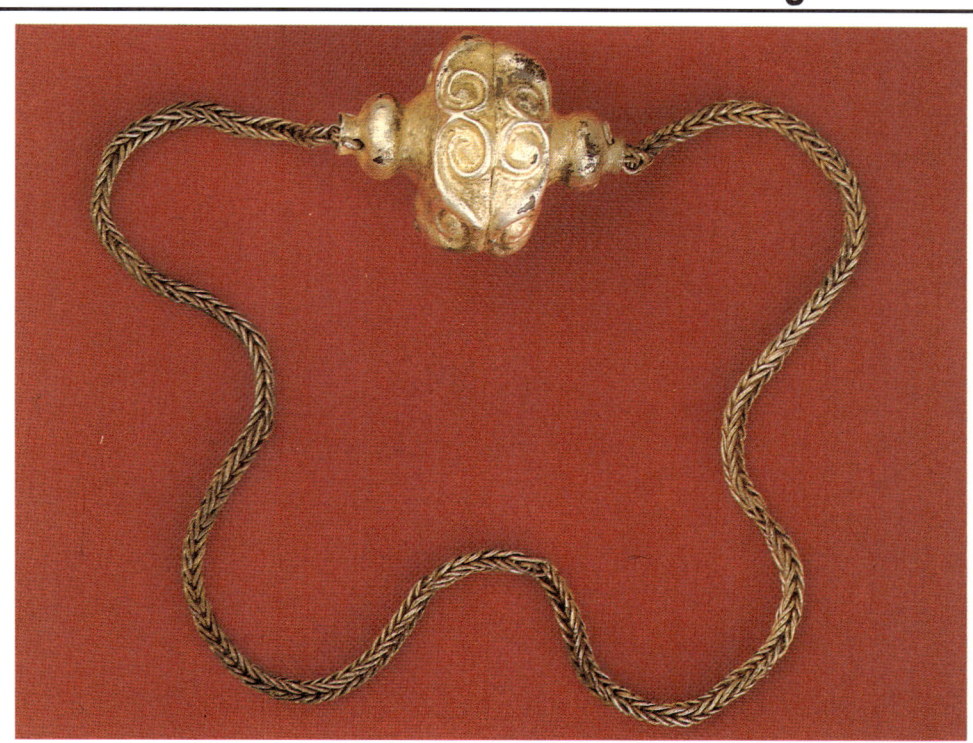

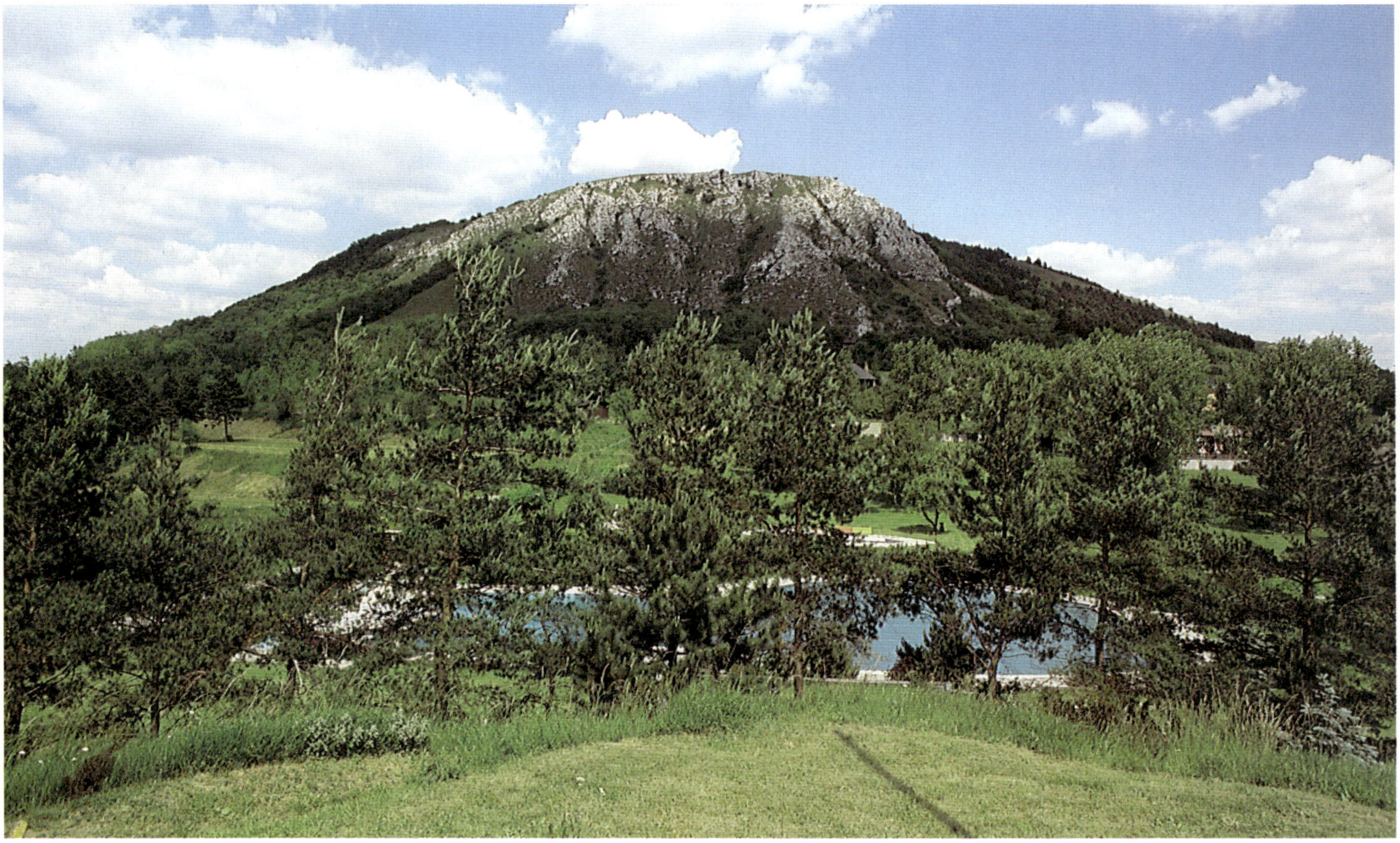

Links: Portraitkopf des Kaisers Publius Aelius Hadrianus (76 n. Chr. – 118 n. Chr.). Rom, Vatikanische Sammlung.

Rechts: Portraitkopf des Kaisers Lucius Septimius Severus (146 n. Chr. – 211 n. Chr.). Rom, Vatikanische Sammlung.

15 vor Chr.–260 nach Chr.

KALENDER

15 v. Chr. Tiberius unterwirft das keltische Königreich Noricum. Drusus erreicht die obere Donau. Noricum wird römisches Protektorat. Damit beherrschen die Römer das Alpenvorland bis zur Donau.

12–9 v. Chr. Tiberius unterwirft Pannonien bis an die Donau.

8 v. Chr. Tiberius versucht von Carnuntum aus einen Feldzug gegen den Markomannenkönig Marbod. In Pannonien bricht ein Aufstand aus.

nach 9 v. Chr. Die westgermanischen Markomannen unter Marbod besetzen Böhmen, die ebenfalls westgermanischen Quaden Mähren.

8 n. Chr. Pannonien wird endgültig römische Provinz. Friedensschluß und Freundschaftsvertrag zwischen den Römern und Marbod.

um 10 n. Chr. Entstehung erster geschlossener Germanensiedlungen nördlich der Donau, v. a. im Weinviertel.

14 n. Chr. Die Legio XV Apollinaris mit 6000 Mann bezieht das Lager Carnuntum als Garnison; sie bleibt hier mit zehnjähriger Unterbrechung bis zum Jahr 107.

19 n. Chr. König Marbod geht nach Aufständen ins römische Exil. Die Markomannen geraten in Abhängigkeit von Rom.

41–54 n. Chr. Kaiser Claudius macht Noricum zur römischen Provinz. Orte im Alpengebiet erhalten das Stadtrecht (Aguntum [= Lienz], Virunum [auf dem Zollfeld], Iuvavum [= Salzburg], doch keine im nö. Alpenvorland). In Vindobona entsteht ein Kastell. Der Sitz der Statthalter ist Virunum.

um 50 n. Chr. Die Römer siedeln Quaden zwischen Leitha und dem Raum Wiener Neustadt an.

50 n. Chr. Erste Ansiedlung von Germanen im Raum von Wien. Tacitus erwähnt das Bestehen einer Donauflotte.

53–54 n. Chr. Der Lagerausbau in Carnuntum (älteste Bauinschrift) beginnt (Mauergürtel).

62–68 n. Chr. Die Legio XIV Gemina bezieht Garnison in Carnuntum, die 15. Legion wird im Orient eingesetzt.

64–99 n. Chr. Zur Zeit der flavischen Kaiser entstehen Holz-Erde-Kastelle in Zeiselmauer, Zwentendorf, Tulln und Mautern.

71 n. Chr. Die Legio XV Apollinaris kommt nach dem jüdischen Krieg nach Carnuntum zurück. Damit kommt die Mithrasverehrung an die Donau.

81–96 n. Chr. Eine britannische Kavallerieeinheit bezieht den Posten Wien.

88–100 n. Chr. Kaiser Domitian (81–96) und Kaiser Trajan lassen den Donaulimes ausbauen.

98 n. Chr. Kaiser Trajan besucht Pannonien. Die Legio XIV Gemina wird nach Vindobona verlegt und baut das Legionslager aus. Das Lager Tulln (Comagenis) erhält Steinmauern.

105–107 n. Chr. Pannonien wird in Ober- und Unterpannonien geteilt: Carnuntum wird Hauptstadt von Pannonia superior und Statthaltersitz.

Portraitkopf des Kaisers Marcus Aelius Aurelius (121–180 n. Chr.), auf der Marc Aurel-Säule in Rom, Piazza Colonna.

117–138 n. Chr. Kaiser Hadrian verleiht Carnuntum, Cetium (St. Pölten) und Ovilava (Wels) das Stadtrecht. 124 bereist er die Donauprovinzen.

139–161 n. Chr. Unter Kaiser Antoninus Pius Blütezeit der Donauprovinzen. In dieser Zeit entstehen das zweite Amphitheater und die große Thermenanlage in Carnuntum.

161–180 n. Chr. Regierungszeit Mark Aurels.

166–180 n. Chr. Die Markomannen und Quaden dringen über den Limes vor, verwüsten Carnuntum, erreichen Aquileia. Mark Aurel leitet die Gegenangriffe und schreibt in Carnuntum ein Buch seiner „Selbstbetrachtungen".

um 170 n. Chr. Mautern wird mit einer Steinmauer umgeben.

Lager für je eine Kohorte werden in Zwentendorf, Zeiselmauer und Stein erbaut.

170 n. Chr. Beginn der Gegenangriffe Mark Aurels. Sieg gegen die Quaden. Carnuntum wird wieder aufgebaut.

22. Juni 172 n. Chr. „Regenwunder" nördlich der Donau; das erste Auftreten von Christen im österreichischen Raum wird bezeugt.

172–175 n. Chr. Kaiser Mark Aurel leitet persönlich mehrere Feldzüge gegen Markomannen und Quaden und erzielt 173–174 mehrere Siege.

175 n. Chr. Friedensschluß mit den Markomannen. Landzuweisungen an Germanen im römischen Reichsgebiet.

176 n. Chr. Die Legio II Italica errichtet in Albing bei Enns an der Donau ein Legionslager.

177–180 n. Chr. Zweiter Markomannensturm trotz des Friedensschlusses. Mark Aurel kommt neuerlich an die Donau.

um 180 n. Chr. Das Militäramphitheater von Carnuntum wird als Steinbau von C. Domitius Zmaragdus gestiftet.

180 n. Chr. Die Legio II Italica wird nach Lauriacum verlegt.

9. 4. 193 n. Chr. Die Legio XIV Gemina ruft in Carnuntum ihren Befehlshaber und Statthalter von Oberpannonien Septimius Severus zum römischen Kaiser aus.

194 n. Chr. Carnuntum und Ovilava erhalten den Rang einer Colonia.

202 n. Chr. Kaiser Septimius Severus bereist mit seinem Sohn und Mitkaiser Caracalla den Donaulimes. In Carnuntum dürfen Soldaten nun in Zivilsiedlungen wohnen.

211–217 n. Chr. Kaiser Caracalla verleiht Vindobona und Lauriacum das Stadtrecht.

212 n. Chr. Alle freien Reichsuntertanen erhalten das römische Bürgerrecht.

226–228 n. Chr. Der Historiker Cassius Dio residiert als Statthalter in Carnuntum.

um 230 n. Chr. Die Quadensiedlung in Bernhardsthal wird durch ein Hochwasser der Thaya zerstört.

259–260 n. Chr. Markomannen, Quaden und Sarmaten fallen in Noricum ein.

TODESTAGE

Mark Aurel. Kaiser. Gestorben 17. 3. 180 n. Chr. in der Nähe von Wien oder (wahrscheinlicher) in Pannonien (bei Sirmium an der Save; heute Mitrowitz).

Weihestein auf eine antike Bachregulierung im Aelium Cetium. St. Pölten, Stadtmuseum.

Rechts: Portraitkopf des Kaisers Caius Julius Caesar Octavianus Augustus (67 v. Chr. – 14 n. Chr.). Rom, Vatikanische Sammlung.

Bronzeurne, 1. Jahrhundert n. Chr., aus Carnuntum.

Kelten und Germanen

Die keltische Bevölkerung hat sich in ihrer ethnischen Eigenständigkeit bis weit in die Römerzeit hinein gehalten, wie vor allem Grabdenkmäler von Frauen beweisen. Nördlich der Donau siedelte vor Christi Geburt der Stamm der Boier, der – durch kriegerische Auseinandersetzungen mit den Dakern stark geschwächt – sich schließlich am rechten Donauufer im östlichen Niederösterreich und im nördlichen Burgenland niederließ. Aus dem Waldviertel sind uns die keltischen Stämme der Kampoi überliefert, im Weinviertel siedelten die Rakati und Asali. Keltische Höhensiedlungen sind uns vom Oberleiserberg, vom Leopoldsberg und vom Braunsberg bei Hainburg bekannt.

Nach der Abwanderung der Boier kam es nördlich der Donau zur Ansiedlung germanischer Stämme, der Markomannen und Quaden unter der Führung der Könige Marbod und Tudrus. Um die Mitte des 1. Jahrhunderts n. Chr. bestand östlich der March das Königreich des Vannius, der mit seiner Gefolgschaft infolge innergermanischer Auseinandersetzungen die Donau überschreiten mußte und die Römer um Siedlungsgebiet bat. Die archäologischen Funde zeigen, daß diese Germanen in der Gegend um den Neusiedler See und bis in das Steinfeld hinein angesiedelt wurden. Im 2. Jahrhundert nahm der germanische Druck auf die Donaugrenze zu und entlud sich schließlich in den Markomannenkriegen.

Die Markomannenkriege

Bereits unter Kaiser Antoninus Pius herrschte im norisch-pannonischen Limesgebiet Kriegsgefahr, die sich unter seinem Nachfolger in ihrer vollen Wucht entlud. Markomannen, Quaden und Jazygen bildeten eine Kriegsgemeinschaft und drangen im Jahre 171 n. Chr. über Pannonien bis nach Aquileia an der Adria vor. Damit hatte zum erstenmal seit dem Ende der römischen Republik wieder ein auswärtiger Feind italischen Boden betreten. Mark Aurel übernahm nun selbst das Kommando. Es gelang ihm, die Feinde über die Donau zurückzuwerfen und damit den Abwehrkampf in eine Offensive umzuwandeln. In die Zeit der militärischen Operationen im Feindesland fällt das in der antiken Literatur oft abgehandelte „Blitz- und Regenwunder“, durch welches römische Einheiten vor einer Niederlage bewahrt wurden. Als während des Feldzuges große Trockenheit herrschte, erflehten christliche Soldaten Regen. Ein Gewitter erlöste die Soldaten von ihren Durstqualen. Auch auf der Mark Aurel-Säule in Rom, die die Ereignisse dieser Kriege schildert, ist dieses Wunder dargestellt. Ehrendenkmäler und Altäre, die im Tempelbezirk auf dem Pfaffenberg bei Carnuntum ausgegraben worden sind, hängen ebenfalls mit diesem Ereignis zusammen. Ob Mark Aurel

Militärdiplom auf Metall, ausgestellt unter Kaiser Trajan. Wien, Kunsthistorisches Museum.

tatsächlich an eine Einrichtung zweier Provinzen Marcomannia und Sarmatia im Feindesland dachte, läßt sich nicht mehr klären. Sein Tod im Jahre 180 ereilte ihn noch vor einem endültigen Abschluß der Kampfhandlungen. Sein Sohn und Nachfolger Commodus schloß mit den Germanen schnell Frieden.

Das Regenwunder vom 11. 6. 172, Bronzerelief, Darstellung auf der Marc Aurel-Säule in Rom, Piazza Colonna.

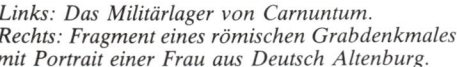

Links: Das Militärlager von Carnuntum.
Rechts: Fragment eines römischen Grabdenkmales
mit Portrait einer Frau aus Deutsch Altenburg.

Carnuntum

Das Legionslager

Das zwischen Petronell und Bad Deutsch-Altenburg hart am Donauabbruch liegende Legionslager von Carnuntum bildet ein unregelmäßiges Vieleck. Die noch meßbare Länge des Lagers beläuft sich auf 490 m, seine maximale Breite beträgt 390 m. Die Befestigungsmauern umschließen eine Fläche von ca. 17,5 ha. Die von Türmen flankierten Doppeltoranlagen wiesen zum Teil reichen architektonischen Schmuck auf. Zusätzlich zu den Mauern, die mit zahlreichen Innentürmen bewehrt waren, schützte ein Doppelgrabensystem die Anlage. Die Schmalseite des Lagers wird von einer der Lagerhauptstraßen, der Via Principalis, durchzogen, die unter der heutigen Bundesstraße verläuft. Südlich davon lag, in der Mitte des Lagers, das 60 × 90 m große Kommandogebäude mit dem Forum, dem Lagerheiligtum und verschiedenen Büro- und Versammlungsräumen. Daran anschließend erhob sich das Wohngebäude des Legionskommandanten. Auf der gegenüberliegenden Seite der Via Principalis standen die Wohngebäude der Tribuni Militum, der nach dem Kommandanten ranghöchsten Offiziere. Rechts und links der Via Principalis war die erste Kohorte untergebracht, die übrigen Kohorten lagen in Kasernen, die an der Frontseite des Lagers gegen die Donau und an seiner Rückseite angeordnet waren. Weitere Gebäude beherbergten ein Lazarett (Valetudinarium) sowie Magazine und Werkstätten. Die frühesten Spuren reichen in die Regierungszeit des Kaisers Claudius (41–54 n. Chr.) zurück, als von der XVI. Legion zunächst ein Erdwall- und Palisaden-Lager errichtet wurde, das bald von einem Steinbau abgelöst wurde. Dieser Umbau dürfte bis in die ersten Jahre des zweiten Jahrhunderts gedauert haben. Weitere Neubauten erfolgten in severischer Zeit (um 200) und um die Wende vom 3. zum 4. Jahrhundert. Ausgedehnte Baumaßnahmen sind für die Regierungszeit Valentinians im dritten Viertel des 4. Jahrhunderts belegt. Sie waren durch Zerstörungen, die ein Erdbeben um die Jahrhundertmitte hervorgerufen hatte, notwendig geworden. Letzte Einbauten wurden noch am Beginn des 5. Jahrhunderts durchgeführt. Das Lager zeichnet sich noch heute deutlich im Gelände ab, in dem die breiten Mulden der Lagergräben seinen Umriß markieren. Von den ergrabenen Bauteilen ist nur der Südturm des östlichen Lagertores in seinen Fundamenten sichtbar erhalten geblieben, alles übrige mußte wieder zugeschüttet werden.

Übersicht der Grabung von Carnuntum.

Das Hilfstruppen-kastell in Petronell

Durch die seit dem Jahre 1977 laufenden Rettungsgrabungen am östlichen Ortsrand von Petronell wurde in Carnuntum neben dem Legionslager auch die Existenz eines Hilfstruppenkastells nachgewiesen. Das Kastell wurde in der zweiten Hälfte des ersten Jahrhunderts n. Chr. zunächst als Holzpalisaden-Erdwall-Anlage errichtet, wobei die Frontseite nicht gegen die Donau, sondern nach Nordosten auf das Legionslager ausgerichtet war. Ziegelstempeln nach zu schließen hat darin eine Reitertruppe garnisoniert. Während die Befestigungsanlagen infolge der modernen Überbauung nur stellenweise angeschnitten werden konnten, konnten die Innenbauten noch flächenmäßig untersucht werden. Bis heute wurden hier das Kommandogebäude, Teile des Bades sowie einige Kasernen ergraben, mußten aber im Anschluß an die Grabung der modernen Verbauung geopfert werden.

Die Zivilstadt

Westlich des Kastells breitete sich die Zivilstadt aus, die archäologisch weniger gut untersucht ist als das Lager. Sie besaß ebenso wie das Lager ein Amphitheater, wurde un-

ter Hadrian zum „Municipium Aelium Carnuntum" und unter Septimius Severus zur „Colonia Septimia Carnuntum" erhoben. Beide Epochen waren Höhepunkte der kulturellen und politischen Bedeutung. Erhalten blieb das gewaltige Heidentor. Das Datum seiner Erbauung ist unsicher, wird aber mit der Nachricht in Verbindung gebracht, wonach Kaiser Constantius II. (337–361) „auf den Trümmern römischer Provinzen mit großen Kosten in Gallien und Pannonien Triumphbögen errichten ließ, worauf die Titel seiner Taten angebracht waren." Im Jahre 375 wird Carnuntum ein „verlassenes schmutziges Nest" genannt.

Römischer Mosaikboden aus Carnuntum.

Links: Fragment eines Grabdenkmales mit Portrait einer Keltin aus Carnuntum, 1. Hälfte, 2. Jahrhundert. Mauer a. d. Url.
Rechts: Mithrasrelief aus Kalkstein, 2. Jahrhundert, gefunden 1720 in Tulln. Der persische Gott Mithras, der in seinem Zorn den Stier tötet, ist auf dem Relief dargestellt.

Religion und Kult

Äußerst vielfältig waren die Glaubensvorstellungen der Bevölkerung. Als die Römer in das Land kamen, fanden sie die Götterwelt der einheimischen Kelten vor, die von ihnen entweder in ihrer ursprünglichen Form übernommen oder nach ihren Vorstellungen umgewandelt wurde.

Die Römer brachten ihre eigene, an Göttern reiche Glaubenswelt mit. Jupiter Optimus Maximus, Juno und Minerva, die kapitolinische Göttertrias, und eine Reihe anderer Gottheiten wie Mars, Apollo, Diana, Merkur und Venus hielten Einzug in die Provinzen Noricum und Pannonien. Vor allem in den Städten entstanden Tempel für

Waage, Schlüssel und Fragmente von Hausgeräten.

Statuette des Jupiter Dolichenus. Deutsch Altenburg, Museum Carnuntum.

die kapitolinische Trias, aber auch für den Kult der Kaiser, die zunächst erst nach ihrem Tod, später aber schon zu Lebzeiten göttliche Verehrung genossen.

Als drittes religiöses Element traten die zahlreichen orientalischen Kulte auf, die mit Soldaten und Kaufleuten an die Donau gelangten. Der persische Lichtgott Mithras ist schon gegen Ende des 1. Jahrhunderts n. Chr. bezeugt, als für ihn mehrere Kultstätten entstanden. Der Kult des kleinasiatischen Jupiter Dolichenus fand beim Militär Anhänger, die Verehrung der heliopolitanischen Göttertrias (Heliopolis = Baalbek im Libanon) blieb auf Pannonien beschränkt, wo in Carnuntum ein zentrales Heiligtum eingerichtet wurde. Unter den ägyptischen Kulturen sind vor allem Serapis, Isis und Osiris anzuführen. Seit dem 4. Jahrhundert ist auch das Christentum durch archäologische Denkmäler bezeugt.

Handwerk

Römisches Alltagsleben ist ohne das vielfach spezialisierte Handwerk nicht denkbar. Das beginnt bei Zimmerleuten und Bauhandwerkern, die für die Errichtung von Wohn- und Wirtschaftsgebäuden verantwortlich waren, und reicht bis zu den Bronzegießern und Beinschnitzern, die Schmuck- und Toilettengegenstände herstellten. Eine besondere Tradition hatte in unserem Bereich das Schmiedehandwerk. Aus Eisen wurden in erster Linie Werkzeuge für die verschiedensten Bereiche (Holzbearbeitung, Landwirtschaft, Steinmetzarbeit) hergestellt.

Werkstätten von Bronzegießern sind für den Archäologen leicht zu erkennen: Gußtiegel, Düsen von Blasebälgen, Schlackenreste aber auch halbfertige Produkte geben Hinweise auf solche Arbeitsstätten, wie sie etwa in Carnuntum, im Vicus von Traismauer oder in St. Pölten festgestellt worden sind. Von den Bronzegießern wurden in erster Linie Fibeln und Schmuck hergestellt.

Die Hauptdomäne römischer Handwerker war aber der Stein- und Ziegelbau. Zwar wurde zu Beginn der römischen Okkupationszeit noch vorwiegend der reiche Holzvorrat der Wälder für Baumaterial ausge-

nutzt, doch ab dem 2. Jh. n. Chr. setzte sich allgemein der Steinbau durch. Steinmetze und Bildhauer verarbeiteten Steinblöcke zu Architekturstücken und Skulpturen. In Kalköfen wurde Kalk gebrannt. Groß war der Bedarf an Ziegeln, die für die Dachdeckung, für Wand- und Bodenheizungen oder für Kanäle und Wasserleitungen benötigt wurden. Viele der im österreichischen Limesabschnitt ausgegrabenen Ziegelöfen wurden vom Militär betrieben, was anhand der Ziegelstempel festgestellt werden kann. In Töpfereien wurde vor allem das in großer Menge benötigte Gebrauchsgeschirr hergestellt: Töpfe, Schüsseln, Teller, Becher, Reibschüsseln. Bei dem massenhaften Auftreten ist eine Fabrikation im großen Stil vorauszusetzen, wenn es auch bis jetzt nur gelungen ist, vereinzelt Töpferöfen nachzuweisen, wie etwa in Carnuntum oder St. Pölten, wo sogar Imitationen der kostbaren importierten Terra sigillata versucht wurden.

Einen wichtigen Handwerkszweig stellte die Weberei dar. Leinenstoffe und gewalkter Loden wurden nicht nur von der Zivilbevölkerung, sondern in großen Mengen auch vom Militär benötigt.

Handwerksprodukte aus organischem Material haben sich naturgemäß kaum erhalten.

Römische Kacheln

Becher

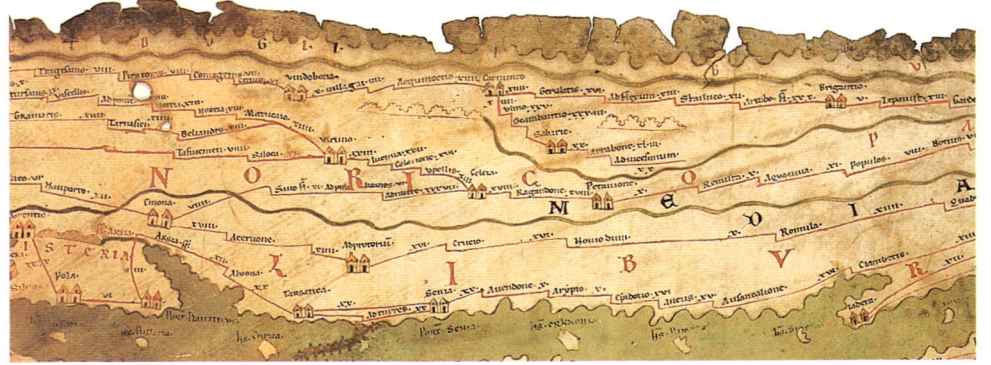

Die Notitia Dignitatum ist die wichtigste Quelle zur Organisation des römischen Imperiums in der Spätantike. Sie ist in der ersten Hälfte des 5. Jhs. entstanden und enthält Beschreibungen der zivilen Behörden der Reichsverwaltung, der hohen militärischen Ränge und der obersten Hofämter. Die einzelnen Kapitel werden jeweils durch ein Bild eingeleitet, auf dem die Amtsinsignien wiedergegeben sind. Durch diese Insignien werden die Ränge der Beamten gekennzeichnet.

Die Notitia Dignitatum

KALENDER

260 Der Statthalter von Oberpannonien Regalianus wird in Carnuntum zum Kaiser ausgerufen, aber nach kurzer Zeit erschlagen.

270–283 Vandalen, Sarmaten und Sueben fallen in Pannonien ein. Kaiser Aurelian leitet die Verteidigung.

276–282 Kaiser Probus fördert Landwirtschaft und Weinbau in Pannonien und Noricum, v. a. zum Zweck der Selbstversorgung der Soldaten. Die Grenzlegionen werden allmählich in eine Art bäuerliche Miliz umgeformt.

284–296 Neue Reichsverfassung durch Diokletian. Noricum wird in Ufer- und Binnennoricum geteilt (Noricum Ripense und Noricum Mediterraneum. Auch Oberpannonien wird geteilt. Der nö. Anteil heißt Pannonia I.)

288 Kaiser Diokletian weilt am Donaulimes.

295 Cäsar Galerius, ein Mitregent Diokletians, leitet von Carnuntum aus einen Feldzug gegen die Markomannen.

303–304 Christenverfolgung in der Provinz Noricum.

307–308 Kaiserkonferenz in Carnuntum. Möglicherweise Errichtung des Heidentores. Weihe eines Kaiseraltares des Mithras.

nach 308 Kaiser Constantin I. verstärkt die Donaugrenze.

313 Edikt von Mailand. Das Christentum wird als Reichsreligion anerkannt.

324 Kaiser Constantin I. wird Alleinherrscher.

325 Kaiser Constantin verbietet die Gladiatorenspiele.

Beim Konzil von Nicaea ist auch Noricum durch einen Bischof vertreten.

330 Constantin I. siedelt in Pannonien Wandalen an.

341 Kaiser Constantin II. weilt am Donaulimes und besucht am 24. Juni Lauriacum.

342 Beim Konzil von Serdica (Sofia) sind auch pannonische und norische Bischöfe anwesend. Es wird auch der Bischofssitz Lorch genannt.

364–375 Kaiser Valentinian I. läßt die Befestigungen an der Donau erneuern.

374 Aufstand der Quaden nach der Ermordung ihres Königs Gabinius durch die Römer.

4. Jhdt. Das Lager Zwentendorf wird mit Fächer- und Hufeisentürmen ausgestaltet, auch Favianis wird vergrößert.

TODESTAGE

Florianus. Christlicher Märtyrer. Gestorben 4. 5. 304 an der Ennsbrücke im Zuge einer großen Christenverfolgung.

Valentinian I. Kaiser. Gestorben 17. 11. 375 im Legionslager Brigetion (Komorn).

Oben: Das Heidentor bei Petronell, einzig aufrecht stehen gebliebene Ruine von Carnuntum, vielleicht 307 oder 308 errichtet. Unten: Römischer Meilenstein (im Volksmund „Erdäpfelsack" genannt) bei Nitzing im Tullnerfeld.

Die Tabula Peutingeriana

Die sogenannte Tabula Peutingeriana ist eine römische Straßenkarte aus dem 4. Jahrhundert n. Chr., die uns in einer Kopie aus dem 12. oder beginnenden 13. Jahrhundert überliefert ist. Die Karte war ursprünglich eine aus 12 Teilen zusammengesetzte Pergamentrolle, von der 11 Abschnitte erhalten blieben. Der Wiener Humanist Conrad Celtis (1459–1508) fand sie und übergab sie dem Augsburger Ratschreiber und Humanisten Konrad Peutinger (1465–1547). Nach ihm wird sie Tabula Peutingeriana genannt. Auf ihr sind die wichtigsten Straßenzüge der Römerzeit schematisch dargestellt, Österreich auf den Segmenten drei und vier. Nach Peutingers Tod wechselte die Karte mehrmals den Besitzer und wurde 1717 von Prinz Eugen bei einem Leipziger Antiquar gekauft. Nach seinem Tod ging sie in den Besitz der kaiserlichen Hofbibliothek, der jetzigen Österreichischen Nationalbibliothek, über.

Gegenüberliegende Seite, links oben: Die römische Straßenkarte „Tabula Peutingeriana", Ausschnitte der Segmente III und IV mit der Limesstraße.
Links: Ziegel mit der christlichen Inschrift „Vivas Nobis" (Du mögest mit uns fortleben). St. Pölten, Stadtmuseum.
Rechts: Ziegel mit Ritzung eines Fisches als christliches Symbol, 4./5. Jahrhundert, aus Wallsee, OÖ.

Der hl. Florian und seine Legende

Florian ist eine historische Persönlichkeit. Er lebte zur Zeit der diokletianischen Christenverfolgung als pensionierter Kanzleivorstand des Statthalters von Ufernorikum in Cetium (St. Pölten), wurde im Jahre 304 in Lauriacum (Lorch bei Enns) vom römischen Statthalter Aquilinus zum Tode verurteilt und am 4. Mai mit einem um den Hals gebundenen Stein von der Ennsbrücke in den Fluß geworfen.

Diese Aussage stützt sich auf die „Passio Sancti Floriani" (aus dieser kurzen Notiz erfahren wir Florians Namen, die Todesart, den Ort der Hinrichtung und vor allem den Titel Florians) und das sogenannte „Martyrologium Hieronymianum".

Unter einem Martyrologium versteht man ein Verzeichnis von Märtyrern der christlichen Kirche. Jeder Blutzeuge ist an seinem Sterbetag verzeichnet. Dem Datum werden in der Regel noch Angaben über Ort, Zeit und Art des Martyriums hinzugefügt.

Das Martyrologium Hieronymianum entstand um 450 aus älteren Quellen und ist die älteste Nachricht vom Leben und Tod des hl. Florian.

Die zweite Quelle ist die „Passio Sancti Floriani", deren antiker Kern in karolingischer Zeit (9. Jahrhundert) zu einer Heiligenlegende ausgeschmückt wurde. Es wurden die Christenverfolgungen der Kaiser Diokletian und Maximian hinzugefügt, ebenso ein Be-

richt von 40 in Lauriacum gefangenen Christen, für die sich Florian vor dem Richter verwenden wollte. Florian bekannte sich seinen ehemaligen Militärkameraden gegenüber als Christ. Der Statthalter Aquilinus ließ Florian rufen und forderte ihn auf, den Staatsgöttern zu opfern. Auf Florians Weigerung hin befahl er, ihn zu schlagen und seine Schulterblätter mit spitzen Eisen zu brechen. Florian blieb standhaft und wurde von Aquilinus zum Tod verurteilt. Er wurde mit einem Stein um den Hals von der Ennsbrücke gestürzt. Der Mann, der ihm den Stoß gab, erblindete. Der Fluß aber erschrak über die Leiche des Märtyrers und setzte sie am Ufer ab, wo sie von einem Adler mit in Kreuzform ausgespannten Flügeln bewacht wurde. Florian offenbarte sich einer frommen Witwe Valeria und wies sie an, seine Leiche an einem bestimmten Ort zu bestatten. Als das Gespann des Wagens auf der Fahrt zum Bestattungsort ermüdete, entsprang eine heilsame Quelle. Beim Grab, über dem später die Stiftskirche St. Florian errichtet wurde, sollen sich dann noch viele Wunderheilungen zugetragen haben.

Links oben: Barocke Büste des hl. Florian.
Unten: Der hl. Florian wird in die Enns gestürzt. Tafelbild der Donauschule in Seitenstetten.

Öllampe mit frühchristlichem Symbol, 5. Jh.

Christentum

Bauten, für die sich christlicher Kult während der Römerzeit nachweisen läßt, sind in Niederösterreich selten. Unter der Pfarrkirche von St. Jakob in Wien-Heiligenstadt wurde ein Bau mit spätrömischen Bestattungen freigelegt. In Mautern, dem ehemaligen Hilfstruppenlager, wurde eine Anlage gefunden, die man als die vom hl. Severin benützte Kirche deutete. Die in seiner Lebensbeschreibung erwähnten Orte Ioviacum und Asturis lassen sich nicht eindeutig lokalisieren. In Carnuntum ist eine frühchristliche Taufkapelle im südlichen Durchgang des Amphitheaters II gefunden worden. Nach dem Ersten Weltkrieg wurde das südlich der Zivilstadt Carnuntum gelegene Amphitheater ausgegraben. Dabei wurde im südlichen Durchgang ein kleiner christlicher Kultbau festgestellt, der nach der Aufgabe des Amphitheaters hier eingerichtet worden ist. Besonders gut erhalten war das in eine Ecke eingebaute Baptisterium mit einem aus Steinquadern errichteten sechseckigen Taufbecken aus dem 4. Jahrhundert.

Es gibt aber einige Objekte, die auf das Christentum im nö. Raum zu dieser Zeit hinweisen, so einen Ziegel mit der Ritzinschrift „viva[s]/nob[is]" (= „Du mögest mit uns fortleben", mit dem Finger in den Ton gezogen) aus dem spätantiken Friedhof in der Radetzkystraße in St. Pölten, oder Fragmente von Gitterschranken in Comagenis (Tulln) und ein Fragment eines Dachfalzziegels (Tegula).

Dann zog sich der selige Severin in einen etwas abseits gelegenen Ort zurück, der „Zu den Weinbergen" hieß, wo er sich mit einer kleinen Zelle begnügte. Aber durch Gottes Offenbarung wird er veranlaßt, in die vorerwähnte Stadt (= Favianis/Mautern) zurückzukehren, und obwohl er an der Ruhe seiner Zelle Freude hatte, gehorchte er doch dem Befehle Gottes und erbaute unfern der Stadt ein Kloster, wo er sehr viele nach seinem

heiligen Vorsatz zu unterweisen begann... Er selbst zog sich öfter in die einsame Behausung zurück, die von den Anwohnern „Burgum" genannt wurde und eine Meile von Favianis entfernt lag, um sich hier... in unablässigem Gebet enger an Gott anschließen zu können.

Eugippius. Vita Sancti Severini. Kapitel 4, 6

Unten Mitte: Der heilige Severin, Tafelgemälde, Ausschnitt aus dem Severinaltar in Neapel um 1470, Museum von Capodimonte.
Unten rechts: Gefesselter Germane, bekleidet mit eng anliegender Hose, der Oberkörper ist nackt, Bronze. Wien, Historisches Museum.

375–488

KALENDER

375 Kaiser Valentinian inspiziert die Donaugrenze und weilt drei Monate in Carnuntum. Erster Hunneneinfall. Die Quaden zerstören Carnuntum. In Lauriacum besteht eine christliche Kirche (Lorcher Stadt- und Patronatskirche St. Laurentius).

Begräbnis einer germanischen Fürstin in Untersiebenbrunn mit wertvollem Schmuck als Grabbeigaben.

379–380 Kaiser Theodosius I. siedelt Gruppen von Goten, Quaden, Hunnen und Alanen in Pannonien (in der Umgebung von Wien) an.

385–395 Die germanischen Heruler siedeln im Marchgebiet, Markomannen im Wiener Becken.

391 Edikt des Theodosius. Das Römerreich wird nach seinem Tode 395 in ein Oströmisches und ein Weströmisches Reich geteilt.

396 Flavius Stilicho, Regent des Weströmischen Reiches, überläßt den Markomannen den Raum von Wien-Klosterneuburg. Eine christliche Königin der Markomannen namens Frigitil wird erwähnt.

um 400 Die Quaden schließen sich den Vandalen an und zerstören mehrere Städte in den Donauprovinzen.

401 Die Vandalen ziehen entlang der Donau gemeinsam mit den Alanen nach Westen.

um 406 Abzug der Legionen von der Donaugrenze.

430 Letzte Erwähnung Carnuntums im Ämterverzeichnis „Notitia Dignitatum".

433 Teile Pannoniens werden den Hunnen überlassen.

434–453 Das Hunnenreich des Königs Attila hat seinen Schwerpunkt in Ungarn.

451 Attila zieht entlang der Donau nach Westen, wird aber in Gallien besiegt.

454 Nach Attilas Tod kommt es zur Schlacht am Fluß Nedao (?) zwischen den Hunnen und germanischen Völkern. Die Hunnen ziehen nach Osten ab.

455 Die Rugier bringen das nö. Donauland unter ihre Herrschaft. Zentrum ist Stein.

7. 9. 456 Erdbeben in Comagenis; der aus dem Osten zugewanderte Severin leitet die Bergungsarbeiten.

476 Der Skire Odoaker besucht auf seinem Zug nach Rom Severin in Mautern. In Favianis besteht seit der Mitte des 5. Jahrhunderts eine christliche Kirche.

Odoaker setzt den weströmischen Kaiser Romulus Augustulus ab. Ende des Weströmischen Reiches.

488 Auf Befehl Odoakers wird nach dem Zerfall des Rugierreiches die christliche romanische Bevölkerung Ufernoricums nach Italien evakuiert. Die Mönche des Severinklosters nehmen den Leichnam Severins nach Lucullanum bei Neapel mit. Auch die römischen Zivilbeamten und Soldaten verlassen das Land.

TODESTAGE

Severin. Bischof. Gestorben 8. 1. 482 in Favianis.

Der heilige Severin

Durch die von Eugippius im Jahre 511 verfaßte Lebensbeschreibung ist Severin der bekannteste Römer unseres Landes. Wahrscheinlich war er ein hochrangiger Funktionär mit Beziehungen zum weströmischen Kaiserhaus, der nach 453 nach Noricum kam. Er wirkte hier als katholischer Missionar, gründete einige Klöster und hatte in Favianis (Mautern) seinen Sitz. Sein Einflußbereich erstreckte sich aber bis in die Gegend von Passau und Salzburg. Severin errang großes Ansehen, so daß er auch politischen Einfluß erlangte und bedeutendes soziales Wirken entfalten konnte. So konnte er eine Anzahl römischer Kriegsgefangener von den Alemannen freibekommen. Auch mit dem Königshaus der Rugier stand er in gutem Kontakt. Am 8. Jänner 482 starb er in Favianis. Sein Leichnam wurde von den Mönchen des Klosters beim Abzug der Römer 488 nach Lucullanum bei Neapel gebracht.

Der Beginn der Völkerwanderung

Um 300 erfolgte in Innerasien ein Klimasturz und verringerte Weideflächen und Viehbestände der dort lebenden Nomadenvölker. Das scheint der Grund für die Abwanderung eines Teiles dieser Stämme nach Westen gewesen zu sein. 374 erschienen die von den „Hun" der chinesischen, den Hunnen der westlichen Quellen geführten altaiischen Stämme im südlichen Rußland und lösten die europäische Völkerwanderung aus, als sie das Ostgotenreich in der Ukraine zerstörten. Diese Vorgänge lösten die ersten Bewegungen in Österreich aus, da die von den Goten unterworfenen Heruler diese Herrschaft abschüttelten und nach Westen entkamen, wo sie sich im Gebiet der Markomannen und Quaden niederließen. Im Jahre 1910 wurde in Untersiebenbrunn im Marchfeld ein Fürstengrab einer etwa 30jährigen Heruler-Prinzessin gefunden, die an einer Deformierung des Hüftgelenkes litt. Ihre Grabbeigaben sind der bedeutendste archäologische Fund aus dem 5. Jahrhundert: Prunkfibeln, goldene Halsketten, Schnallen und Fingerringe, Stücke aus Gold und Silber, Riemenbeschläge des vergoldeten Pferdegeschirres aus Bronze und Goldflitter vom Gewande wurden gefunden. Man datiert die Beisetzung in die Zeit von 400–420.

Zur Zeit, als Attila, der Hunnenkönig, gestorben war, befanden sich beide Teile von Pannonien und alle übrigen Donauländer infolge der ungeklärten Lage in einem dauernden Zustand der Verwirrung. Damals nun kam der hochheilige Gottesdiener Severin aus dem Morgenland an die Grenze von Ufernoricum und Pannonien und verweilte in einer kleinen Stadt namens Asturis.

Eugippius: Vita Sancti Severini

Rechts: Germanischer Helm, 5. Jahrhundert.

Der erste germanische Staat in Niederösterreich

Eugippius erwähnt in seiner „Vita Sancti Severini" von 511 auch das erste germanische Reich auf dem Boden Niederösterreichs, das der Rugier, dessen Zentrum nördlich der Donau im Raum der Stadt Stein lag. Das Rugierreich hat sich etwa um das Jahr 450 im nördlichen Niederösterreich unter dem tüchtigen König Flaccitheus entwickelt. Östlich davon bestand das Ostgotenreich, zu dem es bald eine scharfe Rivalität entfaltete. Im Jahre 475 wurde Feletheus König der Rugier. Seine Gemahlin Giso war eine Gotin. Unter der Herrschaft des neuen Königs entwickelte sich ein lebhafter Handelsverkehr mit den südlich der Donau lebenden Römern, besonders die römische Siedlung Favianis, das heutige Mautern, wurde ein stark besuchter Marktplatz der Rugier. Mautern war durch Severin zu einem überregionalen Zentrum geworden, oft wurde er auch von Germanen aufgesucht. So ist überliefert, daß der Skirenfürst Odoaker, der Führer einer germanischen Schar, ihn aufsuchte und um Rat fragte, ob er nach Italien ziehen solle. Die Rugier waren Arianer und keine Katholiken. Besonders ihre Königin Giso verteidigte entschlossen ihren Glauben und kam so in Gegensatz zu Severin. Da Feletheus die Bewohner des heutigen Mautern und des Tullner Feldes tributpflichtig gemacht hatte, drohte ihm Severin mit dem Zorne Gottes und mit einem Strafgericht, das alsbald eintrat. Am Fürstensitz der Rugier gab es eine Goldschmiede, in der Königin Giso Goldarbeiter in Gefangenschaft hielt, die Schmuck herstellten. Zu diesen gesellte sich der Königssohn Fredericus und wurde von den gefangenen Goldschmieden als Geisel ergriffen. Sie setzten dem Knaben ein Schwert an die Brust und erklärten, ihn zu ermorden, wenn jemand in die Werkstätte eindringe, denn durch die lange Gefangenschaft wären sie so erschöpft, daß sie nichts mehr zu hoffen hätten.

Giso gab aus Angst um ihr Kind die Versicherung, die Gefangenen freizulassen. Der rugische Königsschatz fiel im Jahre 488 dem König Odoaker in die Hände. Denn die Rugier glaubten, gegen Odoaker Krieg führen zu können. Doch dieser besiegte sie im Jahre 487, das Königspaar fiel in die Hände des Siegers und wurde nach Italien gebracht. Dort wurden Feletheus und seine Gemahlin 487 in Ravenna hingerichtet. Der neue Rugierkönig Fredericus rettete nach

Das Wienertor in Traismauer. Die beiden hufeisenförmig vorkragenden Türme stammen bis unter das Dach aus der Antike.

der Niederlage seines Vaters einen Teil des Heeres. Im Jahre 488 wagte er einen Versuch, das Reich des Vaters wieder aufzurichten, wurde aber von König Odoakers Bruder Hunwulf neuerlich besiegt und mußte mit dem Rest des Rugiervolkes zu den Ostgoten ausweichen, wo er sich Theoderich unterstellte.

Maximus überschreitet mit Hilfsgütern für Severin die Alpen. Ein Bär weist ihm den Pfad. Predellenbild vom Polyptichon des sogenannten Meisters von San Severino um 1470. München, Kunstkammer der Wittelsbacher.

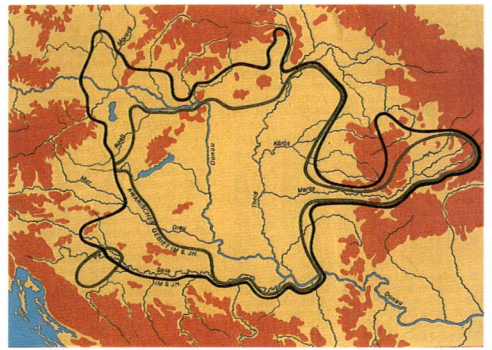

Links: Die Ausdehnung des Siedlungsgebietes der Awaren vom 7. bis zum 9. Jahrhundert.
Unten: Der heilige Hippolyt als römischer Soldat, Barockplastik, im 19. Jahrhundert überarbeitet, Pfarrkirche Böheimkirchen.

KALENDER

490–500 Die Langobarden besetzen Südmähren und das Rugierland im nördlichen Niederösterreich und donauaufwärts bis zur Enns. Sie geraten in ein Abhängigkeitsverhältnis zu den Herulern, deren Reich die größte Ausdehnung erreicht.

493 Der Ostgote Theoderich besiegt Odoaker und baut in Italien ein ostgotisches Reich auf.

508 Die Heruler werden durch die Langobarden besiegt, die nun in großen Teilen Niederösterreichs tonangebend sind.

vor 530 Die Langobarden gründen ein Reich im nö. Raum.

um 530 Der Stamm der Bajuwaren tritt auf, und zwar zwischen Lech und Inn und im Gebiet der mittleren Donau (mit dem Schwerpunkt Regensburg) bis Enns.

um 550 Höhepunkt der langobardischen Machtentfaltung in NÖ. unter König Wacho. Slawen kommen von Süden und später von Norden nach Niederösterreich. Sie besetzen auch Pannonien.

um 550 Die Bayern werden in der Gotengeschichte des Jordanes genannt. Als ihr Herzog wird Garibald genannt. Die Awaren treten erstmals in Mitteleuropa auf.

565 Der römische Schriftsteller Venantius Fortunatus nennt den Stamm der Bayern. Herzog Garibald ist fränkischer Gefolgsmann.

567 Die Awaren dringen in den ungarischen Raum ein. Die Langobarden und Awaren verbünden sich und besiegen in Ungarn die germanischen Gepiden.

568 Die Langobarden verlassen Niederösterreich und ziehen nach Norditalien.

582 Die Awaren erobern Sirmium und öffnen damit den Südslawen den Weg nach Nordwesten.

623 Ein Aufstand der Slawen unter dem Franken Samo gegen die Awaren führt zur Bildung eines slawischen Großreiches, das wahrscheinlich auch Teile Niederösterreichs umfaßt.

658 Der Slawenkönig Samo stirbt, sein Reich zerfällt.

696–718 Der Bayernherzog Theodo beginnt mit der Christianisierung seines Volkes.

um 700 Lorch wird von den Awaren zerstört.

739 Bonifaz organisiert die Kirche Bayerns, das Bistum Passau wird für das Donautal zuständig.

um 765 Abt Fulrad von St. Denis bringt Reliquien des hl. Hippolyt aus Rom ins Frankenreich. Gründung des Klosters St. Hippolyt (St. Pölten) durch die fränkischen Grafen Adalbert und Autkar. Adalbert ist ab 760 als Laienabt von Tegernsee bezeugt, Autkar (Ottokar) wird von 752–788 genannt.

777 Kremsmünster wird gegründet und erhält Besitz am Ostabfall des Dunkelsteiner Waldes (Grunzwitigau).

788 Schlacht zwischen Bayern und Awaren bei Ybbs. Der Sendbote Autkar kämpft auf bayerischer Seite. Das Herzogtum Bayern einschließlich der österreichischen Gebiete wird Teil des Fränkischen Reiches (Absetzung Herzog Tassilos von Bayern).

TODESTAGE

Theoderich der Große. König der Ostgoten. Gestorben 30. 8. 526 in Ravenna. (Geboren um 453.)

Die Heruler

Um das Jahr 500 übten in Niederösterreich die Heruler die Hegemonie aus. Es ist nicht klar, ob sie ein germanischer Stamm oder nur ein aus Mitgliedern mehrerer Stämme zusammengesetzter Heerhaufen waren. Sie bauten im ehemaligen Rugierland und im Weinviertel bis zum Marchfeld ein Reich auf, das bis Pannonien reichte.

Im Jahre 508 wurden sie von den Langobarden besiegt und verschwanden so rasch aus der Geschichte, wie sie gekommen waren. Später erinnerte nur mehr die 832 im Raum Pöchlarn genannte Herilungoburg an sie.

Die Goten

Nach Attilas Tod 453 brachen Diadochenkämpfe unter seinen Söhnen aus. Goten und Gepiden empörten sich, am Fluß Nedao in Pannonien, wohl an der Leitha, besiegten sie 455 die Hunnen, unterstützt von Rugiern, während Heruler und Alanen auf der Seite der Hunnen standen. Die Erinnerung daran hat die isländische Hervarar-Sage bewahrt.

Kaiser Avitus, der im Weströmischen Reich herrschte, nahm Pannonien in Besitz und schloß mit den Goten ein Bündnis (Föderaten).

Die Goten waren 455–471 Herren in Pannonien, das Land um den Plattensee und Neusiedler See war Zentrum ihres Reiches, im Süden bildete die Drau die Grenze. Hier wurde Theoderich als Sohn des Thiudimer geboren, der das Gebiet um den Neusiedler See beherrschte, wohl auch den Raum von Wien. Dort erwehrten sie sich der Angriffe verschiedener verbündeter Stämme unter anderem der Skiren, eines Stammes, der sich erst spät aus hunnischer Herrschaft löste.

Im Zuge der Auflösung des Stammes zog Odoaker, der älteste Sohn des Skirenfürsten Edika, mit einer Gefolgschaft von Skiren und Herulern nach Italien, wo er 476 das weströmische Kaisertum stürzte. Bei dieser Gelegenheit besuchte Odoaker den heiligen Severin in seinem Kloster in Mautern.

Zwei Bügelfibeln und eine Halskette aus dem Grab einer Fürstin in Untersiebenbrunn, Wien, Kunsthistorisches Museum.

Rechts: Bulgarischer oder awarischer Lanzenreiter mit Gefangenen, Detail auf einem Krug des Schatzfundes von Nagyszentmiklos (Sinkolar Mare, Rumänien), Wien, Kunsthistorisches Museum. Unten rechts: Von einer Pfeilspitze durchbohrter Wirbel eines Menschen, aus einem Grab in Wien-Leopoldau.

Die Langobarden

Für die Geschichte dieses Volkes stehen neben den archäologischen Funden auch frühmittelalterliche Schriftquellen zur Verfügung, etwa die „Historia Langobardorum" des Paulus Diaconus, die nach 770 entstand.

In Gräberfeldern des nordöstlichen Niederösterreich sind Langobarden bestattet, die nach 490 einwanderten. Im Jahre 505 übersetzte das Volk die Donau und nahm eine Ebene, die „Feld" genannt wurde, in Besitz, das heutige Tullnerfeld. Dort machten sie sich romanische Bevölkerung untertan und besiegten drei Jahre später die Heruler. Um diese Zeit besetzten sie auch das östliche Weinviertel und erreichten um 530 den Höhepunkt ihrer Macht. Sie entwickelten ein eigenständiges Kunsthandwerk, in das provinzialromanische Formen übernommen wurden.

Die Langobarden waren sowohl von den Franken wie von Ostrom stark umworben,

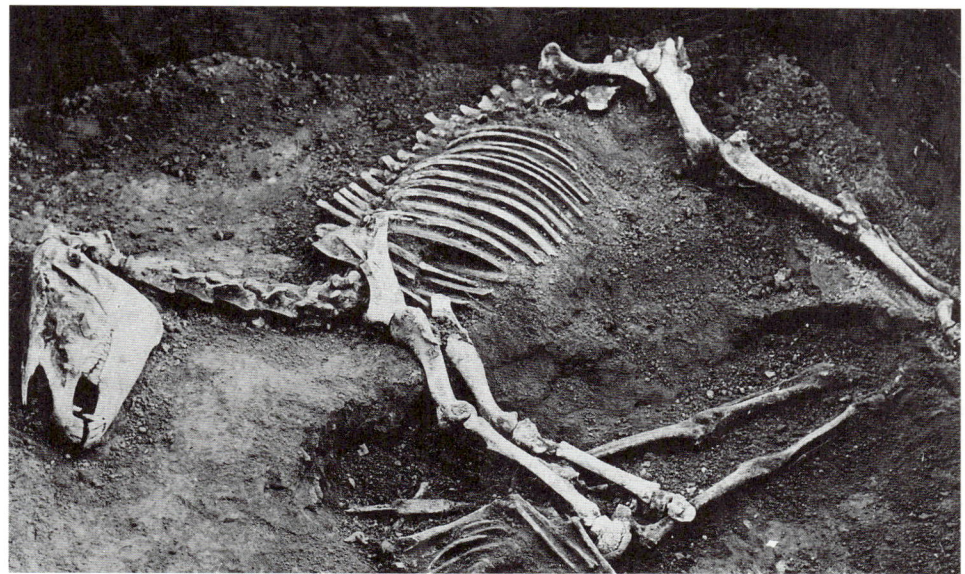

Oben: Reitergrab aus der Völkerwanderungszeit aus Kuffern in Niederösterreich.

Verzierte Blechkreuze, Beigaben aus Labgobardengräbern.

sie schlossen mit Ostrom ein Bündnis und wollten in Pannonien Fuß fassen. Seit 526 gibt es auch im Wiener Becken Gräber dieses Volkes. Bald gerieten sie in Gegensatz zu den Gepiden, denen sie nicht gewachsen waren. Deshalb schloß der langobardische König Alboin 567 mit den seit etwa 560 in Südrußland lebenden Awaren ein Bündnis. Im Fall eines Sieges sollten die Awaren das gesamte Siedlungsgebiet der Gepiden erhalten und dazu noch zehn Prozent des langobardischen Viehbestandes. Noch im gleichen Jahr wurden die Gepiden geschlagen. Nun merkten die Langobarden, daß ihre Kampftechnik der awarischen unterlegen war. Daher entschloß sich König Alboin, die Sitze im Donauraum aufzugeben und mit dem Volk nach Italien zu ziehen. Im Jahre 568 verließen die Langobarden gemeinsam mit Teilen anderer Germanenstämme das Land und errichteten in Norditalien ein Königreich, das 774 von Karl dem Großen unterworfen wurde. Im niederösterreichischen Raum hinterließ das Volk keine Spuren, wenn man von ausgedehnten Gräberfeldern absieht.

Die Awaren

Vor einer türkischen Invasion flohen in der ersten Hälfte des 6. Jahrhunderts die Awaren, ein Stamm mongolischer Herkunft, aus Turkestan nach Westen. Die Awaren konnten im Nordkaukasus einige Stämme unterwerfen, die sich ihnen auf dem Zug nach Westen anschlossen. Im Jahre 558 standen die Awaren vor den Grenze des Byzantinischen Reiches und wollten mit diesem einen Föderatenvertrag abschließen. Den Byzantinern war dieses Anerbieten anfangs willkommen, da es als Druckmittel gegen die Perser diente. Auch in das Frankenreich stießen die Awaren in den nächsten Jahren vor. Als Byzanz die Kontakte löste, bemächtigten sich die Awaren nach 568 des Karpatenbeckens. Damit begann ihre 250 Jahre dauernde Herrschaft in Pannonien, die sich auch zeitweise über große Teile Niederösterreichs erstreckte.

Zu dieser Zeit strömten Slawen in das Donaubecken ein und besiedelten es unter awarischer Oberhoheit. Noch bevor die Awaren im Jahre 626 vor Konstantinopel eine schwere Niederlage erlitten, erhoben sich slawische Stämme und errichteten ein Reich, über das der Franke Samo herrschte. Nach dessen Tod wurde zwar die Herrschaft der Awaren erneuert, sie erreichten aber ihre frühere Macht nicht mehr. Um 700 machten die Awaren wieder einen Vorstoß bis zur Enns und zerstörten Lorch. Im Laufe des 8. Jahrhunderts gehörten das Viertel unter dem Wienerwald und das Weinviertel zum awarischen Herrschaftsbereich, das Viertel ob dem Wienerwald scheint von den

Bayern besetzt gewesen zu sein. Mit den Bayern bestanden zu dieser Zeit gute Kontakte. Als Herzog Tassilo III. von den Franken bedrängt wurde, kamen ihm die Awaren zu Hilfe und machten die Enns wieder zur Grenze ihres Reiches. Dies war für Karl den Großen der Anlaß, gegen dieses Volk vorzugehen. In mehreren Feldzügen wurde das Reich der Awaren vernichtet, der Rest des Volkes wurde im nördlichen Burgenland angesiedelt, wo es in den ersten Jahren des 9. Jahrhunderts einer Seuche zum Opfer fiel.

487–789

Die Slawen

Als die Langobarden aus Niederösterreich abzogen, machten sie den Slawen Platz, die sich unter awarischer Oberherrschaft ausbreiteten und viele Siedlungen errichteten. Vom Süden und Osten kamen südslawische Stämme, in die Alpentäler und ins Alpenvorland, aus Böhmen und Mähren nordslawische Stämme ins Waldviertel. An der Donau trafen beide Gruppen einander. Viele Fluß- und Ortsnamen erinnern an ihre Siedlungstätigkeit im 8. und 9. Jahrhundert. Die Slawen unternahmen 626 einen Aufstand gegen die Awaren, der zur Gründung eines Reiches führte, zu dem auch Teile Niederösterreichs gehörten. Es stand unter der Führung des fränkischen Adeligen Samo. Die westliche Grenze dürfte der Melkfluß gewesen sein. Nach dem Tode Samos im Jahre 658 zerfiel das Reich. Teile Niederösterreichs wurden wieder von den Awaren beherrscht, im Westen waren aber die Bayern mächtig geworden und entfalteten selbst Siedlungstätigkeit. Die Slawen stellten auch in der Karolingerzeit einen erheblichen Anteil an der Bevölkerung des Landes, nahmen das Christentum an und gingen in der frühen Babenbergerzeit während der verstärkten bayerischen Siedlungstätigkeit in dem neuen Volk auf. Regionale Herrschaftsbereiche lassen sich bis ins 10. Jahrhundert nachweisen, in vereinzelten Alpentälern noch länger.

Die Bajuwaren

Während um 530 im östlichen Niederösterreich die Langobarden herrschten, bildete sich im oberen Donaugebiet der Stamm der „Männer aus Baja", der Bajuwarii oder Bayern. Reste von Rugiern, Skiren, Sueben und Markomannen, aber auch provinzialrömischer Bevölkerung waren mit Westgermanen zu einem neuen großen Stamm verschmolzen. Um die Mitte des 6. Jahrhunderts standen sie unter langobardischem Einfluß, dann gerieten sie in Abhängigkeit von den Franken.
Bayerische Siedlungen gab es in größerer Dichte im Gebiet der Traun, östlich der Enns können aus der Frühzeit nur wenige Siedlungen archäologisch nachgewiesen werden. Ortsnamen bezeugen aber auch hier größere Siedlungstätigkeit in Kleinweilern und lockeren Haufendörfern. Die Bayern übernahmen aber auch städtische Lebensformen von der Vorbevölkerung, auch den römischen Bischofssitz Lorch.
Die Führung des Stammes hatten die Agilolfinger inne, die vermutlich von den Franken eingesetzt waren. Um 760 scheinen sie das

Herzog Tassilo von Bayern mit dem Modell der Stiftskirche von Kremsmünster vor dem Salvator mundi, Miniatur von Eberhard Schöfftlmair im Rotelbuch, 1595–1607, von Kremsmünster.

Viertel ob dem Wienerwald beherrscht zu haben und erhielten 763 in einem Abkommen für die Kirche auch Missionsmöglichkeiten in Pannonien zugestanden. Zu dieser Zeit entstand in St. Pölten das erste Kloster auf niederösterreichischem Boden, das von den Adeligen Autkar (Ottokar) und Adalbert begründet und mit Benediktinern aus Tegernsee besiedelt wurde. Die Bayern waren bereits im 6. Jahrhundert christianisiert worden. Als Bonifatius die bayerische Kirchenorganisation aufbaute, erhielt das Bistum Passau das Donautal zugesprochen. Als sich der bayerische Herzog Tassilo III. aus der fränkischen Oberhoheit lösen wollte, wurde er 788 von Karl dem Großen abgesetzt und in ein Kloster verbannt. Das von ihm 777 gegründete Kloster Kremsmünster, das auch mit Gütern im zentralen Niederösterreich bestiftet worden war, hielt die Erinnerung an ihn aufrecht. Auch unter fränkischer Herrschaft war der Bayernstamm für die spätere Geschichte Niederösterreichs maßgebend.

KALENDER

791 Die Enns gilt als „Limes certus" zum Awarenland. Der Feldzug der Franken und Bayern gegen die Awaren endet ergebnislos bei Raab. In diesem Jahr wird „Omuntesdorf", wahrscheinlich die Martinskirche von Klosterneuburg, genannt.

795 Die Awarenringe im Zentrum Pannoniens (Ungarns) werden von den Franken erobert, das Awarenreich wird zerstört.

799 Bischof Waltrich von Passau übergibt Graf Gerold die Martinskirche in Linz. Ausgestellt ist die Urkunde in Traisma (St. Pölten).

25. 12. 800 Kaiserkrönung Karls des Großen in Rom.

803 Errichtung der „Awarischen" oder „Karolingischen" Mark.

805 Die im östlichen Niederösterreich angesiedelten Awaren werden durch eine Seuche dezimiert.

823 und 830 Die Wachau und der Grunzwitigau (östlich des Dunkelsteiner Waldes) werden erstmals genannt.

22. 3. 828 Ludwig der Fromme übergibt dem Kloster Kremsmünster den Grunzwitigau und einen Grund bei Flinsbach.

5. 1. 831 Medilica (Melk) wird urkundlich genannt.

832 Die Herilungoburg (Pöchlarn) im ehemaligen Awarenland wir urkundlich genannt.

833 Der Slawenfürst Priwina wird in Traismauer getauft.

843 Im Vertrag von Verdun wird das Donaugebiet ein Teil des Ostfränkischen Reiches.

840–866 Unter Bischof Hartwig von Passau kommt das Kloster Traisma (St. Pölten) an das Bistum Passau.

846 Der Slawenfürst Moimir, der über Mähren herrschte, wird von Ludwig dem Deutschen abgesetzt.

854 Graf Ratbod, Präfekt der Grenzmark, verrät die Franken an die Mährer.

856 Markgraf Ratbod wird wegen Verrates abgesetzt. Vielleicht ist nach ihm der Ort Radlberg benannt.

20. 11. 860 König Ludwig der Deutsche bestätigt dem Erzbischof Adalwin von Passau den Besitz der Orte Loiben, Arnsdorf, Hollenburg und Traismauer.

um 864 Von St. Pölten aus wird eine Hippolytzelle bei Znaim (Pöltenberg = „Hradište Svateho Hypolita") gegründet.

864/65 Erzbischof Adalwin von Salzburg weilt zu Weihnachten bei Fürst Kozel in der Moosburg am Plattensee. Bei der Rückreise weiht er am 1. Jänner die Michaelskirche in Orth, am 13. Jänner die Kirche in Hadersdorf und am 14. Jänner die Margarethenkirche zu Spitz.

864 Der Mährenfürst Rastislav ruft die Slawenapostel Konstantin (später Kyrill genannt) und Method in sein Reich. Sie schaffen eine slawische Nationalkirche.

Karl der Große, Buchmalerei des 15. Jahrhunderts in der OÖ. Landesbibliothek.

865/70 Die Grafen Wilhelm und Engelschalk werden als „Duces Karlmani" des Karolingers Karlmann, Sohn Ludwigs des Deutschen, genannt.

869 In Baden (Padun) wird eine karolingische Pfalz genannt.

870 Die fränkisch-bayerischen Archipresbyter werden aus dem Großmährischen Reich ausgewiesen. Sie wirkten dort seit 863.

871 Die beiden Grenzgrafen Wilhelm und Engelschalk fallen im Kampf gegen den Mährerfürsten Swatopluk, den Nachfolger Rastislaws, der sich gegen die fränkische Oberhoheit erhebt.

876 Nach dem Tode König Ludwigs des Deutschen wird Karlmann sein Nachfolger in Bayern, dann dessen Sohn Arnulf. Markgraf im Grenzbereich wird Aribo.

881 In der Gegend von Wien treten erstmals Ungarn auf. Es kommt dort zum Kampf gegen die Ungarn „ad Weniam" (bei Wien).

882 Konflikt zwischen Markgraf Aribo und den Nachfolgern der 871 gefallenen Grenzgrafen Wilhelm und Engelschalk. Swatopluk von Mähren greift auf Seite Aribos ein. Die Franken verlieren das Land östlich des Wienerwaldes an Fürst Swatopluk.

884 König Karl III. trifft bei Tulln mit dem Mährerfürsten Swatopluk zusammen.

887 Arnulf von Kärnten wird nach der Abdankung seines Onkels Karl III. des Dicken König des Ostfränkischen Reiches und regiert bis 899.

888 Die Adeligen Witigovo und sein Sohn Heimo errichten eine Burg im unteren Traisental.

889 Die Ungarn ziehen in verstärktem Maße nach Pannonien und beginnen das Awarenland zu besetzen.

892 König Arnulf sendet auf der Donau Boten an den Bulgarenkhan.

894 Nach dem Tod Swatopluks rascher Niedergang des Großmährischen Reiches.

897 Der Sage nach Einwanderung der Ungarn in die ungarische Tiefebene.

899 König Arnulf (seit 896 Kaiser) fährt auf dem Schiff nach Mautern, um den unbotmäßigen Isangrin zu belagern. Er stirbt in Regensburg.

903–906 Zu Raffelstetten an der Donau wird eine Zollordnung erlassen. Sie nennt Märkte an der Donau bis an das Gebiet von Mautern.

904–906 Zerstörung des Großmährischen Reiches durch die Ungarn.

904 Der Ungarnfürst Chussal und seine Gefolgsleute werden bei einem Gastmahl bei den Bayern ermordet.

um 907 Der Slawengraf Josef regiert im Kamptal bei Gars.

5. 7. 907 Die Bayern unter Markgraf Liutpold werden von den Ungarn bei Brezalauspurc (Preßburg) geschlagen. Markgraf Liutpold fällt, ebenso der Erzbischof von Salzburg. Das bedeutet das Ende der Karolingischen Mark, das Gebiet bis zur Enns fällt unter ungarische Herrschaft.

nach 907 Im niederösterreichischen Donaugebiet wird eine Mark der Ungarn unter Rüdiger von Bechelarn errichtet.

913 Liutpolds Sohn, der Bayernherzog Arnulf, siegt bei Passau über die Ungarn – die erste schwere Niederlage.

15. 3. 933 An der Unstrut werden die Ungarn von König Heinrich I. besiegt.

935 Der Bayernherzog Arnulf nennt sich „Herzog der Bayern und Karantanen".

943 Herzog Berthold von Bayern siegt bei Wels im Traungau über die Ungarn.

948 Heinrich, Bruder des Königs Otto I., wird Herzog von Bayern.

10. 8. 955 Auf dem Lechfeld bei Augsburg werden die Ungarn von König Otto I. vernichtend geschlagen und setzen sich endgültig in der ungarischen Tiefebene fest.

TODESTAGE

Gerold. Graf, 1. Präfekt der Awarischen Mark. Gestorben 799.

Ludwig der Deutsche. Gestorben 28. 8. 876 in Frankfurt.

Method. Erbischof in Mähren. Gestorben 6. 4. 885 in Staré Město (in Velehrad begraben).

Swatopluk. Fürst des Großmährischen Reiches. Gestorben 894.

Arnulf. König. Gestorben 8. 12. 899 in Regensburg.

Ludwig das Kind. Der letzte Karolinger. Gestorben 911.

Konrad I. König. Gestorben 918 (Sein Nachfolger wird Heinrich von Sachsen, als Gegenkönig tritt Arnulf von Bayern auf).

Drakulf von Freising. Bischof. Gestorben 926, verunglückt auf der Fahrt durch den Donaustrudel bei Grein oder bei Persenbeug.

Heinrich I. von Bayern. Herzog. Gestorben September 955.

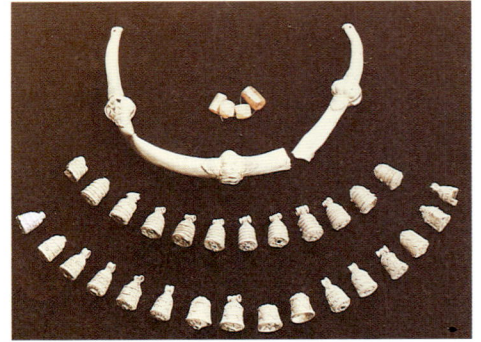

Links: Der Evangelist Matthäus, Miniatur im Cutbercht Evangeliar. Wien, Österr. Nationalbibliothek.
Rechts: Der karolingische Silberschmuck aus Draßburg, Liszt-Ferenc-Museum in Sopron.
Mitte: Detail vom Tassilo-Kelch in Kremsmünster.
Unten: Die Unterkirche von Traismauer, Grabstätte eines karolingischen Adeligen.

Karolingische Mark

Nach der Niederwerfung der Awaren wurde das bis dahin von ihnen beherrschte Gebiet einem Präfekten unterstellt, der das Land zwischen Enns und Wienerwald als „Bayerischen Grenzabschnitt im Osten" einrichtete. Östlich des Wienerwaldes herrschten vorläufig awarische Teilfürsten, die von Königsboten überwacht wurden, später slawische Fürsten. Einige Präfekten fielen nach kurzer Zeit, bis es gelang, Stützpunkte zu schaffen. Bayerische Bistümer wie Salzburg, Regensburg oder Passau, aber auch Klöster und weltliche Adelige erhielten Land zugesprochen und sollten es erschließen und besiedeln. Sie errichteten Dörfer, Kirchen und Burgen, holten Siedler ins Land und versuchten, die einheimische Bevölkerung zu integrieren. Die kirchliche Aufsicht erhielt das Bistum Passau. Der Siedlungsaufbau machte rasche Fortschritte, doch begannen ab der Mitte des 9. Jahrhunderts die Grenzkämpfe mit den benachbarten Mährern, die schließlich zu großer Unsicherheit führten. Am Beginn des 10. Jahrhunderts, als eine Zusammenkunft zu Raffelstetten bei Enns stattfand, war die Donau nur mehr bis Mautern in der Hand der Franken; kurz darauf brach ihre Herrschaft völlig zusammen.

Archäologische Ergebnisse aus der Karolingerzeit

Die Geschichte des Mittelalters, besonders des Frühmittelalters, ist in unserer Zeit durch archäologische Ausgrabungen und Funde bereichert worden, während früher vor allem schriftliche Quellen zur Erstellung des Geschichtsbildes herangezogen wurden. Die großen Erdbewegungen für Bauvorhaben der letzten Jahrzehnte haben der Archäologie viele neue Möglichkeiten eröffnet. Das Nebeneinander beider Quellenarten setzt im größeren Maße seit der Karolingerzeit ein. Für die früheren Jahrhunderte überwiegen die Bodenfunde. So sind selbst im Waldviertel, das nach den Ergebnissen der Forschung weitgehend mit Wald bedeckt war, eine Reihe von kleinen Siedlungsbereichen vorhanden gewesen. In Unterthalheim bei Maria Taferl wurde ein Gräberfeld festgestellt, welches kurz nach 800 angelegt wurde und fast bis zum Ende des 9. Jahrhunderts bestand. Die Toten wurden in Holzsärgen in gegrabenen Schächten bestattet, das Gesicht nach Sonnenaufgang ge-

richtet. Schmuck und Messer sowie Speisebeigaben sind häufig zu finden. Auch Flüssigkeiten in Behältern wurden den Toten beigegeben. Die Särge wurden manchmal mit Rinderhäuten abgedeckt, von denen sich die Stirnzapfen erhalten haben. Die Toten waren vermutlich Slawen, die von Norden her den niederösterreichischen Raum seit dem 7. Jahrhundert besetzten. Im Alpenvorland weiteten sich die Siedlungen nach 800 rasch aus. Ein Gräberfeld wurde in Pottenbrunn freigelegt, wobei man 250 Beisetzungen fand, die in rund 70 Jahren erfolgten. Es war also, wie man berechnen kann, ein Dorf mit etwa 40 Bewohnern, das dort seine Toten begrub. Die Beigaben sind vielfältig und reichlich. Auch der Übergang von der heidnischen Bevölkerung zur christlichen ist daran zu erkennen, daß mit der Verbreitung des Christentums die Grabbeigaben selten werden und schließlich aufhören. Man muß sich damit abfinden, daß ab

dem 9. bzw. 10. Jahrhundert nur mehr Schmuck und Kleidungsbestandteile, manchmal auch Waffen, in die Gräber gelegt wurden.

Das beste Bild eines über lange Zeit bestehenden Siedlungskomplexes bietet Thunau am Kamp. Am Rand des Nordwaldes gelegen, fand hier im 9. Jahrhundert eine bedeutende Vergrößerung der bestehenden Siedlungs- und Festungsanlagen statt. Ein Wall um die Siedlung wurde durch eine Neuanlage, die mit Steinen verblendet war, ersetzt. Auch neue Tore und Siedlungsbauten innerhalb des Wallkörpers entstanden. Im ersten Jahrzehnt des 10. Jahrhunderts war dort ein slawischer Großherr namens Josef tätig, der eine Art Burgbezirk verwaltete.

Das Großmährische Reich

Die Slawenstämme nördlich der Thaya konnten sich seit dem frühen 8. Jahrhundert durch die Anlage weiträumiger Burgwälle vor den Awaren schützen und unabhängig werden. Gegen Ende des 8. Jahrhunderts entwickelten sie eine eigenständige Kultur. Ihr Zentralgebiet lag zur Zeit des Zusammenbruches des Awarenreiches im Bereich der Thayamündung. Ein anderer Fürstensitz bestand in Nitra in der Slowakei. Als im Jahre 833 der Mährerfürst Moimir den Fürsten Priwina aus Nitra vertrieb, suchte dieser Schutz bei den Franken und ließ sich in Traismauer taufen. Die Franken übten künftig größeren Druck auf die Mährer aus, zwangen Moimir zum Rücktritt und setzten dessen Neffen Rastislaw zum Fürsten ein. Dieser erhob sich aber bald gegen die Franken und erbat sich Missionare aus Byzanz, um die fränkisch-bayerische Kirche auszuschalten. So kamen die Slawenapostel Kyrill und Method nach Mähren. Method wurde Bischof der Mährer und erhielt in Rom die Erlaubnis, den Gottesdienst in slawischer Sprache zu halten.

Die Franken verhalfen dem Fürsten Swatopluk zur Herrschaft, doch vertrieb dieser sie aus seinem Land und dehnte sein Reich über Teile Niederösterreichs aus.

Daher mußte der bayerische Grenzabschnitt im Osten stärker befestigt werden. Dies geschah durch die Anlage von Burgen im Traisental (Herzogenburg, Wilhelmsburg). Die Kriege mit Mähren hielten an, bis mit den Ungarn eine neue Macht im Donauraum entstand, die sowohl die Frankenherrschaft in Österreich als auch das Großmährische Reich zerstörte. Ab dem Jahre 907 gehörte Niederösterreich zum Herrschaftsbereich der Magyaren.

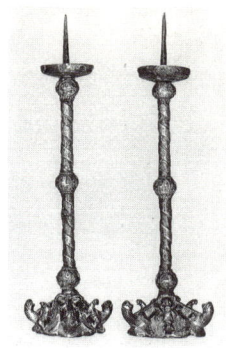

Links: Die Tassilo-Leuchter, umgearbeitet aus den Insignien des Bayernherzogs Tassilo III. Stift Kremsmünster.
Rechts: Bischof Valentinian missioniert das heidnische Passau, Ölgemälde des 17. Jahrhunderts. Passau, Oberhausmuseum.

Die Ungarn

Im Jahre 881 mußten Franken und Bayern im Wiener Becken Reiterscharen abwehren, die wie die vor hundert Jahren besiegten Awaren aussahen. Es waren dies die Ungarn oder Magyaren, die damals von der südlichen Ukraine aus Vorstöße bis nach Mitteleuropa unternahmen. Am Ende des 9. Jahrhunderts, der Sage nach 897, besetzten sie Pannonien und besiegten am 4. Juli 807 die Bayern bei Preßburg.

Künftig gehörte Niederösterreich zu ihrem Machtbereich. Die Grafschaft zwischen Enns und Wienerwald dürfte aber unter einem von den Ungarn eingesetzten Markgrafen geblieben sein. Dies scheint der Kern des Nibelungenliedes auszusagen, in dem Rüdiger von Bechelaren eine Rolle spielt. Die Ungarn überfielen in den nächsten Jahren laufend die Nachbarländer, besiegten mehrmals bayerische Herre, wurden aber auch mehrmals geschlagen.

Im Jahre 955 unternahmen sie einen großen Feldzug gegen Bayern und Schwaben. König Otto I. trat ihnen mit einem Reichsheer entgegen und konnte sie am 10. August 955 auf dem Lechfeld bei Augsburg so schwer schlagen, daß sie zu keinem weiterem Feldzug mehr fähig waren. In den folgenden Jahren mußten sie die Positionen in Österreich aufgeben, nahmen das Christentum an, wurden in der pannonischen Tiefebene seßhaft und gliederten sich in die Reihe der mitteleuropäischen Völker ein.

Kyrill und Method, Ikone von Zonjo Simeonov im Historischen Nationalmuseum Sofia.

Burganlage von Gars-Thunau, im 8. Jahrhundert Sitz des Slawenfürsten Josef.

Siedlungs- und Gewässernamen

Nur selten liegen konkrete Nachrichten über die Gründung einer Siedlung vor. In den meisten Fällen erfolgte die erste urkundliche Nennung eines Ortes lang nach seiner Entstehung. Um über die Umstände der Siedlungsgründung Aufschlüsse zu erhalten, müssen andere Quellen herangezogen werden, wie etwa Siedlungs-, Haus- oder Flurformen, die geographischen und wirtschaftlichen Voraussetzungen, Besitzverhältnisse, Rechtsstellung und die kirchliche Organisation, aber auch die Analyse des Siedlungsnamens. Sie kann Aussagen über die Lage oder über den Gründer oder Erstbesitzer sowie über kirchliche Verhältnisse machen, wenn es sich um Patrozinien als Ortsnamen handelt. Auf Grund sprachlicher Merkmale kann man den Zeitraum der Gründung erforschen, und sprachliche Entwicklungsgesetze anderer Art spielen oft auch eine große Rolle. Es gibt aber auch Siedlungsnamen, die durch Übernahme von Gewässernamen entstanden sind. In diesem Falle ist der Zeitpunkt maßgebend, ab dem dieser Name für die Siedlung Verwendung fand. Die Gewässernamen sind meist wesentlich älter als die Ortsnamen. Besonders die Siedlungen an den Nebenflüssen der Donau in Niederösterreich wie Ybbs, Melk, Tulln, Schwechat, Wien sind vom Flußnamen abgeleitet. Es gibt aber auch noch Namen, die einen speziellen Bezug zur Wassersituation

haben – wie Orte, die mit -bach, -ach, -au oder -brunn enden. Manche Orte beziehen sich auf die Qualität des Wassers, wie Gutenbrunn, Feuersbrunn, Stinkenbrunn. Insgesamt ist die Zahl der Siedlungen, deren Benennung einem Gewässernamen entspricht, in Österreich sehr groß. Die Ursache liegt wohl darin, daß man sich anfangs stark an Wasserläufen orientierte. Im 9. und 10. Jahrhundert waren es Gründungen im Bereich des siedlungsfreundlichen Donautales und des Alpenvorlandes sowie in den Ebenen im östlichen Niederösterreich. Der Name wird oft zuerst für ein größeres Gebiet im Einzugsgebiet des Wasserlaufes verwendet und dann erst auf die einzelne Siedlung reduziert. In der Epoche der Siedlungserweiterung im 10. und 11. Jahrhundert, als man durch Rodung in Randzonen der Waldgebiete eindrang, entstanden die Namen auf -ach, -bach oder -see. Die Gewässerbezeichnungen sind meist die ursprünglichen und daher älter als die Siedlungsnamen. Die sprachliche Zuordnung der als Siedlungsnamen verwendeten Gewässernamen bietet kaum einen Anhaltspunkt für die Bestimmung der Nationalität der Siedlungsgründer. Es dürfte sogar so sein, daß diese Art von Namensgebung bei den deutsch-bayerischen Siedlern bevorzugt wurde, die jeden vorhandenen Namen, auf den sie trafen, übernommen haben.

Links: Die Burg Hernstein, Federzeichnung im Falkensteiner Codex, entstanden im 12. Jahrhundert im Kloster Scheyern. München, Bayerisches Hauptstaatsarchiv.
Rechts: Marter des hl. Kolomann. An dem Galgen hängt der Heilige zwischen zwei Verbrechern. Kolorierter Holzschnitt, 15. Jahrhundert. Aus „Passional, das ist der Heiligen Leben", Nürnberg 1488.

956–1018

KALENDER

2. 2. 962 Otto I. wird in Rom zum Kaiser gekrönt.

vor 971 Markgraf Burchard wird in der Mark genannt.

vor 972 In der bayerischen Grenzmark wird neuerlich Markgraf Burchard genannt, St. Michael in der Wachau liegt in seiner Marchia.

975 Der Bayernherzog Heinrich II., der Zänker, unternimmt einen Aufstand gegen Kaiser Otto II.

Vor 21. 7. 976 Graf Liutpold (Leopold) vom Donaugau wird mit der Mark an der Donau belehnt, nachdem Burchard abgesetzt wurde. Erstmals wird Liutpold in einer Urkunde für das Kloster Metten vom 21. Juli 976 erwähnt.

22. 7. 976 In einer Urkunde Ottos II. für Passau wird neben Kremsmünster und St. Florian auch „Traisma civitas monasterii sancti Ypoliti" als Eigenkloster des Bischofs von Passau genannt.

Nach Juli 976 Markgraf Leopold I. nimmt einem Grafen Sizo die Burg Melk ab, zerstört sie und gründet an dieser Stelle ein Kanonikerstift.

14. 10. 979 Kaiser Otto II. schenkt dem Bischof Wolfgang von Regensburg 6 Königshufen in dem Gebiet an der großen Erlauf im Raum Wieselburg. Dort entsteht eine Burg mit oktogonalem Kirchenbau.

30. 9. 985 bis April 991 Auf einem Gerichtstag in Österreich wird durch den Bayernherzog Heinrich II., den Zänker, ein Weistum ausgestellt. Die Besitzrechte und Leistungen der Untertanen des Bistums Passau und von Klöstern in der Mark Leopolds I. werden festgelegt. Auch eine Reihe von Orten zwischen der Traisen und dem Wienerwald werden genannt, etwa Böheimkirchen.

um 985 Melk ist Residenz der Babenberger.

991 Die Ungarn unter Fürst Geiza fallen in die Mark ein, werden aber besiegt; das Markgebiet wird auf den Wiener Raum ausgedehnt.

14. 8. 995 Die „orientalis urbs quae dicitur Chremisa" (die Stadt Krems) wird urkundlich genannt.

1. 11. 996 In einer Urkunde Ottos III. für das Bistum Freising wird der Ort Neuhofen a. d. Ybbs als in der Mark Ostarrîchi gelegen bezeichnet.

um 997 Die Kirche von Wieselburg wird als Rundkirche errichtet.

29. 4. 998 Ostarrîchi wird im Zusammenhang mit dem Ort Nöchling neuerlich urkundlich genannt.

1. 11. 1002 Kaiser Heinrich II. schenkt dem Babenberger Heinrich I. 20 Hufen Land zwischen Kamp und March sowie das Königsgut zwischen Dürrer Liesing und Triesting.

13. 10. 1014 Der Leichnam des 1012 in Stockerau ermordeten Pilgers Koloman, Sohn eines keltischen (schottischen?) Fürsten, wird durch Markgraf Heinrich I. in das Kanonikerstift Melk überführt und feierlich beigesetzt.

1014 Kaiser Heinrich II. schenkt dem Bischof Berengar von Passau Grund und Boden zur Errichtung von fünf Mutterpfarren (Herzogenburg, Krems, Tulln, Altenwörth und Jedlesee).

Herzog Heinrich II. der Zänker, Vater Kaiser Heinrichs II., Miniatur, Ende des 10. Jahrhunderts, im Regelbuch von Niedermünster in Regensburg, Bamberg, Staatliche Bibliothek.

Alle unsere Getreuen, gegenwärtige und auch künftige, mögen wissen, daß wir, den Bitten unseres geliebten Vetters Heinrich, des Herzogs der Bayern, Folge leistend, gewisse Besitzungen in einer Gegend, die im Volksmund Ostarrîchi heißt, in der Mark und Grafschaft des Grafen Heinrich, des Sohnes des Markgrafen Liutpald, in dem Ort der Niuuanhova genannt wird, einen Hof und 30 in seiner unmittelbaren Umgebung liegende königliche Hufen mit gebauten und unbebauten Ländereien ... dem Schoße der Freisin-ger Kirche ... zu eigenem und ewigem Gebrauch überlassen ...

Aus der Urkunde Kaiser Ottos III. für Freising vom 1. November 996

Rechts: Urkunde Kaiser Heinrichs III. vom 1. November 1002, er schenkt dem Markgrafen Heinrich I. Güter zwischen Liesing und Triesting sowie zwischen Kamp und March.

TODESTAGE

Adalbert von Passau. Bischof. Gestorben 971.

Ulrich von Augsburg. Bischof. Gestorben 4. 7. 973.

Otto II. Kaiser. Gestorben 7. 12. 983 in Rom.

Pilgrim von Passau. Bischof. Gestorben 21. 5. 991.

Leopold I. Markgraf. Gestorben 10. 7. 994 in Würzburg bei einer Jagd durch einen Pfeilschuß, der nicht ihm galt.

Wolfgang von Passau. Bischof seit 974. Gestorben 31. 10. 994 in Papping bei Eferding (Geboren 924).

Heinrich II. der Zänker. Herzog von Bayern. Gestorben 28. 8. 995 (Geboren 951); er ist der wahre Gründer der Mark Ostarrîchi.

Geiza. Ungarischer Großfürst. Gestorben 997; sein Sohn Stephan der Heilige nimmt das Christentum an und wird einer der bedeutendsten Fürsten Mitteleuropas.

Otto III. Kaiser. Gestorben 23. 4. 1002 in Paterno. (Geboren 980 bei Kleve).

Koloman. Pilger. Gestorben 13. 10. 1012 in Stokkerau (als vermeintlicher mährischer Spion hingerichtet).

Heinrich I. Markgraf. Gestorben 23. 6. 1018 (in Melk begraben).

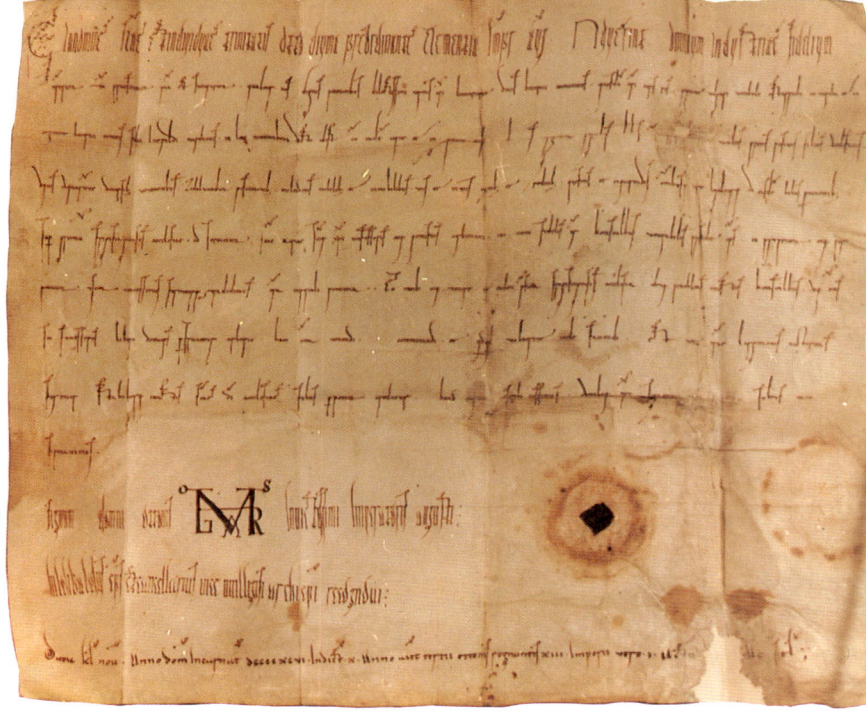

Kaiser Otto II. oder Otto III., Miniatur aus dem Registrum Gregorii, entstanden nach 983 in Trier, Original im Musée Condé in Chantilly, Frankreich.
Mitte: Urkunde Kaiser Ottos II. vom 1. 11. 996 für das Bistum Freising mit erster Nennung des Namens Ostarrichi.

Die territoriale Entwicklung

Im Laufe der Babenbergerzeit erhielt Niederösterreich seinen heutigen Umfang. In der ersten Phase, die etwa bis 991 reichte, erstreckte sich die Mark im Alpenvorland bis zum Wienerwald. Auch die Randgebiete am nördlichen Donauufer waren schon erschlossen. Eine markante Festlegung der Ostgrenze gibt eine Urkunde aus ca. 985, in der Herzog Heinrich II. von Bayern einen Rechtspruch zugunsten des Bistums Passau fällt. Dabei werden viele Orte zwischen Traisen und Wienerwald genannt. Der östlichste Ort der Mark dürfte damals Greifenstein gewesen sein. Im Jahre 991 konnte auch die Gegend um Wien, vielleicht sogar schon das Viertel unter dem Wienerwald in die Mark einbezogen werden. Nördlich der Donau verlief die Grenze um 1012 bei Stokkerau. In der ersten Hälfte des 11. Jahrhunderts wurde das heutige Weinviertel ein Teil der Mark Österreich, wobei es eine Zeitlang im Pulkautal eine sogenannte Böhmische Mark und im östlichen Bereich eine Ungarische Mark gegeben hat. Diese wurden um die Mitte des 11. Jahrhunderts mit der Mark Österreich vereinigt. In der Folge begann die Erschließung des Waldviertels vom Süden und Osten her sowie die Kolonisierung der südlichen Alpentäler.

Erstmalige Nennung Österreichs

Am 1. November 996 stellte Kaiser Otto III. eine Urkunde aus, in der er der bischöflichen Kirche von Freising in Bayern 30 Königshufen nebst Zubehör in Neuhofen an der Ybbs schenkte, in der Gegend, die im Volksmund „Ostarrîchi" genannt wird. Dies ist die erste Nennung des Namens „Ostarrîchi", bezogen auf die Gegend östlich der Enns. Der Name kommt aber schon im 9. Jahrhundert in der Vorrede zur Evangelienharmonie des Otfried von Weißenburg vor. Dort wird der Name „Ostarrîchi" für das gesamte ostfränkische Reich verwendet. Im 10. und 11. Jahrhundert erfolgte die Lokalisierung auf ein Gebiet im Osten Bayerns, das jetzige niederösterreichische Alpenvorland.

Das Bistum Freising hatte schon im 9. Jahrhundert Besitzungen in Österreich. Selbst während der Ungarnzeit wollte Bischof Drakulf 928 diese Güter besichtigen. Er ertrank während seiner Reise in der Donau. Von den sächsischen Kaisern erhielt das Bistum Freising seit 973 verschiedene Schenkungen. 995 waren es Ländereien im Gebiet von Euratsfeld, im Jahre 996 30 Hufen, d. s. etwa 1.000 Hektar, in Neuhofen an der Ybbs.

Links: Das Innere der aus ottonischer Zeit stammenden Kirche St. Ulrich in Wieselburg.

Die Kirche St. Ulrich in Wieselburg, ein Bauwerk der frühen Babenberger

Als im Jahre 976 in Regensburg die Verhandlungen über die Neubesetzung der östlichen Mark stattfanden, wurde auch über die Schenkung des Ortes Wieselburg an das Kloster St. Emmeram gesprochen. Drei Jahre später, am 14. Oktober 979, schenkte Kaiser Otto II. dem Kloster bzw. dem Bistum Regensburg über Ansuchen des Bischofs Wolfgang, der zum Schutze seiner Kolonisten eine Burg gegen die Ungarn errichten wollte, den Ort Wieselburg und das Gebiet zwischen der Ybbs, dem Zauchbach und der Großen Erlauf. Am Zusammenfluß der Großen und Kleinen Erlauf wurde dieses Kastell auf einem hohen Geländesporn mit einem Durchmesser von etwa 120 Metern errichtet. An zwei Seiten war es durch eine steile Uferböschung geschützt, an der dritten Seite wurde es durch eine Wallanlage gesichert. Im Zentrum entstand eine Kirche mit quadratischem Grundriß, der durch kleine kreuzförmige Arme weiterentwickelt wurde. Das zweite Geschoß ist ein achtkantiger Lichtgaden mit je einem Fenster in jedem Wandabschnitt. Darüber wölbt sich eine hohe Kuppel, die den Raum einheitlich zusammenschließt.

Die Wandflächen dieses ältesten Bauwerks der Babenbergerzeit waren durch Bemalung in fünf Zonen gegliedert, wobei drei zur Kuppel gehören. Dieser Zentralbau war eine Art Palastkapelle und ist eng verwandt mit frühchristlichen Kirchen Italiens und Südfrankreichs. Er hat aber auch starke Verbindungen zur karolinischen und spätantiken Baukunst. Vom Zentralbau hat sich nur der östliche Bau erhalten, denn in der Spätgotik wurde ein Langhaus angebaut.

Im Burgbereich befanden sich einige Bauwerke, darunter ein Turm, der später zu einem „festen Haus" ausgebaut wurde. Der Wall wurde später mit einer Bruchsteinmauer erhöht, an den beiden Enden standen wahrscheinlich Ecktürme. Die Anlage war eine Fluchtburg. Die Menschen, für die sie gedacht war, wohnten in Friedenszeiten außerhalb. Das Kastell war ein zentraler Ort in der politischen Organisation im westlichen Niederösterreich und eine der Großburgen der Frühzeit der Babenberger.

Markgraf Leopold I. („Der Durchlaucht") im Kampf gegen die Ungarn. Medaillon auf dem Babenberger Stammbaum in Klosterneuburg.

Die Herkunft der Babenberger

Der Ursprung der Babenberger ist wissenschaftlich nicht geklärt. Der aus der Familie stammende Geschichtsschreiber Otto von Freising, der Sohn Markgraf Leopolds III., nennt einen Adalbert, der im Jahre 906 auf Befehl König Konrads I. hingerichtet wurde, als Ahnherrn. Da dieser seine Burg in Bamberg hatte, angeblich an jener Stelle, wo sich jetzt der Dom erhebt, wird davon der Name „Babenberger" abgeleitet. Diese „babenbergische" Familie war ein mächtiges Geschlecht Ostfrankens. Ob und wie die Familie das Jahr 906 überdauerte, ist nicht bekannt. Jedenfalls ist nicht unwesentlich, daß die Namen Adalbert und Poppo, die damals in dieser Familie vorkamen, auch bei den österreichischen Babenbergern wieder auftraten.

Der Name Leopold ist der bekannteste und häufigste Name der Babenberger, und er deutet auf eine andere Familie hin, nämlich auf ein Adelsgeschlecht, das in Nordbayern, in den österreichischen Donaulandschaften und in Karantanien begütert war und um 900 Bedeutung im Reich erlangt hatte.

Ein Liutpold wurde Markgraf von Bayern und war jener bayerische Heerführer, der am 4. Juli 907 in der Schlacht bei Preßburg mit vielen anderen hohen Adeligen gegen die Ungarn fiel. In Bayern wurde Liutpolds Sohn Arnulf Herzog und vermochte Erfolge gegen die Ungarn zu erringen. Der Name Liutpold (Leopold) kam bei jener Familie, die man als jüngere (österreichische) Babenberger bezeichnet, häufig vor. Ob eine Familienverbindung zu den älteren Babenbergern bestand, ist unbekannt, weil die genealogischen Quellen fehlen. Jedenfalls war ein Liutpold im Jahre 976 Graf im bayerischen Donaugau, blieb Kaiser Otto II. in dessen Konflikt mit Heinrich dem Zänker treu und wurde zum Dank mit der bayerischen Ostmark belehnt, nachdem er die Hauptstadt Regensburg erobert und den aufständischen Herzog Heinrich II., den Zänker, unterworfen hatte. Liutpold blieb weiterhin Graf des Donaugaues, sein Bruder Berthold wurde Markgraf im bayerischen Nordgau.

KALENDER

7. 4. 1019 Markgraf Adalbert, Bruder Heinrichs, tritt 1018 als dritter (babenbergischer) Markgraf die Regierung an; bezeugt ist er am 7. April 1019.

1030 Feldzug Kaiser Konrads II. gegen die Ungarn. Er wird von diesen bei Wien besiegt.

10. 6. 1035 Kaiser Konrad II. schenkt Markgraf Adalbert 50 Königshufen zwischen Piesting und Triesting mit dem Dorf Bobsovvà = Veitsau bei Berndorf.

1041 Leopold, der Sohn Markgraf Adalberts, erobert die Slawenfestung bei Gars.

Aug.–Okt. 1042 Feldzug Kaiser Heinrichs III. gegen Ungarn. Er nimmt Hainburg und Preßburg ein.

9. 12. 1043 Markgraf Leopold II., Sohn Adalberts, wird Anfang Dezember zum Markgrafen der Ungarnmark erhoben, stirbt aber wenige Tage später.

1. 12. 1043 Heinrich III. schenkt Markgraf Adalbert das Gut zu Bribesendorf bei Obergrafendorf.

1045 Markgraf Siegfried der Ungarnmark erhält einen riesigen Besitz im Marchfeld. (Er stirbt vor 1048.) In dieser Schenkungsurkunde wird die „Ungarica platea", die Ungarnstraße, genannt. Sie führte nördlich der Donau durch das Marchfeld.

12. 7. 1045 Bei einem Besuch Kaiser Heinichs III. in der Burg Persenbeug kommt es zu einem Deckeneinbruch. Der Kaiser bleibt unverletzt, Bischof Bruno von Würzburg und der Abt des Klosters Ebersberg sowie Richendis, die Witwe des Grafen Adalbert II. von Ebersberg, kommen ums Leben.

um 1050 St. Pölten erhält durch Kaiser Heinrich III. das Marktrecht.

Heinrich III. beschließt, die Reichsfestung Hainburg als starke Grenzfestung neu zu erbauen.

Graf Gerold schenkt dem Bischof von Passau eine neu errichtete Kirche zu Horn.

12. 11. 1051 Kaiser Heinrich III. schenkt Markgraf Adalbert und dessen zweiter Frau Froizza, vielleicht einer Tochter des Dogen von Venedig, 30 Königshufen bei Grafenberg im Gebiet von Eggenburg.

1055 Eine Marchia Bohemia unter Graf Adalbero im Pulkautal wird urkundlich genannt.

Nach 26. 5. 1055 Markgraf Ernst folgt seinem verstorbenen Vater Adalbert nach.

TODESTAGE

Heinrich II. Kaiser. Gestorben 14. 7. 1024 in Grona bei Göttingen. (Sein Nachfolger wird der Salier Konrad II.) (Geboren 6. 5. 963.)

Leopold II. Markgraf, Sohn Adalberts. Gestorben 9. 12. 1043 in Trier.

Adalbert. Markgraf. Gestorben 26. 5. 1055. Er wird in Melk bestattet. (Geboren um 985.)

Markgraf Albrecht der Siegreiche. Medaillon auf dem Babenberger Stammbaum in Klosterneuburg.

Die zweite Generation der Babenberger

Noch in der zweiten Generation waren die babenbergischen Markgrafen auch Grafen des Donaugaues. Nachdem Markgraf Liutpold I. am 10. Juli 994 in Würzburg einem Mordanschlag zum Opfer gefallen war, wurde sein Sohn Heinrich I. sein Nachfolger (994–1018). Es ist bemerkenswert, daß die Söhne dieses Liutpold bedeutende Positionen im Reich einnahmen. Ernst, Heinrichs Bruder, regierte kurze Zeit als Herzog von Schwaben und wurde 1015 Opfer eines Jagdunfalles. Seine Witwe heiratete später Kaiser Konrad II. Der bedeutendste in der Hierarchie war aber Poppo, der Erzbischof von Trier wurde und diese Funktion von 1016 bis 1047 ausübte. In Trier, das damals ein bedeutendes kirchliches Zentrum des Reiches war, ließ er die Porta Nigra zu einem Kloster ausgestalten. Am längsten lebte ein dritter Bruder, Markgraf Adalbert. Es ist zwar nicht sicher, ob er ein Bruder oder ein Stiefbruder Heinrichs war, jedenfalls ist seine Regierungszeit 1018 bis 1055 für die Gestaltung des Landes von großer Bedeutung geworden. Zwar erfolgte 1030 ein arger Rückschlag, als das Heer Konrads II. bei Wien von den Ungarn besiegt wurde, aber zu dieser Zeit konnte sein Sohn Leopold im Norden des Weinviertels einen eigenen Herrschaftsbereich aufbauen, der später als „Böhmische Mark" bezeichnet wurde. Im Osten wurde eine Ungarnmark errichtet, die ein Graf Siegfried beherrschte, dessen Gemahlin Svanhilde später Adalberts Sohn Ernst heiratete. Adalbert starb im Jahre 1055 etwa 63- bis 65jährig. Sein Skelett wurde bei einer Öffnung der Babenbergergräber in Melk identifiziert. Er hatte eine Größe von etwa 180 cm, für seine Zeit auffällig groß, und besaß auch im fortgeschrittenen Alter noch ein sehr gutes Gebiß. Der Markgraf litt an Arthrose, die praktisch alle Gelenke erfaßt hatte. Mit dem Fortschreiten dieser schmerzhaften Krankheit konnte er sich am Ende seines Lebens vermutlich nicht mehr normal fortbewegen.

Links: Detail vom Seitenteil des Tragaltärchens der Markgräfin Svanhilde im Stift Melk.

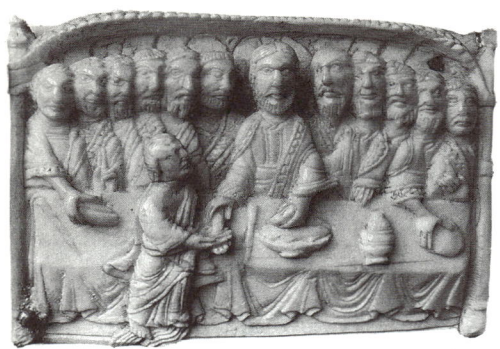

1019–1055

Das Tragaltärchen der Markgräfin Svanhilde

Im Stift Melk hat sich ein Tragaltärchen in der Größe 31 × 17 × 13 cm erhalten. Es ist aus Holz, aufgelegt sind aus Walroßzahn geschnitzte Reliefs sowie Serpentin und Gold. Es wurde mit Silber und vergoldetem Kupfer ausgebessert und trägt folgende (übersetzte) Inschrift: „Jesus Christus, gib uns gnädig die heiligen Geheimnisse Deines verehrungswürdigen Leibes und Blutes zur Speise." Die äußere Schriftleiste dieses Altares lautet: „Diesen Altar stiftete die Svonehild ... in ihm sind Reliquien des hl. Cyriakus enthalten, damit durch seine Verdienste dem Schuldigen Verzeihung gegeben werde." Dieses Tragaltärchen ist das einzige erhaltene Stück aus ehemals babenbergischem Familienbesitz. Die Deckplatte zeigt zwei Engel mit Schild und Gotteslamm, dazu vier Engel mit zwei Heiligen. Der rechte ist möglicherweise der in der Umschrift genannte hl. Cyriakus, die äußere Inschriftenleiste ist ausgebessert. Die Bodenplatte zeigt einen Engel mit Schild und eine nach unten weisende Hand Gottes. Die Seitenwandungen weisen Szenen aus der Kindheitsgeschichte und der Passion Christi auf. An den Ecken die Evangelisten mit ihren Symbolen. Eine Schmalseite fehlt. Der Tragaltar gehört zu einer Gruppe von Altären, die höchstwahrscheinlich in einer Werkstätte in Köln hergestellt wurden. Das Stift Melk besaß einst ein Pendant dazu, das aber in den Notjahren nach dem Ersten Weltkrieg nach Amerika verkauft wurde.
Die Stifterin dieses Altares war Svanhilde, die ca. 1062 bis 1065 starb. Sie war in erster Ehe wohl mit dem Markgrafen der Ungarischen Mark Siegfried und in zweiter Ehe mit dem Markgrafen Ernst von Österreich verheiratet. Sie wurde im Rheinland um 1025 geboren und starb im Alter von 40 Jahren. Aus ihrem in Melk erhaltenen Skelett geht hervor, daß sie etwa 161 cm groß war. Ein Sohn aus erster Ehe, der in den Genealogien nicht aufscheint, starb im Alter von 18 Jahren und wurde ebenfalls in Melk beigesetzt.

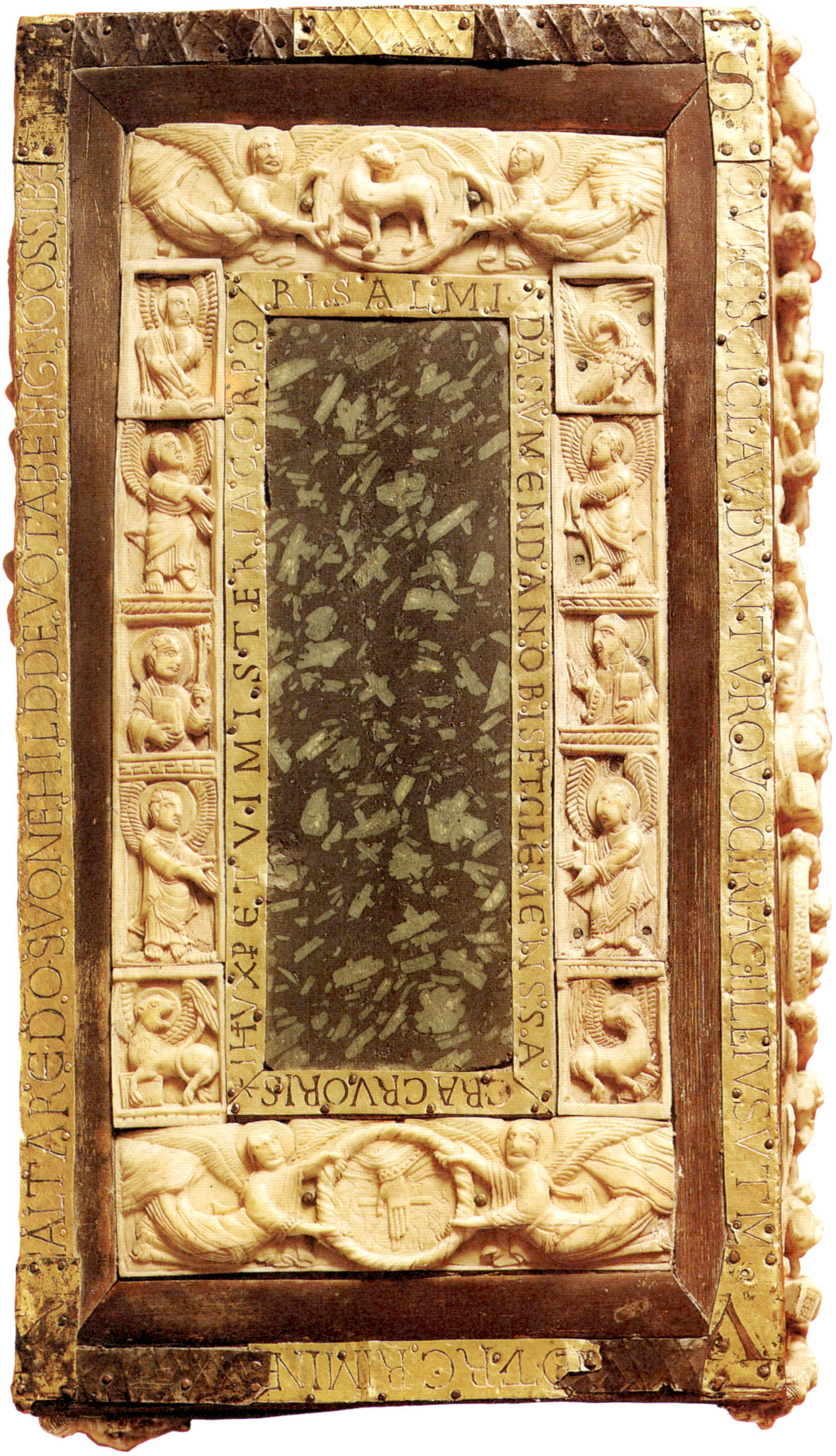

Rechts: Das Tragaltärchen der Markgräfin Svanhilde (Oberteil).

Liutpold, der Sohn des Markgrafen Adalbert, sammelte ein Heer, so groß wie er vermochte, und überfiel eine Burg, die, an der Grenze der Marken Böhmen und Bayerns gelegen, einst seinem Vater mit Gewalt abgenommen worden war. Er eroberte sie, führte unermeßliche Beute an Menschen und Vieh fort, ließ den Sohn des Burgherrn gefangennehmen, machte die Burg dem Erdboden gleich und kehrte ohne Verluste nach Hause zurück. Von dem glücklichen Erfolg angespornt, zogen seine Leute von neuem nach Böhmen und kehrten mit nicht geringer Beute beladen zurück.

Die Altaicher Annalen über die Eroberung der Festung Thunau bei Gars

Adelsburgen der frühen Babenbergerzeit

Holz-Erde-Bauten mit Ringwällen sind typisch für den frühmittelalterlichen Burgenbau. Im 11. Jahrhundert erscheint auch die Kunsthügelburg, die nur ein geringes Ausmaß an Wohnfläche bot, als Feudalburg eines einzelnen Adeligen. Auf einem künstlich angelegten Erdhügel lag die Hauptburg, ein kleines, meist hölzernes Haus oder ein Wohnturm. Daran gliederten sich die tiefer liegende Vorburg, der Bereich für das Gesinde, für das Gefolge und manchmal ein Wirtschaftshof. In der ersten Hälfte des 12. Jahrhunderts wurden in vermehrtem Maße Höhenburgen gebaut, was sich auch in der Namengebung ausdrückte. Endungen auf -stein, -berg, -fels, -eck u. a. zeigen die topographische Lage der Burg an (Dürnstein. Schönberg, Lichtenfels, Scharfeneck). Im 12. Jahrhundert wurden die hölzernen Baukörper durch Steinbauten ersetzt. Ein Ersatz der Holzaufbauten ist am niederösterreichischen Beispiel der zweiteiligen Kunsthügelburg Sachsengang ersichtlich, welche vermutlich gegen Ende des 12. Jahrhunderts anstelle ihrer Holzaufbauten eine Mauerburg erhielt.
Bis in das 13. Jahrhundert kommen in Niederösterreich noch Mischformen von Kunsthügelburg und Mauerburg vor.

Grabinschriften der Babenberger im Annalencodex und Inschrift für das Kolomangrab der Stiftsbibliothek Melk.

Modell des Ortes Sachsengang mit einer Burg auf einem künstlich angelegten Hügel. Jetzt steht dort die Johanneskirche von Oberhausen.

Frühe Residenzen der Babenberger

Von der Burg des Grafen Sizo auf dem Melker Stiftsfelsen, die zum babenbergischen Markgrafensitz wurde, sind nur spätere Darstellungen vorhanden. Vier Bilder des Babenbergerstammbaumes (ca. 1491) zeigen südlich der alten Stiftskirche einen mit reichen Giebelaufbauten versehenen dreigeschossigen Komplex, durch repräsentative Fenstergruppen als markgräfliche Residenz gekennzeichnet. Entlang der Mauer führt im Westen ein steiler Torweg zur Burg. Das 2. Geschoß dürfte das Hauptgeschoß mit dem großen Saal gewesen sein.
In Anlehnung an karolingische Pfalzen des 9. Jahrhunderts bildeten im 10. Jahrhundert zweigeschossige Säle die Hauptbauten der markgräflichen Großburgen. Die in die Karolingerzeit zurückgehende Dreiteilung einer Burgsiedlung in Burgbereich, Sakralbereich (Kirche, Kloster) und Burguntersiedlung war im 10. und 11. Jahrhundert noch vorherrschend.
Als sich um die Mitte des 11. Jahrhunderts ein neuer Burgentyp entwickelt hatte, änderte sich auch die Gestalt der Babenbergerresidenzen. Burg und Siedlung wurden getrennt, die Dynastensitze in Höhenlage errichtet, innerhalb eines als Mauer aufgeführten Berings stand das turmartige „Feste Haus", das Wohn- und Wehrfunktionen besaß. Maßgeblichen Anteil an dieser Entwicklung hatte der nordfranzösisch-normannische Burgenbau. Man hat im babenbergischen Raum zwischen Wohnturm („Festes Haus") und repräsentativem Saalbau zu unterscheiden. Feste Häuser sind bei ausgesprochenen Burgbauten vorhanden, hatten repräsentative Zwecke zu erfüllen und besaßen langgestreckte Saalbauten mit schwächerem Mauerwerk.

Das gemeinsame Auftreten von Wohnturm und Saalbau ist im babenbergischen Machtbereich bei Großburgen feststellbar, wie bei der Residenz Leopolds II. in Gars am Kamp.

1056–1094

KALENDER

Oktober 1056 Der junge Heinrich IV. folgt seinem Vater Heinrich III. als König nach.

29. 12. Azzo von Kuenring, ein Ministeriale (serviens) der Babenberger, erhält von Heinrich IV. drei Königshufen in Hezimaneswisa.

September 1058 Der minderjährige König Heinrich IV. zieht gemeinsam mit seiner Mutter, der Reichsverweserin Agnes von Poitou, gegen Ungarn. Am 13. September sind sie in Trübensee, am 20. September treffen sie den Ungarnkönig Andreas I. auf dem Marchfeld. Es wird ein Friede geschlossen (Agnes verzichtet auf die Oberhoheit über Ungarn.)

König Heinrich IV. in Canossa. 1077. Buchillustration.

2. 10. Der Markt von St. Pölten („forum in Sancto Ypolito") wird in einer Urkunde Heinrichs IV. genannt, die aber an dieser Stelle verfälscht ist. Der Markt ist älter.

4. 10. Eine gefälschte Urkunde, die Heinrich IV. zugeschrieben wird, das sogenannte „Henricianum", ist ein Teil des „Privilegium maius" von 1359. Es enthält angebliche Urkunden von Julius Caesar und Kaiser Nero.

22. 4. 1065 Bischof Egilbert von Passau weiht die Stiftskirche von St. Pölten. Er war zuvor Hofkaplan der Kaiserin Agnes.

6. 3. 1067 Heinrich IV. schenkt dem Bistum Passau Besitzungen im Marchgebiet.

1072 Weihe der Eritrudiskirche auf dem Göttweiger Berg. Das Kloster wird um diese Zeit als Chorherrenstift gegründet.

22. 3. 1074 Heinrich IV. schenkt dem Markgrafen Ernst 40 Hufen im Walde Rogacs bei Scheibbs.

1076 Bischof Altmann von Passau entscheidet sich im Investiturstreit für die päpstliche Partei und gegen Kaiser Heinrich IV.

Juni 1075 Nach dem Tode des Markgrafen Ernst (er erliegt am 10. 6. den schweren Verletzungen, die er am Vortag als Gefolgsmann des Kaisers in der Schlacht an der Unstrut erlitten hat) wird sein Sohn Leopold II. Markgraf der Ostmark.

1078 Markgraf Leopold II. unterstützt an der Seite des Papstes die Wahl Rudolfs von Rheinfelden zum Gegenkönig und stellt sich damit gegen Kaiser Heinrich IV.

1079 Gobelsburg wird urkundlich genannt. Aus dieser Zeit stammen zwei Steinreliefs in der Kirche.

Feldzug Heinrichs IV. gegen den österreichischen Markgrafen, den er wieder an seine Seite zwingt.

Ende 1080 Bischof Altmann, der wegen seiner Unterstützung des Papstes im Investiturstreit aus seiner Bischofstadt Passau vertrieben wird, kommt nach Österreich und widmet sich dem Aufbau von Göttweig und kirchlichen Problemen Österreichs.

nach 1081 Bischof Altmann von Passau übergibt das Kloster St. Pölten den Augustiner-Chorherren.

Juli 1081 Versammlung der Ministerialen Österreichs in Tulln. Unter dem Einfluß Altmanns beschließt Markgraf Leopold II., sich wieder an die Seite des Papstes zu stellen und die Herrschaft Heinrichs IV. nicht mehr anzuerkennen. Heinrich IV. setzt daraufhin Leopold ab und verleiht die Mark Herzog Wratislaw II. von Böhmen.

1081 Die Frauenbergkirche (Michaelskirche) in Stein wird urkundlich genannt.

12. 5. 1082 Bei Mailberg werden die Österreicher unter Markgraf Leopold II. von den Böhmen besiegt.

1083 Altmann gründet das Augustiner-Chorherrenstift Göttweig. Die erhaltene Gründungsurkunde ist allerdings eine spätere Fälschung.

1084 Markgraf Leopold unterwirft sich König Heinrich IV. und darf die Mark behalten.

um 1085 Markgraf Leopold gibt vermutlich anläßlich der Vermählung seiner Tochter Euphemia

mit Graf Konrad von Peilstein diesem die Burg Peilstein bei St. Leonhard am Forst. Aus Anlaß der Heirat seiner Tochter Sophie, der Witwe des Herzogs Heinrich von Kärnten, mit Sigihard von Burghausen schenkt er diesem die Schallaburg.

Markgraf Leopold schenkt anläßlich der Heirat seiner Tochter Elisabeth dem Markgrafen Ottokar II. von Steyr ausgedehnte Güter, darunter Wilhelmsburg, Herzogenburg und Gumpoldskirchen.

1089 Benediktiner aus Lambach übernehmen das Kloster Melk.

um 1091 Das Feste Haus auf der Schallaburg wird errichtet.

1094 Mönche aus St. Blasien im Schwarzwald unter Abt Hartmann übernehmen Göttweig.

TODESTAGE

Froizza. Zweite Gemahlin des Markgrafen Adalbert. Gestorben um 1060. (Geboren um 1010.)

Svanhilde. Erste Gemahlin des Markgrafen Ernst, Witwe nach dem Markgrafen Siegfried der Ungarnmark. In Melk hat sich ein Tragaltärchen aus ihrem Besitz erhalten. Gestorben um 1062. (Geboren um 1025.)

Adelheid. Zweite Gemahlin des Markgrafen Ernst. Gestorben um 1071. (Geboren 1040/41.)

Mechthild. Erste Gemahlin Leopolds II. Gestorben 1074/75. (Geboren um 1052.)

Ernst. Markgraf. Gestorben 10. oder 11. 6. 1075 in Homburg an der Unstrut an den schweren Wunden, die er im Kampf gegen die Sachsen erlitten hatte.

Altmann. Bischof, seit 1065 Bischof von Passau. Gestorben 8. 8. 1091 in Zeiselmauer. (Geboren um 1015 in Westfalen.)

Leopold II. Markgraf. Gestorben 12. 10. 1095 in Gars. (Geboren um 1050.)

Die Gründung von Göttweig

Auf dem Göttweiger Berg gab es schon in vorrömischer Zeit eine Siedlung, in der babenbergischen Periode war er aber lange unbesiedelt. Während des Investiturstreites gründete dort der aus Passau vertriebene Bischof Altmann, ein Anhänger des Papstes, um 1070 eine Burg. Die Weihe einer Kapelle (der Eritrudiskirche) im Jahr 1072 ist urkundlich bezeugt. Kurze Zeit später, vermutlich im Jahre 1083, wurde ein Augustiner-Chorherrenstift errichtet. Die Chorherren wurden aber schon nach einem Jahr durch Benediktiner aus St. Blasien im

Schwarzwald ersetzt. Die Gründungsurkunde des Stiftes Göttweig ist mit 9. September 1083 datiert; in der vorliegenden Fassung ist sie aber eine Fälschung. Es gibt jedoch eine Eintragung in den Traditions-Kodex von Göttweig, aus der hervorgeht, daß die Gründung tatsächlich in diesem Jahr erfolgte. Die Urkunde selbst ist aber erst nach 1164 angefertigt worden. Göttweig erlebte in der Anfangsphase einen raschen Aufschwung. Hier entstand die erste Lebensbeschreibung des Bischofs Altmann, der auch in Göttweig begraben wurde. Diese in zwei Fassungen erhaltene „Vita Altmanni" stellt ein hervorragendes Beispiel für die Leistung der Schreibschule des Klosters dar, in der die österreichische Annalistik im 12. Jahrhundert ihren Ausgang nahm.

Rechts: Szenen aus dem Investiturstreit: Kaiser Heinrich IV. und Papst Wipert. Vertreibung des Papstes Gregor VII. aus Rom. Federzeichnung in der Weltchronik Ottos von Freising. Handschrift der Universitätsbibliothek Jena.

1056–1094

Altmann von Passau

Altmann (um 1015–1091, aus Westfalen gebürtig) galt als eifrigster Förderer der Regularkanoniker und der gregorianischen Kirchenreform in Deutschland. Im Investiturstreit stand er daher als Gegner Kaiser Heinrichs IV. an der Seite des Papstes. Kirchenpolitik war zu jener Zeit immer auch Reichspolitik. Nachdem Altmann 1065 zum Bischof von Passau gewählt und vom Salzburger Erzbischof Gebhart geweiht worden war, wollte er die Kirchenreform auch in seiner Diözese durchsetzen, stieß aber auf schweren Widerstand der Kleriker. Deshalb gründete er vor den Toren Passaus einen Konvent, das um 1067 entstandene Chorherrenstift St. Nikolai. Dann ging er daran, die Eigenklöster des Passauer Bistums zu reformieren, und zwar Kremsmünster, St. Florian und St. Pölten. In St. Florian und St. Pölten lebten bis dahin Kanoniker, wahrscheinlich nach der „Aachener Regel" mit Privateigentum und ohne vollkommene Gemeinschaft. In beiden Klöstern führte Altmann das apostolische Leben ein. Kremsmünster blieb in der Obhut der Benediktiner, doch wurde dort ebenfalls eine Reform durchgeführt. Seit etwa 1080 hielt sich Altmann, der nach der Aussöhnung von Papst und Kaiser infolge des „Canossa-Ganges" Heinrichs IV. 1077 aus seiner Bischofsstadt vertrieben worden war, ständig in Österreich auf und wählte den Göttweiger Berg als Standort für eine neue Gründung. Um 1070 war dort bereits mit dem Bau einer Eritrudiskirche begonnen worden, die 1072 mit ihrem Marienaltar geweiht worden war. Ob sie als Klosterkirche bestimmt war, ist nicht sicher. Die eigentliche Stiftskirche wurde unterhalb auf einem flachen Gelände errichtet (1083 geweiht). Darüber berichtet eine Urkunde, die zwar eine Fälschung ist, an deren sachlicher Richtigkeit aber nicht gezweifelt wird. Bischof Altmann dotierte seine Göttweiger Stiftung sehr reich und gab ihr mehrere Pfarren. Eine Abbildung der romanischen Klosterkirche ist nur auf einem Siegel, das zwischen 1256 und 1288 verwendet wurde, erhalten. Altmann, später heiliggesprochen, verstarb in Zeiselmauer und wurde in Göttweig beigesetzt.

Mitte: Bischof Altmann von Passau, der Gründer des Klosters Göttweig. Federzeichnung in der Pergamenthandschrift der Expositio symboli des Origines in der Stiftsbibliothek Göttweig.
Unten: Altmann-Krümme, Elfenbein, letztes Viertel des 12. Jahrhunderts, entstanden in Sizilien. Göttweig, Kunstsammlungen.

Altmann-Statue um 1520

Die aus Lindenholz geschaffene Plastik eines niederösterreichischen Meisters stammt aus der Pfarrkirche Nappersdorf, einer Göttweiger Pfarre. Der individualisierende und markante Gesichtsausdruck des Heiligen verweist die Plastik auf eine Werkstatt der Donauschule im Umkreis des Pulkauer Altares.

Darstellung Altmanns von Passau

Nach der Göttweiger Tradition ist die älteste Darstellung des Gründers Bischof Altmann in einer Pergamenthandschrift aus dem 12. Jahrhundert zu finden. Zwei Drittel des oberen Bildfeldes zeigen Altmann ohne Nimbus und Inschrift im bischöflichen Ornat mit Tiara. Die Kirche ist neben ihm auf einem stilisierten Berg abgebildet; es handelt sich um die romanische Anlage der Marienkirche von Göttweig, eine dreischiffige Basilika mit zweitürmigem Westwerk, wie sie auch auf dem Göttweiger Typar und mehreren Siegeln zu sehen ist. Die mehrfarbige Federzeichnung aus der Folie I der „Expositio Symboli" des Origenes entstammt dem ersten Drittel des 12. Jahrhunderts.

Melk als Kloster des 11. Jahrhunderts

In der Babenberger-Burg Melk wurde vermutlich schon in der Zeit des Markgrafen Adalbert (1018–1055) ein Weltpriester-Kanonikerstift errichtet. Die Kanoniker übernahmen auch die Betreuung der auf dem Stiftsfelsen schon bestehenden Peterskirche, in die 1014 der Leichnam des hingerichteten Pilgers Koloman überführt worden war. An die Zeit Adalberts erinnert noch die Kreuzpartikel des Melker Kreuzes.

Melk war auch die Begräbnisstätte der frühen Babenberger. Noch Markgraf Ernst wurde hier bestattet. 1968 wurden diese Gräber geöffnet, die Skelette wissenschaftlich untersucht und einzelnen historischen Personen zugeordnet. Durch spätere Umbettungen waren sie nämlich durcheinander gebracht worden. Insgesamt waren fünfzehn Mitglieder des Hauses in Melk bestattet worden, wobei von acht die Skelette vollständig erhalten waren, da sie früher in Grüften bestattet waren. Einige Personen konnten eindeutig identifiziert werden, wie etwa Markgraf Adalbert und sein Sohn Markgraf Ernst, der am 9. Juni 1075 bei der Schlacht an der Unstrut von den Sachsen schwer verwundet worden war.

Für die Geschichte von Melk ist das Jahr 1089 von entscheidender Bedeutung. Damals zogen Benediktiner aus Lambach in das Kloster ein und ersetzten die weltlichen Kanoniker. Sie waren wesentlich strenger organisiert und bildeten eine Mönchsgemeinschaft. Melk wurde in der Folge zum bedeutendsten Kloster des Landes.

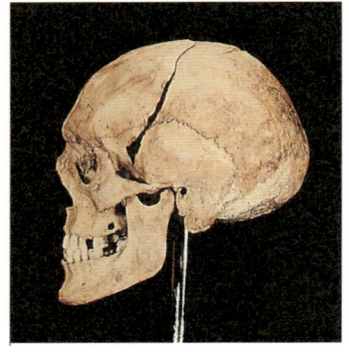

1056–1094

Die Schlacht von Mailberg

Während des Investiturstreites schloß sich der österreichische Markgraf Leopold II. der päpstlichen Partei an. Daraufhin belehnte König Heinrich IV. den Böhmenherzog Wratislaw mit der Mark Österreich, um den Babenberger zu vertreiben. Da zwischen Mähren und Österreich an der Thaya auch Grenzprobleme bestanden, kam es zu einem Feldzug, bei dem das österreichische und das böhmische Heer bei Mailberg am 12. Mai 1082 aufeinander trafen. Dabei errangen Herzog Wratislaw und seine Verbündeten einen vollständigen Sieg. Das österreichische Heer wurde zur Gänze aufgerieben. Nach der Schlacht kam es zur Verwüstung der nördlichen Gebiete Niederösterreichs und zum Ausbruch einer Hungersnot. Als Folge davon wurde die Grenze Mährens bis zum Waldrücken nördlich des Pulkautales vorgeschoben, das Gebiet um Znaim ging Österreich verloren. Die Herrschaft Leopolds II. selbst war aber niemals wirklich in Gefahr, auch von einem künftigen Anspruch des Böhmenherzogs auf die Mark Österreich ist nicht mehr die Rede. Die Schlacht hinterließ bei den Zeitgenossen einen starken Eindruck. Der böhmische Chronist Cosmas von Prag schildert sie ausführlich, aber auch in der Lebensbeschreibung des Bischofs Altmann von Passau wird darüber berichtet. Markgraf Leopold blieb in Österreich an der Macht, nachdem er sich 1084 Heinrich IV. unterwarf. Er starb am 12. Oktober 1096.

Die Verletzungen des Markgrafen Ernst

Markgraf Ernst war bei der Niederwerfung des Aufstandes der Sachsen in der Schlacht bei Homburg an der Unstrut am 9. Juni 1075 schwer verwundet worden. Ihm wurden vier zum Teil tödliche Verletzungen zugefügt. Die linke Schädeldecke war oberhalb des Jochbeines von einer Streitaxt durchschlagen worden, wobei der Schädel durch die Gewalt des Hiebes zum Schädeldach hin aufgesprengt wurde. Die Hiebverletzung ist durch eine Streitaxt und nicht durch ein Schwert verursacht worden. Den schweren Kampfwunden muß der Markgraf bald erlegen sein. Lambert von Hersfeld berichtet, daß Ernst erst am Tage nach der Schlacht starb. Doch kommt diesem Bericht angesichts der Schwere der Verwundungen, die bei einer 1968 durchgeführten Untersuchung des Skeletts festgestellt werden konnten, nur beschränkte Glaubwürdigkeit zu.

Waffen des 11. Jahrhunderts auf dem Teppich von Bayeux

Um eine Vorstellung zu haben, welche Waffen in der Schlacht bei Homburg an der Unstrut verwendet wurden, kann man den gestickten Wandteppich von Bayeux heranziehen, der die Schlacht bei Hastings darstellt, in der 1066 die Angelsachsen von den Normannen besiegt wurden. Als Nahkampfwaffen kann man Schwerter, Streitäxte und Streitkolben erkennen.

Rechts: Markgraf Leopold III., Glasfenster um 1340. Klosterneuburg, Leopoldskapelle.

KALENDER

12. 10. 1095 Nach dem Tode Markgraf Leopolds II. wird sein Sohn Leopold III. sein Nachfolger als Markgraf von Österreich.

um 1100 In Klosterneuburg entsteht ein Kollegiatstift.

Die Burg Raabs/Thaya wird erstmals genannt.

1101 Bayerische Adelige sowie die Bischöfe von Passau und Freising, aber auch die Markgräfinwitwe Itha (Gemahlin Leopolds II.) unternehmen einen Kreuzzug. Itha kehrt davon nicht mehr zurück.

Oktober 1105 Kampf am Regen zwischen Kaiser Heinrich IV. und dem späteren Heinrich V.: Der österreichische Markgraf Leopold III. wechselt auf die Seite des jüngeren Staufers.

nach 7. 8. 1106 Heirat Leopolds III. mit Agnes, der Tochter Kaiser Heinrichs IV.

6. 9. 1108 Heinrich V. weilt in Österreich und schenkt auf Bitten seiner Schwester Agnes und ihres Gemahls Markgraf Leopold III. dem Kloster Göttweig die Donauinsel Mutheimerswörth. Die Urkunde wird in Tulln ausgestellt.

10. 10. Markgraf Leopold III. schenkt dem Kloster Melk die Pfarre Wullersdorf und zwei Drittel des Pfarrzehents.

11. 5. 1112 Udalschalk von Stille und Heft gründet das Kloster Seitenstetten. Es wird von Benediktinern aus Göttweig besiedelt.

18. 8. Bischof Ulrich von Passau stiftet nahe der Traisenmündung das Chorherrenstift St. Georgen, das 1244 nach Herzogenburg verlegt wird.

um 1113 Leopold III. verlegt seine Residenz von Gars oder Tulln nach Klosterneuburg.

1113 Leopold III. stellt eine Urkunde für Melk anläßlich der Weihe des neuen Klostergebäudes aus. Diese wird als der Stiftsbrief des Klosters bezeichnet.

12. 6. 1114 Grundsteinlegung für den Bau des Stiftes Klosterneuburg und der Stiftskirche durch Propst Otto des weltlichen Chorherrenstiftes.

14. 6. Grundsteinlegung zur neuen Melker Stiftskirche.

1118 Einfall des Ungarnkönigs Stephan II. in Österreich. Markgraf Leopold III. unternimmt einen Gegenfeldzug und erobert eine „Burg, welche die Eiserne heißt" (Eisenstadt?).

Große Überschwemmungen der Donau, besonders im Raum Klosterneuburg. Deshalb wird der Markt an das linke Ufer verlegt (Novum forum = Korneuburg).

um 1120 Die Burgkirche Oberranna wird erbaut. Es entstehen weiter die Krypta St. Pantaleon, die Kirche Deutsch-Altenburg, die Rundkirche Petronell, die Kirche Scheiblingkirchen.

Der siebenarmige Leuchter von Klosterneuburg wird in Verona hergestellt. Die Höhe beträgt 4,10 m, die Spannweite 3,45 m.

8. 1. 1120 Weihe der Pfarrkirche Traiskirchen.

23. 9. 1122 Das Wormser Konkordat regelt das Verhältnis zwischen Staat und Kirche: Ende des Investiturstreits.

1123 In Melk werden erstmals Annalen aufgezeichnet, und dieser Codex wird bis 1564 weitergeführt.

24.–30. 8. 1125 Leopold III. lehnt dreimal die Aufstellung als Kandidat für die deutsche Königskrone ab.

1125–1136 Wullersdorf wird als Marktort genannt.

um 1126 Markgraf Leopold ernennt nach dem Tode des Propstes Otto I. seinen jugendlichen Sohn Otto zum Propst des weltlichen Chorherrenstiftes Klosterneuburg und gibt ihm einen Vikar zur Unterstützung bei.

Eine Münzstätte wird in Krems genannt. Dort werden Silberpfennige geprägt.

um 1131 Ein „Prepositus Marchionis" wird in Krems genannt. Um diese Zeit werden weitere Kirchenbauten in Österreich errichtet.

um 1132 Bischof Reginmar scheidet die Kirche Allentsteig aus der Pfarre Altpölla aus.

1132/35 In Göttweig wird die „Vita Altmanni", der Lebensbericht Bischof Altmanns von Passau, verfaßt.

10. 1. 1133 Die „Leutkirche" auf dem Domplatz in St. Pölten wird von Bischof Reginmar geweiht.

11. 9. Auf Bitte seines Sohnes Otto, des damaligen Abtes des burgundischen Zisterzienserklosters Morimond, stiftet Leopold III. das Kloster Heiligenkreuz und beruft Mönche aus Morimond.

Leopold ersetzt auf Rat verschiedener Bischöfe die weltlichen Kanoniker von Klosterneuburg durch Regularkanoniker unter Leitung des Propstes Hartmann von Chiemsee.

Auf dem Hohen Markt in Krems hält Leopold III. eine Landesversammlung (Synode) ab. Erzbischof Konrad von Salzburg, Bischof Reginmar von Passau und Bischof Roman von Gurk nehmen teil. U. a. wird beschlossen, in Klosterneuburg die Augustiner-Regel einzuführen.

1136 Gründung des Klosters Kleinmariazell im Wienerwald.

Krems wird Oppidum (Stadt) genannt.

14. 3. Kaiser Lothar bestätigt zu Neunkirchen dem Kloster Formbach Markt und Münze.

18. 4. Die mit diesem Datum versehene „Gründungsurkunde von Heiligenkreuz" ist eine Fälschung.

29. 9. Weihe der Stiftskirche von Klosterneuburg durch Propst Otto, den Sohn des Markgrafen Leopold III.

nach 15. 11. Leopolds dritter Sohn, Leopold IV., wird Markgraf in Österreich, nachdem ein Streit in der Familie durch Eingreifen des Papstes und eine Zusammenkunft in Tulln beigelegt wurde.

GEBURTSTAGE

Adalbert. Ältester Sohn des Markgrafen Leopold III. Geboren um 1102. (Gestorben 1138.)

Heinrich II. Markgraf, erster Herzog von Österreich. Geboren 1107. (Gestorben 13. 1. 1177 in Wien.)

Leopold IV. Markgraf, Herzog von Bayern. Geboren 1108/09. (Gestorben 18. 11. 1141 in Niederaltaich.)

Otto. Bischof von Freising, Sohn des Markgrafen Leopolds III. Geboren 1112/14. (Gestorben 22. 9. 1158 in Morimond, Burgund.)

Konrad, Bischof von Passau, Sohn Leopolds III., 1164 Erzbischof von Salzburg. Geboren um 1148. (Gestorben 28. 9. 1168 in Admont.)

Wichmann Graf von Seeburg und Gleiß. Seit 1152 Erzbischof von Magdeburg. 1174 und 1184 in Österreich nachweisbar, ein Gönner von Seitenstetten. Geboren 1116 auf Burg Gleiß. (Gestorben 25. 8. 1192 in Können.)

TODESTAGE

Herzog Friedrich I. von Schwaben. Erster Gemahl von Agnes von Waiblingen, der späteren Gemahlin Markgraf Leopolds III. Gestorben Frühsommer 1105 (begraben im Kloster Lorch).

Kaiser Heinrich IV. 1104 zur Abdankung gezwungen. Gestorben 7. 8. 1106 in Lüttich. (Geboren 11. 11. 1050.)

Ulrich Graf von Höfft. Bischof von Passau. Gestorben 7. 8. 1121, seit 1092 Bischof. (Geboren 1027.)

Kaiser Heinrich V. Der letzte Salier, Schwager Leopolds III. Gestorben 23. 5. 1125. (Geboren 1081 oder 1086 in Lüttich.)

Propst Otto I. von Klosterneuburg. Gestorben 1126.

Ava (Frau Ava). Klausnerin und Verfasserin eines „Leben Jesu" in deutscher Sprache. Gestorben 7. 2. 1127 in Melk oder bei Göttweig.

Markgraf Leopold III. Gestorben 15. 11. 1136. (Geboren um 1075.)

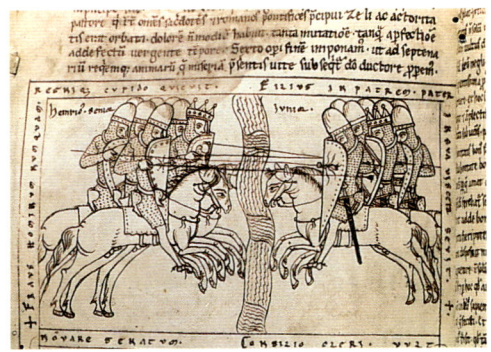

Links: Heinrich IV. und sein Sohn Heinrich V. bekämpfen sich am Fluß Regen 1105. Federzeichnung in der Weltchronik Ottos von Freising. Universitätsbibliothek Jena.

1095–1136

Frontwechsel Leopolds III. am Flusse Regen

Nach dem Jahre 1100 spitzte sich der Investiturstreit wieder zu. Kaiser Heinrich IV. geriet nun auch zu Laienfürsten in Gegensatz. Es gab Aufstände in Bayern und Sachsen. Der Sohn des Kaisers, der junge König Heinrich V., trat an die Spitze der Aufständischen und wurde vom Papst vom Eidbruch losgesprochen, den er gegenüber seinem Vater, einem Gebannten, begangen hatte. Im Gefolge des Jahres 1105 standen einander am Regen in der Oberpfalz die Heere von Vater und Sohn gegenüber. Im Gefolge des alten Kaisers befanden sich die beiden Schwäger Markgraf Leopold III. von Österreich und Herzog Bořiwoy von Böhmen. Durch Versprechungen gelang es dem jungen König, die beiden Fürsten in der Nacht zum heimlichen Abzug aus ihrer Stellung zu bewegen, so daß der alte Kaiser flüchten mußte, nachdem sich sein Heer aufgelöst

Heinrich IV. übergibt seinem Sohn und Nachfolger Heinrich V. die Königsinsignien. Illustration in der Weltchronik des Ekkehard von Aura. Berlin, Preussischer Kulturbesitz.

Markgraf Leopold III. Glasfenster im Brunnenhaus des Stiftes Heiligenkreuz. Ende des 13. Jahrhunderts.

hatte. Er geriet bald in Gefangenschaft seines Sohnes, dankte ab und verstarb schon im Jahre 1106.

Dieser Schritt Leopolds wird auch von seinem Sohn, dem Chronisten Otto von Freising, als wider Natur und Gerechtigkeit gerichtet verurteilt. Eine Begründung für diesen Eidbruch und die Fahnenflucht ist auch schwer zu geben. Es heißt ausdrücklich, der Markgraf wurde durch das Versprechen zum Abfall überredet, ihn mit Agnes, der Witwe nach dem im Frühsommer 1105 verstorbenen Herzog Friedrich von Staufen, zu verheiraten. Man vermutet, daß Leopold auch späterhin Schuldgefühle geplagt haben und daß besonders bei der Neubestiftung von Klosterneuburg mit dem Sühnegedanke an den toten kaiserlichen Schwiegervater eine Rolle gespielt hat. Allerdings gewann Leopold mit diesem Schachzug eine bedeutende Rangerhöhung, da künftig die Babenberger zu den führenden Geschlechtern des Reiches zählten.

Markgraf Leopold III.

Nach dem Tod Markgraf Leopolds II. am 26. Oktober 1095 bestimmt Kaiser Heinrich IV. dessen Sohn Leopold III. (1095–1136) zu seinem Nachfolger. Die Kreuzfahrer des 1. Kreuzzuges zogen damals durch Österreich donauabwärts in das Heilige Land, was der Mark viele neue Impulse eintrug. 1101 wurde ein weiterer Kreuzzug organisiert, an dem sich neben Erzbischof Thiemo von Salzburg und Bischof Ulrich von Passau auch Leopolds Mutter, die verwitwete Markgräfin Itha, beteiligte. Von allen Teilnehmern gelang nur dem Passauer Bischof die Heimkehr. Der Investiturstreit war durch die Erhebung des späteren Kaisers Heinrich V. gegen seinen Vater Heinrich IV. in eine Entspannungsphase getreten. Als Folge von Leopolds Parteinahme für Heinrich V. kam es 1106 zur Vermählung Leopolds mit Heinrichs Schwester Agnes, die ihm eine reiche Mitgift einbrachte und ihm 18 (?) Kinder schenkte. Vier der Söhne aus dieser Verbindung erlangten auch politische Bedeutung, einige der Töchter heirateten benachbarte Fürsten.

1108 besuchte Kaiser Heinrich V. Österreich, was zu vielen Schenkungen von Königsgut an den Markgrafen führte. Leopolds Gründungen und Erneuerungen weltlicher und geistlicher Institutionen wurden wohl aus der Mitgift und diesen Schenkungen finanziert, darunter die in ihren Dimensionen imperiale Pfalz mit zugehöriger Residenzkirche in Klosterneuburg (1133 Augustiner-Chorherrenstift), Heiligenkreuz als erste Niederlassung der Zisterzienser in Österreich, Kleinmariazell, aber auch Seitenstetten und St. Georgen an der Traisen als Vorläufer von Herzogenburg. Leopold gelang es auch, in Österreich die Landeshoheit durchzusetzen. Die Donauorte Krems, Tulln, Neuburg Wien und Hainburg sind nun als Städte bezeugt, die Babenberger gelten als eine der ersten Familien des Reiches. Nach dem Tod seines Schwagers Heinrich V. 1125 wurde Leopold dreimal die Krone des Reiches angeboten, er lehnte jedoch ab. Am 15. November 1136 fiel Leopold III. einem Jagdunfall zum Opfer. Da in jener Zeit große Familienzwistigkeiten bestanden, liegt die Annahme nahe, daß er ermordet wurde. Schon bald nach seinem Tod wegen seiner Frömmigkeit verehrt, wurde Leopold 1485 über Betreiben Kaiser Friedrichs III. heiliggesprochen. Seit 1663 ist er der Landespatron Österreichs.

Johann Dälläro, „Der hl. Leopold", Fresko in der Stiftskirche Ardagger, nach 1678

Die Schleierlegende

„Leopold Markgraf von Österreich seligen Gedenkens . . . und eine gleichgesinnte Ehefrau Agnes . . . suchten einmütig den Willen Gottes zu erfüllen. Sie beschlossen, zur Ehre Gottes und zu ihrem Seelenheil eine Kirche zu errichten und auszustatten und wünschten sich durch ein göttliches Zeichen den Ort kennenzulernen, der Gott für die Errichtung einer Kirche gefällig war. Da erhob sich bei ruhigem und freundlichem Wetter ein starker Wind und entführte mit einem heftigen Stoß den Schleier vom Haupte der Agnes in weite Ferne. Neun Jahre vergingen, da fand der Markgraf auf der Jagd den damals seiner Frau vom Kopf gerissenen Schleier vollständig unversehrt auf einem Strauch. Das, so war er sicher, war der durch ein göttliches Zeichen bestimmte Platz für die Kirchengründung, und er ließ ihn für einen Kirchenbau herrichten. Hier steht heute die Kirche von Klosterneuburg, in der Regularkanoniker den Gottesdienst versehen." So lautet die Übersetzung der ältesten schriftlichen Überlieferung der Schleierlegende aus dem 14. Jahrhundert, die aber eine noch ältere mündliche Tradition besaß.

Rueland Frueauf d. J., „Auffindung des Schleiers", Tempera auf Fichtenholz, 1505, Stift Klosterneuburg

Otto von Freising, Glasgemälde im Brunnenhaus des Stiftes Heiligenkreuz, Ende 13. Jh.

Markgräfin Agnes

Markgräfin Agnes, Glasgemälde im Brunnenhaus des Stiftes Heiligenkreuz, Ende 13. Jh.

Als Tochter Kaiser Heinrichs IV. wurde Agnes von Waiblingen, wie sie nach der württembergischen Stadt Waiblingen auch genannt wird, siebenjährig mit Friedrich von Staufen, dem Herzog von Schwaben, vermählt. In den 26 Jahren ihrer Ehe wurden mindestens 11 Kinder geboren, darunter der spätere Herzog Friedrich von Schwaben und König Konrad III. Im Frühjahr 1105 starb ihr Gemahl. Nun wurde sie dem Markgrafen Leopold III. als Frau versprochen, die Heirat fand 1106 statt. Nach der Quellenlage sollen aus dieser Ehe 18 Kinder hervorgegangen sein, von denen sieben jung starben. Von den überlebenden waren sechs Söhne und fünf Töchter, die es zu hohen Ehren brachten. Es wurden aber immer wieder Zweifel an der hohen Geburtenzahl während der zweiten Ehe geäußert, zumal Agnes bereits 34 Jahre alt war, als sie den Babenberger ehelichte. Aus der Untersuchung der Babenbergergräber in Klosterneuburg geht aber hervor, daß tatsächlich mindestens 17 Kinder aus dieser zweiten Ehe stammten. Agnes überlebte Leopold noch um sieben Jahre und starb 70jährig am 24. September 1143.

Otto von Freising

Otto, später Bischof von Freising, war der fünfte Sohn Leopolds III. und wurde im Jahre 1112, nach anderen 1114, geboren. Im Alter von 12 oder 14 Jahren wurde er 1126 von seinem Vater zum Propst des Kanonikerstiftes der Pfalz Klosterneuburg ernannt und kurze Zeit später zum Studium nach Paris entsandt. Auf der Rückreise in die Heimat trat Otto in Morimond in der Champagne mit 15 Studiengefährten 1132 in den jungen Orden der Zisterzienser ein, den Bernhard von Clairvaux kurz zuvor gegründet hatte. 1138 wurde er dort auch zum Abt gewählt, doch noch im selben Jahre von seinem Stiefbruder König Konrad III. auf den Bischofsstuhl von Freising erhoben. In dieser Stellung hatte er auch in der Reichspolitik Mitspracherecht, war aber zur Regierungszeit Konrads III. von tiefem Pessimismus erfüllt. Unter diesem Eindruck schrieb er in den Jahren 1143 bis 1146 eine Weltchronik „De duabus civitatibus" in acht Büchern, in der er den Untergang der Welt herankommen sah. Im Jahre 1147 nahm er am 2. Kreuzzug teil und konnte sich nur mit Mühe in die Heimat retten. Zur Zeit Friedrich Barbarossas schrieb er 1157 eine zeitge-

109

Das sogenannte Schreibzeug Markgraf Leopolds III., Elfenbein, 12. Jahrhundert, ägyptische Arbeit

Unten: Die Stiftskirche von Heiligenkreuz (fälschlich beschriftet Neuburg), Glasgemälde im Brunnenhaus des Stiftes Heiligenkreuz, Ende 13. Jh.

schichtliche Darstellung vom Wirken dieses Kaisers, die unter anderem auch den Bericht von der Umwandlung Österreichs in ein Herzogtum im Jahre 1156 enthält. Am 22. September 1158 starb er in Morimond, wohin er noch eine Reise unternommen hatte. Otto gilt als der bedeutendste Geschichtsschreiber des Hochmittelalters.

Eine Handschrift seiner Chronik, die vor 1177 im Gebiet von Freising hergestellt wurde, enthält einen Bilderzyklus, der vermutlich nach seinen Angaben erstellt wurde. Eine der Darstellungen widmete sich auch dem Ereignis am Fluß Regen, als sein Vater sich von der Seite Kaiser Heinrichs IV. auf die von dessen Sohn schlug. Diese Handschrift der Chronik befindet sich jetzt in der Universitätsbibliothek Jena.

Der siebenarmige Leuchter

Der siebenarmige Leuchter wurde im frühen 12. Jahrhundert in Verona von derselben Werkstätte gegossen, die die ältere Fassung der Bronzetüren von San Zeno in Verona herstellte. Da dies mit der Bauzeit der Stiftskirche von Klosterneuburg zusammenfiel und der Leuchter sehr kostspielig war, kann man annehmen, daß er eine Stiftung Leopolds III. ist. Im Volksmund hieß er schon im Mittelalter „Holunderbaum" (Sambucus). Daher bürgerte sich der Glaube ein, in seinem Inneren befände sich das Holz jenes Baumes, auf dem der Schleier der Markgräfin Agnes gefunden wurde. Tatsächlich hatte er früher einen Kern aus Holunderholz. Heute deutet man seine stilisierte Baumform als „Wurzel Jesse".

Es war aber der Inhalt der Einigung, wie ich mich erinnere, im allgemeinen folgender: Der ältere Heinrich (Jasomirgott) stellte dem Kaiser das Herzogtum Baiern durch sieben Fahnen wieder zurück. Nachdem diese dem jüngeren (Heinrich dem Löwen) übergeben worden waren, gab dieser durch zwei Fahnen auch die Ostmark mit den seit altersher zu ihr gehörigen Grafschaften zurück. Darauf machte er (der Kaiser) aus dieser Markgraf- schaft samt den vorerwähnten Grafschaften, welche die drei Grafschaften heißen, nach dem Urteil der Fürsten ein Herzogtum und übertrug es durch zwei Fahnen nicht allein ihm (Heinrich Jasomirgott), sondern auch seiner Gemahlin.

Otto von Freising: „Gesta Friderici imperatoris"

Rechts: Herzog Heinrich II. Jasomirgott mit dem Kirchenmodell des Schottenklosters in Wien. Das Schwert ist Symbol seiner Funktion als Vogt. Glasscheibe in Klosterneuburg, Leopoldskapelle.

KALENDER

1137 Nach längeren Beratungen innerhalb der Familie wird nach dem Tod Leopolds III. dessen zweitältester Sohn aus zweiter Ehe, Leopold IV., als Markgraf anerkannt.

Mai 1139 Der Welfe Herzog Heinrich der Stolze von Bayern wird von König Konrad III. geächtet. Markgraf Leopold wird an seiner Stelle mit dem Herzogtum Bayern belehnt.

13. 2. 1140 Baubeginn des Klosters und der Kirche von Zwettl. Markgraf Leopold erhält vom Stift Zwettl ein Darlehen von 300 Mark Silber.

26. 2. Papst Innozenz II. bestätigt Zwettl Besitz und Zehent. Um diese Zeit erhält auch Heiligenkreuz Zehent und Besitzstand vom Papst bestätigt.

April Der Babenberger Heinrich II. (Jasomirgott), der ältere Bruder Leopolds, wird Pfalzgraf am Rhein.

Mai Das St. Gilgen-Hospital beim Kloster St. Pölten wird genannt.

18. 10. 1141 Markgraf-Herzog Leopold übergibt Zwettl auf seinem Totenbett das Gut Krumau, das aber von seinem Nachfolger Heinrich dem Kloster wieder entzogen wird.

Mai 1142 Markgraf Leopold IV. stirbt auf der Rückkehr aus Bayern im bayerischen Kloster Niederaltaich. Er wird im Kapitelsaal des Stiftes Heiligenkreuz beigesetzt. Konrad III. übernimmt das Herzogtum Bayern in Reichsverwahrung. In Österreich folgt Heinrich II. Jasomirgott als Markgraf. König Konrad III. gewährt dem Ort Petronell das Marktrecht.

um 1143 Das Melker Marienlied entsteht, eines der frühesten Beispiele der „Marienminne".

1143–1146 Otto, ein Bruder des Markgrafen Leopold IV. und Bischof von Freising, verfaßt seine Weltchronik „Chronica sive historia de duabus civitatibus".

Jänner 1143 König Konrad III. belehnt in Goslar Markgraf Heinrich II. Jasomirgott mit dem Herzogtum Bayern.

1144 Die Burgen Streitwiesen, Dürnstein und Hohenberg werden genannt.

25. 6. Die Gründung des Klosters Altenburg, die bereits zuvor durch die Gräfin Hildburg von Poigen erfolgt war, wird durch Bischof Reginbert von Passau bestätigt.

1146/47 Die Kirchen St. Veit in Krems, Scheiblingkirchen und Thernberg werden genannt.

11. 9. 1146 Heinrich II. unterliegt in der Schlacht an der Fischa dem Ungarnkönig Geiza II., nachdem ein bayerisch-österreichischer Heerbann Preßburg überfallen und dabei ebenfalls eine Niederlage erfahren hat. Geiza zieht mit etwa 70.000 Mann bis vor Wien, zieht sich jedoch überraschend wieder zurück und begnügt sich mit Plünderungen im Osten des Landes.

1147–1149 Heinrich II. (Jasomirgott) nimmt am 2. Kreuzzug teil.

Die Stephanskirche in Wien wird durch Bischof Reginbert von Passau geweiht. Aus dieser ersten Bauphase stammt das Riesentor.

Konrad III. übergibt dem Stift Zwettl auf Bitte Heinrichs (Jasomirgott) einen am Kamp gelegenen Wald.

Erstmalige urkundliche Nennung des Namens Austria (Heinricus „marchio Austriae").

Februar–Juni Herzog Heinrich (Jasomirgott) von Bayern erhält vor seiner Teilnahme am 2. Kreuzzug 90 Mark Silber vom Stift Heiligenkreuz, eine Widmung eines Kaufmanns aus St. Pölten.

29. 5. König Konrad III. wartet in Persenbeug auf das Kreuzfahrer-Heer, Pfingsten (8. Juni) feiert er in Fischamend. Ludwig VII. von Frankreich wählt den Landweg und marschiert in sechs Tagen durch NÖ. von Passau bis Hainburg. Das bedeutet eine tägliche Marschstrecke von 40 bis 50 km! Ludwigs Hofkaplan Odo von Denis bezeichnet Österreich als „unwirtliches Gebiet".

1148 Walter von Traisen gründet in St. Andrä an der Traisen ein Chorherrenstift. Realisiert wird die Stiftung erst 1160.

Markgraf-Herzog Heinrich Jasomirgott heiratet die 15jährige byzantinische Prinzessin Theodora Komnena, die Nichte des Kaiser Manunels I. Komnenos von Byzanz.

1149 Der Babenberger Konrad, ein Sohn Markgraf Leopolds III., wird Bischof von Passau, damit Herr der Orte St. Pölten und Mautern.

um 1150 Bischof Konrad weiht die Klosterkirche von St. Pölten und unterstützt die Gründung von Geras und Pernegg durch Graf Ulrich von Pernegg.

Das (alte) Dormitorium in Zwettl wird erbaut, der Neubau von Heiligenkreuz beginnt.

Die Kuenringer beginnen mit der Erschließung des Waldviertels.

4. 3. 1152 Nach dem Tode König Konrads III. wird Friedrich I. Barbarossa zum König gewählt.

1155 Das Schottenkloster in Wien wird von Heinrich Jasomirgott gegründet und vom Regensburger St. Jakobskloster aus besiedelt. Heinrich schenkt dem neuen Kloster große Güter im nördlichen NÖ.

8. 9. 1156 Auf dem Reichstag von Regensburg wird die Umwandlung Österreichs in ein Herzogtum beschlossen, um Heinrich Jasomirgott für die Abtretung des Herzogtums Bayern zu entschädigen, das wieder an die Welfen – an Heinrich den Löwen – kommt.

17. 9. Im Privilegium minus, einer Urkunde Kaiser Friedrichs I. Barbarossa, wird diese Umwandlung Österreichs zum Herzogtum bestätigt.

1158 Das mächtige niederösterreichische Grafengeschlecht Formbach-Pitten stirbt aus.

um 1159 In Wien wird die Residenz Herzog Heinrichs (Am Hof) errichtet. Daneben entsteht das Schottenkloster.

3. 5. 1159 Bischof Konrad von Passau erteilt St. Pölten ein Stadtrecht, das älteste Österreichs.

22. 4. 1161 Herzog Heinrich II. Jasomirgott stellt für das Schottenkloster eine umfangreiche Urkunde aus, die als Stiftsbrief bezeichnet wird.

1164 Bischof Konrad von Passau wird als Konrad II. Erzbischof von Salzburg.

um 1165 Die Burg Hernstein wird errichtet. In der Burg Ottenstein wird in der Kapelle ein großes Fresko gemalt.

Juli 1165 Friedrich I. Barbarossa weilt zwei Wochen in Wien.

1166–1196 Im Falkensteiner Codex wird die Burg Hernstein genannt. (Älteste erhaltene Abbildung einer niederösterreichischen Burg.) Inhaber ist Graf Sigiboto, der dem Spital des Klosters Göttweig einen Hof zu Krustetten übergibt.

um 1170 Ein Holzkruzifix entsteht für die Ruprechtskirche in Wien, es befindet sich jetzt in Melk (Melker Kreuz).

Ebenfalls um 1170 entsteht im Kloster Zwettl ein bedeutender Pergamentkodex.

31. 3. 1171 Erste Nennung von Waidhofen a. d. Ybbs.

1172 Herzog Heinrich der Löwe zieht anläßlich einer Pilgerfahrt durch Österreich ins Heilige Land und trifft Herzog Heinrich Jasomirgott in Klosterneuburg.

Ende Juni 1174 Kaiser Friedrich I. Barbarossa belehnt zu Regensburg Leopold V., den Sohn Heinrichs II., mit Österreich.

14. 3. 1176 Herzog Heinrich der Löwe von Bayern und Heinrich Jasomirgott halten am Ostufer der Enns eine Besprechung im Kreise ihrer Landherren ab.

August Einfall der Böhmen unter Herzog Sobieslaw II. in Österreich und Gegenfeldzug Herzog Heinrichs II. Zu dieser Zeit wird in Allentsteig ein Topf mit 2,5 kg Silbermünzen vergraben. Er wurde im Jahre 1934 entdeckt.

29. 11. Bei diesem Feldzug verletzt sich Herzog Heinrich II. beim Einbrechen auf den morschen Bohlen einer Brücke schwer. Er stirbt am 13. 1. 1177 in Wien an den Folgen dieser Verletzung. Sein Nachfolger wird sein Sohn Herzog Leopold V.

TODESTAGE

Leopold IV. Markgraf. Gestorben 18. 10. 1141 in Niederaltaich. (Geboren um 1015.)

Gertrud. Tochter König Lothars III. und Witwe des Welfen Heinrichs des Stolzen, Herzog von Bayern und Sachsen, zweite Frau Herzog Heinrichs Jasomirgott. Gestorben 18. 4. 1143. (Geboren 1075.)

Agnes. Markgräfinwitwe, Tochter Kaiser Heinrichs IV. und Witwe Herzog Friedrichs I. von Schwaben sowie Witwe nach Leopold III. Gestorben 24. 9. 1143. (Geboren 1075.)

Otto. Bischof von Freising. Sohn Markgraf Leopolds III. Gestorben 22. 9. 1158 in Morimond, Burgund. (Geboren 1112 in Klosterneuburg.)

Heinrich II. Jasomirgott. Herzog. Gestorben 13. 1. 1177 in Wien. (Geboren um 1107.)

1137–1176

Die Kuenringer

Über die Herkunft des bedeutenden österreichischen Ministerialengeschlechtes der Kuenringer, das seinen Höhepunkt im 12. und 13. Jahrhundert erlebte, gibt es mehrere Meinungen. Zur Zeit, als der Babenberger Poppo Erzbischof von Trier war (1016–1047), gab es im Rhein-Moselgebiet Dienstmannenfamilien, denen wohl auch die Kuenringer entstammten. Das Titelblatt des Zwettler Stiftungsbuches erzählt die Geschichte, wie Azzo von Kuenring aus dem Reich nach Österreich kam. Der Erzbischof Poppo habe seinem Bruder, dem österreichischen Markgrafen Adalbert, diesen Azzo als besonders verläßlichen Mann empfohlen. Nun war Erzbischof Poppo von Trier der erste Babenberger, der einen hohen Rang im Reich erlangt hatte. Die Erzbischofswürde von Trier war eine der führenden Positionen im Reich, und die Erzbischöfe unterhielten enge Beziehungen zu den Kaisern aus dem salischen Hause. Es gibt aber eine zweite Überlieferung, die besagt, die Kuenringer seien ein hochfreies sächsisches Geschlecht gewesen und nach Österreich eingewandert. Hier seien sie Dienstmannen des Babenbergers Adalbert geworden. Im Jahre 1056 erhielt der Ministeriale der Babenberger Azzo, der Stammvater des Geschlechtes, einen Ort namens Hezimaneswisa geschenkt. Dann schweigen die Quellen lange über die Familie. Erst seit den dreißiger Jahren des 12. Jahrhunderts scheinen sie als Inhaber der Burg Kühnring bei Eggenburg auf, nach der sie auch ihren Namen haben. Es ist durchaus möglich, daß das Geschlecht zu den Überlebenden der Schlacht bei Mailberg 1082 gehörte, bei der fast der gesamte österreichische Adel im Mannesstamm vernichtet wurde. Damals dürfte auch der Aufstieg der Kuenringer begonnen haben. Um 1177 erhielt Hadmar II. von Kuenring für seine Unterstützung im Kampf gegen den Böhmenherzog Sobieslaw II. das Gebiet von Weitra, wo er eine Burg erbauen ließ. Schon um 1182/90 war Weitra auch Zollstätte.

Im 12. und 13. Jahrhundert gingen sie verschiedene Eheverbindungen mit anderen führenden Adelsgeschlechtern ein und bewährten sich vor allem als Kolonisatoren des mittleren Waldviertels. Daneben knüpften sie Beziehungen zum steirischen und mährischen Adel an, und seit 1250 gab es zwei Linien. Eine nannte sich nach Dürnstein, die zweite nach Weitra/Seefeld. Eine Realteilung ist nicht erfolgt, die beiden Linien ergänzten einander und haben gelegentlich sogar – besonders im Krieg Rudolfs von Habsburg gegen Ottokar von Böhmen – verschiedene politische Standpunkte einge-

nommen. Auf diese Weise gelang es ihnen, ihren Besitz zu erhalten, obwohl die Weitra-Linie schließlich mit den Habsburgern in Konflikt geriet und entmachtet wurde. Den Ruf des Raubrittertums, der den Kuenringern unberechtigterweise beharrlich anhaftet und der durch Sagen genährt wurde, entstand durch eine falsche Geschichtsauslegung: In der Auseinandersetzung mit dem Landesfürsten Herzog Friedrich II. Setzen sie sich an die Spitze einer Verschwörung des Landadels. Im Herbst 1233 begann der Aufstand, geführt von Heinrich und Hadmar V. von Kuenring, die mit zehn der wichtigsten Bürger im Land den Donauraum kontrollierten. Friedrich II. kämpfte den Aufstand nieder, wobei er auch die als unbezwinglich geltenden Kuenringerburgen Weitra, Dürnstein und Aggstein eroberte. Mitte des 14. Jahrhunderts starb die Linie Dürnstein aus, die von Seefeld erst im Jahre 1594.

Markgraf Leopold IV.

Der drittgeborene Sohn Markgraf Leopolds III. folgte dem Vater in der Regierung nach, wobei nicht nur sein ältester, aus der ersten Ehe stammender Halbbruder Adalbert (1138 gestorben), sondern auch der nächstälteste Bruder Heinrich „Jasomirgott" übergangen wurde. Das Nachfolgeproblem war offenbar beim Tod Leopolds III. ungelöst. Es gab beträchtliche Familienzwiste, so daß 1137 Papst Innozenz II. in einem Kondolenzschreiben an die Markgräfin Agnes zur Eintracht unter den Familienmitgliedern mahnte. Im Frühjahr 1137 fand in Tulln eine Fürstenversammlung unter dem Vorsitz der Markgräfinwitwe Agnes

statt, um die beiden Brüder zu versöhnen. Leopold IV. wurde als Markgraf anerkannt, Heinrich, der nicht anwesend war, mit den Gütern seiner Mutter am Rhein ausgestattet.

Nach dem Tode Lothars III. wurde nicht sein Schwiegersohn Heinrich der Stolze von Bayern, sondern der Staufer Konrad von Schwaben zum König gewählt. Die Babenberger wurden nun zu einer Stütze der staufischen Reichspolitik. Zu Pfingsten 1138 empfing auf einem Hoftag zu Bamberg Markgraf Leopold IV. seine Lehen, und wenig später wurde Bayern den Welfen entzogen, im März 1139 wurde Leopold auch mit Bayern belehnt. Er mußte jedoch erst seine Herrschaft festigen und konnte schließlich den gesamten bayerischen Adel auf seine Seite ziehen sowie die Hauptstadt Regensburg unterwerfen, wo noch 1141 ein Aufstand während eines Gerichtstages stattfand. Bald darauf erkrankte Herzog Leopold von Bayern und starb auf der Heimreise in die Mark am 18. 11. 1141 im bayerischen Kloster Niederaltaich. Beigesetzt wurde er im Stift Heiligenkreuz.

Die Erhebung Österreichs zum Herzogtum im Jahre 1156

Der 17. September 1156 ist ein wichtiger Termin in der Geschichte Österreichs. An diesem Tage stellte Kaiser Friedrich I. Barbarossa zu Regensburg eine Urkunde aus, in

der die Mark Österreich in ein Herzogtum umgewandelt wurde. Man nennt diese Urkunde heute das „Privilegium minus", weil man im Spätmittelalter der Meinung war, es gäbe ein weiteres, größeres Privileg, das „Privilegium maius". Dieses Privilegium maius, ebenfalls eine Pergamenturkunde, die vorgibt, am 17. September 1156 von Kaiser Friedrich I. Barbarossa in Regensburg ausgestellt worden zu sein, ist aber eine Fälschung des Herzogs Rudolf IV. aus dem Jahre 1359.

Die Umwandlung Österreichs zum Herzogtum war das Ergebnis langer diplomatischer Verhandlungen. Friedrich Barbarossa bemühte sich, den Konflikt seines Vaters mit dem Welfen Heinrich dem Löwen durch Rückgabe des Herzogtums Bayern an Heinrich zu beenden. Bayern war den Welfen abgenommen und den Babenbergern verliehen worden. Zunächst war Leopold IV., nach ihm sein Bruder Heinrich II. Jasomirgott zum Herzog von Bayern bestellt worden. Es ging nun darum, wie im Falle einer Rückgabe Bayerns an Heinrich den Löwen der Babenberger Heinrich Jasomirgott, der in diesem Fall auf das Herzogtum Bayern verzichten mußte, entschädigt werden sollte. Vier Jahre dauerten die Verhandlungen. Sie begannen auf einem Hoftag zu Regensburg im Juni 1152.

Der Babenberger verstand es lange, durch Ausflüchte oder Nichterscheinen eine Entscheidung hintanzuhalten. Schließlich wünschte Friedrich I. Barbarossa, als er im September 1155 von seiner Kaiserkrönung aus Rom zurückkehrte, die Frage zu ordnen. Doch führten erst im Juli 1156 geheime Unterredungen zu einem Übereinkommen, das dann auf dem Hoftag zu Regensburg im September im Rahmen eines feierlichen Aktes ratifiziert wurde. Wie dies vor sich ging, hat Otto von Freising in seiner Lebensbeschreibung Kaiser Friedrichs geschildert. Er erzählt, daß der Kaiser seinem Oheim Heinrich von Österreich zu dessen Zeltlager entgegenzog und dort das Ereignis kundtat. Heinrich von Österreich gab nun das Herzogtum Bayern, symbolisiert durch sieben Fahnen, dem Kaiser zurück. Dieser übergab die Fahnen Heinrich den Löwen und erhielt dafür wieder zwei Fahnen, Österreich und die von altersher dazu gehörigen „drei Grafschaften" darstellend. Diese beiden Fahnen übergab der Kaiser Heinrich von Österreich und erhob damit dessen Land nach dem Urteil der Fürsten zu einem Herzogtum. In der am 17. September ausgestellten Urkunde sind eine ganze Reihe von Sonderrechten des österreichischen Herzogs Heinrich und seiner Gemahlin Theodora festgehalten. Sowohl Heinrich als auch Theodora und ihre Kinder, ob männlich oder weiblich, konnten das Herzogtum als erbliches Lehen vom

Hzg. Heinrich II. Jasomirgott (1141–1177). Glasgemälde im Brunnenhaus des Stiftes Heiligenkreuz. Um 1290/1300.

Reiche erhalten. Sollten Heinrich und Theodora ohne Erben sterben, konnten sie den Nachfolger vorschlagen. Niemand sollte im Bereich des Herzogtums ohne Zustimmung des Herzogs Gerichtsbarkeit ausüben. Der Herzog mußte nur nach Vorladung zu Reichstagen in Bayern erscheinen, sonst schuldete er dem Reich keinen Dienst. Er brauchte nur an Feldzügen teilzunehmen, die gegen Österreich benachbarte Länder gerichtet waren.

Einige Bestimmungen dieses Privilegs waren so außergewöhnlich, daß manche Historiker an der Echtheit dieser Urkunde zweifelten. Diese Zweifel sind aber heute widerlegt. Man nimmt an, daß die Urkunde, wie sie textlich überliefert ist, von Kaiser Friedrich I. Barbarossa ausgestellt wurde. Die Einwände konnten deswegen lange nicht entkräftet werden, weil das Original nicht mehr vorhanden ist. Wahrscheinlich wurde es im Auftrage Herzog Rudolfs IV. im Jahre 1358/59 vernichtet. Schriftbild und äußere Merkmale wurden in eine neue Urkunde aufgenommen, die Herzog Rudolf anfertigen ließ, eine Fälschung, das schon erwähnte Privilegium maius. Darin bezeugt Kaiser Friedrich Barbarossa, daß er aufgrund eines Fürstenspruches den Streit über Bayern und die Mark ob der Enns geschlichtet und an Herzog Heinrich und dessen Gattin Theo-

dora, deren Nachfolger und das Land Österreich, „Schild und Herz des Heiligen Römischen Reiches", eine Reihe von Vorrechten verliehen habe. Es waren dies wesentlich mehr als in der ursprünglichen Urkunde, dem Privilegium minus von 1156. So mußte der Herzog nur mehr bei Reichskriegen gegen Ungarn durch einen Monat zwölf Bewaffnete stellen, brauchte Hoftage nur zu besuchen, wenn er wollte, und sollte im eigenen Lande, zu Pferd sitzend und mit fürstlichem Gewande, der Zinkenkrone und dem Herzogshut bekleidet, belehnt werden. Weitere Bestimmungen betrafen innere Angelegenheiten Österreichs und sprachen die völlige Unabhängigkeit von der kaiserlichen Gewalt aus. Der Herzog sollte, falls er zu Hoftagen kommen sollte, den Kurfürsten und Trägern der Reichserzämter gleichgestellt sein. Die Urkunde gebraucht in diesem Zusammenhang den Titel „Pfalzerzherzog", den Rudolf IV. auch in seinem Siegel führte. Davon wurde später der Titel „Erzherzog" abgeleitet. Rudolf IV. hat in seiner Kanzlei noch weitere Urkunden fälschen lassen, so eine, die angeblich Kaiser Heinrich IV. im Jahre 1058 ausstellte und in die er zwei angeblich antike Urkunden von Julius Cäsar und Kaiser Nero einbaute, weiters eine Bestätigung des „Privilegium maius" durch König Heinrich VII. aus dem Jahre 1228, eine Bestätigung durch Kaiser Friedrich II. aus dem Jahre 1245 und eine Bestätigung durch Rudolf von Habsburg aus dem Jahre 1283. Diese Urkunden legte er dem damals regierenden Kaiser Karl IV. in Prag zur Bestätigung vor. Dieser ließ sie aber in seiner Hofkanzlei durch den Humanisten Petrarca überprüfen und verweigerte ihr die Anerkennung. Doch die Politgroteske – Urkundenfälschung war im Mittelalter allgemein üblich – war damit noch nicht zu Ende. Als der Habsburger Friedrich III. König und später Kaiser wurde, bestätigte er nachträglich diese Urkunden in den Jahren 1442 und 1453. Tatsächlich bildete das Privilegium maius – eine anerkannte Fälschung also – seit der Mitte des 15. Jahrhunderts die Grundlage der Machtstellung des Hauses Habsburg in Österreich, war die tatsächliche Verfassungsurkunde des Landes und verlor ihren politischen Inhalt erst mit der Errichtung des Kaisertums Österreich im Jahr 1804 und der Auflösung des Römisch-Deutschen Reiches im Jahre 1806.

Die Architektur der Romanik

Die auf den ersten Blick größtenteils durch gotische und barocke Bauten geprägte Kulturlandschaft Niederösterreichs ist trotz zahlreicher zu bedauernder Verluste erstaunlich reich an Beständen romanischer Architektur, die dem Betrachter allerdings oftmals verborgen bleibt, da er gar nicht mit ihrer Existenz rechnet. So wird der kunsthistorisch interessierte Laie in dem mehrfach veränderten Südturm des St. Pöltner Doms – der nördliche war nach einem großen Brand 1512 nur teilweise wiederaufgebaut worden – nur schwer einen Teil der romanischen Doppelturmanlage aus der Mitte des 12. Jahrhunderts erkennen. Noch weniger wird er an ein romanisches Bauwerk denken, betritt er das Innere des Doms, das zu einem der bedeutendsten Ensembles barocker Kunst des Landes zählt. Hinter der barocken Ummantelung verborgen existieren jedoch noch die Mauern der frühromanischen Pfeilerbasilika des 11. Jahrhunderts bzw. die Umbauten des 12. und 13. Jahrhunderts. Sichtbar wird romanische Architektur schließlich in dem südlichen Anbau des Chors der (später so bezeichneten) Rosenkranzkapelle aus dem 12. Jahrhundert, deren Apsis zu Beginn des 13. Jahrhunderts restauriert wurde, und schließlich an der im 13. Jahrhundert umgebauten Hauptapsis selbst.

Neben den durch zahlreiche Umbauten immer wieder veränderten Klosterbauten vermögen uns v. a. kleinere, nahezu unveränderte Kirchenbauten (Pfarrkirche Pulkau) und bisweilen auch Burgkapellen eine Vorstellung von den ursprünglichen Intentionen romanischer Baukunst zu geben. So stellt die Burgkapelle von Oberranna (um 1110/20) mit ihren zwei Querschiffen und zwei Vierungstürmen eine verkleinerte Wiederholung ottonischer Dome dar, woraus sich deutlich der Machtanspruch der Babenberger (die Burg befand sich damals im Besitz der Schwester Markgraf Leopolds III.) erschließen läßt. Für die Bedeutung des relativ kleinen Baus spricht auch die Tatsache, daß wir hier mit einer der frühesten durchgehenden Wölbungen aller Raumteile zu rechnen haben. Ähnlich wie die Burgkapelle in Oberranna zeigt auch das früheste Bauwerk der Babenbergerzeit in Österreich, die um 980 errichtete Pfarrkirche St. Ulrich in Wieselburg, eine starke Verbindung zur ottonischen, ja sogar zur karolingischen und spätantiken Baukunst auf. Der über quadratischem Grundriß errichtete Bau mit achteckiger Kuppel ist als Palastkapelle der vom hl. Wolfgang, Bischof von Regensburg, errichteten pfalzartigen Burganlage zu sehen, die jener mit kaiserlichem Privileg errichten hatte lassen.

Die Baukunst des späten 10. und 11. Jahrhunderts war größtenteils noch aus der anti-

Friedersbach, romanisch-gotische Pfarrkirche (12.–15. Jahrhundert) und gotischer Karner (14. Jahrhundert).

ken Vergangenheit des Landes gespeist. Im Gegensatz zu den weit fortschrittlicheren Bauten Deutschlands dürfte hier hauptsächlich der altertümliche Typus der flachgedeckten, dreischiffigen Basilika ohne Querschiff vorherrschend gewesen sein, der sich bis in das 13. Jahrhundert hinein hielt. Zwar fehlen gerade bei den entscheidenden Klo-

sterbauten des 11. Jahrhunderts in NÖ., bei Göttweig und Melk, auch nur die geringsten Hinweise, die eine Rekonstruktion der ursprünglichen Klosterkirchen erlauben würden; dort wo alle Bauteile vorhanden sind – etwa in St. Pölten, Seitenstetten oder Tulln – zeigt sich jedoch eine Bevorzugung des traditionsreichen Typus der querhauslosen

Älteste Ansicht des Doms von St. Pölten, Missalefragment (1. Viertel 15. Jahrhundert). New York, Pierpont Morgan Library.

Die Architektur der Romanik

Basilika. Beispiele der in Deutschland vorherrschenden Doppelchörigkeit finden sich in Österreich nur selten, und wenn (etwa in Oberranna), weil es darum ging, etwaige Machtansprüche zu demonstrieren.

Auf Bauplastik trifft man in verstärktem Ausmaß erst in der Hochromanik, die sich mit Fortdauer des 12. Jahrhunderts im gesamten Gebiet des heutigen Niederösterreich durchsetzt. Charakteristisch für diese Epoche ist, daß die Proportionen der Bauten gegenüber der Frühromanik aufgesteilt sind. Gleichzeitig werden die Architekturglieder, wie Pfeiler oder die Rahmenformen von Portalen und Fenstern, stärker artikuliert. Ein ganz wesentliches Charakteristikum ist schließlich die Einwölbung des gesamten Sakralraums, die überhaupt als Idealvorstellung der hochromanischen Architektur angenommen werden kann. Neben der Einwölbung entsprechen auch die nun entstehenden Türme besonders dem Stilgefühl der Romanik. Bei den in der Regel im 11. und 12. Jahrhundert im babenbergischen Raum überwiegenden einschiffigen, ungewölbten Saalräumen stehen bzw. standen diese Türme meist seitlich, während dreischiffigen Basiliken – wie St. Pölten oder Tulln – sehr wohl Westturmpaare vorgelegt wurden.

Für die Geschichte der Architektur im nö. Raum ist es von größter Wichtigkeit, daß zum Zeitpunkt des Übergangs von der Früh- zur Hochromanik eine bedeutende Herrscherpersönlichkeit auftrat, Markgraf Leopold III., der gegenüber seinen Vorgängern

Oben: Stift Zwettl, Kreuzgang. 13. Jahrhundert.
Links unten: Stift Heiligenkreuz, romanisches Kirchenschiff. 2. Drittel 12. Jahrhundert.
Rechts unten: Stift Zwettl, Kapitelsaal mit romanischer Mittelsäule. 12. Jahrhundert.

einen beträchtlichen Prestigegewinn erreicht hatte, welcher nicht zuletzt durch seine Heirat mit der Tochter Kaiser Heinrichs IV. bedingt war und ihm sogar die Kandidatur für das Königsamt ermöglichte. Seinen Machtzuwachs unterstrich er v. a. durch den Bau der Stiftskirche von Klosterneuburg, ab 1114 allerdings läßt sich deren Aussehen, bedingt durch mehrere bauliche Veränderungen – die letzte erfolgte 1874 durch die durchgreifende Restaurierung Friedrich Schmidts –, nur mehr rekonstruieren. Vermutlich war sie eine dreischiffige Basilika mit Querhaus, Chorquadrat und drei Apsiden und besaß wahrscheinlich einen Vierungsturm.

Der bedeuteundste noch bestehende Klosterbau der Hochromanik in Niederösterreich ist die Kirche des 1133 ebenfalls durch Leopold III. gegründeten Stiftes Heiligenkreuz, deren Bau 1136 begonnen wurde und deren Architektur von der Ordenstradition der Zisterzienser geprägt wird. Ursprünglich als ungewölbte Pfeilerbasilika begonnen, wurde das Mittelschiff vermutlich ab 1147 mit den in Österreich neuartigen Bandrippengewölben ausgestattet, die zu den entscheidendsten Leistungen der Architektur der Babenbergerzeit zählen.

Etwa gleichzeitig zum Baubeginn der Heiligenkreuzer Stiftskirche gründete ein Ministeriale Leopolds, Hadmar von Kuenring,

Links: Siegel mit Bildnis der Stiftskirche Göttweig in ihrer romanischen Phase. 11. Jahrhundert.

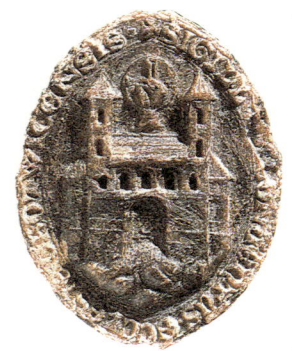

Die Architektur der Romanik

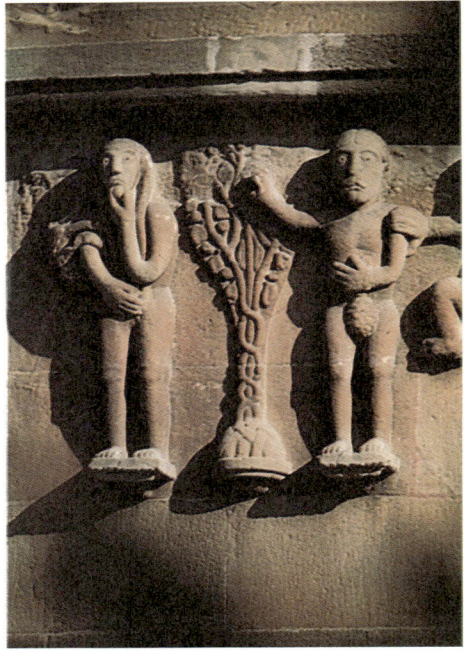

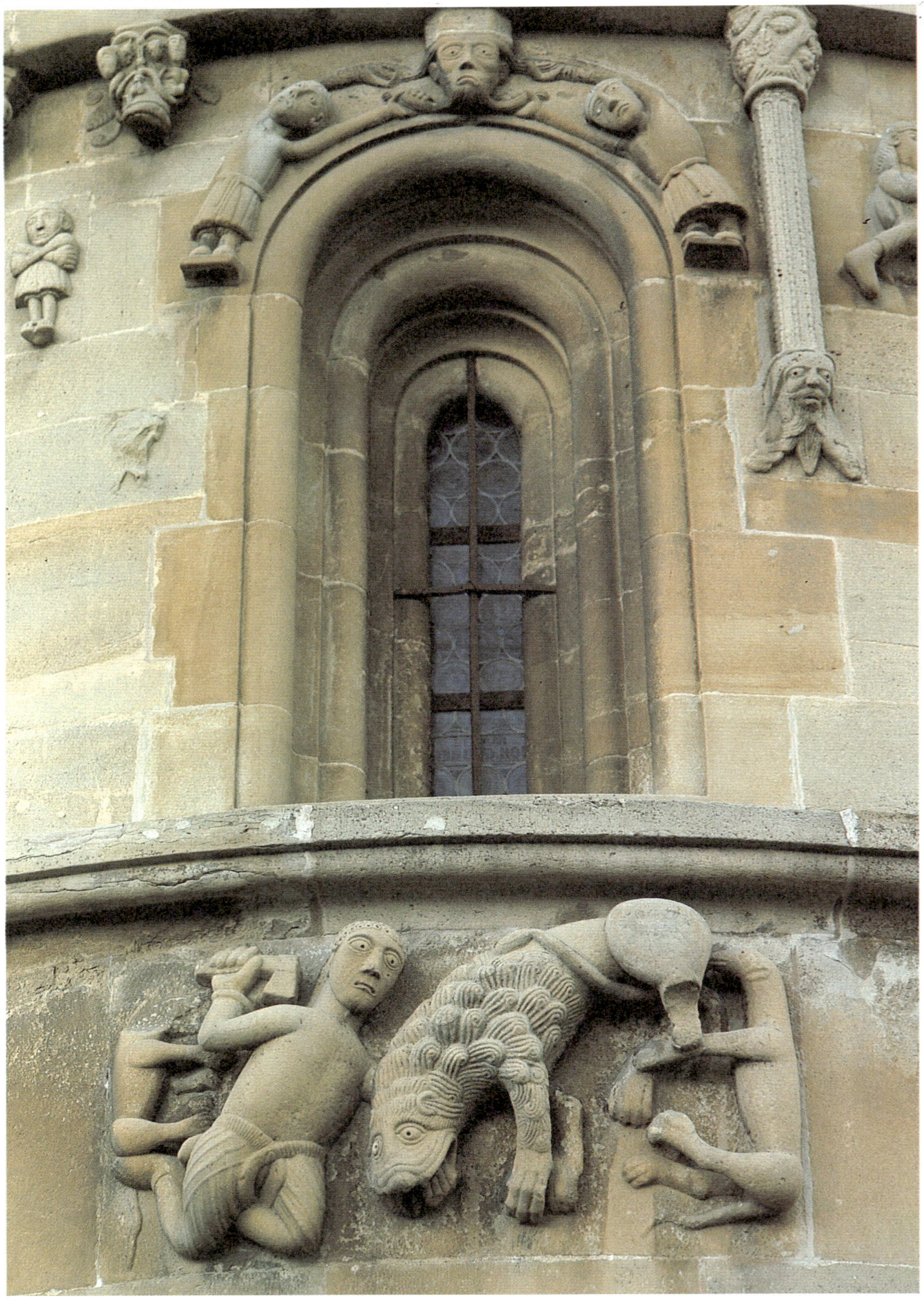

Schöngrabern, Pfarrkirche Mariä Geburt. Apsisdetails: Links: „Adam und Eva". Rechts: „Kampf Davids mit dem Löwen". 1. Drittel 13. Jahrhundert.

1137 das Waldviertler Stift Zwettl, dessen Kirche später durch einen gotischen bzw. barocken Bau ersetzt wurde. Aus der Frühzeit noch erhalten hat sich der Einstützenraum des Kapitelsaals, in dem die gleichen Bandrippen wie in Heiligenkreuz vorkommen, was deutlich für die Zusammenhänge zwischen beiden Klosterbauten spricht.
Während es zu Beginn des 13. Jahrhunderts im Umkreis Herzog Leopolds VI. zusehends zu einer Auseinandersetzung mit der modernen Kunstrichtung der Gotik kam, wurde die Hochromanik im Land von anderen Auftraggebern bis weit in das 13. Jahrhundert fortgeführt. Ein Beispiel dieser Art ist die 1213 von der Familie Doerr gestiftete Pfarrkirche von Bad Deutsch Altenburg, eine ungewölbte dreischiffige Basilika, die Anregungen von Heiligenkreuz in die traditionelle Form der Pfarrkirche umsetzte. Einen bedeutenderen Stellenwert in der Architekturgeschichte nimmt der neben der Kirche befindliche Karner mit seinem eindrucksvollen Portal ein. Der Karner, ein meist zweigeschoßiger Bau mit unterirdischem Beinhaus, das als sekundäre Begräbnisstätte – also für Gebeine aus aufgelassenen Friedhofsteilen – diente, und einer Kapelle mit Apsis im Obergeschoß, ist ein v. a. im babenbergischen Bereich verbreiteter Architekturtypus, der eine pietätvolle Haltung gegenüber den Verstorbenen anzeigen sollte. Hingewiesen soll in diesem Zusammenhang auf den Tullner Karner werden, der vermutlich zwischen 1241 und 1246 entstand. Sein seltenes Patrozinium der Heiligen Drei Könige zeigt eine Verbindung zu der seit 1164 gepflegten Dreikönigsverehrung im Zusammenhang mit den deutschen Königs- und Kaiserkrönungen. Seine Errichtung dürfte somit in Zusammenhang mit der in Aussicht gestellten Königswürde für Herzog Friedrich II. stehen. Das Wiener Tor in Hainburg, das Hauptwerk der Stadtbefestigungsarchitektur dieser Zeit, ein Tortypus, wie er im 13. Jahrhundert unter Kaiser Friedrich II. etwa in Capua eben erst ungemein aufgewertet worden war, könnte in obigem Sinn möglicherweise als Art Triumphpforte zur Königserhebung Herzog Friedrichs II. geplant gewesen sein, noch dazu, da sich hier ursprünglich ebenfalls Figuren der Heiligen Drei Könige befanden. Die Bauplastik der ausgehenden Romanik

*Rechts: Tulln, Karner. Ansicht von Südwesten.
1241–46.*

Die Architektur der Romanik

Links: Mödling, Karner. Mitte 13. Jahrhundert.
Rechts: Bad Deutsch Altenburg, Karner. Portaldetail. Mitte 13. Jahrhundert.

Im Vergleich zu Leopold VI., dessen Bauunternehmungen, etwa in Bezug auf den Hallenchor der Lilienfelder Stiftskirche oder die Capella Speciosa in Klosterneuburg, bereits eine Auseinandersetzung mit der französischen (zisterziensischen) Frühgotik erkennen lassen, nahm sein Nachfolger Herzog Friedrich II. wieder eine retrospektive, auf die Romanik ausgerichtete Haltung ein, die auf seine Ausrichtung auf Kaiser Friedrich II. mit der von diesem besonders geschätzten normannischen Kunstkomponente beruht. Anregungen werden in der Folge daher nicht mehr so sehr in Frankreich gesucht, sondern in den damals neu entstandenen Bauten Deutschlands, allen voran der Dom von Bamberg, der bereits seinerseits moderne Baugedanken in gewisser Weise adaptiert hatte.

Als Beispiel für die Auseinandersetzung mit der von Kaiser Friedrich II. besonders geschätzten normannischen Kunst sei hier auf die Portalausstattungen der Kirchenportale von Kleinmariazell, Mödling, Tulln oder Wiener Neustadt verwiesen, für deren Ausführung Herzog Friedrich eine zuvor in Ungarn beschäftigte Gruppe von Werkleuten zur Verfügung stand, die v. a. hochmittelalterliche Elemente normannischer und insularer Provenienz verarbeiteten, die sich in abstrakten, rein ornamentalen Formen bewegte.

Mit dem Tod Herzog Friedrichs II. 1246 endet die Epoche der Romanik in Österreich, auf die die Habsburger aber schon wenige Jahrzehnte später zur Legitimierung ihrer Herrschaft zurückgreifen sollten.

konzentrierte sich hauptsächlich auf die Ausstattung der Tympana von Kirchen, Karnern und Rundkapellen. Eine umfangreiche plastische Ausstattung findet man an der Pfarrkirche von Schöngrabern bei Hollabrunn, deren archaisierende figürliche Reliefs an der Apsisaußenseite – v. a. was die Anbringung betrifft – Bezüge zu östlichen Werken (Wladimir bei Moskau), aber auch zu westfranzösischen Stilformen erkennen lassen. Sie geben somit ein Beispiel für die weitgespannten Beziehungen im Mittelalter, die, bedingt durch die Kreuzzüge und übernationale Ordensgemeinschaften, lebendiger und intensiver als zu anderen Zeiten gewesen sein dürften.

Thomas Karl

117

Das Buch des Mittelalters

Lateinisches Schrifttum

Während der Babenbergerzeit bis zum 13. Jahrhundert war Latein fast ausschließlich Sprache des Geschäftslebens und der Urkunden. Das Lateinische wurde zwar nicht von der Bevölkerung gesprochen oder verstanden, im Bereich der Kirche war es aber die führende Schrift- und Bildungssprache Europas. Für den Gottesdienst brauchte man Bücher. Diese wurden bei neu entstehenden Klöstern entweder im Mutterkloster geschrieben und aus diesem mitgebracht oder aber ausgeliehen und abgeschrieben. Meist waren mehrere Mönche gleichzeitig mit dem Abschreiben der wichtigsten liturgischen Texte beschäftigt.

Jedes Kloster errichtete im Laufe der Zeit eine Bibliothek, wo man nicht nur geistliche, sondern auch antike Literatur abschrieb und verwahrte. Manchmal wurden auch griechische Texte ins Lateinische übersetzt und auf diese Weise überliefert.

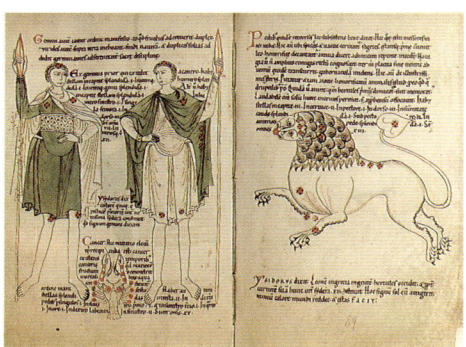

Handschrift des 13. Jahrhunderts mit färbigen Federzeichnungen der Sternbilder der Zwillinge, des Krebses und der Löwen. Zwettl, Stiftsbibliothek.

Wesentlich war für ein Kloster der Besitz einer vollständigen Bibel. Aufgrund ihres Umfanges nahm die Herstellung viel Zeit in Anspruch, die Exemplare waren kostbar und teuer. Die wichtigsten Werke in lateinischer Sprache sind Bibelkommentare, Chroniken und Jahrbücher. Es gibt auch Sammelhandschriften wie das „Magnum Legendarium Austriacum", das um 1190 in Heiligenkreuz entstand. Das vierbändige Werk enthält Lebensbeschreibungen verschiedener Heiliger und ist durch großformatige Initialen geschmückt. Auch in Zwettl ist ein ähnliches Werk entstanden.

Neben der Bibel waren auch die Werke der Kirchenlehrer gesucht, vor allem die des hl. Augustinus (gest. 430). Ab dem Jahre 1123 wurden in Melk und später auch in anderen Klöstern Jahrbücher, sogenannte Annalen, verfaßt. Schon Otto von Freising, Sohn Leopolds III., war Geschichtsschreiber und hat durch seine grundlegenden Werke, seine

Die Melker Annalen, verfaßt ab 1123, fortgesetzt bis 1564. Die Handschrift enthält noch weitere wichtige Texte seit dem 12. Jahrhundert. Melk, Stiftsbibliothek.

Weltchronik und seine Darstellung der Zeit Kaiser Friedrichs I., großen Bekanntheitsgrad erlangt.

Meist begannen die Annalen mit Christi Geburt und wurden dann jährlich fortgesetzt. Im Lauf des 13. Jahrhunderts interessierte man sich immer mehr für Landesgeschichte. Manche Klöster hatten auch Beziehungen zu Familien im Reiche, wie eine Darstellung der Wahl des Kaisers Lothar III. zum römischen König in Göttweig beweist. Ein Göttweiger Mönch schrieb um 1140 eine Biogra-

Hieronymus als Schreiber. Der Heilige schreibt mit dem Federkiel, in der Linken hält er ein Messer zum Zuspitzen der Feder. Melk, Stiftsbibliothek.

phie des Klostergründers Altmann von Passau, in Melk zeichnete man auf, wie der als Spion aufgehängte irische Pilger Koloman ums Leben gekommen war. In anderen Klöstern entstanden Sammlungen von Heiligenlegenden, die vielfach mit Buchmalerei ausgestattet wurden.

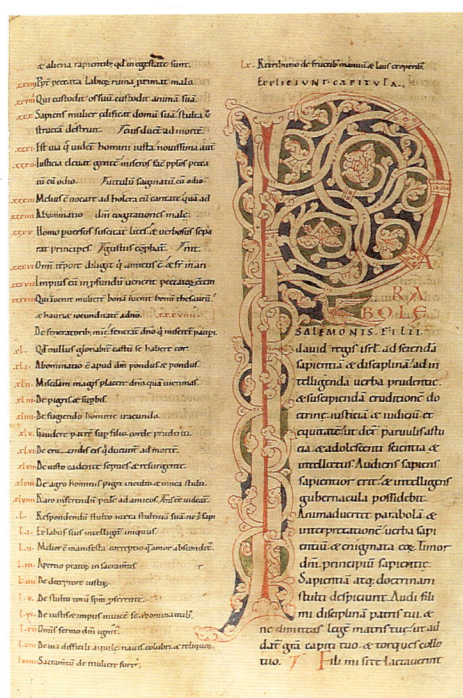

Bibel des hl. Leopold, Pergamentkodex, geschrieben vor 1136 vermutlich im Chorherrenstift St. Nicola vor Passau, Initiale „P" als Beginn der „Parobole Salomonis", davor ein Brief des Hieronymus.

Der Codex

In einer Handschrift aus der zweiten Hälfte des 12. Jahrhunderts ist dargestellt, wie ein Codex entstand. Vorwiegend Mönche befaßten sich in den Schreibstuben der Klöster mit der Herstellung solcher Codices. Ihr Schreibwerkzeug war eine Vogelfeder, das Schreibmaterial die in einen Rahmen gespannte Tierhaut, das Pergament. Ein anderes Bild zeigt den hl. Hieronymus als Schreiber. Er sitzt im bischöflichen Ornat vor einem auf einer Holzsäule ruhenden Buch, auf dem eine Lage Pergament liegt. Mit dem fein gespitzten Federkiel wird mehr gezeichnet als geschrieben. In der Linken hält der Schreiber das unvermeidliche Messer, das er nicht nur zum Zuspitzen der Feder, sondern auch zum Abschaben von Fehlern des Textes benötigt.

Walther v. d. Vogelweide mit anderen Minnesängern. Manessische Handschrift. 1300/40.

Deutschsprachige Literatur im babenbergischen Österreich

Zur Babenbergerzeit gab es in Österreich neben lateinischen Texten auch eine Reihe von literarischen Zeugnissen in der frühmittelhochdeutschen Muttersprache. Wir dürfen annehmen, daß sie meist mündlich überliefert wurden und daß nur sehr selten eine Aufzeichnung stattfand. Es sind nur kurze Werke, wie das Klosterneuburger Gebet oder der Wiener Hundesegen, die noch in althochdeutscher Sprache überliefert wurden. Aus dem 12. Jahrhundert gibt es Sammelhandschriften, in denen sich deutsche Texte verschiedener Art finden. So enthält etwa eine Vorauer Handschrift eine Weltchronik in deutscher Sprache, die um 1147 entstand. Dort ist auch der Name der Klausnerin Frau Ava überliefert, die in schlichten Versen über Johannes den Täufer, das Leben Jesu und andere geistliche Themen schrieb. Sie ist am 7. Februar 1127 gestorben. Eine Reihe von Gedichten, darunter das kraß gestaltete Lehrgedicht „Von des tôdes gehügede" mit seiner Mahnung an den Tod wird vielfach einem „Heinrich von Melk" zugeschrieben, vielleicht einem Laienbruder des Stiftes. Seit etwa 1170 trat die „höfische Literatur" der Ritter- und Heldendichtung in den Vordergrund. Ihren Höhepunkt erlebte diese Dichtungsart im Nibe-

lungenlied. Darin sind einige Heldenepen vereinigt, die um 1200 endgültig zusammengefaßt wurden. Aus den Stoffkreisen um Jung Siegfried, Siegfrieds Tod, den Untergang der Burgunden und Attilas Ende wurde ein Epos gestaltet, dessen verbindende Gestalt Kriemhild ist, die zur Rächerin an den Mördern ihres Mannes wird und diese Schuld ebenso mit dem Tode sühnt wie die anderen tragenden Gestalten der Handlung. Dem Dichter war die Donaulandschaft zwischen Passau und Wien vertraut. Kaplan Konrad, der 1207 als Inhaber der Pfarre Groß-Rußbach erwähnt wurde und später Schreiber und Notar der bischöflichen Kanzlei in Passau gelten. Volle Gewißheit wird man über den Dichter nie erlangen, doch stand er mit Österreich und dem Herzogshof in enger Verbindung.

Am Dichter des Nibelungenliedes haben sich viele andere geschult. Einer davon schuf am Ausklang der Babenbergerzeit das „Gudrunlied" ein Heldenepos, in dessen Mittelpunkt Gudrun, die standhafte Dulderin, steht. Die Dichtung handelt von Entführung, Brautwerbung und Brautraub. Besonderen Ausdruck fand aber die deutschsprachige Dichtung der Zeit im Min-

nesang. Unter Leopold V. und Friedrich I. erlebte er seinen Höhepunkt. Am Babenberger-Hof bildete sich vor 1200 ein bedeutendes Zentrum des höfischen Minnesanges heraus. Neben Reinmar von Hagenau († um 1205?) wirkte hier auch Walther von der Vogelweide, der behauptete, hier „singen und sagen" gelernt zu haben. Nach dem Tod Herzog Friedrichs I. verließ er Wien allerdings, um ein unstetes Wanderleben aufzunehmen. Im Herbst 1203, als Leopold VI. mit der byzantinischen Prinzessin Theodora Hochzeit feierte, hielt sich Walther in Österreich auf. Am 12. November 1203 erhielt er in Zeiselmauer vom Bischof von Passau einen Pelzrock. In Österreich wirkten noch weitere Minnesänger, die aber nicht die Berühmtheit und Bedeutung Walthers erlangten. Leopold VI. zeigte offenbar keine besondere Vorliebe für die Literatur, nur Spruchdichter wie Reinmar von Zweter und ein Bruder Wernher erfreuten sich seiner Gunst. Fröhliches literarisches Treiben entfaltete sich dann wieder am Hof Herzog Friedrichs II. Zwar verließ Reinmar nun Wien, aber Neidhart von Reuental, ein Ritter, der im heimatlichen Bayern in Ungnade gefallen war, erhielt in der Nähe von Melk, später in Tulln ein Gut und entwickelte einen neuen, derberen Stil der Minnelieder. Diese gefielen aber den einfachen Leuten viel besser, so daß Neidharts Popularität in Österreich groß war. Er ging ebenso in die Sage ein wie der Tannhäuser, der in den „Venus-Berg" versetzt wurde, oder wie Ulrich von Liechtenstein, der 1246 in der historischen Schlacht an der Leitha mitkämpfte, aber neben seiner politischen Tätigkeit ein Schwärmer war, der in für uns Heutige grotesk wirkenden Verkleidungen unter Anfechtung ritualisierter Scheinkämpfe im Lande umherzog. Als „Frau Venus" verkleidet, unternahm er 1227 eine Turnierfahrt von Venedig nach Böhmen, als „König Artus" ritt er 1240 von der Steiermark durch Österreich nach Mähren. Von beiden Fahrten berichtet er in den autobiographischen Epen „Frauendienst" und „Frauenbuch", in ihrem Realitätsgehalt stark umstrittene Werke, die aber doch als erstes autobiographisches Schrifttum in deutscher Sprache gelten.

Kreuzfahrer, Federzeichnung in einem Psalter aus Westminster, 13. Jahrhundert. Der Überwurf des Ritters ist mit Kreuzen geschmückt.

KALENDER

um 1177 Entstehung des Pastorales (Hirtenstab) von Altenburg, einer sizilianischen Arbeit.

1177–Juni 1178 Leopold V. hält Gerichtstage zur Schlichtung eines Zehentstreites zwischen Heiligenkreuz und Melk.

1177/1178 In Melk entsteht das „Breve chronicon Austriacum Mellicense", eine österreichische Fürsten- und Landesgeschichte.

Heinrich I., d. Ä., ein Bruder Leopolds V., gründet eine babenbergische Nebenlinie in Mödling, die 1233 ausstirbt.

24. 2. Im Lager in Candelana bei Pesaro in Italien belehnt Kaiser Friedrich Barbarossa Leopold V., den Sohn des Herzogs Heinrich Jasomirgott, neuerlich mit Österreich; schon zu Lebzeiten seines Vaters war er 1174 mit dem Herzogtum belehnt worden.

1179 Ein Karner auf dem Friedhof (Domplatz) in St. Pölten wird genannt.

1. 7. Schiedsspruch Friedrichs I. Barbarossa zu Eger. Dort wird die Grenze zwischen Böhmen und Österreich neu festgelegt.

1181 Der „Verduner Altar", heute in der Leopoldskapelle von Stift Klosterneuburg, eines der wichtigsten mittelalterlichen Emailkunstwerke Europas, entsteht in der Werkstatt des Nikolaus von Verdun.

16. 11. Friedrich Barbarossa belehnt in Erfurt Leopolds V. Sohn Friedrich I. mit dem österreichischen Herzogtum.

1182 Herzog Leopold schenkt dem Stift Heiligenkreuz eine aus Jerusalem mitgebrachte Kreuzpartikel.

1185 In Enns besteht eine Münzstätte, die für ganz Österreich Bedeutung hat.

vor 1186 Herzog Ottokar IV. der Steiermark schenkt Heinrich I. von Mödling Gumpoldskirchen.

1186 Der Jahrmarkt in Ardagger wird genannt.

17. 8. 1186 Auf dem Georgenberg zu Enns vermacht Herzog Ottokar IV. der Steiermark testamentarisch seinen Allodialbesitz dem Herzog Leopold V. von Österreich und dessen Nachkommen und sichert die Rechte seiner Ministerialen („Georgenberger Handfeste").

Kampf der Kreuzritter mit Sarazenen. Aus der „Chronica Maiora" des Matthäus Paris, M. 13. Jh. Cambridge, Corpus Christi College.

Kaiser Friedrich I. Barbarossa auf dem Kreuzzug, Lavierte Federzeichnung in der Chronik des Petrus von Ebulo, um 1197. Bern, Schweiz, Bürgerbibliothek.

1187 Das Spital des Klosters Heiligenkreuz erhält Weingärten in Sooß bei Baden.

1187 Die Grafen von Plain nennen sich nach der Burg Hardegg.

3. 10. 1187 Sultan Saladin erobert Jerusalem. Dadurch wird der 3. Kreuzzug ausgelöst.

28. 10. 1188 Nach dem Aussterben der Sulzbacher (Graf Gebhart III.) kommt das Gebiet von Hainburg an die Babenberger. Schwerpunkt der Herrschaft ist Deutsch Altenburg.

Mai 1189 Kaiser Friedrich I. Barbarossa zieht mit dem Kreuzfahrerheer donauabwärts durch Österreich ins Heilige Land (die Großen des Reiches reisen per Schiff).

1190 In St. Pölten wird ein Stadtrichter genannt.

August Herzog Leopold V. bricht mit seinen Ministerialen zum Kreuzzug auf. Auch Heinrich I. von Mödling nimmt daran teil.

1191 Erste Erwähnung der Klosterschule Melk.

12. 7. Die Seefeste Akkon nördlich von Jerusalem wird erstürmt. Herzog Leopold von Österreich nimmt mit seinem Gefolge daran teil. Der Sage nach entsteht dabei das Bindenschildwappen.

9. 10. Herzog Leopold V. kehrt nach einem Streit mit dem englischen König Richard Löwenherz nach Österreich zurück.

9. 5. 1192–1194 Herzog Leopold V. legt die Wasserrechte der Bürger von Wiener Neustadt am Kehrbach fest.

1192 Bischof Wolfger von Passau ermöglicht durch Übergabe eines Grundstückes die Erweiterung des Klosters St. Pölten.

24. 5. Leopold V. und sein Sohn Friedrich I. werden von Kaiser Heinrich VI. in Worms mit der Steiermark belehnt.

9. 7. Herzog Leopold V. stellt ein großes Privileg für die Regensburger Kaufleute aus. Darin werden Melk, Tulln und St. Pölten genannt.

16. 10. Der Markt zu Neulengbach wird urkundlich genannt.

21./22. 12. Der englische König Richard I. Löwenherz wird in Erdberg bei Wien gefangengenommen. Sodann wird er von Hadmar II. von Kuenring nach Dürnstein gebracht.

28. 12. Kaiser Heinrich VI. befiehlt, ihm Richard Löwenherz vorzuführen.

2. 1. 1193 König Richard wird von Dürnstein nach Regensburg gebracht. Da die Übergabeverhandlung scheitert, kommt er nach Dürnstein zurück. Am 28. 3. 1193 wird er nach Speyer gebracht und an Kaiser Heinrich VI. ausgeliefert, am 4. 2. 1194 freigelassen.

26. 12. 1194 Bei einem Turnier in Graz stürzt Herzog Leopold vom Pferd und stirbt am 31. Dezember.

1195 Nach dem Tod Leopolds V. wird sein Sohn Friedrich Herzog von Österreich. Der jüngere Sohn Leopold VI. erbt die Steiermark.

1196 In Klosterneuburg wird ein Pilgerhospital errichtet.

In Krems werden ein Stadtrichter und zwölf Stadträte bezeugt.

16. 4. 1198 Herzog Friedrich stirbt, vermutlich in Akkon. Seine Gebeine werden von Bischof Wolfger von Passau nach Österreich gebracht und in Heiligenkreuz beigesetzt. Leopold VI. tritt in Österreich die Nachfolge an.

Nach Einnahme der Stadt ließ der König von England die siegreichen Fahnen seines Heeres auf die Türme aufpflanzen, indem er das ganze Verdienst des Sieges sich allein zuschrieb. Als er durch die Stadt ritt, erblickte er die Fahne des Herzogs Leopold auf einem Turme aufgepflanzt, den dieser selbst mit den Seinigen erstürmt hatte; als er erkannte, daß es nicht die seinige sei, fragte er, wem sie gehöre. Da er die Antwort erhielt, es sei die Fahne Leopolds, des Herzogs von Österreich, und erfuhr, dieser habe die Stadt auf dieser Seite erobert, befahl er mit größtem Unwillen, die Fahne von dem Turme herabzuwerfen und in den Kot zu treten; außerdem schmähte er den Herzog ohne Grund mit Schimpfworten.

Aus der Chronik des Otto von St. Blasien

Links: Grabplatte des steirischen Herzogs Ottokar IV. († 1192) in St. Heinrich am Bachern, Slowenien.

TODESTAGE

Heinrich II. Herzog. Gestorben 13. 1. 1177 in Wien (Sturz vom Pferd während eines Feldzuges gegen Böhmen). (Geboren 2. 4. 1107.) Beigesetzt im Schottenstift in Wien.

Theodora Komnene. Mutter Herzog Leopolds V., Witwe Herzog Heinrichs II. Gestorben 2. 1. 1184.

Friedrich I. Barbarossa. Kaiser. Gestorben 10. 6. 1190. Er ertrinkt beim Baden im Fluß Saleph in Kleinasien.

Ottokar IV. Herzog der Steiermark. Gestorben 8. 5. 1192. Der Erbvertrag von Georgenberg tritt in Kraft.

Leopold V. Herzog. Gestorben 31. 12. 1194. (Er stirbt nach einem Unfall bei einem Turnier in Graz.)

Friedrich I. Herzog. Gestorben 16. 4. 1198. (Geboren um 1175.)

Herzog Leopold V. auf dem 3. Kreuzzug

Am 11. Mai 1189 brach das vom 66jährigen Kaiser Friedrich I. Barbarossa geführte Kreuzheer in Regensburg auf, zog durch Österreich und Ungarn, setzte bei Gallipoli nach Kleinasien über und marschierte unter ungeheuren Strapazen durch Anatolien. Am 12. Juni 1190 ertrank der Kaiser im Fluß Saleph. Im Oktober kamen die Reste des deutschen Heeres vor Akkon an, geführt von Friedrichs Sohn Herzog Friedrich von Schwaben, der 1191 während der Belagerung von Akkon ebenfalls starb.
Erst 1190 war auch Herzog Leopold V. auf dem Seeweg ins Heilige Land aufgebrochen und schloß sich einem Heer an. Bei der Eroberung der Festung Akkon im Juli 1191 zeichnete er sich besonders aus. Dabei kam es zu einer heftigen Auseinandersetzung zwischen dem englischen König Richard Löwenherz und dem Herzog. Der König ließ ein österreichisches Kampfzeichen von einem erstürmten Turm herabreißen und schloß die Deutschen und Italiener von der Beute aus, worauf Leopold gekränkt das Land verließ und heimkehrte. Der Zwischenfall von Akkon ist historisch, nicht dagegen die mit dem Kampf um die Stadt verbundene Sage von der Entstehung des rot-weiß-roten Bindenschildes als Wappen durch den Herzog, dessen weißer Waffenrock bis auf den durch den breiten Schwertgurt bedeckten Streifen von Blut getränkt gewesen sein soll. Schon im Klosterneuburger Babenbergerstammbaum vom Beginn des 15. Jahrhunderts wird diese Szene dargestellt.

Weltkarte mit Jerusalem als Zentrum, darüber Christus als Regent der Welt, englischer Psalter, 13. Jahrhundert.

Das Bild zeigt, wie Kaiser Heinrich VI. Herzog Leopold V. nach der Einnahme von Akkon die rot-weiß-rote Fahne verleiht. Der kniende Leopold hält in der rechten Hand das Kreuzesholz (das er dem Stift Heiligenkreuz schenkte und das dort heute noch verehrt wird). Hinter dem Kaiser stehen die Könige Philipp II. von Frankreich und Richard I. Löwenherz von England.

Die Burg im Hintergrund soll wohl die Festung Akkon sein. Das Wappen Leopolds des „Tugendhaften" ist aus zwei Teilen zusammengesetzt. Die eine Hälfte ist dem Fünf-Adler-Wappen vorbehalten. Die andere ist geteilt zwischen dem rot-weiß-roten Bindenschild und dem Pantherwappen der Steiermark, die Herzog Leopold erwerben konnte.

Burg Dürnstein. Federzeichnung im Stiftungsbuch des Klosters Zwettl, 1. Hälfte des 14. Jahrhunderts.

1177–1198

Die Rückreise Richards I.

Am 9. Oktober 1192 verließ König Richard I. per Schiff das Heilige Land, wo er sechzehn Monate gekämpft hatte. Schlechtes Wetter zwang ihn, Korfu anzulaufen, das zum Gebiet des byzantinischen Kaisers Isaak II. Angelos gehörte. Um nicht gefangengenommen zu werden, schiffte er sich, als Tempelritter verkleidet, mit seinen Bedienten auf einem Seeräuberschiff ein. Englische Quellen berichten von einer Landung bei einem Ort Gazere, der mit Zadar identifiziert wurde. Andere nehmen an, daß er nach einem Seesturm an der istrischen Küste zwischen Aquileia und Venedig das Schiff verlassen mußte. Richard reiste zu Fuß mit seinen Begleitern über Kärnten und Österreich weiter und wollte auf das Gebiet seines Schwagers Heinrich von Sachsen gelangen.

Die Gefangenschaft Richards I.

Auf der Reise von Dalmatien, wo er gestrandet war, zu seinen Verwandten in Sachsen mußte Richard Löwenherz, der schon in Kärnten erkannt worden war, auch vor Wien haltmachen, wo er von den Österreichern gestellt und gefangen genommen wurde.
Nach den Zwettler Annalen war dies in Erdberg bei Wien. Über die Art der Gefangennahme des englischen Königs am 21. oder 22. Dezember 1192 gibt es verschiedene Versionen. Am wahrscheinlichsten ist, daß Richard einen deutschsprechenden Begleiter in die Stadt schickte, um Geld zu wechseln und Lebensmittel zu kaufen. Da aber byzantinische Goldmünzen im damaligen Österreich eine Seltenheit waren, erregte ihr Besitz beträchtliches Aufsehen. Nach der Gefangennahme ließ Herzog Leopold V. Richard durch seinen Ministerialen Hadmar II. von Kuenring auf die Burg Dürnstein bringen. Dieses Bauwerk wurde nicht nur wegen seiner gesicherten Lage ausgewählt, sondern die neuerbaute Burg Dürnstein war auch ein würdiger Aufenthaltsort für einen königlichen Gefangenen.
Nach mehrwöchigen Verhandlungen zwischen Kaiser Heinrich VI. und Herzog Leopold V. einigten sich beide über die Auslieferung Richards an den Kaiser. Nur durch hohes Lösegeld in Edelmetall, so hoch wie sein Erlös für Zypern, das er den Maltesern verkauft hatte, konnte Richard die Freiheit

Die Gefangennahme des Königs Richard Löwenherz. Lavierte Federzeichnung in der Chronik des Petrus von Ebulo, um 1197. Bern, Schweiz, Bürgerbibliothek.

wiedererlangen. Die Höhe des Lösegeldes, das England und die französischen Besitzungen Richards zahlen mußten, wird mit 150.000 Kölner Mark Silber angegeben. Die Aufbringung stieß auf große Schwierigkeiten, es mußten Steuern eingehoben und Kirchenschätze eingeschmolzen werden. Die Klöster hatten den Ertrag der Schafschur für ein Jahr abzuliefern. Erst nach Zahlung von 100.000 Mark wurde Richard am 4. Februar 1194 freigelassen. Kaiser Heinrich VI. und Herzog Leopold V. teilten sich die Summe. Der Kaiser finanzierte damit einen Feldzug, während Leopold V. mit seinem Anteil (11.690 kg Silber) die Stadt Wiener Neustadt an der österreichisch-steirischen Grenze gründete, die Befestigung von Hainburg, Enns und wahrscheinlich auch von Wien verstärkte sowie die Münzstätte Wien errichtete. Die Gefangennahme eines Kreuzfahrers hatte ihm den päpstlichen Bann eingetragen. Englische Chroniken dieser Zeit sind auf Österreich besonders schlecht zu sprechen, berichten von Katastrophen im Lande und sehen darin eine Strafe Gottes für die Vorgangsweise des Herzogs. Auf dem Sterbebette gab Leopold V. schließlich die Zusicherung, den Rest des Lösegeldes an England zurückzuzahlen. Dafür wurde er vom Banne gelöst.
Die Gefangennahme ist durch eine lasierte Federzeichnung in der um 1197 in Süditalien entstandenen Chronik des Petrus de Ebulo

dargestellt. Der als Pilger verkleidete König wird von Rittern gestellt, deren Schild von einem Balken durchkreuzt ist. Dies ist die älteste Darstellung des österreichischen Bindenschildwappens.

Kaiser Friedrich I. als Führer des 3. Kreuzzuges, Miniatur, vor 1200, Widmungsblatt der „Historia Hierosolymitana" des R. von Saint Remi.

122

Rechts: Rückseite des Verduner Altares.

Der Verduner Altar

Das Stift Klosterneuburg verwahrt mit dem 1181 vollendeten, der Gottesmutter gestifteten Altarwerk des Nikolaus von Verdun, dessen grandioses Programm vermutlich in Klosterneuburg entwickelt wurde, nicht nur eines der vollkommensten Werke mittelalterlicher Emailarbeit und Goldschmiedekunst, sondern eines der unbestrittenen Meisterwerke mittelalterlicher Kunst schlechthin.

Das unter Propst Stephan von Sierndorf im 14. Jahrhundert zu einem Flügelaltar umgebaute, von Nikolaus selbstbewußt signierte Werk war ursprünglich Teil der Verkleidung eines Ambos (Kanzel) gewesen, der mit dem Lettner verbunden war und einen Kreuzaltar ziborium(-baldachin)artig überdachte. Das laut einer alten Stiftstradition nach einem Brand im September 1330 – vermutlich aber bereits ab 1324 – zu einem Altar umgebaute Goldschmiedewerk sah auf der Rückseite vier gleich große Tafelbilder vor, weshalb man den Altar auf der Vorderseite zu beiden Seiten des Kreuzigungsbildes um zwei Kolumnen aus Bildern und entsprechend viele Säulenpaare erweitern mußte. So kommt es, daß lediglich 45 der 51 in drei nach typologischen Gesichtspunkten (den Szenen des Neuen Bundes entsprechen Darstellungen vor und nach der Gesetzgebung Moses') angelegten Reihen angeordneten Emailbilder von der Hand Nikolaus' stammen.

Der vermutlich nach 1130, sicherlich aber vor 1150 in Verdun an der Maas, einem der führenden Zentren mittelalterlicher Goldschmiedekunst, geborene Künstler hat seine Ausbildung wohl in einem der maasländi-

Oben: Seitenflügel des Verduner Altares in der Leopolds-Kapelle des Stiftes Klosterneuburg. Emailarbeit des Nikolaus von Verdun. 1181.
Unten: Detail des Verduner Altares: „König Salomon".

schen Ateliers erhalten, muß während jener Zeit aber auch die gesamte zeitgenössische Kunst studiert haben, so die südenglische Kunst, die Glasmalerei Nordfrankreichs und v. a. die provinzialrömische Kunst Galliens und die unter dem Einfluß antiker Kunst stehenden karolingischen Elfenbeinschnitzereien, aber auch die byzantinische Kunst auf der Stilstufe um etwa 1140. Schon in den frühesten der Emailtafeln des Verduner Altars entwickelte Nikolaus eine neue Art des Figurenaufbaus und der Gewandgestaltung, die ohne das antike Verständnis für den organischen Aufbau des Körpers nicht möglich war. Mit Hilfe seines eigenen Wirklichkeitsverständnisses überwand Nikolaus auch die Spiritualisierung der byzantinischen Kunst. Dieses verdankt zwar der Antike wesentliche Anregungen, liegt jedoch letztlich in der Person des Künstlers selbst begründet, der jedes Bild – trotz enger Bindung an traditionelle ikonographische Schemata – frisch konzipierte und gedanklich so durchgestaltete, als könnte es in Wirklichkeit so gewesen sein. Je nach Bild-

thema wurden von ihm Dramatik der Handlung, Subtilität des seelischen Gehaltes, die feierliche Würde der Repräsentation, Transzendenz der himmlischen Erscheinung oder Würde der sakralen Handlungen im Bild ausgedrückt, die Heilsereignisse solcherart unmittelbar präsent und fesselnd erlebbar gestaltend.

Thomas Karl

Heinrich und Hadmar von Kunring, die Hunde genannt, verwüsteten die hiesige Gegend, plünderten die Städte Krems und Stein, zündeten dieselben an und mißhandelten die Bürger. Die Stadt Krems hatte damals noch keine Mauern, sondern war mit Holz verwahrt. – In demselben Jahr wurde Hadmar von Kunring, Besitzer von Aggstein und Thürnstein, durch List auf einem Schiff gefangen und das Schloß Thürnstein von Herzog Friedrich zerstört.

Die Zwettler Annalen zum Jahre 1231

Rechts: Glasbecher aus dem Burgstall von Geiselberg, 13. Jahrhundert.

1199–1250

KALENDER

um und nach 1200 Das Nibelungenlied und das Gudrunlied entstehen im Donautal, vielleicht in Passau. Der Minnesang wird gepflegt, das Kunsthandwerk blüht. Der romanische Kirchenbau schafft bedeutende Kunstwerke.

um 1200 Im Zolltarif von Stein werden Kaufleute aus Passau, Regensburg, Köln, Aachen, Italien und Schwaben genannt.

Die Stadt Laa wird gegründet und befestigt. 1240 wird sie erstmals urkundlich genannt.

1. 3. 1202 Erste Erwähnung von Lilienfeld, das von Heiligenkreuz aus besiedelt wird.

Oktober 1203 Herzog Leopold VI. heiratet die byzantinische Prinzessin Theodora, die Enkelin des byzantinischen Kaisers Isaak Angelos II. und erreicht die Großjährigkeit. Bischof Wolfger von Passau traut das Paar in Wien.

12. 11. Walther von der Vogelweide erhält von Bischof Wolfger von Passau 150 Pfennige zum Ankauf eines Reisepelzes.

um 1205 Hadmar II. von Kuenring gründet Weitra.

April 1209 Zwei Gründungsurkunden von Lilienfeld werden am 13. und 17. April von Herzog Leopold VI. in Klosterneuburg ausgestellt.

19. 6. In St. Pölten wird im Kloster ein Schrein mit zwei Leichen entdeckt, die als Reliquien unbekannter Heiliger verehrt werden.

um 1210 Nach dem Aussterben der mächtigen Grafen von Poigen-Rebgau kommt das Gebiet um Horn (das „Poigreich") an Herzog Leopold VI.

1210 Herzog Leopold VI. geht gegen die Katharer, oder, wie sie in Österreich genannt werden, Katharener, vor. Er ließ sie „sieden und braten", wird berichtet. Die Katharer waren eine streng asketische Sekte, die viele katholische Dogmen und Gebräuche verwarfen. Sie wurden im 13. und 14. Jahrhundert erbarmungslos verfolgt (auch als Albigenser bekannt).

Herzogenburg wird Markt genannt.

9.–16. 8. Nach starkem Regen führt die Donau gewaltiges Hochwasser und richtet große Zerstörungen an.

1212/1213 Leopold VI. nimmt an einem Kreuzzug gegen die Albigenser (Katharer) in Südfrankreich teil.

1218 In der Stiftskirche von Lilienfeld werden vier Altäre geweiht. Am selben Tage bricht Herzog Leopold VI. zu einem Kreuzzug nach Ägypten auf, geleitet von König Andreas II. von Ungarn.

1219 Die Kreuzfahrer erobern den Festungsturm, nicht aber die Stadt Damiette, und Leopold bringt dem Kloster Lilienfeld eine Kreuzpartikel mit. Baubeginn der Stiftskirche (geweiht 1230; frühester kirchlicher Hallenbau Österreichs).

18. 10. 1221 Das Stadtrecht für Wien wird gewährt.

1222 Die „Capella speciosa" in Klosterneuburg wird vollendet und von Bischof Gebhard von Passau geweiht. Sie wird 1338 dem Stift einver-

Der Minnesänger Ulrich von Liechtenstein (1200–ca. 1275). Abbildung in der Großen Heidelberger Liederhandschrift (Cod. Pal. germ. fol. 237 r).

leibt, 1787 entweiht, und am 29. 1. 1799 beginnt der Abbruch. Teile wurden bei der Kapelle in Laxenburg verwendet. Es handelte sich bei diesem baulichen Juwel burgundischer „Exportkunst" um ein frühes Beispiel des spätromanisch-frühgotischen Mischstils.

1225 Margarethe, Tochter Leopolds VI., heiratet den Staufer König Heinrich VII.

1226 Einfall der Böhmen in Österreich unter König Przemysl Ottokar.

11. 10. 1228 Bischof Gebhard von Passau weiht Stift und Stiftskirche von St. Pölten und gewährt den Chorherren, künftig in Einzelzellen statt in gemeinsamen Dormitorien zu schlafen.

um 1230 Erweiterung der Stadt St. Pölten nach Westen um den breiten Markt; das Ungartor in Hainburg entsteht, Bruck a. d. Leitha wird ummauert, der Reckturm in Zwettl wird errichtet. Der Karner von Tulln entsteht, die Burg Starhemberg wird umgebaut. Erhalten blieben u. a. drei romanische Portale in Stift Kleinmariazell, der Karner von Mödling und andere bemerkenswerte Bauten.

1230 Die Böhmen verwüsten durch fünf Wochen das linke Donauufer Niederösterreichs.

Die Ministerialen Österreichs erheben sich unter Führung der Kuenringer gegen den neuen Herzog.

28. 7. Der am 28. 7. in San Germano/Apulien verstorbene Leopold VI. – er weilte dort anläßlich des Friedensschlusses zwischen Papst Gregor IX. und Kaiser Friedrich II., an dessen Zustandekommen er wesentlich beteiligt war – wird in Lilienfeld begraben. (Seine Eingeweide werden im Kloster Monte Cassino beigesetzt.) Zur gleichen Zeit werden vier Altäre der Stiftskirche geweiht. Friedrich II. folgt seinem Vater als Herzog.

30. 11. Herzog Friedrich II. bestätigt Lilienfeld seine Besitzungen. Erstmals wird der Bindenschild auf dem Siegel verwendet.

1232 Schulmeister werden in Krems und Wiener Neustadt genannt.

1. 5. 1234 Da Friedrich II. wegen seiner Strenge in Wien nicht beliebt ist, wird die festliche Vermählung seiner Schwester Konstanze mit Markgraf Heinrich von Meißen außerhalb der Stadt, in Stadlau, gefeiert, und zwar unter Teilnahme vieler Großer des Reiches.

1237 Ulrich von Liechtenstein zieht gerüstet als „Frau Venus", durch Niederösterreich. Am 17. Mai ist er in Gloggnitz, am 22. Mai in Mistelbach. Er nimmt dabei als Frau Venus Herausforderungen zu Turnieren an und huldigt ganz allgemein dem „Frauendienst".

1238 Herzog Friedrich II. belagert Wien und schlägt ein der Stadt zu Hilfe gesandtes kaiserliches Entsatzheer in die Flucht. Wien ergibt sich nach langer Belagerung zu Weihnachten 1239.

1239 Zwischen Kaiser Friedrich II. und Herzog Friedrich II. wird Friede geschlossen, der Kaiser hebt die über Herzog Friedrich verhängte Reichsacht auf.

31. 1. 1240 Laa wird Stadt genannt.

Frühjahr 1241 Wegen seiner Vermittlungsversuche im Streit zwischen Papst und Kaiser wird Herzog Friedrich II. mit dem päpstlichen Bann belegt. Die Differenzen zwischen Herzog und Kaiser sind nun restlos ausgeräumt, und der Kaiser erweitert die babenbergischen Hausprivilegien.
In Ungarn eingedrungene Mongolenscharen fallen auch in Nö. ein und bedrohen Wiener Neustadt und Korneuburg.

April 1242 Die Mongolen ziehen endgültig über Ungarn und Serbien ab, nachdem ihr Oberkhan Ügedei plötzlich verstorben ist. Die Konfrontation mit der von Herzog Friedrich geleiteten Streitmacht unterbleibt.

Sommer Herzog Friedrich II. besetzt die ungarischen Grenzfestungen, wodurch er die Mongolen zum Stehen bringt. Otto von Ottenstein wird als landesfürstlicher Lehensträger auf der Schallaburg genannt.

1244 Das Kloster St. Georgen wird durch Bischof Rüdiger von Passau wegen der dauernden Überschwemmungen von der Traisenmündung nach Herzogenburg verlegt.

Hainburg erhält das Stadtrecht, und am selben Tag erlangt Wiener Neustadt das Markt- und Mautrecht.

1245 Österreich soll zu einem Königreich erhoben werden. Die Urkunde, angeblich bereits geschrieben, wird aber nicht ausgestellt.

Der Deutsche Ritterorden siedelt sich in Wiener Neustadt an. Ordenshaus und Kirche entstehen an der Südostecke der Stadt.

Juni 1246 Feldzug Herzog Friedrichs II. gegen die Ungarn, die ihre während der Mongolengefahr verpfändeten westungarischen Komitate zurückforderten.

Links: Kaiser Friedrich II., Rekonstruktion seines Standbildes.
Rechts: Portraitsiegel der Herzogin Theodora, Gattin Herzog Leopolds VI. auf einer Urkunde von 1226. Stiftsarchiv Klosterneuburg.

26. 1. Friedrich II. siegt bei Staatz über die Böhmen, die eingefallen waren, um sich durch Erzwingung einer Eheschließung von Friedrichs Schwester Gertrud mit dem Sohn des Böhmenkönigs ein Recht auf das babenbergische Erbe zu sichern, da Friedrich II. ohne Nachkommen und bereits zweimal wegen Kinderlosigkeit seiner Ehen geschieden war.

15. Juni Schlacht an der Leitha bei Wiener Neustadt bzw. bei Ebenfurth. Das Pferd Herzog Friedrichs II. wird bei der Verfolgung flüchtender Ungarn getroffen. Friedrich II. stürzt vom Pferd und wird von ihn umringenden Feinden erschlagen.
Beginn des „österreichischen Interregnums". (Das Interregnum im Reich folgt vier Jahre später.) Obwohl die babenbergischen Prinzessinnen das Erbe beanspruchen, kommt es zu keiner Klärung der Lage. Die freiwerdenden Herzogtümer Österreich und Steiermark fallen an das Reich zurück. Der Gemahl Gertrudes, einer Nichte Herzog Friedrichs II., Markgraf Hermann von Baden, beansprucht wohl den Titel „Herzog", kann sich aber nicht einmal im Land selbst behaupten.

1247 Die Erweiterung und Befestigung von St. Pölten wird begonnen.

um 1250 Das älteste Siegel der Stadt Krems ist überliefert.

1250 Beisetzung Friedrichs II. in Heiligenkreuz.

GEBURTSTAGE

Friedrich II. der letzte Babenberger. (Geboren 15. 6. 1211 [?] in Wiener Neustadt.)

TODESTAGE

Friedrich I. Herzog. Gestorben 16. 4. 1198 im Heiligen Land. (Seine Gebeine werden nach Österreich gebracht und in Heiligenkreuz beigesetzt.)

Nikolaus von Verdun. Lothringischer Emailmaler und Goldschmied; für Klosterneuburg tätig. Gestorben um 1205. (Geboren um 1150 in Verdun in Lothringen.)

Heinrich der Ältere von Mödling. Gestorben 1223.

Leopold VI. Herzog. Gestorben 28. 7. 1230 in San Germano in Apulien.

Heinrich von Kuenring. Marschall (seit 1228) von Österreich. Gestorben 1232.

Friedrich II. Herzog. Gestorben 15. 6. 1246. Gefallen in der Nähe von Wiener Neustadt im Kampf gegen die Ungarn.

Theodora. Herzogin, Witwe nach Leopold VI. und Mutter Friedrichs II. Gestorben 23. 6. 1246. (In Heiligenkreuz begraben.)

Hermann von Baden. Markgraf, Gatte der Babenbergerin Gertrude und Landesfürst Österreichs. Gestorben 4. 10. 1250. (In Klosterneuburg begraben.)

Frühgotisches Pedum, um 1240 in Sizilien oder Venedig entstanden. Zwettl, Stiftsbibliothek.

Die Gründung von Lilienfeld

In der „Waldmark" an der Grenze zwischen Niederösterreich und der Steiermark gründete Herzog Leopold VI. 1202 auf Baugrund, den er von den Herren von Lilienfeld erwarb, ein reich bestiftetes Kloster. Der geplante Name für das Kloster war eigent-

lich Mariental, doch setzte sich der für ein Marienkloster so bildhafte ältere Name Lilienfeld für die Neugründung durch. Die zwei Gründungsurkunden stammen aus späterer Zeit, die ältere wurde 1213 ausgestellt und auf den 7. April 1209 rückdatiert. Da die Herren Liutold und Konrad von Altenburg gegen einen Teil der Grundschenkungen wegen Verletzung ihrer Besitzrechte Einspruch erhoben, wurde im Jahre 1217 bei einer Adelsversammlung in Wilhelmsburg eine zweite Gründungsurkunde ausgestellt, diesmal rückdatiert auf den 13. April 1209. Nach dieser zweiten Gründungsurkunde wurden die Grenzen des Klosterbesitzes abgesteckt, die sich im wesentlichen über einen Teil des Traisen- und Gölsentales bis in das Quellgebiet des Erlaufflusses erstreckten. Am 4. Februar 1210 erließ Papst Innozenz III. die Bestätigungsbulle, 1217 nahm Kaiser Friedrich II. das Münster in Reichsschutz und verlieh ihm das Landgericht und das Recht des Bergbaues. Ende Juni 1217 weihte Bischof Ulrich von Passau in Präsenz von Herzog Leopold VI. unmittelbar vor dem Aufbruch zum Kreuzzug die ersten vier Altäre der Stiftskirche. Vom Kreuzzug zurückgekehrt, übergab Leopold VI. dem Stift 1219 eine Kreuzreliquie, die noch heute alljährlich im September feierlich verehrt wird.
Die ersten Mönche waren aus Heiligenkreuz gekommen. Die Stiftung war so erfolgreich, daß ihre Zahl bald auf 70 anstieg. Die Kirche ist ein weiteres bemerkenswertes Beispiel für den aus Burgund importierten Zisterzienserbaustil mit einem für Österreich erstaunlich frühen Auftreten frühgotischer Elemente. Mit ihren Dimensionen von 82 m Länge, 21 m Breite und 24,2 m Höhe ist sie die größte Kirche Niederösterreichs. Die Chorausbildung der Kirche mit Kapellenkranz, die Sparsamkeit der Ausschmückung des Klosters, die typisch zisterziensische Anordnung der Klostergebäude und die Verwendung von Wandkonsolen sind besonders bemerkenswert, ebenso die Dimensionen des Kreuzgangs, des größten Österreichs. Aus dem Mittelalter hat sich noch die Klosterpforte, der große Vorratskeller und der darüberliegende Schlafsaal der Laienbrüder erhalten. Die Kirchenweihe im Jahre 1230 war allerdings nicht nur ein Freudenfest, da gleichzeitig die Beisetzung der Gebeine des in San Germano in Apulien verstorbenen Klostergründers Leopolds VI. stattfand. Auch Margarete, seine Tochter, die sich nach ihrer Scheidung von Přemysl Ottokar nach Krumau am Kamp zurückgezogen hatte, wurde in Lilienfeld bestattet.

Links: Kreuzgang des Stiftes Lilienfeld, im Hintergrund Eingang der Stiftskirche.

Links außen: Thronende Madonna mit Jesuskind, spätes 12. Jahrhundert aus dem Waldviertel. Privatbesitz.
Links: Madonna mit Jesukind, Anfang 13. Jahrhundert.

1199–1250

Städte und Stadterweiterungen

In der ersten Hälfte des 13. Jahrhunderts erhielten einige Städte Niederösterreichs Stadtrechte. Am bekanntesten ist die ausführliche Rechtsurkunde der Stadt Wien aus dem Jahre 1221, in der nicht nur Verfassung und Verwaltung, sondern auch Privat- und Strafrecht, Polizei-, Markt- und Handelsprobleme geregelt wurden. Urkunden stadtrechtlichen Inhaltes stellte Leopold VI. auch für Zwettl, Laa, Tulln, Eggenburg und Trübensee aus. Die landesfürstlichen Städte wurden auch Gerichtssitze und damit Nachfolger der früheren Burgbezirke, zumal ihnen auch regionale Wirtschafts- und Verteidigungsfunktionen übertragen wurden.

Die Stadt St. Pölten, deren Stadtherr der Bischof von Passau war, wurde, wie andere Städte auch, nach Erlangung des Stadtrechtes durch ein Viertel um einen rechteckig angelegten Marktplatz erweitert und mit einer Stadtmauer umgeben.

In den Städten spielten Handwerk und Landwirtschaft eine große Rolle, der Handel war nicht sehr bedeutend. Im Donautal war auch der Weinbau für die Stadtbewohner wichtig.

Herzog Leopold VI., Oberteil eines Glasfensters, entstanden um 1300, Stadtpfarrkirche Steyr, stammt vermutlich aus Lilienfeld.

Herzog Leopold VI. auf dem Babenberger Stammbaum in Klosterneuburg. Dargestellt ist der von ihm vermittelte Friedensschluß zwischen Papst Gregor IX. und Kaiser Friedrich II. in San Germano.

Herzog Leopold VI. in San Germano

Herzog Leopold VI. hatte sich stets um ein gutes Verhältnis zum Stauferkaiser Friedrich II. bemüht. Er nahm oft an Hoftagen teil und schaltete sich im Jahre 1230 auch in die Ausgleichsverhandlungen zwischen Papst und Kaiser ein. Diese fanden in San Germano in Italien statt. Bei diesem Anlaß wurden von Papst Gregor IX. einige Privilegien für Leopolds kirchliches Lieblingsprojekt Lilienfeld ausgestellt; so wurde dem Stift zur bevorstehenden Kirchenweihe ein dauernder Weih-Ablaß gewährt. In der Urkunde wurde erwähnt, daß der Herzog das Kloster aus eigenen Mitteln erbaut und reich ausgestattet hatte. Leopold VI. sollte aber den Festtag der Kirchenweihe nicht mehr erleben. Er erlag am 29. Juli 1230 in San Germano bei Monte Cassino einer heimtückischen Krankheit. Das Andenken an den Stifter wurde in Lilienfeld stets hoch gehalten und kommt vor allem in einem Glasfenster zum Ausdruck, das um 1300 entstand, sich aber jetzt in Steyr befindet. Möglicherweise ist dieses Fenster nicht in Lilienfeld, sondern in Klosterneuburg entstanden und befand sich in der 1799 abgebrochenen Capella Speciosa.

Die Beinamen der Babenberger

Im späten Mittelalter wurden für einige Babenberger Beinamen gebräuchlich, vor allem deshalb, weil der Name „Leopold" immer wieder vorkommt. Systematisch hat sie der Historiker Ladislaus Sunthaym, der mit seinen Klosterneuburger Tafeln eine genealogische Geschichte des babenbergischen Hauses schrieb, verwendet. Seine Bezeichnungen wurden auf dem „Babenberger-Stammbaum", der nach 1490 entstand, bei den Rundbildern der Herrscher angebracht und haben sich durchgesetzt, wenn auch später noch einige Abänderungen erfolgten. So heißt Leopold I. „Der Erlauchte", Heinrich I. „Der Starke", Adalbert „Der Siegreiche", Ernst „Der Tapfere" – bei Sunthaym „Der Strenge", Leopold II. „Der Schöne", Leopold III. „Der Heilige", Leopold IV. „Der Freigiebige", Heinrich II. „Jasomirgott", Leopold VI. „Der Tugendhafte", Friedrich I. „Der Katholische", Leopold VI. „Der Glorreiche", Friedrich II. „Der Streitbare". In populärwissenschaftlichen Darstellungen werden diese Beinamen bis in die Gegenwart verwendet.

Links: Kirche von Schöngraben, Bauplastik an der Apsis.
Rechts: Aquamanile in Tierform, 13. Jahrhundert, gefunden in Tulln. Eggenburg, Krahuletz-Museum.

Österreich soll Königreich werden (1245)

Zwischen dem Staufer Kaiser Friedrich II. und dem babenbergischen Herzog Friedrich II. „dem Streitbaren" gab es mancherlei Probleme, meist Auseinandersetzungen, aber auch Berührungspunkte. Im Jahre 1245 sollte Österreich eine besondere Rangerhöhung erhalten. Friedrich hatte sich – genauso wie sein Vater Leopold VI. – um die Errichtung eines Bistums in Österreich bemüht, aber keinen Erfolg erzielt. Nun versuchte er, für sein Land die Königswürde zu erhalten. Als Preis für diese Rangerhöhung war die Heirat seiner Nichte und voraussichtlichen Erbin Gertrude mit dem Kaiser vorgesehen. Damit wollte Friedrich mit seinen Nachbarn und Verwandten sowie ständigen Gegnern, den Königen von Ungarn und Böhmen, gleichziehen. Die feierliche Königserhebung war für Juni 1245 auf dem Reichstag zu Verona geplant. Der österreichische Herzog kam mit großem Gefolge in sicherer Erwartung der mit dem Kaiser abgesprochenen Rangerhöhung am 29. Juni nach Verona. Die Braut aber war nicht erschienen. Dadurch wurde der geplante Verlauf der Heirat und Königserhebung unmöglich. Ein Chronist schreibt, daß Gertrude, obwohl dem Kaiser bereits versprochen, die Ehe vermied, solange der zukünftige Ehemann wegen Exkommunikations Gefahr lief, abgesetzt zu werden. Man muß aber auch bedenken, daß sie erst 19 Jahre alt war, der Kaiser hingegen bereits im 51. Lebensjahr stand. Zusätzlich war sie bereits mit dem Sohn des Königs von Böhmen, Markgraf Wladislaw von Mähren, verlobt. Damit war das Projekt gescheitert. Das Konzept der Urkunde der Erhebung Österreichs zum Königreich ist erhalten. Die beiden Herzogtümer Österreich und Steiermark mit allem Zugehörigen und mit den damals bestehenden Grenzen sollten zum Königreich und der Herzog zum König erhoben werden, wobei sich dessen Verhältnis zum Reich nicht ändern sollte.

Der Aufstand der Ministerialen

Herzog Leopold VI. hatte keine Probleme mit den Ministerialen, den bedeutendsten Adeligen des Landes, anders sein Sohn Friedrich II. Unter der Führung der beiden Brüder Heinrich und Hadmar III., der „Hunde" von Kuenring, sagten einige Adelige dem Herzog die Fehde an, da sie sich gegenüber Klöstern und Städten benachteiligt fühlten. Der junge Babenberger drang aber ins Zentrum des Aufstandes vor, brach die Burgen Aggstein, Dürnstein, Zwettl und Weitra und konnte die Empörung unterdrücken. Manche Teilnehmer ließ er hängen, dem Anführer Heinrich von Kuenring hingegen beließ er sogar das Marschallamt. Diese Ereignisse wurden Gegenstand einer Sage, die im berühmten Zwettler Stiftungsbuch, der sogenannten „Bärenhaut", ihren Ursprung hat: Hadmar III. pflegte die Donau mit einer Kette zu sperren und die Handelsschiffe auszurauben. Mit einer List überwand der Herzog den Kuenringer. Ein Kaufmann namens Rüdiger rüstete in Regensburg ein mit kostbaren Waren beladenes Schiff aus, auf dem dreißig Bewaffnete versteckt wurden. Als Hadmar das Schiff anhalten ließ und es betrat, wurde er gefangengenommen. Die beiden Kuenringer leben als „die Hunde" in der Sage weiter, die bis heute immer wieder erzählt wird.

Einfall der Mongolen in Ungarn

Um 1240 drangen mongolische Heere unter der Führung von Batu Khan aus Asien nach Europa vor. Nachdem sie in Schlesien abgewiesen worden waren, fielen sie in Ungarn ein und schlugen ein ungarisches Heer bei Mohi am Fluß Sajo vernichtend. König Béla IV. von Ungarn flüchtete mit seiner Familie nach Österreich. Der österreichische Herzog Friedrich II. ließ sich vom ungarischen König Béla drei im Westen gelegene

Der Tod Friedrichs II. des Streitbaren, Babenberger Stammbaum in Klosterneuburg.

Der Staufer Kaiser Friedrich II. als Jäger, dargestellt im Codex „De arte Venandi cum avibus" (von der Kunst, mit Vögeln zu jagen). Rom, Vatikanische Bibliothek.

Komitate des Landes (Ödenburg, Wieselburg und Eisenburg) abtreten, um auf diese Weise Österreich zu schützen. Viele Flüchtlinge aus Ungarn wurden in Österreich aufgenommen, unter anderem auch Baufachleute.

Dem österreichischen Herzog gelang es tatsächlich, die mongolischen Streifscharen, die um Weihnachten 1241 in der Nähe von Wiener Neustadt nach Österreich vorstießen, zurückzudrängen. Die Mongolengefahr endete nach dem plötzlichen Tode des Großkahns Ügedei, als das in Ungarn stehende Mongolenheer noch zu Beginn des Jahres 1242 nach Asien abzog.

Über diese Zeit berichtete der in Wiener Neustadt lebende französische Kleriker Ivo von Narbonne. Er war offenbar Mitglied der Sekte der Waldenser (Albigenser, Katharer) und lebte auch in Österreich bei einer ähnlichen Gruppe. Er beschrieb in einem Brief an den Erzbischof Gerald von Bordeaux, wie sehr Wiener Neustadt zur Zeit des Mongolensturmes von Angst und Schrecken erfüllt war.

Nach dem Abzug der Mongolen kehrte der ungarische König Béla IV. in sein Land zurück und verlangte die Herausgabe der drei westlichen Komitate Ödenburg, Wieselburg und Eisenburg. Da sich Herzog Friedrich II. weigerte, auf diese Gebiete zu verzichten, kam es nach erfolglosen Verhandlungen zu einem Krieg. In der Schlacht an der Leitha konnte Friedrich II. die Ungarn zwar besiegen, verlor aber sein Leben.

Links: Reiterschild mit Wappen von Raron. Das Schild zeigt einen plastisch dargestellten Adler mit ausgebreiteten Flügeln. Sitten, Schweiz, Valeria-Museum.
Rechts: Reitersiegel König Ottokars II. als Herzog von Österreich auf einer Urkunde vom 17. Juli 1273.

1251–1298

KALENDER

November 1251 Przemysl Ottokar rückt von Böhmen aus über Oberösterreich nach Wien vor.

21. 11. Die Adeligen Österreichs huldigen Ottokar von Mähren.

6. 12. Auf dem Landtag von Korneuburg wird Ottokar als Landesfürst anerkannt.

12. 12. In Wien wird Ottokar freundlich empfangen.

1252 In St. Pölten wird eine Sparbüchse aus Ton mit 1400 Münzen vergraben.

7. 4. Der 23jährige Przemysl Ottokar heiratet in Hainburg die 47jährige Babenbergerin Margarete, die Schwester Herzog Friedrichs II. Die Eheschließung sichert Ottokar die Herrschaft in Österreich. Er nennt sich nun Herzog von Österreich und Steiermark.

Sommer König Béla IV. von Ungarn dringt in Österreich ein.

29. 4. 1253 Przemysl Ottokar gewährt Wiener Neustadt ein umfangreiches Privileg und gestattet die Befestigung von St. Pölten.

3. 4. 1254 Zu Ofen wird zwischen Przemysl Ottokar II. und Béla IV. von Ungarn ein Friede geschlossen. Der Böhmenkönig erhält NÖ., der Ungar die Steiermark. Als Grenze wird die Wasserscheide der Gebirge angenommen. Wiener Neustadt und das Gebiet um Pitten wird zum nö. Teil geschlagen.

1256–1273 Interregnum im Reich.

1260–1280 Bürger Gozzo stiftet die Fresken in der Dominikanerkirche in Krems. Errichtung der Gozzoburg in Krems.

12. 7. 1260 Bei Groißenbrunn im Marchfeld siegt Ottokar über den Ungarnkönig. Der letzte hochfreie Adelige Österreichs, Otto von Plain-Hardegg, fällt.

18. 10. Margarete, die Gemahlin Przemysl Ottokars, übersiedelt nach der Scheidung von Prag nach Burg Krumau am Kamp.

31. 3. 1261 Erster Friede von Wien zwischen Béla IV. und Ottokar.

9. 8. 1262 Der deutsche „Schattenkönig" Richard von Cornwall belehnt Ottokar schriftlich mit den babenbergischen Ländern, Böhmen und der Steiermark, und zwar ohne Zustimmung der Kurfürsten.

1265 Dombrand in St. Pölten. Die Bauten von 1228 bleiben erhalten, doch drohen Mauern und Gewölbe des Klosters einzustürzen.

1267 Der Benefiziat der Hauskapelle des Bürgers Gozzo in Krems darf 4 Schüler unterrichten. Erste Nachricht vom Schulunterricht dieser Stadt.

1. 10. 1273 Rudolf von Habsburg wird in Frankfurt zum römischen König (Rex Romanorum) gewählt. Ende des Interregnums.

23. 1. 1275 Przemysl Ottokar wird vor den Reichstag nach Würzburg geladen, erscheint aber nicht. Deshalb wird am 24. Juni die Reichsacht über ihn ausgesprochen. Der Erzbischof von Mainz ex-

Darstellung der Babenbergerin Margarethe, Gattin Ottokars. Federzeichnung im Stiftungsbuch von Zwettl.

kommuniziert ihn und spricht die Untertanen vom Treueeid los.

24. 6. 1276 Erneuerung der Reichsacht gegen Ottokar II. Der Reichskrieg wird gegen ihn beschlossen.

Oktober Rudolf von Habsburg rückt mit dem Reichsheer gegen Ottokar II. von Böhmen, dann durch Österreich gegen Wien vor.

21. 11. Vor den Toren Wiens wird zwischen den beiden Königen Friede geschlossen. Przemysl Ottokar wird mit den böhmischen Ländern belehnt. Er verzichtet u. a. auf Österreich und die Steiermark.

Die Gozzoburg in Krems. Sitz des unter Ottokar mächtigen Stadtrichters Gozzo.

3. 12. Rudolf I. erläßt von Wien aus für Österreich, die Steiermark und Kärnten einen fünfjährigen Landfrieden, um die unsicheren Zustände zu beenden.

1277/78 Eine schwere Hungersnot wütet in Österreich, der Steiermark und Krain, sogar Leichen werden verzehrt.

November 1277 König Rudolf belehnt seine Söhne mit den Besitzungen des Bistums Passau in Österreich.

24. 11. Der Bischof von Passau erhält das Hochgericht in seinen Besitzungen St. Pölten, Mautern, Zeiselmauer und Königstetten zugestanden.

Frühjahr 1278 König Przemysl Ottokar II. von Böhmen zieht mit einem Heer gegen Österreich.

26. 8. In der Schlacht auf dem Marchfeld bei Dürnkrut und Jedenspeigen besiegt König Rudolf I. den Böhmenkönig Ottokar, der dabei fällt.

November Doppelhochzeit der Kinder Rudolfs I. und Ottokars II. Die Vormachtstellung der Habsburger ist damit gesichert.

27. 3. 1279 Weihe des Domes von Wiener Neustadt durch den Bischof Johannes von Chiemsee im Auftrag des Erzbischofs von Salzburg.

31. 8. 1280 König Rudolf gründet das Dominikanerinnenkloster zu Tulln.

17. 5. 1281 König Rudolf bestellt seinen Sohn Albrecht zum Reichsverweser in Österreich und der Steiermark.

27. 12. 1282 Rudolf belehnt seine Söhne Albrecht I. und Rudolf II. mit den ehemals babenbergischen Ländern.

1. 6. 1283 Im Vertrag von Rheinfelden wird die Habsburgische Hausordnung beschlossen. Albrecht I. wird alleiniger Regent in Österreich. Rudolf soll anderweitig mit Geld oder Land entschädigt werden, stirbt aber 1290, ehe die Abfindung ausgehandelt ist.

3. 6. 1285 Erstmals wird ein Bürgermeister (namens Merboto) in Wiener Neustadt genannt.

1287 Die Wiener Patrizier erheben sich gegen Herzog Albrecht I., der vom (heutigen) Leopoldsberg, dem damaligen Kahlenberg, aus, der Stadt eine Hauptversorgungslinie abschneidet.

1295/96 Erhebung des österreichischen Adels gegen Albrecht I.

14. 8. 1297 Großbrand im Stift Melk. Die Bibliothek mit vielen Handschriften wird vernichtet.

27. 7. 1298 Albrecht I. wird nach Absetzung Adolfs von Nassau zum König gekrönt. In der Folge überläßt er seinem Sohn Herzog Rudolf III. die Herrschaft in Österreich.

GEBURTSTAGE

Albrecht I. von Habsburg. Herzog von Österreich. König. Geboren 1255. (Gestorben 1. 5. 1308.)

Rudolf III. Herzog. Sohn Albrechts I. Geboren 1281. (Gestorben 30. 7. 1307.)

TODESTAGE

Agnes von Meran. Geschiedene 2. Gemahlin des letzten Babenbergers Herzog Friedrichs II. Gestorben 7. 1. 1263. (Geboren 1210/11.)

Margarete. Tochter Herzog Leopolds VI. Gestorben 29. 10. 1266 auf der Burg Krumau, in Lilienfeld bestattet.

Tannhäuser (Tanhuser). Minnesänger, lebte von 1235–1247 am Hof Herzog Friedrichs II. in Wien. Gestorben 1266. (Geboren um 1200.)

Friedrich von Österreich. Sohn der Babenberger-Prinzessin Gertrude. Gestorben 29. 10. 1268 in Neapel; hingerichtet. (Geboren 1249.)

Richard von Cornwall. Deutscher König. Gestorben 2. 4. 1272 in Berkhamsted Castle. (Geboren 5. 1. 1209 in Winchester.)

Ulrich von Liechtenstein. Minnesänger Truchseß und Marschall der Steiermark. Gestorben 26. 1. 1275 auf Burg Frauenburg im Murtal. (Geboren um 1200.)

Philipp von Kärnten. Letzter Spanheimer. Gestorben 19. 7. 1279 im Exil. (Begraben im Dominikanerkloster Stein.)

Gertrude. Letzte Babenbergerin. Gestorben 24. 4. 1288. (Geboren 1226.)

Rudolf I. König. Gestorben 15. 7. 1291, bestattet in Speyer. (Geboren 1. 5. 1218.)

Die Gründung von Marchegg

Ottokar II. gründete planmäßig in Österreich und der Steiermark eine Reihe von Städten. Eine davon war Marchegg, das im Jahre 1268 nach dem Siege des Königs über Béla IV. von Ungarn an einem alten Marchübergang als östlichste Stadt Österreichs angelegt wurde. Die Stadtanlage sollte 10.000 Menschen Platz bieten und umfaßte ein Rechteck von 950 × 750 m. Diese typische Gründungsstadt wurde aber nie zur Gänze verbaut und besiedelt, weil nach dem Tode Ottokars kein Interesse an einer weiteren Ausgestaltung bestand. Marchegg wurde auch mit einem eigenen Landgerichtsbezirk ausgestattet. Die Stadt weist zwei Rechteckplätze auf und wurde mit einer Stadtburg ausgestaltet. Der Mauerring und zwei Stadttore blieben teilweise erhalten.

Darstellung des Schlachtfeldes mit dem Ottokarkreuz, im 18. Jahrhundert vom Pfarrer von Ebental aufgestellt, unterdessen verschwunden.

Die Schlacht bei Dürnkrut und Jedenspeigen

Der 1276 vor den Toren Wiens geschlossene Friede zwischen Rudolf I. und Przemysl Ottokar II. hatte keine lange Dauer. Rudolf verbündete sich mit König Ladislaus IV. von Ungarn, Ottokar fand Helfer in Polen und Schlesien. Auch Herzog Heinrich von Niederbayern trat an seine Seite. In Österreich setzten sich Heinrich von Kuenring

König Rudolf von Habsburg als Siebzigjähriger. Miniatur des 15. Jahrhunderts.

und viele Wiener Bürger für Ottokar II. ein. Im Juli 1278 rückte Ottokar in Österreich ein und belagerte einige Grenzfestungen. Rudolf bot eine österreichische Streitschar auf und fand auch Bundesgenossen in Tirol. Auch der Burggraf von Nürnberg stieß zu ihm. Auf dem Marchfeld vereinigte man sich mit den Ungarn. Zwischen Dürnkrut und Jedenspeigen lagerte das Heer Ottokars, der Weidenbach trennte beide Heere. In den Morgenstunden des 26. August überschritten die Scharen Rudolfs den Bach und begannen den Angriff. Obwohl Rudolf von einem Ritter vom Pferde geworfen wurde, gelang es ihm, sich wieder zu erheben. Den Sieg errang aber der linke Flügel, wo der Burggraf Friedrich von Nürnberg die Sturmfahne führte. Als die böhmischen Ritter sich zur Flucht wandten, stürzte sich Ottokar mit einer Abteilung gegen die Österreicher, fiel aber vom Pferde und wurde – angeblich von persönlichen Feinden – erschlagen. Die Leiche des Böhmenkönigs wurde erst nach der Schlacht völlig ausgeraubt auf dem Schlachtfeld gefunden. Einem alten Brauch folgend, verweilte König Rudolf I. noch drei Tage lang auf dem Schlachtfeld.

Die Herkunft der Habsburger

Am 1. Oktober 1273 wurde Graf Rudolf von Habsburg von den Kurfürsten einstimmig zum deutschen König gewählt. Er war bis dahin im österreichischen Raum völlig unbekannt, im oberrheinischen Gebiet aber ein Mann, mit dem zu rechnen war. Der Ausgangspunkt der habsburgischen Macht war das obere Elsaß. Auch in der Schweiz hatten die Habsburger ausgedehnten Besitz. Der Habsburger Bischof Werner von Straßburg erbaute um 1020 im Aargau eine feste Burg, die den Namen Habsburg (auch Habichtsburg) erhielt. Werners Bruder Ratbot setzte das Geschlecht fort, sein Enkel Otto nannte sich Graf von Habsburg und erwarb 1110 die Landgrafschaft Oberelsaß. Auch in den folgenden Jahrzehnten wurden Eigengüter und Rechte vergrößert, obwohl 1232 eine Besitzteilung stattfand. Rudolf, am 1. Mai 1218 geboren, übernahm 1239 die Verwaltung der Hausgüter. Er war Anhänger der Staufer, bemühte sich während des Interregnums um weitere Vermehrung seines Besitzes und war auf diese Weise einer der mächtigsten Männer in Südwestdeutschland, als er im Alter von 50 Jahren zum König gewählt wurde.

*Links: Altar von Schloß Rappottenstein, um 1450
(geschlossene Flügel).*

Die bildende Kunst der Gotik

Die Entwicklung der gotischen Malerei und Plastik in Niederösterreich ist aufs engste verflochten mit der Kunst jener Epoche in Wien, die vielfach die entscheidenden Impulse setzte, sei es, daß Künstler aus Wiener Werkstätten selbst in oder für Niederösterreich tätig waren, oder auch nur, daß Einflüsse der Wiener Kunst auf niederösterreichische Maler, Bildschnitzer oder Bildhauer einwirkten. Diese enge Verbindung zur Hauptstadt existiert in gewissem Sinn noch heute, und zwar so, daß für Wien geschaffene Werke heute in Niederösterreich verwahrt werden und umgekehrt. So befinden sich etwa die erhaltenen Teile des Hauptwerks der Tafelmalerei der ersten Hälfte des 15. Jahrhunderts in Wien, des von Albrecht II. oder seiner Witwe zwischen 1438 und 1440 für die Kirche am Hof in Wien gestifteten sogenannten „Albrechtsaltars", heute in Klosterneuburg, Teile eines bedeutenden, für Stift Klosterneuburg gemalten spätgotischen Altars des „Meisters der Heiligenmartyrien" aber in der Österreichischen Galerie in Wien. In derselben Galerie steht heute auch eines der Hauptwerke der Plastik der zweiten Hälfte des 14. Jahrhunderts in Niederösterreich, die vermutlich ursprünglich für die Stiftskirche von Seitenstetten geschaffene, später in der Wallfahrtskirche auf dem Sonntagberg aufgestellte „Madonna vom Sonntagberg", die bezeichnenderweise wieder ein Werk eines bedeutenden Wiener Bildhauers, des italienisch geschulten sogenannten „Michaelermeisters", sein dürfte, der mit diesem Werk ein wichtiges Bindeglied zum späteren Typus der „Schönen Madonnen" geschaffen hat. Ebenso dürfte die in gesamteuropäischer Hinsicht überdurchschnittliches Niveau aufweisende „Herzogswerkstatt" Rudolfs IV. in Niederösterreich tätig gewesen sein, auf deren Konto das 1735 beseitigte, durch zwei barocke Stiche überlieferte Baldachingrab des hl. Koloman in Melk gehen dürfte, das enge Analogien zu dem Hauptwerk der „Herzogswerkstatt", dem Grabmal Rudolfs IV. in St. Stephan, aufweist. In St. Stephan befindet sich auch das wohl bedeutendste je für Niederösterreich geschaffene Grabdenkmal, das ursprünglich für die Wiener Neustädter Georgskapelle bestimmte Grabmal Friedrichs III. mit der von Niclas Gerhaert van Leyden geschaffenen Grabplatte, die in ihrer heutigen Aufstellung im Apostelchor der Wiener Stephanskirche von den Besuchern gar nicht gesehen werden kann, während der Tumbadeckel an seinem ursprünglichen Bestimmungsort von dem triforiumartigen Wandelgang auf halber Höhe des Innenraums der Georgskapelle aus sehr wohl hätte ausgenommen werden können. Einen Reflex jenes bedeutenden Kunstwerks bietet das

Missale um 1360, St. Pölten, Diözesanmuseum.

heute in der Neuklosterkirche in Wiener Neustadt befindliche Grabmal der Gattin Friedrichs, Eleonores von Portugal, das vermutlich ebenfalls auf Niclas Gerhaert zurückgeht.

Noch an ihrem Entstehungsort befinden sich die ältesten Tafelbilder Österreichs, die zugleich zu den bedeutendsten Malereien der deutschen Frühgotik zählen, die vier Tempera-Tafeln der Rückseite des „Verduner Altars", der nach dem Stiftsbrand von 1330 seine heutige Form erhalten hat. In den Tafeln verbinden sich byzantinische Anregungen mit dem eleganten Figurenstil der französischen und englischen Malerei der ersten Viertels des 14. Jahrhunderts, wobei auch bereits modernste stilistische Errungenschaften, etwa der Kunst des jungen Pucelle, verarbeitet sind. Gleichzeitig finden sich motivische Parallelen zu dem damals bedeutendsten Werk der Malerei in Italien, den zu Beginn des 14. Jahrhunderts entstandenen Fresken Giottos in der Arenakapelle von Padua.

Die Malerei der Zeit des Übergangs von der Romanik zur Gotik, etwa ab 1260/70, war vom sogenannten „Zackenstil" bestimmt, der sich seit dem späten 12. Jahrhundert in ganz Europa verbreitet hatte und sich nun, im letzten Drittel des 13. Jahrhunderts, auch in Österreich durchsetzte. Die Hauptwerke jenes Stils finden sich jedoch weniger im Osten Österreichs als in Kärnten und der Steiermark. Allerdings leben gerade in Niederösterreich noch lange einzelne Elemente dieses Stils nach, die sich bis 1330 insbeson-

dere in den Buch- und Glasmalereien des „Ateliers von St. Pölten-Lilienfeld" finden, zu dessen Hauptwerken die heute im Lilienfelder Kreuzgang eingesetzten Glasgemälde aus der Wallfahrtskirche in Annaberg zählen.

Durch die Heirat des ältesten Sohnes Albrechts I., Rudolfs III., mit der französischen Königstochter Blanka von Valois kam es seit etwa 1300 zu Übernahmen französischer Stilformen, die sich voerst aber nur partiell, etwa in den Fresken der Göttweigerhofkapelle in Stein oder bei einer monumentalen Steinfigur der thronenden Madonna in Klosterneuburg nachweisen lassen, wobei auf den Bildhauer der letztgenannten auch das heute verschollene Grab der Herzogin Blanche bei den Wiener Minoriten zurückgehen dürfte. Unterschiedlichste Stileinflüsse lassen sich in der Wandmalerei der ersten Hälfte des 14. Jahrhunderts erkennen. Von besonderem Interesse sind in diesem Zusammenhang die Freskenausstattung des Dürnsteiner Klarissenklosters sowie der Dominikanerkirche in Stein, wo ein Freskant paduanischen Ursprungs Wandbilder von hoher malerischer Qualität schuf.

Zu den italienischen und französischen Einflüssen traten ab etwa 1350 solche der unter der Regierung Kaiser Karls IV. erblühenden böhmischen Kunst. Eines der frühesten Beispiele für eine unmittelbare Beeinflussung aus dieser Richtung bietet ein um 1360 entstandenes Missale im St. Pöltner Diözesanmuseum, das neben Einflüssen des Meisters von Hohenfurt auch Anregungen durch die Tafelbilder an der Rückseite des Verduner Altars sowie italienische Einflüsse verarbeitet und darüber hinaus im Zusammenhang steht mit einem der bedeutendsten Tafelbilder der Zeit, der sogenannten „Kaufmannschen Kreuzigung" in Berlin.

In der Kunst der Zeit um 1400, die wegen ihrer in fast ganz Europa analog ausgebildeten Stilkriterien die Bezeichnung „Internationaler Stil" erhielt, wegen ihrer idealisierenden Grundtendenzen mit einem Höchstmaß von Anmut und Lieblichkeit aber auch als „Weicher Stil" bekannt ist, fanden mit den sogenannten „Schönen Madonnen" bzw. den sogenannten „schönen Pietàs" zwei Andachtsbildtypen besondere Verbreitung, die das Wesen des Weichen Stils bestens demonstrieren. Eines von zahlreichen Beispielen jener Art ist die um 1410/20 zu datierende Krenstettner Pietà, die im Gegensatz zu den schmerzverzerrten Werken des 14. Jahrhunderts nur zarte Trauergesten zeigt. Um etwa 1430 wird die idealisierende Richtung der Kunst um 1400 durch eine wieder stärker realistische Strömung abgelöst. Als einer ihrer bedeutendsten Vertreter gilt der Wiener Bildhauer Jakob Ka-

Links: Kreuzigung Christi, Tafelbild von den Rückseiten des Verduner Altars, um 1330. Stift Klosterneuburg.
Rechts: Altar von Schloß Rappottenstein, um 1450 (geöffnete Flügel).

Die bildende Kunst der Gotik

Neben dem vermutlich niederösterreichischen Atelier, in dem der St. Pöltner Stephanusaltar entstand, sind ab jener Zeit mehrere lokale Werkstätten in Niederösterreich erkennbar. Auf sie gehen Werke wie der „ältere Aggsbacher Altar" im Stift Herzogenburg oder das Epitaph des Florian Winkler in Wiener Neustadt zurück, wobei ersterer eine etwas ins Volkstümliche abgewandelte Variante von Stilqualitäten des Albrechtsmeisters vertritt, während letzterer bereits deutlich unter dem Einfluß des Schottenmeisters steht. Unter den zahlreichen bis um 1500 enstehenden Zyklen spätgotischer Tafelmalerei sei hier lediglich noch auf den gegen Ende des Jahrhunderts entstandenen Leopoldszyklus Rueland Frueaufs des Jüngeren in Stift Klosterneuburg verwiesen, der bereits Elemente der Kunst der Donauschule vorwegnimmt, die im Zusammenhang mit der Kunst des 16. Jahrhunderts besprochen werden soll.

Thomas Karl

Madonna um 1300. Stift Klosterneuburg.

Votivtafel des Jörg von Pottendorf, 1464 Vaduz, Sammlungen des regierenden Fürsten von Liechtenstein.

schauer, dem unter anderem die Anna Selbdritt-Gruppe am Hochaltar in Annaberg wie auch eine noch leicht unter dem Einfluß des „Weichen Stils" stehende Mondsichelmadonna aus Hollenburg zugeschrieben werden. Bei letzterer wird das seit der Mitte des 14. Jahrhunderts auftretende Motiv der Mondsichel erstmals um das Zusatzmotiv der Schlange bereichert, worin ein Reflex der damals an der Wiener Universität vorherrschenden Auseinandersetzungen um die Lehre von der Unbefleckten Empfängnis Mariens zu sehen sein dürfte.

Die realistischen Komponenten im Stil Kaschauers haben im Werk des eingangs erwähnten Albrechtsmeisters eine Parallele, der Einflüsse der Kunst des toskanischen Trecento mit solchen der französischen Buchmalerei um 1400 und dem neuen, aus den Niederlanden kommenden Realismus verband.

Zwei seit einigen Jahren wieder vereinte, doppelseitig bemalte Tafeln eines Stephanusaltars aus dem Chorherrenstift St. Pölten (St. Pölten, Diözesanmuseum) führen die fortschrittliche räumliche Konzeption des Albrechtsmeisters weiter, zeigen in gewissen Kopf- und Figurentypen jedoch bereits Übereinstimmungen mit der Kunst des bedeutenden Künstlers der Folgezeit in Ostösterreich, des in Wien wirkenden Schottenmeisters.

131

Die Architektur der Gotik

Die Gotik ist neben dem Barock die die Kulturlandschaft Niederösterreichs bestimmende Kunstepoche schlechthin, was insbesondere für die Sakralarchitektur gilt. Was das Baugeschehen in Niederösterreich in der Zeit des 13. bis zum frühen 16. Jahrhundert betrifft, so steht dieses zwar mehrfach im Schatten der Wiener Bauunternehmungen (St. Stephan, Maria am Gestade, Augustinerkirche, Minoritenkirche). Immer wieder trifft man aber auch in Niederösterreich auf exzeptionelle, für die Entwicklung der gotischen Architektur richtungweisende Bauten, von denen einige sehr wesentliche leider nicht mehr auf uns gekommen sind.

Dies gilt insbesondere für den ersten rein gotischen Bau Österreichs, die von Leopold VI. in Auftrag gegebene „Capella Speciosa" in der Südostecke des Klosterneuburger Palastkomplexes, die 1799 demoliert wurde. Die 1222 geweihte Kapelle mit Empore, deren Aussehen durch eine Zeichnung aus dem Jahr 1747 übermittelt ist und von der einige Architekturdetails – so das Portal – in den Neubau der Franzensburg in Laxenburg integriert wurden, zeigt deutlich die Auseinandersetzung mit zeitgleichen französischen Lösungen (Reims), die annehmen lassen, daß Leopold für den Bau französische Künstler beschäftigt hat. Ebenso dürfte Leopold für seine größte Stiftung, Stift Lilienfeld, französische Zisterzienserbauleute

herangezogen haben, die vermutlich auch den Kreuzgang in Zwettl ausgeführt haben. Anders als die „Capella Speciosa" zeigt der spätestens 1230 vollendete erste Hallenchor Österreichs in Lilienfeld jedoch eine sehr persönliche Uminterpretation französischer Vorbilder (gerade geschlossener Umgang ähnlich Cîteaux, jedoch Auflösung des Kapellensystems durch Freipfeiler), so daß in der Literatur für Bauten wie den Lilienfelder Chor der Begriff „babenbergische Sondergotik" geprägt wurde. Mit dem Tod Leopolds VI. 1230 kam es zu einer vorübergehenden Bauunterbrechung. Das als Halle begonnene Langhaus wurde erst unter Przemysl Ottokar, jetzt allerdings als Basilika, zu Ende geführt, wodurch das Außergewöhnliche des Baues, das unter Leopold VI. begonnen worden war, Renate Wagner-Rieger zufolge nunmehr in die französische bzw. burgundische Tradition „zurückgebogen" wurde.

Im Gegensatz zu den an frühgotischen Vorbildern Frankreichs orientierten, zumeist basilikalen Kirchen der ottokarischen Zeit griff Rudolf von Habsburg bei der Klosterkirche seiner einzigen nachweisbaren geistlichen Stiftung, der Dominikanerinnenkirche in Tulln, auf die bereits von Leopold VI. bevorzugte Hallenform zurück. Die nach dem Sieg Rudolfs über Ottokar errichtete Kirche wurde wie die „Capella Speciosa"

Bad Deutsch Altenburg, Pfarrkirche.

um 1800 zerstört. Im Chor befanden sich an den Pfeilern Statuen Rudolfs und seiner Frau sowie seines Sohnes Albrecht und dessen Gemahlin, die in einem Stichwerk des 18. Jahrhunderts ebenso wiedergegeben sind wie der Grundriß der Kirche. Der Gedanke des Stifterchores reicht noch in staufische Zeit zurück. Gleichzeitig sind die Skulpturen das erste Beispiel der bei den Habsburgern so beliebten Porträtstatuen. Rudolfs I. Nachfolger Albrecht I. förderte im Gegensatz zu Ottokar von Böhmen nicht mehr die verstärkt auftretenden Bettelorden, sondern eher die aristokratischen Zisterzienser – und hier insbesondere das Kloster Heiligenkreuz. So soll er die 1295 geweihte Kapelle der Infirmerie (des Hospitals) gegründet haben, dürfte aber auch hinter dem Bau des zur selben Zeit geweihten Chors stehen. Dieser zählt gemeinsam mit dem gleichzeitig entstandenen Brunnenhaus zu den künstlerisch bedeutsamsten und entwicklungsmäßig fortschrittlichsten Werken der mitteleuropäischen Architektur der Zeit. Die Birnstabprofile und die sehr avancierten, kurvig geschwungenen Maßwerkformen des Brunnenhauses sind ohne westlichen Einfluß nicht vorstellbar und weisen bereits auf die Spätgotik hin. Das Programm des Babenberger Stammbaums in den Glasfenstern des Brunnenhauses zeugt gleichzeitig vom Bemühen Albrechts, eine politische Kontinuität zur Dynastie der Babenberger herzustellen.

Auch bei Bauten von Bettelordenskirchen bevorzugten die Habsburger weiterhin die Hallenform, v. a., was repräsentative Großkirchen anbelangte. Daneben existiert aber auch eine Reihe andersartiger einschiffiger, gewölbter, edel gegliederter und rein durchfensterter Sakralräume, die den Einfluß der französischen Hofkunst zur Zeit König Lud-

Rechts: Stephansaltar in der Pfarrkirche von Krenstetten.

wigs des Heiligen reflektieren. Zu diesem Typus zählen die habsburgischen Burgkapellen, etwa die Achatiuskapelle der von Albrecht I. errichteten Habsburgerburg zu Klosterneuburg, denen das Schicksal jedoch mehr mitgespielt hat als den meist von den Habsburger nahestehenden Familien in Auftrag gegebenen „schönen Kapellen", etwa der an die Dominikanerinnenkirche in Imbach anschließenden Katharinenkapelle. Hier trat anstelle der schweren Außenwand der zweischiffigen, ab 1270 errichteten Kirche eine ganz in Fenster aufgelöste Front, deren Sockel innen durch maßwerkgezierte Blendwerkarkaden gegliedert ist.

Ebenfalls einschiffig waren die durch die Habsburger des 14. Jahrhunderts besonders geförderten Kartäuserkirchen, bei denen es zu einer Übersteigerung der Längserstreckung und der Höhe kam, wodurch gemäß dem Ordensideal ein stark asketischer Charakterzug bewirkt wurde, wie er v. a. noch in der ehemaligen Kartäuserkirche zu Aggsbach (1380) zu finden ist.

Ein in gesamteuropäischer Sicht sehr fortschrittliches Unternehmen stellt der Bau des Nord- und Westflügels des Klosterneuburger Stiftskreuzganges dar, der um 1330 vollendet gewesen sein dürfte. Ebenso wie etwa 35 Jahre zuvor in Heiligenkreuz findet man hier für die Epoche ähnlich weit fortgeschrittenes Maßwerk.

Das bei weitem bedeutendste Bauunternehmen des 14. Jahrhunderts in Niederösterreich war jedoch der Chorneubau des Stiftes Zwettl, der sich besonderer Förderung durch die Habsburger erfreute. Der sehr retrospektive, in Anlehnung an den Umgangschor von Clairvaux III (ab 1153) gestaltete Grundriß der Anlage erklärt sich dabei aus der von den Habsburgern jener Zeit betriebenen Kunstpolitik. Indem es ihnen nämlich nicht gelungen war, für Friedrich den Schönen die deutsche Königskrone zu erlangen, versuchten sie sich gleichsam selbständig zu machen, indem sie Werke, die bei der Königskrönung eine Rolle gespielt hatten, als „Heiltümer" in bewußt altertümlicher Form herstellen ließen. So wurden etwa das „Melker Kreuz" und die „Mauritiuslanze" den Reichskleinodien nachgebildet. Stift Zwettl erfüllte im Zusammenhang mit diesem Ideenkomplex die Funktion einer „Königskathedrale", wenngleich in zisterziensischem Gewand. Nach einer Bauunterbrechung ab 1348 wurde der Chor ab 1360 – abweichend vom ursprünglichen Konzept – vollendet, indem man jetzt Hochchor und Umgang auf gleiche Höhe brachte, wobei man eine der Heiligenkreuzkirche in Schwäbisch-Gmünd vergleichbare, sehr moderne Lösung erzielte, deren Modernität sich auch in den Formen des Ornaments zeigt.

Strengberg, Pfarrkirche, Gewölbedetail.

Die bedeutendsten Bauunternehmungen der Zeit um 1400 waren der Südturm von St. Stephan sowie der Bau von Maria am Gestade in Wien, an denen in den Anfangsphasen der herzogliche Baumeister Michael Chnab (Knab) entscheidend beteiligt war. Einen Reflex dieser Bauten gibt in Niederösterreich die sogenannte „Spinnerin am Kreuz" in Wiener Neustadt wieder, eine 1382–84 von Michael Chnab errichtete Gedenksäule, die wie etwa der Südturm von St. Stephan den Kern des Bauwerks durch vielerlei Säulchen und Maßwerk verschleiert und zu den bedeutendsten Denkmälern der Architektur des „Weichen Stils" in Österreich zählt.

Unter Kaiser Friedrich III. verlagerte sich der Mittelpunkt des Architekturgeschehens Ostösterreichs nach Niederösterreich, konkret nach Wiener Neustadt. Die damals entstandenen Um- und Neubauten, die zu einem großen Teil mit dem Baumeister Peter Pusika in Zusammenhang stehen, zeigen vielfach retrospektive Züge, die ihre Erklärung in Friedrichs Festhalten an dem bestehenden Herrschaftssystem haben – in einer Zeit, in der dieses bereits mehrfach in Frage gestellt wurde. So stellt etwa das bemerkenswerte Springgewölbe im Kreuzgang des aufgelassenen Klosters St. Peter an der Sperr einen Rückgriff auf die böhmische Architektur des 13. Jahrhunderts dar. Gleichzeitig zeigen sich bei Friedrichs Bauunternehmungen aber auch moderne Züge, v. a. beim Hauptwerk der Wiener Neustädter Baukunst des 15. Jahrhunderts, der Um-

gestaltung der Burg des frühen 13. Jahrhunderts, wobei man die Trakte verdoppelte, vier neue Türme errichtete und an den Ecken halbkreisförmige Bastionen anlegte, womit Friedrich ein damals hochmodernes italienisches Wehrsystem in die österreichische Architektur übertrug. In der 1449–1460 in der Burg erbauten Georgskapelle zeigt sich vermutlich das Selbstverständnis des Kaisers als Landesfürst und Zentralfigur der Kirchenpolitik gegenüber dem Papst, was am deutlichsten an der äußeren Ostwand der Kapelle, der reliefierten Wappenwand mit 95 Wappen, zum Ausdruck kommt, in deren Mitte die Figur Friedrichs III. mit der Devise „AEIOV" und der Jahreszahl 1453 (Bestätigung des „Privilegium maius") steht.

Die Bauten der spätesten Gotik in Ostösterreich zeigen vielfach einen Trend zur Vereinheitlichung. In der Pfarrkirche von Waidhofen a. d. Ybbs etwa wird der selbständige Abschluß der Seitenschiffe aufgegeben, indem sie die Mittelapsis durch Schrägflächen mit dem Querschiff verbindet. Gleichzeitig findet man auf dem Gebiet der Wölbung einen schier unerschöpflichen Formenreichtum (Schwallenbach, Krenstetten, St. Valentin), der in Gewölben wie dem der Pfarrkirche von Weistrach, „wo die Pfeiler wie Fackeln im Raum stehen" (Renate Wagner-Rieger), den Höhepunkt „barocker" Formdynamik erreicht, der gleichzeitig aber auch das Ende der Hochgotik in Österreich bedeutete.

Thomas Karl

Als es in St. Pölten hieß, die Feinde des Kreuzes Christi, die Juden, hätten (wie sie es zuvor oftmals ungestraft getan hatten), mit dem Leib des Herrn Gotteslästerung getrieben und ihn verspottet, metzelten, die für Glauben und Himmel Entbrannten, zu Tätlichkeiten angestachelt, etliche nieder, wobei das aufgebrachte und stets unbedachte Volk auch einiges aus deren Besitz raubte. Das war der Grund, daß Herzog Rudolf die Gelegenheit wahrnahm – zumal auch der König

(Albrecht I.) erzürnt darauf bestand – und die Stadt nach grausamster Belagerung brach.

Kleine Klosterneuburger Chronik

Im Jahre 1338 brachen große Schwärme von Heuschrecken aus den östlichen Ländern auf und fraßen auf ihrem Zuge durch Ungarn, Polen, Böhmen, Mähren, Österreich, Steiermark, Kärnten, Krain, Schwaben, Baiern, Oberitalien, Friaul und die Alpenländer bis an den Rhein während der Monate Juli und August alles Grün der Erde bis auf den letzten Halm ab. Das erschreckte Volk betete und sang Litaneien, die Hände zum Himmel erhoben... Drei Jahre nacheinander kamen die Heuschrecken immer wieder...

Johann von Viktring

1299–1340

KALENDER

um 1299 Der steinerne Metzen von Rastenfeld, das älteste erhaltene österreichische Hohlmaß, wird hergestellt.

August 1299 König Albrecht I. übergibt Österreich seinem Sohn Herzog Rudolf III. Dieser heiratet am 29. Mai 1300 Blanche von Valois, die Schwester des König von Frankreich.

1302–1305 Judenverfolgungen in Korneuburg. Von Herzog Rudolf III. wird diese Bewegung unterdrückt.

1304 Große Trockenheit in Österreich. Die Donau konnte damals durchritten und durchwatet werden.

August Kumaneneinfall in Österreich. Sie zerstören die Gegend von Horn und werden am 24. Oktober bei Altenburg aufgerieben.

24. 6. 1305 Herzog Rudolf III. verleiht den Städten Krems und Stein ein Stadtrecht.

1306 Rudolf III. verzichtet auf das Herzogtum Österreich zugunsten seines Bruders Friedrich I. Er wird zum König von Böhmen gewählt.

Judenprogrom in St. Pölten. Rudolf III. belagert die Stadt, die sich um 3500 Pfund Pfennige von der Zerstörung freikauft.

Oktober 1309 Aufstand der österreichischen Landherren gegen Herzog Friedrich I. den Schönen.

6. 12. 1311 Herzog Friedrich bestätigt Korneuburg das Stadtrecht.

1312 In Krems wird eine Sekte von „Ketzern" (Loll[h]arden, Adamiter) entdeckt. In Krems werden 16, in St. Pölten 11, in Wien 2 Personen verbrannt. Viele können flüchten.

Der Hofmarschall Dietrich von Pillichsdorf führt ein „Geräune", eine große Verbrecherjagd, durch.

1313 Friedrich I. und seine Brüder stiften die Kartause Mauerbach.

20. 6. 1313 Die landesfürstlichen Städte bestätigen die Macht des Herzogs Friedrich gegenüber dem König von Aragón.

1314 Friedrich I. der Schöne heiratet Isabella von Aragón.

Herzog Friedrich I. bewirbt sich um die Königskrone. Er wird am 19. Oktober in Sachsenhausen von einem Teil der Kurfürsten gewählt und am 25. November in Bonn gekrönt (als König Friedrich III.). Durch Doppelwahl wird auch Ludwig von Oberbayern zum König gewählt.

1316/17 Schwere Hungersnot in Österreich, die durch Regengüsse und Überschwemmungen verschärft wird.

14. 9. 1322 Ein Großbrand in Klosterneuburg zerstört Stift und Herzogshof.

18. 9. 1322 König Friedrich III. wird in der Schlacht bei Mühldorf durch Ludwig von Bayern besiegt und gefangengenommen. Er kehrt erst im Mai 1325 nach Österreich zurück und beschränkt sich auf die Regierung seiner Erbländer.

um 1325 Das Zwettler Stiftungsbuch, die sogenannte „Bärenhaut", entsteht.

Oben: Hzg. Otto der Fröhliche, Glasfenster in der ehemaligen Klosterkirche Königsfelden in der Schweiz, entstanden 1325/30.
Unten: Glasfenster mit Darstellung des Hzg. Albrecht II., stammt aus Göttweig. Stift St. Florian.

1327 König Friedrich III. zieht sich auf die Burg Gutenstein zurück, wo er 1330 stirbt.

1330 Nach dem Tod König Friedrichs III. folgt ihm in Österreich sein Bruder Herzog Albrecht II. Dieser übernimmt auch die Leitung der habsburgischen Hauspolitik.

Herzog Albrecht II. gründet die Kartause Gaming.

nach 1330 Die Babenbergerfenster von Klosterneuburg werden von Propst Stefan von Sierndorf in Auftrag gegeben.

12. 7. 1332 Friede von Wien. Die 1323 verpfändeten Orte Weitra, Eggenburg, Laa und Rabensburg werden den Österreichern zurückgegeben.

Juli 1338 Wanderheuschrecken aus dem Osten verwüsten die Feldfrüchte. Die Folge ist eine große Hungersnot.

17. 9. Bischof Albrecht II. von Passau verleiht St. Pölten ein neues Stadtrecht, das dem von Passau nachgebildet ist.

3. 5. 1340 In Weitra wird ein Bürgerspital an der Lainsitzbrücke vor der Stadt gegründet.

GEBURTSTAGE

Otto der Fröhliche. Herzog von Österreich. Geboren 23. 7. 1301. (Gestorben 17. 2. 1339.)

Rudolf IV. der Stifter. Herzog. Sohn Albrechts II. Geboren 1. 11. 1339. (Gestorben 1365.)

TODESTAGE

Gutolf von Heiligenkreuz. Geschichtsschreiber. Gestorben um 1300.

Blanche von Valois. Herzogin. Erste Gemahlin Herzog Rudolfs III. Gestorben 19. 3. 1305; beigesetzt bei den Minoriten in Wien.

Rudolf III. Herzog. Gestorben 30. 7. 1307. (Geboren 1281.)

Albrecht I. Gestorben 1. 5. 1308 (ermordet durch seinen Neffen Johann „Parricida"). (Geboren 3. 7. 1255.)

Hermann von Landenberg. Marschall, Berater Albrechts I. Gestorben 10. 12. 1306 in Wien.

Leopold I. Herzog. Gestorben 28. 2. 1326 in Straßburg. (Geboren vor dem 4. 8. 1290.)

Heinrich. Herzog. Gestorben 3. 2. 1327 in Bruck a. d. Mur. (Geboren 1299.)

Friedrich III. König. (Herzog Friedrich I. der Schöne). Gestorben 18. 1. 1330 in Gutenstein. Beigesetzt in der Kartause Mauerbach. (Geboren 1286)

Isabel von Aragón. Witwe König Friedrichs III. Gestorben 12. 7. 1330 in der Steiermark.

Otto. Herzog. Gestorben 17. 2. 1339. (Geboren 1301.)

Links: Gebetbuch der Königin Elisabeth (Isabella), Gemahlin Friedrichs des Schönen, Ende des 13. Jahrhunderts entstanden.
Rechts: Einband und stehende Madonna (fol. 10 r.), Wien, Minoritenkonvent.

1299–1340

Die Gründung von Mauerbach und Gaming

Zur Zeit des Habsburgers Friedrich I. des Schönen wurden in Österreich zwei Kartäuserkloster gegründet, eines in Mauerbach, eines in Gaming. Mauerbach im Wienerwald war schon zur Babenbergerzeit landesfürstlicher Besitz. Im Jahre 1313 faßten Herzog Friedrich und seine Brüder den Entschluß, hier ein Kloster zu errichten. Die ersten Mönche kamen aus der Kartause Seitz in der Steiermark und erhielten 1316 von Friedrich einen Stiftsbrief. Im folgenden Jahr gründete der Hofkaplan Gerlach eine zweite, kleinere Kartause, die aber bald mit der herzoglichen vereinigt wurde. Das Kloster erhielt reichen, wenn auch verstreuten Grundbesitz in und um Mauerbach, im Tullnerfeld, sogar im Marchfeld und in der Umgebung von Wien. Schon im 14. Jahrhundert erlebte die Kartause ihre erste Blüte und konnte Gaming und später auch Aggsbach mit Mönchen beschicken.

Als Friedrich der Schöne in bayerische Gefangenschaft geraten war, gelobten seine Brüder Albrecht II. und Leopold eine Klostergründung, falls er frei würde. Nach dem Tode seiner Brüder entschloß sich Albrecht II., in Gaming ein Kloster für 24 Kartäuser zu gründen. Seine Gattin Johanna von Pfirt und sein Bruder Otto der Fröhliche waren ebenfalls an der Gründung beteiligt. Diese erfolgte am Oberlauf der Erlauf, westlich des Ötschers, in einem noch wenig erschlossenen Gebiet. Der erste Stiftsbrief wurde 1330, ein zweiter mit Angabe der Besitzgrenze 1354 ausgestellt. Gaming war das größte, aber auch das bestausgestattete Kartäuserkloster in Österreich, denn der geschlossene Besitz reichte von Ruprechtshofen und Oberndorf über Scheibbs bis an den Ötscher und den Lunzer See. Jeder Mönch hatte in der Kartause sein eigenes Häuschen. Sie reihten sich um drei Seiten eines Umganges, der den Klosterfriedhof und eine Dreifaltigkeitskapelle umschloß. Die Klosterkirche wurde 1332–1342 erbaut. Zentrum des Besitzes von Gaming wurde der Markt Scheibbs. Albrecht II. und seine Gattin Johanna wurden in Gaming begraben.

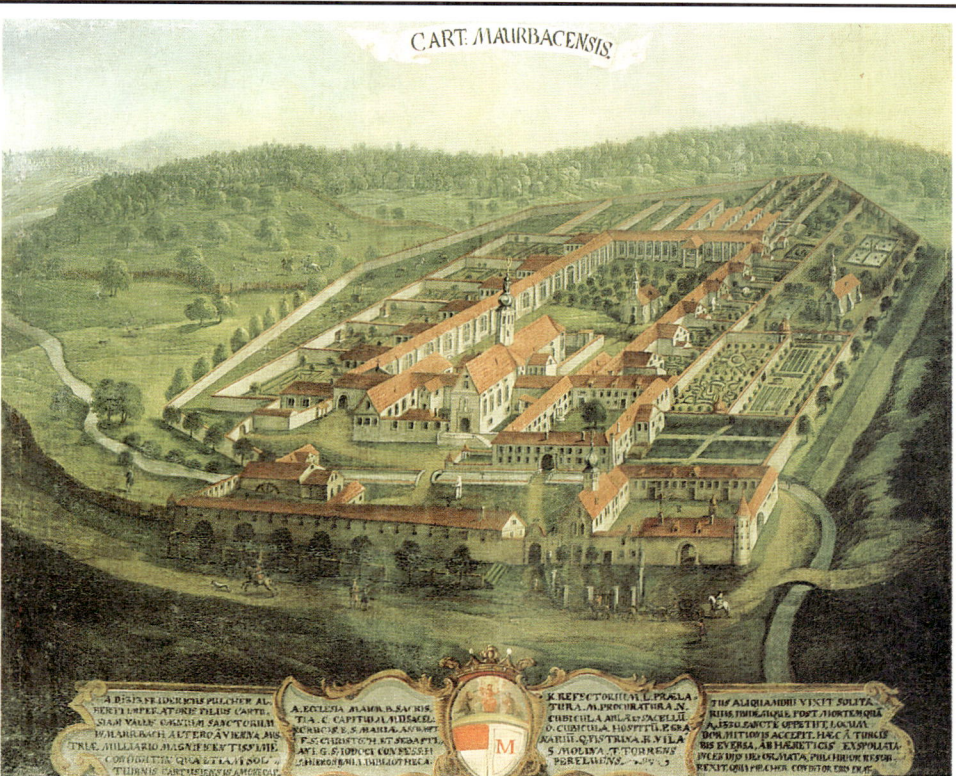

Oben: Die Kartause Mauerbach, Ölgemälde.
Unten: Die Kartause Gaming, Ölgemälde aus einer Serie von Gemälden aufgehobener Kartäuserklöster im Besitz des Stiftes Klosterneuburg.

Links: Hausordnung Herzog Albrechts II. vom 25. 11. 1355, Haus-, Hof- und Staatsarchiv, Wien. Rechts: Herzog Rudolf IV. und seine Gattin Katharina, Sandsteinfiguren, früher im Stephansdom. Wien, Historisches Museum.

1341–1365

KALENDER

April 1342 Große Überschwemmungen der Donau nach einem späten Winter mit starken Schneefällen.

9. 12. 1344 Der 6jährige Sohn Herzog Albrechts II., Rudolf IV., wird mit Katharina, der Tochter des Luxemburgers Kaiser Karl IV., verlobt.

um 1345 Die illuminierte Handschrift „Concordantiae Caritatis" ‚eine Armenbibel' wird in Stift Lilienfeld hergestellt.

1347 Judenverfolgung in Wiener Neustadt.

1348–1349 Katastrophenjahre mit Überschwemmungen, Mißernten und Hungersnot. Da die Bevölkerung die Juden als Ursache des Unheils verdächtigt, kommt es vor allem in NÖ. zu schweren Ausschreitungen gegen die Judengemeinden (v. a. in Krems, Stein und Mautern).

25. 1. 1348 Schweres Erdbeben in Mitteleuropa mit dem Zentrum in Villach (stärkstes Beben in Österreich überhaupt).

15. 6. In Seefeld erfolgt die Belehnung Albrechts II. mit den österreichischen Ländern durch Karl IV.

September Das große Sterben beginnt, die Pest überzieht Europa, erreicht 1349 auch NÖ. und Wien. Albrecht II. hält sich in Purkersdorf auf.

Ostern 1353 In Prag heiratet Rudolf IV. die Tochter Kaiser Karls IV., Katharina. Sie erhält 10.000 Schock Prager Groschen Mitgift. Dafür werden die Einkünfte von Laa, Eggenburg, Kreuzenstein, Krems und der Stadt Stein, insgesamt 1.000 Schock, jährlich als Zinsen angewiesen.

1354 Besonders ertragreiche Weinernte in Österreich.

25. 11. 1355 Albrecht II. erläßt eine Hausordnung („Albertinische Hausordnung"). Nach seinem Tode sollen seine vier Söhne Rudolf IV., Friedrich III., Leopold III. und Albrecht III. gemeinsam die österreichischen Länder regieren.

12. 7. 1356 Heinrich von Maissau wird anstelle der Kuenringer mit dem erblichen Schenkenamt belehnt.

1358/59 Rudolf IV. läßt Fälschungen der Hausprivilegien herstellen (Privilegium maius).

21. 3. 1359 Das Ungeld, eine zehnprozentige Getränkesteuer auf öffentlich ausgeschenkte Getränke, wird in Österreich eingeführt. Dafür wird der alljährliche „Münzverruf" abgeschafft, bei dem neue Münzen ausgegeben wurden.

11. 4. Rudolf IV. verleiht Krems einen Jahrmarkt am St. Jakobstag mit 8tägiger Freiung.

April Rudolf V. legt in Prag die gefertigten Privilegien zur Bestätigung vor, wird aber von Karl IV. abgewiesen.

10. 11. 1362 Der Bürger Otto Grimsinger aus Emmersdorf stiehlt das Melker Kreuz. Es wird nach ihm gefahndet, und am 20. 12. wird er hingerichtet.

1363 Hardegg und Litschau werden als Städte genannt.

2. 9. Nach dem Tode Meinhards III. wird das Land Tirol an die Habsburger übergeben.

12. 3. 1365 Rudolf IV. gründet die Universität Wien.

19. 4. Rudolf IV. verzichtet auf das Patronat über die Pfarre Waidhofen a. d. Thaya und erhält dafür vom Bischof Albrecht von Passau das Patronat der Wiener Stephanskirche. Am 16. März war St. Stephan zu einer Kollegiatkirche erhoben, mit der Burgkapelle vereinigt und zu einer fürstlichen Propstei mit 24 Chorherren ausgestaltet worden.

GEBURTSTAGE

Leopold III. Herzog. Geboren 1. 11. 1351. (Gestorben 9. 7. 1386.)

TODESTAGE

Albrecht II. Herzog. Gestorben 20. 7. 1358 in Wien im Alter von 70 Jahren. In der Kartause Gaming begraben. (Geboren Ende 1298 auf der Habsburg.)

Konrad von Gaming. Abt von Gaming, bekannter Hymnendichter. Gestorben 17. 8. 1360.

Friedrich III. Bruder des Herzogs Rudolf IV. Gestorben 10. 12. 1362 in Wien. (Geboren 31. 3. 1347 in Wien.)

Rudolf IV. Herzog. Gestorben 27. 7. 1365 in Mailand, begraben in St. Stefan in Wien. (Geboren 1. 11. 1339 in Wien.)

Rudolf IV. und das Privilegium maius

Rudolf IV., der älteste Sohn Albrechts II. und seiner Gemahlin Johanna von Pfirt (Ferrette), kam nach fünfzehnjähriger kinderloser Ehe seiner Eltern 1339 zur Welt. Ihm folgten noch drei Brüder. Seit 1357 verwaltete Rudolf die Vorlande, im Juli 1358 folgte er seinem Vater als Herzog von Österreich.

Er wollte möglichst unabhängige Länder beherrschen und ließ als Reaktion auf die 1356 erlassene Goldene Bulle, um den Vorteil der Kurfürsten auszugleichen, in seiner Kanzlei mehrere Urkunden fälschen. Kernstück war eine Neufassung der Urkunde Kaiser Friedrichs I. Barbarossa vom 17. September 1156. Die Vorrechte des Herzogs von Österreich wurden dadurch wesentlich erweitert. Er mußte nur mehr bei Reichstagen gegen Ungarn durch einen Monat zwölf Bewaffnete stellen, brauchte Hoftage nur zu besuchen, wenn er wollte, und mußte im eigenen Land, zu Pferde sitzend und mit fürstlichem Gewand, der Zinkenkrone und dem Herzogshut bekleidet, belehnt werden.

Der Herzog sollte bei Hoftagen den Kurfürsten und Trägern der Reichsämter gleichgestellt sein. Die Urkunde gebraucht in diesem Zusammenhang den Titel „Pfalzerzherzog", davon wurde später der Titel „Erzherzog" abgeleitet.

Eine weitere dieser gefälschten Urkunden wurde Heinrich IV. zugeschrieben, der im Jahre 1058 dem Markgrafen Ernst die von alten römischen Kaisern erteilten Privilegien, insbesondere eine Urkunde von Julius Cäsar und eine Urkunde des Kaisers Nero, erneuerte.

Der Urkunde, Privilegium maius genannt, wurde von Kaiser Karl IV. die Anerkennung verweigert. Der Habsburger Friedrich III., bestätigte sie aber 1442 und 1453. Später haben Kaiser Rudolf II. im Jahre 1599 und Karl VI. im Jahre 1729 die Freiheitsbriefe anerkannt. Das Privilegium maius wurde so seit der Mitte des 15. Jahrhunderts eine Grundlage der habsburgischen Machtstellung in Österreich und die Verfassungsurkunde des Landes. Ihren politischen Gehalt verlor sie erst mit der Errichtung des Kaisertums Österreich 1804 und die Auflösung des Römisch-deutschen Reiches im Jahre 1806.

Links: Portrait des Herzogs Rudolf IV. Das älteste zeitgenössische Herrscherbildnis Österreichs, entstand um 1365. Wien, Erzbischöfliches Diözesanmuseum.

Links: Heuschreckenschwärme, handkolorierter Holzschnitt, abgebildet in einem Bibelfrühdruck aus dem Jahre 1483. Stift Melk.
Rechts: Überschwemmung der Donau, handkolorierter Holzschnitt, abgebildet in einem Bibelfrühdruck aus dem Jahre 1483. Stift Melk.

Das Melker Kreuz

Das Melker Kreuz galt im Mittelalter als eines der größten Kleinodien des Landes. Das vermutlich als Vortragskreuz geschaffene 61 cm hohe Reliquiar birgt einen Span, angeblich vom hl. Kreuzesholz, den Markgraf Adalbert (1018–1055) um 1040 gestiftet haben soll. Zweimal wurde die wertvolle Reliquie entwendet und unter wundersamen Umständen wieder zurückgestellt.

Die heutige Form entstand im Auftrag Herzog Rudolfs IV., der 1362 zweimal Melk bereiste. Dabei wurden Edelsteine, Perlen und Cameo von einem Vorgängerreliquiar übernommen. Das Filigranornament der Vorderseite kopiert eines aus dem 2. Viertel des 13. Jahrhunderts. Auch die bildhafte Darstellung des Cruzifixus mit den vier Evangelisten an den Kreuzenden der Hinterseite geht auf ein älteres Vorbild zurück. Als Reliquienkreuz ist die Vorderseite zu öffnen, um die Kreuzpartikel freizulegen. Zu diesem Zweck sind die Fassungen der großen Edelsteine Köpfe von Schrauben.

Der zu diesem Kreuz gehörige Fuß trug die Widmungsinschrift Herzog Rudolfs IV. Er wurde im ersten Viertel des 15. Jahrhunderts durch den heutigen Fuß ersetzt.

Stift Melk besaß auch eine „Lanze des hl. Mauritius", zu der Rudolf IV. ebenfalls eine Fassung machen ließ. Während das Melker Kreuz in den Jahren 1809/10 einen Freistempel erhielt (d. h. von der notwendig gewordenen Silberablieferung ausgenommen blieb), wurde die Fassung der Mauritiuslanze 1810 eingeschmolzen.

Das Melker Kreuz: Oben: Vorderseite.

Unten: Rückseite.

Die Entwendungen des Melker Kreuzes

Im Jahre 1169 wurde von dem Kleriker Rupert, der nicht dem Kloster angehörte, die gefaßte Kreuzpartikel aus dem Stift Melk entwendet. Das Kreuz tauchte am 13. Februar 1170 im Schottenkloster in Wien wieder auf. Der Legende nach wurde das Kreuz zwischen beide Äbte gestellt und habe sich, von geheimer Kraft bewegt, dem Abt von Melk genähert. Dann wurde als zweites Gottesurteil das Kreuz in ein Schiff ohne Fährmann gelegt. Dieses bewegte sich donauaufwärts bis Nußdorf. Hierauf wurde die Reliquie wieder dem Stift Melk zurückgestellt.

Als im Jahre 1362 die Kreuzpartikel aus dem Reliquiarium herausgenommen wurde und in der Sakristei lag, da man das Eintreffen der neuen, von Herzog Rudolf IV. gestifteten Fassung erwartete, entwendete sie der Emmersdorfer Bürger Otto Grimsinger am 10. November 1362 mit einigen anderen wertvollen Gegenständen. Schließlich wurde der Täter aber entdeckt, verhaftet und wegen Kirchenraubes und anderer Untaten am 20. Dezember verbrannt. Im Anschluß daran wurde die „Erzählung von der Partikel des heiligen Kreuzes von Melk" niedergeschrieben und damit die zweimalige Entwendung überliefert.

Die Katastrophenjahre des 14. Jahrhunderts

In den dreißiger Jahren des 14. Jahrhunderts setzten in Niederösterreich Katastrophen vielfacher Art ein. Im Jahre 1338 kamen große Schwärme von Heuschrecken aus den östlichen Nachbarländern ins Donautal. Während der Monate Juli und August fraßen sie jeden grünen Halm ab, bevor sie weiterzogen. Auch in den nächsten Jahren kehrte diese Plage wieder. Obwohl man versuchte, sie durch Lärm zu verjagen, richteten sie großen Schaden an, wo sie sich niederließen. Der Zwettler Chronist berichtet, sie seien so zahlreich gewesen, daß sich der Himmel verdunkelt habe, weil die Sonne die dichten Schwärme nicht mehr zu durchdringen vermochte.

Im Jahre 1337 verdarben und verfaulten während eines kalten und regenreichen Sommers die Feldfrüchte, weil sie nicht reifen konnten. In den folgenden Jahren herrschten auch lange und kalte Winter, die im Frühjahr der Jahre 1342 und 1347 riesige Überschwemmungen auslösten.

Am 28. Jänner 1348 ereignete sich ein gewaltiges Erdbeben, dessen Zentrum in Friaul und in Kärnten lag, doch war es auch in Niederösterreich spürbar. Zur gleichen Zeit begann die Pest zu wüten, der 1348 ein hoher Prozentsatz der Bevölkerung zum Opfer fiel, besonders in den Städten.

Die Menschen wollten den Himmel versöhnen, „das erschreckte Volk betete und sang Litaneien, die Hände zum Himmel erhoben", schrieb ein Chronist. Gruppen von sich selbst peinigenden Menschen, die Flagellanten, „Geißler", durchzogen das Land, um durch die Selbstgeißelung Gott zu versöhnen und das Unheil abzuwenden.

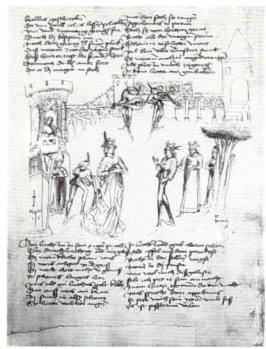

Links: Höfisches Leben zur Zeit Albrechts III., Empfangsszene in Heinrich von Neustadt Appolonius von Thyrland.

KALENDER

12. 11. 1366 Albrecht III. und Leopold III. verleihen der Stadt Horn einen Jahrmarkt zu Martini.

19. 11. 1367 Zwischen dem Bischof von Passau und dem Chorherrenstift St. Pölten kommt es zu einem Vergleich über die Besitzrechte der Stadt.

1368 Albrecht III. verbietet den Juden mit Geld und Silber zu handeln und Münzen einzutauschen. Sie dürfen allerdings mit Kleinodien, Tieren und Pfändern weiterhin Handel treiben.

um 1370 Herzog Albrecht III. legt in Schloß Laxenburg einen Tiergarten und einen botanischen Garten an – die ersten ihrer Art im Reich diesseits der Alpen.

23. 3. 1373 Papst Gregor XI. lobt in einem Brief den Wein von Altenberg bei Retz.

19. 2. 1377 Hollabrunn wird erstmals Markt genannt.

25. 9. 1379 Im Vertrag von Neuberg an der Mürz teilen Albrecht III. und Leopold III. die Länder. Niederösterreich bleibt bei Albrecht III., das Gebiet um Wiener Neustadt wird aber Leopold III. zuerkannt.

1380 Heidenreich von Maissau und seine Gemahlin Anna von Kuenring gründen die Kartause Aggsbach.

1382/84 Die gotische Votivsäule „Spinnerin am Kreuz" in Wiener Neustadt wird unter Wolfhart von Schwarzensee errichtet.

4. 7. 1383 In Hainburg wird erstmals ein Bürgermeister genannt. Zur selben Zeit entsteht in dieser Stadt ein Bürgerspital.

1387 Nach einer Doppelwahl in Passau verpfändet Georg von Hohenlohe die Stadt St. Pölten an Friedrich V. von Wallsee-Enns.

3. 1. 1395 In Horn wird durch den Bürger Stefan Weickersdorfer ein Bürgerspital für 12 Personen gestiftet.

22. 11. Der Vertrag von Hollenburg an der Donau zwischen Herzog Wilhelm und Herzog Albrecht IV. regelt die Regierung der österreichischen Länder. Die Beamten schwören beiden Fürsten die Treue, die Lehen in Österreich werden zuerst gemeinsam, dann von Albrecht vergeben.

1396 Großenzersdorf wird zur Stadt erhoben; eine 7 m hohe Stadtmauer wird errichtet.

25. 8. Wilhelm und Albrecht IV. bestimmen Stein als Niederlagsort für Halleiner und Schellenburger Salz.

August–Dezember 1398 Pilgerfahrt Albrechts IV. nach Venedig und in das Hl. Land. Man nannte diese Reise vielfach eine „Weltreise".

1399 Fehde des Adels von Mähren und Österreich; das nördliche Niederösterreich wird verwüstet.

Juni 1402 Durch ein gewaltiges Hochwasser der Donau werden Krems, die Wachau, das Tullnerfeld und das Marchfeld 10 Tage lang überflutet. Das Wasser steht so hoch, daß an manchen Stellen die Donau eine Meile breit ist. Im folgenden Jahr wird dadurch eine gewaltige Teuerung ausgelöst.

Herzog Albrecht III., Miniatur im Rotelbuch des Stiftes Altenburg.

16. 8. Vertrag der österreichischen Herzöge mit König Sigismund. Sollte dieser keinen Erben haben, wird er einen der österreichischen Herzöge zum Nachfolger ernennen. Dies leitet die Erbfolge Albrechts IV. in Ungarn ein.

1403 Die Hauerzunft von Langenlois wird erwähnt.

1404 Mährische Freibeuter bilden im nördlichen und nordöstlichen Niederösterreich eine Landplage. Ihre Streifscharen dringen bis Wien vor.

Februar 1406 Herzog Wilhelm gibt Korneuburg das Recht, einen Bürgermeister zu wählen.

6. 8. Die Stände der Länder schließen ein Bündnis, um die Vormundschaft für Albrecht V. zu regeln.

1408 Ein besonders schneereicher Winter. Die zugefrorene Donau kann mit beladenen Wagen überquert werden.

22. 5. Bei einem Landtag verhandeln Adelige und Prälaten in Krems mit den Herzögen Ernst und Leopold über die Zukunft des Landes.

1409–1410 Pest im Gebiet von Klosterneuburg. Angeblich sterben 1000 Menschen.

GEBURTSTAGE

Albrecht IV. Herzog. Geboren 19. 9. 1377. (Gestorben 14. 9. 1404.)

Thomas Ebendorfer. Geistlicher, Historiker. Geboren 10. 8. 1388. (Gestorben 12. 1. 1464 in Wien.)

Albrecht V. Herzog. Geboren 10. 8. 1397. (Gestorben 27. 10. 1439.)

Elisabeth. Gemahlin Albrechts V. Geboren 28. 2. 1409 in Prag. (Gestorben 19. 12. 1442 in Buda.)

TODESTAGE

Leopold III. Herzog. Gestorben 9. 7. 1386 (er unterlag in der Schlacht von Sempach den Schweizern und fiel). Er hinterließ die Söhne Wilhelm, Leopold, Ernst und Friedrich. (Geboren 1. 11. 1351.)

Albrecht III. Herzog. Gestorben 29. 8. 1395 in Laxenburg. (Geboren 9. 9. 1348.)

Vivianz von Sonnberg. Der Letzte seines Geschlechtes, Gönner des Marktes Hollabrunn. Gestorben 1400.

Albrecht IV. Herzog. Gestorben 14. 9. 1404 in Klosterneuburg. (Geboren 19. 9. 1377.)

Wilhelm. Herzog. Gestorben 15. 7. 1406 in Wien. (Geboren 1370.)

Leopold IV. Herzog. Gestorben 3. 6. 1411 in Wien. (Geboren 1371.)

Der Kleinadel im späten Mittelalter

Während der Kolonisation des niederösterreichischen Waldviertels waren in den einzelnen Dörfern Führungspersönlichkeiten vorhanden, die man im Gebiet von Litschau Amtmänner nannte. Es handelte sich um kleine Adelige, die einen größeren Hof besaßen, der nicht selten befestigt war. Besonders in den Angerdörfern fanden sich sogenannte Hofbauern, deren Gehöft meist am Ende oder in der Mitte der Siedlung lag. Diese Hofbauerngüter hatten oft einen befestigten Turm oder waren so ausgestattet, daß sie allenfalls notdürftig als Zuflucht für die Dorfbewohner dienen konnten. Im 13. und 14. Jahrhundert dürften solche Amtmänner in der Mehrzahl noch aus Edelknechten oder „Einschildrittern" bestanden haben, also Rittern, die meist in Friedenszeiten mit ihren Knechten die Felder bestell-

Links: Stifterbild des Herzogs Albrecht III. und seiner Gattin Beatrix auf dem Altar in Schloß Tirol.
Rechts: Kartause Aggsbach.

ten, in Kriegszeiten aber als Ritter zu Pferd dem Landesfürsten oder ihrem Herrn zur Verfügung stehen mußten. Sie mußten in diesen Zeiten ihre Landwirtschaft vernachlässigen und waren daher wirtschaftlich weit anfälliger als wohlhabende Bauern, die als Grundholden ihren Herren Dienst leisteten, aber zum Kriegsdienst nicht verpflichtet waren. Schon Neidhart von Reuental hat in seinen Liedern oft auf den Reichtum einzelner Bauern verwiesen, auf den manche Ritter neidisch blickten; und auch in späteren Dichtungen des 13. Jahrhunderts wird dieses Problem immer wieder zur Sprache gebracht. Im 14. und 15. Jahrhundert verschlechterte sich die wirtschaftliche Lage dieser kleinadeligen Schicht immer mehr, teils wegen der laufenden Geldentwertung, teils auch, weil oft mehrere Kinder vorhanden waren und die Höfe im Erbfall geteilt wurden. Dann aber besaßen sie nur mehr die Größe von Lehen und konnten ihre Familien mit knapper Not erhalten. Zwar gelang es manchen dieser Kleinadeligen, ein öffentliches Amt, etwa das eines landesfürstlichen Burggrafen, zu erhalten und damit zu Ansehen zu gelangen. Den meisten blieb aber dieser Aufstieg versagt. Manche von ihnen, die am Beginn des 14. Jahrhunderts noch Ritter genannt werden, scheinen später als Knappen auf – und sie hatten damit ihren Adel verloren, wenn sie sich nicht um den Ritterschlag bewarben. Ein solcher Abstieg von Rittern in bäuerliche Lebensformen läßt sich nicht nur im Waldviertel nachweisen, sondern auch in Gebieten südlich der Donau. Nur wenigen Einschildritter-Familien gelang es, in den Dienst des Landesfürsten und eines großen Adeligen zu treten und sich zu behaupten. Manche von ihnen konnten auch in der Stadt in wohlhabende Familien einheiraten oder sich dort ankaufen, so daß es auch in den Städten eine rittermäßige Bürgerschicht gab. Aber auch diese wurde noch im Spätmittelalter mit dem Bürgertum vereinigt, so daß es am Ende des Mittelalters nur mehr den Bauernstand und den Bürgerstand gab.

Die Stände

Unter Ständen versteht man die hohe Geistlichkeit (vor allem die Prälaten der großen Klöster), den Hochadel, die Ritterschaft und die Vertreter der Städte und Märkte, die im Besitz des Landesfürsten waren. Diese Gruppen waren die sozial führenden Schichten, hatten andere Leute unter sich und verkörperten die größte wirtschaftliche Kraft. Schon seit dem späten 13. Jahrhundert waren Hochadelige des öfteren zu politischen Entscheidungen als Zeugen herangezogen worden, ihr Rat wurde immer wichtiger. Der niedere Adel, die Ritter, sorgten für die militärische Macht der Fürsten und waren für den Landesfürsten auch als Gegengewicht zum Hochadel nützlich. Die Bürger gewannen als vermögende Schicht im Zeitalter der beginnenden Geldwirtschaft an Einfluß, die befestigten Städte waren auch als militärische Stützpunkte wichtig. Die hohe Geistlichkeit hatte nicht nur großen moralischen Einfluß, sondern verfügte auch über ertragreiche Grundherrschaften. Alle vier Gruppen repräsentierten aber auch die lokalen Behörden in der Verwaltung und im Gerichtswesen. Diese Stellung war ihr gemeinsames Band und machte sie zu Vertretern jener sozialen Schichten, die keine Funktionen innehatten, der Bauern, der Bürger jener Städte und Märkte, die zu einer Grundherrschaft gehörten, und der vielen Inwohner (das waren Menschen ohne eigenen Hausbesitz, die mit Naturallohn oder Miete für ihre Unterkunft bezahlten und sich auch oft als Taglöhner verdingten).

Diese vier führenden Personengruppen traten seit dem Ende des 14. Jahrhunderts, vom Fürsten einberufen, zu Landtagen zusammen, um ihm „zu raten und zu helfen". Als im Jahre 1395 Herzog Albrecht III. starb, folgte ihm sein 18 Jahre alter Sohn Albrecht IV., der lieber als Tischler arbeitete oder in Mauerbach als Mönch lebte, statt zu regieren. Sein Neffe Wilhelm aus der steirischen Linie war hingegen tatkräftig und beanspruchte die Gesamtregierung über die habsburgischen Länder. In dieser Situation vermittelten die Stände einen Vertrag, der 1395 in Hollenburg unterzeichnet wurde: Die Beamten und Lehensträger sollten beiden Fürsten Treue schwören, auch die Einkünfte wollte man teilen. Trotzdem nahm die Zahl jener zu, die sich einer Burg bemächtigten und die Umgebung terrorisierten. Solche „Raubritter" kamen vielfach auch aus dem benachbarten Mähren.

Als Albrecht IV. im Jahre 1404 starb, war sein Sohn Albrecht V. erst sieben Jahre alt. Herzog Wilhelm wollte die Vormundschaft übernehmen, ein Recht, das auch sein Bruder Leopold IV. für sich beanspruchte. Beide Herzöge bekämpften einander mit Waffengewalt, bis im Juli 1406 Herzog Wilhelm starb. Deshalb vereinigten sich am 6. August 1406 die Stände des Landes und betrauten einen Ausschuß aus ihrer Mitte mit der Lösung der Vormundschaftsfrage. Zwar sollte Leopold diese Funktion ausüben und sein Bruder Ernst künftig die Steiermark verwalten, doch trat keine Ruhe ein. Neuerlich brach ein Bürgerkrieg aus, in dem Raubritter für beide Parteien die Seiten ergriffen. Da die Stände fürchteten, das Land würde in Chaos versinken, brachten sie den jungen Albrecht V. aus Wien weg und schrieben für Pfingsten 1411 einen Landtag in Eggenburg aus, auf dem sie den jungen Fürsten nach österreichischem Recht für mündig erklärten. Als Herzog Leopold dies erfuhr, packte ihn solche Wut, daß er vom Schlag gerührt wurde und starb. Herzog Ernst zog sich in die Steiermark zurück. Somit hatten die Stände in eigener Initiative im Interesse des Landes gehandelt und waren damit endgültig zur politischen Macht geworden.

Die Chronik von den 95 Herrschaften

Herzog Albrecht III. war ein Freund der Wissenschaft und sicherte den Bestand der Wiener Universität. Er dotierte sie ausreichend und berief einige bedeutende Gelehrte aus dem Ausland, um den Ruf der Hochschule zu heben.

Damals versuchte man überall in Mitteleuropa, die Geschichte des eigenen Landes bis zu den Anfängen der Welt zurückzuverfolgen. Der Herzog beauftragte daher den Franziskanermönch Leopold Stainreuter aus Wien, nach dem Muster böhmischer und ungarischer Chroniken ein ähnliches Werk zu schreiben. So entstand die Fabelchronik der 95 Herrschaften, die eine Geschichte des Landes seit den Zeiten Abrahams liefert. Bis in die Zeit der Babenberger waren alle Herrscher erfunden. Diese deutsch geschriebene Chronik wurde noch hundert Jahre lang für historisch wahr gehalten und von Friedrich III. auf der Wappenwand der Georgskirche der Burg von Wiener Neustadt in ein steinernes Denkmal umgesetzt.

Kartause Aggsbach

Die dritte Kartause Österreichs, die im 14. Jahrhundert entstand, wurde im Jahre 1380 von Marschall Heidenreich von Maissau und seiner Gemahlin Anna, einer geborenen Kuenringerin, auf ursprünglich bayerischem Lehensgrund gestiftet. Das Kloster war für einen Prior und 12 Mönche bestimmt und wurde von Mauerbach aus besiedelt. Die Kirche wurde im Jahre 1392 gemeinsam mit dem Kloster, das ursprünglich Marienpforte hieß, in einem Seitental des Aggsbaches erbaut. Es erhielt von den Stiftern bedeutenden, wenn auch sehr verstreuten Besitz. Für eine Erweiterung sorgte der letzte Maissauer Otto im Jahre 1440, der wie das Stifterpaar in der Kartause begraben ist. Die Kartause erlebte ihre Blütezeit im 15. Jahrhundert.

Item weiter in diesem Jahr (1424) bald nach dem Lesen am Tag Severini mußten all edel und unedel allmänniglich in Städten, Dörfern und Märkten, reich und arm, ob und niederhalb der Enns zum fünftenmal auf Heerfahrt gegen Mähren gegen die Hussiten. Nun wurd es gar kalt und fast schneibet (schneiend) um Martini. Da liefen viel der armen Hauer und Bauern wieder heim, ohn Urlaub von dem Herrn. Die hieß der Herzog alle fangen überall im Land bis zu seinem Kommen. Es nahmen ihre Weiber und Kinder großes Leid an ihrer Gefangenschaft.

Kleine Klosterneuburger Chronik

Anno 1420 vor dem heiligen Pfingsttag hat Herzog Albrecht in Österreich alle Juden fangen lassen ob und unterhalb der Enns, innerhalb einer Stunde, Mann und Frau, Kinder; und hat sich alles ihres Gutes unterwunden. Er verschickte sie aus dem Land, etliche ließen sich taufen. Danach, in dem andern Jahr verbrennt man etliche. Danach, am Schwarzen Sonntag, martert man dieselben Juden. Zu Wien hat man allein verbrennt 240 Personen. Eine Jüdin in Klosterneuburg ließ sich taufen und wurde Barbara genannt.

Kleine Klosterneuburger Chronik

1411–1439

KALENDER

2. 6. 1411 Auf dem Landtrag von Eggenburg wird der junge Albrecht V. von den österreichischen Ständen für großjährig erklärt und tritt die Regierung des Landes an.

6. 11. Albrecht V. verleiht Langenlois einen Jahrmarkt.

13. 3. 1412 Albrecht V. bestätigt Laa einen Jahrmarkt zu St. Veit und einen Wochenmarkt am 19. November.

5. 1. 1414 Der Herzog verkündet einen allgemeinen Landfrieden in Österreich.

8. 4. 1416 Krems und Stein erhalten vom Herzog das Recht, einen Bürgermeister zu wählen.

1418 Im Kloster Melk werden strengere Regeln eingeführt, denen sich bald auch Göttweig, Klosterneuburg, das Schottenkloster in Wien, Kleinmariazell und Seitenstetten unterwerfen („Melker Reform").

um 1420 Schutzbrief Kaiser Sigismunds für die Mariazellpilger.

1420 In Langenlois wird ein Bürgerspital errichtet.

24. 5. Judenverfolgung in Österreich. Albrecht V. läßt alle Juden ins Gefängnis werfen. In Wien werden alle Juden vertrieben und einige sogar verbrannt.

November 1425 Hussitenheere dringen in NÖ. ein und erobern am 25. November Retz und andere Grenzorte.

März 1426 Hussitenscharen dringen von Norden her bis Stockerau vor.

27. 4. Ein Landwehrpatent soll die Landesverteidigung in Österreich verbessern.

Jänner 1427 Der Bischof von Passau löst die verpfändete Stadt St. Pölten wieder ein. Die Hussiten belagern Zwettl und brennen das Stift nieder. Nach einem Sieg über ein österreichisches Heer am 26. März dringen sie bis in die Nähe Wiens vor und beschießen am 31. Mai Nußdorf.

1429 Georg Scheck vom Walde wird mit Aggstein belehnt. An seine Person knüpft sich die Sage vom „Schreckenwald".

18.–20. 6. Korneuburg erhält einen Jahrmarkt zu Kolomani. Seit 1445 wird dieser am Ursula-Tag gehalten.

22. 2. 1430 Der in Burg Gutenstein gefangengehaltene Otto von Maissau unterwirft sich Friedrich V. und schwört Urfehde.

Ostern Der „große Tabor", ein Aufgebot der Hussiten in der Stärke von 10.000 Mann, fällt in das Waldviertel ein und zerstört den Markt Thaya und das Kloster Altenburg.

Oktober 1431 Letzte Kämpfe mit den Hussiten. Herzog Albrecht V. dringt in Böhmen ein, österreichische Adelige (Ulrich und Martin von Eyczing, Leopold von Krayg und Georg von Puchheim) siegen bei Kirchberg a. d. Wild.

1435 Der Bischof von Passau verkauft St. Pölten an Ruprecht IV. von Wallsee.

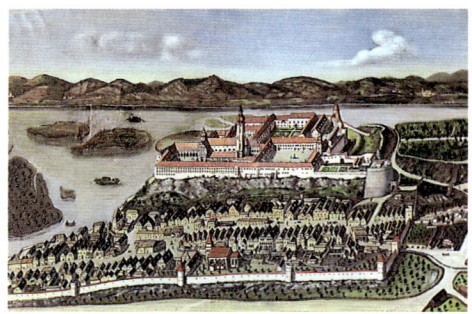

Der vorbarocke Klosterbau des Stiftes Melk mit dem befestigten Markt. Stift Melk.

1439 Die älteste Wiener Donaubrücke aus Holz wird errichtet.

18. 2. In der Nacht zum Aschermittwoch tritt die Donau in der Wachau über die Ufer. Die Fluten überspringen die Mauer in Krems. In der Stadt kommen 70 Menschen ums Leben.

1. 12. Im „Perchtoldsdorfer Revers" einigen sich die Stände Österreichs mit Friedrich V. über die Nachfolge König Albrechts II. Sollte seine schwangere Witwe Elisabeth einen Sohn gebären, ist Herzog Friedrich Vormund, ansonsten wird er der neue Landesfürst.

GEBURTSTAGE

Friedrich V. Herzog. Als König Friedrich IV., als Kaiser Friedrich III. Geboren 21. 9. 1415 in Innsbruck. (Gestorben 19. 8. 1493 in Linz.)

Albrecht VI. Herzog. Geboren 18. 12. 1418 in Wiener Neustadt. (Gestorben 2. 12. 1463 in Wien.)

Margarethe. Tochter von Herzog Ernst und Cimburgia, Kurfürstin von Sachsen. Geboren 1416/17. (Gestorben 12. 2. 1486 in Petersberg, Sachsen.)

Eleonore (Helena). Gemahlin Kaiser Friedrichs III. Geboren 8. 9. 1436 in Portugal. (Gestorben 3. 9. 1467 in Wiener Neustadt.)

TODESTAGE

Beatrix. 2. Gemahlin Albrechts III. Mutter Albrechts IV. Gestorben 10. 6. 1414 in Perchtoldsdorf. (Geboren 1360 in Würzburg.)

Ernst der Eiserne. Herzog. Gestorben 10. 6. 1424 in Bruck a. d. Mur. (Geboren 1377.)

Nikolaus Seyringer. Rektor der Wiener Universität und Abt von Melk, Initiator der Melker Reform. Gestorben 25. 12. 1425 in Wien. (Geboren um 1370 in Matzen.)

Franz von Retz. Dominikaner und Dekan der Wiener Universität. Gestorben 8. 9. 1427 in Wien.

Stefan Marquardi. Mathematiker, Astronom in Stockerau; 1421 Dekan der artistischen Fakultät in Wien. (Gestorben 1427.)

Cimburgis. Mutter Herzog Friedrichs V., des späteren Kaisers Friedrich III., Gattin Ernst des Eisernen. Gestorben 28. 9. 1429 in Türnitz während einer Wallfahrt nach Mariazell; sie ist in Lilienfeld begraben. (Geboren 1394/97 in Warschau.)

Andreas Plank. Kanzler Herzog Albrechts V., Pfarrer von Mödling, Gars und Eggenburg. Gestorben 9. 6. 1435 in Wien. (Geboren um 1356 im Waldviertel.)

Sigmund. Röm.-deutscher Kaiser. Schwiegervater Herzog Albrechts V., der sein Nachfolger wurde. Gestorben 9. 12. 1437 in Znaim. (Geboren 15. 2. 1368.)

Albrecht II. König (Herzog Albrecht V.). Gestorben 22. 10. 1439 in Nesmeli bei Komorn in Ungarn. (Geboren 10. 8. 1397 in Wien.)

Die Melker Reform

Auf dem Konzil von Konstanz (1414–1418) wurden die Orden wegen ihrer mangelnden Zucht und Ordnung und dem Verfall der mönchischen Lebensart massiv kritisiert. Deshalb suchte man nach Reformen, und Herzog Albrecht V. berief 1418 als neuen Abt den Niederösterreicher Nikolaus Seyringer aus Subiaco nach Melk, um von hier aus die übrigen Klöster in Österreich zu reformieren. Die „Melker Reform" bemühte sich um eine strengere Regelmäßigkeit des mönchischen Lebens, vor allem um das gemeinsame Gebet. Auch dem liturgischen Bereich (u. a. betreffend das Verbot mehrstimmigen Gesanges und mehrstimmiger Musik überhaupt als Zeichen der Verweltlichung) und dem Unterricht der Laienbrüder wurde erhöhte Bedeutung beigemessen.
Von Melk aus wurden Visitationen in fast alle benachbarten Klöster Österreichs und Südbayerns entsandt, um die Lebensweise der Konventualen zu überprüfen und die Reform einzuleiten. Solche Visitationen wiederholten sich bis zur Mitte des 15. Jahrhunderts, doch blieb die Melker Reform weiterhin wirksam. Den letzten zusammenfassenden Visitationsbericht sandte Johannes Schlitpacher im Jahre 1452 an Nikolaus Cusanus.

Die Hussiten in Niederösterreich

Seit 1420 versuchte König Sigismund, die böhmischen Länder, die von den Hussiten besetzt waren, zurückzugewinnen. Sein Schwiegersohn Herzog Albrecht V. sollte ihm dabei helfen. Im September 1421 wurden in Preßburg Verträge abgeschlossen, in

Rechts: Szenen aus der Hussitenzeit. Die Verurteilung des Johann Hus in Konstanz; Zižka und die Streiter Gottes.

denen die Eheschließung Albrechts mit Sigismunds Tochter Elisabeth und verschiedene finanzielle Fragen geregelt wurden. Den Österreichern wurden in der Folge verschiedene Grenzorte verpfändet, und 1422 würde ihnen auch die Statthalterschaft von Mähren überlassen. Somit hatte Herzog Albrecht die Hauptlast des Krieges gegen Mähren und die Hussiten zu tragen und erzielte auch bis 1424 einige Erfolge. Nach dem Tode des Hussitenführers und Feldherrn Jan Žižka am 11. Oktober 1424 nahmen andere Gruppen den Krieg auf und wandten sich gegen Niederösterreich. Im November 1425 überschritten sie bei Znaim die Grenze und belagerten und verheerten das Gebiet, das Graf Johann von Hardegg gehörte. Am 25. November wurde Retz zerstört, wobei 6000 Menschen den Tod gefunden haben sollen und eine gleiche Anzahl in Gefangenschaft geführt wurde. Ein weiterer Feldzug begann zur Jahreswende 1427, als die Hussiten die Stadt Zwettl beschossen und schließlich das Kloster ausraubten. Die Kunstschätze waren aber vorher in die Burg Lichtenfels gebracht worden. Im gleichen Jahr konnten die Hussiten besiegt werden, haben aber in der Folge immer wieder die Grenzlande bedroht. Im Mai und Juni 1428 streiften sie sogar bis an die Donau vor Wien, schlugen bei Jedlesee ihre Wagenburg auf und beschossen Nußdorf. Die Stadt Eggenburg konnte Angriffe abwehren. Am 14. Oktober 1431 gelang es, ein größeres Hussitenheer in der Nähe von Waidhofen a. d.

Kaiser Sigismund, Porträt von Pisanello, Pergament auf Holz, um 1430. Wien, Kunsthistorisches Museum.

Streitwagen der Hussiten. Miniatur von Conrad Kyeyser aus Eichstätt Bellifortis, um 1440. Wien, Österr. Nationalbibliothek.

Thaya zu besiegen. Es war dies der bedeutendste Erfolg, den die Österreicher auf heimischem Boden erringen konnten. In der Folge bekämpften sich die hussitischen Gruppen untereinander, so daß Österreich von weiteren Einfällen verschont blieb.

Die Hussiten waren eine religiöse Gemeinschaft, die sich in Böhmen um Johann Hus bildete und bald eine militante und auch deutschfeindliche Haltung einnahm. Die von ihnen angestrebten Reformen bezogen sich u. a. auf die Einnahme des Abendmahles in beiderlei Gestalt sowie auf die Abschaffung jeder Lehre, die sich nicht direkt aus der Bibel beweisen läßt. Die Festung Tabor in Südböhmen wurde einer ihrer Hauptsitze und Vorbild für ähnlich gestaltete Wehranlagen.

Andreas Plank

Während des 13. und 14. Jahrhunderts wurde das Kanzleipersonal des österreichischen Herzogs nicht direkt besoldet, sondern erhielt eine sogenannte Pfründe als Lebensunterhalt. Da die Schreiber, Notare und Kanzler fast ausnahmslos Geistliche waren, wurden sie meist zu Pfarrern einer großen und ertragreichen landesfürstlichen Pfarre ernannt. Man nannte diese „Zwölferpfarren". Der Landesfürst hatte als Patron das Präsentationsrecht des Pfarrers, so daß dieser Vorgang unbestritten blieb. Der Inhaber der Pfründe konnte sein Amt durch einen

Vikar ausüben lassen, für dessen Besoldung er aber aufkommen mußte. Am Beginn des 15. Jahrhunderts wurde Andreas Plank Kanzler Herzog Albrechts IV. und erhielt bedeutenden Einfluß auf das politische und kulturelle Geschehen im Lande. Die Kanzlerpfarren waren Gars und Eggenburg, die mit Privilegien verschiedener Art ausgestattet waren. Planks erste Kanzlerschaft endete aber bereits im Jahre 1404, als Herzog Albrecht IV. im Alter von 28 Jahren starb. Andreas Plank wurde nun mit der Erziehung des siebenjährigen Herzogs Albrecht V. betraut, dessen Vormundschaft die Herzöge Leopold IV. und Ernst übernahmen. Plank zog sich aber den Unwillen der Vormünder zu und ging 1407 ins Exil nach Padua. Erst als Albrecht V. im Jahre 1411 in Eggenburg von den Ständen zum Landesfürsten ausgerufen worden war, kehrte Andreas Plank nach Österreich zurück und wurde erneut zum Kanzler ernannt. Er übte dieses Amt bis zu seinem Tode am 9. Juni 1435 aus. Plank war auch der Stifter des Dorotheerklosters in Wien, das 1787 aufgehoben wurde.

Die mittelalterliche Finanzverwaltung

Unter Finanzverwaltung verstand man bis in die Zeit Maria Theresias nicht die Einhebung der Steuern, sondern die Verwaltung des landesfürstlichen Kammergutes, also jener Besitzungen, die dem jeweiligen Landesfürsten zur Verfügung standen und in erster Linie die Landesbedürfnisse decken sollten. Das waren Grundherrschaften, Städte und jene Rechte, die in den landesfürstlichen Urbaren verzeichnet waren. Solche Urbare gab es seit der Zeit des Babenbergers Leopold VI. Sie wurden immer wieder neu redigiert und auf den letzten Stand gebracht.

Im 13. Jahrhundert verwaltete das Kammergut (d. h. den Besitz des Landesfürsten) in Österreich der Landschreiber, seit dem 14. Jahrhundert der Hubmeister. Seinen Titel erhielt dieser von seinem engsten Aufgabenkreis, der Verwaltung des Gutes Hueben, das seinen Sitz im Hubhaus in Wien (Tuchlauben 4) hatte. Seine bäuerlichen Untertanen lebten vorwiegend im Marchfeld und hatten den Hof mit Getreide zu versorgen. Seit dem letzten Jahrzehnt des 15. Jahrhunderts heißt der Verwalter in Österreich Vizedom. Im 15. Jahrhundert hatte sich der Aufgabenkreis des Hubmeisters schon erweitert, und unter Maximilian wurde das ganze Verwaltungssystem umgebaut.

Zur selben Zeit reiste Johannes Capistranus auf Anweisung des Papstes nach Deutschland... Priester und Volk zogen ihm mit Reliquien entgegen und empfingen ihn wie einen Legaten... wie einen Prediger der Wahrheit, wie einen Boten Gottes... Er weilte einige Tage in (Wiener) Neustadt... Im Oktober (1451) war H. Johann Capistran in Zwettl.

Zwettler Annalen

Links: Portrait des Johann Hunyadi, Ölgemälde. Wien, Kunsthistorisches Museum.
Unten: Glasmedaillon in Goldrahmen mit Emaildekor. Darin Wachsbildchen, italienisch 15. Jahrhundert. Wiener Neustadt, Stadtmuseum.

1440–1457

KALENDER

um 1440 Die St. Pöltner Bürger errichten ein Spital, das im 16. Jahrhundert zu einem Bürgerspital umgestaltet wird.

2. 2. 1440 Herzog Friedrich V. von Steiermark und Kärnten wird in Frankfurt zum König gewählt (er nennt sich als solcher Friedrich IV., als Kaiser ab 1452 Friedrich III.)

23. 8. In Hainburg wird ein Vertrag zwischen Friedrich und Albrecht VI. über die Vormundschaft des Ladislaus Postumus abgeschlossen. Friedrich übernimmt die Vormundschaft. Ladislaus wird zu ihm nach Wiener Neustadt gebracht.

12. 5. 1441 Der Hubmeister (Vermögensverwalter des Landesfürsten) Ulrich von Eyczing und 150 andere Gläubiger des Landesfürsten schicken Friedrich einen Fehdebrief, weil er die Schulden seines Vorgängers nicht bezahlt.

1442–1443 Raubzüge, u. a. der südmährischen Herren von Vöttau und verschiedener Söldnertruppen im Waldviertel.

5. 4. 1444 Friedrich stiftet das Neukloster in seiner Residenz Wiener Neustadt.

um 1445 In Österreich entstehen bedeutende Kunstwerke wie der Aggsbacher Altar (jetzt in Herzogenburg) oder der Wiener Neustädter Altar (heute im Wiener Stephansdom).

Februar 1445 Der Marktturm von Perchtoldsdorf wird gebaut.

1448 Nennung des Innerberger und Vorderberger Eisenbezirkes. Die Versorgung mit Lebensmitteln erfolgt durch die Märkte des Alpenvorlandes. Der polnische Söldnerführer Pankraz plündert mit seinen Streifscharen das nördliche und östliche NÖ.

12. 6.–7. 11. In Krems verhandeln die Stände über Probleme des Landes, u. a. über die Bekämpfung des überhandnehmenden Raubritter- und Räuberunwesens.

1450 Die Losensteiner erwerben die Schallaburg. Graf Ulrich II. von Cilli unternimmt einen Kriegszug gegen Söldnerführer Pankraz und zerstört mehrere seiner Stützpunkte.

1451 Johannes Capistran, ein Wanderprediger aus den Abruzzen, gründet das erste Franziskanerkloster in Klosterneuburg; ihm folgen 1454 ein Kloster in Langenlois und 1455 eines in St. Pölten.

12. 8. St. Pölten erhält durch Friedrich einen zweiten Jahrmarkt zur Fastenzeit verliehen.

14. 10. Vertreter der österreichischen Stände schließen zu Mailberg einen Bund gegen Friedrich Anführer ist Ulrich von Eyczing. Diesem Bund treten eine große Anzahl von Ständemitgliedern bei, die beim Landtag von Wien am 12. Dezember die Auslieferung von Ladislaus verlangen und eine ständische Regierung einsetzen. Friedrich ist zu dieser Zeit bereits zur Kaiserkrönung nach Rom aufgebrochen.

16. 3. 1452 Friedrich heiratet in Rom die Prinzessin Eleonore von Portugal.

19. 3. Friedrich wird in Rom zum Kaiser gekrönt.

20. 6. Friedrich III. kehrt vom Romzug in seine Residenz Wiener Neustadt zurück.

27. 8. Der Kaiser wird in Wiener Neustadt von den österreichischen Ständen belagert. Am 4. September liefert er Ladislaus an die unter Führung von Ulrich von Cilli und Ulrich von Eyczing stehenden Stände aus.

10. 11. Ladislaus wird von den Ständen zum Regenten ausgerufen.

6. 1. 1453 Friedrich III. bestätigt die österreichischen Freiheitsbriefe, darunter das Privilegium maius. Als Folge davon nennen er und sein Bruder Albrecht VI. sowie der Vertreter der Tiroler Linie Sigismund sich künftig Erzherzöge, Ladislaus wird dieser Titel nicht zuerkannt.

7. 7. Herzog Ladislaus verleiht Klosterneuburg einen Jahrmarkt zu Martini. Dieser wird 1498 auf den Leopolditag verlegt.

18. 9. Auf dem Landtag von Korneuburg setzt sich Ulrich von Eyczing als Vertrauensmann des Herzog Ladislaus gegen Graf Ulrich II. von Cilli durch.

1455 König Ladislaus Postumus söhnt sich wieder mit Ulrich von Cilli aus.

1457 Ladislaus fordert die von Friedrich III. noch immer nicht zurückgegebenen nö. Burgen und Schlösser ein.

GEBURTSTAGE

Ladislaus Postumus. Nachgeborener Sohn Herzog Albrechts V. (König Albrechts II.). Geboren 22. 2. 1440 in Komorn. (Gestorben 23. 11. 1457 in Prag.)

TODESTAGE

Otto von Maissau. Der letzte seines Geschlechtes, oberster Marschall. Gestorben 1440.

Elisabeth. Witwe nach König Albrecht II., Mutter des Ladislaus. Gestorben 19. 12. 1442 in Buda. (Geboren 28. 2. 1409 in Prag.)

Ladislaus Postumus. Gestorben 23. 11. 1457 in Prag. Mit ihm erlischt die österreichische (= albertinische) Linie der Habsburger. (Geboren 22. 2. 1440 in Komorn.)

Kaiser Friedrich III. und Österreich nach dem Jahre 1452

Als Friedrich III. Prinz Ladislaus ausliefern mußte, war er sehr verärgert und bestätigte als erste Aktion am 6. Jänner die von Herzog Rudolf IV. hergestellten österreichischen Freiheitsbriefe, die dem Herrscherhaus und dem Lande große Vorrechte zusicherten, verlieh aber nur den Mitgliedern seiner eigenen, der steirischen Linie, nicht aber dem damaligen österreichischen Herzog Ladislaus den Titel eines Erzherzogs. In Österreich war mit Ladislaus ein zwölfeinhalbjähriger Knabe Herzog geworden und den Ständeführern, die ihn auf den Herzogstuhl gesetzt hatten, verpflichtet, aber auch auf sie angewiesen. Das hatte zur Folge, daß um den Einfluß auf ihn heftig gerungen wurde, wobei zwischen dem Anführer einer ständischen Revolte, Ulrich von Eyczing, und dem Verwandten des Herzogs, Graf Ulrich II. von Cilli, eine heftige Rivalität entbrannte. Als sich Ladislaus mit seinem Oheim, dem Kaiser, aussöhnte, war aus der Liste der abzurechnenden Objekte zu ersehen, wie kleinlich man damals auch in höchsten Kreisen vorging. Es wurde nämlich nicht nur um Renten und Einkünfte, um Herrschaften und Burgen gerungen, die Friedrich genutzt hatte, aus der Sakristei der Burgkapelle in Wien waren auch Schätze und Schuldbriefe entnommen worden und aus der Wiener Burg Hausrat, türkische Teppiche und Bücher, darunter solche, die vom Böhmenkönig Wenzel als mütterliches Erbe an Ladislaus gekommen waren. Aus den Burgen Perchtoldsdorf, Purkersdorf, Baden, Laxenburg und Trautmannsdorf war sogar das Bettzeug nach Wiener Neustadt geführt worden. Es zeigt dies entweder den ärmlichen beengten Geist der Zeit oder das geizige Wesen des Kaisers Friedrich. Als

Links: Portrait des Königs Ladislaus Postumus, Ölgemälde, Pergament auf Holz. Wien, Kunsthistorisches Museum.
Rechts: Siegel Kaiser Friedrichs III., Goldbulle aus dem Jahre 1461.

Begegnung Kaiser Friedrichs III. mit seiner Braut Eleonore von Portugal im Beisein von Papst Pius II. Im Hintergrund Siena. Aus dem Freskenzyklus der Piccolominibibliothek zu Siena von Bernardino Pinturiecchio.

Ulrich von Cilli im Jahre 1456 in der Burg Belgrad ermordet wurde, hatte Ladislaus Postumus seinen stärksten Helfer verloren und war nun ein Spielball verschiedener Interessen. Vor allem konnte er sich auch gegen den böhmischen Reichsverweser Georg von Poděbrad nicht durchsetzen. Als Ladislaus am 23. November 1457 in Prag starb, wollten in Österreich die Gerüchte nicht verstummen, er sei ermordet worden, denn der plötzliche Tod des 18jährigen Königs ergab für Friedrich III. eine völlig neue Situation. Er hatte jetzt die Möglichkeit, selbst österreichischer Landesfürst zu werden und das Erbe des Ladislaus anzutreten. Dagegen stellte sich sein jüngerer Bruder Albrecht VI., während der dritte noch lebende Habsburger, Sigismund von Tirol, froh war, finanziell abgefunden zu werden. Die beiden Brüder wollten das Erbe teilen, es kam zu heftigen Auseinandersetzungen, die erst mit Albrechts Tod endeten, wobei auch der Adel wieder mitspielte. Erzherzog Albrecht, der sich zum Zeitpunkt des Todes von Ladislaus in Wien aufhielt, wollte vollendete Tatsachen schaffen. Am 5. März 1458 setzte er den Eyczinger gefangen und bereitete einen politischen Prozeß vor, indem er Anschuldigungen gegen den Emporkömmling sammeln ließ. Auch Friedrich wollte die Stände für sich gewinnen. Diese aber wollten bei der Besetzung der Ämter, beim Rechtschutz gemäß den Privilegien und bei der Bezahlung der Schulden, die noch auf Albrecht II. zurückgingen, mitreden. Albrecht ließ in der Nacht vom 25. auf den 26. Juni 1458 durch Söldner die Stadt Wien besetzen und erreichte dadurch eine Einigung, es wurde ihm das Land ob der Enns überlassen, während Friedrich Österreich unter der Enns bekam. Die Teilung bezog sich nur auf Verwaltung und Nutznießung und war auf drei Jahre befristet. Wien hatte allen Fürsten die Huldigung zu leisten. Damit war aber Friedrich nicht zufrieden, und während es im Marchfeld zu Fehden mit unzufriedenen Adeligen kam und Schloß Orth umkämpft wurde, versuchte auch Ulrich von Eyczing in den ersten Monaten des Jahres 1460 in Göllersdorf, wie seinerzeit in Mailberg, einen neuen Bund aufzurichten, doch waren nur 18 Adelige bereit, diesen zu siegeln. Somit wurde diese politische Aktion ein großer Mißerfolg. Es war auch die letzte Aktion des Eyczingers, der am 20. November 1460 in seinem Schloß Schrattenthal starb. Die Auseinandersetzungen dieser Raubritterzeit, wie sie populär genannt wird, waren damit noch lange nicht zu Ende. In diesen Kämpfen wurde der Kaiser auch mitsamt seiner Familie in der Stadt Wien belagert. Solange Albrecht VI. lebte, waren die Parteifehden zwischen den beiden Brüdern lebendig. Daneben gab es aber auch zahlreiche kleinere Fehden, etwa mit dem Adeligen Gamaret Fronauer, der sich in einem Ort im Marchfeld verschanzte und dem Landesfürsten ebenfalls die Fehde ansagte. Jedenfalls dauerte es einige Jahre, bis Ordnung ins Land kam, und die Bevölkerung litt unter diesen unsicheren Zuständen ungeheuer.

Damals stritten gerade die in Österreich und Mähren sehr einflußreichen Freiherren von Liechtenstein und Eytzinger über die Grenzen ihrer Gebiete. Der Umstand diente dazu, den eigentlichen Zweck der Tagsatzung zu vertuschen; sie sollte nicht als unerlaubte Zusammenkunft angesehen werden, in der eine rechtliche Entscheidung getroffen wurde. So lud man, den Streit zu schlichten, nach Brauch der Landschaft die Adeligen aus der

Nachbarschaft nach einem Ort namens Marberg (Mailberg) an der Grenze zwischen Österreich und Mähren. Hierher kamen alle, die innerlich über den Kaiser erbittert waren, die Böses gegen ihn im Schilde führten, sei es, daß er ihnen Bittgesuche abgeschlagen oder Strafen über sie verhängt hatte.

Enea Silvio Piccolomini

Links: Friedrich III. und seine Gemahlin. Zeitgenössisches Gemälde.

1440–1457

Der Aufstand der Stände

Friedrich III. führte ein Tagebuch, dem er einmal zu Beginn der vierziger Jahre des 15. Jahrhunderts anvertraute, die Österreicher seien schlechter gegen ihre Herrschaft verfahren als die Böhmen und Ungarn. Sie hätten ihn von der Regierung des Landes verdrängt, und einige seiner geschworenen Räte seien seine ärgsten Gegner gewesen. Er meinte damit die Ereignisse im Zusammenhang mit der Vormundschaft für den nachgeborenen Sohn des verstorbenen Königs Albrecht II., Ladislaus Postumus. Diese Auseinandersetzungen fanden bis 1442 und dann in verstärktem Maße in den Jahren 1451 und 1452 statt. Für die Österreicher war Friedrich der Herzog der Steiermark, der versuchte, den Schwerpunkt seiner Macht nach Innerösterreich zu verlegen und der nach ihrer Meinung österreichisches Geld zum Ausbau der steirischen Städte Wiener Neustadt und Graz verwendete.

Nachdem König Albrecht II. am 27. Oktober 1439 unerwartet in Ungarn verstorben war, hinterließ er zwei Töchter und eine schwangere Frau. In einem rasch erstellten Testament hatte er versucht, den Zusammenhalt seiner Länder, Österreich, Böhmen und Ungarn, zu erhalten, doch waren sofort Schwierigkeiten aufgetreten. Die österreichischen Stände verhandelten mit Herzog Friedrich der Steiermark und Kärnten als dem Ältesten des Hauses Habsburg und schlugen ihm vor, Österreich so lange zu

Bündnis der Stände des Landes ob und unter der Enns gegen Kg. Friedrich IV. 1451.

Wappenwand an der Georgskirche der ehemaligen Burg in Wr. Neustadt. 1453.

verwalten, bis das Geschlecht von Albrechts nachgeborenem Kind feststünde. Sollte Königinwitwe Elisabeth einen Sohn zur Welt bringen, sollte Friedrich dessen Vormund sein. Friedrich versprach die Stände an der Regierung des Landes zu beteiligen, das Land und die Leute zu schützen und das Landesvermögen zu erhalten. Das Mißtrauen war aber sehr groß, da eine Reihe von Albrechts Söldnerführern nach kein Geld erhalten hatte und auch der Hubmeister (wie der Finanzminister damals hieß) Ulrich von Eyczing dem verstorbenen König ziemlich große Summen vorgestreckt hatte. In diesen Jahrzehnten waren die Stände als Vertreter des Landvolkes recht selbstsicher aufgetreten. Sie bestanden aus vier Gruppen, den Prälaten, dem Hochadel, der Ritterschaft und den Vertretern der landesfürstlichen Städte. Sie wurden vom Landesfürsten zu Landtagen einberufen und hatten die Pflicht, ihm zu raten und zu helfen. Die militärische Macht hatten die beiden politischen Stände der Herren und Ritter auszuüben, während die Prälaten und die Städte vor allem für finanzielle Belange zuständig waren. Während die Auseinandersetzungen in den 40er Jahren in erster Linie politische

Konflikte waren, eskalierte die Situation am Beginn der 50er Jahre, als sich sowohl in Ungarn als auch in Böhmen nationale Gouverneure durchsetzten. Jetzt wurden auch die österreichischen Stände immer mißtrauischer und auch selbstbewußter. Unter der Führung Ulrichs von Eyczing versammelten sich im Oktober 1451 in der Johanniter-Kommende Mailberg 16 Adelige aus dem Weinviertel, schlossen ein Bündnis und verlangten mit Berufung auf das unerfüllt gebliebene Testament König Albrechts II. die Auslieferung des Königskindes Ladislaus. Friedrich war aber zu dieser Zeit bereits mit seiner Reise nach Italien beschäftigt, wo er die Kaiserkrone erlangen wollte und wo er auch seine portugiesische Braut zu heiraten beabsichtigte. Während er außer Landes zog und Ladislaus mitnahm, versammelten sich im Dezember die Stände des Landes in Wien und schlossen einen Bund, indem jeder Teilnehmer sein Siegel an einer Urkunde befestigte. Diese trägt insgesamt 254 Siegel. Die Landesversammlung sprach Friedrich die Vormundschaft über Ladislaus formell ab, richtete eine eigene Landesverwaltung ein und schloß Bündnisse mit den Nachbarländern. Als Friedrich aus Italien zurückkehrte, kam es zum offenen Konflikt. Der Kaiser wurde in Wiener Neustadt vom ständischen Heer belagert und mußte schließlich am 1. September 1452 formell auf die Verwaltung des Landes Österreich verzichten und Ladislaus den Ständen ausliefern. Damit war eine wesentliche Phase der österreichischen Geschichte des 15. Jahrhunderts vorbei, die Stände hatten mit Erfolg den Aufstand geprobt und waren zunächst siegreich geblieben.

Kaiserkrönung Friedrichs III. Zeitgen. Gemälde. Nürnberg, Germanisches Nationalmuseum.

Übrigens lernte er die Steinschleuder brauchen, Pfeile ins Ziel zu richten, desgleichen gläserne und steinerne Kugeln durch ausgehöhlte Rohre, die als Geschütze dienten, so trefflich und sicher abzuschießen, daß er den Alten, ja sogar geübten Meistern gleichzukommen schien... Seiner Mutter Leonore, die ihren kleinen Sohn ausschließlich zu religiösen Dingen anhalten zu müssen glaubte, war das ein sehr lästiger Anblick. Kaiser Friedrich hingegen sah alles umso lieber, je früher, bestimmter und ausgeprägter Maxi-

milian das an sich auszubilden bestrebt war, was ihm die Sterndeuter aus den Tierkreiszeichen bereits längst geweissagt hatten.

Enea Silvio Piccolomini über den jungen Maximilian

Da war ein Schießen gegen das Schloß, daß es in den Lüften toste. Ehe einer ein Ei geschält, hatte der wohl hundert Schüsse ge-

zählt. Sie unternahmen ihre Schandtat und Grausamkeit meistens Samstag Nacht, und der ganze heilige Tag war ihnen einerlei. Wenn sie voll des Weines waren, erhoben sie ein groß Geschrei, das währte dann die ganze Nacht hindurch. In keiner Nacht war Friede. Kaiser, Kaiserin und Kindlein (Maximilian) kamen kaum in die Kirche.

Michael Behaim, Buch von den Wienern, über die Belagerung der kaiserlichen Familie in der Hofburg

KALENDER

24. 1. 1458 Matthias Corvinus wird zum König von Ungarn gewählt. Ein Teil der Ungarn wählt am 17. Februar 1459 Friedrich III. zum König.

Im Frühjahr herrscht eine große Dürre.

29. 3. Albrecht VI. erobert im Kampf gegen die Raubritter und Söldner das Lager des Ludvenko bei Hof an der March. Über 500 Gefangene werden im April in Wien hingerichtet.

6. 8. Einfall König Georg Poděbrads von Böhmen in Österreich. Österreich nördlich der Donau wird verwüstet. Eine Zusammenkunft Georg Poděbrads mit Friedrich III. vor Wien führt zu einem Vertrag, das böhmische Heer zieht ab.

1459 Friedrich III. verleiht dem Wachau-Tal einen Wochenmarkt.

Mißernte in Österreich, laufende Münzverschlechterung, Not und Unsicherheit im Lande. Der Ritter Gamaret Fronauer errichtet im Marchfeld einen Räuberstaat.

26. 9. Zwischen Krems und Korneuburg dürfen keine weiteren Ladstätten an der Donau errichtet werden.

um 1460 Große Geldentwertung. Ein Dukaten wird mit 3.686 Pfennigen bezahlt, 1455 noch mit 240 Pfennigen. Die Wiener Hausgenossen unter Niklas Teschler prägen neue Münzen.

1. 1. 1460 Bei einem Treffen zu Göllersdorf versuchen die österreichischen Stände neuerlich einen Bund zu schließen. Dies gelingt aber nicht.

7. 3. Dem oberen Markt Herzogenburg wird ein Jahrmarkt verliehen.

30. 6. 1461 Herzog Albrecht VI. überschreitet die Enns und dringt gegen Wien vor. Die Auseinandersetzung mit Friedrich III. lebt wieder auf. Albrecht kann Wien aber nicht nehmen.

6. 9. In Laxenburg wird zwischen Friedrich III. und Albrecht VI. ein Waffenstillstand geschlossen. Das Franziskanerkloster Katzelsdorf wird gegründet.

Oktober–Dezember Friedrich III. wird mit seiner Familie von den Wiener Bürgern in der Wiener Burg belagert, weil die Stadt mittlerweile auf die Seite Albrechts übergewechselt ist.

2. 12. Im Vertrag von Korneuburg zwischen Friedrich und Albrecht VI. wird das Land Österreich Albrecht für acht Jahre überlassen.

11. 1. 1463 Bruck a. d. Leitha erhält das Niederlagsrecht, d. h. alle Waren müssen von durchreisenden Kaufleuten den Bürgern angeboten werden.

1. 4. Verleihung des goldenen Doppeladlers mit der kaiserlichen Krone als Wappen an die Stadt Krems.

17. 6. Friedrich III. erlaubt Krems und Stein, eine Brücke über die Donau zu bauen.

24. 7. Vertrag von Wiener Neustadt und Ödenburg mit dem Ungarnkönig Matthias Corvinus. Vertrag wird von Friedrich III. anerkannt, er sichert sich aber die Erbfolge in Ungarn.

August–September Weitere arge Verwüstungen durch marodierende Söldnerhorden im Raum von Wien.

26. 9. Horn erhält einen Jahrmarkt zu Georgi.

2. 12. Tod Herzog Albrechts VI. in Wien beendet den Bruderkrieg mit Friedrich.

23. 12. Landtag in Hadersdorf. Friedrich III. wird von den Ständen als Landesherr anerkannt.

29. 12. Friedrich III. erlaubt Krems den direkten Handel mit Venedig.

1464 Das Marktrecht für Dürnkrut wird bewilligt.

4. 7. Friedrich von Tirol verzichtet im Vertrag von Wiener Neustadt auf sein Erbe zugunsten Friedrichs III.

5. 4. 1965 Stockerau wird zum Markt erhoben.

23. 11.–Weihnachten 1465 Landtag in Korneuburg. Die österreichischen Stände einigen sich mit Friedrich III. über die Bezahlung der Söldner.

1466 Das 1451 gegründete Franziskanerkloster Eggenburg wird eingeweiht.

12. 4. Friedrich III. erläßt ein Aufgebot gegen Straßenräuber und plündernde Söldner. Daraufhin werden mehrere Scharen vernichtet.

8. 1. 1468 Prinz Viktorin, Sohn Georg Podjěbrads, fällt in Österreich ein und dringt bis an die Donau vor. Durch einen Einfall der Ungarn in Mähren wird er im Mai zum Rückzug gezwungen.

September 1468 Friedrich III. verschreibt Matthias Corvinus die Einkünfte Österreichs für ein Jahr, damit er das Land gegen die Böhmen schützt.

Eleonore von Portugal, Gattin Friedrichs III. Niederländische Malerei des 16. Jhdts. in den Staatlichen Kunstsammlungen in Dresden.

Friedrich von Hohenberg, Grabplatte in Lilienfeld.

GEBURTSTAGE

Maximilian I. Kaiser. Geboren 22. 3. 1459 in der Burg Wiener Neustadt. (Gestorben 12. 1. 1519 in Wels.)

TODESTAGE

Friedrich von Hohenberg. Adeliger. Gestorben 29. 4. 1459. (Seine Grabplatte befindet sich im Stift Lilienfeld.)

Ulrich von Eyczing. Adeliger. Gestorben 20. 11. 1460 in Göllersdorf. (Geboren um 1394.)

Hans von Tübingen. Maler. Gestorben 1462 in Wiener Neustadt.

Albrecht VI. Herzog. Gestorben 2. 12. 1463 in Wien. (Geboren 18. 12. 1418.)

Thomas Ebendorfer. Geistlicher, Historiker. Gestorben 12. 1. 1464 in Perchtoldsdorf. (Geboren 10. 8. 1387 in Haselbach.)

Pius II. Papst, zuvor als Enea Silvio Piccolomini Sekretär Friedrichs III. Gestorben 15. 8. 1464 in Ancona. (Geboren 18. 10. 1405 in Corsignano.)

Eleonore. Gemahlin Kaiser Friedrichs III. Gestorben 3. 9. 1467 in Wiener Neustadt. (Geboren 8. 9. 1436 in Portugal.)

Links: Die Stadtmauer von Schrattenthal.
Rechts: Zug armer Leute. Detail eines Ta-
felbildes aus dem 15. Jahrhundert im
Schloß Heidenreichstein.

1458–1468

Der Grabstein der Kaiserin Eleonore

Das in der Nähe des Ungartores von Wiener Neustadt gelegene Dominikanerkloster wurde im Jahre 1444 von Kaiser Friedrich III. den Zisterziensern übergeben und in der Folge großzügig ausgebaut. Im Chorhaupt der Klosterkirche befindet sich an der Chorwand neben der Sakristeitür der Grabstein der Gemahlin Friedrichs III., Eleonore von Portugal. Diese war wahrscheinlich am 8. September 1436 als viertes Kind des Königs Eduard aus dem Hause Avis und der Königin Leonor, einer Tochter Ferdinands IV. von Aragón, geboren worden. Im Jahre 1450 warb der deutsche König Friedrich IV. um sie, und im Dezember desselben Jahres wurde in Neapel ein Heiratsvertrag unterzeichnet. Die Hochzeit sollte in Rom stattfinden. Mitte November 1451 verließ Eleonore auf einem Schiff, von einer Flotte begleitet, ihre Heimat und landete nach 82 Tagen Seefahrt in Livorno. Am 16. März 1452 fand die Trauung und drei Tage später die Kaiserkrönung Friedrichs durch Papst Nikolaus V. in Rom statt. In der Folge lebte Eleonore vor allem in Wiener Neustadt und brachte hier ihre beiden Söhne Christoph und Maximilian zur Welt. Christoph starb einjährig 1456 und wurde auch im Neukloster beigesetzt. Der zweitgeborene Sohn war der spätere Kaiser Maximilian, der letzte Ritter. Ein drittes Kind namens Helena kam 1460 in Wien zur Welt, starb aber ebenfalls schon nach zwei Jahren, wie auch noch zwei weitere, die in den Jahren 1465 und 1466 in Wiener Neustadt geboren wurden. Nur eine Tochter Kunigunde überlebte neben Maximilian ihre Eltern. Die Kaiserin starb am 3. September 1467 im Alter von 31 Jahren und wurde ihrem Wunsch entsprechend in der Nähe ihrer Kinder in der Neuklosterkirche beigesetzt. Ihr Grabstein besteht aus farbigem Kalksteinkonglomerat, zeigt ihre Porträtstatue und vier Wappen. Die Gestalt der Kaiserin erscheint unter einem zeltartigen Baldachin, sie ist stehend und lebend dargestellt. Der Körper schwingt nach links aus, sie ist mit allen Zeichen ihrer Würde angetan. In der rechten Hand hält sie ein Zepter und den linken Zipfel des Ornates, die linke Hand hält den Reichsapfel. Es ist allerdings nicht sicher, ob der Meister das Bildnis nach dem Leben oder nach einem Porträt gearbeitet hat. Sicher fand auch eine Idealisierung des Antlitzes statt, um den Eindruck der herrscherlichen Würde zu erhöhen. Man nahm lange an, daß Niclas Gerhaert van Leyden, der Schöpfer der Grabplatte Kaiser Friedrichs III., auch das Grabdenkmal Eleonores

Oben: Die Belagerung Kaiser Friedrichs III. in der Burg von Wien 1459. Federzeichnung bei Joseph Grünpeck, Historia Friderici III. et Maximiliani I., vermutlich von Niklas Breu.
Unten: Epitaph der Kaiserin Eleonore in der Neuklosterkirche Wiener Neustadt von Niklas Gerhaert van Leyden, 1469.

hergestellt hat, denn die beiden Platten ähneln einander in vielem. Wahrscheinlicher ist aber, daß Gerhaert den Grabstein nur entworfen, aber nicht gemeißelt, sondern diese Arbeit einem Gehilfen anvertraut hat. Im Jahre 1467, kurze Zeit nach dem Tod der Kaiserin, dürfte der Entwurf entstanden sein und sehr bald danach auch das mächtige Grabmal.

Die Belagerung Kaiser Friedrichs III.

In der Auseinandersetzung zwischen Friedrich III. und seinem Bruder Albrecht VI. um Österreich, die nach dem Tode des Ladislaus begann, spielte das Jahr 1462 eine besondere Rolle. In diesem Jahr versuchten beide, die Stadt Wien auf ihre Seite zu ziehen, wobei es immer wieder zu Mißverständnissen, aber auch zu Hinterhältigkeiten kam. Im Herbst 1462 eskalierten die Auseinandersetzungen so, daß der Wiener Bürgermeister Holzer, der wiedergewählt, aber vom Kaiser nicht bestätigt wurde, in der Nacht vom 16. zum 17. Oktober Feindseligkeiten gegen den Hofburg beginnen, die bald in eine regelrechte Belagerung übergingen. Der Kaiser besaß etwa 150 Söldner, dazu 82 ihm ergebene Adelige aus allen österreichischen Ländern, so daß die Zahl der Wehrfähigen, die ihn verteidigten, etwa 250 Mann betrug. Den Wiener Bürgern standen noch etwa 2000 Söldner zur Seite. Man errichtete drei große Schanzen, stellte 66 Geschütze auf, deren Geschoße gegen die Gemächer der Kaiserin und die Burgkapelle gerichtet wurden. Daneben wurde die Burg Tag und Nacht mit einem Hagel von Pfeilen und Steinen beschossen. Erzherzog Albrecht VI., dem das Vorgehen der Wiener gegen seinen kaiserlichen Bruder nicht angenehm war, lehnte die Übernahme der Regierung ab. Auch der Kaiser wies das Ansinnen, zugunsten seines dreijährigen Sohnes zurückzutreten und die Regierung einer Regentschaft der Stände zu übergeben, ab. Daraufhin wurde im November die Belagerung mit erneuter Wucht aufgenommen, aber auch jetzt widerstand die Wiener Burg einer Eroberung, obwohl die Vorräte an Lebensmitteln Mitte des Monats zu Ende gingen. Schließlich entschied sich König Georg Poděbrad von Böhmen, zugunsten des Kaisers einzugreifen. Der Ritter Andreas Baumkircher unternahm Ende Oktober in nur drei Tagen einen Ritt nach Prag, um den König zum Eingreifen zu bewegen. Als Georg Poděbrad Mitte des Monats mit einem Entsatzheer vor Wien eintraf, verhandelte

man, und am 2. Dezember kam ein Vertrag zustande, welcher der Kaiserin mit dem Prinzen Maximilian und dem Hofgesinde den Aufbruch nach Wiener Neustadt ermöglichte. Der Kaiser konnte zwei Tage später die Stadt Wien verlassen und traf sich in Korneuburg mit Georg von Poděbrad. Dann konnte er zu seiner Familie nach Wiener Neustadt reisen, wo er am 16. Dezember eintraf.

Der Vertrag von Wiener Neustadt/ Ödenburg

Nach dem Tod des Ladislaus Postumus wurde im Jahre 1458 von der Mehrzahl der ungarischen Adeligen der 15jährige Matthias Corvinus zum König von Ungarn gewählt. Eine Gruppe Hochadeliger wählte aber am 17. Februar 1459 in Güssing den Habsburger Friedrich III., weil er noch die ungarische Königskrone in Besitz hatte. Auseinandersetzungen zwischen den beiden Königen wurden sowohl mit Waffen als auch auf dem Verhandlungsweg ausgetragen, und schließlich einigte man sich im April 1462 auf Vorschläge des päpstlichen Legaten. Friedrich sollte für den Schaden, den er seit 1440 durch die Ungarn erlitten hatte, 80.000 Dukaten bekommen, dafür wollte er die Krone und die Stadt Ödenburg herausgeben. Weitere Burgen und Herrschaften im heutigen Burgenland sollten ihm verbleiben. Er sollte weiters den Titel eines Königs von Ungarn lebenslang tragen dürfen, nahm Matthias formell als seinen Sohn an und sollte, falls dieser ohne männlichen Erben starb, ihm nachfolgen. Die Zahlung und der Austausch der Urkunde sollte im August 1462 in Wiener Neustadt erfolgen. Dazu kam es aber nicht, weil unterdessen in Österreich wieder Kämpfe ausgebrochen waren. Erst im März 1463 reiste eine ungarische Gesandtschaft nach Wiener Neustadt, um die Krone in Empfang zu nehmen, doch waren neuerliche Verhandlungen notwendig. Erst am 19. Juli einigte man sich. Am selben Tag wurden die Urkunden in Ödenburg von den ungarischen Ständen und in Wiener Neustadt von Friedrich ratifiziert. Das Ergebnis war ein Erfolg für beide. Friedrich, dessen faktischer Besitz der westungarischen Herrschaften legitimiert wurde, konnte ebenso den Königstitel führen wie Matthias. Die folgenreichste Bestimmung war aber das Thronfolgerecht der Habsburger in Ungarn. Der Kaiser konnte erreichen, daß diese Erbfolge bereits eintreten

sollte, wenn Matthias keinen legitimen, männlichen Erben hinterließ. Die Adoption des Matthias wurde dadurch abgeschwächt, daß Maximilian, der damals vierjährige Sohn des Kaisers, ausdrücklich als dessen Erbe und als Kandidat für die ungarische Krone genannt wurde. Am 24. Juli 1463 erschien eine 3000 Mann starke Truppe von ungarischen Abgesandten vor Wiener Neustadt, um die Krone feierlich abzuholen. Friedrich war über diese gewaltige Schar so erschrocken, daß er nur 200 Mann in die Stadt einreiten ließ; die Übergabe der Krone vollzog sich in frostiger Stimmung.

Der Ungarnkönig Matthias Corvinus kniend vor dem Schmerzensmann, in Missale Roma in der Vatikanischen Bibliothek.

Thomas Ebendorfer

Der am 10. August 1388 in Haselbach bei Korneuburg geborene Thomas Ebendorfer stammte aus einer Bauernfamilie, studierte seit 1408 an der Wiener Universität, erwarb die artistischen und theologischen Grade und war 1427 Domherr in St. Stefan. Im Jahre 1433 wurde er Delegierter der Wiener Universität beim Konzil in Basel und wurde vor allem mit Fragen im Zusammenhang mit den Hussiten beauftragt. Nach seiner Rückkehr erhielt er 1435 die Pfarre Falkenstein in Niederösterreich, dann die von Perchtoldsdorf. Später wurde er von Kaiser Friedrich III. öfters für diplomatische Missionen verwendet, auch wurde er zum zeitgeschichtlichen Historiker des 15. Jahrhunderts. Am 12. Jänner 1464 ist er in Wien gestorben und wurde in Perchtoldsdorf bestattet. Sein Grabstein ist erhalten geblie-

ben. Sein wichtigstes Werk ist die „Österreichische Chronik", die sich im älteren Teil noch an die Überlieferung der „Chronik der 95 Herrschaften" hielt. Ab dem 16. Jahrhundert bringt er aber eigenes Erleben und Wissen in die Darstellung ein, so daß sein Werk für die Mitte des 15. Jahrhunderts eine Hauptquelle darstellt. Ebendorfer war kein Humanist, sondern fußte noch in der bodenständigen wissenschaftlichen Tradition der Zeit.

Privilegien für Krems und Stein

Die Enttäuschung, die Friedrich III. durch die abtrünnigen Bürger von Wien erfahren hatte, bewog ihn im Jahre 1463, den Städten Krems und Stein eine Reihe von Privilegien zu verleihen. Vom 1. April 1463 stammt jene Urkunde, in der er den Städten das Wappen des doppelten goldenen Adlers mit einer kaiserlichen Krone verlieh. Ferner konnten die Bürger den Titel „. . . ersame, weise, unsre liebe und getreue" führen, so wie es die Bürger von Wien vor ihrem unehrbaren Handel mit Albrecht VI. tun durften. Krems und Stein erhielten das Recht, mit rotem Wachs zu siegeln, das der Stadt Wien genommen wurde, und endlich das Recht, jedes Jahr zu Weihnachten einen Bürgermeister zu wählen, wie dies zu Wien geschah. Wer dagegen auftrat, hatte eine Strafe von 20 Mark in Gold zu bezahlen. Vom 15. Juni ist eine Urkunde datiert, in der gestattet wird, zwischen den beiden Städten Krems und Stein Häuser und Wohnungen zu bauen, und am 17. Juni 1463 wurde den Städten erlaubt, eine Brücke über die Donau zu schlagen. Sie sollten Maut, Bruckrecht und alle Freiheiten wie die Wiener für die Donaubrücke haben. Zuletzt wurde am 29. Dezember 1463 den Kremser Bürgern gestattet, Kaufmannsgüter über Mariazell nach Venedig und von dort zurück zu schaffen und sich dabei des Stapelrechtes zu bedienen. Motiviert ist diese Gnadenbezeugung durch die treuen Dienste und den Beistand gegen die Widersacher, insbesondere „zu unserem Auskommen aus dem Bösen in unser Burg zu Wien, darin wir mitsamt unseren Lieben Gemahl, Eleonore römischen Kaiserin, Maximilianen unseren unerzogenen Sohn durch . . . unsere Landsleute in Österreich und die von Wien gröblich unwillig und ungetreulich fürgenommen worden." Diese Privilegien konnten Krems und Stein allerdings nicht nützen, es wurde wohl die Donaubrücke gebaut, das Stadtwappen, das damals verliehen wurde und welches das des Ladislaus von 1453 ersetzte, ist heute noch in Gebrauch.

Links: Auffindung eines verlaufenen Kindes. Flügelaltar in der ehemaligen Andreaskapelle in St. Pölten. Um 1480.
Rechts: Die Burg von Wien. Ausschnitt aus einem Tafelbild in der Nachfolge des Schottenmeisters. Um 1480. Stift St. Florian.
Rechts unten: Pröpste und Mönche des Augustiner-Chorherrenstiftes St. Pölten. Aus dem Großen Antiphonar. Um 1480. St. Pölten, Diözesanmuseum.

Zentren des Spätmittelalters

Während des Mittelalters entwickelten sich im Land administrative und wirtschaftliche Zentren, aber auch solche, in denen sich geistiges Leben entfalten konnte. Es waren dies die Städte und Märkte als größere Siedlungen, die Klöster als geistlicher und wirtschaftlicher Mittelpunkt und die Burgen als Zentren der Verteidigung und von Grundherrschaften.

Städte

Am Ende des Mittelalters gab es in Österreich 35 Städte, von denen 14 im Besitz des Landesfürsten und damit im Rahmen des vierten Standes im Landtag vertreten waren. Dort hatten auch vier Märkte Zutritt. Städte gab es in Niederösterreich seit dem 12. Jahrhundert. Sie waren einem Stadtherrn untertan, der Einfluß auf die Bestellung der amtlichen Organe nahm, doch konnten sie seit dem späten 13. Jahrhundert autonome Rechte erreichen. Neben dem vom Stadtherrn eingesetzten Richter entwickelte sich das Amt des Bürgermeisters. Im städtischen Bereich hatten jene Familien Mitspracherecht, die das Bürgerrecht besaßen. Die sogenannten Inwohner, Tagwerker, Handwerksgesellen waren weitgehend rechtlos und konnten kein Haus besitzen. Städte hatten aber auch Verteidigungsfunktionen und waren daher befestigt. Bis ins 14. Jahrhundert war das Befestigungsrecht Orten mit Stadtrang vorbehalten, dann wurde dieses Recht auch einigen Märkten verliehen.

Die Kärntner Straße in Wien. Tafelbild des Schottenaltares. Um 1469.

Die Stadt Passau auf einem Votivbild im Stift Herzogenburg, des Georg Eisner. Um 1497.

In wirtschaftlicher Hinsicht erhielten Städte und Märkte Privilegien, d. h. Rechte, die sie gegenüber dem umliegenden Land bevorzugten. Diese Vorrechte bezogen sich auf die Abhaltung von Märkten, auf die Festlegung von bestimmten Straßen oder auf die Verpflichtung für durchreisende Händler, ihre Waren den Bewohnern anzubieten.

Klöster

Während des Spätmittelalters wurden fast alle Klöster ausgebaut, die während der Babenbergerzeit gegründet worden waren. In einigen – wie in Klosterneuburg, Zwettl oder Lilienfeld – ist ein wesentlicher Teil des damaligen Baubestandes noch immer in den Baukomplex von heute integriert. In manchen – wie in Melk oder Altenburg – sind diese Altbauten in der Barockzeit durch neue ersetzt worden und können nur mehr durch Grabungen erschlossen werden. Die Klöster verfügten über eine umfangreiche Grundherrschaft mit vielen bäuerlichen Untertanen und waren daher imstande, diese Bautätigkeit zu finanzieren. Auch die im 14. Jahrhundert gegründeten Kartausen waren in einer ähnlichen Lage. Anders gestaltete sich die Situation bei den Klöstern der Bettelorden, die seit dem 13. Jahrhundert in Niederösterreich recht zahlreich errichtet wurden. So entstanden Dominikanerklöster in Wiener Neustadt 1227, 1236 in Krems und 1278 das bedeutendste Kloster in Retz. Aber auch Dominikanerinnen und Minoriten waren recht zahlreich anzutreffen und

haben oft beachtliche Kirchenbauten errichten können, die sie hauptsächlich durch Spenden und Sammeltätigkeit finanzierten. Die soziale Bedeutung der spätmittelalterlichen Klöster soll nicht unterschätzt werden. Im 14. Jahrhundert waren Äbte und Pröpste nicht selten Adelige, die innerhalb der klösterlichen Gemeinschaft eine führende Position errungen und oft auch beträchtliches

Erbgut mit ins Kloster gebracht hatten. Im 15. Jahrhundert überwiegen wieder bürgerliche und bäuerliche Mitglieder der Klostergemeinschaft, aus denen sich auch die Klostervorsteher rekrutierten.

Die politische Bedeutung der Klöster mit reichem Grundbesitz wurde auch durch ihre Mitgliedschaft in den Ständen demonstriert. Sie bildeten dort den Prälatenstand und hatten beträchtlichen Einfluß. Darüber hinaus waren manche Klostervorstände auch im wissenschaftlichen Bereich tätig und wurden zu Rektoren oder Dekanen der Wiener Universität bestellt. In der Wissenschafts- und Kunstpflege spielten die Klöster eine große Rolle, in ihnen haben sich auch viele Kunstdenkmäler erhalten, die einstmals zur Ausstattung der Kirchen angeschafft wurden. Ein erheblicher Teil der Kunstschätze der österreichischen Spätgotik befindet sich im Klosterbesitz.

Burgen

Burgen waren im Mittelalter die wehrhaften Häuser der adeligen Grundherren. Nach dem österreichischen Landrecht aus dem späten 13. Jahrhundert mußte zur Erbauung einer Burg „mit Umgang und Wehr" (Ringmauer und Verteidigungswerk) die Bewilligung des Landesfürsten eingeholt werden. Es kam nicht selten vor, daß der Landesfürst Burgen, die ihm bedrohlich erschienen, brechen ließ. Die Burgen waren Wohnungen und Festungen zugleich. Daher sind ihre Bauten auch auf diese Bedürfnisse abgestimmt.

Im 14. und 15. Jahrhundert wurden die großen Burgen in mehrere Abschnitte geteilt. Zwinger und Burghöfe lagen hintereinander und waren jeweils mit eigenen Torbauten bewehrt. Wenn ein Abschnitt erobert war, konnten die Verteidiger sich immer weiter und zuletzt auch in den Bergfried zurückziehen. Im Spätmittelalter trat die strategische Bedeutung der Burgen zurück. Ihre Rolle als Mittelpunkt von Grundherrschaften und als Wohnsitz der Besitzerfamilie nahm hingegen zu. Manche Burgen wurden auch unter den Söhnen eines Besitzers geteilt und beherbergten dann mehrere Familien.

Einige Burgen waren freies Eigentum des Burgherrn und konnten von diesem vererbt oder veräußert werden. Vielfach war die Burg aber Eigentum des Landesfürsten oder eines weltlichen oder geistlichen Grundherrn, der selbst nicht auf der Burg wohnte. Dann war sie als Lehen vergeben. Diese Verleihung konnte als Leibgeding bis zum Tode des Belehnten oder als Mannslehen mit dem Recht der Vererbung an den männlichen Nachkommen erfolgen. Gelegentlich war auch die weibliche Erbfolge zugelassen. Manche Burgen waren nicht verlehnt, son-

Burg Heidenreichstein. 15./16. Jh.

dern wurden von einem Pfleger und Burggrafen als einem Beamten des Burgherrn verwaltet. Die Inhaber der Burg waren in der Regel Mitglieder des Herrenstandes und hatten auch Verpflichtungen innerhalb der Landstände. Sie waren als Ministeriale dem Landesfürsten zur Leistung von Kriegsdiensten verpflichtet. Vielfach hatten sie auch die hohe Gerichtsbarkeit auszuüben. Die niedere Gerichtsbarkeit war Angelegenheit aller Grundherren. Burgen des Spätmittelalters und der frühen Neuzeit prägen, ob instandgehalten oder als Ruinen, noch immer das Landschaftsbild Niederösterreichs.

Großenzersdorf wurde auf Veranlassung Bertholds von Wehingen, 1381–1410 Bischof von Freising und Kanzler dreier Herzöge, 1396 auch Rektor der Universität Wien, zur Stadt erhoben. Im Anschluß daran entstand die weitgehend erhaltene, sieben Meter hohe Stadtmauer.

Heidenreichstein war seit 1348 Lehen in der Hand der Puchheimer, eines der bedeutendsten Ministerialengeschlechter des 14. Jahr-

hunderts. Einer der wichtigsten Vertreter dieser Familie, Pilgrim III., war Berater mehrerer Herzöge.

Die Burg ist die größte und schönste erhaltene mittelalterliche Wasserburg in Niederösterreich. Sie steht auf einem Granitkogel südlich des Ortes und ist im Süden und Osten durch einen Hausteich, im Norden und Westen durch Gräben geschützt. Im Kern romanisch, wurde sie im Spätmittelalter ausgebaut.

Die Burg Kaja wurde 1378 von den Habsburgern an Graf Burkhard II. von Hardegg verpfändet, der dort seinen Sitz hatte und 1388 auf Kaja starb. Die Burg war gegen Ende des 14. Jahrhunderts Ziel mährischer „Raubritter", so des Heinrich von Leipa. In der mährischen Sage lebt er als „Hinz, der Teufel von der Kajaburg" weiter. Auch während der Hussitenzeit war die Burg umkämpft und wurde beschädigt. Ab 1425 setzten sich die Eyczinger dort fest und bauten sie wieder auf. Seit dem Ende des 17. Jahrhunderts verfiel sie.

Alltag im Spätmittelalter

Das Leben des einfachen Menschen im
Spätmittelalter war vorwiegend darauf ausgerichtet, sich die Natur und die von ihr
gebotenen Hilfsmittel nutzbar zu machen,
aber auch, sich gegen ihre Unbilden zu
schützen. Extremen Witterungsbedingun-
gen und Katastrophen verschiedener Art
sollte möglichst wirksam begegnet werden.
Dies konnten sowohl große Kälte als auch
Dürre, Wassermangel und Überschwemmung sein. Extreme Trockenheit, etwa im
Jahre 1393, oder Überschwemmungen wie
jene von 1490 wurden ebenso in Chroniken
und Annalen vermerkt wie Mißernten und
große Schneeverwehungen. Die Naturbeo-
bachtung spielte daher eine große Rolle, ab-
sonderliche Erscheinungen, wie ein Komet,
der im Jahre 1263 18 Tage lang sichtbar war,
wurden als Anzeichen kommenden Un-
glücks gedeutet. Die Natur bedeutete für
die Menschen des Mittelalters nicht allein
Lebensgrundlage, sondern auch Quelle der
Gefahr und der Angst, sie hatten aber kaum
ein Auge für die Schönheit der Umwelt.
Auch wenn keine besonderen Ereignisse
stattfanden, waren der Kampf um die tägliche Nahrung, um die Beschaffung und Instandhaltung einer Behausung, um die Möglichkeit, im Winter heizen zu können, die
Hauptprobleme des Daseins vieler Menschen. Um diese Abläufe und Sorgen bewegte sich das tägliche Leben, wobei die
Angst vor Krankheit und vor Krieg und
Verarmung ebenfalls das Leben des einzelnen Menschen bestimmten.
Wie zu allen Zeiten gab es auch im Mittelalter große soziale Unterschiede. Bei einer
kleinen Gruppe von Personen spielten die
Probleme der Ernährung, der Wohnung
oder der Bekleidung kaum eine Rolle, solange kein großes Unglück auftrat, weil sie
relativ begütert waren oder in gesicherter
Gemeinschaft, etwa in einem Kloster, lebten. Die Zahl der Armen und jener, die am
Rande der physischen Existenz lebten, Tag
für Tag um die Befriedigung der Grundbe-
dürfnisse kämpfen mußten, war hingegen
sehr groß. So ist der Alltag des einfachen
Volkes im Mittelalter von für uns unvorstell-
baren Plagen und Mühen gekennzeichnet,
und es ist verständlich, daß die Hoffnung
auf ein besseres Leben im Jenseits eine große Rolle spielte.

*Rechts: Meßfeier mit Spende des Stifters an einen
Armen. Tafelbild auf dem Andreasaltar der ehemaligen Friedhofskapelle in St. Pölten.*

Links: Topf des Münzfundes von Allentsteig, 2. Hälfte 12. Jhdt., im Höbarthmuseum Horn.
Rechts: Erstprägungen des Silberguldens in der Münzstätte Hall aus dem Jahre 1486.
Unten: Erzherzog Sigismund von Tirol. Porträt im Kunsthistorischen Museum Wien.

Geld im Spätmittelalter

Um 1200 war das Geldwesen in Österreich noch wenig entwickelt. Kauf und Verkauf erfolgten vorwiegend durch Tausch. Die geringen Geldmengen, die in Umlauf kamen, wurden in sehr kleinen Einheiten geprägt, nämlich in Pfennigen. Das Material war eine Silberlegierung. Nach dem Silbergehalt richtete sich der Wert der Pfennige. Wenn man von einem Pfund Pfennige sprach, so meinte man, daß die Münzen ein Gesamtgewicht von einem Pfund hatten. Ein Pfund Pfennige war auch eine Recheneinheit. Es bestand aus 8 Schillingen oder 240 Pfennigen, so daß ein Schilling 30 Pfennige hatte. Auch Schillinge waren nur eine Recheneinheit. Es ist nicht möglich, den Geldwert nach heutigen Maßstäben zu messen, weil das soziale Umfeld, besonders Preise und Löhne, heute in einem völlig anderen Verhältnis zueinander stehen als während des Hochmittelalters. Es gibt auch nur wenige Nachrichten über den Kaufwert einzelner Güter.

Das Recht, Münzen zu schlagen, war im 12. Jahrhundert von den Kaisern und Königen an die Fürsten weitergegeben worden. Im österreichischen Bereich wurden erstmals um 1110 in Neunkirchen während der Anwesenheit Kaiser Heinrichs V. Münzen geschlagen. Später durften dort auch das Kloster Formbach und die Grafen von Formbach Münzen prägen. Als Erbe der Formbacher haben die steirischen Markgrafen das Münzrecht übernommen und die Münzstätte nach Bad Fischau verlegt. Der Babenberger Herzog Friedrich II. transferierte die Münze nach Wiener Neustadt, auf Neustädter Pfennigen ist auch ein Brustbild des Herzogs mit Schwert dargestellt. Auch in der Stadt Enns, die damals noch den steirischen Ottokaren gehörte, wurden seit etwa 1140 Münzen geprägt, die erste sichere Nachricht stammt aus dem Jahr 1185. Diese Münzstätte blieb noch unter den Babenbergern und Habsburgern in Betrieb.

Die erste Münzstätte der Babenberger stand in Krems und dürfte schon nach 1120 in Betrieb genommen worden sein. Sie befand sich in jenem Gebäude, das später zur Gozoburg ausgebaut wurde. Sie wurde um 1193/94 in die Stadt Wien verlegt, vielleicht um aus dem Lösegeld für Richard Löwenherz Münzen zu prägen. Die Wiener Münzstätte wurde schon im 13. Jahrhundert die hervorragendste Prägestätte Österreichs, die Wiener Pfennige waren die am weitesten verbreitete Münze während des Mittelalters und wurden auch in den umliegenden Ländern verwendet. Wiener Pfennige wurden sogar in Ungarn nachgeprägt.

Über das Geldwesen des Mittelalters sind wir vorwiegend durch Münzfunde unterrichtet, die entweder in der Erde vergraben oder in Bauwerken versteckt wurden. Für das 12. Jahrhundert sind vor allem Funde in

Hainburg, Allentsteig und St. Valentin von Bedeutung. Aus der Mitte des 13. Jahrhunderts stammen Münzschätze aus St. Pölten und Pernhofen bei Laa. Dort waren die Münzen in Sparbehältern aufbewahrt.

Österreichisches Geld im ausgehenden Mittelalter

Am Beginn des 15. Jahrhunderts waren im östlichen Österreich die Münzen, ob sie nun in Wien oder in Prag geprägt wurden, ziemlich ähnlich. Friedrich III. prägte als Landesherr von Steiermark, Kärnten und Krain Pfennige in Graz, die als Münzbild den Bindenschild zeigen. Ab 1439, nach dem Tode des Königs Albrecht II., hatte er als Vormund für Ladislaus die Wiener Münzstätte zur Verfügung, wo Pfennige vom gleichen Aussehen, nur mit geringer Abweichung (Buchstabe „F"), geprägt wurden. In dieser Zeit erlitt das österreichische Geldwesen schweren Schaden durch das Einströmen minderwertiger bayerischer und anderer süddeutscher Münzen, was zu einer Verschlechterung des Wirtschaftslebens führte. König Ladislaus versuchte später, die Ausgabe einer besseren Münze zu ermöglichen, während Friedrich III. in Innerösterreich den umgekehrten Weg einschlug. Er brachte seit 1456 in Graz noch schlechtere Pfennige heraus und hoffte dadurch, die Einfuhr fremder Prägungen zu hemmen. Nach dem Tode des Ladislaus entbrannte zwischen Friedrich und seinem Bruder Albrecht VI. ein Kampf um das Erbe des Ladislaus, der große Geldmengen verschlang. Man begann Münzen mit immer weniger Silbergehalt zu prägen. Es sind dies die Jahre, in denen man zum erstenmal in Österreich größere Silbernominale schlug, etwa für Pfennigstücke, die man Kreuzer nannte – so auch in der

wiedereröffneten Münzstätte in Wiener Neustadt. Herzog Albrecht VI., der sich im Besitz des Landes Oberösterreich befand, prägte in den Münzstätten Linz, Freistadt und Enns. In Graz wurden Kreuzer und Pfennige gemünzt, und auch in St. Veit in Kärnten und in Laibach gab es Prägungen im Auftrage Friedrichs III. Ob in diesen Jahren in Wien Münzen geprägt wurden, ist nicht sicher, weil die politischen Zustände in der Stadt ungeklärt waren. Bald prägten aber auch ungarische und österreichische Adelige eigene Münzen und haben auf diese Weise zu einer totalen Verwirrung beigetragen. Im Volksmund nannte man die schlechten Münzen „Schinderlinge", alte Chroniken berichten über diese Übelstände. Der Pfarrer Jakob Unrest aus Kärnten berichtet, daß der am besten Münzen schlagen konnte, der viele alte Kessel (als Ausgangsmetall) besaß. Die Münzen wurden immer leichter, niemand wollte sie mehr nehmen.

Seit 1459 baten die Stände den Kaiser, Abhilfe gegen die Geldentwertung zu schaffen, doch gelang es erst 1460, diese zu beenden, wobei man die Wiener „Hausgenossen" (die Genossenschaft, welche die Wiener Münze seit etwa 1194 leiteten) und den Wiener Bürger Niklas Teschler einschaltete, der zum Münzmeister ernannt wurde. Nach dem Tode Albrechts VI., der zuletzt auch in Wien Münzen schlagen hatte lassen, trat Friedrich sein Erbe an. Schon Albrecht VI. wollte eine österreichische Geldprägung beginnen, doch kam es nicht dazu. Erst Friedrich III. ließ in Wiener Neustadt und Graz Münzen aus Gold prägen. Im Jahre 1481 wurde eine neue Münzordnung erlassen. Nun verlor der Pfennig seine Eigenschaft als Währungsmünze, er wurde zur Scheidemünze. Österreichische Dukaten, rheinische Goldgulden, Groschen, Kreuzer, Pfennige und Kleinpfennige sollten geprägt werden. Ein Groschen hatte drei Kreuzer, sechs Pfennige oder 12 Kleinpfennige. Als Gegenwert für den Dukaten wurden 25 Groschen bestimmt, der rheinische Gulden blieb nur Kursmünze. Da sich aber die politische Lage verschlechterte und der Krieg mit Ungarn ausbrach, kam diese Ordnung nicht zum Tragen. Während man im östlichen Österreich die „Schinderlingzeit" erlebte, hatte man in Tirol eine Besserung durchgeführt. Erzherzog Sigmund, ein Vetter Kaiser Friedrichs, hat nach der Entdeckung der großen Silberlager bei Schwaz eine Reform des Münzwesens durchgeführt. Er schuf ein Silberäquivalent für den rheinischen Goldgulden im Tiroler Guldiner und dessen Halbstücken, die 1484 und 1486 geprägt wurden. Damit wurde die Großsilbermünze der Neuzeit, der Taler, geschaffen. Bis er sich aber in Österreich durchsetzen konnte, verging noch einige Zeit.

Links und rechts: Illustrationen in „Condordantiae Caritatis". Links Pflug mit Ochsengespann, rechts Pferd bei der Feldarbeit.

Werkzeuge und technische Geräte des Spätmittelalters

Die Entwicklung von Werkzeugen und technischen Geräten vollzog sich im Mittelalter weitgehend im bäuerlichen Bereich. Sehr bald wurde aber deutlich, daß man nicht alles selbst herstellen konnte, daher bildeten sich Spezialisten für einzelne Bereiche aus, die ihre Produkte anderen verkauften oder gegen Lebensmittel tauschten. So lassen sich Ackergeräte, wie Harke, Egge, Rechen oder Pflug, bis ins hohe Mittelalter in Bildern zurückverfolgen. Daraus kann man sehen, daß die Entwicklung schon früh jenen Standard erreichte, der jahrhundertelang ausreichte. Bei manchen Geräten kam man aber über eine primitive Entwicklung nicht hinaus, besonders bei den Pflügen. Diese waren nur imstande, die Erde aufzuwühlen, konnten aber die Scholle nicht wenden. Ein wichtiges Gerät für das Wirtschaftsleben war der Wagen, der verschiedenartig verwendet wurde; als Leiterwagen bei den Bauern, als gedecktes Transportmittel für den Händler, als Transportfahrzeug für Waffen der Landsknechte, als Fahrzeug für Herrscher oder hochgestellte Persönlichkeiten. Das Wagenrad war lange Zeit ein besonderes technisches Kriterium; dazu kam die Verfügbarkeit befahrbarer Straßen als weitere Grundvoraussetzung.

Eine Fortentwicklung erfuhren auch Gerätschaften, die zur Ausnützung der Wasserkraft dienten. Im Mittelalter wurde die Nutzung kleiner Bäche und Wasserläufe bevorzugt, weil die Gefahr von Überschwemmungen und damit großer Schäden geringer war als bei großen Flüssen. So sind am Wasser gelegene Mühlen schon seit dem Hochmittelalter bekannt; sie wurden im 15. Jahrhundert immer häufiger. Die zur Nutzung nötigen Wasserräder wurden ebenso entwickelt wie Mühlsteine und Anlagen zur Aufbewahrung der Körner. Relativ selten wurden in Österreich Windmühlen verwendet, vorwiegend dort, wo es keine Möglichkeit zur Errichtung einer Wassermühle gab. Wegen der unterschiedlichen Windverhältnisse in unserem Gebiet konnten sich diese Betriebe aber nicht durchsetzen, da sie den Wassermühlen unterlegen waren.

Eine relativ hohe technische Entwicklung erreichten Gerätschaften und Werkzeuge, die aus Eisen hergestellt wurden: Zangen verschiedener Art, Sicheln, Sensen, Strohmesser, Türbeschläge und viele Hausgeräte wurden daraus gefertigt.

Für den häuslichen Bedarf arbeiteten auch die Töpfer. Während des Mittelalters war die Entwicklung der Keramik recht bescheiden. In der Regel lassen sich die Produkte dieser Zeit, Krüge, flaschenförmige Gefäße, Pfannen, Töpfe verschiedenster Art, nur datieren, wenn sie gemeinsam mit Münzen entdeckt werden. Ein Töpferofen aus der

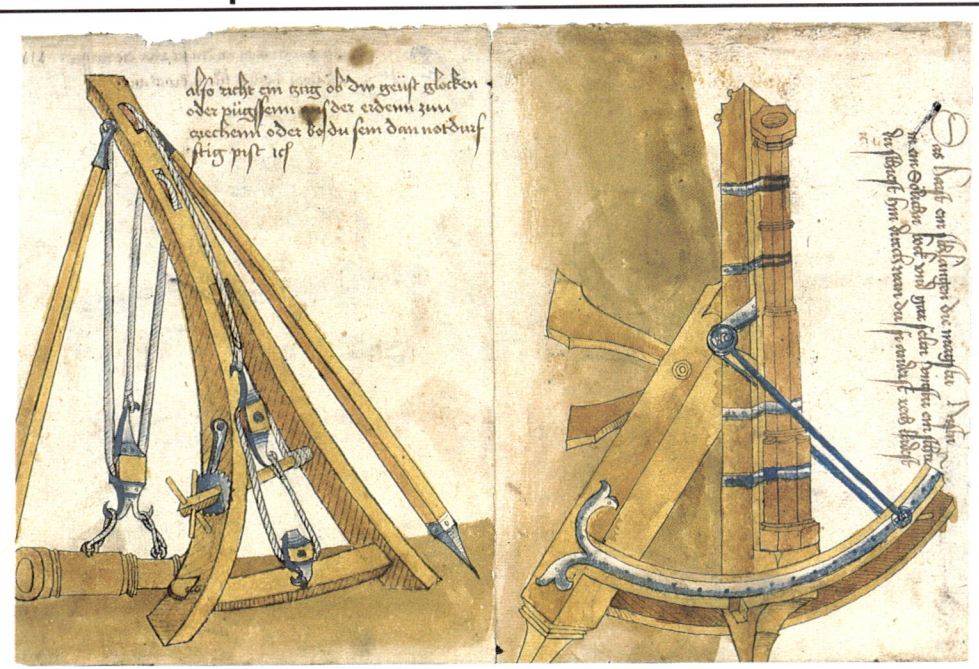

Oben: Hebezug für Kanonenrohre und Steinbüchse mit Lafette. Kolorierte Zeichnungen in einem bebilderten Handschriftfragment um 1470. Deutsches Museum München.
Unten: Windmühle. Kolorierte Federzeichnung bei Conrad Kyeser, Bellifortis. Papierhandschrift um 1440. Wien, Österreichische Nationalbibliothek.

Wende vom 13. zum 14. Jahrhundert wurde im Bereich der Stadt St. Pölten ausgegraben. Er zeigt, daß verschiedene Formen gleichzeitig gebrannt wurden. Aus Ton wurden auch Dachziegel hergestellt, von denen allerdings nur wenige erhalten sind. In erster Linie wurden Ziegel für Kirchendächer und vermutlich auch für die Deckung von Burgen verwendet. Aus Ton stellte man auch Wasserleitungsrohre her, vor allem aber Fußbodenfliesen und Ofenkacheln. So war die technische Entwicklung recht fortgeschritten, doch veränderte sich auch im Spätmittelalter der Standard nur sehr wenig.

„Concordantiae Caritatis"

Der Lilienfelder Abt Ulrich (1345–1351) ließ eine Armenbibel als Handschrift mit 263 Blättern, davon 272 Bildseiten, herstellen. „Armenbibeln" waren einfache Kurzfassungen der lateinischen Bibel oder Bilderbibeln, die die Heilsgeschichte in Bildern für des Lesens Unkundige darstellten. Ereignisse aus dem Leben Jesu werden dabei mit Vorbildern aus dem Alten Testament in Verbindung gebracht. Die Vorbilder werden hier durch Beispiele aus der Naturgeschichte erweitert. Die Bildgruppen sind überdies nach dem Evangelienzyklus der Sonn- und Feiertage des Kirchenjahres angeordnet.

Bei aufgeschlagenem Buch sieht man links die Bildseite, rechts die Texte mit der Erklärung der einzelnen Szenen. Einige Seiten wurden von Abt Ulrich eigenhändig geschrieben, auch Miniaturen malte er selbst. Für die übrigen Seiten und Bilder zog er die Schreib- und Malschule des Stiftes Lilienfeld heran.

Links: Setzschilde, genannt Tartschen (Parvese), aus Holz, überzogen mit Leinwand, bemalt, um 1485. Historisches Museum der Stadt Wien.
Rechts: Eisenhut, 15. Jahrhundert, Herkunft unbekannt, in der Sammlung der Burg Kreuzenstein.
Unten: Spätgotischer Küraß aus Stahl, 15. Jahrhundert.

Im 12. Jahrhundert hatte sich als Kämpfer der gepanzerte Reiter mit Schwert und Lanze durchgesetzt. Die Reiterkrieger wurden die wichtigste Stütze des mittelalterlichen Heeres, während das Volksaufgebot und die Krieger zu Fuß an Bedeutung verloren. Diese Reiterkrieger trugen langärmelige Ringpanzerhemden mit einer im Nacken angesetzten Panzerkapuze. Die Panzerhemden erforderten ein Untergewand aus Filz, Leder oder Leinen. Neben den Ringpanzerhemden wurden auch Schuppenpanzer und Lamellenpanzer verwendet. Über der gepolsterten Haube setzte man dann den Helm auf, der aus Eisenblech getrieben war und einen Nasenschutz aufwies. Manche Reiter konnten sich auch Panzerstrümpfe und -hosen leisten. Als bewegliche Schutzwehr wurde ein mandelförmiger Schild aus Holz oder Leder verwendet. Als Angriffswaffe diente die Reiterlanze und ein breites, zweischneidiges Hiebschwert. Zur ritterlichen Ausrüstung gehörten Stachelsporen, die gegen Ende des 13. Jahrhunderts durch Radsporen ersetzt wurden. Diese halfen dem Reiter, im Gefecht sein Pferd anzuspornen und zu lenken.

Daneben gab es Fußkämpfer, die die Reiter im Kampf unterstützen sollten. Diese einfachen Leute waren wahrscheinlich mit Lanzen, Pfeil und Bogen oder einer Armbrust bewaffnet. Für den Nahkampf benützte man Keulen, Messer, Äxte oder alltägliche Gerätschaften (Dreschflegel etc.). Diese Begleiter waren auch zur Sicherung und Führung des Trosses wichtig, sie bedienten und versorgten die Reiter und die Pferde.

Im Laufe des 13. Jahrhunderts wurde die ritterliche Rüstung verbessert. Es wurde nun üblich, über dem Ringpanzerhemd weitere Rüststücke zu benützen, die zum Teil auch aus Eisenplatten bestanden. Auch der Waffenrock, der über dem Panzerhemd getragen wurde, bzw. das Waffenhemd wurden mit Schutzplatten versehen. Je massiver die Ausrüstung, umso geringer wurde die Beweglichkeit eines voll gerüsteten schweren Reiters. Da man auch die Pferde mit Schutzdecken und Panzern versah, verringerte dies die Mobilität der Truppen beträchtlich.

Zur selben Zeit erhielt die Infanterie längere Lanzen. Damit war sie auch gegen die Reiter nicht ohne Chance. Dies merkten die österreichischen Ritterheere im 14. Jahrhundert gegen das Aufgebot der Schweizer Kantone. Ähnlich erging es im 15. Jahrhundert den konventionellen Heeren gegen die Hussiten, die ebenfalls nur provisorisch ausgerüstet waren und neue Kampftaktiken entwickelten. Dem Vorbild der Schweiz und der Hussiten folgend, wurden in Europa Söldnerheere angeworben und ausgebildet. Dies waren meist Fußtruppen; sie wurden

allmählich Landsknechte genannt. Sie waren mit Pike und Hellebarde sowie mit einem „Bidenhänder", dem Landsknechtschwert, ausgerüstet, das mit beiden Händen geführt wurde. Manche Landsknechte besaßen auch leichte Brustharnische oder einen Panzerkragen. So hatte sich im Hoch- und Spätmittelalter in der Waffentechnik einiges geändert.

Das Heerwesen

Das Heerwesen erfuhr in den Hussitenkriegen in Österreich eine tiefgreifende Umwandlung. Noch niemals zuvor hatte man es mit so großen Heeresmassen zu tun, noch nie hatte man so lange Jahre einen so erbitterten Kampf zu führen gehabt. Die alte Lehensheerverfassung der Ritterheere erwies sich nun als völlig ungenügend. Die zu Beginn des Jahrhunderts aufgebotenen Söldnerscharen genügten ebenfalls nicht mehr. Es handelte sich ja nicht mehr wie früher um einen vereinzelten Zug, sondern um eine lang andauernde, stete Gefahr. Um einen „täglichen Krieg" zu führen, mußte man die Masse der bäuerlichen Bevölkerung zur regelmäßigen Kriegsleistung heranziehen.

1421 befahl Herzog Albrecht, alle Wehrfähigen des Landes zwischen sechzehn und siebzig Jahren mit ihren Waffen zu verzeichnen. Seit damals war das allgemeine Aufgebot eine regelmäßige Einrichtung. So erließ Herzog Albrecht V. 1431 und 1432 Wehrordnungen, die große Ähnlichkeiten zur hussitischen Miltiärorganisation hatten. Da die Hussiten über eine bessere Disziplin verfügten, waren ihre Gegner bestrebt, die Organisation der Hussitenheere nachzuahmen, um sie mit ihren eigenen Waffen zu schlagen. Die Wehrordnung von 1431 umfaßt 23 Artikel, darunter:

Sechs Mitglieder der Stände übernehmen die höchsten militärischen Kommandos. Aus ihnen wird der oberste Feldhauptmann gewählt.

Die kräftigsten Männer der bäuerlichen Bevölkerung Nieder- und Oberösterreichs werden zum Kriegsdienst eingezogen, und zwar so, daß jeweils neun Bauern einen zehnten mit Waffen und Proviant auszurüsten haben. Die ausgehobenen „Zehner" werden zu je zwanzig Mann zusammengefaßt und einem Kriegswagen zugeteilt. Die Bespannung besteht aus vier Pferden.

Die südlich der Donau gelegenen Landesteile sind vom Krieg gegen Feinde aus Osten und Norden nicht unmittelbar betroffen und können daher eher Männer, Pferde und Ausrüstung stellen. Waffen und Munition müssen die Stellungspflichtigen beschaffen. Die daheim bleibenden Nachbarn eines eingerückten Bauern haben dessen Hof zu bearbeiten.

Jeder Mann erhält einen Sold von sechs Schilling pro Monat, wovon er gelegentlich auch Nahrung besorgen muß.

Je zehn Wagen bilden eine Abteilung mit einem Hauptmann, weitere Abteilungen gibt es zu fünfzehn und zu hundert Wagen. Die Herrschaftsbesitzer müssen für die ordnungsgemäße Abwicklung der Rekrutierung sorgen und machen sich strafbar, wenn sie taugliche Untertanen vom Wehrdienst zurückhalten.

Die Ständemitglieder sind verpflichtet, einen Monat innerhalb und außerhalb der Landesgrenzen im Feld zu dienen.

Bei der Ausrüstung kann man größere Fortschritte, vor allem die Verwendung von Feuerwaffen, erkennen: Dreschflegel, Armbrüste, Spieße und Büchsen, Eisenhut, Schießjoppe, Blechhandschuhe, Schwert, Pulver, Bleikugel, eiserner Ladestock, usw. Grundsätzlich läßt sich feststellen, daß diese Organisation eine reine Defensivordnung war, die dann in Kraft treten sollte, wenn die Hussiten in das Land eindrangen. Es ist anzunehmen, daß sich so manche Grundbesitzer trotz angedrohter Strafe der Rekrutierung ihrer Untertanen widersetzten, denn sie wollten natürlich nicht die tüchtigsten Bauern an den Kriegsdienst verlieren.

Links: Kachelfragment mit Darstellung eines pflü-
genden Bauern, gefunden in Wagram a. d. Traisen, 15. Jahrhundert. Wien, Nö. Landesmuseum.

KALENDER

1469 Eine Hadernmühle an der Traisen wird genannt. Beginn der Papiererzeugung in Österreich.

1. 1. Johannes Siebenhütter wird als Hochmeister
des von Kaiser Friedrich III. gestifteten Georgs-
ordens eingekleidet.

18. 1. Wien und Wiener Neustadt werden durch
päpstliche Urkunden zu Bistümern erhoben.

1470 Die Bürgerspitalskirche in Krems wird erbaut.

1471 Friedrich III. verleiht Laa die Pferdemaut
zum Wiederaufbau der Mauern. Diese wird bis
1783 eingehoben.

1473 Besonders schlechtes Weinjahr in der Wachau.

27. 5. 1474 Der Papst verhängt den Kirchenbann
über österreichische Adelige, die gegen Friedrich III. auftreten.

29. 6. 1474 Großer Brand in St. Pölten. Ein erheblicher Teil der Stadt wird eingeäschert.

1476 Das Reisegepäck Kaiser Friedrichs III. wird
in der Nähe von Krems von Räubern erbeutet.
Diese werden ergriffen und in die Stadt gebracht.
Der Kaiser befiehlt, die Täter zur Nachtzeit in der
Donau zu ertränken, den Anführer jedoch zuvor
der Tortur am Seile zu unterziehen, um womög-
lich „noch unentdeckte Teilnehmer zu eruieren,
jedoch „alles im Still, damit das nicht laut schreiig
werde".

März 1476 Der Erzbischof von Gran, Johann
Beckensloher, flieht nach Österreich.

24. 4. 1476 Klosterneuburg erhält durch Friedrich III. einen zweiten Jahrmarkt am Montag
nach Fronleichnam.

26. 4. 1476 Friedrich III. verleiht Dürnstein ein
Stadtwappen.

1477 Die Hauerinnung von Krems wird erstmals
genannt. Beginn des Baues der Piaristenkirche in
Krems.

12. 6. Der ungarische König Matthias Corvinus
erklärt Friedrich III. den Krieg. Im August überschreitet Matthias Corvinus mit einem Heer die
österreichische Grenze.

19. 8. Friedrichs III. Sohn Erzherzog Maximilian
heiratet in Gent Maria von Burgund.

18. 12. Der zu Gmunden geschlossene Friede zwischen Kaiser Friedrich III. und Matthias Corvinus wird zu Korneuburg vom Ungarnkönig bestätigt. Der Kaiser soll 100.000 Goldgulden Kriegsentschädigung in zwei Raten zahlen.

1478 Auf mehreren Landtagen bewilligen die
Stände des Landes die Kriegsentschädigung. Der
Kaiser verwendet die Gelder aber für die Auslagen,
die durch die Heirat des Erzherzogs Maximilian mit Maria von Burgund entstanden sind.

10. 4. 1480 Friedrich III. stiftet das Paulanerkloster in Wiener Neustadt.

6. 6. Friedrich III. erhebt Ybbsitz und Seitenstetten
zu Märkten.

7. 7. 1480 Baden wird zur Stadt erhoben und erhält
ein „sprechendes Wappen".

*Weihe des Johannes Siebenhirter zum 1. Hochmeister des St. Georgs-Ritterordens am 1. 1. 1469 in Rom,
Tafelbild. Klagenfurt, Kärntner Landesmuseum.*

1. 10. 1481 Bischof Friedrich Mauerkircher verpfändet die Stadt St. Pölten an Matthias Corvinus. Dieser stellt am 26. Oktober dem Domkapitel den Gegenrevers aus.

Oktober 1481 St. Pölten und Mautern werden vom
Bischof von Passau an König Matthias Corvinus
verpfändet, der daraufhin den Krieg gegen Friedrich III. um Österreich wieder aufnimmt.

TODESTAGE

Andreas Baumkircher. Freiherr von Schlaining.
Lange Zeit Anhänger Friedrichs III., dann Wech-
sel auf die Seite von Matthias Corvinus. Führer
einer Erhebung des steirischen Adels gegen
Friedrich III. Gestorben 23. 4. 1471 (er wird in
Graz auf Befehl des Kaisers enthauptet).

Niclas Gerhaert van Leyden. Bildhauer. Er kam 1467
nach Österreich und schuf hier das Grabdenkmal
Kaiser Friedrichs III. und der Kaiserin Eleonore.
Gestorben 1473 in Wiener Neustadt.

Peter Pusika. Baumeister, zugewandert 1450, vermutlich aus Polen, baute die Neuklosterkirche
und die St. Georgskirche und das Kloster der
Dominikaner zu St. Peter a. d. Sperr in Wiener
Neustadt. Gestorben 1475 in Wiener Neustadt
(sein Testament vom 15. Nov. 1474 ist im Wiener
Neustädter Ratsbuch erhalten).

Der große Brand von
St. Pölten 1474

Am Vorabend des Festes von Peter und
Paul (28. Juni) im Jahre 1474 entstand im
westlichen Eckhaus des Rathausplatzes von
St. Pölten, damals „Breiter Markt" genannt,
ein Großbrand, der einen erheblichen Teil
der Stadt einäscherte. Neben vielen Bürgerhäusern fiel auch ein Teil des Chorherrenstiftes und der Stadtbefestigung sowie der
Stadtmauer den Flammen zum Opfer. Besonders der Kremser Torturm brannte mitsamt dem ganzen Bollwerk aus. Verschont
wurde nur das Kloster der Franziskaner und
das Gebiet um die Lederergasse. Am Beginn des 16. Jahrhunderts heißt es in einem
Urbar, die Stadt sei „in St. Peterswynt abgebrannt", was auf einen größeren Sturm
schließen läßt. Spuren dieses Großbrandes
sind noch heute an vielen Häusern der Altstadt zu erkennen, da die Häuser auf den
abgebrannten Mauern wieder erbaut
wurden.

Rechts: Die Stadt Passau auf dem Votivbild „Marter der hl. Katharina" von Hans Eckl um 1470/80 im Stift Melk.

Erzbischof Johann Beckensloher von Gran

Der aus Breslau stammende Tuchhändlersohn Johann Beckensloher trat in Ungarn in den geistlichen Stand ein, setzte sich 1457/58 für die Wahl des Matthias zum König ein und wurde von ihm wegen seiner ausgezeichneten Sprachkenntnisse auf diplomatische Missionen geschickt. 1468 wurde er zum Bischof von Erlau und 1474 zum Erzbischof von Gran ernannt. Gleichzeitig bekleidete er auch das Amt des königlichen Kanzlers. Anfang 1476 floh Beckensloher, der sich vom König zurückgesetzt fühlte, mit einem großen Schatz nach Österreich. Er konnte Kaiser Friedrich III. insgesamt 47.000 Goldgulden Darlehen geben und erhielt dafür die Städte Steyr, Korneuburg und Enns verpfändet. Seine Flucht war die Ursache des Kriegsausbruch von 1477. Später wurde er von Friedrich III. zum Administrator des Bistums Wien bestellt und schließlich zum Erzbischof von Salzburg ernannt. Er hatte aber diese Würde nur von 1487–89 inne, da er bereits Ende dieses Jahres starb.

Der erste Krieg zwischen Friedrich III. und Matthias Corvinus

Vor seiner Abreise nach Rom vermachte Friedrich III. 1468 dem Ungarnkönig Matthias Corvinus die Einkünfte aus Österreich für ein Jahr mit dem Auftrag, das Land gegen die Einfälle aus Böhmen zu schützen. Matthias strebte die böhmische Krone an und wurde auch am 3. Mai 1469 zum König von Böhmen gewählt. Dann forderte er vom Kaiser die Rückzahlung der 80.000 Dukaten für die Überlassung der Krone und den Verzicht auf die ungarischen Grenzfestungen sowie auf den Titel eines Königs von Ungarn. Im Februar 1470 fand ein Treffen in Wien statt, wohin der König mit großem Gefolge kam. Er wollte die damals fünfjährige Kunigunde, eine Tochter Friedrichs III., zur Frau. Damals lernte er in Wien die aus Stein stammende Barbara Edelböck kennen, die ihm 1473 einen illegitimen Sohn, Johann, schenkte. Es gab verschiedene Probleme zwischen den beiden Herrschern, und am 12. Juni 1477 erklärte Matthias dem Kaiser den Krieg. Er verlangte 750.000 Dukaten Entschädigung für jene Schäden, die er bisher erlitten hatte. Der Feldzug hatte raschen Erfolg. Friedrich mußte sich Ende Juli nach Krems, später nach Steyr und schließlich nach Gmunden zurückziehen. Verschiedene Hochadelige Österreichs schlossen sich dem Ungarnkönig an, der Korneuburg, Klosterneuburg und zahlreiche Burgen im Viertel unter dem Wienerwald einnehmen konnte. Andere wieder, wie Hainburg, Krems, Stein, Wiener Neustadt und besonders Wien, das belagert wurde, leisteten erfolgreichen Widerstand. Schließlich war Matthias zum Frieden geneigt. Am 10. November wurde ein Waffenstillstand geschlossen, dem der Friede zu

Matthias Corvinus, Marmorrelief, entstanden um 1490 in Italien. Wien, Kunsthistorisches Museum.

Gmunden vom 1. Dezember 1477 folgte. Matthias trat dem Frieden am 18. Dezember in Korneuburg bei. Zu Weihnachten 1477 nahmen beide Fürsten an einem gemeinsamen Gottesdienst in Korneuburg teil und tauschten die Friedensurkunden aus. Nach dem Frieden von Gmunden und Korneuburg hatte nicht nur Ungarn, sondern auch Böhmen einen vom Kaiser anerkannten König.

Die Erhebung von Baden zur Stadt

Am 5. Juli 1480 gewährte Kaiser Friedrich III. der Stadt Baden ein umfangreiches Privileg. Eingangs stellt er fest, daß der Ort zur Stadt erhoben ist, die Einwohner sich Bürger nennen können und daß damit auch die Selbstverwaltung verbunden ist. Mit dieser Erhebung wurde Baden Mitglied des vierten Standes innerhalb der Stände, d. h. es gehörte dem Landtag an, war „mitleidend", wie der Begriff damals hieß. Die Städte Niederösterreichs bildeten den halben vierten Stand, die andere Hälfte bildete die Stadt Wien. Weiters wurde der neuen Stadt ein zweiter Wochenmarkt am Dienstag zusätzlich zu dem vom Freitag gewährt. Sie durfte auch eine Salzkammer bauen und das Mautrecht innerhalb der Stadtmauern ausüben. Adel und Prälaten waren zur Zahlung von Steuern und anderen städtischen Abgaben verpflichtet. Ein Burgfriedbezirk wurde mit dem Hochgericht ausgestattet. Innerhalb seiner Grenzen konnte der Stadtrichter auch über Leben und Tod urteilen. Die Stadt erhielt „... ain Wappen unndt Clainoth, mit Namen Unsern Schild New-Österreich, unnd darin ain Figur aines Wildt-Path mit Figuren zweyer Nackheten Menschen, Mann- unndt Frawen Pildt...". Die warmen Quellen der Stadt wurden zu dieser Zeit schon häufig benützt. Im Jahre 1466 weilte die Kaiserin Eleonore zur Kur in Baden. Ihr Gepäckwagen wurde bei der Reise nach Heiligenkreuz von Knechten des Wilhelm von Puchheim überfallen und ausgeraubt. Die Folge davon war, daß am 15. November 1466 der Kaiser die Burg Rauhenstein brechen ließ.

Links: Beinamputation Kaiser Friedrichs III., Miniatur. Deckfarbenmalerei auf Pergament. Wien, Graphische Sammlung Albertina. Rechts: Portraitmedaille Kaiser Friedrich III. und sein Sohn Maximilian.

1482–1490

KALENDER

30. 9. 1482 Hainburg wird an Matthias Corvinus übergeben. Im Anschluß daran gewinnt er Baden und andere Orte.

15. 4. 1483 Die Bürger von Klosterneuburg ergeben sich Matthias Corvinus und erhalten dafür am 5. Mai ein Handelsprivileg.

25. 2. 1484 Die Stadt Bruck ergibt sich. Am 11. März wird auch die Festung Bruck übergeben. Friedrich III. hat sein Hauptquartier von Wien nach Wiener Neustadt und nach Graz verlegt, schließlich übersiedelt er in die Burg nach Linz.

4. 11. Weihe der Kapelle auf der Rosenburg.

3. 12. Matthias Corvinus erobert Korneuburg, das seit 19. April belagert worden war.

6. 1. 1485 Heiligsprechung Leopolds III.

28. 5. Die Stadt Wien kapituliert vor Matthias Corvinus, der am 1. Juni in die Stadt einzieht.

16. 2. 1486 Maximilian, Friedrichs Sohn, wird in Frankfurt zum römischen König gewählt und im April in Aachen gekrönt.

30. 9. Laa und Feldsberg ergeben sich den Ungarn. Am 10. Oktober erobern sie auch Retz.

5. 7. 1487 Friedrich III. gewährt Krems und Stein Mautfreiheit.

17. 8. Wiener Neustadt ergibt sich dem Ungarnkönig, nachdem es seit Mitte Jänner belagert worden war.

16. 12. Zwischen Matthias Corvinus und Albrecht von Sachsen (als Vertreter Friedrichs III.) wird zu Markersdorf ein Waffenstillstand geschlossen, der immer wieder verlängert wird.

25. 12. Matthias Corvinus stellt der Stadt St. Pölten einen Wappenbrief aus und gewährt ihr in den nächsten Tagen weitere Privilegien, u. a. eine Brückenmaut.

21. 7. 1488 Die Salzniederlage wird von Stein nach Krems verlegt, und Friedrich gewährt Krems den Handel mit Gmundner Salz.

um 1488 In St. Pölten entsteht ein Antiphonar mit Bildnissen von Pröpsten und Mönchen.

10. 2. 1489 Matthias Corvinus bestätigt der Universität Wien alle ihre Freiheiten.

April 1490 Nach dem Tode des Matthias Corvinus beginnt Maximilian mit der Rückeroberung Österreichs.

TODESTAGE

Maria von Burgund. Gemahlin Maximilians I. Gestorben 27. 5. 1482 nach einem Reitunfall. (Geboren 13. 2. 1457 in Brüssel.)

Paul Albert von Stockerau. Professor an der Wiener Universität 1466–73, 1474 Dekan der artistischen Fakultät, 1481 Rektor. Gestorben 1483.

Matthias Corvinus. König von Ungarn. Gestorben 6. 4. 1490 in Wien. (Geboren 23. 2. 1440 in Klausenburg.)

Oben: Der Corvinus-Becher aus dem Jahre 1487 im Besitz der Stadt Wiener Neustadt.
Rechts: Der kleine Corvinus-Becher des Hauptmannes Wolf Teufel im Besitz des Marktes Pitten. Stich des 19. Jahrhunderts. St. Pölten, Stadtmuseum.

Der Corvinusbecher

Der 71 cm hohe Deckelpokal aus Silber (Gewicht: 333 g, Durchmesser am Fuß: 17 cm), der teilweise vergoldet ist, stammt aus der zweiten Hälfte des 15. Jahrhunderts. Über die Entstehung gibt es mehrere Hypothesen. Eine davon lautet, der Pokal sei im Auftrag von Matthias Corvinus angefertigt worden, um ihn Friedrich III. anläßlich der Friedensverhandlungen von 1462/63 zu schenken. Die zweite Meinung lautet, Friedrich III. habe den Pokal für Matthias Corvinus 1462 bei einem siebenbürgischen Goldschmied namens Wolfgang Zolinger arbeiten lassen, ihn aber wegen des Abbruchs der Verhandlungen nicht übergeben, sondern zwischen 1468 und 1486 der Stadt Wiener Neustadt verpfändet. Die dritte Version lautet, Matthias habe den Pokal anläßlich

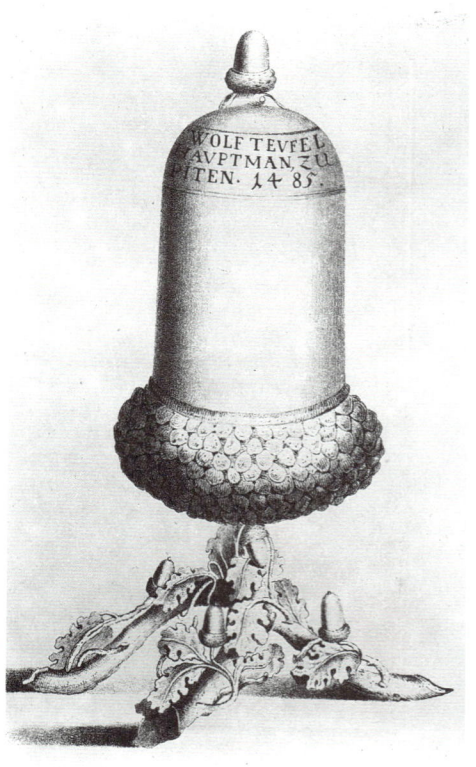

seines Einzuges in Wiener Neustadt am 17. August 1487 der Stadt geschenkt. Es gibt auch die Ansicht, daß er anläßlich der Gründung des St. Georgs-Ordens von Friedrich III. bei Wolfgang Zolinger in Auftrag gegeben wurde. Den Pokal erwähnt erstmals ein Protokoll des Stadtrates von Wiener Neustadt aus dem Jahre 1571 als Geschenk von Matthias; er habe ihn der Stadt für ihre Treue geschenkt.

Unten links: Johannes, der Sohn des Königs Matthias Corvinus und der Österreicherin Barbara Edelböck. Miniaturdetail in einem Codex der Bibliotheca Corvina Budapest, Széchényi-Nationalbibliothek.
Unten rechts: Deckplatte des Grabmales Kaiser Friedrichs II. von Niclas Gerhaert im Stephansdom in Wien.

Rechts: Wappenbrief des Königs Matthias Corvinus für die Stadt St. Pölten aus dem Jahre 1487.
Mitte links: Beatrix, die Gattin des Matthias Corvinus. Relief, Marmor mit Jaspis als Hintergrund. Budapest, Museum der Bildenden Künste.
Mitte rechts: Portrait des Königs Matthias Corvinus, aus dem Beginn des 16. Jahrhunderts. Budapest, Museum der Bildenden Künste.

Der Passauer Bischofsstreit

Im Jahre 1479 starb Bischof Albrecht III. von Passau, dem es gelungen war, die lange verpfändeten und später sogar verkauften Besitzungen des Hofstiftes in Österreich zurückzugewinnen. Sofort setzte ein Tauziehen um die Nachfolge ein, wobei der Herzog von Ober- und Niederbayern beim Domkapitel die Wahl des Domdechanten Friedrich Mauerkircher durchsetzte, während Kaiser Friedrich III. auf seinem Ernennungsrecht bestand und den Kardinal Georg Hasler zum Bischof einsetzte, der auch vom Papst bestätigt und geweiht wurde. In den folgenden Jahren wurde zwischen diesen beiden Kandidaten und den hinter ihnen stehenden Mächten gerungen, wobei Mauerkircher sich in Passau halten konnte, während Hasler seinen Sitz in Wels und zeitweise auch in Wien nahm. Eine der Schlüsselpositionen war die passauische Stadt St. Pölten. Es zeigte sich, daß die Mehrheit der Äbte und Pröpste der Klöster Mauerkircher zuneigten, der nach weitergehender politischer Unterstützung suchte.
Der Passauer Bischofsstreit war begleitet von einer neuen Auseinandersetzung zwischen Kaiser Friedrich III. und dem König Matthias Corvinus von Ungarn, der zuletzt 1477 Frieden geschlossen hatte. Noch immer war die zugesicherte Kriegsentschädigung von 100.000 Gulden von Friedrich III. nicht voll bezahlt worden. Als nun im Sommer 1481 Johann von Hohenberg den Un-

garn einige Burgen überließ, hatten sie auch Besatzungstruppen im Traisental. Darauf verhandelten Vertreter des Passauer Bistums im Oktober 1481 mit dem Ungarnkönig und verpfändeten diesem gegen 10.000 ungarische Gulden die Herrschaften St. Pölten, Mautern und das Amt Michelbach mit allen Rechten. Matthias übernahm die Verpflichtung, die Güter des Hochstiftes Passau in Österreich zu schützen. In der Folge wurde eine ungarische Besatzung nach St. Pölten gelegt, und die Stadt wurde der Ausgangspunkt für die Eroberung des Landes durch den Ungarnkönig, die in den nächsten Monaten einsetzte.

Das Grabmal Kaiser Friedrichs III.

Während seine Gemahlin Eleonore in Wiener Neustadt begraben wurde, wurde Kaiser Friedrich III. nach seinem Tode im Jahre 1493 in Wien im Stephansdom zur letzten Ruhe gebettet. Schon im Jahre 1463 war der Bildhauer Meister Niclas Gerhaert nach Wien berufen worden, und nach dem Entwurf für das Grabmal Eleonores begann er (ebenfalls aus rotem Marmor) das Grabdenkmal des Kaisers zu gestalten. Der Tumbadeckel wurde aber nicht in Wien, sondern in Wiener Neustadt hergestellt, und im Juli 1493 wurden die fertigen Teile des Grabmales nach Wien gebracht, während der Kaiser in Linz im Sterben lag. Die Ausarbeitung der unteren Teile der Tumba und der Balustrade zogen sich noch lange hin, denn ursprünglich war das Grabmal für die Georgskirche in Wiener Neustadt bestimmt gewesen. Die Aufstellung im Apostelchor des Wiener Stephansdomes ist aber nicht sehr glücklich, weil die Figur des Kaisers auf dem Deckel für den Betrachter nicht zu sehen ist. Der Kaiser ist mit großem Naturalismus und mit einer schonungslosen Wiedergabe seines alternden Antlitzes und mit scharf hervorgetretenen Venen an der Hand dargestellt. Als letzter Vertreter des gotischen Kunstgedankens wurde er in einem monumentalen Grabdenkmal beigesetzt, das ein würdiges Gegenstück zum Monument seiner Gemahlin darstellt.

Links: Ladislaus Sunthaym, Babenberger-Stamm-baum im Stift Klosterneuburg, Blatt 5, Initiale G mit Darstellung der Personen, die mit der Heilig-sprechung Markgraf Leopolds III. zu tun hatten (Papst, Kaiser Friedrich III., Propst Paperl von Klosterneuburg).

Die Heiligsprechung Leopolds III.

Der 1485 zum Abschluß gelangte Kanonisationsprozeß Leopolds III. war fast 150 Jahre zuvor von Albrecht II. und seinem Sohn Rudolf IV. eingeleitet worden. Zu dieser Zeit sind in Niederösterreich die ersten Spuren einer Verehrung Leopolds III. nachzuweisen. Auch im Stift Klosterneuburg wurden seit 1323 Aufzeichnungen über Wunder am Grabe des Markgrafen geführt. An seinem Todestag stellten sich jeweils vermehrt Besucher in Klosterneuburg ein. Am 30. Dezember 1358 beauftragte Papst Innozenz VI. den Erzbischof von Prag, den Bischof von Olmütz und den Abt von Heiligenkreuz mit den vorgeschriebenen Untersuchungen.

Diese Aktivitäten versandeten aber, es kam zu keinem Abschluß. Erst 100 Jahre später, auf dem Landtag zu Korneuburg des Jahres 1465, veranlaßte Bischof Ulrich von Passau die Stände zu einem erneuten Ansuchen um die Heiligsprechung Leopolds III. Kaiser Friedrich III. sandte an den Papst ein Handschreiben mit der gleichen Bitte und nahm bei seinem Besuch in Rom im Herbst 1468 die Sache wieder in die Hand. Zur gleichen Zeit setzten die Untersuchungen in Klosterneuburg ein, der Prälatenstand drängte auf schnelle Erledigung, die Universität Wien und das Stift Klosterneuburg förderten durch Eingaben den Prozeß. Papst Sixtus IV. begann die Untersuchungen von neuem. Um 1463 kam ein päpstlicher Legat nach Klosterneuburg. Ein Gegenbesuch des Klosterneuburger Stiftsdechanten Thomas List 1474 in Rom ließ aber noch kein Ende der Vorbereitungen absehen, da offenbar von vielen Seiten Widerstand gegen die Heiligsprechung geleistet wurde. Im Jahre 1482 reiste der Stiftsdechant neuerlich nach Rom und betraute dort einen Advokaten, dann die Kurie mit der Weiterführung des Prozesses. Schließlich erklärte sich Sixtus IV. im Jahre 1483 doch zur Vornahme der Kanonisation bereit, wobei das Interesse des Herrscherhauses an der Heiligsprechung eines seiner Vorgänger und die volkstümliche Gestalt des Markgrafen schließlich ausschlaggebend waren. Obwohl Papst Sixtus IV. am 13. August 1484 starb, bestimmte sein Nachfolger Innozenz VIII. wenige Tage nach seiner Wahl die kommenden Weihnachten als Zeitpunkt der Kanonisation. Tatsächlich wurde, weil der zu Kanonisierende selbst ein Regent gewesen war, der Dreikönigstag für die feierliche Handlung bestimmt und am 6. Jänner 1485 die Heiligsprechung durchgeführt, zu einer Zeit, in der Matthias Corvinus die Hälfte Österreichs besetzt hatte.

Schon während des Kanonisierungsprozesses waren vielfache Darstellungen Leopolds entstanden und Schriften über sein Leben gedruckt worden. Am 15. November 1486

Leopold III. und Agnes besichtigen den Bauplatz der Stiftskirche von Klosterneuburg, Ölgemälde auf Holz, um 1515. Wien, Nö. Landesmuseum.

beschloß die Wiener Universität, einen feierlichen Gedenkgottsdienst für Leopold III. bei St. Stephan zu begehen, auch wurde bei einer ähnlichen Gelegenheit eine lateinische Lobrede auf den Markgrafen gehalten.

Das Stift Klosterneuburg gab ein riesiges Gemälde in Auftrag, um das Volk mit der

Familiengeschichte des neuen Landesheiligen vertraut zu machen. Die historische Grundlage dafür bildete eine Arbeit des Ladislaus Suntheim, die 1491 in Druck erschien. Zur selben Zeit wurde der Text auf Pergamentblätter geschrieben, die man „Klosterneuburger Tafeln" nennt, und im

Rechts: Brevarium Pataviense, Ende des 15. Jahrhunderts, Initiale G. Leopold III. nach der Heiligsprechung mit dem Kirchenmodell von Klosterneuburg und einer blauen Fahne. Klosterneuburg, Stiftsbibliothek

Die Heiligsprechung Leopolds III.

auf der auch das romanische Westwerk der Kirche zu sehen ist.

Die Erhebung der Gebeine des Markgrafen fand am 15. Februar 1506 statt, wobei ein großes Volksfest und Turniere die Feierlichkeiten umrahmten.

Anläßlich dieser Feierlichkeiten hatte der aus Passau stammende Maler Rueland Frueauf d. J. einen Zyklus von 4 Werken als Flügelaltar zu Ehren des heiligen Leopold und der „Schleierlegende" gemalt. Das erste erhaltene Bild zeigt den Markgrafen auf dem Ausritt auf die Jagd, gemeinsam mit der durch die Krone gekennzeichneten Kaiserstochter Agnes. Im zweiten Bild, der Schleierfindung, kniet der Markgraf vor dem Busch, durch den der weiße Schleier geflochten ist. Im Hintergrund sieht man die Erscheinung der Madonna. Das dritte Bild zeigt die Erbauung der Kirche, die über dem

Rueland Frueauf d. J., Erbauung der Stiftskirche von Klosterneuburg. Tempera auf Holz, 1505. Der Bau ist weit fortgeschritten, der Hollunderbaum steht noch. Stift Klosterneuburg.

Rueland Frueauf d. J., Ausritt des hl. Leopold (Tempera auf Holz, 1505). Der Markgraf reitet aus seiner (vermeintlichen) Burg auf dem heutigen Leopoldsberg. Die Burg ist wirklichkeitsgetreu, der Berg stark übersteigert. Stift Klosterneuburg.

Rueland Frueauf d. J., Die Sauhatz. Tempera auf Holz 1505. Dargestellt ist eine Wildschweinjagd beim Buchberg westlich von Klosterneuburg. Stift Klosterneuburg.

„Babenberger-Stammbaum" in Bilder umgesetzt. In den Jahren 1489 bis 1492 haben Hans Part und andere Maler dieses Werk, das im Mittelteil 344 × 105 cm mißt, während die Seitenteile 344 × 200 cm messen, hergestellt. Auf 27 Rundbildern sind die Männer aus dem Geschlecht der Babenberger in Szenen aus ihrem Leben dargestellt. Die Szene am unteren Rand zeigt die legendäre Begebenheit, wie Leopold von Babenberg dem Kaiser auf der Jagd seine Waffe leiht und dafür mit der Mark Österreich belehnt wird.

Auf den beiden Seitenflügeln sind die Frauen der Babenberger abgebildet, die in Halbfiguren aus Blütenkelchen wachsen. Markgräfin Agnes, die Gemahlin Leopolds III., auf dem rechten Flügel hält das Modell der Stiftskirche Klosterneuburg in der Hand,

Holunderstrauch errichtet wurde, die Steinmetzen an der Arbeit und den Werkmeister im Gespräch mit dem Markgrafen und seiner Gemahlin. Das vierte Bild, die „Sauhatz", ist symbolisch aufzufassen. Der Eber war in der germanischen Mythologie ein Ausdruck für irdische Kraft und Unwiderstehlichkeit. Nachdem der Eber getötet ist, kann Markgraf Leopold den Schleier finden und die Madonna darüber erblicken.

Die Heiligsprechung Leopolds fiel in eine Zeit der künstlerischen Hochblüte. Es entstanden Plastiken, Reliefs, Flügelaltäre und Tafelbilder, auf denen Leopold III. immer wieder dargestellt wurde. Diese Periode ging mit dem Tode Maximilians im Jahre 1519 zu Ende. Die Tradition der Leopold-Verehrung wurde aber in Klosterneuburg über die Barockzeit bis in die Gegenwart fortgesetzt.

Links: Universitätslehrer und Studenten (Söhne des Ritters Schawinger von Ernsdorf), Predella des Altars von Neukirchen am Ostrong, 1510/20.

1491–1519

KALENDER

1491 Die Liebfrauenkirche wird Sitz des Bischofs von Wiener Neustadt und des St. Georgsritterordens, mit dem das Chorherrenstift vereinigt wird.

nach 1491 Der Bildschnitzer Lorenz Luchsperger stattet den Dom von Wiener Neustadt mit kostbaren Kunstwerken aus.

1492 Entdeckung Amerikas.

13. 1. 1493 Kaiser Friedrich III. bestätigt der Stadt Krems 24 Privilegien in einer „Pancarta", einer Universalurkunde mit goldener Bulle.

8. 6. Kaiser Friedrich III. wird das rechte Bein beim Schienbein amputiert; diese Operation überlebt er 10 Wochen.

1494 In Horn wird erstmals ein Bürgermeister genannt. Wiener Neustadt wird durch einen großen Brand geschädigt.

1. 1. König Maximilian und das Stift Passau gleichen sich aus. Die Stadt St. Pölten und die anderen Pfänder bleiben in der Hand Maximilians.

1495 Bei Krems entdeckt ein Hauer eine Quelle, der man Heilkraft gegen die Pest zuschreibt. Bei der Wunderquelle wird ein Bildstock errichtet.

18. 3. 1496 König Maximilian befiehlt die Ausweisung der Juden aus der Steiermark, aus der Gegend um Wiener Neustadt und Neunkirchen.

1497 In Linz wird eine Donaubrücke gebaut, die dritte in Österreich.

1500 Der Bernhardialtar in Zwettl entsteht.

1501 König Maximilian stiftet in Wien das „Collegium Poetarum et Mathematicorum" unter dem Humanisten Konrad Celtis. Das Gelehrtenseminar wird im Februar 1502 eröffnet.

14. 8. Beginn eines Hochwassers an der Donau, das zehn Tage lang andauert. In Melk steht das Wasser in der Pfarrkirche eine Elle über dem Altartisch.

Kaiser Maximilian und Familie, Ölbild von Bernhard Strigel. Wien, Kunsthistorisches Museum.

1502 Wiener Neustadt wird Sitz eines Kammergerichtes, der obersten Justizbehörde der fünf nö. Länder, und bleibt es bis 1510. Hier findet in diesem Jahr auch ein Generallandtag statt.

1503 Die Bürger von St. Pölten erwerben ein Haus, das zum Rathaus ausgestaltet wird.

2. 2. 1506 Die Gebeine des hl. Leopold werden in Klosterneuburg aus dem Bodengrab in einen Schrein oberhalb des Altares übertragen. König Maximilian ist dabei anwesend.

20. 3. In Wiener Neustadt wird ein Vertrag zwischen König Maximilian I. und Wladislaw II. von Ungarn und Polen geschlossen. Darin wird eine Doppelheirat zwischen ihren Kindern bzw. Enkeln vereinbart.

1. 7. Maximilian I. verleiht dem unteren Markt Herzogenburg ein Wappen.

1507 Die Bettelordenskirche (Franziskanerkirche) in St. Pölten wird geweiht.

1508 Eine Schützengesellschaft in Krems wird erstmals erwähnt.

15. 7. Neuerliche Überschwemmung der Donau im Gebiet von Krems.

vor 23. 7. 1512 Brand in St. Pölten, der von venezianischen Söldnern oder Spionen gelegt worden ist.

1513 Der Postverkehr von Wien nach Prag mit den Stationen Hollabrunn und Guntersdorf wird aufgenommen.

14. 2. Die nö. Stände erwerben in der Hochstraße in Wien, der heutigen Herrengasse, ein Haus und widmen es als künftiges Landhaus.

10. 3. Kaiser Maximilian gewährt Heidenreichstein einen Jahrmarkt.

7. 5. 1514 Durch ein Privileg Maximilians für Krems wird die Stadt verpflichtet, Röhrenbrunnen zu errichten und auf dem Hohen Markt einen öffentlichen Brunnen anzulegen. Dies ist der Beginn einer städtischen Wasserleitung in Krems.

6. 6. Maximilian I. verleiht Stockerau ein Wappen.

1515 Ebenfurth wird zur Stadt erhoben. Großer Brand in Waidhofen a. d. Ybbs. Schloß, Kirche und Stadt werden davon betroffen.

6. 7. Treffen in Trautmannsdorf zwischen Kaiser Maximilian I. und dem Ungarnkönig Wladislaw II. Der erste „Wiener Kongreß" wird vereinbart.

22. 7. Im Rahmen dieses Kongresses findet im Stephansdom in Wien eine Doppelhochzeit statt, die die Verbindung des österreichischen und ungarischen Herrscherhauses begründet.

1518 Erster Generallandtag der östereichischen Stände in Innsbruck. Die Städte Niederösterreichs sind durch Dr. Martin Siebenbürger aus Wien und den Ratsbürger Michael Polt vertreten.

29. 12. Langenlois erhält einen zweiten Jahrmarkt zu Dorothea (6. Februar) und ein Wappen.

12. 1. 1519 Nach dem Tode Maximilians I. sind seine Enkel Karl und Ferdinand erbberechtigt.

Totenbildnis Kaiser Maximilians I., Welser Künstler. Im „Ehrenspiegel" des Hauses Habsburg von Jakob Fugger, Band II.

TODESTAGE

Peter Engelbrecht. Erster Bischof von Wiener Neustadt, Erzieher Maximilians I. und seit 1477 Bischof. Gestorben 17. 2. 1491.

Friedrich III. Kaiser. Herzog der Steiermark seit 1424, 1440 römischer König, 1452 Kaiser, seit 1459 auch König von Ungarn. Gestorben 19. 8. 1493 in Linz. (Geboren 21. 9. 1415 in Innsbruck.)

Lorenz Luchsperger. Bildschnitzer, in Wiener Neustadt seit 1486 nachweisbar. Ihm und seiner Werkstätte werden die spätgotischen Statuen der Apostel und der Verkündigung im Dom von Wiener Neustadt zugeschrieben. Gestorben 1501 in Wiener Neustadt.

Johannes Tichtel. Arzt und Professor an der Universität Wien, Frühhumanist. Führte von 1477–95 ein Tagebuch, in dem er zeitgeschichtliche Ereignisse schildert. Gestorben 1503 in Wien.

Rueland Frueauf d. Ä. Tafelmaler, vor allem im Gebiet um Salzburg tätig. Gestorben 1507 in Passau. (Geboren um 1445 in Obernberg im Innviertel.)

Johann Fuchsmagen. Arzt und Humanist; er stiftete den Leopoldsteppich von Heiligenkreuz. Gestorben 3. 5. 1510 in Melk. (Geboren vor 1455 in Hall in Tirol.)

Ladislaus Sunthaim. Domherr und Historiker; er verfaßte die wissenschaftlichen Grundlagen für den Klosterneuburger Babenbergerstammbaum. Gestorben vor 5. 2. 1513.

Maximilian I. Kaiser. Gestorben 12. 1. 1919 in Wels. (Geboren 22. 3. 1459 in Wiener Neustadt.)

GEBURTSTAGE

Paul Rebhun (Rebhuhn). Dichter, ein Hauptvertreter des protestantischen Schuldramas, Schulmeister und Pfarrer in Sachsen. Geboren um 1500 in Waidhofen a. d. Ybbs. (Gestorben nach 10. 5. 1546 in Ölsnitz, Sachsen.)

Links: Georg Freiherr von Rottal, Landhofmeister 1513–1521.
Rechts: Wolfgang Freiherr von Polheim und Wartenburg, Oberster Hauptmann und Regent der Niederösterreichischen Lande 1501–1512.

1491–1519

Der Bernhardialtar im Kloster Zwettl

Bei einer Kremser Malerwerkstatt gab der Zwettler Abt Wolfgang Örtl (1495–1508) einen dem heiligen Bernhard gewidmeten Altar für die neu gestaltete Prälaturkapelle seines Klosters in Auftrag. Das Werk enthält acht Darstellungen aus der Legende des hl. Bernhard von Clairvaux und im Schrein die Skulpturen Maria mit Kind, den hl. Bernhard und den hl. Benedikt.

Die Schreinplastiken könnten ein Werk Gregor Erhards sein, die acht Bildtafeln sind wohl Jörg Breu d. Ä. zuzuschreiben und werden mit 1500 datiert. In chronologischer Folge stellen sie den Abschied des Heiligen von seinen Eltern dar, die Ankunft Bernhards und seiner Geschwister im Kloster, den Heiligen bei der Kornernte, die Heilung eines Gichtbrüchigen und eines blinden Knaben durch Bernhard, die Heilung einer Besessenen, den hl. Bernhard als Patron der Tiere, den Tod des Heiligen und sein Begräbnis. Die Tafelbilder in ihrer Detailfreudigkeit sind auch für die Realienkunde des Mittelalters eine reiche Fundgrube.

Der Bernhardialtar im Stift Zwettl.

Die Anfänge des ständischen Beamtentums

Beamte auf Zeit oder für längere Perioden wurden in Niederösterreich erstmals im 15. Jahrhundert bestellt. Die Stände versuchten auf diese Weise ihre Aufgaben zu erfüllen. Im Jahre 1432 mußte man zur Durchführung des allgemeinen Aufgebotes einen obersten Hautpmann, 16 Viertelhauptleute sowie Unter- oder Pfarrhauptleute einsetzen. Auch für die Einhebung der Hussitensteuern wurden eigene Organe notwendig. Einen Wandel brachten die Reformen Maximilians I. Nun wurden Behörden geschaffen, die ständig bestehen sollten und nicht nur Aufgaben auf Zeit zu erfüllen hatten. Im Jahre 1513 erwarben die Stände das liechtensteinische Haus in der Hochstraße, der späteren Herrengasse, in Wien und wandelten es in ein Land- oder Ständehaus um. Dort verwahrten sie ihre Akten und Steuerbücher und richteten einen regelmäßigen Amtsbetrieb ein. Für diese Arbeit wollte man aus den vier Ständen je zwei Vertreter entsenden. Diese für einige Jahre bestellten Personen hießen „Verordnete der

Landschaft des Fürstentums Österreich unter der Enns". Die Behörde war kollegial eingerichtet und versuchte ihren Wirkungskreis immer mehr zu erweitern. Innerhalb des Kollegiums gab es im Lauf der Zeit Veränderungen. Im Jahre 1538 wurden die Bürger wegen der sinkenden Steuerkraft der Städte endgültig aus dem Verordnetenkollegium verdrängt. Die Verordneten sollten anfangs nur von einem Landtag zum anderen im Amt bleiben, doch wurde im Jahre 1612 ihre Amtszeit mit vier und 1682 mit sechs Jahren festgelegt. Diese sechsjährige Amtszeit erhielt sich bis ins 20. Jahrhundert. Die Besoldung war anfangs mit 50 Gulden und 12 Schilling jährlich bemessen, 1547 wurde sie auf 200 Gulden und, wenn sie nicht in Wien wohnten, auf 400 Gulden erhöht. Die Verordneten durften kein Hof- oder Staatsamt bekleiden.

Neben diesen „Verordneten" – also der eigentlichen Regierung der Stände – gab es auch Unterbeamte, etwa die Einnehmer, welche die Finanzen zu besorgen hatten. Sie stammten aus dem Ritterstand und wurden allmählich den Verordneten untergeordnet. Die Führung der Gültbücher und der Einschätzungsprotokolle war Aufgabe der

Rentmeister. Mit dem Anwachsen der Geschäfte wurde im Lauf des 16. Jahrhunderts die Bestellung einer Zahl weiterer Organe notwendig, die dauernd angestellt und besoldet wurden. Der oberste Beamte war der Landschaftssyndikus, der allen Landtagssitzungen beizuwohnen und das Protokoll zu führen hatte. Er verfügte über eine eigene Kanzlei und hatte eine Wohnung im Landhaus. Das Verordnetenkollegium besaß Sekretäre, die den Sitzungen beiwohnten, das Protokoll zu führen und die Bescheide auszufertigen hatten. Später wurde es üblich, den ersten Sekretär der Verordneten zum Syndikus zu bestellen.

Für das Sanitätswesen bestellte man Landschaftsmedici, seit 1591 Viertelmedici, denen ein Protomedicus vorstand. Es gab später auch Lanschaftschirurgen, Landschaftshebammen, Landschaftsbarbiere und Landschaftsapotheker.

Von der Donauschule zur Renaissance

Kreuzigung Christi, 2. V. 16. Jh. Stift Lilienfeld.

sogar Züge ungezähmter Wildheit erkennen lassen. Die Begründer der Donauschule kamen durchwegs nicht aus dem Osten Österreichs, sondern hauptsächlich aus dem süddeutschen Raum. Als ihre Hauptvertreter gelten der aus Franken stammende Lukas Cranach d. Ä. (1472–1553), dessen Hauptwerke in Österreich jedoch fast alle für Wien gemalt wurden, der damals vor allem in Regensburg tätige junge Albrecht Altdorfer (1480–1538), dessen Hauptwerk in Österreich sich in St. Florian befindet, der in Feldkirch geborene, in Passau ansässige, v. a. im westösterreichischen Bereich arbeitende Wolf Huber (1480–1533) und schließlich der zu Beginn des Jahrhunderts in Krems tätige, aus Augsburg stammende Jörg Breu d. Ä. (1480–1536), der mit dem fälschlich als „Wullersdorfer Altar" bezeichneten Altar im Stift Melk, dem „Aggsbacher Altar" im Stift Herzogenburg und dem noch lyrisch-weichen Bernhardialtar im Stift Zwettl Hauptwerke des Donaustils in Niederösterreich schuf.

Neben den erwähnten Meistern erlangte v. a. auch der Passauer Rueland Frueauf der Jüngere (1465/70 – nach 1545), der als der ruhigste und traditionsverhaftetste Maler der Donauschule gilt, einen überregionalen Bekanntheitsgrad. Frueaufs Werke in Niederösterreich entstanden ausschließlich in Klosterneuburg, wobei insbesondere auf den märchenhaften Leopoldszyklus verwiesen werden soll, in dem sich erste bildliche Wiedergaben des Wienerwaldes finden. Unter den anonymen Künstlern jener Zeit verdient insbesondere der sogenannte Meister von Pulkau Erwähnung, dessen Altar in der Heiligen Blut-Kirche von Pulkau sowohl hinsichtlich der Malerei als auch mit Bezug auf seine Skulpturen zum Bedeutendsten innerhalb der Kunst der Donauschule zählt. Unter den zahlreichen weniger bekannten Werken jener Zeit sei hier auch noch auf

Während die bildenden Künste des ausgehenden 15. Jahrhunderts noch in vielerlei Hinsicht mittelalterlichem Denken verpflichtet waren, findet man zu Beginn des 16. Jahrhunderts im Donauraum eine Künstlergeneration unterschiedlichster Abstammung, die über das traditionsgebundene, in den der Formensprache der Endgotik beipflichteten Werkstätten Gelernte hinausgeht und frei von formaler Tradition ein Weltbild gestaltet, das aus der unmittelbaren Beobachtung der Natur entspringt. Diese Kunstrichtung, resultierend aus einem einheitlichen Kunstwollen zwischen Regensburg und Wien auch „Donaustil" oder „Donauschule" genannt, stand zwar in keiner unmittelbaren Beziehung zur italienischen oder zur niederländischen Kunst, wo seit langem die Wesenszüge der Neuzeit vorbereitet wurden, formulierte aber eine eigene Sprache, die in vielerlei Hinsicht als Parallele zum Kunstwollen jener Länder zu sehen ist. Wie die italienischen oder niederländischen Künstler des 15. Jahrhunderts zeichnen sich auch die Künstler der Donauschule durch ein sehr intensives Verhältnis zur Natur aus. Anders als jene streben sie jedoch nicht nach objektiver Wiedergabe des Naturvorbildes, sondern gestalten, ins Dynamisch-Dramatische gesteigert, echte Raumbilder, die oft ins Romantische übersteigert werden und in stilistischer Hinsicht

Schnitzaltar um 1500/1510 bzw. 1509/1522. Neukirchen am Ostrong, Pfarrkirche.

Links: Flügelaltar, um 1515–1525. Pulkau, Heiligen Blut-Kirche.
Rechts: Geburt Christi, Detail des Altares von Mauer, 1509.

Von der Donauschule zur Renaissance

einen kleinen Altar in Neukirchen am Ostrong verwiesen, dessen Skulpturenschmuck noch der Spätgotik verhaftet ist, während sich an der gemalten Predella bereits deutlich der Einfluß der Donauschule zeigt.

Das Hauptwerk der Schnitzkunst des 16. Jahrhunderts in Niederösterreich ist das überregional bekannte Altarwerk in Mauer bei Melk, das in seiner äußeren Form (Rahmen, Ornamente) bereits die neuen Elemente der italienischen Renaissance verarbeitet, während es, was die Ausdrucksmittel der Darstellung und das Pathos der Figuren anbelangt, noch stark der Spätgotik verpflichtet ist, in der Durchgestaltung der Einzelheiten aber auch Elemente der Donauschule verarbeitet.

Während im Altar von Mauer Übereinstimmungen mit der italienischen Kunst nur der äußeren Form nach zu finden sind, trifft man im 2. Jahrzehnt des 16. Jahrhunderts auch bereits auf Werke, die in unmittelbarer Beziehung zur Kunst der Renaissance in Oberitalien stehen, etwa auf das 1515 entstande Portal der Salvatorkapelle in Wien, die zeitgleichen Porträtskulpturen der Schloßkapelle in Sierndorf in Niederösterreich oder den ebendort befindlichen prächtigen steinernen Altar mit Flügeln aus Holz mit hervorragenden Stein- und Holzplastiken (um 1520).

Während die plastische Kunst in Niederösterreich bis etwa 1520 – in gesamtösterreichischer Hinsicht gesehen – noch zahlreiche Spitzenleistungen hervorbrachte, vermochte sie – bedingt durch die Wirren der Reformation, der Türken- und Bauernkriege – mit Fortlauf des Jahrhunderts mit der Kunstentwicklung der gegenreformatorischen Zentren in Graz, Innsbruck oder Salzburg, aber auch mit der gegen Ende des Jahrhunderts unter dem Einfluß Böhmens stehenden Kunstentwicklung in der Metropole Wien nicht Schritt zu halten. Der Schwerpunkt künstlerischer Tätigkeit in Niederösterreich verlagerte sich ab jener Zeit auf die Architektur, und hier – im Gegensatz zu den vorangegangenen Jahrhunderten – auf die Profanarchitektur.

Der Schnitzaltar von Mauer bei Melk

Der heute an der Nordwand des Langhausmittelschiffes aufgestellte Schnitzaltar diente bis zum Jahr 1756 als Hochaltar der kleinen Wallfahrtskirche bei Melk. Er zählt gemeinsam mit Werken wie dem St. Wolfganger Altar Michael Pachers oder dem Kefermarkter Altar zu den unumstrittenen Hauptwerken spätgotischer Kunst in Österreich, gehört in stilistischer Hinsicht aber im wesentlichen bereits der sogenannten Donauschule an.

Während die Qualität des Altarwerks unbe-

Schnitzaltar um 1509. Mauer bei Melk, Pfarrkirche.

stritten ist, gehen in der umfangreichen Fachliteratur die Meinungen über dessen Zuschreibung an einen konkreten Künstler weit auseinander. Der Bogen der Zuschreibungen führt von der Schule des Veit Stoß über Niclas Gerhaert, den Breisacher Monogrammeister H. L. bis zur Passauer Kriechbaumwerkstatt, wobei die Zuschreibung an Niclas Gerhaert sowie an die Kriechbaumwerkstatt aus zeitlichen Gründen allerdings eher auszuschließen ist. Schon relativ früh erkannte man, daß sich am Altar zwei Künstlerpersönlichkeiten ablesen lassen, der Meister des Schreins als der virtuosere und reifere, der der Auszugsfiguren und der Flügel als der spätere und etwas weniger begabte Künstler.

Einer Notiz im Göttweiger Äbtekatalog zufolge dürfte der Altar im Jahre 1509 geschaffen worden sein. Für die Identität des Altars mit dem im Äbtekatalog genannten spricht neben mehreren hier nicht einzeln angeführten Argumenten u. a. die Tatsache, daß der

Schnitzer der Flügelreliefs sich bei drei Szenen als Vorlage 1505 vollendeter Holzschnitte aus Dürers Marienleben bediente. Der Altar, dem eine Schlüsselstellung in der spätgotischen Plastik der Donauschule zukommt, die vom Einfluß auf den Schnitzaltar der Zwettler Stiftskirche bis hin zum Pulkauer Meister reicht, verbindet Einflüsse aus dem Westen kommender Schnitzkunst, der Dürerschen Graphik und oberitalienischen Ornamentik mit einheimischem Ausdruck. Donauländisch ist die Freude an der glanzvollen Erscheinung dieser Welt, volkstümlich das „persönliche Verhältnis" des Künstlers zu Gott. Von malerisch bewegten Faltenwürfen, die das untere Drittel des Altars beherrschen, führt der Künstler über die Realität der einzelnen heiligen Personen zum Irrealen, das er dem Betrachter menschlich nahebringt und verständlich macht. Am Ende einer Epoche erfährt die österreichische Kunst hier einen ihrer Höhepunkte.

Links: Schweißtuch Christi, von einem Engel gehalten, Holzreflief, Privatbesitz in Wien.
Unten: Das Wiener Neustädter Blutgericht. Hinrichtung von Michael von Eyczing und Hans von Puchheim auf dem Hauptplatz von Wiener Neustadt im August 1522. Ölgemälde des 18. Jahrhunderts. Wiener Neustadt, Stadtmuseum.

Von stundan seindt sy herab von den Pünen auf den Platz gefüert vnnd von Ersten herr Michel von Eytzingen, vnnd nachuolgundt herr Hanns von Puechaim vngepunden ennthaubt worden. Got welle den Seelen genedig vnnd Barmhertzig sein. Nachuolgundt hat man sy besungen vnnd von dannen wegg gefüert, da sy Ir begrebniss habenndt . . .

Siegmund Freiherr von Herberstein

1520–1528

KALENDER

4. 7. 1520 Auf einem Landtag in Korneuburg wird Karl V. von den Ständen Österreichs als Landesfürst anerkannt.

29. 4. 1521 In Worms einigen sich Karl V. und sein Bruder Erzherzog Ferdinand über die Aufteilung der Länder. Ferdinand wird Landesfürst in Österreich.

5. 6. Auf einem Landtag in Ybbs beschließen die Stände von Nieder- und Oberösterreich, Ferdinand I. zu huldigen.

1522 In St. Pölten wird erstmals ein evangelischer Bürger wegen lutherischer Reden verurteilt.

20. 4. Der Landtag von Wiener Neustadt beschließt einen Feldzug gegen die Türken.

10. 7. In Wiener Neustadt wird ein Gerichtsverfahren gegen jene Ständemitglieder eröffnet, die sich gegen Ferdinand ausgesprochen hatten. Es endet mit 8 Todesurteilen, die am 11. und 19. August vollstreckt werden.

August Mit der Enthauptung der Führer der Adelspartei und der führenden Mitglieder des Wiener Rates ist der Kampf zwischen den Ständen und dem Landesherrn um die absolute Macht zugunsten Erzherzog Ferdinands beendet.

1523 In Wien wird der Wiedertäufer Kaspar Tauber als erstes Opfer der Reformation hingerichtet.

Wiener Neustadt wird Sitz der niederösterreichischen Regierung.

3. 3. Ferdinand I. erläßt ein Edikt gegen neue aufrührerische und ketzerische Bücher.

21. 5. Ferdinand I. bestätigt die Privilegien von Seitenstetten.

1524 Neue Stadtordnungen werden erlassen, u. a. für Krems.

4. 4. 1525 Erzherzog Ferdinand fordert von den Obrigkeiten, das Übergreifen des Bauernaufstandes auf NÖ. zu verhindern. Einige Güter von Zwettl und Lilienfeld werden betroffen.

18. 6. Alle Kirtage (außer den gefreiten Jahrmärkten) werden verboten, um Zusammenkünfte von vielen Menschen zu verhindern.

29. 8. 1526 In der Schlacht bei Mohács wird der ungarische König Ludwig II. getötet. Der Habsburger Ferdinand I., sein Schwager, beansprucht die Nachfolge. Damit beginnt der Kampf um Ungarn, der bis 1683 andauert.

1528 Eine erste Visitation der Pfarren erfolgt, um deren Zustand feststellen zu können.

10. 3. Balthasar Hubmayr, Anführer der Wiedertäufer, wird in Wien hingerichtet.

TODESTAGE

Hans Geyer. Baumeister. Gestorben 8. 9. 1525 in Ybbs. (Geboren um 1457.)

Das Wiener Neustädter Blutgericht

Nach dem Tode Kaiser Maximilians I. im Jänner 1519 widersetzte sich ein Teil der Stände der Bestimmung seines Testamentes, nach der bis zum Eintreffen eines seiner Enkel in Österreich die bestehenden Regimenter (Regierungen) in den Provinzen die Verwaltung leiten sollten. Als in Wien ein Landtag stattfand, drang eine oppositionelle Gruppe in den Saal ein und erzwang die Einsetzung einer ständischen Regierung. Als sich die beiden Enkel Maximilians, Karl V. und Ferdinand I., geeinigt hatten und Ferdinand die Nachfolge in den österreichischen Ländern übernahm, berief er alle, die am Wiener Landtag teilgenommen hatten, insbesondere Bürgermeister, Richter und Rat der Stadt Wien, nach Wiener Neustadt vor einen Gerichtshof. Diesem Kollegium, bei dem Ferdinand selbst den Vorsitz führte, gehörten nur Nicht-Niederösterreicher an. Als am 10. Juli 1522 der Gerichtshof auf dem Marktplatz der Stadt seine Tätigkeit aufnahm, waren nicht nur die Beteiligten, sondern auch viele Neugierige erschienen. Nach zwei Tagen wurde das Urteil verkündet. In der Begründung hieß es, die Anhänger der neuen Landesordnung hätten nicht das Recht gehabt, sich gegen die Regierung aufzulehnen, Einnahmen zu beschlagnahmen, Beamte zu vereidigen und Münzen zu prägen. Daraufhin wurden die Anführer dieser Aktion festgenommen: Michael von Eyczing, Hans von Puchheim, der Wiener Bürgermeister Dr. Martin Siebenbürger und eine Anzahl Ratsherren der Stadt.

Den Verhafteten wurde am 9. August der Prozeß gemacht. Die beiden Adeligen Eyczing und Puchheim wurden auf dem Marktplatz enthauptet, zwei Tage später wurden auch der Bürgermeister und fünf Ratsherren von Wien hingerichtet.

Dieses Blutgericht erregte großes Aufsehen und brachte dem kaum der Landessprache mächtigen jungen Fürsten den Ruf ein, ein grausamer Tyrann zu sein. Durch dieses Exempel war aber der Kampf der Stände gegen den Landesherrn entschieden, künftig wurde seine Herrschaft nicht mehr in Frage gestellt.

Die Familie Dr. Wolfgang Kappler in Krems

Der Arzt und Apotheker Dr. Wolfgang Kappler wurde 1493 in Straßburg im Elsaß geboren, studierte Medizin in Venedig, war dann Stadtarzt in Brünn und Apotheker in Znaim. Seit dem Jahre 1527 lebte er in Krems, wo er die „Mohrenapotheke" gründete und im Jahre 1567 als wohlhabender Mann starb. Seine Gattin Magdalena war die Tochter des Kremser Bäckermeisters Ulrich Gmundner, dem Ehepaar wurden 14 Kinder geboren. Von beiden ist ein Porträtgemälde erhalten, doch stammen die beiden Bilder von zwei verschiedenen Malern und aus verschiedenen Zeiten. Aus der Aufschrift auf Kapplers Gemälde geht hervor, daß es ihn als Siebenunddreißigjährigen im Jahre 1530 darstellt. Auf dem Bild ist das dem Arzt von Karl V. verliehene Wappen zu sehen (schwarzer und silberner Querbalken nach rechts unten und schreitender schwarzer Hahn nach rechts auf rotem

. . . Wir sind berichtet, daß solche verdamm-
lichen Ketzereien in unseren Landen . . . je
länger je mehr einreißen, wachsen und sich
mehren. – So haben wir neben anderen Vor-
sehungen vorgenommen, durch etliche . . .
gelehrte, verständige unparteiische Personen
geistlichen und weltlichen Standes in unseren
niederösterreichischen Ländern eine Visitation und Inquisition zu halten . . .

Aus dem Visitationspatent 1528

*Rechts: Hinrichtung des Kaspar Tauber als Evan-
gelischer oder Wiedertäufer 1524, Stich aus Ludwig Rabus „Historien der Märtyrer ander Teil",
1572.*

Die Anfänge der Reformation

*Auf dem Reichstag zu Augsburg wird Kaiser Karl V. die Confessio Augustana überreicht. Ölgemälde.
Privatbesitz.*

*Stammbaum der Familie Kappler, 1544. Krems,
Stadtmuseum.*

Grund oben), während auf dem Gemälde
seiner Frau auf der Rückseite acht ihrer
Kinder in Form einer Wurzel Jesse dargestellt sind. Dieses Bild ist 1544 entstanden.
Beide Porträts sind charakteristische Beispiele für das bürgerliche Selbstverständnis
im 16. Jahrhundert.

*Links: Portrait der Magdalena Kappler. Gemalt
von Niklas Preu, 1544. Krems, Stadtmuseum.*
*Unten: Predigt des päpstlichen Nuntius Cornelius
Musso in der Wiener Augustinerkirche 1561, Ölge-
mälde von Jacob Seisenegger. Rohrau, Galerie
Schloß Harrach.*

Über die Anfänge der lutherischen Bewegung in Niederösterreich gibt es nur wenige
Quellen. Es ist auch nicht feststellbar, inwieweit die Menschen sich in den Jahren
nach 1520 über die Konsequenzen der neu-
en Bestrebungen klar waren und Unterschiede zur herkömmlichen Lehre überhaupt erkannten. Vielfach glaubte man
noch an eine innerkirchliche Reformströ-
mung. Es gab aber in östlichen Österreich
doch ein frühes Echo, vor allem in den
Kreisen der Humanisten. So hat der Wiener
Drucker Johann Siengriner in den Jahren
1519 bis 1522 Schriften Luthers nachge-
druckt, und am 15. Jänner 1522 hielt Paul
Speratus im Stephansdom eine evangelische
Predigt, zu der er vom Bischof Georg Slat-
konia die Erlaubnis erhalten hatte. Ver-
streute Nachrichten beweisen aber, daß die
Ideen Luthers auch in kleineren Orten bekannt geworden waren: in St. Pölten, wo ein
Bürger deswegen eingekerkert wurde, in
Wiener Neustadt, in Weißenkirchen und
Perchtoldsdorf. Auch österreichische Adeli-
ge hatten bereits Kontakte mit reformatori-
schem Gedankengut – wie die Jörger und
Starhemberger. Als im Jahre 1524 Kaspar
Tauber in Wien hingerichtet wurde, weil
man ihn für einen Sympathisanten der Wie-

dertäufer hielt, kam es zu einem gewissen
Rückschlag und einem Innehalten der Reformation.

Erzherzog Ferdinand bemühte sich bald,
durch drakonische Patente das Einsickern
lutherischer Lehren zu verhindern. So wurde vor allem der Verkauf von Büchern und
Broschüren untersagt, die meist auf Jahrmärkten feilgeboten wurden. Auch im Bauernkrieg des Jahres 1525, der allerdings nur
in Ausläufern Niederösterreich streifte und
vor allem geistliche Grundherrschaften wie
Zwettl und Lilienfeld betraf, könnten schon
Ideen der Reformation mitbestimmend gewesen sein.

Einen wesentlichen Faktor bildete auch der
Verfallszustand der katholischen Kirche,
wie ihn etwa die Visitation des Jahres 1528
zutage förderte. Manche Pfarren wurden
nur durch Gesellpriester betreut, weil die
Inhaber der Stelle andere Funktionen ausübten und die Pfarre nur als Pfründe be-
trachteten. Auch gab es viele schlecht aus-
gebildete Priester und ein Nachlassen des
Interesses der Bevölkerung, Stiftungen für
geistliche Einrichtungen zu bedenken und
zu fördern, was die wirtschaftliche Lage der
Kirche verschlechterte.

Links: Die Türken bedrängen Waidhofen a. d. Ybbs, 1532. Ausschnitt aus dem Plagenbild der Stadt Waidhofen/Ybbs.
Rechts: Das Ybbstal wird von Heuschrecken und Sperlingen heimgesucht. Ausschnitt aus dem Plagenbild der Stadt Waidhofen/Ybbs.

1529–1534

KALENDER

September–Oktober 1529 Niederösterreich leidet schwer unter dem Einfall des osmanischen Sultans Soliman, der Wien belagert und dessen Vorhuten Niederösterreich verwüsten.

25./26. 9. Die Türken versuchen unter Mihial Oglu Göttweig zu erstürmen, das aber vom Abt Matthias verteidigt wird. Weitere Aktionen in Niederösterreich sind aus Strengberg und dem Gebiet um Melk und Pöchlarn bekannt, wo verstärkt türkische Reiter auftraten und auch die Donau überschritten. Sie wurden aber durch Kurfürst Friedrich von der Pfalz, der mit 6000 Mann Reichstruppen den Strom kontrollierte, zurückgetrieben.

1530 Ferdinand I. wird zum römischen König gewählt. Künftighin ist die Hofburg in Wien seine Residenz. Er erhält mit der Wahl die Anwartschaft auf die Nachfolge seines Bruders Karl V. als Kaiser.

Die Confessio Augustana, die Gottesdienstordnung der Evangelischen, wird erlassen.

Kroaten, die vor den Türken geflüchtet waren, werden im Marchfeld angesiedelt, besonders im Gebiet von Orth a. d. Donau.

1531 Ferdinand I. schenkt Baden als Ersatz für die Türkenschäden neue Bäder. Damit ist der Ausbau der Kurstadt gesichert.

1532 Neuerlicher Einfall türkischer Vorhuten in Niederösterreich, während das Hauptheer durch die Belagerung von Güns aufgehalten wird.

Spanische Hilfstruppen, die nicht in den Kampf eingreifen, brennen die Stadt Krems nieder. Dabei gehen 115 Häuser zugrunde.

Die „Mohrenapotheke" in Krems wird erbaut.

Christoph von Rauber, Bischof von Laibach, wird Statthalter der nö. Lande. Er übt dieses Amt bis 1536 aus.

10. 9. Die Bauern und Schmiede des Ybbstales siegen bei Waidhofen a. d. Ybbs über diese türkischen Vorhuten. Daran erinnern das „Plagenbild" im Stadtmuseum und der bald darauf errichtete Stadtturm.

18./19. 9. Die türkischen Streifscharen werden im Triestingtal beim Austritt in das Steinfeld vernichtet, der Rest wird über den Türkensturz bei Seebenstein gejagt.

Die Ursache der Türkenkriege

Am 28. August 1526 hatte Sultan Soliman das Heer der Magyaren bei Mohács zerschlagen, der ungarische König Ludwig II. war im Kampf gefallen. Der Sieger beanspruchte das Ungarische Reich mit der Begründung für sich, jedes Land, das der Fuß seines Pferdes betreten habe, gehöre ihm.

Das nun im Mannesstamm ausgestorbene ungarische Königshaus aus dem Geschlecht der Jagellonen war aber mehrfach an die Habsburger gebunden. Es gab eine staatliche Bindung durch die Verträge von Ödenburg/Wiener Neustadt aus dem Jahre 1463 und den Frieden von Preßburg des Jahres 1491: Beim Fehlen eines legitimen männlichen Erben des Herrschers sollten die Län-

der der ungarischen Krone nach dessen Tod an die Habsburger fallen. Diese Verträge wurden noch durch die Heiratsverträge des Jahres 1515 vertieft: Maria, die Witwe des gefallenen ungarischen Königs, war die Schwester Kaiser Karls V. und Erzherzog Ferdinands, des Landesfürsten von Österreich. Ferdinands Gemahlin Anna wiederum war Ludwigs Schwester.

Das half aber nicht viel, denn nur eine kleine Partei der Ungarn wählte Ferdinand im November 1526 zum König. Die weitgehend vom Kleinadel getragene Mehrheit hingegen stimmte für den siebenbürgischen Woiwoden Johann Szapolyai. Als Ferdinand das militärische Übergewicht erringen konnte, griffen die Osmanen ein. Die Folge war der Feldzug Sultan Solimans nach Mitteleuropa, der 1529 zur ersten Belagerung Wiens führte und im Jahre 1532, allerdings ohne Erfolg, wiederholt wurde. Die Positionen wurden dann im Jahre 1541 für eineinhalb Jahrhunderte abgesteckt, als die Osmanen Ofen/Buda eroberten und damit das Zentrum Ungarns in ein Paschalik (= Amtsbereich eines Paschas) umwandelten. Künftig gab es in Ungarn drei Herren: Das Zentrum des Landes beherrschten die Türken, den Westen und Norden (die Slowakei) die Kaiserlichen, das im Osten liegende Siebenbürgen nebst dem östlichen Ungarn um Debreczen und Kaschau (Košice) unterstand Szapolyai, war also selbständig, aber türkischer Satellit. Da die Osmanen ihr Lehensystem auf Ungarn übertrugen, kam es in der Folge zu dauernden Grenzstreitigkeiten, die gelegentlich zu Kriegen führten.

Plagenbild der Stadt Waidhofen/Ybbs um 1740. Oberer Teil: Begräbniszug mit Repräsentanten aller Stände, der sich auf eine Kirche zu bewegt.

Links: Der Türkensturz bei
Seebenstein.
Rechts: Die Türken vor der
Wallfahrtskirche auf dem Sonn-
tagsberg, Aquarell. Stift Seiten-
stetten.

Kirchengüter zur Finanzierung der Türkenkriege

Der Kampf mit den Türken um Ungarn mußte finanziert werden. Nicht nur die Stände sollten entsprechende Abgaben leisten, auch das Kirchengut wurde in Anspruch genommen. Der österreichische Landesfürst stellte sich auf den Standpunkt, daß die Fürsten von Österreich die Besitzungen der Geistlichen stets als ihr Kammergut betrachtet hätten und darüber verfügen könnten. So forderte Ferdinand I. schon 1523 ein Drittel aller geistlichen Einkünfte und ordnete 1526 die Ablieferung und den teilweisen Verkauf der Hälfte aller Kirchenkleinodien an. Viele der abgelieferten Gegenstände aus Edelmetall besaßen hohen künstlerischen Wert, und manche wertvollen Stücke gotischen Kunsthandwerks mögen damals eingeschmolzen worden sein. Mit Zustimmung des Papstes konnte der Landesfürst sogar ein Viertel des gesamten Kirchengutes in den Erbländern verkaufen und den Erlös für die Türkenhilfe verwenden. Die Prälaten protestierten zwar dagegen, die weltlichen Stände unterstützten aber diese Maßnahmen. Schließlich kam man mit den Vorstehern der Klöster überein, daß diese eine Pauschalsumme von 36.000 Gulden zu bezahlen hätten. Allerdings wurde die Aktion ein Mißerfolg, da es sehr lange dauerte, bis diese Gelder eingingen. Daher war der Landesfürst gezwungen, in Augsburg bei reichen Handelsherren wie den Fuggern und Baumgartnern Anleihen aufzunehmen, um den Krieg führen zu können.

Der hl. Koloman beschützt das Stift Melk vor dem Zugriff der Türken. Aquarell. 17. Jh. Stift Melk.

Der hl. Koloman beschützt Melk

Türkische Scharen, die am Nordufer der Donau gegenüber Melk lagern, werden von kaiserlichen Reitern vertrieben. Über Markt und Kloster Melk schwebt der heilige Koloman.
Im Jahre 1529 haben die Türken sowohl bei Pöchlarn als auch bei Aggsbach die Donau übersetzt, wurden aber durch Kurfürst Friedrich von der Pfalz, der mit 600 Mann Reichstruppen den Strom beobachtete, zurückgetrieben. Das Bild kann sich daher nicht auf 1683 beziehen, sondern erinnert an das Türkenjahr 1529.

Die Türken in Strengberg

Als im Jahre 1529 Akindschi (= türkische Streifscharen, sogenannte „Renner und Brenner") nach Strengberg kamen und die Kirche zu plündern begannen, schlug die Turmuhr. Von diesem Getöse erschreckt, flüchteten sie, ohne Ort und Kirche zu plündern. Diese Szene ist auf einem Gemälde im Pfarrhof von Strengberg festgehalten.

Kroaten im östlichen Niederösterreich

Als das türkische Heer im Oktober 1529 aus Niederösterreich abgezogen war, kehrten die überlebenden Flüchtlinge in ihre Heimatorte zurück. Nun zeigte sich, daß weite Strecken des flachen Landes entvölkert waren, viele Gehöfte leer standen, oft ganze Ortschaften im Gebiet von Bruck a. d. Leitha ohne Menschen waren. In diesen Gegenden siedelten sich Kroaten an, die vor den Türken geflüchtet, nach Norden abgewandert waren und eine neue Heimat suchten. Die Herrschaftsbesitzer, denen an der Wiederbesiedlung und landwirtschaftlichen Nutzung ihres Landes gelegen war, unterstützten diese Einwanderung. Vor allem der Verteidiger von Wien, Graf Niklas Salm, ließ in der Gegend von Orth kroatische Gefangene, ansiedeln die den Türken abgenommen worden waren, und 1530 zogen auch in den Raum Bruck a. d. Leitha Kroaten ein. Diese bildeten bis zum Jahre 1683 einen beachtlichen Teil der Bevölkerung, dann fielen viele ihrer Nachkommen erneut den Türken zum Opfer.

Rechts: Die Türken in Strengberg, 1532, Gemälde im Pfarrhof Strengberg.

Dem gestrengen und Ehrnvesten Christoph Jörger zu Tollet, meinem gönstigen herren vnd guetten freinde . . . wie Paulus Rom. 14 sagt, wer wider sein gewissen thuet, der ist verdambt, oder wie seine wort lauten, was nicht aus dem Glauben gehet, das ist sünde. Soches vnd deß mer, acht ich, werdet jer aus der schrifft vnd andern büchern, welche das gewissen wol lehren vnd halten, genugsam verstanden haben, Euer König ist des Teifels Diener in solchen Sachen . . . Montags nach dem Christage (den 30. Dezemb.) 1543.

Martinus Luther an Christoph Zorges

Rechts: Wilhelm von Roggendorf, Oberster Hofmeister Ferdinands I., Oberkommandierender von der Festung Ofen, gefallen 1541. Bild im Beckschen Portraitbuch. Wien, Kunsthistorisches Museum.

1535–1546

KALENDER

1535–1542 Bau des Stadtturmes von Waidhofen a. d. Ybbs.

15. 2. 1535 Ferdinand I. erläßt ein erstes Kreidfeuerpatent zur Errichtung von Warnanlagen vor feindlichen Angriffen (auf exponierten Anhöhen sollen Holzstöße errichtet werden, die im Kriegsfall zu entzünden sind und als eine Art Telegraphensystem dienen sollen).

1536 Das kaiserliche Mauthaus in Stein wird erbaut.

1537 Errichtung eines Zeugstadels (Arsenals) in der Burg von Klosterneuburg.

3. 11. 1538 König Ferdinand verleiht der Stadt St. Pölten ein neues Wappen. Auf diesem kommt zum Ausdruck, daß die Stadt nun landesfürstlich ist.

1539 Das Schloß Horn wird umgebaut und erweitert.

9. 3. Durch Zusammenarbeit mit dem Propst des Augustiner Chorherrenstiftes und der Stadt St. Pölten wird ein Bürgerspital errichtet, das für die Stadtbürger und für die Viertelbürger des Klosters zugänglich sein soll.

6. 12. Alle männlichen Wiedertäufer (vermutlich 96) im Bruderhof zu Steinabrunn werden verhaftet und nach Triest auf Galeeren gebracht. Viele flüchten und siedeln sich in Mähren an.

11. 12. Neue Wahlordnung Ferdinands I. für St. Pölten. Neben dem Inneren Rat werden 32 „Genannte" gewählt. Diese wählen den neuen Rat. Von den 12 Mitgliedern dieses Gremiums scheiden alle drei Jahre vier aus.

Vor 1541 In St. Pölten entsteht eine Schützengesellschaft. Ebenso wird eine deutsche Schule gegründet.

1541 Das Dominikanerkloster Retz wird errichtet.

Die Osmanen erobern Buda und setzen sich im Zentrum Ungarns fest.

Kaiser Ferdinand I. mit Schwert und Reichsapfel. Kupferstich.

1542 Die Burg von Wiener Neustadt wird als Residenz Ferdinands I. ausgestaltet.

1543 Wolfgang Lazius, Arzt in Wien, veröffentlicht Publikationen über Niederösterreich. Er widmet sich auch der Erforschung von Carnuntum.

Ansicht des Schlosses Horn von Osten.

1544 Durch eine neue Visitation der Klöster soll der Zustand der katholischen Einrichtungen festgestellt werden.

30. 1. Ferdinand I. weist alle Juden aus Österreich aus.

2. 8. Die Straße über die Mendling aus dem Alpenvorland in das steirische Eisengebiet wird eröffnet.

1545 In Wiener Neustadt wird ein Bürgerspital errichtet. Zur selben Zeit siedeln sich in St. Peter an der Sperr Klarissen an.

Das Konzil von Trient wird eröffnet.

GEBURTSTAGE

Johann Rasch. Einer der ersten Fachschriftsteller über Weinbau. Geboren um 1540 in Pöchlarn.

Hans Wilhelm von Losenstein. Erbauer der Schallaburg. Geboren 1546.

TODESTAGE

Johann Katzianer. Der Hauptmann der kaiserlichen Armee wird 1530 im Rahmen der Ansiedlung von Flüchtlingen aus türkischem Gebiet an der späteren Militärgrenze als Generalkapitän eingesetzt; 1537 wird er als Verräter in Krems festgenommen, kann aber nach Kroatien fliehen. Gestorben 1539.

Das Wappen von St. Pölten aus dem Jahre 1538

Das der Stadt St. Pölten von Ferdinand I. verliehene Stadtwappen besteht aus zwei Teilen. Im heraldisch rechten Teil ist ein umgekehrter österreichischer Bindenschild zu sehen, der in den Farben weiß, rot, weiß gehalten wird und ein Zeichen dafür ist, daß die Stadt dem österreichischen Landesfürsten zugehörig ist. Hingegen ist auf der heraldisch linken Seite ein aufrecht stehender, naturfarbener Wolf mit hochgestrecktem Schwanz, goldenen Zähnen und Klauen sowie roter Zunge dargestellt. Er steht in einem blauen Feld. Es ist dies ein Zeichen für die Herkunft der Stadt aus bischöflich-passauischem Besitz. Das Pedum (= der Bischofsstab), das der Wolf im 15. Jahrhundert in den Tatzen hielt, ist nun verschwunden. Dieses Wappen ist bis zur Gegenwart in Verwendung.

Links: Jahrmarktszene, Kupferstich aus der Georgica Curiosa des Wolf Helmhard von Hohberg.
Rechts: Wappenbrief der Stadt St. Pölten aus dem Jahre 1538.

Das Konzil von Trient. Aus „Der tirolerische Adler" von Mathias Burglehner. Wien, Haus-, Hof- und Staatsarchiv.

Die privilegierte Schützengesellschaft St. Pölten

Seit dem Jahre 1540 ist auch in St. Pölten eine Schützengesellschaft nachweisbar, die als Verein bis heute existiert. Sie war mit der Geschichte und Entwicklung des St. Pöltner Bürgertums stets eng verbunden. Ursprünglich hieß sie „Schießgesellschaft" und hatte die Aufgabe, den zur Stadtverteidigung verpflichteten Bürgern die Fertigkeit im Umgang mit Waffen zu vermitteln, zunächst noch mit der Armbrust, dann auch mit Feuerwaffen. Schon 1545 wurde ihr vom Rat der Stadt eine Schützenordnung bewilligt. Mitglieder konnten nur jene Einwohner der Stadt werden, die ein Haus besaßen. Neben den Schießübungen fanden auch Vogelschießen zu Pfingsten und Scheibenschießen während des Sommers statt. Es waren dies Volksfeste, an denen die ganze Stadt teilnahm. An der Spitze der Gesellschaft stand als Ehrenvorstand ein Schützenkönig, jener Mann, der beim Pfingstschießen mit der Armbrust den bemalten Vogel vom Vogelturm oder einer Stange abgeschossen hatte. Er wurde am Schluß des Festes mit einer prunkvollen Kette geschmückt und feierlich zu seinem Haus geleitet. Im nächsten Jahr wurde das Schießen jeweils mit der festlichen Abholung des Königs eingeleitet.

Große Feste waren die „Freischießen". Besonders das Wiener Freischießen aus dem Jahre 1563 wurde zum Vorbild für ähnliche Feste genommen, etwa dem Fest des Jahres 1568 am 9. Mai in St. Pölten, zu dem die Schützen von 26 benachbarten Orten geladen wurden. Die Freude war groß, als der einheimische Schützenkönig den Stadtpreis von 20 Gulden Rheinisch gewann.

Der Schützenkönig wechselte – wie erwähnt – jährlich. Die eigentlichen Leiter der Gesellschaft waren zwei Schützenmeister, die von den Mitgliedern der Gilde gewählt und vom Rat der Stadt bestätigt wurden. Sie besorgten die Gebarung, organisierten die Veranstaltungen und leiteten die Schützenversammlung. Den Schützen stand eine Schießstätte zur Verfügung, die im 16. und 17. Jahrhundert innerhalb der ummauerten Stadt in der Nähe des Wiener Tores stand. Für das Vogelschießen bestand ein Schießstand mit einem Vogelturm in der Traisenau. Im Jahre 1698 wurde eine neue Schießstätte westlich der Stadt errichtet.

Ähnliche Schützengilden gab es in den meisten Städten Niederösterreichs. Im Laufe der Zeit entstand eine Gleichförmigkeit an Einrichtungen und Gebräuchen, die durch ständige gegenseitige Besuche bei großen „Freischießen" immer weiter entwickelt wurde. Für die Schützenveranstaltungen wurden meist Preise gestiftet. Für besondere Veranstaltungen wurden eigene Schützenscheiben hergestellt. Die älteste erhaltene stammt aus Purgstall und wurde 1596 verwendet.

Der Vogelturm der Schützen in der Traisenau von St. Pölten, Ausschnitt, Gemälde v. B. Hoyel von 1623.

Waldviertler Märkte im 16. Jahrhundert

Wenn in der frühen Neuzeit ein Ort Marktrang erhalten wollte und damit auch das Recht, einen Jahrmarkt abzuhalten, war dies auch für die umgebenden Orte von Bedeutung. Aus diesem Grunde wurden sie um ihre Meinung gefragt. Im Herbst des Jahres 1544 richteten z. B. die Bürger des Marktes Gföhl an den Landesfürsten Ferdinand I. das Ansuchen, das ihnen schon 1493 von Kaiser Friedrich III. verliehene Recht, ein Wappen zu führen, jeden Dienstag einen Wochenmarkt und jährlich einen Jahrmarkt abhalten zu dürfen, zu bestätigen. Für den Jahrmarkt baten sie um Verlegung vom Mittwoch vor St. Michael auf den Andreastag (30. November) und um die Zuerkennung eines zweiten Jahrmarktes am Sonntag nach dem Veitstag (15. Juni). Außerdem baten sie König Ferdinand, im Hinblick auf die ungünstige Lage des Ortes und die geringe Bedeutung von Handel und Gewerbe, den Untertanen im Landgericht Gföhl zu befehlen, die Gföhler Märkte zu beschicken und nicht Waren an Käufer abzugeben, die von Haus zu Haus zogen. Der König wies dieses Ansuchen dem Hofrat zur Behandlung zu, der es der Landesregierung weitergab, um ein Gutachten einzuholen. Diese hielt eine Umfrage bei den Nachbargemeinden Krems, Lengenfeld, Langenlois, Neupölla, Krumau am Kamp, Rastenfeld und Zwettl ab. Aus den Antworten ersieht man, daß Interessengegensätze bestanden. So sprach sich die Stadt Krems gegen die Verlegung des Jahrmarktes aus, weil im dicht bevölkerten Lande mit vielen Marktprivilegien fremde Interessen verletzt würden. Die Wachau bringe außer Wein nicht viel auf den Markt, Krems müsse sich mit Brot und Getreide aus weiter entfernt liegenden Orten versorgen. Die übrigen Gemeinden hatten gegen die Wünsche von Gföhl nichts einzuwenden. Tatsächlich kam es im Jahre 1545 zur Verlegung des Jahrmarktes und zur Bewilligung eines zweiten Termins.

Das Landhaus im 16. Jahrhundert

Das niederösterreichische Landhaus in Wien

Die Stände des Erzherzogtums unter der Enns hatten bis zum 16. Jahrhundert noch kein eigenes Haus für Zusammenkünfte und Beratungen. Die Landtage wurden im 15. Jahrhundert in verschiedenen Orten abgehalten, meist in solchen, wo Klöster oder andere Bauwerke die Unterkunft einer größeren Anzahl von Standespersonen mit ihrer Dienerschaft und ihren Pferden ermöglichten. Nachdem die Stände verschiedener Länder schon Ende des 15. Jahrhunderts eigene Häuser erworben hatten, trachteten auch die niederösterreichischen Stände danach, ein Bauwerk für diesen Zweck zu erhalten. Im Jahre 1509 beschlossen sie, ein Landmarschallhaus in Wien zu erwerben und konnten schließlich am 25. April 1513 das Liechtensteinische Haus in der Herrengasse (jetzt Herrengasse 13) kaufen. Von diesem ursprünglichen Gebäude gibt es keine Ansicht, aber im Stadtplan des Jahres 1547 läßt es sich erkennen. Es bestand aus drei einstöckigen Trakten, wobei sich der längere von der Herrengasse bis an den Minoritenplatz erstreckte und durch ein schmales Gäßchen – Zwinger genannt –, das der heutigen Regierungsgasse (Leopold Figl-Gasse) entsprach, vom Haus der Herren von Roggendorf getrennt wurde. Der Quertrakt lag gegen den Minoritenplatz zu, der daran anstoßende rechte Längstrakt gegen die Herrengasse war nur halb so lang wie der linke und grenzte an Haus und Garten der Herren von Fünfkirchen. Das Gebäude entsprach zur Zeit des Ankaufes nicht den Anforderungen der Stände. Deshalb wurden bald größere Adaptierungen vorgenommen.

Aus dieser Zeit stammen noch das gotische Zimmer, die Prälatenstube (der heutige Prälatensaal) und der Landtagssaal, der später allerdings umgebaut wurde. Vielleicht ist damals auch die Durchfahrtshalle unter dem Landtagssaal mit dem Netzgewölbe – jetzt Kapelle – hergestellt worden. Als diese Umbauten fertig waren, stellte im Jahre 1528 der Dichter und Humanist Johann Cuspinian fest, das Landhaus übertreffe bei weitem die anderen Häuser der Stadt, komme gleich nach der Burg und verdiene, ein „königliches Haus" genannt zu werden. Um die Mitte des Jahrhunderts entschlossen sich die Stände zu einem weiteren Ausbau. 1551 wurde der Landtagssaal mit einem Gewölbe versehen und der Saal durch zwei Stockwerke durchgezogen. Im Jahre 1562 wurde auf den linken Seitentrakt ein zweites Stockwerk aufgesetzt und zugleich der Trakt in der Herrengasse ausgebaut. Eine entscheidende Ausgestaltung erfolgte aber in den Jahren 1568–86. Der Plan und die architek-

tonische Durchführung stammte vom Baumeister zu St. Stephan Hans Saphoy, der seit 1556 in Wien wirkte und 1579 auch den Adlerturm der Stephanskirche abschloß. Saphoy ist einer der wenigen Künstler der Zeit, von denen uns einige Werke überliefert sind, zumal er seit 1567 auch als Baumeister der Stadt Wien wirkte. Zuerst wurde im Jahre 1562 mit dem zweistöckigen Aufbau der zwei Längstrakte begonnen, und im Jahre 1568 wurden die Arbeiten am zweiten Stockwerk sowie die Restaurierung und Ausgestaltung fortgesetzt. Diese Arbeiten dauerten bis 1586. Zunächst wurde der linke Flügel bis an den Minoritenplatz zu Ende geführt, dann der rechte Flügel gegen die Herrengasse gebaut und ein Quertrakt längs des Minoritenplatzes fertiggestellt. Im linken Flügel lagen die neue erweiterte Verordnetenratsstube, die Bürger- und Prälatenstube nebst zwei diese Säle verbindenden Vorhallen im gotischen Stil. Der Quertrakt war für den Großen Saal, der rechte Flügel für die Herren- und Ritterstube mit ihren Verbindungsräumen bestimmt. Mit dem Jahre 1573 war die bauliche Ausgestaltung des linken Flügels samt der inneren Einrichtung fertig. Nun konzentrierten sich die Arbeiten auf die Ausgestaltung und Einrichtung des Quertraktes mit dem Großen Saal gegen den Minoritenfriedhof sowie auf den Ausbau des rechten, nur halben Flügels, der an das Haus und den Garten der Herren von Fünfkirchen grenzte. Man kann annehmen, daß 1578 der Quertrakt bis auf den Uhrturm

Das große Marmorportal des Hans Saphoy aus dem Jahre 1571 im Landhaus.

in Bau und Einrichtung fertig gewesen ist und daß auch der halbe rechte Flügel bis zu diesem Jahr vollendet wurde. Das Landhaus hatte nun zwei Fronten, die eine in der Herrengasse, die andere auf den Minoritenplatz. Gegen die Herrengasse handelte es sich einfach um zwei Gebäude, die nur durch eine Mauer verbunden waren. Hingegen war vom Minoritenplatz her eine architektonisch schöne Durchfahrtshalle vorhanden. Von dieser Seite fanden bei festlichen Gelegenheiten die Auffahrten der Mitglieder des Kaiserhauses, des Hochadels und der Ständemitglieder statt. Auf dem Tor in der Herrengasse war das niederösterreichische Landeswappen, die fünf goldenen

Das Landhaus von der Herrengasse nach den Umbauten im 16. Jahrhundert, nach einem Ölgemälde.

Rechts: Detail vom großen Marmorportal des Hans Saphoy im Nö. Landhaus.

Adler im blauen Feld mit dem Erzherzoghut darüber, auf die Türflügel gemalt. In der Einfahrtshalle war das Tor mit dem doppelköpfigen kaiserlichen Adler geziert. Über beiden Toren war ein Freizeichen oder Burgfriedenszeichen angebracht, eine Steintafel mit der Inschrift der kaiserlichen Freiheit und darüber eine Hand mit einem gezückten Schwert. Kaiser Maximilian II. hatte am 4. Juli 1568 den Ständen die Bewilligung zum Gebrauch dieses Zeichens erteilt und am 20. Februar 1571 zugestanden, daß jeder Ruhestörer vom Landmarschall verhaftet werden und dem Hofprofosen oder – in dessen Abwesenheit – dem Regierungsprofosen zur weiteren Haft und Bestrafung übergeben werden durfte. Im Hof befand sich auch ein Brunnen, zu dem die Stände nun ein neues Steinbecken meißeln und im Jahre 1570 ein kunstvolles schmiedeeisernes Gitter anfertigen ließen. Dieser Brunnen wurde im 19. Jahrhundert im neuen Landhaus nicht mehr verwendet, sondern von Graf August Breuner erstanden und im Schloß Grafenegg aufgestellt. Aus dem Jahre 1572 stammt die einstige Ratsstube, in der das Verordnetenkollegium, je zwei Mitglieder aus dem Prälaten-, Herren- und Ritterstand, seine Sitzungen und Beratungen abhielt. Berühmt wurde sie durch den herrlichen Holzplafond und das reich geschmückte Holzportal nebst der kunstreichen Tür, alles Werke des bürgerlichen Hoftischlers Georg Haas. In der Mitte des Plafonds prangt in goldenen Farben der kaiserliche Adler, der an der Brust das mittlere Reichswappen trägt. In den oberen Feldern der Täfelung sind die österreichischen Wappen, der Bindenschild und das Landeswappen, in den unteren das ungarische und das böhmische Wappen in Gold und Farben angebracht. Sie ist reich vergoldet und aus Ahorn-, Eichen-, Palisander-, Nuß- und Ebenholz zusammengesetzt. Die Türverkleidung samt Sockelsäulen und Kapitellen sind aus Eichenholz, die Karyatiden aus Lindenholz. Die Tür ist so konstruiert, daß sie als selbständig beweglicher Flügel nach jeder Seite aufgemacht und wieder geschlossen werden kann. Im Abschluß oberhalb der Tür ist der kaiserliche Doppeladler angebracht, umgeben von der Kette des Goldenen Vlieses.

Nachdem der Hoftischler Georg Haas die Plafonds in den Sälen des linken Traktes vollendet hatte, wurde ihm vielleicht 1572 der Auftrag zur Herstellung eines großen Holzplafonds im Saale erteilt. Es ist aber nicht bekannt, wie die Arbeiten durchgeführt wurden, denn nach 135 Jahren wurde dieser Holzplafond und die zu ihm passende Wandbekleidung entfernt und dem Geschmack des Barocks entsprechend gestaltet.

Das Bürgermeisterzimmer im St. Pöltner Rathaus mit der Kaiserdecke aus dem Jahre 1722.

Das St. Pöltner Rathaus im 16. Jahrhundert

Erstmals wird das Gebäude des jetzigen St. Pöltner Rathauses im Jahre 1503 in dieser Funktion genannt, wenn es in einer Urkunde heißt „ein Haus am Breiten Markt so zu gemeiner Stadt zu einem Rathaus kauft ist worden". Früher war dieses Gebäude im Besitz des Herrn Reinhard von Wallsee, der gemeinsam mit seinem Bruder als Stadtherr über St. Pölten gebot. Von dem Wallseer hatten es St. Pöltner Bürger erworben, einer von ihnen verkaufte das Gebäude im Jahre 1503 der Stadtgemeinde. In dem 1518 angelegten Urbar über die Herrschaft St. Pölten ist „die Gemein . . . zu St. Pölten" als Besitzerin eingetragen, und im Jahre 1532 heißt es in einem Urbar „Gemeiner Stadt Rathaus". Dieses Gebäude war ein zweigeschoßiger und im Erdgeschoß gewölbter Bau. Davon sind noch die Keller, die Grundmauern, aber auch zum guten Teil die Erdgeschoßteile erhalten. Im Obergeschoß befand sich die Ratsstube, vielleicht jener Saal, der jetzt das Bürgermeisterzimmer ist. Sie diente nicht nur zur Abhaltung von Ratssitzungen, sondern wurde zur Jahrmarktszeit auch als Verkaufshalle der Kürschner benützt. Neben der Ratsstube lag im Obergeschoß ein größerer Saal, der als Versammlungsort der Bürgergemeinde, aber auch als Stätte für Feste diente. Adelige Herren der Nachbarschaft mieteten diesen Saal für Hochzeiten.

Im Rathaus befand sich auch ein Gewölbe, in dem die Akten, die Waisenbücher und Vermögenssachen aufbewahrt wurden.

Aber auch ein Arrestlokal, das „Bürgergewölb", war im Erdgeschoß vorhanden. In ursprünglichem Zustand erhalten ist das Waaghaus der Stadt, das eine Aufschrift aus dem Jahre 1515 trägt.

Der Hof des Rathauses hin zur Linzer Straße war unbebaut und wurde erst in der 2. Hälfte des 16. Jahrhunderts durch eine Mauer von der Straße abgeschlossen. Das im Westen anschließende Gebäude war um die Mitte des 16. Jahrhunderts verfallen und wurde im Jahre 1567 um 100 Gulden von der Stadt angekauft, womit diese Besitzerin des Eckhauses zur Prandtauerstraße geworden war. In der Folge wurden die beiden Häuser baulich zusammengeschlossen, und die Fassaden wurden so weit angeglichen, daß sie als ein Haus erschienen. Dann beschloß man, einen Turm und einen Zubau zu errichten, der sowohl als Getreidekasten als auch als Zeughaus dienen sollte. So entstand am Beginn der achtziger Jahre des 16. Jahrhunderts der nach Süden vorspringende Flügel des Rathauses. Erst als dieser vollendet wurde, konnte man mit dem Bau des Turmes beginnen. Im Herbst des Jahres 1591 war auch dieses Werk nach zweijähriger Arbeit beendet. Doch waren weitere Nebenbauten notwendig. So zeigen die Steingewände am Rathausplatz die Inschrift „Brodtisch und Salzcammer" mit der Jahreszahl 1591. Es wurde also die Verkaufsstelle für Brot und Salz gleichzeitig mit der Aufsetzung des Turmes fertiggestellt.

Links: Detail vom gemalten Haus in Eggenburg.
Rechts: Der Kanzler Markus Beck von Leopoldsdorf. Bildnis im Beckschen Portraitbuch. Wien, Kunsthistorisches Museum.

1547–1557

KALENDER

12. 5. 1547 Das „bemalte Haus" in Eggenburg wird fertiggestellt.

30. 8. 1548 Ferdinand I. erläßt eine Weingartenordnung für das Gebiet von Krems.

12. 11. Ferdinand I. verleiht dem oberen Markt Herzogenburg ein Wappen.

1548/49 Das Rathaus in Krems wird erbaut, aber schon 1554 erweitert.

26. 2. 1549 Die Stadt St. Pölten erläßt eine neue Stadtordnung auf der Grundlage des Banntaidings. Diese wird 1650 und 1770 erweitert; der Feuerschutz wird in besonderem Maße geregelt. (Ein Taiding ist eine Zusammenkunft aller Bürger einer Gemeinde zum Beschluß unterschiedlicher Vereinbarungen.)

1551 Die Reichsmünzordnung fixiert den Gulden mit 60 Kreuzern.

31. 5. Die Gesellschaft Jesu kommt nach Wien und findet bei den Dominikanern Unterkunft. Die Jesuiten beginnen mit der Erteilung von Privatunterricht.

Das Amonhaus in Lunz wird als Wohnsitz des Hammerherrn Martin Ofner erbaut. Seit 1914 dient es als Heimatmuseum.

1. 8. Ferdinand I. befiehlt, daß die Juden einen gelben Ring zu ihrer Kennzeichnung zu tragen haben, der auf der Kleidung aufgenäht werden soll.

1552 Ferdinand I. erläßt eine neue Polizeiordnung.

1554 Der mit den Evangelischen sympathisierende Johann Pfauser wird Hofprediger bei Erzherzog Maximilian II., dem ältesten Sohn Ferdinands I.

Das Kurhaus in Deutsch Altenburg wird errichtet. Es wurde im Jahre 1945 zerstört.

20. 2. König Ferdinand verbietet die Kommunion in beiderlei Gestalt (Brot und Wein).

25. 2. König Ferdinand erläßt zur Regelung seiner Nachfolge eine Hausordnung.

1555 Im Rathaus von Wiener Neustadt werden Urkunden mit Goldbullen (= Siegeln) gestohlen.

Kaiser Karl V. mit dem Goldenen Vlies, Kupferstich.

Der Augsburger Religionsfriede regelt die Position von Katholiken und Evangelischen. Die Beschlüsse werden aber in den österreichischen Ländern nicht durchgeführt.

12. 9. 1556 Kaiser Karl V. verzichtet auf die Kaiserwürde, die nun auf seinen Bruder Ferdinand I. und damit auf die österreichische Linie der Habsburger übergeht.

1557 In Retz entstehen mehrere Bauten im Renaissancestil.

8. 8. Denkwürdige Hochzeit zwischen einem Katholiken und einer Protestantin in St. Pölten.

TODESTAGE

Gregor Angerer. Bischof von Wiener Neustadt. Gestorben 2. 4. 1548.

Cristóbal de Castillejo. Spanischer Dichter. Gestorben 12. 6. 1550 in Wien (begraben im Neukloster in Wiener Neustadt). (Geboren um 1480 in Ciudad Rodrigo, Spanien.)

Heinrich Muelich. Bischof von Wiener Neustadt. Gestorben 1550 durch Selbstmord.

Christoph von Eyczing. Statthalter seit 1544, Sohn des 1522 hingerichteten Michael von Eyczing. Gestorben 1552.

Christoph Wertheim. Bischof von Wiener Neustadt (1550–1553), seit 1552 auch Bischof von Wien. Gestorben 20. 5. 1553 in Wien.

Max Beck von Leopoldsdorf. Ständischer Kanzler von NÖ. Gestorben 1553.

Antonio Spaz. Architekt, Bildhauer und Steinmetz. Gestorben 1553 in Wiener Neustadt.

GEBURTSTAGE

Ernst. Erzherzog. Sohn Erzherzog Maximilians, des späteren Kaisers Maximilian II. Geboren 15. 7. 1553 in Wien. Von 1576–1590 Statthalter in NÖ. (Gestorben 12. 2. 1595 in Brüssel.)

Bürgerspitäler

Im 16. Jahrhundert wurden in einigen Städten Niederösterreichs Bürgerspitäler gegründet, in St. Pölten, Wiener Neustadt, Stockerau, 1550 in Drosendorf, 1560 in Gmünd. Es waren dies keine Krankenhäuser, sondern Versorgungsstätten für alt gewordene Bürger. Ein Recht auf Aufnahme in das Bürgerspital hatten nur Personen und deren Angehörige, die das Bürgerrecht in der Stadt hatten, jedoch keine Inwohner, wie man die Menschen nannte, die über keinen eigenen Hausbesitz verfügten. Die Bürgerspitäler wurden in der Regel durch Stiftungen erhalten. Von Bürgern wurden Immobilien oder Gegenstände gestiftet, aus deren Erträgnissen die Versorgung der Insassen erfolgte. Die Verwaltung erfolgte in der Regel durch vom Rat bestellte Spitalskommissäre.

Markus Beck von Leopoldsdorf

Eine der interessantesten Persönlichkeiten der ersten Hälfte des 16. Jahrhunderts ist der 1553 verstorbene Kanzler der niederösterreichischen Lande, Markus Beck von Leopoldsdorf. Er stammte aus dem Allgäu und kam als Student der Rechte 1510 nach Wien, wo er sich einige Jahre später dauernd niederließ und öffentliche Dienste annahm. Er heiratete in eine Bürgerfamilie Wiens ein. Seine zweite Frau Martha Heuberger war die Schwägerin des Landtagsverordneten und Beisitzers beim Stadtgericht Hans Kleplatt. Schon im Jahre 1522 hat Beck als Rat Ferdinands I. und Kammerprokurator beim Wiener Neustädter Urteil mitgewirkt. Dem Landesfürsten stand er damals so nahe, daß sein im Jahre 1525 geborener Sohn Hieronymus mit den Kindern des Habsburgers erzogen wurde. In der Beamtenkarriere stieg er rasch auf, war von 1526–1539 Vizedom in Österreich unter der Enns und wurde dann Kanzler der nö. Lande. Diese Würde bekleidete er bis zu seinem Tod. Er erwarb die Herrschaft Leopoldsdorf und verschiedene andere Güter, wurde in den Ritterstand erhoben und genoß großes Ansehen.

Die Fortschritte der Reformation

Als am 24. September 1555 von König Ferdinand der Augsburger Religionsfriede veröffentlicht wurde, der die Spaltung Deutschlands in zwei konfessionelle Lager entschied, erwies sich sehr bald, daß der König nicht in der Lage war, in seinen eigenen Ländern dieses Gesetz durchzusetzen. Als im Jänner 1556 in Wien ein Ausschußlandtag der österreichischen Stände zusammentrat, zeigte sich, wie stark sich der evangelische Glauben unterdessen durchgesetzt hatte. Ein Großteil des Adels sympathisierte mit der Lehre Luthers und hatte auf seinen Gütern Prädikanten eingestellt. Die Adelssitze mit ihren Schloßkapellen wurden zu Keimzellen für die Verbreitung des evangelischen Gedankengutes. Das Patronat wurde zum Recht der Adeligen, die Pfarrer anzustellen. Während in Wien durch die Tätigkeit der Jesuiten seit 1551 bereits eine geistige Gegenreform vorbereitet wurde, machten die Evangelischen auf dem Land weiterhin Fortschritte. Der Passauer Bischof Urban III. von Trenbach, der von

Links: Luther, Hus und Wycliffe: Die Flamme der Reformation, Kupferstich des 16. Jahrhunderts.
Rechts: Der Katechismus des Petrus Canisius „Summa doctrinae christianae". Erstausgabe 1555, für Studenten bestimmt.

1561 bis 1598 regierte, versuchte, dem entgegenzutreten. Auch Ferdinand I. wollte die lutherische Bewegung eindämmen und ordnete am 18. Febuar 1561 neuerlich eine Klostervisitation in Österreich an. Das Ergebnis war ziemlich niederschmetternd. So wurde Lilienfeld fast nicht gehalten, in St. Pölten lebten die Mönche im Konkubinat und trugen kein Ordenskleid. In Göttweig wurde die Kommunion unter beiden Gestalten gereicht, und in Melk lebte der Abt ebenfalls mit einer Frau zusammen und trug keine Ordenskleider. Nachdem im August 1563 eine neue Kommission tätig gewesen war, wurde ein zusammenfassender Bericht erstellt. Demnach lebten in 122 Klöstern 436 Konventualen, 160 Nonnen, 199 Frauen, 55 Ehefrauen und 443 Kinder. Die Visitationsberichte enthüllten ein erschreckendes Ausmaß vom Abstieg der Orden in den österreichischen Ländern. Die Klöster boten ein Bild des Verfalles. Viele Mitglieder neigten zu den Lehren Luthers. Es war deutlich, daß die inneren Kräfte der Orden für eine Erneuerung nicht mehr ausreichten. Ferdinand mußte in seinen letzten Lebensmonaten einsehen, daß er eine weitere Ausbreitung des Protestantismus nicht verhindern konnte. Da zu dieser Zeit nur mehr etwa ein Achtel der Bevölkerung katholisch war, gelang es Ferdinand am 16. April 1564, bei Papst Pius VI. den Laienkelch bewilligt zu erhalten, der am 18. Juni in Wien verkündet wurde. Kurz vor seinem Tode wollte Ferdinand noch einen Ausgleich der Religionen durchführen, kam aber nicht mehr dazu.

Der Augsburger Religionsfriede vom 25. September 1555.

Epitaph-Kasten mit Auferstehung Christi, gewidmet von der Äbtissin Margarethe Kolbmann des Erlaklosters, Öl auf Holz 1560–70, in der Pfarrkirche Erla.

Eine Adelshochzeit in St. Pölten 1557

Am 8. August 1557 heiratete im Herrenhaus in St. Pölten, dem Amtshaus der landesfürstlichen Herrschaft, eine Verwandte des Leopold Grabner auf der Rosenburg, des Lienhart Kirchberger von Viehofen und des Achaz Enenkel, einen katholischen Herrn von Neidegg. Der Brautwerber mußte bestätigen, die Braut in ihrer Augsburger Konfession niemals zu beschweren und selbst auch diesen Glauben annehmen zu wollen. Prädikant des Grabner auf der Rosenburg war Christoph Reuter, einer der bekanntesten evangelischen Geistlichen in Österreich. Er hielt im Herrenhaus eine Predigt für die Braut und deren Verwandte, während der Bräutigam mit seinen Glaubensgenossen in die Pfarrkirche zur Messe ging. Der Bräutigam beschwerte sich über die „Verführung" seiner Braut durch den Prädikanten, und der Hofmeister Jörg von Männing „wollt sein Weib einmauern lassen", weil sie bei der Versammlung der Protestanten geblieben war. Das Bürgertum war Zuschauer dieses Zwistes unter dem Adel, und auch der Landesfürst befahl, als er viel später davon erfuhr, dem Rat von St. Pölten, den Prädikanten zu verhaften, falls er sich wieder in der Stadt blicken ließe.

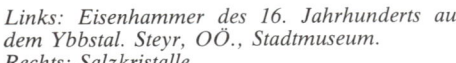
Links: Eisenhammer des 16. Jahrhunderts aus dem Ybbstal. Steyr, OÖ., Stadtmuseum.
Rechts: Salzkristalle.

Handel im 16. Jahrhundert

Die Regelung des Eisenhandels

Am 1. Mai 1559 erließ Ferdinand I. für die niederösterreichischen Lande eine Bergordnung für die Auffindung und den Abbau der Bodenschätze. Die landesfürstliche Hoheit erstreckte sich auf „alle Bergwerk und Fünd", und niemand war ohne besondere Erlaubnis berechtigt, Bergwerke zu eröffnen und zu betreiben. Den bedeutendsten Wirtschaftszweig stellte die Eisenverarbeitung und der Eisenhandel dar. Diese regelten landesfürstliche Eisenordnungen der Jahre 1544–1574 und die Scheibbser Marktordnung von 1574. Damit wurden bedeutende wirtschaftspolitische Maßnahmen getroffen. Denn die Ordnung des Eisenwesens griff in die Lebensverhältnisse Tausender Niederösterreicher ein. Die Eisengewinnung, schon früher zum Staatsmonopol erklärt, konzentrierte sich auf das Gebiet des Erzberges, den verkehrsmäßig schwer erreichbaren Innerberg. Er mußte durch ein künstlich aufgebautes System betrieben werden. Das im Innerberg gewonnene Roheisen mußte abgesetzt, die dort beschäftig-

ten Arbeiter sollten mit Lebensmitteln versorgt werden. Nachdem schon im 15. Jahrhundert die Dreimärktestraße über den Grubberg bei Lunz errichtet worden war, baute man in den Jahren 1544–1561 eine Straße über die Mendling. Nun konnte diese Strecke, über die früher nur ein Saumpfad führte, von Pferdewagen genützt werden. An die Stelle der im 15. Jahrhundert geschaffenen Gäuverbindung der niederösterreichischen Proviantmärkte trat die „Widmung". Von der Erlauf westwärts, mit den Hauptorten Scheibbs und Waidhofen, mußten alle Lebensmittel auf den Wochenmärkten gesammelt und von den Proviant-händlern in die Eisengebiete gebracht werden. Dafür brachten die Händler bei der Rückfahrt Roheisen nach Niederösterreich, allerdings nicht das beste Eisen, sondern die sogenannten „Proviantsorten", die in den Hämmern in und um Lunz, Göstling, Gaming, Gresten und Scheibbs verarbeitet wurden. Das bessere Eisen wurde in das Gebiet von Steyr geführt und dort verarbeitet. Auch Hollenstein und Waidhofen hatten daran teil. Diese Orte bildeten das „in-

nerbergische Hammergebiet". Das nicht verbrauchte Eisen der Widmungsbezirke wurde im Viertel ob dem Wienerwald an Schmiede, Herrschaften und Klöster verkauft, der Überschuß nach Pöchlarn transportiert und von dort auf der Donau nach Krems, Korneuburg oder Wien geflößt. Das nördliche Niederösterreich und Wien wurden darüber hinaus auch von Steyr versorgt, wobei Holz- und Eisentransporte kombiniert wurden. Dieses Wirtschaftssystem fand auch in den Wirtschaftsformen der Täler seinen Niederschlag. Die drei Märkte Purgstall, Scheibbs und Gresten wurden zum Zentrum des niederösterreichischen Eisen- und Provianthandels. Ein Denkmal dieser Zeit ist das Amonhaus in Lunz, das im Jahre 1551 vom Hammerherrn Martin Ofner erbaut wurde und um 1590 einen reichen Sgraffitoschmuck erhielt.

Der Salzhandel

In der Erdgeschoßzone des St. Pöltner Rathauses, das im 16. Jahrhundert umgestaltet

Fenster des Amonhauses in Lunz aus dem 16. Jahrhundert.

Renaissanceportal am St. Pöltner Rathaus von 1590 mit Hinweis auf eine Salzkammer.

Links: Die Suche nach Erz, Stich in Wolf Helmhard von Hohbergs „Georgica Curiosa".
Rechts: Traubenpresse und Arbeit im Weinkeller, Wolf Helmhard von Hohbergs „Georgica Curiosa".

wurde, finden sich mehrere Aufschriften über die Bestimmung der Geschäfte. Über einer ehemaligen Laube steht „Brot-Tisch- und Salzkammer". Es ist dies ein Zeichen dafür, daß im 16. Jahrhundert der Landesfürst versuchte, den Salzhandel zu lenken und zu diesem Zwecke die Städte heranzog. Die Erzeugung von Salz war eine der wichtigsten Einnahmequellen des österreichischen Landesfürsten. Besonders das Gmundner Salz wurde über weite Teile Niederösterreichs verteilt, Salz aus Aussee blieb auf die „inneren Täler" der Ybbs und Erlauf beschränkt, wohin es von den Eisen- und Proviranthändlern über den Mendlingpaß gebracht werden durfte. Der Semmering wurde für den Salztransport ganz gesperrt, die Einfuhr aus Bayern und Polen war schwer verpönt. Das Gmundner Salz wurde in Küffeln (d. s. Holzbottiche) oder als Stocksalz in die Salzladstätten an der Donau gebracht und von dort an die Salzkammern der Städte und Märkte weitergeleitet. Der gesamte Salzhandel sollte der öffentlichen Hand vorbehalten bleiben, denn so glaubte man, den Schmuggel unterbinden zu können. Doch wurde fremdes Salz durch Proviranthändler und Fürkäufer in alle Landesviertel gebracht, das den Salzkammern starke Konkurrenz machte. Dennoch blieb der Salzhandel eine große finanzielle Stütze der Städte und Märkte.

Weinland bei Gumpoldskirchen.

Der Weinbau

Die Weinbaugebiete Niederösterreichs wiesen im Mittelalter und in der frühen Neuzeit eine spezifische Produktions- und Sozialstruktur auf, die aus dem Rahmen der agrarischen Gesellschaftsordnung herausfiel. Zwischen den Grundherren und denjenigen, welche die Weingärten bearbeiteten, bildete sich eine Schicht meist städtischer Unternehmer heraus, die Weingärten als Kapitalanlage nutzten und Lohnarbeiter beschäftigten. So gab es in der Ackerbürgerstadt Retz, in der ein Teil der Bewohner neben einem Gewerbebetrieb Ackerland im Umfeld bewirtschafteten, einige sehr reiche Bürger, die die Weingärten in der Umgebung erwarben, diese aber nicht selbst bewirtschafteten, sondern durch Lohnarbeiter betreiben ließen. Lohnarbeiter waren Personen verschiedener sozialer, wirtschaftlicher und rechtlicher Stellung, wobei neben besitzlosen Leuten, die als „Inwohner" bei anderen in Miete wohnten, auch Menschen mit Hausbesitz, aber ohne „Überländgründe" (d. i. bewirtschaftbarer Boden, der nicht zum Haus gehörte) oder mit nur kleinem Landbesitz vorkamen. Die bürgerlichen Besitzer, aber auch Adelige oder Klöster, übergaben ihre Weingärten einem sogenannten „Weinzierl" zur Pflege. Diesem

Keller in Röschitz.

qualifizierte Arbeiter erhielt für einen bestimmten Zeitraum, etwa vom Schneiden der Weinstöcke im Frühjahr bis zur Lese im Herbst, einen vereinbarten Lohn, wofür er alle Arbeiten verrichten mußte. Die „Weinzierle" zogen zur Verrichtung der Arbeiten wieder Taglöhner heran, die meist „ledige Hauerknechte" genannt wurden. Außerhalb von Wien wurden diese Arbeiter auch von den „Weinzierln" beherbergt und mußten sich ihnen für einen bestimmten Zeitraum verpflichten. So bestimmte die Kremser Weingartenordnung von 1540, daß die „ledigen Hauerknechte" von einem „Weinzierl" oder Herrn angestellt und beherbergt werden mußten, den sie ohne triftigen Grund vor der Ernte oder dem Rebschnitt nicht verlassen durften. Da der Weinbau ein wesentlicher Wirtschaftszweig war, wurden schon seit dem Mittelalter dafür Ordnungen erlassen, wobei auch Höchstlohnsatzungen vorkamen. Eine der wesentlichen Bestimmungen der Weingartenordnungen war die Festsetzung eines bei hohen Strafen nicht zu überschreitenden Maximallohntarifes und die Regelung der Arbeitszeit der Weingartenarbeiter. Diese dauerte von Sonnenaufgang bis Sonnenuntergang, wobei auch Arbeitspausen festgelegt wurden. Die Kremser Ordnung von 1548 bestimmte, daß den Hauern „zum Frühstück eine halbe Stund, zu den Jausen eine halbe Stund und zu Mittag, zum Essen und Rasten eine Stund vergunnt und net mehr zu geben" sei. Man kann die Wirksamkeit dieser Ordnungen nur schwer abschätzen, da sie sicher nicht kontrolliert werden konnten. In der ersten Hälfte des 16. Jahrhunderts war es aber doch eine Frühform staatlicher Arbeitsmarktpolitik, die sich allerdings auf keinen geordneten Kontrollapparat im modernen Sinne stützen konnte.

Links: Urban von Trenbach, Bischof von Passau (1561–1589), Ölgemälde. Passau, BRD, Oberhausmuseum.
Rechts: Statthalteramtsverwalter Gabriel Ritter von Kreuzer 1552–1564.

1558–1567

KALENDER

1558 Ferdinand I. wird in Frankfurt zum Kaiser gekrönt.

1559 Das Alaunbergwerk bei Drosendorf wird eröffnet, und ein eigener Bergrichter wird ernannt.

In Krems entsteht eine evangelische Schule.

29. 7. Ferdinand kauft den Auhof bei Hütteldorf, welcher der Sitz des Forstmeisters im Wienerwald wird.

1561 Der evangelische Pastor Christoph Reuter verfaßt eine Bekennerschrift.

1. 5. 1561 Der Maler Jakob Seisenegger gewährt Ferdinand I. ein Darlehen von 1000 Gulden.

1562 In Österreich wird eine neuerliche Klostervisitation zur Feststellung des Eindringens des evangelischen Glaubens durchgeführt.

1563 In Gumpoldskirchen wird ein Pranger errichtet, in Mödling entsteht das Sgraffitohaus in der Rathausgasse 6.

31. 10. Ferdinand I. verleiht dem Markt Haag ein Wappen.

Ratifikation Sultan Solimans vom 1. 8. 1562.

Kaiser Ferdinand I., Stich von Martin Rota 1575.

18. 7. 1564 Ferdinand I. setzt in Trient beim Konzil die Erlaubnis für den Empfang des Abendmahls in beiderlei Gestalt (Brot und Wein) durch.

1566 In Retz wird ein neuer Pranger aufgestellt. 1956 wurden Teile dieses Prangers wieder aufgefunden.

Hans Wilhelm von Roggendorf wird Landmarschall in Österreich (bis 1596).

GEBURTSTAGE

Maximilian III. Erzherzog, später als Hochmeister und Deutschmeister des Deutschen Ritterordens der „Deutschmeister" genannt. Sohn Kaiser Maximilians II. Er stiftet 1616 den österreichischen Erzherzogshut. Geboren 12. 12. 1558 in Wiener Neustadt. (Gestorben 2. 11. 1618 in Wien.)

Albrecht VII. Erzherzog. Der jüngste Sohn Maximilians II. war Kardinal und seit 1596 Statthalter der Niederlande. Geboren 13. 11. 1559 in Wiener Neustadt. (Gestorben 13. 7. 1621 in Brüssel.)

TODESTAGE

Leopold Hagen. 1539–1563 Propst von St. Pölten. Gestorben 1563.

Ferdinand I. Kaiser. Gestorben 25. 7. 1564 in Wien. (Geboren 10. 3. 1503 in Alcala, Spanien.)

Wolfgang Lazius. Humanist, Historiograph, Kartograph und Arzt in Wien. Gestorben 18. 6. 1565 in Wien. (Geboren 31. 10. 1514 in Wien.)

Christoph Reuter, der „deutsche Papst"

Christoph Reuter stammte aus der Kurpfalz und war ehemals katholischer Geistlicher gewesen. Als er dort 1547 eine radikale protestantische Kirchenordnung verfaßte, wurde er zur Auswanderung gezwungen. Er wurde von Leopold Grabner zu Rosenburg, Pottenbrunn und Siebenbrunn sowie von Achatz und Lienhart Enenkel auf Albrechtsberg und Oberpielach als Schloßprediger bestellt. Hier veröffentlichte er im Jahre 1561 im Auftrag seiner Herren eine Bekenntnisschrift, mit der er versuchte, in die evangelische Meinungsbildung einzugreifen und Ordnung zu bringen. Von den Sakramenten sollten künftig nur Taufe, Absolution und Abendmahl gelten.

Der Kampf zwischen Bischof und Lutheranern in Wiener Neustadt

In Wiener Neustadt war 1563 der Niederländer Christian Naponius Bischof geworden, der mit den Evangelischen der Stadt ziemliche Konflikte hatte. Er gehörte nämlich zu den strengen Gegnern des Kommunionsempfangs in beiderlei Gestalt (Brot und Wein) und weigerte sich, an den Verhandlungen über die Einführung des Laienkelches in Wien teilzunehmen. Dies trug ihm nicht nur Rügen von oben ein, er hatte auch mit den Geistlichen seines Bistums Schwierigkeiten. So nützte der Domprediger Balthasar Pichler die Kanzel, um von hier aus seine bevorstehende Vermählung zu verkünden. Er konnte auch seine Hochzeit unbehindert begehen und beim Hochzeitsmahl einige Ratsherren als Ehrengäste begrüßen. Der Bischof wagte kein Eingreifen, da er den Zorn des Volkes befürchtete. Der verheiratete Domprediger blieb auch weiterhin in der Stadt, und es war für den Bischof kaum möglich, einen geeigneten Nachfolger zu finden, so daß er persönlich dieses Amt übernehmen mußte. Zwar gab sich die Bürgerschaft nach außen hin den Anschein, weiterhin katholisch zu sein, tatsächlich war aber bereits ein Großteil der Einwohner dem evangelischen Glauben zugewandt.

Links: Martin Gattringer, Marktrichter von Brunn am Gebirge, Ölgemälde, Brunn/Gebirge, Rathaus.
Rechts: Sebastian Pfauser, Lehrer und Hofprediger Maximilians II.

Die religiöse Haltung Maximilians II.

Schon während seiner Jugendjahre hatte Kaiser Maximilian II. gezeigt, daß er für den Protestantismus viel übrig hatte. Im Jahre 1560 kam es fast zu einem Bruch mit seinem Vater Ferdinand I., weil dieser den Hofprediger Pfauser wegen seiner protestantischen Neigungen und seinem großen Einfluß auf den jungen Maximilian aus Wien ausgewiesen hatte. Im Dezember 1561 erhielt Maximilian dann die Erlaubnis, die Kommunion in beiderlei Gestalt zu empfangen, sagte aber von sich, er sei weder Papist noch Evangelist, sondern Christ. Nachdem er 1564 in Frankfurt am Main zum römischen König gewählt und gekrönt wurde, trat er die Nachfolge seines Vaters an, blieb aber als Landesfürst beim katholischen Glauben. Doch geriet er in den nächsten Jahren in zunehmendem Maße unter den Druck der Stände. Diese forderten mehr oder weniger offen die Freigabe der Augsburger Konfession.

Rechts: Der aus den Füßen des Elefanten hergestellte Sessel. Stift Kremsmünster.
Rechts unten: Hieronymus Beck von Leopoldsdorf, Darstellung im Beckschen Portraitbuch. Wien, Kunsthistorisches Museum.
Unten: Kaiser Maximilian II., Darstellung im Beckschen Portraitbuch. Wien, Kunsthistorisches Museum.

Hieronymus Beck von Leopoldsdorf

Hieronymus Beck, der im Jahre 1526 geborene Sohn des späteren nö. Kanzlers Markus Beck, studierte an der Universität Padua, trat 1555 in den Staatsdienst und wurde bald Rat der Hofkammer, doch gab er diese Stellung auf, um den Posten des obersten Proviantmeisters in Ungarn zu übernehmen. Er war ein weitgereister Mann, der mehrerer Sprachen mächtig war und bis Ägypten reiste. Er legte eine namhafte Bibliothek an, vor allem sammelte er Bildnisse. Von berühmten Bildern ließ er Kopien in einen Band eintragen, der als Lambergsches Porträtbuch bekannt ist und sich jetzt im Kunsthistorischen Museum in Wien befindet. Das 320 Seiten umfassende Becksche Porträtbuch enthält 235 Deckfarbenbilder, darunter vorwiegend Herrscher aus verschiedenen Ländern, aber auch Mitglieder der österreichischen Stände und Wiener Bürger. Am 28. November 1596 ist Beck in Ebreichsdorf, wo er Herrschaftsbesitzer war, verstorben.

Links: Kaiser Maximilian II. mit seinen Söhnen Rudolf, Ernst, Matthias, Albrecht und Maximilian III., Stich bei Marquart Herrgott.
Rechts: Der evangelische Geistliche Flaccius Illyricus.

1568–1576

KALENDER

1568/69 Das gotische Rathaus in Retz wird im Renaissancestil umgebaut.

7. 12. 1568 Maximilian II. erläßt die Religionskonzession für die evangelischen Adeligen im Lande ober und unter der Enns.

1570 Ein Brand in Langenlois vernichtet 47 Häuser.

In Stein wird eine Druckerei zur Herstellung der protestantischen „Agenda" gegründet.

1571/72 Am Landhaus in Wien werden die Portale der Verordnetenzimmer fertiggestellt.

1571 Herzog Johann Friedrich der Mittlere von Sachsen wird in Wiener Neustadt festgehalten. Er war 1567 wegen seiner Beziehungen zu Ritter Wilhelm von Grumbach verurteilt worden.

Der Bau des Rathauses in St. Pölten wird begonnen, vollendet 1591.

14. 1. Die Religionsassekuration Maximilians II. wird erlassen. Damit tritt die Konzession in Kraft.

März 1572 Bei einer Überschwemmung der Donau werden in Krems 40 Häuser vernichtet, ein Teil der Mauern und Tore stürzen ein.

18. 3. Korneuburg erhält einen dritten Jahrmarkt in der Fastenzeit.

1573 Der Propst von St. Pölten läßt die evangelische Kirche sperren.

25. 1. In der Wachau kommt es zu einem gewaltigen Hochwasser, das 14 Tage lang andauert.

1574 Maximilian II. läßt im Schloß Neugebäude östlich von Wien eine Menagerie, einen Fasanensowie einen Mufflon- und Hirschgarten errichten.

Hans Wilhelm von Losenstein gründet die Hohe Schule von Loosdorf.

Paul Fabricius besteigt gemeinsam mit Carolus Clusius den Ötscher.

1575 Maximilian II. erläßt eine neue Jagdordnung. Auch die Niederjagd – mit Ausnahme der Vogeljagd – wird dem Adel vorbehalten.

Das evangelische Adelskonvikt in Horn wird errichtet.

Juli 1575 Aufgrund eines Gerüchtes über einen Türkeneinfall flüchten die Bewohner des Tullnerfeldes über die Donau. Sogar die Brücke in Mautern beginnt man in Panik abzutragen.

GEBURTSTAGE

Job Hartmann von Enenkel. Nö. Regimentsrat. Historiker. Geboren 14. 9. 1576 in Heinrichschlag. (Gestorben 9. 2. 1627 in Wien.)

TODESTAGE

Wolfgang II. Heusler. Von 1563–1569 Propst des Augustiner-Chorherrenstiftes St. Pölten. (Er wurde 1565 kurze Zeit wegen Verschleuderung von Klostergut enthoben, aber 1561 wieder eingesetzt.) Gestorben 27. 6. 1569 in St. Pölten.

Christian Napponius. Bischof von Wiener Neustadt. Gestorben 30. 9. 1571 in Wiener Neustadt.

Maximilian II. Kaiser, Gestorben 12. 10. 1576 in Regensburg. (Geboren 31. 7. 1527 in Wien.)

Hans Wilhelm von Losenstein

Hans Wilhelm von Losenstein stammte aus einem Geschlecht, das seinen Ursprung in Oberösterreich hatte, aber im 16. Jahrhundert in Niederösterreich lebte. Im Juni 1546 als Sohn des Reichshofrates Christoph von Losenstein und seiner Frau Christina aus dem Hause der Grafen von Montfort geboren, wurde er Erbe der Besitzungen der Familie in Niederösterreich. Der Vater starb früh, Rüdiger von Starhemberg auf Schönbühel wurde sein Vormund. Sein Besitz, die Herrschaft Schallaburg, zählte zusammen mit dem 1578 gekauften Amt Loosdorf etwa 200 untertänige Häuser, war also eine mittlere Grundherrschaft mit geringer Eigenwirtschaft, aber ziemlich großen Zehenterträgen. Entsprechend dem Brauch der Zeit unternahm er als Jugendlicher gemeinsam mit seinen Brüdern eine „Kavalierstour", eine Bildungsreise nach Italien, wo er kurze Zeit in Padua studierte, um dann nach Deutschland zu reisen, wo er mit der Welt des Humanismus bekannt wurde. Im Jahre 1568 heiratete er in Schloß Polheim bei Wels die 20jährige Radegund von

Blick auf die Schallaburg vom Turnierhof.

Die Religionskonzession von 1568

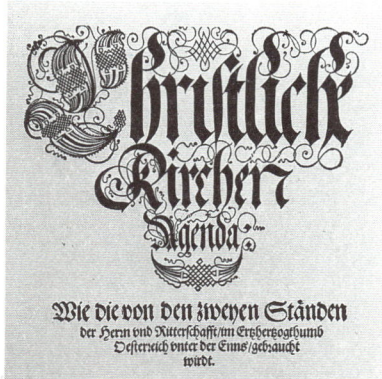

Die christliche Kirchenagenda aus dem Jahre 1571, Titelblatt.

Im Jahre 1568 entschloß sich Maximilian II. zu einem von vielen Katholiken kritisierten Weg. Er gewährte den evangelischen Adeligen für sich und ihre Untertanen das Recht, künftighin das Meßritual und die kirchlichen Gebräuche nach evangelischer Art zu feiern. Allerdings verlangte er, daß eine einheitliche Auslegung dieser Glaubensmeinung erarbeitet werden müsse. Erst dann sollte diese Konzession Gültigkeit erlangen. Aus diesem Grunde wurde von seiten der evangelischen Stände der aus Rostock stammende Gelehrte David Chyträus nach Österreich berufen, wo er zusammen mit einheimischen Geistlichen die sogenannte „Agenda" ausarbeitete, die im Jahre 1571 im Druck erschien. Als diese „Agenda" ausgearbeitet war, wurde am 18. Jänner 1571 die Konzession durch die Assekuration des Kaisers in Gültigkeit gesetzt. Künftighin konnten die Adeligen, aber auch ihre Untertanen, in Österreich ober und unter der Enns nach der Augsburgischen Konfession leben. Ausgenommen blieben allerdings die landesfürstlichen Städte und Märkte sowie die Untertanen jener katholischen Adeligen, die weiterhin an ihrem Glauben festhielten. Damit bestand die Möglichkeit, die Gegenreformation in den landesfürstlichen Städten anzuordnen und schließlich durchzusetzen.

Links: Hans Wilhelm von Losenstein, Kopf der halbfigürlichen Plastik auf dem Grabmal in der Pfarrkirche Loosdorf, jetzt Schallaburg.
Rechts: Der Leichenzug Kaiser Maximilians II., Holzschnitt. Nürnberg, BRD, Germanischen Nationalmuseum.

Schärfenberg, doch starb sie sehr früh. In zweiter Ehe vermählte er sich mit Christina, einer Tochter des Landmarschalls Wilhelm von Roggendorf, eines der führenden Protestanten. Beide Ehen blieben kinderlos. Im Rahmen der landständischen Verwaltung übernahm Hans Wilhelm von Losenstein für kurze Zeit Funktionen. Er beteiligte sich aber gelegentlich auch an der Organisation des evangelischen Kirchenwesens und wurde 1580 zu einem der Direktoren der Evangelischen Kirchenvisitation bestellt. Stärker war sein Engagement im höfischen Dienst, denn er war Rat, Kämmerer und schließlich Hofmarschall bei Erzherzog Matthias. Auf seinem Grabstein in der Kirche von Loosdorf, der jetzt auf der Schallaburg aufgestellt ist, bekennt er sich voll als evangelischer Adeliger. Die seitlichen Reliefs der Tumba stellen die Opferung Isaaks, den Kampf Jakobs mit Jadbok, die Kreuztragung Christi und das Jüngste Gericht dar, teilweise in enger Anlehnung an Dürersche Arbeiten. Sie beruhen auf Gedankengängen, die im 16. Jahrhundert vor allem in evangelischen Kreisen verbreitet waren. Weitere Zeugnisse für Leben und Wirken des Losensteiners sind der Ausbau der Schallaburg, die Einrichtung des evangelischen Kirchenwesens in Loosdorf und die Gründung einer Hohen Schule in diesem Orte. Die Arbeiten für die Umgestaltung der Burg – des bedeutendsten Renaissancedenkmals Niederösterreichs – zogen sich von 1572 bis zum Lebensende Hans Wilhelms (1610) hin.

Die Schulordnung von Loosdorf

Dem Aufruf Martin Luthers folgend, errichteten um die Mitte des 16. Jahrhunderts einige Städte und einzelne Mitglieder des Adels Schulen. Hans Wilhelm von Losenstein, der Bauherr der Schallaburg, verwirklichte einen Plan seines Vaters und errichtete in Loosdorf, dem Zentralort seiner Grundherrschaft, im Jahre 1574 ein Gymnasium. Er hatte dem Ort das Marktrecht und einen Wochenmarkt verschafft und ließ die Kirche neu erbauen. Nun wurde auch die noch erhaltene „Hohe Schule" gebaut und Loosdorf damit zu einem kulturellen Zentrum des Landes gemacht.

Im Jahre 1574 erschien die im Auftrag Hans Wilhelms und im Namen des Lehrerkollegiums erstellte Schulordnung im Druck. Sie enthält auch einen detaillierten Lehrplan für die vier Klassen – eine fünfte wurde bei einer größeren Schülerzahl eingeplant. Das anspruchsvolle Programm sieht neben den Fächern Latein, Griechisch, Musik, Dialektik, Rhetorik, Poetik und Arithmetik auch Geschichte, philosophischen Einführungsunterricht und etwas Hebräisch vor. Für die Schüler der ersten Klasse gab es auch ein „Abc-Büchlein", von dem aber kein Exemplar erhalten ist.

Die Loosdorfer Schule war seit 1592, als die ständische Schule von Wien nach Horn und Mistelbach verlegt werden mußte und schließlich aufgelöst wurde, eine wichtige Bildungsstätte für die adelige Jugend und zeitweise die einzige für die Heranbildung des geistlichen Nachwuchses in Niederösterreich und wurde in der Folge von den Ständen finanziell gestützt. Im Jahre 1592 besuchten die vier Klassen 77 Jugendliche, die größtenteils bei Privaten oder in einem Internat wohnten. Nach einer Blütezeit um 1600 geriet die Schule immer stärker unter den Druck der Gegenreformation und mußte 1627 wegen der Ausweisung der protestantischen Lehrer und Geistlichen geschlossen werden.

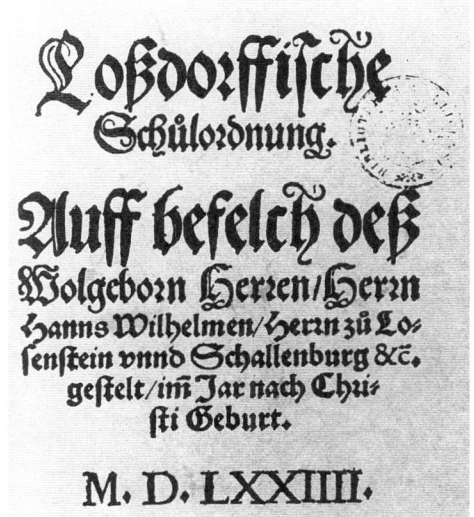

Ein Justizmord aus dem Jahre 1569

Fehlurteile und Justizmorde haben sich zu allen Zeiten und in allen Ländern ereignet. Das Gerichtswesen früherer Zeiten war aber doch so ausgelegt, daß solche Fehlurteile relativ oft vorgekommen sind. So hat sich in Eibesthal bei Mistelbach im Jahre 1569 folgendes ereignet: Der reiche Bauer Jakob Hebert besuchte mit seinen Hausleuten den Jahrmarkt in Mistelbach. Während seiner Abwesenheit brach die Frau des Viehhalters Jakob Klimpfinger in das Haus Heberts ein und stahl aus einem Kasten einen Sack mit 600 Talern. Insgesamt fand sie 2200 Gulden. Dieses Geld benutzte das Ehepaar Klimpfinger, um sich ein Haus und einen Weingarten zu kaufen, worüber sich alle Welt wunderte. Als Jakob Hebert den Diebstahl bemerkte, ging er zum Ortsrichter und erstattete Anzeige. Der Verdacht fiel schließlich auf den armen Schneider Hans Rothaler, der früher in Eibesthal gewohnt hatte, aber zur Zeit des Diebstahles bereits weggezogen war. Man lockte nun den ahnungslosen Schneider wieder nach Eibesthal, indem man ihm von einer Erbschaft erzählte, warf ihn dort ohne Wissen der Gemeinde ins Gefängnis und beschuldigte ihn des Diebstahles. Er wurde auf brutale Weise gefoltert, konnte aber nichts aussagen, da er nicht wußte, was vorgefallen war. Daraufhin wurde auch die ahnungslose Frau des Schneiders nach Eibesthal gebracht, wo man sie verhörte und ebenfalls grausam folterte. Als man beide halbtot einander gegenüberstellte, beteuerten sie dennoch ihre Unschuld, und kurze Zeit später starb der Schneider. Vier Tage lang blieb sein Leichnam im Kerker liegen, während der Dorfrichter und die Geschworenen beschlossen, den toten Körper auf einem Galgen aufzuhängen. In einem erhaltenen Büchlein wird erzählt, daß der Körper des unschuldigen Schneiders nicht verweste, sondern zum Zeichen der Unschuld elf Wochen und fünf Tage frisches Blut schwitzte. Haar und Bart des Toten seien weitergewachsen, was in der Umgebung bekannt wurde. Daraufhin wurde ein Kaiserlicher Regierungskommissär nach Eibesthal geschickt. Vor der Kommission erklärten sich elf Geschworene als mitschuldig am Justizmord, nur einer gestand nicht. Man mußte den Leichnam vom Galgen abnehmen und ihm ein christliches Begräbnis gewähren. Am 29. April 1570 wurde der Schneider in geweihter Erde bestattet, die Übeltäter wurden zu schweren Strafen verurteilt, den Bauern starke Fußeisen und Bande angelegt, die sie drei Monate tragen mußten, und sie hatten der Frau des Schneiders 14.000 Gulden als Entschädigung zu zahlen. Sie wurde aus dem Gefängnis zu Falkenstein, wo man sie bisher eingesperrt hatte, entlassen und für unschuldig erklärt. Schließlich erkannte man auch in dem Viehhüter Klimpfinger den wahren Täter und übergab ihn der Gerechtigkeit, wie man damals sagte. Er wurde dem Gericht überantwortet, auf dem Galgen gehängt, sein Weib aber wurde ertränkt.

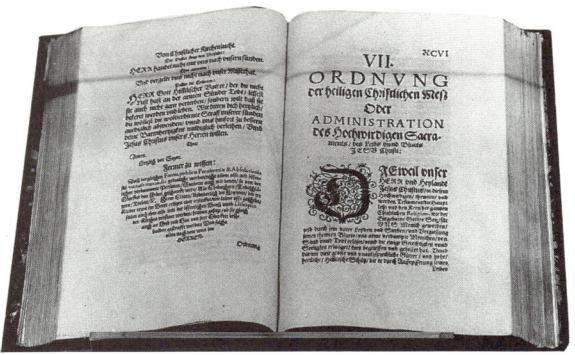

Links: Baemeisters Handbuch der „Ordnungen". 17. Jh.

KALENDER

1577 Die Überführung der Leiche Kaiser Maximilians I. nach Wiener Neustadt wird diskutiert, aber nicht durchgeführt.

1. 10. Huldigung der Stände Österreichs für Rudolf II.

1578 Der evangelische Landschaftsprediger und der Landschaftsschulrektor werden ausgewiesen, die Landschaftsschule in Wien, die vor 1546 gegründet wurde, wird geschlossen. Evangelische Schulen bestanden aber weiterhin in Loosdorf, Horn und Feldsberg. Die Schulordnung für Horn wird erlassen. Auch die Spitalsstiftung wird reorganisiert.

1579 Das Stadtrichterschwert von St. Pölten wird angefertigt.

Das Stadtrichterschwert von St. Pölten aus dem Jahre 1579.

Susanne von Tobar, Freiin von Enzesfeld, stiftet eine Schule für die Kinder von Enzesfeld.

178 evangelische Prädikanten treffen in Horn zusammen und schaffen eine neue Form des Gottesdienstes.

1580 Lucas Bacmeister visitiert die evangelischen Pastoren des Waldviertels.

Die Puchheimer gründen eine Druckerei in Wildberg. Sie besteht bis 1622.

1581 In Krems wird eine Schulordnung erlassen.

Kaiser Rudolf II. belehnt Wolf Rumpf von Welruß, seinen Kämmerer, mit Weitra. Dieser erhält es 1592 als feien Eigen.

24. 4. Deckeneinsturz im Schloß Freydegg während einer evangelischen Adelshochzeit des Reichard Streun von Schwarzenau. 86 Gäste stürzen ab.

1582 Die Stadt St. Pölten erwirbt eine Walkmühle für Tuchmacher.

16. 4. Bei Greifenstein wird ein Wirt festgenommen, der 185 Menschen umgebracht hatte.

4. 5. Rudolf II. verleiht Poysdorf einen Jahrmarkt. Damit wird dieser Ort zum Markt erhoben.

1583 Das Verderberhaus in Retz, eines der bedeutendsten Renaissancegebäude in Niederösterreich, wird errichtet.

Sommer Ein verheerendes Hagelgewitter verwüstet den Raum von Langenlois.

27. 9. Elisabeth Pleinacherin aus Mank wird nach einem Hexenprozeß in Wien verbrannt. Sie war angeklagt, ihre 16jährige Enkelin verhext zu haben (einzige Hexenverbrennung in Wien).

1. 10. Durch kaiserliches Patent wird der Gregorianische Kalender in Österreich eingeführt.

Die Einführung des Gregorianischen Kalenders

Da im 16. Jahrhundert festgestellt wurde, daß der bis dahin gültige Julianische Kalender nicht mehr mit dem wahren Sonnenstand übereinstimmte, beauftragte Papst Gregor XIII. Mathematiker mit der Neube-

Die von ihren Feinden bedrängte Kirche. Ausschnitt aus einem Ölgemälde des 17. Jahrhunderts. Heimatmuseum Völkermarkt, Stmk.

rechnung eines Kalenders und ließ eine Reform ausarbeiten. Am 24. Februar 1481 verordnete eine Bulle für alle christlichen Länder die Annahme des neuen Kalenders. Es sollte im Jahre 1582 auf den 5. Oktober sogleich der 15. Oktober folgen. Diese Anordnung des Papstes stieß vor allem in den evangelischen Gebieten auf Widerstand. Auch in der Passauer Diözese haben eine Reihe von Pfarren die Annahme verweigert, obwohl Rudolf II. dies mit einem Patent anordnete.

In den Jahren 1583 und 1584 wurde von verschiedenen Gemeinden nicht zur selben Zeit Weihnachten gefeiert. So liegt ein Bericht aus Zwettl vor, wonach im Jahre 1583 wohl von seiten des Propstes das Weihnachtsfest am neuen Termin gefeiert wurde, daß sich aber am Christtag nach dem alten Kalender die Bauern und Bürger wieder in der Kirche versammelten, um das Weihnachtsfest so zu begehen, wie sie es bisher gewohnt waren. Als der Propst versuchte, dies abzustellen, wurde er heftig beschimpft. Zur selben Zeit haben die Prädikanten aus Niederösterreich an die Stände appelliert, jenen Kalender beizubehalten, der über 1500 Jahre gebräuchlich gewesen war. Schließlich konnte sich aber der Gregorianische Kalender doch durchsetzen.

Das Unglück bei der Freydegger Hochzeit

Am 24. April 1581 heiratete im Schloß Freydegg Reichard Streun von Schwarzenau Regina von Tschernembel. Bei dieser Gelegenheit stürzte der Saal mit den Hochzeitsgästen ein, wobei etliche Personen, darunter die Brautmutter, verletzt und einige sogar getötet wurden. Die Hochzeitstafel mag den Eindruck einer protestantischen Versammlung gemacht haben, und die katholische Partei beeilte sich auch, in dem Ereignis

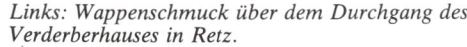
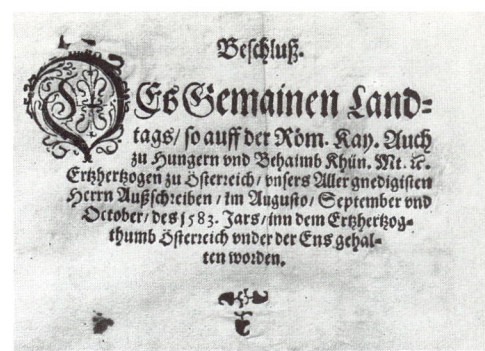

Beschluß.

Des Gemainen Landtags/ so auff der Röm. Kay. Auch zu Hungern vnd Behaimb Khün. Mt. rc. Ertzhertzogen zu Österreich/ vnsers Aller gnedigsten Herrn Außschreiben/ im Augusto/ September vnd Octobro/ des 1583. Jars/ inn dem Ertzhertzogthumb Österreich vnder der Ens gehalten worden.

Die Druckerei auf Schloß Wildberg

Albrecht von Puchheim, Inhaber der Herrschaft Horn und Lehensträger von Heidenreichstein, Göllersdorf, Raabs und Dobersberg, war einer der führenden evangelischen Adeligen Niederösterreichs. Unter anderem ließ er auf Schloß Wildberg bei Horn eine Druckerei errichten, wo Flugschriften hergestellt wurden. Es sind von dieser Druckerei, die von 1580–1622 bestand, nur zwei Drucke erhalten geblieben. Ein Exemplar enthält Kriegsgebete des Magisters Caspar Volgnad aus dem Jahre 1580. Der Autor war Schloßprediger in Raabs. Das zweite Exemplar stammt von Magister Christophorus Ireneus, einem aus Schlesien stammenden Flaccianer (eine evangelische Sekte), der 1580 nach Österreich geflüchtet und in den Dienst des Veit Albert von Puchheim getreten war. Nach dem Tod des Puchheimers im Jahre 1584 wurde Ireneus aber – wie alle anderen Flaccianer – vertrieben. Er verfaßte eine Flugschrift „Examen des ersten Artikels der Formulae Concordiae". Dieses Heft ist 1581 erschienen.

Das Schloß Wildberg bei Horn.

Das Verderberhaus in Retz, eines der schönsten Renaissancehäuser Niederösterreichs.
Links unten: Reichard Streun von Schwarzenau, Bildnis im Beckschen Portraitbuch.
Unten Mitte: Regina Streun, Bildnis im Beckschen Portraitbuch. Wien, Kunsthistorisches Museum.

nicht die Folgen einer mangelnden Bauführung, sondern ein Gottesurteil zu sehen. Regina war die zweite Frau Reichard Streuns von Schwarzenau, die Schwester des berühmten oberösterreichischen evangelischen Wortführers Georg Erasmus Tschernembel.

Der Hexenprozeß gegen Elisabeth Plainacherin

Die 16jährige Enkelin der in Mank lebenden Bäuerin Elisabeth Plainacherin litt an Anfällen von zeitweiligem Irrsinn. Der Vater des Mädchens meinte, das Kind sei vom Teufel besessen, und strengte einen Prozeß gegen die 70jährige Großmutter an, bei der das Mädchen einige Jahre gewohnt hatte. In den folgenden Verhören sagte das Mädchen schreckliche Dinge über den Verkehr der Großmutter mit dem Teufel aus, und nach dreimaliger Folterung scheint auch die alte Frau den Verstand verloren zu haben, denn sie gestand nun, auf einem feurigen Stecken auf den Ötscher geflogen zu sein, wo große Zusammenkünfte der Hexen stattgefunden hätten. Sie wurde am 27. September 1583 in Wien auf dem Richtplatz „unter den Weißgerbern" verbrannt, und in Landshut rühmte sich ein Jesuit, er habe aus dem Mädchen nicht weniger als 12.562 Teufel ausgetrieben, darunter auch den Lehrer Luthers.

Die Macht, Besessene zu heilen und Teufel auszutreiben, war zu dieser Zeit ein Vorrecht der Kirche, aber auch Luther und die Evangelischen verteidigten den Exorzismus. Man verstand darunter die Heilung seelischer Krankheit und die Befreiung von teuflischer Besessenheit.

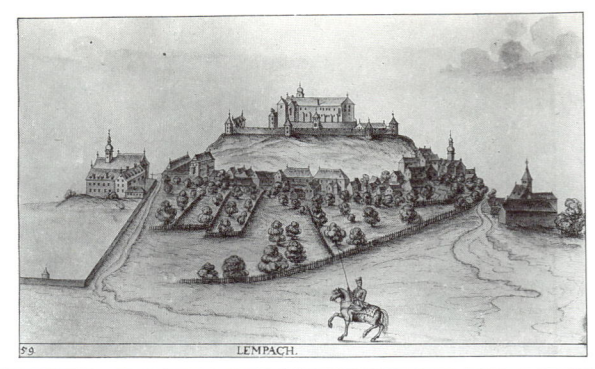

*Links: Seifried Freiherr von Breuner, Statthalter 1587–1591
Rechts: Die Burg Neulengbach zur Zeit des Erdbebens, Zeichnung des 16. Jahrhunderts. Aus einem Codex in der Österreichischen Nationalbibliothek, Wien.*

1584–1590

KALENDER

1584 Das alte Posthaus in Krems wird errichtet.

1585 In Krems wird ein Stadtarzt Blosius genannt.

1586 Der Umbau des Landhauses in Wien durch Hans Saphoy wird fertiggestellt (begonnen um 1550).

1587 Hans Wilhelm von Losenstein läßt in Loosdorf sein Grabmal errichten.

Seifried Freiherr von Breuner wird Statthalter in NÖ.

Melchior Khlesl wird Administrator des Bistums Wiener Neustadt.

1588 Der Kremser Metzen wird zum Landmetzen erhoben und für Teile des Landes verbindliches Getreidemaß.

9. 5. Der evangelische Rat von Waidhofen a. d. Ybbs wird verurteilt.

18. 2. 1589 Die Bürger von Krems erheben sich gegen die Durchführung der Gegenreformation. Melchior Khlesl wird bedroht. In der Folge werden die Rechte der Stadt Krems suspendiert.

15./16. 9. 1590 Erdbeben mit großen Zerstörungen (Zentrum Neulengbach).

Erzherzog Ernst, Ölgemälde von Martin Rota. Wien, Kunsthistorisches Museum.

GEBURTSTAGE

Johann Fünfleutner. 1636–1661 Propst von St. Pölten. Geboren um 1588 in Schärding. (Gestorben 1661 in St. Pölten.)

Johann Graf Aldringen. Vorkämpfer der Müllerzunft. (Begründer der Grießmühle). Geboren 10. 12. 1588. (Gestorben 22. 7. 1634.)

Der Aufruhr der Stadt Krems gegen die Gegenreformation

Zu Beginn des Jahres 1589 sollte auch in der Stadt Krems die Gegenreformation durchgeführt werden. Zu diesem Zweck kam am 8. Februar der bischöfliche Offizial Melchior Khlesl in die Stadt, um diese Aufgabe mit einer Kommission durchzuführen. Er wiederholte den Befehl des Statthalters Erzherzog Ernst, zur katholischen Religion zurückzukehren. Am 18. Februar holte der Bürgermeister die Bürger und Inwohner beim Rathaus zusammen und las ihnen den Befehl vor. Die 600 erschienenen Personen erklärten einhellig, daß sie bei der Augsburgischen Konfession bleiben wollten, und forderten den Rat auf, sie in diesem Vorhaben zu unterstützen. Khlesl fühlte sich bedroht. Berittene Landsknechte rückten in die Stadt ein und besetzten sie. Dies hatte für die Stadt schwere Folgen. Nach 4jährigem Prozeß wurde am 1. August 1593 das Urteil gefällt, daß die Stadt alle Privilegien verlieren sollte und ein Strafgeld zu zahlen hätte. Die Rädelsführer, drei Bürger aus Krems und einer aus Stein, wurden zu lebenslanger Haft in den Stadtgraben zu Wien verurteilt, verloren das Bürgerrecht für sich und ihre Kinder und den halben Teil ihres Vermögens. Als Folge davon zogen einige evangelische Familien ins Ausland, und es erwies sich als sehr schwer, die Rekatholisierung der Stadt durchzuführen. Die Ungnade der Regierung lastete 25 Jahre über Krems. Erst im Jahre 1613, als es keine Ratsherren aus der Zeit von 1589 mehr gab und die Bürger der Stadt zur katholischen Kirche zurückgekehrt waren, wurden die Rechte und früheren Privilegien wieder in Kraft gesetzt. Am 17. Februar 1650 erschien der Stadtrat mit 20 Bürgern vor dem Statthalter Paul Sixt Graf Trautson in Wien, wo die förmliche Aussöhnung bekanntgegeben wurde.

Die Absetzung des evangelischen Rates

Die Stadt Waidhofen a. d. Ybbs war Eigentum des Bistums Freising, aber auch hier kam um die Mitte des 16. Jahrhunderts der Protestantismus immer mehr zur Geltung. Als 1559 Wolf Ebenperger das Stadtschreiberamt übernahm und der aus Rosenheim in Bayern stammende Pfarrer Adam Edlinger in die Stadtpfarre Luthers Lehren einführte, war der Protestantismus auch in Waidhofen zum Durchbruch gelangt. Besonders die im Rat vertretenen Bürger wurden immer offenkundiger evangelisch, und Beschwerden beim Bischof von Freising halfen wenig, weil dieser nicht radikal durchgreifen wollte. Es blieb eine vor allem aus Handwerksmeistern gebildete Partei, die sich weiterhin zum katholischen Glauben bekannte. Da der Stadtrat 1579 das Versammlungsverbot für Handwerker durchsetzte, andererseits überall die Gegenreformation in Angriff genommen wurde, kam es auch in Waidhofen zu einer immer stärker werdenden Konfrontation. Im Jahre 1585 forderte Erzherzog Ernst vom Stadtrat die Ausweisung der protestantischen Prediger, und das gleiche wurde ein Jahr später von einer neuen Kommission des Bischofs von Freising verlangt. Die Kommission wurde von einer Volksmenge, die sich vor dem Schloß versammelt hatte, in die Flucht getrieben. Dies hatte zur Folge, daß landesfürstliche und bischöfliche Kommissäre 1587 die Stadtgeschäfte übernahmen und einige Ratsmitglieder im Schloß in Haft genommen wurden. Am 26. September 1587 wurde ein neuer, meist aus Handwerksmeistern bestellter Rat eingesetzt. Die Bürgergemeinde wurde verhört, und am 10. Oktober 1587 wurden die abgesetzten Ratsherren verurteilt. Wegen Aufwiegelung der Gemeinde zu bewaffnetem Aufruhr und Mißachtung der Verordnungen der Kommissionen sowie wegen Mißbrauch der Amtsgewalt wurden schwere Strafen ausgesprochen. Eine Geldstrafe von 32.000 Talern sollte erlegt werden, und einige Bürger, darunter Ebenperger, sollten aus den Ländern des Kaisers ausgewiesen werden. Er sollte überdies als Rädelsführer den halben Betrag der gesamten Strafsumme, nämlich 16.000 Taler, erlegen. Schließlich wurde er zu lebenslänglicher Kerkerhaft statt zur Ausweisung verurteilt. Am 9. Mai 1588 wurde auf dem Schrannenplatz das Urteil verkündet. Ein zeitgenössisches Bild, das sich im Waidhofner Museum befindet, stellt die Urteilsverkündung in der Schranne vor der Pfarrkirche dar. Wolf Ebenperger überlebte diese Verurteilung nur zwei Jahre. 1590 ist er gestorben.

TODESTAGE

Albrecht Veit von Puchheim. Vorkämpfer des evangelischen Glaubens. Gestorben 1584 in Horn.

Rechts: Das Schloß Judenau bei Tulln, der Neubau durch Helmhard Jörger von 1589, wurde in folgendem Jahr durch das Erdbeben schwer beschädigt.

Dem abgesetzten Rat und dem Stadtrichter Wolf Ebenberger von Waidhofen/Ybbs wird das Urteil verkündet. Aquarell. Waidhofen/Ybbs, Stadtmuseum.

Die Erdbeben 1590

Im Jahre 1590 ereigneten sich in Niederösterreich einige Erdbeben. Das erste wurde am 29. Juni um 18.00 Uhr verspürt. Von ihm liegen drei Meldungen aus Wien, Ebreichsdorf und Iglau in Mähren vor. Die Nachricht aus Ebreichsdorf lautet: „Am 29. Juni 1590 wurden die Gebäude des Ebreichsdorfer Schlosses durch ein schreckliches Beben mit Getöse erschüttert... Das Wasser vom Brunnen der Pfarrkirche wurde so stark bewegt, daß es dem Schöpfenden sozusagen ins Gesicht spritzte..." Auch die kleinen Glocken des Kirchturms von Waidhofen a. d. Ybbs sollen zu mehreren Schlägen gebracht worden sein. Das Epizentrum dürfte südlich von Ebreichsdorf gelegen sein, weil auch das Frauenkloster in Kirchberg am Wechsel, das schon durch die Türkenkriege beschädigt war, schwer in Mitleidenschaft gezogen und später als baufällig beschrieben wurde. Das Hauptbeben fand aber am 15. und 16. September 1590 im Gebiet von Neulengbach statt. Das erste Vorbeben wurde am 15. September gegen 17.00 Uhr gespürt, ein zweites, noch stärkeres gegen 18.00 Uhr. Das stärkste Beben ereignete sich am 16. September zwischen Mitternacht und 1.00 Uhr. Es dürfte schwere Zerstörungen im Tullnerfeld, aber auch in Wien angerichtet haben... In den nächsten drei Stunden folgten mindestens drei

Nachbeben, die noch in Steyr wahrgenommen wurden. Weitere kräftige Erdstöße gab es am 16. September um 9.00, 11.00 und um 14.00 Uhr. Am 18. und 19. September lebte die Nachbebentätigkeit mit je einer Erschütterung wieder auf. Weiters wird auch von je einem Nachbeben am 20. September und am 1. Oktober berichtet. Das letzte genau zu datierende fand am 12. November statt. Es soll aber die Nachbebentätigkeit über das folgende Jahr angehalten haben.

Die ausführlichsten und genauesten Beschreibungen stammen aus Wien. Dort stürzten die Türme der Michaelerkirche und der Schottenkirche teilweise ein und richteten Schäden am Kirchengebäude an. In Hernals fiel die damalige Dorfkirche zusammen, auch der Stephansdom wurde beschädigt sowie die Türme der Jesuitenkirche Am Hof, der Kirche Maria am Gestade und anderer Kirchen. Beim Einsturz der Herberge „Zur guldnen Sonne" in der Rotenturmstraße fanden neun Personen den Tod. Die Schäden am Stephansdom sind aus einer Fugger-Zeitung überliefert. Mehrere Berichte stimmen darin überein, daß die obere Turmspitze seitlich verbogen wurde. Nur die innen eingezogenen Eisenstangen verhinderten einen völligen Einsturz des Turmes. Es gibt eine Abbildung, die diese Verbiegung des Stephansdomes übertrieben darstellt, doch muß angenommen werden, daß man den Schaden von unten gut sehen konnte und der einsturzbedrohte Südturm

für die umgebenden Häuser eine ständige Gefahr darstellte. Es war nicht leicht, Maurer und Zimmerleute zu finden, die zur Reparatur des Schadens bereit waren. Ganz wurde der Schaden auch nicht beseitigt. Noch im 18. Jahrhundert war die Spitze des Südturms um zwei Meter verschoben. Da die Mauern der Michaelerkirche aus Bruchstein bestanden, die nach einem Brand im Jahr 1525 nur roh ergänzt worden waren, sind dort besonders große Schäden aufgetreten. Beim Absturz des oberen Turmteiles wurde das Kirchendach schwer beschädigt, wahrscheinlich auch benachbarte Häuser.

In Niederösterreich wurde vor allem das Gebiet zwischen Tullnerfeld und dem südlichen Wienerwald stark in Mitleidenschaft gezogen. Es sollen die Häuser einiger Ortschaften und auch einige Schlösser schwer beschädigt worden sein, ebenso die Kartause Mauerbach. Eine zeitgenössische Schrift nennt 28 Schlösser um Wien, die von den Beben betroffen waren. Die Schadensmeldungen waren im Gebiet von Sieghartskirchen und Judenau am größten. In Abstetten wurden Kirche und Pfarrhof zerstört, der Pfarrer und seine Kapläne blieben nur durch Zufall unverletzt. In Sieghartskirchen stürzte der Kirchturm ein und beschädigte die Kirche schwer, auch der Pfarrhof fiel teilweise zusammen. Berichte über starke Schäden gibt es auch aus Tulbing, mehrere Zeugnisse berichten auch über Gebäudeschäden in der Stadt Tulln. Dort waren aber die Wirkungen nicht so schwer wie in den umliegenden Orten. Im Frauenkloster wurden Gewölbe zerrissen, Mauern fielen ein, und der Turm stürzte teilweise zusammen. Auch eine Anzahl von Bürgerhäusern wurde beschädigt, die Stadtmauer teilweise niedergelegt. In Traiskirchen, das vom Zentrum ziemlich weit entfernt war, sollen 30 Häuser eingestürzt sein.

Obwohl dieses Beben nach Neulengbach benannt wird, ist gerade aus diesem Ort keine Schadensmeldung überliefert. Möglicherweise waren die Schäden am Schloß unbedeutend, denn dieses liegt auf einem geologischen Härtling, der verhältnismäßig erdbebensicher ist. Auch aus St. Pölten sind keine Nachrichten erhalten. Nach den Unterlagen wurden durch das Erdbeben in Wien 9, im Tullnerfeld 7, also insgesamt 16 Personen getötet. Die Zahl der Opfer aus Traiskirchen ist nicht überliefert. Ob die geringe Opferzahl dadurch zu erklären ist, daß durch die zwei Vorbeben in den Abendstunden die Bevölkerung gewarnt war, oder ob das Beben doch nicht so stark war, wie man aufgrund der Berichte annimmt, ist nicht ganz geklärt. Jedenfalls ist dieses Neulengbacher Beben vom September 1590 eines der stärksten, das sich jemals in Niederösterreich ereignete.

Architektur der Renaissance

Städte der frühen Neuzeit

Am Ende des 16. Jahrhunderts hatte Niederösterreich neben Wien 34 Städte, die zusammen 5200 Häuser hatten und bis 1822 um 48 Prozent auf 7700 Häuser anwuchsen. Dabei war das Wachstum verschieden. Baden ist seit der Mitte des 18. Jahrhunderts durch das Aufblühen des Kurbetriebes auf das Dreifache gegenüber 1519 angewachsen. Manche andere wieder haben sich nur wenig vergrößert, vor allem Landstädte mit stark agrarischem Charakter. Im Jahre 1590 waren die größten Städte Klosterneuburg, Krems und Wiener Neustadt mit etwa 400 Häusern, gefolgt von Waidhofen/Ybbs und St. Pölten. Die kleinsten Städte waren im 16. Jahrhundert Hardegg mit 20 und Schrattenthal mit 40 Häusern. Auch Staatz, das im späten Mittelalter und im 16. Jahrhundert „Stättl" genannt wurde, hatte nur 20 Häuser. Kaum größer waren Allentsteig mit 35 und Pöchlarn mit 40 Häusern. Im Gegensatz zu den kleinen Städten wuchs Wien von 7000 Häusern um 1590 auf 15.200 im Jahre 1822 an.

Niederösterreich hatte um 1590 auch 53 Marktorte mit mehr als 80 Häusern. Unter diesen waren manche wesentlich größer als die meisten Städte. Langenlois mit 326 Häusern wurde nur von den vier größten Städten des Landes übertroffen. Aber auch Perchtoldsdorf, Mödling, Mistelbach und Pulkau hatten 200 Häuser oder mehr. Unter den großen Marktorten dominierten also die Weinbauorte, während andere Marktorte ihre Ausdehnung im Laufe der frühen Neuzeit kaum veränderten. Um 1590 gab es in Niederösterreich 65 dörfliche Siedlungen mit 80 und mehr Häusern. 21 hatten sogar mehr als 100 Häuser, waren also größer als manche Städte. Auch sie befanden sich meist in Weinbaugebieten.

Das gemalte Haus in Gmünd.

Das Bürgerhaus

Im 16. Jahrhundert konnten Teile des Bürgertums durch wirtschaftliche Aktivitäten zu großem Vermögen gelangen. Dies kam in reger Bautätigkeit sowohl in den Städten als auch in manchen Landgebieten zum Ausdruck. Dabei wurden italienische Einflüsse auch in das österreichische Donaugebiet übertragen, die Renaissancebaukunst hielt Einzug in die Städte. Teilweise wurden bestehende Häuser umgebaut und mit monumentalen Portalen oder Fenstern geschmückt. Neu waren die Arkadenhöfe, bei denen die Hofwände in ein- oder mehrgeschossige Arkaden aufgelöst wurden. Der Teisenhoferhof in Weißenkirchen oder das Rathaus in Mödling sind Beispiele dafür, ebenso das Haus Marktplatz 3 in Perchtoldsdorf und viele andere. In einigen Orten nördlich der Donau sind Fassadenmalereien an der Straßenseite der Häuser erhalten. Diese Sgraffitomalerei, bei der über den Untergrund (Mauerwerk) und den Unterputz (Rauhputz) ein meist schwarzer oder brauner Kratzgrund in Putzmörtelstärke und darüber die helle Kratzschicht gelegt wurde, die dann bis zur Putzschicht ausgekratzt wurde, ist charakteristisch für diese Zeit. Solcherart geschmückte Häuser findet man in Eggenburg, Horn, Krems, Stein, Retz, Gloggnitz, Neunkirchen, Waidhofen a. d. Ybbs, aber auch in Lunz. Als Themen der Bilderfolgen finden sich Darstellungen aus der Antike, Parabeln aus dem Neuen Testament, belehrende Sprüche aus Tierfabeln, manchmal auch Volksszenen mit den damals üblichen derben Sprüchen. Die Eggenburger Bilder zeigen reigentanzende und spielende Kinder. An manchen Häusern

Weißenkirchen. Renaissancehof.

Gmünd. Sgraffitohaus. 1565.

Links: Das Museum im Amonhaus in Lunz.
Rechts: Die Stadt Waidhofen an der Ybbs.

gibt es auch Medaillons mit Herrscherbildnissen.

Das Selbstwertgefühl der Bürger kam auch im Rathaus zum Ausdruck, das meist auf einem beherrschenden Platz, gelegentlich in der Mitte des Hauptplatzes, errichtet wurde. Nicht selten wurde es mit einem Turm gekrönt.

Kirchen der Gegenreformation

Der niederösterreichische Kirchenbau des 16. und 17. Jahrhunderts weist verschiedene Faktoren auf: Einerseits ist ein Auslaufen der Gotik zu bemerken, andererseits gibt es italienische Einflüsse der Renaissance, und auch frühbarocke Bauten entstehen. Nach 1530 setzte die kirchliche Bautätigkeit fast aus, erst durch die Gegenreformation entstanden wieder entscheidende Impulse, so daß seit etwa 1600 eine Reihe wichtiger Kirchen entstanden, etwa Göttweig; nach einem Brand von 1580 kam es zur Chorweihe im Jahre 1594. Die Pfarrkirche in Krems wurde in den Jahren 1616 bis 1630 erbaut, die Pfarrkirche Poysdorf entstand im Jahre 1635, die Kirche von Maria Brunn in den Jahren 1639 bis 1645. Diese Bauten zeigen ein bemerkenswert einheitliches Schema, es sind durchwegs einschiffige Saalkirchen, deren Langhaus zu beiden Seiten von unverbundenen oder mit Durchgängen miteinander verbundenen Kapellen begleitet wird, die niedriger sind als der Hauptraum. Über den Dächern der Kapellen steigt die Langhauswand lichtgadenartig empor, wodurch ein basilikaler Querschnitt zustande kommt. In Niederösterreich sind von den Evangelischen nur relativ wenige Kirchen erbaut worden.

Aigen bei Raabs

Eine weitere kleine Kirche dieser Zeit ist die von Aigen bei Raabs, die im Jahre 1599 durch die Freiherren Georg Andreas und Wolfgang von Hofkirchen anstelle eines baufälligen Gotteshauses erbaut wurde. In der zweiten Hälfte des 16. Jahrhunderts waren in dieser Kirche protestantische Pastoren angestellt. Einer von ihnen, Paul Hillemeier, wurde auch dort begraben. In der Kirche wurde die Gruft der Stifterfamilie eingerichtet, das Hochgrab ist vor einigen Jahrzehnten wieder errichtet worden.

Die St. Georgskirche zu Horn

Da die Horner Kirche 1593 baufällig war, beschloß der Stadtherr Reichard von Puchheim, einen Neubau zu errichten. Im Jahre 1596 wurde die neue Kirche fertiggestellt. Es ist ein für diese Zeit charakteristischer Bau mit gotischen Nachklängen, aber bemerkenswerten Renaissanceelementen. Auch ein Taufstein wurde zu dieser Zeit errichtet.

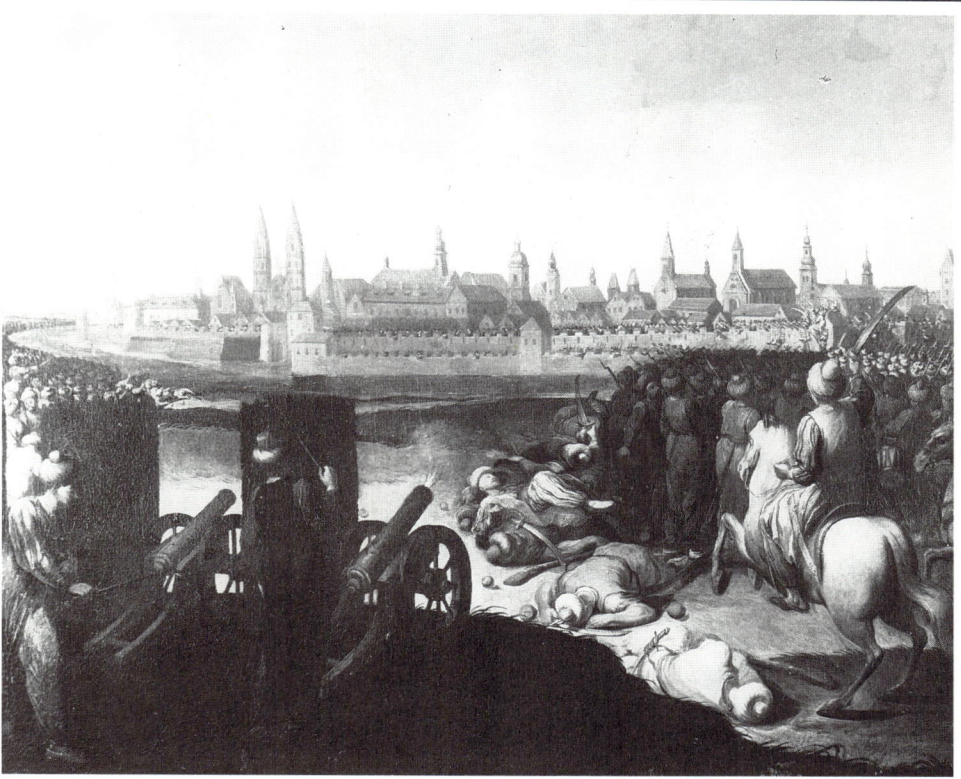

Oben: Die Türken vor Wiener Neustadt (Ansicht der frühneuzeitlichen Stadt), Ölgemälde im Stadtmuseum Wiener Neustadt.
Unten: Das „Lutherische Marterl" in Unternalb bei Retz. 1589.

Gutenbrunn und Judenau

Eine weitere kleine Kirche, die von evangelischen Adeligen errichet wurde, ist die von Gutenbrunn im Bezirk Zwettl, deren Bau 1579 durch Helmhard Jörger den Älteren begonnen wurde. Er setzte dort einen evangelischen Pfarrer ein. Nachdem die Kirche von Judenau durch das Erdbeben von 1590 eingestürzt war, wurde von Helmhard Jörger ein Neubau errichtet, der im September 1591 fertiggestellt war. Es war dies eher eine Schloßkapelle, die aber von Jörger der Allgemeinheit zugänglich gemacht wurde.

Die Kirche von Loosdorf

In den Jahren 1587–1588 wurde diese Pfarrkirche zum hl. Laurentius durch Hans Wilhelm von Losenstein errichtet. Es ist ein einfacher Bau, der außen durch den dominierenden, vorgebauten Westturm bestimmt ist. Die Kirche erfreute sich eines großen Zulaufes durch die Melker Bürger, bis der Abt von Melk dagegen einschritt. In der Kirche wurde ursprünglich auch das Grabmal des Hans Wilhelm von Losenstein aufgestellt, das dieser zu seinen Lebzeiten hatte errichten lassen. Das Tumbagrab wurde in der Gegenreformation abgetragen und befindet sich jetzt in der Kapelle der Schallaburg.

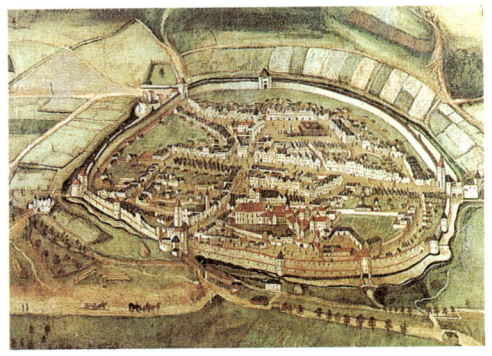

Links: Die Stadt St. Pölten aus der Vogelperspektive, Ausschnitt aus einem Gemälde von Balduin Hoyel, 1623.
Rechts: Zimmer auf der Rosenburg.

1591–1597

KALENDER

1591 Das Bereitungsbuch der niederösterreichischen Stände wird angelegt. Durch Hans Zölcher und Rudolf Vischl werden die einzelnen Gebiete Ort für Ort durchritten und genaue Aufzeichnungen gemacht. Im Viertel unter dem Wienerwald gibt es 432 Siedlungen mit 16.382 Häusern, ob dem Wienerwald 758 Siedlungen mit 22.112 Häusern, ob dem Manhartsberg 844 Siedlungen mit 19.626 Häusern, unter dem Manhartsberg 526 Siedlungen mit 20.985 Häusern. Demgegenüber gibt es 1822 147.500 Häuser und 1971 432.939 Häuser.

Der Rathausturm von St. Pölten wird fertiggestellt (Baubeginn 1571).

1593 Die Hohe Pforte (= Hof und Palast des Sultans in Konstantinopel) erklärt Kaiser Rudolf II. den Krieg.

Der Ausbau der Rosenburg zum Renaissanceschloß wird begonnen; abgeschlossen 1597.

Krems und Stein werden alle Privilegien entzogen, und ein Stadtanwalt wird eingesetzt (bis zum Jahre 1615).

Ein städtisches Bräuhaus wird in St. Pölten errichtet.

1594 Die Eroberung der Grenzfestung Raab durch die Türken läßt Sorgen wegen befürchteter Einfälle in NÖ. aufkommen.

Dr. Johann Baptista Zinsmayer vollendet die Landtafel, an der seit 1564 gearbeitet wird. Die Landtafel ist das Grundbuch des Adelsbesitzes.

Bau der Georgskirche in Horn. Fertigstellung: 1597/98 Letzte evangelische Kirche der Reformationszeit in Österreich.

1596 Der Aufstand der Bauern in Niederösterreich beginnt.

1597 Haueraufstand. Die Rädelsführer werden Am Hof in Wien hingerichtet.

1. 4. Die Bauern des Waldviertels werden besiegt.

5./6. 4. Die Bauern werden vor St. Pölten besiegt.

Das Schloß Seefeld im Pulkautal.

Mord auf Schloß Raabs

Eigentümer des Schlosses Raabs war am Ende des 16. Jahrhunderts Nikolaus von Puchheim, ein evangelischer Adeliger, der mit seinem Gutsnachbarn Hans Adam von Hofkirchen auf Kollmitz wegen Jagdgerechtigkeiten und verschiedenen Grundstücken ständigen Streit hatte. In den ersten Maitagen 1591 ließ der Puchheimer zwei Untertanen des Hofkirchners in Rabbs gefangensetzen. Hierauf plante deren Grundherr Hans Adam von Hofkirchen gemeinsam mit seinem Schwager Ferdinand von Schönkirchen eine Befreiungsaktion. Ein Bote wurde zum Puchheimer gesandt, der einige hohe Gäste ankündigte. Während man sich im Schloß Raabs auf deren Empfang vorbereitete, kamen um zehn Uhr nachts drei Wagen an, die auch in den ersten Hof eingelassen wurden. Als der Schloßherr die Gäste begrüßen wollte, trat ihm der Hofkirchner entgegen und verlangte die Herausgabe der Gefangenen. Während des erregten Gespräches schossen Begleiter des Hofkirchners auf den Schloßherrn, der getötet wurde. Dann ergriffen die Mörder die Flucht. Das geschah am 15. Mai. Der folgende Prozeß zog sich noch jahrelang hin und verlief schließlich im Sande.

TODESTAGE

Niklas von Puchheim. Protestantischer Landadeliger. Gestorben 15. 5. 1591 in Raabs (ermordet).

Hans Saphoy. Dombaumeister in Wien und Umgestalter des Landhauses. Gestorben vor 1593 in Wien.

Ladislaus (Lasla) von Kuenring. Der letzte Kuenringer. Gestorben 9. 12. 1594 in Seefeld.

Ferdinand von Hardegg. Gestorben 16. 7. 1595 (wegen des Verlustes der Festung Raab an die Türken hingerichtet).

Balthasar Polzmann. Seit 1584 Propst von Klosterneuburg. Gestorben 1596.

Christian Haller. Bauernführer. Gestorben 6. 4. 1597 in Wilhelmsburg (erschlagen).

Sebastian Grabner. Erbauer der Rosenburg. Gestorben vor 1597.

Petrus Canisius. Jesuit, Propagator der Gegenreformation. Gestorben 21. 12. 1597 in Freiburg in der Schweiz. (Geboren 8. 5. 1521 in Nimwegen/ Niederlande.)

Oben: Das Schloß Raabs an der Thaya.
Unten: Niklas von Puchheim, Bildnis im Beckschen Portraitbuch. Wien, Kunsthistorisches Museum.

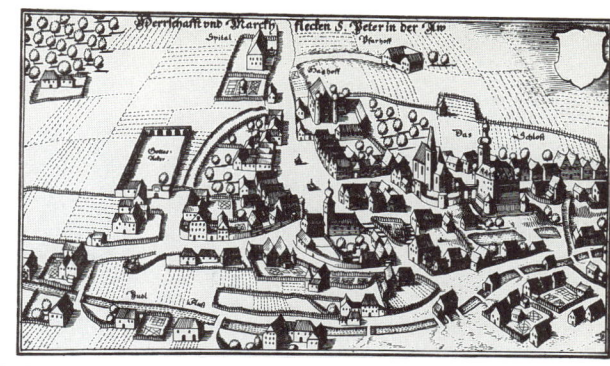

Rechts: St. Peter in der Au. Ort, an dem der Bauernkrieg 1596/97 ausbrach.

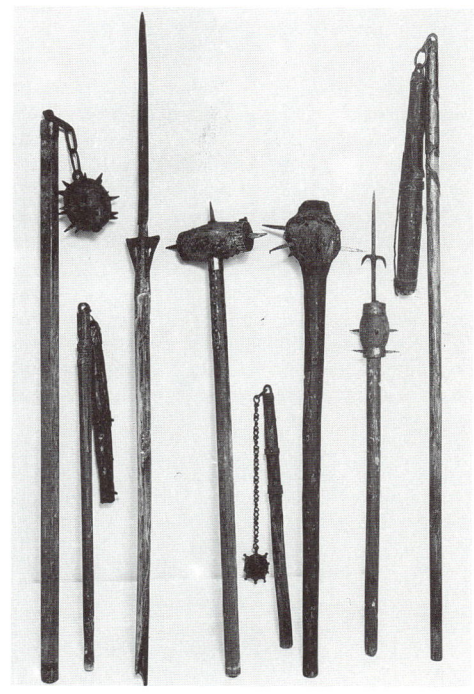

Bauernwaffen aus der Zeit der Bauernkriege.

Darstellung der Strafen an Führern der aufständischen Bauern, kolorierter Holzschnitt. Freistadt, OÖ., Heimathaus.

Der Bauernkrieg der Jahre 1596/97

Der große Türkenkrieg, der im Jahr 1593 ausbrach und im folgenden Jahr zum Verlust der Hauptfestung Raab und damit zur besonderen Bedrohung Niederösterreichs führte, brachte Unruhe unter die Bauern Nieder- und Oberösterreichs. Besonders im Land ob der Enns kam es seit 1594 im Zusammenhang mit der Gegenreformation zu verschiedenen Aufständen, die im Oktober 1596 zu Steyr einen neuerlichen Höhepunkt erreichten und am 13. November zur Hinrichtung von zwei Bauern führten. Dieser Aufstand im Traunviertel griff auch nach Niederösterreich über. Hier hatte es schon zuvor in der Herrschaft St. Peter i. d. Au Widerstand gegen den Herrschaftsbesitzer Wilhelm Seeman von Mangern gegeben. Wenige Tage nach den Ereignissen in Steyr kam es im Erlauftal und im südlichen Waldviertel, im Raum Persenbeug und Pöggstall, zu Aufständen. Georg Markgraber, ein Binder aus Gossam bei Emmersdorf, und Georg Brunner, ein Schneider aus Emmersdorf, waren die Anführer. Die Bewegung griff im November 1596 immer mehr um sich, obwohl sich eine ständische Kommission unter Reichard Streun von Schwarzenau, Hans Wilhelm von Losenstein und Abt Caspar Hofmann von Melk um eine friedliche Lösung bemühte. Im Land ob der Enns wurde im Jänner 1597 wohl ein Waffenstillstand geschlossen, in Niederösterreich gelang es hingegen auch dem kaiserlichen Herold Peter Fleischmann nicht, die Bauern zu beruhigen. Als auf Anregung des Statthalters Erzherzog Matthias von den Ständen Söldnertruppen angeworben und ausgerüstet wurden, kam es im Gebiet des Nibelungengaues und um Persenbeug zu neuerlichen Aufständen, wobei auch die Stadt Ybbs eingenommen wurde. Im Waldviertel wurde ein neues Bauernaufgebot unter Führung des 75 Jahre alten Webers und Bauern Georg Schrembser aus Dobersberg aufgestellt. Dieses Heer wurde im Gebiet von Hadersdorf durch Söldner auseinandergejagt, und in der Folge wurde Ort für Ort des Waldviertels befriedet. Südlich der Donau war aber unter der Führung des Wirtes Christian Haller aus Puchenstuben ein neuer Aufstand aufgeflammt, der sich gegen Lilienfeld, Wilhelmsburg und schließlich gegen St. Pölten richtete. Feldhauptleute waren in der letzten Phase Georg Markgraber sowie der Schulmeister Steinhauer aus Neuhofen a. d. Ybbs. Die Stadt St. Pölten wurde am 5. April belagert, doch zerstreuten Söldnertruppen in der folgenden Nacht die Bauern. Die nach Wilhelmsburg zurückflutenden Haufen lösten sich auf, man nahm ihre Anführer gefangen oder tötete sie. Nach der Niederschlagung des Bauernaufstandes setzte eine harte Bestrafung ein. Markgraber, Prunner, Schrembser und andere wurden nach ihrer Gefangennahme nach Wien gebracht und zum Tode verurteilt. Die mittlere und untere Führungsschichte wurde dort hingerichtet, wo die Rebellen besondere Aktivität entfaltet hatten oder wo sie herstammten. Der Anführer der Söldnertruppen, Wenzel Morakshy, Freiherr zu Litschau, zog im Waldviertel von Ort zu Ort, hatte 150 Gefangene bei sich, über die er Gericht hielt und von denen er jeden Tag einige hinrichten ließ. Es wurden zwischen 50 und 60 Todesurteile gefällt. Auch die anderen verhängten Strafen waren hart: Abhacken der Hand, Abschneiden der Zunge und der Ohren. Über die Belagerung St. Pöltens informiert ein Ölgemälde, das im Jahre 1623 von der Stadt in Auftrag gegeben wurde. Aber auch eine Ansicht der Stadt von 1617 von Georg Hufnagl zeigt noch die Galgen auf der sogenannten „Bauernschanze" westlich der Stadt. Den deutlichsten Eindruck vom Strafzug bietet ein kolorierter Holzschnitt im Heimathaus Freistadt mit dem Titel „Abriß der rebellischen Bauern in Österreich unter der Enns im Viertel ob Wienerwald und ob Manhartsberg".

Links außen: Erzherzog Matthias, Stich im Theatrum Europeum.
Links: Kaiser Rudolf II., Gemälde von Hans von Aachen. Wien, Kunsthistorisches Museum.

1598–1607

KALENDER

1598 Khlesl wird mit der Administration des Bistums Wien betraut.

Eine evangelische Schule in Feldsberg wird errichtet. Sie hat 1608 100 Schüler.

Bischof Melchior Khlesl fordert vom Rat von Wiener Neustadt, Listen mit jenen Bürgern anzulegen, die zu Ostern nicht zur Beichte gingen.

29. 3. Die Festung Raab wird im Triumph zurückerobert. Die Errichtung von sogenannten „Raaber Kreuzen" wird angeordnet, zur Erinnerung, daß „Raab wieder kommen in der Christen Handt".

26. 7. Der St. Georgsritterorden wird von Erzherzog Ferdinand II. aufgehoben, der Besitz wird dem Jesuitenkolleg Graz übergeben. In Wiener Neustadt sind davon die sogenannten „Kreuzhöfe" nahe der Burg betroffen.

1599 Erzherzog Maximilian III. hält Hof in Wiener Neustadt. Er läßt in Carnuntum graben und antike Schätze in die Neustädter Burg bringen.

Bernhard von Friedensheim (1645–1605), Herr auf Lengenfeld, legt ein Wappenbuch an, das 1599 den Ständen übergeben wird.

Die Landhandfeste (eine Aufstellung der Privilegien des Landes) des Reichard Streun von Schwarzenau wird fertiggestellt.

2. 9. 1600 Eine Instruktion Rudolfs II. für die Landgerichte gibt den Landprofosen die Erlaubnis, auf frischer Tat ertappte Übeltäter sofort abzuurteilen und hinzurichten.

Dezember 1601 Ernst Freiherr von Mollart wird Statthalter in NÖ. Im Jahre 1608 wird er vom Kaiser entlassen. Gestorben 1620 in Savoyen.

1602 Bei einem großen Brand in Klosterneuburg werden die untere Stadt und das Franziskanerkloster, insgesamt 270 Häuser, vernichtet.

1604 Hans Jörger von Tollet kauft die Rosenburg, 1610 tritt er sie an die protestantischen Stände des Horner Bundes ab.

Hans Georg III. von Kuefstein beendet den Ausbau des Schlosses Greillenstein (begonnen um 1560).

Christoph Held, Abt von Seitenstetten. Hinterglasbild im Stift Seitenstetten.

Bischof Khlesl empfiehlt Kaiser Rudolf II., die Zugeständnisse Kaiser Maximilians II. an die evangelischen Stände zu widerrufen. Es kommt aber nicht dazu.

11. 11. 1606 Friede von Zsitvatorok. Sultan Achmed I. und Rudolf II. schließen einen Vertrag, bei dem der Kaiser als Vertragspartner anerkannt wird. Es besteht keine Tributpflicht mehr. Diese wird durch eine einmalige Zahlung von 200.000 Gulden abgegolten. Der Abschluß dieses Friedensvertrages wurde vom Kaiser ein Jahr lang verzögert.

1607/08 Der Eisenabbau bei Harathof bei Pitten wird aufgenommen.

1607 Die evangelischen Adeligen des Landes Österreich schließen mit Erzherzog Matthias ein Bündnis.

Erzherzog Matthias, Gemälde von Lucas von Valckenborch, 1579. Wien, Kunsthistorisches Museum.

TODESTAGE

Melchior Schad. Propst von St. Pölten (seit 1576). Gestorben 1598.

Urban von Trenbach. Bischof von Passau. Gestorben 1598 an einem Schlaganfall (sein Nachfolger wird mit Erlangen der Großjährigkeit 1605 Erzherzog Leopold).

Reichard Streun von Schwarzenau. Einer der führenden evangelischen Adeligen des Landes. Gestorben 1600.

Hans Wilhelm von Losenstein. Erbauer der Schallaburg. Gestorben 1601.

Paul Zink. Seit 1590 Propst von Herzogenburg. Gestorben 1602.

Christoph Held. Abt von Seitenstetten. Gestorben 1602.

Ulrich Hackl. Seit 1581 Propst des Kollegiatstiftes Zwettl, 1586 Abt von Zwettl, 1597 Nö. Regimentsrat und Verwalter des Statthalteramtes. Ein Freund Khlesls. Gestorben 1607.

Die Raaber Kreuze

Im Jahre 1594 war während eines neuerlichen großen Krieges die Festung Raab (Györ), das letzte große Bollwerk vor Wien, von den Türken eingenommen worden.
Am 29. März 1598 gelang den kaiserlichen Feldherren Schwarzenberg und Palffy die Rückeroberung. Daraufhin befahl Kaiser Rudolf II. in einem Generalmandat, die seit uralten Zeiten an Kreuzwegen errichteten steinernen Kreuze und Martersäulen, die teilweise umgefallen waren, teils auch beim letzten Türkeneinfall oder von Bilderstürmern niedergerissen worden waren, binnen zwei Monaten wieder aufzurichten und mit der Inschrift zu versehen: „Sag Gott dem Herrn Lob und Dank, daß Raab wieder kommen in der Christen Handt. Den Neun und zwanzigsten Martij. Im 1598 Jahr."

Das Friedensheimsche Wappenbuch

Im Jahre 1599 übergab Wilhelm Bernhard von Friedensheim (1545–1605), Genealoge und Heraldiker, Herr auf Lengenfeld bei Langenlois, sein Wappenbuch der niederösterreichischen Stände während eines Landtages dem Landhaus. Es enthält in drei Abteilungen die Liste jener Familien, die 1566 mit Sicherheit landständisch waren, dann Namen und Wappen jener Adeligen, deren Wappen nicht feststand und deren

Das Wappen der Puchheim.

Zugehörigkeit zu den niederösterreichischen Landständen unsicher war, und Namen und Wappen der seit 1566 neu aufgenommenen Herren und Ritter. Das Jahr 1566 ist deshalb als Stichjahr gewählt, weil kurz zuvor das Einstandsrecht in Niederösterreich geregelt worden war und der Herrenstand in einen alten und einen neuen Herrenstand geteilt wurde.

Links: Totenschild des Hans Georg III. von Kuefstein. Maria Laach am Jauerling, Pfarrkirche. Rechts: Wappen vom Hofkirchengrabmal. Aigen bei Raabs, Pfarrkirche.

1598–1607

Das Grabmal des Hans Georg von Kuefstein

Die gotische Kirche von Maria Laach war unter dem Patronat der Freiherren von Kuefstein ein bedeutendes Zentrum des Protestantismus in Niederösterreich. 1562 bis 1627 wurde vor dem spätgotischen Marienaltar lutherisch gepredigt. In dieser Kirche wurde im Jahre 1607 von Alexander Colin das Freigrab des Johann Georg III. Freiherrn von Kuefstein aus mehrfarbigem Marmor aufgestellt. Auf mächtigem, rechteckigem Unterbau mit acht Relieftafeln sitzen vier Wappen haltende Putti. Darüber

Ansicht des Schlosses Greillenstein.

Das Renaissanceschloß Greillenstein

Schloß Greillenstein war seit 1534 im Besitz der Kuefstein. Die Grafen ließen in der zweiten Hälfte des 16. Jahrhunderts die mittelalterliche Anlage, die einen rechteckigen Hof umschloß, vollständig umbauen. Die Bauarbeiten waren nach 1600 abgeschlossen. Das Wasserschloß, dessen Hauptfassade erst 1700 gestaltet wurde, ist eine vierflügelige Anlage mit hohem, vorgesetztem Torturm. Der Hof mit stufenförmigem Niveauunterschied weist an der Ostseite eine Arkadengalerie mit Balustersäulchen auf. Die Vasen sind nach Stichen J. B. Fischers von Erlach gestaltet. Prächtig sind auch die Renaissance-Schornsteine des Schlosses. Um 1600 wurde die Schloßkapelle neu ge-

staltet und eingerichtet. Davon sind noch der Altar und die Kanzel vorhanden. Der aus dem Jahre 1604 datierte Altar hat als Mittelbild ein Kruzifix mit der Darstellung der Heiligen Dreifaltigkeit; in den Seitenfeldern zeigt er Maria und Johannes. Es handelt sich um einen der wenigen Renaissancealtäre, die es in Österreich gibt.

Auch die Kanzel gehört zur Originaleinrichtung von Greillenstein. Sie ist aus Holz gearbeitet und ruht auf einem achteckigen Sokkel. Die einzelnen Felder sind mit Ornamenten geziert. Die Kanzel verzichtet trotz der protestantischen Einstellung der Grafen von Kuefstein vollkommen auf eine protestantische Bildsprache.

Das Marmorgrabmal des Hans Georg III. von Kuefstein, 1607. Maria Laach am Jauerling.

erhebt sich der eigentliche rechteckige Sokkel, an dem der Wappenschild der Kuefstein lehnt. Auf dem Sockel kniet die überlebensgroße Ritterfigur des Toten. Zum Grabdenkmal gehört auch ein Totenschild des Hans Georg von Kuefstein, der ebenfalls in der Werkstätte des Alexander Colin entstanden ist. Die ab 1626 in die Wege geleitete Gegenreformation verhielt sich zunächst überraschend tolerant und beließ die prunkvollen Grabdenkmäler und Totenschilder der protestantischen Patronatsherren in der Kirche. Erst zur Zeit Josephs II. wurden die Grüfte geöffnet, die kostbaren Särge sollten verkauft und die Gebeine beigesetzt werden, doch kam es nicht dazu.

Relief an einem Kamin.

Die Kapelle des Schlosses Greillenstein mit Altar und Kanzel.

Links: Kaiser Rudolf II. verzichtet zugunsten seines Bruders Matthias auf die ungarische Krone. Urkunde vom 25. Juni 1608.
Unten: Der Statthalter Paul Sixt Trautson, Graf zu Falkenstein.

1608–1617

KALENDER

1608 Paul Sixt Trautson Graf zu Falkenstein wird Statthalter in Niederösterreich (bis 1621).

27. 4. Großer Brand in Wiener Neustadt, die halbe Stadt wird eingeäschert.

14. 5. Die protestantischen Fürsten Deutschlands schließen bei Nördlingen eine Union, ein politisches Verteidigungsbündnis.

24. 6. Der wegen seiner psychischen Erkrankung weitgehend entmachtete Kaiser Rudolf II. verzichtet im Vertrag von Lieben auf die Regierungsgewalt in Mähren, Österreich und Ungarn. Diese übt künftighin Erzherzog Matthias aus.

3. 10. Die evangelischen Stände Österreichs schließen in Horn ein Bündnis gegen Matthias, das von 166 Adeligen unterzeichnet wird.

10. 7. 1609 Die (katholische) „Liga" wird als Gegengewicht zur Protestantischen Union gegründet.

1610 Abt Kaspar Plautz reformiert das Stift Seitenstetten. Er regiert von 1610 bis 1627.

Januar 1612 Nach dem Tode Kaiser Rudolfs II. wird sein Bruder Matthias römisch-deutscher Kaiser.

1. 5. 1614 Grundsteinlegung für den Bau des Kapuzinerklosters Und zwischen Krems und Stein, zu dem Matthias die Erlaubnis gegeben hat. Das Kloster brannte 1656 ab und wurde neuerlich errichtet.

nach 1614 Der Turnierhof der Rosenburg wird durch den neuen Besitzer Vinzenz Muschinger angelegt.

1615 Der Rathausturm von Retz wird errichtet.

17. 2. Statthalter Paul Sixt Trautson gibt den Bürgern von Krems die förmliche Aussöhnung des Landesfürsten bekannt.

1616 Die baufällige romanische Pfarrkirche von Krems wird abgerissen, der Neubau wird begonnen (Fertigstellung: 1630).

Das Jesuitengymnasium Krems wird gegründet. Es wird 1776 von den Piaristen übernommen. Seit 1871 ist es eine staatliche Anstalt.

Erzherzog Maximilian III. stiftet den österreichischen Erzherzogshut und schenkt ihn dem Stift Klosterneuburg.

24. 2. Die Stadt Drosendorf gibt die Errichtung einer Rolandstatue für den Pranger in der Höhe von 8,3 m in Auftrag. Es ist dies das größte Bauwerk dieser Art in NÖ.

Kaiser Matthias

Als siebentes Kind Maximilians II. und seiner Ehefrau Maria wurde Erzherzog Matthias im Jahre 1557 geboren. Während seine älteren Brüder Rudolf und Ernst zur Erziehung nach Madrid geschickt worden waren, lebte er bei seinen Eltern in Wien. Als Maximilian II. im Jahre 1576 starb, waren seine Kinder in Österreich ob und unter der Enns sowie in Böhmen und Ungarn erbberechtigt. Um keine weitere Zersplitterung der Besitzungen eintreten zu lassen, verzichteten alle Brüder zugunsten Rudolfs II. auf die Huldigung, nur Matthias verweigerte die Verzichtserklärung. Es wurde ein Erbvergleich abgeschlossen, demzufolge Rudolf seine Brüder mit Geld abzufinden hätte. Dieser Erbvergleich behagte Matthias aber nicht. Er ging in die Niederlande und nahm dort die Statthalterschaft an. Da aber der spanische König Philipp II. mit seiner Regierungsweise nicht zufrieden war, mußte er bald zurückkehren und lebte zeitweilig in Linz, wo er wenig zu tun hatte und versuchte Statthalter Schlesiens oder des Landes ob der Enns zu werden. 1586 bemühte er sich auch um die Krone von Polen. Erst als Erzherzog Ernst, der bisher Niederösterreich für Rudolf verwaltet hatte, in die Steiermark ging, wurde Matthias 1594 als Vertreter des Kaisers in Österreich eingesetzt. Damit „erbte" er aber den Türkenkrieg, der in den ersten Jahren sehr ungünstig verlief. Ebenso hatte zu dieser Zeit der niederösterreichische Bauernaufstand das Land mit Unruhe überzogen. Matthias, der schon zu dieser Zeit gut mit Kardinal Khlesl zusammenarbeitete, konnte die Gegenreformation in Österreich weitgehend durchziehen und schloß auch den Vertrag von Zsitvatorok im Jahre 1606, der den Türkenkrieg beendete. Dies und andere Probleme führten aber zu Differenzen mit dem in Prag lebenden Kaiser Rudolf II., der sich dem Frieden lange entgegenstellte. So wurde Matthias von den Brüdern und Verwandten zum Haupt des Hauses gewählt, und der Bruderzwist im Hause Habsburg erreichte seinen Höhepunkt. Mit Hilfe der protestantischen Stände Österreichs, Ungarns und Mährens zog Matthias gegen Prag, doch hielt der böhmische Adel zum Kaiser, der die Krone behalten konnte. Im Vertrag von Lieben überließ Rudolf 1608 die österreichischen Länder Mähren und Ungarn Matthias und behielt nur Böhmen, Schlesien und die Lausitz. Auch das Recht der Nachfolge wurde Matthias zugestanden, der aber weiterhin in Opposition zu seinem Bruder blieb. Im Jahre 1611 vermählte sich Matthias mit seiner Cousine Anna, der Tochter Erzherzog Ferdinands von Tirol. Als am 20. Jänner 1612 Kaiser Rudolf starb, wurde der 55jährige Erzherzog zum Kaiser gewählt. Da seine Ehe aber kinderlos blieb, mußte er die Durchsetzung Ferdinands von der Steiermark zu seinem Nachfolger in die Wege leiten. Dies ging in Österreich vorerst ohne Probleme, hingegen war die Situation in den böhmischen Ländern schwierig. Als Ferdinand den von Rudolf gewährten Majestätsbrief gegen die Protestanten auslegte und den Bau einer evangelischen Kirche in Braunau in Nordböhmen verhinderte, kam es zu schweren Auseinandersetzungen mit den Ständen, die am 23. Mai 1618 zum „Prager Fenstersturz" führten. Dabei stürzten die protestantischen Vertreter der Stände zwei kaiserliche Statthalter und einen Geheimsekretär aus einem Fenster der Prager Burg in den 20 m darunterliegenden Burggraben. Der Umstand, daß sie auf einen Misthaufen fielen, rettete ihnen jedoch das Leben.

Kaiser Matthias mußte noch die erste Phase des Dreißigjährigen Krieges erleben, ehe er 1619 in Wien verstarb.

GEBURTSTAGE

Ferdinand III. Kaiser ab 1637. Geboren 13. 7. 1608 in Graz. (Gestorben 2. 4. 1657 in Wien.)

Wolf Helmhart von Hohberg. Schriftsteller. Geboren 20. 10. 1612. (Gestorben 1688 in Regensburg.)

Leopold Wilhelm. Erzherzog, 1625 (im Alter von 11 Jahren) Bischof von Straßburg und Passau, 1626 Bischof von Halberstadt, 1628 Bischof von Olmütz und Deutschmeister. 1639 übernahm er den Oberbefehl über die Armee im Dreißigjährigen Krieg, 1656 übertrug ihm König Philipp IV. von Spanien die Statthalterschaft der Niederlande. Geboren 6. 1. 1614. (Gestorben 20. 11. 1662.)

TODESTAGE

Carl Clusius. Botaniker, von Maximilian II. berufen, wirkte von 1573–1587 in Wien. Gestorben 4. 4. 1609. (Geboren 15. 2. 1526 in Arras.)

Johann Rueff. Seit 1580 Abt von Zwettl, seit 1585 von Heiligenkreuz. Gestorben 1609.

Rudolf II. Kaiser. Gestorben 20. 1. 1612 in Prag. (Geboren 18. 7. 1552 in Wien.)

Alexander Colin. Bildhauer. Er schuf unter anderem das Freigrab von Johann Georg III. von Kuefstein in Maria Laach. Gestorben 17. 8. 1612 in Innsbruck. (Geboren 1527 in Mecheln.)

Der österreichische Erzherzogshut im Stift Klosterneuburg.

Mystische Verlobung der hl. Katharina, Gemälde von Matthäus Gundelach. Auf dem Bild Kaiser Matthias, hinter ihm seine Gemahlin Anna.

Der österreichische Erzherzogshut

Am 15. November 1616 schenkte Erzherzog Maximilian III. dem Stift Klosterneuburg einen Erzherzogshut und eine silberne Reliquienbüste des hl. Leopold. Damit wollte er, wie die Urkunde besagt, seinen himmlischen Vorgänger mit dem erzherzoglichen Diadem krönen. Die Krone sollte künftig immer in Klosterneuburg bleiben und nur in zwei Fällen weggebracht werden: zur Vornahme der Erbhuldigung und zum Empfang der erbländischen Lehen durch den Kaiser. Die Stiftung Maximilians III. erhielt ihre volle Wirksamkeit, als Papst Paul V. sie am

4. Februar 1617 bestätigte und die in der Stiftungskurkunde angedrohten Sanktionen in kirchenrechtliche Form faßte.

Der Erzherzogshut ist ein auf dem Privilegium maius fußendes Rangabzeichen, das schon Rudolf IV. und Erzherzog Ernst der Steiermark in ähnlicher Form getragen hatten und das als ein Gegenstück zu den mittelalterlichen Kronen Ungarns und Böhmens zu dienen hatte. Der Erzherzogshut sollte in Beziehung zum hl. Leopold als dem weithin verehrten österreichischen Herrscher gebracht werden.

Der österreichische Erzherzogshut besteht aus einer roten Samthaube, an die ein Diadem von acht goldenen, emaillierten Zacken gelegt ist, die von zwei einander rechtwinkelig kreuzenden Bügeln überspannt wird. Diese liegen nur wenig höher als die Spitzen der Zacken. Das Diadem wird weitgehend von einem gelappten Hermelinkranz verdeckt, die Zacken sind in der Mitte des dreieckigen Feldes abwechselnd mit einem Rubin oder Smaragd in Rosettenfassung und mit einem in die Spitze eingefügten Diamanten besetzt, schließlich von einer Perle bekrönt. Perlen und Steine in Goldfassungen schmücken auch die Bügel. An ihrem Schnittpunkt symbolisiert ein großer Saphir die Weltkugel, über der sich ein Kreuz erhebt, das aus Perlen, Diamanten und Rubinen gefügt ist. Am Sockel aus Ebenholz befindet sich heute ein emailliertes, goldenes Wappen Maximilians III., das von der 1810 im Rahmen der Silberablieferung eingeschmolzenen Reliquienbüste des hl. Leopold stammt. Über den Entstehungsort des Erzherzogshutes sind nur Vermutungen möglich. Maximilian III. residierte als Gouverneur der Vorlande zu dieser Zeit in Innsbruck und hatte als Hochmeister des Deutschen Ritterordens Verbindungen nach Süddeutschland. Auch die damals in höchster Blüte stehende Prager Hofwerkstatt Rudolfs II. wäre als Entstehungsort des Erzherzogshutes zu denken. Wahrscheinlich hat ihn aber ein nach Innsbruck geholter Juwelier oder Goldschmied hergestellt.

Da der Erzherzogshut für die Erbhuldigungen oder zum Empfang der kaiserlichen Lehen vom Landesfürsten entlehnt werden sollte, wurde durch die Stiftung seine Würde durch die des hl. Leopold, der Jahrzehnte später zum Landespatron erhoben wurde, gesteigert. Die nicht alltägliche Funktion einer offiziellen Insignie hat dem Erzherzogshut im Bewußtsein der Öffentlichkeit einen hohen Stellenwert gebracht. Als eine „geheiligte" Krone und als Heiltum wurde er bei der Prozession in Klosterneuburg am Leopolditag ebenso wie die Kopfreliquie des Heiligen auf einem Polster mitgetragen.

Der österreichische Erzherzogshut wurde zehnmal zu Erbhuldigungen nach Wien gebracht: erstmals 1620 für Kaiser Ferdinand II., zuletzt 1835 für Ferdinand I., Kaiser von Österreich. Vor feindlichen Truppen, Schweden, Türken, Franzosen und Preußen wurde er stets in Sicherheit gebracht und verblieb jahrelang in Passau, Seckau, Preßburg, Prag oder an sicheren Orten in Schlesien, Ungarn oder Galizien. Von 1784 bis 1790 wurde er in der Schatzkammer der Wiener Hofburg verwahrt. Die Rückführung des Kleinods nach Klosterneuburg erfolgte nach dem Tode Kaiser Josephs II.

Links: St. Pöltner Taler mit dem Bildnis Ferdinands II., Vorderseite.
Rechts: Die Huldigung der österreichischen Stände vor Ferdinand II., Stich im Theatrum Europeum.

1618–1627

KALENDER

23. 5. 1618 Prager Fenstersturz. Die königlichen Statthalter Jaroslav von Martinitz und Wilhelm von Slavata werden gemeinsam mit dem Sekretär Philipp Fabrizius aus einem Fenster des Hradschin in den Burggraben geworfen, um den 1617 zum König von Böhmen angenommenen Erzherzog Ferdinand zu zwingen, den Majestätsbrief Rudolfs II. aus dem Jahre 1609 einzuhalten. Dieser Akt löst auch in Niederösterreich Aktivitäten der evangelischen Stände aus.

20. 7. Kardinal Melchior Khlesl wird verhaftet, nach Tirol und dann nach Rom gebracht. Er hatte Kaiser Matthias zur Erhaltung des Friedens geraten und stand der Kriegspartei am Hof im Weg.

September 1618 25 evangelische Adelige erzwingen eine Audienz bei Kaiser Matthias in Ebersdorf und tragen ihm ihre Wünsche vor.

27. 11. Truppen der böhmischen Stände überrumpeln nachts die Stadt Zwettl und dringen gegen Wien vor. Sie bleiben bis Anfang 1619 im nördlichen Niederösterreich.

Mai 1619 Böhmische Truppen unter Graf Thurn dringen, von Mähren kommend, über Laa zur Donau vor, überschreiten den Strom bei Fischamend und bedrohen Wien von Osten.

5. 6. Eine Abordnung evangelischer Adeliger begibt sich mit einer „Sturmpetition" zu Ferdinand in die Hofburg, um ihn zu drängen, Frieden mit den Böhmen zu schließen und ihnen Religionskonzessionen zu gewähren. Die Sturmpetition wird beendet, als Dampierre-Kürassiere unter Führung Gilbert von Saint Hiliers in die Hofburg einreiten. Die Böhmen ziehen sich zurück, die evangelischen Adeligen verlassen Wien und wählen Horn als Tagungsort.

August Ferdinand reist zur Kaiserkrönung nach Frankfurt, sein Bruder Leopold, Bischof von Passau, soll die Huldigung der Stände entgegennehmen. Die meisten Evangelischen verweigern dies und schließen am 16. August ein Bündnis mit den Böhmen gegen Ferdinand.

28. 8. Ferdinand III. wird in Frankfurt zum römisch-deutschen Kaiser gewählt und gekrönt (19. 9.; als Kaiser Ferdinand II.).

November Die revolutionären Stände belagern fünf Wochen lang Melk, auch Krems wird von den Horner Ständen belagert. Ungarn und Böhmen nähern sich Wien von Osten her.

6. 11. Erzherzog Albrecht VII. übergibt NÖ. formell an Kaiser Ferdinand II.

20. 3. 1620 Spitz wird von polnischen Hilfstruppen des Kaisers vier Tage lang geplündert und in Brand gesteckt. Es gehörte dem Freiherrn von Kuefstein, der sich unter den Verschwörern in Horn befand.

6. 4. Ein Teil der evangelischen Stände zieht sich nach Retz zurück und verhärtet seinen Standpunkt gegenüber dem Landesfürsten.

20. 5. Kaiser Ferdinand II. erklärt sich bereit, den Anhängern der Augsburgischen Konfession ihre Religionsfreiheit zu belassen, wenn sie alle Bündnisse, vor allem die Konföderation mit den böhmischen Rebellen, aufgeben. Die radikalen Evangelischen in Retz lehnen dies aber am 20. Juni ab und verlangen die Anerkennung der Föderation.

Johann Tsevclaes Graf von Tilly, Kupferstich von Dieter de Jode, nach einem Gemälde von Anthonis van Dyck von 1630.

30. 7. Bei der Huldigung für Ferdinand II. erscheinen neben den Katholiken nur 33 evangelische Herren und 37 Ritterstandmitglieder.

8. 9. Truppen der Katholischen Liga unter dem Kommando des bayerischen Generals Tilly vereinigen sich im Waldviertel mit den kaiserlichen Truppen und marschieren gemeinsam gegen Böhmen.

12. 9. 31 österreichische evangelische Adelige, die die Huldigung verweigert hatten und mit ihren Truppen zu den Böhmen übergegangen waren, werden geächtet, ab 14. Oktober weitere 35 Personen.

8. 11. Die Ligatruppen und die Kaiserlichen besiegen die Böhmen am Weißen Berg bei Prag. Somit ist die erste Phase des Dreißigjährigen Krieges für den Kaiser entschieden. Die durch den Schlachtentod und durch Hinrichtung oder Vertreibung vieler böhmischer Adeliger vakant gewordenen böhmischen Lehen werden an katholische Adelige vergeben.

1621 Leonhard Helfried Graf von Meggau wird Statthalter in NÖ. Er bleibt Statthalter bis 1626.

23. 4. Söldner verursachen einen großen Stadtbrand in St. Pölten.

21. 10. Ferdinand II. übergibt die Pfarre Horn den Jesuiten. Die evangelischen Bürger müssen emigrieren. Die Herrschaft Horn wird an Vinzenz Muschinger von Gumpendorf verkauft.

Leonhard Helfried Graf von Meggau. Statthalter.

Leonhardt Helffried Graff von Meggau.
Kaysers Ferd. des 2. Geheimbter Rath,
Cammerer, und obr. Hoffmaister.

6. 1. 1622 Friede von Nikolsburg mit Béthlen Gabor, dem Großfürsten von Siebenbürgen und „erwählten König von Ungarn", der mit seinen Truppen 1620 bis Wien vorgerückt war (er war mit den Böhmen verbündet).

1623 Ferdinand II. hat die Absicht, die österreichischen Länder zu einem Königreich zu erheben.

Als Folge des Krieges kommt es zu einer Inflation, die durch die „Münzcalada" beendet wird. Zur Behebung wird die Münzstätte in St. Pölten errichtet. Sie besteht bis 1626. Es werden Taler, Halbtaler und Kleinmünzen hergestellt.

Kapuzinerklöster werden in Wiener Neustadt und Horn errichtet.

Mit dem Abbau von Bleierz in der Brandeben bei Puchenstuben wird begonnen. 1662 sind dort 27 Knappen beschäftigt. 1788 wird der Abbau eingestellt.

1624 Hieronymus und Ernst Montecuccoli werden in den Freiherrenstand erhoben und mit Hohenegg belehnt.

1624/25 Obwohl am 8. Mai 1624 ein neuer Friede in Wien mit Béthlen Gabor geschlossen wird, fällt der Fürst im folgenden Jahr wieder in Niederösterreich ein.

1625 Die Innerberger Hauptgewerkschaft wird zur besseren Vermarktung der Eisenproduktion des steirischen Erzberges gegründet. Dies hat auch Auswirkungen auf die nö. Eisenwurzen, denn die Verträge mit den Provianthändlern werden erneuert.

1626 Der Aufstand der oberösterreichischen Bauern unter der Führung Stefan Fadingers greift nicht auf Niederösterreich über.

1627 Kardinal Melchior Khlesl darf nach Österreich zurückkehren. Er lebt künftig in Wiener Neustadt.

14. 9. 1627 Die protestantischen Prädikanten und Schulmeister werden aus dem Lande Österreich ausgewiesen.

GEBURTSTAGE

Matthias Kolweiß. Abt von Lilienfeld. Geboren 1620 in Judenburg. (Gestorben 1. 10. 1695 in Lilienfeld.)

TODESTAGE

Matthias. Kaiser. Gestorben 20. 3. 1619 in Wien. (Geboren 24. 2. 1557.)

Paul Sixt Trautson, Graf zu Falkenstein. Nö. Statthalter 1608–1621. Gestorben 30. 7. 1621. (Geboren 1548.)

Kaspar Hofmann von Melk. Seit 1576 Abt in Kleinmariazell, 1583 in Altenburg und seit 1587 in Melk. Gestorben 2. 3. 1623 in Wien.

Paul Päuerl. Orgelbauer und Organist. Gestorben 1627 in Horn.

Job Hartmann von Enenkel. Nö. Regimentsrat, Historiker. Gestorben 9. 2. 1627 in Wien. (Geboren 14. 9. 1576 in Heinrichschlag.)

Ferdinand II. als Landesfürst

Die Schlüsselfigur des Dreißigjährigen Krieges auf seiten der Habsburger war Ferdinand II. aus der steirischen Linie der Habsburger. Am 9. Juli 1578 wurde er als sechstes Kind des Erzherzogs Karl von Österreich und dessen Gemahlin Maria aus Bayern geboren. Da vor ihm vier Schwestern zur Welt gekommen waren und sein Bruder noch im Monat der Geburt gestorben war, war er der einzige überlebende männliche Nachkomme und erhielt nach Kaiser Ferdinand I., dem Großvater, seinen Namen. Seine Mutter, die streng katholisch erzogen worden war, wirkte in seiner Jugend entscheidend auf ihn ein und gab den Anstoß zu seiner Entsendung nach Ingolstadt, wo er bei den Jesuiten studierte. Als Zwölfjähriger begann er am dortigen Gymnasium seine Ausbildung und blieb auch nach dem Tode seines Vaters (1590) noch fünf Jahre dort. Nachdem zunächst Erzherzog Ernst für ihn die Regierung geführt hatte, kehrte er im März 1595 nach Graz zurück und trat die Regierung Innerösterreichs an, wo er sehr bald einen harten Kurs gegen die Evangelischen einschlug und auch versuchte, im Türkenkrieg Entscheidungen herbeizuführen. Da sich immer stärker abzeichnete, daß er Nachfolger des Kaisers Matthias werden würde, bereitete er sich auf das kaiserliche Amt vor und griff auch in Verhandlungen in Böhmen und Österreich ein. Nachdem er den Majestätsbrief Rudolfs II. von 1609 bestätigt hatte, wurde er im Juni 1617 zum König von Böhmen gewählt und gekrönt. Er mußte aber versprechen, sich zu Lebzeiten des Kaisers Matthias aller politischen Einmischungen zu enthalten. Im Frühjahr 1618 wurde er auch zum König von Ungarn gewählt und am 1. Juli dieses Jahres gekrönt. Zu dieser Zeit war aber bereits der Konflikt in Böhmen ausgebrochen, und Ferdinand war es, der die Entfernung des Kardinals Khlesl vom Wiener Hof durchsetzte. Im Jahre 1619 trat er die Nachfolge von Kaiser Matthias an und hatte große Mühe, die Erbhuldigung der Stände in Österreich zu erreichen, da er sich gleichzeitig auch um die Kaiserkrone bewerben mußte. Mit Zustimmung der evangelischen Kurfürsten wurde er am 28. August 1619 zum römischen Kaiser gewählt. Er konnte sich schließlich auch in Österreich durchsetzen und durch den Sieg in der Schlacht am Weißen Berg die politische Oberhoheit in Mitteleuropa gewinnen. Während er das Land ob der Enns dem Herzog Maximilian von Bayern verpfändete, um die Hilfe, die er von Bayern erhalten hatte, abzuzahlen, widmete er sich

Marienkrönung mit Kaiser Ferdinand II. und Papst Urban VIII., Ölgemälde in der Neuklosterkirche Wiener Neustadt.

der Regierung Österreichs selbst. Dem protestantischen Adel hatte er 1620 freie Religionsausübung zugesagt, wenn er die Erbhuldigung leistete. Zwar erhielten die Protestanten keine besonderen Positionen mehr, aber sie konnten weiterhin im Lande leben, wenn sie auch keine Prediger mehr halten durften. Ferdinand glaubte am Höhepunkt seiner Macht angelangt zu sein, als er im März 1629 das Restitutionsedikt erließ, demzufolge alle Besitzungen der katholischen Kirche, die seit 1552 entfremdet worden waren, zurückgeben seien. Für Österreich hatte dieses Edikt keine unmittelbare Bedeutung mehr, weil unterdessen alle evangelischen Geistlichen aus dem Lande gewiesen worden waren und es keine Opposition mehr gab. Problematisch war allerdings, daß damit ein Ende des Krieges unmöglich wurde. Der Kampf trat später noch in eine Phase, in der sogar Österreich selbst bedroht wurde. Zur Zeit Ferdinands war aber Wallenstein der entscheidende Mann, sowohl als kaiserlicher Feldherr wie auch später als Gegenspieler des Kaisers. 16 Jahre lang führte Ferdinand Krieg im Dienste des Katholizismus und versuchte im sogenannten „Prager Frieden" von 1635 die Auseinandersetzung zu einem Abschluß zu bringen. Dieser Versuch war aber nicht von Erfolg begleitet. Auch gesundheitlich waren Ferdinands letzte Lebensjahre ein ständiger Kampf. Die Wassersucht machte ihm schwer zu schaffen, ehe er am 15. Februar 1637 starb.

Die Münzstätte St. Pölten

Als in der ersten Phase des Dreißigjährigen Krieges eine Münzverschlechterung eintrat, weil die alten Silbertaler verschwanden und von verschiedenen Seiten schlechte Münzen, die man Kipper- und Wippertaler nannte, geprägt wurden, wurde 1623 eine Münzreform beschlossen. Es sollten neue Reichstaler in alter Güte geprägt werden, doch reichten die vorhandenen Kapazitäten nicht aus, und man mußte neue Münzstätten gründen. So kam es im Jahre 1624 auch zur Errichtung einer Münzstätte in St. Pölten.

Zu diesem Zwecke mieteten die Münzmeister Matthias Fellner und Balthasar Zwirner aus Brünn in St. Pölten eine Mühle, und am 30. Juni 1624 wurde mit der Herstellung der Münzen durch den Subunternehmer Johann Joachim Edling begonnen, der die Walzenprägung einführte. Sein Münzzeichen war eine Doppellilie. Neben ihm waren auch einige Italiener, ein Franzose und vier befreite Hofjuden beteiligt. Mit 1. Jänner 1625 wurde eine neue Münzordnung eingeführt und Matthias Fellner neuerlich zum Münzmeister bestellt. Er sollte Münzen vom Du-

katen bis zum Pfennig prägen, durfte Edling wieder die Ausmünzung anvertrauen, mußte aber einige Kontrollore anstellen. Doch immer wieder gab es Konflikte zwischen Edling und den anderen Interessenten, auch die Stadt hatte Bedenken wegen der Verteuerung des Brennmaterials und der ständigen Feuergefahr. Ende März übernahm Fellner die Ausprägung, stellte ebenfalls Walzentaler her, verwendete aber als Münzzeichen einen Sparren. Im Jahre 1626 übernahm der Wiener Wardein Martin Turba die Münzstätte, sein Zeichen war eine gefüllte Rose. Er starb aber schon im April 1626, nach seinem Tode wurde die Prägung eingestellt und die Münzstätte liquidiert. Insgesamt dürften in St. Pölten in dieser kurzen Zeit 80.000 Taler und Halbtaler hergestellt worden sein.

Die St. Pöltner Taler und Halbtaler wurden 1974 nachgeprägt, und damit wurde neuerlich eine Anzahl dieser seltenen Stücke in Umlauf gesetzt. Sie wurden an Sammler und andere Interessenten verkauft.

Links: Herzbestattung des Melchior Khlesl. Bronzebehälter mit Inschrift, in der Herzurne.
Mitte rechts: Herzbestattung des Melchior Khlesl, Herzurne, rechteckiger Kupferbehälter. Dom von Wiener Neustadt.
Unten rechts: Altersbildnis von Kardinal Melchior Khlesl, Ölgemälde von H. Carrachi 1627.

1628–1634

KALENDER

1628 Martin Müller wird Propst von Herzogenburg und bringt das Kloster bis 1640 zu einer neuen Blüte.

28. 7. Zur Verlängerung des Friedens von Zsitvatorok werden Großbotschaften mit den Türken ausgetauscht. Hans Ludwig von Kuefstein reist als Botschafter nach Konstantinopel ab. Er verläßt am 28. Juli Wien, wird am 26. September mit dem türkischen Großbotschafter an der Grenze ausgetauscht und kommt am 14. Oktober nach Belgrad. Während der türkische Großbotschafter schon am 21. Oktober Wien erreicht, hält Kuefstein erst am 25. November Einzug in Konstantinopel. Der Aufbruch zur Rückkehr erfolgt am 18. August 1629. Am 21. September erreicht er Belgrad, am 30. November werden die Botschafter an der Grenze ausgewechselt, und am 8. Dezember 1629 ist Kuefstein wieder in Wien.

1. 8. Die evangelischen Adeligen haben sich gemäß einem kaiserlichen Dekret binnen drei Monaten zum katholischen Glauben zu bekennen oder das Land zu verlassen.

1629 Der Kaiser erläßt das Restitutionsedikt. Im gesamten Reich sollen die Evangelischen alles aufgeben, was sie seit 1552 in ihren Besitz gebracht haben.

Korneuburg erhält einen vierten Jahrmarkt zu Weihnachten.

Der St. Pöltner Stadtrichter Kaspar Pichler gibt ein Votivbild für Maria Langegg in Auftrag, auf dem er selbst mit seiner Frau in Anbetung der Gottesmutter dargestellt ist.

Hieronymus und Barbara Montecuccoli kaufen Hohenegg.

Die Pest wütet in Krems, 210 Tote sind zu beklagen.

Albrecht von Wallenstein, Stich nach einem Gemälde von Anthonis van Dyck.

Votivbild des St. Pöltner Stadtrichters Kaspar Pichler nach Maria Langegg, 1629.

Der Klosterrat wird aufgelöst, und seine Geschäfte werden der niederösterreichischen Regierung übertragen.

13. 8. 1630 Kaiser Ferdinand II. entläßt über Druck der Reichsstände seinen Feldherrn Albrecht von Wallenstein.

1631 Johann Graf von Werdenberg gründet ein Kapuzinerkloster in Mödling.

Bei einer Schadensaufnahme wird festgestellt, daß von 69.731 grundherrschaftlichen Häusern 8.980 unbewirtschaftet sind.

Dezember 8 Regimenter der Wallensteinischen Armee beziehen Winterquartiere in Niederösterreich.

1632 Die Hofkammer läßt das kaiserliche Salzhaus in Stein erbauen.

3. 4. Die Stadt Krems muß den Waffenvorrat im Zeughaus und die Waffen der Bürger zur Ausrüstung des Regiments des Obersten Teuffenbach abliefern.

14. 4. In Göllersdorf wird ein Vertrag zwischen Wallenstein und Fürst Eggenberg als Vertreter Kaiser Ferdinands II. abgeschlossen. Es werden die Rechte Wallensteins im Rahmen seines neu angeworbenen Heeres festgelegt.

1633 Bei einem Brand in Korneuburg bleiben nur 50 Häuser vom Unglück verschont.

Juli Das Votivbild für Annaberg wird geschaffen.

1634 Das hochfreie Geschlecht der Zelkinger, seit dem 12. Jahrhundert Mitglied des Ministerialenstandes, stirbt aus.

2000 kranke und verwundete Soldaten von der Belagerung der Stadt Regensburg werden in NÖ. untergebracht.

GEBURTSTAGE

Katharina Regina von Greifenberg. Evangelische Adelige und Dichterin. Geboren 7. 9. 1633 in Seisenegg. (Gestorben 10. 4. 1694 in Nürnberg.)

Maria Anna. Tochter Kaiser Ferdinands II., Gemahlin Phlipps IV. von Spanien. Geboren 23. 12. 1634 in Wiener Neustadt. (Gestorben 16. 5. 1696 in Madrid.)

TODESTAGE

Melchior Khlesl. Bischof, Kardinal und Staatsmann. Gestorben 18. 9. 1630 in Wiener Neustadt. (Geboren 19. 2. 1553 in Wien.)

Ludwig Wilhelm von Zelking zu Weinberg auf Leonstein. Herr der Herrschaft Dürnstein und des Tales Wachau. Gestorben 10. 4. 1624 als letzter seines Geschlechtes.

Rechts: Empfang des Großbotschafters beim Sultan. Aus der Serie „Ansichten aus dem Osmanischen Reich", gemalt während der Großbotschaft des Hans Ludwig von Kuefstein 1628/29. Türkenmuseum Perchtoldsdorf.
Unten: Gastmahl bei den Wesiren. Aus der Serie „Ansichten aus dem Osmanischen Reich", gemalt während der Großbotschaft des Hans Ludwig von Kuefstein 1628/29. Türkenmuseum Perchtoldsdorf.

Kontakte zu den Osmanen in der 1. Hälfte des 17. Jahrhunderts

Am Ende des langen Türkenkrieges, der 1593 begann und 1606 mit dem Frieden von Zsitvatorok beendet wurde, erfolgte endlich eine protokollarische Gleichstellung beider Herrscher durch Anerkennung des Titels „Römischer Kaiser" durch den Sultan, denn dieser hatte den Kaiser bisher nicht als ebenbürtig behandelt. Das bisher alljährlich zu erlegende Ehrengeschenk wurde in ein einmaliges von 200.000 Golddukaten umgewandelt. In der Folge kam es immer wieder zum Austausch von Großbotschaften, wenn dieser Frieden verlängert werden sollte oder größere diplomatische Verhandlungen nötig waren. In Konstantinopel saß zwar ständig ein kaiserlicher „Resident", dessen Vollmachten aber gering waren. Der „Internuntius" als Sonderbotschafter hatte einen mittleren Rang. Großbotschafter mußten hohe Adelige sein und wurden nur bei besonderen Anlässen abgesandt.

Erstmals wurde im Jahre 1608 Adam von Herberstein mit dieser Aufgabe betraut, als der Friedensvertrag ratifiziert und die Ablösesumme überbracht werden mußte. Im Jahre 1615 kam dann eine aus 136 Personen bestehende osmanische Gesandtschaft nach Wien. Sie brachte erstmals Geschenke für den Kaiser mit, der Friede wurde für weitere 20 Jahre verlängert. Nun mußte als Antwort im folgenden Jahr eine kaiserliche

Großbotschaft unter der Leitung des Freiherrn Hermann von Czernin in die Türkei reisen. Da er schon 1598 im Orient gewesen war, hielt man Czernin für einen Kenner dieser Länder. Da er aber mit klingendem Spiel und entfalteten Fahnen in Kostantinopel einzog, erregte er großen Unwillen und wurde unfreundlich aufgenommen. Wie auch späteren Gesandten waren ihm Sitten und Gebräuche der Osmanen zu wenig bekannt.

Im Jahre 1628 wurde Freiherr Hans Ludwig von Kuefstein als Großbotschafter ausgewählt. Seine Mission hatte zwar nur geringen diplomatischen Erfolg, doch ließ er durch einen Maler wichtige Szenen vom Leben und den Gewohnheiten am Hofe des Sultans festhalten. Zehn große Ölgemälde schmücken den „Türkensaal" des Kuefsteinschen Schlosses Greillenstein im Waldviertel, elf Gouachebilder befinden sich im Türkenmuseum Perchtoldsdorf, die schriftliche Relation wird im Haus-, Hof- und Staatsarchiv in Wien verwahrt. Durch diese umfangreiche Dokumentation ist die Kuefsteinsche Großbotschaft am besten von allen bekannt.

Im Jahre 1644 mußte der nun schon hochbetagte Graf Hermann Czernin neuerlich eine Großbotschaft leiten, als der Dreißigjährige Krieg in eine für den Kaiser bedrohliche Phase getreten war. Er konnte zwar nur einen Teil seines Auftrages erfüllen, der Friede blieb aber erhalten, und bei seiner Rückreise begleitete ihn der osmanische Botschafter Ibrahim nach Wien. Nach dem Frieden von Vasvár kam 1665 der türkische Weltreisende Evliya Celebi in das „Giaurenland" und schilderte in seinen sehr anschaulichen Schriften „Kizil Elma", den Goldenen Apfel, wie die Osmanen die kaiserliche Haupt- und Residenzstadt Wien nannten.

Annaberg als Wallfahrerstation

Das Stift Lilienfeld errichtete bereits 1217 auf dem 332 m hohen Tannberg eine Kapelle, die 1332 erneuert wurde. Die im 15. Jahrhundert erbaute Kirche erhielt 1514 Pfarrechte. Größere Bedeutung bekam der Ort im Zuge der Gegenreformation, als die Wallfahrten nach Mariazell zunahmen und Pilgerherbergen geschaffen werden mußten. Das älteste Votivbild in Annaberg stammt von 1633, das Wallfahrtsbuch von 1650. Das von der stummen Wienerin Maria Rottenstätterin, die am 12. Juli 1633 in Annaberg wieder ihre Stimme erhielt, gestiftete Votivbild dürfte allerdings erst in der ersten Hälfte des 18. Jahrhunderts entstanden sein. Der Hochaltar ist in seiner heutigen Form 1681 errichtet worden. Das Altarbild des rechten Seitenaltares ist eine Kopie eines Bildes in der Wiener Karlskirche.

Rechts: Adelige auf der Wallfahrt in Annaberg, 1633. Ausschnitt aus dem Votivbild der Maria Rottenstätter. Annaberg, Pfarrkirche.

Links: Seifried Christoph von Breuner, 1626–1640.

KALENDER

1635 In Rehberg wird ein Hammerwerk gegründet, aus dem später die Fabrik Schmitt entsteht.

1636–1639 Das Jesuitenkolleg in Krems wird erbaut.

1636 Johann Fünfleuthner wird Propst von St. Pölten. Er baute das Klostergebäude neu.

1637 Nach dem Tode Ferdinands II. wird sein Sohn Ferdinand III. Landesfürst in NÖ.

1638 Die Rochuskapelle zu Mannersdorf an der March wird von General Teuffenbach errichtet. Sie trägt den Namen „Wutzelburg".

19. 5. Ferdinand III. bestätigt das Privileg der Mödlinger Fleischhauerzunft mit einem bildlichen Wappen.

1640 Bei einem Großbrand in Pøysdorf werden 140 von 250 Häusern zerstört.

Georg Teufel, Freiherr von Guntersdorf, wird Statthalter in Niederösterreich (bis 1642).

Georg Teufel, Freiherr von Guntersdorf, Statthalteramtsverwalter.

1641 Alexander Schinagl, Richter von Krummnußbaum, bringt in einer Eiche eine Mutter-Gottes-Statue an und begründet damit eine Wallfahrt. 1658 kommt es dort zu einer ersten Lichterscheinung. Der Wallfahrtsort erhält den Namen Maria Taferl.

Ferdinand III. erläßt ein Mandat, die Wölfe als landesschädliche Tiere auszurotten. Von Leopold I. wird dieses Mandat 1675 erneuert.

1642 Die Gräfin Kurz, eine Tochter Vinzenz Muschingers, übergibt der Stadt Horn das Bürgerspital.

Das Paulanerkloster in Wiener Neustadt wird fertiggestellt; im folgenden Jahr wird das Kapuzinerkloster in der Vorstadt Leithen in Waidhofen a. d. Ybbs bezogen.

25. 1. Ferdinand III. gewährt Scheibbs, Purgstall und Gresten im Umkreis von vier Meilen die Befreiung von Einquartierungen zur Förderung des innerbergischen Eisenwesens.

1643 Großes Hochwasser der Donau.

1644 Graf Johann von Werdenberg gründet das Kapuzinerkloster Tulln. Niklas Schober von Hartenbach und Perschling übergibt die 1604 erbaute Kapelle zu Langegg im Dunkelsteiner Wald den Serviten.

Soldatentypen des Dreißigjährigen Krieges

Der Pikenier

Die Pikeniere deutscher Art waren mit der „Pike", einem Langspieß von durchschnittlich 4,5 m Länge und etwa 3 kg Gewicht als Waffe ausgerüstet. Dieser war sehr unhandlich und nur für den Gebrauch in geschlossener Formation geeignet. Für den Einzelkampf im Handgemenge führte der Pikenier einen Stoßdegen mit sich. Seine Schutzausrüstung bestand aus einer leichten Sturmhaube, Kragen, Brust- und Rückenplatte und kurzen Beintaschen. Das Gewicht dieser Ausrüstung betrug 9 kg, daher verzichteten die Soldaten häufig darauf. Besonders in der zweiten Kriegshälfte waren meist nur die in den vordersten Gliedern stehenden Pikeniere vorschriftsmäßig gepanzert.

Der Musketier

Die Bewaffnung des Musketiers bestand aus einer 5 bis 6 kg schweren Luntenschloßmuskete, einem glattläufigen Vorderlader mit 18–20 mm Kaliber. Die Waffe wurde mit Hilfe hölzerner Pulvermaße geladen, die am Bandelier getragen wurden. Die Zündung erfolgte mit Hilfe einer in den Hahn geklemmten Lunte, die das Zündpulver auf der Pfanne entzündete. Ein geübter Musketier konnte etwa einmal in der Minute laden und schießen. Zum Zielen bediente man sich noch häufig der Stützgabel, auf welcher die Muskete aufgelegt wurde. Für das Handgemenge war der Musketier mit einem Stoßdegen bewaffnet. Schutzwaffen trug er gewöhnlich nicht. Uniformen gab es noch keine, einzelne Regimenter besaßen aber Röcke von einheitlicher Farbe.

TODESTAGE

Ciprian Biasino. Baumeister und Bürger in Krems. Gestorben 2. 6. 1636 in Krems.

Ferdinand II. Kaiser. Gestorben 15. 2. 1637 in Wien. (Geboren 9. 7. 1578 in Graz.)

Matthias Geißler. Bischof von Wiener Neustadt. Gestorben 20. 2. 1639.

Valentin Preuenhuber. Oberpfleger auf Sallaberg und Historiograph. Gestorben 1642.

Georg Teufel, Freiherr von Guntersdorf. 1640–1642 Statthalter. Gestorben 21. 2. 1642. (Geboren 1580.)

Rechts: Servitenkloster Schönbühel.

Klostergründungen während des Dreißigjährigen Krieges

Zur Zeit des Dreißigjährigen Krieges entstanden in Niederösterreich zur Unterstützung der Gegenreformation eine Reihe von Klöstern verschiedener neuer Orden, an der Spitze die Kapuzinerklöster. Der Kapuzinerorden war ein Reformorden der Franziskaner, der 1619 als selbständiger Orden bestätigt wurde. Die Einrichtungen der Kapuziner sind daher denen der Franziskaner sehr ähnlich, sie widmeten sich mit Vorliebe den unteren Volksklassen, galten als besonders streng und waren in der Mission tätig.

Im Jahre 1619 wandten sich Kapuziner aus Wien an den Stadtrichter und baten ihn um die Erbauung eines Klosters in der Stadt Korneuburg. Dieser Wunsch wurde ihnen erfüllt, sie erhielten vorläufig eine kleine Niederlassung und konnten auch bald mit dem Bau eines Klosters und einer Kirche beginnen. Nicht weniger als neun Bürgerhäuser fielen diesen neuen Gebäuden zum Opfer, zu denen im Jahre 1623 in Anwesenheit Ferdinands II. und des Hofes der Grundstein gelegt wurde. Graf Johann Balthasar Hoyos hatte durch Spenden den Klosterbau ermöglicht. Im Jahre 1625 wurde die Kirche durch Melchior Khlesl geweiht.

In ähnlicher Weise entstand im Jahre 1631 ein Kapuzinerkloster in Mödling, das Johann Graf Werdenberg stiftete. Im Jahre 1632 wurde die Kirche von Bischof Philipp Friedrich Breuner geweiht. Ein drittes Kloster desselben Ordens entstand in Waidhofen/Thaya am Ende des Dreißigjährigen Krieges. Es gab Schwierigkeiten mit der Stadt über die Frage, ob das Kloster außerhalb oder innerhalb der Mauern erbaut werden sollte. Schließlich entschied der Kaiser im Jahre 1649, daß es außerhalb der Stadt-

mauer entstehen sollte. Der Bau wurde 1652 begonnen und 1658 vollendet, wobei wieder verschiedene Wohltäter, vor allem Margarethe Gräfin Trautson, die Baukosten trugen. Für einen Konvent in Tulln gab im Jahre 1635 Kaiser Ferdinand II. die Bewilligung, doch befanden sich die Kapuziner damals schon fast zehn Jahre lang in der Stadt. Es dauerte allerdings lange, bis man 1645 mit dem Klosterbau beginnen konnte, der innerhalb von vier Jahren fertiggestellt wurde. Die Kirche wurde erst 1653 beendet und im Jahre 1683 geweiht. In Waidhofen a. d. Ybbs wurde in den Jahren 1643–1644 ein Konvent in der Vorstadt Leithen gegründet und mit Spenden verschiedener Wohltäter fundiert. Auch hier war der Neubau erst nach dem Krieg möglich, und 1653/54 wurde das Gebäude bezogen. 1659 wurde auch die Kirche fertig. In Bruck a. d. Leitha hat Graf Harrach die Ansiedlung der Kapuziner befürwortet und spendete dafür vier Häuser. Bald wurde auch mit dem Bau des Klosters begonnen, und im Beisein Kaiser Ferdinands II. wurde 1625 der Grundstein gelegt. Der Sohn des Stifters, Ernst Adalbert Graf Harrach, der Erzbischof von Prag war, hat die Kirche im Jahre 1629 geweiht. Der Konvent von Wiener Neustadt ist bald nach der ersten Ansiedlung von Kapuzinern im Jahre 1610 geplant worden. Kaiser Matthias lehnte jedoch anfangs eine Gründung ab, da es zu viele Klöster im Gebiet gab. Schließlich fanden sich Befürworter, und im Jahre 1618 setzte sich Erzherzog Ferdinand mit dem Kapuzinerorden in Verbindung und verhandelte wegen der Überlassung des Minoritenklosters. Darüber verging aber einige Zeit, und erst im Jahre 1623 wurde mit dem

Neubau einer Kirche begonnen, die im Jahre 1628 geweiht werden konnte.

Auch neue Franziskanerklöster entstanden zur Zeit des Dreißigjährigen Krieges, etwa das im Jahre 1643 von den Stockerauer Stadtbürgern begründete St. Kolomans-Kloster. In Neulengbach wurde ebenfalls ein Franziskanerkloster gestiftet, das 1628 fertiggestellt und von den Mönchen bezogen werden konnte. In Ybbs entstand unter dem Einfluß Ferdinands II. nach 1630 ein Franziskanerkloster, dem im Jahre 1631 ein leerstehendes Klostergebäude überlassen wurde.

Minoritenklöster entstanden in dieser Periode in Neunkirchen (im Jahre 1631 durch Johann Balthasar Graf Hoyos), in Aspang a. d. Zaya (durch Seifried Christoph Graf Breuner, einen Verwandten des Grafen Hoyos) im Jahre 1632. Das Kloster wurde neben dem Breunerschen Schloß errichtet. In Langegg im Dunkelsteiner Wald entstand im Jahre 1645 ein Servitenkloster, das sich bald zum Wallfahrtsort entwickelte und erhebliche Bedeutung erlangte.

Ein Barnabitenkloster aus dieser Zeit ist das in Mistelbach, welches im Jahre 1625 besiedelt wurde. Wieder war Kaiser Ferdinand der Stifter. Er schenkte den Barnabiten die Pfarre und das St. Katharina-Benefizium in St. Michael in Wien.

Die meisten dieser im 16. Jahrhundert gegründeten Klöster bestehen heute nicht mehr, im allgemeinen wurden sie unter Joseph II. aufgehoben und für andere Zwecke verwendet. Nur das Kloster in Wiener Neustadt, während des letzten Krieges stark beschädigt, ist 1946 wieder aufgebaut worden und dient kirchlichen Zwecken.

Servitenkloster Jeutendorf.

Servitenkloster Lengegg.

Links: Die Urkunden des Westfälischen Friedens vom Oktober 1648.

1645–1649

KALENDER

1645 Das Kapuzinerkloster Waidhofen a. d. Thaya im Niedertal vor dem Stadttor wird bezogen.

Die Weinsorte „Neuburger" wird in der Wachau bekannt.

1646/47 Pest in Hollabrunn, Klosterneuburg, St. Pölten. Die Stadt St. Pölten stiftet ein Bild in der Wallfahrtskirche Mank.

1647 Horn wird eine Poststation der Linie Wien–Budweis.

24. 10. 1648 Nach langen Friedensverhandlungen wird in Münster und Osnabrück der „Westfälische Frieden" unterzeichnet, der den Dreißigjährigen Krieg beendet. Er bestimmt über 150 Jahre lang die politischen Vereinbarungen im Reich. Die österreichisch-habsburgischen Länder werden damit zum „Haus Österreich" in des Wortes wahrer Bedeutung.

Der Friedenssaal im Rathaus von Münster.

1649 Die Ansichten Merians von NÖ. erscheinen in Buchform.

Der Neubau des Augustiner-Chorherrenstiftes St. Pölten beginnt. Schon vorher war mit Hilfe von Lilienfeld und St. Pölten das Franziskanerkloster neu erbaut worden.

Votivbild der Stadt St. Pölten in der Wallfahrtskirche Mank, gestiftet für Verschonung von der Pest 1645.

Die Topographie des Matthäus Merian

Im Jahre 1649 erschien in Frankfurt die „Topographia Provinciarum Austriacarum, Austriae, Styriae, Carintiae, Carniolae, Tirolis etc.", das ist die Beschreibung und Abbildung „der fürnembsten Stätt und Plätz in den österreichischen Landen, Under und Oberösterreich, Steyer, Kärndten, Crain und Tyrol". Einleitend findet man eine Karte des Erzherzogtums Österreich unter der Enns, dann folgen eine Beschreibung des Erzherzogtums und bildliche Darstellungen neben einer Beschreibung der wichtigsten Orte wie Baden, Bruck a. d. Leitha, Krems, Ebenfurth, Hainburg, Ybbs, Persenbeug, Korneuburg, Laa a. d. Thaya, Melk, Klosterneuburg, das Donautal zwischen Kahlen- und Bisamberg, das Gebiet von Wiener Neustadt, die Orte Wiener Neustadt und St. Pölten, Pöchlarn, Retz, Scheibbs, Stein, Mautern und das Kloster Göttweig (auf einem Blatt), Schrattenthal, Dürnstein, Tulln, Waidhofen a. d. Ybbs, Weitra, Zwettl, Amstetten, Mödling, St. Peter i. d. Au, Blindenmarkt, Schloß Zeillern und andere Orte. Diese Darstellungen sind recht genau und wurden bis in die Gegenwart immer wieder für Publikationen verwendet.

Die Pest während des Dreißigjährigen Krieges

Gegen Ende des Dreißigjährigen Krieges traten in einigen Orten Niederösterreichs Infektionskrankheiten auf, die man als Pest bezeichnete. Durch Truppen und herumziehende Menschengruppen wurden diese Krankheiten verbreitet. In St. Pölten versuchte man das Übel nicht nur durch Anstellung eines Arztes zu bekämpfen, sondern auch mit geistlichen Waffen. So wurde am 13. September 1645 die Wiedererrichtung der Sebastianbruderschaft (dem Pestpatron Sebastian gewidmet) beschlossen. Diese Bruderschaft widmete sich neben der Krankenpflege oder der wirtschaftlichen Hilfe für in Not Geratene vor allem dem Gebet und der Heiligenverehrung. Gleichzeitig wurde der St. Pöltner Bürger Balduin Hoyel beauftragt, ein Bildnis zu malen, das von der Stadt als Votivgabe in die Wallfahrtskirche Mank gebracht werden sollte, was am 1. Juli 1646 auch geschah. Im unteren Teil des Bildes sieht man die Stadt St. Pölten, aus der ein Pilgerzug in Richtung Mank zieht. Auf den Feldern liegen Kranke und Tote. Über der Stadt sieht man die Pestheilige Rosalia, welche die Gottesmutter, die von einem Chor von Engeln umgeben ist, um Hilfe für die Stadt anfleht. Die Madonna breitet zum Schutz gegen die Pestpfeile ihren Mantel über die Stadt. Die Pfeile werden von Engeln zerbrochen. Unten sind drei Medaillons zu sehen, das mittlere zeigt das Stadtwappen und eine Widmungsinschrift, die sich auf das Jahr 1645 bezieht. Links und rechts sind der heilige Sebastian und der heilige Rochus als Pestpatrone dargestellt. Das Bild befindet sich jetzt im Stadtmuseum St. Pölten.

GEBURTSTAGE

Johann Michael Rottmayr. Barockmaler. Geboren 11. 12. 1645 in Lauffen. (Gestorben 25. 10. 1730 in Wien.)

Johann Adam Wolf. Franziskaner, Missionar in Ägypten. Geboren 5. 5. 1647 in St. Pölten. (Gestorben 28. 7. 1729 in Maria Lanzendorf.)

TODESTAGE

Gerhard von Questenberg. Berater Wallensteins und Regent in Niederösterreich. Gestorben 7. 7. 1646 in Wien. (Geboren in Köln.)

David Gregor Korner. Abt des Stiftes Göttweig. Er legte eine Kirchenliedersammlung an. Gestorben 1. 1. 1648 in Göttweig. (Geboren 1587 in Hirschberg in Schlesien.)

Georg Jacob Auersperg zu Purgstall, Waasen und Mainburg. Grundherr. Gestorben 26. 5. 1649 in St. Pölten. (Geboren 7. 9. 1585.)

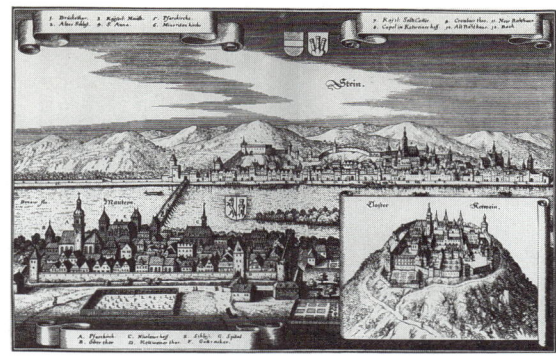

Links: Ansicht von Krems, Stein, Mautern und Göttweig von Matthäus Merian 1649.
Rechts: Schwedenkreuz bei Schrems.

KALENDER

6. 3. 1645 Niederlage der kaiserlichen Truppen gegen die Schweden bei Jankau (Jankov). Die kaiserlichen Regimenter lösen sich auf und fliehen nach NÖ. Der schwedische Feldherr Lennart Torstenson rückt zuerst in Mähren ein und dringt dann über Iglau und Znaim nach NÖ. vor.

23. 3. Die Schweden errichten ihr Hauptquartier in Schrattental und rücken gegen Krems vor.

26. 3. Schwedische Truppen stecken Dürnstein in Brand und besetzen am selben Tag die Stadt Stein.

31. 3. Die Schweden nehmen Krems ein und bauen es als starke Festung aus.

5. 4. Auf dem Marsch nach Wien nehmen die Schweden Korneuburg ein, das zur 2. Hauptfestung ausgebaut wird.

10. 4.–14. 4. Schwedische Truppen erreichen den Brückenkopf am linken Donauufer vor Wien und nehmen die „Wolfsschanze" ein, das den Brückenkopf sichernde Bollwerk.

15. 4.–27. 4. Torstenson errichtet sein Hauptquartier in Mistelbach und wendet sich anschließend nach Mähren, um Brünn zu belagern.

19. 4. Die Schweden erobern Laa.

20. 4.–24. 4. Die Burg Staatz wird besetzt.

30. 5. Die Kaiserlichen erobern Dürnstein zurück, weitere Aktionen unterbleiben, da man den Bayern Hilfstruppen gegen die Franzosen senden muß.

28. 8. Torstenson kehrt aus Mähren zurück und wählt neuerlich Mistelbach zum Hauptquartier.

September Torstenson zieht mit seinen Truppen nach Mähren ins Winterquartier, Stockerau wird niedergebrannt, die Burg Kreuzenstein in die Luft gesprengt. Stützpunkte der Schweden in Österreich bleiben Krems, Korneuburg, Rabensburg, Falkenstein, Staatz und Laa.

April 1646 Feldmarschall Puchheim beginnt mit der Eroberung der schwedischen Stützpunkte.

6. 5. Krems wird von den Kaiserlichen eingenommen.

22. 5.–4. 8. Korneuburg wird belagert und kapituliert.

27. 8. Rabensburg wird zurückerobert.

30. 8. Falkenstein wird eingenommen, die schwedische Besatzung von Staatz flieht.

Die Folgen des Dreißigjährigen Krieges

Während im Waldviertel schon um 1620 eine ganze Reihe von Orten verwüstet wurde (wie Krumau am Kamp, Gars, Rohregg bei Ysper oder Albrechtsberg a. d. Krems) entstanden im Jahre 1645 eine Reihe weiterer Ruinen wie Falkenstein, Staatz, Kreuzenstein, Senftenberg, Schönberg am Kamp und Greifenstein. Wieder aufgebaut wurde im Jahre 1651 Asparn a. d. Zaya, auch Ernstbrunn wurde 1654 neu errichtet. Die Bautätigkeit an einigen dieser Ruinen begann erst um 1670, wie in Greifenstein, Gars oder Schloß Orth, Krumau und Rohregg, als sich die allgemeine Wirtschaftslage besserte. Viele große und ehemals mächtige Burgen blieben Ruinen, zu denen sich bald neue gesellten, wie Scheuchenstein, Droß und Hardegg.

Erzherzog Leopold Wilhelm. Zeitgenössisches Ölgemälde. Privatbesitz.

Die Kämpfe der Jahre 1645/46

Am 6. März 1645 wurde die kaiserliche Armee bei Jankau (Jankov) in Böhmen von den Schweden vernichtend geschlagen, die Truppen oder vielmehr ihre in Auflösung begriffenen Reste flüchteten nach Niederösterreich. Das Ziel der Schweden dürfte Wien gewesen sein, denn schon eine Woche später streiften schwedische Reitertruppen durch das nördliche Waldviertel, und am 31. März fiel Krems in die Hände der schwedischen Hauptarmee unter Feldmarschall Lennart Torstenson. Bis Wien waren nur mehr das befestigte Korneuburg und der Brückenkopf an der Donau Hindernisse für den Vormarsch.

In Korneuburg sammelten sich die restlichen kaiserlichen Truppen und wurden auf das rechte Donauufer gebracht, um in Richtung Göttweig zu marschieren und einen Übergang der Schweden bei Krems zu verhindern. Nach Korneuburg kam auch eine Truppe der Wiener Stadtguardia, die aber bald wieder abzog. Der kaiserliche Obrist Sebastian Vogl erhielt beim Herannahen der schwedischen Hauptarmee am 3. April die Aufforderung zur Kapitulation, der er auch ohne größeren Kampf nachkam. So fiel die Stadt am 5. April in die Hände des Feindes. Die Besatzung bekam freien Abzug zugesichert und marschierte nach Wien ab. Oberst Vogl wurde zum Tode verurteilt, aber schließlich begnadigt. In der Nacht zum 10. April konnte Torstenson auch die Wiener Brückenschanze, die Wolfsschanze genannt wurde, kampflos besetzen, vermochte aber die Donau nicht zu überschreiten, da die von ihm erwarteten Truppen des Fürsten Rákóczy nicht erschienen. So ließ er nur eine Besatzung in der Wolfsschanze zurück und wandte sich mit seinem Heer nach Norden, um Brünn zu belagern. Die Kaiserlichen konnten am 30. Mai unter dem Befehl von Erzherzog Leopold Wilhelm die Brückenschanze wieder zurückgewinnen. Torstenson konnte Brünn nicht bezwingen, zog aber mit dem Gros der Truppen aus Niederösterreich ab und ließ Besatzungen in einigen Orten und Burgen zurück. Die Burg Kreuzenstein, die in die Hand der Schweden gefallen war, wurde gesprengt.

Die Kaiserlichen rüsteten gegen Jahresende zur Vertreibung der Schweden aus Niederösterreich. Unter dem Kommando des Feldmarschalleutnants Johann Christoph Graf Puchheim wurde ein Korps aufgestellt, und Anfang Jänner übersetzten einige Regimenter bei Langenzersdorf die Donau. Weitere Truppen wurden zur Belagerung der Stadt Krems zusammengezogen, die schließlich am 6. Mai die Kapitulation der schwedischen Besatzung erreichten. Dann eröffnete man am 22. Mai die Belagerung von Korneuburg. Diese zog sich über monatelang hin und führte erst zum Erfolg, als durch neu eingesetzte Artillerie die Mauern schwer beschädigt worden waren. Daher kapitulierte der schwedische Oberst Dopy am 4. August 1646 und konnte mit seinen Soldaten abziehen. Ihm standen am Schluß nur noch 250 Mann zur Verfügung, davon waren 117 unverwundet. Da die meisten der schwedischen Besatzer schon einmal in kaiserlichen Diensten gestanden waren, wurden sie wieder in österreichische Regimenter eingeteilt, so daß insgesamt nur etwa 50 schwedische Soldaten das Land verließen. Nachdem die zweite schwedische Hauptfestung Korneuburg eingenommen war, konnten sich auch die restlichen Stützpunkte nicht mehr lange halten. Rabensburg ergab sich am 22. August, Falkenstein am 30. August, die Staatzer Besatzung flüchtete, ohne überhaupt angegriffen worden zu sein.

KALENDER

Um 1650 Die Tuchmachersiedlung in Horn (Raabser Vorstadt) mit 30 Häusern entsteht.

1650 Umbau des Chorherrenstiftes St. Pölten.

1651 Der Abschluß der Gegenreformation wird eingeleitet. Dazu werden Reformkommissionen gebildet.

1657 In St. Pölten entsteht das Bild „Christus als Apotheker" zur Erinnerung an die Abwehr der Pest.

In Lilienfeld entsteht die Josephibruderschaft.

9. 4. Das Piaristengymnasium in Horn wird von Ferdinand Graf Kurz gestiftet. Im Jahre 1872 wird es verstaatlicht.

Juni Niederländische Armaturmeister werden in Wiener Neustadt angesiedelt.

Neubau des Chorherrenstiftes St. Pölten im frühbarocken Stil, Ausschnitt aus einem Aquarell auf Pergament aus dem Jahre 1653.

TODESTAGE

Franz Christoph Reichsgraf Khevenhueller. Minister Ferdinands II., Diplomat und Historiker. Er schrieb 12 Bände Annalen. Gestorben 13. 6. 1650 in Baden. (Geboren 21. 2. 1588 in Klagenfurt.)

Andreas Koffler. Pater, Missionar, Gestorben 12. 12. 1651 in Quang Si in China (ermordet). (Geboren 1603 in Krems.)

Rudolf Freiherr von Teuffenbach. Kaiserlicher General, Stifter des Fanziskanerklosters Zistersdorf. Gestorben 1653. (Geboren 1582.)

Andreas Rauch. Komponist und Organist der protestantischen Landstände, seit 1629 in Ödenburg ansässig. Gestorben 1656 in Ödenburg. (Geboren 1592 in Pottendorf.)

Ferdinand III. Kaiser. Gestorben 2. 4. 1657 in Wien. (Geboren 13. 7. 1608 in Graz.)

Das Jahrzehnt nach dem Dreißigjährigen Krieg

Als der Dreißigjährige Krieg im Jahre 1648 durch die Friedensschlüsse zu Münster mit Frankreich und zu Osnabrück mit Schweden zu Ende ging, hatte der Kaiser seine Erblande – mit Ausnahme des linksrheinischen Gebietes – im wesentlichen bewahren können. Während sich das Reich weiter auflöste und einzelne Reichsstände größere Autonomie erlangten, erhielten alle Fürsten – darunter auch die Habsburger selbst – höhere Verfügungsgewalt in ihren Ländern. So war dem fürstlichen Absolutismus von nun an der Weg geöffnet. Die österreichischen Länder, darunter auch das Erzherzogtum Österreich unter der Enns, standen weiterhin im Lehensverhältnis zum Römisch-Deutschen Reich. Der Landesfürst, es war dies Ferdinand III., war zugleich Kaiser. Er vertrat das Reich nach außen, war an die Wahlkapitulationen und an die Reichskonstitution gebunden, übte die Lehensgerichtsbarkeit aus und beanspruchte die Militärhoheit im Reich. Österreich war zwar kein Mitglied des Kurfürstenkollegiums, führte aber abwechselnd mit Salzburg das Direktorium im Reichsfürstenrat. Der Habsburger war aber in seiner Funktion als König von Böhmen trotzdem Kurfürst.

Im Lande Österreich oblag dem Landesfürsten die alleinige und oberste Gesetzgebung, auch Reichsgesetze sollten nur mit seiner Zustimmung im Lande Anwendung finden. Er übte darüber hinaus die höchste Gerichtsbarkeit und auch die Militär- und Kirchenhoheit aus. Er konnte Standeserhöhungen und Titelverleihungen vornehmen, Städten und Märkten sowie Einzelpersonen Privilegien verleihen und auch die Regalien (die wirtschaftlich nutzbaren Hoheitsrechte wie z. B. das Zoll-, Münz- oder Postrecht) ausüben. Den Ständen, die als Vertreter des Landvolkes vorhanden waren, fehlte seit Kriegsbeginn der politische Wille. Sie waren gegenüber der landesfürstlichen Autorität stark ins Hintertreffen geraten.

Hoheitsrechte nahm der Landesfürst auch gegenüber der Kirche in Anspruch, verteidigte sie aber gleichzeitig gegen den Protestantismus. Dabei waren jene Privilegien zu beachten, die den evangelischen Adeligen zugesprochen wurden, als sie 1620 die Huldigung leisteten. Im Laufe des Krieges war auf den evangelischen Adel Niederösterreichs Druck ausgeübt worden, um ihn zum Übertritt zur katholischen Religion zu bewegen, es gab aber immer noch eine beträchtliche Anzahl evangelischer Familien im Lande. Kinder aus evangelischen Adelsfamilien konvertierten allerdings häufiger, manche emigrierten auch und traten in den Dienst anderer Länder. Bei den Friedensverhandlungen hatten die Vertreter des Kaisers darauf bestanden, daß Österreich eine konfessionelle Einheit blieb und das Augsburger Bekenntnis im Lande nicht zugelassen wurde. Jenen Untertanen, die der Religion des Landesherrn nicht folgen konnten oder wollten, wurde nach Verkauf von Hab und Gut innerhalb einer bestimmten Frist, aber ohne Schaden an Ehre und Gut das Recht gewährt, auszuwandern. Jene Evangelischen, die blieben, weil sie seinerzeit die Huldigung geleistet hatten, durften aber religiöse Handlungen und den Empfang der Sakramente nur außerhalb des Landes vornehmen. Dies wurde vor allem in Westungarn, vorzugsweise in Ödenburg und Preßburg, geübt. Dadurch war es dem Landesfürsten möglich geworden, für die nichtadelige Bevölkerung die Gegenreformation endgültig durchzuführen, was in den Jahren 1653 und 1654 geschah.

Die Untertanen des Hauses Habsburg wurden auch von der allgemeinen Amnestie des Friedensschlusses ausgenommen, sie sollten zwar die gleiche Amnestie hinsichtlich ihrer Personen, ihres Lebens, ihres Rufes und ihrer Ehre genießen, es sollte ihnen auch die Rückkehr in ihre frühere Heimnat gestattet werden, doch sollten sie verpflichtet sein, sich den Landesgesetzen der Staaten und Provinzen zu fügen. Ihre Güter hingegen, die durch Beschlagnahme oder durch Verkauf in andere Hände gekommen waren, sollten sie nicht mehr zurückerhalten, diese sollten den jetzigen Besitzern verbleiben. Nur jene Güter, die ihren Besitzern entrissen wurden, weil sie für die Schweden oder Franzosen Partei ergriffen hatten, sollten zurückgegeben werden. Was aber zerstört, requiriert oder umgewidmet war, sollte von der Wiedererstattung ausgenommen sein. Das bedeutete, daß mit dem Westfälischen Frieden der in Österreich bestehende Rechtszustand sanktioniert wurde – und damit war auch das Ende des protestantischen Adels vorherzusehen. Österreich war auf dem Weg, ein absolutistischer Staat zu werden, das betraf auch das Land Österreich unter der Enns.

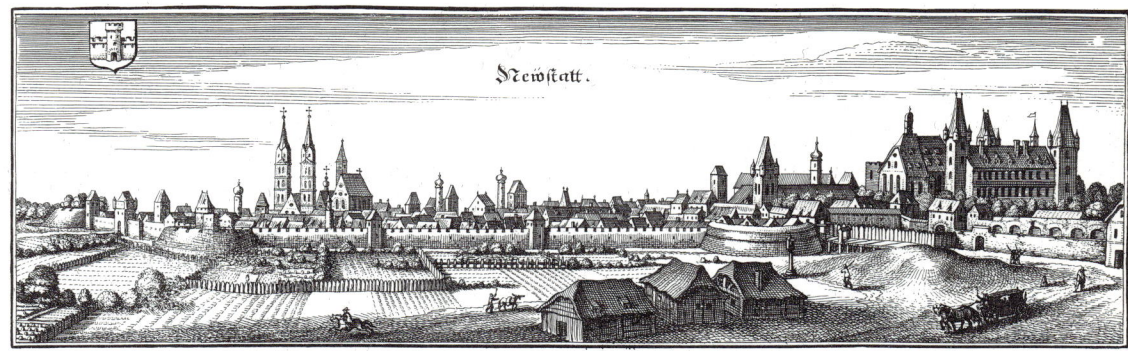

Rechts: Ansicht der Stadt Wiener Neustadt, Stich von Matthäus Merian 1649.

Der Abschluß der Gegenreformation

Schon um 1650 begannen die Vorbereitungen zum Abschluß der Gegenreformation in Niederösterreich. Alle Geistlichen wurden angewiesen, ihre katholischen Pfarrkinder zu verzeichnen und die Listen einzuschicken. Doch stellten die Pfarrer keine oder schlechte Berichte zusammen, so daß man daraus keinen Überblick gewinnen konnte. Deshalb wurde am 4. Jänner 1652 neuerlich ein Reformationspatent erlassen, das nun konsequent durchgeführt wurde. In jedem Landesviertel sollte eine Kommission, die aus einem Prälaten und einem niederösterreichischen Regierungsrat bestand, die Aktion durchführen. Im Waldviertel waren der Abt Benedikt Leisser von Altenburg und Joachim Enzmilner Freiherr von Windhaag tätig, im Weinviertel Propst Josef von St. Andrä, später Abt Matthias Kolweiß von Lilienfeld und Siegmund Christoph von Kirchberg. Für das Viertel ob dem Wienerwald wurden der Abt von Göttweig und Philipp Jakob Unverzagt bestimmt, während im Viertel unter dem Wienerwald der Bischof von Wiener Neustadt und Eustach von Althan mit der Durchführung der Gegenreform beauftragt wurden. Diese Kommissionen zogen im Lande umher und sollten den noch verbliebenen Evangelischen zwei Möglichkeiten bieten, entweder sich zum katholischen Glauben zu bekehren oder abzuwandern. In den Instruktionen wurde den Kommissionen aufgetragen, den Leuten die Auswanderung nach Möglichkeit zu erschweren, denn Menschen waren in der Zeit nach dem Dreißigjährigen Krieg kostbar, und Auswanderer wurden überall aufgenommen. Man sollte daher denen, die Willens waren, das Land zu verlassen, erklären, daß sie in der Fremde ein hartes Los erwartete, daß sie ihren Besitz schwer verkaufen könnten und sich in Deutschland kaum einleben würden. In der Tat waren viele früher Emigrierte nach völligem Verlust ihrer Habe enttäuscht zurückgekehrt,

waren aber dann doch froh, wenn auch verarmt, wieder in der Heimat zu sein. Aus den erhaltenen Akten der Reformkommissionen geht hervor, daß der Protestantismus am stärksten im Waldviertel verbreitet war. Dort zählte man zu Ende des Jahres 1654 in 140 Pfarren 22.224 Lutheraner und Neubekehrte neben 77.000 Katholiken. Kerngebiet war der Raum um Groß Gerungs, Rappottenstein und Pöggstall. In den drei anderen Landesvierteln war die Zahl der Evangelischen viel geringer. Die Kommissionen hatten dort leichtere Arbeit. So meldete ein Zwischenbericht des Jahres 1654 die Bekehrung von 18.000 Personen im Waldviertel und von 3.000 im übrigen Land. Die Kommissionen wurden in ihrer ursprünglichen Besetzung bis zum Jahre 1657 beibehalten und 1659 in ähnlicher Form wieder aufgestellt, diesmal beauftragt mit der Festigung des Glaubens. Wie viele Menschen damals das Land verlassen haben, ist nicht bekannt. Man hat alle bürokratischen Prozeduren angewendet, um die Auswanderung zu erschweren, ja man hat Mautstellen und Landgerichte angewiesen, an den Grenzen nach Flüchtlingen zu fahnden und sie wieder zurückzubringen.

Vom Schicksal der Auswanderer weiß man wenig. Bekannt ist, daß z. B. zwei Söhne des Waldviertler Bauern Mennhartsberger Begründer der Bleistifterzeugung in Nürnberg wurden. In der Bauernschaft und in der städtischen Bevölkerung bestand eine Art Geheimprotestantismus weiter, der aber schwer zu erfassen ist. Von den 154 lutherischen Herren aus 43 Geschlechtern, die es damals noch gab, hat sich nur ein Teil zum Katholizismus bekehrt. Manche sind ausgewandert und haben das Land verlassen, wie Wolf Helmhart von Hohberg. Aber auch denen, die einer höheren sozialen Schicht entstammten und auch finanziell nicht schlecht gestellt waren, fiel der Aufenthalt im Ausland sehr schwer.

Abt Benedikt Leisser von Altenburg.

Der Abt Matthias Kolweiß von Lilienfeld.

Kaiser Leopold I. im Theaterkostüm. Gemälde, vermutlich von Jan Thomas. Um 1700.

Theater zur Zeit Leopolds I.

Zentrum der barocken Theaterkultur war die Stadt Wien, doch gab es auch in Niederösterreich eine Reihe von Spielstätten. So fanden zur Zeit Leopolds I. etwa 1668 in der Wiener Neustädter Burg Aufführungen statt. Auch im Jahre 1678 wurden anläßlich zweier Hochzeiten im Kaiserhaus – zwei Töchter Ferdinands III. aus dritter Ehe, Halbschwestern Kaiser Leopolds, heirateten Herzog Karl von Lothringen und Herzog Johann Wilhelm von Neuburg – zwei große Opern und mehrere kleine musikalische Komödien aufgeführt. Der Geburtstag des Kaisers im Jahre 1681 war die Ursache für eine weitere Opernaufführung „Temistocle in Persia", dann kam eine längere Pause, bis man im Jahre 1700 zum Geburtstag von Leopolds Schwiegertochter Wilhelmine Amalie und zum Geburtstag Josephs I. wieder Aufführungen inszenierte. Dies waren die letzten großen Veranstaltungen in der Burg von Wiener Neustadt. Die Söhne Kaiser Leopolds schätzten die Neustädter Burg wenig, der Theatersaal wurde den Jesuiten überlassen und schließlich unter Maria Theresia in die Militärakademie einbezogen und als Speisesaal verwendet.

Neben Wiener Neustadt war zur Zeit Leopolds I. auch Laxenburg Schauplatz von Aufführungen, etwa 1670 zum Geburtstag des Kaisers, ebenso 1683 und 1699. Noch unter Karl VI. wurden im Park von Laxenburg Spiele zum Geburtstag Maria Theresias durchgeführt.

Abraham a Sancta Clara, Heliogravure nach Stich von Chr. Weigel.

Persönlichkeiten des 17. Jahrhunderts

Catharina Regina von Greiffenberg (1633–1694)

Mitten im Dreißigjährigen Krieg wurde Catharina Regina von Greiffenberg am 7. September 1633 in Schloß Seisenegg geboren. Im Alter von sieben Jahren verlor sie unter dramatischen Umständen ihren Vater. Dessen Halbbruder übernahm die vormundschaftliche Erziehung und versuchte die schwere wirtschaftliche Lage der Familie zu konsolidieren. Da die Greiffenbergs Protestanten waren, mußten sie zum Gottesdienst und zu Familienfesten nach Ungarn reisen. In einer Kirche in Preßburg hatte Catharina ein religiöses mystisches Erlebnis, das sie zur geistlichen Dichterin machte. Sie begann ein intensives Studium theologischer, philosophischer und historischer Schriften, die sie sich aus ihrem Umkreis zu verschaffen wußte, und nahm mit anderen Dichtern, besonders mit Johann Wilhelm von Stubenberg, der auf der Schallaburg lebte, Kontakt auf. Durch seine Vermittlung wurde sie in den poetischen Zirkel „Ister-Gesellschaft" aufgenommen und trat mit vielen Mitgliedern in brieflichen Kontakt. Dieser Zirkel erstreckte sich auch auf den Wiener Hof und auf andere Fürstenhäuser. Um sie sammelte sich auch ein Kreis von Freundinnen aus adeligen Familien, mit denen sie lange Kontakt hielt und die sie öfters zu Treffen in Seisenegg einlud. 1662 erschien ihr Erstlingswerk, die Sammlung „Geistliche Sonette, Lieder und Gedichte zu gottseeligem Zeitvertreib" in Nürnberg. Im Jahre 1664 heiratete sie ihren um drei Jahrzehnte älteren Oheim und früheren Vormund Hans Rudolf in Frauenaurach bei Erlangen. Das Ehepaar verlegte den Wohnsitz in das Gebiet von Bayreuth. Als ihr Mann nach Österreich zurückkehrte, wurde er wegen seiner Ehe mit einer deklarierten Protestantin verhaftet und erst nach einer Intervention des Kurfürsten von Sachsen im Jänner 1666 wieder freigelassen. Das Paar blieb künftig in Österreich, wo es gelang, wieder eine bessere wirtschaftliche Situation zu erlangen. Ab dem Jahre 1672 erschien Catharina Reginas ausschließlich theologisch orientiertes Spätwerk „Andächtige Betrachtungen zum Leben Jesu", das auch ein großer Publikumserfolg wurde. Im Mai 1677 starb ihr Mann, als sie vierundvierzig Jahre alt war. Nun hatte sie wieder Sorgen um ihre wirtschaftliche Existenz, verließ deshalb 1679 Österreich und wandere nach Nürnberg aus. Dort lebte sie bis zu ihrem Tod am 8. April 1694.

Catharina Regina von Greiffenberg. Zeitgenössischer Kupferstich.

Hans Wilhelm von Stubenberg (1619–1663)

Die Familie Stubenberg stammte aus der Steiermark, erwarb aber im 16. Jahrhundert auch in Böhmen beträchtlichen Grundbesitz. Rudolf von Stubenberg war Mitattentäter beim Prager Fenstersturz. Nach der Schlacht am Weißen Berg wurde er als Verschwörer verurteilt, und sein Vermögen wurde eingezogen. Sein Sohn Hans Wilhelm fand mit seiner Mutter auf der Schallaburg bei Melk Aufnahme, die damals Georg von Stubenberg der Ältere besaß; sie glaubten, hier das evangelische Leben weiterführen zu können. Im Jahre 1628 übersiedelte Georg nach Regensburg, wo er zwei Jahre später starb. Zu seinen Erben zählte auch sein Neffe Hans Wilhelm. Dieser wollte sich nicht mit der religiösen Situation abfinden und als die Schule von Loosdorf geschlossen wurde, zog er mit seiner Mutter nach Prima in Sachsen, einem Zentrum böhmischer Exulanten. Er trat mit 17 Jahren eine Kavalierstour an, die ihn nach Italien, Frankreich und in die Niederlande führte, und konnte 1641 die Herrschaften Schallaburg und Sichtenberg in Niederösterreich übernehmen.

Im März 1642 heiratete er auf der Schallaburg eine steirische Adelige, die ebenfalls ihre Heimat aus Religionsgründen verlassen hatte. Die Jungvermählten hielten sich oft in Preßburg auf, um am evangelischen Gottesdienst teilnehmen zu können. In den folgenden Jahren widmete sich Hans Wilhelm dem Landleben. Am meisten interessierte ihn die Pferdezucht. Im Jahre 1648 wurde er in die „Fruchtbringende Gesellschaft", einen Dichterkreis, der damals großes Ansehen genoß, aufgenommen. Zu dieser Zeit arbeitete er intensiv an der Übersetzung von Romanen. Er verfaßte keine selbständigen deutschen Werke, sondern bemühte sich, den Zielsetzungen der Fruchtbringenden Gesellschaft entsprechend die deutsche Sprache zu fördern. Er wollte dies vor allem durch die Ausmerzung von Fremdwörtern erreichen und „wertvolle" Bücher ins Deutsche übertragen. Als im Jahre 1652 die endgültige Rekatholisierung Österreichs eingeleitet wurde, wollte Stubenberg das Land verlassen, hatte aber in Deutschland keinen Erfolg und mußte schließlich wieder versuchen, auf der schwer verschuldeten Schallaburg zu leben. Im Jahre 1660 mußte er diese an Richard Augustin Klaezl von Altenbach verkaufen und nach Wien ziehen, wo er im Kreise seiner Freunde und Bekannten lebte. Noch am Ende seines schaffensreichen Lebens versuchte er einen eigenen Roman zu schreiben, doch kränkelte er immer öfter und starb am 15. März 1663.

Hans Wilhelm von Stubenberg. Zeitgenössischer Kupferstich.

Links Mitte: Hexenverbrennung. Tafelbild des 16. Jahrhunderts.

Trophaeum Mariano-Cellense mit Darstellung der Teufelserscheinungen durch Johann Christoph Haitzman. Rechts: Die Teufel quälen Haitzman. Rechts Mitte: Darstellung des Teufels. Unten Mitte: Titelblatt.

Nach der Niederschlagung eines Haueraufstandes 1597 wurden die Rädelsführer nach Wien gebracht, um dort bestraft zu werden. Zur selben Zeit verheerte ein Unwetter das Gebiet um Baden, Gumpoldskirchen, Mödling und Perchtoldsdorf. Die öffentliche Meinung ging dahin, dieses solle „von den Weibern der verhafteten Hauer zuegericht worden sein". Man nahm an, daß es durch Hexerei möglich sei, allgemeinen Schaden anzurichten. In der Kriminalgerichtsordnung Karls V. von 1532 war auch der Schadenzauber angegeben, der mit dem Tode bestraft werden sollte. Die Verbindung von Einzelpersonen mit dem Teufel zur Durchführung böser Taten wurde als gegeben angenommen, und im 17. Jahrhundert erreichte dieser Aberglaube seinen Höhepunkt. Bedenken gegen die Hexenverfolgungen gab es allerdings auch schon im 16. Jahrhundert, so daß man allmählich von der amtlichen Hexenverfolgung abkam. Wirklich überwunden wurde diese Einstellung aber erst durch die Aufklärung, und zur Zeit Maria Theresias wurden die Hexenprozesse allgemein abgeschafft. Der Aberglaube blieb jedoch im Volk weiter bestehen, und auch weiterhin wurden Frauen als Hexen verdächtigt.

Ein Hexenprozeß in Gutenstein

Am 18. Juni 1641 wurde vom Landgericht Gutenstein Brigitta Brandstädterin nach Geständnis wegen Zauberei und Blutschande dazu verurteilt, lebend auf den Scheiterhaufen geworfen und zu Pulver und Asche

verbrannt zu werden. Die Frau, Mutter von zwei erwachsenen Kindern, war vorher in einem Kriminalprozeß vom Landgericht entsprechend verhört worden, während ihr Mann Georg Brandstädter aus dem Gerichtssprengel verwiesen wurde. Die genauen Ursachen, warum es zum Prozeß kam, sind nicht klar, es wurde ihr aber vorgeworfen, Blutschande mit ihrem Sohn Steffl getrieben zu haben. Sie gab aber auch zu, mehrmals auf der Ofenschüssel auf den Schneeberg geflogen zu sein und dort mit anderen Hexen die Kühen die Milch ausgemolken zu haben. Sie habe 20 Jahre einem Geist namens Hansel gedient und sei zum vergangenen Jakobi zum letzten Mal am Schneeberg gewesen, wo man gegessen, getrunken und getanzt habe. Die meisten Anwesenden habe sie aber nicht gekannt, weil sie alle schwarze Gesichter gehabt hätten.

Michael Gsöller und Afra Schickh

Am 20. Juli 1671 wurde Michael Gsöller vom Markt Gloggnitz dem Landgericht Wiener Neustadt eingeliefert, weil er sich dem bösen Feind mit seinem Blut verschrieben und ergeben habe. Er war aus Scheibbs gebürtig und etwa 70 Jahre alt. Als Junge war er Soldat gewesen und hatte auch an der Schlacht am Weißen Berg teilgenommen. Nach einer Verwundung war er Gemeinde-Viehhüter in Schwarzau am Steinfeld geworden. Nun wurde er beschuldigt, Gemeinschaft mit dem bösen Feind zu haben. Im August 1671 wurde auch die Hexe Afra Schickh aus der Herrschaft Kirchschlag in das Landgericht Wiener Neustadt eingeliefert. Sie stammte aus Mariazell in der Steiermark, war etwas über 60 Jahre alt, verwitwet und hatte neun Kinder zur Welt gebracht. Sie wurde beschuldigt, Rat und Hilfe mit Handauflegen und Besprechen und durch die Verwendung verschiedener Kräuter gegeben zu haben. Manchmal seien im Jahr an die 100 Personen zu ihr um Rat gekommen. In beiden Fällen kam es zu drastischen Urteilen, und zwar zu einem Hexenbrand, der Hinrichtung auf dem Scheiterhaufen, wie sie damals üblich war.

Der Teufelsbündler Johann Christoph Haitzman

Der bedeutendste niederösterreichische Teufelsbündler war aber der Maler Christoph Haitzman, der in Pottenbrunn lebte. Der Malergeselle Johann Christoph Haitzman wurde 1651 in Traunstein geboren und erlitt 1677 in der Kirche von Pottenbrunn einen Anfall, nachdem er dem Schloßverwalter im Verhör bekannt hatte, er habe 1668 erstmals und 1669 wieder mit einem mit eigenem Blut geschriebenen Vertrag dem Teufel seine Seele verschrieben. Hierauf erfolgte in der Gnadenkapelle von Mariazell die Befreiung von diesem Eid, und Haitzman erhielt die zweite Verschreibung vom Teufel zurück. Die Erlösung war aber nur kurz, weil der Maler, daheim angekommen, erneut vom Teufel schrecklich gequält wurde, wie er angab. Deshalb kam er im Mai 1678 zum zweiten Mal nach Mariazell, wurde wieder befreit und bekam nun auch den ersten mit Tinte geschriebenen Pakt vom Teufel zurück. Die Lösung hatte diesmal nachhaltigen Erfolg, und Haitzman trat bei den Barmherzigen Brüdern in Wien ein. Er starb 1700 in Neustadt an der Mettau in Böhmen. In Mariazell wurde eine Broschüre hergestellt, in der nicht nur die Verträge Haitzmans mit dem Teufel beschrieben sind, sondern dargestellt ist, wie der Teufel dem Maler erschien, nämlich in Gestalt eines reichen Bürgers mit gefülltem Geldbeutel.

Links: Die Wappen der Montecuccoli über dem Tor des Karmeliterhofes in St. Pölten.
Rechts: Johann von Werdenberg. Stifter des Klosters in Langenlois. Zeitgenössisches Ölgemälde.

1658–1664

KALENDER

1658 Katharina von Werdenberg läßt das 1604 gestiftete, aber abgebrannte Kapuzinerkloster Und bei Krems wiederaufbauen.

22. 7. Erzherzog Leopold wird zum römischen Kaiser gewählt.

25. 4. 1660 Der Grundstein zur Wallfahrtskirche Maria Taferl auf dem Taferlberg wird gelegt.

1662 Das Karmeliterkloster Wiener Neustadt wird gegründet.

16. 6. 1663 Patent über die Defension (Verteidigung) gegen die Türken; Fluchtorte und Kreidfeuer (Signalfeuer) werden festgelegt.

19. 10. Kaiser Leopold I. erklärt den hl. Leopold zum Landespatron in Österreich ob und unter der Enns.

1. 8. 1664 Raimund Graf Montecuccoli besiegt die Türken bei Mogersdorf/St. Gotthard.

GEBURTSTAGE

Jakob Prandtauer. Geboren 16. 7. 1660 in Stanz oberhalb von Landegg/Tirol. (Gestorben 16. 9. 1726 in St. Pölten.)

TODESTAGE

Johann Fünfleuthner. Propst von St. Pölten. Gestorben 1661. (Geboren 1589.)

Johann Franz Trautson, Graf zu Falkenstein. Statthalter 1642–1663. Landmarschall 1637. Gestorben 26. 3. 1663. (Geboren 1609.)

Johann Wilhelm Graf Stubenberg. Barockdichter, Herr auf der Schallaburg. Gestorben 12. 4. 1663 in Wien. (Geboren 1619 in Neustadt a. d. Mettau in Böhmen.)

Ferdinand Sigmund Kurz von Sennftenau. Reichsvizekanzler. Förderer von Horn. Gestorben 24. 3. 1659. (Geboren 1601 in München.)

Kaiser Leopold I. übergibt die Erblande dem Schutz des hl. Joseph. Gemälde. 1670–1680.

Nun kam es auch zum neuerlichen Konflikt der Osmanen mit dem Kaiser. Im April 1663 brach der offene Krieg aus. Der Großwesir Achmed Koprülü zog im August gegen die Grenzfestung Neuhäusel/Nové Zamky und nahm sie nach einem Monat Belagerung ein. Damit konnte Koprülü Oberungarn einnehmen, der Weg nach Nordwesten stand ihm offen. Seine Tataren streiften bis Mähren und suchten auch die Grenzgebiete des östlichen niederösterreichischen Weinviertels heim. 1664 erstürmten die Osmanen die ostungarische Festung Serinvar, aber am 1. August wurden sie von Raimund Fürst Montecuccoli bei Mogersdorf/St. Gotthard geschlagen. Zehn Tage später wurde zu Vasvár ein Friede für 20 Jahre geschlossen, der den Türken Großwardein und Neuhäusel, dem Kaiser die Komitate Szatmar und Szabolcz ließ. Die Österreicher durften jenseits der Waag die neue Grenzfestung Leopoldstadt errichten. Der Kaiser zahlte ein „Geschenk" von 200.000 Talern. Siebenbürgen wurde von beiden Armeen geräumt, Apafi als Fürst anerkannt. Nach seinem Tode sollten die Siebenbürger Wahlfreiheit haben.

Raimund Graf Montecuccoli. Zeitgenössisches Ölgemälde.

Türkenkrieg 1663/64

Nach dem Regierungsantritt Kaiser Leopolds I. 1658 kam es in Siebenbürgen zu Spannungen zwischen Georg II. Fürst Rákoczy und den Osmanen. Der türkische Großwesir ernannte einen Gegenfürsten und drang zu dessen Unterstützung in Siebenbürgen ein, das schwer verwüstet wurde. Großwardein/Oradea und Szatmar/Satu Mare wurden von den Türken erobert,

Rákoczy tödlich verwundet. Der Kaiser unterstützte nun Rákoczys Feldherrn Johann Kemény, die Osmanen ernannten Michael Apafi zum Fürsten von Siebenbürgen (Kemény fiel im Kampf um seinen Thron 1662). Im Mai 1662 kam ein ungarischer Reichstag zustande, bei dem nicht nur diese Probleme beraten wurden, sondern auf dem auch die Religionsfrage eine große Rolle spielte.

Links: Die Tuchmachersiedlung in Horn. Ausschnitt aus einem Gemälde im Schloß Horn.
Rechts: Die Rüstkammer. Stich in der „Topographia Windhagiana".

Die Familie Kurz

Zur Zeit des Dreißigjährigen Krieges war einer der fähigsten österreichischen Staatsmänner Graf Ferdinand Sigmund Kurz von Senfftenau (1601–1659), Inhaber der Herrschaft Horn.

Der Zweig Senfftenau der Familie Kurz, die aus Graubünden stammte, hatte seinen Besitz in Schwaben. Im Dienste der Habsburger erlangten Ferdinand Sigmunds Urgroßvater und Großvater hohe Würden, sein Vater Philipp hingegen diente dem Bayernherzog. Ferdinand Sigmund wurde daher in München geboren, begleitete als Page den Statthalter Erzherzog Albert in die Niederlande, war aber schon 1625 am Wiener Kaiserhof, wo er als Angehöriger des Reichshofrates Kaiser Ferdinand II. diente. Dieses Gremium hatte die Verhandlungen mit den Ständen des Heiligen Römischen Reiches zu führen, und in diesem Rahmen hatte Kurz am Zustandekommen des Prager Friedens von 1635, in dem ein Ausgleich der Gegensätze zwischen dem Kaiser und mehreren protestantischen Reichsständen unter Führung Sachsens und Brandenburgs gefunden wurde, wesentlichen Anteil. Seine Verdienste wurden 1636 mit der Erhebung in den Reichsgrafenstand belohnt, und der ab 1637 regierende Kaiser Ferdinand III. ernannte ihn zum Reichsvizekanzler, den geschäftsführenden Vorstand der Reichskanzlei. Damit war er endgültig nach und neben dem ersten Minister des Kaisers Graf Maximilian Trauttmansdorff in die vorderste Reihe der habsburgisch-österreichischen Staatsmänner der Zeit getreten. Seine Verhandlungen 1638 in Hamburg mit einem schwedischen Unterhändler waren der letzte Versuch, zu einem Separatfrieden zwischen zwei der wichtigsten Kriegführenden zu gelangen, der aber ohne seine Schuld mißlang. In diesem Jahr wurde Kurz auch in den engsten Beraterkreis des Kaisers, den Geheimen Rat, berufen und widmete sich einerseits den Beziehungen zu den verbündeten Reichsständen, um in Kriegsführung und Friedensverhandlungen ein einvernehmliches Vorgehen zu erreichen, andererseits der Zusammenarbeit mit Trauttmansdorff, dessen Helfer er war, als dieser als bevollmächtigter kaiserlicher Unterhändler beim Friedenskongreß in Westfalen weilte.

Das Kriegsende mit dem Frieden von Münster und Osnabrück erlaubte es dem Reichsvizekanzler, seine Aufmerksamkeit mehr als bisher seinen Besitzungen zuzuwenden, die seit 1628 Horn als Mittelpunkt hatte. Dennoch wurde er nach dem Tode Trauttmansdorffs 1650 zum einflußreichsten Ratgeber Ferdinands III. 1627 hatte Kurz die Erbin der Herrschaft Horn, Elisabeth Martha Muschinger, Freiin von Gumpendorf, geheiratet, der Ehe entstammten ein im Kindbett verstorbener Sohn sowie sieben Töchter. Nach dem Tode seiner Frau ehelichte Kurz 1643 Regina Anna von Abensperg-Traun, mit der er keine Kinder hatte. Solange der Krieg andauerte, galt Ferdinand Sigmunds Sorge der Herrschaft Horn und der besseren Befestigung der Stadt sowie der neuerlichen Verbreitung des katholischen Glaubens. Deshalb wollte er die Niederlassung einer Ordensgemeinschaft in Horn herbeiführen. Versuche, die Jesuiten oder die Franziskaner zur Errichtung eines Konvents zu bewegen, blieben erfolglos, führten aber doch 1657 zur Gründung des Horner Piaristen-Kollegiums, womit dieser bedeutende Schulorden der katholischen Reformation seine erste Niederlassung im Land erhielt.

Um der verarmten Stadt Horn zu helfen, berief Kurz aus Mähren und Schlesien, Deutschland und Holland erfahrene Tuchmacher und Färber, erteilte diesen eine Handwerksordnung und ließ ihnen entlang der Straße nach Mödring eine Zeile mit dreißig Häusern erbauen, den ersten einheitlichen Siedlungshäusern Niederösterreichs. Der von Kurz eingeleitete Ausbau dieses Produktionszweiges und die Erzeugung des Horner Biers trugen weiter zur Blüte der Stadt bei. Die Förderung des Schützenwesens durch Erbauung einer Schießstätte, die Abhaltung von Pferderennen und die Errichtung der (bis 1783 bestehenden) Maria-Öttingen-Kapelle waren weitere Verdienste, die sich Kurz um Horn und seine Bürgerschaft erwarb.

Gegen Ende seines Lebens stellte er seine Erfahrung und Energie nochmals in den Dienst der Habsburger. Bei der Wahl nach dem Tode Ferdinands III. trat der französische König Ludwig XIV., von Kardinal Mazarin beraten, als Gegenkandidat auf. Zur Gewinnung der Kurfürsten sparten die Franzosen nicht mit Bestechungsgeldern. Kurz gelang es nicht nur durch die hohe Stellung seines Bruders am bayerischen Hof, diesen Kurfürsten auf Österreichs Seite zu ziehen, sondern auch eine Mehrheit im Kurfürstenkolleg für die 1658 abgehaltene Wahl Leopolds I. sicherzustellen. Dies war der letzte große Dienst, den der Reichsvizekanzler seinem Landesherrn leistete. Als er am 24. März 1659 starb, hatte er dem Staat für die kommenden Kriege gegen Franzosen und Türken eine günstige Ausgangsposition verschafft, aber auch seine im Aufstieg befindliche Stadt und Herrschaft Horn konnte er seiner Tochter, Maria Eleonora, verehelichte Gräfin Sprinzenstein, überantworten. Deren Tochter brachte sie durch Heirat an die Grafen Hoyos.

Joachim Enzmilner, Freiherr von Windhag. Kupferstich.

Die „Topographia Windhagiana"

Joachim Enzmilner, Freiherr von Windhag, war eine der bedeutendsten Unternehmerpersönlichkeiten der zweiten Hälfte des 17. Jahrhunderts. Aus Schwaben zugewandert, konnte er während des oberösterreichischen Bauernkrieges Einfluß erlangen und kam durch geschickte Finanzaktionen zu großem Reichtum. Nachdem er schon 1636 die Herrschaft Windhag im Mühlviertel erworben hatte, kaufte er 1653 die Herrschaft Reichenau am Freiwald im nordwestlichen Niederösterreich mit dem Ort Großpertholz. Es gelang ihm in den folgenden Jahren, Großpoppen im Waldviertel zu erwerben. Schließlich kaufte er 1658 auch die Herrschaften Rosenburg und Neunzen. In Wien besaß er ein Stadthaus.

Er ließ seine Besitzungen und seine Aktivitäten in einer Topographie darstellen. Der Frankfurter Buchhändler und Kupferstecher Caspar Merian brachte das Buch heraus, zu dem Clemens Beuttler die Bildtafeln und Karten gezeichnet hatte.

Zu dieser Topographie sind nicht nur Ansichten der Enzmilnerschen Besitzungen enthalten, sondern auch Darstellungen von Werkstätten, Betrieben und Gebäuden. Es ist dies die erste Herrschaftstopographie Österreichs.

Links: Adeliger Reitunterricht. Aus: Floridus „Adeliges Leben“.
Rechts: Wolfsgrube. Stich bei Wolf Helmhart von Hohberg. Aus: „Georgica Curiosa“.

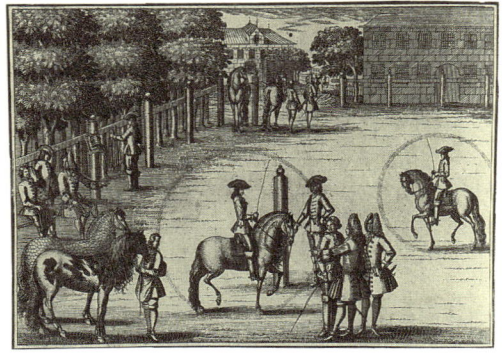

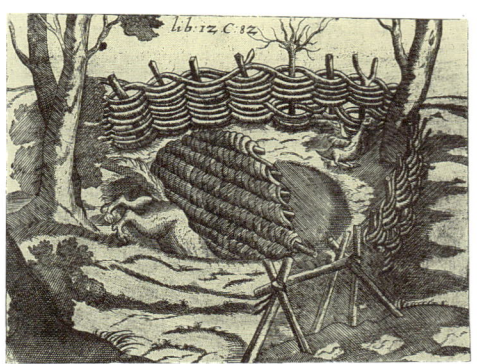

Von der Grundherrschaft zur Wirtschaftsherrschaft

Seit der Mitte des 17. Jahrhunderts steckte die gesamte Agrarwirtschaft Europas in einer schweren Krise. Niedrige Preise für landwirtschaftliche Produkte und hohe Preise für gewerbliche Erzeugnisse führten zu großen Schwierigkeiten. Daher bemühten sich Herrschaftsinhaber in verstärktem Maße, in ihrem Bereich Gewerbe und Handel zu fördern. In manchen Gebieten wurde mit der Hausweberei ein Zuerwerb für ärmere Bauern gefunden, andere Herrschaftsbesitzer bemühten sich, selbst Gewerbe- und bescheidene Industriebetriebe einzurichten. Ein Beispiel dafür, wie man fortschrittliche Methoden einzuführen versuchte, bot Joachim Enzmilner, der im oberösterreichischen Mühlviertel und im Waldviertel einige Herrschaften kaufte. Er war einige Jahre hindurch auch Inhaber der Rosenburg und ließ eine eigene Topographie herstellen, in der die Funktionen dieser neuen Grundherrschaft dargestellt sind.
Ein weiterer Adeliger, der sich ebenfalls mit der Landwirtschaft beschäftigte und auch ein theoretisches Werk herausgab, war Wolf Helmhart von Hohberg (1612–1688). In seinem Buch „Georgica Curiosa oder Adeliges Land- und Feldleben“ zeigte er auf, wie eine Grundherrschaft zu führen sei und welche Aufgaben ein Grundherr zu erfüllen habe. Dieses Werk ist wie Enzmilners Topographie mit vielen Kupferstichen ausgestattet.
Im 17. Jahrhundert ist eine Konzentration der Güter festzustellen. Kleine Rittergüter wurden im steigenden Maße von den größeren Herrschaften aufgesogen, da sie die gestiegenen Lebensanforderungen des Adels nicht mehr finanzieren konnten. So kam es in manchen Gegenden zu einer Anhäufung von Herrschaften unter einem Besitzer, etwa im Alpenvorland durch die gräfliche, später fürstliche Familie Montecuccoli. Aber auch Klöster wie Altenburg und Lilienfeld erwarben eine Reihe umliegender Herrschaften. Manche dieser Grundherrschaften bemühten sich auch um kulturelle Maßnahmen zur Hebung der Bildung der untertänigen Bevölkerung.

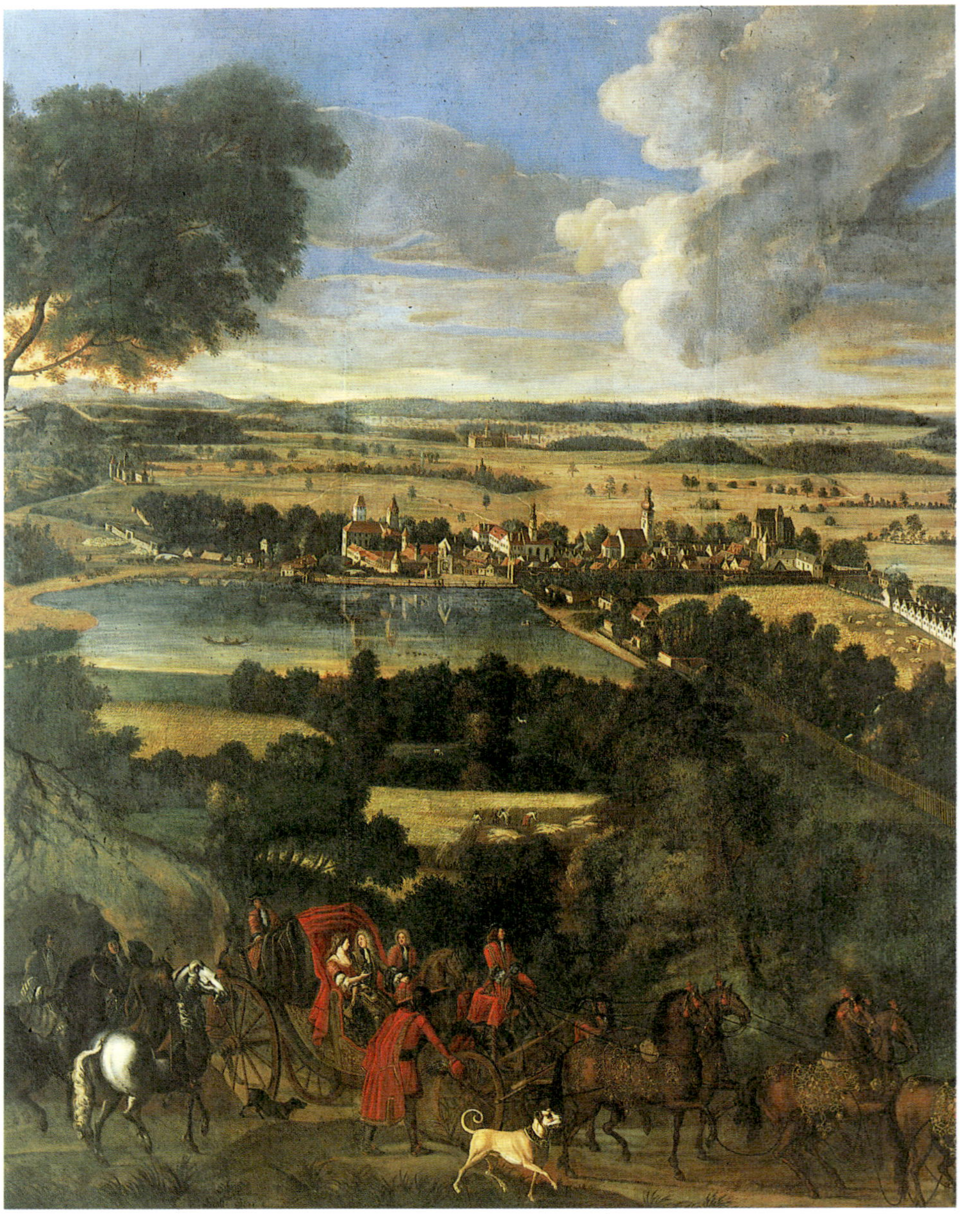

Die Stadt Horn. Ölgemälde von Johann Gottfried Neuberg. 1686. Schloß Horn.

Die Dietrichstein als Grundherren

Im Schloß Sonnberg hat sich eine Reihe von Bildern aus der Mitte des 18. Jahrhunderts erhalten, die die Grundherrschaften zeigen. Sie sind wahrscheinlich zur Zeit von Leopold Maria Franz Graf Dietrichstein entstanden, der im Jahre 1745 als neuer Gutsherr der Herrschaft Sonnberg installiert wurde und die Huldigung seiner Untertanen entgegennahm. Er wurde am 8. Jänner 1706 geboren und starb am 11. März 1780. Dietrichstein erbte als Sohn des Grafen Ferdinand Gundacker von Dietrichstein eine Reihe von niederösterreichischen Herrschaften, darunter auch die Herrschaft Sonnberg, zu der mehrere Dörfer gehörten. Das Zentrum bildete der Markt Oberhollabrunn. Im Waldviertel erwarb 1675 Graf Gundacker von Dietrichstein die Herrschaft Arbesbach, 1663 schon Sonnberg. Er vergrößerte in der Folge seinen Besitz auch um die Herrschaften Merkenstein, 1762, Sitzendorf, 1681, Spitz und Schwallenbach, wobei Sonnberg der Herrschaftssitz wurde. 1690 setzte er seinen Großneffen Ferdinand Gundacker zum fideikommissarischen Erben aller seiner Güter im Lande Österreich unter der Enns ein. Dessen Sohn und Nachfolger war eben Leopold Maria Franz, zu dessen Zeit der erwähnte Zyklus von Herrschaftsansichten gemalt wurde. Diese Bilder – einige davon wurden 1945 teilweise zerstört – sind deswegen interessant, weil auf ihnen alle Probleme und Funktionen einer Grundherrschaft dargestellt sind. Auf dem Bild von Arbesbach etwa erkennt man die alte Burg und das neue Schloß, das Hochgericht, den zentralen Marktort mit der Pfarrkirche, Dörfer und Mühlen. Man sieht Gewerbetreibende und Bauern bei der Arbeit. Links unten ist der Maler selbst abgebildet, dem ein Herrschaftsbeamter Erklärungen gibt.

Links: Tabakanbau. Stich bei Wolf Helmhart von Hohberg. Aus: „Georgica Curiosa".
Rechts: Wolf Helmhart von Hohberg. Zeitgenössischer Stich.
Unten: Der Ort Dobersberg. Aquarell im Urbar der Herrschaft Waidhofen a. d. Thaya aus dem Ende des 17. Jahrhunderts.

Von der Grundherrschaft zur Wirtschaftsherrschaft

Tabakbau in Niederösterreich

Der aus Amerika stammende Tabak verbreitete sich im 16. Jahrhundert über ganz Europa. Zunächst diente die Tabakpflanze zur Zierde von Gärten und zu medizinischen Zwecken, das Rauchen wurde erst während des Dreißigjährigen Krieges allgemeiner gebräuchlich. Zum Tabakrauchen in Tonpfeifen und als Zigarren kam im 18. Jahrhundert das Schnupfen, das zunächst als fein galt. Ab 1850 verbreitete sich auch das Zigarettenrauchen.

Eine erste Nachricht über das Rauchen in Niederösterreich ist aus Waidhofen an der Thaya im Jahre 1648 bekannt. Es heißt dort, die Bürger seien während der Wachen nachlässig, und manche nähmen sogar von den Stadttoren die Lunten weg unter dem Vorwand, dieselben zum „Tobäckhtrinckhen" zu gebrauchen.

In Niederösterreich begann der Tabakbau um die Mitte des 17. Jahrhunderts. In Neumarkt an der Ybbs führte der aus Bayern eingewanderte Hans Härtinger den Tabakbau ein und wurde damit ein großer Förderer dieses Ortes. Härtinger gab 1652 seinen Mitbürgern „Information und Unterweisung" zum Tabakbau, worauf Hausgründe und Krautgärten mit Tabak bepflanzt wurden. Die geernteten Blätter fanden in Nieder- und Oberösterreich, Steiermark und Kärnten Absatz und brachten so gute Erträge, daß der Ort zu Wohlstand gelangte. Die Bürger von Neumarkt betrieben durch fast 25 Jahre den Anbau und Handel mit Tabak als bürgerliches Gewerbe.

1676 begann sich der Staat aus fiskalischen Gründen für den Tabakanbau zu interessieren, womit das Staatsmonopol begann. Demnach war der Tabakbau an eine Lizenz gebunden, und die Ernte war an die staatlichen Verarbeitungsstellen gegen festgesetzte Preise abzuliefern. Der Verschleiß der Tabakwaren erfolgte im großen durch die Verlage und im kleinen durch Trafiken.

Am 3. September 1676 erhielt der bürgerliche Handelsmann Johann Geiger in Enns für 10 Jahre das Privileg, in Oberösterreich eine Tabakfabrik einzurichten. Außer ihm durfte sich niemand in Nieder- und Oberösterreich mit Tabakverarbeitung befassen. Gegen diese Neueinführung rekurrierten die Neumarkter am 11. Mai 1677 ohne Erfolg, obwohl sie darauf hinwiesen, daß sie den Tabakbau als erste ins Land gebracht, schon durch 25 Jahre betrieben und den geernteten Tabak gegen Entrichtung der kaiserlichen Maut und des Aufschlages mit 26 Schilling pro Zentner frei im Land verführt und verkauft hatten.

Am 6. Juni 1678 erhielt Graf Leopold Wilhelm zu Königsegg und Rottenfels den Tabak-Appalto (= Verschleiß) für Niederösterreich, der ihn auch zum Ankauf des im Lande geernteten Tabaks verpflichtete, wobei aber die Tabakeinfuhr aus dem Ausland auf 15 Jahre verboten wurde. Nach dem am 15. Juli 1678 mit Geiger geschlossenen Vertrag übernahm dieser nur den in den Hausgärten von Neumarkt gebauten Tabak um den Preis von 9 Gulden 30 Kreuzer pro Zentner.

Seit der Einführung des Tabakmonopols hatte der Staat gegen den Schwarzhandel zu kämpfen. Um 1676 kauften „Tabakmacher" in Neumarkt die Tabakblätter auf, verarbeiteten sie und verhausierten den Tabak heimlich bei Krämern im Gebirge oder verkauften ihn auf Kirtagen und Märkten. 1677 wurde ein Neumarkter Tabakschwärzer (Schwärzer = Schmuggler) zu 1 Gulden Strafe verurteilt, und 1691 wurde dem Neumarkter Schlosser Wolf Leinwerger wegen heimlichen Tabakverkaufes eine Strafe von 9 Gulden auferlegt. Dafür mußte er ein Bahrtuch für die Kirche kaufen.

Wolf Helmhart von Hohberg (1612–1688)

Einem aus Schlesien stammenden Rittergeschlecht der Hohberg, das früh nach Österreich gekommen war, entstammte der am 20. Oktober 1612 auf Gut Lengenfeld in Krems geborene Wolf Helmhart von Hohberg. Er war Protestant und wuchs in einer Zeit des Überlebenskampfes der Evangelischen gegen die Gegenreformation auf. Sein Vater Wolf Heinrich von Hohberg, Inhaber des Gutes Süßenbach im nördlichen Waldviertel, starb 1621 im Alter von 34 Jahren. Der junge Wolf Helmhart konnte, da das kleine Besitztum nicht die nötigen Mittel dafür lieferte, keine höhere Bildung erlangen. Da er am evangelischen Glauben festhielt, blieb ihm auch der Weg zu Hof- und Staatsämtern verschlossen. Nur in der Offizierslaufbahn konnte er sich durch zehn Jahre bewähren, kehrte aber 1641 nach Hause zurück und erwarb den großväterlichen Besitz in Oberthumeritz, wo seine erste größere dichterische Arbeit, die Versdichtung „Georgica" entstand. Im Jahre 1650 heiratete er und wurde 1659 in den österreichischen Freiherrenstand erhoben. Seine Frau brachte ihm den Besitz Rohrbach und Klingenbrunn im Gebiet von Haag im westlichen Niederösterreich ein. Dadurch kam er in Kontakt mit Johann Wilhelm von Stubenberg und der Dichterin Regina von Greifenberg. Im Jahre 1652 wurde er in die gelehrte „Fruchtbringende Gesellschaft" aufgenommen und lebte seit 1660 in Rohrbach, dann wanderte er aus religiösen Gründen nach Regensburg aus und starb als 70jähriger am 28. Juni 1688 im Exil.

Sein interessantestes Werk ist die schon erwähnte 1800 Seiten umfassende „Georgica curiosa", ein Fachbuch für das „adelige Land- und Feldleben". Diese kameralistisch-ökonomische, technische, historische und politische Darstellung des Lebens adeliger Grundbesitzer behandelt Land- und Forstwirtschaft, Gartenbau, Jagd und Fischfang. Das Buch ist auch reich illustriert und gilt als eines der bedeutendsten Werke zum Verständnis des Lebens des Landadels wie des einfachen Volkes in dieser Zeit.

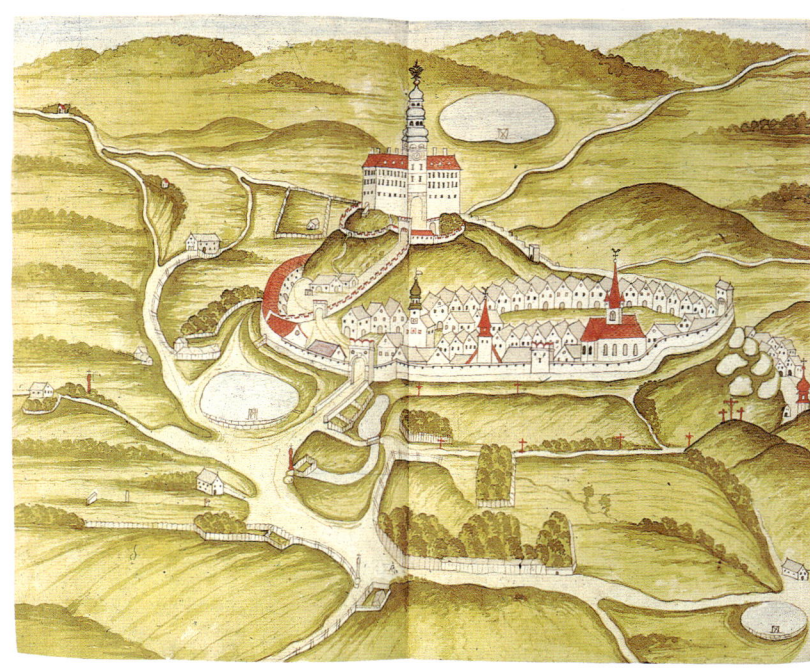

Links: Hand- und Fußfessel aus dem 17. Jahrhundert. Sammlung Anton in Zwettl.

1665–1671

KALENDER

1665 Der türkische Großbotschafter Mechmed Bassa kommt in Wien an. Er zieht am 8. Juni in die Stadt ein.

Fürst Ferdinand von Dietrichstein gründet das Kapuzinerkloster in Hollabrunn.

Die Jesuiten gründen in Wiener Neustadt ein Gymnasium.

Baubeginn am Servitenkloster Maria Langegg durch Michael Ehmann (Fertigstellung 1773).

1666 In Walpersdorf werden Seidenarbeiter aus dem Ausland angesiedelt.

1667 Brand in St. Pölten. Auch die ehemalige evangelische Kirche brennt ab und wird später abgerissen.

Freifrau Susanna Felicitas Lövlin gründet das Karmeliterkloster in Wiener Neustadt.

1668 Kaiser Leopold I. erläßt eine Kleiderordnung, die eine Gliederung nach sozialer Stellung bringt.

1669 Brand in Horn. 32 Häuser werden zerstört.

Graf Leopold Kollonitsch wird Bischof von Wiener Neustadt.

Die Grafen Trautson, seit 1609 in St. Pölten ansässig, erwerben Goldegg.

1. 5. 1669 Privileg für die Seidenmanufaktur in Walpersdorf.

1670 Die „Bethlehemsgrotte" in Schönbühel entsteht, ein Schaugrab nach dem Vorbild des Hl. Grabes in Jerusalem.

Der Schüttkasten (heute Stiftskeller) von Klosterneuburg wird erbaut.

Georg Matthäus Vischers Karte von Österreich unter der Enns entsteht. Ein Nachdruck erfolgt 1697.

26. 8. Die Juden werden aus Niederösterreich ausgewiesen.

4. 3. 1671 Im Zuge der Niederschlagung der ungarischen Magnatenverschwörung erfolgen am 28. 4. und am 30. 4. in Wiener Neustadt Hinrichtungen.

Portraits der ungarischen Magnaten, die in Wien und Wiener Neustadt hingerichtet wurden. Aus „Warhafftige und außfuehrliche Relation", 1671.

Die Ausweisung der Juden durch Kaiser Leopold I.

Es gibt aus dem 16. und 17. Jahrhundert eine Anzahl von Ausweisungsmandaten der Landesfürsten, wonach die Juden Niederösterreich verlassen mußten. In der Praxis wurden sie aber nicht durchgeführt, so daß nicht nur in Wien, sondern auch in vielen Orten in Niederösterreich Judengemeinden entstanden. Die meisten Juden waren nördlich der Donau und im Viertel unter dem Wienerwald ansässig, in Weitesfeld etwa 32 Familien, in Langenlois 15, in Marchegg 17. In Bockfließ bestand eine eigene Judenstadt mit 16 Familien. Im Viertel unter dem Wienerwald war die größte Gemeinde mit 45 Familien Ebenfurth. Diese Landjuden beschäftigten sich in erster Linie mit Hausierhandel, vor allem mit Fellen, Federn, Häuten, Wolle, Wachs und Abfallprodukten, besuchten die Jahrmärkte und wanderten von Ort zu Ort. Um 1660 gab es verschiedene Synagogen und einen Landrabbiner. Als im August 1669 auf Befehl Leopolds I. eine Ausweisung erfolgte, die tatsächlich durchgeführt wurde, zogen viele niederösterreichische Juden über die Landesgrenze nach Mähren und errichteten dort einige Judensiedlungen, von denen sie auch weiterhin die nö. Märkte aufsuchen konnten. Im Jahre 1673 erhielten die mährischen Juden, allerdings nur jene, die nicht aus Niederösterreich ausgewiesen worden waren, die Erlaubnis, Jahrmärkte in verschiedenen Städten des Landes zu besuchen. Damit waren sie bald wieder in das Wirtschaftsleben eingegliedert.

Jagdstandarte Kaiser Leopolds I., Titelseite des „Krantz-Schiessen" von 1671.

TODESTAGE

Gabriel Kölsch. Propst des Chorherrenstiftes St. Pölten, 1662 Reformationskommissär für Österreich unter der Enns. Gestorben 19. 12. 1669 in St. Pölten. (Geboren 1620 in Hagenau, Elsaß.)

Johann Bernhard Link. Abt von Zwettl seit 1646, Verfasser der Annales Austro Claravallenses. Gestorben 1671. (Geboren 1606.)

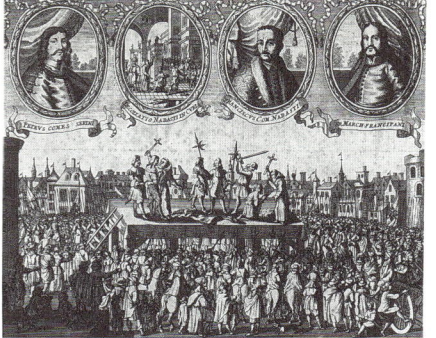

Links: Die Enthauptung des Grafen Peter Zriny und des Markgrafen Franz Frangipany auf dem Rathausplatz in Wr. Neustadt am 30. 4. 1671, Stich französischer Herkunft.
Rechts: Bericht über die Magnatenverschwörung im Codex Austriacus.

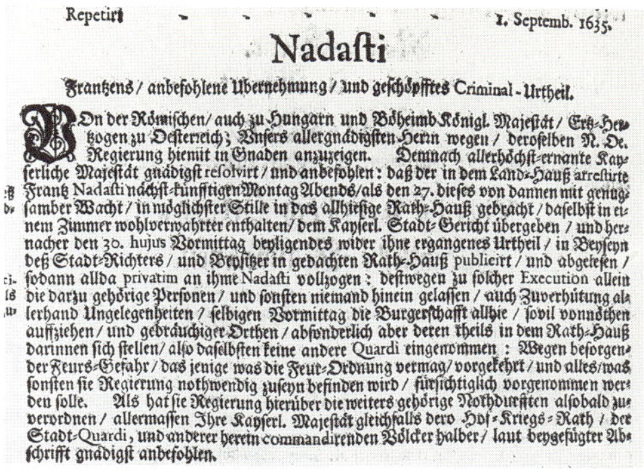

Repetirt 1. Septemb. 1635.

Nadasti

Frantzens / anbefohlene Ubernehmung / und geschöpfftes Criminal-Urtheil.

VOn der Römischen / auch zu Hungarn und Böheimb Königl. Majestät / Ertz-Hertzogen zu Oesterreich; Unsers allergnädigsten Herrn wegen / deroselben N. Oe. Regierung hiemit in Gnaden anzuzeigen. Demnach allerhöchst-ernante Kayserliche Majestät gnädigst resolvirt / und anbefohlen: daß der in dem Land-Hauß arrestirte Frantz Nadasti nächst-künfftigen Montag Abends / als den 27. dieses von dannen mit genugsamber Wacht / in möglichster Stille in das allhiesige Rath-Hauß gebracht / daselbst in einem Zimmer wohlverwahrter enthalten / dem Kayserl. Stadt-Gericht übergeben / und hernacher den 30. hujus Vormittag beyligendes wider ihne ergangenes Urtheil / in Beyseyn deß Stadt-Richters / und Beysitzer in gedachten Rath-Hauß publicirt / und abgelesen / sodann allda privatim an ihme Nadasti vollzogen: destwegen zu solcher Execution allein die darzu gehörige Personen / und sonsten niemand hinein gelassen / auch Zuverhütung allerhand Ungelegenheiten / selbigen Vormittag die Burgerschafft allhie / sovil vonnöthen auffziehen / und gebräuchiger Orthen / absonderlich aber deren theils in dem Rath-Hauß darinnen sich stellen / also daselbsten keine andere Quardi eingenommen: Wegen besorgender Feurs-Gefahr / das jenige was die Feur-Ordnung vermag / vorgekehrt / und alles / was sonsten sie Regierung nothwendig zuseyn befinden wird / fürsichtiglich vorgenommen werden solle. Als hat sie Regierung hierüber die weiters gehörige Nothdurfften alsobald zu verordnen / allermassen Ihre Kayserl. Majestät gleichfalls dero Hof-Kriegs-Rath / der Stadt-Quardi, und anderer herein commandirenden Völcker halber / laut beygefügter Abschrifft gnädigst anbefohlen.

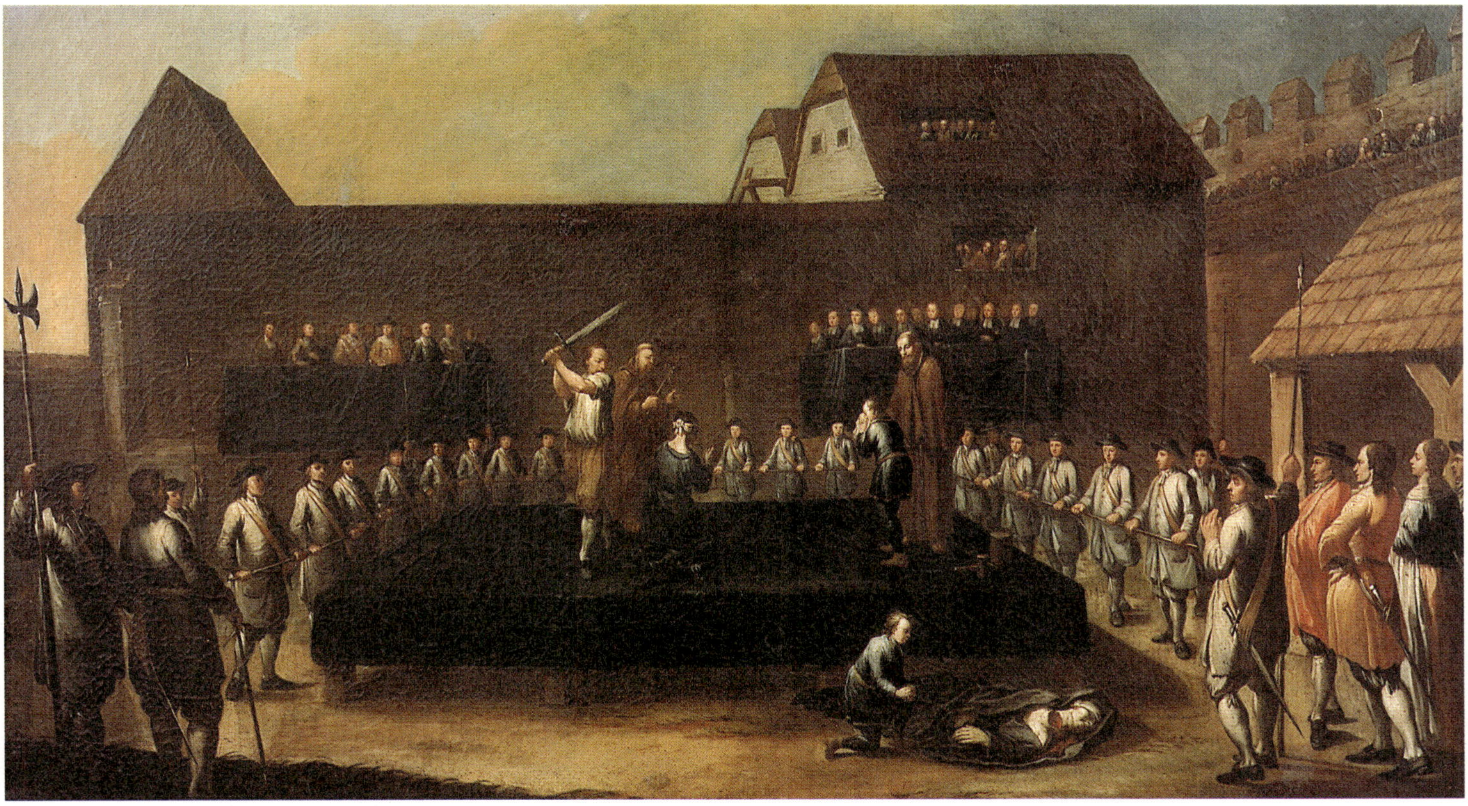

Die Magnatenverschwörung

Mitte: Die Enthauptung von Peter Zriny und des Markgrafen Franz Frangipany auf dem Rathausplatz in Wiener Neustadt am 30. 4. 1671, Ölgemälde des 18. Jahrhunderts im Stadtmuseum Wiener Neustadt.

Nach dem Sieg Raimund Graf Montecuccolis über die Türken bei Mogersdorf/St. Gotthard schließt Kaiser Leopold I. am 10. 8. 1664 in Vasvár (Eisenburg) einen unvorteilhaften Frieden mit der Hohen Pforte (der Türkei).

Der Friede von Vasvár führte in Ungarn zu tiefen inneren Gegensätzen zwischen Ungarn und Deutschen. Der Reichstag war nicht gehört, den Ständen der Vertrag nur mitgeteilt worden. Dazu kam eine starke Beeinträchtigung der Evangelischen bei der Ausübung ihrer Religion. Führer der Unzufriedenen waren katholische Magnaten, der Palatin, der Judex curiae, der Banus von Kroatien, aber auch der Erzbischof von Gran. Man schloß einen „Bund zur Abwendung der dem Vaterland drohenden Gefahren" und wollte unter Führung des Palatins dem Sultan einen jährlichen Tribut zahlen, wenn er half, anstelle der Habsburger einen französischen Prinzen zum König von Ungarn zu machen. Beide Großmächte, die Osmanen wie die Franzosen, winkten ab.

Seit Juni 1669 waren die Konspirationen der Regierung in Wien bekannt. 1671 kommt es zum offenen Aufstand gegen die zentralistischen und gegenreformatorischen Bestrebungen Leopolds I., und zwar in Ungarn, Kroatien und der Steiermark. Nach Verrat wurden die Führer der Aufständischen im April verhaftet. Franz Graf Nádasdy wird im Wiener Rathaus, Franz Markgraf Frangipani und der Banus von Kroatien Peter Graf Zriny im Zeughaus von Wiener Neustadt hingerichtet. Der Statthalter der Steiermark Erasmus Graf Tattenbach wird in Graz enthauptet.

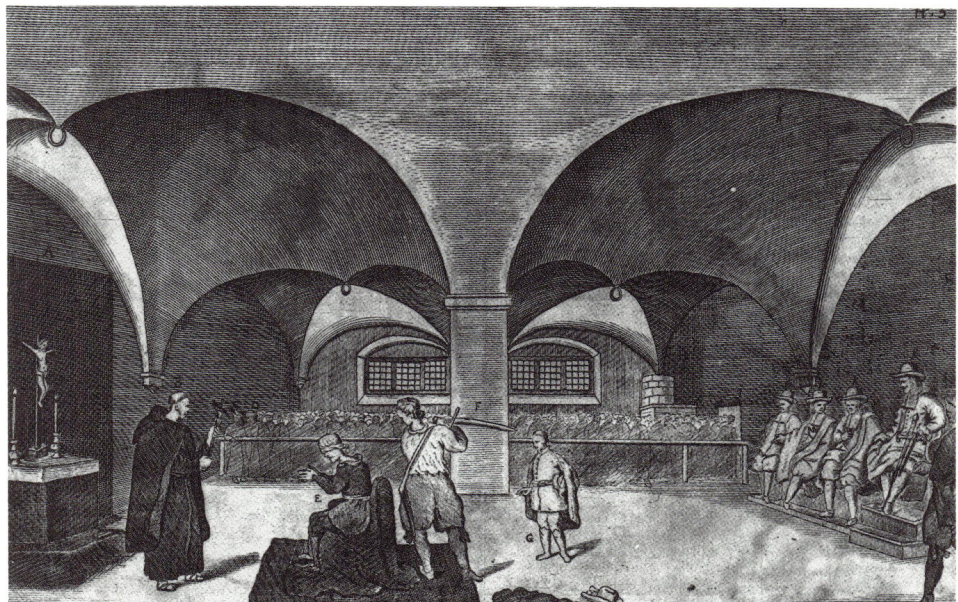

Die Hinrichtung ungarischer Magnaten im Alten Rathaus in Wien, 28. 4. 1671.

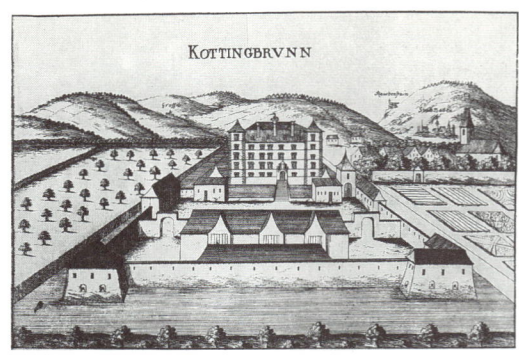

Vier Ansichten aus Vischers Topographie von Niederösterreich: Von links nach rechts: Rabenstein, Kottingbrunn, der Jaidhof bei Gföhl, Hausenbach.

Der Topograph Georg Matthäus Vischer

Georg Matthäus Vischer (1628–1696) war ein Geistlicher, der im Auftrag der Stände Niederösterreichs eine Karte des Landes herstellte.

In den Jahren 1669 und 1670 bereiste er das Land, führte Vermessungen durch und zeichnete die Karte. Parallel dazu zeichnete er 511 Ansichten der wichtigsten Burgen, Schlösser und Städte des Landes, die im Jahre 1672 in einem eigenen Band herausgegeben wurden. Seine Niederösterreich-Karte wurde von Melchior Küssel in Augsburg im Jahre 1670 gestochen. Von diesem Kupferstich sind nur wenige Exemplare vorhanden. Eines davon tauchte vor wenigen Jahren im Kunsthandel auf und wurde von der Nö. Landesbibliothek erworben. Von dieser Vischer-Karte wurde im Jahre 1697 von Jakob Hoffmann und Jakob Hermondt eine Überarbeitung hergestellt und wieder herausgegeben. Von ihr sind viel mehr Exemplare vorhanden als von der Erstausgabe. Vischers Topographie ist unter den vielen Ortsansichten dieser Zeit eines der bekanntesten Werke.

Oben: Der Topograph Georg Matthäus Vischer. Zeitgenössischer Kupferstich.
Rechts: Die Vischer-Karte in der Ausgabe von 1697. Wien, NÖ. Landesbibliothek.

GIAIDHOF ZV GFÖLL

HAVSENBACH

Der Topograph Georg Matthäus Vischer

...hica, et Nouiter Emendata Accuratiſsima Deſcriptio

SEPTENTRIO

MORAVIÆ

PARS

MERIDIES

ORIENS

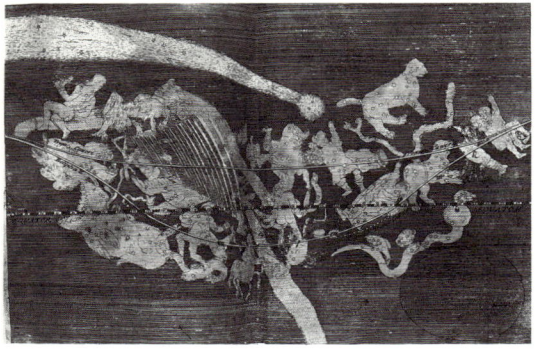

Links: Darstellung des Halleyschen Kometen. Zeitgenössischer Kupferstich nach der Erscheinung von 1682.
Rechts: Ausbildung von adeligen Mädchen. Stich bei Wolf Helmhart von Hohberg. Aus: „Georgica Curiosa".

1672–1682

KALENDER

1672 Das neue Schloß Pottenbrunn wird erbaut.

Die Ansichten der Schlösser und Orte Niederösterreichs von Georg Matthäus Vischer entstehen.

1673 Das Kapuzinerkloster Poysdorf wird erbaut, 1788 wird es aufgehoben.

1674 Die Serviten übernehmen Schönbühel, zu dem Konrad Balthasar von Starhemberg 1664 den Grundstein gelegt hatte.

1675 Der hl. Josef wird durch Kaiser Leopold I. zum Schutzpatron aller habsburgischen Königreiche und Länder ernannt.

1676 Brand in Langenlois. Das Franziskanerkloster und 34 Häuser werden eingeäschert.

1677 Graf Ernst von Mollard gründet ein Kapuzinerkloster in Poysdorf.

Die Bürgerschaft stiftet ein Kapuzinerkloster in Scheibbs.

11. 6. Großfeuer in St. Pölten, 39 Häuser brennen ab.

1678 Hochzeit Karls von Lothringen mit Eleonora Maria Josepha, der Schwester Kaiser Leopolds I., in Wiener Neustadt.

1679 Beginn der Prozessionen zum Hollenburger Wetterkreuz.

Sommer Die Pest bricht in Österreich aus.

9. 8. Leopold I. legt den Grundstein zur Leopoldskirche auf dem ehemaligen Kahlenberg, dem heutigen Leopoldsberg.

1680 Georg Ludwig Graf Sinzendorf, Begründer der Fabrik von Walpersdorf, wird als Finanzmini-

Kaiser Leopold und die Kurfürsten, Miniatur auf der Erhebungsurkunde der Familie Kriechbaum in den Freiherrnstand 1676. St. Pölten, Institut der Englischen Fäulein.

ster abgesetzt. Ihm wird wegen Unterschlagungen der Prozeß gemacht.

18. 7. Weihe der Pestsäule in Retz.

22. 7. 1681 Schloß Frohsdorf ist Schauplatz eines Festes am Namenstag der dritten Gemahlin Leopolds I., Eleonora Magdalena Theresia. Im Schloßtheater wird „La rivalitá nell' ossequio" von Antonio Draghi nach dem Libretto von Nicolo Minato aufgeführt.

24. 10. Brand in Retz.

1682 Große Überschwemmung der Donau, besonders betroffen ist Spitz.

Wasserschloß Pottenbrunn bei St. Pölten. 16. Jh.

GEBURTSTAGE

Hieronymus Übelbacher. Abt von Dürnstein. Geboren 30. 10. 1675 in Hollabrunn. (Gestorben 13. 1. 1740 in Dürnstein.)

Joseph Munggenast. Architekt und Baumeister. Geboren 5. 3. 1680 in Schnann im Stanzertal (Tirol). (Gestorben 3. 5. 1741 in St. Pölten.)

TODESTAGE

Kaspar Leusering. Bildhauer. Gestorben 1673 in Horn.

Johann Westhauer. Abt von Geras (1650–1674); er stammte aus Westfalen. Gestorben 1674 in Geras.

Johann Enzmilner, Freiherr von Windhag. Herrschaftsbesitzer, Unternehmer. Gestorben 21. 5. 1678. (Geboren 21. 2. 1600).

Matthias Manageta. Maler, arbeitete für Göttweig. Gestorben 26. 10. 1679. (Geboren 1630 in Hainfeld.)

Matthias Sturmberger. Bildhauer. Gestorben 1679 in Horn.

Raimund Montecuccoli. Kaiserlicher Feldherr. Sieger über die Türken bei Mogersdorf. Gestorben 16. 10. 1680. (Geboren 21. 2. 1609.)

Georg Ludwig Graf Sinzendorf. Politiker und Fabriksbesitzer. Gestorben 14. 12. 1680. (Geboren 17. 6. 1616.)

Johann Heinrich Schmelzer von Ehrenruf. Gestorben 1680 in Prag (an der Pest). (Gestorben 1623 in Scheibbs.)

Georg Ludwig Graf Enzersdorf (1616–1681)

Merkantilisten als Anreger der Wirtschaft

Seit der zweiten Hälfte des 17. Jahrhunderts begann auch der Staat im Sinne einer neuen Vorstellung von Wirtschaft und Kapital, wie der Merkantilismus sie vertrat, Wirtschaftspolitik zu betreiben. Die Anregung dazu gaben in Österreich v. a. die Merkantilisten Johann Joachim Becher, Wilhelm von Schröder und Philipp Wilhelm von Hörnigk. Alle drei waren Theoretiker, die dem Grundsatz folgten, möglichst viele Gebrauchsgüter im Lande selbst zu erzeugen und vorwiegend Fertigwaren, aber keine Rohstoffe auszuführen. Hörnigk lieferte mit seinem Buch „Österreich über alles, wenn es nur will", die Grundlage zu einer Neukonzeption von Staat und staatlicher Lenkung der Wirtschaft. In Überwindung des

ständischen Feudalismus und Partikularismus sollte ein einheitlicher politischer und wirtschaftlicher Raum in Form des neuzeitlichen Staatswesens geschaffen werden, wobei es zunächst galt, die Staatskasse zu füllen.

Angeregt durch die Publikationen dieser dem Merkantilismus verpflichteten Schriftsteller kam es nicht zur zur Erschließung von Bergwerken, sondern auch zur ersten Gründung von Fabriken, von denen aber nur wenige länger bestanden. Über Einfluß Bechers errichtete z. B. der Hofkammerpräsident Georg Ludwig Graf Sinzendorf im Jahre 1666 in Walpersdorf bei Herzogenburg eine Seidenfabrik, die Bänder und Strümpfe erzeugte.

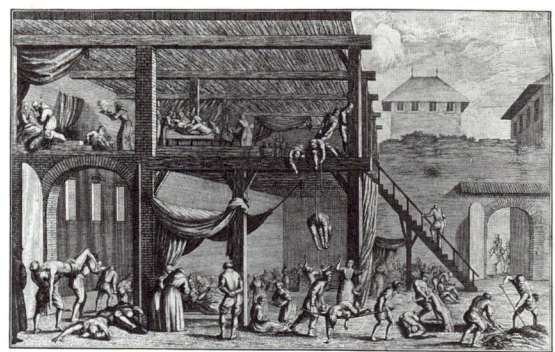

Links: Das Schloß Walpersdorf. Stich des 18. Jahrhunderts.
Rechts: Pestlazarett. Stich von Ludovico Ottavio Burnacini. Wien, Historisches Museum.

Die Seidenfabrik von Walpersdorf

Im Jahre 1656 wurde Georg Ludwig Graf von Sinzendorf durch Heirat mit Anna Regina Jörger Inhaber der Herrschaft Walpersdorf. Er gründete im Jahre 1666 unter der Leitung von Johann Joachim Becher eine Seidenfabrik. Acht Seidenzwirner kamen aus den Niederlanden, ein Seidenfärber aus Venedig und ein Färbergehilfe aus Frankreich. Die Garne wurden in Einöd gefärbt, dann in Traismauer verwoben. Sinzendorf mußte die Rohseide von der 1666 gegründeten Seidenkompagnie beziehen, die ein ausschließliches Privileg für diesen Handel hatte. Der Betrieb blühte anfangs, wurde aber bald verlustreich, und der Inhaber Georg Ludwig von Sinzendorf, der Hofkammerpräsident gewesen war, wurde wegen Untreue und Unterschlagung seiner Stellung enthoben und verurteilt. Er verstarb 1680. Kurz darauf ging die Seidenfabrik beim Türkeneinfall zugrunde.

Oben: Das Pestlazarett am Alsergrund, Ölbild gestiftet vom Pater Casimir Dembsky, der die Krankheit überstand. Wien, Pfarrkirche St. Michael.
Unten: Der hl. Rochus. Holzplastik, 17. Jahrhundert. Heimatmuseum Langenlois.

Der Kampf gegen die Beulenpest 1679/80

Immer wieder wurde die Beulenpest aus Ungarn eingeschleppt, wobei in der Regel fahrendes Volk als Überträger galt. Die Seuche begann meist im Herbst. Im Jahre 1540 wurde daher in Wien eine Seuchenpolizei geschaffen, und eine besondere Amtsperson, ein Arzt, der „Magister sanitatis", sollte den Behörden Ratschläge der medizinischen Fakultät der Universität übermitteln. Er war aber bloß ein Infektionsarzt, der die Pestkranken zu besuchen und die behördlichen Anordnungen durchzuführen hatte. Die Folge davon war, daß das gefährliche und schlecht besoldete Amt wenig gefragt war, weil diese Ärzte immer wieder in Ausübung ihres Berufes starben.

Jede Pestepidemie belastete die Städte und Grundherrschaften schwer, die Bekämpfung konnte auch nicht im gebotenen Umfang durchgeführt werden. Viele Kranke starben einfach auf der Straße, weil es kaum Spitäler gab, die Genesenen froren in notdürftig zusammengezimmerten Hütten an der Grenze oder vor den Städten. So war wenig geschehen, als im Jänner 1679 eine Pestepidemie aus Ungarn, wo sie 1678 gewütet hatte, nach Niederösterreich übergriff. Der damals amtsführende Arzt Paul de Sorbait erklärte, daß Gott die Obrigkeit verblende, wenn er ein Land bestrafen wolle.

Lange Zeit waren nämlich die Behörden offiziell über die Ausbreitung und den Stand der Seuche überhaupt nicht informiert. Dann aber ließ sich diese nicht mehr verbergen, denn die Ansteckung erfaßte immer weitere Kreise. Am 9. August 1679 verließ Kaiser Leopold I. mit seinem Hofstaat Wien und flüchtete auf den Kahlenberg, dann nach Heiligenkreuz, nach Mariazell und später nach Böhmen. Die Seuche breitete sich über verschiedene Orte des Landes aus, schien während des Winters zu erlöschen, doch trat sie im Sommer des Jahres 1680 neuerlich stark auf und kam erst mit Jahresende zum Erliegen. Die Todesopfer wurden in den Orten meist zu hoch angegeben. In Wien starben an die 10.000 Menschen, für Niederösterreich lassen sich etwa gleichviele Tote annehmen.

Orte, die verschont geblieben waren, errichteten Gedenksäulen oder stifteten Gemälde. Aus dem 17. Jahrhundert gibt es solche Säulen in Perchtoldsdorf, Retz und Laa, in Hainburg, Stockerau und Gars am Kamp entstanden Pestkapellen. Markt und Pfarre Scheibbs widmeten 1681 ein Votivbild für den Sonntagberg aus Dank für die Bewahrung des Marktes. Am 30. Mai 1688 brachte eine Prozession diese große Votivtafel in die Wallfahrtskirche.

Links: Votivbild mit Mariazeller Madonna aus Dank für die Errettung aus türkischer Gefangenschaft. Aquarell und Rötelzeichnung. Privatbesitz. Rechts: Die Wallfahrtskirche auf dem Sonntagberg. Lithographie des 19. Jahrhunderts.

Wallfahrten im 17. Jahrhundert

Wallfahrer des 17. Jahrhunderts. Ausschnitt aus dem Ölgemälde Heimkehr der Hl. Familie aus Ägypten. Stift Lilienfeld.

wurden Maria Taferl, Maria Dreieichen und der Mariahilfberg bei Gutenstein. Alle drei entstanden aus Marienbildern, die anfangs schlicht an Bäumen befestigt waren. Auf eine ältere Wurzel geht die Wallfahrt auf dem Sonntagberg zurück, wo vermutlich schon in vorchristlicher Zeit eine Opferstätte bestand. Die Kapelle auf dem Sonntagberg wurde auch mit der Türkengefahr in besondere Beziehung gebracht, und zwar mit Reiterscharen des osmanischen Heeres, die 1529 die Gegend plünderten. Der evangelische Geschichtsschreiber Valentin Prevenhuber aus Steyr erzählt: „Ein Haufen der Türken sind auf den Sonntagberg zugeeilt, in der Meinung, die Kirche, Altar... auch auszuplündern und das darin geflüchtete Gut zu rauben. Allein wie man sagt, als sie zum Brunnen im nahen Wald gekommen, sind ihre Pferde vor Schrecken an solchem heiligen Ort ganz zitternd auf die Knie niedergefallen. Daher haben die Türken unverrichteter Dinge zurückkehren müssen."

Diesem sogenannten „Roßwunder" beim „Türkenbrunnen" war eine bedeutende Belebung der Wallfahrt zu verdanken, die auch die Reformation überlebte und in der Gegenreformation neue Impulse erhielt. Auch das Türkenjahr 1683 brachte für den Sonntagberg einen bedeutenden Aufschwung, denn wiederum war hier die Grenze für das Vordringen der Tataren. So sind in dieser Kirche die wichtigsten und schönsten Votivbilder niederösterreichischer Orte sowie der Stadt Wien zu finden.

Frömmigkeit und positive Haltung gegenüber kirchlichen Einrichtungen offen zur Schau zu tragen, war in der 2. Hälfte des 17. Jahrhunderts bei allen Ständen und für alle Schichten der Bevölkerung üblich, aber offenbar auch notwendig. Dies führte – besonders im Rahmen der Gegenreformation – auch zu einem Aufschwung von Wallfahrten und zur Gründung neuer Wallfahrtsstätten. In diese Zeit fällt die starke Zunahme der Wallfahrt nach Mariazell, wo in den Jahren 1647 bis 1690 die heutige Kirche gebaut wurde. Auf dem Weg von Wien in diesen bedeutendsten Wallfahrtsort der Monarchie entstand eine Reihe neuer Gedenkstätten, etwa auf dem Hafnerberg und in Siebenbrunn, weiters die Kapelle auf dem Joachimsberg und die Kirche auf dem Josefsberg. Der Weg von Wien nach Mariazell wurde in diesen Jahren zur „Heiligen Straße", zur Via sacra.

Außerhalb dieser bedeutendsten Wallfahrerroute sind in Niederösterreich auch andere neue Wallfahrtsorte entstanden, manche wurden neu ausgestaltet. Die bedeutendsten

„Breverl" (kleine Schutzbriefe aus Papier) vom Sonntagberg. Kupferstich. Tulln, Stadtmuseum.

Wallfahrten im 17. Jahrhundert

Die Türken stürmen den Mariahilfberg bei Gutenstein. Ölgemälde. Um 1700. Gutenstein, Servitenkloster.

Maria Taferl

Maria Taferl, nach Mariazell der bedeutendste Wallfahrtsort Österreichs, entstand in der Mitte des 17. Jahrhunderts. Schon 1659 und zweimal kurz zuvor ist die Rede von „unser Frau Bildt oder Taffel". Manche Fachleute leiten den Namen auch von einem Steintisch ab, einem alten keltischen Kultdenkmal, der früher vor einer Eiche – im jetzigen Kirchenbereich – stand, dann aber vor der Kirche und schließlich vor einigen Jahren seitlich der Kirche aufgestellt wurde. Bei der Eiche entstand im Laufe des Dreißigjährigen Krieges eine kleine Waldandacht, zu der jährlich am Ostermontag eine Prozession von Kleinpöchlarn zog. Die eigentliche Entstehung der Wallfahrt ist gut bezeugt:

Am 14. Jänner 1633 wollte der Viehhirte Thomas Pachmann aus Krummnußbaum Holz machen und dabei dürre Äste von der Eiche mit dem Andachtsbild abschlagen. Er glitt aber aus und verletzte sich an beiden Beinen. Als er an der anderen Seite des Baumes das Kreuzbild entdeckte und zu ihm betete, hörte das Blut zu fließen auf, und nach drei Wochen war er gesund. Schließlich ließ 1641 Alexander Schinagl, der Richter von Krummnußbaum, eine kleine Statue der Schmerzhaften Mutter Gottes an dem Baum anbringen, das Urbild der Gnadenstatue. 1651 begann die abgedorrte Eiche wieder zu grünen. Von 1658–1661 waren wundersame Erscheinungen zu sehen, die

den unmittelbaren Anlaß zur Wallfahrt gaben. Dreißigmal wurden von verschiedenen Personen weiß gekleidete Gestalten gesehen, die hinauf zum Gnadenbild auf dem Taferlberg wallfahrteten. Damit begann die Wallfahrt nach Maria Taferl. Schließlich schaltete sich die kirchliche Behörde ein, und der Bischof von Passau beauftragte im Jahre 1659 eine Kommission mit der Untersuchung. Als sich die Zuverlässigkeit der Zeugen herausstellte, wurde noch 1660 mit dem Bau der jetzigen Wallfahrtskirche begonnen, die Vollendung zog sich aber durch 50 Jahre hin. Fertiggestellt wurde sie 1710, eingeweiht am 29. Juni 1724, nachdem auch die Ausgestaltung zum größten Teil fertig war. Baumeister waren zuerst Georg Gerstenbrand und Carlo Lurago, von Jakob Prandtauer stammt die Kuppel, die zunächst nur aus Holz bestand.

Mariahilfberg bei Gutenstein

Im Jahre 1661 brachte der Gutensteiner Hammerschmied Sebastian Schlager auf dem heutigen Mariahilfberg bei Gutenstein ein Marienbild an einer Buche an. Es entwickelte sich bald eine Wallfahrt. Als ihr Ursprung gilt das Jahr 1668. Auf dem Mariahilfberg entstand ein Servitenkloster, in dessen Nähe sich im Jahre 1683 eine Streifschar Tataren verirrte. Sie kehrten aber beim sogenannten „Herrgott auf der Rast" um, wodurch das Klostergebäude gerettet wurde.

Maria Dreieichen

Die Anfänge der Wallfahrt auf dem Molderberg zwischen Horn und Eggenburg fallen in eine Zeit, in der nach dem Dreißigjährigen Krieg Angst und Not herrschten.

Den Kürschnermeister Matthias Weinberger aus Horn, der während einer langwierigen, schweren Krankheit 1656 Zuflucht bei Gebeten zur Schmerzhaften Muttergottes suchte, veranlaßten Träume nach seiner Genesung, ihr Bild – eine Statue aus Wachs, die in seinem Haus einen Ehrenplatz hatte – an einer „dreigeteilten" Eiche auf dem Molderberg bei Horn anzubringen. Schon bald entstand ein Ort der Andacht, der den Menschen aus der Gegend viel bedeutete. Nach zwei Jahrzehnten brannte die Eiche mit dem Andachtsbild ab. Als der angekohlte Baum wieder zu grünen begann, sah man darin ein Zeichen. Der Horner Bürgermeister ergriff die Initiative und ließ eine Statue aus Lindenholz schnitzen und an der Eiche befestigen. Die Wallfahrt lebte daraufhin auf, und man errichtete um die Eiche eine kleine Holzkapelle.

Im Jahre 1700 erhielt Graf Hoyos in Horn vom Passauer Fürstbischof Graf Lamberg die Erlaubnis zur Errichtung einer Einsiedelei auf dem Molderberg. Die Aufgabe des Waldbruders war die Bewachung und Betreuung des Gnadenortes, den Empfang der Prozessionen und der Vorbeterdienst in der Kapelle. Bereits 1720 übernahm der Altenburger Abt Placidus Much die Aufgabe, in Dreieichen nach dem Rechten zu sehen. Es kam 1730 zur Grundsteinlegung der ersten Steinkapelle. Damals übernahmen die Altenburger Benediktiner auch die Seelsorge in Dreieichen.

Bereits 1744 legte Abt Placidus den Grundstein zur heutigen Wallfahrtskirche. Der Plan entspricht weitgehend dem Vorbild der Altenburger Klosterkirche, die Durchführung leitete der Horner Baumeister Leopold Wißgrill, die rechte Hand Josef Munggenasts bei der Errichtung des barocken Stiftes Altenburg. Den künstlerischen Höhepunkt des Baues schuf Paul Troger mit seinem Fresko „Himmlische Glorie" in der Kuppel. Die Gnadenstatue hat in einem Glasschrein auf dem Hochaltar ihren Platz gefunden.

Kaum war die Kirche fertig, brachte das von Kaiser Joseph II. 1783 erlassene Wallfahrtsverbot den Verantwortlichen neue Sorgen. Man handelte aber rasch, errichtete mit den Gemeinden Mold, Mörtersdorf und Zaingrub in Maria Dreieichen eine eigene Pfarre und rettete so die Wallfahrtskirche, die somit auch Pfarrkirche war.

Links: Votivbild des Georg Sturmlechner aus Purgstall zum Dank für die Verschonung im Türkenjahr 1683. Wien, NÖ Landesmuseum.
Unten rechts: Die Entsatzschlacht von Wien. Bild von Martino Altomonte. 1685. Stift Herzogenburg.

Das Türkenjahr 1683

Ernst Rüdiger von Starhemberg. Ölgemälde. Schloß Eferding.

KALENDER

26. 1. 1683 Kurfürst Max Emanuel von Bayern schließt mit Kaiser Leopold I. ein Defensivbündnis gegen Frankreich und gegen das Osmanische Reich.

31. 3. Ein Bündnis zwischen Kaiser Leopold I. und dem Polenkönig Johann Sobieski wird unterzeichnet. Sultan Mohammed IV. bricht mit einem großen Heer von Adrianopel nach Nordwesten auf.

1. 5. Großwesir Kara Mustafa übernimmt in Belgrad den Oberbefehl über das gegen Wien ziehende Heer (150.000 Mann, 300 Kanonen).

20. 6. Die osmanischen Vorhuten durchbrechen die Grenzsicherungen am Raabfluß und stoßen nach Westen vor.

27. 6. Es ergeht ein Aufruf zum Gebet gegen den Türkeneinfall.

7. 7. Tatarenvorhuten des osmanischen Heeres (15.000 Mann) überschreiten die Leitha. Es kommt bei Petronell zu einem Gefecht mit der kaiserlichen Kavallerie.

Die kaiserliche Familie verläßt am Abend Wien und flieht über Korneuburg, Krems, Melk und Linz nach Passau.

8. 7. Tataren unterbrechen die Verbindung Wien – Wiener Neustadt.

11. 7. Hainburg wird zerstört, 8000 Menschen werden umgebracht.

12. 7. Baden, Schwechat, Inzersdorf und die Neue Favorita in Wien werden eingenommen und zerstört.

13. 7. Wien wird eingeschlossen. Die Bewohner von Mödling werden in der St. Othmarkirche ermordet. Streifscharen kommen bis in das Wienerwald-Gebiet und am folgenden Tag bis Kasten und Michelbach im Perschlingtal.

16. 7. Perchtoldsdorf wird zerstört, die Bewohner werden zum Teil auf dem Hauptplatz ermordet.

17. 7. Für Klosterneuburg ergibt sich eine kritische Situation, die aber gemeistert wird. Die türkischen Vorhuten kommen bis in die Gegend von Purgstall.

18. 7. Überfall auf den Ort Pyhra bei St. Pölten.

20. 7. Schutzbrief für Bruck a. d. Leitha.

12. 8. Zweiter Angriff auf Herzogenburg.

14. 8. Angriff auf das Schloß Goldegg.

23. 8. Letzter Angriff auf Klosterneuburg.

24. 8. Am Bisamberg werden die Osmanen besiegt.

31. 8. Karl von Lothringen mit dem Entsatzheer und der Polenkönig Johann Sobieski treffen in Hollabrunn zusammen.

3. 9. Kriegsrat der Feldherren des Entsatzheeres in Stetteldorf.

8. 9. Kaiser Leopold kommt mit dem Schiff nach Dürnstein und bleibt dort bis zum 13. September.

12. 9. Entsatzschlacht von Wien, das osmanische Heer wird in die Flucht gejagt.

14. 9. Kaiser Leopold trifft in Wien ein.

15. 9. Der Kaiser und König Johann Sobieski treffen einander bei Schwechat. Zur Erinnerung wird an dieser Stelle später eine Gedenksäule errichtet, das sogenannte „Kugelkreuz".

Die Bürger Wiens

In der Geschichtswissenschaft des 19. Jahrhunderts wurde die Tätigkeit und der Einsatz der Wiener Bürger bei der Belagerung durch die Türken im Jahre 1683 besonders hervorgehoben. Im Jubiläumsjahr 1883 erreichte die Verherrlichung des bürgerlichen Mutes einen besonderen Höhepunkt – auch im Zusammenhang mit der gleichzeitigen Eröffnung des neuen Rathauses an der Ringstraße. Nähere Untersuchungen vor einigen Jahrzehnten ergaben allerdings, daß im Jahre 1683 in Wien die Situation etwas anders aussah. Dem Verteidiger Graf Starhemberg standen 16.000 Soldaten zur Verfügung, mit denen er die Hauptlast des Kampfes zu tragen hatte. Von diesen Soldaten ist auch ein gutes Drittel gefallen. Hingegen haben nachweisbar nur neun Bürger bei Kämpfen den Tod gefunden, da die Mitglieder der Bürgerkompanien vor allem für Bewachungs- und Versorgungseinsätze verwendet wurden. Größer war hingegen der Verlust bei den Handelsdienern, den Gesellen von Gewerbetreibenden, also von jungen Leuten, die tatsächlich bei Kämpfen eingesetzt wurden. Die Bürgerkompanien hatten Mitte Juli eine Stärke von 815 Mann, gegen Ende der Kämpfe waren um 165 Mann mehr bewaffnet, knapp unter 2000 Bürger waren den Kämpfenden eingereiht worden. Wien dürfte bei Ausbruch des Türkenkrieges etwa 90.000 Einwohner gehabt haben, 30.000 davon scheinen, als die Türken nahten, die Flucht ergriffen zu haben. Ob sich die Zahl der Bewohner durch Flüchtlinge aus der Umgebung, die innerhalb der Mauern Schutz suchten, sehr vermehrt hatte, ist schwer nachzuweisen. Es könnten aber weitere 10.000 Personen in die Stadt gekommen sein.

Rechts: Votivbild über eine gelungene Flucht. Pfarramt Enns.

Die Türken in Perchtoldsdorf am 16. 7. 1683. Fresko von Jakob Dietzinger im Rathaus Perchtoldsdorf um 1700. Links: Ansicht der befestigten Kirche. Unten Mitte: Marktplatz mit dem brennenden Rathaus.

Die Ereignisse im Juli in Perchtoldsdorf

Perchtoldsdorf war einer der „Zufluchtsorte", welche der Bevölkerung bei einer eventuellen Türkengefahr Schutz geben sollten. „Zufluchtsorte" waren befestigte Städte, Märkte und Burgen, die mit Waffen und Munition ausgestattet waren. Perchtoldsdorf verfügte über den mächtigen freistehenden Wehrturm und die Mauer, die den um die Pfarrkirche gelegenen Friedhof umgab. Vor dieser Quadermauer lief ein Graben mit gemauerter Böschung und davor eine beinahe vier Meter hohe Ringmauer mit runden Türmen.

Bei einer Überprüfung der Befestigung im März 1683 wurde festgestellt, daß zuwenig Munition vorhanden war. Dies und die Unerfahrenheit der Bevölkerung im Umgang mit Waffen – der Markt verfügte über sieben Geschütze, 80 Doppelhaken und Mauerstutzen, 50 Musketen, 40 „Feuerröhren" und 50 Piken – können als Ursache für die Katastrophe angesehen werden. Schilderungen von Flüchtlingen und brennende Orte, die man in der Nacht sah, riefen bei der Bevölkerung in den ersten Julitagen Angst hervor. Man brachte die wertvollsten Sachgüter und Proviant in die Kirchenfestung.

Am 12. Juli konnte man den marschierenden Feind von Perchtoldsdorf aus beobachten. Einen Tag später zogen türkische Streifscharen vor den Markt, konnten jedoch vom Turm aus auf Distanz gehalten werden. Am 14. Juli gelang es dann den Türken, sich von den Weingärten her dem Markt zu nähern und Häuser anzuzünden. Ihr Anführer nannte sich Hussein, Pascha von Damaskus, nach Berichten des türkischen Kriegstagebuches war er aber nur ein Streitkorpsführer. Als die Türken noch am selben Abend versuchten, über die Friedhofsmauer in den Kirchhof zu gelangen, beschloß man, angesichts der Stärke des Feindes zu kapitulieren, und schwenkte eine weiße Fahne als Zeichen der freiwilligen Übergabe.

Bei den folgenden Verhandlungen, die über die Friedhofsmauer hinweg geführt wurden, erklärte Hussein, daß der Ort ihm vom Großwesir als Lehen gegeben worden sei und er gegen die Summe von 6000 Gulden die Einwohner verschonen werde. Das geforderte Geld konnte auch am nächsten Tag, dem 16. Juli, nicht aufgetrieben werden, so daß der Feind mit Gewalt und Tod drohte. Pfarrer und Kaplan sammelten schließlich 2000 Gulden und 70 Dukaten. Während einige Bewohner die Einhaltung der feindlichen Zusicherungen bezweifelten und bis zum ehrenvollen Tod für Glauben

Eingangsteil eines türkischen Prunkzeltes. Stadtmuseum Scheibbs.

und Heimat kämpfen wollten, vertraute die Mehrheit wegen der angeblichen Aussichtslosigkeit einer weiteren Gegenwehr auf den zugesicherten Schutz und stimmte einer Kapitulation zu. Man öffnete das Tor und schickte zwei Männer zu den Türken. Dann erfolgte die zeremonielle Übergabe. Der Marktrichter Adam Strenninger, seine weißgekleidete Tochter, die auf einem Kissen die Schlüssel der Stadt trug, und einige Mitglieder des Rates, die das Geld in Schüsseln trugen, gingen zum Pascha, der auf einem roten Teppich saß. Nachdem dieser das Geld entgegengenommen und über die Schlüssel als Zeichen der Eroberung den Säbel gelegt hatte, befahl er, daß die wehrhaften Männer des Ortes sich auf dem Platz aufstellten. Dabei verlangte er, daß die Männer die Waffen ablegten, die sofort auf einen Wagen geladen und fortgeführt wurden. Die Türken umstellten die Mannschaft und durchsuchten sie ebenso wie alle Winkel der Kirche.

Auf einen Ruf Husseins begann ein fürchterliches Morden. Der Marktrichter Strenninger und seine Tochter wurden erschlagen. Die Türken stürmten auch die Kirche, wo sie ebenfalls ein verheerendes Blutbad anrichteten. Nach Angaben Balthasar Kleinschroths aus Heiligenkreuz wurden alle zu alten und zu jungen Menschen ermordet, die schönen und jungen Frauen gefangengenommen. Dann steckten die Besetzer die Kirche in Brand, so daß alle, die nicht fliehen konnten, erstickten. Laut Kleinschroths Bericht lagen noch im Herbst mehr als 300 Tote auf dem Marktplatz und verkohlte Leichen in der Kirche.

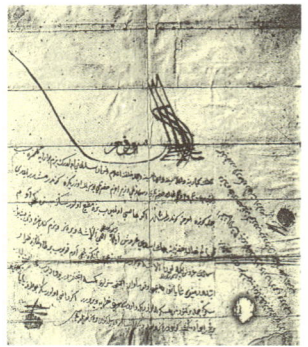

Das Türkenjahr 1683

Wiener Neustadt im Türkenjahr

Auch Wiener Neustadt hatte im Jahre 1683 eine Schlüsselposition inne, da von dort aus die türkischen Nachschublinien bedroht werden konnten. Aus diesem Grunde übergab der Tatarenkhan Murrat Ghiray der Stadt ein Übergabeschreiben. Darin forderte er sie im eigenen Namen wie in dem des Großwesirs auf, sich zu unterwerfen und um eine Schutzwache zu ersuchen. Falls dem Khan am nächsten Morgen 1000 Taler, ein Zobelpelz und 50 Pferde übergeben würden und der Überbringer des Briefes 500 Taler, einen Zobelpelz und 10 Pferde erhalte, würde niemand Schaden erleiden. Wenn man aber die Forderung nicht annehme, würde die ganze Stadt zerstört werden. Nun konnte Wiener Neustadt dieses Ansinnen getrost ablehnen, denn schon beim Rückzug der österreichischen Armee war Oberst Friedrich Magnus Graf zu Castell zum Kommandanten bestellt worden, der ein Regiment Dragoner und Kroaten zur Verfügung hatte. Diesem Dragonerregiment gelang es anläßlich eines Ausfalles, eine türkische Streifschar in der Nähe der Stadt zu dezimieren. Durch die Anwesenheit dieser Truppe blieb das Gebiet des Steinfeldes um Wiener Neustadt von den Türken unbehelligt.

Rechts: Das Votivbild des Marktes Purgstall, gestiftet in die Wallfahrtskirche auf dem Sonntagberg. 1685.
Unten: Das Sonntagberger Türkenbild von 1683. Gemälde von Wolf Nikolaus Turmann. Nach 1683.

Die Bedrohung Klosterneuburgs

Sehr bald erkannten die Osmanen, daß Stadt und Stift Klosterneuburg eine Schlüsselstellung zur Sicherung des Belagerungsheeres in Wien zukam. Aus diesem Grund richteten sie heftige Angriffe auf das Stift, wo der 50jährige Laienbruder und Kammerschreiber Marcelinus Ortner (1633–1692) am 14. Juli die Verteidigung des Stiftes organisierte und am 17. und 19. Juli den Kampf gegen die angreifenden Osmanen leitete. Der Darstellung eines Zeitgenossen nach war der erste kritische Tag der 17. Juli,

als die untere Stadt geplündert und angezündet wurde. Durch die Aktivitäten Ortners konnte sich das Stift jedoch halten. Er wurde später als Belohnung dafür zum Küchenmeister ernannt.
Stadt und Stift Klosterneuburg wurden auch zwischen 24. und 26. August berannt, als die Janitscharen sie erobern und als Stützpunkt gegen das Entsatzheer verwenden wollten. Zu dieser Zeit waren aber bereits so weit Vorbereitungen getroffen worden, daß Klosterneuburg verteidigt werden konnte.

Links: Türkengreuel in Niederösterreich. Stich auf einem Kalender für das Jahr 1684. Wien, Historisches Museum.
Rechts: Ansicht des Schlosses Niederweiden, erbaut von Ernst Rüdiger von Starhemberg.

KALENDER

1684 Die Broschüre „Österreich über alles, wenn es nur will" von Philipp Wilhelm von Hörnigk erscheint, ein österreichisches Beispiel des wirtschaftlichen Absolutismus und Merkantilismus.

1686 Mehmed Colak Beg, ein gefangengenommener türkischer General, wird in Wiener Neustadt interniert und später mit seiner Familie getauft.

16. 7. Apollonia Frank, 1683 aus Pyhra verschleppt, meldet sich aus Konstantinopel.

1687 Die Wiener Bürgerschaft stiftet ein Votivbild in die Wallfahrtskirche auf dem Sonntagberg zur Erinnerung an die Belagerung von 1683.

1688 Der Pranger von Heidenreichstein wird errichtet.

Georg Rettenbacher aus Ischl errichtet eine Wasserklause und ein Rechengebäude mit Fangrechen bei Purgstall am Wienfluß. Diese Anlage besteht bis 1754.

1689 Die Poststation Strengberg wird errichtet.

1692 Die Franziskaner von Hainburg gründen in ihrem Kloster eine Tuchmanufaktur. Diese wird 1702 erweitert und besteht bis zur Aufhebung unter Joseph II.

Jakob Prandtauer läßt sich in St. Pölten nieder.

1694 Das Jesuitengymnasium Krems wird erbaut.

Max Freiherr von Sala gründet in Jeutendorf ein Kloster, das 1695 den Serviten übergeben wird.

GEBURTSTAGE

Georg Raphael Donner. Bildhauer in Heiligenkreuz, Wien und Preßburg. Geboren 24. 5. 1693 in Eßling. (Gestorben 15. 2. 1741 in Wien.)

Daniel Gran. Barockmaler, bedeutende Werke auf dem Sonntagberg, in Klosterneuburg, St. Pölten, Herzogenburg und Lilienfeld. Geboren 22. 5. 1694 in Wien. (Gestorben 16. 4. 1757 in St. Pölten.)

TODESTAGE

Michael Georg Grabenberg. Maler. Gestorben 16. 10. 1683. (Geboren 1630/35 in Stein.)

Marcelinus Ortner. Organisator der Verteidigung Klosterneuburgs gegen die Türken im Jahre 1683. Von Beruf war er Tischler, von ihm stammen die Vitrinen der Stifts-Schatzkammer. Gestorben 17. 7. 1692 in Klosterneuburg. (Geboren 26. 7. 1633 in Alt-Ötting.)

Konrad Balthasar Graf von Starhemberg. Gestorben 3. 4. 1687. (Geboren 1612.)

Catharina Regina Freiin von Greiffenberg. Dichterin; evangelischen Bekenntnisses. Gestorben 10. 4. 1694 in Nürnberg. (Geboren 7. 9. 1633 in Seisenegg.)

Die Schlacht bei Nissa (Nič). Deckenfresko. Zyklus über den Triumph des Markgrafen von Baden über die Türken. 1689–1700. Stift Altenburg.

Türkische Urkunden

Aus dem Jahre 1683 sind eine Reihe von Urkunden in niederösterreichischen Archiven erhalten, die durch die Kanzlei des Großwesirs Kara Mustafa ausgestellt wurden. Einige davon besitzt die Stadt Bruck a. d. Leitha. Beim Anmarsch des türkischen Heeres, das nach Überschreiten des Raabflusses am 7. Juli 1683 leithaaufwärts zog, war auch Bruck Ziel der türkischen Truppen. Am selben Tag fand bereits bei Petronell ein Gefecht statt, als einige Tatarenverbände in Niederösterreich einfielen. Bruck selber war zu dieser Zeit schlecht befestigt, eines der Tore war so baufällig, daß es vermauert werden mußte. Ein Teil der Bevölkerung war nach Wien oder noch weiter weg geflüchtet. In der Stadt herrschte große Aufregung. Das Schloß der Grafen Harrach war gut besetzt, doch besaß man kein einziges Geschütz und nur wenig Munition. Am 12. Juli, als die Hauptmacht der Türken nicht weit entfernt war und an Bruck vorbeimarschierte, erfolgte ein Angriff, bei dem die Vorstadt von den Bruckern selbst in Brand gesteckt wurde. Die Türken verlangten die Übergabe der Stadt und des Schlosses gegen freien Abzug der Bewohner. Dies wurde aber abgelehnt. Danach verschlechterte sich die Lage, besonders als bekannt wurde, daß Eisenstadt dem ungarischen Fürsten Imre Tököly gehuldigt hatte und dies auch den Bürgern von Preßburg erlaubt worden war. In Bruck war man der Meinung, man solle sich ebenfalls mit den Ungarn arrangieren und auf diese Weise ihre Unterstützung gegen die Türken erlangen. Am 25. Juli ließen die Ödenburger Bürger und ein türkischer Offizier wissen, daß an diesem Tage ein großes Aufgebot von Tataren und Türken gegen Bruck ziehen werde, die Stadt solle sich daher unter den Schutz von Tököly begeben. Es entstand in der Folge ein Briefwechsel, der noch erhalten ist. Ein Aufforderungsschreiben des Kara Mustafa Pascha an die Einwohner von Bruck ist mit 18. Juli 1683 datiert. Er fordert die Bürger auf, sich zu ergeben und sich unter den Schutz des türkischen Heeres zu stellen. Am 23. Juli wurden die Brucker aufgefordert, möglichst bald 50 Wagen mit Gerste und Mehl ins Lager vor Wien zu schicken, und am 20. Juli wurde aus dem Lager vor Ödenburg von Mechmed Pascha, dem Militärkommandanten von Stuhlweißenburg, ein Schutzbrief für die Stadt Bruck diktiert. Es wurden zwei türkische Soldaten in die Stadt aufgenommen, deren Aufgabe es war, andere von der Plünderung abzuhalten. Damit war Bruck mit seiner Vorstadt unter den Schutz des Großherrn getreten, doch mußte die Stadt weiterhin Kontributionen liefern, wie Schreiben vom 27. Juli oder vom 31. August sowie vom 1. September bezeugen. Es sind weitgehend Schreiben des Großwesirs, doch war er an der Ausstellung nicht beteiligt. Es hätte dies dem türkischen Kanzleigebrauch widersprochen. Die Urkunden tragen aber sein Siegel und sein Handzeichen.

Die Folgen des Türkenjahres 1683

Im Türkenjahr 1683 sind vor allem Ortschaften südlich von Wien schwer in Mitleidenschaft gezogen worden. In Mödling waren am 12. oder 13. Juli 1683 die befestigte Othmarkirche mit dem Friedhof, die Unterkirche und die Krypten der Pantaleonskapelle Schauplatz der Tragödie des Ortes. Der Markt wurde angezündet, im Karner wurden später die Leichen begraben. Aus Mödling gibt es keine Daten, für Perchtoldsdorf schätzt man 500 Tote. Baden hatte etwa 900 Tote zu verzeichnen. Das Stift Heiligenkreuz verlor 4500 Untertanen. Wenn man bedenkt, daß vier Jahre zuvor die Pest geherrscht hatte, so erklärt sich daraus, daß Teile Niederösterreichs stark entvölkert waren. Es kam in den Folgejahren zu Zuwanderungen aus verschiedenen Gebieten, die teilweise auch durch Untersuchungen in der Matrikel erforscht sind. Im Gebiet von Mödling sind vor allem Menschen aus der Steiermark zugewandert. Nach den Steirern sind die aus Ungarn kommenden Zuwanderer aus dem heutigen Burgenland, aber auch aus der heutigen Slowakei relativ zahlreich. Oberösterreicher und Schwaben sind die nächste größere Gruppe, die nachweisbar ist. Aus anderen Gebieten, wie Böhmen, Mähren, Schlesien, aus Salzburg, Tirol, Kärnten wanderten nur relativ wenige Menschen zu, einzelne kamen aber auch aus Westfalen, aus den Niederlanden, der Schweiz, Friaul und Krain.

Links: Innenansicht der Pfarrkirche von Wullersdorf.
Rechts: Das Wohnhaus Prandtauers in St. Pölten. Ausschnitt aus einem Ölgemälde. St. Pölten, Bischöfliches Ordinariat.

Jakob Prandtauer

Die Jahre nach 1683 brachten nach den Erfolgen der kaiserlichen Waffen in Ungarn und dem Sieg der Gegenreformation eine bedeutende Bautätigkeit, sowohl beim Adel als auch bei der Kirche und später auch bei Hof. Von Joseph I. und Karl VI. wurden weitere Klostergründungen ermöglicht, so etwa das Institut der Englischen Fräulein in St. Pölten und Krems, ein Karmelitinnenkloster und ein Karmeliterkonvent in St. Pölten u. a. Die Stadt St. Pölten wurde zur Zeit des Wirkens des Bildhauers, Baumeisters und Architekten Jakob Prandtauer ein Zentrum der Baukunst.

Jakob Prandtauer wurde im Juli 1660 als Sohn eines Bergbauern in Stanz oberhalb Landeck geboren (am 16. Juli 1660 getauft). Mit 17 Jahren kam er zu einem Maurermeister in die Lehre. Vermutlich wanderte er nach Beendigung der Lehrzeit durch Bayern und arbeitete vielleicht auch in Salzburg. Im Jahre 1689 wird er in der Verlassenschaftsabhandlung nach seiner verstorbenen Mutter „Bildhauer bei St. Pölten in Österreich" genannt. Vielleicht trat er damals in den Dienst des Grafen Albert Ernst Gurland und arbeitete in dessen Schloß Thalheim.

Rechts: Marmorsaal im Stift Melk.
Unten: Portrait Jakob Prandtauer. Stift Melk.

Am 12. Juli 1692 heiratete er in der dortigen Schloßkapelle und kaufte im gleichen Jahr ein Haus im Klosterviertel von St. Pölten. Hier lebte er bis zu seinem Tod im Jahre 1726. Er war damit Untertan des Chorherrenstiftes St. Pölten und hat für dieses eine Reihe von Bauwerken ausgeführt, so den Lesehof in Joching, der im Jahre 1696 entstanden ist. Wahrscheinlich arbeitete er auch am Schloß Ochsenburg bei St. Pölten, das in diesen Jahren umgebaut wurde. Beim Schwaighof, einem Gutshof des St. Pöltner Propstes südlich der Stadt, lassen sich ähnliche Bauformen nachweisen. Man nimmt auch an, daß er den Domturm in St. Pölten abgeschlossen hat. Prandtauer war auch im Dienste des Chorherrenstiftes Herzogenburg tätig, für das er den Pfarrhof in Hait-

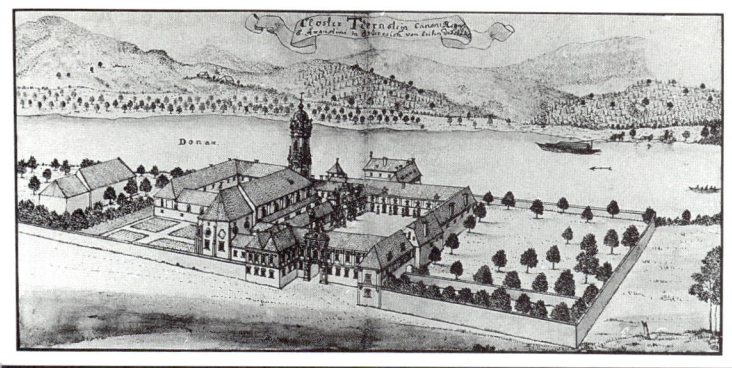

Links: Das Kloster Dürnstein. Zeitgenössischer Stich.
Rechts: Innenansicht der Pfarrkirche von Ravelsbach.

Jakob Prandtauer

zendorf sowie einen Keller in Wielandsthal ausführte, und kam auch bald in Verbindung mit dem Stift Melk. Mit dessen Prälaten war er schon deshalb in engere Kontakte getreten, weil er im Jahre 1696 für die niederösterreichischen Stände Brücken für die Nebenflüsse der Donau im Viertel ob dem Wienerwald entworfen hatte, die allerdings nicht zur Ausführung gelangten. Für das Stift Melk baute er die Kirche von Weikendorf und schloß im Jahre 1702 mit dem Abt Berthold Dietmayr einen Vertrag über die Errichtung der Stiftskirche.

Wenige Jahre später entwarf er die Wallfahrtskirche auf dem Sonntagberg, plante für die Stifte Klosterneuburg und Seitenstetten sowie für Geras und St. Florian. In seinen späteren Jahren arbeitete er mit Fischer von Erlach in Herzogenburg zusammen, als das Klostergebäude und der Festsaal gebaut wurden. Dazu kamen noch zahlreiche weitere Kirchen und Klosterbauten, die er errichtete. Hier sind vor allem die in den Jahren 1707–1711 entstandene Kuppel der Wallfahrtskirche Maria Taferl zu erwähnen, die Übernahme der Bauleitung von Garsten, wo der große Saal begonnen wurde, die Vollendung der Wallfahrtskirche Christkindl, Entwürfe für Kremsmünster, der Bau des Klosters Melk ab dem Jahre 1701, die Pfarrkirchen von Weikendorf und Ravelsbach, der Umbau der 1683 zerstörten Goldburg von Murstetten, der Pfarrhof von

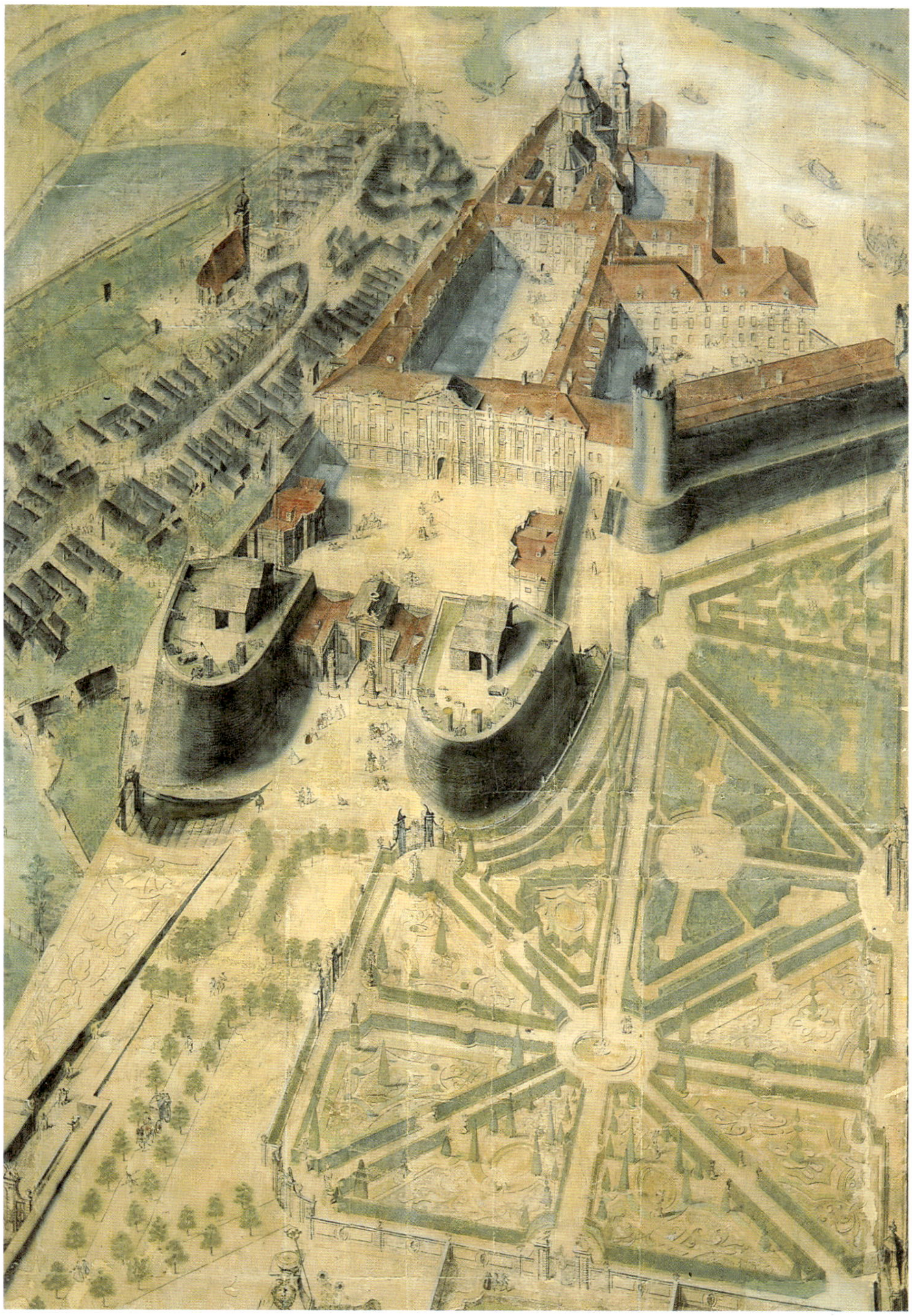

Rechts: Ansicht des Stiftes Melk aus der Vogelperspektive.
Unten: Abt Berthold Dietmeyer von Melk. Ölgemälde.

Ponsee, vor allem aber der Marmorsaal des Stiftes St. Florian, der zu seinen Spätwerken zählt und in den Jahren 1723–1724 abgeschlossen wurde. Um diese Zeit entstand auch das Schloß Hohenbrunn bei St. Florian, wurde der Prälatenhof in Melk abgeschlossen und der Nordwesttrakt des Stiftes Herzogenburg errichtet.
Die Kirche von Wullersdorf und die Sala Terrena in St. Florian zählen zu seinen letzten Arbeiten. Auch in Südmähren war Jakob Prandtauer für die adelige Familie Questenberg in Jaromeriče tätig. Somit hat er ein umfangreiches Werk hinterlassen, das zum Teil von seinem Nachfolger und Schüler Joseph Munggenast und dessen Söhnen sowie anderen Baumeistern der Zeit vollendet und abgeschlossen wurde.

Johann Michael Rottmayr, Selbstporträt, um 1710.
Herzogenburg, Stiftssammlung.

Barockmalerei in Niederösterreich

Im Unterschied zu Oberösterreich, wo es
bereits im 17. Jahrhundert zu einer ersten
Blüte des Barock kam, konnte sich im Osten
eine eigenständige Barockkunst erst nach
Zurückdrängung der Türkengefahr entfalten. Vorerst traten vorwiegend Adelige
oder das Kaiserhaus selbst als Auftraggeber
auf, die anfangs fast ausschließlich italienische Künstler beschäftigten. Der Klerus,
der für seine Bauvorhaben verstärkt heimische Talente berücksichtigte, trat ihnen erst
nach und nach als Bauherr gleichbedeutend
zur Seite.
Der erste bedeutende Vertreter einer eigen-
ständigen „österreichischen" Barockmalerei
war der aus Salzburg stammende Johann
Michael Rottmayr (1654–1730), der nach
seiner Ausbildung in Rom und Venedig in
Salzburg seine ersten Hauptwerke geschaffen hatte und sich noch vor 1700 in Wien
niederließ. Rottmayrs bedeutendstes Werk
in Niederösterreich war die Freskierung der
Stiftskirche Melk, wo er an ihm vorgelegte
Entwürfe des italienischen Universalkünstlers Antonio Beduzzi gebunden war, das aus
Einzelszenen bestehende Programm aber zu
einer einheitlichen Gesamtkomposition zu
verbinden verstand und die Fresken in ihrer
warmen, gelblich gehaltenen Tönung der
kraftvollen Farbigkeit des Kirchenraumes
anzupassen wußte.

Johann Michael Rottmayr, „Immaculata", 1699.
St. Pölten, Diözesanmuseum.

Martino Altomonte, „Entsatz von Wien im September 1683", Entwurfskizze für ein Gemälde in der
Kirche von Zolkiew bei Lemberg, 1685. Herzogenburg, Stiftssammlung.

Im Altarbild vereinte Rottmayr italienische
Anregungen mit flämischen (Rubens, van
Dyck) und erzielte dabei Lösungen von hohem koloristischem Reiz. Als Beispiel sei
hier ein im St. Pöltner Diözesanmuseum
befindliches Gemälde, die „Immaculata"
aus Annaberg, erwähnt.
Wie Rottmayr hatte auch ein weiterer, vorwiegend in Wien tätiger Maler seine Ausbildung in Venedig erhalten, der in Cles im
Trentino geborene Peter Strudel (1660–
1714), der in Wien 1688 eine erste private
Kunstakademie gegründet hatte. Strudel
war vorwiegend für den Hof und den Adel
tätig, arbeitete mitunter aber auch für den
Klerus, so für Klosterneuburg, wo sich in
der Stiftskirche mehrere nach 1690 entstandene Altarbilder Strudels befinden. Das
Stadtmuseum St. Pölten besitzt eine brillant
gemalte „Allegorie der Malerei" Strudels,
die möglicherweise im Zusammenhang mit
der Wiedereröffnung der vorübergehend geschlossenen Akademie Strudels unter
Joseph I. im Jahr 1705 entstanden ist.
1707 wird der in Neapel als Sohn Tiroler
Eltern geborene Martino Altomonte (1659–
1745) als Lehrer an der Akademie Strudels
genannt. Altomonte, der in Rom ausgebildet worden war, war 1684 von König
Johann III. Sobieski als Hofmaler nach
Warschau berufen worden, wo er v. a. als
Porträtist tätig war, u. a. aber auch die Entsatzschlacht Wiens und mehrere andere
Türkenschlachten zu malen hatte. Die Ent-

wurfskizze für die Entsatzschlacht, gemalt in
der Tradition der neapolitanischen Schlach-
tenbilder des 17. Jahrhunderts, befindet
sich heute in Stift Herzogenburg. Altomonte, der um etwa 1700 nach Wien kam, war in
Niederösterreich erst relativ spät tätig. Er
schuf hier ab etwa 1730 zahlreiche bedeutende Altargemälde, so für Stift Zwettl,
Großweikersdorf und vor allem für Stift
Heiligenkreuz, wo Altomonte auch begraben ist und als dessen „familiaris" (als dem
Kloster verbundener Weltlicher) er auf dem
Grabstein in der Kirche bezeichnet wird.
In jenen späten Werken Altomontes finden
sich verstärkt neapolitanische Tendenzen,
insbesondere Anklänge an Francesco Solimena, die ihm durch seinen Sohn Bartolomeo Altomonte (1702–1783), der von 1717–
23 in Venedig, Rom und Neapel seine Ausbildung genossen hatte, vermittelt worden
sein könnten. Neben seinen Hauptwerken
in Oberösterreich schuf Bartolomeo ab den
40er Jahren des 18. Jahrhunderts auch zahlreiche Fresken in Niederösterreich, so für
die St. Pöltner Stiftskirche (Dom), für Stift
Herzogenburg oder Stift Seitenstetten.
Seine Fresken erinnern in ihrer zarten, lich-
ten Farbigkeit bereits an die Kunst des Rokoko, bleiben im Figürlichen aber stets dem
Barock verpflichtet.
Etwa zur gleichen Zeit wie Bartolomeo
Altomonte weilte auch der in Wien geborene Daniel Gran (1694–1757) in Italien, dem
durch Adam Franz Fürst Schwarzenberg

Daniel Gran, Selbstbildnis, um 1730. Herzogenburg, Stiftssammlung.

Barockmalerei in Niederösterreich

seine Ausbildung finanziert worden war. Im Unterschied zu Altomonte entbehrt Grans Malerei jeglicher Dynamik. Klarheit, Ruhe und Ordnung, dekorative Anordnung der Flächen und die Harmonie der Farben sind die Kriterien der Kunst des 1727 zum Hofmaler ernannten Wieners. Zugunsten der klaren Mitteilung verzichtet Gran auf die für einen Barockmaler zu erwartende Affektdarstellung und wird somit zum Vermittler zwischen der Malerei des Barock und der Malerei der Aufklärung und des Klassizismus. Niederösterreich besitzt zahlreiche Hauptwerke Grans, etwa das stark unter dem Einfluß Riccis stehende Deckenfresko im Festsaal des Schlosses Eckartsau, gemalt für Ferdinand Graf Kinsky, oder sein Meisterstück auf sakralem Sektor, die malerische Ausstattung der Wallfahrtskirche auf dem Sonntagberg. Als sein wohl bedeutendstes Altargemälde kann die „Himmelfahrt Mariens" der Lilienfelder Stiftskirche angesehen werden. 1744 verlegte Gran seinen Wohnsitz nach St. Pölten, in dessen Nähe er 1718 seine ersten gesicherten Fresken in Wasserburg gemalt hatte, und starb hier im April 1757.

Der für die Entwicklung der österreichischen Barockmalerei vielleicht wichtigste Künstler ist der aus Welsberg im Pustertal stammende Paul Troger (1698–1762), der – gefördert durch den Fürstbischof von Gurk

– ebenfalls in Italien studierte, wobei er sich wie schon Gran und Altomonte vor allem in Venedig, Rom und Neapel aufhielt. 1727/28 schuf er in der Kuppel der Kajetanerkirche in Salzburg, sein erstes Hauptwerk. Bereits ein Jahr später ist er in Wien nachweisbar, war jedoch vorwiegend in Niederösterreich tätig. So erstmals in der Klosterkirche der Englischen Fräulein in St. Pölten und kurz darauf in St. Andrä a. d. Traisen.

Wie seine Staffeleibilder, in denen Troger jedoch stets einem ausdruckssteigernden Helldunkel verpflichtet bleibt, werden auch seine Deckenkompositionen durch klare, rhythmische Bewegungen gegliedert, wobei sich ab 1730 die Leuchtkraft der Farbe entschieden steigert. Was Troger ab jenen Jahren interessiert, ist vor allem das Lichtproblem. So werden die idealischen Figuren der Fresken als sinnliche Erscheinungsformen des Geistigen in strahlendes Licht getaucht, und alle weitere farbige Disposition richtet sich nach dem Lichtanteil, der jeder ikonologischen Figur zukommt, das heißt alle Tugenden sind in der Lichthälfte angeordnet und in hellen, durchleuchteten Farben wiedergegeben, alle Laster in der Dunkelheitshälfte und mit braunroten Erdtönen gemalt. Unter den mehr als 50 Meisterzyklen Trogers entstanden zahlreiche für Niederösterreichs Stifte und Klöster. Zu den bedeutendsten Fresken zählt die Kuppelausma-

Daniel Gran, „Himmelfahrt Mariens", Entwurf für das Hochaltarbild der Lilienfelder Stiftskirche, 1745. Stift Lilienfeld.

Peter Strudel, „Allegorie der Malerei", um 1705. St. Pölten, Stadtmuseum.

lung der Altenburger Stiftskirche, die von ihrer inhaltlichen Konzeption her (von Abt Placidus Much ausgearbeitet) und der formalen Lösung derselben als malerische Großleistung zu sehen ist. Der Tätigkeit für Altenburg vorausgegangen war die malerische Ausstattung des Stiftes Melk, die wie die Fresken im Stift Seitenstetten oder die Apotheose Karls VI. im Stiegenhaus des Stiftes Göttweig zu den Höhepunkten im malerischen Schaffen des Tirolers zählt. Abgesehen von seiner künstlerischen Ausdruckskraft liegt Trogers Bedeutung vor allem in der schulbildenden Kraft, mit der er vor allem als Rektor an der Wiener Akademie von 1753 bis 1759, aber auch bereits zuvor wirkte. Die lehrbaren Elemente seiner Kunst dienten einer Fülle von Schülern als Grundlage ihrer Arbeit.

Einer von ihnen war der aus Tirol stammende Josef Ignaz Mildorfer (1719–1775), der 1751, 1754 und 1757 selbst Professor an der Akademie war. Sein Hauptwerk in Niederösterreich ist das Kuppelfresko der Wallfahrtskirche in Hafnerberg, das in Anlehnung an die Altenburger Kuppel Trogers gestaltet ist.

Einen ähnlichen Hang zur Asymmetrie, ver-

Franz Anton Maulbertsch, Selbstbildnis, um 1770/1780. Wien, Österreichische Galerie.

Unten: Paul Troger, „Himmelfahrt Mariens", Entwurfskizze für das Hochaltarbild der Altenburger Stiftskirche, 1734. Stift Altenburg.

Barockmalerei in Niederösterreich

bunden mitunter mit einer fast karikaturhaften Verzerrung der Gesichtsbildungen, zeigt der aus Böhmen stammende Freskant Johann Wenzel Bergl (1718–1789), der das Trogersche Erbe intensiver als Mildorfer verarbeitet. Seine aufgehellte Palette, vor allem aber die in seinem Werk immer wieder zu findenden exotischen Szenen oder Figuren zeigen ihn schon völlig vom Lebensgefühl der Rokokozeit vereinnahmt. Sein wohl bekanntestes Werk ist die malerische Ausstattung des Melker Sommerpavillons in den Jahren 1763/64, dessen Wände sich zu exotischen Küsten und Seelandschaften, bevölkert mit Bewohnern aller Kontinente, öffnen. Mit dieser gemalten Umgebung, die alles Fremde und Ferne gegenwärtig macht, ist die hochbarocke Raumillusion an ihre Grenzen gelangt.

Der genialste Schüler Paul Trogers war der aus Langenargen am Bodensee stammende Franz Anton Maulbertsch (1724–1796), der neben Einflüssen Trogers auch Anregungen durch die Malerei Rembrandts und Rubens', vor allem aber der Venezianer des 18. Jahrhunderts (Piazetta, Pittoni) verarbeitete. Maulbertsch steigerte in seinen Werken noch die „Fehler" seines großen Vorbildes Troger, die dessen Nekrolog anführt und die darin bestanden, daß es ihm zuweilen weniger auf „das Wahre, Gelassene und Gute" angekommen sei als vielmehr auf „einige gezwungene Wendungen der Glieder und die zuweilen überhäuften Gewänder mit wenigen und sehr starken Falten". In gleicher Weise wird bei ihm die Farbe extrem übersteigert. Im Unterschied zu Trogers Licht–Dunkel-Farbsymbolik sind bei Maulbertsch jedoch alle Teile seiner Bilder und Fresken von einer zarten Dunst-Helligkeit, gewoben aus Licht und Schatten, erfüllt.

Das niederösterreichische Barockmuseum in Heiligenkreuz-Gutenbrunn verwahrt mit dem 1750–52 entstandenen Deckenbild „Triumph der Wahrheit" aus Schloß Kirchstetten ein frühes Meisterwerk des Künstlers. Die im selben Gebäudekomplex befindliche Kirche von Gutenbrunn wurde 1758 zur Gänze von Maulbertsch ausgemalt, wobei jedoch subjektiver Ausdruck und subjektives Empfinden anstelle der religiösen Historie tritt und diese somit zur zeitlosen Darstellung auflöst.

Der neben Maulbertsch bedeutendste Maler der zweiten Jahrhunderthälfte in Österreich, gleichzeitig der einzige aus Niederösterreich stammende österreichische Barockmaler von internationalem Format war der in Grafenwörth bei Krems geborene Martin Johann Schmidt, genannt der „Kremser Schmidt" (1718–1801). Ungleich bekannter und volkstümlicher als der große geniale Außenseiter Maulbertsch, hinterließ

Martin Johann Schmidt, Selbstporträt (Detail aus dem Gemälde „Der Maler und seine Familie"), um 1790. Privatbesitz

Unten: Martin Johann Schmidt, „Der hl. Johannes von Nepomuk, ein Madonnenbild verehrend", 1750. Langenlois, Pfarrhof

er ein gigantisches Werk, das dem Oeuvre-Katalog der 1989 neu erschienenen Monographie Schmidts von Rupert Feuchtmüller zufolge 1106 Nummern (ohne Unternummern) umfaßt. Ausgebildet bei dem nur lokale Bedeutung erlangenden Strudelschüler Johann Gottlieb Starmayr, fand der vorwiegend auf dem Gebiet des Altar- und Andachtsbildes tätige Schmidt unter dem Einfluß in Niederösterreich tätiger Künstler wie Troger, Altomonte und Bergmüller schon bald zu seinem eigenen Stil. Er dürfte vor 1750 aber möglicherweise auch eine – archivalisch nicht nachweisbare – Studienreise nach Oberitalien absolviert haben, da sich insbesondere in seinem Zeichenstil, aber auch in der malerischen Handschrift seiner frühen Ölgemälde oberitalienische, vorwiegend venezianische Anregungen finden. Eines jener frühen Gemälde ist das 1750 entstandene Bild „Der hl. Johannes von Nepomuk, ein Madonnenbild verehrend" aus dem Pfarrhof Langenlois. Waren in den frühesten Werken Schmidts noch dramatisch bewegte, meist große Figuren bildbestimmend, so findet man in den Staffeleibildern ab 1755 in der Mehrzahl bereits lyrische, anmutige Szenen, die in erster Linie von der Stimmung der jetzt zusehends nach Braun hin gebrochenen Farbe ihr Leben empfangen. Die vielfach die Handlung wiederholenden Putten verniedlichen oftmals das Geschehen und versetzen es damit gleichzeitig in die Sphäre einer andachtsvollen Betrachtung. Im großen Altarbild wird die Dramatik – etwa eines Martyriums – durch empfindsame Teilnahme gemildert, genrehafte Motive stellen eine direkte Beziehung zur Umwelt dar.

Obwohl Schmidts Werke über ganz Mitteleuropa verbreitet sind, schuf er gemeinsam mit seiner gut organisierten Werkstatt den Großteil seiner Bilder für den niederösterreichischen Raum, wo fast jede zweite Kirche ein oder mehrere Gemälde Schmidts oder seiner Werkstatt besitzt. Größere Bestände von Werken Schmidts verwahren die Stiftssammlungen von Seitenstetten oder Göttweig, um hier nur die wichtigsten zu nennen. Im Spätwerk setzt sich Schmidt mit Tendenzen des damals bestimmenden Klassizismus auseinander, was sich darin auswirkte, daß er sich verstärkt Gegenständen der klassizistischen Historienmalerei zuwandte. Überdies kam es zu einer stärkeren Idealisierung der Figuren. Im Widerspruch zu den Tendenzen der Zeit findet man bei ihm jedoch gleichzeitig eine gesteigerte Entmaterialisierung der Form, ein letztes Aufflackern barocken Virtuosentums zu einer Zeit, in der das Barock schon längst in Vergessenheit geraten schien.

Thomas Karl

Links: Votivbild des Paul Esterházy. Vor 1700. Kirche von Mariazell.
Rechts: Kaiser Leopold I. Ölgemälde. Um 1700. Privatbesitz.

1695–1704

KALENDER

1695 Jakob Prandtauer entwirft im Auftrag der niederösterreichischen Stände Pläne für Brücken über die Nebenflüsse der Donau.

1696 Jakob Prandtauer vollendet den Lesehof in Joching, den Schwaighof und das Schloß Ochsenburg bei St. Pölten.

1697 Vergleich zwischen Stadt und Kloster in St. Pölten. Neue Grenzsteine werden gesetzt.

Prinz Eugen wird kaiserlicher Oberbefehlshaber in Ungarn und siegt am 11. September über die Türken bei Zenta.

Der Wiederaufbau des 1683 zerstörten Rathauses von Perchtoldsdorf wird abgeschlossen. Jacob Dietzinger schmückt den Ratssaal mit Freskobildern von 32 Marktrichtern und das Bürgermeisterzimmer mit einem Wandgemälde der Türkenverheerung von 1683.

2. 6. Kurfürst August der Starke von Sachsen konvertiert in Baden zum katholischen Glauben. Dies ist die Voraussetzung für seine Wahl zum König von Polen.

1698 Barockisierung des Neuklosters von Wiener Neustadt.

Ein Brand vernichtet den Markt Hollenburg.

Eine Votivtafel des Grafen Paul Esterhazy für Mariazell entsteht.

Baubeginn der Stiftsgebäude von St. Andrä an der Traisen.

26. 1. 1699 Der Friede von Karlowitz beendet den 16 Jahre dauernden Türkenkrieg. Unter anderem müssen Ungarn und Siebenbürgen an Österreich abgetreten werden.

16. 7. 1700 Leopold I. ordnet Schnitterferien für Landschulen vom 16. Juli bis 2. August an.

1701 In Neuhaus am Semmering wird eine Spiegelfabrik gegründet. Sie bestand bis 1832.

18. 4. Franz II. Rákóczy wird wegen des Aufstandes in Ungarn auf seiner Burg Saros verhaftet und in Wiener Neustadt festgehalten. Er kann mit Hilfe von Verrätern entfliehen.

17. 2. 1702 Franz Anton Graf Puchheim verkauft die Herrschaft Raabs an den Landesuntermarschall Franz Anton Edler von Quarient und Rall.

6. 4. Der Kontrakt zwischen dem Kloster Melk und Jakob Prandtauer über die Errichtung der Stiftskirche wird abgeschlossen. Grundsteinlegung: 29. Juni 1702.

1703 In Rehberg bei Krems wird die älteste Papierfabrik Niederösterreichs gegründet.

Das Alaunbergwerk in Krems wird eröffnet. Es besteht bis 1851.

Der spätere Karl VI. nimmt in Mariazell Abschied und tritt eine Reise nach Spanien an, um nach dem Erlöschen der spanischen Linie der Habsburger das spanische Erbe zu beanspruchen. Beginn des Spanischen Erbfolgekrieges.

St. Pölten erhält einen Getreidewochenmarkt.

Ein allgemeines Landesaufgebot gegen die Kuruzen wird erlassen.

1704 Brand in Hainburg. 121 Häuser werden vernichtet.

Der „Codex Austriacus", eine der großen Gesetz- und Patentsammlungen der Zeit, wird angelegt.

Die Ablieferung des Kirchensilbers zur Bezahlung des Türken- und Kuruzenkrieges wird angeordnet.

8. 2. 1704 Die Kuruzen überfallen Groß-Enzersdorf.

10. u. 17. 10. Kuruzeneinfälle unter Graf Simon Forgatsch im Weinviertel.

GEBURTSTAGE

Sigismund Calles. Jesuit und Historiker. Er schrieb die Geschichte der Babenberger „Annales Austriae". Geboren 12. 3. 1695 in Aggsbach.

Anton Socher. Gelehrter Jesuit. 1711 in den Orden eingetreten, später in Graz und Deutschland tätig, zuletzt Historiograph der Ordensprovinz Österreich. Geboren 5. 9. 1695 in St. Pölten. (Gestorben 18. 3. 1771 in Wien.)

Leopold Gruber. Jesuit, Rektor in Krems, zuletzt Regens des Konviktes in Graz. Geboren 12. 11. 1696 in Rohrbach. (Gestorben 1773 in Graz.)

Joseph Socher. Jesuit. Bruder von Anton Socher, 1713 Ordenseintritt, tätig in Passau, Klagenfurt, Wien, Rom, daneben u. a. Rektor des Kollegiums in Krems. Geboren 2. 2. 1697 in St. Pölten. (Gestorben 11. 3. 1771 in Wiener Neustadt.)

Paul Troger. Barockmaler. Geboren 30. 10. 1698 in Welsberg. (Gestorben 20. 7. 1762 in Wien.)

Joseph Ferdinand Washuber. Maler. Geboren 28. 12. 1698 in Wiener Neustadt. (Gestorben 1765.)

Matthäus Donner. Stempelschneider, Bildhauer. Bruder von Georg Raphael Donner. Geboren 1699 in Eßling. (Gestorben 26. 8. 1756 in Wien.)

Votivbild Karls VI. (als spanischer König Karl III.). Schatzkammer von Mariazell.

Johann Anton Graf Goeß. Seit 1718 Mitglied des Herrenstandes. Geboren 3. 11. 1699.

Thomas Örtl. Jesuit. Lehrer in Wien, Linz, Passau, Krems. Geboren 3. 12. 1700 in Zwettl. (Gestorben 2. 3. 1757.)

Martin Kropf. Stiftsbibliothekar in Melk. Ordensgeistlicher. Geboren 9. 7. 1701 in St. Leonhard am Forst. (Gestorben 27. 1. 1779.)

Bartolomeo Altomonte. Barockmaler. Geboren 24. 2. 1702 in Warschau. (Gestorben 11. 11. 1783 in St. Florian.)

Georg Grill. Jesuit. Lehrer, Prediger in Graz und Wien. Geboren 9. 4. 1704 in Krems. (Gestorben 19. 3. 1757 in Wien.)

TODESTAGE

Matthias Kolweiß. Abt von Lilienfeld. Gestorben 9. 2. 1695. (Geboren 25. 12. 1620 in Judenburg.)

Georg Matthäus Vischer. Priester, Topograph. Gestorben 13. 12. 1696 in Linz. (Geboren 22. 4. 1628 in Wenns, Tirol.)

Leopold Karl Graf Hoyos. Seit 1678 Herr von Horn, Rosenburg, Mold usw. Gestorben 25. 8. 1699 in Horn. (Geboren 1651.)

Ernst Graf Rüdiger von Starhemberg. 1683 Verteidiger von Wien und zuletzt Präsident des Hofkriegsrates. Gestorben 4. 6. 1701 in Wösendorf. (Geboren 12. 1. 1638 in Graz.)

Gewerbe und Handwerk

Im 17. Jahrhundert war die gewerbliche Tätigkeit nicht nur in den Städten, sondern auch in Landgebieten weit verbreitet. Die Herstellung von Werkzeugen und Geräten für den Hausgebrauch (Zinngeschirr, Teller, Humpen, Flaschen, Kessel, Schüsseln, etc.) erforderte große Fertigkeit. Darstellungen von Handwerkern an der Arbeit lieferte uns der Kupferstecher Georg Weigel für sein Werk „Ausbildung der gemeinnützlichen Hauptstände von den Regenten und ihren zugeordneten Bedienten bis auf alle Künstler und Handwerker", erschienen 1698. Dort findet man illustriert, wie die Vertreter der Berufe arbeiteten und welche Probleme sie hatten. Im Rahmen von Grundherrschaften wurden auch Ziegelöfen betrieben, in denen die Materialien für den Hausbau hergestellt wurden. Im Waldviertel sowie im Voralpengebiet war auch die Glaserzeugung verbreitet. Dafür war ein großer Holzbedarf erforderlich. Deshalb baute man Glashütten in ungerodete Wälder und ließ sie verfallen, wenn kein Holz mehr vorhanden war.

Links: Ein Kuruze. Ölbild von Johann Kupecky.
Rechts: Kuruze mit Streithammer. Kupferstich von
Bernhard Vogel nach einem Ölbild von Johann
Kupecky.
Mitte: Franz II. Rákóczy. Ölgemälde von Josef
Fuchs. Stadtmuseum Wiener Neustadt.
Unten: Kuruzischer Reiter. Ausschnitt aus einem
Ölgemälde.

Die Kuruzeneinfälle in Niederösterreich

Nach dem Jahre 1683 hatten sich die kriegerischen Ereignisse von Niederösterreich wegbewegt. Die Kämpfe mit den Türken fanden nun im südöstlichen Ungarn und auf der Balkanhalbinsel statt, und die ersten Jahre des Spanischen Erbfolgekrieges betrafen Niederösterreich wenig. Im Jahre 1703 verschlechterte sich aber die Lage für den Kaiser und seine Länder dramatisch. Im Herbst 1702 hatte nämlich Kurfürst Max Emanuel von Bayern mit den Franzosen ein Bündnis geschlossen und diesen den Zugang zu den habsburgischen Stammländern geöffnet. Die französische Armee in Italien wollte sich mit den Bayern vereinigen und marschierte von Süden her, die Truppen des Kurfürsten von Norden in das Land Tirol ein, wo sie auf harten Widerstand des Volksaufgebotes trafen. Man mußte selbst in Kärnten und in der Steiermark Vorkehrungen gegen eine mögliche Invasion vom Westen treffen. Doch wurde die Angst noch verstärkt, als im Sommer 1703 ein Aufstand der Kuruzen in Ungarn unter der Führung von Franz II. Rákóczy ausbrach und die Grenzgebiete der Steiermark, Niederösterreichs und Mährens bedrohte.

Von der Existenz dieser neuen ungarischen Verschwörung hatte der kaiserliche Hof zuerst Nachricht erhalten, als der französische Gesandte bei einer Audienz beim Herausziehen des Taschentuches ein Papier verlor, auf dem Aufzeichnungen über die ungarische Bewegung notiert waren. So wurde der Anführer Franz II. Rákóczy am 18. April 1701 auf seiner Burg Saros verhaftet und in Wiener Neustadt interniert. Dort gelang ihm aber nach einigen Monaten mit Hilfe des Hauptmannes seiner Wache die Flucht. Unterdessen nahm die Gärung in Ungarn immer stärkere Formen an, da man über die Steueraushebung der Österreicher unzufrieden war. So verbündeten sich bedrückte Bauern, ausgediente Soldaten, die sich nach dem Karlowitzer Friedensschluß beschäftigungslos herumtrieben, sowie Räuberbanden, die es in der Slowakei immer schon gegeben hatte, und wandten sich vorerst gegen den eigenen Adel. Dieser verstand es aber, sich an die Spitze der Erhebung zu stellen und aus der sozialen Empörung eine nationale zu machen. Seit 1703 begannen die Kuruzen auch in Niederösterreich einzufallen, wo die Verteidigungsanlagen, Zufluchtsorte sowie die Furten durch die Grenzflüsse March und Leitha, notdürftig gesichert waren. Am 22. Dezember 1703 wurde Hof am Leithagebirge zerstört, und im Laufe des folgenden Winters, als sich die Aufstandsbewegung in Ungarn mit Blitzesschnelle ausdehnte, wurden auch weitere Orte wie Mannersdorf, Hainburg, Petronell

und Rohrau heimgesucht. Im März brannten längs der Donau alle Orte von Hainburg bis Schwechat. Selbst bis St. Marx vor Wien kamen einige verwegene Gruppen. Um die Vorstadtbevölkerung, die seit dem Ende der unmittelbaren Türkengefahr wieder stattlich angewachsen war, zu schützen, ließ Prinz Eugen als Präsident des Hofkriegsrates im Bogen um die Vorstädte Wiens, von St. Marx bis Lichtental, den „Linienwall" auf-

werfen, dem ein Graben vorgelagert war und der in elf Wochen vollendet wurde. Dies war nur möglich, weil man alle Stadtbewohner zwischen 18 und 60 Jahren, aber auch die Insassen der Gefängnisse und gefangene Kuruzen für die Arbeiten heranzog. Der Wall diente nur zur Abwehr leichter Reiterscharen. In Friedenszeiten nutzte man ihn als Viehweide, heute verläuft an seiner Stelle der „Gürtel".

Das Jahr 1704 brachte im Jänner einen Ein-

fall über Neudörfl und Katzelsdorf bis vor Wiener Neustadt, ab Mitte Juni weitere Vorstöße ins Weinviertel, wobei Sierndorf, Jedenspeigen, Drösing und Waltersdorf verwüstet wurden. Während in Ungarn heftige Kämpfe der Kuruzen gegen die einmarschierenden kaiserlichen Truppen entbrannten, gab es immer wieder Zeiten, in denen die Kuruzen nach Niederösterreich vordringen konnten. Viele Menschen flüchteten über die March nach Westen. Die kaiserlichen Soldaten verkauften hier die Beute, die sie vom Feldzug mit nach Hause brachten. Im Jahre 1706 wurde der Anführer Rákóczy zum Fürsten von Siebenbürgen gewählt und lehnte alle Friedensangebote des neuen Kaisers Joseph I. ab. Allerdings wurden die Einfälle in Niederösterreich seltener, da man nun Mähren als Hauptziel der Vorstöße wählte. Im Jahre 1706, als die Kuruzen schon als reguläres Militär organisiert waren, unternahm ein größerer Heerhaufen unter Anführung des Grafen Simon Forgatsch im Oktober einen Vorstoß gegen die Stadt Zistersdorf, stürmte sie und ermordete im Schloß an die 400 Menschen. Überlebende Einwohner führte man in die Gefangenschaft ab. Dies war selbst für die Anhänger des Grafen Forgatsch zu viel, er wurde abgesetzt und verurteilt. Die schwer beschädigte Stadt Zistersdorf erhielt 20 Freijahre (ohne Steuerabgabe). Um die Bevölkerung vor weiteren Einfällen zu schützen, wurde nun durch Robot der Bauern ein Wall von Petronell bis Wiener Neustadt angelegt. Im Jahre 1706 wurden die Schanzen bis Rohrau fertig, dann änderte man die Pläne und zog sie zum Neusiedler See. Dieser Erdwall mit vorgelegtem Graben und Palisadenverstärkungen an besonders gefährdeten Stellen erhielt auch einige Redouten, wie die Sternschanze bei Parndorf und die Taborschanze bei Neusiedl am See. Nun konnten die Kuruzen nicht mehr so leicht vordringen. Unterdessen hatten sie aber 1707 auf einer Versammlung von Onód die Feindschaft zum Haus Habsburg für unauslöschlich erklärt, Kaiser Joseph als Ungarnkönig abgesetzt und damit alle Brücken hinter sich abgebrochen. Der Aufstand konnte aber nur durch Terror in den eigenen Reihen fortgesetzt werden, so daß die kaiserlichen Truppen unter Feldmarschall Graf Palffy immer größere Erfolge erzielten. Ab dem Jahre 1709 wurde die militärische Kraft der Kuruzen immer geringer, so daß sie sich schließlich im Jahre 1711 zu Verhandlungen bereit fanden. Der Friede konnte aber erst nach dem Tode Kaiser Josephs I. durch seine Witwe Amalie Wilhelmine geschlossen werden. Dieser Vertrag von Szatmár beendete die Kuruzenaufstände, die für Niederösterreich eine schwere Bedrohung gewesen waren.

Links: Schrittes. Plastik auf dem Schwaighof in St. Pölten. Ende 17. Jahrhundert. Original im Stadtmuseum St. Pölten.
Rechts: Das alte Rathaus von Perchtolds-dorf. Das Dachgeschoß wurde erst 1983 wie-der ausgebaut.
Mitte: Rathaus von Perchtoldsdorf.
Unten: Der Pascha Mehmed Colak Beg. Öl-gemälde. Stadtmuseum Wiener Neustadt.

1695–1704

Der Wiederaufbau des Perchtoldsdorfer Rathauses

Von allen niederösterreichischen Orten war Perchtoldsdorf im Sommer 1683 am ärgsten betroffen worden. Es dauerte auch lange, bis der Markt wieder einigermaßen besiedelt war und die Häuser aufgebaut werden konnten. Die Generalsanierung des Rathauses erfolgte erst ein Jahrzehnt nach dem schrecklichen Ereignis und war 1697 abgeschlossen. Die Repräsentationsräume des ersten Stockes wurden nun künstlerisch gestaltet. Die Große Ratsstube erhielt eine Stuckdecke sowie Freskobilder von 32 Marktrichtern des Mödlinger Malers Jacob Dietzinger, die Stuckarbeiten führte der Italiener Dominik Piazol aus. Im Bürgermeisterzimmer malte Dietzinger ein großes Wandgemälde, das die Ermordung der Bevölkerung am 17. Juli 1683 darstellt. Eine ausführliche Legende ist diesem Bild beigegeben. Diese Arbeiten wurden bis zum Jahre 1700 fertig.

Wenn auch Stuckdecke und Malereien keine besonderen Kunstwerke sind, spricht aus ihnen doch die Betroffenheit über die historischen Ereignisse der Ermordung von mehreren hundert Mitbürgern. Dies war dem Ort eine Selbstdarstellung wert. Zu dieser Zeit errichtete man auf dem Platz vor dem Rathaus auch eine Pestsäule, die an die Jahre 1679/80 erinnert.

Der zweite Stock des Rathauses wurde übrigens erst im Jahre 1983 völlig fertiggestellt, er war bis zu diesem Zeitpunkt nicht ausgebaut worden. Dann zeigte man dort als erste „Amtshandlung" anläßlich der 300. Wiederkehr des Perchtoldsdorfer Schreckenstages die Gedächtnisausstellung „Was von den Türken blieb".

Der türkische Pascha Mehmed Colak Beg

Im September 1686 wurde in der Wiener Neustädter Burg ein vornehmer türkischer Gefangener eingeliefert, den die kaiserlichen Truppen bei der Eroberung von Ofen festgenommen hatten. Der damals 45 Jahre zählende Mehmed Beg war ein gebürtiger Bosnier, der seine linke Hand verloren hatte und daher eine silberne Prothese trug. Er wurde von den Ungarn Csonka Beg, von den Türken Colak Beg genannt, was soviel wie der einhändige oder der verstümmelte Beg bedeutete. Die Kaiserlichen behandelten den türkischen Offizier und Diplomaten sehr gut, da sich bald zeigte, daß er bereit war, Angaben über die Pläne der Türken und über die Beteiligten der ungarischen Aufstandsbewegung unter Imre Tököly zu machen.

Wegen dieser Aussagen wurde er in standesgemäßer Haft gehalten, der Burghauptmann und die Stadtverwaltung mußten für den Unterhalt aufkommen. Im Jahre 1787 brachte man auch seine junge Gemahlin Fatima nach Wiener Neustadt. Das Ehepaar verblieb noch einige Zeit in dem ihnen als Gefängnis angewiesenen Gewölbe der Burg, doch dann wurde die Haft erleichtert,

und beide durften in die Stadt übersiedeln. Dort erfreuten sie sich gewisser Freizügigkeit, und im Februar 1688 gebar Fatima einen Sohn, der im Dom auf den Namen Matthias getauft wurde. Kurze Zeit später wurden auch die älteren Kinder Csonka Begs ausgeforscht, aus der Gefangenschaft befreit und nach Wiener Neustadt gebracht. Auch sie wurden getauft. Der Sohn erhielt den Namen Franz Leopold, die Tochter wurde Apollonia Sophia genannt. Um 1689 kam in Wiener Neustadt ein viertes Kind der Familie zur Welt. Für den Unterhalt hatte nunmehr die Hofkammer aufzukommen. Obwohl Gelegenheit bestand, Csonka Beg gegen einen in türkische Gefangenschaft geratenen kaiserlichen Würdenträger auszutauschen, kam es nicht dazu, und Csonka Beg zog es vor, in Österreich zu bleiben und zum christlichen Glauben überzutreten. Am 6. Jänner 1696 wurden er und seine Gemahlin in der Wiener Hofburgkapelle durch Erzbischof Ernst Graf Trautson getauft. Kaiser Leopold und seine Gemahlin, sein Sohn Joseph I. und seine Tochter Erzherzogin Maria Elisabeth waren Taufpaten. Csonka Beg, der vom Kaiser in den

erblichen Adelsstand erhoben worden war, führte von nun an den Namen Leopold Joseph Balthasar Freiherr von Zungaberg. 1702 trat er als Offizier in kaiserliche Dienste und führte während des Spanischen Erbfolgekrieges ein Husarenregiment. Zu Beginn des Jahres 1706 starb er. Die Witwe erhielt vom Kaiser eine Gnadenpension. Die Ersparnisse der Baronin Zungaberg gingen nach ihrem Tod auf ihren ältesten Sohn Franz Leopold über, der ebenfalls in kaiserliche Dienste getreten war. Er brachte es zum Feldmarschalleutnant und starb am 17. Februar 1735 an den Folgen einer Verwundung. Da er kinderlos war, stiftete er sein Vermögen zum Bau und zur Erhaltung einer Kirche in Wiener Neustadt sowie einer Jesuitenresidenz bei Wiener Neustadt.

*Links: Aufnahme des Prinzen Eugen in die niederösterrei-
chischen Stände. 1717.*
*Rechts: Kaiser Joseph I. und seine Gemahlin Amalia Wilhel-
mine. Ölbilder. Stift Zwettl.*

KALENDER

5. 5. 1705 Nach dem Tod Kaiser Leopolds I. folgt ihm sein Sohn Joseph I. auf dem Kaiserthron und als Landesfürst nach.

22. 9. Erbhuldigung der Stände Österreichs unter der Enns für Joseph I.

1706 Gründung des Karmeliterinnenklosters in St. Pölten durch Maria Antonia Fürstin Monte-cuccoli (aufgehoben am 5. Februar 1782).

30. 7. Joseph I. bewilligt die Niederlassung der „Englischen Fräulein" in St. Pölten.

15. 10. Graf Simon Forgatsch zerstört die Stadt Zistersdorf.

5. 2. 1708 Nach einer Predigt kommt es zu Ausschreitungen gegen die Juden in Wiener Neustadt.

1709 Die Grafen Ludwigsdorff erwerben Schloß und Heilquelle von Bad Deutsch Altenburg als Fideikommiß (= unveräußerlicher, unteilbarer Familienbesitz).

1710 Großbrand in Poysdorf. Im Markt werden 30 Häuser zerstört.

Jakob Prandtauer vollendet die Kuppel der Kirche von Maria Taferl (Baubeginn 1707).

1711 Sigismund Friedrich Reichsgraf von Khevenhüller wird zum Statthalter ernannt (bis 1742 im Amt).

29. 4. 1711 Der Friede von Szatmár beendet die Kuruzenkriege.

22. 5. 1712. Kaiser Karl VI. wird zum König von Ungarn gekrönt.

8. 11. Huldigung für Karl VI. Dieser, seit 1703 König von Spanien, war am 12. Oktober 1711 zum Kaiser gewählt und am 22. Dezember gekrönt worden.

1713 Die Pest sucht neuerlich Niederösterreich heim.

Errichtung der Dreifaltigkeitssäule (Pestsäule) in Baden.

19. 4. Kaiser Karl VI. verkündet ein neues Hausgesetz zur Erbfolgeregelung, die „Pragmatische Sanktion".

1714 Umbau des Schlosses Marchegg durch Christian Alexander Oedtl.

21. 5. Karl VI. legt den Grundstein zur Dreifaltigkeitssäule in Mödling.

17. 11. Der Schwedenkönig Karl V. reist durch Österreich; er hält sich an diesem Tag in St. Pölten auf.

1715 Gründung des Infanterieregiments Nr. 49 durch Markgraf Karl Wilhelm von Baden-Durlach.

12.–23. 1. Das schwedische Heer marschiert, aus der Türkei kommend, durch Niederösterreich nach Norden.

1716 Johann Michael Rottmayr malt die Fresken der Melker Stiftskirche.

Der Schützenverein Hollabrunn wird gegründet.

3. 3. Karl VI. regelt die Abgaben der Juden.

Huldigung der nö. Stände 1705. Hochamt in der Stephanskirche in Wien. Zeitgenössischer Stich.

16. 8. 1717 Prinz Eugen erobert Belgrad.

12. 10. Die erste Kirche des Instituts der Englischen Fräulein in St. Pölten wird geweiht.

12. 11. Der Herrenstand des Landes Österreich unter der Enns beschließt die Aufnahme des Prinzen Eugen und seines Neffen Emanuel sowie deren männliche und weibliche Nachkommenschaft in das Konsortium der Stände. Die Introduktion erfolgt am 7. Dezember 1717.

GEBURTSTAGE

Leopold Graf Daun. Geboren 24. 9. 1705. (Gestorben 5. 2. 1766 in Wien.)

Franz Xaver Socker. Jesuit, 1722 Ordenseintritt, tätig in Klausenburg, dann in Krems, Wien, zuletzt in einem ungarischen Servitenkloster. Geboren 17. 10. 1706 in St. Pölten. (Gestorben 30. 8. 1781 in Ungarn.)

Die Pestsäule in Langenlois. 1713.

Sebastian Donner. Stempelschneider, Bildhauer. Geboren 19. 1. 1707 in Eßling. (Gestorben Okt. 1763 in Wien.)

Johann Joseph Trautson Fürst zu Falkenstein. 1751 Erzbischof von Wien, 1756 Kardinal. Geboren 17. 7. 1707.

Joseph Gundakar Graf Thürheim. „Mechaniker", Ausbildung in Italien, Rom, Paris; ab 1731 im Dienst der nö. Regierung (bis 1745), danach im Privatdienst. Geboren 23. 2. 1709 in Neumarkt. (Gestorben 25. 1. 1798 in Wien.)

Thomas Aschbrenner. Dichter, von Beruf Spitalschreiber in Wien. Geboren 24. 6. 1712 in Wolkersdorf. (Gestorben 9. 12. 1789 in Tulbing.)

Josef Redelhammer. Jurist, Jesuit, Lehrer in Wien, Linz und Graz (Philosophie, Dogmatik). Geboren 20. 10. 1713 in Erlakloster.

Nikolaus von Pacassi. Hofarchitekt. Hauptwerk: Umbau des Schlosses Schönbrunn. Geboren 5. 3. 1716 in Wiener Neustadt. (Gestorben 11. 11. 1790.)

Erzherzog Leopold. Sohn Karls VI. Geboren 13. 4. 1716. (Gestorben 4. 11. 1716.)

Norbert Kronbichler. Barockdichter. Geboren 30. 9. 1716 in Stockerau. (Gestorben 25. 12. 1768 in Allhartsberg.)

Maria Theresia. Tochter Karls VI., Gemahlin Kaiser Franz' I. Stephan. Geboren 13. 5. 1717. (Gestorben 29. 10. 1780 in Schönbrunn.)

TODESTAGE

Kaiser Leopold I. Gestorben 5. 5. 1705 in Wien. (Geboren 1640.)

Leopold Karl Graf Kollonitsch. Bischof von Wiener Neustadt, Erzbischof von Gran. Gestorben 20. 1. 1707. (Geboren 26. 10. 1631 in Komorn.)

Lodovico Ottavio Burnacini. Architekt. Er wirkte in Laxenburg, Ebersdorf, Wiener Neustadt. 1687 errichtete er unter Mitbeteiligung vieler anderer Künstler die Pestsäule in Wien. Gestorben 12. 12. 1707 in Wien. (Geboren 1636.)

Wolfgang Steinböck. Steinmetzmeister, Stadtrichter und Bürgermeister von Eggenburg. Gestorben 1708 in Eggenburg.

Abraham a Sancta Clara. Hofprediger in Wien, Augustiner-Barfüßer-Mönch. Gestorben 1. 12. 1709 in Wien. (Geboren als Ulrich Megerle am 2. 7. 1644 in Kreenheinstetten, Baden-Württemberg.)

Kaiser Joseph I. Gestorben 17. 4. 1711 in Wien. (Geboren 26. 7. 1678 in Wien.)

Veit Steinböck. Hofsteinmetz in Wien, aus Eggenburg. Gestorben 1715 in Wien.

Christoph Müller von Prankenheim. 1688–1715 Propst des Augustiner-Chorherrenstiftes St. Pölten. Gestorben 6. 2. 1715 in St. Pölten. (Geboren 1651 in Obernberg bei Passau.)

Franz Ferdinand von Rummel. Lehrer Kaiser Josephs I., Bischof von Wien. Gestorben 15. 3. 1716 in Wien. (Geboren 30. 10. 1644 in Weiden/Bayern.)

Links: Maria Anna Kriechbaum. Oberin des Instituts der Englischen Fräulein, St. Pölten, gestorben 1739. Ölbild. St. Pölten, Institut der Englischen Fräulein.

Das Institut der Englischen Fräulein in St. Pölten und Krems

Im Jahre 1705 richtete Maria Barbara Pabthorpe, die in München residierende Oberstvorsteherin des Instituts der Englischen Fräulein, ein Schreiben an Kaiser Joseph I., in dem sie sich mit Berufung auf die Zusage des Herrschers bei einem Besuch in München um die Erlaubnis bat, Niederlassungen in den habsburgischen Ländern begründen zu dürfen. Da „einige Patrone und Guttäter" ihnen in der Stadt St. Pölten ein Haus verschaffen würden und auch einen jährlichen Beitrag zur Erhaltung zu spenden versprächen, wollten die Englischen Fräulein gern in dieser Stadt eine Niederlassung mit acht bis zehn Mitgliedern gründen. In St. Pölten wohnten viele adelige Familien, deren Kinder zu erziehen erste Aufgabe des Institutes sein würde. Dieses Ansuchen wurde abschriftlich dem Vizestatthalter Johann Jakob Freiherrn von Kriechbaum sowie Richter und Rat der Stadt mit Ersuchen um ein positives Gutachten übermittelt. Der Stadtrat beschäftigte sich in fünf Sitzungen mit dieser Frage und kam zu einem negativen Ergebnis. Da der Propst des Chorherrenstiftes die Niederlassung im Klosterviertel ablehne, und man wisse, daß auch die Stadt Krems in gleicher Sache negativ entschieden habe, spreche man sich gegen die beabsichtigte Gründung aus. Dabei spielte eine Rolle, daß zur gleichen Zeit auch die Gründung eines Karmelitinnenklosters betrieben wurde. Man war der Meinung, in der Stadt lebe schon genug Adel, Klöster seien ebenfalls vorhanden, und ein neues Institut würde weitere bürgerliche Häuser entfremden. Es sei überdies für die mehrheitlich armen Bürger und Handwerker nicht nötig, ihre Kinder in eine höhere Schule zu schicken, denn es genüge, wenn diese in der allgemeinen Schule lesen und schreiben lernten.

Doch waren einflußreiche Persönlichkeiten für die Gründung, deren Wort mehr Gewicht hatte als das des Stadtrates. Neben dem Vizestatthalter Freiherrn Johann Jakob Kriechbaum von Kirchberg, dessen Schwester Maria Anna seit zehn Jahren Mitglied des Instituts in München war und neue Oberin in Österreich werden sollte, setzten sich auch andere Gönner ein, so daß am 30. Juli 1706 jenes Mandat abgefertigt wurde, das die Errichtung des Instituts in St. Pölten bewilligte. Die Bedenken der Bürgerschaft wurden insofern berücksichtigt, als die Englischen Fräulein von allen Häusern, die sie kauften, die bürgerlichen Lasten mittragen mußten, selbst oder durch Bedienstete der Stadt kein Handwerk aus-

üben und bei der Bevölkerung keine Geldsammlungen durchführen lassen durften. So war das Institut, dessen erstes Haus die Engländerin Mary Ward 1617 im belgischen St. Omer gegründet hatte und das bisher in Bayern vier Niederlassungen hatte gründen können, auch in Österreich zugelassen. Schon wenige Wochen nach der kaiserlichen Entscheidung am 12. Oktober 1706 kam Maria Anna von Kriechbaum als neue Oberin mit acht adeligen „Fräulein" von München nach St. Pölten und bezog in einem Privathaus in der Linzer Straße Quartier. Dort wurde schon am 15. Jänner 1717 mit dem Schulunterricht begonnen. Eine Schulpräfektin und zwei Lehrerinnen waren tätig, wobei in zwei Klassen vorerst Religion unterrichtet wurde. Daneben wurde aber auch lesen, schreiben, rechnen und Handarbeit gelehrt. Die nächsten Jahre dienten dazu, ein eigenes Haus in der Linzer Straße zu erwerben und entsprechend auszubauen. Nach notwendigen Umbauten und Einrichtung einer Kapelle erfolgte am 23. Jänner 1709 der feierliche Umzug in das neue Haus. Später wurde eine erste Kirche gebaut, zu der am 29. April 1715 der Grundstein gelegt wurde. Am 12. Oktober 1717 konnte der Weihbischof Raimund Graf Lamberg die Kirche mit drei Altären weihen. Dieser

Fassade des Institutes der Englischen Fräulein in St. Pölten. Aquarell von Eduard Hofecker. Um 1930.

Zentralbau mit einer etwa 20 m hohen Kuppel wurde durch ein Fresko von Paul Troger geschmückt. Eine Vision der Apokalypse ist das Thema dieses monumentalen Werkes. Besonders wichtig wurde aber die künstlerische Gestaltung der Straßenfassade. In der Mitte wurden zwischen den Portalen in einem reich gegliederten Vorbau die Symbole des Institutes mit Plastiken dargestellt. Im unteren Teil steht die bewegte Figur des Schutzengels, der ein ihm anvertrautes Kind umsorgt. Darüber erhebt sich im zweiten Geschoß die mächtige Figur der Immaculata, die auf einer Weltkugel steht. Der Bau dieser Kirche, des jetzigen Chorraumes und die Fassadengestaltung wurden wahrscheinlich dem damals auf dem Höhepunkt des Ruhmes stehenden Baumeister Jakob Prandtauer anvertraut. Die Plastiken schuf vermutlich Prandtauers Schwiegersohn Peter Widerin.

Für die Auslastung des Institutes war wichtig, daß die Verordneten der niederösterreichischen Stände im Dezember 1711 mit der Oberin Maria Anna von Kriechbaum einen Vertrag über die Errichtung von Stiftungsplätzen für sechs „arme, von allhiesigen Landmitgliedern aus gültiger Ehe erzeugte Fräulein" abschloß. Jeder der oberen Stände konnte zwei Mädchen im Alter von 6 bis 14 Jahren nominieren, die drei Jahre lang im Institut leben sollten. Die Kandidatinnen durften keine sichtbare Krankheit oder Behinderung haben. Die Mädchen sollten lesen, schreiben, reiten sowie die Näherei und Stickerei erlernen und in allen „übrigen adeligen Kindern wohl anständigen Arbeiten" sowie auch in französischer Sprache und im Tanz unterrichtet werden. Dafür erhielt das Institut von den Ständen jährlich 1200 Gulden.

In der zweiten Hälfte des 18. Jahrhunderts wurde das Institut neuerlich erweitert, vor allem wurde bis zum Jahre 1769 die jetzige Kirche gebaut, deren Deckenfresko von Bartholomeo Altomonte geweiht wurde. Im Jahre 1769 besuchte Maria Theresia das fertiggestellte Haus.

Das Institut bewahrt aus dem ersten Jahrhundert seines Bestehens bedeutende kulturelle Objekte auf, zum größten Teil Spenden, teilweise auch im eigenen Haus hergestellt.

Das Karmelitinnenkloster in St. Pölten

Die Ordensniederlassung der Karmelitinnen in St. Pölten beruht auf einer Stiftung der verwitweten Fürstin Maria Antonia Montecuccoli, einer geborenen Gräfin Colloredo.

Links: Kaiserin Eleonore, Witwe nach Kaiser Leopold I. Ölbild. Stift Zwettl.
Rechts: Medaille auf das Jahr 1707.

1705–1717

Nachdem es ihr gelungen war, vom kaiserlichen Hof im Jahre 1707 die Bewilligung zur Errichtung eines Klosters in St. Pölten zu erlangen, kaufte sie acht Häuser und eine Brandstätte im Holzviertel. Dort ließ sie durch den Ordensarchitekten Frater Athanasius, dem aus Imst in Tirol stammenden Baumeister namens Martin Witwer, der schon mit dem Bau mehrerer Karmeliterniederlassungen betraut gewesen war, den Plan für das Kloster und die Kirche entwerfen. Die Kirchenpläne wurden dann von Jakob Prandtauer oder Matthias Steindl überarbeitet, so daß die Fassade der Kirche äußerst qualitätvoll ausfiel, auch der Innenraum ist von hoher künstlerischer Qualität. Der zweijochige Saalraum mit Vorhalle und Rechteckchor knüpft direkt an die Linzer Karmeliterkirche an und bereitet mit den konkaven Raumschrägen die wenig später in der Karmeliterkirche in Wiener Neustadt gezeigte Lösung vor. Im Innenraum wurden die seitlichen Nischen der Langhausjoche geschlossen und gleichzeitig das System der Wandgliederung neu strukturiert. Prandtauers Anteil ist nicht klar zu erkennen. Er war sicher mit der praktischen Baudurchführung beauftragt. Wahrscheinlich hat er auch ein Projekt für die Kirchenfassade entworfen, das auf einem Porträt der Stifterin zu sehen ist. Kirche und Kloster wurden 1712 fertiggestellt und bezogen, die Weihe erfolgte aber erst am 10. Juni 1725.

Die Fassade der Kirche des Karmeliterinnenklosters St. Pölten, stark veränderter Entwurf.

Maria Antonia Fürstin Montecuccoli (1672–1738)

Maria Antonia entstammte der Familie Colloredo, und mit ihr starb die Familie aus. Sie heiratete den Fürsten Leopold Philipp Montecuccoli und stiftete nach dessen frühem Tod in St. Pölten ein Kloster der Karmelitinnen. Dort starb sie am 3. Jänner 1738. Ein ganzfiguriges Bild zeigt sie mit dem Plan von Kirche und Kloster und einer Vogelschau der Gesamtanlage im Hintergrund. Der Bau des Klosters wurde 1712 abgeschlossen, Bauleiter war offenbar Jakob Prandtauer.

231

Die barocken Fresken des Landtagssitzungssaales

Bei der Umgestaltung des Landhauses im 16. Jahrhundert wurde auch ein großer Saal errichtet und ausgestaltet. Wie er geschmückt war, ist nicht bekannt, da keine Akten erhalten sind. 135 Jahre später wurden die von Tischlermeister Georg Haas gefertigten Wandverkleidungen sowie der Holzplafond entfernt und der Saal künstlerisch nach barocker Art ausgestaltet. Im Jahre 1710 faßten die Stände den Beschluß zum Umbau. Nun erhielt der große Saal keinen Stuckplafond mehr, sondern wurde mit Fresken des Malers und Architekten Antonio Nicola Beduzzi geschmückt. Der kaiserliche Historiograph Giovanni Comazzi lieferte die Unterlagen für das Programm. In erster Linie wollte man die Größe und Macht des Hauses Österreich symbolhaft darstellen. In der Wölbung der Decke ist die Vorsehung in Gestalt einer thronenden Königin mit Krone und Szepter zu sehen. Zu ihren Füßen kniet „Austria", mit dem Markgrafenmantel bekleidet, und empfängt den Markgrafenhut, während ein Genius den Schild mit dem österreichischen Bindenschildwappen trägt. Ein weiterer Genius schwingt die Reichsfahne mit dem großen kaiserlichen Adler. In den zwei kleineren Seitenräumen des Gewölbes sind die „Ehre" und der „Ruhm", die Fama, posaunenblasend dargestellt. An den Ecken des Gewölbes findet man die Allegorien der vier damals bekannten Weltteile angebracht, die auf Landkarten zeigen, was alles Besitz des Hauses Österreich ist. Da die Habsburger in Asien kein Land beherrschen, erfleht „Asia", in Ketten gefesselt, von Österreich die Freiheit, damit Syrien nicht in der Sklaverei der Barbaren verbleibe. Die anderen Flächen des Gewölbes sind mit fliegenden Genien bemalt, welche österreichische Fürsteninsignien halten. An den acht Pfeilern, welche das Gewölbe stützen, sind die Hauptflüsse der österreichisch-spanischen Länder bzw. deren Flußgötter angebracht: Der La Plata (Silberfluß) in „Österreichisch-Indien", der Tajo, die Donau, der Rhein, der Po, die Elbe, die Save und der Sebethos bei Neapel.

Neben dem inhaltlichen Aufbau kommt der Farbe große Bedeutung zu. So wirkt dieser Raum vor allem durch die Symbolik, die die gesamte damals bekannten Welt umfaßt.

Land- und Rathäuser

Der Justizthron des nö. Landhauses

In der ehemaligen Ritterstube (jetzt Rittersaal) des nö. Landhauses fanden die Verhandlungen des Landmarschallischen Gerichtes statt. Der Landmarschall bzw. der aus dem Ritterstand stammende Untermarschall verkündeten die Sentenzen auf einem Sessel sitzend unter einem Thronhimmel.

Der Justizthron in seiner heutigen Gestalt ist eine barocke Arbeit und dürfte um 1720 entstanden sein. Er besteht aus Holz und besitzt zwei reich dekorierte Pilaster, die von einem kühn geschwungenen Aufsatz überdacht werden. Dieser ist mit einer schweren Draperie geschmückt und wird im Zentrum durch den österreichischen Erzherzogshut bekrönt. An den beiden Seiten halten Adler die Wappen „Altösterreich" (Fünf Adler) und „Neuösterreich" (Bindenschild). Im Spiegel befindet sich ein Relief der Justitia, das von einem schweren, fast überladen wirkenden Zieratrahmen umsäumt wird. Darunter befindet sich eine weitere Wappenkombination Altösterreich–Neuösterreich und der Erzherzogshut als Holzrelief. Alle erhabenen Teile sind vergoldet.

Über den Künstler, der diesen Thron schuf, ist nichts bekannt. Der Justizthron wurde beim Neubau des Landhauses um das Jahr 1845 abmontiert und 1890 zerlegt auf dem Dachboden aufgefunden. Konstantin Graf Gatterburg ließ ihn 1890 durch den Maler O. Anderle restaurieren und neu aufstellen.

Die „Kaiserdecke" im St. Pöltner Rathaus

In der 1. Hälfte des 18. Jahrhunderts wurden große Veränderungen im St. Pöltner Rathaus vorgenommen, u. a. wurde der Ratssaal, jetzt Bürgermeisterzimmer, mit einer „Kaiser-Decke" geschmückt. Im Kreise angeordnet findet man Medaillon-Bildnisse, in Halbrelief gearbeitet, mit den Porträts der römisch-deutschen Kaiser von Friedrich III. bis Karl VI. Die unter den Bildnissen angebrachten mit den Ordnungszahlen der Herrscher verschlungenen Initialen sowie die lateinisch abgefaßten Wahlsprüche der jeweiligen Regenten ermöglichen die Identifizierung. Es ist jene Kaiserreihe dargestellt, die aus dem Hause Habsburg stammt. Das Porträt Karls VI. zeigt diesen noch verhältnismäßig jugendlich, denn die Decke wurde zu Beginn der zwanziger Jahre des 18. Jahrhunderts gestaltet. Meister dieses Werkes war der Stukkateur Christoph Kirschner, der im Jahre 1688 in St. Pölten das Bürgerrecht erworben hatte und durch eine Reihe kleinerer Arbeiten bekannt ist. Wer ihm den Entwurf für die Ausgestaltung dieser Decke geliefert hat, ist nicht bekannt, ebensowenig, ob auch Bild-

hauer beigezogen wurden, denn auf den Gesimsen sitzen rundum vollplastische weibliche Figuren, allegorische Darstellungen der Herrschertugenden.

Von Christoph Kirschner stammt auch eine ähnlich gestaltete Decke im Festsaal des Stiftes Lilienfeld.

Neben dem Ratssaal erhielt das St. Pöltner Rathaus im Jahre 1727 auch in den Obergeschoßen eine neue barocke Fassade, bei der vor allem die Adlerkapitelle kunstvoll ausgearbeitet sind.

Das Rathaus von Stockerau

Zu Beginn des 18. Jahrhunderts erlebte der Markt Stockerau eine sehr gute wirtschaftliche Entwicklung. Die Gemeinde entschloß sich daher im Jahre 1716, das repräsentative Haus des Johann Christoph Graf Puchheim, aus der älteren Göllersdorfer Linie dieses Geschlechtes, zu erwerben und zum Rathaus umzugestalten. Obwohl es in gutem Bauzustand war, beschloß der Marktrat den Umbau im barocken Stil. Im Jahre 1738 wurde der Grundstein gelegt, und zwei Jahre später der Bau, für den 10.399 Gulden aufgewendet werden mußten, vollendet. Auch für die Ausschmückung des Hauses wurden 1.583 Gulden aufgewendet. So wurden bei einem Bildhauer in Krems drei gro-

ße Statuen bestellt, von denen eine die Gerechtigkeit mit Waage und Schwert darstellt. Der repräsentative Ofen in der Ratsstube wurde von einem einheimischen Ofensetzer errichtet. Ein großes Porträt Karls VI. wurde bei Jacob van Schuppen bestellt, der um 150 Gulden eine weitere Ausfertigung seines monumentalen Gemäldes an den Kaiser lieferte. Johann Georg Schmidt lieferte Bilder des Herzogs Franz von Lothringen und Maria Theresias.

Im neu gestalteten Teil des Rathauses wurden der Sitzungssaal, Archivräume und Magazine, vor allem für den Salzhandel, untergebracht. In dem vom Umbau nicht betroffenen Teil wurden auch Wohnungen eingerichtet. Eine davon wurde dem Syndikus der Stadt überlassen. Da sich der Markt Stockerau im Jahre 1749 freikaufte, wurde die Bürgerschaft zum Grundherrn des eigenen Rathauses.

Klosterbauten im Barock

Stift Dürnstein

Gemeinsam mit Melk zählt Stift Dürnstein zu den unbestrittenen Hauptsehenswürdigkeiten der Wachau, wobei insbesondere der aus der Kirchenachse nach Süden gerichtete Westturm der Stiftskirche – einer der absoluten Höhepunkte barocker Architektur in Österreich – seine Wirkung auf den Betrachter nicht verfehlt, nicht zuletzt auch durch die die Gemüter erhitzende Blaufärbelung des Turms im Zuge der letzten Restaurierung. Wie in Melk ist auch hier Jakob Prandtauer als Baumeister nachweisbar, und zwar seit 1716, wobei die Kontakte zwischen dem Propst des Augustiner-Chorherrenstiftes Hieronymus Übelbacher zu Prandtauer sicherlich über Abt Dietmayr hergestellt wurden, zu dem Übelbacher damals in ständigem Kontakt stand. Während für den Umbau der Stiftsgebäude mit Sicherheit mit einer Autorschaft Prandtauers zu rechnen ist, ist hinsichtlich des Umbaus der gotischen Kirche ab 1721 lediglich das Engagement Josef Munggenasts überliefert, wenngleich verschiedene Indizien auf eine entscheidende Mitarbeit des Universalkünstlers Matthias Steinl verweisen. So geht auf Steinl größtenteils das aus topographischen Gründen in den Stiftshof vorverlegte

Stift Melk

Das auf einem bis an die Donau heranreichenden Höhenrücken, in einer phantastischen Synthese von Landschaft und Architektur erbaute Stift gilt nicht zu Unrecht als „das" barocke Stift Österreichs. Weder zuvor noch danach findet man in einem Klosterkomplex ein derartiges Maß von Prachtentfaltung.

Die künstlerische Erneuerung der in verschiedenen Bauperioden unregelmäßig gewachsenen Anlage war für den im November 1700 zum Abt des Benediktinerklosters gewählten, in enger Verbindung zum Wiener Hof stehenden typischen barocken Repräsentanten geistlicher Würde und weltlicher Macht Berthold Dietmayr von Beginn an ein Desideratum. In dem zuvor noch kaum an die Öffentlichkeit getretenen Tiroler Bau- und Maurermeister Jakob Prandtauer fand Dietmayr einen kongenialen Baumeister, der es verstand, seine Vorstellungen in die Praxis umzusetzen. Daneben war es insbesondere der aus Bologna stammende Allroundkünstler und Theatralingenieur Antonio Beduzzi, der dem Abt von Beginn an bei Ausstattungsfragen zur Seite stand. Hatte man noch im Jänner 1701 lediglich an eine „reparatio" von Sakristei und Kirche gedacht, so fiel bereits im Juli des Jahres die Entscheidung für einen kompletten Neubau

der Kirche, da man fürchtete, daß bei dem Umbau „nichts Schönes und Ehrenvolles herauskommen könne". Bereits im April 1702 verpflichtete sich Prandtauer, „das Gebäu ohne Mangel nach dem vorhandenen Riß und von ihme gemachten Modell" auszuführen. Inwieweit Prandtauer als entwerfender Architekt der in mehreren Punkten von seinen Stilprinzipien abweichenden Kirche (Innenraum/Fassade) zu sehen ist, oder ob möglicherweise diese Rolle – wie es in der neuesten Literatur vermutet wird – dem Abt selbst zufällt, ist noch nicht zur Gänze geklärt. Ab 1711 erfolgte nach teilweisen Versuchen, den Klosterkomplex zu vereinheitlichen, die Entscheidung für die durchgreifende Barockisierung im Sinne der bestehenden Gesamtlösung, wobei Prandtauer seine erstaunlichen Fähigkeiten, mit vorgegebenen Bedingungen zurechtzukommen, in hervorragender Weise unter Beweis stellen konnte. 1711 begann die Ausstattung der Stiftskirche. Nach dem Tod Prandtauers wurde die Vollendung der Barockisierung in die Hände seines Neffen Josef Munggenast gelegt. Als Freskant für die Ausstattung der Repräsentationsräume verpflichtete man nach dem Tod Rottmayrs, des Freskanten der Stiftskirche, Paul Troger.

Klosterbauten im Barock

prächtige Kirchenportal zurück, das lediglich in Detailformen die Handschrift Munggenasts zeigt.

Auf ihn dürfte aber ebenso die wie nachträglich eingesetzte Emporenzone der Kirche mit ihrer konvex-konkav schwingenden Brüstung zurückzuführen sein, die Munggenasts Temperament entschieden widerspricht. Nicht zuletzt geht auf Steinl die bewegte Emporenstruktur am unteren Abschnitt des Turms zurück. Einer als Aussichtsterrasse benutzbaren, durch eine Balustrade abgeschlossenen konvexen Sockelkonstruktion entsprechen die zwischen den Voluten leicht konkav einsinkenden, durch Fenster, Portale und Reliefplastiken fast völlig aufgelösten Wandpartien des Turms. Wie kein anderes Bauwerk Österreichs verrät der Dürnsteiner Turm die formende Hand eines vorwiegend der Bildhauerei verpflichteten Architekten.

Nach einer kurzen, aber intensiven Hochblüte unter Propst Hieronymus Übelbacher (1710–1740) war die große Zeit Dürnsteins vorbei. Das an Überalterung und Nachwuchsmangel leidende Stift wurde bereits unter Joseph II. aufgelöst und Herzogenburg unterstellt.

![Scenographia Monasterii Gottwicensis versus Occidentem. Stich von Salomon Kleiner.]
SCENOGRAPHIA MONASTERII GOTTWICENSIS versus OCCIDENTEM

Stift Göttweig

Anders als in Melk oder Dürnstein war es ein äußerer Anlaß, ein Brand im Jahre 1718, der zum Entschluß für den Neubau des Göttweiger Stiftskomplexes führte. Über Vermittlung des Reichsvizekanzlers Friedrich Carl von Schönborn gelang es Abt Gottfried Bessel, einem aus Franken stammenden Günstling der Familie Schönborn, Friedrich Carls Architekten Johann Lucas von Hildebrandt zu verpflichten, dessen auch auf seinen Erfahrungen als Festungsbaumeister basierender Idealplan alle bisherigen Klosterarchitekturen Österreichs in den Schatten stellen sollte. Im Gegensatz zu Stift Melk, dessen damals bereits weit fortgeschrittener Neubau sowohl für den Bauherrn als auch für den Architekten eine enorme Herausforderung bedeutet hatte, war Hildebrandts am Madrider Escorial inspiriertes Idealprojekt der Klosteranlage mit einer kuppelbekrönten Kirche als baulichem und geistigem Zentrum nur eine teilweise Verwirklichung beschieden. Das Kuppelkonzept, die gesamte Westfront und die Hälfte des Südflügels der Anlage blieben unausgeführt. Neben finanziellen Gründen dürften auch praktische Einwände der Mönche zum Scheitern des Projekts geführt haben, was Hildebrandt veranlaßte, die Baudirektion ab 1725 seinem bisherigen Bauführer Franz Jänggl abzutreten. Ab 1732 wurde dieser durch den niederösterreichischen

Landschaftsbaumeister Franz Anton Pilgram abgelöst, unter dem es zum Bau der bereits von Hildebrandt geplanten „Kaiserstiege", einer monumentalen Prunktreppe in der nordwestlichen Ecke des Stiftes, kam, mit welcher Pilgram eine der faszinierendsten Treppenanlagen der österreichischen Barockarchitektur schuf, die durch Paul Trogers Fresko mit der Darstellung der Apotheose Karls VI. aus dem Jahr 1738 illusionistisch noch beträchtlich überhöht wurde. Die Persönlichkeit des weltmännischen, gelehrten Bauherrn Abt Gottfried Bessel prägt auch in der nur zum Teil verwirklichten Planung die barocke Anlage bis heute.

Stift Herzogenburg

1714 war Jakob Prandtauer auch die Planung und Bauleitung für den Neubau des Augustiner-Chorherrenstiftes Herzogenburg übertragen worden, ein Projekt, das, bedingt durch die bescheidenen zur Verfügung stehenden Geldmittel, jedoch nur zur Hälfte verwirklicht werden konnte, so daß von den vier von Prandtauer geplanten Höfen letztlich nur zwei zur Ausführung gelangten. Die beschränkten Verhältnisse hinderten den Abt jedoch nicht daran, neben Prandtauer auch den auf dem Höhepunkt seiner Karriere stehenden kaiserlichen Architekten Johann Bernhard Fischer von Erlach für den Neubau zu gewinnen, der im

Rahmen des von Prandtauer projektierten Osttraktes den Kaisersaal zu entwerfen hatte. Dieser nimmt zwar auf die ungewöhnliche Aufrißdisposition der Flügelbauten mit ihrer überdimensionalen Sockelzone Rücksicht, wirkt als raumplastisch ausgreifender monumentaler Baukörper im flächigen Wandsystem des Osttrakts Prandtauers jedoch als Fremdkörper. Im Gegensatz zu Fischers Risalit bleibt die Fassade des noch stark der Baukunst des 17. Jahrhunderts verpflichteten Prandtauer im Nordtrakt des Stiftes eng an die anschließenden Fassaden gebunden und wird im Gegensatz zum Risalit der Ostfassade in wenig phantasievoller Weise akzentuiert. So konnte Fischer – im Vergleich mit Prandtauer – erneut seinen Rang als führender Architekt Österreichs unter Beweis stellen.

Der Neubau der in den Südflügel des Stiftes integrierten und somit gleichsam an den Rand gedrückten spätgotischen Hallenkirche wurde erst 1743 durch Franz Munggenast in Angriff genommen, nachdem sich sein Vater Josef seit den späten 30er Jahren des 18. Jahrhunderts bereits mit der Planung befaßt hatte. Die bereits die Spätphase des Barock bezeichnende, auf kühle Distanz bedachte Formensprache Franz Munggenasts im Kircheninneren steht dabei in bewußtem Gegensatz zur üppigen Farbigkeit der Fresken Bartolomeo Altomontes.

Links: Stift Zwettl. Gartenhaus.
Rechts: Stift Klosterneuburg.
Unten: Stift Zwettl im Winter. Ansicht von Süden.

Klosterbauten im Barock

Stift Klosterneuburg

Inspiriert von der Doppelfunktion als Kloster und Pfalz, die Klosterneuburg unter den Babenbergern innegehabt hatte, entschloß sich Karl VI. 1730, hier einen Kloster- und Residenzbau zu verwirklichen. Als ideellen Ausgangspunkt für das von Donato Felice d'Allio entworfene Gesamtkonzept hatte der Kaiser sicherlich nicht zuletzt den spanischen Escorial vor Augen, womit sich hier letztlich sein nie aufgegebener Anspruch auf das spanische Königtum manifestiert. Im Unterschied zum Escorial, in dem sich die monarchische Sphäre der sakralen unterordnete, sollte jedoch im „österreichischen Escorial" die nach außen mit großer Pracht betonte kaiserliche Sphäre durch die sakrale gesteigert werden. Der formale Ausgangspunkt für d'Allios Projekt, bei welchem er sich mit einem nicht realisierten Umbauplan Prandtauers von 1706 auseinanderzusetzen hatte, war sicherlich nicht zuletzt Hildebrandts Idealprojekt für Stift Göttweig, zumal Prandtauers Plan von d'Allio als „sehr unregelmäßig und unvollkommen" empfunden worden war. Wie in Göttweig blieb jedoch auch dieses Vorhaben ein Torso. Lediglich ein Achtel des grandiosen Plans konnte verwirklicht werden, nachdem der Bau, bedingt durch den Tod Karls VI. 1740, frühzeitig ins Stocken geriet. Erst fast 100 Jahre später wurden die beiden unter Karl VI. errichteten Flügel durch Josef Kornhäusel nach vereinfachter Planung zu einem Hof zusammengeschlossen. Es ist anzunehmen, daß das gigantische Unternehmen, das die barocke Einheit von Kirche und Kaiserstaat sinnfällig hätte demonstrieren sollen, zu spät ins Werk gesetzt worden war. Die Säkularisierung des Staates durch die Aufklärung war bereits zu weit fortgeschritten, als daß das Projekt noch weiterhin auf Verständnis gestoßen wäre.

Die Orgel von Klosterneuburg.

Stift Zwettl

Auch das zu den bedeutendsten Stiftskomplexen des Mittelalters zählende Zisterzienserstift Zwettl erfuhr ab 1722 unter Abt Melchior Zaunagg einen großzügigen hochbarocken Ausbau, der neben der Errichtung einer neuen Turmfassade die Kircheneinrichtung, den Umbau der Abteifronten, die Neuausstattung der Gästezimmer, den Bau der neuen Sakristei, der Bibliothek und des östlichen Konventflügels umfaßte. Besondere Bedeutung kommt der 1722–28 nach Entwurf Matthias Steinls durch Josef Munggenast errichteten monumentalen, in zweifachem Schwung hochaufragenden, dreigeschoßigen Turmfassade mit reichem Skulpturenschmuck zu, die zu den bedeutendsten Fassadenlösungen des Hochbarocks in Österreich zählt. Die außergewöhnlich reiche, den gesamten Chorraum bis zu den östlichen Langhausjochen umfassende hochbarocke Innenausstattung der Kirche erfolgte unter Beteiligung von Matthias Steinl, Josef Munggenast, Josef Mathias Götz, Jakob Schletterer, Paul Troger, Martino Altomonte u. a. Erwähnung verdienen insbesondere der nach Entwurf Munggenasts durch Munggenast selbst und Götz ausgeführte, rot und grau marmorierte Hochaltar wie auch das von zwei Zwettler Konversen gefertigte prächtige Chorgestühl aus dem Jahre 1728. Prunkstück der barokken Klosteranlage ist die 1730–32 durch Josef Munggenast erbaute, 1733 von Paul Troger mit mythologischen Szenen freskierte Bibliothek.

Links: Die Krypta von Altenburg.
Rechts: Stift Seitenstetten.

Klosterbauten im Barock

Stift Altenburg

Das auf einem nach Osten und Süden abfallenden Felsplateau über dem Kamptal mit weithin sichtbarer Hauptfront nach Osten errichtete Benediktinerstift mittelalterlichen Ursprungs, das im 16. Jahrhundert befestigt und im 17. Jahrhundert ausgebaut worden war, erhielt seit 1730 unter dem in St. Pölten ansässigen Josef Munggenast seine heutige Gestalt, wobei die im 17. Jahrhundert errichteten Trakte im wesentlichen beibehalten wurden. Neben der Um- und Neugestaltung des Prälatenhofs und des östlich anschließenden Kaisertrakts wurde u. a. der Osttrakt von Munggenast nach Norden (Marmortrakt) und Süden (Bibliothekstrakt) verlängert. Nördlich der zur Gänze umgestalteten Stiftskirche errichtete man, abweichend vom ursprünglichen Plan, eine ehrenhofartige Dreiflügelanlage. Kernstück der Anlage ist die im Kern gotische Kirche, deren Inneres zu den bedeutendsten Raumschöpfungen der Zeit des Übergangs vom Hoch- zum Spätbarock in Österreich zählt. Farbige Architektur, Plastik, Stuckdekoration und das großartige Hauptkuppelfresko Paul Trogers, in dem Abschnitte der Geheimen Offenbarung des Johannes in bildliche Form umgesetzt werden, verschmelzen hier zu einer illusionistischen Ganzheit. Fresken Trogers finden sich ferner in dem in rötlichem Stuckmarmor gehaltenen Festsaal Munggenasts, im Stiegenhaus des Marmortrakts wie auch in der durch Pilaster und Säulen in bläulichem Stuckmarmor gegliederten Stiftsbibliothek, einem der bezaubernsten Gesamtkunstwerte des Spätbarocks in Österreich. Besondere Erwähnung verdienen auch die in der sogenannten Krypta unterhalb der Bibliothek befindlichen üppigen Groteskenmalereien aus der Schule Paul Trogers mit floralen und vegetabilen Motiven sowie düsteren Todessymbolen, wobei den Totentanzbildern mit dem Triumph des Todes und den antiken Metaphern über die Vergänglichkeit der christliche Erlösungsgedanke in der Form der heilbringenden Früchte des Glaubens entgegengestellt wird.

Rechts: Die Bibliothek von Seitenstetten.
Unten: Das Kloster Altenburg.

Stift Seitenstetten

Neben Josef Munggenasts Hauptwerk, der Barockisierung des Stiftes Altenburg, zählt auch der nahezu keinerlei Rücksicht auf vorhandene ältere Bauwerke nehmende Neubau des Stiftes Seitenstetten (erhalten blieben außer der Kirche lediglich die anschließenden Sakristeitrakte und die nördlich des Chors liegende Ritterkapelle) zu seinen hervorstechendsten architektonischen Leistungen. Nachdem sich bereits Abt Benedikt Abelzhauser (1687–1717) mit dem Gedanken an einen Neubau des Stiftskomplexes beschäftigt hatte, begann man unter seinem Nachfolger Ambros Prevenhueber mit der Ausführung der Neubaupläne nach einem ersten Projekt Munggenasts von 1718, welches nur teilweise verwirklicht wurde, ehe es unter Abt Paul de Vitsch (1720–1747) zur Erstellung eines zweiten, wesentlich gestraffteren Projekts Munggenasts kam, das in der Folge zur Ausführung gelangte. Abänderungen des zu den wenigen vollständig realisierten Klosterplanungen des Barock zählenden Entwurfs betrafen das repräsentative, 1744 von Bartolomeo Altomonte freskierte Treppenhaus und vor allem die Veränderung der Westfront mit dem Festsaal, die nach dem Tod Munggenasts ab 1741 durch den Steyrer Baumeister Johann Gotthard Hayberger zur Ausführung gelangten. Noch zu Lebzeiten Munggenasts waren 1735 der Festsaal und im Todesjahr Munggenasts die Bibliothek mit Fresken Paul Trogers geschmückt worden.

Links: Fahne der Müllerzunft von Tulln. Stadtmuseum Tulln.
Rechts: Maria Theresia als Kind mit Puppe. Ölbild im Konvent der Elisabethinen Klagenfurt.

1718–1726

KALENDER

1718 Die Mariensäule in St. Pölten entsteht.

Die Dreifaltigkeitssäule in Baden wird von Giovanni Stanetti errichtet.

17. 6. Brand von Göttweig. Damit wird der Neubau des Klosters nötig.

21. 7. Durch den Frieden von Passarowitz erlangt die habsburgische Monarchie ihre größte Ausdehnung.

1720 Die Spiegelfabrik Neuhaus bei Pottenstein wird verstaatlicht.

Bau der Straße Wien–Znaim–Prag.

25. 4. Die Stände des Landes Österreich unter der Enns erkennen die Pragmatische Sanktion an.

1721 Protestaktion in Melk gegen Abt Berthold Dietmayr.

31. 5. Seligsprechung des Johann Nepomuk. An vielen Brücken werden Statuen errichtet.

2. 10. Streifung (Landesvisitation) im Viertel unter dem Manhartsberg und unter dem Wienerwald. Damit sollen Bettler und Verbrecher aufgespürt werden.

1722 Das Bistum Wien wird zum Erzbistum erhoben.

Die Stuckdecke im Rathaus St. Pölten wird durch Christoph Kirschner gestaltet.

Die Domkirche von St. Pölten wird barockisiert. Der Umbauplan stammt von Jakob Prandtauer.

1. 7. Die Post wird durch das „Postpatent" verstaatlicht.

17. 7. Dem Prinzipal der „Churfürstlich Trierischen Komödianten" Josef Geisler wird die Lizenz für Aufführungen in Krems erteilt.

12. 10. Karl VI. bewilligt die Errichtung des Instituts der Englischen Fräulein in Krems. Bezogen wird es 1725.

22. 10. Generallandesvisitation: 1000 Dragoner und 400 Infanteristen werden gegen Räuber eingesetzt.

1723 Die Tabakfabrik Hainburg wird durch Hofkammerrat Bossart im ehemaligen Promenadenhaus errichtet. Seit 1784 verstaatlicht.

Krems wird Sitz einer Handschuhmacherzeche.

Beginn der Scheiterholz-Schwemme auf der Ysper.

1724 Kirche und Turm von Retz werden errichtet.

Die Dreifaltigkeitssäule Neunkirchen wird errichtet.

7. 3. 1724 Josef Emanuel Fischer von Erlach erbaut das Schöpfwerk in Göttweig.

1725 Prinz Eugen erwirbt die Herrschaft Obersiebenbrunn.

Die Stiftskirche von St. Andrä an der Traisen wird erbaut (fertiggestellt 1729).

Carlo Carlone malt das Deckenfresko der Kapelle Schloßhof.

Juni Graf Johann Christoph Ferdinand von Mallenthein gründet eine Textilmanufaktur in Groß

Das Innere der Domkirche St. Pölten.

Siegharts und siedelt in 200 neuerbauten Häusern Arbeiterfamilien an.

1726 Daniel Gran malt die Fresken im Marmorsaal des Palais Schwarzenberg in Wien („Sieg der Tugenden über die Laster").

GEBURTSTAGE

Martin Johann Schmidt. (Kremser Schmidt). Geboren 25. 9. 1718 in Grafenwörth. (Gestorben 28. 6. 1801 in Stein.)

Adalbert Neumayer. Benediktiner, Archivar des Schottenstiftes. Geboren 1719 in Gansdorf. (Gestorben 14. 1. 1787 in Wien.)

Marienbild als Dank für die Eroberung von Temesvár und Belgrad. Feder und Tusche auf Pergament. Stift Seitenstetten.

Ignaz Josef Milldorfer. Barockmaler (Hafnerberg, Seitenstetten, Neukloster). Geboren 13. 10. 1719 in Innsbruck. (Gestorben 8. 12. 1775 in Wien.)

Matthias Georg Mann. Komponist, Organist und Violinvirtuose. Geboren im Februar 1720. (Gestorben 3. 10. 1750 in Wien.)

Benno Pointner. Abt des Schottenstiftes seit 1765. Geboren 22. 9. 1722 in Raffing bei Pulkau. (Gestorben 15. 2. 1807 in Wien.)

Joseph Julian Monsperger. Theologe, Reisender, unterrichtete orientalische Sprachen. Geboren 2. 2. 1724 in Wiener Neustadt. (Gestorben 1788.)

Ildefons Schmidtbauer. Letzter Propst des Augustiner Chorherrenstiftes St. Pölten. Geboren 12. 12. 1726 in Wien. (Gestorben 5. 3. 1791 in Wiener Neustadt.)

Michael Krammer. Jesuit, Prediger. Geboren 26. 12. 1726 in Korneuburg.

TODESTAGE

Matthias Prininger. Glockengießer in Krems. Gestorben 24. 6. 1718 in Krems. (Geboren 1652 in Krems.)

Johann Piher. Jesuit, Gelehrter. Gestorben 18. 2. 1721 in Krems. (Geboren 5. 5. 1677 in Wiener Neustadt.)

Franz Ludwig Graf Polheim. NÖ. Landesratsbeisitzender, 1771 in den Reichsgrafenstand erhoben. Gestorben 7. 5. 1721.

Johann Bernhard Fischer von Erlach. Hofarchitekt in Wien und Salzburg. Gestorben 5. 4. 1723 in Wien. (Geboren 20. 7. 1656 in St. Martin bei Graz.)

Jakob Prandtauer. Architekt. Gestorben 16. 9. 1726 in St. Pölten. (Geboren 16. 7. 1660 in Stanz in Tirol.)

Marienbild als Dank für die Eroberungen

Im Stift Seitenstetten wird ein Pergamentbild aufbewahrt, das um 1720 entstanden ist und vermutlich in Verona hergestellt wurde. Es zeigt die Jungfrau Maria als Generalissima der Habsburger und Patronin in den Türkenkriegen. In der Inschrift wird auf die Siege von Temesvár und Belgrad verwiesen. Maria steht auf der Weltkugel, um die sich die Schlange windet. Ein Fuß steht auf der Schlange, der andere auf der Mondsichel, wobei sie den Sieg über den türkischen Halbmond symbolisiert. Im Hintergrund sieht man Temesvár und Belgrad.

Links: Guidobald Graf Starhemberg:
Starhemberg kämpfte in der kaiserlichen Armee an der Seite des Prinzen Eugen, war Berater der Gemahlin Kaiser Karls VI. Elisabeth Christine in Spanien, trat dann in den Deutschen Orden ein und war ab 1719 dessen Großmeister. Da er im Laufe der Zeit in immer größeren Gegensatz zu Prinz Eugen geraten war, widmete er sich in seinen späteren Lebensjahren vorwiegend der Verwaltung seiner Güter.
Rechts: Graf Aloys Thomas Raimund Harrach:
Harrach war Botschafter in Madrid, 1715 Landmarschall und Generaloberst in Niederösterreich und von 1728–1733 Vizekönig in Neapel. Dort erwarb er viele Bilder für eine große Sammlung, die er nach Wien brachte und die den Kern der Harrachschen Gemäldegalerie in Rohrau bilden.

Der österreichische Hochadel als Führungsschicht des Hochbarock

In der zweiten Hälfte des 17. Jahrhunderts bildete sich eine neue Führungsschicht heraus, die aus Vertretern der höchsten Adelsfamilien bestand und sich um den Hof scharte. Neben großen Besitzungen war für die Exponenten dieser Familien auch die Übernahme von Spitzenfunktionen charakteristisch. Allerdings war dafür ein großes Vermögen insofern Voraussetzung, als es notwendig war, Vorleistungen durch große Spenden zu erbringen. Ein wesentlicher Teil dieser Adeligen stammte aus Böhmen und Mähren, einige Familien auch aus Niederösterreich, wie etwa die Harrach, die Sinzendorf oder die Starhemberg. Auch aus den übrigen Ländern der Monarchie und des Reiches kamen Familien nach Wien, so etwa im Gefolge von Eleonore Magdalena Theresia von Pfalz-Neuburg, der Gemahlin Kaiser Leopolds I., die Familie der Salm und Seilern aus Deutschland, die Palffy, Esterházy und Batthyany aus Ungarn.

Aus dieser Gruppe wählte der Kaiser die wichtigsten Ratgeber und besetzte damit die führenden Funktionen in Armee und Staat. Diese Führungsschicht war aber auch in mehreren Ebenen miteinander verwandt und verschwägert, so daß viele persönliche Beziehungen bestanden.

Gundacker Graf Althan (1665–1747)

Althan begann als Soldat, hatte während des Türkenkrieges mit Prinz Eugen eng zusammengearbeitet, wurde aber im Jahre 1716 vom Kaiser mit der Direktion über alle kaiserlichen Gärten betraut und 1718 zum Leiter der Hofbauämter bestellt. Er leitete die Renovierung des Schlosses Laxenburg, den Neubau der Wiener Karlskirche und der Hofbibliothek und ließ in der Stallburg die kaiserliche Gemäldegalerie aufstellen. Er unterstützte den Ausbau von Klosterneuburg, trat aber 1742 von seinem Amt zurück.

Graf Siegmund Friedrich Khevenhueller

Siegmund Graf Khevenhueller stammte aus der Hochosterwitzer Linie des Geschlechtes, wurde 1711 Statthalter von Niederösterreich und später Staatskonferenzminister. Das Aquarell zeigt ihn vor der Umgestaltung des Wasserschlosses Riegersburg zu einem Barockbau in der ersten Bauphase in den Jahren 1731–1736. 1755 konnte dann die neue Schloßkapelle geweiht werden. Neben ihm stehen seine beiden Ehefrauen Maria Renate, eine Gräfin Tannhausen, und Ernestine Gräfin Rosenberg. Khevenhueller hat sich besonders des nö. Landschaftsbaumeisters Franz Anton Pilgram (1699–1761) für seine Bauten bedient. Dieser stammte aus dem engeren Kreis um Johann Lukas von Hildebrandt und war eine der führenden Künstlerpersönlichkeiten der zweiten Generation der Barockarchitekten.

Philipp Ludwig Wenzel Graf Sinzendorf (1671–1742)

Er war der Sohn jenes Hofkammerpräsidenten, der wegen Unterschlagungen abgesetzt und zu einer hohen Strafe verurteilt worden war. Trotzdem stand ihm die Laufbahn im Reichshofrat offen, er war nicht nur von 1699–1701 Gesandter in Frankreich und kaiserlich Bevollmächtigter in den Niederlanden, sondern ab 1705 auch oberster Hofkanzler. Als solcher hat er durch Jahrzehnte die österreichische Außenpolitik in entscheidendem Maße beeinflußt.

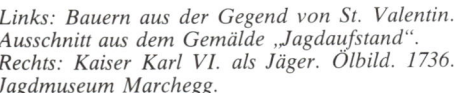

Links: Bauern aus der Gegend von St. Valentin.
Ausschnitt aus dem Gemälde „Jagdaufstand".
Rechts: Kaiser Karl VI. als Jäger. Ölbild. 1736.
Jagdmuseum Marchegg.

Die Jagd als höfisches und adeliges Vergnügen

Ansicht eines Hauptjagens, veranstaltet von Fürst Hartman von Liechtenstein. Ölgemälde. Um 1720. Sammlungen des regierenden Fürsten von Liechtenstein, Vaduz.

Die Zeit Karls VI. war der Höhepunkt der höfischen und adeligen Jagdkultur. Der Kaiser war nicht nur Jäger, sondern im wahrsten Sinne des Wortes jagdbesessen und nützte jede Gelegenheit, seiner Leidenschaft zu frönen. Die Bedürfnisse des Regierens hatten sich nach dem Jagdkalender des Kaisers zu richten, und selbst das Kalenderjahr war für ihn in Jagdsaisonen geteilt. Nach der Schnepfenjagd im Prater übersiedelte der Hof im April nach Laxenburg, denn dort war alles für die Beizjagd mit Falken auf Federwild eingerichtet. Im Juni nahm man in der vor den Toren Wiens gelegenen Favorita – dem heutigen Theresianum – Quartier, um in den Wienerwald zur Rotwildjagd fahren zu können. Diese großen Jagden fanden Ende August mit einer Wasserjagd an der Donau den Abschluß. Dann begab man sich für zwei Wochen nach Halbturn, damals in Ungarn, wo man Niederwild jagte, und übersiedelte Ende Oktober in die Hofburg, wo man sich für die kalte Jahreszeit einrichtete. So brachten es der Kaiser und sein Hof auf jährlich etwa 100 Jagdtage. Auch bei Hofreisen wurden immer wieder Jagden eingeschoben. Ähnlich huldigte auch der Hochadel, aber auch viele Mitglieder des kleinen Adels und selbst des Prälatenstandes dem Jagdvergnügen.

Es ist daher verständlich, daß man das Jagdrecht der Grundherren gesetzlich verankerte. Die niederösterreichische Jagdordnung von 1728 gab den Jagdherren viele Privilegien und verbot den Bauern, das Wild bis Ende April von den Feldern oder von den Wiesen zu vertreiben, zu hohe Zäune zu errichten, Wildwechsel zu unterbrechen, von Pfingsten bis September durch Beeren- oder Pilzesuchen in den Wäldern Unruhe zu erzeugen. Dadurch entstand ein Interessenskonflikt zwischen der adeligen Oberschicht und der bäuerlichen Bevölkerung, für die das Überhegen des Wildes oft nicht nur eine Plage, sondern sogar eine Existenzfrage war.

Ein Jagdatlas Kaiser Karls VI.

In der österreichischen Nationalbibliothek befindet sich ein prächtiges Kartenwerk, das für die Geschichte der Landesaufnahme von Niederösterreich und für die Topographie eines großen Teiles des Landes von hervorragender Bedeutung ist. Es ist davon auch ein zweites, einfacheres Exemplar erhalten, das eine Art Dienstexemplar darstellte und dem Oberstjägermeisteramt zur Verfügung stand. Zweck des Werkes war, den ganzen kaiserlichen Wildbann oder das Hofjagdrevier in Niederösterreich dazustellen. Nach dem Patent Ferdinands I. von 1552 umfaßte das landesfürstliche Jagdregal um Wien nördlich der Donau die Strecken von Kreuzenstein bis Aspang, Wagram, Großenzersdorf und Wolkersdorf, diesseits der Donau die Gebiete vom Wienerberg bis Ebersdorf und Schwechat durch den Wienerwald bis an den Kahlenberg. Maximilian II. fügte den Prater als Jagdrevier hinzu. Durch die Jagdordnung von 1675 wurde das Hofjagdrevier bedeutend erweitert, und zwar nach Süden gegen Baden, nach Westen bis Mödling, Perchtoldsdorf, Mauer, Hütteldorf und zum Kahlenberg. Davon getrennt war das

Die Jagd als höfisches und adeliges Vergnügen

Wiener Neustädter Hasengehege auf dem Steinfeld. Urheber des Werkes war Graf Johann Julius von Hardegg (1676–1746), seit Dezember 1724 Oberstjägermeister. Er wollte sich mit diesem Prachtwerk bei Karl VI. in Gunst setzen. Die Ausführung wurde dem Vermessungstechniker Jakob Marinoni übertragen, der aus Udine stammte und 1703 von Leopold I. zum Hofmathematiker ernannt worden war. Im Auftrage Kaiser Josephs I. hatte er 1706 einen Plan von Wien herausgegeben. Weiters hatte er 1715 Karten der Grenzbereiches der Herrschaften Klamm, Schottwien, Kranichberg und Stift Neuberg hergestellt. In den Jahren 1719 bis 1722 war er mit Vermessungen in der Lombardei beschäftigt, dann arbeitete er wieder in der Gegend von Wien, wo er unter anderem im Jahre 1726 eine Mappe der Herrschaft Laxenburg herstellte. Im selben Jahr wurde ihm der Adelstitels verliehen, und er nannte sich nun „Jakob de Marinoni". Gestorben ist er im Jahre 1755 in Wien. Der Jagdatlas Kaiser Karls VI. trägt als Titelblatt eine Tuschzeichnung Antonio Beduzzis „Kaiser Karl VI. zu Pferd, umgeben vom Jagdgefolge, wie er aus den Händen des Oberstjägermeisters ein Schriftstück entgegennimmt". Dann folgen eine Reihe von Karten, etwa über den Ebersdorfer Forst, über das Gebiet von Simmering, Oberlaa, Mannswörth, Fischamend und Himberg, über den Arbestaler Wald, das Gebiet der Leopoldstadt und des Augar-

tens. Im zweiten Teil werden die Ämter Wolkersdorf und Orth, Langenzersdorf, Aspang und Pirawarth beschrieben. Der Atlas ist eine reiche Quelle für das geographische Bild größter Teile Niederösterreichs und zeigt die Veränderungen des Donauumlandes seither und der Verzweigungen des Stromes, das Verhältnis von Wasser, Wiese und Ackerland sowie den Stand der Siedlungen in dieser Zeit.

Jagdaufstand im Gebiet um St. Valentin

Um 1720 entstand ein großes Gemälde, das sich jetzt im Museum von Enns befindet. Es stellt die Empörung der Bauern des Raumes St. Valentin in den Jahren 1704–1717 dar. In diesem Gebiet – vor allem im kaiserlichen Forst Herzograd – war das Wild so überhegt worden, daß die Bauern um ihre Ernte gebracht wurden. Deshalb entstand am 29. Februar 1704 unter den Bauern eine Empörung, die dazu führte, daß sie die Einfriedungen niederrissen, das Wild aussprengten, den Futterstadel demolierten und das Wild umbrachten. Im Jahre 1717 dürfte ein weiterer Aufruhr in ähnlicher Weise stattgefunden haben. Man sieht auf dem topographisch interessanten Bild im Vordergrund das Dorf St. Valentin, im Hintergrund die Stadt Enns und einige Dörfer. Den Mittelgrund bildet der dichte Herzograder Forst. Weiters sieht man diskutierende Bauern. Auch der Galgen ist zu erken-

nen, auf dem die Anführer sterben sollten. Die 1693 vor Gericht gestellten Bauern wurden aber dann zu Zwangsarbeit und Gefängnis begnadigt.

Ein barockes Fest in Schloßhof

Am 26. September 1754 lud Prinz Joseph Ferdinand von Sachsen-Hildburghausen die kaiserliche Familie und zahlreiche Gäste zu einem großen Fest nach Schloßhof, das er nach der Trennung der Ehe mit Prinz Eugens Nichte und Erbin Viktoria erhalten hatte. Den Abschluß bildete ein Jagdfest, das zeigt, wie übertrieben adeliges Jagdvergnügen in der Barockzeit gestaltet werden konnte. Zu diesem Zwecke wurde schon vorher eine große Menge Wild, man schreibt von 800 Hirschen und Rehen, auf dem östlich der March gelegenen Thebener Kogel zusammengetrieben, eingezäunt und so für eine Schaujagd vorbereitet. Zur March hin war eine Schleuse offen, durch die das Wild getrieben werden sollte. Die Schleuse endete auf einer Brücke mitten im Fluß, so daß die Tiere in den Fluß springen mußten. An dieser Stelle waren Tribünen mit Schießständen aufgestellt, die den Jägern, aber auch den zahlreichen Zuschauern Platz boten. Die Gäste wurden mit mehreren Schiffen am Nachmittag zu diesen Tribünen geführt, als das Fest abrollen sollte. Nachdem die Gäste ihre Plätze erreicht hatten, gab der Prinz das Zeichen, die eingeschlossenen Tiere über den Berg zur March zu treiben. Der Tumult des Publikums, die Musikkapellen und wohl auch die Aufbauten erschreckten die Herde, diese drehte um und wollte durch den Kordon der Jäger ausbrechen. Das gelang zwar nicht, doch entstand in der Treiberkette beachtliche Verwirrung, bis es gelang, die Hische neuerlich zum Fluß zu treiben. Tatsächlich stürzten sich nun viele Tiere in die March, schwammen herum und sollten abgeschossen werden. Maria Theresia war dieses Schauspiel aber zuwider, sie bat, den Tieren die Freiheit zu geben, was auch geschah, zumal der Tag schon fortgeschritten war und man mit dem Schauspiel zu Ende kommen mußte.

Man kann sich vorstellen, welch ungeheure Kosten dieses Spektakel verursacht haben muß: Bau der Tribünen, der Schiffe, der Umzäunung, Anwerbung der Schiffsleute, Heger und Treiber, des Jagdpersonals, Bau der Brücke, für die man 2000 Pfosten benötigte. Das alles für wenige Stunden und ein kleines Publikum! Wenn man derartige Berichte liest, versteht man, daß die Jagdleidenschaft zur Zeit Kaiser Karls VI. die Untertanen aufbrachte und die Bauern versuchten, nach seinem Tode möglichst viel Wild abzuschießen.

Die Erlegung des Wildes. Ausschnitt aus dem Gemälde „Jagdaufstand". 1704. Enns, Museum Lauriacum.

Links: Das Geburtshaus von Joseph Haydn in Rohrau. Ölgemälde.
Rechts: Das Portal des Posthauses von Perschling.

KALENDER

1727 Graf Mallenthein setzt die Erhebung von Groß-Siegharts zum Markt durch. 1700–1727 werden 200 Arbeiterhäuser errichtet, 1723–1727 die Kirche. Als die Ostindische Handelskompagnie auf Druck Englands aufgelöst werden muß, verliert der Graf sein Vermögen und muß 1731 seine Güter verkaufen.

Gründung des Ortskerns von Puchenstuben durch Fürstin Maria Edmonda von Liechtenstein.

Die Kanzel von Maria Taferl wird von Matthias Tempe und Peter Widerin aus St. Pölten errichtet.

6. 7. Hochwasser im Markt Melk, das nicht von der Donau, sondern von der Melk verursacht wird.

1728 Umbau und Ausbau von Schloßhof durch Prinz Eugen.

Johann Lukas von Hildebrandt erbaut für Prinz Eugen das Gartenhaus in Obersiebenbrunn. Malereien von Jonas Trentwett.

21. 6. Karl VI. unternimmt eine Reise in die innerösterreichischen Länder, die Semmeringstraße wird aus diesem Grunde ausgebaut.

17. 7. Karl VI. erläßt eine Jagdordnung für Niederösterreich.

1729 Das Erzbistum Wien erhält den Anteil des Bistums Passaus im Viertel unter dem Wienerwald zugeteilt.

19. 3. Heiligsprechung von Johann Nepomuk.

28. 7. Weihe der Kirche auf dem Sonntagberg.

16. 8. Weihe der Kirche von St. Andrä a. d. Traisen (Baubeginn 1725).

um 1730 Der Göttweiger Emailkalender wird geschaffen.

1730 Beginn des barocken Ausbaues von Klosterneuburg.

Maria Enzersdorf wird Wallfahrtsort (bis 1782).

In Rittersfeld bei Traismauer wird eine Papiermühle errichtet.

1731 Paul Troger malt das Deckenfresko des Marmorsaales in Melk.

2. 7. Schwerer Gewittersturm mit verheerenden Folgen in Retz.

26. 10. Die hölzerne Brücke über die Traisen in St. Pölten (Architekt Josef Munggenast) wird vollendet.

1732 Daniel Gran malt die Fresken im Festsaal des Jagdschlosses Eckartsau („Dianas Aufnahme in den Olymp").

19. 4. Die Reichshandwerksordnung Karls VI. von 1731 wird in einer auf Österreich ob und unter der Enns zugeschnittenen Form veröffentlicht. Sie betrifft die Ausstattung der wandernden Gesellen mit Urkunden.

1733 Das Müllerkreuz von St. Pölten wird geschaffen.

Paul Troger malt die Fresken der Kirchen von Altenburg (1734 fertiggestellt).

Mai Der Bewerber um den polnischen Thron Don Emanuel von Portugal hält sich in St. Pölten auf.

Joseph Haydn. Portrait von Johann Carl Roesler. 1799. Faculty of Music der Universität Oxford.

GEBURTSTAGE

Michael Rottmayr. Benediktiner, Musikdirektor des Stiftes Seitenstetten, Komponist religiöser Werke. Geboren 3. 3. 1728 in Wallsee. (Gestorben 5. 12. 1773 in Seitenstetten.)

Floridus Leeb. Propst von Klosterneuburg (1782–1799); nach ihm erhielt der Ort Floridsdorf den Namen. Geboren 8. 5. 1731 in Nikolsburg. (Gestorben 13. 8. 1799.)

Ullrich Dettl. Benediktiner, Bibliothekar, Gelehrter. Geboren 5. 5. 1731 in Achleiten. (Gestorben 24. 10. 1795 in Kremsmünster.)

Joseph Haydn. Komponist. Geboren 31. 3. 1732 in Rohrau. (Gestorben 31. 5. 1809 in Wien.)

Johann Kaspar Weitzel. Orgelbauer. Geboren 7. 9. 1732 in Krems. (Gestorben 1780 in Würzburg.)

TODESTAGE

Bonifacius Gallner. Ordensgeistlicher und Maler, in Melk (1703) und Dürnstein (1723) nachweisbar. Gestorben 1727 in Melk.

Matthias Steinl. Architekt, Bildhauer, wirkte in Dürnstein, St. Pölten, Klosterneuburg, Zwettl. Gestorben 18. 4. 1727 in Wien. (Geboren um 1644 in Zwettl.)

Heinrich Starzer. 1676 in den Orden der Gesellschaft Jesu eingetreten, Dr. theol., dann Lehrer in Graz und Wien, Linz und Tyrnau, später Rektor der Kollegien zu Linz und Krems, zuletzt Regens des Seminars in Krems. Gestorben 6. 10. 1730 in Krems. (Geboren 26. 9. 1657 in Wien.)

Johann Michael Rottmayr. Maler. Gestorben 25. 10. 1730 in Wien. (Geboren 1654 in Lauffen.)

Andreas Washuber. Maler, arbeitete in Heiligenkreuz und Wien. Gestorben 17. 12. 1732 in Wiener Neustadt. (Geboren angeblich in Graz.)

Matthias Suttner. Gelehrter, 1699: Dr. med. et phil. an der Universität Bologna; 1715 in den Ritterstand erhoben, besaß die Herrschaften Kirchstetten, Oberhöflein und Freyenthurn. Gestorben 6. 6. 1733 in Wien. (Geboren 1673 in Inzersdorf.)

Post und Zeitungen

Nach 1564 wurde in Wien ein niederösterreichisches Postmeisteramt eingerichtet. Bald besorgten sieben Postboten in Purkersdorf, Sieghartskirchen, St. Pölten, Melk, Amstetten, Strengberg und Enns den Postdienst. Seit 1624 waren die Grafen Paar mit der Post in Niederösterreich belehnt. Sie legten weitere Poststationen an, führten den Personentransport und die Beförderung von Briefen ein, hatten aber in privaten Boten eine arge Konkurrenz. Aus diesem Grunde erklärte Karl VI. im Jahre 1722 die Post als landesfürstliches Reservatrecht und verstaatlichte sie damit. Graf Paar behielt die Administration der Post, den Titel eines Obrist-Reichs-Hof- und General-Erbland-Postmeisters und erhielt jährlich einen hohen Geldbetrag.

Geldkassette aus Eisen. Um 1700.

Zur Aufrechterhaltung des Betriebes mußte jede Poststation mindestens sechs Pferde und zwei Kaleschen halten sowie den Reisenden Übernachtungsmöglichkeiten bieten. Die Postmeister sollten „ehrliche katholische Leute" sein.

Die Postwagen brachten Zeitungen und Informationen aller Art nach Wien. Diese wurden in neue Zeitungen umgesetzt. Seit dem 8. August 1703 gab der Buchdrucker Johann Baptist Schönwetter das „Wienerische Diarium" heraus, den Vorläufer der „Wiener Zeitung". Die Lektüre einer Zeitung war aber auf sehr wenige Menschen beschränkt und galt als Luxus. Man erfuhr aber doch die wichtigsten Ereignisse, wenn auch sehr verspätet. Inländische Nachrichten wurden zensuriert und erschienen nur überaus selten im Druck.

Der Kammerherr, der mich in das Gemach des Monarchen führte, verließ mich an der Tür. Ich sah nun den Kaiser, der stehend an einem kleinen Tisch lehnte. Sein Haupt war bedeckt, sein Antlitz zeigte einen ernsten und feierlichen Ausdruck. Wie sehr ich mich auf diese Begegnung vorbereitet hatte, ich fühlte mich beängstigt. Mir fiel ein, daß ich mich im Angesicht des größten und mächtigsten Mannes der Erde befinde . . . Ich machte die herkömmlichen drei Verbeugungen: eine beim Eintritt, die zweite in der Mitte des Zimmers, die dritte nahe bei seiner Majestät. Hierauf

ließ ich mich auf ein Knie nieder, aber der Monarch befahl mir, mich zu erheben und rief mir huldvoll zu: „Stehen Sie auf, stehen Sie auf!"

Der Dichter Pietro Metastasio berichtet einem Freund über eine Audienz bei Karl VI. 1730

Rechts: Karl VI. als Türkensieger. Ölbild von Paulus de Matthei. 1717. Staatsschloß Opočno, ČSFR.

Neue Brücken entlang der Poststraße ins Reich

Die Zunahme des Postverkehrs von Wien durch das Alpenvorland war durch das Fehlen von Brücken über die Nebenflüsse der Donau behindert. Es gab nur gelegentlich Stege, wie etwa über die Traisen, wo schon im 17. Jahrhundert ein Fußgängersteg vorhanden war, während die Wagen den Fluß in einer Furt queren mußten. Diese befand sich in der Nähe der späteren Eisenbahnbrücke nördlich der jetzigen Straßenbrücke. Die Instandhaltung des Steges oblag der Grundherrschaft St. Pölten und dem Augustiner Chorherrenstift, doch beteiligte sich auch die Stadt daran. Dieser Steg wurde im 17. Jahrhundert etwas stärker und breiter ausgeführt, so daß bei Hochwasser auch die Postwagen darüber fahren konnten. Dieser Fahrsteg wurde im Jahre 1647 fertiggestellt, konnte aber auch gelegentlich für den Viehtrieb benützt werden. Gegen Ende des Jahrhunderts war man aber der Meinung, man solle diese Fahrstege durch feste und stabile Brücken ersetzen. Aus diesem Grunde wurde im Jahre 1695 von den Ständen des Landes Niederösterreich eine Kommission gebildet, die sich mit den Brückenbauten im Viertel ob dem Wienerwald beschäftigte.

Jakob Prandtauer als Bruckmeister wurde eingeladen, Pläne zu entwerfen, damit die Bauten in Auftrag gegeben werden konnten. Gleichzeitig ersuchte man die Grundbesitzer, die Zustimmung zur Errichtung der Brücken auf ihrem Grund zu geben. Jakob Prandtauer legte Pläne für die Traisenbrücke, die Pielachbrücke, die Melkbrücke, die Erlauf-, die Ybbsbrücke und die Urlbrücke vor. Von diesen Projekten, die sich im niederösterreichischen Landesarchiv befinden, wurde nur die Pielachbrücke errichtet. Der Bau der anderen Brücken scheiterte an den fehlenden Geldmitteln der Stände.

Die starke Wagenfrequenz über den Steg bei Hochwasser veranlaßte die Stände, im Jahre 1715 über die Verbreiterung des Fahrsteges oder über den Bau einer neuen Brücke über die Traisen zu verhandeln. Es dauerte aber weitere 15 Jahre, bis man im Jahre 1730 mit dem St. Pöltner Baumeister Josef Munggenast Kontakt aufnahm, um über die Traisen eine neue Brücke zu errichten. Sie sollte aus 50 Jochen aus Eichen- und Lärchenholz bestehen und so breit sein, daß zwei Wagen aneinander vorbeifahren konnten. Dafür rechnete man mit 15 Schuh Breite. Die Kosten bezifferte Munggenast mit ca. 4.580 Gulden, bei Ein-Wagen-Breite mit 2.900 Gulden. Schließlich wurde bis zum 9. April 1731 eine 24 Joch lange Brücke fertiggestellt und im Herbst der Bestimmung übergeben. Sie kostete etwas mehr als 3.000 Gulden. Diese Brücke sollte schon

10 Jahre später während des Österreichischen Erbfolgekrieges von den abmarschierenden Franzosen in Brand gesetzt werden, doch gelang es, den Feind davon abzuhalten. Die Brücke wurde später mehrmals erneuert. Sie war der Vorläufer der im Jahre 1907 erbauten Stahl- und Betonbrücke und der jetzigen Traisenbrücke im Verlauf der Bundesstraße 1.

Blick auf Wien von der Vorstadt Wieden. Ölgemälde von Christian Hilfgott Brand. 1735. Hannover, Niedersächsische Landesgalerie.

Der Straßenbau zur Zeit Karls VI.

In der ersten Hälfte des 18. Jahrhunderts wurde das Fernstraßennetz der Monarchie wesentlich verbessert, weil das groß gewordene Reich nicht nur rasche Truppenbewegungen erforderte, sondern auch für die Post gute Straßen benötigte. Nach dem Vorbild Frankreichs sollte mit Hilfe dieser Straßen das habsburgische Reich auch zu einer großen Wirtschaftseinheit werden. Noch im Jahre 1720 glaubte man, mit Hilfe der Landrobot leistungsfähige Straßen schaffen zu können, doch gelang dies nicht. Deshalb wurde 1723 eine Hofkommission geschaffen, der man den Ausbau und die Instandsetzung des Fernstraßennetzes übertrug. Alle wichtigen Straßen gingen von Wien aus und waren gleichzeitig Postlinien. Die wichtigste führte über den Wienerwald und durch das Alpenvorland nach Linz und weiter ins Reich, aber auch die Straßen über Stockerau, Hollabrunn, Pulkau und Zlabings nach Prag sowie über Wolkersdorf, Mistelbach und Nikolsburg nach Brünn und Breslau waren wichtig. Nach Preßburg und in die Zips führte die Straße südlich der Donau über Hainburg, ins Zentrum Ungarns die über Bruck, nach Kroatien jene über Achau, Hornstein und Ödenburg und nach Triest die Straße über den Semmering. Diese wichtigen Routen wurden zu Kommerzialstraßen erklärt, von Ingenieuren vermessen und durch Taglöhner, Robotleute und Bettler mit finanzieller Hilfe der Stände gebaut. Zur Erhaltung des Straßennetzes wurde seit 1724 an den Vorstadtlinien Wiens und den Landesgrenzen ein Kreuzer Weggeld je Zugtier eingehoben, bei schweren ausländischen Güterwagen auch zwei Kreuzer. Nur der Hofstaat und das Gefolge des Kaisers waren von dieser Wegmaut befreit. Den Höhepunkt erreichte dieses Programm im Jahre 1731, als man Straßenbauarbeiter in Krain anwarb, um den Fortgang zu beschleunigen. Dann aber ging der Elan wieder verloren.

Auch der Plan, einen Kanal von der Donau zur Oder zu bauen, war 1702 aufgetaucht. Man wollte den Oderfluß über die March in die Donau leiten, und dies mit Hilfe der Landrobot der Bevölkerung. Doch kam es zu keiner Realisierung des Projektes.

Durchleüchtigster Herzog villgeliebter Bräutigamb
Eüer liebden schreiben hat mich sehr erfreüt, bin auch gantz persuadirt das Sie lieber selbes persönlich als schrifftlich versichert hätten wie nicht zweiffle Eüer liebden ein gleiches von mir auch glauben werden. ist wohl gutt das das nicht auf lange ist und hoffe das es ins künftige zur einer beständigern und ge-

wüntschtern einigkeit dienen wird, die versichere das zeit meines lebens verbleiben werde Eüer liebden

getreüeste braut
Maria Theresia.
Wien dem 8ten Februarij 1736.

Brief Maria Theresias an Franz Stephan von Lothringen.

Rechts: Der Ehevertrag zwischen Franz Stephan von Lothringen und Maria Theresia. 1736.

1734–1739

KALENDER

1734 Die neue Stadtwaage von St. Pölten wird errichtet.

Übergabe des Klosters St. Gotthart an Heiligenkreuz.

Errichtung der „Zungabergstiftung" in Wiener Neustadt.

1735 Erbauung eines Donaubades beim Hölltor in Krems.

1736 Der Hochaltar von Maria Taferl wird vollendet.

In Klosterneuburg bestehen 21 Freihäuser. Inhaber sind u. a. das Bistum Passau und das Kloster Kremsmünster sowie die Grafen Dietrichstein. Freihäuser unterstanden nicht dem Magistrat und hatten keine städtischen Abgaben zu leisten.

1738 Die Dreifaltigkeitssäule in Krems wird von Josef Matthias Götz geschaffen.

Das barocke Rathaus von Wiener Neustadt wird erbaut.

10. 8. Brand im Stift Melk. Vor allem die Kuppel der neu erbauten Kirche wird schwer beschädigt.

20. 6.–5. 7. 1739 Karl Albert von Bayern hält sich in Melk auf, trifft sich dort mit seiner Schwiegermutter Amalie Wilhelmine und verhandelt in Purkersdorf mit Kaiser Karl VI. wegen der habsburgischen Erbfolge.

19. 10. Propst Michael Führer von St. Pölten resigniert und wird abgesetzt.

GEBURTSTAGE

Alexander Edler von Enders. Offizier, Schriftsteller. Geboren 3. 3. 1735 in NÖ. (Gestorben 6. 1. 1789 in Wien.)

Cajetan Wutky. Komponist. Stand viele Jahre im Dienste des Grafen Csaky, des Obersthofmeisters der Erzherzogin Marie Christine, später bei Herzog Albrecht von Sachsen-Teschen, dem Gemahl Christines. Geboren 18. 8. 1735 in Tulln. (Gestorben 27. 4. 1815.)

Johann Georg Albrechtsberger. Komponist, Hoforganist, schuf 244 Werke, darunter 26 Messen. Geboren 3. 2. 1736 in Klosterneuburg. (Gestorben 7. 3. 1809 in Wien.)

Karl Friebert. Tenor im Dienst der Fürsten Esterházy. Textdichter für Haydn. Geboren 7. 6. 1736 in Wullersdorf. (Gestorben 6. 8. 1816 in Wien.)

Josef Hilarius von Eckhel. Jesuit, Professor der Rhetorik und Leiter der Münzsammlung. Geboren 13. 1. 1737 in Enzesfeld bei Baden. (Gestorben 17. 5. 1798 in Wien.)

Michael Haydn. Komponist (Bruder von Joseph Haydn). Geboren 14. 9. 1737 in Rohrau. (Gestorben 10. 8. 1806 in Salzburg.)

Thaddäus Edler von Bayern. Arzt. Präsident der medizinischen Fakultät in Wien; 1776 Rektor in Prag. Geboren 7. 10. 1737 in Herrnbaumgarten. (Gestorben 1808 in Wien.)

Vinzenz Kneer. Ordensgeistlicher der Barmherzigen Brüder, Komponist. Geboren 1738 in Klosterneuburg. (Gestorben 8. 5. 1808 in Teschen.)

Franz Xaver Riedl. Jesuit, dann an der Theresianischen Ritterakademie. Dichter und Gelehrter. Geboren 15. 10. 1738 in Krems. (Gestorben 7. 10. 1773 in Güns.)

Michael Wutky. Maler. Geboren 1739 in Krems. (Gestorben 23. 9. 1823 in Wien.)

Gregor Gruber. Piarist, Gelehrter (Geschichte und Diplomatik). Geboren 7. 8. 1739 in Horn. (Gestorben 20. 4. 1799 in Wien.)

Rechts: Propst Michael Führer.
Unten: Das Grabdenkmal des Prinzen Eugen in der Stephanskirche in Wien.

TODESTAGE

Bernhard Pez. Historiker, Gelehrter. 1699: Ordenseintritt in Melk, später Bibliothekar des Stiftes. Gestorben 27. 3. 1735 in Melk. (Geboren 22. 2. 1683 in Ybbs an der Donau.)

Prinz Eugen von Savoyen. Gestorben 21. 4. 1736 in Wien. (Geboren 18. 10. 1663 in Paris.)

Maria Antonia Fürstin Montecuccoli. Stifterin des Karmelitinnenklosters St. Pölten. Gestorben 3. 1. 1738 in St. Pölten. (Geboren 1672 als Gräfin Colloredo.)

Ildefons von Managetta. Abt von Kleinmariazell, er errichtete die Wallfahrtskirche auf dem Hafner-

Propst Führer und der Konvent von St. Pölten

Am 7. April 1715 wurde im Augustiner-Chorherrenstift St. Pölten Michael Führer zum Propst gewählt, ein Freund des Melker Abtes Berthold Dietmayr. Führer stammte aus Melk, wo er am 21. Mai 1681 geboren worden war. Er legte 1701 in St. Pölten die Profeß ab und war als Priester in verschiedenen Pfarren tätig. Bei seiner Wahl versprach er, keinen Stiftsbesitz zu veräußern und die vorhandenen Schulden ehestens abzuzahlen, die Klosterbaulichkeiten zu erhalten und nötige Gebäude zu errichten, aber jeden Überfluß an Bautätigkeit zu vermeiden. Die wichtigsten Angelegenheiten des Stiftes sollten allen Kapitularen vorgelegt werden. Der junge Propst mußte bei seinem Amtsantritt eine beträchtliche Schuldenlast übernehmen. Er zahlte diese aber nicht nur nicht zurück, sondern machte sogar neue Schulden. Das wurde offensichtlich, als der Propst 1721 daran ging, die Kirche zu erneuern. Deshalb verklagten einige Kapitulare den Propst beim kaiserlichen Geheimrat, wobei sie ihm Verschwendung und unkon-

berg. Gestorben 23. 11. 1738 in Wilhelmsburg. (Geboren 1670 in Marktl.)

Berthold Dietmayr. Gelehrter, Benediktiner. 1687: Ordenseintritt in Melk, 1696: Priesterweihe; 1700: Abt des Stiftes Melk; 1706: Rektor der Universität Wien. Gestorben 25. 1. 1739 in Wien. (Geboren 15. 3. 1670 in Scheibbs.)

Maria Theresia Kriechbaum. Erste Oberin des Instituts der Englischen Fräulein in St. Pölten. Gestorben Mai 1739.

Heinrich Johann Holdermann. Tischler. Lieferte Einrichtungsgegenstände für das nach dem Brand von 1718 erneuerte Stiftsgebäude von Göttweig (z. B. Bibliothek, Kanzel, Tische, Kapitelraum). Gestorben 1739 in Stift Göttweig.

Links: Die Bibliothek des ehemaligen Chorherren-stiftes St. Pölten.
Unten: Der Turm der Stiftskirche Zwettl, erbaut von Josef Munggenast.

1734–1739

trollierte Ausgaben für den Bau der Stiftskirche vorwarfen. Er sei auch zu gastfreundlich und zahle keine alten Schulden ab. Hingegen würden ohne Zustimmung des Kapitels neue Schulden aufgenommen. Der Propst konnte aber diese Bedenken zerstreuen, er ging aus diesen Anschuldigungen entlastet hervor.

Nachdem er den Stiftsausbau weiterführte und zur Deckung der Schulden sogar Siegel und Unterschrift fälschte sowie ständig neue Kredite aufnahm, wurde neuerlich ein Verfahren gegen ihn eingeleitet. Am 19. Oktober 1739 resignierte er, bis zur Tilgung der Schuldenlast Mittel und Wege gefunden wären. Nachdem der Dechant und der Stadtrichter mit der Administration des Stiftes betraut worden waren, übernahm im Jänner 1741 eine Kommission bestehend aus den Prälaten von Herzogenburg, Klosterneuburg und St. Dorothea in Wien die Verwaltung. Doch mit dem Beginn der französischen Okkupation im Jahre 1741 kehrte Führer in sein Stift zurück und übernahm neuerlich die Leitung, was wegen seines guten Französisch empfehlenswert schien. Nach dem Abzug der Franzosen wurde Propst Führer aber die Stiftspfarre Bruck a. d. Leitha als Exilort zugewiesen, wo er am 23. Oktober 1745 starb. Sein Leichnam wurde auf einem Heuwagen in das Stift überführt und in der Rosenkranzkapelle beigesetzt. An Propst Führer erinnert heute das prachtvolle Innere der St. Pöltner Domkirche, aber auch die nur teilweise fertiggestellte Bibliothek.

Die Baumeisterfamilie Munggenast

Die Baumeisterfamilie Munggenast wirkte durch zwei Generationen in Niederösterreich. Josef Munggenast wurde als ältester von sechs Geschwistern am 5. März 1680 im Gebiet von Landegg in Tirol geboren. Während sein Bruder Sigmund in den luxemburgischen Raum auswanderte und als Maurer und Steinhauer in Echternach genannt wird, zog Josef, vielleicht dem Ruf seines Verwandten Jakob Prandtauer folgend, nach Niederösterreich und suchte im März 1717 um die Aufnahme als Bürger und Maurermeister in St. Pölten an. Dieses Gesuch wurde wenige Wochen später vom Stadtrat genehmigt. Er konnte das Haus Domgasse 8 kaufen und übernahm das Meisterrecht des dort ansässigen Heinrich Thoma. Dort starb Munggenast im 62. Lebensjahr als wohlhabender Bürger und wurde am 3. Mai 1741 bestattet. Ein Jahr nach seinem Tode, am 9. Mai 1742, wurde seinem erst 18jährigen Sohn, dem Maurerpolier Franz Munggenast, vom Rat der Stadt das Bürgerrecht verliehen, womit er das Gewerbe des Vaters fortsetzen konnte. Er starb aber noch jung und unverheiratet und wurde am 11. Mai 1748 begraben. Auch Matthias der jüngste Sohn des Josef, der beim Tod des Vaters erst 12 Jahre alt war, wurde Maurermeister. Schon 1749 suchte er um die Verleihung des Bürger- und Meisterrechtes an, wurde auch in die Zunft aufgenommen, doch konnte er sich nie voll entfalten. Schon Ende der 60er Jahre geriet er in große finanzielle Bedrängnis, von der er sich nicht mehr erholte. Er starb völlig verarmt im 70. Lebensjahr am 22. April 1798.

Von den drei Munggenasts ist sicher der Vater der bedeutendste, vor allem auch deshalb, weil er eine Reihe unvollendet gebliebener Werke Jakob Prandtauers übernahm und zu Ende führte. Er selbst schreibt 1730 im Melker Baujournal, „daß er bei seinem Herrn Vetter Jakob Prandtauer anfangs seiner Jugend als Maurermeister allhier gestanden und viel erlernt" habe. Zu seinen selbständigen Werken darf man den Stiftsbau von Seitenstetten zählen, in Zwettl die Gruft, den neuen Konventtrakt mit der Bibliothek, den Hochaltar der Stiftskirche (gemeinsam mit Josef Matthias Götz) sowie die Aufbauten der barocken Seitenaltäre, in Geras die Zubauten zum Stiftsgebäude des Prämonstratenserklosters, die Stiftsgebäude von Altenburg, einen Teil des Nordtraktes des Stiftes von Herzogenburg, den Westturm sowie den Mayerhof dieses Klosters. Einige Häuser in St. Pölten, die urkundlich nicht belegt sind, sowie die hölzerne Traisenbrücke sind ebenso von ihm errichtet worden. An anderen Bauwerken war er maßgeblich beteiligt, etwa an der Errichtung der großartigen Turmfassade der Stiftskirche von Zwettl, bei der Fertigstellung der Wallfahrtskirche auf dem Sonntagberg, beim Neubau der Turmabschlüsse der Stiftskirche Melk und einer Reihe weiterer Bauten. Daneben errichtete er auch kleinere Gebäude, etwa das Schulhaus auf dem Sonntagberg, das Spital des Stiftes Zwettl und das Armenhaus in Strengberg. Von seinem jung verstorbenen Sohn Franz stammt die Kirche des Klosters Herzogenburg, der Plan des Gartenpavillons von Melk, verschiedene Bauten in Seitenstetten und St. Pölten. Urkundlich belegt ist der Kalvarienberg bei St. Pölten. Von Matthias Munggenast stammt der Turm der Kirche von Herzogenburg.

Links: Raphael Donner, Kupferstich von J. J. v. Schmutzer.

1740–1744

KALENDER

1740 Joseph Haydn kommt als Sängerknabe nach St. Stephan in Wien.

20. 10. Maria Theresia tritt nach dem Tod Karls VI. die Regierung als Erzherzogin an.

November–Dezember Aufstände der Bauern – vor allem im Wienerwaldgebiet – wegen Überhegung des Wildes.

12. 11. Huldigung der nö. Stände für Maria Theresia.

16. 12. Beginn des 1. Schlesischen Kriegs. Friedrich II. von Preußen fällt in Schlesien ein.

28. 5. 1741 Vertrag von Nymphenburg zwischen Bayern, Spanien und Frankreich gegen Maria Theresia, am 4. 6. tritt Preußen dem Bündnis bei, Sachsen, Schweden u. a. folgen. Beginn des Österreichischen Erbfolgekrieges.

5. 6. Schwere Überschwemmung im Raum Wien.

18. 6. Ferdinand Graf Hallweil wird Bischof von Wiener Neustadt.

11. 9. Preßburg: Die ungarischen Stände versprechen Maria Theresia Hilfe gegen ihre Feinde.

18. 9. Bayern und Franzosen besetzen die Brücken bei Enns und Steyr.

1. 10. Die Feinde überschreiten die Enns, Kämpfe bei Amstetten.

12. 10. Die Franzosen besetzen Melk und dringen bis St. Pölten vor. Dann wendet sich das französisch-bayerische Heer gegen Böhmen.

Österreichische Truppen in Bayern. Ausschnitt aus einem Ölbild. Oberhausmuseum Passau.

21. 10. Eine Donaubrücke aus Schiffen wird bei Krems durch die Bayern errichtet.

24. 10. Die bayerisch-französische Armee übersetzt die Donau, ein Lager bei Weinzierl wird errichtet.

ab 26. 10. Marsch der Franzosen und Bayern über Gföhl nach Böhmen.

19. 12. Feldmarschall Ludwig Andreas Graf Khevenhüller beginnt mit der Rückeroberung Niederösterreichs und Oberösterreichs.

30. 12. Die Österreicher erreichen unter Khevenhüller die Enns. Im Jänner wird Linz erobert.

Maria Theresia zeigt den ungarischen Ständen den kleinen Joseph. September 1741. Ölgemälde. Wien, ungarische Botschaft.

1742 Bau der Bibliothek des Stiftes Altenburg mit Kuppelfresken von Paul Troger.

Die Preußen dringen in NÖ. ein, besetzen Retz und kommen bis in die Gegend von Horn.

Errichtung der Geheimen Haus-, Hof- und Staatskanzlei.

Jänner Der bayerische Kurfürst wird in Frankfurt zum Kaiser (Karl VII.) gewählt und am 12. Februar in Frankfurt gekrönt.

Juni Vorfriede von Breslau mit Preußen, dem am 28. Juli der Frieden zu Berlin folgt. Damit endet der 1. Schlesische Krieg.

4. 4. 1743 Der Grundstein zum Neubau der Kirche von Herzogenburg wird gelegt. Der Bau wird 1743–50 unter der Leitung von Franz Munggenast errichtet.

3. und 4. 7. Maria Theresia besucht erstmals Melk. Die Kosten des Besuches betragen 2.500 Gulden.

1744 Maria Theresia verkauft die Herrschaft Gänserndorf an den Deutschen Ritterorden und erhält dafür das Areal für den Bau des Schlosses Schönbrunn.

Errichtung der Dreifaltigkeitssäule in Retz.

8. 3. Schwere Überschwemmungen durch die Donau und den Wienfluß.

GEBURTSTAGE

Joseph II. Kaiser. Geboren 13. 3. 1741. (Gestorben 20. 2. 1790 in Wien.)

Josef Krottendorfer. Organist in Herzogenburg. Komponist. Geboren 24. 4. 1741 in Purgstall. (Gestorben 10. 4. 1798 in Wien).

Johann Michael von Puchberg. Sohn des Wiener Stadtsyndikus Josef Matthias von Puchberg. Half Mozart mehrmals bei finanziellen Schwierigkeiten. Geboren 21. 9. 1741 in Zwettl. (Gestorben 21. 1. 1822 in Wien.)

Franz Gußmann. Astronom. Physiker in Lemberg und Wien, Geboren 30. 9. 1741 in Wolkersdorf. (Gestorben 28. 1. 1806 in Seitenstetten.)

Johann Evangelist Dorfmeister. Landschaftsmaler. Geboren 1742 in Wien. (Gestorben 5. 6. 1765.)

Gottfried Uhlich. Piarist. Historiker, Numismatiker und seit 1785 Universitätsprofessor in Lemberg, Schriftsteller. Geboren 16. 1. 1743 in St. Pölten. (Gestorben 30. 1. 1794 in Lemberg.)

Johann Michael Schosulan. Arzt. Dekan (Notar der medizinischen Fakultät). Geboren 28. 4. 1743 in Waidhofen a. d. Thaya. (Gestorben 26. 1. 1745.)

Thaddäus Berger d. Ä. Fabrikant. Errichtete die erste Wiener Seidenbandfabrik in Penzing, Ende des 18. Jahrhunderts im Besitz mehrerer Fabriken. Geboren 21. 9. 1744 in Altmanns. (Gestorben 10. 10. 1800 in Wien.)

Franz Neumann. 1769 Priester, 1783 Direktor des Münz- und Antikenkabinetts, 1811 Professor der Altertumskunst an der Universität Wien. Geboren 11. 11. 1744 in Krems. (Gestorben 7. 4. 1816 in Wien.)

Andreas Rudroff. Maler. Geboren 18. 11. 1744 in Stein. (Gestorben 12. 8. 1819 in Stein.)

Thaddäus Huber. Musiker und Komponist. Geboren 1744 in Hollabrunn. (Gestorben 27. 2. 1798 in Wien.)

TODESTAGE

Hieronymus Übelbacher. Propst von Dürnstein. Gestorben 13. 1. 1740. (Geboren 31. 10. 1675 in Hollabrunn.)

Karl VI. Kaiser. Gestorben 20. 10. 1740 in Wien. (Geboren 1. 10. 1685 in Wien.)

Georg Raphael Donner. Bildhauer. Gestorben 15. 2. 1741 in Wien. (Geboren 24. 5. 1693 in Eßling.)

Josef Munggenast. Baumeister. Gestorben 3. 5. 1741 in St. Pölten. (Geboren 5. 3. 1680 in Schnann in Tirol.)

Johannes Prandtauer. Ordensgeistlicher. Pfarrer in Kapelln; Sohn Jakob Prandtauers. Gestorben 18. 5. 1741 in Kapelln. (Geboren 2. 8. 1693 in St. Pölten.)

Josef Emanuel Fischer von Erlach. Baumeister. Gestorben 29. 6. 1742 in Wien. (Geboren 13. 9. 1693 in Wien.)

Ludwig Andreas Graf Khevenhüller. Verteidigte NÖ im Österreichischen Erbfolgekrieg gegen Bayern und Franzosen. Gestorben 26. 1. 1744 in Wien. (Geboren 30. 11. 1683 in Linz.)

Giovanni Giuliani. Bildhauer. Gestorben 5. 9. 1744 in Heiligenkreuz. (Geboren 1663 in Venedig.)

Ferdinand Leopold Herberstein. Ritter des Goldenen Vlieses, Gesandter am schwedischen Hofe (1731–36), Obersthofmeister, niederösterreichischer Landmarschall, zuletzt Staats- und Konferenzminister. Gestorben 1744 in Karlsbad. (Geboren 1695.)

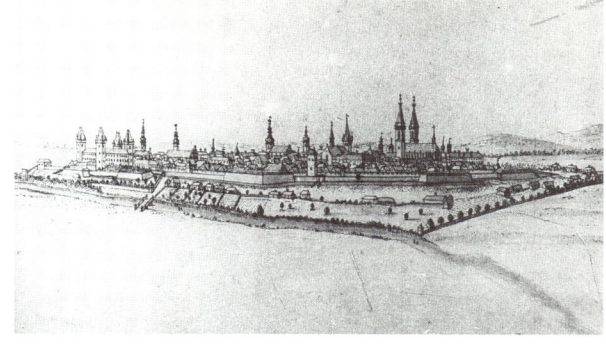

Rechts: Die Stadt Wiener Neustadt um 1740. Ansicht von B. Werner.

Das graphische Kabinett von Göttweig

Abt Gottfried Bessel, der Bauherr des barocken Klosters Göttweig, legte auch eine große Kupferstichsammlung von etwa 20.000 Blättern an. Er besaß weitreichende Kontakte nach Deutschland und Italien, war selbst viermal in Rom und ein Kenner der Graphik seiner Zeit. Er erwarb eine große Zahl der bedeutendsten Stücke der deutschen Schule. Dazu gehörten Arbeiten von Martin Schongauer, Lukas Cranach, Albrecht Dürer. 4000 Stiche aus der niederländischen Schule mit wertvollsten Blättern der verschiedensten Künstler waren ebenso darunter wie 3000 Graphiken der italienischen Schule mit besonderen Kostbarkeiten. Hingegen sind nur wenige französische Meister vertreten, die englische Schule fehlt überhaupt. Daneben erwarb Bessel auch zahlreiche Bücher, in denen Holzschnitte, Kupferstiche und Federzeichnungen eingebunden waren.

Bei dieser Sammeltätigkeit waren ihm verschiedene Persönlichkeiten behilflich, so etwa sein in Rom lebender Bruder Franz Bessel, der selbst ein eifriger Sammler war und seinen Besitz dem Abt Gottfried vermachte. Bessel hat bei seinen Sammlungen aber auch sich und sein Kloster berücksichtigt. So beauftragte er 1730 den Zeichner und Kupferstecher Martin Bernigepoth aus Leipzig, ihn zu porträtieren. Den grandiosen Bauplan Lukas von Hildebrandts für den Neubau des Stiftes stach im Auftrag Bessels im Jahre 1719 Salomon Kleiner. Kleiner war nicht nur ein bedeutender Kupferstecher, sondern auch Architekt und schuf fünf Ansichten, wie das Stift nach der Vollendung des Planes aus den vier Himmelsrichtungen

betrachtet aussehen sollte. Auch die Darstellungen der Innenansichten des Kunstkabinetts sowie des Holzaufzugs und der Wasserleitungen waren interessante Arbeiten Salomon Kleiners, der im Jahre 1759 als Professor der Baukunst am Theresianum in Wien starb. Gottfried Bessel hat diese Kupferstichsammlung nicht auf Kosten des Stiftes angelegt, sondern von seinem Gehalt als Verordneter des Prälatenstandes und vom Verkaufserlös seines Werkes „Chronicon Gotwicense" finanziert. Für die Unterbringung sorgte er ebenfalls und ließ im ersten Stock des Südost-Turms eine Turmstube als Kunstkabinett einrichten. In der Folgezeit wurden zwar weitere Blätter angeschafft, so großzügig wie unter Bressel wurde aber das graphische Kabinett des Stiftes Göttweig nicht mehr erweitert.

Rechts: Abt Gottfried Bessel. Ölgemälde. Um 1745. Stift Göttweig. Unten: Rentmeister und Bauer. Öl auf Holztafel. Schloß Kirchberg im Wald.

Josef Emanuel Fischer von Erlach. Ölgemälde.

Rentmeister und Bauern

An einem Fensterladen des Schlosses Kirchberg am Wald befindet sich ein Ölgemälde, das einen Rentmeister zeigt, der von einem Bauern den Zins entgegennimmt. Die Rentmeister waren zu dieser Zeit bereits die Repräsentanten des Feudalsystems, weil die Herren großer Güter in der Regel in Wien oder in zentralen Adelssitzen wohnten. Vor dem Rentmeister liegt das Urbar und das

Verzeichnis der geschuldeten Abgaben. Der vor ihm stehende Bauer zählt Kupfer- und Silbermünzen auf den Tisch. Es ist dies eine symbolhafte Darstellung des 18. Jahrhunderts. In Schloß Kirchberg hat sich die Einrichtung der Herrschaftskanzlei, der ehemaligen Allodialherrschaft, mit den Darstellungen des herrschaftlichen und ländlichen Lebens erhalten.

Links: Eintritt der Tochter Daniel Grans in das Institut der Englischen Fräulein. 1745. Aquarell. St. Pölten, Institut der Englischen Fräulein.
Rechts: Die Wallfahrtskirche Hafnerberg.

1745–1754

KALENDER

1745 Die Piaristen lassen sich in St. Pölten nieder und bleiben bis 1776.

Die Kirche auf dem Hafnerberg wird vollendet.

Wahl Franz Stephans von Lothringen, des Gemahls Maria Theresias, zum Kaiser. Maria Theresia reist zur Krönung nach Frankfurt. Abreise: 18. September, Krönung: 4. Oktober, Rückkehr: 27. Oktober. Bei der Rückkehr hält man sich in Melk auf.

Daniel Gran übersiedelt von Wien nach St. Pölten, malt 1748 die Fresken im Presbyterium von Herzogenburg und 1749 die Fresken im Kaisersaal von Klosterneuburg.

Gerard van Swieten kommt als Leibarzt Maria Theresias nach Wien.

26. 4. Franz Munggenast legt dem Stadtrat von St. Pölten einen von ihm gezeichneten Stadtplan vor, der sich aber nicht erhalten hat.

1746 Johann Ferdinand Graf von Kuefstein wird zum Statthalter ernannt.

Viehseuche in Eggenburg; daran erinnert ein Votivbild.

1747 I. N. Nagel untersucht im Auftrag von Kaiser Franz Stephan die Seelacken (Geldloch und Taubenloch) im Ötscher.

Einsetzung des Kardinals Troyer von Olmütz in der Augustinerkirche in Wien.

Anton Graf Gaisruck untersucht die Finanzgebarung landesfürstlicher Städte und erläßt Instruktionen.

Jänner Die englischen Truppenverstärkungen für die Pragmatische Armee kommen nach Deutschland, um Maria Theresia im Rahmen des Österreichischen Erbfolgekrieges beizustehen.

27. 6. Die Engländer siegen bei Dettingen nahe Aschaffenburg über die Franzosen.

1747/48 Johann Walser aus Budweis errichtet die Dreifaltigkeitssäule in Weitra.

1749 Die Märkte Stockerau, Traiskirchen, Guntramsdorf, Himberg, Hadersdorf, Gaweinstal und Hohenruppersdorf sowie mehrere Dörfer kaufen sich frei.

15. 1. Handschreiben Maria Theresias über Reform der Verwaltung.

22. 8. Große Heuschreckenschwärme fallen im nordwestlichen Waldviertel ein.

1750 Freiherr von Grechtler kauft Fridau, wo er eine Textilfabrik einrichtet.

Philipp Joseph Graf Orsini-Rosenberg wird Präsident der nö. Regierung.

Ein Stadel im Wirtschaftshof der ehemaligen Burg Baden wird in ein Theater umgestaltet und von J. F. Moser und einer Gesellschaft aus Prag betreut.

Beginn des Silberbergbaues auf dem Annaberg (dem Erzkogel).

11. 6. Der Grundstein zum ersten Turm der Kirche von Göttweig wird gelegt. 1753 wird der zweite Turm begonnen. Er wird 1755 vollendet. Die Kosten betragen 1700 Gulden.

Kaiser Franz I. Ölgemälde von Martin van Meytens. Stift Melk.

1751 Franz Joseph Krapf errichtet im Wienerwald die „Krapfenhütte", ein Waldhaus, aus dem sich später eine Gaststätte „im Krapfenwaldl" entwickelte.

15. 2. Eine Konduktordnung wird erlassen mit Angabe der Taxen bei Begräbnissen.

14. 12. Maria Theresia ordnet die Errichtung einer Adeligen-Militärschule in Wiener Neustadt an.

11. 11. 1752 Die Akademie in Wiener Neustadt nimmt den Betrieb auf. Die erste Ausmusterung erfolgt 1755.

1753 Errichtung der Kreisämter in Niederösterreich.

Nicolaus von Pacassi errichtet auf Wunsch Maria Theresias ein Schloßtheater in Laxenburg. Es wird 1765 von Pacassi und 1782/83 von Isidore Canevale umgebaut.

Die „Nadelburg" in Lichtenwörth bei Wiener Neustadt wird gegründet, eine Fabrikarbeitersiedlung mit Umfassungsmauer.

1754 Anton Maulbertsch malt das Deckengemälde, die „Apotheose des hl. Leopold", in der Kapelle des Schlosses Ebenfurth.

Ein Patent über den Hausbau wird erlassen. Das Erdgeschoß soll stets aus Stein erbaut werden.

Die Brücke vor dem Wienertor in Krems wird aus Stein erbaut, aber 1757 vom Hochwasser weggerissen.

Die erste „Seelenbeschreibung" (Volkszählung) in NÖ. wird durchgeführt.

23. 9. Fest auf Schloßhof, das letzte große Barockfest.

GEBURTSTAGE

Franz de Paula Triesnegger. Jesuit. Astronom. Leiter der Wiener Universitätssternwarte. Geboren 2. 4. 1745 in Kirchberg am Wagram. (Gestorben 29. 1. 1817 in Wien.)

Ignaz de Luca. Lexikograph. Geboren 29. 1. 1746 in Linz. (Gestorben 24. 4. 1799 in Wien.)

Gaudentius Andreas Dunkler. Propst von Klosterneuburg. Geboren 21. 11. 1746 in Piesting. (Gestorben 23. 11. 1829 in Klosterneuburg.)

Philipp Schlucker. Baumeister, baute u. a. die Mauer des Lainzer Tiergartens und den Turm der Kirche von Alland. Nach ihm wird ein armer Mensch als „armer Schlucker" bezeichnet. Geboren 1747 in Alland. (Gestorben 9. 4. 1820 in Wien.)

Maximilian Stadler (Abbé Stadler). Abt von Lilienfeld und Kremsmünster, Komponist und Organist, Freund von Haydn, Mozart und Schubert. Geboren 7. 8. 1748 in Melk. (Gestorben 8. 11. 1833 in Wien.)

Rupert Hehn. Benediktiner. Pomologe (Fachmann für den Obstbau). 1766 Ordenseintritt in Melk, 1772 Priesterweihe, Direktor der Normalschule zu Melk, später Präfekt des Gymnasiums in St. Pölten, zuletzt Administrator des Stiftsherrschaft Leesdorf bei Baden. Geboren 27. 10. 1748 in Reyersdorf. (Gestorben 10. 9. 1826 in Leesdorf.)

Laurenz Janscha. Landschaftsmaler. Geboren 30. 6. 1749 in Rochein (Krain). (Gestorben 1. 4. 1812 in Wien.)

Joseph Ernst Mayer. Philosoph. Schriftsteller. Rektor der Pilosophischen Fakultät der Universität Löwen. Geboren 13. 3. 1751 in Pulkau. (Gestorben nach 1810.)

Gregor Hauer. Komponist. Benediktiner. Als Sängerknabe im Stift Melk, später Eintritt im Stift Seitenstetten, wo er Musikdirektor und Studienpräfekt wurde. Geboren 3. 2. 1753 in Ernstbrunn. (Gestorben 6. 9. 1822 in Seitenstetten.)

Johann Hieronymus Löschenkohl. Kupferstecher. Ab 1780 in Wien, fertigte Stiche aktueller Ereignisse an. Geboren 17. 3. 1753 in Elberfeld. (Gestorben 11. 1. 1807 in Wien.)

Anton Paul Stadler. Klarinettist und Bassetthornspieler. Ab 1787 in der Hofkapelle in Wien, erwarb sich Verdienste um die technische Verbesserung von Bassetthorn und Klarinette. Geboren 28. 6. 1753 in Bruck a. d. Leitha. (Gestorben 15. 6. 1812 in Wien.)

Johann Baptist Schenk. Komponist. 1794 Musikdirektor des Fürsten Auersperg in Wien; komponierte Singspiele, die an der italienischen Opera buffa orientiert sind, z. B.: „Die Weinlese", „Die Jagd". Geboren 30. 11. 1753 in Wiener Neustadt. (Gestorben 29. 12. 1836 in Wien.)

Joseph Friedrich Freiherr von Retzer. Schriftsteller. Hofkonzipist, schrieb 1787 eine Geschichte der „Bücherzensur" über die Zeit 1766–87; 1787 Hofsekretär. Geboren 25. 6. 1754 in Krems. (Gestorben 15. 10. 1824 in Wien.)

...haben uns entschlossen... eine eigene militäracademie auf unsere kosten zu errichten, zu solcher unsere landesfürstl. burg in der Wiener-Neustadt mit aller zugehörde einzuräumen und in derselben ein cadetencorps von zweien compagnien, eine von hundert adelich und die zweite von eben so vielen militär-ober-officiers-kindern... zusammensetzen, selbst nebst dem bedürftigen unterhalt an kost und kleidung die wahre grundsätze deren zur kriegskunst erforderlichen wissenschaften beibringen, solche endlich nach dem mass ihrer bezeigenden fähigkeiten und an-

wendung zu unseren militärdienst einleiten und befördern zu lassen.

Hofdekret Maria Theresias vom 14. Dezember 1751

Rechts: Das erste Lehrbuch für den Prinzen Joseph (später Kaiser Joseph II.).

TODESTAGE

Martino Altomonte. Maler; lebte seit 1738 in Heiligenkreuz. Gestorben 14. 9. 1745 im Heiligenkreuzer Hof in Wien. (Geboren 8. 5. 1657 in Neapel.)

Johann Michael Führer. Propst des Augustiner Chorherrenstiftes St. Pölten. Gestorben 23. 10. 1745. (Geboren 22. 5. 1681 in Melk.)

Johann Lukas von Hildebrandt. Architekt. Errichtete u. a. für Prinz Eugen Schloßhof und baute für die Grafen Schönborn in Göllersdorf. Gestorben 16. 11. 1745 in Wien. (Geboren 14. 11. 1668 in Genua.)

Giovanni Giuliani. Bildhauer. Gestorben 1747 in Stift Heiligenkreuz.

Otto Ferdinand Graf von Abensberg-Traun. Feldmarschall, seit 1697 in kaiserlichen Diensten. Gestorben 10. 2. 1748 in Hermannstadt. (Geboren 27. 8. 1677 in Ödenburg.)

Franz Munggenast. Sohn Josef Munggenasts. Baumeister; baute 1743 die Kirche von Herzogenburg, 1745 den Kalvarienberg in St. Pölten. 1747/48 den Gartenpavillon von Melk. Gestorben 11. 5. 1748 in St. Pölten. (Geboren 23. 1. 1724 in St. Pölten.)

Gottfried Bessel. Geschichtsschreiber. Diplomat im Dienst Kaiser Karls VI., 1714 Abt von Stift Göttweig, dessen barocken Neubau er begann. Er stellt den Typus des feudalen Barock-Prälaten dar, war zweimal Rektor der Universität Wien und schuf das fundamentale, aber unvollendete „Chronicon Gotwicense" (1732). Gestorben 22. 1. 1749 in Göttweig. (Geboren 5. 9. 1672 in Buchen.)

Sigismund Graf Kollonitsch. Erzbischof. Zu seiner Zeit wurde Wien Erzbistum und erhielt einen Teil des Viertels unter dem Wienerwald übertragen. Gestorben 13. 4. 1751 in Wien. (Geboren 30. 5. 1677 in Wien.)

Votivbild auf eine Tierseuche mit Stadtansicht von Eggenburg. 1746. Eggenburg, Krahuletz-Museum.

Joseph Hardtmuth. Architekt, Techniker, Erfinder; baute in Feldsberg (heute Valtice, ČSFR) und in der Vorderbrühl. Gestorben 20. 2. 1752 in Asparn. (Geboren 23. 5. 1716 in Wien.)

Johann Ferdinand Graf Kuefstein. Vizepräsident der nö. Regierung, Musiker, Dirigent. Gestorben 18. 10. 1752 in Wien. (Geboren 23. 11. 1718 in Wien.)

Hieronymus Joseph Allram. Komponist. Bibliothekar in Stift Geras. Gestorben 2. 1. 1754 in Gmünd. (Geboren 10. 3. 1825 in Geras.)

Chrysostomos Hanthaler. (eigentlich Johannes Adam). Numismatiker, Genealoge und Historiograph, Zisterzienser, Urheber einer Chronik-Fälschung der Babenberger-Zeit. Gestorben 2. 9. 1754 in Lilienfeld. (Geboren 14. 1. 1690 in Mehrnbach.)

Die Nadelburg zu Lichtenwörth

Im Jahre 1747 kaufte der Piestinger Hammerwerksbesitzer Johann Christian Zug vom Bistum Wiener Neustadt die Winkelmühle in Lichtenwörth und errichtete dort eine Nadelfabrik, an der auch Maria Theresia großes Interesse hatte. Sie hoffte, diese Industrie in Österreich heimisch machen zu können, deren Produkte bisher aus Nürnberg und Aachen eingeführt werden mußten. Deshalb erhielt der Fabrikant Zug zum Ausbau seiner Fabrik nicht nur einen Staatskredit in der Höhe von 10.000 Gulden, sondern auch weiterhin Regierungsunterstützung. Im Jahre 1751 verkaufte Johann Christian Zug die Mühle samt den neu errichteten Fabriksgebäuden an das Münz- und Bergwesen-Direktions-Hofkollegium. Damit waren die Nadelfabrik und der Drahtzug zu Lichtenwörth in den Besitz des Staates übergegangen. Dieses Amt kaufte auch noch vom Bischof von Wiener Neustadt den Hofgarten zu Lichtenwörth. Mit diesem Ankauf war die Ausgestaltung der Fabrik möglich. Da man für diesen Betrieb dringend Facharbeiter benötigte, die man aus Nürnberg und Aachen holen wollte, errichtete man in der Nähe der Fabrik dreißig kleine gemauerte, schindelgedeckte Häuser. Jedes Haus bot Unterkunft für zwei Familien, die

je zwei Zimmer und eine gemeinsame Küche beanspruchen konnten. Auch ein kleiner Hausgarten konnte gemeinsam benützt werden. Den Abschluß der Fabriksgasse bildete die Fabrikskirche, die ebenfalls vom Staat nach Plänen des kaiserlichen Baumeisters Nicolo Pacassi errichtet wurde. Am 21. November 1756 weihte der Wiener Neustädter Bischof Ferdinand Graf Hallweil die Kirche der „Nadelburg" ein. Das barocke Hochaltarbild stellt die Kreuzigung dar. Maria Theresia ist als Nonne neben dem Kreuz stehend dargestellt. Neben dem Kruzifix kniet der junge Joseph II. in Uniform. Den Hintergrund des Bildes bildet eine Ansicht der ungarischen Bergbaustadt Schemnitz. Die „Nadelburg" erhielt auch einen eigenen Schulmeister und einen eigenen Arzt. Nicht nur für die Fabrik selbst, auch für die von der übrigen Ortschaft Lichtenwörth durch eine Umfassungsmauer getrennte Fabrikssiedlung wurde bald der Name „Nadelburg" üblich. In diesen Häusern siedelten sich angeworbene Facharbeiter aus Deutschland an. Der Agent, der diese Anwerbung durchführte, hatte auch eine bei Aachen in Verwendung stehende Fingerhutmaschine abzeichnen lassen, die in der Nadelburg nachgebaut wurde.

Das Kartoffeldenkmal für den Pfarrer Jungbluth in Prinzendorf.

Ich fuhr in einer Birutsche mit zwei Pferden, die ich selbst kutschierte, nach Laxenburg. Von Mariahilf führt eine sehr schöne Allee dorthin. Man fährt an der Favorita, an Inzersdorf, Vösendorf und Biedermannsdorf vorbei. Für gute zwei Meilen benötigt man nur drei Viertelstunden... Das Schloß Laxenburg ist der schlechteste kleine Edelhof, den man sich vorstellen kann, aber bei einer Ortschaft, mitten in einer sehr lieblichen Landschaft gelegen. Viele Minister haben hier ihre eigenen Häuser, von denen das der Sinzendorf das schönste ist... Was mir am

meisten Aufmerksamkeit zu verdienen schien, war die Menschlichkeit und Familiarität des Kaisers (Franz I. Stephan) gegenüber seinem Hofstaat. Er spricht zu ihnen wie zu seinesgleichen... Ich habe den Erzherzog (Joseph) genau betrachtet. Es scheint nicht, daß er eines Tages so menschlich sein wird wie seine erhabenen Eltern. Er schaut sehr hochmütig aus und setzte eine sehr ernste und gleichgültige Miene auf, als er seiner Frau half.
Tagebucheintragung von Karl Graf Zinzendorf zum 3. Mai 1761

1755–1762

KALENDER

1755 Ausbau des Schlosses Gutenbrunn bei Herzogenburg durch den Weihbischof Franz Anton von Marxer. Die Fresken in der Kirche stammen von Maulbertsch.

1756–1763 Siebenjähriger Krieg zwischen Österreich und Preußen, aber gleichzeitig auch ein „globaler" Krieg um die Vorherrschaft Englands oder Frankreichs in Nordamerika, die Eroberung Indiens etc.

1756 Die Hauptklause für das Flößen auf dem Schwechatfluß bei Klausen-Leopoldsdorf wird errichtet.

Daniel Gran malt das Kuppelfresko der Kapuzinerkirche Und.

1. 5. Österreich schließt mit Frankreich einen Neutralitäts- und Defensivvertrag.

29. 7. Preußen beginnt mit einem Angriff gegen Sachsen den Siebenjährigen Krieg.

26. 11. Die Kirche der „Nadelburg" zu Lichtenwörth wird geweiht.

1757 Die Karmeliterkirche (jetzt Franziskanerkirche) in St. Pölten wird gebaut. Fertiggestellt 1768.

Herstellung eines Votivbildes der Stadt St. Pölten für die Wallfahrtskirche auf dem Sonntagberg zum Dank für die Verschonung im Krieg gegen Preußen.

Die steinerne Brücke vor dem Wienertor in Krems wird bei einem Hochwasser durch große Holzstämme weggerissen.

Die Fahne der Maurer und Steinmetzen St. Pöltens (im Diözesanmuseum St. Pölten) wird angefertigt.

1. 5. Frankreich verpflichtet sich, am Krieg gegen Preußen teilzunehmen (2. Vertrag von Versailles).

8. 6. Die Österreicher unter General Daun siegen bei Kolin.

22. 6. Maria Theresia stiftet den nach ihr benannten Orden.

12. 12. Die Preußen siegen bei Leuthen.

13./14. 10. 1758 Die Österreicher siegen bei Hochkirch in Sachsen.

1759 Niederlage der Preußen bei Kunersdorf.

um 1760 Im Yspertal wird der letzte Bär geschossen.

Franz Anton Maulbertsch malt das Deckengemälde in der Bibliothek des Barnabitenklosters Mistelbach.

1761 Pfarrer Johann Jungbluth läßt Kartoffelknollen aus Holland bringen und baut sie in Prinzendorf im Weinviertel an.

Gründung von Theresienfeld.

26. 1. Errichtung des Staatsrates, der höchsten beratenden Institution des Landes.

12. 6. 1762 Erstmals wird in Österreich Papiergeld ausgegeben.

3. 11. Die Vermessung Österreichs durch P. Josef Liesgang wird bei Wiener Neustadt begonnen. 1770 abgeschlossen.

Schloß Heiligenkreuz-Gutenbrunn.

GEBURTSTAGE

Felix Miesl Edler von Treuenstadt. Bürgermeister von Wiener Neustadt. Geboren 1755 in Platten, Böhmen. (Gestorben 1836 in Wiener Neustadt.)

Georg Huebmer. Schwemmeister, genannt der „Raxkönig". 1816 Triftprivileg für die Traisen. 1822–27 Durchstich des Gscheidsattels zur Nutzung des Neuwaldes. Geboren 11. 4. 1755 in Gosau. (Gestorben 20. 3. 1833 in Naßwald.)

Christian Haller. Stempelschneider, Medailleur, arbeitete in Wien und Brüssel (1787–93 als Münzgraveur). Geboren 1756 in Eggenburg. (Gestorben 4. 4. 1806 in Wien.)

Josef Preindl. Komponist, Organist. Ab 1763 Sängerknabe in Mariazell, ab 1772 in Wien als Organist tätig, ab 1809 Domkapellmeister zu St. Stephan. Geboren 30. 1. 1756 in Marbach. (Gestorben 26. 10. 1823 in Wien.)

Joseph Anton Bauer. Historienmaler. Kupferstecher. Inspektor der Fürstlich-Liechtensteinschen Galerie. Geboren 5. 3. 1756 in Feldsberg (Valtiče, ČSFR).

Anton Wohlfahrt. Ab 1801 Abt des Zisterzienserklosters in Wiener Neustadt. Geboren 31. 10. 1756 in Wiener Neustadt. (Gestorben 4. 1. 1836 in Wiener Neustadt.)

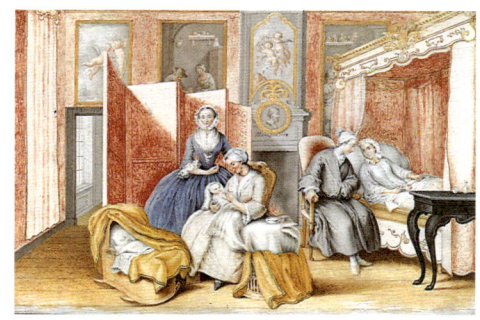

Joseph II. am Wochenbett seiner ersten Gemahlin Isabella. Gouache der Erzherzogin Maria Christina im Schloß Schönbrunn.

Das Deckenfresko in der Kapelle von Schloßhof von Carlo Carlone.

Anton Karl Reyberger. Abt von Melk, Rektor der Universität Wien. Geboren 21. 1. 1757 in Göllersdorf. (Gestorben 3. 10. 1818 in Melk.)

Ignaz Pleyel. Komponist, Dirigent, Verleger, Fabrikant, Schüler von J. Haydn. 1. Kapellmeister am Straßburger Münster, Verleger und Gründer einer Klavierfabrik in Paris. Geboren 18. 6. 1757 in Ruppersthal. (Gestorben 14. 11. 1831 in Paris.)

Joseph Hardtmuth. Baumeister, Fabrikant, Ausbildung als Maurer und Steinmetz in Asparn/Zaya, Begründer der später unter den Namen „L. & C. Hardtmuth" bekannt gewordenen Fabrik, deren Grundlage Hardtmuths Erfindung der keramischen Graphitmine war, heute noch die Basis der üblichen Bleistift-Fabrikation. (Sein Enkel Franz von Hardtmuth (1832–96) schuf den „Koh-i-noor-Stift" mit 17 Härtestufen.) Geboren 13. 2. 1758 in Asparn a. d. Zaya. (Gestorben 23. 5. 1816 in Wien.)

Franz Andreas Bauer. Blumenzeichner und -maler, ging 1788 nach England, ab 1790 (bis 1840) Hofmaler Georgs III. Geboren 14. 3. 1758 in Feldsberg (Valtiče, ČSFR). (Gestorben 11. 12. 1840 in London.)

Ferdinand Bauer. Botaniker, Pflanzenmaler, Kupferstecher. Bruder von Franz Andreas Bauer; schuf zahlreiche Pflanzenzeichnungen, angeregt vom Botaniker Nikolaus de Jacquin in Wien. Er nahm an einer Weltumseglung (1800) und an Flinders Erforschung der australischen Küste teil (nach ihm ist das Kap Bauer im Westen der Eyre-Halbinsel benannt); seine reichhaltige Sammlung von Tier- und Landschaftsbildern befindet sich im Naturhistorischen Museum in Wien. Geboren 20. 1. 1760 (?) in Feldsberg. (Gestorben 17. 3. 1826 in Wien-Hietzing.)

Philipp Thaddäus Korner. Musiker. Ab 1797 Tenor an der Hofkapelle in Wien. 1817–22 Lehrer am Konservatorium der Gesellschaft der Musikfreunde. Geboren 4. 5. 1761 in Auersthal. (Gestorben 18. 9. 1831 in Wien.)

Anton Hye. Schulmann. Jugendschriftsteller, Pfarrer in Hadres. Geboren 8. 10. 1761 in Aspern. (Gestorben 19. 9. 1831 in Wien.)

Johann Schenk. Komponist. Geboren 30. 11. 1761 in Wiener Neustadt. (Gestorben 29. 11. 1836 in Wien.)

Links: Der Ort Theresienfeld. Kol. Kupferstich in der „Kirchlichen Topographie". Rechts: Oberstleutnant Graf Kinsky überbringt die Nachricht vom Sieg bei Kunersdorf am 16. 8. 1757. Ölgemälde von Bernardo Bellotto. Wien, Kunsthistorisches Museum.

TODESTAGE

Maximilian Spillhofer. Priester. 1700 Eintritt in den Orden der Gesellschaft Jesu; Lehramt, z. B. in Wien, Linz, Ofen und Erlau, u. a. Rektor in Varasdin. Gestorben 2. 2. 1755 in Wiener Neustadt. (Geboren 12. 10. 1683 in Laibach.)

Matthäus Donner. Bruder von Georg Raphael Donner, Bildhauer und Medailleur. Gestorben 26. 8. 1756. (Geboren 1704 in Eßling.)

Placidus Much. Abt von Altenburg, barocker Bauherr. Gestorben 15. 8. 1756 in Altenburg. (Geboren 1685 in Straming.)

Daniel Gran. Fresken- und Altarbildmaler. Gestorben 16. 4. 1757 in St. Pölten. (Geboren 22. (?) 5. 1694 in Wien.)

Franz Amon. Benediktiner in Melk, Lexikograph. Fachmann für mittelalterliche Literatur. Gestorben 16. 1. 1759 in Traiskirchen. (Geboren 10. 12. 1700 in Waldhausen.)

Johann Schmidt. Bildhauer. Arbeitete in der Wachau, seit 1740 in Göttweig, Dürnstein und Grafenwörth beschäftigt. Gestorben 28. 6. 1761 in Mautern. (Geboren 8. 10. 1684 in Pöstadt bei Assenheim, Kreis Friedberg in Hessen.)

Paul Troger. Maler. Gestorben 26. 7. 1762 in Wien. (Geboren 30. 10. 1698 in Welsberg.)

Die Gründung von Theresienfeld

In der zweiten Hälfte des 18. Jahrhunderts wuchs die Bevölkerung an, so daß es notwendig war, mehr Lebensmittel zu erzeugen. Dazu waren verschiedene Maßnahmen vorgesehen, die von der Regierung gelenkt wurden. Eine davon war die Nutzung der Brache, jenes wechselnden Drittels des fruchtbaren Ackerlandes, das alljährlich nicht bebaut wurde, um sich zu erholen. Nun sollten Futterpflanzen, vor allem aber die neu in Mode gekommene Kartoffel angepflanzt werden. Darüber hinaus wurde die Pflanzung von Apfel- und Mostbirnbäumen entlang der großen Straßen durchgesetzt. Nach französischem Vorbild wurde diese Aktion gestartet. Damit wollte man dem „gemeinen Mann" zusätzliche Nahrungsmittel verschaffen, der Schatten der Bäume sollten zusätzlich den Reisenden nützen. Joseph II. hat später auch die Anpflanzung von Bäumen in Dörfern und Hausgärten gefördert. Auch die Schädlingsbekämpfung wurde forciert. So mußte seit 1749 jede auf dem Land ansässige Person jährlich fünf Spatzenköpfe bei der Obrigkeit abliefern oder Ersatz bezahlen. Im Jahre 1774 wurde dieses Patent so erweitert, daß nun statt Spatzen auch Maulwürfe oder Wühlmäuse abgeliefert werden konnten. Aber auch die Heuschrecken waren zu dieser Zeit noch gefürchtete Schädlinge. Wir wissen von großen Heuschreckeneinfällen im Gebiet von Graz, aber auch im nordwestlichen Niederösterreich.

Zur selben Zeit wurde auch versucht, auf Gütern und Flächen, die dem Landesfürsten gehörten, neue Siedlungen zu errichten oder vorhandene Großbetriebe aufzulösen. Ein Pionier dieser Idee war Franz Anton Ritter von Raab, der aus Kärnten stammte, in Graz studiert hatte und sowohl in Böhmen als auch in Niederösterreich diese Aktion durchführte. Unter seiner Leitung entstand auf der unfruchtbaren Heide bei Wiener Neustadt der Ort Theresienfeld, um das öde Steinfeld zu kolonisieren. Auf dem Schotterkegel der Piesting nördlich von Wiener Neustadt auf einem ganz unfruchtbaren Boden entstand ab 1763 dieses Kolonistendorf, das bekannteste der Epoche. Nachdem eine Prämie von 100 Dukaten für den besten Plan zur Urbarmachung des Bodens in diesem Raum ausgesetzt worden war, die von Landphysikus Vourlam gewonnen wurde, errichtete man einen Bewässerungskanal und im Sommer 1763 die ersten fünf Häuser, die man „k. k. Ackerbaukolonie Theresienfeld" nannte. Später wurden 30 Familien aus Tirol angesiedelt, und 1769 wurde die Aktion mit 70 Häusern abgeschlossen. Die Siedler bekamen vom Staat für die ersten Jahre Wirtschaftsgeld und Betriebskapital, waren von Robot und Zehent befreit und unterstanden keiner Grundherrschaft, waren also freie Bauern. Durch kulturtechnische Maßnahmen wie die Errichtung einer Bewässerungsanlage, für die das Wasser aus der Piesting bei Wöllersdorf entnommen und durch den fünf Kilometer langen „Tirolerbach" dem Ort zugeleitet wurde, wollte man dem Boden Fruchtbarkeit abtrotzen. Aber viele Siedler verließen den Ort wieder, enttäuscht von der ihnen ungewohnten Gegend, nur einige Familien blieben, doch zogen bald andere zu, und der Ort Theresienfeld, der auch eine von Maria Theresia gestiftete Kirche erhielt, blieb bestehen.

Der Beginn der Vermessung in Österreich

Im Süden Wiener Neustadts vor dem Neunkirchner Tor bezeichnet eine von einer Erdkugel bekrönte barock geschwungene Steinpyramide den nördlichen Ausgangspunkt der ersten Basisvermessung in Österreich. Die Inschrift lautet: „Auf Befehl und mit Förderung der Mayestäten Franz und Maria Theresia maß Josef Liesgang drei Grade des Wiener Meridianbogens und errichtete diese Säule am nördlichen Endpunkt der Grundlinie im Jahre 1762." Der Präfekt der Sternwarte des Wiener Jesuitenkollegiums Pater Josef Liesgang (1719–1799) hatte den Auftrag erhalten, die drei Grade des Wiener Meridians auszumessen. Voraussetzung für die Durchführung einer österreichischen Gradvermessung war die Schaffung einer Grundlage, das heißt die genaue Vermessung einer Dreiecksbasis. Wegen des ebenen Geländes, das eine genaue Arbeit gewährleistete, hatte Liesgang dafür die Strecke zwischen Wiener Neustadt und Neunkirchen gewählt. Die Endpunkte dieser Triangulierungsbasis zeigten ursprünglich zwei steinerne Pyramiden bei Wiener Neustadt und Neunkirchen an. Von 16 Helfern unterstützt und mit verhältnismäßig primitiven Meßgeräten ausgerüstet, konnte der Jesuit in 8 Jahren diese Arbeit, die größte Genauigkeit erforderte, und deren Ergebnis immer wieder auf Fehler geprüft werden mußte, vollenden. Die am 3. November 1762 begonnene Vermessung der ersten Basis Österreichs wurde im Jahre 1770 abgeschlossen. Als zweite Basis wurde die Strecke zwischen Seyring-Linzendorf im Marchfeld festgelegt. Nach der Ermittlung von zwei weiteren Grundlinien in Ungarn konstruierte Liesgang die anschließenden Dreiecksnetze. Auf dieser Grundlage basierend, konnte mit der Vermessung der habsburgischen Länder begonnen werden.

Rechts: Aufnahme des Leopoldsberges. Farbzeichnung. 1760.

Links: Joseph II. als Pflüger. 1769. Ölgemälde des 19. Jahrhunderts. Rechts: Joseph II. und sein Bruder Leopold II. Ölgemälde von Pompeo Batoni.

Die mit herrschaftlichen Pässen versehenen Bandlkrämer dürfen auf dem Land mit allen leinernen und harrassernen, weißen und gefärbten Bandln aller Gattungen, dann mit großen und kleinen Tücheln aus Leinen und mit Baumwolle vermischt, mit Fatschen, Langetten (Borten), Rundschnüren, Schnürriemen und mit Hosenträgern aus weißem und gefärbtem Zwirn handeln.

Landesfürstliches Patent vom 14. 2. 1767

1763–1769

KALENDER

1763 Die militärische Schiffswerft in Klosterneuburg wird gegründet.

15. 2. Friedensschluß zu Hubertusburg mit Preußen in Sachsen. Ende des Siebenjährigen Krieges.

1764 Brand in Hardegg: 25 Häuser werden eingeäschert.

1765 Ein Alumnat der Diözese Passau in Heiligenkreuz-Gutenbrunn wird errichtet. Es wird 1791 nach St. Pölten verlegt.

September Nach dem Tode von Kaiser Franz I. Stephan wird Joseph II. Mitregent Maria Theresias in den österreichischen Ländern.

1766 Die Botzenhardsche Tuchfabrik in Klosterneuburg wird gegründet. Sie besteht bis 1771 und erzeugt Barchent.

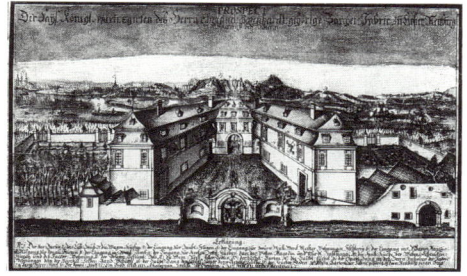

Oben: Die Tuchfabrik Botzenhard in Klosterneuburg. Kupferstich. Rechts unten: Schloßhof von Osten. Radierung von F. Runk/J. Ziegler. Um 1795.

28. 4. Hochzeit Marie Christines, einer Tochter Maria Theresias, mit Herzog Albert von Sachsen-Teschen in Schloßhof.

22. 6. Maria Theresia besucht anläßlich des 50jährigen Priesterjubiläums des Abtes Odilo Piazol das Stift Göttweig.

1767 Das Infanterieregiment Nr. 49 wird Graf Pellegrini verliehen.

Ein Pionierbataillon wird in Klosterneuburg stationiert.

27./28. 2. 1768 Erdbeben im südöstlichen Niederösterreich. In Wiener Neustadt werden der Turm der Burg und die Kirche St. Peter an der Sperr zerstört.

Eine theologische Lehranstalt wird in Klosterneuburg errichtet.

Eine nö. Sozietät zur Förderung der Agrikultur wird errichtet.

Die Postmeister der Prager Straße schlagen vor, den Postkurs über Horn zu führen. Pro Meile kostet die Fahrt 225 Kreuzer.

4. 10. Weihe der Kirche von Theresienfeld unter Anwesenheit Maria Theresias.

1769 Maria Theresia besucht das Institut der Englischen Fräulein in St. Pölten, dessen Institutskirche fertiggestellt wurde. Die Reise Maria Theresias führt über Goldegg, St. Pölten und Mariazell.

1. 1. Die peinliche Gerichtsordnung Maria Theresias (Nemesis Theresiana) wird erlassen.

GEBURTSTAGE

Franz Anton de Paula Gaheis. Kulturhistoriker, Schriftsteller, Pädagoge der Aufklärung. Er gründete 1789 eine „Industrie-Anstalt" für Mädchen in Korneuburg und war ein Pionier der Erziehung blinder Kinder. Geboren 1. 4. 1763 in Krems. (Gestorben 4. 2. 1811 in Wien.)

Anton Herzinger. Maler. Kupferstecher, anfangs in Prag, ab 1809 in Wien als Radierer und Graphiker tätig. Geboren 18. 11. 1763 in Fallbach. (Gestorben 12. 12. 1826, vermutlich in Wien.)

Leopold Trattinnik. Botaniker. 1808–1825 Kustos des vereinigten k. k. Hof-Naturalienkabinetts. Geboren 26. 5. 1764 in Klosterneuburg. (Gestorben 14. 1. 1849 in Wien.)

Josef Abel. Maler und Radierer. Geboren 22. 8. 1764 in Aschach. (Gestorben 4. 10. 1818.)

Johann Joseph Mildner. Glasschleifer, Optiker. Geboren 1764. (Gestorben 11. 2. 1808 in Gutenbrunn.)

Anton Edler von Schmid. Typograph. Ab 1785 Buchdrucker, erwarb sich Verdienste bei der Vervollkommnung der hebräischen Typographie in Österreich. Geboren 23. 1. 1765 in Zwettl. (Gestorben 27. 6. 1855 in Wien.)

Joseph Leopold Eybler. Kirchenkomponist, Sänger. Als Hofkapellmeister (1824) Nachfolger von Salieri, von Haydn und Mozart geschätzt, schuf 32 Messen, Oratorien, 7 Tedeums. Geboren 8. 2. 1765 in Schwechat. (Gestorben 24. 7. 1846 in Schönbrunn.)

Franz Antoine. Pomologe; er war k. k. Hofgärtner in Wien und verfaßte auch Fachliteratur. Geboren 23. 1. 1768 in Möllersdorf. (Gestorben 22. 8. 1834 in Wien.)

Georg Hinterhuber. Apotheker, Botaniker. 1802 Apotheker in Stein und Salzburg, Professor der Biologie am Lyzeum in Salzburg. Geboren 26. 5. 1768 in Stein. (Gestorben 21. 11. 1850 in Salzburg.)

Lorenz Adolf Schönberger. Landschaftsmaler und Radierer. Zahlreiche Reisen (Frankreich, Italien, Niederlande und England). Geboren 1768 in Vöslau. (Gestorben 1847 in Mainz.)

Johann Lickl. Musiker, anfangs Organist in Korneuburg, ab 1785 in Wien. Kirchenkomponist. Geboren 11. 4. 1769 in Korneuburg. (Gestorben 12. 5. 1843 in Fünfkirchen, Ungarn.)

Joseph Etzelt. Bankier, Vorsteher der 1. Österr. Sparkasse in Wien. Hauptmann der Bürgermiliz. Geboren 1769 in Niederösterreich. (Gestorben 21. 2. 1844 in Wien.)

Anton Hautl. Architekt, schuf über 30 Palais und Zinshäuser in Baden. Geboren 1769 in Baden. (Gestorben 1850 in Baden.)

TODESTAGE

Aquilin Hacker von Hart. Schriftsteller. Geistlicher, Augustiner Chorherr, verfaßte 20 Bände historische Manuskripte. Gestorben 4. 7. 1764 in Obergrafendorf. (Geboren 1701 in Salau.)

Franz I. Stephan. Kaiser. Herzog von Lothringen (1729–35) und Großherzog der Toskana (1737–1769), seit 1736 Gemahl Maria Theresias; er begründete das Haus Habsburg-Lothringen, seit 1740 Mitregent in den österreichischen Erbländern, 1745–65 als Nachfolger Karls VII. Römischer Kaiser. Gestorben 18. 8. 1765 in Innsbruck. (Geboren 8. 12. 1708 in Nancy.)

Johann Georg Schmidt. Barockmaler. Schuf u. a. Hochaltarbilder und Deckengemälde, sein Hauptwerk, „Mariä Geburt", entstand 1727 in Stetteldorf am Wagram. Weitere Werke in Krems, Altenburg, Pottenbrunn, Zwettl, Lilienfeld, Traisen usw. Gestorben 1. 9. 1765 in Prag. (Geboren 1694 in Plan, Böhmen.)

Johann Hencke. Orgelbauer in Herzogenburg, Tulln, Horn. Gestorben 24. 9. 1766 in Wien. (Geboren 7. 11. 1697 in Geseke, Westfalen.)

Sigismund Calles. Historiker. Jesuit, Universitätsprofessor in Wien, schrieb „Annales Austriae" (1750, 2 Bde.). Gestorben 3. 1. 1767 in Wien. (Geboren 12. 3. 1695 in Aggsbach.)

Links: Der Maria Theresienornat des Institutes der Englischen Fräulein St. Pölten.
Rechts: Joseph II. und seine zweite Gemahlin Josepha. Ausschnitt aus einem Ölgemälde. Schloß Feldsberg, ČSFR.

Johann Christoph Freiherr von Bartenstein. Staatsmann, wurde 1715 Katholik, um in österreichische Dienste treten zu können, verdrängte den gealterten Prinzen Eugen als politischen Ratgeber Kaiser Karls VI.; war Sekretär der „Geheimen Konferenz" (der eigentlichen Regierung). Träger der österreichischen Außenpolitik und wichtigster Ratgeber Maria Theresias in ihren ersten Regierungsjahren; nach Verdrängung durch Kaunitz (1753) wurde Bartenstein Vizekanzler des Direktoriums für politische und finanzielle Angelegenheiten, Präsident der Sanitätshofdeputation und Lehrer Josephs II. Regte die Schaffung des Staatsarchivs an, dessen Direktor er wurde. Gestorben 6. 8. 1767 in Wien. (Geboren 23. 10. 1689 in Straßburg.)

Odilo Piazol. Abt von Göttweig. Gestorben 19. 1. 1768 in Göttweig. (Geboren 2. 8. 1692 in Wien.)

Raimund Duellius. Historiker, Stiftsbibliothekar. Gestorben 25. 2. 1769 in St. Pölten. (Geboren 23. 8. 1693 in Wien.)

Friedrich Michael Stilp. Barockmaler. Gestorben 17. 5. 1769 in Scheibbs. (Geboren 1707 in Scheibbs.)

Lukas Troger. Bildhauer und Stiftsherr in Heiligenkreuz. Gestorben 23. 7. 1769 in Stift Heiligenkreuz. (Geboren 1702).

Ansichten von Wiener Neustadt. Links: St. Peter an der Sperr. Rechts: Das ehemalige Neunkirchnertor. Ölbilder des 18. Jahrhunderts. Stift Lilienfeld.

Das Erdbeben von 1768

Im inneralpinen Wiener Becken gab es in jedem Jahrhundert Erdbeben, von denen einige besondere Stärke erreichten. Die wichtigste Erdbebenlinie verläuft von Bad Fischau über Bad Vöslau, Baden und Brunn nach Wien-Mödling. Auch im 18. Jahrhundert waren einige starke Erdstöße zu verspüren. So wurde am 10. April 1712 die Stadt Wiener Neustadt erschüttert, am 6. Jänner 1734 gab es ein heftiges Beben in Baden, das größte Elementarereignis begann aber am 27. Februar 1768 und dauerte zwei Tage an. Durch Vorbeben eingeleitet, kam es um 2.45 Uhr zu einem energiereichen Starkbeben, das sich in Brunn und besonders in Wiener Neustadt auswirkte. Verspürt wurde es auch in Krems, wo Gewölbe zerbarsten, und in Wien, wo die Eisdecke der Donau zerbrach und es auch Schäden an Gebäuden in der Leopoldstadt gab. Selbst in der Slowakei gab es örtliche Schäden, und in Böhmen sollen die Nachbeben beträchtlich gewesen sein. Fühlbar erschüttert wurden auch Teile von Bayern, Mähren, Sachsen, Schlesien und Ungarn. Dieses Erdbeben hatte noch Nachbeben an drei Tagen im März, einmal im April, und selbst noch am 1. Mai kam es zu Erdstößen, die aber immer weniger heftig waren.
Über die Ereignisse in Wiener Neustadt gibt es eine Notiz im Neukloster, die offenbar kurze Zeit später entstanden ist. Ihr zufolge wurden viele Häuser schwer beschädigt, Rauchfänge gestürzt und auch Türme erschüttert. Der südöstliche Turm der Burg, in der die Militärakademie untergebracht war, stürzte ein, das übrige Gebäude wurde schwer beschädigt. Bei der notwendig gewordenen Sanierung wurden drei Türme der Burg abgetragen, das Gebäude aber vergrößert. Als Vorkehrung für zukünftige Ereignisse dieser Art hat man in Wiener Neustadt am Eingang engerer Gassen Schwibbögen errichtet, um das Gegeneinanderstürzen der Häuser zu verhindern. Unmittelbar nach dem Jahre 1768 wurde alljährlich ein Erinnerungsfest gefeiert zum Dank dafür, daß nur wenige Menschen zu Schaden gekommen waren.

Verringerung der Zahl der Feiertage

In der Zeit der Aufklärung wurden die vielen während der Gegenreformation eingeführten Feiertage als Behinderung angesehen. Daher strebte man schon zur Zeit Maria Theresias eine Verminderung an. Im Jahre 1754 bewilligte Papst Benedikt XIV., daß an einigen Feiertagen nach dem Gottesdienst gearbeitet werden durfte. Unter Josephs Einfluß wurde das Breve des Papstes Clemens XIV. erwirkt, das mit 22. Juni 1771 datiert ist und die Zahl der Feiertage wesentlich herabsetzte. Feiertage blieben Ostern und Pfingsten, der Christtag, Neujahr, der Dreikönigs-Tag, Christi Himmelfahrt, Fronleichnam sowie fünf Marienfeiertage am 2. Februar, am 25. März, am 15. August, am 8. September und 8. Dezember. Als Feiertage wurden außerdem belassen: Peter und Paul, Allerheiligen, St. Stephan und, besonders hervorgehoben, der Tag des heiligen Leopold. Im Jahre 1786 wurde ein kaiserliches Patent veröffentlicht, nach dem alle Kirtage am 3. Sonntag im Oktober durchgeführt werden sollten. Dieser sogenannte „Kaiserkirtag" lag schon aus jahreszeitlichen Gründen nicht günstig, wenn man damit auch eine Art Erntedank nach Abschluß der wichtigsten Feld- und Erntearbeiten beabsichtigt haben mag. Er wurde auch später wieder aufgehoben, in manchen Orten aber beibehalten und neben dem alten Kirtag geführt. Diese Reformen und kleinen Maßnahmen, die jeden einzelnen irgendwo betrafen, haben viel Unwillen und Verärgerung im Volk hervorgerufen. Feiertage waren ja zum guten Teil ein Ausgleich zu den langen Arbeitszeiten während der Woche und des Jahres. Darüber hinaus wurden auch verschiedene im Volke tief verankerte Sitten und Gebräuche untersagt. Neben dem Verbot der Wallfahrten kam es z. B. auch zu einem Verbot des Wetterläutens bei Gewittern, zum Verbot des mutwilligen Schießens, und auch die Kalender wurden überprüft, ob die Anordnungen auf geistigem Gebiete eingehalten wurden. Es wurden angeblich selbst die an den Kirchen angeschlagenen schriftlichen und gedruckten Ankündigungen kontrolliert.

Links: Der Imker. Kupferstich des 18. Jahrhunderts.
Rechts: Das Dorf Groissenbrunn, aus den Ortsdarstellungen der Zeit um 1750. Stift Melk.
Unten: Kuppel der Kirche Maria Langegg.

1770–1775

KALENDER

10. 3. 1770 In der Burg von Wiener Neustadt wird der Sarg Kaiser Maximilians I. geöffnet und untersucht. Die Überreste werden am 7. April in einem Kupfersarg bestattet.

Eine allgemeine „Seelenbeschreibung" wird angesetzt, eine Volkszählung. Als Folge wird die Hausnumerierung in Niederösterreich durchgeführt, im Rahmen der Konskription wird auch die Militäraushebung verändert.

1770/71 Hungersnot in Mitteleuropa, vorwiegend in Böhmen; aber auch in Niederösterreich gibt es Mißernten.

1771 Viehseuche im Waldviertel.

Krems wird Sitz der Viertellade des Lederer- und Rotgerberhandwerks.

Bei Marchegg wird eine Brücke über die March erbaut; 1809 und 1880 wurde sie durch den Eisstoß zerstört, 1866 und erneut 1945 gesprengt.

1772 Die Kirche Maria Langegg wird fertiggestellt. Baubeginn: 1765.

Das Patent über die Errichtung eines geschlossenen Tiergartens in Lainz wird erlassen.

6. 6. Das Robotpatent reguliert die kostenlose Arbeitsleistung der Bauern und beschränkt sie auf 104 Tage pro Jahr.

1773 Johann Freiherr von Fries erwirbt die Herrschaft Vöslau und führt dort die blaue Portugieserrebe ein.

Die militärische Landesaufnahme Niederösterreichs wird begonnen. 1781 abgeschlossen.

Franz Anton Maulbertsch malt das Hochaltarfresko der Augustinerkirche Korneuburg.

13. 3. Heinrich von Kerens erhält die Würde eines Militärbischofes. Am 3. 4. 1775 wird er Bischof von Wiener Neustadt, 1785 Bischof von St. Pölten.

1774/77 In Baden wird ein Theatergebäude gebaut.

1774 Das Kreisamt wird 1774 von Würnitz nach Korneuburg verlegt. In Korneuburg wird ein Kreisphysikus bestellt.

6. 12. Die Allgemeine Schulordnung Maria Theresias wird erlassen.

1775 In Wiener Neustadt wird eine „Bienenschule" errichtet, eine Lehranstalt für Imker.

Das Offizierstöchterinstitut in St. Pölten wird gegründet. 1786 wird es nach Hernals bei Wien verlegt.

Der Fabrikations-Ziegelofen auf dem Wienerberg wird für den Ziegelbedarf der Basteien und Linienwälle errichtet.

GEBURTSTAGE

Anton Spreng. Historien-, Bildnismaler. Besuch der Wiener Akademie. Schuf die Deckenfresken in der Kirche in Reidling und Altarbilder in Kalksburg. Geboren 15. 3. 1770 in Schwechat. (Gestorben 18. 12. 1845 in Wien.)

Anton Mittrowsky von Mittrowitz und Nemischl. Staatsmann. Ritter des Goldenen Vlieses, 1799 Stadthauptmann von Wien, 1802 Vize-Präsident bei der nö. Regierung, 1827 Hofkanzler, 1830–42 Oberster Kanzler. Geboren 20. 5. 1770 in Brünn. (Gestorben 1. 9. 1842 in Wien.)

Lorenz Schönberger. Landschaftsmaler. Studienreisen in Italien, Frankreich, Deutschland, Belgien, Holland. 1830 wieder in Wien – verschiedene Ausstellungen, danach lebte er in England. Geboren um 1770 in Vöslau. (Gestorben nach 1840.)

Anton Rochel. Botaniker. Chirurg, bis 1798 Wundarzt der Armee, 1800–20 Arzt in Ungarn, 1820–40 Gartenmeister des botanischen Gartens an der Universität Pest. Ruhestand in Graz. Geboren 18. 6. 1770 in Neunkirchen am Steinfelde. (Gestorben 12. 5. 1847 in Graz.)

Franz von Wirer. Arzt. Universitätsprofessor. Verdienste um den Kurort Bad Ischl. Geboren 1771 in Korneuburg. (Gestorben 1844 in Wien.)

Leopold Mathias Schleifer. Dichter. Beamter, zuletzt Jurist. Bergrat in Gmunden; er schrieb „Schutz- und Trutzlieder". Geboren 9. 3. 1771 in Wildendürnbach bei Laa. (Gestorben 26. 9. 1842 in Gmunden.)

Joseph Paul Gottlieb Freiherr von Lederer. Beamter an der böhmisch-österreichischen Hofkanzlei, später bei der nö. Regierung. 1807 Stadthauptmann von Wien. Geboren 26. 2. 1771. (Gestorben 31. 3. 1812.)

Ladislaus Pyrker. Dichter und Schriftsteller. Abt von Lilienfeld, Patriarch von Venedig, Erzbischof von Erlau. Geboren 2. 11. 1772 in Nagy Lengh bei Stuhlweißenburg. (Gestorben 2. 12. 1847 in Wien.)

Sigmund Anton Steiner. Inhaber einer Buchdruckerei, Ausschußmitglied der Gesellschaft der Musikfreunde des österreichischen Kaiserstaates. Geboren 26. 4. 1773 in Weitersfeld. (Gestorben 28. 3. 1838 in Wien.)

Ferdinand Hauer. Rechtsgelehrter. Nach den Studien Staatsdienst, nö. Regierungssekretär. Geboren um 1773. (Gestorben 20. 12. 1802.)

Leopold Chimani. Pädagoge, Verfasser von 100 Jugendbüchern, errichtete eine Erziehungsanstalt in Korneuburg. Geboren 20. 2. 1774 in Langenzersdorf. (Gestorben 22. 4. 1844 in Wien.)

Stephan von Kees. Techniker im Dienst der nö. Regierung, 1810 Kommissär der Fabriksinspektion. Geboren 31. 10. 1774 in Wien. (Gestorben 13. 6. 1840 in Wien.)

TODESTAGE

Joseph Socher. Direktor des Stadtmuseums Nordico in Linz. Gestorben 11. 3. 1771 in Wiener Neustadt. (Geboren 22. 2. 1697 in St. Pölten.)

Joseph Wißgrill. Barockbaumeister (Pfarrkirche Karlstetten 1741/52, Bischofstetten 1746, Umbau der Kirche von Ferschnitz bei Amstetten 1770). Gestorben 22. 6. 1772 in St. Pölten. (Geboren um 1697 im Waldviertel.)

Karl Höfer. Bildhauer. Aus Passau stammend. Gestorben 6. 10. 1772 in Krems.

Ferdinand Graf Hallweil. Seit 1741 Bischof von Wiener Neustadt. Gestorben 2. 6. 1773 in Wiener Neustadt. (Geboren 1706.)

Bernhard Freiherr von Erbert. Geschichtsschreiber und Jesuit, 1734 Ordenseintritt, danach im Lehramt tätig (Wien, Laibach). Gestorben 1773 in Krems. (Geboren 20. 5. 1718 in Laibach.)

Jakob Christoph Schletterer. Bildhauer. Gestorben 20. 5. 1774. (Geboren 22. 7. 1699 in Wien.)

Johann Popowitsch. Mundart- und Sprachforscher. Slawist. Gestorben 21. 11. 1774 in Perchtoldsdorf. (Geboren 9. 2. 1705 in Arzlin bei Cilli.)

Franz Anton Marxer. Gründer von Waisenhäusern auf der Wiener Landstraße, in Kirnberg und Heiligenkreuz-Gutenbrunn. Gestorben 25. 5. 1775 in Wien. (Geboren 1703 in Heiligenkreuz.)

Die Einführung der Hausnummern

Ein landesfürstliches Patent vom 10. März 1770 ordnete eine allgemeine „Seelenbeschreibung" an, die durch kreisamtliche Kommissäre oder Offiziere vorgenommen wurde. Die Häuser waren zu numerieren und auch das Zugvieh aufzuschreiben. Es war dies die erste flächendeckende Häusernumerierung und Häuserzählung. Nach Abschluß der Arbeiten wurde ein zusammenfassender Bericht erstellt. Demnach hatte die Stadt Wien 1.340 Häuser, die 29 Vorstädte 3.615 Häuser. In dem Viertel unter dem Wienerwald gab es 11 Städte oder Vorstädte, 43 Märkte, 610 Dörfer und unter dem Manhartsberg 12 Städte, 62 Märkte für 186 Dörfer, ob dem Manhartsberg 13 Städte, 67 Märkte und 114 Dörfer, ob dem Wienerwald 6 Städte, 59 Märkte und 2.178 Dörfer, so daß man in Niederösterreich damals 32 Städte, 231 Märkte, 4.388 Dörfer und 130.003 Häuser zählte. In der Stadt Wien traf man in Häusern, in denen die Eigentümer nicht wohnten und niemand zur Aufsicht bestellt war, viel Unsauberkeit und Unordnung. Auf dem Lande, vor allem im Gebiet der Einschichthöfe, beobachtete man viele stumme, stammelnde oder schwachsinnige

Die Zeit zum täglichen Unterrichte oder die Schulstunden wollen Wir im Winter des Morgens von 8 bis 11 Uhr, im Sommer aber, wenigstens auf dem Lande, von 7 bis 10 Uhr, dann nachmittags durchaus für das ganze Jahr von 2 bis 4 Uhr bestimmt haben...
Auf dem Lande hingegen wird die Winterschule mit dem ersten Dezember anzufangen sein und wenigstens bis Ende des Märzes zu dauern haben, in dieser werden vorzüglich die Kinder vom 9ten bis zum 13ten Jahre zu unterrichten sein, weil die meisten von solchen in der übrigen Jahreszeit ihren Eltern bei der Wirtschaft Dienste leisten können...

Aus der „Allgemeinen Schulordnung" Maria Theresias vom 6. 12. 1774

Rechts: Unterricht in einer Schulklasse. Titelkupfer im Buch „Aufgaben der Geistlichen im Schulwesen" von Johann Ignaz Felbiger. 1782.
Unten: Unterricht in einer Schulstube. Ölgemälde. Um 1750. Wien, Historisches Museum.

Leute. Wo die Menschen in großen Waldgebieten wohnten, waren die Verhältnisse besonders schlecht. Als Ursache nahm man an, daß diese Menschen ohne Nachbarschaft und auf sich allein gestellt waren und keinerlei Erziehung genossen. Die Kinder wurden gleich nach der Geburt einfach in mit Stroh gefüllte Kisten gelegt. Vom 5. Jahre an mußten sie das Vieh hüten. Da die Eltern nicht gut sprechen konnten, konnte es auch die Kinder nicht. Es gab viele Holzschläge, wo die Knechte das ganze Jahr über aufhielten und wenig mit anderen Menschen in Berührung kamen. Dadurch litten der ordentliche Lebenswandel und die Religion. Auch Rekruten wurden dadurch dem Staate entzogen. Viele hielten im Winter in ihren Stuben Geflügel und Federvieh, das sehr viel Mist verursachte.

Im Viertel unter dem Wienerwald wehrte sich das Volk gegen die Volkszählung, weil man glaubte, die Obrigkeit wolle damit mehr Soldaten gewinnen. Auch hier gab es große Armut und schlechte Nahrung, die Kinder wurden früh zu harter Arbeit herangezogen, so daß viele sehr klein gewachsen waren. Im Viertel ob dem Manhartsberg hingegen glaubte man durch die Seelenbeschreibung eine Verminderung des Frondienstes erwarten zu können und verhielt sich positiv. Überall wurden die Kinder zu schwerer Arbeit herangezogen. Viele hatten dadurch einen Leibschaden, vor allem Blähhälse fand man oft. Abschließend wurde festgestellt, daß eine Zusammenfassung der Häuser zu Gemeinden wünschenswert wäre. Die Obrigkeiten waren in den Dörfern sehr vermischt, woraus sich Schwierigkeiten ergaben, denn was eine Obrigkeit befahl, konnte die andere dann widerrufen. Nur wenige Menschen konnten lesen und schreiben. Vor allem der Jugend fehlte es an Erziehung, nicht nur in den Gebirgsgegenden, sondern auch in den Städten und Märkten. Deshalb sei eine angemessene Einteilung der Pfarren und eine bessere Versorgung mit Seelsorgern notwendig, stellte der Bericht fest. Auch auf tüchtige Schulmeister sei Wert zu legen; und es seien solche anzustellen, die nicht bloß Orgel spielen könnten, sondern auch die Kinder zu unterrichten verstünden.

Die Ergebnisse faßte Maria Theresias Mitregent Joseph II. in einem Hofkanzleidekret zusammen und übergab dieses im Dezember 1771 der niederösterreichischen Regierung mit der Bitte, es vor allem an die Stände, aber auch an die Stadt Wien und an die vier Kreisämter weiterzuleiten. Das Bildungsproblem sollte von den Gemeinden gelöst werden. Zerstreut liegende Häuser, etwa 40 an der Zahl, sollten jeweils zu einer Gemeinde mit einem Vorsteher zusammengefaßt werden. Doch ließ diese Aktion vielfach lange auf sich warten. Die verschiedenen Herrschaftszugehörigkeiten der Bewohner eines Ortes ließen sich nicht leicht beseitigen. Gut verwaltete Herrschaften wollten nach Möglichkeit in Orten, wo sie die Mehrheit besaßen, alle Häuser durch Kauf oder Tausch an sich bringen. Sehr viele Beschwerden gab es über das Schulwesen, hier ergab sich jedoch durch die Schulordnung für die deutsche Normal-, Haupt- und Tri-

vialschule vom 6. Dezember 1774 sehr bald eine Änderung und eine gesetzliche Regelung. Auch die Robotbeschwerden wurden durch das Robotpatent von 1774 aufgehoben, während die Pfarreinteilung erst unter der Alleinregierung Josephs II. geregelt wurde. Zu den Beschwerden gehörte auch das Waffentragen durch die Bauern, dies ging auf alte Zeiten zurück und hatte sich nie völlig abstellen lassen.

Die neue Volksschule

Zur Neuordnung des Volksschulwesens gab es um 1770 eine Fülle von Vorschlägen, doch entsprach keiner den Anforderungen. Im Jahre 1774 wurde der Schlesier Johann Ignaz Felbiger, Abt von Sagan, nach Österreich berufen. Seine noch im selben Jahr ausgearbeitete und zum Gesetz erhobene Allgemeine Schulordnung wurde Grundlage für die Neugestaltung des Elementarschulwesens in Österreich. Darin wurde angeordnet, daß in allen kleineren Städten und Märkten, in Pfarrorten und Orten mit Filialkirchen ein- oder zweiklassige Trivialschulen zu führen seien, in denen die Unterrichtsgegenstände Religion, Lesen, Schreiben, Rechnen, Anleitung zur Rechtschaffenheit und Wirtschaft vorgesehen waren. In größeren Städten, auf jeden Fall in jedem Kreis oder Distrikt, sollten dreiklassige Hauptschulen entstehen, in denen zusätzlich noch Geschichte, Geographie, Zeichnen, Handfertigkeit und die Anfangsgründe des Lateins geboten wurden. Jede Provinz hatte überdies eine vierklassige Normalschule zu führen, in der die Lehrer für Trivialschulen in drei- bis sechsmonatigen Kursen herangebildet werden sollten.

In der Allgemeinen Schulordnung wurde eine sechsjährige allgemeine Schulpflicht vom 6. bis zum 12. Lebensjahr verankert und für die schulentlassene Jugend ein zweistündiger Wiederholungsunterricht empfoh-

len. Zur Schulaufsicht waren Geistliche oder Laien vorgesehen. Es gab Widerstände von Eltern, von Geistlichen, die sich in ihrer Freiheit beschnitten fühlten, von Grundherren und Gemeinden, denen die Erhaltung der Schulgebäude auferlegt war. Joseph II. setzte die Reform seiner Mutter aber konsequent durch. Es wurde darauf geachtet, daß die Schulpflicht eingehalten wurde. In den ländlichen Trivialschulen wurde nun der Unterricht unentgeltlich erteilt. Der Prozentsatz der schulfähigen, aber nicht die Schule besuchenden Kinder war aber immer noch hoch, etwa im Weinviertel 26 Prozent. Um kürzere Schulwege zu schaffen und damit ein weiteres Hindernis für den regelmäßigen Schulbesuch auszuschalten, gründete man zur Zeit Josephs II. viele neue Trivialschulen, wobei man ab mindestens 90 Schulkindern im Ort eine Schule errichten sollte. Joseph II. führte das Schulpatronat ein, um die finanzielle Grundlage für die Schulbauten sicherzustellen. Grundobrigkeit, Gemeinde und Pfarrpatron hatten die Baukosten aufzubringen. Die Landesstelle hatte die Lehrer aufzunehmen, die Anstellungsdekrete waren von den Kreisämtern auszufertigen. Den Lehrern wurde ein festes, wenn auch geringes und oft nicht ausbezahltes Gehalt zugesichert, das aus dem Schulfonds und, wenn dieser nicht reichte, aus dem Religionsfonds zu bestreiten war.

Links: Maria Theresia vor der Büste des verstorbenen Kaisers Franz I. Ölgemälde von Jean Tusch. Um 1780. Sammlungen des regierenden Fürsten von Liechtenstein, Vaduz.
Rechts: Freundschaftsbecher (Zwischenwandglas) von Johann Josef Mildner. Wien, Nö. Landesmuseum.

1776–1780

KALENDER

1776 Joseph Freiherr von Penkler kauft Liechtenstein; er verkauft es 1789 an Fürst Stanislaus Poniatowski, einen Neffen des Polenkönigs.

Die Piaristen übersiedeln von St. Pölten nach Krems und übernehmen das Gebäude der Jesuiten.

Große Überschwemmung in Krems. Zwei Stadttore werden zerstört, Häuser stürzen ein, das Rathaus wird beschädigt.

Eine private Hauptschule im Augustinerkloster Korneuburg wird errichtet. Sie wird 1788 zu einer Hauptschule umgestaltet und nimmt die Lehrerausbildung auf (bis 1861).

3. 1. Die Tortur wird in Österreich abgeschafft.

1778 Ausbruch des Bayerischen Erbfolgekrieges.

Umwandlung der niederen Lateinschule des Stiftes Klosterneuburg in eine Hauptschule.

1779 Bau des Rathauses in Stein durch Johann Michael Ehrmann.

Kasernen in Klosterneuburg und Wiener Neustadt werden errichtet.

In St. Pölten wird der Friedhof vom Domplatz vor die Stadt verlegt (jetzt Europaplatz), ebenso in Krems.

Friedrich von Trenk kauft Zwerbach. (Er starb am 25. 7. 1794 in Paris auf der Guillotine.)

Eine vierklassige Normalschule bei den Piaristen in Horn wird gegründet.

Tischtuch von dem Frieden von Teschen. Halbseidendamast. 1779. Eggenburg, Krahuletz-Museum.

12. 5. Friede von Teschen. Die Brandenburgischen Lehen werden Österreich zuerkannt, ebenso das Innviertel. Ende des Bayerischen Erbfolgekrieges.

26. 6. Der Pulverturm an der Nußdorfer Linie bei Wien explodiert.

1780 In Gutenbrunn läßt sich der Glaskünstler Johann Josef Mildner nieder und wirkt hier bis 1808.

Schloß Luberegg wird als Firnbergische Poststation eingerichtet, in Krems wird eine stabile Poststation errichtet.

8. 1. Die Schafhirtenzunft in Krems wird aufgehoben.

18. 1. Franz Anton Maulbertsch heiratet in Maria Brunn Katharina Schmutzer, Tochter des Akademiedirektors Jakob Schmutzer.

29. 11. Joseph II. tritt nach dem Tod seiner Mutter die Regierung in den österreichischen Ländern an.

GEBURTSTAGE

Joseph Pfeiffer. Organist, Komponist von Kirchenmusik. Geboren 17. 4. 1776 in Neuhofen. (Gestorben 19. 8. 1859 in Seitenstetten.)

Johann Ferstler. Maler. Von 1797–1820 an der Wiener Porzellanmanufaktur als Figurenmaler tätig, später Lehrer für Zeichnen und Architekturlehre. Geboren 1776 in St. Pölten.

Johann Joseph Schindler. Maler, Radierer, Lithograph. Geboren 28. 7. 1777 in St. Pölten. (Gestorben 22. 7. 1836 in Wien.)

Franz Anton Maurer. Komponist. Sänger in Wien, Frankfurt, München. Geboren 1777 in St. Pölten. (Gestorben 19. 4. 1803 in München.)

Ferdinand Fleischer Freiherr von Eichenkranz. Ritter des Maria Theresien-Ordens. 1821 General-Major, 1833 Feldmarschall-Leutnant. Geboren 1777 in Korneuburg. (Gestorben 13. 12. 1841 in Preßburg.)

Antonie Huber. Sängerin. Wirkte in Triest, Warschau, Prag, Graz (1802–1812). Geboren 11. 3. 1778 in Baden. Todesdatum unbekannt.

Ignaz Paur. Müller. Mühlenbesitzer in Vöslau, Schönau und ab 1810 in Leobersdorf. Geboren 22. 7. 1778 in Tattendorf. (Gestorben 6. 9. 1842 in Lichtenwörth.)

Anton Rollett. Naturforscher, Sammler. Ab 1801 Arzt in Baden. Mitbegründer des örtlichen Marienspitals, daneben botanische und zoologische Forschungen. Geboren 2. 8. 1778 in Baden. (Gestorben 19. 3. 1842 in Baden.)

Michael Schmidl. Buchhändler. Philosophische und juristische Studien in Wien, ab 1819 Herausgeber verschiedener Zeitschriften und Lexika. Geboren 20. 8. 1779 in Weitersfeld. (Gestorben 16. 3. 1832 in Wien.)

Franz Ignaz Holbein von Holbeinsberg. Schauspieler, Musiker, Bühnendichter. Burgtheater- und Hofoperndirektor, schrieb Theaterstücke, danach Theaterdirektor in Deutschland, Prag und Wien (1841–53). Geboren 27. 8. 1779 in Zistersdorf. (Gestorben 6. 9. 1855 in Wien.)

Benedikt Pillwein. Beamter, Topograph, Historiker. Arbeitete anfangs in Salzburg, ab 1817 provisorischer Adjunkt in Neumarkt, ab 1822 in Linz. Geboren 26. 11. 1779 in Obersulz. (Gestorben 27. 1. 1847 in Linz.)

Joseph Ritter von Winiwarter. Jurist, Rechtsgelehrter. Studium in Wien, danach Universitäts-Professor in Lemberg, ab 1827 in Wien. Geboren 14. 4. 1780 in Krems. (Gestorben 18. 1. 1848 in Wien.)

Ferdinand Piringer. Staatsbeamter, zuletzt Registratur-Direktions-Adjunkt bei der k. k. Hofkammer in Wien, daneben Musiker, führte 1824–29 die „Concerts spirituels" und den Kirchenchor von St. Augustin. Geboren 18. 10. 1780 in Unterretzbach. (Gestorben 11. 11. 1829 in Wien.)

TODESTAGE

Anton Hueber. Piarist, Lehrer, Gelehrter. Gestorben 16.9. 1777 in Horn. (Geboren 1688 in Horn.)

Albert von Maderna. Bibliothekar des Augustiner Chorherrenstiftes in St. Pölten. Gestorben 19. 4. 1780 in St. Pölten.

Maria Theresia. Erzherzogin von Österreich, Kaiserinwitwe. Gestorben 29. 11. 1780 in Wien. (Geboren 13. 5. 1717 in Wien.)

Johann Georg Grechtler. Fabrikant. Gestorben 1780 in Hütteldorf. (Geboren 1701 in Krippenheim im Schwarzwald.)

Bernardo Bellotto (= Canaletto). Maler, wirkte u. a. auch in Wien und NÖ. Gestorben 17. 10. 1780 in Warschau. (Geboren 30. 1. 1720 in Venedig.)

Abschaffung der Folter

Am 31. Dezember 1768 wurde die „Constitutio Criminalis Theresiana", ein neues Strafgesetzbuch, veröffentlicht. Lange Zeit hatte eine Kommission daran gearbeitet, bei ihrem Erscheinen bereitete sie allen Anhängern der Aufklärung eine herbe Enttäuschung. Denn in der Strafprozeßordnung war die Folter weiterhin das Mittel, einen verdächtigen, aber leugnenden Übeltäter zum Geständnis zu bringen. Daumenschrauben, das Emporziehen des Körpers auf einer Leiter mit oder ohne Anhängen von Gewichten, Zusammenpressen des Körpers durch Zusammenschnüren vor- oder rückwärts waren weiterhin vorgesehen und wurden durch Kupferstiche erläutert, die der Druckausgabe des Gesetzes beigegeben waren.

Kaum war das Werk erschienen, gab es Kritik. Auch Staatskanzler Fürst Wenzel Anton Kaunitz machte auf die nicht mehr zeitgemäßen Bestimmungen aufmerksam. Namhafte Juristen wie Karl Anton Martini, Hofrat bei der Obersten Justizstelle, oder der junge Lehrer der Staatswissenschaften Joseph von Sonnenfels sprachen sich gegen das Gesetz aus. Dies führte zur Bildung von Kommissionen, die alle mit der Folter zusammenhängenden Fragen untersuchten. Im Rahmen der niederösterreichischen Kommission trat Sonnenfels energisch gegen die Beibehaltung der Folter auf, auch Kaiser Joseph II. schloß sich dieser Mei-

Links: Nachricht der ständischen Verordneten über den Tod Maria Theresias. 1780.
Rechts: Überfall auf Reisende. Ausschnitt aus dem Gemälde von Christian Hilfgott Brand.
Unten: Kaiser Joseph II. Ölgemälde von Anton von Maron, 1775. Wiener Neustadt, Theresianische Militärakademie.

nung an. Den Ausschlag gab schließlich der Obersthofkanzler Heinrich Graf Blümegen, der Josephs Ansichten vollkommen teilte. Mit Handbillett vom 2. Jänner 1776 wurde daraufhin die Aufhebung der Tortur in den deutschen Erbländern, im Banat und in Galizien angeordnet. An die Stelle der Todesstrafe sollte künftig die Einweisung in Arbeitshäuser treten, wo die Verbrecher vor ihrem Tode noch hart arbeiten sollten. Der „ewige Kerker" sollte unter so harten Bedingungen stehen, daß jeder darin sterben mußte. Nach Meinung Josephs II. war dies abschreckender als die Todesstrafe.

Die Reisen Josephs II.

Bei den Reisen Josephs II. wurde ein sehr einfaches Zeremoniell beachtet. Sie unterschieden sich sehr wesentlich von denen anderer gekrönter Häupter. Ohne Prunk, nur mit dem nötigsten Gefolge, in einfachem Wagen oder zu Pferde, reiste er in einem bis dahin nicht gekannten Tempo unter Verzicht auf viele Bequemlichkeiten. Im Kriegsarchiv (Protokoll des Hofkriegsrates von 1773, vom 8. Februar 1772) ist eine Weisung aufbewahrt, die aufgrund der Erfahrungen bei Kaiserreisen an die militärischen Kommandanten und politischen Behörden erging. Es wurde ausdrücklich festgehalten, daß die Truppen nicht zusammengezogen werden durften, sondern an Tagen, an denen der Kaiser durch die von Truppen belegten Orte reisen sollte, in Bereitschaft zu halten waren, so daß sie, wenn es verlangt wurde, ausrücken konnten. Von jeder Abteilung oder Brigade wurde an der Grenze ein General und ein ortskundiger Offizier abkommandiert. Diese wurden vom Kaiser empfangen und begleiteten ihn durch den Distrikt. Er hatte alle Vorsorgen für die

Reise zu treffen und dem Kaiser Auskunft zu erteilen. Für die militärische Bedeckung wurden nur ein Offizier, drei Unteroffiziere und 20 Reiter bereitgestellt, die auch in den Nachtstationen Wache zu halten hatten. Der Kaiser pflegte in Wirtshäusern, Bauernhäusern, Pfarrhöfen und Kameralgebäuden abzusteigen, Schlösser, Herrschaftsgebäude oder bewohnte Offiziersquartiere durften für eine Nacht nicht bezogen werden. Weder die Gemeinden noch die Magistrate hatten Begrüßungen oder Bewirtungen vorzunehmen. Alle Arten von Ehrenbezeugungen, Glockengeläute, Schießen oder andere öffentliche Auftritte waren zu unterlassen. Ebenso wünschte sich der Kaiser vom jeweiligen Grundherrn weder bewirten noch begleiten zu lassen, außer auf Distriktswegen von einem dort ständig wohnhaften Beamten. Es durften Wege und Straßen niemals etxra hergerichtet, sondern nur möglichst in einem normalen Zustand erhalten werden, wenn der Kaiser angesagt war. Keine neuen Straßen sollten angelegt, die alten auch nicht erweitert noch neu beschüttet werden. Jedermann, gleich, ob Militär oder Zivilist, hatte die Möglichkeit, eine Beschwerde oder Klage schriftlich dem Kaiser zu übergeben. Derlei Schriften mußten mit dem Namen des Bittstellers bezeichnet werden, da der Kaiser weder anonyme noch versteckte Anzeigen annahm. Es wurde auch angeordnet, daß Vorspannpferde bereitzustellen waren, die aber von den Bauern betreut werden sollten und keine besondere Ausstattung haben durften. Reitpferde waren so wenig wie möglich von den Truppen zu nehmen, damit die Regimenter nicht geschwächt wurden.

Diese Anordnungen bezogen sich auf größere Reisen des Kaisers, bei kleinen Fahrten bewegten sich die Vorsorgen bezüglich Vorspann, Bedeckung und Begleitung in einem weit bescheideneren Umfang. Als Tagesleistung der Wagenfahrten wurden etwa 1773 für die Strecke Wien–Pest 19 Stunden benötigt, was einer Stundengeschwindigkeit von 12–13 km entspricht. Manche Orte wurden völlig überrascht, wenn der Kaiser erschien, und sie haben dies auch festgehalten; so ist z. B. im Rathaus von Gaweinstal auf einer Inschrift zu lesen, daß am 19. Oktober 1772 Kaiser Joseph in diesem Bauwerk, das damals der Gasthof „Schwarzer Adler" war, eine Nacht verbracht hat. Es handelte sich dabei um eine Reise Josephs von Wien in das Schloß Hollics in Mähren, wo er auf die Jagd ging.

Die Josephinische Landesaufnahme

Im Jahre 1773 wurde eine militärische Landesaufnahme von Niederösterreich begonnen, die 1781 beendet wurde. Das Ergebnis ist die im Kriegsarchiv sowie in der Österreichischen Nationalbibliothek verwahrte sogenannte „Josephinische Aufnahme" für Niederösterreich, als Kriegskarte des Erzherzogtums Österreich unter der Enns in 122 Sektionen geteilt und in drei Foliobänden gebunden. Als Aufnahmemaßstab wurde das Klaftermaß festgelegt, was im metrischen System 1 : 28.800 entspricht. Da aber diese Josephinische Aufnahme geheimgehalten wurde und der Öffentlichkeit nicht zugänglich war, entstanden in Wien bald Anstalten, die Privatkarten veröffentlichten. Bereits 1770 eröffneten die Brüder Carlo und Francesco Artaria unter den Tuchlauben in Wien eine Kunst- und Kartenhandlung, die jetzt noch besteht. Andere Verleger folgten, und einige Geographen beschäftigten sich mit der Aufnahme von Karten. 1782 veröffentlichte der Wiener Mathematikprofessor Georg Freiherr von Metzburg eine Postkarte der Erbländer, übernahm nach dem Tode des Ex-Jesuiten Pilgram 1795 die von den niederösterreichischen Ständen in Auftrag gegebene trigonometrische Aufnahme von Niederösterreich und legte bereits 1796 einen Teil dieser Arbeit als Karte des Viertels unter dem Manhartsberg vor. Da aber auch in Niederösterreich die durch den Quartiermeisterstab begonnene Neuvermessung durchgeführt wurde, ließen die niederösterreichischen Stände die Arbeit einstellen. Joseph Max Freiherr von Lichtenstern gründete 1790 eine Kosmographische Gesellschaft und als deren Nachfolger das Kosmographische Institut. Dort brachte er 1809 eine Viertelkarte von Niederösterreich im Maßstab 1 : 432.000 heraus, und drei Jahre später erschien die Karte des Erzherzogtums Österreich unter der Enns, die als erste ein Gradnetz enthält. Besser ist die 1812 erschienene gleichnamige Karte des Ingenieurgeographen Ludwig Schmied, die er auf der Basis der sogenannten franziszeischen Aufnahme zeichnete. Zur Zeit der napoleonischen Kriege hatte sich die Notwendigkeit einer militärischen Neuaufnahme der österreichischen Länder ergeben. 1806 wurde daher in Wien das Topographisch-Lithographische Büro des k. k. Quartiermeisterstabes gegründet, und Niederösterreich wurde neu aufgenommen. Diese Karte, die 1806 bis 1812 entstand, wurde als „franziszeische Aufnahme" bezeichnet, und die Feldaufnahme wurde – wie bei der Josephinischen Aufnahme – im Maßstab 1 : 28.800 hergestellt, während die kupfergestochenen Blätter in 1 : 144.000 veröffentlicht wurden.

Links: Aufstieg eines Montgolfiere. Schützenscheibe aus Scheibbs. 1786.
Rechts: Der Hofpoet Pietro Metastasio. Stich von G. B. Sasso nach G. B. Bosio.

1781–1785

KALENDER

15. 8. 1781 Bau einer Blausäurefabrik in Schlöglmühl bei Gloggnitz.

13. 10. Joseph II. erläßt das Toleranzpatent.

1782 In St. Pölten wird die Dreifaltigkeitssäule feierlich enthüllt.

Die Buchdruckerei Lorenz wird in St. Pölten errichtet. Sie besteht als Buchdruckerei Sommer bis 1985.

Die Mauer des Lainzer Tiergartens wird von Philipp Schlucker aus Alland begonnen; vollendet 1787.

Philipp Schlucker. Ölgemälde. Jagdmuseum Marchegg.

12. 1. Das Patent über die Aufhebung der beschaulichen Orden wird ausgegeben.

2. 2. Das Toleranzpatent Josephs II. für die Juden Niederösterreichs wird veröffentlicht.

22. 3. Papst Pius II. trifft in Österreich ein und wird bei Neunkirchen von Kaiser Joseph II. begrüßt.

2. 4. Toleranzpatent Josephs II.

22. 4. Pius VI. verläßt NÖ. und reist über St. Pölten und Melk nach München weiter.

28. 6. Schwere Gewitter in der Wachau.

16. 7. Uraufführung von Mozarts „Entführung aus dem Serail" im k. k. „Nationaltheater nächst der Burg" in Wien.

16. 11. 1783 Das Dominikanerkloster Krems wird aufgehoben.

Februar 1784 Hochwasser der Donau durch besonders rasche Schneeschmelze.

23. 8. Das Patent über die Verlegung der Friedhöfe vor die Ortschaften und über Einführung der Begräbnisse in „Sparsärgen" wird ausgegeben.

1785 Die Durchführung der Grundvermessung in Österreich wird angeordnet.

Christian Reinke kauft die Judenhofmühle von St. Pölten und leitet die Gründung einer Kattunfabrik in die Wege.

8. 5. Das Bistum St. Pölten wird errichtet.

29. 7. Große Überschwemmung des Wienflusses.

19. 12. Kommunalreform Josephs II. Die städtischen Magistrate werden errichtet.

GEBURTSTAGE

Ignaz Franz Castelli. Schriftsteller, Theaterautor und Übersetzer. Gründer des Wiener Tierschutzvereins. Geboren 6. 3. 1781 in Wien. (Gestorben 5. 2. 1862 in Wien.)

Johann Nepomuk Reithoffer. Gründer der Gummifabrik in Wimpassing. Geboren 13. 4. 1781 in Feldsberg. (Gestorben 6. 5. 1872 in Wien.)

Johann Michael Leonhard. Bischof, 1834 Weihbischof von St. Pölten, Geheimer Rat, 1836 Titular-Bischof von Diocletianopolis. Geboren 23. 8. 1782 in Grafenwörth. (Gestorben 19. 1. 1863 in Wien.)

Johann Endletsberger (Entletsberger). Münzgraveur, seit 1800 im Dienst des Hauptmünzamtes in Wien und Prag tätig. Geboren 1782 in St. Pölten. (Gestorben 1850 in Wien.)

Josef Gottfried von Pargfrider. Heereslieferant (Lebensmittel, Stoffe). Erwarb 1833 die Herrschaft Kleinwetzdorf. Ließ den „Heldenberg" anlegen. Geboren 1782 in Schloßhof. (Gestorben 30. 1. 1863 in Kleinwetzdorf.)

Joseph Frühwald. Musiker. 1807 Anstellung am Hofoperntheater, 1820 Hofmusik-Archivar-Helfer, 1831 Hofkapellsänger, 1841 Dom-Subcantor. Geboren 19. 1. 1783 in Höhenbach. (Gestorben 20. 4. 1856 in Wien.)

Andreas von Töpper. Industrieller. Erfinder. Von Beruf Schmied (1814 Meisterbrief), erwarb 1818 ein Hammerwerk in Neubruck, baute es zur bedeutenden Eisenerzeugungsfirma aus, erwarb später auch Werke in Gresten und Gaming. Geboren 10. 11. 1784 in Schwanberg. (Gestorben 27. 4. 1872 in Scheibbs.)

Johann Freiherr von Kropfreiter. Generalmajor. Ritter des Maria Theresia-Ordens. 1803 Armeeintritt, militärische Karriere. Um 1850 in Ruhestand. Geboren 1784 in Arbesbach.

Die Buchdruckerpresse der Druckerei Lorenz. 1782. St. Pölten, Stadtmuseum.

TODESTAGE

Franz Staudinger. Tischler. Schuf das Chorgestühl in Göttweig. Gestorben 25. 9. 1781 in Furth. (Geboren 1705.)

Pietro Metastasio. Hofpoet und Opernlibrettist. Gestorben 12. 4. 1782 in Wien. (Geboren 3. 1. 1698 in Rom.)

Carl Feister. Zeichner und Maler. Gestorben 1783 in Wien. (Geboren 1742 in Wien.)

Bartolomeo Altomonte. Barockmaler. Gestorben 11. 11. 1783 in St. Florian. (Geboren 24. 2. 1702 in Warschau.)

Andreas Gruber. Bildhauer; schuf die Dreifaltigkeitssäule in St. Pölten. Gestorben 24. 3. 1784 in St. Pölten. (Geboren 1722/23 in Augsburg.)

Balthasar Ferdinand Moll. Bildhauer. Setzte die Tradition Georg Raphael Donners fort, schuf u. a. den Sarkophag für Maria Theresia und Franz I. in der Kapuzinergruft in Wien. Gestorben 3. 3. 1785 in Wien. (Geboren 4. 1. 1717 in Innsbruck.)

Johann Reichsgraf von Fries. Bankier. Industrieller, gründete verschiedene Fabriken (z. B. in Rabenstein) und erwarb Grundbesitz (z. B. Herrschaft Vöslau). Gestorben 19. 6. 1785 in Vöslau. (Geboren 19. 5. 1719 in Mülhausen, Elsaß.)

Die Diözesanregulierung unter Joseph II.

Zu den Reformen Josephs II. gehörte auch die Neuerrichtung von Diözesen, die sich besonders im niederösterreichischen Raum sehr stark auswirkte. Zwei Drittel Niederösterreichs unterstanden bis dahin der Diözese Passau. In der Steiermark und in Kärnten war der Erzbischof von Salzburg als Diözesanbischof vorherrschend. Die Rechte Passaus gehen auf die Kolonisation der frühen Babenbergerzeit zurück, und sie einzuschränken war nur in bescheidenem Maße gelungen. Die Gründung der Bistümer Wien und Wiener Neustadt im Jahre 1469, die Erhebung Wiens zum Erzbistum 1722 und die Erweiterung des Bistumsbereiches 1729 waren Schritte dazu gewesen. Joseph II. war diese Regelung prinzipiell unangenehm, und er strebte nach einer Ausschaltung des Passauer Bistums. Als Kardinal Leopold Ernst Graf Firmian am 13. Februar 1783 starb, war dies ein Signal für den Beginn der Diözesanregulierung. Nach dem Tode des Passauer Bischofs befahl der Kaiser, sofort die oberösterreichischen und unterennsischen Gebiete der Passauer Diözese abzutrennen und sie den neu geschaffenen Diözesen Linz und St. Pölten einzuverleiben. Ebenso wurden die reichen Güter und Liegenschaften Passaus in diesen Territo-

Drey Jahre sind nun verflossen, daß Ich die Staatsverwaltung habe übernehmen müssen. Ich habe durch selbe Zeit in allen Theilen der Administrationen meine Grundsätze, meine Gesinnungen und meine Absichten mit nicht geringer Mühe, Sorgfalt und Langmuth sattsam zu erkennen gegeben. Ich habe mich nicht begnügt, einmal eine Sache nur zu befehlen; Ich habe sie ausgearbeitet und entwikkelt... Ich habe die Liebe, so Ich für's allgemeine Beste empfinde und den Eifer für dessen Dienst jedem Staatsbeamten einzuflößen gesucht...

Aus dem sogenannten „Hirtenbrief" Josephs II., 1784

Rechts: Thoraschild. 18. Jahrhundert. Privatbesitz.
Unten: Joseph II. und die verschiedenen Religionen. Gouache von Johann Lederwasch. Um 1785. Privatbesitz.

rien beschlagnahmt, was sich als ziemlich schwierig erwies. Das Passauer Domkapitel sah sich gezwungen, die Kurfürsten von Preußen, Sachsen und Hannover um Schutz anzurufen und richtete auch eine Appellation an den Reichstag. Der neue Passauer Bischof Josef Franz Anton von Auersperg, vorher Bischof in Gurk, der am 19. Mai 1783 gewählt wurde, sollte den Konflikt austragen. Er wollte die beiden Bistümer Linz und St. Pölten als Suffraganbistümer von Passau bekommen, mußte jedoch schließlich auf sämtliche Diözesananteile verzichten. Das Domkapitel, das aus kaisertreuen österreichischen Adeligen bestand, bestätigte schließlich am 4. Juli 1784 einen diesbezüglichen Vertrag. Das Ergebnis der josephinischen Diözesanregulierung lautete: Anstatt der Kirchenprovinz Passau wurde die Kirchenprovinz Wien mit dem vergrößerten Erzbistum, dem nun das Viertel unter dem Wienerwald und das Viertel unter dem Manhartsberg gehörte, sowie mit den beiden Suffraganbistümern St. Pölten mit dem Viertel ob dem Wienerwald und dem Viertel ob dem Manhartsberg und Linz mit dem Land Oberösterreich geschaffen. Darüber hinaus wurde in Österreich noch eine Reihe weiterer Änderungen durchgeführt. So wurde in Südböhmen eine Diözese Budweis errichtet. Gleichzeitig mit der Reorganisation der Bistümer wurde die Neustrukturierung der Pfarren durchgeführt, die eng mit der Klosteraufhebung und mit der Schaffung des Religionsfonds verbunden war.

Das Toleranzpatent Josephs II.

Am 13. Oktober 1784 erließ Joseph II. ein Hofdekret, in dem für die evangelischen und griechisch-orthodoxen Bewohner Österreichs die Religionsfreiheit verkündet wurde. Schon als Mitregent hatte Joseph II. versucht, ein derartiges Edikt durchzusetzen, war aber am Widerstand seiner Mutter gescheitert. Nach ihrem Tod aber konnte er damit an die Öffentlichkeit treten. Im Patent heißt es, daß der Kaiser – einesteils überzeugt von der Schädlichkeit alten Gewissenszwanges und andererseits von dem großen Nutzen, der für die Religion und den Staat aus einer wahren christlichen Toleranz entspringe – sowohl den Evangelischen augsburgischen und helvetischen Bekenntnisses als auch den unierten Griechen ein Privatexerzitium in ihrer Religion gewährt. Die katholische Religion hatte aber den Vorzug in der öffentlichen Ausübung. Das Patent wurde durch Zirkulare in den Landesteilen verbreitet und in mehreren Orten aufgelegt. So wurde festgelegt, daß alle nichtkatholischen Untertanen vom Amt oder Magistrat vorzuladen und im Beisein eines Geistlichen über ihre Grundsätze zu befragen seien. Solange kein Pastor vorhanden sei, müßten die Kinder in katholische Schulen gehen. Taufen, Trauungen und Begräbnisse habe der katholische Geistliche vorzunehmen. Katholische Geistliche durften Nichtkatholiken im Krankheitsfalle einmal besuchen und hatten sich zu entfernen, wenn der Beistand nicht verlangt wurde. Bethäuser und Schulen durften gebaut werden, sofern 500 Personen oder 100 Familien im Bezirk wohnten. Aus dem Gebiet von Annaberg ist ein derartiges Protestantenexamen erhalten geblieben, das zeigt, daß einige Beamte und Kommissäre auf dem Pfarrhof sich jene Untertanen und Holzknechte vorluden, die sich zum evangelischen Glauben bekannten. Dieses Examen fand am 12. August 1782 statt, wobei sich 183 Personen als Protestanten erklärten, 15 weitere waren nicht erschienen. Es waren dies meist Zuwanderer aus Gosau, die erklärten, in der evangelischen Religion geboren und erzogen worden zu sein. Das

Protokoll beweist, daß die Zuwanderung etwa um 1760 erfolgt sein muß. Wie auch in anderen Gebieten, etwa in Gosau, waren die Evangelischen nicht so ohne weiteres bereit, aus ihrem bisherigen Geheimprotestantismus hervorzutreten. Meist war der Mut eines einzelnen notwendig, um diesen Schritt auszulösen. Im Jahre 1784 wurde das lutherische Konsistorium, das sich in Teschen in Schlesien befand, nach Wien verlegt, so daß Wien und Niederösterreich damit zu einem stärkeren Zentrum des evangelischen Glaubens wurden, denn in ganz Niederösterreich und Wien gab es nach dem Toleranzpatent nur drei evangelische Gemeinden, eine davon in Mitterbach. Zur Heranbildung von theologischem Nachwuchs wurde erst im Jahre 1821 eine Lehranstalt errichtet. Die Pastoren waren vorher aus dem Ausland gekommen. Da sich der Geheimprotestantismus nur aufgrund des gedruckten Wortes in den Predigtbüchern, Erbauungs- und Gebetbüchern erhalten hat, spielten auch weiterhin diese einfachen Postillen eine große Rolle. Auch die Kultgegenstände waren von großer Einfachheit, so daß der evangelische Glaube nach 1781 ein Volksglaube war – im Gegensatz zur Adelskultur während der Reformationszeit des 16. Jahrhunderts.

Links: Die Filialkirche St. Georgen am Steinfeld. Federzeichnung.
Rechts: „Der ewige Kreislauf". Ölbild 18. Jahrhundert. Stadtmuseum St. Pölten.

1781–1785

Josephinische Klosteraufhebungen

Die Bewegung zur Aufhebung der Klöster in Österreich kann als Gegenstück und Gegenbewegung zur Gegenreformation gesehen werden, wo es zur Gründung zahlreicher Klöster in Wien und in vielen Kleinstädten gekommen war. Nun, im Zeitalter des Nützlichkeitsdenkens, wurde die Meinung vertreten, daß die Zahl der Personen, die dadurch dem Wirtschaftsleben entzogen würden, zu groß sei und daß man andererseits Geistliche benötigte, um die Versorgung der Bevölkerung mit Pfarrern zu gewährleisten. Schon zur Zeit Maria Theresias begann man in das klösterliche Leben einzugreifen, und seit 1782 arbeitete man in der Böhmisch-österreichischen Hofkanzlei an Vorschlägen zur Verminderung der Zahl der Mönche. Es wurden die meist in mittelalterlichen Zuständen verbliebenen Klosterkerker aufgehoben. Den Klöstern wurde die Geldanlage in Immobilien untersagt, ihr finanzieller Verkehr mit ausländischen Konventen und Generalkurien wurde abgeschnitten, Ordensgeistlichen wurde die Ausübung bürgerlicher Berufe verboten. Als Kloster- und Provinzobere durften keine Ausländer bestellt und von zentralistisch geleiteten Orden durfte keine gemeinsame Provinzkassa geführt werden. Die Klosterstudien wurden seit 1775 nur mehr in den Hauptstädten geduldet. Joseph II. hat in besonderem Maße den Müßiggang in den Klöstern verurteilt. Er wollte die Mönche und Nonnen in nützliche und Gott wohlgefällige Bürger des Staates verwandeln. So kam es zu Beginn des Jahres 1782 zum ersten großen Klosteraufhebungspatent, wovon die Orden der Kartäuser, Kamaldulenser, Kar-

Aufhebung eines Klosters. Stich.

Ansicht des aufgehobenen Klosters Gaming.

melitinnen, Clarissen, Kapuzinerinnen, Franziskanerinnen sowie die Einsiedler oder Waldbrüder betroffen waren. Am 28. Februar 1782 entstand der Religionsfonds. Aus dem Erlös der nun zum Verkauf oder zur Liquidation bestimmten Klostergütern wurden über die Religions- und Pfarrkasse die Pensionen für die ehemaligen Mitglieder der Klöster sowie Gehälter für die Pfarrer und Kapläne bezahlt. Seit dem Jahre 1783 wollte man auch die Zahl der Mitglieder der einzelnen Klöster verringern. Solche mit mehr als 30 Mitgliedern sollten in Zukunft nur mehr halb so viele Ordenspersonen haben, bei unter 30 Mitgliedern erfolgte die Reduzierung auf zwei Drittel. Überzählige Priester waren auf Pfarrer- und Kaplanposten zu versetzen, für ihren Unterhalt hatten aber die Klöster und Stifte zu sorgen. Konvente, die weniger als 20 Insassen zählten, sollten in Pfarren umgewandelt oder mit anderen Konventen vereinigt werden. Am 23. März 1783 begann die zweite große Klosteraufhebungswelle, die bis 1787 parallel zur großen Diözesan- und Pfarregulierung verlief. Nun waren Augustiner Chorherren, Barmherzige Brüder, Barnabiten, auch Benediktiner und andere Klöster betroffene. Der Kaiser sah eine dritte Aufhebungswelle für 1791 vor, doch kam sie nicht mehr zustande, da er vorher starb. Zuvor waren den noch bestehenden Klöstern verschiedene Vorschriften gemacht worden. In den Stiften war keine Prälatenwahl mehr erlaubt, der Kaiser schuf 1786 die Institution der Kommandataräbte, die im Namen der geistlichen Hofkommission die Leitung der Stifte in wirtschaftlicher Hinsicht zu übernehmen hatten. Sie durften nicht dem betreffenden Kloster angehören und wurden über Vor-

schlag des Ordinarius von Kreishauptleuten für drei Jahre installiert, hatten die Stiftsgüter zu verwalten und die Sitze im Prälatenstand einzunehmen. Die geistliche Leitung der Stifte fiel den Prioren zu. Mit der Reduktion der Klöster, die mit verschiedenen Verordnungen zum Gottesdienst und einer Beschränkung der Volksfrömmigkeit verbunden waren, wurde der österreichische Barockkatholizismus zugunsten einer neuen Kirchenstruktur und eines aufgeklärten Christentums zerstört. Die Einrichtungen der Kirchen aufgehobener Klöster wurden meist verteilt. So ist z. B. das im Jahre 1707 entstandene Karmelitinnenkloster St. Pölten 1782 aufgehoben worden. Der Hochaltar kam in der Pfarrkirche Tulln, die drei Seitenaltäre wurden Hochaltäre in Obergrafendorf, Michelhausen und Rust im Tullnerfeld, Kirchenstühle und Sakristeischrank kamen nach Michelhausen, die Kanzel nach Aggsbach-Dorf, das Klostergebäude wurde schließlich als Kaserne umgewidmet und blieb dies bis zum Jahre 1918. Die Einrichtung der Dominikanerkirche in Krems wurde auf verschiedene Pfarrkirchen des Waldviertels verteilt. Meist waren es neu errichtete Pfarren, die damit zu ihrer Einrichtung kamen. Das Kirchengebäude wurde zuerst als Fabrik verwendet, später errichtete die Stadt Krems dann ein Theater und das städtische Museum.

Die kirchlich-sozialen Reformen Josephs II.

In der populären Literatur wird Joseph II. als Aufheber der Klöster bezeichnet. Weniger häufig wird berichtet, daß zu seiner Zeit auch eine Reihe von Maßnahmen ergriffen wurden, die sich für die Organisation der katholischen Kirche als besonders positiv erwies. Besonders wichtig war die Verbesserung der Pfarreinteilung. Die Pfarren als umfassende territoriale Kleinorganisationen, die jeden Bewohner des Landes erreichen sollten, waren historisch entstanden. Daraus ergab sich eine Reihe von Mängeln wie große Pfarrbereiche oder schlecht erreichbare Pfarrkirchen. Schon im Februar 1782 begann man mit organisatorischen Vorbereitungen, die im Herbst in einer genauen Untersuchung der vorhandenen Situation gipfelten. Im Lande Niederösterreich wurden an sämtliche Herrschaften und Gemeinden Fragebögen ausgegeben, die innerhalb von 14 Tagen den Kreisämtern ausgefüllt übergeben werden mußten. Darin wurde gefragt, ob an allen Sonn- und Feiertagen Gottesdienst gehalten werde und ob und wie weit man in eine Kirche zu gehen habe. In diesen Formularen konnte man

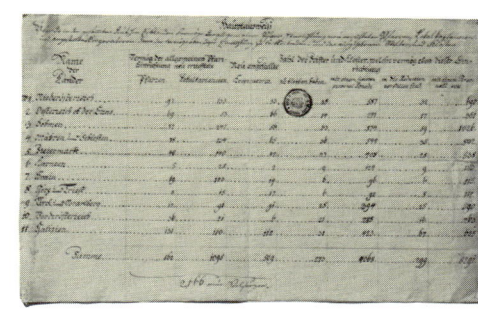

bereits die Bitte um einen eigenen Pfarrer oder Kaplan deponieren. Dabei war anzugeben, ob sich im Ort eine Kirche oder Schloßkapelle befand, die als Pfarrkirche verwendet werden konnte. Wichtig war auch die Frage, ob eine solche Kirche über Einkünfte verfügte und ob die Herrschaft oder Gemeinde zur Erhaltung eines eigenen Pfarrherrn oder Kaplans einen Beitrag leisten wollte. Dieser konnte in Form von Geld, Naturalien oder Arbeitsleistung – wie Robot zum Pfarrkirchen- und Pfarrhofbau – erfolgen. Mit diesen Erhebungen ging die Neueinteilung der Pfarrsprengel einher, wobei man bei den großen Städten begann. Die Stadt Wien, die etwa 50.000 Einwohner hatte, wurde in neun Pfarren geteilt, für die Vorstädte wurden 19 Pfarren vorgesehen. Auf dem Lande war die Situation schwieriger, zumal Sprengeländerungen notwendig waren. Die Direktiven besagten, daß dort eine Pfarre oder Lokalkaplanei errichtet werden sollte, wo Wasser, hohes Gebirge, Schnee im Winter oder schlechte Wege den Kirchgang erschwerten, die Entfernung zur nächsten Kirche über eine Stunde Weges betrug und die Gemeinde über 700 Personen stark war. Orte, die mit einer Kirche versehen waren, sollten den Vorrang haben. Wesentlich war die finanzielle Sicherung der Gründungen. Wenn keine anderen Ein-

Joseph II. begrüßt Papst Pius VI. am 22. 3. 1782 bei Neunkirchen. Kolorierter Kupferstich von Hieronymus Löschenkohl. Wien, Historisches Museum.

künfte vorhanden waren, sollten die Pfarrer aus der Religionskasse jährlich 600 Gulden, die Lokalkaplän 350 Gulden, die Kooperatoren 250 Gulden erhalten. Nun wurden zahlreiche Filialkirchen in Pfarrkirchen umgewandelt, aber auch der Bau von Kirchen und Pfarrhöfen war notwendig. Gleichzeitig wollte man auch ein Schulhaus in jedem Pfarrort erbauen. Nach dieser Reform hielt man nicht benötigte Nebenkirchen und Kapellen für nicht erhaltenswert und befahl ihre Schließung. Für ihre Leistung bei Taufen, Hochzeiten und Begräbnissen wurden den Pfarrern normierte Tarife in der Stollordnung vorgeschrieben, wobei die Beträge in der Stadt höher als auf dem Land waren. Die Pfarrer wurden aber auch in die staatliche Verwaltung eingebunden, denn sie erhielten die Pflicht, die Personenstandsregister nach staatlichen Vorschriften zu führen. Auch die Ehe wurde als bürgerlicher Vertrag bezeichnet und umschrieben, die Möglichkeiten der Trennung von Tisch und Bett normiert, den Katholiken auch die Aufsicht über Ehehindernisse bei Nichtkatholiken übertragen und damit der Kirche ein fester Platz in der staatlichen unteren Verwaltung eingeräumt. Den Pfarrern wurden auch andere bedeutende Aufgaben zugeteilt, die im sozialen Bereich lagen. Dazu gehörte die Beaufsichtigung der vom Findel- und Waisenhaus in Wien zu Pflegeeltern auf dem Land gegebenen Kinder. Weiters wurde den Pfarrern die Armenpflege anvertraut und dazu eine große Bruderschaft gegründet, die den Namen „Der thätigen Liebe des Nächsten" führte und mit dem Armeninstitut vereinigt wurde. Vorbild dafür war die Einrichtung des Grafen Buquoi in der Herrschaft Gratzen in Südböhmen. Alle anderen Bruderschaften wurden mit Hofdekret vom 27. November 1783 aufgehoben, und ihr Vermögen wurde für die Armenpflege verwendet.

Die neuen Begräbnisvorschriften Josephs II.

Zu den kirchlichen Maßnahmen Josephs II., die den meisten Anstand erregten, gehörte das Patent vom August 1784. Darin wurde festgehalten: Alle Grüfte und Friedhöfe innerhalb der Ortschaften seien zu schließen. Dafür sei ein günstiger Platz außerhalb der Orte zu wählen. Dort seien die Begräbnisse nach Einsegnung in der Kirche vorzunehmen. Alle Leichen seien in einen Leinensack ohne Kleider in eine Truhe zu legen und so auf den Friedhof zu bringen. Dort seien sie mit ungelöschtem Kalk zu überwerfen und noch an gleichen Tag mit Erde zu

Sogenannter „josephinischer Sparsarg". Pfarramt Leoben-Göß.

bedecken. Jede Pfarre habe eine Anzahl solcher Totentruhen anzuschaffen, die immer wieder zu verwenden seien. Grabdenkmäler dürften nur am Rande der Friedhöfe errichtet werden. Damals entstanden auch die Sparsärge, deren Boden sich aufklappen ließ, wobei die Körper beim Hochziehen des Sarges im Grabe zurückblieben. Darüber entstand eine allgemeine Entrüstung, so daß nach 6 Monaten dieses Hofdekret zurückgezogen wurde. Nun wurde diese Pflicht in eine Kann-Bestimmung umgewandelt. Eigenartig ist, daß sich relativ viele Sparsärge erhalten haben, so daß man annehmen darf, daß arme Leute schon vorher oder auch weiterhin von dieser Bestattungsart Gebrauch machten.

Allgemein als notwendig anerkannt wurde die Verlegung der Friedhöfe vor die Ortschaften. Allerdings hatte man in den Städten damit schon in den 70er Jahren begonnen, nun erfaßte man auch kleinere Orte. Ursache für die Verlegung war die Sorge um die Verunreinigung des Trinkwassers. Bei dieser Gelegenheit wurden auch die Begräbnisse in den Kirchen untersagt, so daß nun die prunkvollen Grabdenkmäler aufhörten, die bis dahin große und kleine Kirchen schmückten.

Links: Arbeiter in einer Messingfabrik. Ausschnitt aus einem Gemälde. Stift Seitenstetten.

1786–1790

KALENDER

1786 Der Klosterneuburger Propst Floridus Leeb legt die Siedlung Floridsdorf an. Beginn der Verstädterung des Marchfeldes.

An jeder Hauptschule sollen jährlich durch drei Monate zwei pädagogische Kurse zur Heranbildung von Lehrern gehalten werden.

28. 5. Ein neues Erbrecht wird erlassen!

1787 Hochwasser führt zum Abbruch der Kirche St. Nikolaus in Aggsbach.

Das Melker Gymnasium wird nach St. Pölten verlegt, es bleibt hier bis 1804.

18. 2. Kinderarbeit vor dem 9. Lebensjahr wird untersagt.

1. 11. Hochwasser der Donau mit sechs Meter hoher Flutwelle. Der Schutzdamm wurde an 14 Stellen durchbrochen. Joseph II. ordnet den Bau von neuen Dämmen von Stockerau bis Schloßhof an; der Auftrag wird sabotiert.

November Zimentierungsämter (Eichämter) werden in den Kreisstädten geschaffen. Sie sollen regelmäßig Maße und Gewichte kontrollieren.

7. 12. Wolfgang Amadeus Mozart wird zum k. k. Kammerkomponisten ernannt.

31. 3. 1788 Eine allgemeine Bauordnung wird erlassen.

1789 Die Schießstätte Krems wird von einem Eisstoß zerstört.

Die Reibergermühle in Großpertholz (Wurzmühle) geht an Franz Wurz über; sie ist die älteste noch nach altem Verfahren arbeitende Papiermühle.

10. 2. Das Steuerdekret Josephs II. wird veröffentlicht. Dem Staat sollen 12 Prozent, dem Grundherrn 18 Prozent des bäuerlichen Ertrages zufallen, der Rest dem Bauern verbleiben. Durch Josephs Tod tritt das Dekret nicht mehr in Kraft.

25. 3. Das Kloster Lilienfeld wird aufgehoben, aber im April 1790 wieder errichtet.

27. 2. 1790 Die niederösterreichischen Stände versammeln sich im Landhaus in Wien, um eine Denkschrift an Kaiser Leopold II. wegen Rücknahme von josephinischen Reformen auszuarbeiten.

12. 3. Nach dem Tode Josephs II. tritt sein aus Florenz angereister Bruder Leopold II. die Nachfolge an.

6. 4. Leopold II. nimmt die Steuerregelung zurück und gestattet den Ständen wieder ihre bisherige Organisation.

24. 9. Ein Waffenstillstand beendet den seit 1788 tobenden Türkenkrieg. Der Friede wird am 4. 8. 1791 zu Sistowa geschlossen.

9. 10. Leopold II. wird in Frankfurt zum Kaiser gekrönt.

GEBURTSTAGE

Johann Michael Sattler. Miniatur-, Porträt-, Landschaftsmaler in Wiener Neustadt, Linz und Wien, 1829–35 in München. In Dresden, Magdeburg, Kopenhagen, Brünn, Prag tätig, übersiedelte 1819 nach Salzburg. Geboren 28. 9. 1786 in Herzogenburg. (Gestorben 28. 9. 1847 in Mattsee, Sbg.)

Josef Natterer. Naturforscher, Bruder Johann Natterers. Geboren 7. 10. 1786 in Laxenburg. (Gestorben 28. 6. 1852 in Wien.)

Peter Zanini. Erster konstitutioneller Kriegsminister. Geboren 20. 12. 1786 in Stein. (Gestorben 11. 9. 1855 an der Cholera.)

Johann Nepomuk Höferl. Historienmaler. Ausbildung in Wien, Reise nach Italien, arbeitete viel für Kirchen in NÖ., z. B. in Enzersdorf, Wullersdorf. Geboren 1786 in Pest. (Gestorben nach 1840.)

Hieronymus Payer. Komponist. 1803–16 Lehrer in Weidling, 1824 Kapellmeister in Amsterdam, danach 1832 Musiklehrer in Wien. Geboren 13. 2. 1787 in Weidling. (Gestorben 17. 8. 1845 in Wien.)

Anton Michael Koppensteiner. Pädagoge; gründete 1822 die „Erziehungsanstalt für Knaben zu Baum-

garten und Hütteldorf unweit von Wien", deren Direktor er bis zum Tode blieb. Geboren 6. 7. 1787 in Brühl b. Weitra. (Gestorben 8. 1. 1843 in Wien-Hütteldorf.)

Johann Natterer. Naturforscher, Reisender. 1817–1836 Brasilienexpedition. Geboren 9. 11. 1787 in Laxenburg. (Gestorben 17. 6. 1843 in Wien.)

Johann Baptist Maria Kaufmann. Rechtsgelehrter. Lehrer des Zivil- und Kirchenrechts an verschiedenen Instituten. Geboren 11. 7. 1788 in Gilgenberg. (Gestorben 3. 4. 1822 in Wien.)

Andreas (Franz) Oberleitner. Orientalist, Theologe. Geboren 12. 1. 1789 in Angern. (Gestorben 10. 7. 1832 in Wien.)

Katharina Mosel. Schriftstellerin, Pianistin, Konzerte bei Hof, schrieb daneben Erzählungen und Novellen. Geboren 15. 4. 1789 in Klosterneuburg. (Gestorben 10. 7. 1832 in Wien.)

Gottlob Samuel Mohn. Glasmaler. 1813 und wieder nach 1821 Auftragsarbeit in Schloß Laxenburg bei Wien. 1825 Eintritt in den kaiserlichen Dienst. Geboren 4. 11. 1789 in Weißenfels. (Gestorben 2. 11. 1825 in Laxenburg.)

Joseph Salzbacher. Theologe, Gelehrter, philosophisch-theologische Studien. Dekan der theologischen Fakultät und Mitglied des akademischen Senats. Geboren 14. 3. 1790 in St. Pölten. (Gestorben 10. 8. 1867 in Baden.)

Joseph Smegkal. Tonkünstler und Dirigent. Gründete 1825 den „Verein von musikalischen Freunden". Geboren 21. 2. 1790 in Wallsee. (Gestorben 27. 8. 1832 Wien.)

Anton Steinbüchel von Rheinwall. Altertumsforscher, Professor der Münz- und Altertumskunde an der Universität Wien, 1819 Direktor des Münz- und Antikenkabinetts und der Ambraser Sammlung. Geboren 4. 12. 1790 in Krems.

TODESTAGE

Josef Klein. Bildhauer in Wiener Neustadt. Arbeiten für die Pfarrkirche in Wiener Neustadt; die zwei Portale im Konventhof der Stiftskirche zur hl. Dreifaltigkeit, Inschrift von 1765. Gestorben 28. 12. 1787.

Johann Ignaz Felbiger. Schulmann. Gestorben 7. 5. 1788 in Preßburg. (Geboren 16. 1. 1724 in Glogau in Schlesien.)

Johann Wenzel Bergl. Freskant des Spätbarock. Gestorben 25. 1. 1789 in Wien. (Geboren 1718 in Königshof, Böhmen.)

Thomas Aschbrenner. Dichter. Gestorben 9. 12. 1789 in Tulln. (Geboren 24. 7. 1712 in Wolkersdorf.)

Joseph II. Kaiser. Gestorben 20. 2. 1790 in Wien. (Geboren 13. 3. 1741 in Wien.)

Ernst Gideon Freiherr von Laudon. Feldmarschall, Grabdenkmal beim Schloß Hadersdorf. Gestorben 14. 7. 1790 in Neutitschein (Mähren). (Geboren 10. 10. 1716 in Tootzen/Tootsi, Estland.)

Nikolaus Franz Leonhard Pacassi. Hofarchitekt. Arbeiten in Schönbrunn, Laxenburg und in Wien. Gestorben 11. 11. 1790 in Wien. (Geboren 5. 3. 1716 in Wiener Neustadt.)

Wien, den 18. April.

In der Nacht vom 13. zum 14. d. M. befiel Se. Majest. den Kaiser plötzlich ein starker Husten mit Blutauswurf; doch den folgenden Tag brachten Se. Maj. ruhig und einigermaßen erleichtert zu. Den 15. stellte sich der Blutauswurf wieder ein, und war stärker, als das erstemal. Da solche Rückfälle öfters eintreten könnten, haben Se. Maj. am 15. früh das heil. Abendmahl öffentlich zu empfangen verlangt. Der feyerliche Zug gieng um halb 10 Uhr aus der Burgpfarrkirche, unter Paradirung aller Leibgarden, nach Sr. Majest. Gemach. JJ. KK. HH. alle Minister, geheimen Räthe, Kämmerer und Truchsesse, wie auch alle Damen und viele andere Personen vom Hofstaate begleiteten mit brennenden Wachsfackeln das Hochwürdige, welches durch den Burgpfarrer getragen wurde, der auch die Speisung verrichtete.

An diesem Tage wurden die Schauspiele und öffentl. Lustbarkeiten abgestellt, und in allen Pfarrkirchen in und vor der Stadt sind unter Aussetzung des Hochwürdigen, für Sr. Mäjest. Erhaltung, durch drey Ta-

Das neue Steuer- und Urbarialsystem, wie es nach vorhergegangener sorgfältiger Grundausmessung und Ertragserhebung demnach dem Wohle der Untertanen und dem darauf allein sicher gegründeten allgemeinen Besten des Staates berechneten Maßstab der Billigkeit gemäß in den sämtlichen deutschen Erblanden und in Galizien ist festgesetzt worden, wird bereits seit dem 1. November ungeachteter Schwierigkeiten, die von Einführung einer neuen Ordnung der Dinge bei einem so allgemeinen und wichtigen Gegenstand fast untrennbar scheinen, mit einem Erfolg eingehoben, welcher der Weisheit und Güte dieser wesentlichen Staatsvorkehrung vollkommen zusagt. Die Untertanen verkennen nicht, wie groß die Wohltat ist, die ihnen die Gesetzgebung gewährt hat, und reiner Segen ihres Dankes geht aus ihren Herzen hervor. Mehrere Gemeinden lassen es bei diesen stillen Empfindungen nicht bewenden und stellen feierliche Dankfeste an, wie man sehr rührende Beispiele aus Innerösterreich und aus anderen Provinzen hat.

Wiener Zeitung vom 21. Dezember 1789

Einschränkung der Kinderarbeit

Im 18. Jahrhundert war Kinderarbeit in Landwirtschaft und Gewerbe, dann auch in den neu aufkommenden Fabriken allgemein üblich. Manche Fabrikanten kalkulierten damit und gaben vor, dadurch einen Beitrag zur Erziehung dieser Kinder zu leisten. So schlug der Besitzer der Ebreichsdorfer Kattunfabrik vor, sechzig arme Kinder, 30 Knaben und 30 Mädchen, zu beschäftigen, wenn ihm für jedes Kind täglich vier Kreuzer Zuschuß gewährt würden. Diese Kinder sollten acht Jahre lang in der Fabrik bleiben. Ein Mitglied des Staatsrates meinte aber, die Bedingungen seien härter als im Sklavenhandel, und verhinderte den Kontrakt. Manche Fabriken unterhielten Kinderhäuser, wo die jungen Arbeitskräfte unter schlechten Bedingungen hausten. Als Kaiser Joseph II. im Jahre 1785 die Seidenflorfabrik Consolati in Traiskirchen besuchte, wurde er mit dem Problem konfrontiert und ordnete an, daß künftig besser auf die Reinlichkeit der Kinder geachtet werden solle. Jedes Kind solle ein Bett haben statt zu viert oder fünft in einem Bett schlafen zu müssen, die Bettwäsche sollte gewechselt und den Kindern auch frische Leibwäsche gegeben werden. Zweimal jährlich habe der Kreisphysikus die Kinder zu visitieren, auch die Geistlichen sollten über die Zustände berichten. Dies war der bescheidene Anfang eines Jugendschutzes in Österreich.

Die josephinischen Kattunmanufakturen

Die Industriegründungen des ausgehenden 18. Jahrhunderts waren zwar vielfältig, doch erhielt in Niederösterreich die Textilindustrie immer größere Bedeutung. Während die Schafwollverarbeitung der Linzer Fabrik vorbehalten blieb, die in Meidling einen Zweigbetrieb schuf und die Wolle der großen Schäfereien des Landes beanspruchte, wurden neue Betriebe, die Baumwolle verarbeiteten, immer häufiger. Als im Jahre 1763 das Privileg der 1723 gegründeten Schwechater Fabrik ablief, entstanden neue Betriebe, die Baumwolle verarbeiteten. Schon im Jahre 1751 hatte der aus Mülhausen im Elsaß gebürtige Johann Fries in Fridau bei Obergrafendorf eine Barchentfabrik gegründet, neben der Johann Anton Georg Grechtler im Jahre 1764 eine Kattunmanufaktur errichten ließ. Eine weitere Fabrik wurde aus Enns nach Himberg verlegt, und in Kettenhof hatte 1765 der Oberste Kanzler Heinrich Kajetan Graf Blümegen eine Zitz- und Kattunmanufaktur geschaffen, die bald die benachbarte Schwechater Fabrik überflügelte. In Ebreichsdorf entstand 1773 eine ähnliche Fabrik, deren Besitzer sich auf Kinderarbeit spezialisieren wollte. Die Regierung verhinderte dies aber. Die letzte große Gründung dieser Art entstand im Jahre 1787 in St. Pölten, wo der aus Hamburg stammende Christian Friedrich Reinke eine Zitz- und Kattunmanufaktur gründete.

Diese Fabriken beschäftigten an ihrem Standort nur wenig Personal, denn wichtige Arbeiten wie Spinnen und Weben wurden als Heimarbeit vergeben und brachten Zehntausenden Keuschlern, Taglöhnern, Landhandwerkern und Bergleuten eine wenn auch schlecht bezahlte Nebenbeschäftigung. Die Fabriken erhielten „Spinnbezirke" zugewiesen, wo Faktoreien das Material an die Heimarbeiter ausgaben und verarbeitet wieder einsammelten.

Um das benötigte Personal auszubilden, wurde in jenen Gegenden, wo diese Arbeit noch nicht gebräuchlich war, der Bevölkerung in Spinnkursen Unterricht erteilt. Waisen und arme Kinder sollten vom siebenten bis zum fünfzehnten Lebensjahr zum Besuch dieser Kurse angewiesen werden. Nur wo eine Herrschaft dies förderte, hatte man Erfolg, so im Pielachtal, wo der Herrschafts-

Strumpfwirkmaschine aus Holz. 1773. Innsbruck, Tiroler Volkskundemuseum.

besitzer Grechtler Wert darauf legte, daß seine Untertanen auf diese Weise Arbeit fanden.

Die geplante Steuerregulierung

Als größter Schritt zur Besserstellung der Untertanen war von Joseph II. eine Steuerregulierung geplant, die mit einem Patent vom 24. April 1785 eingeleitet wurde. Welche Hoffnungen viele Bauern daran knüpften, zeigt das Pergamentblatt eines böhmischen Bauern, das als Vignette dieses Patentes gedacht war und im Hofkammerarchiv in Wien aufbewahrt wird. Darauf wird dargestellt, wie die Ausmessung der Gründe vor sich ging. Die ebenfalls im Hofkammerarchiv erhaltene Mappe einer Gemeinde zeigt, daß sich manche Orte große Mühe gaben, das Werk auch kalligraphisch ansprechend darzustellen. Sie veranlaßte den Verwalter einer Herrschaft zur Anmerkung: „Manch Baurenkopf ist hell, nicht finster wie die Nacht". Als das Werk abgeschlossen und mit den Patenten vom 10. Februar und 17. September 1789 verkündet worden war, erhob sich aber nicht nur in adeligen Kreisen, sondern auch bei der Bauernschaft mancher Gegenden Widerstand.

Links: Darstellung einer Vermessung auf einem Steuerpatent. Wien, Hofkammerarchiv.

Links: Das Schloß Karlslust.
Rechts: Obritzberg. Kol. Kupferstich in der „Kirchlichen Topographie".

1791–1797

KALENDER

1791–1794 Bau von Schloß Karlslust bei Hardegg.

1791 Der Chor des ehemaligen Dominikanerklosters Krems wird zum Theater umgewidmet.

Das Alumnat und die bischöfliche Hauslehranstalt im ehemaligen Franziskanerkloster St. Pölten werden eröffnet. Aus ihnen entwickelt sich die philosophisch-theologische Hochschule.

Der Wasserbaumeister Josef Walcher beendet die Sanierung des Donaustrudels bei Grein, an der seit 1778 gearbeitet wurde.

In Obritzberg wird Braunkohle entdeckt. Diese wird bis in die Mitte des 20. Jahrhunderts in Statzendorf abgebaut.

25. 1. Wenzel Graf Sauer von und zu Ankenstein wird zum Regierungspräsidenten in Österreich unter der Enns ernannt.

6. 7. François Blanchard startet seinen Wasserstoffballon im Prater und fährt damit bis Großenzersdorf.

4. 8. Der Friede von Sistowa beendet den Krieg mit der Türkei.

1792 Graf Rudolf Strattmann läßt Schloß Groß-Schweinbarth erbauen.

Das Stadttheater in Wiener Neustadt wird in das aufgehobene Karmeliterkloster eingebaut.

Das von Franz Wipplinger erbaute Posthaus in Melk wird fertiggestellt. Aufgrund des reichen Fassadenschmuckes gilt es als schönstes Posthaus Österreichs.

20. 4. Kriegserklärung Frankreichs an Böhmen und Ungarn. Damit beginnt der erste Koalitionskrieg.

25. 4. Huldigung der Stände Niederösterreichs für Erzherzog Franz, den späteren Kaiser Franz II. Aus Kostengründen erfolgt die Huldigung in bescheidenem Rahmen.

6. 8. Der 81jährige Staatskanzler Wenzel Anton Fürst Kaunitz-Rietberg demissioniert. Er war seit 1753 Staatskanzler und damit Leiter der Außenpolitik in den habsburgischen Ländern.

1794 Einige „Jakobiner" werden in Wien und in anderen österreichischen Ländern verhaftet und vor Gericht gestellt.

Bei einem Brand werden in Horn 37 Häuser zerstört.

1795–1803 Baubeginn für den Wiener Neustädter Kanal, einen Schiffahrtskanal, der von Wien über Laxenburg, Guntramsdorf, Baden und Sollenau bis Wiener Neustadt führt.

1. 1. Der Leutnant Franz Hebenstreit wird als Jakobiner in Wien hingerichtet. Andere „Staatsverbrecher" werden zu langjährigen Gefängnisstrafen verurteilt.

22. 8. Regierungspräsident Graf Sauer wird seines Postens enthoben. An seiner Stelle wird Franz Josef Graf von Saurau ernannt (bleibt bis 1797 im Amt).

1796 Das Posthaus in Purkersdorf wird erbaut.

In Klein-Neusiedl wird von Ignaz Theodor Pachner eine Papierfabrik („Neusiedler") errichtet. Diese wird 1837 zu einer AG der Papierfabrik Klein-Neusiedl erweitert und erwirbt später Fabriken in Stuppach, Schlöglmühl (gegründet 1852), Kematen, Theresiental (1869/70) und Hirschwang (1884).

27. 3. General Napoleon Bonaparte übernimmt den Oberbefehl über die französischen Streitkräfte in Italien.

12. 2. 1797 Die Hymne „Gott erhalte", die später zur österreichischen Hymne wurde und als Deutschlandlied Verwendung fand (heute Hymne der BRD) in der Vertonung Joseph Haydns (Text Lorenz Leopold Haschka) wird erstmals öffentlich aufgeführt.

4. 4. Graf Saurau erläßt eine Proklamation, in der auf die drohende Gefahr der französischen Invasion hingewiesen und die Bildung eines Landsturmes in den beiden südlichen Vierteln Niederösterreichs angeregt wird.

17. 4. Das allgemeine Aufgebot wird erlassen.

17. 4. Der Vorfriede von Leoben beendet das Vordringen der Franzosen von Italien her über die Ostalpen und garantiert einen sechsmonatigen Waffenstillstand bis zum Friedensschluß.

4. 9. Jakob Freiherr von Wöber zu Hagenberg wird anstelle von Graf Saurau zum provisorischen Regierungspräsidenten Niederösterreichs ernannt.

17. 10. Zu Campoformido (Campo Formio) in Venezien wird mit Frankreich Frieden geschlossen. Österreich verliert die Niederlande und die Lombardei, erhält dafür die Republik Venedig, darunter Istrien und Dalmatien. Damit ist der Erste Koalitionskrieg beendet, ohne daß Niederösterreich eine Invasion erlebt hätte.

GEBURTSTAGE

Johann August Stöger. Theaterdirektor in Graz, Triest, Preßburg, ab 1832 Josefstädter Theater in Wien, ab 1834 in Prag (bis 1846), dann wieder in Wien. Geboren 1791 in Stockerau. (Gestorben 7. 5. 1861 in Prag.)

Friedrich Marquart. Veterinärmediziner, Mykologe. 1823–68 Professor der Seuchenlehre und Veterinärpolizei an der Universität Olmütz. Geboren 11. 2. 1791 in Großsiegharts. (Gestorben 30. 5. 1868 in Olmütz, Mähren.)

Georg Meichl. Brauereibesitzer in Gablitz und Schwechat. Geboren 5. 4. 1791 in Gablitz. (Gestorben 16. 4. 1834 in Schwechat.)

Charles Sealsfield. (Pseudonym für Karl Anton Postl). Schriftsteller. Geboren 3. 3. 1793 in Poppitz (Popice, Mähren). (Gestorben 26. 4. 1864 bei Solothurn, Schweiz.)

Ferdinand I. Kaiser. Geboren 19. 4. 1793. (Gestorben 29. 6. 1875 in Prag.)

Anton Xaver Schurz. Dichter, Schwager von Nikolaus Lenau. Geboren 2. 9. 1794 in Asparn a. d. Zaya. (Gestorben 29. 12. 1859 in Wien.)

Anton Freiherr von Haimberger. Jurist, Professor an der Universität Lemberg, Hofrat beim Obersten Gerichtshof in Wien, 1852 in den Reichsrat berufen, 1856 geadelt. Geboren 3. 5. 1795 in Seitenstetten. (Gestorben 5. 8. 1865 in Graz.)

Georg Wilhelm Freiherr von Walterskirchen. K. k. Kämmerer, geheimer Rat und nö. Landtagsabgeordneter. Geboren 26. 9. 1796 in Wolfsthal. (Gestorben 25. 5. 1865 in Preßburg.)

Wilhelm August Riedle. Maler und Graphiker (Porträt Schuberts). Geboren 30. 9. 1796 in Perchtoldsdorf. (Gestorben 8. 9. 1880 in Wien.)

Leopold Kupelwieser. Maler, Professor der Wiener Akademie, wo er den Klassizismus vertrat, lernte in Rom die Nazarener kennen. Schuf Porträts Schuberts und seines Kreises, später vor allem religiöse Malerei. Geboren 17. 10. 1796 in Piesting. (Gestorben 17. 11. 1862 in Wien.)

Leopold Bucher. Historienmaler, arbeitete in Wien, stellte auf den akademischen Ausstellungen 1834, 1835, 1838 und 1850 aus. Geboren 1797 in Schwechat.

Franz Schubert. Komponist. Geboren 31. 1. 1797 in Wien (Himmelpfortgrund). (Gestorben 19. 11. 1828 in Wien.)

Johann Fischbach. Landschafts- und Genremaler, Illustrator und Porträtist, bis 1836 in Wien, 1837 in Rom, seit 1840 in Salzburg, 1860–71 in München tätig. Geboren 6. 4. 1797 in Grafenegg. (Gestorben 19. 6. 1871 in München.)

Johann Karl Metzger. Schriftsteller, Mitarbeiter der „Theater-Zeitung" in Wien. Geboren 7. 6. 1797 in Kapelln. (Gestorben 18. 1. 1865 in Wien.)

Ignaz Franz Keiblinger. Geschichtsforscher, 1814 Ordenseintritt in Melk, 1832 Stiftsbibliothekar, 1848 Korresp. Mitglied der Akademie der Wissenschaften. Geboren 20. 9. 1797 in Wien. (Gestorben 3. 7. 1869 in Melk.)

TODESTAGE

Johann Joseph Hackl. Erster Bürgermeister von St. Pölten. Gestorben 6. 10. 1791 in St. Pölten.

Leopold II. Kaiser. Gestorben 1. 3. 1792 in Wien. (Geboren 5. 5. 1747 in Wien.)

Johann Kerens. 1775 Bischof von Wiener Neustadt, 1784 von St. Pölten. Gestorben am 25. 11. 1792 in Wien. (Geboren 1725 in Maastricht.)

Johann Christian Brand. Maler. Historien- und Landschaftsbilder, Serie „Kaufrufe von Wien". Gestorben 1795 in Wien. (Geboren 1727 in Wien.)

Johann Eberhard Jungblut. Pfarrer in Prinzersdorf. Gestorben 7. 7. 1795 in Wien. (Geboren 1720 in Holland.) Propagierte im Weinviertel den Kartoffelanbau.

Nikolaus Pacassi. Architekt des Spätbarock bzw. Rokoko. Gestorben nach 1796. (Geboren 1716 in Wiener Neustadt.)

Joseph Fruhwirt. Büchsenmachermeister in Wien. Gestorben 1797. (Geboren 1722 in Zlabings.)

Die Jakobiner

Da die Ideen der französischen Revolution auch in Deutschland, besonders am Rhein, auf fruchtbaren Boden gefallen waren, traf man in Österreich Gegenmaßnahmen und bediente sich dazu der seit 1782 in Wien aufgestellten Polizei. Franz II. machte diese Polizei 1793 zu einem Staatsapparat und ernannte Graf Pergen, ihren Begründer, zum Polizeiminister in allen Erblanden. Als wichtigste Aufgabe wurde ihr die Verhinderung revolutionärer Umtriebe zugeteilt. Denn die Furcht der Regierung vor einem Übergreifen der Revolution auf die Erblande war groß. Auf dem Lande wurden vermehrte Streifungen angeordnet, um den Übertritt verdächtiger Personen an der Grenze zu verhindern, aus Wien wurden einige Männer ausgewiesen oder eingesperrt, aber von einer revolutionären Bewegung war nichts zu entdecken. Da gelang es der Polizei im Sommer 1794, eine Gruppe „Jakobiner" auszuheben, die mit einer ungarischen Verschwörerschar unter Führung des Abbés Ignaz Joseph Martinovics, des Hofchemikers Leopolds II., in Verbindung stand. Obwohl sich Polizei und Gerichte die größte Mühe gaben, daraus eine Staatsaffäre zu konstruieren, und es sich in Wien um Träger bekannter Namen handelte (wie einen Magistratsrat, einen Oberleutnant, den Direktor der Tierärztlichen Hochschule, einen kaiserlichen Rat und einen ehemaligen Lehrer des Kaisers, ja sogar um einen Verwandten des Erzbischofs), waren die Verfehlungen, die man den Verhafteten zur Last legte und derer man sie überführte, recht harmlos.
Nur die Pflanzung eines „Freiheitsbäumchens" in der Brühl bei Mödling, eine im engsten Kreis gehaltene Feier, zu der einer der Verhafteten ein Gedicht beigesteuert hatte, das mit einer Aufforderung zur Ausrottung des Adels ausklang, konnte den Verschwörern nachgewiesen werden. Trotzdem waren die verhängten Strafen hart: Ein Leutnant, Franz Hebenstreit, wurde zum Tode durch den Strang, die anderen wurden zu vieljährigen Gefängnisstrafen verurteilt, wobei die 30jährige Kerkerstrafe des Wiener Bürgers Johann Hackel besonders auffiel.

Man warf den Verschwörern vor, sie hätten durch Aufkauf von Getreide eine Hungersnot und damit eine Revolution provozieren sowie die Schlagbrücke über den Donaukanal sprengen wollen und zusätzlich eine Kriegsmaschine, eine Art Tank, an Frankreich ausgeliefert. Diese Beschuldigungen wurden niemals näher begründet, wie überhaupt der ganze Prozeß bis zum heutigen Tag in großes Dunkel gehüllt bleibt. Einen Zweck erreichte man damit aber: Jedermann fürchtete sich, als „Jakobiner" hingestellt und verurteilt zu werden. Mißtrauen entstand selbst zwischen alten Bekannten, die Geselligkeit wurde gestört, Freundeskreise wurden gesprengt, jede Erörterung der Ereignisse in Frankreich verstummte. Hart lastete die Zensur auf dem geistigen Leben, die Einfuhr ausländischer Zeitungen wurde nach Möglichkeit unterbunden, selbst Privatbibliotheken waren vor polizeilicher Durchsuchung nicht sicher. Das gesellschaftliche Leben war auf lange Zeit schwer belastet; das ganze Biedermeier blieb diese auf gegenseitigem Mißtrauen basierende Grundhaltung aufrecht, vom Metternichschen System sorgfältig genährt.

Patriotische Tage im Landhaus

Am 13. April 1797 hatten die Stände aus Anlaß des Ersten Koalitionskriegs und angeeifert durch das am 6. April von Franz Graf von Saurau ausgerufene allgemeine Aufgebot eine Proklamation zur Errichtung eines eigenen ständischen Freikorps veröffentlicht. Am folgenden Tag begann im Großen Saal des Landhauses die Werbung vor einer für diesen Zweck eingesetzten Kommission. Am 18. Mai wurden die Stände in Kenntnis gesetzt, daß der Kaiser den Mitgliedern des Freikorps gestattet habe, zur Erinnerung an jenes Ereignis eine goldene Schließe mit dem Band und der Inschrift „Denkmal der Treue der niederösterreichischen Stände gegen Kaiser und Vaterland 1797" zu tragen. Dieses Zeichen der Erinnerung wurde am 5. September 1797, am Geburtstag des Erzherzogs Karl, mit großer Feierlichkeit im Saal des Landhauses an die Mitglieder des ständischen Freikorps verteilt. Zu Beginn der Feierlichkeiten hatte der ständische Kommissär Ferdinand Freiherr von Sala eine Rede gehalten, welche im Namen des Freikorps von Karl Graf Fuchs erwidert wurde. Zum Schluß wurde eine eigens aus diesem Anlaß verfaßte Kantate von Karl Unger, in Musik gesetzt von Ignaz Sauer, gesungen.
Bald danach wurde das Freikorps aufgelöst, für dessen Weiterbestand nach dem Frieden von Campoformido (17. Oktober 1797) kein Bedarf mehr bestand.

Blanchards Ballonfahrten

Der alte Traum der Menschen vom Fliegen wurde im ausgehenden 18. Jahrhundert Wirklichkeit. Schon zu Ende des Jahres 1783, also im selben Jahre, als die Brüder Josef und Etienne Mongolfier, Papierfabrikanten in Avignon, den ersten Ballon hergestellt hatten, ließ der Grazer Buchdrucker und Mineraloge Alois von Witmanstätten eine mit brennbarem Gas gefüllte Kugel in einem geschlossenen Raum längere Zeit frei schweben. Ein erfolgreicher Aufstieg im Freien fand im Jänner 1784 in einem Garten auf der Wieden in Wien statt. Auf großes Interesse stießen die Versuche des k. k. Lustfeuerwerkers Georg Stuwer. Im März 1784 versprach er in der Wiener Zeitung, ein großes Luftschiff im Prater vorzuführen. Am 25. August 1784 konnten die Wiener dann erstmals einen frei fliegenden Ballon sehen. Ein nur zur Hälfte gefüllter Ballon hatte sich mit vier Personen in der Gondel, darunter auch Stuwers Sohn, losgerissen. Es gelang aber, den Ballon am Ufer des großen Tabordonauarmes wieder sicher zum Landen zu bringen.
Die Ballonflüge des Blanchard stießen auch in Österreich auf Interesse. Die Zeitungen berichteten von den geglückten und mißlungenen Versuchen in ganz Europa.
Im Jahre 1786 wollte François Blanchard erstmals in Wien aufsteigen, erhielt dafür aber keine Bewilligung. Im November 1790 kam er von Prag nach Wien und zeigte in der Mehlgrube seinen Luftballon her, aber erst 1791 konnte er auch in Österreich eine Luftreise vornehmen. Sein erster Start am 9. März 1791 in Wien mißglückte. Während des Füllens bekam der Ballon Risse und kippte schließlich auf der Startfläche um. Blanchard und seine Frau fielen auf den reservierten Raum, in dem die Mitglieder des Hofes saßen. Das enttäuschte Publikum durchbrach die Absperrungen und riß den Ballon in Stücke. Am 6. Juli 1791 war es dann soweit: Gegen 12.00 Uhr stieg Blanchard im Prater auf, nachdem Erzherzog Franz die Halteseile durchschnitten hatte. Nach ruhiger Luftfahrt landete Blanchard in Großenzersdorf und wurde durch den Pfarrer und andere Stadthonoratioren im Triumph in die Stadt gebracht und zum Ehrenbürger ernannt. Auf die Bitte der Stadtväter überließ er ihnen die Ballonfahne zur Hinterlegung in der Pfarrkirche. Blanchard glückten später noch drei weitere Luftfahrten in Wien, und zwar am 12. August, wo er in Simmering landete, am 14. August, wo er bis Laa kam, und am 15. August, wo er auf dem Wienerberg niederging.

Links: Russische Truppen überschreiten 1799 die Donau. Ölgemälde. Stadtmuseum Krems.
Rechts: Einmarsch der Franzosen in Waidhofen an der Ybbs 1800 und 1805. Ölgemälde. Stadtmuseum Waidhofen/Ybbs.

1798–1803

KALENDER

1798 Johann Michael Riedel von Leuenstein und Franz Jäger beginnen den Bau der Franzensburg in Laxenburg. Sie wird 1801 vollendet.

14. 4. „Fahnenrummel" in Wien. Vom Haus des französischen Gesandten Bernadotte, des späteren Königs von Schweden, in der Wallnerstraße, wird die Trikolore gerissen und in den Schmutz gezerrt. Daraufhin verläßt der Gesandte Wien. Es ist dies die Ursache für den Ausbruch des Zweiten Koalitionskrieges.

1799 Russische Hilfstruppen marschieren als österreichische Verbündete durch Österreich und überqueren bei Krems/Stein die Donau.

Februar Außerordentlich großer Eisstoß auf der Donau und ihren Nebenflüssen.

12. 3. Österreich erklärt Frankreich den Krieg.

Ende Dezember Rußland scheidet aus dem Bündnis mit Österreich und England aus, Feldmarschall Suwarow führt auf Befehl des Zaren Paul I. die russischen Truppen in die Heimat zurück.

3. 12. 1800 Schlacht bei Hohenlinden. Die Österreicher unter dem Befehl von Erzherzog Johann werden östlich von München von den Franzosen besiegt. Die österreichischen Truppen müssen sich in die Erblande zurückziehen. Erzherzog Karl übernimmt erneut den Oberbefehl und schließt am 25. Dezember 1800 den Waffenstillstand von Steyr. Die Erlauf wird als Demarkationslinie festgelegt.

26. 12. Französische Truppen besetzen die Stadt Waidhofen an der Ybbs.

9. 2. 1801 Der Friede von Lunéville beendet den Zweiten Koalitionskrieg.

1802 In Pottendorf wird eine Textilfabrik gegründet.

In Korneuburg eine Buchdruckerei errichtet.

Im Neukloster von Wiener Neustadt wird ein Gymnasium errichtet,

In Heiligenkreuz wird eine theologische Lehranstalt für die Zisterzienserklöster Niederösterreichs gegründet.

29. 8. Joseph Thaddäus Vogt, Freiherr von Sumerau wird Regierungspräsident in NÖ (bis 1804).

25. 2. 1803 In Regensburg wird der Reichsdeputationshauptschluß abgeschlossen. Er regelt die Entschädigung der deutschen Fürsten für ihre verlorenen Gebiete. Die geistlichen Herrschaftsbereiche werden in weltliche umgewandelt und den weltlichen Staaten unterstellt. Auf diese Weise werden die Bereiche von Salzburg, Eichstädt, Freising, Passau und Regensburg in das Land Österreich einbezogen, Betroffen davon sind die Orte Waidhofen a. d. Ybbs, Pöchlarn, Traismauer, Großenzersdorf.

12. 5. 1803 Der Wiener Neustädter Kanal wird eröffnet.

GEBURTSTAGE

Johann Sigmund Ebersberg. Gymnasiallehrer, danach Jugendschriftsteller. Geboren 22. 3. 1799 in Steinabrunn. (Gestorben 27. 10. 1854 in Hernals bei Wien.)

Friedrich Held. Führte den Redemptoristenorden in Holland, England und Nordamerika ein. Geboren 1799 in Brunn am Gebirge. (Gestorben 1881 in Vaals.)

Anton Dietrich. Bildhauer. Werke in Wien, Bozen und Niederösterreich (für den Garten in Kleinwetzdorf schuf er die Gruppe „Herkules, die Hydra bekämpfend"). Geboren 1799 in Wien. (Gestorben 27. 4. 1872 in Wien.)

Ignaz Raucher. Rechtsgelehrter. Geboren 1799 in NÖ. (Gestorben 27. 9. 1860 in Wien.)

Johann Ranzoni. Jurist. 1848 Abgeordneter in Frankfurt, zuletzt Kreisgerichtspräsident in St. Pölten. Geboren 1799 in Stockerau. (Gestorben 1869 in Wien.)

Ludwig Ritter von Köchel. Musikschriftsteller, Jurist und Naturforscher, Herausgeber des „Chronologisch-thematischen Verzeichnisses sämtlicher Tonwerke W. A. Mozarts" („Köchel-Verzeichnis"). Geboren 14. 1. 1800 in Stein a. d. Donau. (Gestorben 3. 6. 1877 in Wien.)

Ludwig Brevillier. Industrieller. Übernahm nach dem Tod seines Bruders Karl Wilhelm Brevillier dessen 1823 gegründete Fabrik für Holz- und Metallschraubenerzeugung in Neunkirchen, baute sie zu einer weltbekannten Firma aus. Geboren 15. 11. 1800 in Wien. (Gestorben 12. 2. 1855 in Wien.)

Katharina Perger. Einsiedlerin. Tochter eines Wiener Neustädter Gemeindehirten, durchwanderte den ganzen Kaiserstaat und die Schweiz, Italien. Geboren 29. 4. 1801 in Pitten bei Wr. Neustadt.

Carl Ritter von Ghega. Erbauer der Semmeringbahn. Geboren 10. 1. 1802 in Venedig. (Gestorben 14. 3. 1860 in Wien.)

Albert Graf Montecuccoli-Laderchi. Ab 1846 Landmarschall von NÖ, 1849 Zivilchef in Mailand, 1850 wieder im Innenministerium in Wien. Geboren 30. 6. 1802 in Mitterau. (Gestorben 19. 8. 1852 in Wien.)

Benedikt Randhartinger. Komponist, Sänger, Dirigent. 1862–66 Hofkapellmeister in Wien. Geboren 27. 7. 1802 in Ruprechtshofen. (Gestorben 23. 12. 1893 in Wien.)

Nikolaus Lenau (eigentl. Niembsch, Edler von Strehlenau). Dichter. Lebte zeitweise in Stockerau bei seinen Großeltern. Geboren 13. 8. 1802 in Zastad im Banat. (Gestorben 22. 10. 1850 in Oberdöbling.)

Johann Petzmeier. Erfinder der Streichzither, viele Konzertreisen in Europa, Afrika, Kleinasien. Geboren 19. 1. 1803 in Zistersdorf. (Gestorben 1884).

Josef Misson. (Klostername: Cölestin). Bedeutender nö. Mundartdichter (Epos: „Da Naz, a niederösterreichischer Bauernbui, geht in d' Fremd"), Piarist, Gymnasiallehrer und Bibliothekar in Krems, Wien und Horn. Geboren 14. 3. 1803 in Mühlbach am Manhartsberg. (Gestorben 28. 6. 1875 in Wien.)

TODESTAGE

Georg Johann Stuwer (eigentlich Stubenrauch). Kunstfeuerwerker. Gestorben 4. 1. 1802 in Wien. (Geboren 1732 in Ingolstadt.)

Josef Krottendorfer. Kirchenkomponist. Gestorben 10. 4. 1798 in Wien. (Geboren 26. 4. 1741 in Purgstall.)

Matthias Munggenast. Baumeister in St. Pölten, Sohn von Josef Munggenast. Gestorben 22. 4. 1798 in St. Pölten. (Geboren 1729 in St. Pölten.)

Joseph Hilarius Eckhel. Numismatiker. Gestorben 16. 5. 1798 in Wien. (Geboren 13. 1. 1737 in Schloß Enzesfeld.)

Johann Thomas von Trattner. Drucker, Buchhändler, Verleger. Arbeitete sich vom Gänsehirten zum ersten österreichischen Großunternehmer empor und beherrscht fast 50 Jahre lang das Buchwesen der Monarchie. Gestorben 31. 7. 1798 in Wien. (Geboren 11. 11. 1717 in Jormannsdorf, Burgenland.)

Franz Georg Ritter von Keeß. 1770 Rat bei der nö. Landesregierung, 1777 Hofrat bei der ungarischen Hofkanzlei, auch als Fachschriftsteller bedeutend. Gestorben 6. 8. 1799 in Brunn am Gebirge. (Geboren 11. 1. 1747 in Wien.)

Joseph Weber Edler von Fürnberg. Postmeister und einer der Pioniere des österreichischen Postwesens. Gestorben 13. 9. 1799. (Geboren 24. 2. 1742 in Weinzierl bei Wieselburg.)

Marcus Pochlin. Mönch, Gelehrter, Linguist. Verfaßte eine „Krainska Gramatica" 1783. Gestorben 5. 2. 1801 in Mariabrunn. (Geboren 13. 4. 1735 in Laibach.)

Martin Johann Schmidt (Kremser Schmidt). Maler. Gestorben 6. 6. 1801 in Stein. (Geboren 29. 9. 1718 in Grafenwörth.)

Paul Haubenstricker. Maler und Stecher. Schüler des Martin Johann Schmidt („Kremser Schmidt"). Gestorben 28. 6. 1801 in Krems. (Geboren 1750 in Wien.)

Franz Maximilian. Erzherzog. Jüngster Sohn Maria Theresias, 1780 Hochmeister des Deutschen Ordens, 1784 letzter Kurfürst von Köln und Bischof von Münster; wurde durch die französische Revolution aus seiner Residenz Bonn vertrieben. Gestorben 27. 7. 1801 in Hetzendorf bei Wien. (Geboren 8. 12. 1756 in Wien.)

Franz Moritz Graf Lacy. 1766–73 Präsident des Hofkriegsrates, reorganisierte die österreichische Armee; errichtete den Neuwaldegger Park (in dem er auch begraben ist) und das Hameau (beide heute Wien XVII). Gestorben 24. 11. 1801 in Wien. (Geboren 21. 10. 1725 in St. Petersburg [Leningrad].)

Adrian Rauch. Historiker, Topograph und Piarist. Gestorben 16. 6. 1802. (Geboren 1. 4. 1731 in Wien.)

Johann Nepomuk Bucquoy. Reformator der Armenfürsorge in Österreich, Philanthrop. Gestorben 12. 4. 1803 in Gratzen (Nové Hrady). (Geboren 28. 6. 1741 in Prag.)

Links: Französische Cavallerie im Ratssaal des Rathauses von Waidhofen a. d. Ybbs. 1800. Zeitgenössischer Stich. Rechts: Die Franzensburg in Laxenburg. Aquarell von Reim, Wien, Nö. Landesmuseum.

Die Invasion 1800

Als im Jahre 1800 französische Truppen, von Westen heranmarschierend, in Niederösterreich eindrangen, hatte vor allem die Stadt Waidhofen an der Ybbs zu leiden. In einer Chronik und auf mehreren bildlichen Darstellungen, die sich im Stadtmuseum befinden, ist die Franzosenzeit in dieser Stadt besonders gut dokumentiert. Im Jahre 1800 nahm die Vorhut den Bürgern nur die Uhren ab, die späteren Einheiten waren schon massiver mit ihren Forderungen nach Geld, Verpflegung und Ausrüstung. Der Waidhofner Buchbinder Fidelis Holler hat in seinem „Waidhofner Journal" geschrieben: „Wenn ich alle Exzesse, die sich in den Bürgerhäusern ergaben, aufschreiben wollte, obwohl ich nicht einmal alle wissen kann, so würde ein Buch daraus entstehen. Nur soviel will ich sagen, daß schwerlich ein Haus bei der Stadt sein wird gewesen, wo der Hausherr nicht Streit hatte, ja gar viele sind, denen das Gewehr oder der Säbel auf die Brust ist gesetzt worden und mit dem Kaputtmachen, welches die Franzosen bei der mindesten Kleinigkeit im Mund hatten und soviel als Umbringen heißt, bedroht wurden." Schon damals machte sich mancher Widerstand bemerkbar, und in Steyr wurden fünf Holzknechte erschossen, weil sie drei französische Offiziere umgebracht hatten.

Josef von Fürnberg

In Gutenbrunn am Weinsberger Forst gibt es ein Barockschloß, das später Kaiser Franz gehörte. Erbaut hat es in den Jahren 1770–1771 Josef Weber, Edler von Fürnberg (1742–1799), ein Unternehmer der Frühzeit der Industrialisierung. Um 1768 kaufte er die Herrschaft Pöggstall, dann die Gebiete um Gutenbrunn, Martinsberg und den Weinsberg, ein großes Waldgebiet. Holz war zu dieser Zeit ein wertvoller Rohstoff. Der Bedarf der Stadt Wien an Brenn- und Bauholz war ungeheuer groß. Deshalb ließ Fürnberg die Holzschwemmen des Weitenbaches ausbauen und sogar einen Stollen durch einen Berg schlagen, um das Schwemmen zu erleichtern. Er holte auch Holzarbeiter von weit her in das südliche Waldviertel. Doch gab er sich mit dem Holzgeschäft nicht zufrieden, sondern baute die seit 1599 bestehende Glasfabrikation aus, erlangte für Gutenbrunn das Marktrecht für einen Getreide- und Viehmarkt und das Recht, eine Postlinie im südlichen Waldviertel zu errichten. Dazu mußten Straßen ausgebaut werden. Schließlich erhielt er vom Kaiser das Erbrecht auf die von ihm gegründeten

Poststationen Luberegg, Pöggstall und Gutenbrunn, die von ihm zweimal wöchentlich befahren wurden, wobei er Reisende bis nach Zwettl, Krems und Budweis befördern durfte. An beiden Ufern der Donau im Raum Melk halfen ihm Schiffsleute bei der Überfuhr. Fürnberg erwies sich als Wohltäter der Gegend, denn er baute in Gutenbrunn einen Gasthof und Meierhof und ließ auch Wallfahrer betreuen, die nach Maria Taferl pilgerten. Als unter Kaiser Joseph II. im Jahre 1786 das Heizen mit Holz für die Glaserzeugung verboten wurde, um die Wälder zu schonen und man auch bereits abgeholzte Strecken aufforsten mußte, wurde Fürnbergs Konzept schwer getroffen. Im Jahre 1795 verkaufte er den ganzen Besitz nördlich der Donau an Kaiser Franz und erwarb um den Erlös die Poststationen von Melk und Purkersdorf, die er nach seinem Geschmack neu erbauen ließ, später auch die von Perschling. Bevor er aber sein Postimperium durch die Erwerbung der Poststation St. Pölten ausbauen konnte, starb er 1799 im Alter von 57 Jahren in Melk. Zweifellos war er ein Mann, der durch seine große Unternehmungslust in Niederösterreich viele Impulse setzte.

Der Wiener Neustädter Kanal (Hafen in Wien). Xylographie von E. Kretschmer.

Der Wiener Neustädter Kanal

Im Sommer des Jahres 1797, als der Erste Koalitionskrieg zu Ende gegangen war, begann man mit dem Bau des Wiener Neustädter Schiffahrtskanales. Die Planungen setzten schon Jahre zuvor ein. Das Hauptziel war, den Transport der Kohle und des Brennmaterials nach Wien zu verbilligen. Zuerst wurden Militärarbeiter eingesetzt. Als diese beim Ausbruch des Krieges 1799 für andere Zwecke gebraucht wurden, stellte man Sträflinge aus Brünn und Prag zur Verfügung. Die im Gebiet von Wiener Neustadt eingesetzten Zuchthäusler, unter denen auch Mörder und andere Schwerverbrecher waren, beunruhigten die Bevölkerung aber so, daß sie im Jahre 1800 wieder abgezogen wurden. Dann konnte man auf 800

Pioniere zurückgreifen, und am 12. Mai 1803 wurde der Kanal nach Überwindung vieler Schwierigkeiten in Betrieb genommen. Um 5 Uhr früh fuhr ein Schiffzug von Wien ab, lud in Guntramsdorf Ziegel und traf am folgenden Tag nachmittags in Wiener Neustadt ein. Am dritten Tag konnte er mit neuer Ladung die Rückfahrt nach Wien antreten. Die Kanalstrecke war durch 52 Schleusen befahrbar gemacht worden. „Aufwärts" zogen Pferde die Frachtkähne. Beladen wurden die Schiffe vor allem mit Steinkohle, aber auch mit Ziegeln und Baumaterial der verschiedensten Art. Der Kanal erlangte aber keine besondere Bedeutung und wurde bald durch die viel leistungsfähigere Eisenbahn unwirtschaftlich.

Links: Joseph Karl Graf Dietrichstein. Regierungspräsident 1804/05. Lithographie.
Rechts: Napoleon Bonaparte, zeitgenössischer Stich nach Julien.

1804–1809

KALENDER

11. 8. 1804. Franz II. nimmt den Titel eines erblichen Kaisers von Österreich an (als Franz I.). Damit ist das Kaisertum Österreich begründet.

6. 9. Joseph Karl Graf Dietrichstein wird zum Provisorischen Präsidenten der nö. Landesregierung ernannt (bis 1805).

1805. Ignaz Karl Graf Chorinsky, Freiherr von Ledsze, tritt die Nachfolge Joseph Karl Graf Dietrichsteins als Provisorischer Präsident der nö. Landesregierung (bis 1807) an. Er wird 1815 neuerlich (bis 1817) Regierungspräsident.

Juli. Kaiser Franz besteigt den Schneeberg. Graf Hoyos läßt zur Erinnerung 1814 ein Granitmonument, den „Kaiserstein", errichten.

11. 8. Die Politische Verfassung der deutschen Volksschule wird erlassen.

November. Die Franzosen rücken in Österreich ein. Gefechte bei Loiben und bei Hollabrunn, Schlacht bei Austerlitz am 2. Dezember.

Dezember. 300 Russen ersticken im Torturm des Stiftes Melk an Rauchgasen. Sie werden bei der Brücke über den Melkfluß beerdigt.

15. 3. 1806. In Waidhofen an der Ybbs wird der Stadtgraben parzelliert.

6. 8. Franz II. legt die Krone des Heiligen Römischen Reiches nieder.

Das bischöfliche Consistorium bzw. der Domscholaster erhält die Aufsicht über Schulen (auch Lehrerbildungsanstalt und Musterschule St. Pölten bis 1. 3. 1869).

1807. Ferdinand Graf von Bissingen und Nippenburg wird Regierungspräsident (bis 1809).

Fürst Johann I. von und zu Liechtenstein kauft die Herrschaften Liechtenstein und Burg Mödling, errichtet dort romantische Kunstbauten.

Einzug der Franzosen in Waidhofen a. d. Ybbs. Ölgemälde im Museum Waidhofen a. d. Ybbs.

Die k. k. Landwirtschaftsgesellschaft wird gegründet.

General Karl Mack von Leiberich übersiedelt nach St. Pölten. Er stirbt am 28. Oktober 1928 in St. Pölten.

1808/09 Extrem strenger Winter.

1809. Hohe Kindersterblichkeit in Niederösterreich durch Epidemien.

1. und 5. 5. Das Aufgebot wird erlassen.

19. 6. Prozeß im Rathaus von St. Pölten gegen 13 Österreicher, vier werden wegen Widerstand gegen die Franzosen zum Tode verurteilt.

Die Franzosen in Waidhofen/Ybbs. Zeitgenössisches Gemälde im Museum Waidhofen/Ybbs.

GEBURTSTAGE

Johann Gabriel Seidl. Dichter. Geboren 21. 6. 1804 in Wien. (Gestorben 18. 7. 1875.)

Franz Schuh. Bedeutender Chirurg, Univ.-Prof. in Wien, führte 1840 die erste Punktion des Herzbeutels durch. Geboren 17. 10. 1804 in Scheibbs. (Gestorben 22. 12. 1865 in Wien.)

Mathias Schuster. Sängerlaufbahn in Brünn, Berlin, Dresden. Geboren 1804 in Niederleis.

Moriz Edler von Wohlgemuth. Fregattenkapitän, starb bei einem Schiffsuntergang. Geboren 1805 in Schwechat. (Gestorben März 1852.)

Katharina Wallbach. Sängerin, Schülerin Salieris, 1822 Engagement an der Scala, Mailand, danach in Turin, Parma, Bologna, Leipzig, dann Stuttgart, wo sie den dortigen Hofschauspieler Wallbach heiratete. Geboren 1805 in Baden.

Josef Nitschner. Maler, Lithograph. Geboren 14. 3. 1805 in Eggenburg. (Gestorben nach 1851 in Wien.)

Franz Lorenz. Arzt, Schriftsteller, Praxis in Wr. Neustadt. Geboren 4. 4. 1805 in Stein.

Karl Rollett. Arzt, Praxis in Baden, später Stadt- und Badearzt in Baden, Gründer des Stadtmuseums. Geboren 14. 6. 1805 in Baden. (Gestorben 9. 5. 1869 in Baden.)

Vinzenz Seback. Chorherr im Stift Klosterneuburg, Prof. für Kirchenrecht an der Wiener Universität, 1870: Rektor. Geboren 28. 12. 1805 in Brünn.

Franz Seraph Rieder. 1838: Dekan der theolog. Fakultät der Univ. Wien, 1840: Domherr in Linz, 1855: Dompropst in Linz. Geboren 9. 3. 1806 in Poysdorf. (Gestorben April 1873 in Linz.)

Franz Rucker. Bildnismaler und Restaurator. Geboren 1807 in Gnadendorf. (Gestorben 30. 9. 1866 in Gnadendorf.)

Johann Springer. Schauspieler, 1823 Wien, danach mit Wanderbühnen in Graz, Pest und Lemberg, Königsberg, Stettin, 1844/45: Frankfurt/Oder, ab 1848: Magdeburg. Geboren 1807 in Hausleithen bei Wien. (Gestorben 29. 10. 1856 in Magdeburg.)

Matthias Ritter von Schönerer. Eisenbahntechniker, baute ab 1840 Eisenbahnstrecke Wien–Gloggnitz, Mödling–Laxenburg, 1841–53: Betriebsdirektor der Bahn Wien–Gloggnitz, erwarb 1868 Gut und Schloß Rosenau bei Zwettl. Geboren 9. 1. 1807 in Wien. (Gestorben 30. 10. 1881 in Wien.)

Mathias Strebinger. Musiker im Burgtheaterorchester, Ballett-Orchester-Direktor im Hofoperntheater in Wien. Geboren 17. 1. 1807 in Weikersdorf.

Karl Stein. Sänger, Komponist, Studien in Wien, Reisen durch Deutschland, Frankreich und die Schweiz, 1853: Bassist an der Hofkapelle, daneben Mitglied des k. k. Hofburgtheaters und des Wr. Männergesangvereins. Geboren 21. 1. 1807 in Mistelbach. (Gestorben 26. 1. 1866 in Wien.)

Links: Der österreichische General Karl Freiherr Mack von Leiberich. Lithographie von A. Machek.
Rechts: Ferdinand Graf von Bissingen. Regierungspräsident 1807–1809. Ölgemälde. Re???

Josef Veid. Landschafts- und Tiermaler. Geboren 21. 2. 1807 in Weidling. (Gestorben 8. 4. 1870 in Klosterneuburg.)

Gottfried Edler von Preyer. Domkapellmeister, Komponist (76 religiöse Werke). Direktor des Wiener Konservatoriums, Stifter des Preyerschen Kinderspitals. Geboren 15. 3. 1807 in Hausbrunn. (Gestorben 9. 5. 1901 in Wien.)

Josef Staudigl. Opernsänger und Regisseur am Kärntnertor-Theater in Wien. Geboren 14. 4. 1807 in Wöllersdorf. (Gestorben 1861 in Wien.)

Johann Michael Neder. Maler. Geboren 29. 4. 1807 in Oberdöbling bei Wien. (Gestorben 30. 8. 1882 in Wien.)

Friedrich Gauermann. Maler und Graphiker. Sohn des Malers Jakob Gauermann. Mitglied der Akad. in Wien. Geboren 20. 9. 1807 in Scheuchenstein bei Miesenbach (NÖ). (Gestorben 7. 7. 1862 in Wien, Grab in Scheuchenstein). Er schuf Landschaftsbilder mit dramatischen Naturstimmungen, bäuerliche Genrebilder und Rohrfederzeichnungen; seinen Ruhm begründeten die Tier- und Jagdbilder. Vielfach geehrt und ausgezeichnet.

Eduard Fenzl. Botaniker, Kustos am Naturhistorischen Museum, Univ.-Prof. in Wien und Dir. des Botanischen Gartens, Gründer der Wr. Zoolog.-botan. Gesellschaft, Gründungsmitglied d. Akademie der Wissenschaften. Geboren 16. 2. 1808 in Krummnußbaum. (Gestorben 29. 9. 1879 in Wien.)

Karl Stupper. Arzt, Fachschriftsteller, Bezirksarzt in der Inneren Stadt (Wien), 1861: im Wr. Gemeinderat. Geboren 30. 6. 1808 in Wiener Neustadt. (Gestorben 11. 8. 1874 in Wien.)

Ernst Leopold. Architekt, Architekturmaler, leitete den Um- und Neubau von Schloß Grafenegg, 1846 Dekoration der drei großen Säle im NÖ. Landhaus in Wien. Geboren 14. 10. 1808 in Wien. (Gestorben 17. 10. 1862 in Wien.)

Edmund Freiherr von Haan. Major. Geboren 1809 in Diendorf. (Gestorben 30. 6. 1859 in Mailand.)

Dominik Mayer. Armeebischof, 1857–63 Direktor des Wr. Alumnats, 1863 Feldvikar des k. k. Heeres. Geboren 1. 8. 1809 in Röschitz. (Gestorben 4. 5. 1875 in Wien.)

Anton Widter. Archäologe. Geboren 16. 9. 1809 in Perchtoldsdorf. (Gestorben 1. 3. 1887 in Perchtoldsdorf.)

TODESTAGE

Franz de Paula Raab. Komponist und Sänger im Stift Seitenstetten, später Organist, komponierte Gradualien, Messen und Kantaten. Gestorben 9. 5. 1804 in Seitenstetten. (Geboren 1743 in Pausram/Mähren.)

Franz Joseph Graf Kinsky. Oberdirektor der Militärakademie Wr. Neustadt. Gestorben 9. 6. 1805 in Wien.

Franz Casanova. Historien- und Schlachtenmaler, später auch Landschaftsmaler. Gestorben 8. 7. 1805 in der Brühl bei Mödling. (Geboren 1727 in London.)

Erzherzog Karl in der Schlacht bei Aspern. Ölgemälde.

Simon Zeller, Edler von Zellenberg. Arzt in Paris und in Wien, 1802 wegen seiner medizinischen Verdienste geadelt. Gestorben 4. 2. 1806 in Wien. (Geboren 3. 1. 1746 in Niederleiß.)

Leopold Alois Hoffmann. Schriftsteller, Prof. der dt. Sprache der Univ. Wien. Gestorben 2. 9. 1806 in Wiener Neustadt. (Geboren 1748 in Wien oder Böhmen.)

Johann Gottfried Freiherr von Schröder. Feldmarschall-Leutnant, Ritter des Maria-Theresien-Ordens. Gestorben 18. 2. 1807 in Pellendorf. (Geboren 1735 in Berlin.)

Johann Anton Freiherr von Graff. Generalmajor, Ritter des Maria-Theresien-Ordens, 1796: General und Brigadier in Tirol. Gestorben 30. 3. 1807 in St. Pölten. (Geboren 1741 in Wien.)

Josef Mildner. Glasschleifer, Optiker, stellte mit Goldradierungen, Polychromierungen u. a. verzierte Hohlgläser nach der Art der Zwischengoldgläser her. Gestorben 11. 2. 1808 in Gutenbrunn. (Geboren 1764.)

Johann Georg Albrechtsberger. Komponist. Gestorben 7. 3. 1809 in Wien. (Geboren 3. 2. 1736 in Klosterneuburg.)

Prosper M. Mosel. Chordirektor des Stiftes Klosterneuburg. Gestorben 13. 4. 1809 in Hietzing bei Wien. (Geboren 1777 in Wien.)

Karl Seywald. Orgelbauer. Gestorben 14. 5. 1809 in St. Pölten. (Geboren 1743 in Enns.)

Joseph Haydn. Gestorben 31. 5. 1809 in Wien. (Geboren 1. 4. 1732 in Rohrau.)

Joseph Johann Nepomuk Herberstein. Oberster nö. Landrichter. Gestorben 14. 12. 1809 in Wien. (Geboren 1725 in Dobersberg.)

Franz Anton de Paula Gaheis. Pädagoge, Reiseschriftsteller, Lokalhistoriker. Gestorben 1809 in Wien. (Geboren 1763 in Krems.)

Zweisprachiger Paß für eine Reise von Waidhofen a. d. Ybbs nach Wien. 1809.

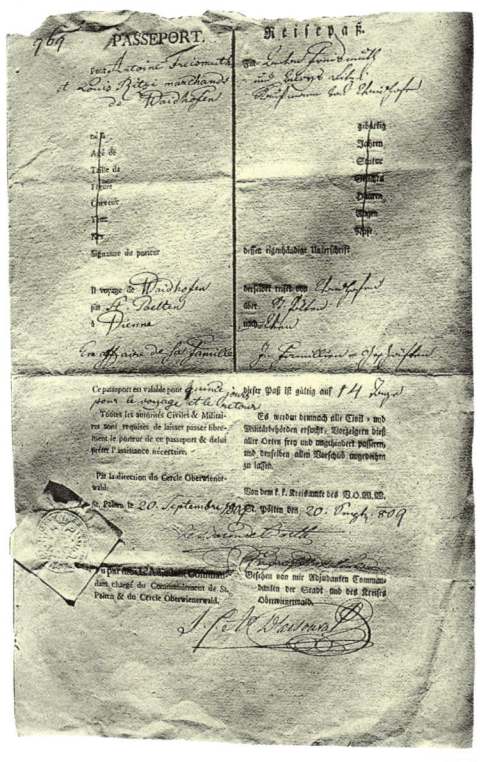

Links: Der französische Marschall Auguste Fréderic Marmont. Lithographie.
Rechts: Der gedemütigte Korse. Ölgemälde von Silvester Postelberger. Stift Seitenstetten.

KRIEGSCHRONIK

16. 7. 1805 Übereinkommen Österreich–Rußland über gemeinsame Operationen.

9. 8. Bündnis England–Österreich.

2. 9. General Mack rückt gegen Bayern vor.

17. 10. Mack kapituliert bei Ulm.

22. 10. Kutusow erreicht Braunau.

30. 10. Gefecht Franzosen–Russen bei Ried.

9. 11. Kutusow überschreitet bei Mautern die Donau.

11. 11. Gefecht bei Loiben und Dürnstein.

14. 11. Die Franzosen ziehen in Wien ein. Gefecht bei Hollabrunn.

2. 12. Dreikaiserschlacht bei Austerlitz.

6. 12. Waffenstillstand.

26. 12. Friede von Preßburg.

Das Jahr 1805

Das Jahr 1805 brachte den Bewohnern Niederösterreichs gleich zweimal den Durchmarsch fremder Truppen. Im Oktober kamen die Russen, die schon 1799 durchgezogen waren, wieder durch das Land. In fünf Marschkolonnen zu je 10.000 Mann zog die Infanterie ab 1. Oktober von Znaim bis Krems südwärts, um sich dann nach Westen zu wenden. Dann folgten fünf Kolonnen Kavallerie.

Neuerlich schreibt der Waidhofener Chronist Holler über diese Tage: „Alle Leute klagen entsetzlich über die Russen, denn sie raubten wie der Feind, schlugen die Leute, besonders die Bauern, die mit der Vorspann fahren mußten, nahmen die Vorspannochsen und die Pferde gleich mit sich fort und erstachen Pferde und dergleichen Exzesse mehr."

Auch Napoleon schrieb ähnliches in einem Brief an seinen Bruder Joseph: „Man ist in Österreich mit den Russen sehr unzufrieden, denn sie plündern, rauben und schänden und sehen mit Verachtung auf die Österreicher herab, welche sich bereits nur noch mit Widerwillen schlagen, nämlich die russischen Offiziere, nicht die Soldaten, denn diese sind dumm wie das Vieh und wissen nicht einen Österreicher von einem Franzosen zu unterscheiden."

Der Durchzug der russischen Armee durch Niederösterreich ist in Tolstois Roman „Krieg und Frieden" beschrieben, so der Vormarsch zum Inn und der Rückzug des Heeres unter Kutusow über die Enns, die Gefechte bei Loiben und bei Schöngrabern. In Melk ereignete sich nach der Schlacht bei Austerlitz ein arges Unglück mit russischen

Stein an der Donau. Kupferstich.

Soldaten. Eine Abteilung kriegsgefangener Russen vom Kutusowschen Korps, an die 4.000 bis 5.000 Mann, wurden am 13. Dezember im Stift Melk untergebracht. In der nördlichen Bastei waren 500 Mann zusammengedrängt, die übrigen lagerten im Stiftshof bei 50 Feuern. Am folgenden Tag, dem 14., wurden 300 Mann, die in der Bastei geschlafen hatten, von Rauchgasen getötet aufgefunden. Sie ruhen nahe dem Dorf Winden in einer Wiese an der Reichsstraße, wo ein 1895 errichtetes Kreuz an sie erinnert.

Im Raum von St. Pölten erwartete Napoleon im November 1805 eine Schlacht. Der Kaiser konnte es einfach nicht glauben, daß ein großer Staat wie Österreich ohne Kampf seine Hauptstadt preisgeben würde. Als Karl Graf Zinzendorf am 17. Dezember 1805 mit den niederösterreichischen Ständen bei Napoleon in Schönbrunn war, redete der Kaiser eine halbe Stunde lang: In Linz habe er gehofft, daß man ihn nicht hierherkommen lasse, dasselbe sogar noch knapp vor Wien. Bisher sei es unerhört gewesen, es bis zur Einnahme der Hauptstadt kommen zu lassen. Tatsächlich war im Raum von Pottenbrunn ein größeres Gefecht ge-

Französische Kanone im Museum Bruck an der Mur.

plant, da sich im Kriegsarchiv in Wien eine Skizze befindet, die zeigt, wie sich die österreichische Armee um den Schildberg aufstellen wollte. Auch die Erkundung der Franzosen im selben Raum spricht dafür. Wie sich die Situation aber dann tatsächlich am 8. und 9. November im Gebiet von St. Pölten abspielte, beschreibt der Herzogenburger Stiftsdechant Thaddäus Bayer in einem Brief an den Propst Michael Teufel, der nach Raab in Ungarn geflüchtet war: „Den 7ten und 8ten d. ist die ganze russische Armee von St. Pölten nach Krems; in Mautern und in Stein ist ein Brückenkopf angelegt worden, wozu von der ganzen Gegend Arbeitsleute aufgebothen wurden. Den 9ten wurde die Steiner Brücke abgeschossen, da marschierten die Franzosen schon nach Mautern, wo sie ein großes Lager hatten." Der Bericht geht dann weiter: „Am 10ten d. Morgens um 9 Uhr kamen wieder 2 Offiziers mit einem bayrischen Kürassier, einer davon gab sich für einen General aus, dieser setzte alle Pferde in Requisition, von unserer ganzen Gegend mußten alle ihre Pferde in das Stift bringen, da suchten sie aus, was ihnen gefiel; weil wir die anverlangte Zeit nicht hatten, begehrten sie 5000 fl, wo nicht, so drohten sie 1000 Mann als Execution einzulegen; wir handelten mit ihnen, so viel es möglich war, und wir fanden uns ab mit 1500 fl."

Aus St. Pölten liegt ein Bericht des Verwalters der Auerspergischen Herrschaft vor, der so beginnt: „Als erstes sprengten Chasseurs en Cheval (berittene Jäger) mit gespannter Pistole und gezogenem Säbel in die von bangen Erwartungen erfüllte Stadt, wo selbst sie in den Häusern mehrere versteckte feindliche Marodeurs fanden und einem hievon auf dem Rathausplatz den Kopf spalteten. Mit angesetzter Pistole erpreßten sie von den Bewohnern Geld und Wertsachen, ein Offizier forderte auf dem Rathaus 100 Dukaten, gab sich aber schließlich mit 20 Dukaten zufrieden. Ihm folgte ein zweiter, von sechs Mann begleitet, der sich nach langem Unterhandeln statt mit 2000 Louisdor mit 450 Gulden Bancozetteln und zwei Reitsätteln begnügte. Ein dritter Offizier bemächtigte sich des Bürgermeisters und verlangte von ihm mit vorgehaltener Pistole 1400 Dukaten sowie zwei goldene Uhren, bis diesen der Verwalter mit seiner eigenen goldenen Uhr aus der Todesangst befreite." Selbst bei ihrem Abzug wollten am 26. Jänner 1806 französische Husaren noch vom Kreishauptmann Werner die Erlaubnis erzwingen, die Stadt zu plündern. Nur eine von diesem nach Melk abgesandte Stafette zu Marschall Soult rettete St. Pölten. Dem Kreishauptmann wurde aus Dankbarkeit von der Stadt ein Gemälde gewidmet, das ihn als römischen Konsul zeigt.

Links: Franz Joseph Graf Saurau. Regierungspräsident 1795–1797. Statthalter 1809–1814. Kupferstich.
Rechts: Die Schlacht bei Deutsch-Wagram, kolorierter Kupferstich.

KRIEGSCHRONIK

10. 4. 1809 Beginn der Feindseligkeiten.

17. 4. Napoleon stößt zur Armee in Süddeutschland.

3. 5. Gefecht bei Ebelsberg.

10. 5. Die Franzosen erreichen die Vorstädte Wiens.

13. 5. Bei der Schwarzen Lackenau verhindert das Infanterieregiment 49 den Donauübergang der Franzosen von Nußdorf aus.

19. 5. Beginn des Baues von Donaubrücken.

20. 5. Die Franzosen besetzen Aspern und Eßling.

21. 5. Beginn der Schlacht bei Aspern.

27. 5. Rückzug der Franzosen auf die Lobau.

4. 7. Die Truppen Erzherzog Johanns erreichen Preßburg.

4./5. 7. Die Franzosen übersetzen auf zwei Brücken die Donau bei der Lobau.

5. 7. Schlacht bei Deutsch-Wagram.

11. 7. Kämpfe bei Znaim.

14. 10. Friede von Schönbrunn.

Das Jahr 1809

Seit dem Krieg in Spanien scheuten die Franzosen die Volksmassen, und die Waffendepots für den österreichischen Landsturm waren ihnen bei ihrem Vormarsch des öfteren aufgefallen und nicht ganz geheuer. In Klosterneuburg wurde gleich nach dem Einmarsch der Franzosen, als auf dem Rathaus ein Depot von Gewehren gefunden wurde, der Stiftsdechant zum feindlichen Kommandeur berufen. Zu allem Unglück war noch ein Franzose von einem österreichischen Nachzügler erschossen worden. Der Kommandant machte nun dem Dechant heftige Vorwürfe wegen des Erschossenen und des Landsturmes, der aber gab zu verstehen, daß dieser Landsturm auf obrigkeitliche Anordnung entstanden sei und nicht viel zu bedeuten habe. Dies war dem Feind selbst schon aufgefallen. Der Bericht sagt, daß man sich beim Anblick der Landstürmer eines mitleidigen Lächelns nicht enthalten konnte: „Die guten Leute hatten den festen Willen, aber sie wurden auf gut Glück in die Welt hinausgeschickt, so daß keiner von ihnen wußte, wozu oder wohin sie denn eigentlich auszögen. Ein Klosterneuburger Einwohner stellte sich an die Spitze der Insurgenten. Das Gewicht der Waffen, mit denen er sich ausgerüstet hatte, hätte ihn, einen siebzigjährigen Greis, allein schon beinahe zu Boden gedrückt. Die Franzosen, die ihn am folgenden Morgen fanden, erbarmten sich seiner, setzten ihn

Das Franzosenmarterl auf dem Grubberg bei Lunz.

auf ein Pferd und brachten ihn wohlbehalten zu seiner um ihn ängstlich bekümmerten Gattin zurück."

Die Strafen, die von der französischen Besatzungsmacht verhängt wurden, wenn sie Widerstand zu finden glaubte, waren härter als im Jahre 1805. Es wurde eine allgemeine Entwaffnung angeordnet. In Waidhofen an der Ybbs ließ am 22. Juni der Magistrat „mehrere Bürger vorrufen und ihnen vortragen, daß sich keiner gegen einen Feind gewaltsam benehmen oder weniger ihn erschlagen solle, widrigenfalls ihnen kein Schutz von der Obrigkeit zugestanden werden sollte, sondern sie auf Begehren der Feinde ohne weiteres ausgeliefert werden würden". Ein bezeichnendes Ereignis spielte sich östlich von St. Pölten, in Pyhra, ab. Dort hatte in einem Wäldchen an der Straße nach St. Pölten eine Gruppe von Räubern einen württembergischen Offizier, der beim Kriegskommissariat in St. Pölten Dienst tat, erschossen. Nun wurde Pyhra mit dem Anzünden bedroht, und als der Richter des Ortes die Schuldigen aufstöberte, wurde auch er von ihnen umgebracht. Andererseits hatten die Truppen Napoleons damals besonders viele Nachzügler und Marodeure, aber auch auf österreichischer Seite gab es welche. In dem Pottenbrunn benachbarten Servitenkloster Jeutendorf hatte schon am 9. Mai eine Gruppe von 40 bis 50 Mann geplündert und geraubt, den Prior erschlagen, die Geistlichen zur Flucht gezwungen. Am 11. Mai wurden dann Konvent, Bibliothek, Kirche, Schloß, Schule und andere Gebäude in Brand gesteckt, und niemand

durfte löschen. Wie sich später herausstellte, handelte es sich um eine Bande in französischen Uniformen unter der Führung eines österreichischen Deserteurs.

Der vereinzelte Widerstand führte zu Genaktionen der Franzosen. Die Goldburg bei Murstetten wurde eingeäschert, das Dorf Untertiefenbach bei Böheimkirchen fast ganz niedergebrannt, weil dort ein Franzose umgebracht worden sein sollte, was sich später als Irrtum herausstellte. Auch der Markt Pulkau wurde geplündert, als zwei französische Soldaten erschossen worden waren, und Türnitz entging nur durch Bitten von Ladislaus Pyrker, der damals dort Pfarrer war, einem ähnlichen Schicksal, als einige verwegene Burschen zwei Diener eines französischen Magazineurs ermordet hatten. Am 17. Juni 1809 fand im Sitzungssaal des St. Pöltner Rathauses eine Gerichtsverhandlung gegen 13 Untertanen, darunter neun Bauern, statt, die des Aufruhrs und Mordes an französischen Soldaten beschuldigt wurden. Vier von ihnen wurden zum Tode verurteilt und binnen 24 Stunden hingerichtet.

Die französischen Besatzungstruppen haben nicht nur gegen Österreicher, die mit der Waffe in der Hand ergriffen wurden, solch harte Maßnahmen angeordnet, sondern auch gegen die marodierenden und desertierten Soldaten. Ein Tagesbefehl Napoleons vom 14. Mai sagte, daß Colonnes Mobiles und Militärkommissionen zu bilden seien. Für den Kreis ob dem Wienerwald wurden vier Kolonnen Militärgendarmerie von je 60 Mann zu Pferd und 60 Mann Infanterie aufgestellt. Ihre Aufgabe war, die Ordnung in den zugewiesenen Bezirken aufrechtzuerhalten und Geistliche sowie Amtspersonen zu schützen. Alle Marodeure der französischen Armee, welche nicht zu den Korps gehörten, die sich in der Gegend befanden, sollten angehalten und in die Hauptstützpunkte gebracht werden. Hatten sie sich eines Raubes, Mordes oder ähnlicher Untaten schuldig gemacht, sollten sie vor eine Militärkommission gebracht und zum Tode verurteilt werden.

In der Stadt St. Pölten bestand, wie auch in anderen Orten, ein Militärspital, das vom 9. Mai 1809 bis 21. August 1810 belegt war. Der spätere Bürgermeister Matthias Klaus wurde als Zivilkommissär für dieses Militärspital bestellt. Dies kostete ihn einen Teil seines Vermögens, weil er die von ihm ausgegebenen Summen weder von den Truppenkörpern noch später von der Kreisbuchhaltung zurückhalten konnte. Seine Tätigkeit war aber mit ein Grund, daß die Stadt St. Pölten gut behandelt wurde. Er hatte nämlich einen an Typhus oder Ruhr erkrankten französischen Obersten durch mehrere Wochen in seinem Haus verpflegt.

Links: Der Sieg der Verbündeten über Napoleon. Zeitgenössische Karikatur. Stiftsmuseum Klosterneuburg.
Rechts: Der erste Christbaum in Wien.

1810–1816

KALENDER

1810 In Wiener Neustadt wird das uniformierte Bürgerkorps gegründet.

Hölzerne Rauchfänge werden wegen der Brandgefahr untersagt.

März Erzherzogin Luise, per Prokura mit Napoleon I. vermählt, reist durch Niederösterreich nach Frankreich.

13. 9. Brand in Stift Lilienfeld, der verheerenden Schaden anrichtet.

1811 Brand in Wiener Neustadt. 27 Häuser werden vernichtet.

Stift Melk richtet ein Konvikt für 40 Zöglinge ein, 1812 wird das Sängerknabenalumnat wieder eröffnet.

20. 2. Das Finanzpatent verkündet den Staatsbankrott. Schon vorher war eine große Teuerung eingetreten. 1 kg Rindfleisch stieg im Preis von 60 Kreuzer auf 6 Gulden.

1812 Brand in Horn. 12 Häuser und die Stephanskirche werden vernichtet.

In Mariabrunn wird eine forstwirtschaftliche Schule errichtet (Vorläufer der Universität für Bodenkultur).

14. 3. Bündnis Österreichs mit Frankreich. Österreich muß gegen Rußland ein Hilfskorps von 30.000 Mann stellen.

22. 6. Frankreich erklärt Rußland den Krieg. Die „Große Armee" bricht gegen Moskau auf.

26. 7. Brand in Baden. 137 Häuser werden eingeäschert.

19. 10. Napoleon zieht aus Moskau ab.

26.–28. 11. Schlacht an der Beresina. Die „grande armée" löst sich auf.

31. 12. Einführung der Erwerbsteuer in Österreich (die spätere Einkommensteuer).

1813 Der Stadtphysikus Dr. Franz Strohmayer veröffentlicht einen „Versuch einer physisch-medizinischen Topographie" von St. Pölten.

Fürst Johann I. Liechtenstein läßt den Husarentempel in Mödling zur Erinnerung an sieben Husaren erbauen, die ihn in der Schlacht bei Wagram 1805 vor der Gefangenschaft bewahrten.

14. 4. Österreich übernimmt die bewaffnete Vermittlung zwischen Frankreich und den verbündeten Russen und Preußen.

20. 6. Landmarschall Josef von Dietrichstein läßt 88 Bände aus dem Besitz der Stände im Prälatensaal des Landhauses aufstellen. Damit begründet er die Niederösterreichische Landesbibliothek.

27. 6. Im Vertrag von Reichenbach bekundet Österreich die Absicht, an die Seite der Alliierten gegen Napoleon zu treten.

16.–18. 10. „Völkerschlacht" bei Leipzig; Napoleon wird von den verbündeten Truppen Preußens, Österreichs und Rußlands vernichtend geschlagen.

1814 Die Fabrik in Rittersfeld bei Traismauer wird gegründet. 1853 stillgelegt.

4. 4. Napoleon dankt ab.

18. 9. Der Wiener Kongreß beginnt; er dauert bis zum 9. Juni 1815.

1815 Der Erste Musikverein in St. Pölten wird gegründet.

13. 5. Österreich und Preußen einigen sich über die Neugestaltung des Deutschen Bundes.

8. 6. Die Schlußakte des Wiener Kongresses werden unterzeichnet (die Deutschen Bundesakte bilden Artikel 15 bis 64). Die Neuordnung Europas ist damit auf Jahrzehnte festgelegt.

18. 6. Die Schlacht bei Waterloo beendet endgültig Napoleons Herrschaft.

26. 9. Unterzeichnung der „Heiligen Allianz", eines Bündnisses zwischen Zar Alexander I., Kaiser Franz I. und König Friedrich Wilhelm III. von Preußen sowie vielen anderen Staaten Europas.

6. 11. Eröffnung des Polytechnischen Instituts in Wien, des Vorläufers der Technischen Universität.

1. 6. 1816 Gründung der Österreichischen Nationalbank. Sie wird am 1. Juli eröffnet, gleichzeitig werden Noten der Konventionswährung ausgegeben. Die Wiener Währung wird eingestellt. Für 246 Gulden Wiener Währung erhält man 100 Gulden Konventionswährung.

24. 12. Wiens erster Christbaum wird im Palais Erzherzog Karls und seiner Gattin Henriette von Nassau-Weilburg aufgestellt. Diese brachte die Tradition aus ihrer Heimat nach Wien.

GEBURTSTAGE

Anton Dreher d. Ä. Industrieller. Baute 1836 die seit 1794 im Familienbesitz befindliche Brauerei in Klein-Schwechat zur größten Europas aus, führte das Lagerbier in Österreich ein. Reichsrats- und Landtagsabgeordneter, Bürgermeister von Schwechat. Geboren 7. 6. 1810 in Klein-Schwechat. (Gestorben 27. 12. 1863 in Klein-Schwechat.)

Heinrich Perger, Edler von Pergenau. Rechtsgelehrter, Reichsratsabgeordneter und Gerichtsadvokat in Wien. 1865 Abgeordneter zum Gemeinderat und nö. Landtagsabgeordneter. Geboren 17. 6. 1810 in Gutenbrunn.

Othmar (Kasper) Helferstorfer. 1861 Abt des Schottenklosters, seit 1838 Stiftsbibliothekar, 1861 Abt des Schottenstiftes, seit 1870 Landmarschall von NÖ, seit 1875 Mitglied des Herrenhauses auf Lebenszeit. Geboren 19. 7. 1810 in Baden. (Gestorben 25. 10. 1880 in Wien.)

Franz Werner. Gelehrter, Theologe. 1834 Priesterweihe, Cooperator in Tulln und Krems; zuletzt Direktor der Theologischen Lehranstalt in St. Pölten. Geboren 26. 10. 1810 in St. Pölten. (Gestorben 17. 2. 1866 in St. Pölten.)

Kaspar Schrammel. Volksmusiker. Geboren 6. 1. 1811 in Hörmanns. (Gestorben 20. 12. 1895 in Langenzersdorf.)

Georg Sigl. Industrieller. Wanderjahre in Deutschland und in der Schweiz. Spezialist für Buchdruck-Schnellpressen. 1840 Gründung einer Fabrik für Schnellpressen in Berlin, ab 1846 auch in Wien und Wiener Neustadt Fabriksgründungen (auch für Dampfmaschinen). Geboren 13. 1. 1811 in Breitenfurth. (Gestorben 9. 5. 1887 in Wien.)

Karl Graf Gleispach. Landeshauptmann der Steiermark, liberaler Politiker. Geboren 9. 2. 1811 in Korneuburg. (Gestorben 12. 1. 1888 in Graz.)

Joseph Ritter von Wenusch. Komponist und Beamter. 1832 trat er bei der Hofkriegsbuchhaltung ein. Geboren 10. 5. 1811 in Pottenbrunn. (Gestorben 6. 9. 1882 in Wien.)

Franz von Uchatius. Erfinder. Waffentechniker, Feldmarschall-Leutnant, 1871 Kommandant der Artilleriezeugsfabrik, Schöpfer der Geschützgießereien des Wiener Arsenals. Geboren 20. 10. 1811 in Theresienfeld. (Gestorben 4. 6. 1881 in Wien durch Selbstmord.)

Anton Fischer von Ankern. Industrieller. Geboren 27. 6. 1812 in St. Aegyd. (Gestorben 7. 4. 1902 in Wien.)

Alexander Freiherr von Bach. Rechtsanwalt, Staatsmann. Der eigentliche Träger des Neoabsolutismus in Österreich. Geboren 4. 1. 1813 in Loosdorf. (Gestorben 12. 11. 1893 in Schloß Schönberg.)

Franz Colestin Schneider. Naturforscher. Arzt in Wien und Herzogenburg. 1852 Professor der Chemie an der Josephs-Akademie in Wien, nach 1868 in Krems als Forscher tätig. Geboren 13. 9. 1813 in Krems. (Gestorben 29. 11. 1897 in Wien.)

Hermann Krupp. Mitbegründer der Fabrik in Berndorf. Geboren 15. 1. 1814 in Essen. (Gestorben 25. 7. 1879 in Berndorf.)

Eduard Melly. Archäologe. Studien in Italien (Modena, Florenz, Neapel), danach in Wien tätig. 1848 Abgeordneter der Stadt Horn. Geboren 15. 1. 1814 in Krems. (Gestorben 22. 10. 1854 in Pistyan.)

Johann Pillwax. Veterinärmediziner. 1847 Professor der Veterinärchirurgie am Tierarznei-Institut Wien. Geboren 28. 1. 1814 in Schwechat. (Gestorben 30. 11. 1873 in Wien.)

Franz von Wertheim. Industrieller, begann 1841 mit der Erzeugung von Werkzeugen, 1851 von feuerfesten und einbruchsicheren Kassen, 1876 von Stahlpanzerkassen und begründete damit den Ruhm, der „Wertheim-Kassen". Geboren 12. 4. 1814 in Krems. (Gestorben 3. 4. 1883 in Wien.)

Leopold Knebelsberger. Musiker, Sänger, Komponist. Zahlreiche Konzertreisen nach Deutschland und Rußland; komponierte das Andreas Hofer-Lied. Geboren 15. 9. 1814 in Klosterneuburg. (Gestorben 30. 10. 1869 in Riga.)

Paul Renk. Landtags-Abgeordneter, Priester, Schriftsteller. Geboren 6. 1. 1815 in Rudmanns bei Zwettl.

Franz von John. General in den italienischen Kriegen 1848/49 und 1859, dann Chef des Generalstabs und bis 1868 Kriegsminister. Geboren 20. 11. 1815 in Bruck a. d. Leitha (Gestorben 25. 5. 1876 in Wien.)

Rechts: Kaiser Franz I. überreicht Feldmarschall Karl Fürst zu Schwarzenberg nach der Schlacht bei Leipzig das Großkreuz des Leopoldsordens. Fresko v. Karl Blaas im Heeresgeschichtlichen Museum Wien.

Franz Krenn. Kirchenmusik-Komponist. 1869 Professor für Harmonielehre am Wiener Konservatorium. Geboren 26. 2. 1816 in Droß. (Gestorben 18. 6. 1897 in St. Andrä-Wördern.)

Carl Graf Zinzendorf. Ölgemälde von Friedrich Heinrich Füger. Wien, Oberster Rechnungshof.

TODESTAGE

Josef Engstler. Jesuit. Gestorben 27. 2. 1811 in Wien-Roßau. (Geboren 23. 2. 1726 in Oed.)

Jakob Matthias Schmutzer. Kupferstecher. Gestorben 1811 in Wien. (Geboren 1733 in Wien.)

Lorenz Janscha. Kupferstecher und Radierer. Landschaftsmaler. Berühmt für seine Folge von Wiener Veduten (gemeinsam mit Carl Schütz und Johann Ziegler). Gestorben 1. 4. 1812 in Wien. (Geboren 1749 in Radmannsdorf in Krain.)

Carl Graf von Zinzendorf und Pottendorf. Landmarschall der nö. Stände. Gestorben 5. 1. 1813. (Geboren 5. 1. 1739.)

Johann Anton Graf Pergen. Präsident der nö. Landesregierung 1782–1790. Polizeiminister. Gestorben 12. 5. 1814 in Wien. (Geboren 15. 2. 1725.)

Gottfried Josef Crütz von Creitz. Bischof von St. Pölten 1806–1815. Gestorben 5. 4. 1815. (Geboren 11. 3. 1737 in Maastricht.)

Franz Neumann. Direktor des Kaiserlichen Münzkabinetts in Wien. Gestorben 7. 4. 1816. (Geboren 1744 in Krems.)

Kaiser Franz I. im westlichen Niederösterreich

Kaiser Franz I. ist im Gegensatz zu seinem Onkel Joseph II. nicht durch die ganze Monarchie gereist, fuhr aber relativ oft durch Niederösterreich. Er pflegte die auf seinen Reisen gewonnenen Eindrücke aufzuzeichnen und legte dafür eigenhändig geschriebene Tagebücher an. Im Jahre 1810 unternahm der Kaiser eine Reise nach Böhmen und anschließend auch durch Niederösterreich. Bei dieser Gelegenheit kam er in die Täler der Ybbs, Erlauf und Traisen, wo Eisenhämmer- und Schmiedewerkstätten, die Kohlenmeiler und die Fuhrleute sein besonderes Interesse erweckten. Bei dieser Reise kam er in der ersten Juni-Hälfte des Jahres 1810 auch nach Mariazell. Er wählte den Weg durch das Erlauftal und wollte dabei auch in unmittelbare Fühlung mit den Bewohnern, die Untertanen der ehemaligen Kartause Gaming waren, treten. Vor allem wollte er Johann Franz von Amon, dem Großzerennhammermeister in Lunz am See, der sich in den Jahren 1797/1800 und besonders 1805 große Verdienste erworben hatte, besuchen und ihm für seinen patriotischen Einsatz in Kriegszeiten danken. Der Kaiser fuhr über Scheibbs nach Gresten, dann über Gaming nach Lunz. Dort besuchte er in Begleitung Amons den Lunzer- und den Obersee, ehe er die Fahrt durch die Langau zum Ort Neuhaus fortsetzte, von wo er ins steirische Mariazell gelangte. Auf der Rückreise berührte er Annaberg, Türnitz, Lilienfeld, Hainfeld und Heiligenkreuz. In seinem Tagebuch lobte er das Werk des Sensenschmiedes Fürst in Gaming, denn dieser erzeugte jährlich 40.000 Sensen, die meist nach Polen und Podolien exportiert wurden. Die Wälder schienen dem Kaiser stark überschlägert zu sein. In Gaming fiel ihm auf, daß in der Kartause das Dach kaputt war und viele Fenster fehlten. Bei Türnitz gefiel ihm die Glashütte des Grafen Clary, deren Produkte zwar schön, aber nicht so vollkommen waren wie die in Böhmen. Der Rohrhammer Frühwirth in Freiland lieferte pro Woche 200 Gewehre, wie der Kaiser anerkennend in seinen Aufzeichnungen vermerkte, und in Marktl gefiel ihm die Gewehr- und Gewehrbestandteilfabrik Österlein. Auf seinen Fahrten lernte der Kaiser das Viertel ob dem Wienerwald kennen, gleichzeitig lieferte er eine Beschreibung vom Zustand dieser Gegend in der Biedermeierzeit.

Bürgerkorps und Bürgermilizen

Am Ende des 18. Jahrhunderts wurden auf der Grundlage des allgemeinen Aufgebotes in den meisten Städten Niederösterreichs Bürgerkorps organisiert. Anstoß dazu bildete die Volksbewaffnung und das Aufgebot des Jahres 1797, weil damals Fahnen gestiftet wurden und ein allgemeiner partriotischer Aufbruch festzustellen war. Während der Franzosenkriege entstanden an verschiedenen Orten Bürgerwehren oder Bürgermilizen. In den Jahre 1805, 1809, 1812 und 1813 zeigte sich ihre Verwendbarkeit. Sie leisteten vorwiegend Wachdienste in den einzelnen Orten. Später wurden sie vorwiegend nur mehr für Paraden herangezogen.

Einzug des Kaisers Franz II. in Baden. 1814. Aquarell von Anton von Bensa. Baden, Rollettmuseum.

Die Weilburg. Links: Vestibül in der Weilburg. Rechts: Aquarell von Anton von Bensa. Baden, Rollettmuseum.

KALENDER

1817 Eine erste Erntemaschine wird in Vösendorf eingesetzt.

Einführung der Gasbeleuchtung in der Baumwoll-Maschinen-Spinnfabrik zu Schönau.

In Mödling, Pfarrgasse 4 (Alte Schießstätte), wird eine Schwefel-Eisenquelle entdeckt.

Die Schwester Napoleons erwirbt das Schloß Frohsdorf bei Wiener Neustadt.

7. 8. Augustin Freiherr Reichmann von Hochkircher wird zum Regierungspräsidenten ernannt (bis 1826).

23. 12. Die Errichtung eines stabilen Katasters („franziszeischer Kataster") wird in Auftrag gegeben. Die Arbeiten werden bis 1833 in Niederösterreich beendet.

1818 Burg Greifenstein wird in romantischer Art wieder aufgebaut.

Beethoven verbringt erstmals einen Sommer in Mödling. Er trifft am 19. Mai 1818 dort ein und arbeitet an der „Missa Solemnis". Er kommt auch im Sommer 1819 und 1820 wieder.

31. 1. Der Waldviertler Räuber und Volksheld Johann Georg Grasel wird in Wien hingerichtet.

1819 Das Kreisamt für das Viertel unter dem Wienerwald wird von Traiskirchen nach Wien verlegt.

Der Wiener Industrielle Alois Mießbach erhält die Schürfrechte für Kohle in Grünbach.

8. 2. Das Grundsteuer-Provisorium wird eingeführt.

30. 5. Genehmigung der Statuten der 1. Österreichischen Spar-Casse durch die Landesbehörden. Gründer war Pfarrer Johann Baptist Weber.

1820 Das Stadttheater von St. Pölten wird durch eine Gesellschaft der Theaterbauer, die Aktien ausgibt, gegründet.

21. 8. Kaiser Franz I. besucht das Eisenwerk des Andreas Töpper in Scheibbs.

1821 In Baden wird ein Militärspital errichtet.

Gründung von Felixdorf.

Das Katharinenbad und das Josephsbad in Baden werden errichtet. Andere Bäder werden angekauft (1822 das Engelsbad).

Herbst Schubert ist zu Gast in St. Pölten und auf Schloß Ochsenburg, wo er an der Oper „Alfonso und Estrella" arbeitet.

1822 Die Wechselseitige Brandschaden-Versicherungsanstalt für Niederösterreich wird durch Ritter von Högelmüller gegründet.

1823 Die Ritterstandsbibliothek wird der ständischen Bibliothek im Landhaus einverleibt (123 Bände).

Die Wildensteiner Ritterschaft wird aufgelöst.

Einführung der Eilpost. Diese benötigt für eine Meile (7,5 km) 1 Stunde, für Wien–Salzburg 2 Tage, pro Meile kostet die Fahrt 28 Kreuzer.

Das Beethoven-Haus in Mödling.

GEBURTSTAGE

Eduard von Liszt. Jurist. Geboren 31. 1. 1817 in Margarethen am Moos. (Gestorben 8. 2. 1879 in Wien.)

Franz von Matzinger. Verwaltungsbeamter. „Geistiger Schöpfer" der Arkadenhäuser um das Rathaus in Wien, 1883–92 Präsident des Hofbau-Comités. Geboren 23. 3. 1817 in St. Pölten. (Gestorben 22. 8. 1896 in Weidling.)

Franz Schaub. Astronom. 1850 Professor der Astronomie in Triest, 1857 Direktor der Marine-Sternwarte, 1865 Direktor der Handels- und nautischen Akademie in Triest. Geboren 23. 4. 1817 in Groß Schweinbarth.

Karl Raimung Frühauf. Schriftsteller. Arbeitete an der Hofkammer, daneben als Schriftsteller tätig. Geboren um 1818 in Baden oder Wien. (Gestorben 3. 2. 1858 in Wien.)

Ernst Ritter von Violand. 1848 Deputierter des Reichstages. Geboren 20. 2. 1818 in Wolkersdorf. (Gestorben in Peoria, Illinois; USA.)

Philipp Weber von Ebenhof. Statthalter. 1859 Polizeidirektor von Wien, 1870–77 Statthalter von NÖ. Geboren 30. 4. 1818 in Čerhenitz (Böhmen).

Karl Borromäus Marode. Tonkünstler. Ab 1840 Kunstreisen in den Norden Europas. Geboren 12. 7. 1818 in Mödling. (Gestorben 14. 5. 1846 in Wien.)

Franz von Suppé. Operettenkomponist. Lebte lange in Gars. Geboren 18. 4. 1819 in Split. (Gestorben 21. 5. 1885 in Wien.)

Philipp Kirnbauer von Erzstätt. Montanist. Geboren 27. 6. 1819 in Wiener Neustadt. (Gestorben 24. 10. 1891 in Graz.)

Hermann Rollett. Dichter, Dramatiker. Geboren 20. 8. 1819 in Baden. (Gestorben 30. 5. 1904.)

Johann Nepomuk Hinteröcker S. J. Jesuit, Missionar, Naturforscher. Zahlreiche Expeditionen (Australien). Geboren 1. 1. 1820 in Spitz a. d. Donau. (Gestorben in Launceston, Tasmanien.)

Friedrich Exter. Zeichner, Holzschneider, Landschaftsmaler. Geboren 6. 3. 1820 in Theresienfeld. (Gestorben 27. 6. 1860 in Wien.)

Johann Nordmann. Schriftsteller, Journalist. Präsident der Journalisten- und Schriftstellervereinigung Concordia 1876–79 und 1880–83. Geboren 13. 3. 1820 in Landersdorf. (Gestorben 20. 8. 1887 in Wien.)

Anton Riehl. Advokat. Abgeordneter des deutschen Parlaments im Jahre 1848. Teilnehmer an der Wiener Revolution 1848. Schriftführer des Parlaments in Frankfurt 1848/49, 1851 Advokat in Wiener Neustadt. Geboren 10. 9. 1820 in Krems. (Gestorben 2. 10. 1886 in Wiener Neustadt.)

Josef Gall. Journalist. 1841–73 im Staatsdienst. 1875 Gründer des „Wiener Communalblattes", des Vorläufers der Rathauskorrespondenz. Geboren 21. 9. 1820 in Laa a. d. Thaya. (Gestorben 9. 5. 1898 in Wien.)

Engelbert Matzenauer. Telegraphenfachmann. 1861 Vorstand des Telegraphen-Zentraldepots in Wien. Geboren 24. 9. 1820 in Ladendorf. (Gestorben 12. 7. 1874 in Ladendorf.)

Anton Gruscha. Erzbischof von Wien, Kardinal. Geboren 3. 11. 1820 in Wien. (Gestorben 5. 8. 1911 in Kranichberg.)

TODESTAGE

Die Glasfabrik Gstettenhof bei Türnitz. Aquarell von Eduard Gurk. Wien, Nö. Landesmuseum.

Franz Schönthaler. Bildhauer, Innenarchitekt, Dekorateur. Geboren 21. 1. 1821 in Neusiedl. (Gestorben 26. 12. 1904 in Gutenstein.)

Karl Werner. Moraltheologe an der Universität Wien. 1885 Propst von Zwettl. Geboren 8. 3. 1821 in Hafnerbach. (Gestorben 14. 4. 1888 in Wien.)

Josef Klemm. Verleger, Landtagsabgeordneter. Mitstreiter Schöffels bei der Rettung des Wienerwaldes. Geboren 24. 4. 1821 in Wiener Neustadt. (Gestorben 28. 2. 1882 in Wien.)

Rudolf Graf Hoyos-Sprintzenstein. Gutsbesitzer. Geboren 9. 11. 1821 auf Schloß Horn. (Gestorben 8. 11. 1896 auf Schloß Lauterbach, Preußisch-Schlesien.)

Karl von Braun-Fernwald. Gynäkologe. 1856 Universitätsprofessor in Wien, führte neue Operations-Instrumente und -methoden ein und machte die Gynäkologie zu einem selbständigen Studienfach. Geboren 22. 3. 1822 in Zistersdorf. (Gestorben 28. 3. 1891 in Wien.)

Ignaz Zwanziger. Botaniker, Poet. 1846 Actuar in Gaunersdorf (heute Gaweinstal), seit 1847 in Wien. Geboren 5. 10. 1822 in Margarethen am Moos. (Gestorben 29. 11. 1853 in Salzburg.)

Johann Hoffer. Leibeserzieher. 1856–1891 an der Theresianischen Militärakademie. Geboren 11. 4. 1823 in Langenlois. (Gestorben 21. 4. 1891 in Wien.)

Karl Pischinger. Radierer, Lithograph, Maler. Mitglied des Wiener Künstlerhauses. Geboren 8. 5. 1823 in Streitdorf. (Gestorben 26. 10. 1886 in Liezen, Stmk.)

Johann Wurth. Volksbildner, Mundartdichter. Geboren 9. 7. 1823 in Trumau. (Gestorben 8. 7. 1870 in Münchendorf.)

Anton Kerschbaumer. Gelehrter, Theologe. Pfarrer in Krems. Zahlreiche Auslandsreisen. Geboren 24. 8. 1823 in Krems.

Conrad Grefe. Maler. (Aquarelle, z. B. „Stiftskirche in Heiligenkreuz", „Pfarrkirche in Deutsch Altenburg" und andere Motive aus Niederösterreich.) Geboren 7. 9. 1823 in Wien.

Emmerich Ranzoni. Journalist, Schriftsteller. Schrieb Romane, Gedichte und Feuilletons in Zeitungen und Zeitschriften, Mitarbeiter der „Neuen Freien Presse". Geboren 17. 12. 1823 in Unternalb. (Gestorben 4. 4. 1898 in Wien.)

Franz Tiesnegger. Jesuit und Astronom. Gestorben 29. 1. 1817 in Wien. (Geboren 2. 4. 1745 in Kirchberg am Wagram.)

Josef von Sonnenfels. Aufklärer, Jurist, Schriftsteller. Gestorben 25. 5. 1817 in Wien. (Geboren 1733 in Nikolsburg.)

Maximilian De Traux. Genie-Oberst. Militärischer Schriftsteller, Karthograph. 1806 Genie-Direktor in Cattaro, 1811 Professor an der Militärakademie in Wiener Neustadt. Gestorben 25. 8. 1817 in Wiener Neustadt. (Geboren 1766 in Antwerpen.)

Marian Prazner (Johann Bapt.). O.S.B. Benediktiner, Musiker. Besondere Verdienste um die Erhaltung der Kirchenmusik in Stift Göttweig. Gestorben 24. 1. 1818 in Göttweig. (Geboren 29. 8. 1746 in Schluderns, heute Südtirol.)

Anton Reyberger. Abt von Melk. Professor an der Wiener Universität. Gestorben 3. 10. 1818 in Melk. (Geboren 21. 1. 1757 in Göllersdorf.)

Karl Steyrer von Edelberg. Generalmajor. Ritter des Maria Theresien-Ordens. Gestorben 19. 6. 1819 in Kirchberg am Wagram. (Geboren 1761 in Budweis.)

Jakob Schießwald. Pfarrer. Landwirt, Humanist. Gestorben 2. 8. 1819 in Neunkirchen. (Geboren 1744 in Rastenfeld.)

Johann Franz Caspar Horn Freiherr von der Mulda. Hauptmann und Ritter des Maria Theresien-Or-

Joseph von Sonnenfels. Zeitgen. Stich von Schleuen.

IOSEPH VON SOÑENFELS.

Schleuen sc.

Siegmund Anton Graf Hohenwarth.

dens. Gestorben 13. 1. 1820 in Krems. (Geboren 1781 in Wolfmünster, Bayern.)

Philipp Schlucker. Baumeister. Zuerst Maurer, 1782–87 in kaiserlichen Diensten, daraufhin „Waldamts-Baumeister" des Kaisers. Erbauer der Lainzer Tiergarten-Mauer. Gestorben 9. 4. 1820. (Geboren 1747 in Alland.)

Anton Leopold Roschmann Ritter von Hörburg. Kreishauptmann von St. Pölten und nö. Regierungsrat. Gestorben 19. 5. 1820 in St. Pölten. (Geboren um 1746.)

Siegmund Anton Graf Hohenwarth. Erzbischof von Wien. Vorher Bischof von St. Pölten. Gestorben 30. 6. 1820 in Wien. (Geboren 2. 5. 1730 in Gerlachstein/Kolovec, Krain.)

Matthäus Mutz. Maler, Ausbildung an der Akademie in Wien bei Anton Maulbertsch. Arbeiten in Heiligenkreuz, Baden, Gutenbrunn, Wöllersdorf. Gestorben 1820/21 in Baden bei Wien. (Geboren 1739 nahe Passau.)

Vinzenz Darnaut. Begründer der „Kirchlichen Topographie". Gestorben 30. 1. 1821 in Wien. (Geboren 11. 7. 1770 in Wiener Neustadt.)

Albrecht Bernhard. Landschaftsmaler. Zeichenlehrer an der Militärakademie in Wiener Neustadt. Gestorben 1822 in Wiener Neustadt.

Johann Ludwig Alexander von Laudon. Feldmarschall-Leutnant. Ritter des Maria Theresien-Ordens. Gestorben 22. 9. 1822 in Hadersdorf. (Geboren 1762 in Riga.)

Nivard Weigl. Organist und Komponist von Kirchenmusik. 1812 Eintritt in das Stift Zwettl. Gestorben 25. 3. 1823 in Stift Zwettl.

Johann Nepomuk Dankesreiter. Bischof von St. Pölten. Gestorben 10. 6. 1823 in St. Pölten. (Geboren 22. 1. 1750 in Wien.)

Michael Wutky. Maler. Besuch der Akademie der bildenden Künste in Wien, 1781/87 in Rom, danach in Wien, ab 1805 neuerlich in Italien. Gestorben 23. 9. 1823 in Wien. (Geboren 1739 in Krems oder Tulln.)

Links: Ansicht der Zugmayer-Fabriken in Waldegg.
Rechts: Der Pflugfabrikant Severin Zugmayer und seine Söhne Martin und Georg. Ölgemälde. Um 1830. Privatbesitz.

1817–1823

Erzherzog Johann in Niederösterreich

Kaiser Franz war im westlichen Niederösterreich begütert, sein Bruder Erzherzog Karl ließ sich die Weilburg in Baden erbauen, aber auch der dritte, lange in Tirol und in der Steiermark lebende Bruder Erzherzog Johann hatte Beziehungen zu Niederösterreich, denn er besaß 21 Jahre lang Burg und Schloß Thernberg im Wechselgebiet. Er erwarb diese Herrschaft im Jahre 1807, ließ den Landsitz durch eine Reihe von Künstlern ausschmücken und lebte alljährlich einige Wochen, manchmal auch einige Monate dort, in denen er vor allem seinen privaten Interessen nachging. Im Schloß Thernberg legte er eine bedeutende Bibliothek an, auch naturwissenschaftliche Sammlungen entstanden, und die Landwirtschaft bot Johann die Möglichkeit, Probleme der Landbevölkerung zu studieren. Im Jahre 1813, als man ihn beschuldigte, er habe die Rolle eines „Alpenkönigs" in Tirol angestrebt, zog er sich längere Zeit nach Thernberg zurück und lebte hier in einer Art freiwilliger Verbannung. Damals wurde er auch Mitglied der Wildensteiner Ritterschaft „Zur blauen Erde". Dieser romantische Ritterbund war 1790 von David Steiger, dem Besitzer der Burg Seebenstein, gegründet worden. Eine Reihe von Liebhabern alter Ritterromantik, aber auch der Trink- und Tafelfreuden fanden sich regelmäßig zusammen und besprachen dabei in gastlicher Runde auch alle möglichen Probleme. In diesem Kreis führte Johann den Namen „Hans von Österreich, der Thernberger" und war Großmeister des Ritterbundes bis zu dessen polizeilicher Auflösung im Jahre 1823. In späteren Jahren ließ er den größten Teil seiner Bibliotheken und seiner Sammlungen nach Graz bringen, wo er sie dem neu gegründeten Joanneum schenkte. Burg und Herrschaft Thernberg verkaufte er im Jahre 1828 dem Fürsten Liechtenstein.

„Kyselak" in der Wachau

Der Name Joseph Kyselak war im ersten Drittel des 19. Jahrhunderts ein feststehender Begriff, denn um diesen Sonderling rankten sich viele Anekdoten.
Joseph Kyselak wurde 1795 in Wien geboren und war Registraturbeamter an der Hofkammer in Wien, daneben ein begeisterter

Gravierung Kyselaks auf einem Obelisken im Neuwaldegger Schloßpark in Wien.

Anhänger ausgedehnter Fußwanderungen. Er wurde durch seine Manie bekannt, seinen Namen selbstbewußt und ohne Diskretion an allen historisch wichtigen und allen ins Auge fallenden markanten Örtlichkeiten wie Fels-, Haus- und Kirchenwänden, Brücken, ja sogar an Baumstämmen mittels einer Schablone in haltbarer, schwarzer Ölfarbe aufzumalen. Kyselak war Mitglied der geselligen Runde „Ludlamshöhle" auf dem Spittelberg (Wien), der auch Grillparzer angehörte. Er war ein großer Naturfreund und Reiseschriftsteller und

hat mit Pinsel und Farbtopf Wanderungen durch ganz Österreich unternommen.
Diese seltsame Leidenschaft entstammte einer Wette mit Freunden der „Ludlamshöhle" um 100 Gulden, bei der Kyselak behauptete, sein Name werde innerhalb von drei Jahren in Stadt und Land berühmt sein. Kyselak hat diese Wette tatsächlich gewonnen.
Obwohl er nur ein Alter von 36 Jahren erreichte und 1831 starb, ist dieser seltsame Kauz als Autogrammist bekannt geblieben.

Der Hammerherr Andreas Töpper

Einer der herausragendsten Industriellen Niederösterreichs in der ersten Hälfte des 19. Jahrhunderts war Andreas Töpper, dessen Betriebe im Erlauftal lagen. Er wurde am 10. November 1786 in der Steiermark geboren, lernte in jungen Jahren das Schmiedehandwerk, machte sich aber bald als Werksleiter und Erfinder einen Namen. Es gelang ihm nämlich, Eisenblech beliebig dünn auszuwalzen. Im Jahre 1817 übersiedelte er nach Niederösterreich und erwarb den Grießhammer der Herrschaft Scheibbs am Jeßnitzbach. Dieses heruntergekommene Hammerwerk wurde die Keimzelle eines großen Werkes. Er staute zuerst die Wasser-

Ansicht der k. k. ausschließend privilegierten ersten österreichischen Eisen und Stahl-Walzen-Blech-Fabrik des ANDREAS TÖPPER BEY SCHEIBBS.

Links: Der Hammerherr Andreas Töpper. Ölgemälde. Museum Scheibbs.
Rechts: Ansicht von Felixdorf.

kraft der Jeßnitz, später errichtete er auch ein Stauwerk an der Erlauf. Obwohl er von den Nachbarn mißgünstig beobachtet wurde und ein Hochwasser seinen Werken großen Schaden zufügte, konnte er sich mit Hilfe von Erzherzog Johann und Kaiser Franz, der im Sommer 1820 das Werk besuchte, als er im Schloß Weinzierl den Sommer verbrachte, nicht nur halten, sondern seinen Betrieb weiter ausbauen. Bis zum Jahre 1824 waren die Töpperschen Werke bereits zu einer führenden Industrieanlage in Niederösterreich geworden, und der Kaiser selbst kam zur Eröffnung der neuen Fabrik und legte den Grundstein zu einer Bruderlade. Den Werksarbeitern gewährte er zeitliche Befreiung vom Militärdienst. Töpper hat eine Reihe sozialer Taten gesetzt. Er baute seinen Arbeitern in der Nähe des Werkes kleine Wohnhäuser und eine Werkssiedlung. Für seine ausgedienten Arbeiter legte er 80.000 Gulden Silberrente an, zu der er wöchentlich für jeden Arbeiter einen weiteren Gulden in die Bruderlade einzahlte. Der Gemeindearzt von St. Anton wurde für die Betreuung seiner Arbeiter gewonnen, und in seinem Werk richtete er ein Spitalzimmer ein.

Im Jahre 1827 erhielt er ein förmliches Landesprivilegium und die Regierungsbewilligung, auf allen seinen Fabriken den kaiserlichen Adler als Werkszeichen zu führen. Damals erzeugte das Töppersche Werk vorwiegend Dachbleche, Rinnen- und Rohrbleche, Breitring- und Wanneneisen sowie Band- und Rahmeneisen, aber auch Dampfkesselbleche. Alljährlich wurden etwa 14.000 bis 16.000 Zentner an die Donau transportiert und dort mit dem Schiff nach Wien oder Linz weiterverfrachtet. Töpper konnte sein Unternehmen um die zwei Filialwerke in Kienberg und Lunz vergrößern. Ursprünglich verwendete er vorwiegend Wasser, Holz und Holzkohle als Energiequellen, doch bald wurden auch mehrere Kohlenlager entdeckt und ausgebeutet. Um 1840 beschäftigte er 500 Personen und konnte das Unternehmen bis in die 60er Jahre auf etwa 800 Arbeiter ausweiten, weil er nun auch Nagelmaschinen aufstellte und damit eine neue Produktion einführte. An ihn und sein Wirken erinnert nicht nur die neue Brücke aus Stein, die dem Ort Neubruck den Namen gab, sondern auch die bemerkenswerte Brücke in Kasten mit ihren gußeisernen Heiligenfiguren. Auf dem Dürrensteingipfel ließ Töpper zum Dank dafür, daß die Gegend von der Cholera verschont geblieben war, im Jahre 1841 ein 15 Zentner schweres gußeisernes Gipfelkreuz setzen.

Töpper heiratete im Alter von 73 Jahren eine 20jährige Waise aus Wien, die ihm einen Sohn gebar. Als er im Jahre 1872 im Alter von 87 Jahren starb, vermochten seine Nachfolger das Werk nicht zu halten. Unterdessen waren neue Produktionsmethoden üblich geworden, und die patriarchalische Art von Töppers Betriebsführung war nicht mehr zeitgemäß. So wurde im Jahre 1881 die Fabriks-Realität verkauft und das Neubrucker Werk in eine Papierfabrik umgewandelt. Den Hammer in Kienberg erwarb Josef Heiser und baute ihn in eine Graugießerei um.

Die Burg Seebenstein. Aquarell von F. A. J. Frh. v. Wetzelsberg. Um 1825.

Die Wildensteiner Ritterschaft „Zur blauen Erde" in Seebenstein

Anton David Steiger war Ökonomieverwalter und Zahlmeister an der Theresianischen Militärakademie in Wiener Neustadt, der auch Bodenuntersuchungen zur Auffindung von Kohlenflözen vornahm. Ansonsten war er ein romantisch veranlagter Mann, der sich für das altdeutsche Rittertum begeisterte. Im Jahre 1740 gründete er mit Gleichgesinnten die Ritterschaft „Zur blauen Erde", zu deren Sitz die von Steiger 1788 gepachtete Burg Seebenstein ausgebaut wurde. Nach dem dort im 12. Jahrhundert seßhaften Geschlecht der Wildensteiner nannte sich die romantische Gesellschaft Wildensteiner Ritterschaft, als deren Hoch- und Großmeister eine Zeit hindurch Erzherzog Johann fungierte. Der Großteil der Mitglieder kam aus Wiener Neustadt. Sie mußten sich ein altdeutsch-ritterliches Gewand anfertigen lassen und in diesem auf Seebenstein erscheinen. Die Ritterschaft pflegte die Geselligkeit, erregte aber das Mißtrauen des Kaisers und seiner Ratgeber. Deshalb wurde Steiger im Jahre 1823 aufgefordert, die Gesellschaft aufzulösen. Die Burg wurde 1824 an den Fürsten Johann von Liechtenstein verkauft.

Die Gründung von Felixdorf

Im Jahre 1820 legte der Magistrat von Wiener Neustadt der nö. Landesregierung den Plan vor, eine Siedlung auf der Heide nördlich von Wiener Neustadt in der Nähe von Sollenau zu errichten. Der neue Ort wurde nach dem Wiener Neustädter Bürgermeister Felix Mießl Felixdorf genannt; er entwickelte sich bald zu einer Industriesiedlung, weil dort eine Knopffabrik entstand, die später in eine Baumwollgespinstfabrik umgewandelt wurde.

Die Kunst in Romantik und Biedermeier

Friedrich Gauermann. Im Helenental bei der Weilburg. Aquarell. Wien, Historisches Museum.

Anders als in den vorangegangenen Jahrhunderten, in denen der Architektur die entschiedene Vorherrschaft unter den Künsten zugefallen war, liefen seit Beginn des 19. Jahrhunderts andere Kunstsparten wie Malerei und Kunstgewerbe der Architektur den Rang ab. Träger der sich im Vormärz entwickelnden Kultur war das Bürgertum, dem aristokratischer Prunk ebenso fremd war wie pathetisches Streben nach Idealen. Als Hauptaufgabe der Architektur trat nun anstelle des Palastes in der Regel das schlichte Bürgerhaus, das Vorbilder unmittelbar vorausgehender Epochen in persönlicher Weise abwandelte und mitunter auch verniedlichte. Möbelstücke der Vorstadthäuser und Villen wurden als Gegenstände des täglichen Gebrauchs im zurückhaltenden, das Intime in den Vordergrund stellenden Stil des Biedermeier geformt. In der Malerei, die im Gegensatz zur Architektur und Plastik allein den poesievollen Zauber der Zeit einzufangen vermochte, wurde vielfach die Idylle zum Thema. Dennoch kann –

wie zu sehen sein wird – gerade auch der Schloßbau jener Zeit auf bedeutende Leistungen zurückblicken.

Die öffentliche, von Sparmaßnahmen eingeschränkte Bautätigkeit der Zeit bewegte sich weiterhin in der Tradition des bis dahin bestimmenden Klassizismus. Der Schwerpunkt des Baugeschehens lag in Wien, wo sich der Wiener Architekt Josef Kornhäusel (1782–1860) als wichtigster Vertreter der bürgerlichen Baukunst etablierte. Ihren Höhepunkt fand Kornhäusels Karriere in dem Bau der 1945 leider zerstörten, 1820–1823 für Erzherzog Karl, den Sieger von Aspern, errichteten Weilburg in Baden bei Wien wo Kornhäusel bereits ab 1810 bedeutende Bauaufgaben (Rathaus, Stadttheater) übertragen erhalten hatte. Die Weilburg war an sich ein klassizistischer Schloßbau über barocker Grundrißdisposition, der durch seine klare Gliederung in Würfel, Quader und Zylinder gleichsam als elementares Gebilde in die umgebende Natur einbezogen war. Neben der Orientierung am Schloßbau des

Barock und Klassizismus zeigte sich selbst in diesem Bauwerk in der einem Bürgerhaus entsprechenden inneren Raumorganisation das Bekenntnis zu der vom Bürgertum bestimmten Kultur.

Neben dem Klassizismus hatte im Zeitalter der Romantik und des Nationalismus seit Ende des 18. Jahrhunderts auch das von England ausgehende „Gothic Revival" (die Wiederentdeckung der mittelalterlichen, eigentlich gotischen Kunst) auf dem Kontinent Fuß gefaßt. Das Allgemeingültige des Klassizismus wurde jetzt durch das historische Interesse, das sich vor allem der vaterländischen Geschichte zuwandte, abgelöst. Der bedeutendste künstlerische Schauplatz dieser Strömung in NÖ. war Laxenburg, das – seit 1333 im Besitz der Habsburger – v. a. unter Maria Theresia neben Schönbrunn und Hetzendorf zu einer Sommerresidenz des Hofs geworden war. Nachdem den sternförmigen barocken Alleen bereits unter Joseph II. ein malerisch gestalteter englischer Park angefügt worden war, entstan-

Die Kunst in Romantik und Biedermeier

den neben dem „Fischerdörfel" Maria Theresias um die Wende zum 19. Jahrhundert weitere verspielte Bauten wie das schlichte „Haus der Laune" von Hohenberg (1801), das „chinesische Lusthaus" und die „gotische" Brücke. Alle Bauten überragte jedoch die 1798 als „Gartenhaus in Gestalt einer gotischen Burgveste" begonnene und ab 1822 erweiterte Franzensburg. In Formen des Mittelalters unter Verwendung originaler Objekte der Gotik (Portal der 1799 demolierten Klosterneuburger „Capella speciosa") und der Renaissance erbaut, sollte sie gerade dem neuen Kaisertum Napoleons gegenüber die historische Dimension der Kaiserwürde und des Hauses Habsburg vor Augen führen. Neben der historischen Motivation steht hinter der Errichtung der Franzensburg aber auch das Streben nach einem stimmungshaften persönlichen Umfeld, das den Bewohner durch die aus historisch entfernten Epochen abgeleitete künstlerische Formenwelt in eine der Tagesreali-

Rechts: J. Rebell. Schloß Persenbeug. Ölgemälde. 1826.
Unten: Ludwig Schnorr von Carolsfeld. Die breite Föhre bei Mödling. Ölgemälde. 1838. Wien, Österreichische Galerie.

Die Kunst in Romantik und Biedermeier

Josef Kriehuber. Portrait Friedrich Gauermann. Lithographie.

tät entrückte Sphäre versetzen sollte. Beide Grundtendenzen gelten in der Folge für den gesamten Burgen- und Schloßbau des Historismus, der tief in der Gedankenwelt der Romantik wurzelt.

Zu den wohl bedeutendsten romantisch-historischen Schloßbauten zählt das 1845–1872 über älteren Fundamenten errichtete, baulich markante neugotische Schloß Grafenegg bei Krems, dessen Baumeister Leopold Ernst als Mitautor eines der mittelalterlichen Architektur gewidmeten Tafelwerks sowie als Restaurator des Wiener Stephansdomes seine eingehende Kenntnis der Formenwelt der Spätgotik in den Bau des theaterhaft inszenierten Schlosses einbringen konnte.

Für die Ausstattung des Schlosses, das als Inbegriff des romantischen Schloßbaues in Österreich schlechthin gilt, wurden alle bildenden Künste einschließlich des Kunstgewerbes herangezogen, die innerhalb der einzelnen Räume zu Arrangements von höchst künstlerischer Wirkung verbunden wurden. Die weiteren dem Geist der Romantik verpflichteten historischen Burg- und Schloßanlagen des späten 19. Jahrhunderts lagen nicht mehr – wie etwa Grafenegg – in abgeschiedenen Landschaftsparks, sondern vorwiegend an exponierten Punkten, an denen oftmals noch Ruinen eines alten Baues vorhanden waren. Anders als die romantischen Burgen und Schlösser der Frühzeit waren diese jetzt meist nicht mehr für Wohnzwekke geeignet, sondern erhielten vorwiegend Schauräume für erlesene Sammlungsgegenstände. Inbegriff einer derartigen „Denkmalburg" ist die 1874 begonnene Burg Kreuzenstein bei Korneuburg, ein historisches Gebilde von traumhaft-unwirklicher Erscheinung mit eingebauten Versatzstükken mittelalterlicher Kunst, in welcher vom

Jakob Gauermann. Wäscherin am Gebirgsbach. Aquarell. 1850.

Bauherrn Hans Graf Wilczek die Welt des Spätmittelalters denkmalhaft verklärt wurde.

Das wissenschaftliche Interesse an der Vergangenheit hatte sich seit dem ausgehenden 18. Jahrhundert nicht nur archäologischen Funden und ihrer Rekonstruktion zugewandt, sondern man entdeckte auch alle Sehenswürdigkeiten der Natur und Kunst, die von vielfach im Dienst von Reiseschriftstellern stehenden Künstlern jener Zeit erstmals topographisch genau erfaßt wurden. Man denke hier nur an die zahlreichen Veduten nö. Schlösser von Lorenz Janscha und Johann Ziegler, die freilich noch in gewis-

sem Sinn der volkstümlichen, spätbarocken Auffassung der Landschaften Johann Christian Brands verpflichtet sind. 1809 begannen die Aufnahmen für Delabordes „Voyage pittoresque en Autriche", für welche der Niederösterreicher Jakob Gauermann Szenen aus seiner Schneebergheimat beisteuerte. Wenig später war Gauermann an der 1811 von Erzherzog Johann eingeleiteten systematischen Landesaufnahme der Steiermark beteiligt.

Im Gegensatz zu jenen topographischen Aufnahmen, für die Genauigkeit und Naturtreue oberstes Gebot waren, stellt die reife Biedermeierlandschaft eine persönliche

Die Kunst in Romantik und Biedermeier

künstlerische Auseinandersetzung des Malers mit dem von ihm gewählten Motiv dar. Die Landschaftsbilder sind Ausdruck eines Lebensgefühls, das dem biedermeierlichen Naturempfinden für das Liebliche, Kleinräumige, Nahe ebenso Platz einräumt wie der Ahnung und dem Schauer vor der Größe, der nur geahnten Tiefe und Weite. Vermittler zwischen jenen topographischen Veduten des Jahrhundertbeginns und den zwischen 1825 und 1835 entstandenen Landschaftsbildern des „reifen" Biedermeier waren u. a. die Nazarener, die 1809 als „Lukasbund" gegründete Künstlergemeinschaft, die eine Erneuerung der Malerei durch die Abkehr von festgefahrenen traditionellen Formen suchte. In der Umgebung von Rom strebten sie schließlich eine Erneuerung der religiösen Malerei, auf ihren Reisen nach Rom von Deutschland bzw. Wien aus entdeckten sie aber auch die romantische Umgebung Salzburgs und das Salzkammergut, die im Laufe der zwanziger Jahre auch Zielpunkt fast aller in Wien tätigen Landschaftsmaler wurden. Unmerklich später erkannte man schließlich auch die Schönheiten des südlichen Wienerwalds und der Donauauen, wobei der Niederösterreicher Friedrich Gauermann zwischen 1825 und 1830 mit mehreren kleinen Landschaftsveduten des Wienerwalds, die von ihm eigentlich als Motivsammlung für seine späteren großen Tier- und Genrestücke gedacht waren, einen bedeutenden Beitrag zur Entwicklung der Landschaftsmalerei des Biedermeier leistete, welche schließlich von Wiener Künstlern, allen voran Ferdinand Georg Waldmüller, zu ihrem Höhepunkt geführt wurde.

Auch die für das Biedermeier so bedeutende Genremalerei war fast ausschließlich eine Domäne der Wiener Künstler. Eine Ausnahme bildet hier bis zu einem gewissen Grad der zwar in Wien geborene, jedoch zur Heimatstadt seines Vaters, St. Pölten, in enger Verbindung stehende, gleichsam als Wahl-St. Pöltner zu bezeichnende Carl Schindler. Schindler starb bereits mit 21 Jahren, hinterließ mit ungefähr 50 Ölbildern, etwa 190 Aquarellen und 150 Zeichnungen jedoch ein zahlenmäßig überraschendes Werk. Durch ihn erlebte das militärische Genrebild, das bereits unter Johann Peter Krafft aktuelle Bedeutung erlangt hatte, einen Höhepunkt. Über Krafft hinausgehend, ist Schindlers Schaffen durch geistvolle Erfindung und bezaubernde Erfassung des Momentanen ausgezeichnet. Darüberhinaus bereicherte er die Kunst des Biedermeier um einen neuen charakteristischen Zug, den Sinn für Humor, die feine, auch das wienerische Volksstück auszeichnende Ironie.

Thomas Karl

Carl Schindler. Wirtshausszene. Aquarell. 1841. Wien, Albertina.

Geistiges Leben und Literatur

„Kein Lichtstrahl, er komme, woher er wolle, solle in Zukunft unbeachtet und unerkannt in der Monarchie bleiben" war in einer Verordnung vom 10. September 1810 zu lesen, doch die Praxis war anders. Die Zensur wurde zur Überwacherin des geistigen Lebens, seit im Jahre 1816 Graf Sedlnitzky Leiter der Polizei wurde. Die „Wiener Zeitung" und der 1810 von der Regierung gegründete „Österreichische Beobachter" waren die einzigen einigermaßen lesenswerten Tageszeitungen, die übrigen durften nur amtliche Mitteilungen abdrucken. In ähnlicher Weise war auch die gesamte literarische Tätigkeit unter Kontrolle gestellt. Dabei waren die Zensoren kleinlich in jeder Hinsicht. Nicht nur Werke Goethes und Schillers wurden verfolgt, auch Grillparzer hatte seine Not mit der Zensur.

Besonders die Theater wurden streng überwacht, doch gelang es nicht, die satirischen Werke völlig zu unterbinden. Insbesondere konnte man beliebte Schauspieler wie Nestroy oder Raimund nicht am Extemporieren hindern. Auch außerhalb von Wien waren einige bekannte Literaten tätig, so etwa Ignaz Franz Catelli, der häufig in Lilienfeld lebte, wo Ladislaus Pyrke als Abt des Stiftes wirkte, bevor er 1818 als Bischof in die Zips (heute ČSFR) berufen wurde. Zu dieser Zeit entstanden eine Reihe von kleinen Theatern in Provinzstädten, die sich bemühten, auch die Gegenwartsliteratur zu pflegen und nicht nur Unterhaltung zu bringen. Im März 1845 wurde eine Petition der Schriftsteller um Milderung der Zensur eingebracht, die alle Autoren mit bekannten Namen unterschrieben, doch hatte sie keinen Erfolg.

In ähnlicher Weise wurden auch die Schulen streng kontrolliert. Der Zugang zu den Gymnasien wurde seit 1826 erschwert, allmählich nahm die Zahl der geistlichen Lehrer wieder zu, insbesondere die der wieder zugelassenen Jesuiten, während die Piaristen nur mehr geringen Einfluß hatten. Die Gymnasien hatten aber doch einen relativ hohen Standard, bevor 1818 die Abschaffung des Fachlehrersystems und die Einführung der Klassenlehrer einen Rückschlag brachten. Überwacht wurde auch der Unterricht an der Universität, und manche Professoren wurden wegen ihrer freien Meinungsäußerung verfolgt. Stark gefördert wurde das technische Schulwesen, besonders das 1815 eröffnete Wiener Polytechnikum, der Vorläufer der heutigen Technischen Universität Wien, das zeitgemäßen Unterricht vermittelte. Auch die Akademie der bildenden Künste konnte sich frei entfalten. Aus ihr ging eine Reihe bedeutender Maler und Bildhauer hervor.

Links: Das Schloß Ochsenburg, wo Schubert Teile der Oper „Alfonso und Estrella" komponierte. Kol. Kupferstich in der „Kirchlichen Topographie".

Franz Schubert und Ludwig van Beethoven

Franz Schubert in Atzenbrugg und St. Pölten

Mehrmals weilte Franz Schubert in Atzenbrugg. Das dortige Schloß und Gut war damals im Besitz des Stiftes Klosterneuburg, und Franz von Schobers Onkel Joseph Derffel war Justitiar des Stiftes und Verwalter des Gutes. Er bot dem Freundeskreis rund um Schober und damit auch Schubert im Sommer Gastfreundschaft. Für die Jahre 1817 bis 1822 sind die Namen der in Atzenbrugg weilenden Runde erhalten. 1820 finden wir erstmals Schuberts Namen in den

Fahrt der Schubertianer von Atzenbrugg in die Aumühle. Aquarell von Leopold Kupelwieser. Wien, Historisches Museum.

Listen, in den folgenden beiden Jahren wieder, doch dürfte er auch noch 1823 nach Atzenbrugg gekommen sein. So populär die Aufenthalte der Schubertianer in Atzenbrugg auch geworden sind, so wenig Konkretes wissen wir darüber. Die Namenslisten, eine aquarellierte Radierung von Lud-

Franz Schubert. Ölgemälde. Wien, Gesellschaft der Musikfreunde.

wig Mohn mit der Darstellung der Freunde beim Ballspiel vor dem Schloß, ein Aquarell Leopold Kupelwiesers „Landpartie der Schubertianer nach Atzenbrugg" und Schuberts „Atzenbrugger Deutsche" sind die einzigen Zeugnisse dieser Sommeraufenthalte. Seit die Stadt St. Pölten 1975 ein nachweislich aus Atzenbrugg stammendes Klavier eines Wiener Instrumentenbauers aus Schuberts Zeit erwerben konnte, ist eine weitere Reminiszenz an das musikalisch-gesellige Leben in Atzenbrugg dazugekommen.
In St. Pölten weilte Schubert von September

bis Oktober 1821. Franz von Schober war mit dem damaligen Bischof von St. Pölten Johann Nepomuk Ritter von Dankesreither verwandt, auf dessen Einladung hin Schober und Schubert St. Pölten besuchten. Schubert war in diesen Monaten mit der Komposition der Oper „Alfonso und Estrella" zu einem Libretto seines Freundes Schober beschäftigt. Es scheint, daß beide einen Ort suchten, wo sie sich in Ruhe auf diese Arbeit konzentrieren konnten. Denn Schubert schrieb hier zwei Akte der Oper. Man wohnte im Drei-Kronen-Wirtshaus am Herrenplatz, besuchte das Schloß Ochsenburg

Theaterzettel der Weimarer Erstaufführung von Franz Schuberts „Alfonso und Estrella". 24. Juni 1851.

und hielt „Schubertiaden" beim Bischof und in der Wohnung der Baronin Münk in der Rathausgasse ab.
Das Lied „Am Brunnen vor dem Tore" ist nicht, wie lange Zeit angenommen wurde, in Ochsenburg entstanden, sondern nachweislich erst 1827. Die hübsche Legende, der Lindenbaum vor der Höldrichsmühle in der Hinterbrühl habe die Anregung dafür gegeben, läßt sich nicht verifizieren, denn niemand kann nachweisen, daß Schubert überhaupt je dort war.

Ballspiel in Atzenbrugg. Kol. Radierung von Ludwig Mohn. 1820.

Rechts: „Heiligenstädter Testament" Ludwig van Beethovens. Autograph. 1802.

Franz Schubert und Ludwig van Beethoven

Ludwig van Beethoven in Niederösterreich

Eine ganze Reihe von Orten in der Umgebung Wiens können sich rühmen, irgendwann Ludwig van Beethoven beherbergt zu haben, denn dieser liebte die Umgebung der Stadt über alles, und seine Unrast trieb ihn von Ort zu Ort, von Quartier zu Quartier, so daß es 30 verschiedene Häuser gibt, in denen er Aufenthalt nahm. Besonders liebte Beethoven neben der Gegend von Heiligenstadt das Tal der Brühl, das vom Mödlingbach durchflossen wird und in der Biedermeierzeit eine beliebte Ausflugsgegend war, sowie Baden mit dem Helenental. In all diesen Orten gebrauchte er auch die Wasserkur in der Hoffnung, von seinen Leiden geheilt zu werden.

Baden war in den ersten Jahrzehnten des 19. Jahrhunderts oft kaiserliche Sommerresidenz, weil auch Kaiser Franz die Stadt außerordentlich schätzte. Von 1804 bis 1825 hielt sich der Hof im Sommer meist in Baden auf. Mit dem Kaiser kamen auch viele Adelige und Künstler nach Baden und bewirkten einen erheblichen Aufschwung der Stadt. Im Jahre 1805 war auch Ludwig van Beethoven in der Kurliste eingetragen und verbrachte die 15 folgenden Sommer teilweise in der Kurstadt. Im Jahre 1806 erteilte er im Johannesbad dem Bonner Ferdinand Rießer Klavierunterricht und spielte ihm das letzte Allegro seiner „Appassionata" vor. Mehrere Jahre wohnte er im alten

Ludwig van Beethoven. Gemälde von Isidor Neugass. Um 1806.

Sauerhof, wo er auch das Gelegenheitswerk „Wellingtons Sieg oder die Schlacht bei Vittoria" komponierte. Ein weiteres Domizil befand sich im Haus Antonsgasse 4, ferner in einem Stadthaus in der Frauengasse, aber auch in einem Nebengebäude des Schlosses Gutenbrunn lebte er zeitweise. Das berühmteste Beethoven-Haus Badens ist das in der Rathausgasse Nr. 10, ein Biedermeierbau, in dem er im Sommer 1821/23 Teile seiner 9. Symphonie komponierte. Im Jahre 1823 lebte er zuerst in Hetzendorf, doch

gefiel es ihm dort nicht, und er übersiedelte neuerlich nach Baden. Er wollte wieder bei der Familie Kupferschmied in der Rathausgasse wohnen, doch knüpfte der Hausherr dies an einige Bedingungen. Beethoven mußte an den straßenseitigen Fenstern neue Läden anbringen lassen, denn der Komponist pflegte auf das Holz der Fensterläden Einfälle zu kritzeln, wenn gerade kein Papier zur Verfügung stand. Der Hausinhaber glaubte vermutlich, diese Fensterläden an Bewunderer des Komponisten verkaufen zu können. Von Baden aus unternahm Beethoven auch eine Reihe von Ausflügen, vor allem ins Helenental. Einmal kam er auch, mit einem alten Rock bekleidet, zu Fuß bis nach Wiener Neustadt, wo man ihn für einen Vagabunden hielt. Erst um Mitternacht wurde er auf der Polizeiwache vom Musikdirektor Herzog identifiziert, der Bürgermeister entschuldigte sich persönlich und ließ den Komponisten am nächsten Morgen in seiner Kutsche nach Baden zurückführen.

Schloß Gneixendorf, in dem Ludwig van Beethoven 1826 seinen Sommer verbrachte.

Einige Sommer verbrachte Beethoven, der immer stärker unter seiner zunehmenden Taubheit litt, auch in Mödling, wo er die damals bestehende Heilquelle benutzte. Angeblich wollte er in Mödling sogar ein Haus erwerben und sich niederlassen. Dazu kam es aber nicht. Nach 1820 ist auch kein weiterer Aufenthalt des Komponisten in Mödling nachweisbar.

Den letzten Sommer seines Lebens verbrachte Beethoven in Gneixendorf bei Krems. Dort hatte sein Bruder Johann van Beethoven das Schlößchen gekauft. In diesem barocken Schloß wohnte Beethoven im Jahre 1826. Er war zwar auch dort nicht glücklich, aber auf dem Gut seines Bruders entstand das letzte Streichquartett, op. 135, mit der Überschrift „Der schwergefaßte Entschluß muß es sein? Es muß sein!". Von Gneixendorf kehrte Beethoven im Herbst 1826 bereits krank in das Schwarzspanierhaus nach Wien zurück, wo er am 26. März 1827 starb.

Das Beethoven-Haus in Mödling.

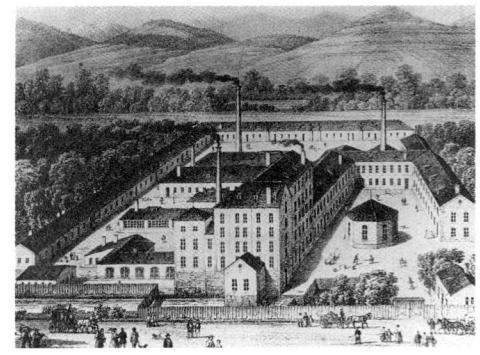

Links: Johann Nepomuk Reithoffer. Zeitgenössisches Portrait.
Rechts: Gummiwarenfabrik Reithoffer im Schwarzatal.

1824–1828

KALENDER

1824 In Hollabrunn wird die erste Landsparkasse in Niederösterreich gegründet.

Bei Grünbach wird mit dem Abbau von Steinkohle begonnen.

Johann Nepomuk Reithoffer erhält das Privileg zur Herstellung wasserdichter Stoffe. Er gründet in der Folge eine Fabrik in Wimpassing, die späteren Semperit-Werke. Es war dies die älteste Gummiwarenfabrik des Kontinents. Im Jahre 1843 beschäftigte er in dieser Kautschuk-Fabrik 140 Arbeiter und 70 Meister und stellte vor allem Hosenträger, Schuhe, Bandagen und Mieder her.

1826 In Krems wird ein Kettensteg über die Krems errichtet.

Oktober Neben Metternich wird Franz Anton Graf Kollowrat-Liebsteinsky zum „dirigierenden Staats- und Konferenzminister" ernannt. Er hatte großen Einfluß auf die innere Verwaltung und das Finanzwesen und wurde bald zum Kopf der liberalen Hofpartei.

1827 Ein Brand in der Stadt Hainburg legt 153 Häuser und die Tabakfabrik in Asche.

Der Schweizer Johann Conrad Fischer gründet eine Feilen- und Gußstahlfabrik in Hainfeld.

Ein Brand in Horn vernichtet 34 Objekte, unter anderem das Piaristenkloster und das Rathaus.

In Krems wird eine Filiale der 1. Österreichischen Spar-Casse errichtet. Sie bestand bis 1842.

1828 In St. Andrä a. d. Traisen wird ein Versorgungshaus der Stadt Wien errichtet.

Anstelle der Kundschaften (Walzzettel, Bestätigung der Arbeitgeber) wird das Wanderbuch für Handwerksgesellen eingeführt.

Juni Franz Schubert hält sich in Baden und Heiligenkreuz auf.

GEBURTSTAGE

Anton Langer. Volksdichter und Journalist, Übersetzer, Epiker und Dramatiker, gründete das „Arena-Theater" in Hernals, schrieb 1848 das „Barrikadenlied" und gab seit 1850 das satirisch-volkstümliche Wochenblatt „Hans-Jörgel von Gumpoldskirchen" heraus. Geboren 12. 1. 1824 in Wien. (Gestorben 7. 12. 1879 in Wien.)

P. Karl Puschl. Schulmann, Physiker. Professor am Stiftsgymnasium Melk. Als Forscher beschäftigte er sich besonders mit der Licht- und Wärmelehre. Geboren 7. 2. 1825 in Wolfsbach. (Gestorben 19. 3. 1912 in Seitenstetten.)

Adolf Dauthage. Maler und Lithograph. Schüler von Josef Kriehuber. Geboren 20. 2. 1825 in Rustendorf bei Wien. (Gestorben 3. 6. 1883 in Wien.)

Julius Robert. Erfinder des Diffussionsverfahrens zur Saftgewinnung in der Rübenzucker-Industrie. Geboren 4. 6. 1826 in Himberg. (Gestorben 9. 2. 1888 in Seelowitz, Mähren.)

Vinzenz Kletzinsky. Chemiker. Sanitätspolizeilicher Chemiker des Wiener Magistrates. Geboren 21. 6. 1826 in Gutenbrunn.

Hugo Mareta. Benediktiner. Sprachforscher. Erforschte u. a. die österr. Mundarten. Geboren 10. 4. 1827 in Baden. (Gestorben 31. 10. 1913 in Wien.)

Josefine Freiin von Knorr. Lyrikerin. Hervorragend bei der Zeichnung von Stimmungsbildern; lebte ab 1876 öfters in Paris. Geboren 16. 4. 1827 in Wien. (Gestorben 3ß. 5. 1908 in Schloß Stiebar bei Gresten.)

Ludwig Halauska. Maler und Graphiker. Geboren 24. 8. 1827 in Waidhofen an der Ybbs. (Gestorben 29. 4. 1882 in Wien.)

Gustav Petter. Musiker und Autographensammler. Zuletzt tätig als nö. Landeskassier. Geboren 9. 3. 1828 in Wien. (Gestorben 25. 2. 1868 in Görz.)

Johann Wurth. Lehrer, Sammler von Volksliedern. Geboren 9. 7. 1828 in Trumau. (Gestorben 8. 7. 1870 in Münchendorf bei Laxenburg.)

Ignaz Hönig. Fabrikant. Gründete 1853 die erste Krawattenfabrik in Österreich. Geboren 16. 7. 1828 in Retz. (Gestorben nach 1876.)

Joseph Michael Teuschl. Mitglied des Abgeordnetenhauses. Lebte als Kaufmann seit 1851 in Triest. Geboren 4. 9. 1828 in St. Pölten.

Franz Migerka. Gewerbefachmann. Häufig Vertreter Österreichs im Ausland (z. B. 1869 Eröffnung des Suezkanals, 1876 Weltausstellung in Philadelphia). Präsident des Wr. Kaufmännischen Vereins. Geboren 20. 9. 1828 in Reintal. (Gestorben 21. 2. 1915 in Wien.)

Friedrich Münichsdorfer. Montanist, ab 1849 am Naturhistorischen Museum in Klagenfurt. Geboren 5. 9. 1828 in Staatz. (Gestorben 9. 10. 1974 in Hüttenberg.)

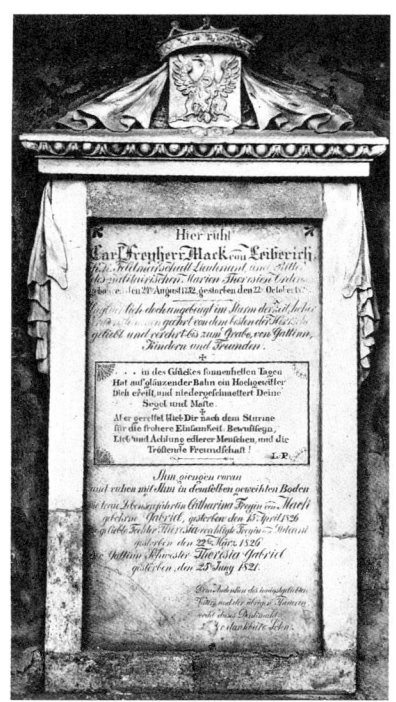

TODESTAGE

Johann Philipp Stadion Graf von Warthausen. Staatsmann. Gesandter in Stockholm, London, Berlin und St. Petersburg; 1805 Leiter der Außenpolitik, bereitete die nationale Erhebung gegen Napoleon (1809) vor und mußte nach deren unglücklichem Ausgang sein Amt an Metternich abtreten. Gestorben 15. 5. 1824 in Baden. (Geboren 18. 6. 1763 in Mainz.)

Christoph Freiherr von Stiebar. Kreishauptmann. Gestorben 26. 11. 1824 in Krems.

Josef Hieronymus Alram. Musiker und Komponist, Prior und Archivar von Stift Geras. Gestorben 10. 3. 1825 in Geras. (Geboren 11. 1. 1754 in Gmünd.)

Johann Franz von Amon. Gewerke und Amtmann in Lunz. Gestorben 29. 3. 1825 in Lunz. (Geboren 2. 6. 1754 in Lunz.)

Gottlob Mohn. Maler und Glasmaler. Gestorben 2. 11. 1825 in Laxenburg. (Geboren 4. 11. 1789 in Weißenfels, Sachsen.)

Anton Köpp von Felsenthal. Maler. Er schuf 80 Blätter österreichischer Veduten. Gestorben 11. 12. 1826 in Wien. (Geboren 14. 7. 1766 in Wien.)

Joseph Chrysostomus Pauer. Bischof von St. Pölten (1824–26). Gestorben 30. 12. 1826 in Wien. (Geboren 29. 6. 1756 in Wien.)

Ludwig van Beethoven. Komponist. Gestorben 26. 3. 1827 in Wien. (Geboren 16. 12. 1770 in Bonn.)

Joseph Gattermayer Graf von Gatterburg. Offizier. Gestorben 14. 9. 1827 in Retz. (Geboren 1775 in Retz.)

Joseph Krafft. Maler. Bruder des Malers Peter Krafft. Ab 1801 in Wien. Gestorben 23. 6. 1828 in Neustift bei Wien. (Geboren 1787 in Hanau.)

Franz von Zeller. Jurist. Universitäts-Professor in Wien, 1797 Mitglied der österreichischen Gesetzgebungs-Kommission. Schöpfer des Allgemeinen Bürgerlichen Gesetzbuches. Gestorben 28. 8. 1828 in Hietzing bei Wien. (Geboren 14. 1. 1751 in Graz.)

Karl Mack Freiherr von Leiberich. General. Ab 1769 im österreichischen Dienst. Gestorben 22. 10. 1828 in St. Pölten. (Geboren 24. 8. 1752 in Nesslingen, Franken.)

Franz Schubert. Komponist. Gestorben 19. 11. 1828 in Wien. (Geboren 31. 1. 1797 in Wien-Himmelpfortgrund.)

Links: Grabstein des Karl Mack Freiherr von Leiberich. Stadtmuseum St. Pölten.

Links: Gewehrfabrik in Freiland. Aquarell von Carl Schindler. Um 1830. Bezirksmuseum Lilienfeld.
Rechts: Damenportrait aus der Biedermeierzeit. Ölgemälde. Stadtmuseum St. Pölten.

Die Sparkasse von Hollabrunn

Der Markt Hollabrunn zählte in der Biedermeierzeit etwa 220 Häuser und 1500 Einwohner und hieß Oberhollabrunn. In den Jahren 1809 und 1810 hatten zwei Feuersbrünste fast den ganzen Markt vernichtet, auch Spuren der Kämpfe des Jahres 1809 beim nahen Schöngrabern waren noch vorhanden. Die große wirtschaftliche Not dieser Zeit wollte man durch die Errichtung von Sparkassen lindern. Arme Leute sollten für Zeiten großer Not einiges Geld zurücklegen können. Ein Aufruf nach Gründung solcher Institute war aber ohne große Wirkung geblieben. Bis 1822 waren im ganzen Kaisertum Österreich nur vier Institute entstanden: in der Leopoldstadt zu Wien, in Bregenz, Innsbruck und Laibach. Als nun einige Bürger des Marktes Interessenten für die Errichtung eines Sparkassenvereines gewinnen wollten, stellten sich manche dagegen, doch gelang es dem Pfarrer Josef Strauß schließlich, 18 Mitglieder zu gewinnen, um die Bewilligung für die Gründung vom Kreisamt Korneuburg zu erhalten. Der Apotheker Babo stellte ein Lokal zur Verfügung, und am 1. Jänner 1825 konnte mit der Arbeit begonnen werden. Den Dienstboten, Handwerksgesellen, Taglöhnern und anderen beflissenen Personen wollte man ein Mittel in die Hand geben, von ihrem mühsam erworbenen Lohn allmählich ein kleines Kapital zurückzulegen, es fruchtbringend anzulegen und in späteren Tagen zur Begründung einer besseren Versorgung, zur Aussteuer, zur Aushilfe in Krankheiten oder auf irgend eine andere nützliche Art zu verwenden. Der Erfolg war größer als erwartet, nach wenigen Jahren gab es einen Einlagenstand von 100.000 Gulden, und 1842 wurde die Millionengrenze überschritten. Schon im Jahre 1843 konnte man ein eigenes Haus erwerben.
In der Biedermeierzeit wurde in Niederösterreich nur mehr eine weitere Sparkasse, die von Waidhofen an der Thaya, 1842 errichtet. Die übrigen Anstalten entstanden erst nach dem Revolutionsjahr. Die Sparkassen hatten für die Entwicklung der Orte eine große Bedeutung. Sie machten durch ihre Spenden die Errichtung mancher öffentlicher Bauten möglich.

Ausschnitt aus der Schweickhardt-Karte mit der Gegend um Atzenbrugg.

Der stabile Kataster

Eine wichtige Ergänzung der militärischen Aufnahme des Landes war die begonnene Katastralvermessung im Maßstab 1 : 2880, ein für die Regelung des Grundbesitzes und der Besteuerung ungemein wichtiges Werk. Die Aufnahme erfolgte für jede Katastralgemeinde, wobei auch die einzelnen Ortschaften und innerhalb der Ortschaften die Häuser ausgewiesen werden konnten. Feste Bauwerke wurden rot koloriert, Holzbauwerke gelb. Diese franziszeische Vermessung ist unteredessen eine wichtige Quelle für die Landesgeschichte geworden, weil sie den Zustand des Landes vor dem Bau der Eisenbahnen und vor der Industrialisierung wiedergibt. Später hat man in diese Karten auch die Eisenbahnlinien eingezeichnet. Die franziszeische Vermessung wurde aber nicht in Druck gelegt, sondern war nur bei den Landesbehörden aufbewahrt und konnte nur in handschriftlich ausgeführten Kopien vervielfältigt werden. Aufgrund dieser Detailvermessung wurde für jede Gemeinde parzellenweise eine Flurkarte, eine sogenannte Mappe, angelegt. Maßgebend war der Umfang der Steuergemeinden zur Zeit der Vermessung. Nur wenn die Fläche der Gemeinde keine 500 Joch erreichte, wenn sie von einer anderen Gemeinde ganz umschlossen war oder in eine solche unförmig hineinragte, fand eine Zusammenlegung statt. Jede Gemeinde wurde nach der Feststellung und Beschreibung ihrer Grenzen zuerst mit einem geometrischen Netz überzogen, worauf man zur Auspflockung und Einzeichnung der Parzellen schritt. Nach Abschluß der geometrischen Vermessung erfolgte die Numerierung und Flächenberechnung der Parzellen und deren Verzeichnis in einem Parzellenprotokoll sowie die Kolorierung der Mappen. Nach der Feststellung der in einer Gemeinde vorkommenden Kulturgattungen und der Klassifikation der Behörden folgte die Bestimmung der Mustergründe für jede Bonitätsklasse, dann die Einreihung aller Grundstücke in die Kultur- und Bonitätsklassen. Als „normal" galten die Produktenpreise des Jahres 1824, die seit 50 Jahren die niedrigsten waren.

Die Ausführung und Herstellung des stabilen Katasters nahm Jahrzehnte in Anspruch. In Niederösterreich, als erstem Kronland, wurde das neue System im Jahre 1834 eingeführt.

Links: Kaiser Franz I. mit dem dreijährigen Franz Joseph in Laxenburg.
Rechts: Franz II. Marmorbüste. Stadtmuseum Bratislava, ČSFR.

1829–1836

KALENDER

13. 3. 1829 Die Donau-Dampfschiffahrtsgesellschaft führt die erste Probefahrt von Wien nach Pest durch.

26. 2. 1830 Großer Eisstoß auf der Donau. In Stein reichen die Wassermassen bis in den ersten Stock der Häuser. In der Wachau wird ein Anstieg des Stroms um 2,20 m gemeldet. Es werden das Gebiet des Tullnerfeldes und des Kremser Beckens überflutet, ebenso die Vorstädte Wiens. Im Marchfeld bricht die Donau aus und zerstört den Ort Kimerleinsdorf.

7. 7. Kaiser Franz und Kaiserin Karolina Augusta besuchen Kimerleinsdorf und leisten Hilfe beim Wiederaufbau. Ab 1836 heißt der Ort deshalb Franzensdorf.

1831 Die Cholera bricht in Wien und Niederösterreich aus. In Wien werden viele Betriebe geschlossen.

Mit dem Abbau von Graphit im Ort Mühlbach bei Spitz wird begonnen.

1. 1. Die Donau-Dampfschiffahrtsgesellschaft nimmt den Linienverkehr von Wien nach Pest auf.

7. 1. Ein starkes Nordlicht ist über Wien und Niederösterreich zu sehen.

19. 4. Das Dampfschiff „Franz I." fährt vom Prater nach Semlin ab.

1832 Die Cholera wütet weiter in Niederösterreich. In Horn sterben 86 Menschen, bei Baden wird eine Cholerakapelle errichtet.

2. 4. Ein Zirkular verbietet den Handel und Aufenthalt für Juden in NÖ.

9. 8. Im Helenental bei Baden wird von einem früheren Offizier ein Attentat auf Erzherzog Ferdinand durchgeführt. Dieser kommt aber mit geringen Verletzungen davon.

1833 Freiherr von Geymüller errichtet eine Kammgarnfabrik in Vöslau.

14. 2. Großer Brand in St. Pölten. Unter anderem wird auch das Bürgerspital zerstört.

8. 7. 1834 Großer Brand in Wiener Neustadt. 47 Menschen kommen ums Leben.

1835 Nach dem Tode Kaiser Franz' I. findet die letzte Erbhuldigung der niederösterreichischen Stände für Kaiser Ferdinand I. statt.

1836 Der Architekt Josef Kornhäusel beginnt mit dem Endausbau des Stiftes Klosterneuburg. 1842 sind die Arbeiten vollendet.

Zur Unterstützung des regierungsunfähigen Kaisers Ferdinand wird in Wien ein Staatsrat errichtet.

9. 4. Mit dem Bau der Nordbahn wird begonnen, sie soll den Namen Kaiser Ferdinands erhalten.

8. 8. König Charles X. von Frankreich, der 1830 abgesetzt wurde, bezieht das Schloß Kirchberg am Walde. Es bleibt bis 1843 sein Besitz, dann übersiedelt er nach Frohnsdorf bei Wiener Neustadt.

GEBURTSTAGE

Franz Oberleitner. Botaniker. Geboren 26. 4. 1829 in St. Peter i. d. Au. (Gestorben 12. 2. 1897 in Ort bei Gmunden, OÖ.)

Robert Hamerling (eigentl. Rupert Hammerling). Dichter, Gymnasiallehrer in Wien, Graz und Triest; Epiker und Dramatiker klassizistischer und romantisierender Art. Geboren 24. 3. 1830 in Kirchberg am Walde. (Gestorben 13. 7. 1889 in Stifting bei Graz.)

Edmund Anton Peck. Jurist. 1875 Professor für Handels- und Wechselrecht an der Universität Innsbruck, ab 1878 im Justizministerium tätig. Geboren 23. 10. 1830 in Hainburg. (Gestorben 29. 6. 1896 in Tobelbad bei Graz.)

Carl Hollitzer. Bauunternehmer und Gutsbesitzer, Mitbegründer und Kurator des Vereins Carnuntum. Geboren 29. 9. 1831 in Bad Deutsch Altenburg. (Gestorben 9. 10. 1917 in Wien.)

Anton Kerner von Marilaun. Botaniker. Professor in Innsbruck, 1878–98 Professor der Botanik an der Universität Wien und Direktor des Botanischen Gartens, Erforscher der alpinen Pflanzengeographie. Geboren 12. 11. 1831 in Mautern. (Gestorben 21. 6. 1898 in Wien.)

Alfred von Lenz. Industrieller, bei der Semmeringbahn (1855–57) tätig, übernahm 1859 die väterliche Metallgießerei, später expandierte er in Wien und Traisen. Mitglied des niederösterreichischen Landtages und des Reichsrats. Geboren 16. 1. 1832 in Neunkirchen. (Gestorben 26. 11. 1907 in Weidlingau.)

Wendelin Böheim. Waffentechniker. Offizier, Bildhauer. Erhob die historische Waffenkunde zur selbständigen Wissenschaft und begründete die methodische Waffenforschung. Geboren 17. 9. 1832 in Wiener Neustadt. (Gestorben 1. 11. 1900 in Wien.)

Paul Pacher von Theinburg. Industrieller. 1862 Präsident des Vereines der österreichischen Industriellen, niederösterreichischer Landtagsabgeordneter, daneben schriftstellerisch tätig. Geboren 24. 12. 1832 in Sollenau. (Gestorben 27. 4. 1906 in Salzburg.)

Johann Oser. Chemiker. Professor an der Technischen Hochschule in Wien. Geboren 8. 4. 1833 in Grafenegg. (Gestorben 1. 11. 1912 in Wien.)

Anselm Weißenhofer. Kunstgewerbler und Landeskundler. Geboren 19. 8. 1833 in Ybbsitz. (Gestorben 14. 1. 1861 in Wien.)

Alexander Rollett. Physiologe und Histologe, Universitätsprofessor in Graz. Präsident der Steiermärkischen Ärztekammer. Geboren 14. 7. 1834 in Baden. (Gestorben 1. 10. 1903 in Graz.)

Rudolf Weinwurm. Komponist. Gründete 1858 den Akademischen Gesangverein in Wien. Chormeister beim Wiener Männergesangverein. Geboren 3. 4. 1835 in Scheidldorf. (Gestorben 26. 5. 1911 in Wien.)

Karl Landsteiner (Pseudonym Arthur Landerstein). Schriftsteller mit stark sozialem Einschlag, Piaristen-Propst, Lehrer in Krems und Wien, Präsident des Wiener Tierschutzvereines, ab 1886 Stadtpfarrer in Nikolsburg. Geboren 30. 8. 1835 in Stoitzendorf. (Gestorben 3. 4. 1909 in Nikolsburg.)

Emil Rollett. Arzt. Fachschriftsteller. 1872 Mitbegründer der „Allgemeinen Poliklinik". Geboren 11. 12. 1835 in Baden.

TODESTAGE

Joseph Freiherr von Penkler. Begründet den Romantikerfriedhof von Maria Enzersdorf. Gestorben 22. 4. 1830 in Maria Enzersdorf. (Geboren 10. 2. 1751 in Konstanz.)

Josef Kyselak. Sonderling. Hofkammerbeamter. Gestorben 17. 9. 1831. (Geboren um 1795.)

Johann Knapp. Blumenmaler. Seit 1808 beim Gartendirektor Franz Boos in Schönbrunn tätig. Gestorben 18. 2. 1833 in Schönbrunn. (Geboren 5. 9. 1778 in Wien.)

Georg Huebmer. Schwemmeister. Gestorben 20. 3. 1833 in Naßwald. (Geboren 11. 4. 1755 in Gosau.)

Martin Miller. Fabrikant. Betrieb ab 1804 in Wien einen Tiegelstahlofen. 1825 erwarb er eine Schmiede in St. Ägyd und errichtete ein Stahlwerk. Gestorben 21. 4. 1833 in St. Ägyd am Neuwald. (Geboren 28. 4. 1769 in Wien.)

Daniel Fischer. Hammerherr im oberen Traisental. Erzeugte u. a. die berühmten Ankerfeilen, errichtete 1819 das 2. österreichische Blechwalzwerk, begründete mit seinem Vater Jakob (1743–1809) die österreichische Säbelfabrikation und 1825 die erste österreichische Tiegelgußstahl-Fabrik. Gestorben 30. 6. 1833 in St. Ägyd am Neuwald. (Geboren 12. 7. 1773 in Krems.)

Maximilian Stadler („Abbé Stadler"). Komponist. Kommendatarabt in Lilienfeld und Kremsmünster; bedeutende Aktivitäten im musikalischen Leben der Zeit. Gestorben 8. 11. 1833 in Wien. (Geboren 4. 8. 1748 in Melk.)

Jakob Frint. Theologe. 1804 Universitätsprofessor in Wien, 1810 Hof- und Burgpfarrer. 1827 Bischof von St. Pölten. Gestorben 11. 10. 1834 in St. Pölten. (Geboren 4. 12. 1766 in Böhm.-Kamenitz.)

Franz II. Ältester Sohn und Nachfolger von Kaiser Leopold II., 1792–1806 als Franz II. letzter Kaiser des Heiligen Römischen Reiches, dessen Krone er 1806 niederlegte; faßte 1804 alle habsburgischen Erbländer als Kaisertum Österreich zusammen und nahm den Titel Kaiser von Österreich (als Franz I., 1804–1835) an. 1792–1835 auch König von Ungarn und Böhmen. Den anfangs populären Kaiser des Vormärz kennzeichneten Pflichteifer, Bescheidenheit und Sparsamkeit, aber auch Kleinlichkeit. Gestorben 2. 3. 1835 in Wien. (Geboren 12. 2. 1768 in Florenz.)

Ferdinand Karl Böheim. Altertumsforscher. Magistratsbeamter in Wiener Neustadt. Verlor beim Brand 1834 viele Bücher und wissenschaftliche Unterlagen. Gestorben 30. 5. 1835 in Wiener Neustadt. (Geboren 1794 in Znaim.)

Links: Der Maler Johann Joseph Schindler. Lithographie von E. Hummel. Um 1830.
Rechts: Wiener Neustadt nach dem Brand von 8. 9. 1834.
Rechts unten: Delogierung einer Handwerkerfamilie. Gemälde von A. Schön.

Wenzel Müller. Singspiel-Komponist. Kapellmeister und Hauskomponist am Leopoldstädter Theater in Wien, komponierte mehr als 200 Zauberopern, Singspiele und Possen sowie populär gewordene Lieder („Kommt ein Vogerl geflogen"). Gestorben 3. 8. 1835 in Baden. (Geboren 26. 9. 1759 in Turnau/Turnov, Böhmen.)

Johann Josef Schindler. Landschaftsmaler. Daneben Historienbilder, Altarbilder. Gestorben 22. 7. 1836 in Wien. (Geboren 28. 7. 1777 in St. Pölten.)

Ferdinand Raimund (eigentlich Raimann). Dramatiker, Schauspieler. „Klassiker" des Märchen- und Zauberspiels, Vollender des barock-romantischen Alt-Wiener Volksstücks. Gestorben 5. 9. 1836 in Pottenstein (an den Folgen eines Selbstmordversuchs). (Geboren 1. 6. 1790 in Wien-Mariahilf.)

Die Choleraepidemie

Einen tiefen Einschnitt im Wirtschaftsleben einer an und für sich schon sehr schwierigen Zeit bildete die Choleraepidemie, die im Jahre 1830 in Rußland ausbrach und 1831 auch Österreich erreichte. Viele Bewohner Wiens und der Industrieorte wurden durch die Seuche brot- und erwerbslos. Deshalb wurden im Sommer 1831 Notstandsarbeiten angeordnet. Für diese durften in erster Linie nur Personen herangezogen werden, die bereits in Wien wohnten, denn man wünschte keinen weiteren stärkeren Zuzug in die Stadt. Kaiser Franz wollte sich als fürsorglicher Monarch erweisen und besuchte die Arbeiter, die an der Kanalisierung des Wienflusses arbeiteten. Man versuchte durch behördliche Maßnahmen, die Epidemie unter Kontrolle zu bekommen. So wurden am 5. August Wallfahrten nach Mariazell durch Niederösterreich untersagt, doch wurde dieses Zirkulare wenige Tage später widerrufen. Wenn in einer Wohnung ein Sterbefall auftrat, sollte diese so lange gesperrt bleiben, bis eine Reinigung erfolgt war, dann erst konnte man sie wieder freigeben, befahl ein Dekret des Kreisamtes des Viertels ob dem Wienerwald am 25. September 1831. Die übrigen Gebiete der Monarchie, die von der Cholera verschont geblieben waren, etwa Tirol oder das lombardo-venezianische Königreich, wurden durch einen Sanitätskordon abgesperrt. Im Jahre 1832 klang die Cholera wieder ab. Zur Erinnerung wurde in Baden im selben Jahr eine Cholerakapelle gestiftet, und der Industrielle Andreas Töpper ließ auf dem Dürrenstein bei Lunz ein gußeisernes Kreuz aufstellen.

Brand von St. Pölten 1833. Kol. Lithographie von Johann Joseph Schindler. Stadtmuseum St. Pölten.

Großbrände der Biedermeierzeit

In den vierziger Jahren des 19. Jahrhunderts wurden die Städte St. Pölten und Wiener Neustadt von Brandkatastrophen heimgesucht, in denen die Unzulänglichkeit der Brandvorsorge zutage trat. In St. Pölten brach am 14. Februar 1833 beim Taubenwirt in der Kugelgasse beim Auslassen von Speck ein Feuer aus, von dem wegen des heftigen Windes die meisten Häuser des Ledererviertels erfaßt wurden. Dazu gehörte das Kreisamtsgebäude und das Bürgerspital. Johann Joseph Schindler stellte einen Kupferstich her, der zugunsten der Abbrändler verkauft wurde. Für die Verunglückten wurde auch eine Reihe von Unterstützungsmaßnahmen eingeleitet, um den Wiederaufbau in Angriff nehmen zu können. Ein Teil der Häuser war auch bereits durch die k. k. Brandschadenversicherungsanstalt erfaßt, so daß auch von dort Beihilfen kamen.
Eine noch größere Brandkatastrophe traf am 8. September 1834 die Stadt Wiener Neustadt. Das Großfeuer war in einer der Scheunen vor dem Neunkirchner Tor, wahrscheinlich durch unvorsichtiges Hantieren mit einer Pfeife, ausgebrochen. Die Scheunen boten den Flammen gewaltige Nahrung. Der Sturm trug das Feuer über die Mauern in die Stadt, wo die großteils mit Holzschindeln gedeckten Häuser sofort erfaßt wurden. Etwa 500 Bürgerhäuser brannten vollständig aus, aber auch die großen öffentlichen Gebäude erlitten beträchtlichen Schaden. Im Rathaus wurde der 2. Stock zerstört. Beim Dom stürzten die Glocken ab, und im Neukloster brannte das Kirchendach ab. 47 Menschen kamen ums Leben. Tausende Bewohner waren obdachlos geworden. Auch hier setzten sofort Hilfsmaßnahmen aus allen Teilen der Monarchie ein, um das Los der Abbrändler zu lindern. Komponisten und Dichter stellten den Erlös ihrer Werke zur Verfügung. Die unmittelbare

Folge war eine Verbesserung der Bauvorschriften. Künftig sollten die Hausdächer nur mehr mit Ziegeln gedeckt und die Rauchfänge besser gemauert werden. Überraschend schnell wurden in beiden Städten der Wiederaufbau durchgeführt und die Spuren der Katastrophe beseitigt.

Armut während der Biedermeierzeit

Die Choleraepidemie hatte die herrschende schwierige soziale Lage nur verschärft. Diese war zum guten Teil durch die Industrialisierung entstanden. Das Angebot an Arbeitswilligen wurde auf dem Lande immer größer. Die Menschen suchten in der Stadt und in den Vorstädten Wiens Arbeit und Unterkunft. So erfaßte die Armut in der ersten Hälfte des 19. Jahrhunderts viele Bevölkerungskreise. Die Geldentwertung während der napoleonischen Kriege hatte ebenso dazu beigetragen wie die Freisetzung der Soldaten nach den Kriegen. Diese vermehrten ebenso das Heer der Arbeitsuchenden wie verarmte Bauern und Handwerker, Dienstboten, Invalide, Kranke und Behinderte aller Art. Dadurch stieg auch die Kriminalitätsrate. Die Sicherheitsverhältnisse waren äußerst schlecht. Obwohl man zu dieser Zeit erkannte, daß soziale Maßnahmen notwendig waren, war doch niemand bereit oder fähig, die dafür notwendige Umverteilung des Sozialproduktes in Angriff zu nehmen. So waren Löhne, Arbeitsbedingungen, Arbeitsschutz und soziale Fürsorge kaum vorhanden. Das führte zum bedenklichen moralischen und sittlichen Abgleiten großer Bevölkerungsteile und zugleich zu einer zunehmenden Entfremdung zwischen Führungsschichten und breiten Volksmassen. Dies bekam sowohl das Bürgertum als auch die Kirche zu spüren, denn sie galten künftig als Klassenfeinde, die zu bekämpfen waren. Die sozialen Spannungen, die sich in den folgenden Jahrzehnten entluden, bauten sich bereits im Vormärz auf.

Links: Der Tunnel der Südbahn bei Gumpoldskirchen. Zeitgenössische Lithographie.
Unten: Der erste Zug in Deutsch Wagraum 1838. Zinkstich. Wien, Nö. Landesbibiliothek.

1837–1844

KALENDER

1837 In St. Pölten wird ein Musikverein errichtet.

14. 7. Der Raddampfer Maria Amalia fährt von Wien nach Krems und nach vier Tagen weiter nach Linz. Die Rückfahrt erfolgt am 19. September.

19. 11. Erste Probefahrt der Eisenbahn von Floridsdorf nach Deutsch Wagram. Die erste Fahrt mit Passagieren startet am 23. November, in der Folge finden immer wieder Probefahrten statt.

6. 1. 1838 Der erste Zug der Kaiser Ferdinand-Nordbahn fährt von Wien nach Deutsch Wagram. In der Folge wird auf dieser Strecke der ständige Verkehr aufgenommen. Ab 16. April 1839 erweitert man die Strecke bis Gänserndorf.

1839/40 Das Ybbstor in Waidhofen a. d. Ybbs wird abgetragen und umgebaut, nur der Turm bleibt bestehen.

1839 Der Niederösterreichische Gewerbeverein wird gegründet.

Die Traisen führt großes Hochwasser.

1840 Ein Flügel der Kaiser Ferdinand-Nordbahn nach Stockerau wird eröffnet.

Der erste Tunnelbau in der Gegend von Gumpoldskirchen wird im Zuge des Südbahnbaues durchgeführt.

In diesem Jahr wird eine Rekordernte eingebracht.

20. 6. 1841 Die Eisenbahnstrecke Wien–Wiener Neudorf wird eröffnet.

1842 Kinderarbeit für Kinder unter 10 Jahren wird verboten.

In Waidhofen a. d. Thaya wird eine Sparkasse gegründet.

Die Lokomotivfabrik Wiener Neustadt wird von W. Günther gegründet. Es ist dies der Vorläufer der späteren Raxwerke.

5. 5. Eröffnung der Eisenbahnstrecke Wien–Gloggnitz.

8. 7. Eine große Sonnenfinsternis findet statt (von Adalbert Stifter beschrieben).

1843–1848 Eine Industrieschule bestand in diesen Jahren in Waidhofen a. d. Ybbs.

1843 In Waidhofen a. d. Ybbs wird eine Liedertafel gegründet und 1845 zum Männergesangverein umgewandelt.

Robert Schlumberger beginnt im Zehentkeller im Maital zu Vöslau mit der Schaumweinerzeugung.

In Berndorf wird durch Alexander Schöller und Hermann Krupp eine Alpaka-Fabrik zur Herstellung von Löffeln im sogenannten „Wimmerhammer" gegründet.

1844 Johann Baptist Ghirandelo, Generalzuckerraffineur aus Triest, und Wilhelm Dolaynski, ein Kupferschmied aus Wien, gründen die Zuckerfabrik Dürnkrut.

GEBURTSTAGE

P. Joseph Jarosch. Schulmann. 1877–1889 in Wiener Neudorf, später in Graz und Konstantinopel. Geboren 24. 1. 1837 in Wien. (Gestorben 21. 6. 1901 in Konstantinopel.)

Johann Oberndorfer. Politiker. 1867–85 Bürgermeister von St. Peter in der Au, 1885–1905 Bürgermeister von Weistrach. NÖ. Landtagsabgeordneter, Reichsratsabgeordneter. Geboren 5. 5. 1837 in Wolfsbach. (Gestorben 19. 3. 1910 in Weistrach.)

Hans Graf Wilczek. Begründer der Ersten freiwilligen Wiener Rettungsgesellschaft. Erbauer der Burg Kreuzenstein. Geboren 7. 12. 1837 in Wien. (Gestorben 27. 1. 1922 in Wien.)

Viktor Lang. Physiker. Universitätsprofessor in Wien. Präsident der Akademie der Wissenschaften. Er schuf das Goniometer (Apparat zum Messen der Winkel an Kristallen), ein Quadrantenelektrometer und ein Spiegelgalvanometer. Geboren 2. 3. 1838 in Wiener Neustadt. (Gestorben 3. 7. 1921 in Wien.)

Karl Graf Kuefstein. Diplomat. Genealoge, Philanthrop. 1895–1903 Gesandter in Bern, ab 1871 erbliches Herrenhausmitglied, 1912 Präsident der Heraldisch-genealogischen Gesellschaft „Adler" in Wien. Geboren 31. 7. 1838 in Viehofen. (Gestorben 2. 2. 1925 in Greillenstein bei Horn.)

Wenzel Paradeiser. Marinefachmann. Vorstand der Bibliothek des Hydrographischen Amtes. Geboren 8. 8. 1838 in Stockerau. (Gestorben 9. 3. 1899 in Graz.)

Karl Kleiber. Komponist. Kapellmeister. Geboren 21. 12. 1838 in Reiserhof bei Herzogenburg. (Gestorben 15. 6. 1902 in Wien.)

Gustav Pacher von Theinburg (Pseudonym Benno Weber). Industrieller. In der niederösterreichischen Handelskammer und in der väterlichen Firma in Sollenau und Schönau tätig. Geboren 22. 3. 1839 in Sollenau. (Gestorben 21. 6. 1927 in Wien.)

Marianne Hainisch, geb. Perger. Begründerin und Führerin der österreichischen Frauenbewegung, Mutter von Michael Hainisch. Forderte 1870 die Errichtung von Realgymnasien für Mädchen und die Zulassung der Frauen zum Hochschulstudium, gründete 1902 den Bund österreichischer Frauenvereine, dessen Vorsitz sie bis 1918 führte. Nach dem 1. Weltkrieg widmete sie sich der Fürsorge und der Friedensbewegung. Initiatorin des Muttertags in Österreich. Geboren 25. 3. 1839 in Baden bei Wien. (Gestorben 5. 5. 1936 in Wien.)

Carl Rudolf Huber. Maler, Graphiker. Professor für Tiermalerei an der Akademie der bildenden Künste in Wien, daneben auch Porträts (z. B. von Kronprinz Rudolf). Geboren 15. 8. 1839 in Schleinz. (Gestorben 28. 8. 1896 in Wien.)

Viktor Luntz. Architekt. Professor an der Akademie der bildenden Künste in Wien (bis 1903). Geboren 8. 3. 1840 in Ybbs a. d. Donau. (Gestorben 12. 10. 1903 in Wien.)

Rudolf Hausleithner. Maler. Seit 1869 Mitglied des Künstlerhauses. Historien- und Genrebilder. Geboren 10. 3. 1840 in Mannswörth. (Gestorben 10. 3. 1918 in Wien.)

Wilhelm Exner. Technologe. Direktor des auf seine Anregung hin 1879 gegründeten Technologischen Gewerbemuseums in Wien. Schuf eine Reihe von Lehr- und Versuchsanstalten, leitete 1875 die Forstakademie in Mariabrunn in die Wiener Hochschule für Bodenkultur über und war maßgeblich an der Gründung des 1908 eröffneten

Rechts: Der Naturforscherkongreß in Laxenburg. Farblithographie. 1843.
Unten: Die Eisenbahn bei Baden. Aquarell von Leander Russ. 1847.

TODESTAGE

Anton Hainisch. Fabrikant. 1815 erwarb er die Winkelmühle bei Lichtenwörth mit der „Nadelburg". Gestorben 27. 5. 1837 in der Nadelburg. (Geboren 17. 6. 1775 in Tyrnau.)

Christian Hornbostel. Industrieller. Gründete eine Fabrik in Leopoldsdorf. Gestorben 6. 6. 1841 in Wien. (Geboren 15. 5. 1778 in Wien.)

Franz Rechberger. Landschaftsmaler, Radierer. 1827–41 Direktor der Albertina. Gestorben 18. 9. 1841 in Gutenstein. (Geboren 4. 10. 1771 in Wien.)

Christoph Habermayer. Eisenhändler in Wiener Neustadt. 1837 Errichtung des evangelischen Bethauses in Wiener Neustadt auf eigene Kosten. Vorsteher der evangelischen Gemeinde. Gestorben 19. 11. 1841 in Wiener Neustadt. (Geboren 20. 4. 1768 in Raab, Ungarn.)

Ferdinand Fleischer Freiherr von Eichenkranz. General, 1809 Maria Theresien-Orden, Kartograph. Gestorben 13. 12. 1841 in Preßburg. (Geboren 4. 9.1777 in Korneuburg.)

Anton Rollett. Sammler, Museumsgründer, Naturforscher, Arzt. Seine umfangreiche Schädelsammlung wurde 1867 durch Schenkung Eigentum der Stadt Baden. Gestorben 19. 3. 1842 in Baden. (Geboren 2. 8. 1778 in Baden.)

Thaddäus von Berger. Industrieller. Errichtete gemeinsam mit Baron Sina in Pottendorf 1838 die erste bedeutende heimische maschinelle Hanf- und Flachsspinnerei und machte sich um die Errichtung der Nationalbank verdient, deren Direktor er 23 Jahre hindurch war. Gestorben 7. 6. 1842 in Wien-Penzing. (Geboren 18. 8. 1774 in Wien.)

Carl Schindler. Biedermeier-Maler, Aquarellist. Schuf hauptsächlich Genrebilder aus dem Soldatenleben. Gestorben 22. 8. 1842 in Laab im Walde. (Geboren 23. 10. 1821 in Wien.)

Jacob Gauermann. Maler und Kupferätzer. Öl- und Aquarellbilder der Voralpenlandschaft. Gestorben 27. 3. 1843 in Miesenbach. (Geboren 3. 9. 1773 in Öffingen, Württemberg.)

Michael Enk von der Burg. Benediktiner in Melk, Schriftsteller. Gestorben 11. 6. 1843 in Melk (Selbstmord). (Geboren 29. 1. 1788 in Wien.)

Johann Anton Friedrich Reil. Schriftsteller. Schauspieler in Brünn, Laibach, Innsbruck, Regensburg, Wien. Verfaßte das Büchlein „Das Donauländchen". Gestorben 22. 7. 1843 in Wien-Penzing. (Geboren 2. 2. 1773 in Koblenz-Ehrenbreitstein.)

Leopold Chimani. Pädagoge und Jugendschriftsteller. Direktor der Haupt- und Industrieschule in Korneuburg. Gestorben 21. 4. 1844 in Wien. (Geboren 21. 2. 1774 in Langenzersdorf.)

Jacob Ruttenstock. Theologe. 1832 Propst von Stift Klosterneuburg, Rektor der Universität Wien. Gestorben 22. 6. 1844 in Klosterneuburg. (Geboren 10. 2. 1776 in Wien.)

Wiener Technischen Museums, des österreichischen Forschungsinstituts für Geschichte und Technik und des Gewerbeförderungsamtes beteiligt, 1910 Präsident des Technischen Versuchsamtes, 1925 Ehrenmitglied der Akademie der Wissenschaften. Geboren 9. 4. 1840 in Gänserndorf. (Gestorben 25. 5. 1931 in Wien.)

Franz Wertheim. Industrieller. Fabrikant. Geboren 12. 4. 1840 in Krems. (Gestorben 4. 3. 1883 in Wien.)

Carl Zeller. Operettenkomponist. Geboren 19. 6. 1842 in St. Peter i. d. Au. (Gestorben 17. 8. 1898 in Baden.)

Gottfried Marschall. Bischof, Generalvikar. Religionslehrer des späteren Thronfolgers Franz Ferdinand, Hofkaplan, 1901 Weihbischof von Wien. Geboren 1. 10. 1840 in Neudorf bei Staatz. (Gestorben 23. 3. 1911 in Wien.)

Anton Dachler. Vermessungsbeamter. Historiker, Schriftsteller. Geboren 17. 1. 1841 in Biedermannsdorf. (Gestorben 31. 10. 1921 in Wien.)

Wilhelm Scherer. Germanist. Universitätsprofessor in Wien, Straßburg und Berlin. Geboren 26. 4. 1841 in Schönborn. (Gestorben 6. 8. 1896 in Berlin.)

Friedrich Schachner. Architekt. Arbeitete vor allem in Wien, auch in NÖ. einige Bauten, z. B. Sanatorium Vorderbrühl-Mödling, Villa Hohenhof auf dem Kahlenberg. Geboren 14. 12. 1841 in Atzenbrugg. (Gestorben 7. 11. 1907 in Wien.)

Georg Ritter von Schönerer. Gutsbesitzer. Politiker, Reichsratsabgeordneter. Nach 1888 inhaftiert, 1897–1907 wieder im Reichsrat, Vertreter eines rassistischen Antisemitismus und für einen Anschluß Österreichs an das Deutsche Reich. Geboren 17. 7. 1842 in Wien. (Gestorben 14. 8. 1921 in Rosenau bei Zwettl.)

Joseph Deckert („Pfarrer Deckert"). Geistlicher. Radikaler Antisemit, kritisierte auch das Verhältnis der katholischen Kirche zu den Arbeitern. Geboren 1843 in Drösing. (Gestorben 23. 3. 1901 in Wien.)

Albert Figdor. Kunstsammler. Bankier, galt als der größte Privatsammler Europas auf allen Gebieten des Kunstgewerbes, ein Teil seiner Sammlung wurde als Figdor-Stiftung an Wiener Museen abgegeben. Geboren 16. 5. 1843 in Baden. (Gestorben 22. 2. 1927 in Wien.)

Engelbert Mühlbacher. Historiker. Professor an der Universität Wien. Mitglied der Akademie der Wissenschaften. Geboren 4. 10. 1843 in Gresten. (Gestorben 17. 7. 1903 in Wien.)

Robert Weißenhofer. Benediktiner in Seitenstetten. Schriftsteller, unterrichtete am Stiftsgymnasium Philosophie und Germanistik. Geboren 15. 9. 1843 in Ybbsitz.

Josef von Kolb. Numismatiker. Geboren 28. 11. 1843 in Wiener Neustadt. (Gestorben 24. 10. 1886 in Linz-Urfahr.)

Heinrich Abel. Jesuitenpater. Führte die Männerwallfahrten von Wien nach Klosterneuburg ein. Geboren 15. 12. 1843 in Passau. (Gestorben 23. 11. 1926 in Wien.)

Josef Porsch. Landwirt. 1879–1919 Gemeindevorsteher von Obersiebenbrunn, Mitglied der Landeskommission agrarischer Operationen in Niederösterreich. Geboren 20. 3. 1844 in Obersiebenbrunn. (Gestorben 30. 12. 1921 in Obersiebenbrunn.)

Franz Felbinger. Techniker, Industrieller. Zuletzt Historien- und Porträtmaler, führte den Bau der Drahtseilbahn auf den Leopoldsberg bei Wien aus und schuf 1847/75 die Rohrpostanlagen in Wien. Geboren 8. 7. 1844 in Hainburg. (Gestorben 15. 7. 1906 in Trebitsch.)

1837–1844

Die erste Eisenbahn-fahrt in Österreich

Am 23. November 1837 legte erstmals eine Dampfeisenbahn die rund 13 km lange Strecke Floridsdorf – Deutsch Wagram zurück. Es war dies eine Probefahrt auf der in Bau befindlichen Strecke zwischen Wien und Mähren. In Österreich hatte der Professor am Polytechnikum Franz Xaver Riepl den Gedanken propagiert, die Reichshauptstadt durch die Bahnlinie mit Nordmähren zu verbinden, da im Gebiet von Ostrau große Kohlenlager entdeckt worden waren und in Witkowitz Eisenwerke aufgebaut wurden. Weiters waren die galizischen Salzbergwerke bei Bochnia ebenfalls auf leistungsfähigere Transportmöglichkeiten angewiesen. Im Jahre 1829 hatte Riepl bereits ein Projekt für eine 450 km lange Eisenbahn von Wien nach Bochnia ausgearbeitet und diese Pläne später sowohl bis Galizien als auch bis Triest erweitert. Als die Dampfeisenbahn in England immer größere Verbreitung fand, griff das Bankhaus Rothschild in Wien die Vorschläge Riepls auf und beantragte im Jahre 1835 ein Privileg für eine Eisenbahn von Wien nach Bochnia mit Abzweigungen nach Brünn, Olmütz und Troppau.

Der dafür gebildeten Aktiengesellschaft wurde am 4. März 1836 ein Privileg für 50 Jahre erteilt. Die Werbung für dieses Unternehmen hatte vollen Erfolg. Von den 12.000 aufgelegten Anteilscheinen zu 1000 Gulden wurden etwa zwei Drittel verkauft, bevor noch die öffentliche Ausschreibung erfolgt war. Das letzte Drittel war in wenigen Tagen siebenfach überzeichnet. Die ersten Schienen und Lokomotiven wurden aus England bezogen, die Personen- und Güterwagen nach englischem Vorbild von inländischen Handwerkern hergestellt. Zur Einrichtung des Zugsbeförderungsdienstes und zur Ausbildung des Personals im Fahrdienst wurden der englische Mechaniker Baillie sowie zwei Lokomotivführer und

Festlicher Empfang des ersten Zuges der Wien-Gloggnitz-Eisenbahn in der Station Gloggnitz am 5. März 1842. Gemälde von A. Schiffer.

vier Lokomotivarbeiter berufen. Die Gleisanlagen zwischen Floridsdorf und Deutsch Wagram wurden rasch gebaut, so daß bereits im November 1837 eine Fahrt mit einer Lokomotive und zwei Personenwagen gewagt werden konnte. Trotz schlechten Wetters und Geheimhaltung vor der Öffentlichkeit gab es viele Zuschauer, die Zeugen des Schauspieles wurden. Nachdem der erste Versuch am 13. November erfolgt und am 14. November wiederholt worden war, fand neun Tage später unter Teilnahme von Mitgliedern des Kaiserhauses, Vertretern der obersten Behörden und geladenen Gästen eine offizielle Probefahrt statt. Bei dieser zog die vierrädrige Lokomotive „Austria" acht Personenwagen von 38 Tonnen Gesamtgewicht mit einer Geschwindigkeit von 33 km/h. Ein begeisterter Augenzeuge schildert das herrliche Schauspiel, wie der imposante Zug unter dem Gebrause und Gerassel der arbeitenden Maschine mit Sturmeswindeile an ihm vorbeiflog. Von den 164 Fahrgästen saßen die Reisenden der dritten Klasse im offenen Wagen, während die Wagen der zweiten Klasse gedeckt und die der ersten Klasse mit richtigen Fenstern versehen waren. Mit Spannung und Ungeduld wurde die Fertigstellung der beiden hölzernen Jochbrücken über das Kaiserwasser und die große Donau erwartet. Bereits am 6. Jänner 1838 war es soweit, daß die Eröffnung der Strecke Wien – Deutsch Wa-

gram stattfinden konnte. Anfangs waren zunächst nur bei günstigen Witterungsverhältnissen an Wochentagen zwei, an Sonn- und Feiertagen drei Züge vorgesehen. Monatelang hielt der Ansturm der Neugierigen unvermindert an, das „Eisenbahnlustfahren" wurde zur Mode, und Johann Strauß Vater komponierte einen „Eisenbahnlustwalzer". Nachdem am 16. April 1838 die Bahnlinie bis Gänserndorf, am 9. Mai bis Dürnkrut und am 6. Juni 1839 bis Lundenburg eröffnet worden war, fand unter großen Feierlichkeiten am 7. Juli 1839 die Aufnahme des Personenverkehrs nach Brünn statt.

Die Fortsetzung des Baues ging nicht so rasch wie bisher vor sich, und die Hauptlinie bis Krakau konnte erst am 1. August 1856 in Betrieb genommen werden. Zu dieser Zeit war aber auch der Güterverkehr schon allgemein üblich geworden, man sah aber davon ab, die Linie vorerst bis Bochnia zu verlängern. Doch übertraf der Aufschwung der Kaiser Ferdinand-Nordbahn in den folgenden Jahren alle Erwartungen und hatte kein Gegenbeispiel in der österreichischen Eisenbahngeschichte.

Die Konzession der Kaiser Ferdinands-Nordbahn. 1836.

Das niederösterreichische Landhaus

Das Landhaus und das Statthaltereigebäude im 19. Jahrhundert

Das seit dem Jahre 1513 als „Haus der Stände" dienende ehemalige Liechtensteinische Freihaus in der Herrengasse in Wien war im 16. Jahrhundert ausgestaltet worden. Das Landhaus blieb in dieser Gestalt 250 Jahre bestehen, bis im Jahre 1827 die Stände den Plan faßten, es neu zu erbauen, da die Räumlichkeiten unzulänglich und durchgreifende Reparaturen notwendig waren. Im März 1831 konnten sie ein Projekt des Architekten Josef Kornhäusel dem Kaiser zur Genehmigung vorlegen. Dieses Projekt wurde in vielen Punkten beanstandet. Da überreichte im November 1832 der Architekt Ludwig Pichl (1782–1856) dem Baukomitee ein neues Projekt, das eine kürzere Bauzeit vorsah und wesentlich billiger kam. Trotz Einwänden beharrten schließlich die Stände darauf, weil das alte Gemäuer erhalten blieb und die historischen Prunkräume vor der Zerstörung bewahrt wurden. Sie setzten auch einen dreistöckigen Bau durch und erhielten im Jahre 1837 die kaiserliche Bewilligung zur Neugestaltung.

Der Bau wurde in drei Perioden durchgeführt. Bis zum Jahre 1839 war die Front zur Herrengasse vollendet, 1843 jene zur Landhausgasse und zum Minoritenplatz, während die Fassade zur Regierungsgasse (Leopold-Figl-Gasse) erst im Sommer 1848 fertiggestellt werden konnte. Architekt Ludwig Pichl hatte bald wegen Kostenüberschreitungen Probleme mit den Ständen, so daß er nur den ersten Bauabschnitt leitete, während seine weiteren Pläne zur Gänze von Baumeister Leopold Mayr ausgeführt wurden. Das große Verdienst Pichls liegt darin, daß die historischen Räume erhalten blieben, indem man das neue Landhaus über dem alten erbaute und dieses einschachtelte. Entscheidend war die Ansicht von der Herrengasse. Hier hat Pichl eine mächtige Fassade mit einer kolossalen Säulenordnung, die an römische Vorbilder erinnert, geschaffen. Über einem rustizierten Sockel mit hohen, torbogenartig gewölbten Fenstern erhebt sich der dreigeschoßige Bau, die einfachen Fensterbekrönungen an den Seiten verstärken die plastische Wirkung der Mitte. Acht durch drei Stockwerke reichende Säulen treten vor die Fassade des Hauses, hinter denen die hochgeführten Fenster im Schatten liegen. In dieser Form wurde das Landhaus zu einem der schönsten klassizistischen Bauwerke Wiens mit ausgewogenen Verhältnissen, aber auch mit deutlichen Anspielungen an barocke Vorbilder. Die Front zum Minoritenplatz ist wesentlich einfacher. Die Vornehmheit der hohen Fensterbögen und Riesenpilaster fällt auf, der Architekt mußte die vorhandenen Saalfen-

Das neuerbaute Landhaus in Wien I., Herrengasse. Kupferstich. Nach 1839.

ster berücksichtigen. Auch die Fassade zur Landhausgasse ist schön gestaltet, kommt aber wegen der Enge der Gasse kaum zur Geltung. Im Inneren wurden der Herren-, der Rittersaal und die Prälatenstube von Leopold Ernst (1808–1862) stilgerecht gestaltet. Bei der Neueinrichtung der drei Säle wurde der vorhandene barocke Schmuck abgetragen.

Im Hof wurde eine Brunnenfigur des Flußgottes Ister (oder Danubius) des Bildhauers Michael Klieber aufgestellt. Die ehemalige Durchfahrtshalle gegen den Minoritenplatz wurde abgemauert, und an ihrer Stelle wurde eine neue Kapelle errichtet. Für das in Glasmalerei ausgeführte Altarbild schuf Ludwig Schnorr von Carolsfest (1788–1853) den Entwurf.

Das Regierungsgebäude (Statthalterei)

Die Landesregierung war zur Zeit der Monarchie zweipolig. Neben den Ständen und ihrer Verwaltung gab es auch eine landesfürstliche Verwaltung, die ursprünglich „Regiment" genannt wurde und sich seit

Ansicht des Landhauses vom Minoritenplatz.

1510 für die niederösterreichischen Länder in Wien befand. Diese Behörde wechselte mehrmals ihren Standort. Bis zur Mitte des 17. Jahrhunderts war die niederösterreichische Regierung im Haus der Alten Hofkammer nächst der Burg untergebracht, bezog dann das Haus des Hubmeisters in den Tuchlauben Nr. 4, kam im Jahre 1740 in das Haus Herrengasse 23, bis sie Kaiser Joseph II. in das aufgehobene Minoritenkloster versetzte. Die Räume waren aber sehr beschränkt, daher dachte man an einen Neubau. Schon 1843 bemühte sich der damalige Regierungspräsident Johann Adam Talatzko Freiherr von Gestieticz (1830–1848) um die Bewilligung, anstelle der niederländischen und italienischen Kanzlei, die „Niederländerhaus" hieß, das Regierungsgebäude errichten zu dürfen. Vor seinem Abbruch beherbergte es die oberste Polizei- und Zensurhofstelle, Teile des Hofkammerarchivs und der niederösterreichischen Regierung. Im Jahre 1845 bewilligte der Kaiser schließlich die Errichtung eines Neubaues an der Stelle des Niederländergebäudes, wobei die Entwürfe von Hofbaurat Paul Eduard Sprenger (1798–1845) die Grundlage waren. Nachdem der Altbau abgerissen und mit dem Neubau begonnen worden war, entdeckte man in der Herrengasse gegen das Landhaus zu Reste einer mittelalterlichen Stadtbefestigung.

Der planende Architekt Sprenger war für eine Auflockerung der strengen klassizistischen Formen im romantischen Sinne. Das Gebäude hat zwei Haupteingänge von der Herrengasse und vom Minoritenplatz aus und besitzt zwei Höfe, die durch einen Mitteltrakt getrennt sind. Den Mitteltrakt nimmt der sogenannte „Große Sitzungssaal" ein, der Prunkraum des Hauses. Er hieß früher „Ratssaal", jetzt wird er „Marmorsaal" genannt, denn die Wände sind mit künstlichem Marmor verkleidet. Das Gebäude war im Frühjahr 1848 fertiggestellt. Die Übersiedlung der Behörde in ihre neuen Amtsräume fand nach den stürmischen Ereignissen im November des Jahres 1848 statt. Ein Jahr zuvor hatte Leopold Kupelwieser, Professor an der Akademie der bildenden Künste, den Auftrag erhalten, Entwürfe für die Ausschmückung des Ratssaales zu unterbreiten. Die Themen sollten der österreichischen Geschichte entnommen sein. Es kam auch zum Abschluß des Vertrages, und Kupelwieser konnte die Fresken bis zum Frühjahr 1850 vollenden. Die Vorlagen, die im Niederösterreichischen Landesmuseum aufbewahrt werden, zeigen einen Bilderzyklus der österreichischen Geschichte, den ersten und einzigen in Wien, der im staatlichen Auftrag zur Ausschmückung eines Regierungsgebäudes durchgeführt wurde.

Traisenblatt.

St. Pöltner Neuigkeits- und Geschäfts-Zeitung.

Am 13. Mai 1848.

Verantw. Red. Ferd. Prock.   **Nr. 1.**   Herausgeber Franz Lorenz.

Links: Titel der Lokalzeitung „Das Traisenblatt".

1845–1848

KALENDER

1845 Schleifung der Befestigung von Wiener Neustadt.

Brand in Langenlois. 123 Häuser werden vernichtet.

3. 1. 1845 Petition der nö. Stände an den Kaiser um Änderung der politischen Situation.

10. 12. 1846 Fertigstellung der Telegrammverbindung Wien–Lundenburg–Brünn, der ersten Überlandverbindung des Kontinents.

11. 12. Das Taubstummeninstitut St. Pölten wird eröffnet.

1847 Das alte Rathaus in Waidhofen a. d. Ybbs wird abgebrochen.

9. 6. Ein Komitee des nö. Landtages berät über Pressefreiheit.

20. 8. Die Eisenbahnlinie Wiener Neustadt–Ödenburg wird fertiggestellt.

1848 Gottfried Johann Pargfrieder beginnt den Bau des „Heldenberges" in Kleinwetzdorf.

Baubeginn der Semmeringbahn.

Hans Kudlich. Lithographie von Eduard Kaiser.

GEBURTSTAGE

Anton Weichselbaum. Bakteriologe und Tuberkuloseforscher, Gründer der Lungenheilanstalt Alland. Geboren 8. 2. 1845 in Schiltern. (Gestorben 22. 10. 1920 in Wien.)

Rudolf Khittel. General. Geboren 14. 4. 1845 in Ybbs a. d. Donau. (Gestorben 20. 1. 1916 in Wien.)

Johannes Fahrngruber. Historiker. Theologe. 1875–80 in Jerusalem, gab 1885 die erste Geschichte über St. Pölten heraus („Aus St. Pölten"), veranlaßte 1888 die Errichtung des Diözesanmuseums von St. Pölten. Geboren 27. 11. 1845 in Weißenbach. (Gestorben 13. 8. 1901 in Südtirol.)

Josef Gregorig. Mitbegründer der Christlichsozialen Partei Niederösterreichs. Geboren 27. 4. 1846 in Bisamberg. (Gestorben 2. 7. 1909 in Maria Enzersdorf.)

Gustav Marchet. Staatsmann. Gelehrter. 1871 Professor an der Forstakademie Mariabrunn (seit 1875 Hochschule für Bodenkultur), 1891 Reichsrats-Abgeordneter, 1906–08 Unterrichtsminister, schuf das Realgymnasium, reformierte die Matura-Ordnung und war ein Bahnbrecher für die Raiffeisenkassen in Österreich. Geboren 29. 5. 1846 in Baden bei Wien. (Gestorben 27. 4. 1916 in Schlackenwerth, Böhmen.)

Peter Ignaz Hilzer. Glockengießer. Bedeutendste Werkstatt in der Monarchie in Wiener Neustadt. 1887 k. k. Hofglockengießer, goß bis März 1906 6650 Glocken. Geboren 19. 6. 1846 in Wiener Neustadt. (Gestorben 29. 11. 1907 in Wiener Neustadt.)

Johann Holetschek. Astronom. Geboren 29. 8. 1846 in Thurm. (Gestorben 10. 11. 1923 in Wien.)

Moritz Maria Franz von Weitenhiller. Heraldiker. Gab verschiedene Periodica heraus; ab 1881 Redakteur des „Heraldisch-genealogischen Vereins Adler". Geboren 1847 in Ober-Döbling.

Ernst Graf Kielmansegg. Statthalter in Niederösterreich; Ministerpräsident. Geboren 13. 2. 1847 in Hannover. (Gestorben 23. 2. 1923 in Wien.)

Carl Hollitzer. Geboren 11. 3. 1847 in Deutsch Altenburg. (Gestorben 1. 12. 1943 in Rekawinkel.)

Adam Latschka. Seelsorger, Schriftsteller, Politiker. Kooperator in Großkrut, Perchtoldsdorf und Wien (Votivkirche), 1889 Abgeordneter beim Wiener Gemeinderat, ab 1897 Pfarrer in Ottakring. Geboren 5. 6. 1847 in Purkersdorf. (Gestorben 3. 7. 1905 in Wien.)

Daniel Inthaler. Bergführer. Geboren 20. 7. 1847 in Naßwald. (Gestorben 26. 12. 1923 in Naßwald.)

Eduard Richter. Geograph, Alpinist. Seit 1886 Universitätsprofessor (Rektor) in Graz; Spezialgebiete: Hochgebirgsmorphologie und Seenkunde, er wirkte bahnbrechend in der Gletscherkunde und der historischen Geographie. Geboren 3. 10. 1847 in Mannersdorf. (Gestorben 6. 2. 1905 in Graz.)

Johann Krahuletz. Heimatforscher, Prähistoriker. 1877 Beginn einer Privatsammlung, die er 1900 der Stadt Eggenburg übergab, die damit das Krahuletz-Museum einrichtete. Geboren 3. 11. 1848 in Eggenburg. (Gestorben 11. 12. 1928 in Eggenburg.)

P. Wilfried Möser (Karl Josef) OSB. Sprachforscher, bis 1880 Novizenmeister, 1917–26 Direktorist im Stift Seitenstetten. Propagiert Latein als geeignete Grundlage für eine Weltsprache. Geboren 19. 12. 1848 in Weinern bei Raabs. (Gestorben 30. 8. 1928 in Seitenstetten.)

TODESTAGE

Balthasar Wigand. Miniaturmaler, malte sogenannte „Miniaturveduten". Gestorben 7. 6. 1846 in Felixdorf. (Geboren 1771.)

Johann Baptist Ludwig Ehrenreich Graf Bart-Barthenheim. Ab 1804 im österreichischen Staatsdienst. 1817 Stadthauptmann von Wien; Direktor des Pensionsinstitutes für Witwen und Waisen; herrschaftlicher Wirtschaftsbeamter in NÖ. Gestorben 22. 6. 1846 in Wien. (Geboren 5. 3. 1784 in Hagenau, Elsaß.)

Ferdinand von Wetzelsberg. Zeichner. Zunächst Offizier, dann an der Wiener Akademie für bildende Kunst, ab 1825 in Baden tätig. Wohnte in Schloß Zaining am Jauerling, seit 1836 in Krems. Gestorben November 1846 in Krems. (Geboren 20. 8. 1795 in Wien.)

Josef Blahak. Sänger, Komponist. Gestorben 15. 12. 1846 in Wien. (Geboren 19. 7. 1780 in Raggendorf.)

John Thornton. Gründer der Baumwollindustrie in Pottendorf und Erzeuger von Textilmaschinen. Gestorben 24. 3. 1847 in Baden. (Geboren 1771 in Manchester.)

Wenzel Blumenbach-Wabruschek. Geograph, Statistiker. Veröffentlichte Arbeiten zur Landeskunde von NÖ und zur Wirtschaftsgeschichte. Gestorben 7. 4. 1847 in Wien. (Geboren 1. 1. 1791 in Wien.)

Adam Vogt. Historien-, Bildnismaler in Wien. (Gestorben 14. 6. 1847 in Untermeidling bei Wien. (Geboren 1788.)

Arminius Mayer. Porträtmaler. Auch im Ausland bekannt (z. B. England, Frankreich, Italien). Gestorben 25. 7. 1847 in Vöslau bei Wien. (Geboren 1798.)

Franz Wipplinger. Landschaftsmaler. Studierte an der Wiener Akademie für bildende Kunst. Gestorben 15. 8. 1847 in Waidhofen a. d. Ybbs. (Geboren um 1805 in Wien.)

Ladislaus Pyrker von Felsö-Eör. Patriotisch-historischer Dramatiker. Lyriker und Epiker. Zisterzienser (1792) in Lilienfeld, 1812 Abt, 1821 Patriarch von Venedig, 1827 Erzbischof von Eger (Ungarn). Gestorben 2. 12. 1847 in Wien. (Geboren 2. 11. 1772 in Nagy-Lángh, Ungarn.)

Josef Winiwarter. Jurist in Wien und Lemberg. Gestorben 18. 1. 1848 in Wien. (Geboren 14. 4. 1780 in Krems.)

Friedrich Graf Hochenegg. Feldmarschall-Leutnant. Gestorben 14. 6. 1848 in Hütteldorf. (Geboren 28. 7. 1770 in Hamber, Franken.)

Ernst Sedlaczek. Chorherr im Stift Klosterneuburg. Bruder des Prälaten Abt Wilhelm Sedlaczek; Entomologe. Gestorben 30. 11. 1848. (Geboren 1798 in Seelowitz, Mähren.)

Ferdinand Graf Colloredo-Mannsfeld. Diplomat und Wirtschaftspolitiker. Gründete die erste niederösterreichische Zuckerfabrik und den Niederösterreichischen Gewerbeverein, Präsident des Gewerbevereines und der Ersten Österreichischen Spar-Casse. Gestorben 10. 12. 1848 in Gresten. (Geboren 30. 7. 1777 in Wien.)

Rechts: Thronentsagung Kaiser Ferdinands I. in Olmütz am 2. 12. 1848. Lithographie.

KALENDER

6. 3. Der Niederösterreichische Gewerbeverein, einer der „Träger der Revolution", beschließt eine Adresse gegen die herrschenden Verhältnisse.

14. 3. Tagung der Stände im niederösterreichischen Landhaus in Wien. Im Hof versammeln sich Studenten und Liberale, der Arzt Dr. Adolf Fischhof hält eine Ansprache. Eine Delegation der Stände zieht in die Hofburg und fordert den Rücktritt Metternichs.

Am Nachmittag schießt Militär in der Herrengasse auf das Volk. Als erster fällt der Student Heinrich Spitzer, 19, aus Bisenz in Mähren. Die Bewaffnung der Bürger (Nationalgarde) und Studenten (Akademische Legion) wird bewilligt, die Pressefreiheit zugestanden.

14./15. 3. Arbeiter aus Wien zerstören in Mödling und Perchtoldsdorf Maschinen und Fabriken. Ein Beteiligter, der Drucker August Bernhardt, wird standrechtlich erschossen.

15. 3. Die Stände Niederösterreichs bilden einen provisorischen Ausschuß aus 24 Mitgliedern (12 aus den bisherigen Ständen, 12 aus dem Bürgerstand der Stadt Wien). Fackelzug für eine Deputation nach Ungarn unter Führung von Kossuth und Batthyany.

Auf dem Schmelzer Friedhof werden 35 Märzgefallene bestattet. Ein kaiserliches Manifest gewährt eine „Constitution des Vaterlandes".

17. 3. Die Kremser Studenten beschließen eine Petition wegen des Tragens einer Konkarde, Befreiung vom Gottesdienst außer an Sonn- und Feiertagen sowie wegen der Zuweisung eines gemeinsamen Gasthauses.

20. 3. Bildung von Nationalgarden in St. Pölten, Waidhofen a. d. Ybbs, Ybbs, Melk, Retz, Klosterneuburg, Baden, Wiener Neustadt.

25. 4. Verkündung der „Pillersdorf"-Verfassung oder „Oktroyierten" Verfassung, erlassen vom Staatsoberhaupt ohne Zustimmung einer Volksvertretung.

15. 5. Sturmpetition gegen die Pillersdorf-Verfassung in Wien.

17. 5. Der kaiserliche Hof verläßt Wien und flüchtet nach Innsbruck.

17. 6. Urwahlen in Niederösterreich.

16.–30. 6. Durchführung der Wahlen der Abgeordneten der Konstituierenden Reichsversammlung.

10. 7. Erste vorbereitende Sitzung der Reichsversammlung.

14. 7. Die Vereinigung von Nationalgarden und Bürgerkorps wird angeordnet.

22. 7. Feierliche Eröffnung des Reichstages; 15 Vertreter aus Wien und 22 aus den ländlichen Gebieten. Von den 22 ländlichen Bezirken Niederösterreichs wurden 12 Bauern, 6 bauernfreundliche Kleinstädter, drei liberale Bürgerliche und ein pensionierter Offizier gewählt.

25. 7. Der Abgeordnete Hans Kudlich stellt im Reichstag den Antrag auf Aufhebung der bäuerlichen Grunduntertänigkeit.

Fackelzug der nö. Bauern für Hans Kudlich im September 1848 in Wien. Lithographie.

26. 7. Kudlichs Antrag wird der Beratung zugewiesen.

13. 8. Arbeiter demonstrieren in Wien.

7. 9. Kaiser Ferdinand unterzeichnet das Patent über die Aufhebung der Grunduntertänigkeit. Damit sind Robot und Zehent beseitigt.

24. 9. Großer Fackelzug der Bauern für Kudlich.

Oktober Kudlich versucht in Niederösterreich vergeblich, Bauern zur Hilfe für Wien zu gewinnen (im Tullnerfeld, in Mautern und Melk, Amstetten und im Alpenvorland).

6. 10. Neuer Aufstand in Wien.

7. 10. Kaiser Ferdinand und der Hof verlassen erneut Wien, überqueren bei Krems die Donau und flüchten nach Olmütz.

22. 10. Der Reichstag wird von Wien nach Kremsier verlegt, dort am 22. 11. eröffnet und am 7. 3. 1849 aufgelöst.

30. 10. Bei Schwechat werden ungarische Truppen zurückgeschlagen.

31. 10. Wien wird von kaiserlichen Truppen gestürmt.

4. 11. Kudlich kehrt kurzfristig nach Wien zurück und flüchtet dann nach Wilhelmsburg.

2. 12. Kaiser Ferdinand I. entsagt dem Thron. Sein Neffe Franz Joseph wird zum Kaiser proklamiert.

Das Jahr 1848

Das Revolutionsjahr 1848 wurde in erster Linie durch die Ereignisse in Wien bestimmt. Diese wirkten sich auf die stadtnahen niederösterreichischen Gebiete stärker aus als auf die entfernteren, wohin die Nachrichten erst allmählich gelangten und durch die wenigen dort verkauften Zeitungen publik wurden. Doch brachten die Ereignisse in Wien manche Unruhe und Unsicherheit in die dörfliche und kleinstädtische Idylle des Landes. Selbst die führenden Beamten, etwa die Kreishauptleute, waren nur unzureichend informiert. In vielen Orten wurden Gerüchte schneller als Nachrichten verbreitet, und vielerorts herrschte auch Angst, daß der in den Vorstädten Wiens plündernde Pöbel auch nach Niederösterreich kommen werde. Nach den Märztagen wurden die vorgesehenen Märkte abgesagt, da man beim Zusammenströmen vieler Menschen Ruhestörungen befürchtete. Die Angst vor plündernden Scharen aus Wien war so groß, daß man Kundschafterdienste einrichtete, um sich vor Überraschungsüberfällen zu schützen. Um den 20. März trafen überall die Direktiven der Landesregierung ein. Die bereits bestehenden Bürgerwehren sollten verstärkt und, wo solche fehlten, Sicherheitswachen aufgestellt werden. In St. Pölten wurde am Sonntag, dem 19. März, nach einer auf dem Hauptplatz abgehaltener kirchlichen Feier das Patent vom 15. 3. über die Aufhebung der Zensur und die Zusage einer Verfassung vor dem Bild des Kaisers verlesen. Der Kreishauptmann ermahnte die Bürger in einer kurzen Ansprache, an Ordnung, Gesetz und am Monarchen festzuhalten. Die ausgerückte Bürgergarde begrüßte die Freiheit mit Gewehrsalven und Böllerschüssen. Abends gab es ein Volksfest.

Die Kreisämter erließen Zirkulare an alle Obrigkeiten, in denen sie die Veränderungen kundmachten. Auch die Bischöfe informierten die Seelsorger und riefen sie auf, ihre Gemeinden zu Ruhe und Gehorsam zu mahnen. Aber im April trat keine Beruhigung ein. Gruppen von Bewaffneten, die vorgaben, Angehörige der Wiener Nationalgarde zu sein, durchzogen das Land und gefährdeten die sich langsam konsolidierenden Zustände. Die Dominien forderten die Bauern auf, die Marodeure zu entwaffnen. Ziel ihrer Aktionen waren vor allem die Klöster, so das Stift Melk. Aber auch Fabriksbesitzer wurden in Angst und Schrecken versetzt. Man fürchtete, daß, wie in den Wiener Vorstädten, Maschinen zerstört würden und wies auf die Arbeitslosigkeit, die solchen Maschinenstürmen folgen müsse, hin. Allerdings zeigte sich, daß nach der

293

1845–1848

Inangriffnahme öffentlicher Arbeiten in Wien viele Arbeitskräfte aus der Provinz in die Hauptstadt strömten, weil sie glaubten, dort leichter Verdienst zu finden. Allmählich kam es aber auch zu Parteibildungen, vor allem als die Wahlen in die Frankfurter Nationalversammlung und später in den Reichsrat ausgeschrieben wurden. Da es in Niederösterreich zwei lokale Zeitungen gab, das seit 13. Mai in St. Pölten erscheinende „Traisenblatt" und „Der Unabhängige" in Krems, wurden auch lokale Ereignisse zur Diskussion gestellt. Besondere Aufregung gab es, als es darum ging, die Zuständigkeiten zwischen den uniformierten Bürgerkorps und der neuen Nationalgarde abzugrenzen. Die Bürgergarde, die in St. Pölten z. B. „Uniformiertes, bürgerliches Schützenkorps" hieß, hatte den Zweck, Staatsbürger zu erziehen, welche befähigt waren, Thron, Religion und Vaterland zu verteidigen, wie es in den Vorschriften hieß, die in der ersten Hälfte des Jahrhunderts mehrmals bestätigt wurden.

Das Bürgerkorps war vor dem Jahre 1848 nicht in bester Verfassung. Als nun am 13. April die Kundmachung des Innenministers vom 8. April über die Volksbewaffnung eintraf und Nationalgarden gebildet werden sollten, forderten die Kreishauptleute die Obrigkeit auf, dies zu beschleunigen. Feldmarschalleutnant Graf von Hoyos hatte auf Anordnung des Ministeriums auch das Kommando über die Garden des Erzherzogtums Österreich unter der Enns übernommen. In allen Orten mit mehr als 1000 Einwohnern ging man an die Aufstellung einer Nationalgarde, doch machten sich bald Schwierigkeiten geltend, weil sich in der Nationalgarde die jungen freiheitlichen Elemente sammelten und sich deutlich gegen die bestehenden Bürgergarden richteten. Auch im blauen Tuch der Uniform gegenüber dem grünen der Bürgergarde kam dies zum Ausdruck. In einigen Orten gelang es, Bürger- und Nationalgarden unter einem Kommando zu vereinigen, in anderen bestanden schwere Gegensätze. Unwillen erregte auch die überregionale Organisation der Nationalgarde. So gab es etwa im Kreis ob dem Wienerwald 1100 Mann, die in zwei Bataillone zusammengefaßt wurden. Im allgemeinen beschränkte sich die Tätigkeit der Nationalgarden auf gegenseitige Besuche der Nachbarn, wenn Fahnen geweiht wurden.

Wesentliche Aufregung verursachte auch die Entsendung von Abgeordneten. Am 18. 4. wurden die Voraussetzungen für die Wahl von Deputierten in die Nationalversammlung in Frankfurt bekanntgegeben. Auf 50.000 Einwohner sollte ein Abgeordneter fallen. Man entschied sich für indirekte Wahlen nach einem ungefähren Satz, in

dem für 500 Urwähler ein Wahlmann nach Pfarren oder Gemeinden bestellt wurde. Es war übrigens nicht leicht, Kandidaten zu finden, als am 28. April die 140 Wahlmänner des dritten Wahlbezirkes im Redoutensaal in St. Pölten zur ersten freien Wahl in Österreich zusammentraten. Der Kreishauptmann eröffnete die Versammlung und erinnerte die Wahlmänner an ihre hohe Verantwortung. Der erste Kandidat, der Alumnatsprofessor Dr. Werner, vermochte nicht die Gunst der Versammelten zu gewinnen, als er sich vorstellte. Hingegen wurde der Landesadvokat Dr. August Prinzinger bejubelt, während ein dritter Kandidat nur einen Achtungserfolg errang. Die Wahl entfiel aber auf einen Wiener, der sich bereit erklärt hatte, diese anzunehmen. Am 4. Mai kamen die Gewählten nach St. Pölten, der Männergesangsverein gab ihnen ein Ständchen. Tags darauf stellten sie sich der Öffentlichkeit vor und reisten nach Frankfurt weiter.

Zu den Besonderheiten der Revolution in Niederösterreich gehörte die Haltung der Stände. Sie hatten letzten Endes am 13. März die Bewegung ausgelöst, und die Proklamation der nächsten Tage wies ihnen eine Schlüsselposition bei der Konstituierung des Vaterlandes zu. Auch die Aprilverfassung hielt an ihrem Institut noch fest. Die Stände bestellten auch einen aus 24 Personen bestehenden provisorischen Ausschuß, bei dem die Hälfte der Mitglieder dem Wiener Bürgerkomitee entnommen waren. Im Lauf des April wurden noch vier Abgeordnete der Städte und Märkte und zwei der nichtständischen Giltenbesitzer (Bezieher eines Einkommens aus einer Grundherrschaft) zu den Verhandlungen zugezogen. Man wollte auch einen neuen Ausschuß wählen. Nach langen Verhandlungen kam es zur Wahl von Abgeordneten, doch sollten diese nie ihre Sitze in der Herrengasse einnehmen. Die Mai-Ereignisse verzögerten den vom Verordnetenkollegium bereits auf den 26. Mai festgesetzten Zusammentritt des Landtages. In der Folge wurden vor allem vom Wiener Gemeindeausschuß immer wieder Einwände gegen die Landesvertretung erhoben, so daß am

16. Juni der Landtag vom Stellvertreter des Landmarschalls Franz Graf von Beroldingen abgesagt wurde. Auch der provisorische niederösterreichische ständische Ausschuß war im Juni aufgelöst worden. Die einzelnen Stände hielten noch einige getrennte Sitzungen, die Geschäftsführung besorgten weiterhin die beiden ständischen Verwaltungskollegien, Ausschuß und Verordnete, bis das Februarpatent von 1861 das Ende der ständischen Wirksamkeit brachte.

Auch die Wahlen zum österreichischen Reichstag wurden durchgeführt, doch dauerte es lange, bis man die Wahlfähigkeit, aber auch die Möglichkeit der Teilnahme abgegrenzt hatte. Schließlich setzte die neue Wahlordnung vom 1. Juni das Alter für die passive Wahlfähigkeit auf 24 Jahre herab, und später nahm man noch die selbständigen Arbeiter in den Kreis der Wahlberechtigten auf. Nachdem Mitte Juni die Urwahlen durchgeführt worden waren, traten am 21. 6. die Wahlmänner des St. Pöltner Bezirkes zur Wahl eines Abgeordneten zusammen. Übrigens hatten an den Urwahlen nur 25 Prozent der Wahlberechtigten teilgenommen. In anderen Bezirken kam doch immerhin die Hälfte. Große Überraschung löste aus, daß Ferdinand Fußler, ein Bauer aus Eschenau, in zwei Wahlgängen die Mehrheit erlangte. Man wollte sich in Wien lange nicht mit dieser Situation abfinden.

Im übrigen Verlauf des Jahres tat sich wenig, wenn auch die „Reise" des Kaisers Mitte Mai nach Innsbruck große Überraschung und Besorgnis auslöste. Unter den zahlreichen Deputationen, die im Hoflager in Innsbruck eintrafen, um den Monarchen zur Rückkehr nach Wien zu bewegen, befanden sich auch Abordnungen aus Niederösterreich. Man freute sich daher, als der Kaiser wieder zurückkehrte, und allmählich machten sich immer deutlicher antirevolutionäre Strömungen in den Landbezirken geltend. Die Wiener hatten seit den Maiereignissen viele Sympathien verloren. Das Häuflein, das noch unentwegt für die Revolution eintrat, schmolz von Monat zu Monat zusammen. Manche machten sich auch Sorgen über die örtlichen Truppenverschiebungen, zumal immer größere Verbände sich in Niederösterreich konzentrierten. Die Oktober-Ereignisse fanden ihren Niederschlag auch in Niederösterreich. So beschloß etwa die Nationalgarde in Stein nach Erhalt der Nachricht, daß der Kaiser auf seiner Flucht nach Olmütz die Donau zwischen Mautern und Stein überschreiten wollte, den Monarchen aufzuhalten und ihn zu bitten, das Land nicht zu verlassen. Man schickte Schreiben an die Nationalgarden der Umgebung und forderte sie auf, zur Verstärkung heranzurücken, bekam aber nirgends eine Zusage. Als sich daher die begleitenden

Rechts: Das feierliche Begräbnis der Märzgefallenen in Wien. 17. März 1848. Kol. Stich.
Links unten: Feldmarschall Radetzky. Lithographie von Josef Korehuber.

Truppen des kaiserlichen Zuges gefechtsmäßig dem Mauterner Feld näherten und den Übergang besetzten, gab es keinen Widerstand, doch mußte der Kaiser unter dem Schutz von Kanonen, neben denen Artilleristen mit brennenden Lunten standen, über die Brücke auf das Nordufer fahren.

Während sich die Truppen um Wien konzentrierten, blieb es in Niederösterreich ruhig, und die Hilferufe der Wiener Presse und auch von Emissären, die durch das Land zogen (unter ihnen war auch Hans Kudlich), hatten keinen Erfolg. Während der Fahrt nach Olmütz hatte der Kaiser den herbeigeströmten Bauern versichert, Robot und Zehent seien gesetzlich abgeschafft, und das alte Feudaljoch werde niemals mehr zurückkehren. Während die Umgebung Wiens im Umkreis von zwei Meilen der militärischen Gewalt unterstellt wurde, blieb die Lage im übrigen Land gespannt, aber doch ruhig. Es gab viele Flüchtlinge aus der Stadt, Gerüchte waren wieder im Umlauf, und neuerlich hatte man Angst vor plündernden Scharen. Als am 18. Oktober das Bombardement Wiens begann, hörte man im weiten Umkreis die Kanonen. Nun blieben die Zeitungen aus, die Bevölkerung war auf mündliche Berichte angewiesen, die meist von der Wahrheit abwichen. Die Sorgen waren auch vielfältig, da sich die Wirtschaftskrise verschärfte, viele Fabriken stillstanden und der Winter näherrückte. Nach der Niederschlagung Wiens griff die Verhaf-

tungswelle auch auf die Provinzen über, und man arretierte einzelne Leute, denen vorgeworfen wurde, Soldaten zum Übertritt auf die Seite der Studenten zu veranlassen. Auch nach Revolutionären aus der Hauptstadt wurde auf dem flachen Land eifrig gesucht. Dann setzte nach dem Fall von Wien auch die Entwaffnung der Provinz ein. Der neue Ministerpräsident Schwarzenberg, der am 21. 11. sein Amt angetreten hatte, legte große Energie an den Tag. Militäreinheiten zogen durch das Land und forderten die Bewohner auf, binnen 24 Stunden alle in ihrem Besitz befindlichen Waffen den Orts- und Amtsrichtern abzuliefern. Widerspenstige Gemeinden hatten mit der Verhängung des Belagerungszustandes zu rechnen. Die Landbevölkerung wurde hinsichtlich Stärke, Haltung und Anzahl ihrer Waffen erfaßt. Während die mobilen Kolonnen in Niederösterreich unterwegs waren, ging man auch daran, die Nationalgarden aufzulösen. Dabei wurden aber nicht nur die 1848 gebildeten Formationen zerstört, sondern auch Bürgergarden, die schon vorher bestanden hatten, nahmen nun ihr Ende.

Feldmarschall Radetzky

Johann Joseph Graf Radetzky (2. 11. 1766– 5. 1. 1858) stammte aus böhmischem Adel, trat schon 1784 in die österreichische Armee ein und war 1813 Generalstabschef des Fürsten Felix von Schwarzenberg während der Befreiungskriege. Nach Kriegsende lebte er als Kommandant in Ödenburg, Ofen und Olmütz, wurde 1831 nach der Julirevolution zum Oberbefehlshaber der österreichischen Truppen in Oberitalien ernannt und hier mit allen Revolutionstendenzen dieser Provinzen vertraut. Er „erzog" das österreichische Heer zu vorbildlicher Kameradschaft und Einsatzbereitschaft, führte ständig große Manöver durch und konnte sich 1848 in Mailand behaupten, als am 18. 3. ein Aufstand ausbrach. Er zog seine Truppen nach Verona zurück, konnte aber einen Vorstoß des Königs Karl Albert von Savoyen-Sardinien am 6. 5. 1848 bei Santa Lucia zurückschlagen. In den nächsten Monaten erreichte er weitere Erfolge, die am 25. Juli 1848 in der Schlacht bei Custozza gekrönt wurden und zur Rückeroberung Mailands führten. Daher galt Radetzky trotz seines Alters im Jahre 1848 als Bollwerk des alten Systems und konnte am 23. 3. 1849 neuerlich bei Novara einen Sieg über Sardinien erringen. Bis 1857 bekleidete er das Amt eines General-, Zivil- und Militärgouverneurs des lombardo-venezianischen Königreiches.

Kaiser Franz Joseph. Farblithographie von Eduard Kaiser. Um 1850.

Der junge Franz Joseph

Franz, der am 18. August 1830 geborene älteste Sohn des Erzherzogs Franz Karl und der Prinzessin Sophie in Bayern galt schon im Kindesalter als die Hoffnung der österreichischen Monarchie, da Kaiser Ferdinand keine Kinder hatte. Als die Revolution in Österreich besiegt war, wurde Erzherzog Franz, der bereits am italienischen Feldzug teilgenommen hatte, am 1. Dezember 1848 im Hoflager zu Olmütz für mündig erklärt und trat am Tage darauf nach dem Thronverzicht seines Oheims Ferdinand I. und seines Vaters die Regierung in Österreich an. Er nahm nun den Namen seines Onkels Joseph an, was wohl andeuten sollte, daß auch er eine Reformtätigkeit einleiten wollte. Diese hatte aber zur Voraussetzung, daß es dem Kaiser gelang, die bisher noch im Aufstand befindlichen Provinzen dem Kaiserreich zurückzugewinnen. Radetzky besorgte dies in Italien, während in Ungarn der Widerstand der ungarischen Freiheitskämpfer nur mit russischer Hilfe überwunden werden konnte. Mit Ende des Jahres 1850 wurde auch die neue Verfassung sistiert und damit die Rückkehr zum Absolutismus durchgeführt. Das bedeutete das Ende für die Revolution des Jahres 1848.

Links: Semmeringbahn, Viadukt im oberen Adlitzgraben. Lithographie. Wien, Nö. Landesbibliothek.
Rechts: Karl von Ghega (1802–1860), Erbauer der Semmeringbahn. Lithographie von Josef Kriehuber.
Unten: Nikolaus Lenau. 1850.

1849–1854

KALENDER

4. 3. 1849 Eine Reichsverfassung wird von der Regierung erlassen.

7. 3. Der Reichstag in Kremsier wird aufgelöst.

17. 3. Das provisorische Gemeindegesetz wird erlassen. In der Folge werden Ortsgemeinden gebildet. Es kommt zu Eingemeindungen, etwa der Vorstädte bis zum Linienwall in die Stadt Wien, die ein eigenes Statut erhält, oder von Leesdorf und Gutenbrunn in die Stadt Baden.

7. 7. Die Gerichtsordnung wird erlassen. Es werden in Niederösterreich 81 Bezirksgerichte gebildet, die ab 1. Juli 1850 ihre Arbeit aufnehmen.

26. 7. Die Neuorganisation der politischen Verwaltung erfolgt. Es werden 17 Bezirkshauptmannschaften errichtet. Diese werden später wieder aufgehoben. An ihrer Stelle kommt es zur Neuerrichtung der Kreisämter und zur Umbildung der Bezirksgerichte in gemischte Bezirksämter.

Die Theaterzensur wird neuerlich eingeführt. Zensurbehörde ist die Statthalterei. Diese Zensur bleibt bis 1920 aufrecht.

15. 2. Der Telegraph wird für die Allgemeinheit zur Übermittlung von Telegrammen zugänglich gemacht.

1851 In jedem Land wird ein Grundentlastungsfonds gegründet, die Grundentlastungsschulden werden bis 1898 getilgt.

26. 7. In den Gemeinden Niederösterreichs werden erstmals nach Aufhebung der Grundherrschaften Wahlen durchgeführt.

18. 8. Die Nationalgarden werden aufgehoben, Bürger- und Schützenkorps können bestehen bleiben, lösen sich aber zum größeren Teil auf.

31. 12. Die Verfassung wird außer Kraft gesetzt. Die Monarchie kehrt zum Absolutismus zurück.

1852 Die Schiffswerft Korneuburg wird gegründet.

1853 Eine „fliegende Brücke" (Fähre) wird zwischen Korneuburg und Klosterneuburg errichtet.

Othmar von Rauscher wird zum Erzbischof von Wien ernannt.

22. 10. Erstmals befährt eine Lokomotive die gesamte Semmeringstrecke.

1854 Die Brüder Adolf und Franz Schmitt gründen in Rehberg eine Lederfabrik.

Das Militärerziehungshaus St. Pölten wird eröffnet.

18. 1. Eine Sparkassa in St. Pölten wird eröffnet.

10. 3. Hans Kudlich wird in Abwesenheit zum Tod verurteilt. Er hat unterdessen in der Schweiz Medizin studiert und ist nach Amerika ausgewandert.

17. 7. Eröffnung der Semmeringbahn.

GEBURTSTAGE

Anton Dreher d. J. Industrieller. Übernahm nach 1863 die väterliche Brauerei. 1884 Landtagsabgeordneter, 1902–18 Mitglied des Herrenhauses. Geboren 21. 3. 1849 in Schwechat. (Gestorben 7. 8. 1921 in Altkettenhof bei Schwechat.)

Hermann Ofner. Jurist. Kommunalpolitiker, ab 1884 als Rechtsanwalt in St. Pölten, 1892–98 Bürgermeister, 1893–96 nö. Landtagsabgeordneter. Geboren 27. 10. 1849 in St. Pölten. (Gestorben 15. 5. 1917 in St. Pölten.)

Johannes Rössler. Bischof von St. Pölten. Geboren 23. 6. 1850 in Niederschrems. (Gestorben 4. 1. 1927 in St. Pölten.)

Anton von Stadler. Landschaftsmaler, Lithograph. Studierte in Berlin, dann in München. 1912–14 Leiter der Münchner Kunstsammlung. Geboren 9. 7. 1850 in Göllersdorf. (Gestorben 17. 9. 1917 in München.)

Hugo von Tschudi. Kunsthistoriker. Geboren 7. 2. 1851 auf Gut Jakobshof. (Gestorben 26. 11. 1911 in Krannstadt, Deutschland.)

Ernst Fuchs. Bedeutendster Ophthalmologe der Wiener Medizinischen Schule. Begründete die pathologische Anatomie des Auges. Universitätsprofessor in Lüttich, 1885 nach Wien zurückberufen, bis 1915 Vorstand der II. Wiener Augenklinik, begründete die histologische Fundierung der Krankheitsbilder. Geboren 14. 6. 1851 in Kritzendorf. (Gestorben 21. 11. 1930 in Wien.)

Anton Maria Schwartz. Arbeiterpriester. Gründete in Wien den „Katholischen Lehrlingsverein" zur Lehrstellenvermittlung und pädagogischen und seelsorgerischen Betreuung der Lehrlinge. Geboren 28. 2. 1852 in Baden. (Gestorben 15. 9. 1929 in Wien.)

Philipp Forcher. Universitätsprofessor für Hydraulik. Geboren 7. 8. 1852 in Wien. (Gestorben 2. 10. 1933 in Dürnstein.)

Wilhelm Bernatzik. Maler, Mitbegründer der Wiener Secession und 1903–05 deren Präsident. Geboren 18. 5. 1853 in Mistelbach. (Gestorben 26. 11. 1906 in der Hinterbrühl.)

Heinrich Lammasch. Katholisch-konservativer Staatsmann. Straf- und Völkerrechtler, Universitätsprofessor in Innsbruck (1885) und Wien (1899), letzter Ministerpräsident der k. k. Monarchie (27. 10.–11. 11. 1918). Geboren 21. 5. 1853 in Seitenstetten. (Gestorben 6. 1. 1920 in Sbg.)

Paul Schoeller. Großindustrieller. Gründete 1887 die „Ternitzer Stahl- und Eisenwerke Schoeller und Co."; 1888 die Zellulosefabrik in Hirschwang, daneben Präsident der nö. Handels- und Gewerbekammer, 1902–18 Mitglied des Herrenhauses. Geboren 15. 6. 1853 in Wien. (Gestorben 2. 11. 1920 in Wien.)

Karl Jedek. Politiker. 1902–32 Abgeordneter des nö. Landtags, 1907–19 Reichsratsabgeordneter, Gründungsmitglied des nö. Bauernbundes. Geboren 16. 10. 1853 in Spitz a. d. Donau. (Gestorben 22. 11. 1940 in Spitz a. d. Donau.)

Koloman Kaiser. Lehrer, Mundartdichter. Geboren 1. 7. 1854 in Hornsburg bei Ernstbrunn. (Gestorben 4. 2. 1915 in Wien.)

Edmund Bernatzik. Bedeutender Staats- und Völkerrechtler. Universitätsprofessor in Wien, Pionier der neuen österreichischen Verfassungs- und Verwaltungsrechtswissenschaft. Geboren 28. 9. 1854 in Mistelbach. (Gestorben 30. 3. 1919 in Wien.)

TODESTAGE

Stephan Ladislaus Endlinger. Botaniker an der Wiener Universität. Direktor des Botanischen Gartens. Gestorben 28. 3. 1849 in Wien. (Geboren 24. 6. 1805 in Preßburg.)

P. Johannes von Frast. Priester. Ordensgelübde in Zwettl (1807), Professor für Orientalistik im Stift Heiligenkreuz, dann Archivar, Historiker. Gestorben 30. 1. 1850 in Nußdorf. (Geboren 8. 4. 1786 in Wien.)

Nikolaus Lenau (eigentlich Nikolaus Niembsch Edler von Strehlenau). Lyriker, Vers-Epiker. Gestorben 22. 8. 1850 in Oberdöbling. (Geboren 13. 8. 1802 in Csatád, Banat.)

Johann Wißgrill. Botaniker, Physiker, Chemiker. Gestorben 3. 2. 1851 in Wien. (Geboren 17. 7. 1795 in Gföhl.)

Anton Buchmayer. Ab 1843 Bischof von St. Pölten. Gestorben 2. 9. 1851 in St. Pölten. (Geboren 8. 6. 1770 in Waidhofen a. d. Ybbs.)

Lorenz Maximilian Fischer. Archivar und Schatzmeister des Stiftes Klosterneuburg. Mitglied der Akademie der Wissenschaften in Wien. Gestorben 26. 12. 1851 in Klosterneuburg. (Geboren 10. 8. 1783 in Wien.)

Felix Fürst Schwarzenberg. Ministerpräsident. Gestorben 5. 4. 1852. (Geboren 2. 10. 1800.)

Wilhelm Sedlaczek. 1844–1853 Abt des Chorherrenstiftes Klosterneuburg. Gestorben 30. 6. 1853. (Geboren 6. 7. 1793 in Seelowitz, Mähren.)

Bernhard Petri. Agronom. Widmete sich ab 1880 seinem Besitz in Theresienfeld, wo er eine Schafzucht mit etwa 20.000 Tieren betrieb. Gestorben 28. 10. 1853 in Theresienfeld. (Geboren 2. 4. 1767 in Zweibrücken, BRD.)

Die Bauernbefreiung

Das Patent vom 7. September 1848, mit dem die Grunduntertänigkeit aufgehoben wurde, löste die größte Eigentumsverschiebung aus, die Österreich jemals erlebte, und mußte zu seiner Wirksamwerdung erst durchgeführt werden. Eine Landeskommission unter der Leitung des früheren Kreishauptmannes von Korneuburg Wenzel Turba errichtete im Sitz der Bezirkshauptmannschaften Bezirkskommissionen, die im Jahre 1851 ihre Tätigkeit aufnahmen. Sie luden alle Betroffenen, im ganzen Land waren es 285.146 Verpflichtete und 2645 Berechtigte (ehemalige Grundherren), ein und verlangten den Nachweis über ihre Besitzobjekte, die dann von den Gemeindeämtern überprüft wurden. Obwohl man ursprünglich mit einer Arbeitszeit von 5 bis 10 Jahren rechnete, konnten die meisten Bezirkskommissionen schon Ende Mai 1853 aufgelöst werden, so rasch war das große Werk vollendet. Als Ablösungsmodus war vorgesehen, daß manche Leistungen gestrichen wurden, andere wieder zu zwei Dritteln abzulösen waren. Von der festgesetzten Entschädigungssumme war ein Drittel für weggefallene Verpflichtungen der Herrschaft abzuziehen. Von den verbliebenen zwei Dritteln hatte eines der Bauer den früheren Herrschaftsbesitzern zu bezahlen, das restliche das Kronland. Die Grundentlastung war für die meisten großen Herrschaften kein schlechtes Geschäft, denn sie bekamen Kapital zur Ausgestaltung und Modernisierung der ihnen verbliebenen Betriebe oder zur Gründung von Industrien. Die Bauern hingegen waren nun wohl freie Eigentümer und konnten ihre ganze Arbeitskraft der Bewirtschaftung des Hofes widmen. Viele waren aber nicht in der Lage, im freien Spiel der Kräfte, das nun einsetzte, sich zurechtzufinden, und an die Stelle der bisherigen grundherrlichen Lasten traten jetzt Steuern von Staat, Ländern und Gemeinden.

Der Ausbau des Postwesens

In einigen Ländern, etwa in Großbritannien und in der Schweiz, waren Briefmarken bereits in Verwendung, auch Bayern gab seit 1849 Marken heraus, und Frankreich verwendete ebenfalls bereits Postwertzeichen. Daher beschäftigte sich auch Österreich mit diesem Problem, und am 25. September 1849 hatte Kaiser Franz Joseph die Frankierung der Briefe mit verkäuflichen und aufklebbaren Marken genehmigt, wodurch die Briefmarkenherstellung ermöglicht wurde.

Brief mit 6 Kreuzer-Marke aus Randegg nach Wien.

Im März 1850 wurden in allen Postämtern die Frankierungstarife bekanntgegeben. Die gelbe Marke zu einem Kreuzer galt für „Drucksachen", für Briefe mit Zustellung im selben Bezirk sollte eine schwarze Zwei-Kreuzer-Marke verwendet werden. Wohnte der Empfänger bis zu höchstens zehn Meilen entfernt, so mußte man die rote Drei-Kreuzer-Marke, bei zehn bis zwanzig Meilen eine braune Sechs-Kreuzer-Marke verwenden. Über zwanzig Meilen war eine blaue Neun-Kreuzer-Marke auf den Brief zu kleben. Damit die Ämter die Gebühren richtig berechnen konnten, wurden für jedes Amt Entfernungstabellen angefertigt. Es dauerte aber länger, bis sich diese Maßnahme durchsetzen konnte, denn es gab immer wieder Leute, die nicht wußten, was man mit den bunten kleinen Zettelchen beginnen

sollte. Auch Fälschungen waren nicht selten. Beamte, die die Bewohner ihres Gebietes aufklärten, wie etwa der Postexpeditor Josef Meihs in Amstetten oder Leopold Radlberg in Ulmerfeld, wurden ausdrücklich belobigt und belohnt für ihre Tätigkeit, denn es war nicht leicht, vor allem der ländlichen Bevölkerung den Umgang mit diesen Briefmarken beizubringen.

Im Jahre 1850 wurde der Deutsch-österreichische Postverein gegründet. Auf diesen bedeutenden Fortschritt erfolgte die Errichtung von Telegraphenlinien zu den Staatsfilialämtern Baden, Wiener Neustadt und St. Pölten, zu denen dann Vorstadt-Filialämter und 1859 Verbindungen mit Stockerau und Krems kamen. Dies beschleunigte den Nachrichtenverkehr der wichtigsten Provinzstädte mit der Hauptstadt.

Links: Gendarmen der Zeit nach 1850.

1849–1854

Errichtung der staatlichen Behörden

Im Jahre 1848, als die Grundherrschaften aufgehoben wurden, bestanden in Niederösterreich vier Kreisämter. Ihre Aufgabe war es nun, eine neue Einteilung des Landes vorzunehmen. Gleichzeitig wurde auch die Aufstellung einer Gendarmerie vorgesehen. Mit kaiserlicher Entschließung vom 26. Juni 1849 wurde nach verschiedenen Vorschlägen die Einteilung vorgenommen. Künftig sollten bei einer aktuellen Einwohnerzahl von 1,467.955 Menschen 17 Bezirkshauptmannschaften mit neun Exposituren eingerichtet werden. Die Stadt Wien mit 407.700 Einwohnern wurde unmittelbar dem Statthalter unterstellt. Am 16. Jänner 1850 nahmen die Bezirkshauptleute ihre Tätigkeit auf, und die alten Kreisämter beendeten ihre Amtswirksamkeit, doch hatte die mit beträchtlichem Aufwand ins Leben gerufene Verwaltung keinen langen Bestand. Das Silvesterpatent des Jahres 1851 mit der Wiedereinführung der absoluten Monarchie beseitigte auch sie. Nun wurden wieder die Kreisämter errichtet, aber auch die Selbständigkeit der Ortsgemeinden wurde abgeschafft. Niederösterreich wurde wieder in vier Kreise geteilt. Die Justizverwaltung besaß daneben je ein Kreis- und Landesgericht. Die neu geschaffenen Bezirksämter hatten sowohl judizielle wie politische Aufgaben zu erledigen. Die neuen Bezirksämter nahmen ihre Tätigkeit am 30. September 1854 auf. Die 1859 einsetzenden Reformen bewirkten die Auflassung der Kreisämter mit Wirksamkeit vom 30. April 1860. Die

Karikatur auf den „hungerleidenden und chronisch unterbeschäftigten" Beamtenstand. Farblithographie von V. Katzler, aus „Hans Jörgel". 1884.

Agenden dieser Behörden wurden teils an die Statthalterei, teils an die Bezirksämter verwiesen. Diese Bezirksämter blieben bis 1878 in Funktion und wurden dann in die Bezirkshauptmannschaften übergeführt.

der Kreisämter ins Archiv und errichteten jetzt zahlreiche kleine Gemeinden, wobei die Wünsche einzelner Dörfer, die die bisher gewohnte Ortsautonomie nicht aufgeben wollten, berücksichtigt wurden. Insgesamt entstanden so in Niederösterreich 1545 Hoheitsgemeinden, wodurch es zu einem Kleingemeindeland wurde, eine Situation, die erst nach 1970 verändert wurde. Beim neuen Gemeinde-Wahlrecht blieb dem Besitzbürgertum das entscheidende Übergewicht vorbehalten. Die Wähler wurden nach dem Ausmaß des Eigentums und nach dem Steuerwert eingestuft. Aktives und passives Wahlrecht hatten nur diejenigen Häuser- und Grundbesitzer, die einen gewissen Steuerbetrag bezahlten. Nach der unterschiedlichen Höhe dieser Abgaben wurden drei Kurien gebildet. Die Angehörigen dieser drei Wahlkörper wählten aus ihrem Kreis eine Anzahl Vertreter in den Gemeinderat. Der Höchstbesteuerte der Gemeinde, meist der ehemalige Gutsherr, war nach der niederösterreichischen Gemeindeordnung von 1864 berechtigt, ohne Wahl in den Gemeinderat einzutreten. Der Gemeinderat gliederte sich in einen Gemeindeausschuß, der Beschlüsse zu fassen hatte, und den Gemeindevorstand, der diese Beschlüsse zu vollziehen hatte. Damit bestimmte vor dem Ersten Weltkrieg eine zahlenmäßige Minderheit der steuerkräftigsten gewerblichen und bäuerlichen Besitzbürger das Geschehen in der Gemeindestube. In den Industriegemeinden, aber auch in anderen gemischten Gemeinden war die überwiegende Mehrheit der Bewohner, die nur wenig oder gar keine Steuern zu zahlen hatten, bis 1918 von der aktiven und passiven Mitbestimmung ausgeschlossen.

Die Bildung der Gemeinden

Das provisorische Reichsgemeindegesetz vom 17. März 1849 anerkannte als unterste Verwaltungseinheit die seit der Konskription von 1770 im josephinischen Steuerkataster und im franziszäischen Kataster geschaffene Katastralgemeinde. Eine oder mehrere Katastralgemeinden sollten eine Ortsgemeinde bilden, wobei Katastralgemeinden nicht geteilt werden durften. Der niederösterreichische Statthalter verfügte weiters, daß nach Möglichkeit Katastralgemeinden, die gemeinsam eine Pfarre bildeten, auch eine Ortsgemeinde darstellen sollten, weil die Erhaltung von Schule und Kirche, von Wegen, Brücken und Stegen dadurch wesentlich erleichtert würde. Die Kreisämter hatten die Konstituierung der einzelnen Gemeinden vorzunehmen, wobei jeweils drei Kreisämter große Ortsgemeinden, eines nur eine kleine bildeten. Im Viertel unter dem Wienerwald wurden aus den 430 Steuergemeinden 96 Ortsgemeinden geschaffen, von denen keine unter 1000 Ein-

wohner hatte. Im Viertel ob dem Wienerwald bildeten 1117 Steuergemeinden 122 selbständige Ortsgemeinden, die später sogar auf 98 vermindert wurden. Im Weinviertel wurden 124 Ortsgemeinden aus 576 Steuergemeinden gebildet. Nur im Waldviertel sah der Entwurf des Kreisamtes mehr Gemeinden als Pfarren vor. Über Einspruch des Statthalters entschloß man sich dort ebenfalls zur Bildung größerer Gemeinden, so daß man schließlich auf 114 Gemeinden kam. Insgesamt sollte es im Erzherzogtum Österreich unter der Enns 432 Ortsgemeinden geben. Allerdings hat dieser amtliche Vorschlag bald zu einem Tauziehen geführt, weil sich manche Gemeinden nicht zusammenschließen lassen wollten. Kaum war diese Einteilung einigermaßen abgeschlossen, erhielten die Kreisbehörden am 29. Oktober 1849 den Befehl, daß die neugeschaffenen Bezirkshauptmannschaften die endgültige Entscheidung treffen sollten. Diese legten die Entwürfe

Die Gendarmerie

Die Neuordnung der Verwaltung nach dem Jahre 1848 machte auch die Errichtung eines Sicherheitskörpers notwendig. Man beschloß, nach dem Beispiel der Lombardei ein Gendarmeriekorps für den ganzen Kaiserstaat zu errichten. Die diesbezügliche Verordnung wurde von Kaiser Franz Joseph am 8. Juli 1849 unterzeichnet; mit der Durchführung wurde Feldmarschalleutnant Johann von Kempen als Generalgendarmerie-Inspektor beauftragt. Für den Gendarmeriedienst kamen vor allem Unteroffiziere der Armee in Frage, die den 16 geplanten Regimentern zugewiesen wurden. Ein Regiment war für Nieder-, Oberösterreich und Salzburg zuständig. Die Regimenter waren in Abteilungen gegliedert, örtlich zuständig waren die Gendarmerieposten, die so aufgeteilt wurden, daß sie den gesamten Bereich des Landes erfassen sollten. Es gab damals Gendarmen zu Fuß und zu Pferd.

Links: Die Brüder Klein, Erbauer der Westbahn 1856–58. Lithographie.
Rechts: Die Westbahn in St. Pölten, im Hintergrund die Militärunterrealschule. Farblithographie.

KALENDER

1855 Leopold Harmer gründet in Spillern eine Spirituosen- und Preßhefefabrik.

18. 8. Das Konkordat zwischen dem Kaisertum Österreich und dem Heiligen Stuhl wird abgeschlossen. Das Schulwesen wird weitgehend der Kirche überlassen.

5. 9. Großes Unwetter im Kremstal, dem 80 Menschen zum Opfer fallen.

1856 Gründung eines Gesang- und Musikvereines in Horn.

Das Wienertor und das Hölltor in Krems werden abgerissen.

Gründung einer Sparkasse in Krems und in Zwettl.

In Teesdorf wird ein erster Konsumverein errichtet.

3. 8. Die Konzession für die Erbauung der Kaiserin Elisabeth-Westbahn wird erteilt.

9. 12. Das 1852 errichtete Spital in Krems wird eine allgemeine öffentliche Anstalt. In diesen Jahren wird eine Reihe von weiteren Krankenhäusern zu allgemein öffentlichen Spitälern erklärt.

Das erste Bethaus der Israelitischen Kultusgemeinde in St. Pölten.

1857 In St. Pölten wird eine israelitische Kultusgemeinde errichtet.

Freiherr von Villac-Secc gründet in Großau eine Ackerbauschule, die bis 1875 besteht.

Ein besonders gutes Erntejahr.

Die Schleifung der Wiener Stadtbefestigung wird von Kaiser Franz Joseph mittels „Handschreiben" verfügt.

Das Kremsertor in St. Pölten wird wegen des Bahnhofsbaues abgerissen. Parzellierung des Stadtgrabens von St. Pölten.

16. 5. Im Hammerwerk Klein-Hollenstein kommt es zu einem Streik wegen Herabsetzung der Löhne.

19. 1. 1858 Feldmarschall Radetzky, der am 5. 1. in Mailand gestorben ist, wird auf dem „Heldenberg" in Kleinwetzdorf beigesetzt.

1. 11. Die „österreichische Währung" wird eingeführt.

10. 11. Karl Fürst Lobkowitz wird Statthalter in Niederösterreich. Er bleibt bis 1. 8. 1860 im Amt.

15. 12. Der erste Zug der Kaiserin-Elisabeth-Westbahn fährt von Wien nach Linz.

1859 Die Schlacht bei Solferino am 24. Juni. Der verlorene Krieg Österreichs gegen Frankreich und Sardinien beendet die Periode des Absolutismus.

20. 12. Eine neue Gewerbeordnung löst die Innungen der Handwerker auf. Die Gewerbefreiheit wird eingeführt.

GEBURTSTAGE

Gustav Riehl. Dermatologe. Universitätsprofessor in Wien, gab mit L. v. Zumbusch den „Atlas der Hautkrankheiten" heraus (1923–25). Geboren 10. 2. 1855 in Wiener Neustadt. (Gestorben 7. 1. 1943 in Wien.)

Adolf Stöhr. Psychologe und Philosoph an der Wiener Universität. Geboren 24. 2. 1855 in St. Pölten. (Gestorben 10. 2. 1921 in Wien.)

Josef Maria Eder. Photochemiker. Pionier der Phototechnik und Photographie. Professor an der Technischen Hochschule für Photographie und Reproduktionsverfahren (heute Graphische Lehr- und Versuchsanstalt) in Wien, Erfindungen auf dem Gebiet der Photochemie („E.-Lösung" als Strahlungsmesser). Geboren 16. 3. 1855 in Krems. (Gestorben 18. 10. 1944 in Kitzbühel.)

Adalbert Micholitsch. Schulmann, Fachdidaktiker. Studien an der Akademie der bildenden Künste in Wien. 1877–88 Professor am Landeslehrerseminar in St. Pölten. 1888–1908 in Krems. Geboren 30. 4. 1855 in Krems. (Gestorben 12. 10. 1913.)

Josef Kühschelm. Seelsorger. Politiker, ab 1886 Pfarrer in Guntersdorf und ab 1900 Dechant in Sitzendorf, 1901 Reichsratsabgeordneter, 1902 Abgeordneter zum nö. Landtag. Geboren 27. 7. 1855 in Ulrichskirchen. (Gestorben 11. 1. 1908 in Guntersdorf.)

Katharina Schratt. Schauspielerin. 1883–1900 am Wiener Burgtheater, Freundschaft mit Kaiser Franz Joseph. Geboren 11. 9. 1855 in Baden bei Wien. (Gestorben 17. 4. 1940 in Wien.)

Guido Adler. Musikwissenschaftler. Begründete die „Wiener Schule" der Musikwissenschaft, gab 1894–1938 die „Denkmäler der Tonkunst in Österreich" heraus und 1924 gemeinsam mit anderen Forschern das „Handbuch der Musikgeschichte". Geboren 1. 11. 1855 in Eibenschitz. (Gestorben 15. 2. 1941 in Wien.)

Alois Neidhart. Kapellmeister. Militärkapellmeister, leitete 1895–1912 die Kapelle des Infanterieregimentes 34. Komponist von Walzern und Märschen. Geboren 20. 4. 1856 in Matzen. (Gestorben 4. 8. 1935 in Matzen.)

Willibald Johann Nagl. Germanist. Dialektdichter, Literaturhistoriker. Herausgeber der „Deutsch-österreichischen Literaturgeschichte". Geboren 14. 5. 1856 in Natschbach. (Gestorben 23. 7. 1918 bei Wien, ertrunken in der Donau.)

Ludwig Ganglbauer. Zoologe, Entomologe. Geboren 1. 10. 1856 in Wien. (Gestorben 5. 6. 1912 in Rekawinkel.)

Karl Mühlberger. Militärmusiker, Komponist („Mir san die Kaiserjager"). Geboren 21. 8. 1857 in Spitz a. d. Donau. (Gestorben 15. 3. 1944 in Wien.)

Ferdinand Kamm. General. Physiker und Chemiker. Ab 1903 Lehrer an der Theresianischen Militärakademie. Geboren 18. 1. 1858 in Hainburg. (Gestorben 24. 10. 1930 in Graz.)

Johann Mayer. Politiker. 1890–1922 Abgeordneter zum nö. Landtag und 1897–1919 zum Reichsrat. 1903 Gründer und 1. Präsident des nö. Landeskulturrates, 1921/22 1. Landeshauptmann von Niederösterreich, Mitglied des 1. Bundesrates. Geboren 28. 2. 1858 in Deutsch-Wagram. (Gestorben 12. 10. 1941 in Bockfließ.)

Ludwig Lohner. Fabrikant. Techniker. Geboren 15. 7. 1858 in Liesing. (Gestorben 14. 7. 1925 in Wien.)

Michael Hainisch. Bundespräsident, Sozial- und Wirtschaftspolitiker. Führte sein Gut bei Spital am Semmering als Musterbetrieb (seine Zuchtkuh „Bella" erlangte mit Rekord-Milchleistungen Berühmtheit), organisierte Volksbildungsvereine, wirkte an der Gründung der Wiener Zentralbibliothek und der deutschen Turnerschaft in Wien (1890) mit. Geboren 15. 8. 1858 in Au b. Schottwien. (Gestorben 26. 2. 1940 in Wien.)

Rudolf. Kronprinz. Erzherzog von Österreich, Sohn Kaiser Franz Josephs I., beging Selbstmord. Geboren 21. 8. 1858 in Schloß Laxenburg. (Gestorben 30. 1. 1889 in Schloß Mayerling bei Heiligenkreuz.)

Karl Kronfuß. Volksliedersammler. 1905–23 Vorsitzender des Arbeitsausschusses für die Aufsammlung des Volksliedes in Niederösterreich. Geboren 29. 9. 1858 in Furth bei Weißenbach. (Gestorben 21. 12. 1923 in Wien.)

Karl Liebleitner. Volksliedforscher. Mitbegründer verschiedener Volksliedvereine (Liesing, Mödling, Baden). 1919–42 Schriftleiter der Zeitschrift „Das deutsche Volkslied". Geboren 29. 9. 1858 in Korneuburg. (Gestorben 8. 4. 1942 in Mödling.)

Christian Freiherr von Ehrenfels. Psychologe, Philosoph. Universitätsprofessor in Wien und Prag, einer der Begründer der modernen Gestalt- und Wertpsychologie; Dichter, Dramatiker. Geboren 20. 6. 1859 in Rodaun. (Gestorben 8. 9. 1932 in Lichtenau bei Krems.)

Marie Janitschek. Schriftstellerin. Pseudonym Marius Stein. Lebte in Leipzig, Berlin, München; Unterhaltungsliteratur, behandelte auch Emanzipationsfragen. Geboren 22. 7. 1859 in Mödling. (Gestorben 24. 4. 1927 in München.)

Ferdinand Schirnböck. Kupferstecher. Arbeitete von 1887–1892/93 in Argentinien und Lissabon, stellte später Briefmarken und Banknoten in Kupferstich für die Postverwaltung und Staatsdruckerei her. Geboren 27. 8. 1859 in Hollabrunn. (Gestorben 16. 9. 1930 in Perchtoldsdorf.)

Johannes Mayerhofer. Maler, Bildhauer, Medailleur, Illustrator. Schüler der Wiener Akademie der bildenden Künste und der Medailleur-Hochschule, seit 1900 Kustos der nö. Landesmuseen. Geboren 14. 11. 1859 in Baden. (Gestorben 9. 4. 1925 in Baden.)

Links: Beisetzung Radetzkys in Wetzdorf.
Unten: Feldmarschall Radetzkys „Zeitgenössisches Ölgemälde".

TODESTAGE

Josef Graf Sedlnitzky (1778–1855). Aquarell von Moritz Michael Daffinger.

Josef Graf Sedlnitzky. 1817–1848 Präsident der obersten k. k. Polizei-Hofstelle in Wien. Gestorben 21. 6. 1855 in Baden. (Geboren 8. 1. 1778 in Troplowitz, Schlesien.)

Johann Baptist Czizek. Geologe. Gestorben 17. 7. 1855 in Atzgersdorf. (Geboren 25. 5. 1806 in Groß-Jerina, Böhmen.)

Franz Sylvius Ritter von Hannehart. Feldmarschall-Leutnant, Kartograph. Gestorben 19. 8. 1855 in Baden b. Wien. (Geboren 1787.)

Ambros Rieder. Lehrer. Komponist, Kirchenkompositionen. Gestorben 19.11. 1855 in Perchtoldsdorf. (Geboren 10. 10. 1771 in Döbling bei Wien.)

Jakob Jauernig(g). Lederfabrikant. Gerberei in St. Veit an der Gölsen, 1829 nach Wilhelmsburg verlegt. Gestorben 1. 12. 1855 in Wilhelmsburg. (Geboren 1793 in Oberlaibach, Krain.)

Josef Freiherr von Hammer-Purgstall. Hofdolmetsch. Bahnbrechender Orientalist, Schriftsteller, Zeitschriftenherausgeber. Gestorben 23. 11. 1856 in Hadersdorf-Weidlingau. (Geboren 9. 6. 1774 in Graz.)

Jacob Lußberger. Hofschauspieler. Mitglied des Burgtheaters. Gestorben 16. 7. 1857 in Puchberg am Schneeberg. (Geboren 9. 13. 3. 1813 in Frankfurt am Main.)

Philipp Ludwig Graf Saint Genois, Freiherr von Harnoncourt. Humanist. Numismatiker, Kunst- und Wissenschaftsfreund, besaß eine große Bibliothek und Münzsammlung. Gestorben 30. 7. 1857 in Baden. (Geboren 5. 4. 1790 in Teschen.)

Carl Leistler. Möbel- und Parkettenfabrikant. Erwarb 1850 Schloß Rabensburg, wo er neben seiner Wiener eine zweite Tischlerei einrichtete;

beteiligte sich 1851 an der Weltausstellung in London mit großem Erfolg (1. Preis). Gestorben 25. 9. 1857 in Kalksburg. (Geboren 1805 in Wien.)

Alois Miesbach. Industrieller. Pachtete verschiedene Ziegeleien – Wienerberg, Guntramsdorf, Vösendorf usw. – sowie Kohlebergwerke (in NÖ: Zillingdorf, Lichtenwörth, Grünbach, Grillenberg, Gloggnitz etc.). 1839 Mitglied des Nö. Gewerbevereins. Gestorben 3. 10. 1857 in Baden. (Geboren 1. 1. 1791 in Röschitz, Mähren.)

Johann Joseph Wenzel Graf Radetzky. Feldmarschall. Gestorben 5. 1. 1858 in Mailand. (Geboren 2. 11. 1766 in Trebnice in Böhmen.)

Peter Hauptmann. Hofjuwelier. Unterhielt u. a. ein Theater im Trattnerhof auf dem Wiener Graben, verlor aber sein Vermögen und endete 95 Jahre alt im Armenhaus Ybbs. Gestorben 8. 2. 1858 in Ybbs. (Geboren 21. 2. 1763 in Wien.)

Karl Holz. Musiker. Befreundet mit Beethoven, bedienstet bei den nö. Ständen. Gestorben 9. 11. 1858. (Geboren 1798 in Wien.)

Karl von Kleyle. Landwirt. Ab 1848 im Staatsdienst, war nö. Landstand. Mitarbeiter der landwirtschaftlichen Ausstellung in Wien 1851, 1853, 1857. Gestorben 9. 2. 1859 in Wien. (Geboren 19. 3. 1812 in Wien.)

Adolf Johann Heisinger. Seite 1852 Abt des Stiftes Geras. Gestorben 12. 6. 1859 in Geras. (Geboren 7. 4. 1808 in Michelsberg, Böhmen.)

Ludwig (Louis) von Pereira-Arnstein. Bankier. Ab 1845 Abgeordneter zum nö. Landtag. Besitzer der Herrschaft Altenberg. Gestorben 8. 9. 1858 in Altenberg bei Greifenstein. (Geboren 21. 8. 1803 in Amsterdam.)

Die Demolierung von Stadtbefestigungen und Stadttoren

Seit dem 18. Jahrhundert waren in den meisten Orten die Stadtbefestigungen in militärischer Hinsicht uninteressant geworden. Noch im Türkenjahr 1683 hatten sie gegen die Tataren wertvollen Schutz geleistet, die späteren Feldzüge zeigten aber, daß sie nicht mehr den Anforderungen entsprachen. Insbesondere seit den Napoleonischen Kriegen wurden sie als nicht mehr zeitgemäß erachtet. Hingegen waren die Stadttore oft Hindernisse für den Verkehr. Die Erhaltung der Befestigungsanlagen verursachten auch beträchtliche Kosten. Aus diesen Gründen wurden manchmal die Gräben als Gemüsegärten vermietet. In den einzelnen Toren und Türmen wurden Magazine eingebaut, und allmählich begann man die Stadtbefestigungen zu zerstören und die Gründe zu parzellieren. Besonders Stadttore wurden seit dem Ende des 18. Jahrhunderts abgebrochen, etwa in St. Pölten das Wiener Tor 1787, das später durch ein einfaches Tor ohne Wehrcharakter ersetzt wurde. Wäh-

Links: Das Wienertor in Krems. Aquarell (Ausschnitt) von Thomas Ender. Um 1830.

Links: Der Heldenberg bei Wetzdorf.

rend der Biedermeierzeit wurden in verschiedenen Orten die Stadtbefestigungen niedergelegt, und als in Wien die Stadtmauer geschleift wurde, war dies auch ein Beispiel für jene niederösterreichischen Orte, in denen noch Befestigungsanlagen bestanden. So wurde Anfang der 60er Jahre auch in Wiener Neustadt die Demolierung der Stadtmauer und der Stadttore durchgeführt. Die Stadtmauern wurden oft jenen Besitzern überlassen, deren Grund an die Mauern grenzte, die Zwinger wurden entweder zu eigenen Parzellen gestaltet, wie in St. Pölten, oder an einen Anrainer verkauft. Rund um die Städte gab es damals oftmals Promenaden mit schönem Baumbestand, die auch teilweise weiterhin erhalten blieben. Manche Orte weigerten sich aber, ihre Stadtbefestigung abzutragen, entweder aus Geldmangel oder aus Pietät. So sind Orte wie Krems oder Eggenburg im Besitz dieser Mauern geblieben, die sich im 20. Jahrhundert als bedeutsame Faktoren des Fremdenverkehrs erwiesen haben. In der zweiten Hälfte des 19. Jahrhunderts glaubte man aber vielfach, daß die Beseitigung dieser Stadtbefestigung einen echten Fortschritt darstellte und daß weiterbestehende Stadtmauern und -tore die Entwicklung der Orte hindern würden und daß man der Stadtentwicklung den Abbruch der alten Stadtbefestigung schuldig sei.

Feldmarschall Radetzky und seine Siege. Zeitgenössische Lithographie.

Der Heldenberg bei Kleinwetzdorf

In Österreich wurden im 18. und beginnenden 19. Jahrhundert mehrere Siegesdenkmäler errichtet. Die Gloriette in Schönbrunn verdankt ihre Entstehung dem Sieg der Österreicher über die Preußen bei Kolin im Jahre 1757, das Äußere Burgtor in Wien war den Befreiungskämpfen des Jahres 1813 gewidmet. Ein weiteres Denkmal dieser Art ist der Heldenberg bei Kleinwetzdorf, der aber aus privater Initiative entstand.

Im Jahre 1830 hatte der Unternehmer und Heereslieferant Josef Pargfrieder das Schloß Wetzdorf in Niederösterreich gekauft. Er war ein Sonderling und bewunderte über alles den Feldmarschall Radetzky, der im Jahre 1848 in Italien siegreiche Schlachten lieferte. Als der österreichische Reichstag die offizielle Ehrung der „italienischen Armee" ablehnte, beschloß Pargfrieder, dem Heer aus eigenen Mitteln eine Gedenkstätte zu errichten, und wählte die Anhöhe oberhalb seines Schlosses dafür aus. Rund um die Person Radetzkys wurde eine Ruhmes-

stätte gestaltet, wobei die Walhalla in Regensburg Vorbild war. Doch wurde kein zentrales Bauwerk errichtet, sondern eine Fülle von Einzelobjekten, meist Porträtbüsten, Symbolgestalten, überragt von der Siegesgöttin und dem Totengenius. Als Bildhauer verpflichtete Pargfrieder Adam Rammelmayer aus Wien (1808–1883) und den Vorarlberger Johann Fessler (1803–1875). Die Statuen wurden teils in Eisenguß, in der Mehrzahl aber in dem damals modernen Zinkguß ausgeführt. Die Anlage gruppiert sich um eine lebensgroße Allegorie der Clio. Die Muse der Geschichtsschreibung in drapiertem Gewand weist auf die Aufgabe der Anlage hin, die Leistungen der Armee in den Jahren 1848 und 1849 in Italien und Ungarn in Erinnerung zu rufen. Die eigentlichen Denkmäler an diese Feldzüge sind zwei Siegessäulen und sie umgebende Büstenzyklen, einer dem italienischen Feldzug, der andere dem ungarischen Feldzug gewidmet. Ein Säulenhaus, als Wachlokal ge-

dacht, trägt auf dem Treppenabsatz Kolossalbüsten von großen Feldherren des 18. Jahrhunderts (Leopold Graf Daun, Prinz Eugen, Erzherzog Carl, Ernst Baron Laudon), in der Vorhalle und auf den Balustraden Büsten von hohen kaiserlichen Offizieren. Am äußeren Rand des Platzes befindet sich das Mausoleum in Form eines Obelisken. Darin wurde am 19. Jänner 1858 Feldmarschall Radetzky begraben. Die Anlage wurde Kaiser Franz Joseph zum Geschenk gemacht. Auch Pargfrieder fand dort später seine letzte Ruhestätte. Ein Weg zum zweiten Teil des Heldenberges wurde mit 32 Büsten österreichischer Generäle gesäumt, zur Mitte der Heldenhalle führt vom Platz eine weitere Allee mit ursprünglich 22 Büsten österreichischer Herrscher. Den Abschluß bildet das lebensgroße Standbild des jungen Franz Joseph. Das Denkmal wurde vom Kaiser 1909 der Armee übergeben, nun gehört es dem Bund.

Links: Der Statthalter Anton Freiherr von Halbhuber von Festwill.
Rechts: Gottfried Josef Pargfrieder. Ölgemälde des 19. Jhs.

1860–1865

KALENDER

1. 5. 1860 Die Kreisämter stellen ihre Tätigkeit ein.

1. 8. Anton Freiherr Halbhuber von Festwill wird Landespräsident und Leiter der nö. Statthalterei (bis 26. Mai 1862).

20. 10. Es wird die Aufstellung der Landtage auf neuer Basis eingeleitet. Das Februarpatent (26. 2. 1861) setzt diese Verfassungsentwicklung fort.

1861 In St. Pölten und Krems werden lokale Zeitungen, beide unter dem Titel „Wochenblatt", gegründet.

In Krems wird eine Turnerfeuerwehr, die erste Niederösterreichs, gegründet.

Januar–Februar Ein besonders strenger Winter mit großer Kälte.

8. 4. Das Protestantenpatent ermöglicht den Evangelischen die Bildung neuer Gemeinden.

1862 Feuerwehren werden in Wiener Neustadt (vom Turnverein) und in Hainburg gegründet.

Carl Grundmann, Lokomotivführer der Nordbahn, aus Danzig gebürtig, errichtet in Herzogenburg eine Werkstätte zur Erzeugung von Schlössern, die 1878 als „Gebrüder Grundmann" in das Handelsregister eingetragen wird.

4. 2. Ein großes Donauhochwasser führt zur Einleitung der Planungen für die Donauregulierung.

5. 3. Das Reichsgemeinde-Gesetz regelt die künftige Funktion der Ortsgemeinden.

6. 5. Der Gemeinderat von Wiener Neustadt läßt das Neunkirchnertor versteigern. 1863 wird das Ungartor, 1864 das Wienertor abgetragen.

1863 Joseph Oser errichtet eine Mühlsteinfabrik in Krems.

Landesoberrealschulen werden in St. Pölten, Baden, Wiener Neustadt und Krems gegründet.

In Scheibbs entsteht eine Turnerfeuerwehr.

Der Turnverein St. Pölten wird gegründet.

Das „Korneuburger Wochenblatt" wird gegründet. 1867–1896 nennt es sich „Landpresse".

15. 11. Der Sängerbund für Wien und Niederösterreich wird gegründet.

1864 Die Schulpatronate werden aufgehoben. Künftig ist die Beistellung des Sachaufwandes in den Schulen Sache der Gemeinden.

Der Verein für Landeskunde wird gegründet.

8. 2. Die Kommission für die Regulierung der Donau wird errichtet.

31. 3. Die Gemeindeordnung für das Erzherzogtum Österreich unter der Enns wird erlassen.

1865 Die Turnerfeuerwehr Baden sowie Feuerwehren in Vöslau, Gloggnitz und Imbach entstehen.

1. 5. Eröffnung der Ringstraße in Wien.

8. 11. Das Taubstummeninstitut wird im ehemaligen Wohnhaus Jakob Prandtauers in St. Pölten eröffnet.

GEBURTSTAGE

Josef Allram. „Waldviertler Sepp" genannt. Schriftsteller und Lehrer, schrieb Theaterstücke, Reisebeschreibungen, heimatkundliche Bücher. Geboren 22. 2. 1860 in Schrems. (Gestorben 19. 12. 1941 in Wien.)

Hans Hörbiger. Techniker. Maschinenkonstrukteur, Propagator der „Welteislehre", konstruierte das erste reibungsfrei geführte Plattenventil für Gebläse, Pumpen, Kompressoren (Hörbiger-Ventil). Geboren 29. 11. 1860 in Atzgersdorf. (Gestorben 11. 10. 1931 in Wien.)

Johann Resel. Sozialdemokratischer Politiker. Seit 1889 in Graz. Geboren 7. 9. 1861 in Hafnerbach. (Gestorben 7. 11. 1928 in Graz.)

Joseph Salcher. Industrieller. Präsident der „Harlander Baumwollspinnerei und Zwirnfabrik AG". Geboren 1861 in Harland. (Gestorben 7. 4. 1920 in Brunn-Harland.)

Maria Theresia Gräfin Ledochowska. Kongregationsgründerin. Pseudonym Alexander Halka. 1874–77 am Institut der Englischen Fräulein in St. Pölten tätig, widmete sich karitativen Arbeiten und Missionsaufgaben. Geboren 29. 4. 1863 in Loosdorf. (Gestorben 6. 7. 1922 in Rom.)

Karl Maria Heller. Zoologe. Kustos des zoologischen und anthropologisch-ethnographischen Museums in Dresden. Geboren 21. 3. 1864 in Rappoltenkirchen. (Gestorben 26. 12. 1945 in Dresden.)

Rudolf Heberdey. Archäologe. Universitätsprofessor in Innsbruck und Graz, Mitglied der Akademie der Wissenschaften in Wien. Geboren 10. 3. 1864 in Ybbs a. d. Donau. (Gestorben 7. 4. 1936 in Graz.)

Theophil Quirin. International führender Feuerwehr-Fachmann. Stadtbau-Direktor in Graz. Geboren 18. 6. 1864 in Kirchberg a. W. (Gestorben 11. 10. 1942 in Graz.)

Karl Luze. Musiker, Bassist der Hofkapelle und Hofoper. 1898 Chordirigent an der Hofoper, 1903–18 Hofburgkapellmeister. Geboren 4. 8. 1864 in Altenmarkt. (Gestorben 8. 2. 1949 in Wien.)

Maria Ursula (Julia) Gräfin Ledochowska. Schwester von Maria Theresia Gräfin Ledochowska. Kongregationsgründerin. Lebte bis 1874 in Loosdorf, dann bis 1883 in St. Pölten. 1886 Eintritt in den Ursulinenorden in Krakau, wirkte dann in St. Petersburg und Rom. Geboren 17. 4. 1865 in Loosdorf. (Gestorben 29. 5. 1939 in Rom.)

Alois Plessner. Seelsorger. Heimatforscher, 1906–37 Pfarrer von Kleinpöchlarn. Geboren 7. 6. 1865 in Grünbach bei Rappottenstein. (Gestorben 18. 3. 1937 in Klein-Pöchlarn.)

Wilhelm Witinger. Mathematiker. Geboren 19. 7. 1865 in Ybbs. (Gestorben 14. 1. 1945 in Ybbs.)

Ernst Stöhr. Maler, Graphiker, Dichter, Musiker. 1898 Mitbegründer der Wiener Secession. Geboren 1865 in St. Pölten. (Gestorben 18. 6. 1917.)

TODESTAGE

Gottfried Josef Pargfrieder. Gutsbesitzer. Gründer und Erbauer des Heldenberges und der Ruhestätte Radetzkys in Kleinwetzdorf. Gestorben 31. 1. 1861 in Kleinwetzdorf. (Geboren um 1775.)

Felix Mießl von Treuenstadt. Kommunalpolitiker. 1810 Verwalter der Staatsherrschaft Wiener Neustadt, 1816–48 Bürgermeister von Wiener Neustadt. Gestorben 13. 4. 1861 in Wiener Neustadt. (Geboren 10. 7. 1778 in Platten, Böhmen.)

Anton Kalcher. Goldschmied und Medailleur. Gestorben 12. 10. 1861 in St. Pölten. (Geboren 12. 6. 1800 in St. Pölten.)

Friedrich Gauermann. Maler und Graphiker. Gestorben 7. 7. 1862 in Wien. (Geboren 20. 9. 1807 in Scheuchenstein-Miesenbach.)

Ignaz Feigerle. Bischof von St. Pölten (1851–1863). 1847 Rektor der Universität Wien, Beichtvater des Kaisers. Gestorben 27. 9. 1863 in Ochsenburg. (Geboren 7. 4. 1795 in Biskupstur bei Olmütz.)

Johann Franz Kempen Freiherr von Fichtenstamm. General. Polizeiminister, 1852–59 Chef der Obersten Polizeibehörde. Gestorben 29. 11. 1863 in Schwarzau bei Wiener Neustadt. (Geboren 26. 6. 1793 in Pardubitz, Böhmen.)

Anton Dreher. Industrieller. Bierbrauer. Gestorben 27. 12. 1863 in Schwechat. (Geboren 7. 6. 1810 in Klein-Schwechat.)

Leander Ruß. Maler. Italienreise, ab 1833 Orientreise, malte Landschaften, aber auch Themen aus der Geschichte. Gestorben 8. 3. 1864 in Kaltenleutgeben. (Geboren 25. 11. 1809 in Wien.)

Paul Traugott Meißner. Naturforscher. Erfinder der „Meißnerischen Heizung". Gestorben 9. 7. 1864 in Neuwaldegg. (Geboren 23. 3. 1778 in Mediasch, Siebenbürgen.)

Leopold Grabner. Forstmann. 1833 Professor an der k. k. Forstlehranstalt Mariabrunn, 1847 Forstrat bei Fürst Alois Liechtenstein in Wien. Gestorben 4. 11. 1864 in Wien. (Geboren 21. 7. 1802 in Breitenfurt.)

Heinrich Wilhelm Schott. Botaniker. Sohn eines Hofgärtners in Schönbrunn. Forschungsreisen nach Südamerika, K. k. Hofgärtner. Gestorben 5. 3. 1865 in Schönbrunn bei Wien. (Geboren 7. 1. 1794 in Brünn.)

Karl von Etzel. Eisenbahn-Ingenieur und Architekt. Seit 1839 in Wien tätig, baute das Dianabad in Wien, zahlreiche Eisenbahnstrecken in Kärnten, Ungarn, Kroatien und die Brennerbahn (1864–67). Gestorben 2. 5. 1865 in Kemmelbach. (Geboren 6. 1. 1812 in Heilbronn.)

Ludwig Gottfried Neumann. Beamter, Schriftsteller. Dienst in der Polizeidirektion Wien, zuletzt im Ministerium für Kultus und Unterricht, schrieb daneben Gedichte und Lieder. Gestorben 8. 7. 1865 in Mödling. (Geboren 24. 6. 1813 in Graz.)

Ferdinand Georg Waldmüller. Maler. Hauptvertreter der Biedermeiermalerei und Vorkämpfer des Realismus in der österreichischen Malerei. Gestorben 23. 8. 1865 in der Brühl. (Geboren 15. 1. 1793 in Wien.)

Rechts: Der Landhaussitzungssaal in Wien mit der Einrichtung des 19. Jahrhunderts.
Mitte rechts: Feuerwehr in Schwarzau.

1860–1865

Die Neuerrichtung des Landtages

Am 20. Oktober 1860 wurden durch den Erlaß des „Oktoberdiploms" die staatsrechtlichen Verhältnisse der Monarchie neu geordnet und festgelegt, daß die Krone das Recht, Gesetze zu geben und abzuändern nur unter Mitwirkung der gesetzlich versammelten Landtage bzw. des Reichsrates ausüben werde. In den Reichsrat hatten die Landtage eine Anzahl von Mitgliedern zu entsenden. Jedes Land erhielt ein „Statut über die Landesvertretungen", wobei die bereits 1854 ausgearbeiteten, aber nicht publizierten Entwürfe verwendet wurden. Diese neue Verfassung fand aber nur geringe Zustimmung, so daß am 26. Februar 1861 das „Februarpatent" publiziert wurde. Auch jetzt wurden die Abgeordneten des Reichsrates, davon 46 Niederösterreicher, von den Landtagen entsandt und bildeten eine zweite Kammer. Im Herrenhaus wurden vom Kaiser berufene Mitglieder vereinigt. Im Anschluß an das Februarpatent wurden auch die Landtagsordnung und auch die Landtagswahlordnung des Erzherzogtums Österreich unter der Enns publiziert. Das Land sollte nun in Landesangelegenheiten vom Landtag, der aus 66 Mitgliedern bestand, vertreten werden. Dieser Landtag bestand aus dem Erzbischof von Wien, dem Bischof von St. Pölten und dem Rektor der

„Ein Monument zur Erinnerung an die Landtagswahlen 1870". Die Farblithographie aus „Hans Jörgel".

Universität Wien, die kraft ihres Amtes dem Landtag angehörten, aus 15 Abgeordneten des Großgrundbesitzes, 28 Deputierten der Städte, Märkte und Handelskammern sowie 20 Abgeordneten der Landgemeinden. Der Landtag sollte jährlich einmal einberufen werden und seine Funktionen sechs Jahre lang ausüben. Den Vorsitz führte der vom Kaiser ernannte Landmarschall. Die Zahl der Mitglieder des Landtages wurde 1867, 1884 und 1888 auf 78 erhöht. Während die Abgeordneten der ersten Kurien direkt gewählt wurden, wurden die Vertreter der Landgemeinden durch Wahlmänner festgelegt. 500 Personen wählten einen Wahlmann, und die Wahlmänner eines Kreises wieder einen Abgeordneten. Die ärmeren Volksschichten waren vom Landtagswahlrecht ausgeschlossen. Ein Mandat kostete auf dem Land wesentlich mehr Stimmen als in den Städten oder in der Kurie der Großgrundbesitzer. Der Landtag hatte ferner bis 1873 die Reichsratsabgeordneten in das Parlament zu entsenden.

Die Gründung von Feuerwehren

Bis in die Mitte des 19. Jahrhunderts hatte sich das Löschwesen in den niederösterreichischen Orten nur unwesentlich verbessert. Zwar war es schon zur Zeit Josephs II. zur Entwicklung eines Löschfahrzeuges gekommen, eines Leiterwagens mit aufgebautem Tank, doch war vor allem die Organisation der Löschmannschaften nicht befriedigend. Entweder sollten die Bewohner eines Ortes im Falle von Feuer Eimerketten bilden, um Löschwasser heranzuschaffen, oder es wurden für die wenigen vorhandenen Löschgeräte städtische Arbeiter eingesetzt. Da dies alles nicht befriedigend war, kam es am Beginn der sechziger Jahre zur Gründung von freiwilligen Feuerwehren. In einigen Orten waren die Mitglieder der kurz zuvor gegründeten Turnvereine die ersten Feuerwehrpioniere. Es wurden Vereine gegründet, die für die Erstellung der Mannschaften zu sorgen hatten. Die Geräte, Handspritzen und Wasserwagen, Leitern, Ledereimer und Feuerhaken, stellten meist die Gemeinden zur Verfügung. In kleineren Orten kam es auch zu Sammlungen, bei denen begüterte Bürger oft beträchtliche Summen spendeten. So kam es in den größeren niederösterreichischen Orten, in Wiener Neustadt, Krems und St. Pölten, zur Gründung von Feuerwehren auf freiwilliger Basis, die sich oft „Turnerfeuerwehr" nannten. Am Ende dieses Jahrzehnts wurden diese Turnerfeuerwehren in „Freiwillige Feuerwehren" umbenannt, in die auch Personen aufgenommen wurden, die nicht Mitglieder der Turn-

vereine waren. Auch in kleineren Orten kam es nun zur Gründung von freiwilligen Feuerwehren, die sich alsbald zu Bezirksverbänden und zu einer Landesorganisation zusammenschlossen. Das Feuerwehrwesen wurde sehr bald zur bestorganisierten Selbsthilfeorganisation im nö. Raum, es hat sich auch im 20. Jh. weiterentwickelt und wurde der Zeit entsprechend modernisiert. Im 19. Jh. war die Ausstattung in der Regel noch sehr einfach, trotzdem konnten die Feuerwehren bereits beachtliche Erfolge bei der Bekämpfung von Bränden und anderen Katastrophen erzielen.

Verein für Landeskunde von Niederösterreich

Am 13. Juni 1864 wurde durch den Landesschulinspektor Moritz Alois Becker (1812–1887) der Verein für Landeskunde gegründet. Für dessen Ausbau und Fortentwicklung haben sich vor allem Advokat Dr. Joseph Bauer (Gestorben 1886) und der spätere Landesarchivdirektor Dr. Anton Mayer (1865 bis 1905 Vereinssekretär) große Verdienste erworben. Im Jahre 1879 hatte er 1354 Mitglieder, 1903 nur mehr 792. Durch seine Beteiligung an der Errichtung des Landesmuseums im Jahre 1911 wurde der Verein wieder stärker in der Öffentlichkeit bekannt. So wies er im Jahre 1924 etwa 3000 Mitglieder auf. Er hat sich durch viele wissenschaftliche Publikationen, u. a. auch durch die Herausgabe von zwei wissenschaftlichen Zeitschriften, große Verdienste um die niederösterreichische Landesgeschichte erworben.

Links: Das Kopalhorn, Ehrensignalhorn des Jägerbataillons Nr. 10. Gewidmet von der Armee in Italien für die Erstürmung des Monte Berico am 10. 6. 1848, Heeresgeschichtliches Museum Wien. Rechts Mitte: Abt Wilhelm Eder von Melk.

1866–1868

KALENDER

1866 In Rehberg wird ein Hammerwerk durch Adolf und Franz Schmitt in eine Lederfabrik umgewandelt.

In Scheibbs und Hadersdorf werden Feuerwehren gegründet.

8. 8. Wiener Neustadt erhält ein Gemeindestatut und wird landesunmittelbar. Der Gemeinderat hat künftig 30 Mitglieder; die Stadt hat 17.203 Einwohner.

1867 Friedrich Austin gründet eine Spitzenfabrik in Viehofen.

In einer Reihe von Orten werden Feuerwehren gegründet, so in St. Pölten, Mödling, Klosterneuburg, Melk, Weißenkirchen, Neunkirchen.

18. 2. Abschluß der Verhandlungen über den Ausgleich mit Ungarn.

2. 5. Gründung eines Österreichischen patriotischen Hilfsvereines für verwundete Krieger, Militärwitwen und Waisen. 1880 wird der Verein in „Gesellschaft vom Roten Kreuz" umbenannt.

22. 5. Eröffnung des neubestellten cisleithanischen (österreichischen) Reichsrates. Wiederherstellung der verfassungsmäßigen Rechte.

21. 12. Kaiser Franz Joseph bestätigt das neue Staatsgrundgesetz („Dezemberverfassung"). In der Verfassung von 1920 bzw. 1929 scheint dieses als Artikel 7 auf. 1945 wird es ausdrücklich als wieder in Kraft befindlich bezeichnet.

1868 Gründung des Stammwerkes der Firma Undasch in Amstetten.

Die allgemeine Wehrpflicht wird eingeführt.

Karl Eybl gründet eine Fabrik für Matten und Teppiche in Stein.

Feuerwehren entstehen in Langenlois, Traiskirchen, Pottenstein, Stein a. d. Donau und Waidhofen a. Ybbs.

Jannuar In Allentsteig und Gföhl entstehen Sparkassen.

19. 1. Die Statuten des Arbeiter-Bildungsvereines Wiener Neustadt werden bewilligt.

14. 3. Der Männergesangsverein Gmünd wird gegründet. Es folgen Schrems 1873, Litschau 1881, Heidenreichstein 1883, Weitra 1883, die Liedertafel Gmünd 1892, Hoheneich 1896 und Eisgarn 1908.

Feuerwehrübung um 1870.

Der Fabrikant Friedrich Austin. Zeitgenössische Fotografie.

GEBURTSTAGE

P. Wladimir Graf Ledochowski. General des Jesuitenordens (1915 bis 1942). Geboren 7. 10. 1866 in Loosdorf. (Gestorben 13. 12. 1942 in Rom.)

Roman Josef Hödl. Geograph, Historiker. 1910 Direktor der Lehrerbildungsanstalt in Hollabrunn, 1914–1924 Direktor der Realschule Wien I. Geboren 28. 2.1867 in Loosdorf. (Gestorben 2. 11. 1928 in Brand-Laaben.)

Viktor Hofmann von Wellenhof. Archivar und Bibliothekar, 1902–1923 Direktor des Archivs und der Bibliothek des Finanzministeriums. Geboren 18. 6. 1867 in Kirchberg a. d. Pielach. (Gestorben 22. 9. 1948 in Wien.)

Gustav Klimt. Maler. Geboren 14. 7.1867 in Baumgarten bei Wien. (Gestorben 6. 2.1918 in Wien.)

Eugen von Luxardo. General, ab 1894 Generalstabsoffizier; im 1. Weltkrieg auf dem Balkan, in Italien und Rußland eingesetzt. Geboren 1. 9. 1867 in Maria Enzersdorf. (Gestorben 27. 1. 1934 in Graz.)

Franz Seifert. Akademischer Bildhauer, lebte nach 1946 in Linz. Geboren 2. 4. 1866 in Schönkirchen. (Gestorben 19. 1. 1951 in Linz.)

Otto Ellison, Edler von Nidlef. Berufsoffizier, im 1. Weltkrieg bei den Kaiserjägern, 1918: Generalmajor und Kommandant der k. u. k. Luftstreitkräfte, 1930: Landesstabschef der steirischen Heimwehr. Geboren 6. 4. 1868 in St. Pölten. (Gestorben 11. 11. 1947 in Stainz, Stmk.)

Rudolf Fitzner. Violinvirtuose; gründete 1894 das Fitzner-Streichquartett; Professor am Mozarteum Salzburg. Geboren 4. 5. 1868 in Ernstbrunn. (Gestorben 2. 2. 1934 in Salzburg.)

Robert Peutlschmid. Jurist, 1929 zweiter Präsident des Obersten Gerichtshofes. Geboren 15. 5. 1868 in Ebreichsdorf. (Gestorben 18. 2. 1934 in Wien.)

Karl Landsteiner. Arzt, Seelsorger; ab 1911 Universitäts- Professor für Pathologie in Wien; 1927 Entdeckung der Blutgruppen, 1930: Nobelpreis für Medizin. Geboren 14. 6. 1868 in Baden. (Gestorben 26. 6. 1943 in New York.)

Franz Hlawati. Schulmann, Seelsorger, 1903 Prof. am Theresianum in Wien, 1921 Kanonikus bei St. Stephan, 1934–38 Mitglied des nö. Landtages. Geboren 1. 10. 1868 in Bernhardsthal. (Gestorben 26. 7. 1940 in Wien.)

TODESTAGE

Heinrich Josef Mansfeld. Kupferstecher; schuf vor allem Bildnisse und zog sich 1849 nach Mödling zurück. Gestorben 15. 5. 1866 in Mödling. (Geboren 13. 2. 1785 in Wien.)

Heinrich Ritter von Sichrowsky. Humanist; Studienreisen in Europa, Mitbegründer der „Nordbahn", zuletzt deren Generalsekretär, daneben erwarb er sich große Verdienste um die Israelitische Kultusgemeinde und auf sozialem Gebiet. Gestorben 10. 7. 1866 in Baden. (Geboren 1794 in Wien.)

P. Wilhelm Eder O. S. B. Abt von Melk (1838), Mitglied des Reichsrates (1861). Gestorben 24. 9. 1866 in Melk. (Geboren 9. 7. 1780 in Feuersbrunn.)

Ferdinand Fruwirt sen. Fabrikant, Hofbüchsenmacher, übernahm 1836 die Werke seiner Mutter in Wiener Neustadt, Neunkirchen, Freiland und St. Ägyd. Gestorben 1. 3. 1867 in Wien. (Geboren 5. 10. 1812 in Wien.)

Josef Franz Emil Trimmel. Schriftsteller, im Zivilberuf Staatsbeamter. Gestorben 9. 11. 1867 in Mödling. (Geboren 15. 9. 1786 in Wien.)

Ludwig Ströhmer. Abt des Stiftes Seitenstetten. Gestorben 27. 11. 1867 in Seitenstetten. (Geboren 17. 2. 1819 in Linz.)

Wolfgang Pauker. Augustiner Chorherr im Stift Klosterneuburg, Kooperator und Religionsprofessor, Dozent für kirchliche Kunstgeschichte an der Kunstgewerbeschule Wien. Gestorben 9. 1. 1950 in Kosterneuburg. (Geboren 14. 12. 1867 in Tracht (Mähren).)

August Sicard von Sicardsburg. Architekt, Erbauer der Wiener Staatsoper. Gestorben 11. 6. 1868 in Weidling. (Geboren 6. 12. 1813 in Budapest.)

Adalbert Stelzmüller. Poet, Komponist, v. a. seiner Walzer wegen beliebt. Sein poetisches Hauptwerk, „Das Leben des Volkes", erschien 1868. Gestorben 30. 11. 1868 in Bisamberg. (Geboren 1838 in Wien.)

Links: Der preußische Feldherr Helmut Graf Moltke.
Rechts: Der österreichische General Lajos Baron Gablonz. Lithographie.
Unten: Die Schlacht bei Königgrätz am 3. 7. 1866.

KRIEGS-CHRONIK

8. 4. 1866 Preußen und Italien schließen einen Allianzvertrag gegen Österreich.

Mitte Juni Mit der Befestigung des Brückenkopfes Floridsdorf wird begonnen.

10. 6. Preußen verlangt den Ausschluß Österreichs aus dem Deutschen Bund.

12. 6. Frankreich erklärt seine Neutralität.

14. 6. Der Deutsche Bundesrat beschließt mit 9 gegen 6 Stimmen die von Österreich verlangte Mobilisierung gegen Preußen. Preußen erklärt die Bundesverfassung für erloschen; der Krieg beginnt.

17. 6. Das Kriegsmanifest „An meine Völker" erscheint.

24. 6. Die Österreicher siegen bei Custozza über die Italiener.

27. 6. General Gablenz siegt bei Trautenau über ein preußisches Korps.

1. 7. Der österr. Feldzeugmeister Ritter von Benedek sendet ein Telegramm mit dem dringenden Ersuchen nach Wien, um jeden Preis Frieden zu schließen.

3. 7. Entscheidungsschlacht bei Königgrätz (oder Sadowa). Die Österreicher werden besiegt, der Rest der Armee zieht sich an die Donau zurück.

4. 7. Preußen lehnt das österreichische Friedensangebot ab.

10. 7. Erzherzog Albrecht übernimmt das Oberkommando. Österreichische Truppen werden im Raum Wien konzentriert.

13. 7. Preußische Truppen erreichen die Thaya.

15. 7. Die Preußen erreichen Guntersdorf und Gaweinstal, die Donaubrücke bei Stein wird teilweise vom österreichischen Militär abgebrannt.

19. 7. Die Preußen sind in Stockerau, Wolkersdorf und im Marchfeld, Vorhuten erreichen Gänserndorf. In den von den preußischen Truppen besetzten Gebieten bricht die Cholera aus.

Die Epidemie breitet sich über 490 Orte aus, 23.000 Personen erkranken, 8.000 sterben.

20. 7. Seesieg Admiral Tegetthoffs über die Italiener bei der Insel Lissa (Vis).

22. 7. Ein Waffenstillstand wird geschlossen. Die Demarkationslinie verläuft entlang der Donau von Krems bis Stockerau, dann den Göllersbach entlang bis Schönborn, dann bis zum Rußbach bei Leopoldsdorf. Am 22. Juli hält sich Bismarck in Schloßhof auf.

24. 7. Das preußische Hauptquartier ist in Ebental.

1. 8. Der preußische König Wilhelm I. hält eine Heerschau bei Schönkirchen. 50.000 Mann und 11 Musikkapellen sind versammelt.

6. 8. Vorfriede zu Nikolsburg. Österreich erkennt die Auflösung des Deutschen Bundes an.

23. 8. Der Friede von Prag zwischen Österreich und Preußen wird geschlossen.

3. 10. Friede von Wien zwischen Österreich und Italien.

Die Errichtung der Bezirkshauptmannschaften

Die Verfassung von 1867 brachte die endgültige Trennung der Rechtsprechung von der politischen Verwaltung. Mit Gesetz vom 19. Mai 1868 (Reichsgesetzblatt Nr. 44 von 1868) wurden wiederum Bezirkshauptmannschaften errichtet. Die Gebiete wurden aber neu abgegrenzt. So entstand etwa im Westen anstelle der beiden Bezirksämter Waidhofen und Amstetten eine einzige Hauptmannschaft. Als Sitz wurde schließlich wegen der günstigeren Verkehrsverbindungen sowie wegen der vorhandenen Amtsräume Amstetten bestimmt, während Waidhofen am 6. Februar 1869 das Recht einer Statutarstadt erhielt. In späteren Jahren wurden die Bezirksgrenzen noch wesentlich verändert und eine Reihe von weiteren Bezirken geschaffen. Dabei kam es bei späteren Reformen immer wieder dazu, daß man z. B. Lilienfeld und Pöggstall mit St. Pölten oder Melk vereinigte oder dann wieder trennte. Anläßlich des 50jährigen Regierungsjubiläums Franz Josephs wurden die neuen Bezirkshauptmannschaften Melk und Pöggstall errichtet.

Die Bezirkshauptleute galten zur Zeit der Monarchie als persönliche Vertreter des Kaisers. Mit der Bezirkshauptmannschaft vereinigt waren ein Amtsarzt, ein Amtstierarzt und auch der Bezirksschulrat. Weiters waren dem Bezirkshauptmann einige Juristen zugeteilt. Sie mußten, wie auch die niederen Beamten, ihren Dienst in Uniform verrichten. In den Bezirkshauptmannschaften wurden auch die Mobilisierungsakten vorbereitet, in denen die Reservisten, aber auch die Fuhrwerke der Bauern, die im Mobilisierungsfall zur Verfügung gestellt werden mußten, verzeichnet waren. Zu diesem Zweck wurde ein Landwehrevidenzbeamter, der im Volksmund „Bezirksfeldwebel" hieß, angestellt.

Der preußische Feldzug 1866

Nach der Niederlage der österreichischen Nordarmee bei Königgrätz am 3. Juli 1866 drangen die Preußen, ohne auf größeren Widerstand zu treffen, bis ins nördliche Niederösterreich vor und besetzten mehrere Landstriche des Weinviertels. Ihr Ziel war Wien. Am 15. Juli kam es bereits zu Gefechten in verschiedenen Grenzbereichen. Am folgenden Tag kamen sie bis in die Gegend von Hollabrunn und Gaweinstal, während am 19. Juli preußische Patrouillen bei Stokkerau auftauchten und ins Marchfeld vorstießen. Das österreichische Militär zog sich großteils kampflos auf das südliche Donauufer zurück und brannte die Brücke zwischen Stein und Mautern ab. Die Südarmee wurde mittels Bahntransport an die Donau verlegt, und am 22. Juli wurde dann ein Waffenstillstand geschlossen, bei dem eine Demarkationslinie festgelegt wurde, die der Donau von Krems bis Stockerau, dann dem Göllersbach bis Schönborn folgte und von Wetzleinsdorf bis zum Rußbach ging, wo sie bei Leopoldsdorf endete. Auf dem Bisamberg errichtete das österreichische Militär Schanzen zur Verteidigung der Hauptstadt. Bei Stadlau wurde eine neue Donaubrücke errichtet, und im Wiener Becken konzentrierte man die aus Italien herangeholten Verbände.

Wenige Wochen später, am 6. 8., wurde zu Nikolsburg ein Vorfriede geschlossen, und am 23. 8. kam der Friedensschluß in Prag zustande. Österreich anerkannte die Auflösung des Deutschen Bundes, das Schicksal der deutschen Staaten wurde zur Gänze Preußen überlassen. In den nächsten Wochen zogen sich die preußischen Truppen über Böhmen wieder in ihr Land zurück. Ursache dieser Niederlage war die schlechtere Bewaffnung des österreichischen Militärs, vermutlich aber auch die Unterlegenheit in der strategischen Führung.

Feldzeugmeister Benedek und die österreichischen Generäle der Nordarmee 1866 in Olmütz.

Links: Die wiedererrichtete Burg (Schloß Rothschild) von Waidhofen an der Ybbs. Aquarell. Rechts: Eduard Sueß, Geograph und Kommunalpolitiker. Lithographie.

1869–1872

KALENDER

1869 Das Reichsvolksschulgesetz wird beschlossen und verändert das Schulwesen völlig.

Waidhofen an der Ybbs erhält ein eigenes Statut.

Die Stadt Krems errichtet eine Weinbauschule, die 1875 zur nö. Landeswinzerschule umgestaltet wird.

Der österreichische Touristenclub wird gegründet, um den Tourismus zu demokratisieren. Er erwarb 1871 die Baumgartnerhütte auf dem Hochschneeberg von der Innerberger Hauptgewerkschaft Hirschwang und baute sie aus.

Weitere Feuerwehren entstehen in Großenzersdorf, Stockerau, Gumpoldskirchen. Am 17. Mai 1869 findet der Erste nö. Feuerwehrtag in Baden statt.

21. 10. Erstausgabe einer Postkarte („Correspondenzkarte") der österreichischen Postverwaltung. Es handelt sich um eine österreichische Erfindung (ab 1870 auch als Bildpostkarte).

8. 12. Spatenstich für die erste Wiener Hochquellenleitung im Höllental.

1870 Der erste Band der Topographie von Niederösterreich, herausgegeben vom Verein für Landeskunde, erscheint.

Der Kampf Josef Schöffels um die Rettung des Wienerwaldes beginnt (bis 1872).

Spatenstich für die große Donau-Regulierung. 1874 wird der Durchbruch in Wien fertig.

Neue Feuerwehren werden in Ybbs, Wilhelmsburg, Schwechat-Stadt und Pöchlarn gegründet.

Neue Sparkassen entstehen in Ottenschlag und Weitra.

Im Edelhof bei Zwettl wird eine Landwirtschaftsschule errichtet.

Der Landtag beschließt eine Feuerpolizeiordnung für Österreich unter der Enns mit Ausnahme der Stadt Wien.

Pfarrer Josef Kinzl errichtet eine zweite Druckerei in Krems. Sie geht 1883 an Josef Faber über.

12. 1. Die Zeitschrift „Gleichheit" erscheint in Wiener Neustadt; Sie wird 1874 zum Organ der sozialdemokratischen Arbeiterpartei Österreichs.

23. 6. Die Eisenbahnlinie Wien–Eggenburg wird eröffnet. Am 1. 11. folgt die Strecke Eggenburg–Gmünd, am 14. Dezember 1871 folgt die Linie Gmünd–Prag. Damit ist die Franz Josefs-Bahn fertiggestellt.

1871 Der letzte Schifferzug auf der Donau auf dem Treppelweg durch den Strudengau wird durchgeführt.

Die Nordwestbahnbrücke im Verlauf der jetzigen Nordbrücke wird erbaut. 1870 war ihr die Stadlauer Eisenbahnbrücke vorangegangen, 1873 folgte die Nordbahnbrücke und 1874 die Kaiser Franz Josephs-Brücke, die jetzige Floridsdorfer Brücke und 1876 die Kronprinz Rudolf-Brücke, die heutige Reichsbrücke.

Die Feilenfabrik in Hohenberg wird gebaut.

Das Piaristen-Obergymnasium Krems wird eine staatliche Lehranstalt.

Das bischöfliche Knabenseminar Krems wird nach Seitenstetten verlegt.

Die Staatsbahnlinie Wien – Brünn über Mistelbach wird fertiggestellt.

1872 Die Kronprinz Rudolf-Bahn von Amstetten ins Ennstal wird eröffnet. Sie führt weiter durch die Steiermark und Kärnten bis Laibach.

Conrad von Eybesfeld wird Statthalter von Niederösterreich.

Der Ethof bei Amstetten wird zur Landwirtschaftsschule umgebaut.

Krems erhält einen Eisenbahnanschluß durch einen Flügel der Franz Josefs-Bahn von Absdorf nach Krems.

Ein provisorischer Saison-Kindergarten wird in Horn eröffnet. Er wird 1879 städtisch. 1873 wird in St. Pölten ein Privatkindergarten eröffnet.

1. 11. Eröffnung der Eisenbahnlinie Stockerau–Retz, der sogenannten Nordwest-Bahn.

1872 Eine Standseilbahn auf den Leopoldsberg wird errichtet. Sie besteht bis 1878. Gleichzeitig wird eine Konzession für eine Zahnradbahn auf den Kahlenberg erteilt.

1. 7. Eröffnung der Bahnlinie Sigmundsherberg – Zellerndorf.

1872 In Wiener Neustadt wird eine Lehrerbildungsanstalt errichtet.

GEBURTSTAGE

Karl Seitz. 1901: Reichsratsabgeordneter, 1902: Erster sozialdemokratischer Abgeordneter im nö. Landtag, 1919–20: 1. Präsident der Nationalversammlung, 1923–34: Bürgermeister von Wien, 1920–34: Abgeordneter zum Nationalrat. Geboren 4. 9. 1869 in Wien. (Gestorben 3. 2. 1950 in Wien.)

Gottfried Kunwald. Finanzfachmann, Finanzberater Ignaz Seipels. Geboren 13. 9.1869 in Baden. (Gestorben 14. 3. 1938 in Wien durch Selbstmord.)

Leopold Harmer. 1908 Professor für Laryngo-Rhinologie an der Universität Wien, 1913–20 im Wilhelminenspital in Wien tätig. Geboren 22. 12. 1869 in Spillern. (Gestorben 12. 4. 1945 in Spillern.)

Ämilius Hacker. Jurist, Bergsteiger und Forscher, nahm 1895 an einer Kaukasus- und einer Zentralasien-Expedition teil; wurde mit 8 Gefährten am Schneeberg in der heute nach ihm benannten Mulde vom Weißen Tod ereilt. Geboren 3. 3. 1870 in Neulengbach. (Gestorben 25. 3. 1912.)

Heinrich Kretschmayr. Historiker, Professor an der Universität und an der Kunst-Akademie in Wien, Mitglied der Akademie der Wissenschaften. Geboren 15. 7. 1870 in Bruck a. d. Leitha. (Gestorben 21. 7. 1939 in Wien.)

Ferdinand Andri. Maler und Bildhauer, 1905 Präsident der Secession. Geboren 1. 3. 1871 in Waidhofen an der Ybbs. (Gestorben 19. 5. 1956 in Wien.)

Anton Kenner. Maler, Professor an der Akademie für angewandte Kunst, tätig in Salzburg und Villach, später in Wien. Geboren 11. 9. 1871 in Brunn am Gebirge. (Gestorben 12. 4. 1951 in Wien.)

Friedrich Wiesner. Diplomat. Geboren 27. 10. 1871 in Mariabrunn. (Gestorben 5. 11. 1951 in Wien.)

Eduard Dolezal. Geodät, Schöpfer des modernen Vermessungswesens. Geboren 2. 3. 1872 in Mährisch Budweis. (Gestorben 7. 7. 1955 in Baden.)

Franz Mach. Journalist, ab 1914 Kriegsberichterstatter, 1936/37 Chefredakteur der „Volks-Zeitung". Geboren 20. 6. 1872 in Wiener Neustadt. (Gestorben 27. 9. 1938 in Wien.)

Wilhelm Miklas. Christlichsozialer Politiker, Gymnasialdirektor in Horn, seit 1907 Abgeordneter (bis 1918 des Reichsrates, dann zum Nationalrat), 1918 Mitglied des Staatsrats, 1919/20 Unterstaatssekretär für Kultus, 1923 – 28 Nationalrats-Präsident, 10. 12. 1928 – 13. 3. 1938 Bundespräsident. Geboren 15. 10. 1872 in Krems. (Gestorben 20. 3. 1956 in Wien.)

Hans Wagner-Schönkirch. Musikpädagoge und -schriftsteller, Komponist, Chorleiter, mit der spätromantischen Männergesangspflege eng verbunden. Geboren 19. 12. 1872 in Schönkirchen. (Gestorben 12. 2. 1940 in Wien.)

TODESTAGE

P. Ignaz Keiblinger. O.S.B., Historiker, Moraltheologe in Stift Melk, 1860 Bibliothekar von Stift Melk. Gestorben 3. 7. 1869 in Melk. (Geboren 20. 9. 1797 in Wien.)

Alois Auer. Buchdrucker. 1841–64 Direktor der Hof- und Staatsdruckerei. Gestorben 10. 7. 1869 in Hietzing. (Geboren 11. 5. 1813 in Wels.)

Heinrich Friedrich Sailer. Schriftsteller, Historiker. Gestorben 13. 8. 1869 in Klosterneuburg. (Geboren 1. 6. 1837 in Wien.)

Philipp Haas. Textilindustrieller, Begründer der gleichnamigen Kleider- und Teppichfirma in Mitterndorf. Gestorben 31. 5. 1870 in Vöslau. (Geboren 1791 in Gumpendorf.)

Joseph Gerstmeyer. Landschaftsmaler. Gestorben 14. 9. 1870. (Geboren 6. 3. 1801 in Wien.)

Johann Fischbach. Maler. Gestorben 19. 6. 1871 in München. (Geboren 6. 4. 1797 in Grafenegg.)

Josef Feßler. Theologischer Schriftsteller, Universitäts-Professor für Kirchengeschichte und -recht in Wien, seit 1864 Bischof von St. Pölten, Gegner des Liberalismus. Gestorben 25. 4. 1872 in St. Pölten. (Geboren 2. 12. 1913 in Lochau (Vbg.).)

Andreas Töpper. Industrieller, Erfinder, gründete in Neubruck bei Scheibbs das erste Eisen-, Stahl- und Walzblechwerk in Österreich, erfand technische Verbesserungen in der Eisengewinnung und -verarbeitung. Gestorben 27. 4. 1872 in Scheibbs. (Geboren 10. 11. 1786 in Schwanberg.)

Johann Nepomuk Reithoffer. Schneidermeister, Erfinder, Begründer der Kautschuk-Industrie und -weberei in Österreich. Gestorben 6. 5. 1872 in Wien.(Geboren 13. 4. 1781 in Feldsberg (damals NÖ., heute Valtiče, ČSFR))

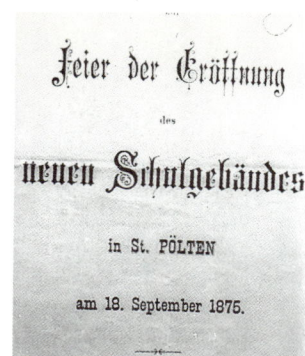

Rechts: Ansicht der Stadt Waidhofen. Foto nach einem Stich von Stowikowski um 1880.

Der Ausbau des Eisenbahnnetzes

Die Semmering-Bahn, erste Gebirgsbahn Europas und in den Jahren 1848 – 1854 erbaut, war die erste Rampenbahn, die planmäßig Täler ausfuhr und Gebirgsrücken umfuhr, um zum Scheitelpunkt zu gelangen. Sie wurde zum Vorbild für alle Gebirgsbahnen der Welt, denn sie überquert auf 16 teilweise mehrstöckigen Viadukten tiefe Schluchten, durchfährt 15 Tunnels, um schließlich den Berg in einem 1.430 m langen Haupttunnel zu durchfahren. Sie war zweifellos eines der großartigsten Bauwerke Niederösterreichs im 19. Jahrhundert und gleichzeitig der letzte Bahnbau, der vom Staat durchgeführt wurde.

Im Jahre 1854 wurde nämlich der Eisenbahnbau umgestellt, es begann die Periode der durch den Staat garantierten Privatbahnen, die zu einem raschen Ausbau des Liniennetzes führten. Zwischen 1858 und 1873 expandierte das Schienennetz in der westlichen Reichshälfte von 1.902 auf 8.508 Kilometer. Bis 1866 war die wirtschaftliche Stagnation für den Baufortschritt hemmend, in den nächsten Jahren waren aber starke Wachstumsraten zu verzeichnen. Zahlreiche Hauptstrecken der Monarchie konnten fertiggestellt werden.

Für Niederösterreich wichtig war nach der Kaiserin Elisabeth-Westbahn die Kaiser Franz Josefs-Bahn, die das Waldviertel und Südböhmen verkehrsmäßig erschloß und zwischen 1866 und 1871 gebaut wurde. Die Nordwest-Bahn stellte eine weitere Verbindung nach Südmähren und Böhmen her, die Kronprinz Rudolf-Bahn nahm in Amstetten ihren Ausgang und führte durch die Steiermark und Kärnten bis Laibach. Andere Strecken verbanden Wien über Mistelbach und Laa mit Brünn, auch Krems erhielt einen Anschluß an die Franz Josefs-Bahn. Wichtige Linien miteinander verbunden. Ein Lokalbahngesetz aus dem Jahre 1808 bildete die Grundlage für den weiteren Ausbau des Eisenbahnnetzes. Damit wurde es in den achtziger Jahren möglich, regionale Linien zu errichten. In Niederösterreich wären die Kamptalbahn, die Strecke von St. Pölten und Hainfeld nach Leobersdorf, die Donauuferbahn bis Grein, die Linie St. Pölten-Tulln, von Schwarzenau nach Waidhofen a. d. Thaya und nach Zwettl oder die Strecken von Wiener Neustadt nach Puchberg am Schneeberg und nach Gutenstein zu nennen.

Die Eisenbahn wurde ein Schlüsselfaktor industrieller Expansion, da sie viele Investitionen und technische Fortschritte erforderlich machte, eine gewaltige Bautätigkeit an-

Die erste Eisenbahnbrücke über die Donau bei Tulln, zeitgenössische Fotografie.

regte und auch den Transport von Massengütern ermöglichte.

Bei den Detailplanungen wurden oft strategische Erfordernisse berücksichtigt. So erhielt beim Bau der Kaiserin Elisabeth-Westbahn die Trassenführung über Rekawinkel gegenüber der Linie durch das Tullnerfeld aus militärischen Überlegungen den Vorrang.

Die wachsende Bedeutung der Eisenbahnen als Transportmittel schlug sich auch in steigenden Beförderungsziffern von Gütern und Personen nieder. Die Durchschnittsgeschwindigkeit stieg von 30,5 km/h im Jahre 1848 auf 40 km/h im Jahre 1868. Durch die Einführung verschiedener Ermäßigungen bei Retourkarten, Monats- und Schülerkarten wurde die Bahn allmählich zu einem Massentransportmittel. Die Leistungsfähigkeit der Lokomotiven und die Sicherheit des Betriebes steigerten sich zunehmend. Der Fahrkomfort wurde verbessert. Die Bahnhofsanlagen prägten das Bild mancher Orte. Zu den manchmal weit außerhalb der Ortskerne liegenden Bahnhöfen (vor allem z. B. im Waldviertel) entstanden neue Straßenzüge, in denen sich die Entwicklung von Bezirksstädten manifestierte.

Bau des Bahnhofes Limberg-Maissau an der Franz-Josephs-Bahn, zeitgenössische Fotografie.

Um 1880 begann eine neuerliche Welle der Verstaatlichung, wobei die Kaiserin Elisabeth-Westbahn zum Kernstück der neuen Staatseisenbahn wurde. Andere Strecken mußten wegen zu geringer Kapazität vom Staat übernommen werden, um den Weiterbestand zu sichern. Während manche Gewerbetreibende die Konkurrenz der Bahn fürchteten, waren andere wieder am raschen Bahnbau interessiert. Von der Kamptalbahn erwarteten sich die Bauern, vor allem die Weinbauproduzenten, Vorteile. Man glaubte, durch einen Eisenbahnanschluß nach Wien den darniederliegenden Weinabsatz heben zu können.

Die Schulreform

Im Jahre 1869 wurde das Volksschulwesen Niederösterreichs reformiert. Aufgrund des Reichsvolksschulgesetzes, das eine achtjährige Schulpflicht vorsah, wurden nicht nur neue Schulgebäude notwendig, sondern es mußte auch ein neuer Lehrerstand geschaffen werden. Aus diesem Grunde beschloß der niederösterreichische Landtag die Gründung von Lehrerbildungsanstalten in Wiener Neustadt, St. Pölten und Krems. In Kreishauptschulen gab es schon vorher eine Lehrerausbildung, die aber nicht mehr zeitgemäß war und vor allem auch den steigenden Bedarf an Lehrkräften nicht mehr decken konnte. Deshalb wurden in Wiener Neustadt und St. Pölten dreijährige Proseminare gegründet, die man in späteren Jahren zu einem vollständigen Lehrerseminar ausbaute. Zu diesem Zweck wurden in beiden Städten neue Gebäude errichtet, wobei die Städte den Grund zur Verfügung stellen mußten, während der Landesausschuß die Baukosten trug. Die Anlage dieser neuen Bauten war ungemein großzügig, man wollte nämlich die Lehrerausbildung nicht nur auf theoretische Fächer beschränken, sondern auch praktische Bereiche mit einbeziehen, etwa Bienenzucht und Gartenbau sowie Obstbau und Obstbaumpflege. So wurden diese Schulen, die in den Jahren 1876/77 errichtet wurden, äußerst großzügig angelegt, und in späteren Jahren wurde ihnen eine fünfklassige Übungsschule beigegeben. Dort sollten die Seminaristen für ihren zukünftigen Beruf vorbereitet werden. In die Übungsschulen gingen vorwiegend Kinder der Bürger der betreffenden Städte.

Darüber hinaus wurden auch in vielen größeren Orten neue Schulgebäude errichtet, die in Märkten und Kleinstädten in der Regel nur einer Volksschule dienten, in größeren Orten aber auch für eine Bürgerschule gedacht war. Denn die dreijährige Bürgerschule sollte durch den Einsatz von Fachlehrern eine bessere Ausbildung der Kinder ermöglichen.

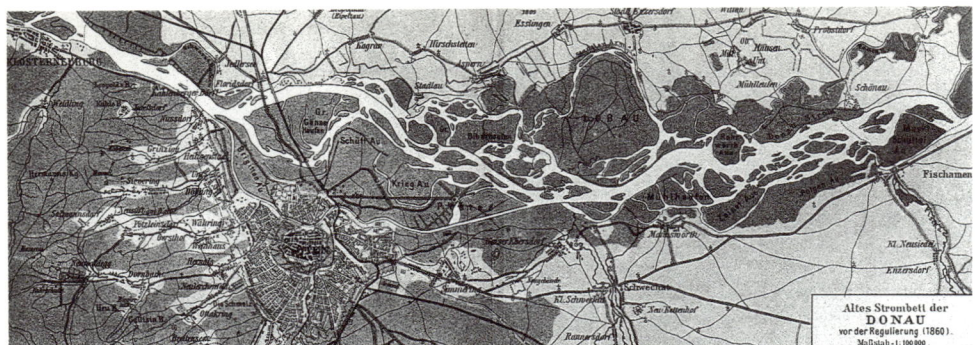

1873–1876

KALENDER

1873/74 Bau der Eisenbahnbrücke für die Franz Josefs-Bahn bei Tulln.

1873 5. Feuerwehrtag Niederösterreichs in St. Pölten. Die Errichtung von Bezirksfeuerwehrverbänden steht zur Diskussion.

Errichtung einer Betriebsfeuerwehr in Harland durch Carl Salcher.

2. 4. Durch die Wahlrechtsreform werden die Reichsratsabgeordneten nicht mehr vom Landtag gewählt.

1. 5. Eröffnung der Weltausstellung in Wien.

23. 5. Die neue österreichische Strafprozeßordnung wird erlassen. Sie ist im Prinzip noch heute gültig.

1. 8. Josef Schöffel wird Bürgermeister von Mödling (bis 1882).

7. 8. Großer Brand in Waidhofen a. d. Thaya. 158 Häuser, das Schloß, das Rathaus und die Kirche werden eingeäschert.

13. 10. Der nö. Landesausschuß erwirbt den Edhof bei Amstetten und eröffnet dort eine Landwirtschaftsschule.

17. 10. Treffen Kaiser Franz Josefs mit dem deutschen Kaiser Wilhelm I. auf dem Bahnhof in St. Pölten.

24. 10. Eröffnung der ersten Wiener Hochquellenleitung, die vom Schneeberggebiet Wasser nach Wien bringt.

Dezember Anläßlich des 25jährigen Regierungsjubiläums Kaiser Franz Josefs finden viele Veranstaltungen statt.

1874 In Zillingdorf und in der Brauerei Schwechat wird eine Freiwillige Feuerwehr errichtet.

Die Fremdenverkehrsgemeinde Mödling errichtet einen Kurpark, im folgenden Jahr ein hölzernes Theater, das bis 1911 bestand.

Im Schloß Göllersdorf wird eine Strafanstalt eingerichtet.

5./6. 4. Parteitag der Sozialdemokraten im Leithawirtshaus zu Neudörfl.

5. 6. Mistelbach wird zur Stadt erhoben.

1. 12. Die neu errichtete Lehrerbildungsanstalt in Wiener Neustadt wird bezogen.

1875 Die Textilfirma Johann Backhausen & Söhne wird in Wien gegründet und errichtet einen Zweigbetrieb in Heidenreichstein.

15. 4. Der Donaudurchstich bei Wien erfolgt. Am 30. Mai fährt Franz Joseph mit dem Schiff „Ariadne" auf der ersten Fahrt im neuen Flußbett.

18. 8. In Mödling wird die Gasbeleuchtung eingeführt.

18. 11. Mödling wird zur Stadt erhoben.

1. 1. 1876 Das metrische Maß wird in Österreich eingeführt.

3. 10. Die neu errichtete Lehrerbildungsanstalt in St. Pölten wird bezogen.

Straßenzug von Waidhofen an der Thaya nach dem Brand von 1873.

GEBURTSTAGE

Joseph Delmont. Artist, Dompteur, Romanschriftsteller. Wirkte seit 1902 bei mehr als 200 Tier- und Cowboyfilmen mit und schrieb Tier- und Reisegeschichten. Geboren 8. 5. 1873 in Loiwein. (Gestorben 12. 3. 1935 in Bad Pystian (Slowakei).)

Rudolf Köstler. Hauptvertreter der Wiener Kirchenrechtsschule, Universitäts-Professor in Wien, trennte die Dogmatik von der Rechtsgeschichte. Geboren 15. 6. 1873 in Mödling. (Gestorben 11. 2. 1952 in Wien.)

Robert Scheu. Journalist, Schriftsteller, Redakteur der „Arbeiter-Zeitung", veröffentlichte zahlreiche Kurzgeschichten. Geboren 11. 7. 1873 in Schönau. (Gestorben 25. 1. 1964 in Wien.)

Max Reinhardt (eigentl. M. Goldmann). Theaterleiter, Regisseur, Schauspieler. Geboren 9. 9. 1873 in Baden. (Gestorben 30. 10. 1943 in New York.)

Otto Glöckel. Sozialdemokratischer Politiker, Schulreformer, 1907 Mitglied des Reichsrates, 1919–33 des Nationalrates, 1920 Präsident des Wiener Stadtschulrates. Sein Lebenswerk war die 1919 von ihm als Unterstaatssekretär für Unterricht (1918–20) eingeleitete Schulreform. Geboren 8. 2. 1874 in Pottendorf. (Gestorben 23. 7. 1935 in Wien.)

Bernhard Anders. Nö. Mundartdichter und Heimatforscher. Geboren 17. 2. 1874 in Steinabrückl bei Wiener Neustadt. (Gestorben 30. 3. 1951 in Pottendorf.)

Carl Leopold Hollitzer. Maler, Karikaturist, schuf Schlachtenskizzen in Aquarell. Geboren 11. 3. 1874 in Bad Deutsch Altenburg. (Gestorben 1. 12. 1942 in Rekawinkel.)

Julius Bittner. Richter und Komponist (Oper „Der Musikant"). Lebte in Wolkersdorf. Geboren 9. 4. 1874 in Wien.

Gustav Gugitz. Heimatforscher und Volkskundler. Geboren 9. 4. 1874 in Wien. (Gestorben 3. 3. 1964 in Rekawinkel.)

Michael Memelauer. 1927–1961 Bischof von St. Pölten. Geboren 23. 9. 1874 in Schaching. (Gestorben 30. 9. 1961 in St. Pölten.)

Josef Meller. Augenarzt, Universitäts-Professor in Innsbruck (1915) und Wien (1918), förderte die Physiologie des Sehens, die pathologische Anatomie des Auges und die klinische Augenheilkunde. Geboren 22. 10. 1874 in Stein a. d. Donau.

Carl Fahringer. Maler. Geboren 25. 12. 1874 in Wiener Neustadt. (Gestorben 4. 2. 1952 in Wien.)

Hugo Potyka. Geodät, Schulmann. Geboren 8. 2. 1875 in Wiener Neustadt. (Gestorben 11. 11. 1942 in Wien.)

Leopold Waber. Politiker, 1911–19: Reichsratsabgeordneter, 1919–28: Abgeordneter zum Nationalrat, 1921/22: Unterrichtsminister, 1922/23: Justizminister, 1924/26: Vizekanzler und Justizminister. Geboren 17. 3. 1875 in Wiener Neustadt. (Gestorben 12. 3. 1945 in Wien.)

Hans Schürff. Großdeutscher Politiker, Spediteur. Geboren 12. 5. 1875 in Mödling. (Gestorben 27. 3. 1939 in Wien.)

Ludwig Handmann. 1900–37: Universitäts-Fechtmeister in Wien. Geboren 15. 8. 1875 in Mödling. (Gestorben 30. 12. 1937 in Wien.)

Ignaz Seipel. Geistlicher, Politiker, Universitäts-Professor für Moraltheologie in Salzburg, 1921 Prälat, 1922–24, 1926–29 Bundeskanzler, 1930 Außenminister. Geboren 19. 7. 1876. (Gestorben 1. 8.1932 in Pernitz.)

Martin Riesenhuber O. S. B. Kunsthistoriker. Geboren 15. 9. 1876 in Obergrafendorf. (Gestorben 17. 2. 1933 in Seitenstetten.)

Josef Fahringer. Naturkundler, Wespen-Spezialist, Parasitenforscher. Geboren 21. 12. 1876 in Baden. (Gestorben 18. 12. 1950 in Wien.)

TODESTAGE

Franz Treumann. Schauspieler, Bruder des Schauspielers Karl Treumann, administrativer Leiter des Theaters an der Wien, er lebte die letzten Lebensjahre in Kirchberg/Wechsel. Gestorben 4. 3. 1874 in Kirchberg am Wechsel.

Josef Misson. Heimat- und Mundartdichter. Gestorben 28. 6.1875 in Wien. (Geboren 14. 3. 1803 in Mühlbach.)

Anton Ritter Ölzelt von Newin. Hofbaumeister. Gestorben 10. 3. 1875 in Mauer. (Geboren 7. 6. 1817 in Inzersdorf.)

Josef Friedrich Krzisch. Mediziner, Botaniker. Verfaßte bedeutende Werke auf dem Gebiet der Pflanzengeographie. Gestorben 14. 3. 1875 in Wiener Neustadt. (Geboren 24. 9. 1812 in Strachow (Böhmen).)

Franz Xaver Lair (Layr, Layer). Maler, Kupferstecher, arbeitete 1853–55 in Italien, danach in Baden und Wien. Gestorben 9. 6. 1875 in Baden. (Geboren 18. 8. 1812 in Innsbruck-Hötting.)

Josef Othmar von Rauscher. 1932 Direktor der Orientalischen Akademie in Wien, 1853 Fürsterz-

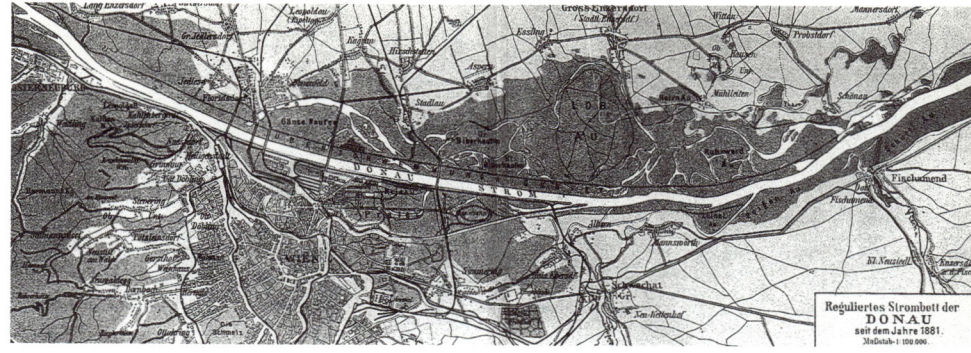

Rechts: *Der Verlauf der Donau 1881 (nach der Regulierung).*

bischof von Wien, 1855 Kardinal, 1860 Reichsratsabgeordneter, 1861 Herrenhausmitglied und Abgeordneter des nö. Landtages. Gestorben 24. 11. 1875 in Wien. (Geboren 6. 10. 1797 in Wien.)

Josef Kriehuber. Maler. Gestorben 30. 5. 1876 in Wien. (Geboren 14. 12. 1800 in Wien.)

Hermann Josef Kallbrunner. Apotheker, Botaniker, Bürgermeister von Langenlois. Gestorben 7. 6. 1876 in Langenlois. (Geboren 7. 4. 1803 in Langenlois.)

Josef Dessauer. Komponist von Opern, Liedern und Quartetten. Gestorben 8. 7. 1876 in Mödling. (Geboren 28. 5. 1798 in Prag.)

Leopold Conn. Reichsratsstenograph, Vertreter der „Wiener Schule" der Gabelsberger-Stenographie. Gestorben 31. 8. 1876 in Baden. (Geboren 28. 10. 1800 in Erdberg bei Komotau/heute ČSFR.)

Waffenfabriken im Traisental

Seit dem letzten Jahrzehnt des 18. Jahrhunderts erzeugte der Wiener Gewehrfabrikant Nikolaus Oesterlein in einem Hammerwerk in Marktl Bajonette und Wagenachsen, später auch Gewehre. Im Jahre 1809 errichtete der Wiener Büchsenmacher Josef Fruhwirt in einem Hammer zu Freiland Werkstätten für die Ausschmiedung von Gewehrläufen und Bajonetten. Dort wurden auch Halbfabrikate für seine Gewehrfabrik in Wien hergestellt. Im Jahre 1834 beschäftigte er 250 Arbeiter.
Die Fabrik Oesterlein erwarb im Jahre 1826 der Büchsenmacher Johann Waenzel, der die Produktion von Gewehren und Bajonetten fortsetzte. Als Franz Waenzel 1864 erfolgreiche Schießversuche mit Hinterladern durchführte und dieses Gewehr 1867 in der k. u. k. Armee eingeführt wurde, schien die Zukunft der Waffenproduktion sichergestellt zu sein. Da entschloß sich im Jahre 1872 das Reichskriegsministerium, anstelle des Waenzel-Gewehres das Produkt des Büchsenmachers Josef Werndl aus Steyr bei allen Truppen einzuführen. Dadurch mußte die Produktion im Traisental eingestellt werden. Die Firma Waenzel verlegte sich völlig auf die Herstellung von Wagenachsen und Blechwaren, während die Fabrik Fruehwirt ihren Mitarbeiterstand von 400 auf 20 reduzieren mußte und keinen Anschluß an die Zukunftsproduktion fand. Im Jahre 1895 wurde der Betrieb in eine Holzschleiferei und 1920 in eine Pappenfabrik umgewandelt, die bis 1962 bestand.

Das Rathaus von Mödling. Lithographie.

Mödling

Der 903 als „Medilihha" erstmals genannte Ort war eine der fünf Pfarren, die Markgraf Leopold III. 1113 dem Kloster Melk schenkte. In der späten Babenbergerzeit war Mödling Sitz einer Sekundogenitur der Herrscherfamilie.
Im Laufe des 14. Jahrhunderts entwickelte sich Mödling zu einem bedeutenden Marktort und war seit dem 15. Jahrhundert bei den Landtagen vertreten. 1529 und 1683 wurde es von den Türken zerstört, gegen Ende des 18. Jahrhunderts löste die Industrie den Weinbau als Wirtschaftsbasis ab. Auch als Sommerfrische spielte der Markt eine Rolle. In seiner Umgebung entstanden eine Reihe romantischer Bauwerke. Als Standort von Behörden und Schulen wuchs der an der Südbahn gelegene Ort rasch und wurde mit kaiserlicher Entschließung vom 18. 11. 1875 zur Stadt erhoben.

Mistelbach

Schon im Mittelalter entwickelten sich zwei Gemeinden, ein Markt, der in der ersten Hälfte des 14. Jahrhunderts um einen rechteckigen Hauptplatz erweitert wurde und seit dem 14. Jahrhundert den Liechtensteinern gehörte, und eine Pfarrholdengemeinde. Diese Pfarrholdengemeinde unterstand dem Barnabitenkloster. Beide Teile wurden 1850 vereinigt. Durch Errichtung der Bezirkshauptmannschaft im Jahre 1868, den Anschluß an eine Bahnlinie, aber auch als Sitz wichtiger und seltener Handwerker und als Marktort erhielt Mistelbach solches Ansehen, daß ihm am 5. 6. 1874 durch kaiserliche Entschließung das Stadtrecht verliehen wurde.

Der Neudörfler Parteitag

In der zweiten Hälfte des 19. Jahrhunderts drängte auch die Arbeiterschaft Niederösterreichs nach politischer Organisation. Besonders im Gebiet von Wiener Neustadt war sie zahlenmäßig schon sehr stark, hatte aber kein persönliches Mitspracherecht in politischen Entscheidungen. Begünstigt durch die liberalen Kräfte begann aber sie, sich zu organisieren, und man bemühte sich, von der Regierung die Genehmigung für die Gründung eines Vereines zu erhalten, der sich die geistige Bildung und die Verbesserung der materiellen Lage der Arbeiterschaft zum Ziel setzte. Die Statuten wurden im Jänner 1868 bewilligt, und bald kam es zur Gründung des Arbeiterbildungsvereines Wiener Neustadt. Wenig später wurde der Redakteur des Wiener Neustädter Wochenblattes Ludwig Neumayer bestimmt, im August 1869 als Delegierter am Kongreß der Arbeitervereine Deutschlands in Eisenach teilzunehmen. Nach seiner Rückkehr wollte er einen sozialdemokratischen Arbeiterverein gründen, doch wurde dies als staatsgefährlich angesehen und verboten. Er gründete daraufhin einen Verein mit dem Namen „Gleichheit" und wurde Herausgeber und Redakteur der ab 1870 in Wiener Neustadt erscheinenden 14tägigen Zeitschrift mit dem gleichen Namen.
Unter den Führern der österreichischen Arbeiterbewegung, es waren dies neben Ludwig Neumeyer u. a. Andreas Scheu, Heinrich Oberwinder und der Historiker Dr. Hippolyt Tauschinsky, kam es zu Meinungsverschiedenheiten. Deshalb wurde ein Kongreß vorbereitet, der zur Einigung führen sollte. Man traf sich im Leithawirtshaus in Neudörfl bei Wiener Neustadt, das damals noch in Ungarn lag. Bei dieser Tagung am 5. und 6. April 1874 wurde ein schon vorher ausgearbeitetes Papier zum Programm der damals gegründeten Sozialdemokratischen Arbeiterpartei Österreichs erhoben. Das Parteiorgan sollte in Zukunft die Wiener Neustädter „Gleichheit" sein. Doch wurde der Verein schon am 16. Mai 1874 wieder aufgelöst und die Zeitung verboten. Nachdem das Regime auf die wieder ansteigende Verelendung der Arbeiter mit Härte reagierte, wuchs der Anarchismus in der Arbeiterbewegung stark an, unterstützt von Fraktionskämpfen zwischen den einzelnen sozialdemokratischen Gruppen. Wegen einiger Überfälle von Anarchisten auf Polizeibeamte im Jahre 1884 wurde sogar der Ausnahmezustand über drei Gerichtssprengel verhängt. Es blieb einer Persönlichkeit wie Victor Adler vorbehalten, das Proletariat politisch auf Dauer zu organisieren.

Links: Die Oberrealschule, später Landes-Ober-
gymnasium St. Pölten.

1877–1880

KALENDER

1877 Josef Steininger gründet den Bauernbund und die Zeitung „Mittelstraße".

Das Schifftor in Korneuburg wird abgetragen. Teile der Stadtmauer bleiben bestehen.

Eröffnung der Bahnlinie St. Pölten–Leobersdorf

1878 Auf dem Berlinder Kongreß (13. 6. – 13. 7.) wird Österreich die Besetzung von Bosnien und der Herzegowina zugesprochen. Österreichische Truppen besetzen ab 29. Juli Bosnien.

Die Oberrealschule St. Pölten wird in ein Obergymnasium umgewandelt.

1879 Die Feuerwehr Krems gründet eine Rettungsabteilung. 1880 folgt die Feuerwehr Baden.

1880 Das Krankenhaus Korneuburg wird errichtet.

Der Waldviertler Sängergau wird gegründet.

Das erzbischöfliche Knabenseminar Hollabrunn (1856 gegründet) erhält ein neues, das Ortsbild bestimmendes Gebäude.

In der Wachau wird eine neue, widerstandsfähige Marillensorte eingeführt.

Ludwig Polsterer kauft die Mühle in Enzersdorf an der Fischa und baut sie zu einer großen Industriemühle aus.

Der im Tudorstil errichtete Neubau von Schloß Hernstein durch Theophil Hansen wird fertiggestellt.

2. 1. Großer Eisstoß auf der Donau bei Krems.

Der Deutsche Schulverein wird gegründet.

GEBURTSTAGE

Johann Reichelt. Sprachwissenschaftler, Professor für romanische Sprachen in Graz und Hamburg. Geboren 20. 4. 1877 in Baden. (Gestorben 12. 5. 1939 in Baden.)

Hugo Bettauer. Jüdischer Journalist und Schriftsteller, studierte u. a. 1904–08 in den USA, schrieb in Wien als frivol und tendenziös empfundene Unterhaltungsromane, daneben aber auch zeitgeschichtlich interessante Werke wie „Die freudlose Gasse" und „Stadt ohne Juden". Geboren 18. 8. 1877 in Baden. (Gestorben 26. 3. 1925 in Wien, wegen seiner Einstellung durch einen Nationalsozialisten ermordet.)

Robert Lussnigg. Musiker, 1925–37 Kontrollamtsdirektor des Landes NÖ. in Wien. Geboren 28. 8. 1877 in Rodaun. (Gestorben 28. 11. 1948 in Heiligenkreuz.)

Hans Liebl. Verwaltungsbeamter beim Magistrat Wien, 1935 Senatsrat; sammelte Rechtsdenkmäler; Ehrenkurator d. Nö. Landesmuseums. Geboren 15. 10. 1877 in Hainfeld. (Gestorben 16. 5. 1950 in Wien.)

Hede von Trapp. Malerin, Graphikerin in Korneuburg. Geboren 18. 11. 1877 in Pola.

Kaiser Franz Joseph, Ölgemälde von Franz Lenbach. 1873. Wien, Kunsthistorisches Museum.

P. Johann Baptist Reindl. Seelsorger, Redemptorist in Katzelsdorf. Geboren 19. 2. 1878 in Eggenburg. (Gestorben 22. 3. 1904 in Loosdorf.)

Hans Ledwinka. Autokonstrukteur. Geboren 14. 2. 1878 in Kosterneuburg. (Gestorben 2. 3. 1967 in München.)

Hugo Steiner. Bahnbeamter und Esperantist, 1925–38 Leiter der Österreichischen Esperanto-Bewegung, Gründer (1927) und Direktor des Internationalen Esperanto-Museums in Wien. Geboren 26. 2. 1878 in Retz.

Robert Schwimmer. Universitäts-Professor für Geologie. Geboren 11. 5. 1878 in Ottenschlag.

Günther Freiherr von Saar. Bergsteiger und Mediziner. Geboren 27. 2. 1878 in Wiener Neustadt. (Gestorben 7. 12. 1918 in Innsbruck.)

Friedrich Rigele. Alpinist und Jurist. Geboren 12. 8. 1878 in Wolkersdorf. (Gestorben 10. 10. 1937 in Bad Reichenhall.)

Karl Buresch. Landeshauptmann, Bundeskanzler. Geboren 12. 10. 1878 in Groß Enzersdorf. (Gestorben 16. 9. 1936 in Wien.)

Hans Hirsch. Historiker an der Deutschen Universität Prag, seit 1926 an der Universität Wien. Geboren 27. 12. 1878 in Zwettl. (Gestorben 20. 8. 1940 in Wien.)

Rudolf Buchinger. Landwirt, Politiker, 1919–29 Abgeordneter zum Nationalrat, 1922 – 26 Landwirtschaftsminister, 1934–38. Bundeswirtschaftsrat, 1946–50: Generalrat der Österr. Nationalbank. Geboren 3. 3. 1879 in Staasdorf. (Gestorben 20. 2. 1950.)

Tilly Bebé (Mathilde Rupp). Artistin. Geboren 27. 3. 1879 in Perchtoldsdorf. (Gestorben 11. 4. 1932 in Wien.)

Franz Mairecker. Musiker, 1899 Konzertmeister der Wiener Philharmoniker, 1929 Professor an der Hochschule für Musik, zahlreiche Konzerte in Europa und Amerika. Geboren 11. 4. 1879 in Gumpoldskirchen. (Gestorben 11. 5. 1950 in Wien.)

Rudolf Polsterer. Komponist, studierte in Wien Orgel und Musiktheorie, besondere Vorliebe für Kammermusik. Geboren 3. 6. 1879 in Tattendorf. (Gestorben 17. 11. 1945 in Kleinneusiedl.)

Alois Schrattenholzer. Sozialtheologe. Geboren 13. 6. 1879 in Obermamau. (Gestorben 16. 10. 1954 in St. Pölten.)

Ludwig Erik Tesar. Pädagoge, Schriftsteller, 1919 Direktor der Bundeserziehungsanstalt Wiener Neustadt, 1948–50 Leiter der Grundtvig-Volkshochschule in Payerbach. Geboren 6. 7. 1879 in Brünn.

Josef Müllner. Bildhauer, Professor an der Akademie der bildenden Künste. Geboren 1. 8. 1879 in Baden. (Gestorben 25. 12. 1968 in Wien.)

Karl Scholz. Akademischer Maler. Geboren 9. 10. 1879 in Horn. (Gestorben 15. 1. 1949 in Horn.)

Josef Kraft. Archivar, ab 1923 Leiter des Nö. Statthalterarchivs in Wien. Geboren 16. 10. 1879 in Unterstinkenbrunn. (Gestorben 19. 5. 1945 in Bad Hall.)

Alfred Merz. Ozeanograph, ab 1910 in Berlin, Professor und Direktor des Instituts für Meereskunde in Berlin. Geboren 24. 1. 1880 in Perchtoldsdorf. (Gestorben 16. 8. 1925 in Buenos Aires.)

Guido von Pirquet. Raketenfachmann. Auf ihn geht der Plan einer Außenstation als Basis für Weltraumflüge zurück. Geboren 30. 3. 1880 in Hirschstetten. (Gestorben 17. 4. 1966 in Wien.)

Hans Adler. Schriftsteller, anfangs Beamter der nö. Statthalterei in St. Pölten, später Kabarettist und ab ca. 1920 als Schriftsteller tätig. Geboren 13. 4. 1880 in Wien. (Gestorben 12. 11. 1957 in Wien.)

Josef Reither. Politiker (ÖVP), 1912–24 Bürgermeister von Langenrohr, 1928–38 Obmann des Nö. Bauernbundes, 1933–38 und 1945–49: Landeshauptmann von NÖ. Bundesminister. Geboren 26. 6. 1880 in Langenrohr. (Gestorben 30. 4. 1950 in Tulln.)

Karl Plaichinger. Alpinist, Volksschullehrer, ab 1913 Bürgerschullehrer, daneben als hervorragender Bergsteiger tätig, ab 1903 Mitglied des ÖAK (Österreichischer Alpenklub). Geboren 27. 7. 1880 in Hollenburg. (Tödlich verunglückt 9. 1. 1922 im Dachsteingebiet (Stmk.).)

Gustav Götzinger. Geograph, Geologe, Direktor der Geologischen Bundesanstalt Wien, 1952–55 Präsident der Österreichischen Geographischen Gesellschaft, ab 1956 ihr Ehrenpräsident. Geboren 2. 7. 1880 in Neu-Serowitz (Mähren).

Franz Andreas Weissenböck. Professor der Staatsakademie für Musik und darstellende Kunst in Wien. Geboren 26. 11. 1880 in St. Lorenzen am Walde.

Rechts: Sigmund Freiherr Conrad von Eybesfeld. Statthalter 1872–1880.

TODESTAGE

Karl Treumann. Schauspieler, Theaterdirektor. Begann die Theaterlaufbahn in Ofen und Pest, dann in Wien als Schauspieler und Direktor am Theater an der Wien. Gestorben 18. 4. 1877 in Baden. (Geboren 27. 7. 1823 in Hamburg.)

Matthias Koch. Historiker, Publizist, 1830 – 35 im Dienst des Erzherzogs Maximilian von Österreich-Este, 1835 Privatbibliothekar der Erzherzogin Beatrix. Gestorben 27. 4. 1877 in Baden. (Geboren 3. 11. 1798 in Wien.)

Josef Klaus. Maler, Lithograph, widmete sich dem Steindruck. Gestorben 7. 5. 1877 in Klosterneuburg. (Geboren 1. 1. 1807 in Wien.)

Ignaz Samuel Palme. Kaufmann, Forschungsreisender, zahlreiche Reisen in Afrika (Ägypten, Sudan); ab 1846 stand er im Dienst der 1. DDSG in Hainburg. Gestorben 11. 6. 1877 in Hainburg an der Donau. (Geboren 1. 2. 1806 (1810?) in Rumburg (Böhmen).)

Franz Thiel. Kabinettsdirektor Kaiser Franz Josephs und Direktor der geheimen Kabinettskanzlei. Gestorben 21. 6. 1877 in Döbling bei Wien. (Geboren 20. 1. 1797 in Wien.)

Johann Keusch. Erfinder der Rebschere, Fabrikant. Gestorben 8. 8.1877 in Krems. (Geboren 3. 6. 1804 in Fels am Wagram.)

Franz Lorenz. Herausgeber des „Traisenblattes". Gestorben 1. 1. 1878 in St. Pölten.

Carl Grundmann. Gründer der Firma zur Erzeugung von Schlössern in Herzogenburg. Gestorben 21. 8. 1878 in Herzogenburg.

Karl Junck. Offizier, Militärwissenschaftler. Gestorben 27. 9. 1878 in Baden. (Geboren 1814 oder 1816 in Kurhessen.)

Maximilian Pammer. Buchdrucker, Journalist, kaufte 1849 die Kremser Buchdruckerei, gab ab 1856 das „Kremser Wochenblatt" heraus. Gestorben 31. 7. 1879 in Krems. (Geboren 15. 1. 1825 in Vöcklabruck.)

Johann von Ganahl. Geodät, 1851 im Militärischen Ingenieurs-Geographencorps. Arbeitete in Böhmen, Dalmatien, der Walachei, Galizien und Wiener Neustadt, 1872 Mitglied der europäischen Gradmessungskommission, 1879 Leiter des Militärgeographischen Instituts. Gestorben 12. 8. 1879 in Mödling. (Geboren 27. 11. 1817 in Cremona.)

P. Rudolf Pösinger OFM. Seelsorger, 1856–64 Sonntagsprediger in St. Pölten, danach in Wien, ab 1876 wieder in St. Pölten. Gestorben 3. 9. 1879 in Baden. (Geboren 22. 10. 1824 in Prag.)

Eduard Fenzl. Botaniker, 1849–78 Professor für Botanik an der Universität Wien, Direktor des Naturhistorischen Museums, Mitglied der Akademie der Wissenschaften in Wien, Mitglied der Ungarischen Akademie der Wissenschaften. Gestorben 29. 9. 1879 in Wien. (Geboren 15. 2. 1809 in Krummnußbaum.)

Matthias Salcher. Gründer der Harlander Fabrik. Gestorben 14. 11. 1879 in Wien. (Geboren 14. 7. 1803 in Maria Luggau.)

Anton Bittner. Volksdichter. Gestorben 7. 6. 1880 in Wien. (Geboren 1820 in Melk.)

Valentin Ritter von Streffleur. 1848 Gardegeneral-Adjudant für Wien und NÖ., Abgeordneter von Bruck/Leitha, 1850–59 im Finanz- und Handelsministerium, 1859 General-Kriegskommissär. Gestorben 5. 7. 1880 in Purkersdorf. (Geboren 18. 2. 1808 in Wien.)

Heinrich Drasche. Großgrundbesitzer, Ziegeleiindustrieller. Gestorben 24. 7. 1880 in Enzersdorf an der Fischa. (Geboren 1811 in Brünn.)

Georg Kress von Kressenstein. General, kämpfte bei Aspern und Wagram, später im Dienste Erzherzog Karls. Gestorben 30. 8. 1880 in Baden. (Geboren 29. 6. 1783 in Nürnberg.)

Josef Franz Neumann von Spallart. Gewerbefachmann, kaufte die Herrschaft Breitensee, 1839 Mitbegründer des Nö. Gewerbevereins (1848, 1863–69 und 1871–73 Vizepräsident). Gestorben 2. 11. 1880 in Wien. (Geboren 22. 2. 1797 in Tischnowitz (Mähren).)

Liechtenstein und Kreuzenstein

Fürst Johann II. von Liechtenstein ließ durch die Architekten Gangolf Kayser und Humbert Walcher von Moltheim ab 1873 die Burg Liechtenstein bei Mödling, die

Die wiederaufgebaute Burg Liechtenstein.

schon von seinem Vorgänger 1820–22 im klassizistischen Sinn aufgebaut worden war, neuerlich umgestalten. Die Burg wurde stilgetreu und unter Verwendung alter historischen Mauerteile zu einer „romanischen" Burg des 12. Jahrhunderts ausgebaut und vom Fürsten auch mit reichen Sammlungen ausgestattet.

Die selben Architekten wurden 1879 von Hans Graf Wilczek für den Aufbau der 1645 von den Schweden gesprengten Burg Kreuzenstein herangezogen. Bei dem 1908 vollendeten Bau wurden ältere Bauteile und echte Werkstücke verwendet, und mit ihrer Hilfe wurde eine romanisch-gotische Renaissance-Idealburg errichtet. Als leidenschaftlicher Sammler mittelalterlicher Kunst- und Kulturwerke stattete der Graf Kreuzenstein so reich aus, daß nur wenige Museen gleicher Thematik Objekte in solcher Fülle aufweisen können.

Politische Gruppierungen um 1870

Um 1870 gab es zwei große politische Gruppen. Die eine waren die Liberalen, denen die „Neue freie Presse" als Sprachrohr diente, die andere waren die Katholisch-Konservativen. Die Liberalen, deren Zahl nie besonders groß war, wurden durch das Wahlsystem begünstigt und stützten sich in kleinen Orten auf Ärzte, Industrielle, Advokaten, Professoren und Großhändler. In die Dörfer vermochten sie kaum einzudringen, bestenfalls durch den Lehrerstand. Bis 1870 einigte die Liberalen der Kampf gegen das Konkordat von 1855, später die Verteidigung des Schulgesetzes und die Erhaltung der Dezemberverfassung von 1867.

Die Katholisch-Konservativen, von ihren Gegnern als „Klerikale" bezeichnet, waren für die Aufrechterhaltung des Konkordates, später gegen die Schulreform von 1869 und ganz allgemein für die Erhaltung überkommener Lebensformen. Sie wurden vielfach von der Geistlichkeit unterstützt, die damals politisch besonders aktiv zu arbeiten begann. So trat z. B. der St. Pöltner Bischof Josef Feßler voll in den politischen Kampf ein und trug die politischen Gegensätze durch Hirtenbriefe bis auf die Kanzel. Er widmete sich der lokalen Presse und kaufte die seit 1861 in St. Pölten existierende Wochenzeitung „St. Pöltner Bote" auf. In Krems gründete der Pfarrer Josef Kienzl im Jahre 1869 das „Kremser Volksblatt" und errichtete 1870 einen Preßverein. Auf der Basis des neu erlassenen Vereinsrechtes bemühten sich alle Richtungen, ihre Anhänger zu erfassen und gründeten lokale Clubs („Casinos") und Organisationen.

Links: Matthias Schönerer. Lithographie.
Unten: Portrait der Kaiserin Elisabeth. Ölgemälde
von Franz Xaver Winterhalter. 1865. Wien, Kunsthistorisches Museum.

1881–1884

KALENDER

1881 Das Schloß Waidhofen an der Ybbs wird umgebaut, fertiggestellt 1883.

3. 12. Brand des Ringtheaters in Wien. Dieses Unglück hat auch große Auswirkungen auf NÖ., die Theater müssen umgebaut werden.

1882 Baubeginn der für Kaiserin Elisabeth errichteten Hermesvilla im Lainzer Tiergarten durch Karl Hasenauer.

Beginn des Baus des Hochwasserschutzdammes in Marchfeld. 1905 vollendet. Eine Kapelle in Markthof erinnert daran.

1. 2. Das städtische öffentliche Krankenhaus in Mödling wird eröffnet.

26. 4. Das Neukloster in Wiener Neustadt wird mit Heiligenkreuz vereinigt.

5. 5. Schwere Gewitter im Gebiet von Krems, die Felder und Weingärten schädigen.

2. 6. Georg von Schönerer gründet den „Deutschnationalen Verein".

28. 7. Schwere Überschwemmungen an der Donau und ihren Nebenflüssen.

1. 9. Die neue Heeresorganisation tritt in Kraft.

4. 11. Große Feuerbrunst in Hainfeld.

28. 12. Schwere wolkenbruchartige Regengüsse in Deutschland und Österreich. Die Donau tritt bei Pöchlarn aus bis in die Nähe des Bahnhofes. Das Hochwasser dauert bis in die ersten Jännertage an.

1883 Novelle des Reichsvolksschulgesetzes. Die Bürgerschule wird von der Volksschule gelöst. Es gibt Schulbesuchserleichterungen.

Die neubarocke Kirche von Berndorf wird erbaut.

Die Postsparkasse wird gegründet.

Schlafzimmer der Kaiserin Elisabeth in der Hermesvilla im Lainzer Tiergarten.

Die Linie Wittmannsdorf–Ebenfurth wird eröffnet.

15. 4. Auf der Donau bei Melk wird das angekaufte Propellerboot erstmals benützt, doch ereignet sich durch Unvorsichtigkeit des Steuermannes ein Unglück.

7. 5. Fast ganz Krummnußbaum brennt ab.

6. 6. Ein Statut für die Gewerbeinspektoren wird erlassen.

11. 8. Erhebliche Arbeiterunruhen in Wien. Anlaß war die Konfiskation des Blattes „Zukunft".

16. 8. In Wien wird die elektrische Ausstellung von Kronprinz Rudolf eröffnet.

17. 8. Die Eisenbahnlinie von Liesing nach Kaltenleutgeben wird eröffnet. Der Personenverkehr wurde dort 1951 eingestellt.

September Zahlreiche Feiern aus Anlaß der 2. Türkenbelagerung 1683.

22. 10. Die erste elektrische Eisenbahn von Mödling nach Klausen wird dem Verkehr übergeben. Im März 1932 eingestellt.

27. 10. Die Dampftramway Hietzing–Hinterbrühl wird in Betrieb genommen.

GEBURTSTAGE

Adolf Nossberger. Volksschullehrer, Bergsteiger, Vorstand des Österreichischen Alpenvereins 1920–1938, ab 1935 Ehrenvorstand. Geboren 2. 2. 1881 in Weitra. (Gestorben 13. 4. 1946 in Wien.)

Richard Kurt Donin. Kunsthistoriker, Gründer und Leiter des nö. Landesjugendamtes. Geboren 4. 6. 1881 in Wien.

Josef Kallbrunner. Generalstaatsarchivar und Direktor des Hofkammerarchivs. Geboren 23. 11. 1881 in Langenlois. (Gestorben 29. 3. 1951 in Wien.)

Ferdinand Ebner. Volksschullehrer, Philosoph, Wegbereiter des katholischen Existentialismus, Mitarbeiter im „Brenner"-Kreis, mit Martin Buber Urheber der Philosophie des Ich-Du-Verhältnisses. Geboren 31. 1. 1882 in Wiener Neustadt. (Gestorben 17. 10. 1931 in Gablitz).

Hans Gerstmayr. Stahlschneider, leitete bis 1950 die Fachschule für Stahl- u. Stanzenschnitt in Steyr. Geboren 14. 4. 1882 in St. Valentin.

Franz Aigner. Physiker, Professor an der Techn. Hochschule in Wien, Pionier des österreichischen Radiowesens. Geboren 13. 5. 1882 in St. Pölten. (Gestorben 19. 7. 1945 in Wien.)

Wilhelm Börner. Schriftsteller, Arzt und Schulmann, 1919–39 Leiter der Ethischen Gemeinde in Wien, Hauptvertreter der freireligiösen Moralpädagogik und Vorkämpfer der Friedensbewegung in Österreich. Geboren 26. 5. 1882 in Laa a. d. Thaya. (Gestorben 17. 12. 1951 in Wien)

Georg Liedeck. Alpinist, 1910 bis 1945 Mitglied des ÖAK und ÖTK, 1939–45 1. Präsident des ÖTK. Geboren 17. 6. 1882 in Grafenegg. (Gestorben 25. 7. 1950 in Klosterneuburg.)

Leo Tschermak-Seysenegg. Forstwirtschaftler, 1925–45 Professor in Warschau, Istanbul, Freiburg im Breisgau und Wien, erforschte die natürliche Zusammensetzung der Wälder Mittel- und Südeuropas. 1950 Präsident des Österreichischen Forstvereins. Geboren 3. 7. 1882 in Znaim.

Josef Bayer. Prähistoriker, Direktor der Urgeschichtlichen Sammlungen des Naturhistorischen Museums in Wien, gründete das Institut für Eiszeit-Forschung und gab die internationale Zeitschrift „Eiszeit und Urgeschichte" heraus; er entdeckte die sogenannte Askalon-Kultur und fand die „Venus von Willendorf". Geboren 10. 7. 1882 in Hollabrunn. (Gestorben 23. 7. 1931 in Wien.)

Josef Weiland. Nö. Mundartdichter, Obmann des Vereins „Mundartfreunde Österreichs". Geboren 21. 9. 1882 in Schrick. (Gestorben 12. 7. 1961 in Wien.)

Richard Wagner. Maler und Graphiker in Perchtoldsdorf, Kriegsmaler 1915/17, ab 1936 in Krems wohnhaft. Geboren 15. 12. 1882 in Wien.

Eduard Ludwig. Journalist, Politiker. Geboren 9. 1. 1883 in Persenbeug.

Josef Matthias Hauer. Komponist (Zwölfton-Musik), Lehrer. Geboren 19. 3. 1883 in Wiener Neustadt. (Gestorben 22. 9. 1959 in Wien.)

Oskar Oberwalder. Denkmalpfleger, 1913 Landeskonservator in Linz, ab 1927 am Bundesdenkmalamt in Wien. Geboren 27. 5. 1883 in Krems. (Gestorben 29. 12. 1936 in Wien.)

Robert Teichl. Generaldirektor der Nationalbibliothek. Geboren 4. 7. 1883 in Gratzen.

J. Anselm Weissenhofer. Benediktiner, Kunsthistoriker, 1908: Priester, 1931: a. o. Univ.-Prof., 1940: Direktor des Erzbischöflichen Dom- und Diözesanmuseums. Geboren 19. 8. 1883 in Ybbsitz. (Gestorben 14. 1. 1961 in Wien.)

Theodor Mayer. Universitäts-Professor für mittelalterliche Geschichte in Prag, Gießen, Freiburg, Marburg, Berlin. Geboren 24. 8. 1883 in Neunkirchen.

Hans Ankwicz-Kleehoven. Kunsthistoriker, Generalstaatsbibliothekar, historischer und kunstgeschichtliche Arbeiten. Geboren 29. 9. 1883 in Böheimkirchen. (Gestorben 1. 10. 1962 in Wien.)

Leopold Plaschkes. Jurist, Politiker, 1919–28 im Vorstand der Israelischen Kultusgemeinde in Wien, emigrierte 1938 nach Palästina. Geboren 13. 3. 1884 in St. Pölten. (Gestorben 4. 5. 1942 in Tel Aviv (Israel).)

Ottokar Janetschek. Schriftsteller, Bahninspektor bei den ÖBB, schrieb biographische und historische Romane. Geboren 30. 4. 1884 in Heiligenkreuz. (Gestorben 27. 9. 1963 in Perchtoldsdorf.)

TODESTAGE

Franz von Uchatius. Waffentechniker und Erfinder des Bildprojektors. Gestorben 4. 7. 1881 (durch Selbstmord). (Geboren 20. 10. 1811 in Theresienfeld.)

Franz Ritter von Waenzel. Industrieller, Gestorben 6. 4. 1881 Marktl. (Geboren 1810 in Wien.)

Friedrich Reinhold. Maler. Gestorben 23. 7. 1881 in Ybbs. (Geboren 28. 12. 1814 in Wien.)

Matthias Schönerer. Eisenbahnbauer. (Vater von Georg von Schönerer.) Gestorben 30. 10. 1881 in Wien. (Geboren 9. 1. 1807 in Wien.)

Anton (Georg) Martin. Ord. Mitglied des Nö. Gewerbevereins, Präsident der Photographischen Gesellschaft in Wien. Gestorben 21. 8. 1882 in Baden. (Geboren 8. 3. 1812 in Wien.)

Franz Xaver von Guentner. Mediziner, 1831–37 Direktor des Allgemeinen Krankenhauses in Wien, Leibarzt Kaiser Ferdinands I. Gestorben 23. 8. 1882 in Ischl (OÖ.). (Geboren 23. 3. 1790 in Trautmannsdorf.)

Seraphin Keller. Industrieller. Ab 1862 Armeelieferant für Munition (Militärpatronen), Gründer der Hirtenberger Industrie. Gestorben 15. 10. 1882 in Hirtenberg. (Geboren 12. 12. 1823 in Baden-Württemberg.)

Franz Freiherr von Wertheim. Industrieller. Gestorben 3. 4. 1883 in Wien. (Geboren 12. 4. 1814 in Krems.)

Henri Charles de Bourbon, Graf von Chambord. Französischer Kronprätendent der bourbonischen Legitimisten, verheiratet mit Marie Thérèse von Österreich-Este. Gestorben 24. 8. 1883 in Frohsdorf. (Geboren 29. 9. 1820 in Paris.)

Karl Graf Grünne. Generaladjutant Kaiser Franz Josephs. Gestorben 15. 6. 1884 in Baden. (Geboren 25. 8. 1808 in Wien.)

Rudolf Vivenot. Arzt, Komponist und Schriftsteller. Gestorben 30. 6. 1884 in Berghof bei Lilienfeld. (Geboren 3. 6. 1807 in Wien.)

Wilhelm Freiherr von Engerth. Eisenbahn- und Maschinenbau-Ingenieur. 1844 Professor am Joanneum in Graz, schuf die erste Gebirgslokomotive für die Semmeringbahn. Gestorben 4. 9. 1884 in Leesdorf. (Geboren 26. 5. 1814 in Pleß (Schlesien).)

Josef Schöffel, zeitgenössische Fotografie.

Josef Schöffel

Eine der bekanntesten Persönlichkeiten der 70er und 80er Jahre in Wien und NÖ war Josef Schöffel, der sich durch seinen publizistischen Kampf um den Wienerwald besondere Popularität erwerben konnte. 1832 wurde er in Pribram in Böhmen geboren, besuchte in Budweis das Gymnasium und war lange Zeit als Soldat im Heer Radetzkys tätig. Im Jahre 1859 machte er den Feldzug in Italien mit, nahm dann als Oberleutnant den Abschied und widmete sich ab nun den Naturwissenschaften. Beheimatet im Gebiet von Mödling, wurde er aufmerksam, als in den frühen 70er Jahren der Staat seine Budgetprobleme durch den Verkauf großer Waldungen und durch umfangreiche Schlägerungen lösen wollte. Schöffel griff in Zeitungen die führenden Politiker und Beamten hart an. Er wurde diesbezüglich sogar vor Gericht zitiert, konnte aber die Verleumdungsklagen abweisen und wurde rehabilitiert und freigesprochen. Hierauf verliehen ihm 100 nö. Gemeinden die Ehrenbürgerschaft, er wurde als Abgeordneter in den Reichsrat und in den niederösterreichischen Landtag gewählt. Auch zum Bürgermeister von Mödling wurde er gewählt. Der von ihm erstellte Generalregulierungsplan für Straßen und Gehsteige, für die Einführung der Gasbeleuchtung und der Hausnumerierung, den Bau von Schulen und Einrichtungen der Altersversorgung sowie die Anlage eines Kurparks und eines neuen Friedhofes war für die Gemeinde Mödling von großer Bedeutung. Zu seiner Zeit wurde in Mödling nach jahrelangem Ringen ein Krankenhaus geschaffen. Erst 50 Jahre alt, legte er im Mai 1882 die Bürgermeisterwürde nach neun Jahren zurück, im Bewußtsein, aus Mödling eine blühende Stadt gemacht zu haben. Das

Hyrtlsche Waisenhaus war dank Schöffels Freundschaft mit dem Anatomen und Philanthropen Joseph Hyrtl entstanden und wurde 1886 für 44 Kinder gegründet. Bald wurde es durch eine zweite Stiftung auf 340 Freiplätze ausgeweitet. Schöffel übernahm nach Hyrtls Tod die Administration dieser Einrichtung. Er war der Gründer des Mödlinger Museums im Thonet-Schlössel, wo eine Reihe von persönlichen Erinnerungen an sein Leben und Wirken aufbewahrt werden. Die Erinnerung an ihn blieb ungebrochen, vor allem weil er durch sein Wirken als einer der frühesten Umweltschützer Niederösterreichs bezeichnet werden kann.

Regionale Zeitungen

Das politische Erwachen breiter Bevölkerungsgruppen führte zur Gründung von regionalen Zeitungen, meist durch örtliche Druckereien. Es waren dies in der Regel Wochenzeitungen, die anfangs unpolitisch waren, sich aber um 1870 politischen Strömungen verschrieben. So kaufte der St. Pöltner Bischof Josef Fessler 1870 den „St. Pöltner Boten", der künftig eine katholisch-konservative Haltung vertrat und später der Christlichsozialen Partei diente. Auch in Krems gab es eine derartige Zeitung. Zu ihrer Betreuung wurden „Katholische Preßvereine" gegründet, die auch Kalender, Erbauungsliteratur und religiöse Druckwerke herausgaben. Diesem Beispiel folgten die Liberalen, die ebenfalls Wochenzeitungen gründeten. Die Auflagen waren meist gering; ob ein Ort oder eine Region gut vertreten waren, hing meist vom jeweiligen Lokalberichterstatter ab.

Druckerpresse aus dem Jahre 1872.

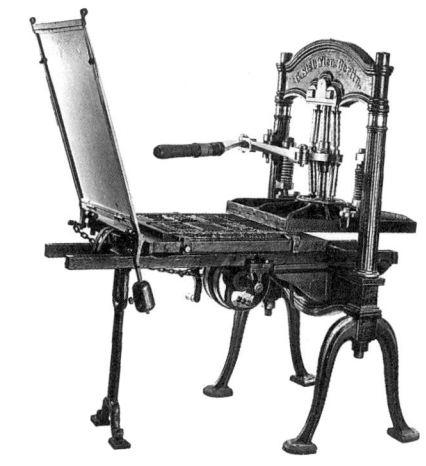

1885–1888

KALENDER

1885 Die Domtürme der Frauenkirche von Wiener Neustadt werden abgetragen und durch neue ersetzt.

Die Israelitische Kultusgemeinde St. Pölten erhält einen Tempel in der Gasserfabrik.

15. 3. Eine Novelle des Gewerbegesetzes verbietet die Fabriksarbeit für Kinder unter 14 Jahren, die Nachtarbeit für Frauen und Kinder und führt den 11-Stunden-Arbeitstag ein. Auch die Gewerbeinspektorate werden eingerichtet.

Gründung des Allgemeinen nö. Volksbildungsvereines in Krems.

3. 8. Eröffnung der Bahnlinie Tulln–St. Pölten.

1886 Joseph Widy gründet die Steinwerke in Schrems. Dort werden bis 1914 die Werksteine für alle Donaubrücken hergestellt.

In Scheibbs wird ein E-Werk gebaut und die erste elektrische Straßenbeleuchtung Österreichs eingeführt.

Der nö. Landtag beschließt die Errichtung von Naturalverpflegestationen „zur Bekämpfung des Haus- und Straßenbettelns und der Landstreicherei". 1925 werden diese in „Herbergen für reisende Arbeitsuchende" umgewandelt.

1. 8. Eröffnung der staatlichen Telefonlinie Wien–Brünn.

Die Irrenanstalt in Kierling wird errichtet. Vorläufig als Filiale von Wien, 1890 wird sie selbständig.

12. 11. Die „Gleichheit", herausgegeben von Victor Adler, erscheint als sozialdemokratische Zeitschrift.

In diesem Jahr entstehen sozialdemokratische Organisationen, weil Arbeiterkammern ohne Mitwirkung der Betroffenen errichtet werden sollen.

19. 11. Das Hyrtlsche Waisenhaus in Mödling wird eingeweiht.

24. 12. In Mühldorf bei Spitz gründet Ernst von Vergani mit 90 Bauern die erste Raiffeisenkasse Österreichs.

1887 Die Kuranstalt Salzerbad in Kleinzell wird eröffnet.

Die Feuerwehr Mödling gründet eine Rettungsabteilung. Auch andere Orte bemühen sich um die Errichtung von mobilen Rettungsorganisationen.

Josef Schöffel gründet die Landeserziehungsanstalt Korneuburg.

1888 Die obligatorische Arbeiter-Krankenversicherung wird eingeführt.

22. 10. Georg Ritter von Schönerer wird wegen gewaltsamen Eindringens in die Redaktion des „Neuen Wiener Tagblattes" zum Verlust des Adeltitels und zu einer viermonatigen Gefängnisstrafe verurteilt und in Wien eingekerkert.

31. 12. In Hainfeld beginnt der Einigungsparteitag der Sozialdemokratischen Partei.

Georg von Schönerer in Sträflingskleidung. Postkarte. Zeitgenössische Fotografie.

GEBURTSTAGE

Heinrich Schmid. Architekt. Geboren 24. 6. 1885 in Waidhofen an der Ybbs. (Gestorben 2. 5. 1949 in Wien.)

Eugen Margaretha. Finanzminister, Präsident der Nationalbank. Geboren 6. 7. 1885 in Perchtoldsdorf. (Gestorben 25. 5. 1963 in Wien.)

Karl Pschorn. Lehrer, Schriftsteller, verfaßte Lyrik in nö. Mundart, auch Prosa. Geboren 17. 7. 1885 in Waidhofen an der Ybbs. (Gestorben 30. 5. 1945 in Wien.)

Franz Hasenöhrl. Musiker. Schuf Symphonien, Klavierwerke, Kammermusik, Unterhaltungsmusik, Lieder, Chöre, Kantaten. Geboren 1. 10. 1885 in Maria Lanzendorf bei Wien. (Gestorben 1970 in Wien.)

August Sauer. Literarhistoriker. Geboren 12. 10. 1885 in Wiener Neustadt. (Gestorben 17. 9. 1926 in Prag.)

Anton Pfalz. Mundartforscher, Dialektgeograph, Universitäts-Professor und langjähriger Leiter der Wörterbuchkanzlei in Wien. Geboren 4. 12. 1885 in Deutsch Wagram. (Gestorben 11. 11. 1958 in Zipf (OÖ.).)

Josef Schmitt. Priester, Rektor der „Wiener Sängerknaben", deren Institut er 1918 wieder aufbaute. Geboren 8. 12. 1885 in Mailberg. (Gestorben 29. 9. 1959 in Wien.)

W. Ludwig Cornides. Verleger, Buchhändler. Geboren 10. 1. 1886 in St. Veit/Triesting. (Gestorben 1988 in Wien.)

Oskar Kokoschka. Maler, Zeichner und Graphiker, Buchillustrator. Geboren 1. 3. 1886 in Pöchlarn. (Gestorben 22. 2. 1980 in Villeneuve, Schweiz.)

Wilhelm Frass. Akademischer Bildhauer. Geboren 29. 5. 1886 in St. Pölten.

Günther Schlesinger. Direktor des Nö. Landesmuseums. Geboren 20. 12. 1886 in Dürnkrut. (Gestorben 11. 4. 1945 in Wien (durch Selbstmord).)

Albert Paris-Gütersloh. Pseudonym von Albert Conrad Kiehtreiber). Maler. Wegbereiter der Schule des Phantastischen Realismus. Geboren 5. 2. 1887 in Wien. (Gestorben 1973 in Baden.)

Siegried Strakosch. Fabrikant, Mitinhaber der Hohenauer Zuckerfabrik. Geboren 19. 5. 1887 in Brunn. (Gestorben 14. 4. 1933.)

Ferdinand Großmann. Gründer des Volkskonservatoriums, Leiter der Wiener Sängerknaben, Chormeister. Geboren 4. 7. 1887 in Tulln. (Gestorben 5. 12. 1970 in Wien.)

Karl I. 1916–1918 Kaiser von Österreich und (als Karl IV.) König von Ungarn, der letzte Habsburger-Herrscher. Wurde durch den Tod seines Onkels Franz Ferdinand (1914) Thronfolger. Karl verzichtete am 11. 11. 1918 auf die Ausübung der Regierung in Österreich und wurde am 3. 4. 1919 samt seinem Haus des Throns für verlustig erklärt. Geboren 17. 8. 1887 in Persenbeug. (Gestorben 1. 4. 1922 in Funchal (Madeira).)

Oskar Helmer. Politiker, Innenminister. Geboren 18. 11. 1887 in Gattendorf (Bgl.). (Gestorben 13. 2. 1963 in Wien.)

Maria Grengg. Dichterin, Malerin und Zeichnerin. Geboren 26. 2. 1888 in Stein a. d. Donau (Gestorben 8. 10. 1963 in Wien/Rodaun.)

Franz Schmutz-Höbarten. Mittelschullehrer, Dialektdichter. Geboren 29. 3. 1888 in Großhöbarten. (Gestorben 16. 6. 1972 in Wien.)

Leopold Moses. Historiker, Bibliothekar, Archivar bei der Israelitischen Kultusgemeinde. Geboren 24. 4. 1888 in Mödling. (Gestorben 1. 2. 1943 im KZ Ausschwitz.)

Leopold Schönbauer. Chirurg, Universitäts-Professor, Abgeordneter zum Nationalrat, Direktor des Allgemeinen Krankenhauses. Geboren 13. 11. 1888 in Thaya. (Gestorben 11. 9. 1963 in Wien.)

Maria Leopoldine Klausberger. Journalistin, 1916 Vizepräsidentin der Zentralstelle für weibliche Berufsberatung, 1934–38 Herausgeberin des „Österreichischen Volkswirtes". Geboren 2. 12. 1888 in Hollabrunn. (Gestorben 21. 1. 1944 in Wien.)

TODESTAGE

Adolf Carl Daniel Fürst Auersperg. Staatsmann, Bruder von Carl Auersperg. 1870 Landes-Präsident von Salzburg, 1871–79 Ministerpräsident des letzten altliberalen Ministeriums in Österreich. Seine Wahlreform 1873 schuf das erste wirkliche österreichische Parlament (Reichsrat). Er brachte 1878 die Erneuerung des Ausgleichs zustande. 1879–85 Präsident des Obersten Rechnungshofes. Gestorben 5. 1. 1885 in Schloß Goldegg. (Geboren 21. 7. 1821.)

Heinrich Wilhelm Reich. Botaniker. Gestorben 2. 8. 1885 in Mödling. (Geboren 16. 4. 1835 in Iglau.)

Links: Der Kommunalpolitiker und Abgeordnete Johann Ofner. Zeitgenössische Fotografie.
Rechts: Der Markt Scheibbs. Ölgemälde. 1884. Rathaus Scheibbs.
Unten: Das Gebäude der ersten Raiffeisenkasse in Mühldorf am Jauerling.

Adalbert Fuchs. Agronom, Professor an verschiedenen europäischen Universitäten (Tarnow, Innsbruck, Wien). Gestorben 7. 1. 1886 in Kritzendorf. (Geboren 5. 6. 1814 in Wien.)

Franz Schuselka. Deutschnationaler Politiker und Publizist, Schriftsteller, Jurist. Gestorben 1. 9. 1886 in Gainfarn. (Geboren 15. 8. 1811 in Budweis.)

Johann Newald. Forstmann, Numismatiker. 1850–70 Forstdirektor in Gutenstein, 1870–75 Direktor der Forstakademie in Mariabrunn, verfaßte Studien zur Münzgeschichte Österreichs. Gestorben 4. 3. 1886 in Graz. (Geboren 14. 5. 1817 in Neutitschein (Mähren).)

Johann Ofner. Jurist, Kommunalpolitiker. Gestorben 16. 7. 1887 in St. Pölten. (Geboren 6. 11. 1816 in Nauders (Tirol).)

Friedrich Ferdinand Graf Beust. Staatsmann und Außenminister. Gestorben 24. 10. 1886 in Schloß Altenberg bei Greifenstein. (Geboren 13. 1. 1809 in Dresden.)

Georg Sigl. Bahnbrechender Maschinenbauer, Lokomotivfabrikant. Gestorben 9. 5. 1887 in Wien. (Geboren 13. 1. 1811 in Breitenfurt bei Wien.)

Moritz Alois Becker. Mitbegründer des Vereines für Landeskunde, Verfasser eines Ötscherbuches. Gestorben 22. 8. 1887 in Linz. (Geboren 21. 5. 1812 in Altstadt bei Mährisch-Schönberg.)

Karl Werner. Propst von Zwettl, Professor für Moraltheologie. Gestorben 14. 4. 1888 in Wien. (Geboren 8. 3. 1821 Hafnerbach.)

Die Raiffeisenkasse

Eine der größten wirtschaftlichen Unternehmungen der Gegenwart ist der Raiffeisenverband, der im Jahre 1886 in Niederösterreich seine erste Kasse errichten konnte. Am 26. November 1885 hatte der aus Ebendorf bei Mistelbach stammende Gutsbesitzer Dr. Josef Ritter Mitscha von Märheim gemeinsam mit einigen anderen Abgeordneten im niederösterreichischen Landtag den Antrag zur Errichtung von Spar- und Darlehenskassen-Vereinen nach dem System Raiffeisen eingebracht. Einer der Gründe für die Notwendigkeit solcher Einrichtungen war, daß die Aufhebung der Grunduntertänigkeit im Jahre 1848 ganz andere Folgen gezeigt hatte als erwartet. Die Bauern mußten Ablösen zahlen, die zwar nicht sehr bedeutend waren, aber doch den Abfluß massiver Geldsummen an die früheren Grundherren zur Folge hatten. Die Bauern waren nicht gewohnt, in einer liberalen Wirtschaft zu leben und sich dem Markt anzupassen. Daher waren sie in immer größerem Maße den Händlern ausgeliefert, von denen die Preise diktiert wurden. Auch Mißernten wirkten sich nachteilig aus ebenso wie Rekordernten in benachbarten Ländern und selbst in Amerika. In zunehmendem Maße wurde mit Hilfe der Dampf-schiffahrt Getreide aus Ungarn in die Reichshauptstadt Wien gebracht und in den großen Mühlen im Umland der Stadt verarbeitet. Das führte dazu, daß um 1870 ein tiefer Sturz der Getreidepreise zu verzeichnen war und in der Folge viele Bauernhöfe wegen großer Verschuldung verkauft werden mußten. Zwischen 1883 und 1893 wurden in Niederösterreich nicht weniger als 1.361 Bauernhäuser versteigert und 3.702 verkauft. Die für die Bauern notwendigen Kredite wären zwar von den Sparkassen zu haben gewesen, diese waren in ihrer Geschäftsgebarung aber doch eher auf die Bürger der Bezirksstädte und größeren Gemeinden ausgerichtet. So fielen manche Bauern privaten Geldverleihern zum Opfer, die gewaltige Zinsen verlangten und schließlich erbarmungslos den Konkurs der Bauern herbeiführten. Ein weiterer Schritt für den Abstieg des bäuerlichen Standes war die Aufhebung des Stiftungszwanges im Jahre 1868, durch den die Bauerngüter frei teilbar wurden und nicht nach Belieben vergrößert, sondern auch zerstückelt werden konnten. In dieser schwierigen Situation gab es eine Reihe von Organisationsversuchen, die aber in der Regel über die Anfänge nicht hinaus kamen. Eine ähnliche Situation bestand auch in Deutschland, wo eine bäuerliche Selbsthilfeorganisation entstand, die nun auch nach Österreich übergriff. Der Begründer dieser Idee war Friedrich Wilhelm Raiffeisen, der 1848 Bürgermeister in Flammersfeld im Gebiet des Westerwaldes geworden war. Er entwickelte die Idee eines Spar- und Darlehenskassen-Vereines auf der Basis der Selbsthilfe. Diese Organisation breitete sich in Deutschland rasch aus und fand im Jahre 1885 auch in Österreich Interessenten. Der nö. Landtag entsandte eine Studienkommission nach Deutschland, die im Mai 1986 eine Reihe von Orten im Rheingebiet zwischen Koblenz und Düsseldorf bereiste und schließlich einen positiven Bericht erstellte. Dies war die Ursache, daß noch im Dezember 1886 im Landtag ein entsprechender Beschluß gefaßt wurde. Zur gleichen Zeit wurde in Mühldorf bei Spitz bereits die Gründung eines ersten Spar- und Darlehenskassen-Vereins durch den Landtagsabgeordneten Vergani angeregt. Bald kam es in Neustift bei Scheibbs zu einer weiteren Gründung, die Idee setzte sich rasch durch. Ernst von Vergani kannte die Ergebnisse der Studienkommission, als er am 4. Dezember 1886 die Gründungsversammlung in Mühldorf einleitete. Zu Beginn des Jahres 1887 nahm die Kasse ihre Geschäftätigkeit auf, jedes Gründungsmitglied mußte einen Geschäftsanteil von 5 Gulden erwerben.

In den nächsten Jahren wurden zahlreiche Raiffeisenkassen in verschiedenen Orten Niederösterreichs gegründet, und der Landesausschuß dankte auch Friedrich Wilhelm Raiffeisen, der am 11. März 1888 starb. Die Idee fand in Niederösterreich raschen Anklang, und im Jahre 1893 zählte man bereits 171 Kassen. Es waren dies sehr kleine und oft improvisierte Organisationen, die im Geldverkehr, vor allem aber im Anlagesystem kaum Erfahrung hatten. Nachdem vorerst die Nö. Landeshypothekenanstalt Überschüsse angenommen und in Pfandbriefen veranlagt hatte, aber nicht bereit war, den Geldbedarf der Kassen zu decken, kam es über Anregung auf dem zweiten niederösterreichischen Raiffeisentag vom Jahre 1898 zur Gründung einer Zentralkasse, die mit Vertrag vom 1. Oktober 1898 gebildet wurde und der rund 400 Raiffeisenkassen Niederösterreichs angehörten.

Der erste Obmann war Prof. Franz Richter, einer der Pioniere der ersten Stunde neben Mitscha-Märheim und Prälat Bauchinger von Pöchlarn.

Links: Kronprinz Rudolf. Ölgemälde von Tadeusz Ajdukiewicz. 1869.
Rechts: Nachricht über den Tod des Kronprinzen Rudolf. Wiener Zeitung vom 31. 1. 1889.

1889–1893

KALENDER

1889 Die Eisenbahnlinie Herzogenburg – Krems und die Kamptalbahn werden eröffnet.

30. 1. Im Jagdschloß Mayerling bei Heiligenkreuz erschießt Kronprinz Rudolf seine Geliebte Baronesse Mary Vetsera und begeht anschließend Selbstmord.

11. 4. Das neue Wehrgesetz tritt in Kraft, das die allgemeine Wehrpflicht einführt.

26. 4. Der Grundstein zum Missionshaus St. Gabriel in Maria Enzersdorf wird gelegt.

12. 6. Erstmals erscheint die Arbeiter-Zeitung als Organ der Sozialdemokratischen Partei.

Oktober Erich Graf Kielmansegg wird Statthalter in NÖ.

1890 Die Feuerwehren St. Pölten und Korneuburg gründen eine Rettungsabteilung.

Das Stift Klosterneuburg gründet eine Betriebsfeuerwehr.

1. 5. Von der Arbeiterschaft wird erstmals der 1. Mai als Tag der Arbeit gefeiert.

19. 12. Große Eingemeindung nach Wien, unter anderem der Vororte Lainz, Speising, Hietzing, Ober- und Unter St. Veit, Hütteldorf, Penzing und Baumgarten. Wien hat nun 1,365.000 Einwohner.

1891 Der Österreichische Arbeiter-Sängerbund wird gegründet. In NÖ. entstehen in der Folge Sektionen des Arbeiter-Sängerbundes, so 1902 in St. Pölten, 1904 in Heidenreichstein, 1909 in Schrems, 1920 in Altnagelberg, 1922 in Gmünd, Litschau und Neunagelberg.

Die Bahnlinie Schwarzenau–Waidhofen a. d. Thaya wird eröffnet. 1903 wird sie bis Zlabings in Mähren verlängert.

Das Krankenhaus Horn wird errichtet.

In Krems wird durch Anton Kerschbaumer ein Museum gegründet.

In Obersiebenbrunn wird die erste Kommassierung in NÖ. abgeschlossen. Sie wurde 1884 auf Anregung des Marchfelder Bauern und Bürgermeisters Josef Porsch begonnen.

19.–26. 7. In St. Pölten findet das nö. Landesschießen der Schützengesellschaft unter dem Protektorat von Erzherzog Rainer statt.

11. 8. Der „Dienstbotenmörder" Franz Schneider, der mehrere Mädchen ermordete, wird entlarvt.

4. 9. Im Waldviertel in der Gegend von Schwarzenau beginnen Herbstmanöver. Der deutsche Kaiser Wilhelm II. und der König von Sachsen nehmen als Beobachter teil.

Oktober Die Weinernte in Mitteleuropa fällt sehr schlecht aus. Die Preise steigen um fast 100 Prozent. In Rußland gibt es in diesem Jahr sogar eine Hungersnot.

30. 12. Überfall auf einen Postwagen auf der Fahrt von Wien nach Kaiserebersdorf. 20.000 Gulden werden erbeutet.

1892 In St. Pölten wird eine evangelische Kirche erbaut.

Schloß Mayerling im Jahre 1889.

1. 1. Einführung der mitteleuropäischen Zeit (der Bahnzeit) in Österreich.

10. 8. Einführung der Goldwährung auf Kronenbasis. Eine Krone sind 100 Heller. Der ehemalige Gulden ist nun zwei Kronen wert.

4. 12. Der Christlichsoziale Arbeiterverein wird in Wien unter der Leitung von Leopold Kunschak gegründet. Es entstehen bald Zweigvereine in Niederösterreich.

1893 Der Umbau des Theaters in St. Pölten nach den neuen Vorschriften wird fertiggestellt.

Bei Klosterneuburg wird eine Rollfähre, eine „fliegende Brücke" über die Donau errichtet.

GEBURTSTAGE

Maria Grengg. Erzählerin, Malerin. Geboren 26. 2. 1889 in Stein. (Gestorben 8. 10. 1963 in Rodaun.)

Ludwig Wittgenstein. Philosoph. Tätig als Lehrer u. a. in Trattenbach bei Kirchberg am Wechsel. Geboren 26. 4. 1889 in Wien. (Gestorben 29. 4. 1951 in Cambridge.)

Wilhelm Steingötter. Bürgermeister von St. Pölten. Geboren 19. 11. 1886. (Gestorben 30. 11. 1966.)

Josef Kraus. Landwirt, Politiker, 1945–52 Bundesminister für Land- und Forstwirtschaft, 1947–60 Präsident des Österreichischen Bauernbundes. Geboren 23. 2. 1890 in Kronberg. (Gestorben 11. 7. 1971 in Kronberg.)

Egon Schiele. Maler und Zeichner. Geboren 12. 6. 1890 in Tulln. (Gestorben 31. 10. 1918 in Wien.)

Robin Christian Andersen. Maler, lebte in Mönichkirchen. Geboren 17. 7. 1890 in Wien. (Gestorben 23. 1. 1968 in Wien.)

Hans Gal. Komponist, 1929–33 Direktor der Musikhochschule Mainz, bis 1938 Dirigent in Wien; Emigration; 1945 Universitäts-Professor in Edinburgh und Leiter des Kammerorchesters. Geboren 5. 8. 1890 in Brunn am Gebirge.

Johann Resch. Direktor der Wiener Verkehrsbetriebe, Stadtrat in Wien. Geboren 11. 11. 1890 in Pottschach. (Gestorben 26. 4. 1960 in Wien.)

Josef Höbarth. Heimatforscher. Geboren 17. 3. 1891 in Reinprechtspölla. (Gestorben 17. 12. 1952 in Horn.)

Hans Naderer. Katholischer Bühnenschriftsteller, Journalist im Parlamentsdienst. (Verfasser von Volksstücken, besonders für die Exl-Bühne in Wien.) Gründer und Leiter der „Österreichischen Theatergemeinde". Geboren 10. 1. 1891 in Oberstinkenbrunn.

Michael Pfliegler. Moral- und Pastoraltheologe, Religionsphilosoph, Universitäts-Professor in Wien. Mit K. Rudolf Gründer und geistiger Führer der katholischen Jugendbewegung „Neuland". Geboren 26. 1. 1891 in Guttenbrunn.

Karl Lugmayer. Philosoph, ÖVP-Politiker, Volksbildner, Volksbildungsreferent für NÖ. und Wien, 1945 Unterstaatssekretär im Staatsamt für Volksaufklärung, Unterricht und Erziehung. Geboren 25. 2. 1892 in Ebensee, OÖ.

Josef Otto Lämmel. Schriftsteller; in London (1939–1962) als Propagator für österreichische Kultur und Fremdenverkehr tätig. Geboren 22. 4. 1891 in Waidhofen a. d. Ybbs.

Walter Prinzl. Holzschneider und Radierer in Melk. Geboren 29. 9. 1891 in Melk.

Julius Raab. Staatsmann. Abgeordneter zum Nationalrat, Bundeskanzler. Geboren 29. 11. 1891 in St. Pölten. (Gestorben 8. 1. 1964 in Wien.)

Oswald Knauer. Reichsratsstenograph und Parlamentshistoriker. Geboren 25. 6. 1892 in Tulln. (Gestorben 29. 6. 1967 in Wien.)

Andreas Reischek. Volks- und Völkerkundler. Ab 1924 Mitarbeiter der RAVAG, 1947 Programmdirektor von Studio Linz. Schuf Kulturfilme und Hörspiele. Geboren 11. 8. 1892 in Klosterneuburg. (Gestorben 13. 8. 1965 in Wien.)

Engelbert Dollfuß. Christlichsozialer Politiker, Bundeskanzler. Geboren 4. 10. 1892 in Texing. (Gestorben 25. 7. 1934 in Wien.)

Anton Eipeldauer. Gärtner, Fachschriftsteller, 1928 Leiter der Fachlehranstalt für Garten- und Obstbau (Gartenschule der Gemeinde Wien), General-Sekretär der Österreichischen Gartenbaugesellschaft. Populärer „Blumendoktor" bei Radio und Fernsehen. Geboren 1893 in Meires.

Severin Matthias Grill. Theologe, Historiker. Geboren 12. 2. 1893 in Piesting.

Heinrich Strecker. Liederkomponist. Geboren 24. 2. 1893 in Wien. (Gestorben 24. 2. 1940 in Wiener Neudorf.)

TODESTAGE

Johann Jakob Tschudi. Naturforscher und Reisender. Gestorben 8. 10. 1889 im Jakobshof bei Edlitz. (Geboren 15. 7. 1818 in Jaros/Schweiz.)

Alexander Freiherr von Koller. General, Minister, 1874–76 Reichskriegsminister, lebenslängliches Mitglied des Herrenhauses. Gestorben 29. 5. 1890 in Baden. (Geboren 3. 6. 1813 in Prag.)

Friedrich Schmidt. Architekt und Dombaumeister in Wien, auch in NÖ. tätig (Klosterneuburg). Gestorben 23. 1. 1891 in Wien. (Geboren 22. 10. 1825 in Frikenhofen in Württemberg.)

Josef Zehengruber. Priester, Consistorialkanzler, Domherr. Gestorben 3. 6. 1891 in St. Pölten. (Geboren 7. 11. 1826 in Wien.)

Links: Protokoll des Hainfelder Parteitages der „Österreichischen Sozialdemokratie". 1889.
Rechts: Flugblatt zur Feier des 1. Mai 1890.

Josef Petzval. Photograph aus der Frühphase der Photographie. Gestorben 17. 9. 1891 in Wien. (Geboren 6. 1. 1807 in Bela, Slowakei.)

Theodor Meynert. Psychiater, Universitäts-Professor in Wien. Grundlegende Forschungen über Bau und Funktion des Gehirns, schuf die Strukturlehre der Großhirnrinde. Gestorben 31. 5. 1892 in Klosterneuburg. (Geboren 15. 6. 1833 in Dresden.)

Ferdinand Fruwirt jun. Industrieller. Übernahm 1867 die väterlichen Hammerwerke in NÖ. Gestorben 8. 6. 1892 in Wien. (Geboren 16. 12. 1841 in Wien.)

Johann Grissemann. Bildhauer. Wien, München, Florenz und Rom. Gestorben 22. 6. 1892 in Sebarn bei Korneuburg. (Geboren 15. 5. 1831 in Imst/Tirol.)

Franz Mayr von Melnhof. Industrieller, besonders auf dem Gebiet der holzverarbeitenden Industrie sowie der Baustoffindustrie tätig. Gestorben 18. 7. 1893 in Himberg. (Geboren 11. 11. 1854 in Leoben, Stmk.)

Josef Binder. Bischof. Gestorben 14. 8. 1893 in St. Pölten. (Geboren 19. 8. 1822 in Maria Laach am Jauerling.)

Alexander Freiherr von Bach. Staatsmann (Justizminister, Innenminister). Gestorben 13. 9. 1893 in Schloß Schönberg bei Wiener Neustadt. (Geboren 4. 1. 1813 in Loosdorf b. Staatz.)

Karl Mahlknecht. Stecher, Photograph, Maler, ursprünglich Kupferstecher. Gestorben 9. 10. 1893 in Baden. (Geboren 24. 12. 1810 in Wien.)

Josef Anton Böhm. Pflanzenphysiologe, Professor für Botanik an der Universität Wien und der Hochschule für Bodenkultur. Gestorben 2. 12. 1893 in Wien. (Geboren 17. 5. 1833 in Großgerungs.)

Der Parteitag von Hainfeld

Am 30. Dezember 1888 fanden sich 110 Sozialdemokraten als Delegierte der verschiedenen Bereiche im kleinen Markt Hainfeld ein, um eine Sozialdemokratische Partei zu gründen. Von diesen Delegierten waren 70 stimmberechtigt. Aus Wien stammten 20, aus Niederösterreich fünf. Andere kamen aus Böhmen und Mähren, sogar aus Galizien war ein Vertreter anwesend. Der erste Punkt der Tagesordnung war die Prinzipienerklärung der Sozialdemokratischen Arbeiterpartei in Österreich, deren erster Satz lautet: „Die sozialdemokratische Arbeiterpartei in Österreich erstrebt für das gesamte Volk ohne Unterschied der Nation, der Rasse und des Geschlechtes die Befreiung aus den Fesseln der

ökonomischen Abhängigkeit, Beseitigung der politischen Rechtlosigkeit und die Erhebung aus der geistigen Verkümmerung."
Der Parteitag erklärte dann den bisherigen Zwist durch die Annahme des Programms für beendet, und in der folgenden Resolution, nach einer Rede von Dr. Victor Adler, wurde auch die Einführung des allgemeinen gleichen, direkten und geheimen Wahlrechtes ab dem 20. Lebensjahr gefordert. Weitere Resolutionen betrafen die Arbeiterschutzgesetzgebung und die Sozialreform, die gewerkschaftliche Organisation, Probleme der Presse, wie die Gründung eines monatlich erscheinenden Parteiblattes, eine Resolution über die Arbeiterkammer und über die Volksschule, wobei die vollständige Trennung von Kirche und Schule gefordert wurde. Während des Parteitages kam der Bezirkshauptmann Dr. Leopold Auersperg von Lilienfeld Nach Hainfeld, um die Einladungskarten zu revidieren. Er nahm auch kurz als Gast an der Versammlung teil.
Der Einigungsparteitag gab der Sozialdemokratie in Österreich trotz der belastenden nationalen Frage entscheidende Impulse für den Kampf um politische Freiheit und soziale Anliegen.
Zu dieser Zeit gab es als sozialdemokratisches Wochenblatt die „Gleichheit", deren Herausgeber Dr. Victor Adler und deren verantwortlicher Redakteur Ludwig Bretschneider war. Die erste Nummer war am 16. Dezember 1886, die letzte am 14. Juni 1889, erschienen. Das Blatt wurde behördlicherseits eingestellt; es war während des Erscheinens nicht weniger als 45 mal konfisziert worden.

Haus des sozialdemokratischen Parteitages in Hainfeld. 1888/89.

Die Feiern des 1. Mai

Die erste Internationale des Jahres 1889 beschloß in Paris, zukünftig den Ersten Mai in ganz Europa als Tag der Arbeit zu begehen. In Österreich wurde in vielen sozialistischen Vereinen beschlossen, an diesem Tag Kundgebungen für den achtstündigen Arbeitstag zu veranstalten, die Arbeitsplätze aber an diesem Tag nicht zu verlassen. Andere wieder wollten den Tag freinehmen. Die Arbeitgeber reagierten recht verschieden. Ein Teil beschloß, den Arbeitern am Ersten Mai freizugeben, andere wieder entschieden sich, alle, die die Arbeit an diesem Tag verweigerten, aufgrund der Bestimmungen des Gewerbegesetzes sofort zu entlassen.

Aber auch bei den Arbeitern gab es verschiedene Einstellungen. Manche wollten die Arbeit an diesem Tag (1899 ein Donnerstag) überhaupt ruhen lassen, ein Teil verlangte nur den Nachmittag frei, und wieder andere Arbeiter wollten von einer Arbeitsruhe nichts wissen, so etwa auch die Arbeiter in den Salcherschen Fabriken in Harland und Stattersdorf sowie in Viehofen. Tatsächlich war die Nervosität sehr groß, in manche Fabriksorte wurden schon in den letzten Apriltagen Militärabteilungen verlegt, um die Ruhe zu gewährleisten. Auch die Freiwilligen Feuerwehren wurden in Bereitschaft gehalten, das Militär in den Kasernen zusammengezogen. Sonst übliche Veranstaltungen, wie der Zapfenstreich und der musikalische Weckruf am 1. Mai, wurde von der Bezirkshauptmannschaft untersagt. Auch im Bürgertum war die Unruhe groß, die Angst vor der Arbeiterschaft führte vor allem in Wien zu heute geradezu grotesk anmutenden Vorsichtsmaßregeln wie dem Geschlossenhalten von Geschäften für den Fall von Unruhen, dem freiwilligen Zuhausebleiben, um etwaige Zusammenstöße mit revoltierenden Arbeitern zu vermeiden etc.

Tatsächlich ging dieser Tag aber ruhig vorüber. Die Arbeiter verhielten sich mustergültig. In Wien wurden über 60 Versammlungen abgehalten, wobei man den achtstündigen Arbeitstag, Verbot der Kinderarbeit unter 14 Jahren, Verbot der Nachtarbeit und das volle Koalitions- und Versammlungsrecht forderte. Nachmittags zogen die Arbeiter geordnet in den Prater, wobei man 1500 Personen schätzte. In den nö. Provinzorten verlief der Tag ebenfalls ruhig. Wo die Arbeiter feierten, hielten sie am Vormittag Versammlungen und nachmittags Ausflüge ab. In St. Pölten feierte nur ein kleiner Teil der Arbeiterschaft. Das in den Industrieorten stationierte Militär, aber auch die Ortspolizei hatte nirgends Grund zum Einschreiten.

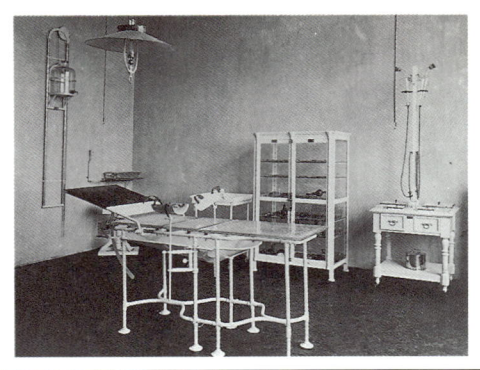

Links: Triumphbogen anläßlich der Eröffnung des Krankenhauses St. Pölten im Oktober 1895.
Rechts: Operationssaal des neu erbauten St. Pöltner Krankenhauses 1895.

Rechts: Der Goldschmied Anton Kalcher, Gründer einer Knabenerziehungsanstalt.

1894–1896

KALENDER

1894 Wilhelm Grundmann errichtet in Rohrbach an der Gölsen eine Spezialfabrik für Tür-, Schloß- und Baubeschläge.

Beginn der Regulierung des Wienflusses. Abgeschlossen 1899.

Baubeginn der Donaukanal-Schleusen in Wien-Nußdorf. Abgeschlossen 1898.

März Beginn der Demolierung des Linienwalles in Wien.

28. 3. Der nö. Landtag beschließt die Gründung von Landesbahnen.

1895 Gründung eines Klosters der Schwestern des göttlichen Erlösers in Gleiß bei Waidhofen an der Ybbs.

Toni Scheuf aus Mürzzuschlag ersteigt erstmals auf Schiern den Schneeberg.

Erbauung der eisernen Brücke von Stein nach Mautern anstelle des „hölzernen Gatters".

22. 5. Die Straßenbahnlinie Baden–Vöslau wird eröffnet.

11. 6. Erzherzog Franz Salvator und seine Gemahlin Valerie, die Tochter von Kaiser Franz Joseph, kaufen Schloß Wallsee.

2. 10. Die Christlichsoziale Partei erringt die Zweidrittelmehrheit in Wien.

5. 10. Kaiser Franz Joseph eröffnet das neuerbaute Krankenhaus in St. Pölten.

1896 Die Ybbstalbahn wird als erste Landesbahn fertiggestellt.

Die Semperit-Werke Traiskirchen werden gegründet.

23. 3. Erste Filmvorführung in Wien.

14. 6. Eine allgemeine Wählerklasse wird als 5. Kurie geschaffen und damit eine Vorstufe zum allgemeinen Wahlrecht.

8. 4. Mit kaiserlicher Entschließung wird die Bezirkshauptmannschaft Tulln unter gleichzeitiger Auflassung der Bezirkshauptmannschaft Währing errichtet. Ihr wird auch der Bezirk Kirchberg am Wagram von der bisherigen Bezirkshauptmannschaft Krems zugeteilt.

GEBURTSTAGE

Walter Tell. Papyrologe, Koptologe, Direktor der Papyrus-Sammlung der Österreichischen Nationalbibliothek, Studium in Wien, 1939–51 Universitätsprofessor in Wien und Manchester, veröffentlichte zahlreiche Fachwerke, z. B. „Koptische Grammatik" (1955). Geboren 22. 2. 1894 in Stockerau. (Gestorben 3. 9. 1963 in Herzogenburg.)

Rudolf Buchner. Maler, lebte in Deutsch Wagram. Geboren 15. 3. 1894 in Warnsdorf, Böhmen. (Gestorben 15. 10. 1962 in Wien.)

Josef Lehrl. Pädagoge, Universitätsprofessor, Volksredner. Geboren 26. 4. 1894 in Waidhofen an der Ybbs. (Gestorben 11. 11. 1957 in Wien.)

Josef Dengler. Arbeiter; Abgeordneter zum Nationalrat und 1927 zum Bundesrat, 1934–38 Vorsitzender des Landeskartells NÖ.; 1945 Geschäftsführender Obmann der Landesgruppe NÖ des Österreichischen Arbeiter- und Angestelltenbundes. Geboren 16. 5. 1894 in Steinabrunn.

Oskar Karlweis. Schauspieler. Geboren 10. 6. 1894 in der Hinterbrühl. (Gestorben 24. 1. 1956 in New York.)

Johann Steinböck. Christlichsozialer Politiker, Landeshauptmann von NÖ. Geboren 12. 6. 1894 in Frauenhofen. (Gestorben 14. 1. 1962 in Wien.)

Franz Joseph Mayer-Gunthof. Industrieller, Wirtschaftspolitiker, Mäzen. Geboren 18. 8. 1894 in Guntramsdorf. (Gestorben 2. 2. 1977 in Wien.)

Gustav Moissl. Lehrer, Komponist. Lebte zuletzt in Stockerau. Geboren 5. 9. 1894 in Reichenberg (heute ČSFR).

Ilse Ringler-Kellner. Dichterin Südmährens. Geboren 9. 9. 1894 in Sarajewo, Bosnien. (Gestorben 25. 8. 1958.)

Anton Scheiblin. Lehrer, Heimatforscher, Historiker. Geboren 23. 10. 1894 in St. Pölten. (Gestorben 30. 12. 1967 in Wien.)

Karl Schmidt. Philosophieprofessor, Theologe in St. Pölten. Geboren 25. 11. 1894. (Gestorben 1938 in St. Pölten.)

Karl Keck. Geistlicher, Heimatforscher, Schriftsteller. Geboren 3. 3. 1895 in Feldsberg, Böhmen.

Fritz Felzmann. Dermatologe. Südmährischer Dichter in Auspitz, dann in Stockerau. Geboren 16. 6. 1895 in Boskowitz. (Gestorben 16. 5. 1980 in Wien.)

Imma Bodmershof, geborene von Ehrenfels. Schriftstellerin; Tochter von Christian Ehrenfels. Geboren 10. 8. 1895 in Graz. (Gestorben 26. 8. 1982 in Wien-Rodaun.)

Hans Frenzel. Minister, SPÖ-Politiker. 1953–64 Präsident des Rechnungshofes. Geboren 7. 9. 1895 in Herzogenburg. (Gestorben 25. 8. 1966 in Linz.)

Hermann Winger. Bierbrauer, Direktor der Brau AG. Geboren 26. 9. 1895 in St. Pölten.

Werner Riemerschmied. Schriftsteller, Regisseur und Radiosprecher. Geboren 16. 11. 1895 in Maria Enzersdorf. (Gestorben 16. 4. 1967 in Mödling.)

Nico Dostal. Operettenkomponist („Clivia"); schrieb zunächst Kirchenmusik, Theaterkapellmeister in Innsbruck, Salzburg und Berlin. Seit 1945 in Wien und Salzburg. Geboren 27. 11. 1895 in Korneuburg.

Richard Eybner. Burgschauspieler und Vortragskünstler. Geboren 17. 3. 1896 in St. Pölten. (Gestorben 20. 6. 1986 in Wien.)

Otto Benesch. Kunsthistoriker, 1947–61 Direktor der Albertina und Universitätsprofessor in Wien. Geboren 29. 6. 1896 in Ebenfurt. (Gestorben 16. 11. 1964 in Wien.)

Adrienne Gessner. Schauspielerin am Wiener Stadttheater, am Raimund-Theater, am Deutschen Volkstheater und am Theater in der Josefstadt; Filmtätigkeit und Schriftstellerin, verheira-

tet mit Ernst Lothar. Geboren 23. 7. 1896 in Maria Schutz am Semmering. (Gestorben 23. 6. 1987 in Wien.)

Oskar Sima. Schauspieler am Wiener Volkstheater, an den Reinhardtbühnen in Berlin, nach 1945 am Wiener Bürgertheater, beliebter Filmkomiker. Geboren 31. 7. 1896 in Hohenau.

Franz Ruhm. Kochlehrer und Küchen-Fachschriftsteller. Geboren 31. 7. 1896 in Brunn am Gebirge. (Gestorben 20. 3. 1966 in Purkersdorf.)

Karl Stingl. Oberschulrat, Bürgermeister von Mödling. Geboren 1. 9. 1896.

Heimito von Doderer. Schriftsteller. Geboren 5. 9. 1896 in Weidlingau bei Wien. (Gestorben 23. 12. 1966 in Wien.)

Hans Malzacher. Industriemanager. Geboren 14. 10. 1896 in Traisen. (Gestorben 16. 10. 1974 in Villach.)

TODESTAGE

Betty Paoli. (Pseudonym für Babette Elisabeth Glück). Biedermeier-Schriftstellerin; Gestorben 13. 12. 1894 in Wien. (Geboren 5. 7. 1814 in Baden.)

Anton Freiherr von Klehsheim. Schauspieler, Mundartdichter. Gestorben 6. 7. 1894 in Baden. (Geboren 9. 2. 1812 in Peterwardein, Kroatien.)

Josef Hyrtl. Bedeutender Anatom und Philanthrop. Universitätsprofessor in Prag und Wien; er brachte die Wiener Anatomische Schule zu einem Höhepunkt, verbesserte die anatomische Technik, besonders durch neue Injektionsverfahren, und war ein hervorragender Präparator. Er gründete das Museum für vergleichende Anatomie (1850) und versorgte fast alle Anatomischen Museen der Welt mit Präparaten. Sein Vermögen widmete er wohltätigen Zwecken (Hyrtlsches Waisenhaus in Mödling u. a.). Gestorben 17. 7. 1894 in Perchtoldsdorf. (Geboren 7. 12. 1810 in Eisenstadt.)

Joseph Maurer. Seelsorger, Schriftsteller, Lokalhistoriker. 1890–94 Pfarrer in Deutsch Altenburg. Gestorben 19. 11. 1894 in Deutsch Altenburg. (Geboren 16. 1. 1853 in Asparn an der Zaya.)

Franz Friedrich Richard Genée. Komponist, Librettist, Kapellmeister, lebte seit 1878 in Preßbaum. Gestorben 7. 2. 1823 in Danzig. (Geboren 15. 6. 1895 in Baden.)

Zeno Gögl. Bürgermeister von Krems, Fabrikant. Gestorben 5. 1. 1896 in Krems. (Geboren 18. 2. 1818.)

Johann Gasser. Industrieller, baute seine Metallfabrik in St. Pölten zur größten Fabrik der Metallerzeugung im Traisental aus. Gestorben 16. 7. 1896 in St. Pölten. (Geboren 18. 5. 1847 in Spittal an der Drau.)

Alois Hauser. Architekt, Denkmalpfleger, 1873 Professor an der Kunstgewerbeschule in Wien. Leitete die Ausgrabungen in Bad Deutsch Altenburg und Carnuntum, wo er 1888 das Amphitheater entdeckte. Gestorben 6. 10. 1896 in Baden. (Geboren 16. 11. 1841 in Wien.)

Links: Die Kalchersche Knabenerziehungsanstalt, später Kinderübernahmestelle und Kinderhort.
Rechts: Erich Graf Kielmansegg, Statthalter 1889–1911.

Ferdinand Graf Trauttmansdorff. Diplomat, Staatsmann, lange Zeit österreichischer Gesandter in Berlin, dann in München und beim Heiligen Stuhl (1868–72). 1870 Herrenhausmitglied, 1879 dessen 1. Präsident. Gestorben 12. 12. 1896 in Schloß Fridau bei St. Pölten. (Geboren 27. 6. 1825 in Wien.)

Gründung von Krankenhäusern

Die verschiedenen Spitäler, die es seit dem Mittelalter gab, waren Stätten der Altersversorgung. Krankenhäuser gab es in großen Städten, etwa in Wien, seit den Zeiten Josephs II. In Niederösterreich wurden ab dem Jahre 1856 in einigen Städten allgemeine öffentliche Krankenhäuser errichtet, die ausschließlich der Pflege und Heilung kranker Menschen dienten. Manchmal gingen sie aus Siechenhäusern oder Bürgerspitälern hervor und waren nur bescheiden ausgestattet. Die Pflege übernahmen vorwiegend geistliche Frauenorden. Allmählich wurden auch größere Neubauten für solche Einrichtungen geschaffen, etwa in Krems 1872, in Wiener Neustadt 1889, 1895 in St. Pölten. Die Erhaltung oblag meist den Gemeinden oder eigenen Fonds. Der Landesausschuß baute Sonderkrankenhäuser. So wurde die 1859 errichtete Irrenanstalt von Ybbs durch eine 1902 gegründete Anstalt in Mauer-Öhling ersetzt, und 1886 entstand die Irrenanstalt in Gugging bei Klosterneuburg, zuerst als Filiale der Irrenanstalt in Wien, seit 1890 selbständig. Die wichtigsten Sonderkrankenhäuser für Niederösterreich wurden aber in Wien errichtet.

Die Anstalt des Johann Kalcher

Der Goldschmied Johann Kalcher (1835–1918) war einer der bedeutendsten Bürger der Stadt St. Pölten. Sein Vater Anton Kalcher (1800–1861) hatte eine Knabenerziehungsanstalt gegründet, die als Erzänzung zu der von Bischof Jakob Frint 1830 geschaffenen Arbeitsschule für arme Mädchen und des 1846 von Bischof Anton Buchmayer geschaffenen Taubstummeninstitutes der Diözese St. Pölten gedacht war. Das im Jahre 1856 gegründete Institut wurde mit einem Vermögen von 200 Gulden ausgestattet, das immer weiter aufgestockt wurde. Johann Kalcher starb am 17. Oktober 1918. Das Institut wurde nach seinem Tod von der Stadt übernommen, später als Aufnahmestelle für verwahrloste Kinder weitergeführt und ist jetzt ein Kinderhort.

Erich Graf Kielmansegg

Durch mehr als zwei Jahrzehnte, von 1889 bis 1911 mit einer kurzen Unterbrechung, als er Ministerpräsident war, leitete Erich Graf Kielmansegg (geboren 13. 12. 1847 in Hannover) als Statthalter die landesfürstliche Regierung Niederösterreichs. Seine Ära ist durch einschneidende Änderungen gekennzeichnet. An der Spitze seiner Verdienste ist die Vereinigung der Vororte Wiens mit dem Stadtgebiet zu nennen, denn dadurch wurde Wien zu einer modernen Großstadt. Für die Landesverwaltung ließ er eine Kanzleireform ausarbeiten, die 1906 in Kraft trat und eine Vereinfachung des Aktenlaufes darstellte.

Als er im Mai 1870 in den politischen Verwaltungsdienst eintrat, wurde er bald Sekretär des Ministerpräsidenten Adolf von Auersperg (1873–1875), arbeitete bei den Landesregierungen in Czernowitz und Klagenfurt, war dann Bezirkshauptmann in Baden und Sechshaus und schließlich Sektionschef im Ministerium des Inneren, bis er zum Statthalter ernannt wurde.

Kielmansegg galt als Gegner der autonomen Landesverwaltung und war deshalb manch hartem Angriff im Landtag von seiten der Christlichsozialen ausgesetzt. Er war modernen Ideen durchaus aufgeschlossen und hielt seine schützende Hand über Sport, Automobilismus und Fremdenverkehr. Er stand auch modernen Strömungen in Kunst und Literatur verständnisvoll gegenüber. Er starb am 23. 2. 1923 in Wien.

Die Hyrtelsche Waisenanstalt in Mödling.

Die Hyrtlsche Waisenanstalt

Univ.-Prof. Dr. Josef Hyrtl widmete einen Teil seines großen Vermögens der Errichtung einer Stiftung für eine niederösterreichische Landes-Waisenanstalt in Mödling, da er in seiner Jugend die Bitterkeit der Armut kennengelernt hatte. „Ein Verein zur Gründung und Erhaltung eines Waisenhauses in Mödling" wurde gegründet, dem Protektorat des nö. Landesausschusses unterstellt und seine Leitung auf Lebensdauer Josef Schöffel übertragen. Am 1. Oktober 1886 konnte das Gebäude für 48 Kinder eingeweiht werden. Im Jahr 1890 ließ Hyrtl ein zweites Waisenhaus für 100 Kinder erbauen und widmete auch ein entsprechendes Kapital für die Erhaltung. Als er 1894 starb, waren die Mittel seiner Stiftung auf fast 3 Millionen Goldkronen angewachsen. Damit konnte der Landtag im Jahre 1897 weitere 100 Stiftungsplätze widmen, so daß nun 155 Kinder versorgt werden konnten. Als der Landtag 1911 weitere 300 Freiplätze schuf, war die Gesamtzahl der Zöglinge des Waisenhauses auf 455 angestiegen. Nach dem Tode Schöffels am 7. Februar 1910 ging die Verwaltung an den niederösterreichischen Landesausschuß über.

Links: Mitglieder des St. Pöltner Männergesang-
vereines. Fotografie. Um 1885.
Rechts: Die Schneebergbahn. Zeitgenössische
Fotografie.

1897–1900

KALENDER

1897 Die Nö. Landesbrandschaden-Versicherung wird gegründet.

Hugo Wolf nimmt in Perchtoldsdorf für zehn Jahre Quartier in den Sommermonaten.

Die Bezirkshauptmannschaft wird von Großenzersdorf nach Floridsdorf verlegt.

Die Schneebergbahn wird eröffnet, und zwar am 15. April die Linie Wiener Neustadt–Puchberg und am 25. September die Linie Puchberg–Hochschneeberg.

August Große Hochwasser in NÖ, besonders auch auf den Nebenflüssen der Donau.

29. 11. Amstetten wird zur Stadt erhoben.

1898 Die Nö. Molkerei wird gegründet. Sitz war in Wien XX, Höchstädtplatz 5.

Die Wein- und Obstbauschule Gumpoldskirchen wird eröffnet.

27. 1. Der Nö. Raiffeisenverband beschließt die Gründung der „Nö. Genossenschaftszentralkasse", die ein Kassenverband der bestehenden Raiffeisenkassen sein soll, aber auch landwirtschaftliche Genossenschaften aufnimmt.

20. 6. Eröffnung des ersten Lagerhauses in Pöchlarn, gegründet von Pfarrer Matthäus Bauchinger. Es folgen am 2. November 1898 Hollabrunn, am 3. November Herzogenburg, am 17. November St. Pölten, am 6. Dezember Ziersdorf, am 7. Dezember Vitis, am 9. Dezember Mistelbach, am 27. Dezember Horn und Umgebung.

Pfarrer Matthias Bauchinger. Lithographie.

18. 9. Der Fußballklub Baden wird gegründet. Das erste Spiel findet am 1. November 1898 statt.

29. 9. Melk wird zur Stadt erhoben.

1. 10. Die Bezirkshauptmannschaft Gmünd wird errichtet.

1899 Großes Donauhochwasser im Marchfeld.

In Gloggnitz wird eine Filztuchfabrik errichtet.

Das städtische Elektrizitätswerk in Klosterneuburg wird errichtet.

12. 3. Der Fußballklub Herzogenburg wird gegründet.

27. 9. Kaiser Franz Joseph eröffnet das Theater in Berndorf.

28. 11. Die seit 1892 neu aufgebauten Domtürme von Wiener Neustadt werden vollendet. Den Schlußstein setzt Kaiser Franz Joseph.

1900 Berndorf wird zur Stadt erhoben. Die Markterhebung erfolgte 1886.

16. 6. Ein erster Autobus verkehrt zwischen Gablitz und Purkersdorf.

GEBURTSTAGE

Theodor Kramer. Bibliothekar, Dichter. Emigration 1938–1957. Geboren 1. 1. 1897 in Niederhollabrunn. (Gestorben 3. 4. 1958 in Wien.)

Rudolf Henz. Kulturschaffender, Schriftsteller, Programmdirektor des Österreichischen Rundfunks. Geboren 10. 5. 1897 in Göpfritz an der Wild. (Gestorben 12. 2. 1897 in Wien.)

Michael Stern. Rechtsanwalt. Geboren 11. 12. 1897 in Wiener Neustadt. (Gestorben 1. 12. 1989 in Wien.)

Elisabeth Krauss–Kassegg. Heimatforscherin und Volkskundlerin, lebte im Amonhaus in Lunz. Geboren 21. 3. 1898 in Ossiach. (Gestorben 7. 2. 1989 in Scheibbs.)

Otto Brunner. Historiker. Geboren 21. 4. 1898 in Mödling. (Gestorben 12. 6. 1982 in Hamburg.)

August Kargl. Baumeister, Landeshauptmannstellvertreter von NÖ, Abgeordneter zum nö. Landtag, Bürgermeister von Langenlois, Firmeninhaber, Landesparteiobmannstellvertreter der ÖVP NÖ. Geboren 25. 4. 1898 in Langenlois. (Gestorben 6. 1. 1960 in San Remo, USA.)

Karl Skraup. Volksschauspieler. Geboren 31. 7. 1898 in Atzgersdorf bei Wien. (Gestorben 2. 10. 1958 in München.)

Georg Franz Hahnl. Abt von Herzogenburg. Geboren 16. 9. 1898 in Wien. (Gestorben 1963.)

Eugen Wüster. Industrieller, Sprachforscher, Normierungs- und Terminologiefachmann, Esperantist. Geboren 3. 10. 1898 in Wieselburg. (Gestorben 29. 3. 1977.)

Friedrich Sacher. Lyriker, Erzähler. Geboren 19. 9. 1899 in Wieselburg. (Gestorben 22. 11. 1982 in Wien.)

Emmy Feiks (Feiks-Waldhäusl). Schriftstellerin. Geboren 10. 11. 1899 in Pottenbrunn. (Gestorben 4. 5. 1975 in Klosterneuburg.)

Gustav Karl Bienek. Schriftsteller. Geboren 14. 12. 1899 in Groß Siegharts. (Gestorben 1972.)

Franz Hadamowsky. Schriftsteller, Theaterhistoriker, 1934–38 Direktor des Wiener Volksbildungsvereins, seit 1948 Staatsbibliothekar an der Nationalbibliothek, 1954 Dir. der Theatersammlung. Geboren 31. 1. 1900 Rappoltenkirchen.

Herbert Mitscha–Märheim. Ur- und Frühgeschichtsforscher. Geboren 7. 2. 1900 in Wien. (Gestorben 8. 12.1976.)

Ferdinand Chaloupek. Lehrer, Schriftsteller, Abgeordneter zum Nationalrat. Geboren 21. 4. 1900 in Fichtau bei Neubistritz, Böhmen. (Gestorben 19. 4. 1988 in Krems.)

Josef Pfandler. Lehrer, Dichter. Geboren 3. 7. 1900 in Gmünd. (Gestorben 28. 7. 1987 Wien.)

Oskar Matula. Maler und Graphiker, mehrfach preisgekrönt. Geboren 4. 11. 1900 in Wien.

TODESTAGE

Franz Ritter von Ržiha. Miterbauer der Semmeringbahn. Gestorben 22. 6. 1897 in Maria Schutz/Semmering. (Geboren 28. 3. 1831 in Hainspach/Lipová, Böhmen.)

Karl Graf Chorinský. Jurist, Statthalter von NÖ, Präsident des Oberlandesgerichtes. Gestorben 10. 7. 1897 in Mödling. (Geboren 18. 10. 1828 in Linz.)

Josef Matthias von Trenkwald. Maler, Professor an der Akademie der bildenden Künste. Gestorben 28. 7. 1897 in Perchtoldsdorf. (Geboren 13. 3. 1824 in Prag.)

Alfred von Arneth. Historiker, Sohn von Joseph von Arneth, erschloß als Direktor (1868) des Haus-, Hof- und Staatsarchivs erstmals dessen Bestände der wissenschaftlichen Forschung. 1879–97 Präsident der Akademie der Wissenschaften. Gestorben 30. 7. 1897 in Wien. (Geboren 10. 7. 1819 in Wien.)

Anton Gerstner. 1873 Hofzuckerbäcker in Wien. Gestorben 1. 2. 1898 in Wien, begraben in Perchtoldsdorf. (Geboren 15. 5. 1823 in Fischamend.)

Karl Zeller. Operettenkomponist, Jurist, Beamter (Kunstreferent im Unterrichtsministerium). Gestorben 17. 8. 1898 in Baden bei Wien. (Geboren 19. 6. 1842 in St. Peter in der Au.)

Johann Bernhard Graf von Rechberg und Rothenlöwen. Staatsmann, Außenminister bis 1884. Gestorben 26. 2. 1899 in Kettenhof bei Schwechat. (Geboren 17. 6. 1806 in Regensburg.)

Josef Steininger. Bauernpolitiker. Gestorben 5. 7. 1899 in Brunnkirchen bei Krems.

Johann Nepomuk Fuchs. Kapellmeister, Komponist, Kompositionslehrer, Kapellmeister in Preßburg, Hamburg, Köln, Leipzig, Vizehofkapellmeister in Wien. Gestorben 15. 10. 1899 in Bad Vöslau. (Geboren 5. 5. 1842 in Freuenthal, Stmk.)

Karl Erdinger. Priester, Botaniker. Gestorben 14. 12. 1899 in St. Pölten. (Geboren 1822 in Steinegg.)

Karl Millöcker. Kapellmeister, Operettenkomponist (Welterfolge: „Gasparone" und „Der Bettelstudent"). Gestorben 31. 12. 1899 in Baden bei Wien. (Geboren 29. 4. 1842 in Wien.)

Emerich Ráthay. Weinbaufachmann. Studierte in Wien Mathematik, Physik, Chemie, Zoologie und Botanik; ab 1874 Professor an der Önologischen und pomologischen Lehranstalt in Klosterneuburg, ab 1894 Direktor. Gestorben 9. 9. 1900 in Klosterneuburg. (Geboren 4. 8. 1845 in Pest.)

Wendelin Böheim. Offizier, 1878 Kustos der Waffensammlung des Kaiserhauses. Gestorben 1. 11. 1900 in Wien. (Geboren 17. 9. 1832 in Wiener Neustadt.)

Links: Klassenzimmer der Schule in Berndorf.
Rechts: Das Lagerhaus in Pöchlarn. Fotografie. 1898.
Unten: Eröffnung des Theaters in Berndorf durch Kaiser Franz Joseph I. Zeitgenössisches Ölgemälde. Berndorf, Theater.

Melk

Als Siedlung unter dem Stiftsfelsen mit dem Benediktinerkloster wurde Melk schon 1227 als Markt genannt und hatte seit dem 15. Jahrhundert das Recht, jährlich zwei Märkte abzuhalten. Die Obrigkeit war das Kloster. Im Spätmittelalter wurde der Ort auch befestigt. Diese Marktbefestigung wurde im 16. Jahrhundert ausgebaut, die Tore aber wurden zwischen 1852 und 1895 abgetragen. Mauerreste und ein Turm blieben erhalten. Als Poststation, deren Posthaus 1792 von Josef von Fürnberg erbaut wurde, dann als Bahnstation der Westbahn erlebte der Markt einen bedeutenden Aufschwung und wurde am 29. September 1898 durch kaiserliche Entschließung zur Stadt erhoben.

Amstetten

Der um 1250/60 als Markt genannte Ort gehörte ursprünglich dem Hochstift Freising, wurde aber gegen Zehentrechte vom Bistum Passau eingetauscht. 1276 hatte Rudolf von Habsburg dem Bischof von Passau das Recht verliehen, den Markt Amstetten, der nur 40 Häuser hatte, zu befestigen. Der Markt hatte auch in der Folge nur geringe Bedeutung. Seit 1850 war er Sitz des Bezirksamtes und des Gerichtes. Erst als Knotenpunkt der 1858 fertiggestellten Westbahn nahm Amstetten einen bedeutenden Aufschwung. Dies war auch der Grund für die Stadterhebung mit kaiserlicher Entschließung vom 29. November 1897.

Die ersten Lagerhäuser

Am Ende des 19. Jahrhunderts setzte sich in der Landwirtschaft die Genossenschaftsidee immer mehr durch, wobei Verbindungen zu den Raiffeisenkassen und den Vermarktungsgenossenschaften bestanden. Der Bauer Leopold Hochenauer aus der Gegend von Pöchlarn gab die Anregung, ein landwirtschaftliches Lagerhaus nach bayerischem Vorbild zu errichten. Dort beschäftigten sich Genossenschaften bereits mit dem Absatz landwirtschaftlicher Erzeugnisse und dem Einkauf von Bedarfsartikeln. Der Pfarrer von Pöchlarn Matthäus Bauchinger unterstützte diese Idee, auch der neu gegründete Bauernverein des Viertels ober dem Wienerwald war dafür und subventionierte im März 1898 eine Studienreise von acht Pöchlarner Bauern nach Trostberg in Bayern. Am 19. Mai 1898 fand im Pöchlarner Pfarrhof die Gründungsversammlung der ersten Lagerhaus-Genossenschaft statt, deren Obmann Pfarrer Matthäus Bauchinger

wurde. Der Geschäftsanteil betrug 5 Gulden. Ein ehemaliges Gasthaus wurde als Lagerhaus eingerichtet. Das erste Geschäftsjahr war bereits erfolgreich, denn 300 Mitglieder traten bei, und etwa 41 Waggons Getreide konnten aufgekauft werden. Noch im selben Jahr folgte die Gründung einer Lagerhaus-Genossenschaft in Kilb, ein Jahr später wurde auch die Genossenschaft von St. Pölten in das Register eingetragen. Nun folgten alljährlich neue Gründungen, die in der Regel erfolgreich waren, wenn es auch manchmal zu Rückschlägen kam. Im selben Jahre wurde auch die Nö. landwirtschaftliche Genossenschaftszentralkasse gegründet und damit eine Verbindung zwischen den bereits bestehenden acht niederösterreichischen Lagerhausgenossenschaften und den nö. Raiffeisenkassen hergestellt. Die Raiffeisenorganisation, aber auch die genossenschaftlichen Organisationen wurden bald eine Domäne der Christlichsozialen, die in immer stärkerem Maße die Bauernschaft zu

organisieren verstanden. So kam es auch zu einer Verquickung in persönlicher Hinsicht, und die neu gegründeten Lagerhäuser wurden meist von politisch organisierten Persönlichkeiten der christlichsozialen Bauernschaft geführt. Dadurch waren auch Solidaritätsaktionen möglich, wenn es zu Schwierigkeiten einzelner Institutionen kam. Allmählich besserte sich jedoch die Geschäftsgebarung, und etwa um 1907 konnten die Lagerhäuser die schwierigste Phase meistern. Man griff auf andere Sonderorganisationen über, nahm etwa 1909 die Piestinger Harzgenossenschaft als Mitglied auf und wurde so zu einem mächtigen Wirtschaftsfaktor, der nicht nur die Vermarktung von Erzeugnissen, vor allem von Getreide, durchführte, sondern für die Bauern auch Saatgut, Mineraldünger, Schädlingsbekämpfungsmittel und ausländische Futtermittel besorgte. Später widmete man sich im zunehmenden Maße der Vermarktung der Milch und des Weines.

Berndorf

Selten ist ein Ort ähnlich durch den Gestaltungswillen einer Familie geprägt worden wie Berndorf durch die Familie Krupp und die seit 1843 bestehende Metallwarenfabrik. Erst 1882 vereinigten sich Ober- und Unterberndorf zu einer Ortsgemeinde. Schon 1886 erfolgte die Markterhebung und 1900 die Verleihung des Stadtranges. Die 1883 geweihte Marienkirche, die Gründung eines Privat-Realgymnasiums im Jahre 1898, der Bau des Kaiser-Jubiläumstheaters 1899 sowie die Errichtung von vielen Wohnhäusern

waren die Voraussetzung für die Erhebung zur Stadt durch kaiserliche Entschließung vom 2. August 1900. Die Entwicklung Berndorfs erreichte durch die Fertigstellung zweier großer Schulgebäude im Jahre 1909 einen weiteren Höhepunkt. Die Schulen sind deshalb berühmt, weil die Klassenzimmer aus pädagogischen Erwägungen in historischen Baustilen gestaltet sind, vor allem, um den Arbeiterkindern Bildung anschaulich nahe zu bringen.

Links: Eine Lokalbahn im Waldviertel. 1902.
Rechts: Traisen-Hochwasser 1903.

1901–1903

KALENDER

1901 In Gänserndorf wird eine Bezirkshauptmannschaft errichtet.

7. 4. Die erste Autobuslinie Niederösterreichs von Gablitz zum Bahnhof Purkersdorf wird eröffnet.

30. 8. Große Manöver im Marchfeld, im Raum Gänserndorf–Bockfließ. Kaiser Franz Joseph nimmt daran teil.

1902 Das Gaswerk Mistelbach wird errichtet.

Das nö. Landesreal- und Obergymnasium Klosterneuburg wird gegründet. 1921 wird es Bundesschule.

Die erste Korneuburger Sportvereinigung wird gegründet.

Bau der Synagoge von Wiener Neustadt.

Eröffnung der Lokalbahn Augartenbrücke–Stammersdorf–Auerstal.

Das Autorennen Paris–Wien führt durch Niederösterreich.

Das Krahuletz-Museum in Eggenburg wird eröffnet.

Einstellung des Bergbaus in Reichenau.

Die Zuckerfabrik Leopoldsdorf wird gegründet.

9. 8. Eröffnung der Landesbahn Gmünd–Großpertholz.

12. 10. Christlichsozialer Parteitag in St. Pölten mit schweren Auseinandersetzungen.

2. 12. Das Truppenspital Wiener Neustadt und die Kavalleriekaserne werden eröffnet.

26. 12. Brand im Theater Berndorf. Der Zuschauerraum brennt aus. Das Gebäude wird von Krupp sofort erneuert.

1903 Eröffnung der Lokalbahn Gänserndorf–Gaweinstal und Gmünd–Groß-Gerungs.

Der erste Allgemeine Schwechater Sportklub wird gegründet.

Der Männergesangverein St. Aegyd am Steinfeld wird gegründet.

Gründung der Voith-Maschinenfabrik in St. Pölten als Zweigwerk eines Betriebes in Heidenheim.

Errichtung der E-Werke in Retz und St. Pölten.

Juli Große Überschwemmung der Traisen, die ähnliche Ausmaße wie das Jahrhunderthochwasser 1897 erreicht.

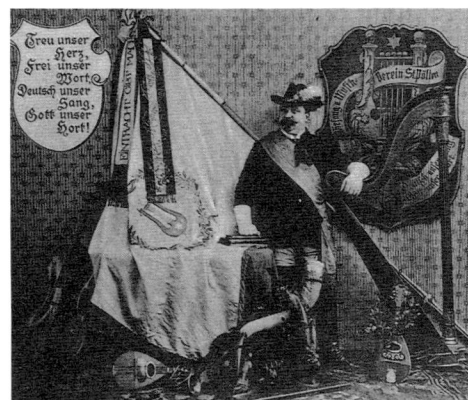

Postkarte zum Jubiläum des Musikvereines St. Pölten. 1909.

GEBURTSTAGE

Wilhelm Franke. Lehrer in Gmünd. Dichter. Geboren 28. 5. 1901 in Wien.

Theodor Eggendorfer. Politiker. Geboren 11. 10. 1901 in Schönberg/Kamp. (Gestorben 17. 5. 1975.)

Josef Böck. Universitätsprofessor für Augenheilkunde. Geboren 13. 10. 1901 in St. Pölten.

Franz Kaulfersch. Maler. Lebt in Baden. Geboren 3. 12. 1901 in Luxdorf, Böhmen.

Viktor Matejka. KPÖ-Kulturpolitiker. Tätig in der Wiener Arbeiterkammer. 1945–49 Wiener Stadtrat für Kultur und Volksbildung. Geboren 4. 12. 1901 in Korneuburg.

Franz Luby. Maler. Geboren 10. 7. 1902 in St. Pölten. (Gestorben 18. 11. 1989 in Wien.)

Rudolf Oertel. Schriftsteller und Filmdramaturg. Geboren 12. 9. 1902 in Wiener Neustadt. (Gestorben 18. 7. 1968 in Wiener Neustadt.)

Heinrich Schnitzler. Schauspieler, Regisseur. Sohn Arthur Schnitzlers. Geboren 9. 8. 1902 in Hinterbrühl bei Wien. (Gestorben 12. 7. 1982 in Wien.)

Josef Stummvoll. 1949 Generaldirektor der Österreichischen Nationalbibliothek. Geboren 19. 8. 1902 in Baden.

Leopold Figl. Staatsmann, ÖVP-Politiker. 1934 Direktor des Nö. Bauernbundes, 1938–43 und 1944/45 im KZ, Mitbegründer und Obmann (1945–51) der ÖVP, 1945 Staatssekretär. 20. 12. 1945–2. 4. 1953 Bundeskanzler, 1953–59 Außenminister, 1959–62 Erster Präsident des Nationalrates, 1962 bis 1965 Landeshauptmann von NÖ. Geboren 2. 10. 1902 in Rust im Tullnerfeld. (Gestorben 9. 5. 1965 in Wien.)

Otto Demus. Kunsthistoriker. Universitätsprofessor in Wien und Präsident des Bundesdenkmalamtes. Geboren 4. 11. 1902 in Harland.

Albrecht Drach. Schriftsteller. Rechtsanwalt in Mödling. Geboren 17. 12. 1902 in Wien.

Benno Schaginger. Generaldirektor der Post. Geboren 11. 4. 1903 in Heidenreichstein.

Ernst Anton Plischke. Architekt. Ab 1963 Professor an der Akademie der bildenden Künste in Wien. Geboren 26. 6. 1903 in Klosterneuburg.

Carlos Riefel. Blumenmaler. Geboren 15. 7. 1903 in Maria Enzersdorf.

Walter Gamerith. Maler und Photograph. Geboren 30. 8. 1903 in Eggenburg. (Gestorben 10. 8. 1949 in Wien.)

Hans Fronius. Maler. Geboren 12. 9. 1903 in Sarajewo, Bosnien. (Gestorben 21. 3. 1988 in Mödling.)

Konrad Lorenz. Mitbegründer der vergleichenden Verhaltensforschung, 1940 Universitätsprofessor in Königsberg. 1948 bis 1950 Leiter des Instituts für vergleichende Verhaltensphysiologie auf Gut Altenberg bei Greifenstein, 1954 Direktor des Max Planck-Instituts für Verhaltensforschung, 1973 Nobelpreis. Geboren 7. 11. 1903 in Altenberg an der Donau. (Gestorben 27. 2. 1989 in Altenberg.)

Fritz Herrmann. Alpinist. Geboren 23. 12, 1903 in Tribuswinkel bei Baden. (Verunglückt Juli 1930 in der Ostwand des Zinalrothornes, Schweiz.)

Links: Das Autorennen Paris–Wien 1902 bei der Durchfahrt in St. Pölten.

Links: Das E-Werk im Peinstadl in Wilhelmsburg. Um 1903.
Rechts: Die Maschinenfabrik J. M. Voith in St. Pölten. 1903.

TODESTAGE

Johannes Fahrngruber. Theologe und Historiker. Errichtete das Diözesanmuseum in St. Pölten (1888). Gestorben 13. 8. 1901 in Südtirol. (Geboren 27. 11. 1845 in Weißenbach.)

Heinrich Grünbeck. Ab 1879 Abt von Heiligenkreuz. Gestorben 1. 1. 1902 in Stift Heiligenkreuz. (Geboren 24. 11. 1818 in Wien.)

Anton von Fischer-Ankern. Industrieller. Ehrenmitglied des nö. Gewerbevereins, 1868 geadelt. Gestorben 7. 5. 1902 in Wien. (Geboren 27. 6. 1812 in St. Ägyd am Neuwald.)

Ubald Kostersitz. Historiker. 1882 Propst des Stiftes Klosterneuburg, 1887 Herrenhausmitglied. Gestorben 3. 10. 1902 in Klosterneuburg. (Geboren 12. 12. 1828 in Littau, Mähren).

Richard von Muth. Germanist, Schriftsteller. Schulmann in Niederösterreich. Gestorben 28. 12. 1902 in Wien. (Geboren 26. 9. 1848 in Prag.)

Hugo Wolf. Komponist. Lebte den Sommer über häufig in Perchtoldsdorf. Gestorben 22. 2. 1903 in Wien. (Geboren 13. 3. 1860 in Windischgrätz.)

Ludwig Gloss. Bildhauer und Maler. Gestorben 23. 2. 1903 in Mödling. (Geboren 20. 1. 1851 in Wiener Neustadt.)

Leopold Gegenbauer. Professor für Mathematik an der Universität Wien. Gestorben 3. 6. 1903 in Gießhübl. (Geboren 2. 2. 1849 in Asperhofen.)

Georg Granitsch. Advokat, Publizist. 1868 im nö. Landtag, ab 1873 im Reichsrat, Organisator der Raiffeisenkassen in Niederösterreich. Gestorben 18. 9. 1903 in Hadersdorf-Weidlingau. (Geboren 1. 2. 1833 in Wien.)

Ernst Karl Hoyos-Sprinzenstein. Ermöglichte den Bau der ersten Wiener Hochquellenwasserleitung, stellte die Rosenburg wieder her. Gestorben 21. 8. 1903 in Stixstein. (Geboren 18. 6. 1830 in Wien.)

Josef Pollhammer. Notar in Gföhl und Krems, Dichter und Volksbildner. Gestorben 2. 10. 1903 in Krems. (Geboren 20. 2. 1882 (?) in Bad Aussee.)

Das Hochwasser des Jahres 1903

Nachdem 1897 in ganz Mitteleuropa ein Jahrhundert-Hochwasser größte Verwüstungen angerichtet hatte, kam es in der ersten Julihälfte des Jahres 1903 nach mehrtägigen starken Regengüssen wiederum zu Überschwemmungen. Nicht nur die Donau trat über die Ufer, auch die südlichen Nebenflüsse der Donau schwollen so stark an, daß acht Orte in Gefahr gerieten und schwere Schäden entstanden. In St. Pölten wurden Teile der Uferschutzbauten weggerissen, auch die Baustelle des Elektrizitätswerkes wurde überflutet.

Parteitage in St. Pölten

In den ersten Jahren nach der Jahrhundertwende verschärften sich die politischen Gegensätze im Lande so sehr, daß es immer wieder zu harten Konfrontationen kam. Ein erster Höhepunkt wurde im Oktober 1902 beim christlichsozialen Parteitag in St. Pölten erreicht, wo die Delegierten gar nicht erst in die Stadt gelassen wurden, sondern die Veranstaltung auf dem Bauhof einer Firma durchführen mußten. Militär wurde aufgeboten, um die Anhänger beider Richtungen, der Christlichsozialen und der Deutschliberalen zu trennen und Straßenkämpfe zu vermeiden.

Dies hatte zur Folge, daß der von den Christlichsozialen dominierte niederösterreichische Landesausschuß der Stadt St. Pölten und dem Bürgermeister Wilhelm Voelkl große Schwierigkeiten machte, als die Stadt zum Bau eines Elektrizitätswerkes ein Darlehen von 700.000 Kronen bewilligt erhalten wollte. Die Genehmigung wurde zurückgenommen und der Gemeinderat aufgelöst, als der Bau mit Hilfe privater Darlehen weitergeführt wurde. Bürgermeister Voelkl gelang es aber, in den folgenden Wahlen einen großen Sieg zu erringen und auf diese Weise sein Vorgehen zu rechtfertigen.

Verglichen mit diesen Konflikten verlief der sozialdemokratische Landesparteitag, der am 19. Februar 1903 ebenfalls in St. Pölten abgehalten wurde, relativ ruhig, obwohl auch hier eine Volksversammlung von nahezu 2000 Teilnehmern sich mit vielen Problemen der Tagespolitik beschäftigte.

Barrikaden auf dem Bahnhofsplatz in St. Pölten anläßlich des christlichsozialen Parteitages vom 12. Oktober 1902.

Der Bau eines Elektrizitätswerkes

Um die Jahrhundertwende war die Errichtung kommunaler Einrichtungen auch in kleinen Gemeinden üblich. Meist wurde unter Ausnutzung der lokalen Wasserkraft ein Elektrizitätswerk für den lokalen oder regionalen Bedarf errichtet. Die Gemeinden versuchten auch Gaswerke, die meist von privaten Gesellschaften errichtet worden waren, in ihren Besitz zu bringen.

In der Stadt St. Pölten gewann die Gemeinde einen Prozeß gegen die Gas-Gesellschaft und erhielt die Übergabe des Gaswerkes zugesprochen. Im Jahre 1897 beschloß der Gemeindeausschuß, auch ein Elektrizitätswerk zu bauen, da die Erbauer neuer Fabriken auf entsprechende Energieversorgung bestanden. Die Wasserkraft eines ehemaligen Hammerwerkes wurde benutzt und an der Traisen ein zweites Elektrizitätswerk vorgesehen.

Trotz großer Schwierigkeiten bei der Finanzierung konnte am 17. August 1903, am Vorabend des Geburtstages von Kaiser Franz Joseph, im Rahmen eines großen Festes das Elektrizitätswerk in Betrieb genommen werden.

Hofkapellmeister Josef Bayer komponierte aus diesem Anlaß die Polka „Elektrische Funken".

323

Links: Das Sanatorium in Purkersdorf von Josef Hoffmann.

Der Jugendstil

Im Unterschied zu vorangegangenen Kunstepochen, wie etwa der Romanik oder des Barock, in denen Niederösterreich mit der Entwicklung der Kunst in der Metropole Wien durchaus Schritt halten konnte, läßt sich der Wiener Architektur der Jahrhundertwende, Otto Wagners Stadtbahnbauten, seiner Kirche am Steinhof oder Joseph Olbrichs „Secessionsgebäude" an der Wienzeile – um nur einige zu nennen – auf den ersten Blick nichts annähernd gleichwertiges gegenüberstellen. Dennoch finden sich auch in Niederösterreich Bauten höchster Qualität, die ihrerseits aber vielfach auf das Konto in Wien tätiger Künstler gehen.

Zu jenen Bauten von höchster künstlerischer Individualität zählt etwa die Villa Friedmann in der Hinterbrühl bei Mödling, die 1898/99 durch Joseph Olbrich aus einem bestehenden Rohbau in secessionistischem Sinne umgestaltet wurde, wobei Olbrich die Einrichtung als programmatisches Gesamtkunstwerk gestaltete. Jedes Zimmer erhielt einen eigenen Farbton, der die gesamte Einrichtung beherrschte. Verschiedene Künstler bemalten die Wände mit Sommerlandschaften, Birkenhainen u. a. m., die großen Stiegenhausfenster wurden mit Glasmosaiken geschmückt.

Kurze Zeit später, noch im Jahr 1899, erbaute Oblrich in der St. Pöltner Kremser Gasse für Primarius Dr. Hermann Stöhr ein Wohnhaus von unverwechselbarer Physognomie, das in seiner neuartigen Verteilung der Mauermassen mit seinem vorgewölbten ersten Obergeschoß gleichsam als Skulptur empfunden ist. Bei seiner Beurteilung schieden sich die Geister. Auf der einen Seite enthusiastisch gepriesen, bezeichneten es seine Gegner als „Haus der chinesischen Gesandtschaft" bzw. als „komischen, schwerfälligen, Mauerkasten, eine der Krankheiten der Unklarheiten, ein Herumtasten, das in die Zeit der Obstruktion und Emanzipation passe". Olbrichs einmalige Lösung fand in St. Pölten so gut wie keine Nachfolge. Wie auch andernorts beschränkte man sich in der Folge darauf, an sich historische Fassaden mit jugendstilhaftem Dekor zu schmücken, während die Baukörper der Häuser in der Regel konservativ blieben. Die einzige Ausnahme bildet hier die bereits wesentlich später, 1912/13, von der Wiener Architekten Theodor Schreier und Viktor Postelberg errichtete St. Pöltner Synagoge, die in ihrer Aufgliederung in stereometrische Grundformen als höchst plastisch-räumliches Gebildes gestaltet ist, wodurch sie trotz traditioneller Gliederungs- und Schmuckelemente äußerst modern wirkt. Die Ornamentformen des Jugendstils verwendende Ausmalung des Inneren, die Wände und Wölbungsflächen der Stahlbe-

Oben: Das Haus für Primarius Dr. Hermann Stöhr in St. Pölten, erbaut von Joseph Maria Olbrich.
Unten: Villa Friedmann, Entrée, in der Hinterbrühl, erbaut von Joseph Maria Olbrich.

Links und rechts: Heil- und Pflegeanstalt Mauer-Öhling, erbaut von Carlo von Boog. 1898–1902.

Heil- und Pflegeanstalt Mauer-Öhling. 1898–1902.

tonkuppel des Hauptraums entmaterialisiert erscheinen läßt, konnte bei der mustergültigen Restaurierung des Baus Anfangs der 80er Jahre wiederhergestellt werden.

Bereits 1898–1902 hatte der nö. Landesbeamte Baurat Carlo von Boog mit der 41 Einzelobjekte umfassenden Anlage der Heil- und Pflegeanstalt von Mauer-Öhling eine der modernsten Institutionen ihrer Art in Europa geschaffen, die sowohl durch ihre funktionell und räumlich ausgewogene Gesamtdisposition als auch durch ihre künstlerische Gestaltung im Sinne des Jugendstils höchste Beachtung verdient. Kaiser Franz Joseph rühmte das mit allen Erfindungen der Neuzeit ausgestattete Etablissement, in welchem es für „jeden Narren" ein Hochgenuß sein müßte, dort untergebracht zu sein. Schließlich soll hier auf das geschlossenste und künstlerisch bedeutsamste Ensemble secessionistischer Wohnbauten in NÖ. verwiesen werden, auf die ab 1902 von dem Schüler und Freund Otto Wagners Sepp Hubatsch in Brunn am Gebirge errichtete, zehn Gebäude umfassende Reihenhaussiedlung. Nicht die Auseinandersetzung mit der historistischen Burg-, Schloß- und Villenarchitektur, wie sie bis dahin üblich war, war für den Architekten bestimmend, sondern eher die Struktur und das Erscheinungsbild der Hauszeilen in den alten Städten an Inn und Salzach, die von Hubatsch in kunstgewerblichem Sinn bereichert wurde. Geradezu modellhaft wurde hier ein Ausgleich erzielt zwischen dem Anspruch des Menschen der Jahrhundertwende auf das künstlerisch geprägte, persönliche Milieu und seinem Bedürfnis nach sozialer und gesellschaftlicher Integration.

Thomas Karl

Oben: Brunn am Gebirge. Wohnhäuser, erbaut von Sepp Hubalik. Ab 1902.
Unten: Detail der Fensterumrahmung eines Hauses in Brunn am Gebirge.

LEGT·MIT·GOTT·DEN·GRUNDSTEIN·ZIEHT·VON·SELBST·

Links: Die Donaurollfähre in Traismauer, eröffnet am 20. 8. 1905.

1904–1905

KALENDER

1904 In Mödling wird die technische Militärakademie errichtet.

Die Eisenbahnlinie Korneuburg–Ernstbrunn wird eröffnet.

Bau des Krankenhauses Waidhofen/Thaya.

In Bruck/Leitha wird ein Theater erbaut, um dem Militär Unterhaltung zu bieten.

Die Regulierung des Perschling-Unterlaufes ist im Gange.

27. 4. Gründung des Bezirksheimatmuseumsvereines in Mödling.

27. 5. Kaiser Franz Joseph eröffnet das Museum Carnuntinum in Deutsch Altenburg.

Kaiser Franz Joseph bei der Eröffnung des Museums Carnuntinum am 27. 5. 1904.

1905 Das Elektrizitätswerk Waidhofen an der Thaya wird eröffnet. Elektrizitätswerksgründungen: Waidhofen an der Ybbs, Amstetten und Hollabrunn 1901, Wiener Neustadt 1902, St. Pölten, Retz 1903, Horn 1908, Preßburg 1909, Wiener Bruck 1910.

Großer Streik in Traisen.

Vollendung des Donauschutzdammes. Daran erinnert die Kapelle in Markthof.

Erster Torlauf des Schipioniers Matthias Zdarsky in Lilienfeld.

Eingemeindung von Floridsdorf als 21. Bezirk nach Wien.

29. 9. Die neue Schul- und Unterrichtsordnung für die allgemeinen Volks- und Bürgerschulen wird erlassen.

2. 10. Liesing wird zur Stadt erhoben. Der Ort hat 1910 8670 Einwohner.

20. 10. Gründung der Zentralsparkasse der Gemeinde Wien durch Bürgermeister Karl Lueger. Diese errichtet bald Filialen in Niederösterreich.

28. 11. Große Wahlrechtsdemonstration. In Wien nehmen 200.000 Personen daran teil.

GEBURTSTAGE

Karl Thums. Universitätsprofessor für Neurologie. Geboren 5. 4. 1904 in Wien. (Gestorben 2. 11. 1976 in St. Pölten.)

Alois Stöger. Weihbischof. Geboren 12. 4. 1904 in Kautzen.

Leopold Scheidl. Geograph, Japan-Forscher. Professor an der Hochschule für Welthandel. Geboren 11. 5. 1904 in Amstetten.

Ferdinand Berger. Druckereibesitzer in Horn. Geboren 30. 7. 1904 in Wien. (Gestorben 2. 9. 1990 in Horn.)

Karl Strubecker. Mathematiker. Professor an der Technischen Hochschule in Wien und Karlsruhe und Universitätsprofessor in Straßburg. Geboren 8. 8. 1904 in Groß-Hollenstein.

Eduard Hartmann. ÖVP-Politiker. 1949–62 Abgeordneter zum Nationalrat, Direktor des nö. Bauernbundes, 1959–64 Landwirtschaftsminister, 1965 Landeshauptmann in NÖ. Geboren 3. 9. 1904 in Laxenburg. (Gestorben 14. 10. 1966 in Wien.)

Ferdinand Stransky. Maler. Geboren 16. 9. 1904 in St. Pölten-Viehofen. (Gestorben Jänner 1982 in Wien.)

Otto Tschadek. SPÖ-Politiker. Rechtsanwalt. Seit 1960 Landeshauptmann-Stellvertreter in NÖ, Nationalrat, 1950–52 und 1956–60 Justizminister. Geboren 31. 10. 1904 in Trautmannsdorf. (Gestorben 4. 2. 1969.)

Paul Löwinger. Volksschauspieler. Seit 1947 Direktor der Löwinger-Bühne, schrieb auch Lustspiele. Geboren 10. 11. 1904 in Tulln. (Gestorben 1988.)

Ferdinand Steinhauser. Meteorologe. Geboren 5. 4. 1905 in Schrattenthal.

Theodor Berger. Komponist. 1951 und 1959 Staatspreis. Geboren 18. 5. 1905 in Traismauer.

Franz König. Erzbischof von Wien, Kardinal. Geboren 3. 8. 1905 in Rabenstein.

Raimund Weißensteiner. Priester, Komponist. 1943–45 in politischer Haft. Geboren 14. 8. 1905 in Hoheneich.

Akkumulatorenbatterien für das Gleichstromnetz eines E-Werkes.

Karl Hafner. Lehrer, Mundartdichter. Geboren 27. 10. 1905 in Zwettl. (Gestorben 15. 4. 1945 in Dünkirchen, Frankreich).

Albert Reiter. Musiker, Komponist. Geboren 21. 12. 1905 in Alt-Nagelberg.

Hans Hörler. Schriftsteller, Pädagoge. Geboren 15. 12. 1905 in Kirchschlag. (Gestorben 8. 9. 1972.)

Karl Kupsky. Architekt. Schuf den Plan für den Wiederaufbau von Wiener Neustadt. Geboren 30. 12. 1905.

TODESTAGE

P. Gottfried Friess. Historiker. Stiftsbibliothekar und Stiftsarchivar von Seitenstetten; Arbeiten über Landes- und Regionalgeschichte von NÖ. Gestorben 18. 1. 1904 in Seitenstetten. (Geboren 1. 10. 1836 in Waidhofen an der Ybbs.)

Hermann Rollett. Schriftsteller. Gestorben 30. 5. 1904 in Baden. (Geboren 20. 8. 1819 in Baden.)

Karl von Stremayr. Staatsmann. 1870–80 Unterrichtsminister, 1879 Vorsitzender des Ministerrats, 1879/80 Justizminister, 1893–99 Präsident des Obersten Gerichtshofs. Gestorben 22. 6. 1904 in Pottschach. (Geboren 30. 10. 1823 in Graz.)

Theodor Herzl. Journalist. Begründete mit seiner Schrift „Der Judenstaat" (1896) den Zionismus, dessen Politik in Fortführung der Gedanken und Pläne von Herzl 1948 zur Gründung des Staates Israel führte. Gestorben 3. 7. 1904 in Edlach (möglicherweise Selbstmord). (Geboren 2. 5. 1860 in Budapest.)

Rudolf Geyling. Maler. Entwürfe für Glasgemälde im Stephansdom und in Maria am Gestade (Wien), Kapelle in Mayerling, Pfarrkirche in Hall, Steyr, Korneuburg, u. a. m. Gestorben 4. 7. 1904 in Ybbs. (Geboren 14. 2. 1839 in Wien.)

Hugo Graf Abensberg-Traun. Diplomat. Gestorben 3. 8. 1904 in Maissau. (Geboren 20. 9. 1828 in Wien.)

Eduard Hanslick. Einflußreicher Musikkritiker. Anhänger von Brahms, erbitterter Gegner Bruckners und Wagners. Gestorben 6. 8. 1904 in Baden bei Wien. (Geboren 11. 9. 1825 in Prag.)

Max Freiherr von Mauthner. Fabrikant. 1879–99 Reichsratsabgeordneter, ab 1899 Herrenhausmitglied, 1892–1904 Präsident der Niederösterreichischen Handels- und Gewerbekammer. Gestorben 28. 12. 1904 in Wien. (Geboren 22. 7. 1838 in Prag.)

Guido Besel. Offizier, Maler. Gestorben 19. 2. 1905 in Guntramsdorf. (Geboren 19. 12. 1851 in Wiener Neustadt.)

Karl Komzák. Komponist, Dirigent. Studierte 1861–67 in Prag Violine, 1870 Theaterkapellmeister in Linz, ab 1892 Kurkapellmeister in Baden bei Wien. Gestorben 23. 4. 1905 in Baden. (Geboren 8. 11. 1850 in Prag.)

Wilhelm Capilleri. Schauspieler (Pseudonym: Roman) und Dramaturg. Seit 1868 Schriftsteller in Wien, Redakteur der „Adelszeitung". Gestorben 3. 7. 1905 in Stillfried. (Geboren 21. 11. 1834 in Salzburg.)

Links: Bauernstube im Krahuletzmuseum von Eggenburg, um 1905.
Rechts: Ansicht von Liesing.
Unten: Ansicht von Eggenburg mit dem Krahuletz-Museum.

Das Krahuletz-Museum

Johann Krahuletz (1848–1928) entstammte einer Büchsenmacherfamilie aus Eggenburg. Sein Vater hatte sich 1836 in dieser Stadt angesiedelt und bereits mit dem Sammeln von Altertümern begonnen. Besonders der Gutsherr von Stockern, Candid Ponz von Engelshofen, gab ihm manche Anregung. Johann Krahuletz, der ebenfalls das Handwerk eines Büchsenmachers erlernte und später Eichmeister in Eggenburg wurde, setzte die väterliche Sammlung fort. Er trug besonders in den Jahren 1865–1877 gemeinsam mit dem Wiener Gelehrten Matthäus Much Objekte für eine urgeschichtliche Abteilung der Wiener Universität zusammen. Er entdeckte große Fundplätze in der näheren Umgebung von Eggenburg, wie 1860 die Heidenstatt, 1861 Brandgräber im Schmiedafeld, 1874 die Teufelslucken bei Roggendorf und 1886 die Siedlung Holzwies in Thunau am Kamp und das dazugehörige Gräberfeld. Daneben gelang es ihm, viele Oberflächenfunde nach Hause zu bringen. Einige bedeutende Wiener Gelehrte wurden auf ihn aufmerksam, ermunterten ihn in seinen Bemühungen und halfen ihm bei der Deutung. Im Jahre 1899 wurde über Anregung des damaligen Bezirkshauptmannes Graf Steinach die Krahuletz-Gesellschaft gegründet. Die Gesellschaft konnte erreichen, daß im Jahre 1900 die Stadtgemeinde Eggenburg die Sammlungen gegen eine Leibrente für Krahuletz ankaufte und damit theoretisch seinen bescheidenen Lebensunterhalt sicherte. Diese Rente wurde aber in der Inflationszeit nach dem Ersten Weltkrieg völlig entwertet.
Im Jahre 1901 begann die Krahuletz-Gesellschaft mit dem Bau eines Museumsgebäudes (die Sammlung war bisher in zwei Klassen der Bürgerschule ausgestellt gewesen). Eine Exkursion des internationalen Geologen-

kongresses des Jahres 1903 nach Eggenburg zu den von Krahuletz entdeckten Fundplätzen bedeutete einen Höhepunkt seines Lebens und seine Anerkennung und Ehrung als Forscher. Im Juni 1904 eröffnete Kaiser Franz Joseph das Museum, und Krahuletz konnte den Kaiser selbst durch die Ausstellungsräume führen. Schon im Jahre 1900 hatte er das Goldene Verdienstkreuz mit der Krone, mit dem der Titel „kaiserlicher Rat" verbunden war, erhalten. 1927 wurde er vom Bundespräsidenten zum Professor der Geologie h. c. ernannt. Krahuletz verstarb am 11. Dezember 1928 in Eggenburg. Das von ihm gegründete Museum ist heute noch eines der bedeutendsten regionalen Museen in Niederösterreich.

Liesing

Im Jahre 1002 wird der Liesing-Bach, von dem die Orte Oberliesing und Unterliesing den Namen erhielten, erstmals urkundlich genannt. Im Jahre 1543 wurden Liesing und Atzgersdorf der Lehenherrschaft des Bistums Wien unterstellt, doch waren auch andere Grundherrschaften im Ort begütert. Allerdings wurde schon 1617 wieder ein Adeliger Inhaber der Herrschaft, die dann des öfteren den Besitzer wechselte. Die Ortschaften selbst waren klein, 1780 hatte Unterliesing nur 34, Oberliesing 10 Häuser. Erst im Jahre 1784 wurde Liesing eine selbständige Pfarre. Im Zuge des Bevölkerungswachstums im Wiener Raum wurde auch der Ort Liesing immer größer. 1838 wurde ein Brauhaus errichtet und damit auch die Industrialisierung eingeleitet. Im Jahre 1890 besaß die Gemeinde 5455 Einwohner. Diese Entwicklung war die Folge der Gründung mehrerer Fabriken in der 2. Hälfte des 19. Jahrhunderts, aber auch die günstigen Verkehrsverbindungen mit Wien. Seit 1841 war der Ort an die Südbahn angeschlossen. 1883 wurde die Bahn nach Kaltenleutgeben und im selben Jahr eine Dampftramway von Hietzing nach Perchtoldsdorf eröffnet, die ebenfalls durch Liesing führte. Dieses Wachstum war auch die Ursache der Erhebung zur Stadt durch eine kaiserliche Entschließung vom 2. Oktober 1905. Eine selbständige Gemeinde blieb Liesing bis zum Jahre 1938. Dann wurde die Stadt dem Gau Wien einverleibt. Sie blieb auch nach 1954 ein Bestandteil von Stadt und Land Wien.

Das Museum Carnuntinum

Um die zahlreichen Funde aus der Römerstadt Carnuntum ausstellen zu können, wurde im Jahre 1904 in Bad Deutsch Altenburg vom Verein Carnuntum mit Unterstützung des Landesausschusses, der Stadt Wien, des

Museum Carnuntinum.

Ministeriums für Cultus und Unterricht sowie zahlreicher privater Gönner ein Museumsgebäude errichtet. Im Garten des Hauses befindet sich ein Lapidarium mit Grabsteinen, vorwiegend aus dem ehemaligen Militärfriedhof. Weiters birgt das Museum eine reichhaltige Sammlung römischer Provinzialkunst aus den ersten vier nachchristlichen Jahrhunderten. Auch mehrere Großplastiken, darunter die Darstellung einer Kaiserin mit einem kleinen Kind auf dem Arm und eines Kaisers im Muskelpanzer als Jupiter Heliopolitanus, findet man ebenso wie Teile eines Mithras-Heiligtums. Die Sammlungen enthalten auch Objekte aus vorrömischer Zeit; auch die Periode der Völkerwanderung ist vertreten. Das Museum wurde in den letzten Jahren neu gestaltet, es ist ein Teil des Nö. Landesmuseums.

327

Malerei in der ersten Jahrhunderthälfte

Will man jene Künstler nennen, von denen die Malerei in Niederösterreich bis in die Mitte unseres Jahrhunderts und teilweise bis heute beeinflußt wurden, so muß zuallererst ein Name genannt werden, dessen Leben und Werk noch ganz im 19. Jahrhundert liegen: Albert Zimmermann. Mit Zimmermann kam 1859 ein Professor der Landschaftsschule aus Mailand an die Wiener Akademie. Er galt als hochmoderner, angesehener Maler und leitete tatsächlich einen Wendepunkt in der Wiener Landschaftsmalerei ein. Die biedermeierliche Auffassung wurde von der Plein-air-Malerei abgelöst, die Arbeit in der Natur wurde für den Künstler immer mehr zu einem bestimmenden Element seiner Tätigkeit. Wie wesentlich diese Geisteshaltung ist, läßt sich schon allein von den vielen Vermerken der Künstler auf ihren Bildern „gemalt nach der Natur" oder „nach der Natur gezeichnet" ablesen, die als besondere Qualitätsmerkmale verstanden werden sollten. Zu den Schülern Zimmermanns (geboren 1808 in Zittau, gestorben 1888 in München) zählen so bedeutende Landschaftsmaler wie Emil Jakob Schindler (1842 Wien–1892 Westerland/ Sylt), Rudolf Ribarz (1848 Wien–1904 Wien), Robert Russ (1847 Wien–1922 Wien) und Eugen Jettl (1845 Johnsdorf/ Mähren–1901 Lussingrade/Fiume). Stärker als sein direkter Nachfolger an der Spezialschule für Landschaftsmalerei an der Akademie, Eduard von Lichtenfels (1833 Wien– 1913 Wien), der sich auf einige wenige Farben in seinen Landschaftsbildern beschränkt, verfolgt dessen Kollege an der

Karl Siegfried Stoitzner. Gäßchen in Weißenkirchen. Ölgemälde. 1920. Wien, Nö. Landesmuseum.

Akademie Franz Rumpler (1885 Tachau/ Böhmen–1922 Klosterneuburg) die Ziele Albert Zimmermanns. Rumplers Einfluß auf die heranwachsende Generation ist schon allein durch die Tatsache seiner 33jährigen Lehrtätigkeit enorm, und seine Art zu porträtieren und Landschaften zu gestalten wird für viele beispielhaft. Als Mitbegründer der ältesten Künstlervereinigung Niederösterreichs, des Bundes heimischer Künstler Klosterneuburgs, 1906, nimmt er auch direkten Anteil an der Kunstentwicklung im Lande. Er ist es auch, der mit Wolfgang Pauker, Chorherr im Stift Klosterneuburg, den damals achtzehnjährigen Schüler der Akademie Egon Schiele mit zehn Arbeiten in die 1. Ausstellung des Bundes im Marmorsaal des Stiftes 1908 aufnimmt.
Eine „impressionistische Sehweise" bestimmte die Richtung Zimmermanns, Rumplers und ihrer Schüler, ohne den Impressionismus selbst zu erreichen. Seelische Grundstimmungen und Gefühlswerte, die sich am Objekt der Darstellung entzünden, bestimmen die Haltung ihrer Bilder, ohne auch nur eine Ausweitung bestimmter, den Impressionismus charakterisierenden farbiger und formaler Lösungen anzustreben. Innerhalb der Landschaftsmalerei suchen die Künstler nun nicht mehr die wildromantischen Szenerien eines Gauermann, andere „Motive" bieten sich an. Es ist die an intimen Details reiche Donaulandschaft der

Carl Fahringer. Selbstportrait mit Schüler Adalbert Schlager. Ölgemälde. 1948.

Wachau, die jetzt entdeckt wird: die von Blumen überwucherten Stützmauern der Weingärten, verwinkelte Gäßchen, die kleinen Orte mit ihren Burgen und Kirchen, das Treiben auf den Wochenmärkten. Man spricht von den „Wachauer" Malern der Künstlerfamilie Stoitzner, Johann Nepomuk Geller arbeitet hier bis ins hohe Alter, Maximilian Suppantschitsch wird zum typischen Schilderer dieser Landschaft. Wilhelm Legler malt in den Donau- und Marchauen, Joseph Jungwirth, der schon 1902 in Berg bei Böheimkirchen und anschließend im nahen Kirchsteig eine Künstlerkolonie mit Franz Schuster und Adolf Zdrazila gründet (später kommen noch Fritz Schönpflug, Anton Hans Karlinsky und Gottlieb von Kempf hinzu) malt immer wieder bis 1946 in und um Waidhofen an der Thaya im Waldviertel.

Einen Schritt weiter geht der in Wiener Neustadt geborene Carl Fahringer. Ebenfalls Professor an der Akademie der bildenden Künste in Wien (1929–1947), legt er mit breiten Pinselstrichen lichtüberflutete Farbgefüge an, ohne den Gegenstand zu vernachlässigen. Als Tiermaler von Rang findet er in Emil Rizek einen reisefreudigen Nachfolger, der ähnliche Subjekte bevorzugt.

Den genannten Malern sind die vielen hinzuzufügen, die aus ähnlichen Beweggründen und mit gleichgerichteter Erlebniskraft sich mit der Landschaft unseres Landes auseinandersetzten. Der eine poetischer und besinnlicher wie Ferdinand Brunner, der andere dynamischer wie der Badener Schiestl. Im Grunde hat sich vieles dieser Grundhaltung bis heute in Niederösterreich erhalten, nicht nur bei den Künstlern selbst, sondern auch beim kunstinteressierten Publikum. Beiden ist die Freude am Motiv gemeinsam und wohl damit ursächlich verbunden der Wunsch nach einer möglichst detaillierten Darstellung eingehüllt in einer Aura stimmungsvollen Erlebens. Freilich verlangt eine solche Grundhaltung vor allem beim Künstler ein großes Maß an echter Naturverbundenheit.

Eine Naturverbundenheit, die weitgehend andere farbige und formale Lösungen sucht, ist der Ausgangspunkt von Überlegungen, wie sie Künstler anstellen, die aus dem Kreis der Wiener Secession kommen. Ihr langjähriger Vizepräsident, der mütterlicherseits aus dem Weinviertel stammende und zeit seines Lebens mit Niederösterreich engstens verbundene Oskar Matulla, beschreibt diesen Aufbruch um 1900 so: „Zu Beginn unseres Jahrhunderts herrschte unter den Künstlern Niederösterreichs und Wiens eine Aufbruchstimmung. Ideen, künstlerische Programme, die in den westlichen Kunstzentren entwickelt wurden, erreichten mit zeitlicher Verzögerung die Hauptstadt des Reiches.

Links: Leopold Blauensteiner. Schloß Luberegg. Öl, Tempera auf Karton. Wien, NÖ. Landesmuseum.
Rechts: Rudolf Buchner. Nö. Landschaft. Ölgemälde.

Malerei in der ersten Jahrhunderthälfte

Künstler kamen auf ihren Studienreisen durch Deutschland und Frankreich mit den neuen Kunstrichtungen in Berührung und verpflanzten sie nach Wien." 1897 kam es zur Gründung der „Vereinigten bildenden Künstler Österreichs" (der Name Secession scheint im 1. Katalog noch nicht auf). Vier Niederösterreicher waren unter den 19 Gründern der Vereinigung: Wilhelm Bernatzik, Adolf Böhm, Maximilian Lenz und Ernst Stöhr. 1898 wurde, von Stöhr herangeführt, Ferdinand Andri Mitglied der Secession, seit 1900 war Charlotte Andri-Hampel mit Arbeiten in den Ausstellungen, mit Originalgraphiken im „Ver sacrum" vertreten. Im Jahrgang 1903 wurden frühe Holzschnitte von Leopold Blauensteiner abgedruckt. Blauensteiner war auf das engste mit Melk an der Donau verbunden.

Die Ideen, die von dieser Neugründung ausgingen, wirkten über die Grenzen der alten Hauptstadt in das Land Niederösterreich hinaus, sie waren wirksam und fanden ihren Niederschlag in den Werken der Künstler im Lande, als man in der Hauptstadt schon andere Ziele anstrebte. 1925 wurde in der Pfarrkirche zur hl. Margarethe in Marchegg ein Seitenaltar in Holzschnitzerei errichtet, gänzlich im Geist der Secession, 1930 malte Leopold Daringer das Gewölbe der Pfarrkirche in Scheiblingkirchen mit florealer, secessionistischer Ornamentik aus, die in den frühen sechziger Jahren durch ein Erdbeben zerstört wurde. Überblickt man die künstlerischen Äußerungen der Secessionisten, so fällt auf, daß sie weniger ein gemeinsames Kunstwollen einte, als vielmehr der Wille zu einer gemeinsamen Front gegen überkommene Kunstmethoden. Es konnte geschehen, daß in der neuen Vereinigung Mitglieder wirkten, die weiterhin ihrer bisherigen Malweise nachgingen, die eine Stimmungsmalerei war.

Eine deutlich sichtbare Verwandlung durchlief Ferdinand Andri. Er kam als Jugendstilmaler in die Secession. Diesen Stil malten alle jene österreichischen Künstler, die zu jener Zeit in Karlsruhe oder München studiert hatten. Nach dem Austritt Klimts aus der Secession wurde Andri Präsident der Restsecession. Um 1900 hatte er sich in das nö. Voralpenland in Orte wie Lassing und Jeutendorf zurückgezogen, er blieb auch dort, als er die Geschäfte der Secession leitete. Er lebte „wie ein Bauer unter Bauern". In der ländlichen Umgebung verwandelte sich Jugendstil in eine Heimatkunst. Holzschlitten, Ochsengespanne, Heuernte, Mäher, Getreideschnitt, Kirchgänger wurden seine Themen. 1910 entstand sein Gemälde „Der Holzschlag". Mit der Übernahme von sakralen Aufträgen wandte sich Andri der Monumentalkunst zu. 1920 wurde er Professor an der Akademie in Wien, hier führte er die Klasse für Wandmalerei. Mit Farblithographien aus dem Geist der Heimatkunst ist Andri im „Wandtafelwerk für Schule und Haus" der k. u. k. Staatsdruckerei vertreten – noch 1950 malte der fast Achtzigjährige in Wien ein Wandbild, in dem er Themen aus den Lassinger Jahren erneut aufnahm.

Franz Kaindl

Ferdinand Andri. Mutter und Kind. Ölgemälde. Um 1919. Stadtmuseum St. Pölten.

Links: Wohnhäuser für Bedienstete der Staatsbahnwerkstätte St. Pölten 1908. Zeitgenössische Ansichtskarte.

1906–1908

KALENDER

1906 Der Wilhelmsburger Sportklub wird gegründet.

Ferdinand Porsche wird in Wiener Neustadt seßhaft und technischer Direktor der österreichischen Daimler-Motorengesellschaft. Dieser Betrieb beschäftigte 1910 7000 Arbeiter und 800 Beamte.

3. 6. Max Freiherr von Beck bildet eine Koalitionsregierung zwischen Deutschen, Tschechen und Polen, von der das Gesetz über das allgemeine Wahlrecht ausgearbeitet wird.

7. 8. Großer Magazinbrand bei der Firma Salzer in Stattersdorf.

1907 Errichtung einer Staatsbahnwerkstätte in St. Pölten.

Der Sportverein Stockerau wird gegründet.

28. 1. Das Gesetz über das allgemeine Wahlrecht wird sanktioniert.

17. 4. Eröffnung der neuen eisernen Traisenbrücke in St. Pölten.

14.–24. 5. Erstmals Reichsratswahlen nach dem allgemeinen Wahlrecht.

Juni Der Ballon Turul fliegt über Niederösterreich. Am 16. Juni erfolgt der Aufstieg in St. Pölten.

Aufstieg des Freiballones „Turul" am 16. 7. 1907.

11. 10. Der Landtag beschließt den Neubau der Findelanstalt, die am 20. April 1910 eröffnet wird und später Niederösterreichisches Landes-Zentralkinderheim genannt wird. Es ging 1922 in den Besitz der Stadt Wien über.

17. 11. Wiener Neustadt erhält offiziell ein Flugfeld. Dieses besitzt am 15. August 1919 bereits 2 Hangars des Militärs, und auch für den Flugpionier Paul Etrich wird ein Hangar errichtet.

1908 Der ASK Marienthal wird gegründet.

Das Stadttheater Baden wird durch die Architekten Helmer und Fellner neu erbaut.

Die „Venus von Willendorf", eine altsteinzeitliche Frauenstatuette, wird gefunden.

Die Autobuslinie Baden–Heiligenkreuz wird eröffnet.

In Niederösterreich finden die letzten Landtagswahlen nach dem alten Wahlrecht statt.

Das Krankenhaus Mistelbach wird eröffnet.

18. 6. Hollabrunn wird zur Stadt erhoben.

5. 10. Die Annexion Bosniens und der Herzegowina durch Österreich-Ungarn führt zu einer schweren internationalen Krise.

29. 11. Das Vereinshaus des Christlichen Arbeitervereins in Horn wird eröffnet. (Dieses Vereinshaus wurde am 13. Mai 1989 nach Revitalisierung wieder eröffnet. 1912 war dort ein Kino eingerichtet worden.)

Bauern aus dem Alpenvorland als Wallfahrer nach Mariazell.

GEBURTSTAGE

Otto Sagmeister. SPÖ-Politiker. Genossenschaftler, 1947–49 Minister für Volksernährung, 1955–75 Stellvertretender Obmann des Zentralverbandes der österreichischen Konsumgenossenschaften, 1956–76 Generalrat der Österreichischen Nationalbank. Geboren 10. 1. 1906 in Gloggnitz. (Gestorben 23. 1. 1985 in Wien.)

Alfred Maleta. ÖVP-Politiker. Nach 3 Jahren im KZ ab 1945 Abgeordneter zum Nationalrat, 1951–60 Generalsekretär der ÖVP, ab 1960 Obmann des ÖAAB und Stellvertretender ÖVP-Bundesparteiobmann, 1961 Dritter Präsident, 1962–1975 Erster Präsident des Nationalrates. Geboren 15. 1. 1906 in Mödling. (Gestorben 17. 1. 1990 in Wien.)

Rudolf Noll. Numismatiker, Prähistoriker. Erforscher der Römerzeit. Geboren 17. 4. 1906 in Gänserndorf. (Gestorben 27. 4. 1990 in Wien.)

Ernst Wurm. Schriftsteller, Kritiker. Lebt in Wiener Neustadt. Geboren 30. 6. 1906 in Katzelsdorf. (Gestorben 30. 9. 1971 in Wiener Neustadt.)

Kunibert Zinner. Bildhauer. Geboren 1906 in St. Pölten.

Otto Mauer. Domprediger, Monsignore. Gründer der „Galerie nächst St. Stephan". Geboren 14. 2. 1907 in Brunn am Gebirge. (Gestorben 3. 10. 1973 in Wien.)

Wystan Hugh Auden. Englischer Dichter und Schriftsteller, Übersetzer. Lebte in Kirchstetten. Geboren 21. 2. 1907 in York. (Gestorben 28. 9. 1973 in Wien.)

Willibald Plöchl. Universitätsprofessor für Kirchenrecht in Wien. 1. Präsident des Kultursenates. Geboren 7. 7. 1907 in St. Pölten. (Gestorben 19. 4. 1984 in Wien.)

Walter Antoniolli. Universitätsprofessor für Staatslehre und Verfassungsrecht, zuerst in Innsbruck, dann in Wien, 1958 Präsident des Verfassungsgerichtshofes. Geboren 30. 12. 1907 in Mistelbach.

Gregor Hradetzky. Orgelbauer. Weltmeister im Kajak (Goldmedaille bei den Olympischen Spielen 1936). Geboren 31. 1. 1908 in Krems. (Gestorben 29. 12. 1984 in Bad Kleinkirchheim.)

Heinrich Maier. Widerstandskämpfer. 1932 Priesterweihe, Seelsorger in Schwarzau am Steinfeld und Mödling, geistiger Führer einer Widerstandsgruppe, in Wien hingerichtet. Geboren 16. 2. 1908 in Großweikersdorf. (Gestorben 22. 3. 1945 in Wien.)

Hans Weigel. Schriftsteller, Kritiker, Übersetzer. Bis 1938 Mitarbeiter an Kleinkunstbühnen in Wien. Lebt in Perchtoldsdorf. Geboren 29. 5. 1908 in Wien.

Josef Wodka. Theologe, Historiker. 1958 Universitätsprofessor für Kirchengeschichte in Wien. Geboren 13. 6. 1908 in St. Pölten. (Gestorben 17. 4. 1970 in St. Pölten.)

Rudolf Steinböck. Schauspieler, Regisseur. 1938–45 am Josefstädter Theater in Wien, 1945–53 Direktor. Geboren 7. 8. 1908 in Baden bei Wien.

TODESTAGE

Leopold Gegenbauer. Mathematiker. Professor an den Universitäten Innsbruck und Wien. Gestorben 3. 6. 1906 in Gießhübl. (Geboren 2. 2. 1849 in Asperhofen.)

Paul Kortz. Techniker, Bahnbauer. Gestorben 12. 8. 1906 in Maria Enzersdorf. (Geboren 31. 8. 1850 in Wien.)

Isidor Neumann. Universitätsprofessor für Haut- und Geschlechtskrankheiten in Wien. Gestorben 31. 8. 1906 in Vöslau. (Geboren 2. 3. 1832 in Mislitz, Mähren.)

Wilhelm Bernatzik. Maler. Mitbegründer der Wiener Secession, 1903 Präsident der Secession. Gestorben 26. 11. 1906 in Hinterbrühl. (Geboren 18. 5. 1853 in Mistelbach.)

Franz Sacher. Restaurateur. Gestorben 11. 3. 1907 in Baden-Weikersdorf. (Geboren 19. 12. 1816 in Wien.)

Rechts: Wohnhäuser für Fabriksarbeiter, errichtet durch einen Verein zur Erbauung billiger Wohnungen in St. Pölten. Zeitgenössische Ansichtskarte.
Mitte unten: Die Werkstätten der k. k. Staatsbahnen in St. Pölten. Zeitgenössische Ansichtskarte.
Rechts unten: Der Kirchenplatz in Hollabrunn.

Emil Steinbach. Jurist. 1891–93 Finanzminister, 1904–07 Präsident des Obersten Gerichtshofes. Gestorben 26. 5. 1907 in Purkersdorf. (Geboren 11. 6. 1846 in Wien.)

Conrad Grefe. Maler, Radierer, Lithograph. Gestorben 16. 8. 1907 in Tulbing. (Geboren 7. 11. 1823 in Wien.)

Josef Mitscha von Märheim. Advokat, Politiker. Ab 1864 Hof- und Gerichtsadvokat, kaufte 1872 Gut Ebendorf, 1878–96 Abgeordneter des nö. Landtags, 1872 nobilitiert. Gestorben 22. 8. 1907 in Ebendorf. (Geboren 14. 1. 1828 in Jaromeritz, Mähren.)

Franz von Fischer-Rösslerstamm. Techniker. An der Konstruktion der Gebirgslokomotive für die Semmeringbahn beteiligt, erfand die durchgehende Zugvorrichtung, die Kupplungsspindel mit gegenläufigem Gewinde und die Spurkranz-Schmierung. Gestorben 17. 12. 1907 in Brunn am Gebirge. (Geboren 5. 5. 1819 in Nixdorf, Böhmen.)

Anton Lux. Afrikaforscher, Geograph. Gestorben 31. 5. 1908 in Stockerau. (Geboren 23. 12. 1847 in Venedig.)

Dominik (Georg) Hönigl. O. S. B. 1868–1908 Abt von Seitenstetten. Gestorben 22. 9. 1908 in Seitenstetten. (Geboren 9. 4. 1833 in Ybbsitz.)

Die Traisenregulierung

Nachdem schon jahrzehntelang über die Notwendigkeit verhandelt worden war, die Traisen im Bereich des Alpenvorlandes zu regulieren, beschleunigten die großen Hochwasser vom Juli 1897 und 1903 diese Planungen. Nun griff auch der nö. Landesausschuß ein, und im Juli 1904 wurde die durchgreifende Regulierung des Traisenflusses und die Herstellung eines geregelten Gerinnes beschlossen. Im Jahre 1905 wurden die Arbeiten begonnen, die bis 1909 dauerten. Dabei wurde der Flußlauf gerade gelegt, die Sohle war 50 m breit, und immer wieder wurden Sohlschwellen eingebaut, die eine Schotterbewegung verhindern sollten.

Fuhrwerke bei der Traisenregulierung um 1905.

St. Pölten wird Industriestadt

Nachdem im Traisental allmählich die Umwandlung von kleineren Werken, Hämmern und Mühlen zu Betrieben durchgeführt worden war, kam es um die Jahrhundertwende zu einer neuen Entwicklung, wobei ein neuer Zollvertrag mit Deutschland von großer Bedeutung war. Nun wurden große Betriebe als Zweigwerke erfolgreicher deutscher Werke gegründet. Zwei davon entstanden in St. Pölten und prägten die künftige Industriestadt nachhaltig. Es waren dies die Voith-Werke und die Glanzstoff-Fabrik. In beiden Fällen war Bürgermeister Wilhelm Voelkl – selbst ein Kleinindustrieller – äußerst initiativ, da er seine persönlichen Beziehungen zu nutzen verstand. Die Württembergische Firma J. M. Voith in Heidenheim/Brenz mußte, wenn sie den Markt in der Donaumonarchie halten wollte, in Österreich einen Zweigbetrieb errichten. Sie erzeugte Wasserturbinen, Papier- und Zündholzmaschinen. Im Jahre 1903 wurde ein derartiger Betrieb in St. Pölten errichtet und daran anschließend auch eine Wohnsiedlung für Arbeiter und Angestellte und schließlich im Jahre 1914 auch eine Herrschaftsvilla mit ausgedehntem Park gebaut. In Deutschland – besonders in Württemberg – wurde diese Einheit der Betriebsfamilie immer stark gepflegt; es wurde versucht, sie auch nach Österreich zu übertragen. Der Betriebsinhaber Friedrich Voith und sein Sohn Walter, der den St. Pöltner Betrieb leitete, fühlten sich als Mitglieder dieser großen Familie. Die Gründung wurde im Süden der Stadt St. Pölten angesiedelt und prägt diesen Stadtteil bis zum heutigen Tag. Die Gemeinde mußte sich verpflichten, für den Betrieb ein Elektrizitätswerk zu bauen. Die Voith-Werke waren die erste Fabrik, die sich vom Wasserrad unabhängig machen wollte und auf transportierte Energie setzte.

Hollabrunn

Der Markt Oberhollabrunn entstand aus zwei getrennten Orten mit je einem Burgfried. Der südliche Teil stand zuerst unter der Herrschaft der Sonnberger, der nördliche von Ministerialen aus dem Ort. Später wechselten die Grundherren rasch; Hollabrunn wurde 1385 Markt genannt und im 17. Jahrhundert mit weiteren Marktrechten versehen.

In der Mitte des 19. Jahrhunderts wurde es eine typische Behördenstadt, wobei auch das 1880 errichtete erzbischöfliche Knabenseminar dem Markt eine besondere Note gab. Seit dem Jahre 1865 besitzt Hollabrunn ein Gymnasium, die 1906 gegründete Lehrerbildungsanstalt wurde 1922 aufgeho-

ben. Mit kaiserlicher Entschließung vom 18. Juni 1908 wurde Oberhollabrunn zur Stadt erhoben.

Egon Schiele und Oskar Kokoschka

Sowohl Egon Schiele (1890–1918) als auch
Oskar Kokoschka (1886–1980), der eine in
Tulln, der andere in Pöchlarn geboren, zählen heute neben Klimt zu den für die Malerei des 20. Jahrhunderts in Österreich bestimmenden Künstlern schlechthin. Während Schieles malerischer Entwicklung
durch seinen frühen Tod mit 28 Jahren jedoch ein jähes Ende gesetzt wurde, war dem
experimentierfreudigen, auch als Literat tätigen Kokoschka ein langes erfülltes Leben
beschieden. Anders als Schiele, der zwar
durch den Kunstkritiker Arthur Roessler
mit Sammlern wie Carl Reininghaus zusam-
mengebracht wurde, die seine Kunst wohl
zu schätzen wußten, andererseits aber auf
Ablehnung bei großen Teilen der Bevölkerung stieß, erfuhr Kokoschka, der zwar 1937
erleben mußte, wie 417 seiner Werke als
„entartete Kunst" aus öffentlichen deutschen Sammlungen entfernt wurden, schon
zu Lebzeiten alle nur erdenklichen Ehren.
Schon 1918 – im Todesjahr Schieles – erschien eine erste Monographie über Kokoschka. 1919 wurde er als Professor an die
Dresdner Akademie berufen. Zahlreichen
Preisen folgte 1960 das Ehrendoktorat der
Universität Oxford und 1976 das der Universität Salzburg, v. a. aufgrund seiner Verdienste als Gründer der „Schule des Sehens"
im Rahmen der Internationalen Sommer-
akademie für Bildende Künste in Salzburg.
1973 eröffnete man in seinem Geburtshaus
in Pöchlarn die Oskar Kokoschka-Doku-
mentation, die sich v. a. der konsequenten
wissenschaftlichen Erarbeitung des Gesamt-
werks des Künstlers widmet.

Beide – Kokoschka wie Klimt – gelten als
Vertreter des Expressionismus, ohne je direkt einer der deutschen Expressionsgrup-
pen angehört zu haben, zu denen sie jedoch
in regem geistigen Kontakt standen. Wie
Klimt aus der Tradition des Jugendstils und
der Wiener Werkstätte hervorgehend, löste
sich Kokoschka schon bald entschieden von
diesen Anfängen, während bei Schiele
Merkmale des Jugendstils, v. a. in den geschwungenen, wenngleich ins Spröde und
Brüchige abgewandelten Umrißstrukturen
der Figuren, ebenso aber auch in den expan-
siven Flächenprojektionen des Dargestellten letztlich sein Leben lang nachwirkten,
selbst dort, wo Schiele das Organische am
Menschen zum Kreatürlichen reduzierte.

Analog der kompromißlosen Entscheidung
des Expressionismus für den Menschen als
Thema blieben sowohl Schiele als auch Kokoschka zeit ihres Lebens diesem Thema
verpflichtet, wenngleich sich im Werk Kokoschkas auch ein sehr ausgedehnter Hang
zur Landschaftskunst feststellen läßt. Anders als Kokoschka, der das Hauptaugen-
merk seines Schaffens in der Anfangsphase
v. a. auf die Porträtkunst lenkte und in die-

Egon Schiele. Fotografie. 1914.

*Egon Schiele. Kämpfer (Selbstbildnis). Bleistift,
Gouache. 1913.*

Egon Schiele. Zerfallende Mühle. Ölgemälde. 1916.

Rechts: Oskar Kokoschka. Portrait Peter Altenberg. Ölgemälde. 1909.

Egon Schiele und Oskar Kokoschka

Oskar Kokoschka. Mädchen mit Umhang. Bleistift, aquarelliert. Um 1909.

Oskar Kokoschka. Fotografie. 1909.

sem Genre mit seinen psychologisierenden Porträts wohl den bedeutendsten Beitrag für die Entwicklung der europäischen Malerei in den beiden ersten Jahrzehnten des 20. Jahrhunderts leistete, war Schieles Schaffen in vielerlei Hinsicht ein Prozeß der Selbstbefreiung, den er dem Mitmenschen vorgelebt und mitgeteilt hat, wenngleich er schon bald erfahren mußte, daß der Versuch, dem an die Ringstraßenkunst oder bestenfalls an den Jugendstil gewöhnten Beschauer die Augen für Neues zu öffnen, nicht immer Dank eintrug. Das vehemente Vorwärtsdrängen zu einer noch viel kompromißloser auf die menschlichen Lebensprobleme konzentrierten Kunst erschreckte und stieß auf Abwehr. Seine Suche nach körperhaftem Ausdruck der Selbst- und Nächstenerkenntnis, sein Versuch – analog zu Freud oder Schnitzler –, die menschliche Sexualität von Konventionen und Tabus zu befreien –, wurde ihm als Suche nach Abwegigem ausgelegt, sein Schaffen immer wieder mit Pornographie in Verbindung gebracht. Erst nach dem Zweiten Weltkrieg – für den Künstler freilich viel zu spät – wurde Schiele die ihm gebührende Wertschätzung entgegengebracht. Heute, mehr als 60 Jahre nach seinem Tod, erzielen Gemälde Schieles bei Auktionen zweistellige Millionenbeträge.

Ebenso erfreut sich das ungeheuer vielfältige Werk Oskar Kokoschkas, in dem das Thema Mensch, sei es als Bild des Einzelmenschen, als Porträt oder als Figurenbild freier Erfindung auf der Grundlage von Dichtungen und Mythen, bei weitem den größten Stellenwert inne hat, weiterhin uneingeschränkter Wertschätzung beim Publikum. Ein besonderes Augenmerk gebührt hiebei auch Kokoschkas in ihrer Farbigkeit dem Impressionismus sehr nahe stehenden, in ihrer Zerdehnung und Übersteigerung der Perspektive von diesem jedoch abweichenden Landschaftsbildern, mit denen er sich in den Strom einer Malerei als Kunst der Farbe einfügt, womit er trotz der verstärkt zeichnerischen Note in seinen Bildern letztlich in der Tradition von Künstlern wie des von ihm als größter Kolorist bewunderten Franz Anton Maulbertsch steht.

Thomas Karl

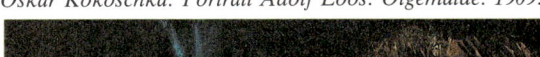

Oskar Kokoschka. Portrait Adolf Loos. Ölgemälde. 1909.

Links: Die elektrifizierte Mariazellerbahn 1911. Fotografie.
Rechts: Kaiserbesuch in St. Pölten am 21. 6. 1910. Der Kaiser im Gespräch mit Funktionären. Fotografie.

1909–1911

KALENDER

1909 Ferdinad Lutz gründet in Traismauer eine Fabrik zur Erzeugung von Bronzefarben, Christbaumschmuck und Wunderkerzen. 1910 kauft sich die Fa. Georg Bender, Nürnberg und Prag, ein, später wird hier vor allem Aluminiumpulver erzeugt.

Eröffnung der Bahn Retz–Drosendorf und der Donauuferbahn Krems–Grein.

Gründung der Flugzeugfabrik in Wiener Neustadt (Motor-Luftfahrzeug-Ges. m. b. H.)

Das Gymnasium in Laa an der Thaya wird eröffnet.

Die Eisenbahnlinie Grünbach–Neunkirchen wird eröffnet (1942 eingestellt).

1. 5. Eine Gruppe von 9 Streckenarbeitern wird auf der Westbahn bei St. Pölten von einem Personenzug überrascht und getötet.

6. 7. Das Kriegerdenkmal in Deutsch Wagram, von Franz Seifert gestaltet, wird enthüllt.

26. 11. Start des Militärlenkballons Parzival in Fischamend.

1910 Die Josephsquelle in Baden wird erschlossen, die vier Liter Heilwasser pro Sekunde liefert, 1987 wird sie erneuert.

Starkes Erdbeben in Schottwien.

Die Thaya-Brücke in Waidhofen wird erbaut.

17. 5. Start der „Etrich-Taube", dem ersten österreichischen Motorflugzeug, mit Karl Illner als Pilot in Wiener Neustadt. Ziel ist die Simmeringer Heide. Die 45 km werden in 32 Minuten zurückgelegt.

10. 9. Karl Illner fliegt mit der „Taube" von Semmering nach Horn und zurück.

18. 9. „Kaiserflugtag" mit dem Besuch Franz Josephs in Wiener Neustadt.

2. 12. Eröffnung der Zweiten Wiener Hochquellenwasserleitung.

Kaiser Franz Joseph bei der Besichtigung von Flugzeugen in Wiener Neustadt am 18. 9. 1910 im Gespräch mit Igo Etrich.

13. 12. Der 50 m hohe Wasserturm von Wiener Neustadt, ein Wahrzeichen der Stadt, wird errichtet und am 13. 12. 1910 fertiggestellt. Er faßt 780 m³ Wasser und dient in erster Linie als Druckregler.

1911 Fußballvereine werden in Mödling, Traiskirchen, Günselsdorf, Guntramsdorf gegründet.

Das Kurhotel Da Ronche in Neuhaus bei Weißenbach wird erbaut, 1956 anläßlich der Ungarn-Krise als Flüchtlingslager wieder instand gesetzt.

Eröffnung der Straßenbahnlinie von St. Pölten nach Harland.

Wladimir Kolda gründet das erste Busunternehmen Niederösterreichs. Es ist der Vorläufer der Firma Dr. Richard, der heute das größte private Busunternehmen Österreichs besitzt.

Eröffnung des Hotel Panhans auf dem Semmering.

16. 5. Gründung des Nö. Fußball-Verbandes.

13. 6. Letzte Reichsratswahlen der Monarchie, die mit einer Niederlage der Christlichsozialen enden.

7. 10. Eröffnung der elektrischen Mariazeller Bahn.

18. 12. Erzherzog Leopold Salvator eröffnet das Nö. Landesmuseum im Palais Caprara-Geymüller in der Wallnerstraße. 1922 übersiedelt es in das Palais Clary-Aldringen in der Herrengasse.

GEBURTSTAGE

Herbert Müller-Elblein. Militärkommandant, Brigadier. Geboren 14. 1. 1909 in Korneuburg.

Arthur Mussil. Generalsekretär der Bundeswirtschaftskammer. Geboren 30. 9. 1909.

Otto Skritek. Gewerkschafter, Politiker. Geboren 16. 12. 1909 in Znaim, Mähren.

Ernst Höffinger. Maler. Lebt in Waidhofen an der Ybbs. Geboren 25. 2. 1910 in Wien.

Otto Ambros. Schauspieler, Regisseur. Verfasser von Hörspielen und Libretti. Geboren 15. 5. 1910 in Klosterneuburg. (Gestorben 21. 2. 1979 in Wien.)

Alfons Maria Stickler. Kardinal. Geboren 23. 8. 1910 in Neunkirchen.

Alfred Geßwein. Richter und Schriftsteller. Geboren 6. 1. 1911 in Ungarisch Altenburg. (Gestorben 14. 3. 1983.)

Richard Bamberger. Jugendbuch-Fachmann, Generaldirektor des Österreichischen Buchklubs der Jugend. Geboren 22. 2. 1911 in Meidling bei Krems.

Fritz Küffer. Maler. Geboren 1. 7. 1911 in Wilhelmsburg.

Herbert Koller. Generaldirektor der VOEST. Geboren 19. 7. 1911 in Wösendorf.

Gustav Lahr. Techniker. NEWAG-Direktor. Geboren 1. 8. 1911 in Gmünd.

Franz Wlcek. Maler. Geboren 19. 8. 1911 in Ybbs.

TODESTAGE

Karl Lueger. Jurist, christlich-sozialer Politiker, Bürgermeister von Wien 1897–1910. Gestorben 10. 3. 1910 in Wien. (Geboren 24. 10. 1844 in Wien.)

Karl Lueger (1844–1910).

Alexander Karl. 1875 Abt von Stift Melk, 1876 Mitglied im Herrenhaus, 1878–1908 Mitglied des nö. Landtages, 1880–84 Landmarschall-Stellvertreter. Gestorben 1. 2. 1909 in Melk. (Geboren 19. 3. 1824 in Grund bei Wullersdorf.)

Anton Kerschbaumer. Historiker. Professor für Pastoraltheologie in St. Pölten, 1871–80 Stadtpfarrer von Tulln, 1880 Stadtpfarrer von Krems, 1878 Landtagsabgeordneter. Gestorben 6. 2. 1909 in Krems. (Geboren 24. 8. 1823 in Krems.)

Karl Landsteiner. Piarist, Dichter. Gestorben 3. 4. 1909 in Nikolsburg, Mähren. (Geboren 30. 8. 1835 in Stoitzendorf bei Eggenburg.)

Josef Gregorig. Wäscheerzeuger, Politiker. Christlichsozialer Landtags- und Reichstagsabgeordneter, Antisemit. Gestorben 2. 7. 1909 in Maria Enzersdorf. (Geboren 27. 4. 1846 in Bisamberg.)

Josef Schöffel. „Retter des Wienerwaldes". Gestorben 7. 2. 1910 in Mödling. (Geboren 29.7. 1832 in Brünn, Mähren.)

Kraftwerk Wienerbruck, errichtet zum Betrieb der Mariazellerbahn.

Rechts: Fahrt Kaiser Franz Josephs am 24. 9. 1911 mit der Mariazellerbahn, Aufenthalt in der Station Laubenbachmühle. Fotografie.
Links unten: Kaiserbesuch in St. Pölten, Fahrt vom Bahnhof zum Rathausplatz.
Rechts unten: Passagierflugzeug in Aspern während der Flugwoche 1913. Fotografie.

Anton Godai. Pädagoge. Lehrer, Präfekt und Direktor an der Nö. Landesblindenanstalt in Purkersdorf. Gestorben 22. 3. 1910 in Purkersdorf. (Geboren 14. 1. 1863 in Mödling.)

Anton Gruscha. Fürsterzbischof von Wien (1890), Kardinal (1891), Pionier der katholischen Gesellenvereine in Österreich („Vater G."), des katholischen Vereinslebens und des Kirchenbaus in Wien, Universitätsprofessor in Wien; er bejahte als Gegner des Josephinismus die Bewegung der Märzrevolution von 1848. Gestorben 5. 8. 1911 in Kranichberg. (Geboren 3. 11. 1820 in Wien.)

Leopold Oser. Internist am Allgemeinen Krankenhaus in Wien. Gestorben 22. 8. 1910 in Gainfarn. (Geboren 24. 7. 1839 in Nikolsburg, Mähren.)

Jakob Zeidler. Lehrer, Literarhistoriker. Gestorben 21. 8. 1911 in Mödling. (Geboren 13. 9. 1855 in Wien.)

Theodor Scheimpflug. Vermessungstechniker. Gestorben 22. 8. 1911 in Hinterbrühl. (Geboren 7. 11. 1865 in Wien.)

nen Funktionären, etwa des Männergesangvereins. Anschließend ging die Fahrt zur Schießstätte, wo ein Festschießen stattfand, und der Kaiser ebenfalls einige Schüsse abgab und sich in das Ehrenbuch des Vereines eintrug. Im Anschluß daran wurde vom Kaiser die Traisenregulierung besichtigt, die im Raum St. Pölten nach den Überflutungen der Jahre 1897 und 1903 in Angriff genommen worden war.

Die Horner Flugwoche im Oktober 1910

Kaiserbesuch 1910 in St. Pölten

Am 21. Juni 1910 besuchte Kaiser Franz Joseph die Stadt St. Pölten, um das neue Schützenhaus und die regulierte Traisen zu besichtigen. Von diesem Ereignis ist nicht nur eine Photoserie erhalten, auch ein Film wurde gedreht.
Der Kaiser kam mit dem Zug an und wurde vor dem Hauptbahnhof von Statthalter Erich Graf Kielmansegg, von den Bürgermeistern des Bezirkes, den Feuerwehrkommandanten und anderen Honoratioren begrüßt. Es wurden ihm auch weiter lokale Prominente wie Turner- und Vereinsfunktionäre vorgestellt. Dann ging es im offenen, völlig ungesicherten Wagen durch die Kremser Gasse zum Rathausplatz, wo ein Festzelt aufgebaut war. Vor diesem Zelt fand eine Huldigung statt. Nach den Feierlichkeiten sprach der Kaiser mit verschiede-

Im Herbst des Jahres 1910 setzte die Stadt Wien einen mit 20.000 Kronen dotierten Preis aus, der die Bedingung enthielt, ein österreichischer Staatsbürger müsse ohne Unterbrechung einen Überlandflug von Wien nach Horn und von dort wieder zurück innerhalb von 24 Stunden vollbringen. Erster und chancenreichster Bewerber war der Werkmeister der Etrich-Werke, Pilot Karl Illner, der mit dem Eindecker „Etrich-IV-Taube" am 3. Oktober diesen Flug wagte. Er mißglückte, Illner wurde nach Krems abgetrieben. Nachdem weitere Versuche am 8. und 9. Oktober abgesagt wurden, glaubten viele nicht mehr an die Durchführung. Am 10. Oktober konnte Illner neuerlich auf der Simmeringer Heide zu dem 85 km langen Flug starten, den er in einer Stunde und 14 Minuten bewältigte. Auf der staubigen Reichsstraße, die dem Piloten den Weg wies, folgten mehrere Autos. Eines davon lenkte der Konstrukteur des Motors der Etrich-Taube, Direktor Ferdinand Porsche von den Wiener Neustädter Daimler-Werken. In Horn hatte sich eine große Men-

schenmenge im Hopfengarten, dem vorgesehenen Landeplatz, eingefunden, um die Ankunft des Flugzeuges zu feiern. Neben dem Bezirkshauptmann und dem Bürgermeister sah man den Adjutanten des Kaisers, Graf Hoyos, den Reichsratsabgeordneten Wilhelm Miklas, Professoren und Schüler des Gymnasiums und einen erheblichen Teil der Bevölkerung. Der Briefträger hat damals, da er in der Stadt niemanden antraf, die Briefe auf dem Flugfeld ausgetragen, schrieb der „Bote aus dem Waldviertel", der dem Ereignis einen langen Bericht widmete. Der Hinflug dauerte 1 Stunde und 14 Minuten, die Landung erfolgte um 10.28 Uhr. Nach mehrstündigem Aufenthalt startete Illner um 13.30 Uhr in Richtung Wien. Der Rückflug am Nachmittag gestaltete sich aber schwierig. Illner kehrte nach dem ersten Start zurück, da ihn drohende Wolken über dem Manhartsberg abschreckten. Er konnte erst um 4 Uhr nachmittags Horn verlassen. Am Abend, um 5.15 Uhr, traf er in Wien ein und hatte damit den Preis der Stadt gewonnen.

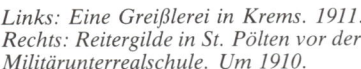
Links: Eine Greißlerei in Krems. 1911.
Rechts: Reitergilde in St. Pölten vor der
Militärunterrealschule. Um 1910.

Alltag vor 1914

Das Leben der Menschen war in der Zeit
vor 1914 in Niederösterreich besonders
stark an den sozialen Status gebunden. Neben der alten Oberschicht von Adeligen, die
sich aber immer mehr in Wien konzentrierte, gab es eine neue bürgerliche Klasse von
Beamten, Offizieren, Advokaten, Professoren und Ärzten. Daneben hatte sich in den
Volksschichten eine große Veränderung
vollzogen. In den Industriestädten stellte die
Arbeiterschaft einen erheblichen Anteil an
der Bevölkerung, doch war in den meisten
kleinen Orten das Kleinbürgertum überwiegend. Es bestand aus Handwerkern, Kaufleuten, kleinen Beamten oder Angestellten
der Fabriken und Behörden. Einen erheblichen Anteil stellten auch die Dienstboten,
Gesellen, Taglöhner und Lehrlinge. In den
Dörfern war die Zahl der Bauern oder

Rechts: Die Reichsstraße und das Posthaus in
Perschling. Ansichtskarte. Um 1900.
Unten: Dienstmagd am Brunnen (Stift Melk). Fo-
tografie. 1892.

Links: Sonntagsbummel im Stadtpark. Fotografie. 1912.
Rechts: Schlachttag in einem Bauernhaus. Fotografie. 1892.

Kleinhäusler, die gleichzeitig im Handwerk tätig waren, aber auch der Knechte und Mägde, sehr groß. Die Arbeitswelt war der Situation entsprechend. Die meisten Arbeitsplätze waren an den Wohnort gebunden. Tägliche Pendler gab es wenige.

Das Leben war auch durch eine bescheidene Infrastruktur geprägt. Zu dieser Zeit versuchte man, nicht nur die Verkehrsmittel zu verbessern, indem regionale Bahnlinien gebaut wurden, sondern auch eine Nahversorgung aufzubauen. Bescheiden waren auch die Wohnverhältnisse, nicht nur der Dienstboten oder Fabriksarbeiter, sondern auch der meisten Bauernfamilien oder der ärmeren städtischen Bevölkerung. Die Freizeit spielte sich zum guten Teil im Gasthaus ab; doch gab es in den meisten größeren Orten kulturelle Vereine der verschiedensten Art.

Links: Gänsetrieb in Thaya. Fotografie. Um 1900.
Unten: Transport von Mostfässern. Fotografie. 1910.

Links: Die Fußballmannschaft von Herzogenburg mit dem Industriellen Fred Godderidge als Gründer. 1912.

1912–1913

KALENDER

1912 Richard Teich gründet in Mühlhofen an der Mariazeller-Bahn ein Walzwerk für Zinnfolien.

Das Krankenhaus Scheibbs wird eröffnet.

Der Sportclub (SC) Moosbrunn, die Klosterneuburger Sportvereinigung und der Harlander SC werden gegründet.

Der Maler Egon Schiele wird in St. Pölten wegen der Anfertigung erotischer Zeichnungen zu drei Wochen Haft verurteilt.

März 10 Schifahrer finden in der Hacher Mulde des Schneeberges den Lawinentod.

7. 6. Explosion eines Pulvermagazins in Wiener Neustadt. 7 Tote und über 100 Verletzte sind zu beklagen.

2. 12. Die seit 1900 im Bau befindliche „Zweite Hochquellenwasserleitung", die Quellwasser aus dem Hochschwabgebiet in einer 170 km langen Leitung nach Wien bringt, wird in Betrieb gesetzt.

1913 Günther Schlesinger, Kustos des Nö. Landesmuseums, gründet den Nö. Naturschutzbund.

Die bäuerliche Fachschule Obersiebenbrunn wird gegründet.

Der erste St. Pöltner Sportklub wird gegründet.

Die 1913 fertiggestellte Synagoge in St. Pölten.

GEBURTSTAGE

Bruno Hauer. Komponist, Musikproduzent. Geboren 1. 1. 1912 in Wiener Neustadt.

Arnulf Neuwirth. Maler, Schriftsteller. Studien in Wien, danach Auslandsaufenthalte. Präsident der Künstlergruppe „Der Kreis". Geboren 4. 1. 1912 in Gablitz.

Leopold Schmidt. Volkskundler. Direktor des Österreichischen Museums für Volkskunde in Wien. Schriftsteller. Geboren 15. 3. 1912 in Wien. (Gestorben 8. 5. 1976 in Wien.)

Hermann Withalm. Notar in Wolkersdorf. ÖVP-Politiker. 1953–71 Abgeordneter zum Nationalrat, 1960–70 ÖVP-Generalsekretär, 1968–70 Vizekanzler, seit 1972 Obmann des ÖVP-Seniorenbundes. Geboren 21. 4. 1912 in Gaweinstal.

Karl Öhlberger. Mitglied der Staatsoper und der Wiener Philharmoniker. Professor an der Akademie für Musik und darstellende Kunst in Wien. Geboren 30. 4. 1912 in St. Pölten.

Leopold Ungar. Prälat. Leiter und Präsident der Österreichischen Caritas. Geboren 8. 8. 1912 in Wiener Neustadt.

Anton Benya. SPÖ-Politiker. Präsident des Gewerkschaftsbundes und des Nationalrates. Geboren 8. 10. 1912 in Annaberg-Reith.

Karl Etti. Komponist, Kapellmeister. Geboren 26. 10. 1912 in Wien.

Heinrich Baumgartner. Industrieller. Geboren 3. 11. 1912 in Baden.

Otto von Habsburg-Lothringen. Sohn Kaiser Karls I. Europa-Politiker, Schriftsteller. 1973 Präsident der Paneuropa-Union, Mitglied des Europa-Parlaments. Geboren 20. 11. 1912 in Schloß Wartholz in Reichenau.

Rudolf Rasser. Raiffeisen-Generalanwalt. Geboren 1. 2. 1913 in Gumpoldskirchen.

Helmut Winkler. Maler, Graphiker, Kunsterzieher. Ansässig in Gmünd. Geboren 18. 2. 1913 in Wien.

Rudolf Leiner. Kaufmann, Kaufhausbesitzer. Geboren 22. 3. 1913 in St. Pölten.

Otto Zeiller. Akademischer Maler. Entwerfer von Briefmarken. Geboren 19. 4. 1913 in Wien. (Gestorben 8. 4. 1988 in Wien.)

Ferdinand Gießauf. Abt von Zwettl. Geboren 15. 8. 1913 in Ulmerfeld.

Friedrich Bachmayer. Paläontologe. Direktor des Naturhistorischen Museums. Geboren 10. 9. 1913 in Kamegg im Kamptal.

Hubert Freisleben. Mediziner (Internist). Geboren 20. 9. 1913 in Amstetten.

Maria Sturm. Kunsterzieherin, Malerin. Lebt in St. Pölten. Geboren 21. 10. 1913 in Seitenstetten.

Rudolf Pleban. Maler und Illustrator. Geboren 25. 11. 1913 in Peterwardein, Serbien. (Gestorben 1. 6. 1965 in Zwettl.)

Radfahrer mit verschiedenen Radtypen. Um 1900.

TODESTAGE

Ernst Alexander Freiherr von Peez. Politiker, Industrieller, Nationalökonom, Kulturhistoriker. Gestorben 12. 1. 1912 in Weidling. (Geboren 19. 2. 1824 in Wiesbaden.)

Hermann Kern (Armin). Porträt- und Genremaler. Gestorben 18. 1. 1912 in Maria Enzersdorf. (Geboren 14. 3. 1838 in Liptoujvar, Slowakei.)

Karl Schalk. Historiker und Fachmann für Verwaltungs- und Rechtsgeschichte. Gestorben 8. 2. 1912 in Mödling. (Geboren 16. 7. 1851 in Wien.)

Johann Kirchberger. Heraldiker, Geistlicher. Kooperator in Fels am Wagram, später in Wien tätig. Arbeiten auf dem Gebiet des kirchlichen Wappenwesens. Gestorben 21. 3. 1912 in Groß Ebersdorf. (Geboren 1. 12. 1862 in Wien.)

Aemilius Hacker. Richter und Alpinist. Tödlich verunglückt am 25. 3. 1912 auf dem Hochschneeberg. (Geboren 3. 3. 1870 in Neulengbach.)

Nicolaus Heid. Industrieller in Stockerau. Gestorben 7. 5. 1912 in Pernitz. (Geboren 15. 3. 1850 in Manderscheid, Rheinland.)

Ludwig Ganglbauer. Entomologe am Naturhistorischen Museum in Wien. Gestorben 5. 6. 1912 in Rekawinkel. (Geboren 1. 10. 1856 in Wien.)

Edmund Neusser. Arzt und Universitätsprofessor. Gestorben 30. 7. 1912 in Bad Fischau. (Geboren 1. 12. 1852 in Krakau, Polen.)

Theodor Gomperz. Historiker, Philosoph. Gestorben 29. 8. 1912 in Baden. (Geboren 29. 3. 1832 in Brünn, Mähren.)

Ferdinand Kronawetter. Magistratsbeamter, demokratischer Politiker. 1896–1902 Abgeordneter des nö. Landtages, 1873 und 1885 in den Reichsrat gewählt (1882 hatte er sein Mandat zurückgelegt). Gestorben 30. 1. 1913 in Pottschach. (Geboren 26. 2. 1838 in Wien.)

Wilhelm Kress. Flugpionier. Gestorben 24. 2. 1913 in Wien. (Geboren 29. 7. 1836 in St. Petersburg.)

Josef Bayer. Komponist. 1885 Ballett-Kapellmeister der Hofoper in Wien, lebte in St. Pölten-Viehofen. Gestorben 1. 3. 1913 in Wien. (Geboren 6. 3. 1852 in Wien.)

Julius Freiherr von Kaschnitz. Journalist. Leiter des Lehrkurses für Kammerstenographen des Herrenhauses. Gestorben 15. 5. 1913 in Scheibbs. (Geboren 8. 4. 1843 in Wien.)

Karl Kampmann. Reproduktionstechniker, besonders auf dem Gebiet des Flachdrucks tätig. Gestorben 12. 7. 1913 in Baden. (Geboren 8. 7. 1847 in Wien.)

Leopold Graf Gudenus. Oberstkämmerer. 1884–94 im nö. Landtag und im Reichsrat, 1893 Landmarschall von NÖ. Gestorben 1. 10. 1913 in Ulrichskirchen. (Geboren 15. 9. 1843 in Mühlbach.)

Franz Xaver Laurin. Theologe. Professor für Kirchenrecht an der Universität Wien. Gestorben 15. 10. 1913 in Unserfrau. (Geboren 21. 4. 1829 in Jesency, Böhmen.)

Heinrich Fiss. Bildhauer. 1878 Lehrer für Bildhauerei in Innsbruck. Gestorben 10. 12. 1913 in Innsbruck. (Geboren 6. 7. 1845 in Guntramsdorf.)

1912–1913

Die zweite Wiener Hochquellenwasserleitung

Die am 24. Oktober 1873 in Betrieb genommene erste Wiener Hochquellenwasserleitung konnte den Wasserbedarf der ständig wachsenden Stadt bald nicht mehr decken. Daher wurde bald nach der Eröffnung eine neue Möglichkeit gesucht, Gebirgswasser nach Wien zu bringen. Ausgehend von gründlichen Studien entschloß sich Bürgermeister Lueger, im Salzagebiet am Fuß des Hochschwabs Quellen zu erwerben und von dort die zweite Wiener Hochquellenwasserleitung nach Wien zu bauen. Die Grundsteinlegung erfolgte am 11. August 1900, einige Tage vor dem 70. Geburtstag Kaiser Franz Josephs, nach dem die Wasserleitung den Namen erhielt. Die in der Steiermark liegenden Quellen wurden gesammelt und in einer Hauptleitung, die in Weichselboden begann, durch das Alpenvorland nach Wien geleitet. Ein 5370 m langer Durchstich durch die Göstlinger Alpe war notwendig, um die Leitung auf niederösterreichisches Gebiet zu bringen. Sie führt das Ybbstal aufwärts bis nach Lunz, wird dann durch den Grubberg in das Erlauftal bis Gaming geführt und übersetzt das Jeßnitztal bei Neubruck mit einem 271 m langen und 22 m hohen Aquädukt, welcher der größte der ganzen Leitung ist und Lueger-Brücke genannt wird. Über Scheibbs führt die Wasserleitung in das Gebiet des Melkflusses, quert bei Hofstetten das Pielachtal und bei Wilhelmsburg das Traisental. Im Wienerwald wurden ebenfalls einige Aquädukte errichtet. Auch einige Stollen waren notwendig. Durch das Wiental und den Lainzer Tiergarten entlang führend, endet sie bei Mauer in einer Übergangskammer, von der aus die Stadtreservoirs gespeist werden. Zwischen den Quellen bei Weichselboden und dem Ende der Kanalleitung besteht ein Höhenunterschied von 361 Metern. Der Ankauf der Quellgebiete, die Erteilung des wasserrechtlichen Konsenses für den Leitungsbau machten unzählige Verhandlungen und einige Prozesse notwendig. Viele Grundstücke mußten eingelöst und Besitzer entschädigt werden. Bei der Ausführung der Arbeiten mußten Barackenlager angelegt werden, da für die einzelnen Baulose zu wenig einheimische Arbeitskräfte zur Verfügung standen. In Zeiten reger Bautätigkeit standen durchschnittlich 2700 Regiearbeiter im Einsatz, in den Unternehmerlosen der Außenstrecken wurden täglich 6000 bis 7000 Menschen beschäftigt; Mineure, Teichgräber, Maurer, Steinmetze und andere Professionisten neben zahllosen Hilfsarbeitern. Am 2. Dezember 1910 konnte dieses große Werk in Betrieb genommen werden.

Die Luegerbrücke bei Neubruck (Scheibbs). Postkarte. 1910.

Sport

Während in den Jahrzehnten seit 1860 in Österreich allerorten Turnvereine gegründet wurden, die zu Beginn des 20. Jahrhunderts schon auf einen jahrzehntelangen Bestand zurückblicken konnten, setzten sich um die Jahrhundertwende neue Sportarten durch: Fußballspielen, Radfahren, Schifahren, Schwimmen. Nicht selten waren Sportvereine bereits Vorfeldorganisationen politischer Bewegungen. Eindrucksvoll wurde z. B. 1913 das 50jährige Gründungsfest des Deutschen Turnvereines St. Pölten gefeiert. Die Turner marschierten durch die Stadt, anschließend fanden öffentliche Vorführungen der einzelnen Disziplinen statt. Immer häufiger wurden Fußballvereine gegründet, wobei nicht selten in Österreich lebende Engländer bei deren Gründung mitwirkten. Auch der Wintersport, v. a. Rodeln und Schifahren, entwickelte sich allmählich zum Volkssport.

Turnerinnen eines Turnvereines im Jahre 1914. Fotografie.

Links: Kaiser Franz Joseph mit dem Thronfolger Erzherzog Karl und dessen Sohn Otto. Postkarte. Rechts: Thronfolger Franz Ferdinand und seine Familie. 1913.

1914

KALENDER

1914 In Hart wird im Freischurf ein Graphitbergwerk erschlossen.

16. 4. Die Preßburger Bahn, eine Straßenbahnlinie zwischen Wien und Preßburg, wird eröffnet.

31. 5. Das Hotel Kamptalhof in Gars wird eröffnet. „Das neue Hotel ist nicht nur eine Zierde des Marktes, sondern auch ein vornehmes und alle Bequemlichkeiten bietendes Logierhaus, wie weit und breit kaum eines zu finden ist", heißt es in einem zeitgenössischen Zeitungsbericht.

28. 6. Attentat auf Thronfolger Erzherzog Franz Ferdinand und seine Frau Sophie Herzogin von Hohenberg in Sarajewo.

4. 7. Beisetzung des Thronfolgerpaares in der Familiengruft in Schloß Artstetten.

28. 7. Kriegserklärung Österreich-Ungarns an Serbien.

31. 7. Allgemeine Mobilmachung und Aufbietung des gesamten Landsturmes.

August Abzug der ersten Truppeneinheiten ins Feld.

1. 8. Die Bestimmungen über die Feldpost treten in Kraft. Die Briefe zu der Armee im Felde und von der Armee im Felde werden besonderer Aufsicht unterworfen.

Kriegserklärung Deutschlands an Rußland.

3. 8. Kriegserklärung Deutschlands an Frankreich.

4. 8. Einmarsch deutscher Truppen in Belgien und Kriegserklärung Großbritanniens an Deutschland.

5. 8. Montenegro erklärt Österreich-Ungarn den Krieg.

6. 8. Österreich-Ungarn erklärt Rußland den Krieg.

12. 8. Serbien erklärt Deutschland den Krieg, Frankreich und Großbritannien erklären Österreich-Ungarn den Krieg.

23. 8. Japan erklärt Deutschland und Österreich-Ungarn den Krieg.

28. 8. Österreich-Ungarn erklärt Belgien den Krieg. Somit war innerhalb eines Monats fast ganz Europa in diesen Konflikt verwickelt.

2. 9. Russische Verbände erobern die galizische Hauptstadt Lemberg. Die Österreicher müssen sich nach Westen zurückziehen.

16. 11. Die erste Kriegsanleihe wird aufgelegt.

2. 12. Die Österreicher können vorübergehend die serbische Hauptstadt Belgrad besetzen.

7.–10. 12. Die Österreicher können in der Schlacht bei Limanova einen Durchbruch der Russen nach Schlesien vereiteln. Im Winter entspannt sich ein hartes Ringen an der Karpatenfront, insbesondere um den Duklapaß.

Rechts: Die Beisetzung des Thronfolgerpaares. Fotografie aus „Das interessante Blatt" vom 4. Juli 1914.

GEBURTSTAGE

Sepp Zöchling. Kunsterzieher, Maler. Geboren 20. 1. 1914 in Traisen. (Gestorben 6. 12. 1989 in St. Pölten.)

Ferdinand Schulz. Arbeitete an der Lehrkanzel für Wasserkraftmaschinen und Pumpen der TU Wien. Geboren 3. 5. 1914 in Neulengbach.

Heinrich Wilhelm Salzer. Industrieller. Geboren 11. 5. 1914 in St. Pölten.

Karl Molnau. Europameister im Faltboot-Einer, 21mal österreichischer Staatsmeister im Zillenfahren. Geboren 18. 5. 1914 in Langenzersdorf.

Johanna Jonas-Lichtenwallner. Schriftstellerin. Geboren 5. 9. 1914.

Franz Josef Leisser. Abgeordneter zum Nationalrat, Bürgermeister. Geboren 17. 9. 1914 in Altruppersdorf.

Rudolf Hausner. Maler. Lebt in Mödling. Geboren 4. 12. 1914 in Wien.

TODESTAGE

Albert Grunow. Chemiker und Botaniker. Gestorben 17. 3. 1914 in Berndorf. (Geboren 3. 11. 1826 in Berlin.)

Johann Gaunersdorfer. Schulmann. Direktor der Landwirtschaftlichen Lehranstalt Francisco-Josephinum in Mödling. Gestorben 12. 5. 1914 in Mödling. (Geboren 10. 11. 1853 in Zistersdorf.)

Bertha von Suttner (Pseudonym B. Oulot, Jemand). Schriftstellerin. Gründerin der Friedensgesellschaft, Friedenskämpferin. Erste Friedens-Nobelpreisträgerin (1905). Stammte väterlicherseits aus dem Geschlecht der Kinsky, mütterlicherseits aus der Familie des Freiheitsdichters Theodor Körner. Gestorben 21. 6. 1914 in Wien. (Geboren 9. 6. 1843 in Prag.)

Franz Ferdinand. Erzherzog von Österreich (seit 1875 als Erbe von Franz V. von Modena: „von Österreich-Este"), Sohn von Erzherzog Karl Ludwig, Neffe von Kaiser Franz Joseph, wurde durch den Tod des Kronprinzen Rudolph (1889) und seines Vaters 1896 österreichisch-ungarischer Thronfolger (ohne formell ernannt zu werden). Mußte auf die Thronfolge seiner Kinder aus seiner nicht standesgemäßen Ehe (1900) mit Sophie Gräfin Chotek (spätere Herzogin von Hohenberg; den Namen trugen auch die Söhne aus dieser Ehe) verzichten, 1893 Stellvertreter des Kaisers im Obersten Armeekommando, 1913 Generalinspekteur der Armee, förderte die bis dahin vernachlässigte Marine, seine föderalistisch-trialistische Einstellung stand im Gegensatz zur Politik des Kaisers. Er strebte den Ausgleich mit den Slawen an, wollte die Vorherrschaft der Ungarn brechen und die Monarchie im bundesstaatlichen Sinn umgestalten. Streng konservativ-katholisch gesinnt, umgab er sich an seinem Wohnsitz im Schloß Belvedere mit einem Kreis von Ratgebern, die gegen den alten Kaiser opponierten. Fälschlich als das Haupt der österreichischen Kriegspartei betrachtet, wurde er zusammen mit seiner Gemahlin in Sarajewo Opfer eines serbischen Attentats, das der äußere Anlaß zum Ausbruch des Ersten Weltkrieges war. Gestorben 28. 6. 1914 in Sarajewo, beigesetzt in Artstetten. (Geboren 18. 12. 1863 in Graz.)

Julius von Kneip. Wirtschaftsfachmann. Eintritt in das Großhandelshaus Schoeller & Co. Gestorben 30. 6. 1914 in Hinterbrühl. (Geboren 18. 6. 1855 in Hannover.)

Eduard Pötzl (Pseudonym: Kleinpetz). Schriftsteller. Zuerst Eisenbahnbeamter, dann Journalist (Feuilletonist). Gestorben 20. 8. 1914 in Mödling. (Geboren 17. 3. 1851 in Wien.)

Die Beisetzung des Thronfolgerpaares

Nach der Ermordung von Franz Ferdinand und seiner Gemahlin in Sarajewo wurden am Nachmittag des 28. Juni die Leichen in der Wohnung des Feldzeugmeisters Potiorek behelfsmäßig aufgebahrt. An Bord des Schlachtschiffes „Viribus Unitis" wurden

die Särge nach Triest und schließlich mit der Bahn nach Wien gebracht. Am 3. Juli wurde das ermordete Thronfolgerpaar in der Burgkapelle aufgebahrt. Kaiser Franz Joseph kam von Ischl angereist, um an den Trauerfeierlichkeiten teilzunehmen. In der Nacht vom 3. Juli wurden die Särge zum Westbahnhof gebracht und mit der Eisenbahn nach Pöchlarn transportiert, wo man um ein Uhr nachts ankam. Im Morgengrauen, während eines heftigen Gewitters, wurden sie mit einer Fähre über die Donau gebracht und am 4. Juli in der Familiengruft Artstetten beigesetzt. (Die bei der Überfahrt gemachten Photos wurden durch das Licht der Blitze ermöglicht.) Die Beisetzung, ohne jeglichen Prunk und unter kaum verhüllter weiterer, postumer Demütigung der Herzogin von Hohenberg, verlief in beschämender Absenz der Würdenträger des Reiches und führte vor allem in christlich-sozialen Zeitungen zu negativen Kommentaren.

Links: Rekruten aus dem Jahre 1914.
Rechts: Abfahrt der mobilisierten Soldaten im Bahnhof Groß-Siegharts. Juli/August 1914.
Unten: Feldmesse für Soldaten des nö. Schützenregiments Nr. 21 in Galizien.

Ein niederösterreichisches Regiment

Der Erste Weltkrieg wurde von Anfang an nicht allein mit regulär dienenden Soldaten der Landwehr geführt, sondern auch mit älteren Jahrgängen, die man in Landsturmeinheiten zusammenfaßte. Bis 1914 galt der Landsturm als eine Art letztes Aufgebot, das sich vorwiegend aus Familienvätern im Alter um 40 Jahre zusammensetzte. Ausgestattet mit Gewehr und Armbinde, sollten die Landsturmmänner ihre vaterländische Pflicht bei der Bewachung von Eisenbahnen und Brücken erfüllen. In den ersten Augusttagen 1914 erfolgte die Einberufung der Landsturmeinheiten zum Dienst mit der Waffe im Felde. Das Landsturminfanterie-Regiment Nr. 21 (LStIR. Nr. 21) hatte seinen Standort in St. Pölten und bestand ausschließlich aus Niederösterreichern, nur im Offizierskorps waren auch Tiroler und Deutsch-Böhmen vertreten. Die Einberufenen versammelten sich in Fabriken, Sälen sowie in der Tramwayremise, wo sie die schon lange eingelagerte Sommerausrüstung und Waffen erhielten. Die des Soldatenlebens entwöhnten Männer mußten wiederum mit Schießausbildung, Märschen und Gefechtsübungen an dessen Strapazen gewöhnt werden. Zur gleichen Zeit bereiteten sich in St. Pölten das Telegrafenregiment, das Landwehrregiment Nr. 21, die Hesser und die Kopaljäger auf den Kampf vor. In der letzten Augustwoche war es soweit, der Fronteinsatz stand bevor. Über Wien, Preßburg und Budapest ging die Fahrt auf den galizischen Kriegsschauplatz. Das Regiment traf zu einem Zeitpunkt an der Front bei Lemberg ein, als die österreichische Armee Ostgalizien bereits aufgegeben hatte und die Russen sich gerade anschickten, die galizische Hauptstadt einzunehmen. Ihre Feuertaufe erhielten die Einundzwanziger in den beiden Schlachten bei Lemberg. Auf grundlosen Straßen, durchnäßt und schlecht verpflegt, deckte das Regiment den Rückzug der Armee nach Przemysl, wobei es Gepäck und Train dem Gegner überlassen mußte. Auf Befehl des Armeeoberkommandos stellte man das LStIR. Nr. 21 zum Dienst in der Festung Przemysl ab. Die Armee zog weiter nach Westen, und so konnten die Russen Przemysl in der zweiten Septemberhälfte vollkommen einschließen. Nach rund dreiwöchiger Belagerung und einem blutig abgewiesenen Sturmversuch wurde der Belagerungsring gesprengt. Anfang November verließ die Armee, dem gegnerischen Druck weichend, erneut den Festungsbereich, und die Besatzung blieb sich wieder selbst überlassen. Je länger die Belagerung dauerte, um so schwieriger wurde die Lage der Eingeschlossenen. Erfrierungen und Hunger dezimierten die physisch und psychisch geschwächten Soldaten. Nachdem ein Entsatz nicht in Sicht, die Lebensmittelvorräte fast aufgebraucht und der letzte Ausbruchsversuch mißglückt waren, blieb nur noch die Kapitulation. Panzerwerke, Depots, Geschütze wurden gesprengt, sonstige Waffen und Ausrüstungsgegenstände vernichtet und die Lebensmitteldepots zur Plünderung freigegeben. Am 23. März 1915 traten die 121.000 Mann der Festungsbesatzung den Weg in die Gefangenschaft an. Die Angehörigen des LStIR. Nr. 21 kamen nach Sibirien und Turkestan, wo sie in Bergwerken, beim Bau der Murmanbahn oder anderen schweren Arbeiten eingesetzt wurden. Einigen gelang die Flucht über Persien, China, Amerika und Schweden in die Heimat. Die Opfer, die das Regiment während beider Belagerungen und in der Kriegsgefangenschaft erlitt, waren beträchtlich. Der letzte Angehörige erreichte schließlich 1921 die Heimat. Dies war das Schicksal eines österreichischen Regiments im Ersten Weltkrieg.

Die Mobilmachung 1914

Nach dem Attentat in Sarajewo drängten führende diplomatische und militärische Kreise der Monarchie auf eine gewaltsame Lösung der Balkanfrage und somit auf einen Krieg gegen Serbien. Man hoffte, den Konflikt auf diesen Raum begrenzen zu können und widmete dem Krieg mit mehreren Gegnern zuerst nur wenige Gedanken. Der Zarenhof ließ jedoch keine Zweifel über seine Haltung aufkommen, die Serben bei einem österreichischen Angriff zu unterstützen. Ende Juli überstürzten sich die Ereignisse. Dem österreichischen Ultimatum, der Teilmobilmachung und Mobilmachung folgten die einzelnen Kriegserklärungen. Der Balkan, zuerst Hauptkriegsschauplatz, wurde durch das sofortige Eingreifen Rußlands zum Nebenkriegsschauplatz. Vorgesehen war, die russische Armee durch einen raschen Vorstoß empfindlich zu schlagen, bevor sie sich vollkommen entfalten konnte. Diese Angriffsplanung für den „Kriegsfall R" basierte auch auf der Voraussetzung, daß die Hauptmacht der k. u. k. Armee raschest in die vorgesehenen Aufmarschräume nach Galizien gelangte, eine Aufgabe, bei der Militär und Eisenbahnen überfordert waren. Aus diesem Grund mußten etliche Verbände einen Umweg über den Balkan nehmen, um auf den nordöstlichen Kriegsschauplatz zu gelangen. Schon vor dem ersten Mobilisierungstag strömten die einberufenen Soldaten von allen Seiten in die Standorte. Ausweichquartiere wie Fabrikshallen usw. dienten den Einberufenen als Unterkünfte, nachdem das Fassungsvermögen der Kasernen erschöpft war. Während die Ausrüstung der regulären Truppe den Anforderungen größtenteils entsprach, mußten sich Landsturmeinheiten mit oft jahrelang eingelagerten und zum Teil brüchigen Ausrüstungsgegenständen begnügen. Die Bekleidung der letztgenannten Einheiten entsprach den Erfordernissen ebensowenig wie die Bewaffnung. Den Landwehreinheiten fehlten auch modernes Kriegsgerät und Traineinrichtungen usw. Wirklich modern waren nur die wenigen 30,5 cm-Mörser, Baujahr 1911. Während die regulären Einheiten bereits einige Tage später an die Front abgingen, mußten die Kriegsdienstes entwöhnten Landstürmer erst für den Fronteinsatz vorbereitet werden. Überall bereitete die Bevölkerung den an die Front abrückenden Verbänden einen begeisterten Abschied. Dem Jubel und der Hochstimmung sollten jedoch bald Kummer und Leid folgen.

Links: Österreichische Soldaten an der Isonzo-front 1915.
Rechts: Russische Kriegsgefangene in einem niederösterreichischen Lager.

1915–1916

KALENDER

1915 Flüchtlingslager entstehen in Gmünd, Bruck an der Leitha, Kriegsgefangenenlager in Wieselburg, Stattersdorf, Siegmundsherberg, Gneixendorf und Spratzern.

Das Rote Kreuz errichtet in Niederösterreich und Wien-Meidling Reservespitäler.

22. 3. Die Festung Przemysl muß sich ergeben. Viele niederösterreichische Soldaten geraten in russische Kriegsgefangenschaft.

7. 5. Durchbruch der verbündeten Österreicher und Deutschen bei Gorlice und damit Rückgewinnung von Galizien durch die Mittelmächte.

Kriegserklärung Italiens an Österreich-Ungarn. Ein erheblicher Teil der deutschen Einheiten der österreichischen Armee werden an die italienische Grenze verlegt.

23. 6. Beginn der Schlacht an der Isonzofront.

18. 7. Zweite Isonzo-Schlacht, vor allem um die Höhen von Doberdo.

September Bulgarien schließt sich den Mittelmächten an.

Oktober Deutsche und österreichische Truppen erobern Serbien.

15. 10. Dritte Isonzo-Schlacht. Die Italiener wollen die Stadt Görz erobern.

1916 Der Landesausschuß beschließt die Errichtung von Landesberufsvormundschaften in allen Gerichtsbezirken. 1914 werden diese zum Landesjugendamt umgestaltet.

Die Lungenheilanstalt Grimmenstein am Hocheck wird eröffnet.

4. 6. Große Offensive der Russen in Galizien.

10. 7. Schwerer Wirbelsturm im Gebiet Wiener Neustadt.

27. 8. Rumänien erklärt Österreich-Ungarn den Krieg.

September Siebente Isonzo-Schlacht.

10. 9. Achte Isonzo-Schlacht mit schweren Verlusten der Österreicher.

31. 10. Beginn der neunten Isonzo-Schlacht.

21. 10. Dr. Friedrich Adler, Sohn des Arbeiterführers Victor Adler, erschießt Ministerpräsident Karl Graf Stürgkh.

21. 11. Nach dem Tod Kaiser Franz Josephs tritt Kaiser Karl I. die Regierung an.

Mitte: Reservelazarett in Niederösterreich, Bürgerfrauen als Pflegerinnen.
Unten: Italienische Kriegsgefangene als Arbeiter im Gutshof Drösiedl. Foto.

GEBURTSTAGE

Karl Hörmann. Moraltheologe. Geboren 23. 1. 1915 in Höflein.

Otto Wilhelm (O. W.) Fischer. Schauspieler, Regisseur. Spielt 1936 am Josefstädter Theater, 1938 am Volkstheater in Wien, 1946–52 Mitglied des Burgtheaters, dann Filmkarriere. Geboren 1. 4. 1915 in Klosterneuburg.

Alfred Brodil. Volksbildner, Ministerialbeamter. Geboren 7. 9. 1915 in Deutsch Wagram.

Wilhelm Bründlmayer. Weinbaupionier. Geboren 16. 3. 1916.

Berthold Weinrich. 1966–76 Präsident der Ärztekammer NÖ. Geboren 12. 7. 1916 in Zwettl.

Rudolf Sallinger. Steinmetzmeister und ÖVP-Politiker. 1950 Obmann der Kammer der gewerblichen Wirtschaft; 1964 Präsident der Bundeskammer der gewerblichen Wirtschaft, 1966 Nationalratsabgeordneter. Geboren 3. 9. 1916 in Lassee.

Fritz Habeck. Schriftsteller, Jurist, zeitkritischer Erzähler biographisch-historischer und gegenwartsnaher Romane. Geboren 8. 9. 1916 in Neulengbach.

Gustav Krämer. Akademischer Maler, Graphiker. Geboren 27. 9. 1916 in Plank am Kamp.

TODESTAGE

Andreas Hartauer. Kaufmann in St. Pölten (Glas- und Porzellanmalerei). Schrieb die Urfassung des Liedes „Tief drin im Böhmerwald". Gestorben 18. 1. 1915 in St. Pölten. (Geboren 30. 11. 1839 in Stachau, Böhmen.)

Koloman Kaiser. Lehrer, Mundartdichter. Gestorben 7. 2. 1915 in Wien. (Geboren 1. 7. 1845 in Hornsburg im Kreuttal.)

Stephan von Milenkovich. Offizier, Erzähler, Lyriker. Gestorben 12. 3. 1915 in Mödling. (Geboren 9. 3. 1836 in Orsova, Banat.)

August Herrmann. Historiker. Professor am Gymnasium in St. Pölten, Verfasser einer Geschichte der Stadt St. Pölten. Gestorben 31. 5. 1915 in St. Pölten. (Geboren 1. 8. 1847 in Melk.)

Karl (Dragutin) Kaiser. Musiker. Dirigent in Wien, Leipzig und Berlin. Gestorben 15. 6. 1915 in Edlitz-Grimmenstein. (Geboren 20. 9. 1873 in Wien.)

Johann Huemer. Schulmann. Verdienste um die Reform der Mittelschulen (Begründer des Realgymnasiums und des Reformrealgymnasiums, neue Lehrpläne). Gestorben 20. 9. 1915 in Reichenau. (Geboren 18. 4. 1849 in Raab im Innkreis.)

Theodor Josef Etthofer. Maler (Genrebilder aus dem Volksleben). Gestorben 24. 10. 1915 in Baden. (Geboren 29. 10. 1849 in Wien.)

Franz Hauke. Jurist. Professor an den Universitäten Czernowitz und Graz. Gestorben 11. 11. 1915 in Baden. (Geboren 28. 8. 1852 in Mauer/Wien.)

Karl Gölsdorf. Techniker. Lokomotivkonstrukteur (25 Lokomotivtypen). Gestorben 18. 3. 1916 in Wolfsbergkogel. (Geboren 8. 6. 1861 in Wien.)

Josef Höfer. Landwirtschaftslehrer. Direktor der Winterschule in Tulln. Gestorben 5. 4. 1916 in Tulln. (Geboren 19. 2. 1848 in Ranzern bei Iglau, Mähren.)

Eduard Lang. Dermatologe. Professor an der Universität Innsbruck. Primarius am Allgemeinen Krankenhaus in Wien. Gestorben 9. 6. 1916 in Reichenau. (Geboren 1. 5. 1841 in Klučsó, Slowakei.)

Wilhelm Gause. Maler, Illustrator. Lebte ab 1889 in Stein an der Donau. Gestorben 13. 6. 1916 in

Links: Postkarte des Invalidenfonds des k. k. Infanterie-
regiments Nr. 19.
Rechts: Arbeiter der Pulverfabrik Wieselburg. 1915.
Fotografie.

Stein a. d. Donau. (Geboren 27. 3. 1854 in Kre-
feld, Rheinland.)

Angela Langer. Schriftstellerin. Arbeitete anfangs
als Kindermädchen in Budapest, dann in Bozen
als Magd, war in London und Berlin bei Verle-
gern in Diensten, wo sie literarisch tätig wurde.
Gestorben 25. 6. 1916 in Kirchberg am Wagram.
(Geboren 21, 12. 1886 in Wien.)

Karl von Feistmantel. Jurist. 1887–97 Präsident der
Wiener Advocatenkammer. Gestorben 14. 7.
1916 in Wien. (Geboren 20. 11. 1833 in Alland.)

Karl Friberth. Musiker, Kapellmeister. Gestorben
6. 8. 1916 in Wien. (Geboren 7. 6. 1836 in Wullersdorf.)

Anton Frey. Schulmann, Gestorben 27. 8. 1916 in
St. Pölten. (Geboren 13. 11. 1871 in Haslau.)

Franz Joseph I. Gestorben 16. 11. 1916 in Wien.
(Geboren 18. 8. 1830 in Wien.)

Das Flüchtlingslager Gmünd.

Das Flüchtlingslager von Gmünd

Als im Herbst 1914 die russischen Truppen
in Galizien eindrangen, flüchteten viele Bewohner nach Westen. Man mußte für diese
Flüchtlinge für die Dauer des Krieges neue
provisorische Unterkünfte errichten. So
wurde schon 1914 geplant, nahe der Stadt
Gmünd eine Flüchtlingsstadt mit Bildungs-
und Wohlfahrtseinrichtungen zu schaffen.
Anfang Dezember begann der Bau großer
Wohnbaracken, doch schon einige Wochen
vorher kam eine große Anzahl von Ruthe-
nen nach Gmünd, die in Gasthäusern der
Umgebung untergebracht wurden. Als die
Baracken fertig waren, wurden dort die
Flüchtlinge konzentriert und ihre Stadt immer mehr ausgebaut. Im September 1915
war sie auf 144 Wohnbaracken angewachsen, das Lager war in fünfzehn Sektionen
mit je acht Wohnbaracken und einer Kü-
chenbaracke gegliedert, allerdings mußten
einige für neu ankommende, andere wieder
für infektionsverdächtige Lagerinsassen verwendet werden. Die Wohnbaracken waren
für 200 bis 250 Personen geplant, der Fassungsraum des Lagers betrug daher 30.000
Menschen. Der höchste Stand wurde am
24. Mai 1915 mit 28.700 Insassen erreicht,
davon waren fast alle Ukrainer, auch einige
hundert Slowenen kamen nach Gmünd. Für
diese Ukrainer wurde auch eine große Holz-
kirche gebaut, die von mehreren Priestern
betreut wurde. In der Schule konnten 1623
Kinder unterrichtet werden, für Erwachsene
gab es Fortbildungskurse in Deutsch, gewerblichen Fertigkeiten und Nähen. Etwa
22.000 Personen wurden im Laufe des Krieges zu Arbeiten außerhalb des Lagers, meist
in der Landwirtschaft, vermittelt.

Es gab ein großes Spital mit 1500 Betten,
das in mehrere Abteilungen gegliedert war,
aber auch Desinfektionsbaracken; eine
Wasserleitung, Kanal, Wäscherei, elektrische Anlagen, eine Feuerwehr und ein
Friedhof wurden geschaffen.

Als im Jahre 1916 die russische Brussilow-
Offensive einen neuen Flüchtlingsstrom
brachte, mußte das Lager vergrößert werden, um 50.000 Personen zu fassen. Nun
wurde auch für die Katholiken eine Ersatz-
kirche geschaffen, die später von der Pfarre
Gmünd-Neustadt übernommen wurde.

Die Verpflegung der Lagerinsassen war sehr
schlecht, so daß sie in die Umgebung aus-
schwärmten und als Landplage empfunden
wurden. Diese mißliche Situation hatte
außerdem eine hohe Sterblichkeitsrate zur
Folge.

Nach Kriegsende kehrten die meisten
Flüchtlinge in ihre Heimat zurück, aus dem
Lagergebiet wurde ein Stadtteil von
Gmünd.

Flüchtlinge aus Galizien im Lager Gmünd. 1916.

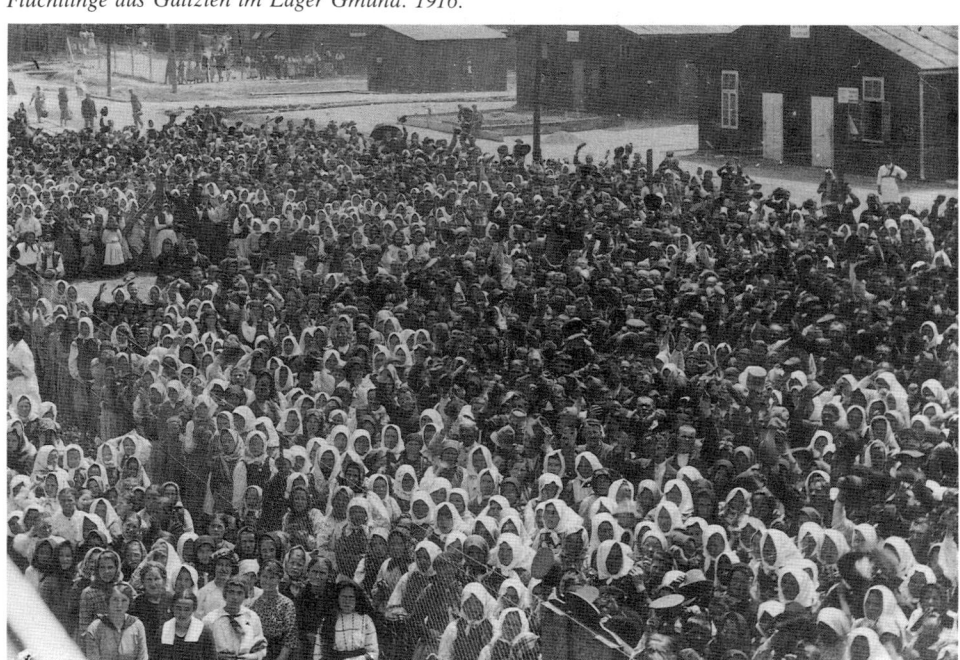

Links: Kaiser Karl an der ostgalizischen Front. Fotografie. 23. Juli 1917.

1917–1918

KALENDER

11. 1. 1917 Die 5. österreichische Kriegsanleihe erzielt 4,5 Millionen Kronen, die Kriegsschulden betragen bereits 24 Milliarden Kronen.

2. 2. Die Temperaturen sinken unter –20 Grad.

15. 3. Der deutsche Kaiser Wilhelm II. besucht den österreichischen Kaiser Karl I. in Laxenburg.

18. 4. Kaiser Karl besucht die Torpedofabrik in St. Pölten.

Mai Eröffnung des Reichsrates.

10. 5. Beginn der zehnten Isonzo-Schlacht, die am 25. Mai ihren Höhepunkt erreicht.

16. 6. Große Explosion im Munitionslager Großmittel.

18. 8. Beginn der elften Isonzo-Schlacht in der Gegend von Tolmein. Sie dauert bis zum 13. 9.

24. 10. Die verbündeten Deutschen und Österreicher durchbrechen die italienischen Stellungen nördlich von Tolmein zwischen Karfreit und Flitsch und dringen bis zum Piave vor. Die Offensive endet am 1. 12.

17. 10. Ein Parteitag der Sozialdemokraten fordert eine demokratische Reform der Verwaltung als ersten Schritt zur Umwandlung Österreichs in eine Föderation der Nationalitäten.

8. 1. 1918 Der amerikanische Präsident Woodrow Wilson verkündet sein Weltfriedensprogramm.

13. 1. Demonstration in den Daimlerwerken von Wiener Neustadt, die zum Streik führt.

21. 1. Ein Teil der Streikenden nimmt die Arbeit wieder auf.

29. 1. Rund 1000 Arbeiter der Betriebe Heid und Weipert in Stockerau treten neuerlich in den Ausstand.

3. 3. Der Friedensvertrag von Brest-Litowsk mit Rußland wird unterzeichnet. Man erhofft sich dadurch erhöhte Getreidelieferungen aus der Ukraine.

20. 6. Große Arbeiterdemonstrationen in Kienberg. Vor allem Arbeiter der Heiserschen Fabrik nehmen daran teil. Sie marschieren nach Scheibbs. Ihnen schließen sich Arbeiter aus Neubruck und Neustift an.

Rationierungskarten. 1916–1918.

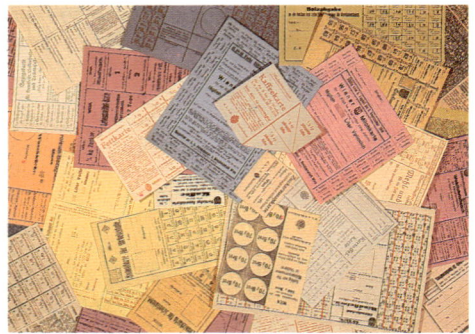

17. 8. Letzte Ausmusterung in der theresianischen Akademie in Wiener Neustadt.

18. 9. In der Munitionsfabrik Wöllersdorf kommt es zu einer großen Explosion. Dabei werden 144 Personen, darunter 134 Frauen, getötet.

Oktober Ausbruch einer großen Grippewelle, die Mitte September beginnt. Unter den Opfern: Egon Schiele.

15. 10. „Da die erwarteten Kohlelieferungen ausblieben, muß das Gaswerk der Stadt Mödling gesperrt werden. Die Gaswerke der Umgebung, wie Inzersdorf, Liesing, Perchtoldsdorf und Wiener Neustadt feiern ebenfalls wegen Kohlenmangels schon seit einer Woche", berichtet das „Neue Wiener Tagblatt".

GEBURTSTAGE

Otto Edelmann. Sänger, Mitglied der Staatsoper und gefeierter Gast bei den Salzburger Festspielen. Gastspiele in Europa und den USA. Geboren 5. 2. 1917 in Brunn am Gebirge.

Franz Žak. 1961 Bischof von St. Pölten. Geboren 30. 6. 1917 in Niederedlitz.

Sepp Kast. Landesfeuerwehr-Kommandant. Geboren 29. 9. 1917 in Marchegg.

Herrmann Haensel. Spezialist für Saatgut, Professor an der Universität für Bodenkultur. Geboren 13. 1. 1918 in Wien.

Heinrich Anton Weidinger. „Kräuterpfarrer". Geboren 16. 1. 1918 in Riegersburg.

Gottfried von Einem. Komponist. Im Waldviertel ansässig. Geboren 24. 1. 1918 in Bern, Schweiz.

Alois Sturmlechner. Edelsteinfachmann. Geboren 30. 3. 1918 in Mönichkirchen.

Josef Robl. Landtagspräsident. Geboren 5. 5. 1918 in Korneuburg.

Erik Werba. Professor an der Akademie für Musik und darstellende Kunst in Wien. Komponist, Pianist, Musikschriftsteller. Geboren 25. 5. 1918 in Baden.

Franz Vinzenz Dressler. Maler. Lebt in Krems. Geboren 9. 6. 1918 in Krems.

Johann Christoph Allmayer-Beck. Direktor des Heeresgeschichtlichen Museums in Wien. Geboren 19. 8. 1918 in Baden.

Lilli König. Jugendschriftstellerin. Geboren 7. 9. 1918 in Hennersdorf.

Marcel Wenzl. Universitätsprofessor für Medizin. Geboren 6. 11. 1918 in St. Pölten.

Jeanny Ebner. Schriftstellerin. Geboren 17. 11. 1918 in Sidney, Australien.

Kurt Waldheim. Politiker, Diplomat. 1968–70 Außenminister, 1972–82 Generalsekretär der UNO, 1986 Österreichischer Bundespräsident. Geboren 21. 12. 1918 in St. Andrä-Wördern.

TODESTAGE

Arthur Kurtz. Porträt-, Historien- und Landschaftsmaler, Schriftsteller. Gestorben 20. 1. 1917 in Baden. (Geboren 23. 9. 1860 in St. Gallen, Stmk.)

Wilhelm Neuber. Chemiker, betrieb in Perchtoldsdorf und Brunn am Gebirge Farbenfabriken. 1885–1901 Reichsratsabgeordneter, Vizepräsident des Österreichischen Gewerbevereins. Gestorben 12. 2. 1917 in Baden. (Geboren 28. 5. 1839 in Wien.)

Otto Eybner. Kaufmann und Bürgermeister. Gestorben 23. 2. 1917 in St. Pölten. (Geboren 6. 2. 1856 in St. Pölten.)

Anton Erdinger. Theologe und Schriftsteller, 1873 Direktor des Priesterseminars in St. Pölten. 1886 Generalvikar. Gestorben 13. 4. 1917 in St. Pölten. (Geboren 1829 in Steinegg.)

Martin Einfalt. Komponist. Gestorben 4. 9. 1917 in Linz. (Geboren 11. 11. 1858 in Zwettl.)

Eugen Bormann. Althistoriker, Epigraphiker. Universitätsprofessor in Wien, wo er die „Hohe Schule" der lateinischen Epigraphik schuf. Er förderte die Limes-Forschungen, besonders die Ausgrabungen von Carnuntum. Gestorben 4. 3. 1917 in Klosterneuburg. (Geboren 6. 10. 1842 in Hilchenbach, Westfalen.)

Alois Koch. Veterinärmediziner. Dozent für Tierheilkunde am Francisco-Josephinum in Mödling. Gestorben 11. 4. 1917 in Wien. (Geboren 6. 2. 1846 in Wien.)

Ernst Stöhr. Maler. Gestorben 17. 6. 1917 in Melk. (Geboren 1. 11. 1860 in St. Pölten.)

Gustav Adolf Wayß. Pionier des Stahlbetonbaus, namhafter Konstrukteur. Gestorben 19. 8. 1917 in Waidhofen an der Ybbs. (Geboren 16. 10. 1851 in Mühlhausen, Württemberg.)

Hans Kudlich. „Der österreichische Bauernbefreier". 1848 Mitglied des österreichischen Reichstages, stellte am 26. 7. 1848 den Antrag über die Aufhebung des bäuerlichen Untertänigkeitsverhältnisses. Als Teilnehmer an der Wiener Oktober-Revolution 1848 in Abwesenheit zum Tode verurteilt, lebte später als Arzt in den USA. Gestorben 11. 11. 1917 in Hoboken, USA. (Geboren 23. 10. 1823 in Lobenstein/Ö.-Schlesien.)

Leopold Graf Auersperg. Verwaltungsjurist und Politiker. Bezirkshauptmann von Lilienfeld, Baden, 1907 Mitglied des Herrenhauses. Gestorben 23. 2. 1918 in Baden. (Geboren 16. 5. 1855 in Budapest.)

Ottokar Freiherr von Chiari. Laryngologe. Universitätsprofessor. Er schuf alle größeren Operationsmethoden auf seinem Fachgebiet. Gestorben 12. 5. 1918 in Puchberg am Schneeberg. (Geboren 1. 2. 1863 in Prag.)

Franz Keim. Dichter. 1898 Gymnasialprofessor in St. Pölten, ab 1902 freier Schriftsteller, verfaßte dramatische Dichtungen. Gestorben 27. 6. 1918 in Brunn am Gebirge. (Geboren 28. 12. 1840 in Stadl-Paura.)

Jaroslav Khittel von Westhort. Eisenbahnfachmann. 1895–1909 Staatsbahndirektor in Wien. Gestorben 16. 8. 1918 in Baden. (Geboren 13. 5. 1845 in Prag.)

Rechts: Der Arbeiterführer Victor Adler (1852–1918).
Unten rechts: Schluß der Abdankungsurkunde Kaiser Karls vom 11. November 1918.

1917–1918

Der Aufbau der Republik 1918

16. 10. Ein Manifest Kaiser Karls dekretiert die Umwandlung der Monarchie in autonome Bereiche als Vorstufe zur Bildung eines föderativen Staates.

21. 10. Im niederösterreichischen Landhaus versammeln sich die deutschsprachigen Abgeordneten des letzten Reichsrates und konstituieren sich als deutsch-österreichische Nationalversammlung. Damit begründen sie einen selbständigen deutsch-österreichischen Staat.

22. 10. Eine Versammlung der Landesvertreter unter dem Vorsitz des Landmarschalls beansprucht die Mitwirkung der autonomen Landesversammlung beim Neuaufbau des Staates.

24. 10. Die Italiener, unterstützt von Engländern und Franzosen, beginnen eine Offensive in Venezien, die zum Zusammenbruch der österreichisch-ungarischen Front führt.

27. 10. Universitätsprofessor Dr. Heinrich Lammasch wird zum letzten Ministerpräsidenten der Monarchie berufen.

30. 10. Die provisorische Nationalversammlung in Wien beschließt eine provisorische Verfassung für Deutsch-Österreich. Eine Regierung unter dem Vorsitz von Dr. Karl Renner wird gebildet.

1. 11. Der Sozialdemokratische Parteitag wählt Dr. Friedrich Adler in die Parteileitung. Dieser wird am selben Tag aus Stein entlassen, wo er wegen des Attentates auf Ministerpräsident Graf Stürgkh in Haft war.

3. 11. Der letzte Generalstabsbericht der österreichisch-ungarischen Armee lautet: „Auf dem italienischen Kriegsschauplatz haben unsere Truppen auf Grund des abgeschlossenen Waffenstillstandes die Feindseligkeiten eingestellt."

Die südmährischen Grenzbezirke proklamieren den formellen Anschluß an Deutsch-Österreich und an das Land Niederösterreich.

5. 11. Die provisorische Landesversammlung Niederösterreichs tritt zu einer konstituierenden Sitzung zusammen. Zum Landeshauptmann wird Leopold Steiner gewählt, Stellvertreter sind Johann Mayer, Albert Sever und Karl Kittinger.

Stellung der österreichisch-ungarischen Armee im Gebirge. Fotografie. Um 1916.

Johann Kalcher. Stifter eines Jugenderziehungsheimes. Gestorben 17. 10. 1918 in St. Pölten. (Geboren 1835 in St. Pölten.)

August Lanzedelly (Launcedelli). Lithograph. Schuf Volks- und Genreszenen. Gestorben 19. 10. 1918 in Mauer bei Amstetten. (Geboren 1845 in Wien.)

Egon Schiele. Maler und Graphiker. Gestorben 31. 10. 1918 in Wien. (Geboren 12. 6. 1890 in Tulln.)

Victor Adler. Politiker, Arzt. Einiger und Führer der österreichischen Sozialdemokraten, Haupt der Arbeiterbewegung, Mitbegründer der Ersten Republik. Gestorben 11. 11. 1918 in Wien. (Geboren 24. 6. 1852 in Prag.)

Truppenübergang über einen Fluß in Russisch-Polen. Ansichtskarte. 1916.

```
     Nur der innere Friede kann die Wunden dieses
Krieges heilen.

          W i e n , am 11.November 1918.
```

Links: Massendemonstration vor dem nö. Landhaus in der Herrengasse in Wien. 30. Oktober 1918.
Rechts: Ausrufung der Republik vor dem Parlament am 12. 11. 1918.

1917–1918

7. 11. Statthalter Oktavian von Bleyleben übergibt die Geschäfte der landesfürstlichen Verwaltung an den Landeshauptmann und seine Stellvertreter.

11. 11. Kaiser Karl verzichtet auf jeden Anteil an den Staatsgeschäften und übersiedelt mit seiner Familie von Schönbrunn nach Schloß Eckartsau.

12. 11. Im Parlament wird die Republik Deutsch-Österreich ausgerufen. In den größeren Städten Niederösterreichs, so in Wiener Neustadt und St. Pölten, finden ebenfalls Republikkundgebungen statt.

17. 11. Wegen großer Plünderungen wird über die Orte Brunn am Gebirge, Perchtoldsdorf, Enzersdorf und andere das Standrecht verhängt.

22. 11. Einem Zeitungsbericht zufolge ist die Heimkehr der Soldaten aus den Etappen- und Frontbereichen im Abflauen begriffen. Auf den Wiener Bahnhöfen kamen im Lauf der ersten drei Novemberwochen 920.000 Soldaten an, 1,065.000 wurden abtransportiert.

27. 11. Die Tuberkuloseheilanstalt in Alland muß wegen Kohlemangels geschlossen werden.

4. 12. Eine Verschärfung der Beleuchtungs- und Beheizungsprobleme führt zum Schließen aller Theater, Vortragssäle und Kinos. Gast- und Schanklokale sowie Kaffeehäuser müssen um neun Uhr abends geschlossen werden. Auch für den Verbrauch in Wohnungen werden Kontingente zugeteilt.

18. 12. Der Reichsverband österreichischer Automobilführer erwirkt, daß die Kriegsbestimmungen für den Betrieb von Personenkraftwagen aufgehoben werden. Jeder Wagenbesitzer muß bei der Polizei eine Nummer lösen, ein Typenprüfungszeugnis haben und einen im Besitz einer Fahrerlaubnis stehenden Lenker einsetzen.

Massendemonstration vor dem Wiener Parlament. November 1918.

Der Jännerstreik 1918

Am Ende des Jahres 1917 war die Erschöpfung der Mittelmächte weit fortgeschritten. In den Industriegebieten herrschte bereits seit langem echter Hunger. Gewiße Hoffnung setzte man auf die Friedensverhandlungen, die man mit Rußland in Gang gebracht hatte und die in Brest-Litowsk stattfanden. Als dort von deutscher Seite eine Verzögerung der Verhandlungen eintrat, kam es im Bereich Niederösterreichs und der Steiermark zu einer großen Streikbewegung, weil die Mehlzuteilungen gekürzt werden mußten. Die allgemeine Unzufriedenheit war eine der Hauptursachen dieses gewaltigen Streiks, der am 14. Jänner in den Daimler-Motorenwerken in Wiener Neustadt begann, sich aber rasch ausdehnte, und zwar auf die Kriegsbetriebe in Wöllersdorf und Blumau, auf Neunkirchen, das ganze Schwarzaugebiet, auf Mödling, das Triestingtal, Berndorf, Stockerau, Korneuburg, auf die Industriebetriebe des Traisentales, aber auch auf verschiedene Gebiete von Wien. Am 16. Jänner zog ein großer Demonstrationszug, unter denen auch viele Soldaten waren, durch die Altstadt von St. Pölten. Es kam zu keinen Zwischenfällen. Am Beginn der folgenden Woche, am 21. Jänner, als ein Teil der Demonstranten die Arbeit wieder aufnahm, traten wieder andere in den Streik. Es gab noch immer Gruppen, die die Arbeit verweigerten. Es zeigte sich auch, daß die sozialdemokratische Führung es schwer hatte, die Kontrolle über die Streikenden zu gewinnen, und daher zum Abbruch riet. Auch die Militärverwaltung drängte auf eine friedliche Lösung der Situation. Nach einem kurzfristigen Streikende kam es in Stockerau am 29. Jänner neuerlich in einigen Betrieben zu großen Streikbewegungen, und hier gelang es dem späteren Bürgermeister Eduard Rösch, die Streikenden zu disziplinieren, so daß die Arbeit am nächsten Tag wieder aufgenommen wurde. Der Landesparteitag der Sozialdemokratischen Arbeiterpartei, der Anfang Februar 1918 stattfand, stand noch unter dem Eindruck dieser Streikbewegung. Dabei kamen sehr radikale Meinungen zum Ausdruck, die sich von der maßvollen Zurückhaltung der Parteiführung sehr unterschieden. Zweifellos waren diese Streiks, die zu keinem Erfolg, doch immerhin zu einer geringfügigen Besserung der Situation führten, für die sozialdemokratische Partei eine Möglichkeit, sich im unteren Bereich neu zu organisieren und zu regenerieren. Vor allem wurde nun der Grundstein zu den Arbeiter- und Soldatenräten gelegt, die bei Kriegsende eine große Rolle im politischen Leben spielen sollten.

Die Auflösung der Gefangenenlager

Am 2. November 1918 übergab der Lagerkommandant das Kommando des Kriegsgefangenenlagers Sigmundsherberg, das 1200 gefangene Offiziere und 1000 italienische Soldaten beherbergte, an den italienischen Oberst Menna und erklärte die Gefangenen für frei. Daraufhin überfielen die italienischen Gefangenen die Wachen, nahmen ihnen die Munition ab und mißhandelten sie. Die Gefangenen besetzten das Lager, den Bahnhof und das Postamt, plünderten alle Magazine und die Offiziersmesse. Im Lager Wieselburg wurden 3000 Russen und Italiener freigelassen. Die Wachmannschaft warf die Gewehre weg und fuhr nach Hause. Am 3. November übernahm ein Soldatenrat das Kommando. Die Gefangenen marschierten nach Pöchlarn und Kemmelbach, um mit der Bahn in die Heimat zu gelangen. Die Gemeinde organisierte einen Überwachungsdienst bei Nacht, doch hielten die Gefangenen Disziplin.

Eine Zeitung berichtete aus Wieselburg unter dem Titel „Der Zusammenbruch": „Im Kriegsgefangenenlager Purgstall hat das Scheinwerferersatzbataillon schon demobilisiert. Die Soldaten aller Nationen setzten sich unter großem Jubel auf die Bahn und die Waggondächer, um nach Hause zu gelangen."

Die Offiziersstation Mühling wurde italienischen Offizieren übergeben.

Links: Ansicht von Erdweis. Ansichtskarte. 1940.
Rechts: Zollamt in Laa a. d. Thaya. 1920.

KALENDER

15. 1. 1919 Tschechische Soldaten besetzen vorübergehend die Orte Hohenau und Rabensburg.

16. 2. Bei den Wahlen zur Konstituierenden Nationalversammlung erhalten in Niederösterreich die Christlichsozialen 284.333 (40,9%), die Sozialdemokraten 263.974 (38%), die Deutschnationalen 136.421 (19,6%) der Stimmen. Auf drei weitere Parteien entfallen 10.000 Stimmen (1,5%).

10. und 11. 3. In Neunkirchen stürmen Arbeitslose die Lebensmittelgeschäfte.

23. 3. Kaiser Karl verläßt mit seiner Familie das Schloß Eckartsau und fährt vom Bahnhof Kopfstetten ins Exil in die Schweiz.

4. 5. Bei den Landtagswahlen erhalten die Sozialdemokraten 64 (in NÖ.-Land 20), die Christlichsozialen 45 (in NÖ.-Land 26), die Deutschnationalen 8 (NÖ.-Land 6) und die Tschechen 3 (NÖ.-Land 0) Mandate.

20. 5. Der Sozialdemokrat Albert Sever (SP) wird zum Landeshauptmann, Laurenz Wildbolz (SP) und Johann Mayer sowie Leopold Steiner (beide CH) werden zu Stellvertretern gewählt.

22. 6. Bei den Gemeinderatswahlen werden ebenfalls demokratische Verhältnisse eingeführt.

September Im Vertrag von St. Germain-en-Laye verliert Niederösterreich die Stadt Feldsberg (heute Valtiče/ČSFR) sowie 13 Gemeinden bei Gmünd (246 km³ und 20.000 Einwohner).

18. 12. Erstmals erscheint mit dem St. Pöltner Tagblatt eine Tageszeitung in NÖ. Sie wird Ende Juli 1922 eingestellt.

März 1920 Das Betreten des Wienerwaldes mit Geräten zur Holzgewinnung wird verboten.

29. 4. In Baden beraten Vertreter der Christlichsozialen die Trennung Wien-NÖ.-Land vor. Sie stimmen zu.

5. und 6. 5. In St. Pölten beraten die Sozialdemokraten im Rahmen eines Städtetages über die Trennung.

31. 7. Die Gebiete um Gmünd und Feldsberg werden von den Tschechen übernommen.

1. 8. Das private Beschaffen von Lebensmitteln („Hamstern") wird in ganz NÖ untersagt.

August Die Kriegsgefangenen aus Italien kehren heim.

17. 8. Neunkirchen wird zur Stadt erhoben.

6. 10. Adolf Hitler ist erstmals in NÖ und redet bei politischen Versammlungen.

30. 11. Aufgrund der neuen Verfassung für NÖ.-Land wird eine Landesregierung in NÖ. gebildet (Landeshauptmann Johann Mayer, Stellvertreter Josef Christoph (SP) und Josef Zwetzbacher (CH)).

9. 12. Dr. Michael Hainisch wird zum Bundespräsidenten gewählt.

10. 12. Der ungarische Kommunistenführer Béla Kun wird in der Haidemühle und in Karlstein bei Raabs interniert.

Eingangsportal des Jagdschlosses Eckartsau.

28. 12. Eine gemeinsame Landesverfassung wird beschlossen. Die Bildung eines Landes Wien kann durch übereinstimmende Gesetze des Wiener Gemeinderates und des Landtages NÖ.-Land erfolgen.

GEBURTSTAGE

Josef Schmid. Arzt, Universitätsprofessor für Innere Medizin. Geboren 14. 2. 1919 in Langau.

Alois Brusatti. Historiker. Geboren 4. 3. 1919 in Baden.

Tassilo Broesigke. FPÖ-Politiker. Präsident des Rechnungshofes. Geboren 8. 6. 1919 in Maierhöfen.

Andreas Maurer. Landwirt, ÖVP-Politiker. Ab 1959 Abgeordneter des nö. Landtags, ab 1965 in der nö. Landesregierung, 1966–1981 Landeshauptmann von NÖ. Geboren 12. 9. 1919 in Trautmannsdorf.

Hans Hermann Groer. Erzbischof von Wien, Kardinal. Geboren 13. 10. 1919 in Wien.

Bernhard Wicki. Filmschauspieler und Regisseur. Geboren 28. 10. 1919 in St. Pölten.

Stephan Koren. Bankfachmann, Politiker. 1968–1970 Finanzminister, ab 1968 Professor an der HS für Welthandel in Wien, 1978 Präsident der Österreichischen Nationalbank. Geboren 14. 11. 1919 in Wiener Neustadt. (Gestorben 26. 1. 1988 in Wien.)

Friedrich Aage Hansen-Loeve. Fernsehmanager. Geboren 29. 12. 1919 in Neumarkt an der Ybbs.

Roland Minkowitsch. Politiker. Landwirt in Mannersdorf an der March. 1970–1980 Obmann des ÖVP-Bauernbundes, 1975 Nationalratspräsident. Geboren 13. 1. 1920 in Spittal an der Drau. (Gestorben 21. 1. 1986 in Wien.)

Adalbert Schlager. Maler. Lebt in Rosenau-Sonntagberg. Geboren 7. 4. 1920 in St. Gallen/Stmk.

Hermann Schreiber. Schriftsteller. Verfaßt Unterhaltungsromane und populäre Sachbücher aus mehreren Wissensgebieten. Geboren 4. 5. 1920 in Wiener Neustadt.

Gerhard Weissenberg. Politiker. 1976 Sozialminister. Geboren 9. 5. 1920 in Ybbs. (Gestorben 1. 10. 1980.)

Rupert Feuchtmüller. Kunsthistoriker. Geboren 5. 8. 1920 in Moosbrunn.

Ludwig Prokop. Universitätsprofessor, Sportarzt. Geboren 6. 8. 1920 in St. Pölten.

Karl Gruber. Obmann der Raiffeisenbank NÖ. Geboren 9. 8. 1920 in Herzogenburg.

Heribert Meisel. Sportjournalist. Geboren 15. 10. 1920 in Baden. (Gestorben 31. 10. 1966 in Wien.)

TODESTAGE

Ernst von Koerber. Staatsmann. 1897/98 Handels-, 1899 Innenminister, 1900–1904 und 1916 Ministerpräsident, 1902–1904 Justizminister, 1915/16 gemeinsamer österreichisch-ungarischer Finanzminister. Gestorben 5. 3. 1919 in Baden. (Geboren 6. 11. 1850 in Trient.)

Hans Gregor. Hofoperndirektor. Gestorben 14. 9. 1919 in Baden. (Geboren 14. 4. 1866 in Dresden.)

Josef Weineck. Chemiker. Befaßte sich mit der Herstellung ätherischer Öle. Gestorben 12. 7. 1919 in Stockerau. (Geboren 21. 6. 1852 in Stokkerau.)

Julius von Jablánczy. Landwirt. 1903–1911 Direktor der Landes-Obst- und Weinbauschule Gumpoldskirchen. Gestorben 4. 9. 1919 in Baden. (Geboren 9. 5. 1846 in Trnava, Slowakei.)

Franz Langauer. Lehrer, Pomologe. Gestorben 17. 9. 1919 in Langenlebarn-Unterangern. (Geboren 27. 3. 1850 in Gratzen, Böhmen.)

Wilhelm Anton Neumann. OCist. Zisterzienser, Theologe. 1861–1874 Professor an der Theologischen Lehranstalt in Heiligenkreuz und Bibliothekar des Stiftes, ab 1874 Professor an der Universität Wien. Gestorben 5. 10. 1919 in Mödling. (Geboren 7. 4. 1837 in Wien.)

Hugo Gerald Stöbl. Zeichner, Buchillustrator, Heraldiker. Gestorben 7. 12. 1919 in Mödling. (Geboren 24. 9. 1851 in Wels.)

Josef Salcher. Industrieller. Gestorben 7. 4. 1920 in Harland. (Geboren 31. 12. 1861 in Pyhra-Brunn.)

Albert Gessmann. Christlichsozialer Politiker. Mitbegründer und Führer der Christlichsozialen Partei, die er 1907 mit der Katholischen Volkspartei vereinigte; 1908 Arbeitsminister, 1910 Obmann des Christlichsozialen Verbandes im Abgeordnetenhaus. Gestorben 7. 7. 1920 in Prein. (Geboren 18. 1. 1852 in Wien.)

Rainer von Reinöhl. Historiker. Kustos des Rollett-Museums in Baden. Gestorben 8. 8. 1920 in Baden. (Geboren 20. 9. 1854 in Plumenau, Mähren.)

Theodor von Plenker. Politiker. Ab 1869 Advokat in Waidhofen an der Ybbs. 1878–89 nö. Landtagsabgeordneter, 1894–1911 Bürgermeister von Waidhofen an der Ybbs. Gestorben 20. 9. 1920 in Waidhofen. (Geboren 22. 9. 1838 in Eisenerz/Stmk.)

Max Margules. Physiker, Chemiker, Meteorologe. Gestorben 4. 10. 1920 in Perchtoldsdorf. (Geboren 23. 4. 1856 in Brodý, Galizien.)

Links: Der 1920 an die Tschechoslowakei abgetretene Bahnhof in Gmünd. Um 1910.
Rechts: Bewohner von Baracken des ehemaligen Flüchtlingslagers in Gmünd um 1920. Fotografie.

Die allgemeine Situation der Nachkriegsjahre

Der Zusammenbruch des Jahres 1918 löste in ganz Mitteleuropa, besonders aber im deutsch-österreichischen Gebiet ein großes Durcheinander aus. Dies war einesteils durch die unklare Situation des Staates, andernteils auch durch die totale Verpolitisierung aller Instanzen bis hinunter in die Gemeinden bedingt. Die wirtschaftliche Notlage führte zu einer drastischen Einschränkung des öffentlichen Verkehrs, da die Eisenbahn zu wenig Kohle hatte. Die Defizite der Gebietskörperschaften Land und Gemeinden führten zu starken Einschränkungen der Ausgaben. Besonders zu leiden hatten Pensionisten und alle jene, die vom Ertrag von Gütern lebten. Die Inflation, die sehr rasch einsetzte, machte vor allem jegliche Ersparnisse zunichte. Im Juni 1919 setzte eine amerikanische Ausspeisung für die Jugend ein, die bis zum Sommer 1921 dauerte. Auch von der Schweiz und Holland,

Oben: Kinderausspeisung nach dem Ersten Weltkrieg. Fotografie.
Unten: Kronenscheine und Notgeld aus dem Jahre 1920.

Dänemark, Schweden, Argentinien und Mexiko wurde Kindern Hilfe geleistet, indem Nahrungsmitteltransporte entsandt wurden, die Tausenden das Leben retteten.

Notgeld im Jahr 1920

Nach dem Ende des Ersten Weltkrieges war der Mangel an Rohstoffen, vor allem an Buntmetallen, überall drastisch spürbar. In den letzten Kriegsjahren war Kleingeld aus Eisen ausgegeben worden. Nun wurden Länder, Gemeinden, aber auch Private befugt, Notgeldscheine, meist im Nennwert von 10, 20 oder 50 Hellern, in Umlauf zu bringen. Die Umlauffrist war geregelt, in Österreich endete sie gewöhnlich am 31. Dezember 1920. Die Herausgeber hafteten für die Verbindlichkeit mit ihrem gesamten Vermögen bzw. bekamen vom Staatsamt für Finanzen die Auflage, den Gegenwert des in Umlauf gesetzten Betrages auf einem besonderen Konto bei der Postsparkasse bereitzuhalten. Die Herausgeber erzielten meist Profite, da die Inflation den realen Geldwert immer mehr verringerte und weil die Scheine zu begehrten Sammelobjekten wurden und vielfach nicht eingelöst wurden.
Der Anlaß zu diesen Drucken kam aus Deutschland, wo Notgeld schon seit 1914 in Umlauf war und gesammelt wurde. Als Zahlungsmittel war es hauptsächlich in der ersten Hälfte des Jahres 1920 in Verwendung, in der zweiten Hälfte überwog bereits der Sammelwert. In Niederösterreich waren

124 Notgeldausgaben zu verzeichnen. Sie wurden oft von bekannten Künstlern mit Motiven der Ausgabeorte versehen und waren vielfach auch künstlerisch recht ansprechend. In manchen Orten legten auch Bahnhofsrestaurationen Notgeld auf, in Maria Taferl wurde damit an die traditionellen Andachtsbilder angeknüpft, und der Hotelier Franz Pittner in St. Pölten verwendete seine Scheine zugleich als Visitenkarten.

Entschloß sich eine Gemeinde, Notgeld drucken zu lassen, mußte ein Gemeinderatsbeschluß gefaßt werden, in dem die Höhe der Auflage und der Gesamtwert festgelegt wurden. Im Lauf der Zeit spezialisierten sich einige Druckereien auf die Herstellung dieser Geldscheine. Ab 4. Juli 1920 gab auch das Land Niederösterreich Notgeldscheine heraus, die in ganz Österreich Gültigkeit hatten.

Nach dem Verbot der Ausgabe von Notgeld spekulierten manche Gemeinden damit, die Scheine nicht mehr einlösen zu müssen, und ließen neue, nur zu Sammelzwecken, drucken. Das Notgeld, das auch heute noch gesammelt wird, dokumentiert wie kein anderes Instrument die Erinnerung an die schweren Zeiten nach dem Ersten Weltkrieg.

Die vertriebenen Eisenbahner aus der Gmünder Werkstätte

Am 1. August 1920 übernahm die Tschechoslowakei den Bahnhof und die Eisenbahnwerkstätte Gmünd. Diese war 1869 für den Bedarf der Franz-Josephs-Bahn gebaut und im Jahre 1895 der Staatsbahn-Direktion Wien angegliedert worden. In dieser Werkstätte arbeiteten viele Niederösterreicher, meist aus den Bezirken Gmünd und Zwettl. Sie konnten nicht im Betrieb bleiben, zumal dort sofort die tschechische Dienstsprache sowie die Ausfertigung aller Arbeits- und Verdienstanweisungen in tschechischer Sprache eingeführt wurden. Um den davon betroffenen etwa 1000 Familien neue Arbeitsmöglichkeiten zu schaffen, mußte ein Teil der Bediensteten in die St. Pöltner Eisenbahnwerkstätte übersiedeln, die nach dem Plan der Eisenbahnverwaltung voll ausgebaut werden sollte. Ein wesentliches Problem stellten fehlende Unterkünfte in St. Pölten und Umgebung dar. Zum Teil wurden dafür zunächst Baracken des ehemaligen Kriegsgefangenenlagers in Spratzern verwendet. Aber auch andere notdürftig errichtete Siedlungen entstanden, die lange den Charakter von Elendsquartieren bewahrten.

Neunkirchen

Der erstmals 1094 genannte Ort lag in der Grafschaft Pitten, die seit 1158 ein Teil der Steiermark war. Vor 1136 erhielt das Kloster Formbach für Neunkirchen das Markt- und Münzrecht. Die Münzstätte ging an Fischau verloren, das Marktrecht wurde 1194 nach Wiener Neustadt übertragen. Erst 1379 erhielt Neunkirchen wieder das Marktrecht.
Die dreischiffige gotische Pfarrkirche mit einem romanischen Baukern und Verteidigungsanlagen aus dem 14. bis 17. Jahrhundert verlor beim Erdbeben von 1348 einen Turm. Sie wurde bis zum frühen 16. Jahrhundert umgebaut. Die Pfarre wurde später dem 1631 von Hans Balthasar von Hoyos gegründeten Franziskanerkloster einverleibt. Kirche und Kloster blieben beim großen Brand von 1752, der fast den ganzen Ort vernichtete, unversehrt.
Im 19. Jahrhundert entwickelten sich um Neunkirchen Industrieanlagen; als Sitz von Behörden wurde es auch ein zentraler Ort, der im Jahre 1920 von der Staatsregierung zur Stadt erhoben wurde.

Links: Österreichische Soldaten in Wiener Neustadt vor dem Marsch ins Burgenland. 1921.
Rechts: Weinlese in Niederösterreich. Aquarell von Ferdinand Andri. Stadtmuseum St. Pölten.

KALENDER

25. 2. 1921. Eisenbahnunglück bei Felixdorf: Ein Schnellzug und ein Güterzug stoßen zusammen – 20 Tote.

Die Demolierung des Flugfeldes Wiener Neustadt wird durchgeführt.

März Brandkatastrophe in Grafenschlag im Waldviertel. Von 62 Häusern brennen 56 ab.

24. 4. Landtagswahlen in Niederösterreich-Land.

Mai Der Selbstschutzverband Wien und Niederösterreich wird gegründet. Der Schwerpunkt liegt noch in Wien.

1. 6. In der Nacht vom 1. auf 2. Juni werden die Bezirke Lilienfeld und St. Pölten, aber auch Scheibbs und Waidhofen an der Ybbs von verheerenden Unwettern und einer Hochwasserkatastrophe heimgesucht.

Die Hochwasserkatastrophe in Lilienfeld. 1921. Fotografie.

7.–21. 8. Revolte in der Steiner Strafanstalt; Militäreinsatz ist notwendig.

12. 8. In Niederösterreich hat es 34,8°C, überall herrscht wegen Trockenheit und Dürre Wassermangel.

28. 8. Von Wiener Neustadt aus beginnt die Besetzung des Burgenlandes, das von Ungarn an Österreich fällt.

5. 9. Gefecht bei Kirchschlag mit ungarischem Militär und Freischaren, auf österreichischer Seite gibt es zehn Tote.

24. 9. Bei Bruck-Neudorf und Bruck an der Leitha findet ein schweres Gefecht mit ungarischen Freischärlern statt.

8. 10. In Wiener Neustadt wird eine städtische Bibliothek eröffnet.

1921–1922 Der Betrieb der Nö. Landesbahnen wird von den Bundesbahnen übernommen.

1922 Die St. Pöltner Voith-Werke stellen die erste Kaplan-Turbine, eine Flügelradturbine mit verstellbaren Schaufeln, her. Damit werden Elektrizitätswerke in Tirol und Oberösterreich, aber auch in Opponitz und Gaming ausgestattet.

In Niederösterreich sind 1922 895 PKW, 707 LKW und 769 Motorräder gemeldet.

Eine Volksbücherei um 1900. Zeitgenössisches Foto.

Ende dieses Jahres wird der 1765 begonnene Kohlenbergbau in Thallern wegen Unrentabilität stillgelegt.

1922–1924 Die Wiener Wasserkraftwerke-AG baut das Kraftwerk Opponitz.

24. 1. 1922 Die Inflation erreicht extreme Ausmaße. 1 Dollar entspricht bereits 10.000 Kronen.

22. 2. Der Landtag beschließt die Errichtung von Landwirtschaftskammern.

22. 3. Der Landtag beschließt die Schaffung einer Landes-Hypothekenanstalt für Niederösterreich. Am 4. Juli 1922 wird das Statut genehmigt, am 22. Juli der Geschäftsbetrieb im Landhaus aufgenommen.

3. 5. Konstituierung des Landesschulrates für Niederösterreich.

17. 5. Durch den Zusammenschluß der Werke der Nö. Landeselektrizitätswerke mit den Wiener Neustädter Anlagen und den Werken der Traisentaler Elektrizitätsgenossenschaft (TEGA) kommt es zur Gründung der NEWAG. Am 6. April beschließt der Landtag die Übernahme von Garantien durch das Land anläßlich der Gründung der NEWAG.

25. 5. In der Pulverfabrik Blumau ereignet sich eine schwere Explosion. Es gibt 19 Tote und 250 bis 300 Schwerverletzte.

9. 6. Dr. Karl Buresch wird anstelle von Johann Mayer zum Landeshauptmann gewählt. Stellvertreter sind Franz Christoph, Josef Zwetzbacher (bis 30. Jänner 1925) und Josef Reither (ab 17. Februar 1925).

Landeshauptmann Johann Mayer.

23. 7. St. Pölten wird zur Statutarstadt erhoben, die Katastralgemeinden Ober- und Unterwagram, Spratzern, Teufelhof und Viehofen werden eingemeindet.

3. 8. Die österreichische Valuta erreicht einen neuen Tiefpunkt: 1 Schweizer Franken hat den Wert von 10.000 Kronen.

14. 8. Schwechat wird von der Bundesregierung zur Stadtgemeinde erhoben.

26. 8. 1 Laib Brot kostet 5670 Kronen. Ein Straßenbahnfahrschein 1700 Kronen.

4. 10. Unterzeichnung der Genfer Protokolle zur Sanierung der Bundesfinanzen der österreichischen Währung.

GEBURTSTAGE

Josef Leeb. Präsident des Blasmusikverbandes. Geboren 30. 1. 1921 in Haag.

Hilde Rössel-Majdan. Sängerin. Seit 1952 an der Staatsoper, Professorin für Gesang an der Wiener Musikhochschule. Geboren 30. 1. 1921 in Moosbierbaum bei Tulln.

Josef Freihammer. Bürgermeister von Amstetten. Geboren 14. 4. 1921 in Amstetten.

Camillo Öhlberger. Mitglied der Wiener Philharmoniker, Autor. Geboren 28. 5. 1921 in St. Pölten.

Hans Carl Angerer. Schriftsteller. Lebt in Gföhleramt. Geboren 12. 6. 1921 in Wien.

Johann Josef Dengler. Diplomat. Geboren 1. 7. 1921 in St. Georgen am Steinfeld.

Hans Brantner. Industrieller. Geboren 3. 7. 1921 in Laa.

Erwin Wenzl. Jurist, ÖVP-Politiker. 1971–1977 Landeshauptmann von OÖ. Geboren 2. 8. 1921 in Annaberg.

Hans Maerker. Militärkommandant. Geboren 7. 11. 1921 in Wien.

Alois Vogel. Schriftsteller. Herausgeber der Zeitschrift „Podium". Geboren 1. 1. 1922.

Leopold Speiser. Landesamtsdirektor. Geboren 16. 2. 1922 in St. Margarethen.

Georg Schreiber. Schriftsteller und Lehrer. Geboren 12. 6. 1922 in Wiener Neustadt.

Erich Mittenecker. Physiologischer Unfallforscher. Geboren 26. 6. 1922 in Wiener Neustadt.

Franz Binder. 2. Landtagspräsident. Bürgermeister von Enzersdorf an der Fischa. Geboren 20. 8. 1922 in Gansbach.

Maximilian Melcher. Maler, Graphiker. Rektor der Akademie der bildenden Künste in Wien. Lebt in Baden. Geboren 28. 8. 1922 in Krottendorf.

Helmut Rießberger. Mitglied und Leiter des Tonkünstler-Orchesters und Leiter der Abteilung E-Musik im ORF. Geboren 19. 9. 1922 in Wien.

Viktor Wallner. Bürgermeister von Baden. Geboren 10. 12. 1922 in Wien.

Links: Ungarische Freischärler im Burgenland. 1921.

TODESTAGE

Josef Faber. Gestorben 2. 3. 1921 in Krems. (Geboren 2. 4. 1849 in Wien.)

Hans Kuzel. Chemiker. Befaßte sich mit der Verwendung von Wolfram für Glühfäden. Gestorben 7. 7. 1921 in Baden. (Geboren 22. 3. 1859 in Wien.)

Ellen Forster-Brandt. Sängerin. 1887–1906 an der Hofoper, bekannte Wagner-Interpretin und Liedersängerin. Gestorben 16. 7. 1921 in Baden. (Geboren 10. 10. 1866 in Wien.)

Anton Dreher d. J. Industrieller, Landtagsabgeordneter. Ab 1902 Herrenhausmitglied. Gestorben 7. 8. 1921 in Kettenhof bei Schwechat. (Geboren 21. 3. 1849 in Wien.)

Georg Ritter von Schönerer. Politiker, Gutsbesitzer. Seit 1879 Führer der deutschnationalen Bewegung (der Alldeutschen) in Österreich. Gestorben 14. 8. 1921 in Rosenau im Waldviertel. (Geboren 17. 7. 1842 in Wien.)

Wilhelm Eitner. Chemiker. Pionier des österreichischen Gewerbevereines. Gestorben 13. 10. 1921 in St. Christophen. (Geboren 28. 1. 1843 in Iglau, Mähren.)

Anton Dachler. Techniker der Nordbahn, Haus- und Burgenforscher. Gestorben 31. 10. 1921 in Wien. (Geboren 13. 1. 1841 in Biedermannsdorf.)

Hans (Johann Nep.) Graf Wilczek. Forschungsreisender. Förderer von Kunst und Wissenschaft. Erbauer von Burg Kreuzenstein. Gestorben 27. 1. 1922 in Wien. (Geboren 7. 12. 1837 in Wien.)

Karl Ludwig Ferdinand Kerstan. Maler, Schriftsteller (Pseudonym: E. Aletheia). Gestorben 3. 3. 1922 in Mödling. (Geboren 22. 10. 1848 in Prag.)

Franz Rumpler. Bildnis-, Genre-, Landschaftsmaler. Gestorben 7. 3. 1922 in Klosterneuburg. (Geboren 4. 12. 1848 in Tachau, Böhmen.)

Aurel von Le Beau. General. Gestorben 31. 3. 1922 in Baden. (Geboren 8. 10. 1866 in Mindendorf, Siebenbürgen.)

Karl I. Ex-Kaiser und König von Österreich-Ungarn. Gestorben 1. 4. 1922 in Funchal auf Madeira. (Geboren 17. 8. 1887 in Persenbeug.)

Rudolf Julius Lehner. Schriftsteller (Pseudonym: Oskar Brüme). Gestorben 19. 4. 1922 in Klosterneuburg. (Geboren 25. 8. 1883 in Wien.)

Anton Bruckner. Priester und Dichter, Dechant in Spitz. Gestorben 10. 5. 1922 in Wien. (Geboren 20. 5. 1868 in Hirschbach.)

Rudolf Graf Montecuccoli. Admiral. Gestorben 16. 5. 1922 in Baden. (Geboren 22. 2. 1843 in Modena.)

Gustav Winter. Historiker. 1887 bis 1909 Direktor des Haus-, Hof- und Staatsarchivs in Wien. Gestorben 31. 5. 1922 in Wien. (Geboren 27. 2. 1846 in Znaim.)

Wilhelm Pfannhauser. Begründer der Galvanotechnik. Gestorben 11. 6. 1922 in Semmering. (Geboren 21. 5. 1843 in Wien.)

Maria Theresia Ledochowska. Missionarin in Afrika. Gestorben 6. 7. 1922 in Rom. (Geboren 24. 9. 1863 in Loosdorf.)

Oben: Büste für den verstorbenen Kaiser Karl in der Kapuzinergruft in Wien.
Unten: Georg Ritter von Schönerer. Zeitgenössische Fotografie.

Das Gefecht von Kirchschlag

In den Friedensverträgen von St. Germain und Trianon war das Burgenland Österreich zuerkannt worden. Als die Übernahme erfolgen sollte, leisteten ungarische Verbände Widerstand. Nachdem schon in den Tagen zuvor wiederholt ungarische bewaffnete Banden auf österreichischem Boden erschienen waren und Gewalt angewandt hatten, überschritten am 16. September 1921 um 5 Uhr früh eine ungarische Abteilung von 2500 Mann, bestehend aus regulärem Militär, verstärkt durch Banden, die niederösterreichische Grenze und griff Kirchschlag an. Die Gendarmeriekontingente wurden angesichts der Übermacht zurückgenommen. Zwei Volkswehrkompanien, die zur Sicherung der Landesgrenze aufgestellt waren, mußten sich nach mehrstündigem Kampf zurückziehen. Zehn Tote und viele Verwundete waren auf österreichischer Seite zu beklagen.

Georg Ritter von Schönerer

Der am 14. April 1921 verstorbene Politiker wurde nur vorläufig in seinem Schloß Rosenau beigesetzt. Am 16. März 1922 wurde der Sarg von Zwettl aus über Tulln, Passau, Berlin und Hamburg nach Friedrichsruh gebracht und am 1. April, dem Geburtstag Bismarcks, in Aumühle im Sachsenwald in der Nähe des Mausoleums Bismarcks und des noch 1921 von Schönerer gestifteten Bismarck-Gedenksteins begraben. Die Grabinschrift hat er selbst entworfen.

Schönerer war im Jahre 1873 vom Bezirk Zwettl in den Reichsrat entsandt worden,

wo er sich vorerst mit Fragen der Landwirtschaft beschäftigte. Allmählich wurde er aber immer radikaler und stürmte sogar mit Anhängern die Redaktion des „Neuen Wiener Tagblattes", als dieses 1888 um einen Tag zu früh den Tod Kaiser Wilhelms I. meldete. Dies hatte eine gerichtliche Verurteilung zur Folge und unterbrach seine Abgeordnetenlaufbahn für sieben Jahre.

Im Kampf um die Sprachenverordnungen in Böhmen und Mähren trat Schönerer wieder in den Vordergrund, und bei den Wahlen im Jahre 1901 erreichte seine „Alldeutsche Vereinigung" 21 Sitze, davon 20 im Sudetenland. Schönerer wurde vom Landgemeindebezirk Eger in den Reichsrat entsandt. In der Folge bekämpfte er die Einführung des allgemeinen Wahlrechts.

Als Gutsherr von Rosenau hatte er bei den Menschen des Umlandes eine gute Nachrede und war sehr populär, da er Verständnis für die Nöte des Volkes aufbrachte. Er förderte landwirtschaftliche Vereinigungen und half bei der Gründung von Feuerwehren. Daneben war er aber immer wieder als Kulturkämpfer tätig. Seine letzten Lebensjahre waren durch den Verlust seiner Frau und seines Sohnes getrübt. In seinen letzten Jahren wurde er von einer Enkelin betreut, da er an einer schweren Augenkrankheit litt.

Links: Ansicht von Schwechat. Zeitgenössische Ansichtskarte.
Rechts: Turbine der St. Pöltner Firma J. M. Voith für das Kraftwerk Achensee I.
Unten: Der Riemerplatz in St. Pölten. Aquarell von Eduard F. Hofecker.

Schwechat

Ein Straßendorf mit Rechteckplatz und Quergasse wird erstmals 1072/91 genannt, als Markt wurde Schwechat erstmals 1563 bezeichnet. Mehrere Grundherrschaften hatten Bauerngüter, auch einige Freihöfe gab es. Die Türkeneinfälle 1529 und 1683 zerstörten den Markt.

Im 17. Jahrhundert wurde Schwechat Sitz der Textilindustrie, die besonders im 18. Jahrhundert Bedeutung erlangte. Im frühen 19. Jahrhundert begann die Ausweitung der Bierproduktion durch Anton Dreher, von 1873 bis 1903 standen hier Hochöfen der Innerberger Hauptgewerkschaft. Mit Beschluß der Bundesregierung vom 14. August 1922 erfolgte die Erhebung zur Stadt. Zwischen 1938 und 1954 war die Stadt nach Wien eingemeindet. In der 2. Hälfte des 20. Jahrhunderts wurde sie eine der bedeutendsten Industriestandorte Niederösterreichs.

St. Pölten wird Statutarstadt

Am 23. Juni 1922 beschloß der Nö. Landtag, die Stadt St. Pölten zur Stadt mit eigenem Statut zu erheben. In Niederösterreich gab es zu dieser Zeit die beiden Städte Wiener Neustadt und Waidhofen an der Ybbs mit eigenem Statut. St. Pölten hatte zu dieser Zeit 23.000 Einwohner. Mit der Erhebung zur Statutarstadt war auch die Eingemeindung von Ober- und Unterwagram, bisher Teile der Gemeinde Stattersdorf, sowie der Gemeinde Spratzern mit Teufelhof und der Gemeinde Viehofen ohne Ragelsdorf und Weitern verbunden. St. Pölten hatte damit gemäß der Volkszählung vom 7. März 1923 eine Fläche von 27,61 km² (früher 11,61 km²) und nunmehr 31.576 Einwohner. Mit dieser Eingemeindung war die Möglichkeit der Anlage von Siedlungen in Wagram und Spratzern verbunden. Auch einige Industriebetriebe wurden nun der Stadt St. Pölten einverleibt, die in den nächsten Jahren eine starke Zuwanderung an Bevölkerung aufzuweisen hatte. Vor allem das Kriegsgefangenenlager Spratzern wurde mit Umsiedlern aus Gmünd besetzt. Darüber hinaus kam es zur Anlage von Einfamiliensiedlungen und zur Gründung einer Wohnungsgenossenschaft, deren Aufgabe die Deckung der drückenden Wohnungsnot war.

Die Gründung der NEWAG

Für die Energieversorgung Niederösterreichs wurde die Gründung der NEWAG im Jahre 1922 von Bedeutung. Schon 1910 baute der nö. Landesausschuß das Kraftwerk Wienerbruck mit einer zugehörigen Dieselzentrale in St. Pölten. Diese Anlagen sollten die Mariazeller Bahn versorgen. Durch das Kraftwerk konnten die Gemeinden der Umgebung mit elektrischem Strom versorgt werden. Am Ende des Ersten Weltkrieges waren die Versorgungsverhältnisse bezüglich Elektrizität in Niederösterreich sehr unterschiedlich. Nachdem die Verhältnisse einigermaßen geordnet waren, schritten die Landeselektrizitätswerke an den Aufbau des schon vor dem Krieg geplanten Werkes Erlaufboden. Auch andere Städte, wie Wiener Neustadt, Krems, Waidhofen an der Ybbs, Horn und St. Pölten erweiterten ihre Werke und bauten neue. Da sich der Nachteil der kleinen Anlagen zeigte, kam es im Jahre 1922 zum Zusammenschluß der nö. Landeselektrizitätswerke mit den Wiener Neustädter Anlagen und der Traisentaler Elektrizitätsgenossenschaft TEGA. Daraus wurde nun der Wirtschaftskörper „Niederösterreichische Elektrizitätswirtschafts-AG NEWAG" gebildet, dessen Aufgabe es sein sollte, die Wasserkräfte Niederösterreichs auszunützen und die bestehenden Versorgungsgebiete zusammenzufassen. Die NEWAG nahm bald einen großen Aufschwung, betrieb am Ende des Jahrzehnts 17 Kraftwerke und besaß ein 20-Kw-Hochspannungsnetz von 2100 Kilometer Länge, durch das 860 niederösterreichische Gemeinden mit Strom versorgt wurden.

Links: Mitglieder des Republikanischen Schutzbundes.
Rechts: Dr. Karl Heitzler, letzter liberaler Bürgermeister von St. Pölten.

Links: Franz Kafka. (Gestorben in Kierling.)

1923-1924

KALENDER

1923. Lenz Moser pflanzt in Rohrendorf erstmals Hochkulturreben aus, der Weinbau wurde revolutioniert.

Der Republikanische Schutzbund wird aus sozialdemokratischen Ordnerformationen bzw. Fabriks- und Arbeiterwehren geschaffen. Diese standen in Wiener Neustadt seit 1918/19.

25. 1. Der Landtag beschließt ein umfassendes Einsparungsprogramm. Die Zahl der Dienstkraftwagen für NÖ wird auf drei beschränkt.

März. Das Justizministerium verfügt die Schließung der Bezirksgerichte Dobersberg, Mautern und Atzenbrugg.

Lehrerabbaugesetz. 20 Prozent der Lehrer verlieren ihre Dienstposten. Wer das 35. Dienstjahr vollendet hat, wird zwangspensioniert.

15. 3. Durch den Zusammenschluß mehrerer Industriedörfer entsteht die Gemeinde Ternitz, die 1948 zur Stadt erhoben wird.

Ternitz. Zeitgenössische Fotografie.

6. 5. Sozialdemokratische Arbeiter sprengen eine Versammlung des katholischen Volksbundes in Hernstein im Bezirk Baden.

30. 5. Zusammenstoß zwischen Nationalsozialisten und Sozialdemokraten in Spillern, Bezirk Korneuburg. Ein 16jähriger Arbeiter wird getötet.

17. 6. Auf Schneeberg, Rax und Schneealpe gibt es Neuschnee, über den Lahnsattel geht eine Lawine nieder und verschüttet die Straße.

Juli. Der Stollen des Wasserkraftwerkes Erlaufboden wird durchschlagen. Das Werk geht 1924 in Betrieb.

12. 12. Poysdorf wird zur Stadtgemeinde erhoben.

1923-1926. Die Wiener Wasserkraftwerke AG erbaut das Kraftwerk Gaming.

1924. Schließung der Lederfabrik Flesch in Wilhelmsburg: 600 Arbeitnehmer werden arbeitslos.

Die Eisengießerei und Metallwarenfabrik Whitehead & Co. in St. Pölten-Viehofen wird geschlossen.

Die Deutschnationalsozialistische Partei spaltet sich in zwei Gruppen. 1924 wird Karl Schulz Parteiobmann und Nachfolger von Dr. Walter Riehl, der daraufhin den Deutschsozialen Verein gründet (aufgelöst 1930).

28. 4. Ein Großbrand in der St. Pöltner Altstadt kann mit Mühe eingedämmt werden.

22. 5. Auf Anregung der Landwirtschaftskammer wird der Verband der Milch- und Molkereigenossenschaften Niederösterreichs gegründet.

24. 5. Die Österreichische Radio-Verkehrs-AG (RAVAG) hat die Probesendungen aufgenommen. Am 1. Oktober 1924 erfolgt die Eröffnung des Wiener Rundfunkdienstes.

1. 6. Karl Jaworek begeht ein Attentat auf Bundeskanzler Ignaz Seipel, das jedoch mißlingt. Er erhält dreieinhalb Jahre Kerker. Vom Obersten Gerichtshof wird die Strafe auf fünf Jahre schweren Kerkers erhöht, die er in Stein zu verbüßen hat.

26. 6. Großes Grubenunglück in Hart bei Gloggnitz. Die Belegschaft des Bergwerkes beträgt 220 Personen, davon war eine Schicht von 70 Personen eingefahren. 40 können sich rechtzeitig vor einer Explosion retten. 30 andere sind tot.

13. 10. In Wiener Neustadt kommt es im Zentralkino anläßlich der Aufführung des Filmdramas „Die Stadt ohne Juden", nach einem Roman des Boulevard-Journalisten Hugo Bettauer, zu stürmischen Demonstrationen.

24. 12. Michael Hainisch wird neuerlich zum Bundespräsidenten gewählt.

27. 12. Das Kraftwerk Opponitz nimmt den Betrieb auf.

GEBURTSTAGE

Karl Österreicher. Professor für Dirigieren an der Hochschule für Musik in Wien. Geboren 3. 1. 1923 in Rohrbach an der Gölsen.

Robert J. Krapfenbauer. Architekt. Geboren 5. 1. 1923 in Rodingersdorf.

Hermann Walenta. Bildhauer, Maler und Graphiker in Wien. Geboren 23. 1. 1923 in Drosendorf.

Matthias Hietz. Bildhauer. Geboren 7. 2. 1923 in Reisenberg.

Hans Heinz Hahnl. Kulturjournalist, Schriftsteller. Geboren 29. 3. 1923 in Oberndorf bei Herzogenburg.

Festgäste beim Stollendurchschlag im Kraftwerk Erlaufboden im Juli 1923, unter ihnen Bundeskanzler Dr. Ignaz Seipel.

Hans Czettel. SPÖ-Politiker, LH-Stellvertreter. Geboren 20. 4. 1923 in Wien. (Gestorben 27. 9. 1980 in Neunkirchen.)

Florian Jakowitsch. Maler. Geboren 22. 4. 1923 in Wiener Neustadt.

Franz Paul Viehböck. Physiker. Geboren 29. 11. 1923 in Schwallenbach.

Leopold Grünzweig. Landeshauptmann-Stellvertreter, SPÖ-Landespolitiker. Geboren 24. 12. 1923 in Frauendorf.

Alois Derfler. Präsident des Bauernbundes. Geboren 21. 5. 1924 in Scheibbs.

Michael Higatsberger. Atomwissenschaftler. Universitätsprofessor in Graz und Wien. Geboren 8. 6. 1924 in Unterbergern.

Johann Altenhuber. Ministerialbeamter, Volksbildner. Förderer der Erwachsenenbildung. Geboren 15. 11. 1924 in Purkersdorf.

Karl Dillinger. Ministerialbeamter, Volksbildner. Förderer der Erwachsenenbildung. Geboren 23. 3. 1924 in Haunoldstein.

Hermann Lechner. Landtagsabgeordneter. Bürgermeister von Gaming. Geboren 29. 11. 1924 in Wieselburg.

TODESTAGE

Wilhelm Seib. Bildhauer. Schuf Werke in Wien und NÖ, z. B. das Schiller-Denkmal in St. Pölten oder das Lenau-Denkmal in Stockerau. Gestorben 7. 3. 1923 in Spannberg. (Geboren 18. 5. 1854 in Stockerau.)

Karl Heitzler. Jurist, Schriftsteller. Seit 1870 Mitglied der St. Pöltner Gemeindevertretung, 1917–1919 Bürgermeister von St. Pölten, Gründer des Stadtmuseums. Gestorben 2. 5. 1923 in St. Pölten. (Geboren 7. 5. 1839 in St. Pölten.)

Josef Wichner. Lehrer, Volks- und Jugendbuchschriftsteller. Gestorben 13. 6. 1923 in Krems. (Geboren 23. 10. 1852 in Bludenz.)

Adalbert Dungl. Abt von Göttweig (ab 1886). Gestorben 10. 7. 1923 in Stift Göttweig. (Geboren 20. 6. 1842 in Luggau.)

Josef Scheicher. Sozialpolitiker, Theologe, Schriftsteller, Reichsrats-Abgeordneter. Professor in St. Pölten. Gestorben 28. 3. 1924 in Wien. (Geboren 18. 2. 1842 in Lichtenhof/Stmk.)

Franz Kafka. Dichter. Gestorben 3. 6. 1924 in Kierling bei Wien. (Geboren 3. 7. 1883 in Prag.)

Stephan Schwartz. Bildhauer, Medailleur. Gestorben 31. 7. 1924 in Raabs an der Thaya. (Geboren 20. 8. 1851 in Neutra, Slowakei.)

Heinrich Berté. Komponist. Schrieb mehrere Operetten und Ballette, bekannt für das Singspiel „Das Dreimäderlhaus". Gestorben 23. 8. 1924 in Perchtoldsdorf. (Geboren 8. 5. 1857 in Galgócz, Ungarn.)

Maria (Marie) Valerie. Erzherzogin. Jüngstes Kind Kaiser Franz Josephs I. Gestorben 6. 9. 1924 in Wallsee. (Geboren 22. 4. 1868 in Ofen, Ungarn.)

Anton Mayer. Landesbibliothekar. Verfasser landesgeschichtlicher Werke. Gestorben 14. 12. 1924. (Geboren 18. 9. 1838 in Wien.)

Links: Werbung für Radioapparate am Ende der zwanziger Jahre.
Rechts: Einsatz eines Elektromotors in der Landwirtschaft.

Die biologische Station Lunz

Im Jahre 1906 schuf der Mäzen Dr. Carl Kupelwieser in Seehof bei Lunz die erste biologische Forschungsstätte im ostalpinen Raum. Die wissenschaftliche Einrichtung und erste Leitung war Prof. Dr. Wettstein aus Prag anvertraut, der den jungen Biologen Dr. Franz Ruttner mitbrachte. Dieser leitete die Forschungsstätte 50 Jahre lang. Sie überdauerte beide Weltkriege und wird heute von der österreichischen Akademie der Wissenschaften erhalten. Denn nach der Geldentwertung 1923 geriet die Privatgründung in große Schwierigkeiten und konnte nur mit Hilfe der Österreichischen sowie der Berliner Akademie überstehen. Von dieser biologischen Station wurden die drei Lunzer Seen wissenschaftlich untersucht, die Lebensbedingungen im Wasser geprüft, im Labor und in der freien Natur intensiv erforscht. Ruttner verfaßte einen „Grundriß der Limnologie", der große wissenschaftliche Beachtung fand und auch in Englisch als offizielles Lehrbuch an den amerikanischen Universitäten verwendet wurde.

Professor Dr. Franz Ruttner mit Mitarbeitern in Lunz.

Die biologische Station in Lunz.

Poysdorf

Der seit dem Neolithikum besiedelte Raum weist mehrere ergiebige archäologische Fundstellen bis in die Zeit der Völkerwanderung auf. Der Ort Poysdorf wird allerdings erst 1194/96 als Teil einer Herrschaft der Liechtensteiner genannt, die bis 1848 die Grundherrschaft ausübten. Im Jahre 1582 wurde der durch seinen Weinbau bekannte Ort von Kaiser Rudolf I. zum Markt erhoben und war mit fünf Toren befestigt. Poysdorf wurde im 18. Jahrhundert eine wichtige Poststation an der Brünner Straße. Von 1850 bis 1854 war der Ort Sitz einer Bezirkshauptmannschaft, seit 1898 bestand ein Bezirksgericht. Das 1677–1691 erbaute Kapuzinerkloster wurde 1788 aufgehoben. Die Erhebung zur Stadt erfolgte am 12. Dezember 1923 durch Beschluß der Bundesregierung.

Kraftwerk Opponitz

Der Ybbstalort Opponitz war bis ins 19. Jahrhundert Sitz von Hammerwerken, die Sensen, Sicheln und Strohmesser erzeugten. Das Sichelmuseum (Hammer am Bach) erinnert heute daran. Ein Betrieb dieser Art besteht noch.
Im Jahre 1922 begannen die Wiener Stadtwerke in Opponitz ein E-Werk zu bauen, an dem etwa 3000 Personen beschäftigt wurden. Am 27. 12. 1924 lieferte diese Anlage erstmals Strom, der vorwiegend nach Wien geleitet wurde, aber auch den Ort Opponitz versorgte.
Das Kraftwerk Opponitz nützt das Gefälle der Ybbs in der Strecke ab Göstling aus. Das Ybbswasser wird von der Wehranlage Göstling durch drei Stollen (Königsbergstollen, Frieslingstollen, Opponitzer Stollen) und eine Leitung über die Ybbs bei St. Georgen/Reith zum Kraftwerk geleitet. Das gesamte Nutzgefälle beträgt 115 Meter.

Die Schreibfedernfabrik in Rotheau

In einer ehemaligen Holzschleiferei des Traisentales war während des Ersten Weltkrieges die Munitionsabteilung des Stahlwerkes Traisen eingerichtet worden. Nach Kriegsende standen die Werksräume leer, daher erwarb die in Wien ansässige Schreibfedernfabrik Karl Kuhn & Co. im Jahre 1920 diese Hallen und verlegte den Betrieb mit ca. 60 bis 70 Mitarbeitern – vorwiegend Frauen – dorthin. In den ersten Jahren war ein gewaltiger Aufstieg festzustellen. Die Firma erzeugte Schreibfedern und Federhalter aus Holz und verschiedene Büroartikel wie Büroklammern, Locher und Hefter. Während sie aber zur Zeit der Monarchie den ganzen großen Staat beliefert hatte, wurde sie nun zu einer Exportfirma, die mit großen Schwierigkeiten zu kämpfen hatte, so daß in den Jahren 1924 und 1925 200 Arbeitskräfte wieder abgebaut werden mußten. Die Firma bestand bis zum Jahre 1938, wurde aber dann liquidiert und nur in stark verkleinerter Form von einem Kremser Unternehmen in einem Gasthof in Rotheau-Eschenau weitergeführt, bis die Erzeugung 1951 vollständig nach Krems verlagert wurde.

Der Zusammenbruch der Lederfabrik Flesch in Wilhelmsburg

Im Jahre 1886 war die Gerberei in Wilhelmsburg von Josef Maria Flesch gekauft worden, der sie zu einem bedeutenden Unternehmen ausbaute, so daß der Betrieb 1914 etwa 500 Beschäftigte aufwies. Durch große Heereslieferungen stieg der Personalstand bis zum Kriegsende auf 2500 Personen, war aber dann von einem raschen Verfall gekennzeichnet. Schuherzeugungsmaschinen wurden noch 1918 an Jugoslawien verkauft, doch schließlich wurde die Firma durch ausländische Konkurrenzunternehmen durch Dollar- und Pfundkredite in den Ruin getrieben. Im August 1925 hatte ein tschechisches Konkurrenzunternehmen das Konkursverfahren einleiten lassen. Schon 1924 war der Betrieb eingestellt worden,

Werkstätte der Lederfabrik Flesch um 1923.

und 600 Arbeitnehmer des Traisentales waren brotlos geworden.

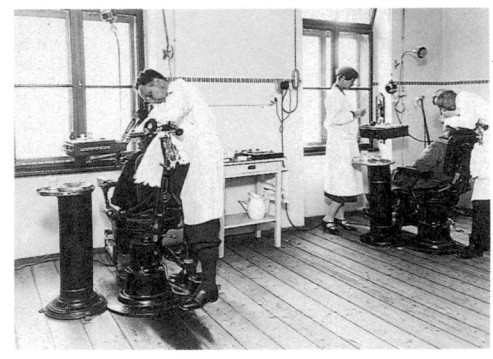

Links: Schulzahnklinik in St. Pölten.
Rechts: Hufschmied in Oberwölbling.

Die soziale Situation um 1925

Um 1925 standen in Niederösterreich 816.100 Menschen im Berufsleben. Davon waren 151.000 selbständig und 665.000 unselbständig erwerbstätig. Die größte Zahl, insgesamt 410.660 Personen oder 41,4 Prozent, arbeitete in der Land- und Forstwirtschaft. Davon waren 95.390 selbständige Bauern oder Gutsbesitzer und 315.270 Landarbeiter, Knechte und Mägde. Der Großteil der landwirtschaftlichen Arbeiten wurde noch mit der Hand geleistet. Maschinen wurden meist nur in Gutsbetrieben eingesetzt, kamen aber auch bei größeren Bauern vor. Daher war ein großer Einsatz von Personen erforderlich. Allein die Erntearbeiten bestanden aus mehreren schweren und aufwendigen Arbeitsgängen: Mähen mit der Hand oder mit einer einfachen Maschine, Binden der Garben und Aufstellen der Mandeln, Einführen in die Scheune, schließlich Dreschen und Reinigen des Kornes.

Da fast ausschließlich Pferde, Ochsen oder Kühe als Zugtiere verwendet wurden und es kaum Traktoren gab, mußte ein erheblicher Teil des Ackerlandes allein für den Unterhalt dieser Tiere verwendet werden. Dadurch war die Produktivität der Landwirtschaft relativ gering.

In Industrie und Gewerbe waren nur 260.923 Personen, also 36,6 Prozent der Arbeitenden tätig. Die weitaus größte Zahl waren Arbeiter und Angestellte, denn es gab nur 34.560 selbständige Gewerbetreibende und Industrielle. In Handel und Verkehr waren 80.571 Personen beschäftigt. Neben den 33.083 öffentlich Bediensteten

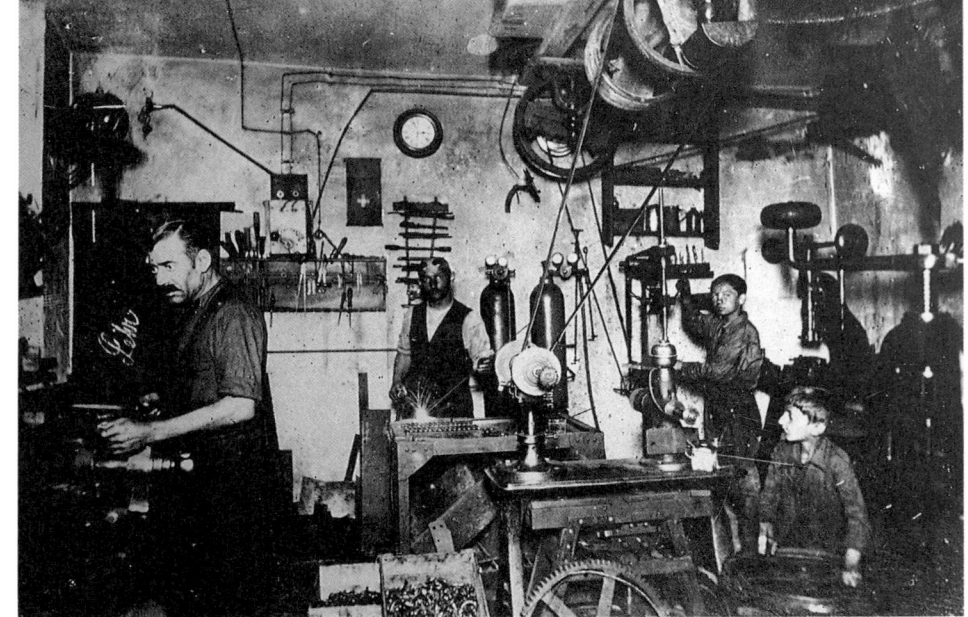

Werkshalle einer Fabrik der zwanziger Jahre.

gab es 2.830 freiberuflich arbeitende Menschen, Ärzte, Rechtsanwälte, Ziviltechniker, Tierärzte. Es war aber auch schon damals gegenüber dem Jahre 1930 eine bedeutende Umschichtung erfolgt. Besonders der Berufszweig „Häusliche Dienste" war stark zurückgegangen. Wegen der schlechten wirtschaftlichen Lage konnten sich nur mehr wenige Haushalte Dienstmädchen leisten,

obwohl ein großes Angebot vorhanden gewesen wäre, denn die Inflation führte zur völligen Verarmung des Mittelstandes. Vor 1914 war es in bürgerlichen Familien üblich gewesen, für Alter und Krankheit durch Ersparnisse vorzusorgen. Die Geldentwertung bedeutet daher für diese Menschen eine echte Katastrophe.

Darüber hinaus bestand ein ständiges Über-

Rennleiter auf dem Trabrennplatz in St. Pölten.

Straßenarbeiter.

Links: Schwimmbad in Furth bei Göttweig.
Rechts: Eine Gruppe von Kindern in der Nachkriegszeit.

Die soziale Situation um 1925

angebot an Arbeitskräften, das durch die kurze Pflichtschulzeit, die geringe Zahl der Studierenden an höheren und mittleren Lehranstalten und den weggefallenen Militärdienst noch vergrößert wurde. Die meisten Vierzehnjährigen strebten in eine gewerbliche Lehre oder wollten in der Landwirtschaft arbeiten.

Im Jahre 1923 zählte man in Niederösterreich 33.481 arbeitsuchende Menschen, besonders ungelernte Hilfsarbeiter und Angestellte waren arbeitslos. Da der Staat und das Land Beamte abbauen mußte, wurde die Zahl der Arbeitsuchenden immer größer, und viele lernwillige Jugendliche erhielten keinen Ausbildungsplatz.

Dies machte den Ausbau der Fürsorgeeinrichtung erforderlich, denn die soziale Betreuung hilfsbedürftiger Menschen war über die Krankenkasse der Arbeiter und Angestellten noch nicht weit hinausgekommen. Angestellte und Beamte hatten eine Altersversorgung, für die bäuerliche Bevölkerung gab es hingegen noch keinerlei Krankenversicherung. Als die Zeiten noch schlechter wurden, reichten die neuen sozialen Maßnahmen nicht mehr aus. Mit der sogenannten „Winterhilfe" suchte man die ärgste Not zu lindern, als über Österreich am Ende der zwanziger Jahre die große Weltwirtschaftskrise hereinbrach.

In den Städten und Industrieorten grassierte die Wohnungsnot, da lange Zeit keine Wohnbautätigkeit stattgefunden hatte. Nach Kriegsende wurde die Wohnungsanforderung verschärft, doch entschloß man sich allmählich zur Förderung von Woh-

Ländliche Gemischtwarenhandlung in Speisendorf (jetzt im Museum Waidhofen/Thaya).

nungsneubauten, wobei auch bereits Wohnungsgenossenschaften tätig wurden. Nach dem Krieg waren unzählige Notwohnungen besiedelt worden, ehemalige Lazarette und Kriegsgefangenenbaracken, Flüchtlingslager und alte Kasernen, doch war nicht zu verkennen, daß nach oft trüben Anfängen mit hüttenähnlichen Häuschen allmählich eine beachtliche Siedlungsbewegung ein-

setzte, die zur Schaffung von Stadtrandsiedlungen führte. Daneben gab es auch viele Kleingartenanlagen. Diese und die groß geplanten Hausgärten wurden um 1930 zu einem volkswirtschaftlichen Faktor, weil sie einen Teil des Lebensunterhaltes der Arbeitslosen deckten, denn die Arbeitslosigkeit wurde zu einem Dauerproblem und konnte nicht bewältigt werden.

Küche einer ärmlich eingerichteten Wohnung.

Fahrrad mit Hilfsmotor.

355

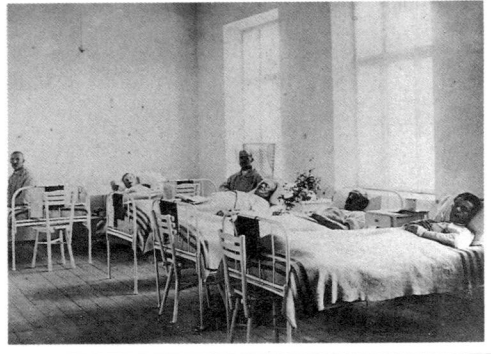

Links: Krankenzimmer im 1925 gegründeten Krankenhaus Gmünd.
Rechts: Der Landeshauptmannstellvertreter und spätere Landeshauptmann Josef Reither.

Links: Der Feuerwehrpionier Prof. Karl Schneck. Fotografie.

1925–1926

KALENDER

Errichtung des Krankenhauses Gmünd.

1. 1. Die Schilling-Währung wird eingeführt. 10.000 Kronen sind nun 1 Schilling. Ursprünglich wollte man den Schilling in 100 „Stüber" teilen, dann entschloß man sich, die Kleinmünze Groschen zu nennen.

14. 1. Lohnkonflikt im Grünbacher Kohlenbergwerk. Wegen Mißhandlung des Werkdirektors werden 50 Personen vor Gericht gestellt, davon 39 freigesprochen und 11 schwer bestraft.

Februar Landeshauptmann-Stellvertreter Josef Zwetzbacher legt wegen Verstrickung in den Bauernbank-Skandal sein Mandat zurück. Sein Nachfolger wird Josef Reither.

26. 2. Langenlois wird zur Stadt erhoben.

20. 5. Schwerer Zusammenstoß zwischen Nationalsozialisten und Sozialdemokraten in Mödling wegen einer Gedenkfeier der völkischen Vereinigung unter Beteiligung von Frontkämpfern auf dem Eichkogel bei Gumpoldskirchen.

Mai Leopold Müller, Bürgermeister von Mödling, wird durch Nationalsozialisten ermordet.

25. 7. Eine neue Geschäftsordnung regelt den Kompetenzbereich der Landesbehörden. Es wird das Amt der Landesregierung geschaffen, die Bezirkshauptmannschaften werden zu Landesbehörden. Damit ist die Statthalterei beendet.

5. 10. Einweihung der Josefskirche in St. Pölten.

November Typhusepidemie im Gebiet von Neunkirchen, teilweise auch in Klosterneuburg.

17. 12. Der Landtag beschließt ein Verfassungsgesetz, das die Wahlperiode des 1921 gewählten Landtages auf die Dauer der zweiten Wahlperiode des Nationalrates verlängert.

Das Volksbildungskino in St. Pölten, erbaut gemeinsam mit der Josefskirche.

In Österreich gibt es 564 Kinos, davon 175 in Wien, in NÖ 177. Das kleinste Kino befindet sich in Neunkirchen bei Horn, hat die Größe eines mittleren Zimmers und kann 60 Personen fassen.

Die nationalsozialistische Hitlerbewegung wird gegründet. In NÖ wird eine Gauleitung installiert.

Der Thermalstrandbad Baden wird erbaut, 1928 entsteht eine Trinkhalle.

30. 1. Der Rundfunksender Rosenhügel wird eröffnet.

4. 1. Eröffnung der Ötscher-Tropfsteinhöhle für Touristen.

29. 4. Raabs wird zur Stadt erhoben.

8. 5. Über Anregung von Marianne Hainisch wird der „Muttertag" eingeführt.

9. 6. Die Schwebebahn auf die Rax wird eröffnet.

25. 5. Scheibbs wird zur Stadt erhoben.

28. 9. Ein Erdbeben mit dem Zentrum in Gloggnitz ist in Österreich weithin spürbar, am stärksten nördlich des Semmering-Passes bei Gloggnitz–Neunkirchen und im südlichen Teil des Steinfeldes.

20. 10. Gloggnitz wird zur Stadt erhoben.

Begrüßung von Bundespräsident Hainisch in Gmünd 1925.

GEBURTSTAGE

Hans Freilinger. Bildhauer. Geboren 1. 1. 1925.

Anton Elsinger. Landschafts- und Porträtmaler. Lebt in Brunn am Gebirge. Geboren 15. 3. 1925 in Nikolsburg, Mähren.

Hans Krendlesberger. Präsident des Österreichischen Schriftstellerverbandes. Geboren 17. 6. 1925 in Scheibbs.

Oswald Liebhart. Kunsterzieher, Maler. Geboren 2. 7. 1925 in Gastein.

Otto Mühlbacher. Kunsterzieher, Maler. Lebt in Steinakirchen. Geboren 7. 7. 1925 in Wien.

Albert Janeczek. Schriftsteller. Geboren 27. 9. 1925 in Hochwolkersdorf.

Walter Pogorevc. Magistratsdirektor. Geboren 20. 10. 1925 in Sollenau.

Karl Pospischil. Vizepräsident des Landtages. Geboren 26. 1. 1926 in Golling.

Peter Weiser. Journalist, Kulturpolitiker, Schriftsteller, Dramaturg. Geboren 28. 1. 1926 in Mödling.

Ferdinand Reiter. Präsident des Landtages. Geboren 2. 2. 1926 in Ritzing, Burgenland.

Siegfried Ludwig. Landeshauptmann, ÖVP-Politiker. Geboren 14. 2. 1926 in Wostitz bei Nikolsburg, Mähren.

Ernst Vogel. Industrieller, Komponist. Geboren 1. 3. 1926 in Stockerau.

Otto Bernau. Landespolitiker. Geboren 18. 3. 1926 in Krems.

Heinrich Eggerth. Schriftsteller. Geboren 30. 4. 1926 in Annaberg.

Karl Abt. Vizepräsident der Handelskammer. Geboren 13. 5. 1926.

Kurt L. Komarek. Chemiker. Universitätsprofessor in Wien. Geboren 23. 6. 1926 in St. Pölten.

Aglaja Schmid. Schauspielerin am Theater in der Josefstadt und am Burgtheater, Film- und Fernsehtätigkeit. Geboren 9. 8. 1926 in Scheibbs.

Robert Herfert. Künstler, Maler. Lebt in St. Pölten. Geboren 24. 8. 1926 in St. Pölten.

Anton Strasser. Präsident der Ärztekammer. Geboren 1. 10. 1926 in Mittelsdorf.

Edgar Schober. Landtagspräsident. Geboren 31. 10. 1926 in Klein-Eibenstein bei Gmünd.

Karl Gutkas. Universitätsprofessor für Geschichte in Wien. Geboren 16. 12. 1926.

Norbert Mussbacher. Abt von Lilienfeld. Geboren 31. 12. 1926 in Ollersbach.

TODESTAGE

Rudolf Eichhorn. Sozialreformer, Pfarrer. Gestorben 7. 2. 1925 in Wien/Jedlesee. (Geboren 29. 11. 1853 in Kleinpoppen.)

Josef Plöchl. Pädagoge. 1909 Begründer des Katholischen Volksbundes für die Diözese St. Pölten. Gestorben 23. 2. 1925 in Wien. (Geboren 4. 3. 1861 in St. Thomas am Blasenstein/OÖ.)

Oskar Lenz. Geograph, Geologe, Ethnograph. Universitätsprofessor für Geographie in Prag. Gestorben 2. 3. 1925 in Soos. (Geboren 13. 4. 1848 in Leipzig.)

Rudolf Steiner. Gründer der Anthroposophischen Gesellschaft. Gestorben 30. 3. 1925 in Pernach. (Geboren 27. 2. 1851 in Neudörfl.)

Anna Pehersdorfer. Lehrerin, Botanikerin. Unterrichtete in Linz, Haag und Amstetten sowie Steyr, besaß eine große Mineraliensammlung. Gestorben 3. 4. 1925 in Baden. (Geboren 22. 7. 1849 in Linz.)

Franz Conrad von Hötzendorf. Generalstabschef. Gestorben 25. 8. 1925 in Magertheim. (Geboren 11. 11. 1882 in Penzing.)

Karl Graf. Kunsterzieher, Maler. Mitglied der Wiener Secession. Gestorben 22. 9. 1925 in Wien (begraben in Wiener Neustadt.) (Geboren 16. 12. 1859 in Horn.)

Karl Kupelwieser. Kunstmäzen. Gestorben 16. 9. 1925 in Wien. (Geboren 30. 10. 1841 in der Alservorstadt bei Wien.)

Willibald Leeb. Sammler von Sagen und Erzählungen. Gestorben 2. 2. 1926 in Stift Göttweig. (Geboren 14. 6. 1861 in Hasbach.)

Links: Ein Autobus in Raabs an der Thaya um 1925. Fotografie.
Rechts: Die Stadterhebungsfeier von Langenlois am 5. 3. 1925. Fotografie.

Anton Hrodegh. Prähistoriker, Priester. Begründer der modernen Frühgeschichtsforschung in Niederösterreich. Gestorben 18. 6. 1926 in Gars. (Geboren 28. 10. 1875 in Vierzigerwald bei Schiltern.)

Paul Kammerer. Biologe. Arbeitete auf dem Gebiet der Vererbbarkeitslehre. Gestorben 23. 9. 1926 in Puchberg am Schneeberg (durch Selbstmord). (Geboren 17. 8. 1880 in Wien.)

Karl Schnek. Feuerwehrpionier. Einer der Mitbegründer des Feuerwehrwesens in Niederösterreich. Ehrenmitglied sämtlicher Feuerwehren, des Bezirksfeuerwehrverbandes St. Pölten, Ehrenbürger der Stadt St. Pölten. Gestorben 4. 12. 1926 in St. Pölten. (Geboren 17. 11. 1846.)

Die Raxseilbahn

Am 9. Juni 1926 wurde als eines der bedeutendsten und kühnsten Projekte für den niederösterreichischen Fremdenverkehr die älteste Seilbahn Österreichs auf die Rax eröffnet. Während der Schneeberg schon zur Biedermeierzeit immer wieder bestiegen worden war, lag die Rax noch abseits der Touristenrouten, obwohl sie im Blickfeld der Reiselustigen lag. Um 1870 entstand die Lackenhofer Hütte, die älteste Schutzhütte, 1876 folgte das Carl Ludwig-Haus. Der benachbarte Schneeberg wurde 1897 durch eine Zahnradbahn erschlossen und damit für den Massentourismus zugänglich gemacht. Vor dem Ersten Weltkrieg beschäftigte man sich auch mit der Planung einer Bahn von der Prein auf das Raxplateau, doch wurden durch den Krieg alle diesbezüglichen Überlegungen unterbrochen. Erst im Jahre 1925 kam es zur Gründung einer österreichischen Bergbahnen-AG, welche ein neues System des Seilbahnbaues verwerten wollte, das während des Weltkrieges an der italienischen Front praktisch erprobt worden war. Das deutsche System der Firma Bleichert von Ing. Schuegg wurde in Österreich mit einiger Skepsis für den Privatbetrieb übernommen. Schließlich und endlich wurde am 13. August 1925 die Konzession zum Bau und Betrieb einer mit elektrischer Kraft zu betreibenden Seilbahn für Personen von Hirschwang auf die Rax erteilt. Der Bau mußte binnen Jahresfrist vollendet sein. Obwohl die Gemeinde Wien wegen des Wasserschutzes einige Bedenken hatte, kam es doch zur Ausführung, und im August 1925 begann man mit dem Bau der Bergstation. Allerdings mußte der Plan eines Gipfelhotels aufgegeben werden. Als dann am 9. Juni die Eröffnung des Werkes stattfand, das durch einen ungünstigen Winter behindert worden war, war die Anteilnahme der Bevölkerung sehr groß. Hohe Politiker, wie Bundespräsident Dr. Hainisch, Minister und Landespolitiker waren erschienen, um das Ereignis gebührend zu feiern, war doch zu dieser Zeit auch die Tätigkeit des vom Völkerbund bestellten Generalkommissärs zur Überprüfung der österreichischen Finanzen zu Ende gegangen. Mit Hilfe dieser Bergbahn konnte die Rax zum zweiten Hausberg der Wiener werden, in der Bergstation befand sich 1926 das höchstgelegene Restaurant Österreichs.

Diese Seilbahn hat eine Länge von 2160 m und überwindet eine Höhe von 1018 m. Dicht über der Höllentalstraße in Hirschwang erhebt sich die Talstation in 528 m Seehöhe. Sie ist von fünf eisernen Stützen getragen, die Bergstation liegt in 1546 m Seehöhe. In den Gondeln hatten 27 Personen Platz.

Die Rax-Seilbahn war bahnbrechend für weitere ähnliche Unternehmen in Österreich, zumal sie sich bewährte und in den ersten 50 Jahren ihres Bestandes 7,2 Millionen Personen unfallfrei beförderte.

Die Rax-Seilbahn.

Raabs an der Thaya

Die um 1100 genannte Burg war Mittelpunkt einer Grafschaft und gab im Tschechischen dem Land Österreich den Namen (Rakousko). Die letzte Erbin aus dem Geschlechte der Grafen von Raabs heiratete Friedrich von Zollern und wurde Stammmutter der Hohenzollern.

Der Ort liegt am Zusammenfluß der deutschen mit der mährischen Thaya und ist seit dem 12. Jahrhundert Markt, der auch befestigt wurde. Obwohl einige kleine Betriebe entstanden, kam es zu keiner Industriegründung. Raabs blieb Zentrum eines landwirtschaftlich orientierten Raumes. Die Erhebung zur Stadt erfolgte am 29. April 1926 durch Beschluß des nö. Landtages.

Langenlois

Im Raum Langenlois ist die kontinuierliche Besiedlung seit der Jungsteinzeit durch Funde verbürgt. Der Name ist slawisch und bedeutet (Liubisa–Libusa) „die Liebliche". Der mittelalterliche Ort geht auf zwei Dörfer zurück und ist seit dem 15. Jahrhundert einer jener vier Märkte, die im Landtag vertreten sind. Ein besonderes Charaktistikum ist die aus 40 Lehen bestehende, dem Landesfürsten dienstbare „Vierzigerschaft", die großen gemeinsamen Besitz an Weinbergen und Wald hatte. Weinhandel und Holzverarbeitung waren neben der allgemeinen Landwirtschaft der wirtschaftliche Rückhalt. Vom Reichtum des Ortes zeugen stattliche Bürgerhäuser, besonders um den Kornplatz, und viele Objekte, die nun in einer Auswahl im Stadtmuseum zu sehen sind. Von 1454–1794 bestand hier ein Franziskanerkloster. Die Stadterhebung erfolgte am 26. Februar 1925.

Gloggnitz

Graf Eckhart von Formbach übergab das Gebiet entlang des Saumweges über den Semmering im Jahre 1094 dem Benediktinerkloster Formbach am Inn, das hier eine kleine klösterliche Niederlassung errichtete. Diese wurde schon im 12. Jahrhundert Propstei genannt. 1803 wurde sie aufgehoben. Einen bedeutenden Aufschwung erlebte der Ort durch die Industrialisierung während des 19. Jahrhunderts, die ihm ein beträchtliches Wachstum bescherte. Am 20. Oktober 1926 erhob der nö. Landtag Gloggnitz zur Stadt.

Scheibbs

Scheibbs hatte bereits zur Zeit Herzog Albrechts II. im 14. Jahrhundert das Stadtrecht erhalten, doch geriet dieses ein Jahrhundert später in Vergessenheit. Seine Bedeutung erlangte der Ort als Zentrum der Grundherrschaft des Klosters Gaming und als wichtiger Ort für die Versorgung des Innerberges mit Proviant. Vom Erlauftal führte die Eisenstraße in die Steiermark, an deren Bau und Erhaltung auch der Markt Scheibbs beteiligt war. Als erste Gemeinde erhielt Scheibbs 1886 die elektrische Straßenbeleuchtung in Österreich, 1898 erbaute man eine eigene Hochquellenwasserleitung. Wichtig für die Gemeinde waren im 19. Jahrhundert die Eisenwerke des Andreas Töpper in Neubruck, der dort ein großes Blechwalzwerk errichtete. Die Stadterhebung erfolgte am 25. Juni 1926.

Links: Szene von einem Flugtag um 1930.
Rechts: Eröffnung des Hochbehälters der St. Pöltner Wasserleitung im Jahre 1927.

1927–1928

KALENDER

1927. St. Pölten gründet eine städtische Kraftwagenunternehmung. 1938 der Post übertragen.

Das Kriegerdenkmal Scheibbs von Bildhauer Josef Schagerl wird errichtet.

Gründung der Vereinigten Metallwerke-AG. Dazu gehörten die Nadelburger Messing- und Metallwarenfabrik M. Hainisch-AG, die G. A. Scheid-Metallwerke-AG und die Metallfabrik Stein in Öd bei Piesting. In den Jahren 1931/32 wurden diese Metallwerke wieder aufgelöst. Nadelburg und Öd wurden Ruinen ehemaliger Industrieorte.

Der Freiheitsbund wird als Wehrorganisation der christlichen Arbeiterschaft gegründet. Ihr Führer ist Josef Dengler.

22. 3. Die Fluglinie Wien–Prag–Berlin wird eröffnet.

24. 4. Landtagswahlen. Die Christlichsozialen und Großdeutschen bilden eine Einheitsliste, sie erreicht 28 Mandate, die Sozialdemokraten erhalten 21, der Landbund 1 Mandat. Mit den Stimmen der Einheitsliste wird am 20. Mai Dr. Karl Buresch Landeshauptmann (bis 1931), Oskar Helmer Landeshauptmann-Stellvertreter. Heinrich Schneidmadl wird Mitglied der Landesregierung und der Sozialdemokrat Leopold Petznek, verheiratet mit der Tochter des Kronprinzen Rudolf, Vizepräsident des Landtages.

24. 6. Eröffnung der Bahnlinie Ruprechtshofen–Gresten.

Eröffnung der Bahnlinie Ruprechtshofen–Gresten durch Bundespräsident M. Hainisch am 29. 6. 1927.

30. 6. Herzogenburg und Traiskirchen werden zu Städten erhoben.

3. 7. In St. Pölten findet eine Reichskonferenz der nationalsozialistischen deutschen Arbeiterpartei Österreichs statt, während zur gleichen Zeit die österreichische Hitlerbewegung in Freilassing unter Vorsitz Hitlers eine Tagung abhält. Gegenstand der Konferenzen waren die Versuche zur Einigung der nationalsozialistischen Bewegung in Österreich. Die St. Pöltner Tagung erhielt von Freilassing das Telegramm „Hitler lehnt Schreiben der Bundesleitung ab. Verhandlung über Einigung ausgeschlossen. Entweder Unterstel-

lung oder Kampf wird für den Stärkeren entscheiden." Im August wurde Hauptmann Josef Leopold Landesleiter der NSDAP.

10. 7. „Klosterneuburger Blutsonntag". Zusammenstöße zwischen sozialdemokratischen Sportlern, Frontkämpfern und Nationalsozialisten im Klosterneuburger Freibad. Mehrere Personen und drei Gendarmen werden zum Teil schwer verletzt.

Die Wasserleitung in St. Pölten wird eröffnet.

15. 7. In Wiener Neustadt großer Protestmarsch der Arbeiter.

Pottenstein: Das Gerichtsgebäude wird gestürmt.

Waidhofen an der Ybbs: Personen werden wegen öffentlicher Gewalttätigkeit festgenommen.

25. 7. Erdbeben in Kindberg und im Mürztal.

August. In Gloggnitz wird die erste Heimatschutzversammlung durch Architekt Hermann Kubaszek einberufen. Damit wird eine Verbindung zur Steiermark hergestellt.

8. 10. Erdbeben in Schwadorf; stärkstes seit 159 Jahren.

17. 10. In Baden findet eine Landesleitungssitzung der Selbstschutzverbände Niederösterreichs statt, zu der alle nö. Heimwehren erschienen waren, besonders aus dem Viertel unter dem Wienerwald und unter dem Manhartsberg. Auch der Deutsche Turnerbund 1919 war stark vertreten.

17./18. 10. Bundespräsident Michael Hainisch macht eine Besuchsreise durch das Traisental.

1928. Die Wasserleitung Schwechat wird vollendet (von Wien gespeist.)

Die Aufbauschule in Horn wird errichtet.

28. 1. Geras wird zur Stadt erhoben.

3. 3. Groß Siegharts wird zur Stadt erhoben.

Juli. Die nö. Landesregierung beschließt Einsparungen im Schulwesen. Eine Hauptschulklasse soll erst bei 60 Kindern geteilt werden, Mittelschulklassen von der 2. Klasse an bei 45 Schülern.

Die kommissionellen Verhandlungen über das Projekt für das Donaukraftwerk Persenbeug finden von 2. bis 14. Juli statt. Das Projekt wird vom Wiener Bankverein, der Österreichischen Creditanstalt, der Schweizerischen Gesellschaft für elektrische Industrie und Ing. Oskar Höhn vertreten.

8. 7. Flugtag auf dem Exerzierplatz beim Teufelhof in St. Pölten. Die Veranstaltung wird von der Fliegerschule Salzburg durchgeführt.

9. 7. Zum Gedenktag „60 Jahre Lied der Arbeit" findet in der Sängerhalle im Prater ein Arbeitersängerfest statt, 5000 Sänger wirken mit.

18. 7. Der Nationalrat beschließt das Gesetz über die Kranken-, Unfall- und Invalidenversicherung der Land- und Forstarbeiter.

21. 7. Im Hof des Nö. Landhauses wird vom sudetendeutschen Heimatbund eine Gedenktafel für Hans Kudlich enthüllt.

26. 7. Das 20. deutsche Sänger-Bundesfest findet in Wien mit 200.000 Sängern und 1 Million Teilnehmern statt.

3. 9. In Groß Wisternitz bei Olmütz starb Leopold Zeltod, letzter Kammerdiener des Kronprinzen Rudolf. Er wurde in jungen Jahren nach der Mayerlinger Tragödie pensioniert und war dann Schulwart seiner Heimatgemeinde. Er nahm sein Wissen mit ins Grab.

15. 9. Ing. Julius Raab wird zum nö. Landesführsten der Heimwehr gewählt. Er soll die Heimwehren von NÖ. für die Christlichsozialen gewinnen.

26. 9. Hainfeld wird zur Stadt erhoben.

7. 10. Aufmarsch der Heimwehr und des Schutzbundes in Wiener Neustadt.

5. 12. Wilhelm Miklas wird zum Bundespräsidenten gewählt (1931 wiedergewählt).

GEBURTSTAGE

Erwin Schauer. Landesrat. Geboren 7. 2. 1927 in Piesting.

Hugo Portisch. Journalist, Publizist. Geboren 19. 2. 1927 in Preßburg.

Harry Kühnel. Historiker, Mediävist. Kulturamtsleiter Krems. Geboren 24. 3. 1927 in Steyr.

Harro Wödl. Segelflieger, vielfacher Staatsmeister, Weltmeister 1968. Geboren 29. 4. 1927 in Perchtoldsdorf. (Gestorben 5. 10. 1977 in Aigen/Stmk.)

Karl Haidmeier. Musiker. Professor an der Musikhochschule Graz, Komponist. Geboren 1. 5. 1927 in Hollabrunn.

Joseph Strelka. Germanist. Geboren 3. 5. 1927 in Wiener Neustadt.

Franz Anton Coufal. Bildhauer. Geboren 21. 8. 1927 in Eichgraben.

Willy Hengl. Fotokünstler. Geboren 4. 10. 1927 in Haag.

Fritz Laderer. Maler. Geboren 25. 10. 1927 in Tulln.

Friedrich Weissensteiner. Lehrer, Historiker. Geboren 25. 11. 1927 in Großpertholz.

Kurt Baumann. Theoretischer Physiker. Geboren 29. 11. 1927 in Baden bei Wien.

Ernst Brezovszky. 1979 NÖ Landesrat. Geboren 30. 11. 1927 in Untersiebenbrunn.

Josef Steinböck. Abgeordneter des Nö. Landtages. Geboren 4. 12. 1927 in Frauenhofen.

Kurt Ohnsorg. Keramiker. Geboren 25. 12. 1927 in Sigmundsherberg. Gestorben 22. 9. 1970 in Gmunden.

Kurt Wandl. Geschäftsführer der Fa. Karl Eybl Ges.m.b.H. Geboren 26. 5. 1928 in Krems.

Hans Haselböck. Organist, Komponist. Professor an der Musikakademie. Prorektor der Musikhochschule in Wien. Geboren 26. 7. 1928 in Nesselstauden.

Alfred Klose. Wirtschaftswissenschaftler. Geboren 23. 9. 1928 in Ybbs.

Leopold Prüller. Volksbildner, Direktor des Bildungshauses St. Pölten. Geboren 5. 11. 1928 in Reinsberg bei Scheibbs.

Rechts: Der Hauptplatz von Traiskirchen. Ansichtskarte.
Unten: Der Rathausplatz von Herzogenburg. Fotografie um 1910.

Vinzenz Höfinger. ÖVP-Politiker; 1980–1986 Präsident der Nö. Handelskammer, 1975 Abgeordneter zum Landtag, 1986 Landesrat. Geboren 6. 11. 1928 in St. Pölten.

Jörg Demus. Pianist. Geboren 2. 12. 1928 in St. Pölten.

TODESTAGE

Johann Baptist Rössler. Bischof von St. Pölten. Gestorben 4. 1. 1927 in St. Pölten. (Geboren 23. 6. 1850 in Niederschrems.)

Leopold Steiner. Landeshauptmann. Gestorben 16. 1. 1927 in Wien. (Geboren 18. 10. 1857 in Wien.)

Karl Bienenstein. Schriftsteller, Lehrer. Gestorben 1. 2. 1927 in Bruck an der Mur. (Geboren 1. 11. 1869 in Wieselburg.)

Adolf Boehm. Professor für dekorative und angewandte Kunst an der Wiener Kunstgewerbeschule. Gestorben 20. 2. 1927 in Klosterneuburg. (Geboren 25. 2. 1861 in Wien.)

Albert Figdor. Bankier und Kunstsammler. Gestorben 22. 2. 1927 in Wien. (Geboren 16. 5. 1843 in Baden.)

Mathilde Berger-Stubenberg. Schriftstellerin. Gestorben 24. 3. 1927 in Schloß Laubegg. (Geboren 29. 10. 1863 auf Schloß Schallaburg.)

P. Benedict Hammerl. OCist. Historiker. Archivar von Stift Zwettl. Gestorben 25. 4. 1927 in Stift Zwettl. (Geboren 8. 6. 1862 in Erdberg/Mähren.)

Rudolf Haas. Sänger und Regisseur in Budapest, später Würzburg, Hannover, Chemnitz, Magdeburg, Leipzig. Gestorben 9. 5. 1927 in Leipzig. (Geboren 8. 7. 1849 in Ottenschlag.)

Friedrich Imbery. Ab 1907 Kustos des Stadtmuseums St. Pölten. Gestorben 18. 6. 1927. (Geboren 29. 5. 1863.)

Ludwig Stölzle. Inhaber der Glasfabrik Altnagelberg. Gestorben 23. 10. 1927. (Geboren 27. 6. 1859 in Suchenthal.)

Eduard Krauss. Pädagoge. 1890 Priesterweihe. Gestorben 27. 10. 1927 in Wien. (Geboren 5. 7. 1867 in Preßburg.)

Karl Zimmel. Heimatforscher. Gestorben 24. 12. 1927 in Litschau. (Geboren 25. 10. 1862 in Steinbach.)

Johann Krahuletz. Urgeschichtsforscher seiner engeren Heimat, Sammler. Gestorben 11. 2. 1928 in Eggenburg. (Geboren 3. 11. 1848 in Eggenburg.)

P. Leo König. Historiker, Musiker, Schriftsteller. Gestorben 19. 4. 1928 in Kalksburg. (Geboren 11. 5. 1852 in Illschwang/Bayern.)

Karl Petraschek. Forstmann. Gestorben 29. 4. 1928 in München. (Geboren 20. 3. 1846 in Wien.)

Hans Fiala. Jurist. Reformer des österreichischen Jugendgerichtswesens. Mitbegründer des Wiener Jugendgerichts und des Jugendheims Judenau. Gestorben 19. 10. 1928 in Wien. (Geboren 26. 12. 1875 in Weinern.)

Richard Klinger. Industrieller. Richtete in Gumpoldskirchen eine Metallwarenfabrik ein, errichtete 1912 eine Werksiedlung für die Angestellten. Gestorben 15. 12. 1928 in Gumpoldskirchen. (Geboren 31. 12. 1860 in Böhm. Aicha/Böhmen.)

Franz Kounitzky. Medailleur. Gestorben 23. 12. 1928 in Eichgraben. (Geboren 15. 6. 1880 in Wien.)

Theodor von Frimmel-Traisenau. Kunsthistoriker. Gestorben 25. 12. 1928 in Wien. (Geboren 15. 12. 1853 in Amstetten.)

Groß Siegharts

Der in der Grafschaft Raabs gelegene Ort gewann erst an Bedeutung, als 1681 die aus Kärnten stammenden Grafen Vallenthein die Herrschaft kauften. Graf Ferdinand begann um 1720 in Verbindung mit der Handelskompanie zu Ostende eine Textilindustrie aufzubauen und schuf 200 Arbeiterhäuser sowie eine Fakturei. Im Jahre 1727 erwirkte er das Marktrecht für den Ort. Als in diesem Jahr die Kompanie ihre Tätigkeit einstellte, brach das Unternehmen zusammen. Die Produkte der in Heimarbeit schaffenden Textilhandwerker wurden seit dem Ende des 18. Jahrhunderts durch wandernde Hausierer vertrieben und verschafften dem Gebiet den Namen „Bandlkramerlandel". Im 19. Jahrhundert kam es zur Gründung mehrerer Fabriken. Die Erhebung zur Stadt erfolgte am 3. März 1928.

Hainfeld

Das Gölsental wurde im beginnenden 12. Jahrhundert von der Steiermark aus kolonisiert, die Pfarre Haaginvelt war einer der ersten Stützpunkte und gelangte 1161 an Göttweig. Der Marktort kam danach in den Besitz des Stiftes Lilienfeld und wurde von diesem 1369 zum Bannmarkt erklärt. Seit dem 15. Jahrhundert ist Hainfeld Zentrum der Eisenverarbeitung. Aus der handwerklichen Sensenerzeugung wurden im 19. Jahrhundert Fabriken. Bekannt wurde Hainfeld auch durch den Gründungsparteitag der Sozialdemokraten an der Jahreswende 1888/89. Am 26. September 1928 wurde Hainfeld durch Beschluß des nö. Landtages zur Stadt erhoben.

Traiskirchen

Im Jahre 1113 war Traiskirchen eine jener Pfarren, die Markgraf Leopold III. dem Kloster Melk schenkte. Die Kirche wurde zur Wehranlage ausgebaut, die Siedlung ist schon seit dem Ende des 13. Jahrhunderts als Markt bezeugt. Der Markt blieb bis 1749 landesfürstlich und wurde 1752 vom Stift Melk erworben. Von 1782 bis 1819 befand sich das Kreisamt des Viertels unter dem Wienerwald in Traiskirchen, von 1904 bis 1918 bestand auch eine Artilleriekadettenschule hier, die nach dem Ersten Weltkrieg in eine Bundeserziehungsanstalt umgewandelt wurde.
Die Industrie geht bis ins 18. Jahrhundert zurück, seit dem ausgehenden 19. Jahrhundert wurde aus der Baumwollspinnerei eine Gummiwarenfabrik. 1922 wurde überdies eine Wachstuchfabrik eröffnet. Der nö. Landtag erhob Traiskirchen am 30. Juni 1927 zur Stadt.

Geras

Neben dem 1153/55 gegründeten Prämonstratenserstift Geras entwickelte sich ein Straßendorf, das von Anfang an zur Grundherrschaft des Klosters gehörte. Er trug auch stets das Schicksal des Klosters mit und hatte niemals mehr als 1000 Einwohner. Im Jahre 1927 wurde der Ort durch Landtagsbeschluß zur Stadt erhoben.

Herzogenburg

Vielleicht wurden hier bereits in der Karolingerzeit eine befestigte Siedlung errichtet, die als Burg eines Herzogs bezeichnet wurde. Im Mittelalter entstanden zwei Märkte, von denen der untere den Babenbergern gehörte. Diese tauschten 1210 den unteren Markt gegen Neunkirchen mit dem Kloster Formbach ein, das bis 1803 Marktherr war. Ein anderer Teil gehörte dem Bistum Passau, das im Jahre 1244 ein Augustiner-Chorherrenstift von der Traisenmündung flußaufwärts nach Herzogenburg verlegte, das besonders in der Barockzeit ausgebaut wurde. Um dieses bildete sich der obere Markt, der auf jenem Gebiet entstand, das 1014 dem Passauer Bischof gegeben worden war. Im 19. Jahrhundert wurden beide Märkte zu einer Gemeinde vereinigt. Herzogenburg erhielt ein Bezirksgericht, einige Industrien wurden errichtet, und dies war die Voraussetzung für die Erhebung zur Stadt durch den niederösterreichischen Landtag am 30. Juni 1927.

Links: Das Kriegerdenkmal in St. Georgen am Steinfeld.
Links unten: Das Kriegerdenkmal in St. Pölten, eingeweiht am 13. 5. 1928.
Rechts unten: Der 1928 errichtete Schubert-Brunnen vor dem Schloß Ochsenburg.

1927–1928

Kriegerdenkmal-Einweihung in St. Pölten.

Am 13. Mai 1928 fand auf der Hofstatt in St. Pölten die Enthüllung des Kriegerdenkmals statt. Die verschiedenen Kameradschaftsvereine und Kriegergedächtnisvereine hatten ein Komitee gebildet, das vom Bildhauer Wilhelm Fraß das Denkmal gestalten ließ. Fraß wählte einen fallenden Krieger als Symbolfigur für dieses Denkmal. Im Gegensatz zu vielen anderen Denkmälern ist das St. Pöltner ein echtes Kunstwerk der Zeit.

Der 7. Oktober 1928 in Wiener Neustadt

Um bei den geplanten Aufmärschen in Wiener Neustadt keine Zusammenstöße herbeizuführen, machte Landeshauptmann Buresch den Vorschlag, zwischen den beiden Aufmarschgebieten von Heimwehr und Schutzbund eine neutrale Zone zu errichten, in der Sicherheitsorgane stationiert sein sollten. Neben einem starken Gendarmerieaufgebot wurden Soldaten aller niederösterreichischen Garnisonen des Bundesheeres und das Infanterieregiment Nr. 5 aus Wien in Wiener Neustadt zusammengezogen. Auch aus anderen Bundesländern kamen Wehrmachtsabteilungen in die Stadt. Der so leidenschaftlich besprochene Tag verlief aber in vollkommener Ruhe und Ordnung. Die Stadt war in zwei Bezirke geteilt worden. Ein südlicher Teil war für die Heimwehr und ein nördlicher Teil für die Sozialdemokraten bestimmt. Um 9 Uhr vormittags versammelten sich die Heimwehren auf dem Turmplatz, von wo sie über den Hauptplatz, vorbei an der Akademie, wieder zum Turmplatz marschierten. Vor der Akademie war ein Altar errichtet, über diesem stand eine Rednertribüne. Nach einer Feldmesse kam es dort zu einer Reihe von Ansprachen. Als die letzte Heimwehrformation den Hauptplatz verlassen hatte, marschierte der Republikanische Schutzbund auf, der vom Rathaus herab von Landeshauptmann-Stellvertreter Helmer, Bürgermeister Ofenböck, dem Abgeordneten zum Nationalrat Dr. Renner und anderen führenden Persönlichkeiten begrüßt wurde. Nach diesen Reden begann der Umzug, den Motorradfahrer mit roten Wimpeln eröffneten. Dann wurde wieder auf dem Hauptplatz Aufstellung ge-

Enthüllung von Schubert-Gedenkstätten

Im Schubertjahr 1928 enthüllten mehrere kulturelle Vereine des St. Pöltner Raumes einen Schubertbrunnen im Vorhof des Schlosses Ochsenburg. In mühevoller Arbeit hatten sie vorher die Wasserzuleitung gegraben. Am Sonntag, dem 28. Juni, wurde von Bischof Michael Memelauer nach einer Feldmesse die Einweihung vorgenommen.
Auch der Gesang- und Musikverein St. Pölten brachte eine Schubert-Gedenktafel im bischöflichen Palais in St. Pölten an, denn Schubert war 1821 Gast des St. Pöltner Bischofes gewesen.

Bundespräsident Wilhelm Miklas

Geboren am 15. Oktober 1872 in Krems als ältestes Kind eines Postbeamten, besuchte Wilhelm Miklas die Übungsschule der Lehrerbildungsanstalt, dann das Gymnasium in Seitenstetten, anschließend die Universität Wien, wo er 1895 die Lehramtsprüfung für Gymnasien und Realschulen ablegte. Zuerst war Miklas Supplent an der deutschen Staatsoberrealschule in Triest, dann Professor in Proßnitz in Mähren. 1899 kam er an das niederösterreichische Landesreal- und Obergymnasium in Horn. Wenige Jahre später wurde er Konviktsdirektor in Waidhofen an der Thaya und 1903 Direktor dieses Landesreal- und Untergymnasiums. 1904 wurde Miklas als Direktor nach Horn versetzt und war ab 1924 dem Bundesministerium für Unterricht zugeteilt, wo er 1925 im Zuge der Abbaumaßnahmen pensioniert wurde. 1924 war er zum Hofrat ernannt worden.
1907 begann seine politische Laufbahn, er wurde Mitglied des österreichischen Reichsrates und blieb dies bis 1918. Im Februar 1919 wurde er Abgeordneter der provisorischen Nationalversammlung und erhielt die Funktion eines Staatsrates. Von März 1919 bis Oktober 1920 war er Unterstaatssekretär für Kultus und Unterricht. Von 1923 bis 1928 wirkte Wilhelm Miklas als Nationalratspräsident und wurde dann zum Bundespräsidenten gewählt. Er blieb dies bis zum Anschluß Österreichs. Gestorben ist er am 20. März 1956 in Wien.

Bundespräsident Dr. Wilhelm Miklas.

Links: Grabung einer Wasserleitung durch Mitglieder eines Gesangsvereines zur Schubert-Gedenkstätte in Ochsenburg. Fotografie.

nommen, und einige weitere Redner, unter anderem Landtagspräsident Petznek, Vizebürgermeister Püchler und Nationalrat Dr. Deutsch kamen zu Wort.

Kurz vor 4 Uhr nachmittags begann der Abtransport der Angereisten, der sich in klagloser Weise vollzog, und um 17 Uhr hatte Wiener Neustadt wieder sein normales Aussehen. Nirgends war es zu Zusammenstößen oder Reibereien gekommen. Die Heimwehren hatten insgesamt 19.040 Mann aufgeboten, von denen 15.500 mit der Eisenbahn antransportiert wurden und rund 3300 mit Kraftwagen oder zu Fuß eintrafen. Aus Wiener Neustadt selbst stammten 240 Mann. Die Sozialdemokraten werden auf 14.800 Schutzbündler geschätzt, die Zahl der übrigen Demonstranten betrug etwa 21.000, so daß das Gesamtaufgebot etwa 35.000 Personen betragen haben dürfte. Darunter waren viele Frauen und Jugendliche. Es wurde noch lange debattiert, ob der Tag ein Sieg oder eine Niederlage der Sozialdemokraten gewesen sei. Die „Rote Fahne" verzeichnete diesen Tag als eine Niederlage der Arbeiterschaft, die ihr vom Faschismus zugefügt wurde – unter bewußt aktiver Mitwirkung der sozialdemokratischen Führer. Die Arbeiter-Zeitung hinge-

Bundespräsident Dr. Hainisch und Landeshauptmann Dr. Buresch während einer Besuchsreise durch den Bezirk Lilienfeld.

gen schrieb am 8. Oktober 1928: „Die Arbeiterschaft des Viertels unter dem Wienerwald hat bewiesen, daß in ihrer Heimat kein Platz ist für gelben Verrat und für faschistische Putschgelüste. Sie hat gezeigt, daß sie, so sehr sie Frieden im Land wünscht, und so wenig sie gewaltsame Zusammenstöße sucht, doch entschlossen ist, jeden Vorstoß der Söldlinge der Kapitalisten abzuwehren. Sie hat gezeigt, daß sich die Landsknechte des Faschismus im Roten Wiener Neustadt nicht anders bewegen können, als versteckt hinter einem Riesenaufgebot von Militär und Gendarmerie!"

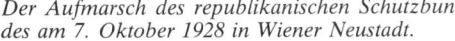

Der Aufmarsch des republikanischen Schutzbundes am 7. Oktober 1928 in Wiener Neustadt.

Johann Baptist Rössler, Bischof von St. Pölten

Bischof Johann Baptist Rössler.

Rössler war Alumnatsdirektor als er 1893 für das Bischofsamt von St. Pölten vorgeschlagen und am 5. Jänner 1894 vom Kaiser nominiert wurde. Er entstammte einer Bauernfamilie des Waldviertels und war seit 1874 Priester. In Rom erwarb er die Doktorate der Philosophie und Theologie. Als Bischof regierte er energisch, unterstützte zurückhaltend die Christlichsozialen und ließ politisierenden Priestern freie Hand. Zur Erneuerung des kirchlichen Lebens ließ er Großveranstaltungen wie den Diözesan-Katholikentag 1905 organisieren und berief 1908 eine Diözesansynode ein. In diesem Jahr fand auch der vierte niederösterreichische Katholikentag in St. Pölten statt.

Zu Rösslers Zeit entstanden 1910 der Katholische Volksbund und mehrere Kirchenbauvereine. Nach dem Ersten Weltkrieg konnte er sich, bereits 68 Jahre alt, nur schwer auf die neuen Gegebenheiten umstellen. 1924 erkrankte er und konnte nur noch mit Mühe seine Aufgaben erfüllen. Am 4. Jänner 1927 starb Johannes Rössler.

Links: Ein Taxi in Annaberg aus dem Jahre 1927.
Rechts: Die zugefrorene Donau in der Wachau bei Schloß Schönbühel im Februar 1929. Fotografie.

1929–1930

KALENDER

1929. Gemeldete Kraftfahrzeuge 1929 in NÖ: 3419 PKW, 2879 LKW, 11.656 Motorräder.

Jänner–Februar Besonders strenger Winter.

7. 2. Der erste Segelflug vom Kahlenberg aus wird von Robert Kornfeld durchgeführt. Er landet nach 8 Minuten im Kuchelauer Hafen auf dem Eis.

3. 7. Große Unwetter in Mitteleuropa suchen auch Niederösterreich heim, besonders das Südbahngebiet (Baden bis Hainfeld). Sturm und Hagelschlag gab es auch im Waldviertel.

14. 9. Das bäuerliche Volksbildungsheim in Hubertushof bei Amstetten wird eröffnet.

Das bäuerliche Volksbildungsheim Hubertendorf bei Amstetten.

7. 10. Die Bodencreditanstalt wird mit der Österreichischen Creditanstalt vereinigt.

1930 Die Stahl-, Guß- und Hammerwerk-AG St. Pölten schließt den Betrieb.

Die NEWAG besitzt 17 Kraftwerke und versorgt durch ein 20 kV-Hochspannungsnetz von 2100 km rund 60 Prozent der Gemeinden.

31. 3. Die Spitzenfabrik Viehofen schließt (230 Personen verlieren ihren Arbeitsplatz).

Die Papierfabrik Elbemühl in St. Pölten stellt den Betrieb ein.

Juli Die wirtschaftliche Notlage führt auch dazu, daß die Stadtgemeinden selbst in Schwierigkeiten kommen, besonders die beiden Industriestädte St. Pölten und Wiener Neustadt.

Beginn des österreichischen Tonfilms. Gemeinsam mit einer Berliner Firma wird als erster österreichischer Tonfilm das Seemannsdrama „Stürmisch ist die Nacht" gedreht. Die Kinos werden für den Tonfilm umgerüstet.

21. 7. Die Erste österreichische Glanzstoff-Fabrik-AG hat einen Verlust von 2,8 Millionen und stellt für drei Monate den Betrieb ein. Erst 1932 kann die Produktion langsam wieder anlaufen.

3. 9. Die Tageszeitung „Reichspost" berichtet, daß ein Erdölvorkommen in Österreich bei Zistersdorf gefunden wurde.

9. 11. Letzte Nationalratswahl der Ersten Republik. In NÖ erhalten die Christlichsozialen und die Heimwehr 360.796 Stimmen (44%), die Sozialdemokraten 291.167 (35,6%), der Nationale Wirtschaftsblock und der Landbund 70.172 (8,6%), die NSDAP 34.307 (4,2%).

GEBURTSTAGE

Fritz Steiner. Lyriker, Maler und Graphiker. Geboren 4. 1. 1929 in St. Georgen/Ybbsfeld.

Karl Koller. Fußballer. Geboren 9. 2. 1929 in Höller bei Wiener Neustadt.

Heinrich Sandner. Seit 1969 Verwaltungsdirektor der ÖSPAG Wilhelmsburg. Geboren 16. 2. 1929 in Vöcklabruck.

Walter Szmollyan. Sänger, Musikautor. Lebt in Mödling. Geboren 19. 2. 1929 in Wien.

Hermann Bauch. Maler. Geboren 12. 5. 1929 in Kronberg.

Helmut Pfandler. Filmproduzent. Geboren 5. 9. 1929 in Gmünd.

Engelbert Buhlau. Weltmeister im Kanadier-Zweier. Geboren 25. 9. 1929 in Wien.

Arnulf Rainer. Maler, Graphiker. Geboren 8. 12. 1929 in Baden.

Alfred Pauser. Universitätsprofessor für Hochbau und Baupflege TU Wien. Geboren 8. 1. 1930 in Gmünd.

Ernst Fuchs. Maler und Graphiker. Geboren 13. 2. 1930 in Perchtoldsdorf.

Lotte Ledl. Schauspielerin. Lebt in Perchtoldsdorf. Geboren 16. 3. 1930 in Wien.

Hans Ströbitzer. Chefredakteur. Geboren 2. 4. 1930 in Strengberg.

Kurt Mittersteger. Generaldirektor der nö. Gebietskrankenkasse. Geboren 15. 4. 1930 in Wien.

Karl Hundsmüller. Betriebsratsobmann der VEW Ternitz. Geboren 1. 5. 1930 in Pitten.

Franz Pischinger. Techniker. Universitätsprofessor an der TU-Wien, im Motorenbau erfolgreich. Geboren 18. 7. 1930 in Waidhofen an der Thaya.

Herbert Kleiss. Raiffeisen-Generaldirektor. Geboren 3. 8. 1930 in St. Pölten.

Sprengung des Schornsteins der Kartoffelflockenfabrik Gmünd 1931. Fotografie.

Friedrich Rauscher. Generaldirektor der NÖ Versicherung. Geboren 7. 8. 1930 in Annaberg.

Willi Gruber. Bürgermeister von St. Pölten. Geboren 6. 9. 1930 in St. Pölten.

Karl Merkatz. Schauspieler. Geboren 17. 11. 1930 in Wiener Neustadt.

TODESTAGE

Josef Mayer. Wiener Neustädter Kommunalpolitiker, Stadthistoriker, Pädagoge. Leiter des Stadtarchivs, 1893 Direktor der Lehrerbildungsanstalt in Wiener Neustadt. Gestorben 18. 2. 1929 in Wiener Neustadt. (Geboren 11. 10. 1844 in Ploscha/Böhmen.)

Clemens Freiherr von Pirquet. Kinderarzt. Begründer der Lehre von den Allergien. Gestorben 28. 2. 1929 in Hirschstetten. (Geboren 12. 5. 1878 in Hirschstetten.)

Karl Prinzl. Notar. 1906–1919 Bürgermeister von Melk. Gestorben 4. 4. 1929 in Melk.

Franz Pittner. Hotelier. Landtagsabgeordneter. Gestorben 19. 9. 1929 in St. Pölten.

Louis Roth. Komponist, Kapellmeister. Gestorben 28. 9. 1929 in Baden. (Geboren 20. 4. 1843 in Wien.)

Hans Lackner. Schauspieler. Besonders bekannt für seine altösterreichischen Typen. Gestorben 16. 3. 1930 in Wien. (Geboren 11. 5. 1876 in Wien-Pötzleinsdorf.)

Oskar von Rosthorn. Industrieller. Gestorben 19. 4. 1930 in Wiener Neustadt. (Geboren 1857 in Wien.)

Anton Felgel-Fahrnholz. Archivar am Staatsarchiv in Wien. Präsident des Vereins für Landeskunde von NÖ. Gestorben 22. 5. 1930 in Wien. (Geboren 20. 7. 1845 in Wien.)

Carl Fruhwirt. Agrarwissenschaftler. Hielt die ersten Vorlesungen über Pflanzenzüchtung an der Technischen Hochschule Wien. Gestorben 21. 7. 1930 in Baden bei Wien. (Geboren 31. 8. 1862 in Wien.)

August Amadé Freiherr von Pereira. Komponist. Gestorben 27. 7. 1930 in Enns. (Geboren 17. 12. 1867 in Stetteldorf.)

Richard Kühnel. Schriftsteller. Gestorben 6. 10. 1930 in Baden. (Geboren 11. 7. 1877 in Wien.)

Adalbert Franz Fuchs. Abt von Göttweig, Historiker. Gestorben 15. 11. 1930 in Göttweig. (Geboren 12. 9. 1868 in Lanzhof/Mähren.)

P. Alphons (Leopold) Nestlehner. Exeget und Linguist, Religionslehrer im Stift Seitenstetten. Gestorben 17. 11. 1930 in Seitenstetten. (Geboren 7. 10. 1847 in Ansfelden.)

Ernst Fuchs. Ophtalmologe. Vorstand der Universitäts-Augenklinik in Wien. Gestorben 21. 11. 1930 in Wien. (Geboren 14. 6. 1851 in Kritzendorf.)

Justin (Johannes Ev.) Pauschab. OCist. Abt. 1899 Abt von Lilienfeld und Marienburg. Gestorben 29. 12. 1930 in Lilienfeld. (Geboren 25. 12. 1859 in Brünn.)

Links: Sozialdemokratische Jugend während eines Aufmarsches in St. Pölten.
Rechts: Motorrad mit Beiwagenmaschine (Johann Brandstätter und Sohn 1929).

Konfrontation der Verbände

6. 1. 1929. Generalversammlung des Selbstschutzverbandes Niederösterreich in Tulln.

24. 3. Zusammenstöße zwischen linksradikalen Arbeitern und Heimwehrmännern in Mödling. Der Bürgermeister von Maria Enzersdorf Karl Huber wird schwer verletzt.

5. 5. Großer Heimwehraufmarsch in St. Pölten, der von Julius Raab organisiert wird.

29. 6. Der Heimwehr-Führer Anton Zippe (Stokkerau) kündigt einen Marsch auf Wien an.

19. 8. Zusammenstöße in Vösendorf.

28. 8. Der Nö. Bauernbund tritt geschlossen der Heimwehr bei und unterstützt damit die Raab-Gruppe innerhalb der nö. Heimwehren (Austritt im Jänner 1931).

September. Große Viertelaufmärsche der nö. Heimwehren in Mödling, Stockerau, Pöchlarn und Zwettl.

28., 29. 9. 700 Versammlungen der Sozialdemokraten finden in nö. Orten statt. Der Landesparteivorstand nimmt mit Genugtuung zur Kenntnis, daß ein großer Zustrom der Arbeiter zum Republikanischen Schutzbund eingesetzt hat und weist die Bezirksorganisation an, jeden wehrfähigen Parteigenossen als ausübendes Mitglied des Republikanischen Schutzbundes anzuwerben.

3. 3. 1930. Heimwehrüberfall auf das Rathaus in Schwechat.

14. 4. An einer Marschübung des Republikanischen Schutzbundes nehmen 18.690 Mann teil, 15.000 stehen in Bereitschaft.

3., 4. 5. Großer Heimwehraufmarsch in St. Pölten. Militär wird aufgeboten, um Zusammenstöße zu verhindern.

18. 5. Generalversammlung des Heimatschutzverbandes NÖ in Korneuburg. Dort kommt es zum „Korneuburger Eid".

25. 5. Der Republikanische Schutzbund veranstaltet in Korneuburg eine Kundgebung gegen die Heimwehren. Abteilungen aus den Bezirken Korneuburg, Floridsdorf und Wien-Nordost nahmen daran teil.

2. 9. Ernst Rüdiger Fürst von Starhemberg löst Richard Steidle als Bundesführer der Heimwehren ab.

21. 12. Eine Führertagung der Heimwehren wählt den Bezirksführer von Amstetten, Rechtsanwalt Dr. Albrecht Alberti, zum Landesführer. Julius Raab gründet im Einvernehmen mit dem Bauernbund eine eigene Nö. Heimwehr. Die Raab-Heimwehr hat ihre Schwerpunkte im Viertel ober dem Wienerwald und im Weinviertel.

Musikpflege in der Zwischenkriegszeit

Nach dem Ersten Weltkrieg wurde die Musikpflege fast ausschließlich von Vereinen getragen. In allen größeren Orten Niederösterreichs gab es gemischte Chöre, die auch in der Kirchenmusik tätig waren. In manchen Orten war die Ortskirche die einzige musikalische Erziehungs- und Erbauungsstätte. Das öffentliche Konzertleben stand unter dem Druck der schlechten wirtschaftlichen Verhältnisse, die sich auf künstlerischem Gebiet besonders auch in der Orchesterfrage ausdrückten. Die Stadt St. Pölten löste die Stadtkapelle auf, die von Berufsmusikern getragen war. Dafür entstand in diesem Ort auf freiwilliger Basis ein Symphonieorchester. Eine große musikalische Tradition hatte auch Mödling mit seiner Singakademie, die wiederholt in Wien auftreten konnte und an Beethovens „Missa solemnis" ihre Kraft erprobte. Baden besaß weiterhin ein Kurorchester als wichtige Grundlage für das Konzertleben. Neben der Kurmusik bot das Orchester nämlich auch Symphoniekonzerte. In Wiener Neustadt pflegte der 1878 gegründete Singverein vor allem das Oratorium. Seit 1926 gab es auch einen Orchesterverein in der Stadt, wobei die Bundeslehrerbildungsanstalt das wesentliche Rückgrat der Konzerttätigkeit darstellte. In St. Pölten wirkten neben dem Gesang- und Musikverein auch der Männergesangsverein und der Arbeitersängerbund „Liederfreiheit". Einige Vereine errichteten Gedenkstätten, wie überhaupt in dieser Zeit die Vereine sich solchen Aufgaben besonders gerne widmeten.

Mitte: Heimwehraufmarsch in St. Pölten 1928. Fotografie.
Unten: Der Vorstand des St. Pöltner Musikvereins um 1930. Fotografie.

Der Winter 1929

Der Winter des Jahres 1929 war der ärgste seit Jahrzehnten. Ein Schneesturm jagte den anderen, ganz Europa war in Schneemassen eingehüllt. Am 3. Februar wurden in Wien auf der Hohen Warte −28,6° gemessen, das war der kälteste Tag seit 1850. Bis zum folgenden Dienstag stiegen die Temperaturen in der Sonne auf +12°, doch gab es bald wieder schwere Rückschläge. Am 11. Februar wurden in der Wachau −26°, in Retz −30° gemessen, während es um diese Zeit am Nordkap −1° und auf den Färöer-Inseln +7° hatte. Die Eisbildung der Donau nahm stark zu, der Eisstoß erreichte Mitte Februar Österreich und stand vom 15. Februar bis 13. März in der Wachau. Man konnte bei Dürnstein die Donau zu Fuß überqueren. Die Schulen wurden gesperrt, die Gemeinden öffneten geheizte Horte, um der Bevölkerung sowie den Kindern Schutz vor der Kälte zu bieten. Mitte März ging der Eisstoß in Wien fast zur Gänze ab, ab 17. März stand er noch oberhalb von Hainburg. Die Auflösung vollzog sich leichter als man angenommen hatte. Nur in Greifenstein gab es Schwierigkeiten, weil sich dort die Eisblöcke neun Meter hoch auftürmten und ungeheure Wassermassen nachdrängten.

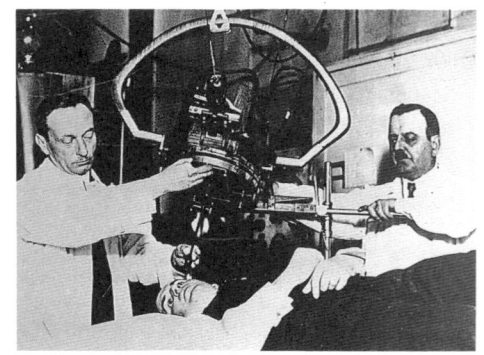

Links: Die 1931 gesperrte Lokomotivfabrik G. Sigl in Wiener Neustadt.
Rechts: Der Röntgenologe Guido Holzknecht.

1931–1932

KALENDER

Jänner–Februar 1931. Auf der Westbahnstrecke werden laufend Anschläge auf den Zugverkehr verübt, am 1. Jänner bei Maria Anzbach.

1. 2. Zwischen Rekawinkel und Neulengbach wird ein 16 kg schwerer Schraubstock auf die Geleise der Westbahn geschraubt und ein Schienenstück mit Seilen an den Schienen befestigt.

18. 3. Dr. Engelbert Dollfuß wird Bundesminister für Land- und Forstwirtschaft.

Landwirtschaftsminister Dr. Engelbert Dollfuß und Landeshauptmann Josef Reither in Amstetten.

Mai. In Niederösterreich gibt es 90.000 Arbeitslose (1929 waren es 32.000).

8. 5. Zusammenbruch der Creditanstalt für Handel und Gewerbe mit schweren Folgen für die nö. Industrie.

Juni. Die Wiener Neustädter Lokomotivfabrik wird gesperrt. Die Lokomotiverzeugung wird in Floridsdorf konzentriert, wohin die modernen Anlagen aus Linz und Wiener Neustadt gebracht werden.

20. 6. Dr. Karl Buresch, Landeshauptmann von NÖ, wird zum Bundeskanzler ernannt (bis 20. Mai 1932). Am 21. Mai 1932 wird er wieder Landeshauptmann (bis 12. Mai 1933).

1. 7. Josef Reither wird zum Landeshauptmann gewählt (bis 19. Mai 1932); Stellvertreter sind Oskar Helmer sowie Leopold Barsch.

13. 9. Pfrimerputsch. Nachdem sich der steirische Bundesführer der Heimwehr Dr. Walter Pfrimer selbst zum „Staatsführer" ausgerufen hat, blockiert in NÖ eine Kolonne von 28 Lastwagen mit 600 Schwerbewaffneten und 14 Maschinengewehren des steirischen und oberösterreichischen Heimatschutzes das Ybbstal. Der schlecht geplante Putsch bricht mangels Unterstützung durch die Bevölkerung und die übrigen Heimwehrgruppen sofort zusammen.

1932. Die Passionsspiele von Kirchschlag werden erstmals durchgeführt.

Dr. Theodor Innitzer wird Erzbischof von Wien, im Jahre 1933 wird er zum Kardinal ernannt. (Gestorben 9. 10. 1955.)

Haag und Heidenreichstein werden zu Stadtgemeinden erhoben.

24. 4. Landtagswahlen in NÖ. Die Mandatsverteilung lautet: 28 Christlichsoziale Partei, 20 Sozialdemokraten und 8 Nationalsozialisten. Der Nationalsozialist Josef Leopold wird Landesrat.

8. 5. Die Nö. Heimwehr verbindet sich mit den „Ostmärkischen Sturmscharen", die am 7. Dezember 1930 in Innsbruck von Dr. Kurt Schuschnigg gegründet worden waren.

27. 6. Der Republikanische Schutzbund hat eine große Gefechtsübung im Raum Purkersdorf/Laab im Wald angesetzt. Man rechnet mit 16.000 Schutzbündlern. Da in Wien ein Aufmarschverbot gilt, sind die Sammelorte die Stadtgrenzen im Süden und Westen der Stadt.

6. 8. Saalschlacht zwischen Schutzbund und Nationalsozialisten in Rosenau bei Waidhofen an der Ybbs.

11. 9. Saalschlacht in Bruck an der Leitha.

13. 9. Zusammenstöße in Wiener Neustadt.

18. 9. Über Niederösterreich wird ein Versammlungsverbot erlassen.

8., 9. 10. Zusammenstöße zwischen Nationalsozialisten und Sozialdemokraten in Gmünd und Melk.

20. 10. In der Strafanstalt Stein kommt es zu einer Hungerrevolte der Häftlinge.

Dezember. Die Nö. Landesregierung führt neuerlich Einsparungen im Schulbereich durch. Künftig können bis zu 60 Schüler in einer Klasse sitzen.

3. 12. Die Straße auf die Hohe Wand wird eröffnet.

GEBURTSTAGE

Sepp Hintermayer. Bauer und FPÖ-Politiker. Geboren 10. 4. 1931 in Weikersdorf.

Robert Löffler. Journalist (Pseudonym: Telemax). Geboren 8. 5. 1931 in Gösing/Wagram.

Alfred Bastl. Maler. Geboren 22. 5. 1931 in Klosterneuburg.

Kurt Wedl. Bürgermeister von Melk, Generalsekretär der Umweltschutzorganisation. Geboren 7. 7. 1931 in Melk.

Kurt Amman. Maler und Graphiker. Geboren 26. 9. 1931 in Eggenburg.

Rudolf Klepp. Weltmeister im Kanu-Wildwasserfahren 1953. Geboren 20. 12. 1931 in Stockerau.

Willi Dirtl. Tänzer am Staatsopernballett. Geboren 4. 3. 1931 in Hennersdorf.

Paul Rotterdam. Maler. Geboren 12. 2. 1932 in Wiener Neustadt.

Friedrich Heller. Dichter. Geboren 2. 4. 1932 in Großenzersdorf.

Walter Fremuth. Generalsekretär der Verbundgesellschaft. Geboren 13. 4. 1932 in Wien.

Gerold Korherr. ÖBB-Direktor. Geboren 2. 7. 1932 in Gmünd.

Robert Lichal. ÖVP-Politiker. Minister für Landesverteidigung. Geboren 9. 7. 1932 in Wien.

Harald Ofner. Rechtsanwalt, ÖVP-Politiker, Justizminister. Lebt in Mödling. Geboren 25. 10. 1932 in Wien.

Paul Twaroch. Landesintendant des ORF. Geboren 19. 3. 1932 in Wien.

TODESTAGE

Wilhelm Exner. Technologe. 1905 Herrenhausmitglied, Ehrenpräsident des Nö. Gewerbevereins, 1925 Ehrenmitglied der Akademie der Wissenschaften in Wien. Gestorben 25. 5. 1931 in Wien. (Geboren 9. 4. 1849 in Gänserndorf.)

Hermann Pipitz. Chemiker. Erfinder des rauchlosen Pulvers. Gestorben 10. 6. 1931 in Marchegg. (Geboren 3. 2. 1848 in Eisenerz.)

Karl Jukel. Politiker. Bürgermeister von Schönau, Landtags- und Reichsratsabgeordneter, nö. Landesrat, Mitglied des Bundesrates. Gestorben 20. 8. 1931 in Schönau an der Triesting. (Geboren 21. 12. 1865 in Wien.)

Franz Schalk. Dirigent der Staatsoper. Mitbegründer der Salzburger Festspiele. Gestorben 3. 9. 1931 in Edlach am Semmering. (Geboren 27. 5. 1863 in Wien.)

Hans Hörbiger. Industrieller. Konstruktur des „Hörbiger-Ventils". Begründer der „Welteislehre". Gestorben 11. 10. 1931 in Mauer. (Geboren 11. 11. 1860 in Atzgersdorf.)

Wilhelm Eitner. Chemiker. Pionier der Gerbereikunde. Gestorben 13. 10. 1931 in St. Christophen. (Geboren 28. 1. 1843 in Iglau.)

Edgar von Penzig-Franz. Industrieller. 1896–1931 Generaldirektor der Vöslauer Kammgarnfabrik. 1931 Präsident der Verwaltungskommission der Österreichischen Bundesbahnen. Gestorben 15. 10. 1931 in Bad Vöslau. (Geboren 15. 8. 1864 in Meerane/Sachsen.)

Ferdinand Ebner. Philosoph, Lehrer. Gestorben 17. 10. 1931 in Purkersdorf-Gablitz. (Geboren 31. 1. 1882 in Wiener Neustadt.)

Guido Holzknecht. Röntgenologe. Gestorben 30. 10. 1931 in Wien. (Geboren 3. 12. 1872 in Klosterneuburg.)

Josef Moser. Schulmann. 1898 Bundesobmann des katholischen Lehrerbundes. Gestorben 13. 11. 1931 in Baden. (Geboren 14. 2. 1866 in Salzburg.)

Josef Bayer. Prähistoriker. Gestorben 23. 7. 1931 in Wien. (Geboren 10. 7. 1882 in Ober-Hollabrunn.)

Josef Krupka. Gartenbaufachmann. 1922–1932 Stadtgartendirektor in Baden. Gestorben 6. 2. 1932 in Baden. (Geboren 25. 11. 1864 in Adlerkostelec/Böhmen.)

Leopold Edlmann. Musikschriftsteller. Gestorben 20. 2. 1932 in Wien. (Geboren 9. 4. 1858 in Poysdorf.)

Anton Wildgans. Richter, Dichter, Burgtheaterdirektor. Gestorben 3. 5. 1932 in Mödling. (Geboren 17. 4. 1881 in Wien.)

Gustav Friedrich Piffl. 1907–1913 Propst des Stifts Klosterneuburg, Fürsterzbischof von Wien (1913), Kardinal (1914), christlichsozialer Publizist und Sozialreformer, Reorganisator des österreichischen Katholizismus. Gestorben 21. 4. 1932 in Wien (Grab in Kranichberg). (Geboren 15. 10. 1864 in Landskron/Böhmen.)

August Albert. Techniker. Verbesserte die modernen Reproduktionsverfahren, stellte mit Brandl-

*Links: Bohrtürme des Erd-
ölfeldes Zistersdorf.
Rechts: Die Stadt Haag. An-
sichtskarte. Um 1930.
Unten: Walzendreherei der
Voith-Werke St. Pölten 1928.*

mayr erstmals den Kombinationsdruck von Drei-farben-Lithographien her. Gestorben 2. 6. 1932 in Mödling. (Geboren 10. 4. 1854 in Wien.)

Irene Abendroth. Koloratursängerin. Bereits mit 16 Jahren an der Hofoper. Gestorben 1. 9. 1932 in Weidling bei Wien. (Geboren 14. 7. 1872 in Lemberg.)

Kleophas Hofmann. Mineraloge. Gestorben 4. 6. 1932 in Maria Enzersdorf. (Geboren 9. 2. 1874 in Alteneich bei Eger/Böhmen.)

J. Karl Peyfuss. Dekorationsmaler. Gestorben 24. 6. 1932 in Maria Enzersdorf. (Geboren 23. 11. 1865 in Wien.)

Ignaz Seipel. Christlichsozialer Staatsmann der 1. Republik. Gestorben 2. 8. 1932 in Pernitz. (Geboren 19. 7. 1976 in Wien.)

Johann Schober. Polizeipräsident von Wien, Vorsitzender der Interpol, Bundeskanzler. Gestorben 19. 8. 1932 in Baden. (Geboren 14. 11. 1874 in Perg/OÖ.)

Christian Ehrenfels. Psychologe und Philosoph. Dramatiker, Universitätsprofessor in Graz, Wien und Prag, entdeckte die nach ihm benannten Gestaltqualitäten (die besonderen Eigenschaften eines gestalthaften Ganzen gegenüber den Teilen) und begründete die moderne Gestaltpsychologie. Mit seinen allegorischen Chordramen (Der Kampf des Prometheus, 4 Tle., 1895) versuchte er das Musikdrama im Sinn Richard Wagners zu erneuern. Vater der Schriftstellerin Imma Bodnershof. Gestorben 8. 9. 1932 in Lichtenau bei Krems. (Geboren 20. 6. 1859 in Rodaun bei Wien.)

Ludwig Pishaček. Gynäkologe. Leiter der Nö. Landesgebäranstalt und Hebammenlehranstalt in Wien. Gestorben 18. 9. 1932 in Baden. (Geboren 16. 11. 1854 in Karcsag/Ungarn.)

Nationalsozialisten im Landtag und in den Gemeinderäten

Am 24. April 1932 wurden einige Landtage, darunter der von Niederösterreich, neu gewählt. Nun erzielten die Nationalsozialisten große Gewinne und stellten künftig acht Mandate im Landtag und einen Landesrat. Eine Woche vorher hatten sie bei der Gemeinderatswahl von St. Pölten mit 3333 Stimmen 6 Mandate erhalten. Die Folge waren nicht nur Konflikte im Landhaus, sondern auch Zusammenstöße zwischen Schutzbündlern und Nationalsozialisten (6. August in Rosenau am Sonntagberg; 18. September in Bruck an der Leitha; 13. September Wiener Neustadt; 8. Oktober Gmünd; 9. Oktober Melk). Diese Konfrontationen verstärkten sich im folgenden Jahr und führten 1933 zum Verbot der NSDAP.

Die Wirtschaftskrise der dreißiger Jahre

Nach einer überhitzten Konjunkturperiode in den späten zwanziger Jahren setzte im Jahre 1929 weltweit eine schwere Krise ein, die sich auf die Industriebetriebe und von diesen auf die Banken übertrug. So verlor etwa die Creditanstalt bis zum 11. Mai 1931 durch niederösterreichische Unternehmungen insgesamt 140 Millionen Schilling. Dieser Verlust steigerte sich aber bis zum Jahresende auf insgesamt 511 Millionen Schilling. Schon seit Kriegsende waren die ehemaligen Rüstungsbetriebe von einer schweren Krise betroffen. Neben diesen konnten sich auch die Lokomotivfabriken – von denen es vier gab, eine fünfte befand sich im Bau – nicht erholen. Die Kapazität dieser Fabriken hätte ausgereicht, jährlich 400 Lokomotiven zu erzeugen. Die Bundesbahnen bestellten aber jährlich im Durchschnitt nur 43. Daher wurden bis zum Ende des Jahres

1931 fast alle stillgelegt, unter ihnen auch die Wiener Neustädter Fabrik Sigel. Ein dritter Industriezweig, der chronisch Schwierigkeiten hatte, waren die Textilfabriken, wobei 40 Prozent der Beschäftigten dieser Branche in Niederösterreich lebten. Dieser Industriezweig litt besonders unter der noch aus der Monarchie stammenden Arbeitsteilung zwischen den Fabriken in der Tschechoslowakei und in Österreich. Die Spinnereien befanden sich in Niederösterreich, die Webereien in Böhmen und den Sudentenländern. So konnte auch in den an sich wirtschaftlich positiven Jahren zwischen 1923 und 1929 die Arbeitslosigkeit in Niederösterreich nicht wesentlich verringert werden, um dann im Herbst 1929 von 32.000 bis zum Jahre 1932 dramatisch auf 71.000 anzusteigen.

Da bei den meisten Betrieben die Banken ein Mitspracherecht hatten, drängten sie auf Zusammenlegungen und Rationalisierungen. Es kam zur Sperre vieler Fabriken und zur weiteren Erhöhung der Arbeitslosigkeit. So wurden auf dem Textilsektor im Jahre 1930 die Pottendorfer Baumwollspinnerei und die Felixdorfer Weberei AG zu einem Betrieb verschmolzen. 1932 lagen alle Werke dieser „Vereinigten Österreichischen Textilindustrie-AG" still. Von 1929 bis 1933 sank die Industrieproduktion fast um 40 Prozent. Im Jahre 1931 kam es auch zu einer großen Krise der Creditanstalt, die ebenfalls Rückwirkungen auf die einzelnen Betriebe hatte. Die Rezession wirkte sich besonders im Traisentale in einem traditionellen Industriegebiet aus, wo eine Reihe von Betrieben völlig geschlossen oder zumindest drastisch reduziert werden mußte.

Heidenreichstein

Als Markt der Grafschaft Litschau wird der Ort bereits 1369 genannt und wurde später im Norden und Westen durch Tore, Mauern und Gräben geschützt. Im Süden war er mit der Burg verbunden, im Osten gab ein Teich Schutz. Allmählich entwickelte sich in der frühen Neuzeit ein bedeutender Handelsplatz. Aus der in Heimarbeit betriebenen Weberei entstand 1880 die erste Strick- und Wirkwarenfabrik, weitere Textilbetriebe folgten. Mit Beschluß des nö. Landtages vom 23. 3. 1932 wurde Heidenreichstein zur Stadt erhoben.

Haag

Im Ennswald erhielt das Bistum Bamberg im Jahre 1061/62 jenen Besitz, den Kaiser Konrad II. im Jahre 1002 seinem Gefolgsmann Pilgrim geschenkt hatte. Dort wurde 1032 die Michaelskirche geweiht. Auch einige kleine Burgen entstanden. Ein Geschlecht nannte sich „De Hage". Aus seinem Besitz entstand im Spätmittelalter die Herrschaft Sallaberg.
Die Kirchsiedlung um die Wehrkirche wurden 1431 erstmals Markt genannt. Im 19. Jahrhundert blieb dieser bäuerliche Markt gegenüber dem nahen St. Valentin zurück, erhielt aber 1850 das Bezirksgericht. Am 23. Juni 1932 erfolgte durch Landtagsbeschluß die Stadterhebung.

*Links: Die Dollfuß-Attentäter Otto Planetta und Franz Holzweber.
Rechts: Anhaltelager Wöllersdorf.*

1933–1934

KALENDER

Von den 478 Familien des Ortes Marienthal sind mehr als drei Viertel von der Auszahlung der Arbeitslosenunterstützung abhängig.

Im Kohlenbergwerk Grünbach kommt es zu einem großen Streik. Am 7. Jänner stimmen 800 Personen für die Wiederaufnahme der Arbeit.

8. 1. Die Hirtenberger Waffenaffäre wird durch einen Artikel in der Arbeiter-Zeitung bekannt. Es handelt sich um einen Waffenschmuggel zwischen der Hirtenberger Waffenfabrik, Mussolini und der ungarischen Regierung Horthy.

4. 3. Ausschaltung des Nationalrates.

31. 3. Auflösung des Republikanischen Schutzbundes im gesamten Bundesgebiet.

April. Erfolge der NSDAP bei Kommunalwahlen in Zwettl, Gmünd, Stockerau, Stein und Heidenreichstein.

In Gmünd wird ein Nationalsozialist zum Bürgermeister gewählt. Die Sozialdemokraten verlassen vor dem Gelöbnis den Sitzungssaal, so daß der Gemeinderat beschlußunfähig wird.

1. Mai. Der traditionelle Maiaufmarsch der Sozialdemokraten wird verboten.

Anfang Mai. In NÖ kommt es zu einer Verhaftungswelle von Kommunisten, im Korneuburger Bezirk werden 80 Vertrauensleute, in St. Pölten 23 und in Wiener Neustadt 20, in Schwechat 20, in Atzgersdorf 15 verhaftet. Auch in kleineren Orten werden die bekannten Funktionäre verhaftet. In St. Pölten treten 49 Kommunisten in den Hungerstreik, weil sie einige Tage in Haft waren, ohne einvernommen worden zu sein.

20. 5. Gründung der Vaterländischen Front.

21. 5. Der erste Großflugtag in Aspern, der erste überhaupt seit 1914, wird vom Österreichischen Aero-Club durchgeführt. Man schätzt 20.000 bis 30.000 Zuschauer.

Die altösterreichischen Uniformen, Feldkappen, Aufschlagfarben und Sterne, werden beim Militär wieder eingeführt.

31. 5. Die Bundesparteileitung der Christlichsozialen Partei begrüßt die Gründung der Vaterländischen Front. Sie fordert alle angeschlossenen oder nahestehenden Verbände auf, der Vaterländischen Front beizutreten und sie in jeder Weise zu fördern.

19. 6. Handgranatenüberfall von SA-Mitgliedern auf eine Abteilung der Hilfspolizei in Krems. Ein Toter, mehrere Schwerverletzte.

23. 6. Vom Landtag werden den NSDAP-Landtagsabgeordneten die Mandate aberkannt.

4. 7. Nationalsozialistische Schüler der Bundeserziehungsanstalt Traiskirchen werden verhaftet, mit ihnen auch ein Hilfslehrer.

10. 7. Große Vaterländische Kundgebung unter Teilnahme von Engelbert Dollfuß in St. Pölten.

7.–12. 9. Katholikentag in Wien. Höhepunkt ist die große Kundgebung (Generalappell) der Vaterländischen Front auf dem Trabrennplatz.

Vaterländische Jugend (Österr. Jungvolk) in Tulln. 1934.

11. 9. Das Kruckenkreuz wird erstmals der Öffentlichkeit als Symbol der Vaterländischen Front vorgestellt.

15. 12. Die Bischofskonferenz faßt den Beschluß, daß sich alle Geistlichen aus politischen Funktionen zurückziehen müssen.

1933/34. Die Daimler-Werke in Wiener Neustadt werden geschlossen.

12. 2. 1934. Kämpfe zwischen Schutzbund und Polizei und der Heimwehr in verschiedenen Orten Niederösterreichs.

15. 2. Vom Standgericht St. Pölten werden der 26jährige Malergehilfe Viktor Rauchenberger und der 43jährige Fabriksarbeiter Johann Hoys wegen der Ermordung eines Heimwehrführers zum Tode verurteilt.

14.–16. 2. Die Bürgermeister der Städte St. Pölten und Wr. Neustadt werden abgesetzt. An ihre Stelle treten Regierungskommissäre. Auch die sozialdemokratischen Regierungsmitglieder und Landtagsabgeordneten verlieren ihre Funktionen.

Mai. Die Volkszählung bringt folgendes Ergebnis in NÖ: Wohnbevölkerung: 1,506.954; anwesende Bevölkerung: 1,512.011. Gegenüber 1923 war dies bei der anwesenden Bevölkerung eine Zunahme von 31.562 oder 2,1 Prozent.

Juni. Ortswehren gegen den NS-Terror werden gebildet, die Todesstrafe wird auch im ordentlichen Gerichtsverfahren wieder eingeführt.

23. 7. In St. Christophen im Wienerwald wird die 6. Autoweihe vorgenommen. 500 Automobile, 450 Motorräder und die Segelflieger von Puchberg nehmen daran teil.

25. 7. Attentat der Nationalsozialisten auf das Bundeskanzleramt. Bundeskanzler Dr. Engelbert Dollfuß wird erschossen. Die darauf folgenden Kämpfe um das RAVAG-Gebäude in Wien sowie gegen Nationalsozialisten in Steiermark und Kärnten fordern 78 Tote bei der Exekutive. 165 Personen werden verletzt. In NÖ kommt es zu keinen Kampfhandlungen. Bundeskanzler wird Dr. Kurt Schuschnigg.

31. 7. Die vom Militärgerichtshof zum Tode verurteilten Angeklagten Otto Planetta und Franz Holzweber werden hingerichtet.

9. 8. Die Bundesleitung der Vaterländischen Front erläßt die Weisung, daß an allen Orten des Bundesgebietes eine Straße oder ein Platz nach dem ermordeten Bundeskanzler Dollfuß benannt werden soll.

30. 10. Der niederösterreichische (Rumpf-)Landtag tritt zur Beschlußfassung über die ständische Landesversammlung zusammen.

1. 11. Das neue große Petroleumfeld in der Nähe von Zistersdorf deckt nach Meinung der Fachleute den gesamten Bedarf Österreichs an Erdölprodukten vor allem an Benzin.

23. 12. Im Anhaltelager Wöllersdorf, in dem 2.572 Personen inhaftiert sind, wird ein Großteil zu Weihnachten entlassen. 64 Sozialdemokraten und 90 Kommunisten werden weiterhin festgehalten. Wegen des Juli-Putsches wurden 5609 Personen bestraft und zum Teil nach Wöllersdorf eingeliefert. Bis auf 70 werden sie ebenfalls enthaftet.

GEBURTSTAGE

Pia Maria Plechl. Journalistin, Schriftstellerin. Geboren 24. 1. 1933 in Baden.

Florian Kuntner. Weihbischof. Geboren 22. 3. 1933 in Selhof, Kirchberg am Wechsel.

Karl Karner. Magistratsdirektor. Geboren 27. 3. 1933 in St. Pölten.

Karl Vonwald. Bauer. Abgeordneter zum Nationalrat. Geboren 28. 7. 1933 in Michelbach.

Hermann Reiter. Komponist. Lehrer an höheren Schulen. Geboren 31. 8. 1933 in Waidhofen an der Thaya.

Otto Sommerbauer. Vorstandssekretär der Verbundgesellschaft. Geboren 3. 9. 1933 in Wiener Neustadt.

Gerhard Wagner. Generaldirektor der Länderbank. Geboren 4. 10. 1933 in Grafenschlag. (Gestorben 7. 7. 1990 in Trabenreith.)

Edwin Pircher. Bürgermeister von Tulln. Generaldirektor der Landes-Hypothekenbank. Geboren 4. 10. 1933 in Königstetten.

Robert Hammerstiel. Graphiker. Lebt in Ternitz. Geboren 18. 12. 1933 in Werschetz/Jugoslawien.

Joachim Angerer. OPraem. Abt von Geras. Geboren 8. 2. 1934 in Rottenbuch, Bayern.

Adolf Frohner. Maler und Graphiker. Geboren 12. 3. 1934 in Inzersdorf.

Alois Mock. ÖVP-Politiker, Vizekanzler, Außenminister. Geboren 10. 6. 1934 in Euratsfeld.

Herbert Schambeck. Universitätsprofessor, ÖVP-Politiker. Geboren 12. 7. 1934 in Baden.

Ernst Exner. ORF-Redakteur. Geboren 2. 9. 1934 in Wien.

Links: Viktor Rauchenberger, 1934 hingerichtet.
Rechts: Das Kruckenkreuz. Symbol der Vaterländischen Front.

Veranstaltung der Vaterländischen Front mit Dr. Engelbert Dollfuß. 1934.

TODESTAGE

Siegfried Strakosch. Industrieller. Eigentümer der Hohenauer Zuckerfabrik. Gestorben 19. 4. 1933 in Wien. (Geboren 19. 5. 1867 in Brünn.)

Adolf Loos. Architekt, Kunsthistoriker, Schriftsteller. Gestorben 23. 8. 1933 in Kalksburg. (Geboren 10. 12. 1870 in Brünn.)

Armand Weiser. Architekt, Fachschriftsteller. Gestorben 18. 9. 1933 in Mödling. (Geboren 25. 9. 1887 in Zürich.)

Philipp Forchheimer. Techniker. Pionier auf dem Gebiet des Tiefbaus und der praktischen Hydraulik. Professor in Istanbul, Aachen und Graz. Gestorben 2. 10. 1933 in Dürnstein. (Geboren 7. 8. 1852 in Wien.)

Franz Pitzinger. Schiffbaugewerke in Pola. Gestorben 1933 in Hofstetten. (Geboren 22. 3. 1853 in Enzersdorf an der Fischa.)

Anton Hanak. Bildhauer. Lebte in Langenzersdorf. Gestorben 7. 1. 1934 in Wien. (Geboren 22. 3. 1895 in Brünn.)

Matthäus Bauchinger. Politiker. Pfarrer in Pöchlarn, Prälat. 1907–1918 Reichsrats-Abgeordneter, machte sich um die Organisierung der nö. Landwirtschaft verdient, gründete 1898 die Landwirtschaftliche Genossenschafts-Zentralkasse, 1927 die Girozentrale der österreichischen Landwirtschaftlichen Genossenschaften. Gestorben 9. 4. 1934 in Pöchlarn. (Geboren 3. 9. 1851 in Frankenburg.)

Rudolf Fraß. Architekt. Seit 1922 Mitglied des Künstlerhauses. Gestorben 7. 7. 1934 in Wien. (Geboren 17. 4. 1880 in St. Pölten.)

Engelbert Dollfuß. Christlichsozialer Politiker, Bundeskanzler. Gestorben 25. 7. 1934 in Wien. (Geboren 4. 10. 1892 in Texing bei Mank.)

Franz Fischer. Volksschauspieler. Beliebter Gesangskomiker ("Der kleine Fischer"). Gestorben 16. 9. 1934 in Wien. (Geboren 25. 8. 1857 in Baden bei Wien.)

Die Februartage des Jahres 1934

Die Aufrüstung der Parteien seit dem Juli 1927 war das Vorspiel für eine bewaffnete Auseinandersetzung der großen politischen Gruppen. Die wirtschaftliche Situation, aber auch der Aufstieg der Nationalsozialisten seit dem Jahre 1932 verschärften die Situation, die am 4. März 1933 durch die Ausschaltung des Parlaments eine neue Phase erlebte. Nunmehr war es der Wille der Regierung, möglichst rasch von der demokratischen Regierungsform abzuweichen und einen autoritären Kurs einzuschlagen. Die Reaktivierung des "kriegswirtschaftlichen Ermächtigungsgesetzes" des Jahres 1917 war dafür die Voraussetzung. Unmittelbarer Anlaß dürfte der Besuch des italienischen Unterstaatssekretärs Fulvio Suvich am 18. Jänner 1934 in Wien gewesen sein. Dieser verlangte von der Regierung, den Kampf gegen den Marxismus zu beschleunigen und eine Reform der Verfassung in einem antiparlamentarischen und kooperativen Sinne durch Beseitigung der Parteien und Stärkung der Vaterländischen Front fortzusetzen. Als nächster Schritt wurde über die Arbeiter-Zeitung am 20. Jänner 1934 ein Kolportageverbot verhängt. Durch Waffensuchen in verschiedenen Parteiheimen der Sozialdemokraten wurde ihr Widerstand herausgefordert. Obwohl sich niederösterreichische Christlichsoziale bemühten, direkte Verhandlungen der Sozialdemokraten mit Bundeskanzler Dollfuß zu erreichen, kam es zu keinem wirklichen Ergebnis, so daß am 12. Februar 1934 der bewaffnete Zusammenstoß begann, der sich von Linz sehr bald auch auf Wien und einige

Industrieorte Niederösterreichs ausdehnte. Am Sonntag zuvor, dem 11. Februar 1934, hatte Vizekanzler Emil Fey in Langenzersdorf bei einer Gefechtsübung des Wiener und Niederösterreichischen Heimatschutzes für den kommenden Tag ein Ereignis angekündigt. "Wir werden morgen an die Arbeit gehen, und wir werden ganze Arbeit leisten für unser Vaterland, das nur uns Österreichern allein gehört". Man nimmt daher an, daß auch von seiten der Regierung die Absicht bestand, an diesem Tage die militärische Konfrontation zu suchen. Die heftigsten Kämpfe gab es naturgemäß in Wien, in verschiedenen Orten Niederösterreichs kam es auch in den nächsten Tagen zu Kampfhandlungen. So etwa in Neunkirchen, wo die Schutzbündler nach einem Artillerieangriff der Sicherheitskräfte vertrieben wurden. In Wiener Neustadt kam der Schutzbund nicht zum Einsatz, da einige Tage zuvor der Kommandant Josef Püchler unter nicht geklärten Umständen verhaftet worden war und das Bundesheer sehr rasch eine Mobilisierung verhinderte. Auch in Mödling kam es zu Schießereien zwischen Schutzbündlern und Angehörigen des Heimatschutzes. Kämpfe gab es auch im Traisental, so etwa in Wilhelmsburg, wo ein Heimatschutzkommandant erschossen wurde, im Gölsental, im Gebiet von St. Pölten, wo an mehreren Stellen der Stadt Kämpfe aufflackerten, und in Teilen des Ybbstales. Im Waldviertel wurden vor dem Arbeiterheim in Schrems Barrikaden errichtet. Ein weiteres Zentrum im Westen war die Stadt Steyr, wohin sich eine Reihe von Schutzbundleuten aus Niederösterreich zurückzog. Jedenfalls war nach kurzer Zeit sicher, daß die militärischen Unternehmungen in Niederösterreich nur sporadisch waren. Es fanden auch harte Gegenmaßnahmen statt. So wurden zwei Schutzbündler, der 26jährige Viktor Rauchenberger und der 23jährige Johann Hoys, wegen Ermordung des Heimwehrschutzführers Lindner standrechtlich zum Tode verurteilt und am 15. Februar 1934 in St. Pölten hingerichtet.

Noch am 14. Februar wurden alle sozialdemokratischen Mandate im Landtag von NÖ in der Landesregierung, in den Gemeinderäten und in den verschiedenen Organisationen aufgehoben. In den größeren Städten wurden Regierungskommissäre eingesetzt. Die Bezirkshauptmannschaften wurden angewiesen, in den bisher sozialdemokratisch verwalteten Gemeinden neue Gemeindeverwalter einzusetzen. In den Statutarstädten wurde auch die Gemeindevertretung aufgelöst. Damit war die Sozialdemokratische Partei samt ihren Nebenorganisationen in nicht mehr existent, und der Weg zur neuen Einparteienregierung war auch in diesem Bundesland vorbereitet.

Links: Versammlung der Vaterländischen Front in Schrems am 16. Juni 1935.
Rechts: Bundeskanzler Dr. Kurt Schuschnigg während einer Besuchsfahrt durch das Traisental in Wilhelmsburg. Fotografie.

1935–1937

KALENDER

1935. Es gibt in Niederösterreich 585 Raiffeisenkassen, 56 Lagerhausgenossenschaften und 22 Großmolkereien, insgesamt 1782 landwirtschaftliche Genossenschaften.

Die allgemeine Wehrpflicht in Österreich wird wieder eingeführt.

Unterstützte Arbeitslose in NÖ im Jahresdurchschnitt: 52.802, 1936 ähnlich, bis Juni 1937 bei regionalen Unterschieden nur 35.618.

Jänner. Die Obmänner und Direktoren der Bauernbünde schaffen zur Führung der Geschäfte ein eigenes Büro, dessen Direktor der Bauernbunddirektor Ing. Leopold Figl wird.

2. 4. Im Schwurgerichtssaal des Landesgerichtes in Wien beginnt der Prozeß gegen Angehörige des Republikanischen Schutzbundes. Die meisten werden zu hohen Kerkerstrafen verurteilt.

28. 4. Erster Landesappell der Vaterländischen Front in Mödling. Redner ist Bundeskanzler Kurt Schuschnigg.

September. In Wien in der Argentinierstraße wird mit dem Bau des neuen Funkhauses nach Plänen von Clemens Holzmeister begonnen. Fertigstellung: Frühjahr 1937. Das Gebäude gilt als das modernste Europas. Zu dieser Zeit gibt es in Österreich 560.120 Radioabonnenten.

16. 10. Der erste Bauabschnitt der Wiener Höhenstraße wird eröffnet. Sie führt von Grinzing über die alte Cobenzlstraße bis zur Krapfenwaldgasse.

1936. Bau der Brücke über den Alpenbahnhof in St. Pölten.

16. 3. Im Landesgericht in Wien beginnt der Prozeß gegen die revolutionären Sozialisten, die in Brünn einen Parteitag abgehalten haben. Darunter befanden sich auch einige Niederösterreicher wie Maria Emhart, weiters Bruno Kreisky sowie die beiden Kommunisten Franz Honner und Siegfried (Friedl) Fürnberg.

15. 5. Bundeskanzler Dr. Kurt Schuschnigg übernimmt die Führung der Vaterländischen Front anstelle von Ernst Rüdiger Fürst von Starhemberg.

Juni. Das Bauerndorf Endlas bei Ottenschlag brennt fast zur Gänze nieder. Nur 3 Häuser bleiben unversehrt.

August. Die gesamte österreichische Jugend soll im Vaterländischen Front-Werk „Österreichisches Jungvolk" staatlich erfaßt werden.

28. 8. Die von Deutschland 1933 verhängte 1000-Mark-Sperre wird aufgehoben.

11. 10. Die bisherigen Organisationen des österreichischen Heimatschutzes werden aufgelöst.

23. 10. Schrems wird zur Stadtgemeinde erhoben.

29. 10. Beim Durchzug der Stafette mit der olympischen Fackel aus Athen nach Berlin kommt es aus Anlaß der Olympischen Spiele in Wien zu großen nationalsozialistischen Kundgebungen.

22. 11. Die Brünner Ausgabe der Arbeiter-Zeitung, die immer wieder nach Österreich eingeschmuggelt wurde, wird eingestellt.

Dezember. Eine Fahrradabgabe wird eingeführt (7 Schilling pro Jahr). Die Fahrräder haben ab September 1937 Nummernzwang.

August 1937. Schwere Unwetterschäden in NÖ.

GEBURTSTAGE

Horst Hackstock. Unfallchirurg. Geboren 8. 2. 1935 in Wiener Neustadt.

Rudolf Bogner. Diplomat. Geboren 28. 4. 1935 in Wiener Neustadt.

Hans Kreuzer. Chef der DDSG-Personenschiffahrt. Geboren 4. 5. 1935 in Litschau.

Kurt Bergmann. ÖVP-Politiker. Landesintendant des ORF. Geboren 11. 5. 1935 in Ebersberg bei Neulengbach.

Kurt Ingerl. Bildhauer. Lebt in Wiener Neustadt. Geboren 28. 5. 1935 in Ternitz.

Albert Birkner. Vorstandsdirektor der Landes-Hypothekenbank. Geboren 31. 5. 1935 in St. Veit/Gölsen.

Leopold Maderthaner. Präsident der Handelskammer. Geboren 9. 9. 1935 in Amstetten.

Wolfgang Kummer. Physiker. Professor für theoretische Physik. Geboren 15. 10. 1935 in Krems.

Leo Wallner. Generaldirektor der Casino AG Austria. Geboren 4. 11. 1935 in Amstetten.

Franz Silbermayr. Generaldirektor der Voith-AG. Geboren 9. 11. 1935 in Laakirchen.

Franz Slawik. SPÖ-Politiker, Landesrat. Geboren 7. 1. 1936 in Berndorf.

Karl Schwarz. Bierbrauer in Zwettl. Geboren 10. 1. 1936 in Zwettl.

Heinrich Wohlmeyer. Agrarfachmann. Geboren 12. 1. 1936 in St. Pölten.

Hubert Aratym (eigentlich Pelikan). Maler, Bildhauer. Geboren 22. 1. 1936 in Gutenstein.

Ewald Biegelbauer. Bürgermeister von Zwettl. Geboren 22. 7. 1936 in Zwettl.

Edmund Freibauer. Politiker. Klubobmann der ÖVP. Geboren 20. 2. 1937 in Ringelsdorf.

Erwin Gelzmann. Jurist am Obersten Gerichtshof. Geboren 10. 4. 1937 in Roggendorf.

Karl Korab. Maler. Lebt in Sonndorf bei Maissau. Geboren 26. 4. 1937 in Falkenstein.

Herbert Binder. Verlagsdirektor. Geboren 30. 5. 1937 in St. Pölten.

Friedrich Schragl. Professor der Theologie. Geboren 9. 7. 1937 in Wolfpassing.

Winfried Bruckner. Redakteur, Schriftsteller. Geboren 15. 7. 1937 in Krems.

Herbert Walterskirchen. Generaldirektor der Wüstenrot-Bausparkasse. Geboren 14. 8. 1937 in Kemmelbach.

Julian Schutting. Dichter. Geboren 25. 10. 1937 in Amstetten.

TODESTAGE

Julius Schmid. Maler. Gestorben 1./2. 2. 1935 in Mödling. (Geboren 3. 2. 1854 in Wien.)

Joseph Delmont. Artist, Dompteur, Romanschriftsteller. Gestorben 12. 3. 1935 in Bad Pystrian. (Geboren 8. 5. 1873 in Loiwein.)

P. Franz Prinz (Franz). OCist. Forstmann, Ökonom. Gestorben 6. 4. 1935 in Zwettl. (Geboren 13. 10. 1863 in Sohors bei Gratzen, Böhmen.)

Otto Glöckel. Pädagoge, sozialdemokratischer Politiker, Schulreformator. 1918–1920 Unterstaatssekretär für Unterricht, 1920 Präsident des Stadtschulrates Wien. Gestorben 23. 7. 1935 in Wien. (Geboren 8. 2. 1874 in Pottendorf.)

Karl Illner. Pilot. Von Beruf Mechaniker, Mitarbeiter von Igo Etrich. Bei einem Asperner Flugmeeting stellte er den damaligen Höhenweltrekord auf. Gestorben 6. 8. 1935 in Wien. (Geboren 14. 7. 1877 in Schatzlar, Böhmen.)

Julius Paul Peschke. Schriftsteller, Forstmann. Gestorben 12. 11. 1935 in Hohenau. (Geboren 13. 8. 1865 in Buchbergsthal, Schlesien.)

Blanche Kübeck von Kübau. Schriftstellerin, schrieb Essays und Feuilletons. Gestorben 30. 11. 1935 in Baden. (Geboren 10. 7. 1873 in Wien.)

Ludwig Baumann. Architekt. Präsident der Zentralvereinigung der Architekten. Arbeiter-Werkanlagen und Pfarrkirche in Berndorf, in Wien Kriegsministerium, Anschlußbau zum Leopoldinischen Flügel und Stiegenhaus der Neuen Hofburg, Konsular-Akademie. Gestorben 6. 2. 1936 in Wien. (Geboren 5. 11. 1853 in Seibersdorf.)

Georg Leisek. Bildhauer. Arbeitete vor allem in Wien. Gestorben 15. 3. 1936 in Maria Lanzendorf. (Geboren 30. 6. 1869 in Wien.)

Johann Wilhelm Holzabecz. Schriftsteller, Pädagoge. Gestorben 6. 6. 1936 in Haßbach. (Geboren 31. 6. 1843 in Iglau/Mähren.)

Rudolf Koppitz. Photograph. 1919–1936 Lehrer an der Graphischen Lehr- und Versuchsanstalt Wien. Gestorben 8. 7. 1936 in Perchtoldsdorf. (Geboren 3. 1. 1884 in Schreibenseifen, Schlesien.)

Karl Buresch. Langjähriger Landeshauptmann. Gestorben 16. 9. 1936 in Wien. (Geboren 12. 10. 1878 in Großenzersdorf.)

Rudolf Konopa. Maler, Graphiker. 1915 als Kriegsmaler in Italien und Rußland tätig. Gestorben 6. 10. 1936 in Scheibbs. (Geboren 3. 2. 1864 in Wien.)

Leopold Forstner. Maler und Bildhauer. Gestorben 5. 11. 1936 in Stockerau. (Geboren 2. 11. 1878 in Leonfelden/OÖ.)

Georg Geyer. Geologe, 1900 Chefgeologe in Leoben, 1920–1923 Direktor, Mitglied der Akademie der Wissenschaften in Wien. Gestorben 25. 11. 1936 in Wien. (Geboren 20. 2. 1857 in Schloß Auhof bei Blindenmarkt.)

Hubert Schnofl. Bürgermeister von St. Pölten 1919 bis 1933. Gestorben 10. 12. 1936 in St. Pölten. (Geboren 7. 5. 1878 in Radkersburg.)

Links: Werbeflugzettel des Heimatschutzes.
Rechts: Flugzettel der Revolutionären Sozialisten.

1935–1937

Flugblatt gegen die illegale NSDAP.

Viktor Lebzelter. Anthropologe. Ab 1934 Direktor des Naturhistorischen Museums in Wien. Gestorben 22. 12. 1936 in Mödling. (Geboren 26. 11. 1889 in Wien.)

Hubert Ellissen. Industrieller. Gestorben 6. 2. 1937 in Wien. (Geboren 27. 11. 1888 in Hausneuning.)

Josef Freiherr von Janečka. General, Techniker, Politiker. Gestorben 6. 4. 1937 in Hinterbrühl. (Geboren 22. 11. 1857 in Suben.)

Julius Pfeiffer. Jurist. Präsident der nö. Advokatenkammer, Anwaltsrichter beim Obersten Gerichtshof. Gestorben 20. 4. 1937 in Wien. (Geboren 16. 12. 1855 in Bad Ischl.)

Max Kahrer. Maler. Gründete in Klosterneuburg nach 1914 die dortige Künstlervereinigung. Gestorben 5. 10. 1937 in Klosterneuburg. (Geboren 8. 7. 1878 in Temesvar, Rumänien.)

Josef (Eduard) Kluger. Theologe. 1913 Propst des Stiftes Klosterneuburg, 1919 Generalabt der Österreichischen Chorherrenkongregation. Gestorben 9. 11. 1937 in Klosterneuburg. (Geboren 24. 3. 1865 in Reitendorf, Mähren.)

Rechts: Flugzettel der illegalen Nationalsozialisten.
Rechts außen: Flugzettel der illegalen Kommunisten.

Sport

Die sportliche Betätigung, noch um die Jahrhundertwende Kennzeichen gediegenen Wohlstandes und als elitär eingestuft, erlebte Anfang der dreißiger Jahre einen massiven Einzug in alle sozialen Schichten. Für die Arbeiterbewegung war der Sport aber auch ein Mittel, sich von der bürgerlichen Moral zu befreien, war neben der politischen Macht eine Demonstration des „neuen Menschen", der auch in der sportlichen Massenbewegung Einigkeit und Solidarität zeigte.

Die politischen Organisationen bauten die Sportplätze aufgrund der steigenden Nachfrage aus. Die Sportvereine präsentierten bei jeder Gelegenheit ihre Leistungen. Sie hielten öffentliche Wettkämpfe und sportliche Schauveranstaltungen ab. Diese waren Demonstrationsmittel, förderten das Einigkeitsgefühl und das Klassenbewußtsein. Es darf nicht vergessen werden, daß sportliche Zusammentreffen nicht nur der körperlichen Stärkung, sondern auch der Ertüchtigung in Grundsatztreue, Charakterfestigkeit, Ausdauer, Ein- und Unterordnung dienten. Das harmonische Zusammenwirken von Körper und Geist war die Grundlage für den gesunden und leistungsfähigen Menschen.

Die unterschiedlichen sportlichen Betätigungen (vor allem aber Fußball) erfreuten sich immer größer werdender Beliebtheit. Auch der Motorsport, insbesondere der mit einspurigen Kraftfahrzeugen, kam in Mode. Jedes Jahr, so auch am 19. April 1931, wurde vom österreichischen Motorfahrverband ein Kilometerrennen in der Neunkirchner Allee (Triester Straße), die zu diesem Zweck gesperrt wurde, durchgeführt. Das Rennen beinhaltete eine Schnelligkeitsprüfung für Motorräder und Motorräder mit Beiwagen für die Strecke vom Kilometerstein 52,5 bis zum Kilometerstein 56,5. Auch in anderen Orten, wie Krems und St. Pölten, fanden solche Rennen statt.

Fahrradsteuer

Das beliebteste Transportmittel war in jenen Tagen das Rad. Im November 1937 wurde in Niederösterreich eine Fahrradabgabe beschlossen. „Demnach ist ab 1. Jänner 1938 für die Benützung von Fahrrädern aller Art, deren Eigentümer (Besitzer) in einer niederösterreichischen Ortsgemeinde ihren Wohnsitz haben, eine Abgabe von 5 Schilling für jedes Kalenderjahr ohne Rücksicht auf die Dauer der Benützung innerhalb eines Jahres zu entrichten." Die Fahrräder erhielten ab diesem Zeitpunkt auch ein amtliches Kennzeichen.

Schrems

Das Gebiet um Schrems, 1179 durch Kaiser Friedrich I. Barbarossa Österreich zugesprochen, wurde Ende des 12. Jahrhunderts wahrscheinlich im Verband der Grafschaft Raabs besiedelt. Am Ende des 13. Jahrhunderts entstand um einen planmäßig angelegten Rechteckplatz neben einer schon bestehenden Burg die Marktsiedlung Schrems, die 1310 erstmalig genannt wird. Im 19. Jahrhundert wurde der Markt zu einem bedeutenden Industrieort. 1880 erlebte die örtliche Steinindustrie wegen der intensiven Bautätigkeit in Wien einen großen Aufschwung. Seit 1850 ist Schrems auch Sitz eines Bezirksgerichtes; es wurde am 23. 10. 1936 zur Stadt erhoben.

Links: Auf Autos wird neben dem österreichischen Kennzeichen der Hinweis auf Deutschland angebracht.
Rechts: Geschmückte Häuser in den Märztagen 1938.

1938

KALENDER

9.–12. 1. 1938. Letzte Konferenz der Staaten der „Römischen Protokolle" in Budapest. Österreich weigert sich, aus dem Völkerbund auszutreten und dem deutsch-italienisch-japanischen „Antikominternpakt" beizutreten.

25./26. 1. Ein großes Nordlicht beunruhigt die Bevölkerung.

26. 1. Entdeckung des sogenannten „Tavs-Planes" im Büro des nationalsozialistischen Siebenerkomitees in der Wiener Teinfaltstraße. Es ist ein Aktionsprogramm für den Fall der nationalsozialistischen Machtübernahme nach einer bewaffneten Erhebung in Österreich, verfaßt von Dr. Leo Tavs.

12. 2. Besprechungen zwischen Adolf Hitler und Dr. Kurt Schuschnigg in Berchtesgaden enden mit einem Abkommen, das zu Zugeständnissen an die Nationalsozialisten führt.

16. 2. Die Regierung Schuschnigg wird umgebildet. Julius Raab wird Handelsminister.

1. 3. In St. Pölten wird ein Bundespolizeikommissariat errichtet.

9. 3. Bundeskanzler Dr. Schuschnigg kündigt eine Volksbefragung für den 13. März an.

11. 3. Die Regierung Schuschnigg tritt nach einem deutschen Ultimatum zurück. In den Abendstunden übernimmt die NSDAP in allen Orten die Macht.

12. 3. Deutsche Truppen marschieren in Österreich ein und kommen am folgenden Tag auch nach NÖ.

13. 3. Die bisherige Landesregierung wird abgesetzt. Der aus Weißenkirchen stammende Jurist Dr. Roman Jäger, seit August 1937 illegaler Gauleiter, wird nö. Landeshauptmann.

Das Gesetz über die Wiedervereinigung Österreichs mit dem Deutschen Reich wird von der Regierung Arthur Seyss-Inquart beschlossen.

14. 3. Hitler fährt durch Niederösterreich nach Wien.

1. 4. Erster Transport prominenter österreichischer Politiker in das Konzentrationslager Dachau. Darunter sind auch die Niederösterreicher Josef Reither und Leopold Figl.

10. 4. Volksabstimmung: In NÖ stimmen mehr als 99 Prozent für den Anschluß.

24. 5. Der Lungenfacharzt Dr. Hugo Jury wird Gauleiter und Landeshauptmann von NÖ.

Juni. Beginn der Entsiedlung des Truppenübungsplatzes Döllersheim im Waldviertel.

8. 6. Die Nürnberger Rassengesetze werden in Österreich eingeführt.

Sommer. Anstelle der NEWAG treten die Gauwerke, die auch die Gemeindekraftwerke NÖ übernehmen.

Die konfessionellen Schulen werden aufgelöst. Darunter fallen die Gymnasien Melk, Seitenstetten, die Englischen Fräulein in St. Pölten und Krems, auch das Erzbischöfliche Knabenseminar

„Der Tierfreund". Titelblatt der Ausgabe 2/1938 anläßlich der Volksabstimmung am 10. April 1938.

Hollabrunn. Die Gymnasien werden als Staatliche Oberschulen weitergeführt.

August. Baubeginn der Westautobahn.

1. 8. Die Standesämter übernehmen die bisher von den Pfarren geleistete Matrikenführung. Gültig wird diese Verordnung ab 1. Jänner 1939.

September. Krise um die Tschechoslowakei; sie endet mit dem Münchner Abkommen, unterzeichnet von England, Frankreich, Italien und Deutschland. Das Sudetenland und Südmähren werden an Deutschland abgetreten.

1.–5. 10. Deutsche Truppen, die sich in Niederösterreich konzentriert haben, besetzen Südmähren.

Die ersten Politiker im KZ Dachau. Von links nach rechts: N. Zelburg, K. M. Stepan, A. Gorbach. 1938.

1. 10. Die Deutsche Gemeindeordnung wird in Österreich eingeführt.

15. 10. 97 Gemeinden werden an den Gau „Groß-Wien" abgetreten, dafür kommt das nördliche Burgenland zu NÖ, das jetzt den Namen Gau Niederdonau führt. Auch Südmähren wird dem Gau Niederdonau zugeteilt.

10. 11. Auch in NÖ werden die Synagogen zerstört („Reichskristallnacht").

3. 12. In Gmünd wird eine staatliche Oberschule in der ehemaligen Volks- und Bürgerschule Böhmzeil (Česki Velenice) eröffnet.

GEBURTSTAGE

Wilhelm Figl. Offizier. Kommandant der 3. Panzerbrigade Mautern. Geboren 21. 1. 1938 in Stögersbach.

Ernst Wolfram Marboe. Kulturfunktionär, ORF-Intendant. Geboren 10. 8. 1938 in Wien.

Peter Fritsch (Pseudonym: Peter Fröhlich). Schauspieler. Geboren 29. 8. 1938 in Wiener Neustadt.

Hermann Nitsch. Maler (Aktionist). Lebt in Prinzendorf. Geboren 29. 8. 1938 in Wien.

Franz Romeder. Präsident des Landtages. Geboren 16. 10. 1938 in Schweiggers.

Werner Kitlitschka. Landeskonservator. Geboren 8. 5. 1938 in Klosterneuburg.

TODESTAGE

Johann Wilhelm Ganglberger. Musikdirektor. Gestorben 20. 1. 1938 in Wien. (Geboren 20. 5. 1876 in Preßbaum.)

Odo Neustädter-Stürmer. Heimwehr-Führer, mehrmals Minister im Ständestaat. Gestorben 19. 3. 1938 in Mödling. (Geboren 3. 11. 1885 in Laibach.)

Anselm Salzer. Germanist, Literarhistoriker. Gestorben 24. 3. 1938 in Seitenstetten. (Geboren 8. 10. 1856 in Waidhofen an der Ybbs.)

Eduard Ferdinand Hofecker. Maler, Graphiker. Gestorben 15. 4. 1938 in St. Pölten. (Geboren 16. 1. 1882 in Wien.)

Arthur Krupp. Industrieller. Übernahm 1879 die Leitung der Metallwarenfabrik in Berndorf, errichtete 1883 ein Walzwerk in Lilienfeld, 1888 eine Patronenfabrik in Berndorf. Gestorben 21. 4. 1938 in Berndorf. (Geboren 31. 5. 1856 in Wien.)

Eduard Zotter. Architekt. Studierte und arbeitete hauptsächlich in Wien, aber auch in NÖ (z. B. Um- und Neubau des Schlosses Artstetten bei Pöchlarn). Gestorben 19. 12. 1938 in Wien. (Geboren 18. 3. 1857 in Wien.)

Josef Wagner. Geistlicher. Christlichsozialer Politiker, Literat. Gestorben 19. 11. 1938 in St. Pölten. (Geboren 26. 10. 1874 in Klingenbrunn bei Haag.)

Links: Deutsche Truppen in der Wachau im März 1938.
Rechts: Verbot des Benützens einer Parkanlage für Juden.

März 1938 in Niederösterreich

Die politischen Ereignisse des Jahres 1938 unterschieden sich in Niederösterreich in Verlauf und Ergebnis wenig von denen anderer Bundesländer. Die Entscheidungen fielen in Wien, doch war Niederösterreich durch die unmittelbare Nähe zur Hauptstadt stark beteiligt und beeinflußt.

Schon seit dem Herbst 1937 war die Autorität der Regierung des Bundeskanzlers Dr. Kurt Schuschnigg durch zunehmende Aktivitäten der im Untergrund agierenden nationalsozialistischen Organisation untergraben worden. Seit dem Juliabkommen des Jahres 1936 befanden sich zahlreiche Nationalsozialisten wieder in Freiheit und arbeiteten emsig am Ausbau ihrer politischen Verbände, wenn es unter ihnen auch nicht an Spannungen fehlte. Eine Schlüsselfigur war weiterhin der ehemalige Offizier und kurzzeitige Landesrat Hauptmann Josef Leopold, der nun zum Landesleiter der NSDAP in Österreich aufgestiegen war. Immer stärker zeigten sich innerhalb dieser noch illegalen Partei zwei Gruppierungen. Neben den radikalen Vertretern, die auf Terror setzten, gab es in zunehmendem Maße Leute, die verhandeln und so zum Ziele kommen wollten. Nach einer für viele Funktionäre überraschend anberaumten Unterredung des Bundeskanzlers Dr. Schuschnigg mit Hitler auf dem Obersalzberg am 12. Februar 1938 wurde die Regierung umgebildet. Der Nationalsozialist Dr. Arthur Seyss-Inquart wurde Innenminister. Da sich die Ereignisse in der Folge immer mehr zuspitzten, und es unklar war, ob sich Österreich weiter politisch werde verteidigen können, entschloß sich der Bundeskanzler am 9. März 1938 zu einem dramatischen Schritt. Am Sonntag, dem 13. März, sollte das österreichische Volk darüber abstimmen, ob es weiterhin ein selbständiges Österreich haben wollte. Da diese Abstimmung nicht vorbereitet war, löste dieser Entschluß spontane Reaktionen aller Kreise aus. Von seiten der Regierung wurde versucht, mit Vertretern der Arbeiterschaft ins Gespräch zu kommen. Am 6. März 1938 fand in St. Pölten unter dem Vorsitz des Vizebürgermeisters Viktor Müllner eine Aussprache der „Sozialistischen Arbeitsgemeinschaft der Vaterländischen Front" mit 70 Vertrauensmännern der Arbeiter statt. Man wollte die politisch abseits stehenden Anhänger der früheren Sozialdemokratischen Partei motivieren, für Österreich und Schuschnigg zu stimmen. Die Nationalsozialisten wußten anfangs nicht, wie sie der Abstimmung begegnen sollten. SA und SS wurden in Bereitschaft

Adolf Hitler in St. Pölten am 14. März 1938.

gesetzt, am 10. März wurde vorerst die Parole „Wahlenthaltung" ausgegeben. Für Freitag, den 11. März wurde in St. Pölten eine große Vaterländische Kundgebung angekündigt. Tatsächlich versammelten sich schon um 18 Uhr die städtischen Bediensteten. Für den gleichen Tag wurde die Frontmiliz aufgeboten, die Nationalsozialisten sprachen von der „letzten Sturmgarde der Reaktion".

Freitag, der 11. März, begann und verlief allerorten dramatisch. Die von Deutschland ausgehenden diplomatischen Aktivitäten steigerten sich und gipfelten in einem Ultimatum, in dem der Rücktritt Schuschniggs gefordert wurde, gleichzeitig traf die Deutsche Wehrmacht Vorbereitungen zu einem Einmarsch in Österreich.

Nach vielen Verhandlungen und Interventionen entschloß sich der Bundeskanzler am Nachmittag, die geplante Abstimmung abzusagen, das österreichische Bundesheer anzuweisen, einmarschierenden deutschen Truppen keinen Widerstand zu leisten und mit seiner Regierung zurückzutreten. Um 19.50 Uhr informierte er die Bevölkerung im Rundfunk über diesen Entschluß.

Zu diesem Zeitpunkt hatten sich Österreichs Nationalsozialisten schon zu einer allgemeinen Machtergreifung entschlossen. Der niederösterreichische Gauleiter Dr. Jäger befahl, „in den Bezirksstädten zu marschieren, auch dann, wenn geschossen werde, um die Regierung in die Knie zu zwingen". Gegen 19 Uhr begannen überall Demonstrationen, auf Amtsgebäuden wurden Hakenkreuzfahnen gehißt, die Frontmiliz wurde entwaffnet oder verlief sich, die Anhänger der Vaterländischen Front, die noch während des Tages für die Abstimmung geworben hatten, verschwanden aus der Öffentlichkeit oder schwenkten meist auf die neue Linie um. Die Rathäuser und Gemeindeämter wurden noch in der Nacht besetzt. In den folgenden Tagen wurden in den mei-

sten Gemeinden des Landes die Gemeindetage aufgelöst, neue Bürgermeister wurden bestellt, Bezirksschulinspektoren und viele Schuldirektoren wurden ausgewechselt. Am Mittwoch, dem 16. März, öffneten die Schulen wieder und begrüßten mit Feiern den Anschluß. Die Zeichen der alten Zeit wurden beseitigt und neue aufgestellt, die Denkmäler für Dollfuß wurden abgetragen und erste Hitler-Büsten aufgestellt. In manchen Orten pflanzte man Hitler-Eichen und benannte Plätze und Straßen nach Hitler, dem auch von einigen Orten die Ehrenbürgerschaft angeboten wurde.

Der Einmarsch der Deutschen Wehrmacht

Im Laufe der Nacht zum 12. März waren von der Deutschen Wehrmacht die Vorbereitungen für den Einmarsch abgeschlossen worden. In den frühen Morgenstunden rückten deutsche Abteilungen in Oberösterreich und Salzburg ein, gleichzeitig landeten hohe Funktionäre und Sicherheitsbeamte auf dem Flughafen Aspern, dem damaligen Wiener Flugfeld. Noch am Samstag, dem 12. März, durchquerten schwache Vorausabteilungen des deutschen Heeres Niederösterreich und kamen bis Wien, während der Großteil der Heeresverbände erst in den nächsten Tagen die Hauptstadt erreichte.

Der erste stärkere deutsche Truppenverband, eine Aufklärungsabteilung, erreichte am Sonntag, dem 13. März, St. Pölten, wurde vom Militärkommandanten von NÖ, Generalmajor Feurstein, begrüßt und in den Kasernen untergebracht. Als in den folgenden Tagen immer mehr Truppen durch die Stadt zogen, wurden auch die Lehrerbildungsanstalt und andere Schulen an der Bundesstraße für Einquartierungen herangezogen.

In diesen beiden Tagen flogen auch deutsche Bombergeschwader über Niederösterreich und warfen Flugblätter ab. Am Montag, dem 14. März, wurde das Österreichische Bundesheer auf Hitler vereidigt und stellte eine Ehrenkompanie, als dieser am frühen Nachmittag die Stadt St. Pölten erreichte.

Links: Der zu den Nationalsozialisten übergegangene Landesstatthalter Julius Kampitsch.
Rechts: Roman Jäger. Der erste nationalsozialistische Landeshauptmann im März 1938.

1938

Die Machtübernahme im Landhaus

Das Landhaus in Wien war noch in der Nacht zum 12. März von Nationalsozialisten besetzt worden. Als Landeshauptmann Reither am Abend persönliche Gegenstände abholen wollte, wehte vom Dach eine Hakenkreuzfahne, und man verweigerte ihm bereits den Zutritt zu seinem Amtszimmer. Das Besondere war, daß ein bisheriges Mitglied der ständischen Landesregierung, der Landesstatthalter Julius Kampitsch, sich als illegaler Nationalsozialist erwies und am Samstag, dem 12. März, vorerst die Bildung der neuen Landesregierung durchführen sollte. Er war vom Bundeskanzler Dr. Seyss-Inquart mit der provisorischen Führung der Geschäfte des Landes Niederösterreich betraut worden, doch wurde noch am gleichen Tag der Gauleiter der NSDAP, der 29jährige Rechtsanwalt Dr. Roman Jäger, zum Landeshauptmann bestellt. Kampitsch blieb Landesstatthalter bis August 1938. In der Folge kam es im Nö. Landhaus zur Entlassung der bisherigen Regierungsmitglieder, zur Bildung einer neuen Landesregierung, zur Vereidigung der Beamtenschaft und zur Absetzung von nicht genehmen leitenden Beamten sowie zu Umbesetzungen in den Bezirkshauptmannschaften. Von den deutschen Polizei- und Sicherheitstruppen wurden alsbald auch eine Reihe von führenden Funktionären der Vaterländischen Front und der Landes- und Staatsverwaltung verhaftet. Darunter waren Landeshauptmann Josef Reither und der Bauernbunddirektor Dipl. Ing. Leopold Figl. Beide gehörten dem ersten Transport von Häftlingen an, der am 1. April 1938 in das KZ Dachau eingeliefert wurde.

Die Volksabstimmung vom 10. April

Das Interesse konzentrierte sich in den Tagen nach dem Anschluß auf die Vorbereitung der Volksabstimmung vom 10. April 1938. Es fanden unzählige Aufmärsche und Umzüge fast in jedem Ort statt, die Häuser mußten bekränzt, beflaggt und mit Hitler-Bildern geschmückt werden. Eine gigantische Propagandawelle setzte ein, um zu einem möglichst positiven Abstimmungsergebnis zu kommen. Eine Wahlwerbung gegen den Anschluß war nicht möglich. So haben auch eine Reihe von früheren Politikern der Sozialdemokraten, etwa der ehemalige Bundeskanzler Karl Renner und der frühere Landesrat Heinrich Schneidmadl,

Werbung für die Abstimmung vom 10. April 1938.

Erklärungen in Zeitungen veröffentlicht, daß sie für den Anschluß stimmen würden. Auch die Bischöfe Österreichs veröffentlichten am 18. März 1938 ein Bekenntnis zum Anschluß. Am Wahltag, dem Palmsonntag, mußte man die Häuser wieder schmücken und beflaggen. In manchen Orten zog man mit Musikkapellen, Transparenten und Böllerschüssen zur Abstimmung. So fiel das Ergebnis auch entsprechend eindeutig aus. In Niederösterreich gab es viele Gemeinden, bei denen keine einzige Gegenstimme gefunden wurde, sie erhielten ein Diplom. 988.755 Personen stimmten mit „ja" und nur 1463 mit „nein". Somit betrug der Anteil der Befürworter des Anschlusses 99,4 Prozent.

Aus Niederösterreich wird Niederdonau

Nach der Abstimmung vom 10. April war die Anschlußphase beendet.
In den nächsten Wochen wurde die Eingliederung Österreichs, und damit auch Niederösterreichs, in das Deutsche Reich rasch vorangetrieben. So kam es zur Einführung der Reichsmarkwährung, wobei eine Mark mit öS 1,50 bewertet wurde. Das Bundesheer wurde in die Deutsche Wehrmacht eingegliedert, und eine Reihe von wirtschaftlichen Maßnahmen wurde getroffen. Vor allem machte man sich Gedanken, ob man künftig den Namen „Österreich" bei der Benennung der Gaue beibehalten solle. Im Mai fiel die Entscheidung, daß anstelle von „Niederösterreich" nun der Name „Niederdonau" und für „Oberösterreich" der Name „Oberdonau" zu gelten habe. Ab dem 15. Juni 1938 wurde dieser Name amtlich verwendet. Unklarheit bestand auch noch über den Umfang des Gaues Niederdonau.

Die Machtübernahme durch die Nationalsozialisten auf dem Hauptplatz in Amstetten am Abend des 12. März 1938.

Links: Die im November 1938 zerstörte Synagoge von St. Pölten.
Rechts: Kennzeichnung jüdischer Geschäfte.

Angelobung des Oberbürgermeisters Emmo Langer durch Gauleiter Hugo Jury.

Es war nämlich geplant, Wien als selbständigen Gau beizubehalten und durch niederösterreichische Gemeinden zu vergrößern. Gleichzeitig bestand im Mai 1938 die Absicht, erhebliche Teile des Viertels unter dem Wienerwald und das ganze Burgenland dem Gau Steiermark einzuverleiben. Über Interventionen niederösterreichischer Funktionäre kam dies nicht zur Durchführung: wohl wurde Groß-Wien geschaffen, hingegen das nördliche Burgenland mit dem Gau Niederdonau vereinigt.

Die Beseitigung der Arbeitslosigkeit

Das Hauptproblem Österreichs war bis 1938 die große Arbeitslosigkeit, die man nicht hatte beheben können. Um Erfolge zu erzielen, wurden wenige Wochen nach dem Anschluß große Bauvorhaben in Angriff genommen. In Niederösterreich war schon seit Jahren ein Donaukraftwerk bei Ybbs-Persenbeug geplant, dessen Bau nun begonnen werden sollte. Ein weiteres großes Vorhaben war der Bau einer Autobahn von Salzburg durch das Alpenvorland mit einer Südumfahrung von Wien. Später sollte diese Autobahn über das Weinviertel und durch

das Gebiet der Tschechoslowakei bis Breslau verlängert werden. In Gebieten mit großer Arbeitslosigkeit, wie im Raum St. Pölten, wurde rasch mit den Erdarbeiten begonnen. In Orten mit größerer Arbeitslosigkeit kam es auch zur Errichtung von Volkswohnhäusern und zur Eingliederung von Fabriken in deutsche Konzerne. Betriebe, die für die Rüstung notwendig waren, wurden beträchtlich ausgebaut und neu errichtet. Während der Frühjahrs- und Sommermonate 1938 gab es bereits eine Reihe von Maßnahmen zur Errichtung neuer militärischer Anlagen. So wurde schon im Mai 1938 der Grundstein für Flugplätze, etwa in Markersdorf bei St. Pölten, Langenlebarn, bei Tulln, Schwechat und Kottingbrunn bei Baden, für neue Garnisonen, etwa in Hollabrunn oder St. Pölten, sowie für den Truppenübungsplatz Döllersheim (Allentsteig) gelegt. Verschiedene Projekte, die bereits vorbereitet waren, wurden nun beschleunigt durchgeführt, wie etwa die Staubfreimachung von Straßen oder Flußregulierungen an Perschling, Schmida und Leitha. Auch von den Gemeinden wurden entsprechende Aktivitäten verlangt. In Niederösterreich wurden auch Arbeitslager des Reichsarbeitsdienstes eingerichtet.

Während der Sommermonate kam es aber in vieler Hinsicht zu einer Ernüchterung. Die Umstellung der Löhne, Gehälter und Steuern sowie die Anpassung der Preise führten dazu, daß sich der Lebensstandard erheblicher Teile der Bevölkerung nicht besserte. Es war daher notwendig, Preisüberwachungen in größerem Umfang durchzuführen, einen Preisstop und Fixpreise festzusetzen.

Die Verfolgung der Juden

Einer der einschneidensten Maßnahmen der nationalsozialistischen Herrschaft war die Ausschaltung der Juden aus dem wirtschaftlichen, gesellschaftlichen und kulturellen Leben.

Schon wenige Tage nach der Machtergreifung der Nationalsozialisten wurden jüdische Geschäfte durch Plakate gekennzeichnet, um „Arier" vom Einkauf abzuhalten. Jeder Beamte, öffentliche Bedienstete und selbst jeder Gymnasiast hatten nachzuweisen, daß er arische Großeltern hatte. Den Juden wurde systematisch die Teilnahme am gesellschaftlichen Leben untersagt, die Benützung von Parkanlagen, der Besuch von Kinos verboten, Jugendlichen der Schulbe-

such erschwert. Viele in der Provinz lebende Juden zogen nach Wien, manchen gelang auch die Auswanderung. Einen neuen Höhepunkt erreichte die Verfolgung der Juden nach der „Reichskristallnacht" vom 9./10. November 1938. Damals wurden jüdische Geschäfte verwüstet, Auslagenscheiben eingeschlagen und die bestehenden Synagogen in Niederösterreich weitgehend zerstört. Der jüdische Besitz wurde beschlagnahmt. Dazu zählten etwa die Rothschild-Güter in Waidhofen an der Ybbs und Langau.

Aufmarsch der Hitlerjugend im Frühjahr 1938.

Veränderungen des gesellschaftlichen Lebens

Eine besonders starke Veränderung brachte das neue Regime im Schulwesen und im kulturellen Leben. Die konfessionellen Schulen wurden geschlossen, die höheren Schulen dem deutschen System angepaßt und ihr Besuch weitgehend an die Mitgliedschaft bei politischen Organisationen gebunden. Auch kulturelle Vereine wurden überprüft, manche aufgelöst, zusammengelegt oder neuen Leitungen unterstellt. Die NSDAP bemühte sich, alle Bereiche des Lebens zu durchdringen. So wurden die Jugendlichen in die Hitlerjugend eingegliedert, die Erwachsenen sollten möglichst zahlreich den verschiedenen Organisationen, wie SA, SS, NSKK beitreten, selbst die soziale Betreuung wurde durch die NS-Volkswohlfahrt übernommen und der Urlaub vielfach durch die NS-Gemeinschaft „Kraft durch Freude" gestaltet. An die Stelle des Gewerkschaftsbundes trat die „Deutsche Arbeitsfront". Auch die Unterdrückung kirchlicher Einrichtungen setzte bald ein.

Links: Anbringung einer Gedenktafel am Geburtshaus von Hitlers Mutter in Strones. Der Ort wurde in den Truppenübungsplatz einbezogen.
Rechts: Deutsche Schützenpanzer in der Garnison Spratzern.

Militärische Aufrüstung

Die militärischen Veränderungen

Als Hitler am Abend des 13. März 1938 die Eingliederung des Österreichischen Bundesheeres in die Deutsche Wehrmacht verfügte, gab es im Militärkommandobereich Niederösterreich 16 Truppenstandorte und einen Militärflugplatz (Wiener Neustadt). Ende März 1938 wurden alle höheren Kommanden des Bundesheeres aufgelöst, darunter das Kommando der 3. Division und Militärkommando von Niederösterreich in St. Pölten. Dem Militärkommando oblag bis dahin im Rahmen seiner territorialen Aufgaben u. a. die Verbindung zur politischen Landesbehörde. Diese Aufgabe, die mit der Neustrukturierung der Wehrorganisation ihre alte Bedeutung verlor, fiel künftighin dem Wehrkreisbefehlshaber in Wien zu.

Die Umgliederung des Bundesheeres (Neuorganisation, Umschulung, Neubewaffnung und Umrüstung) dauerte mehrere Monate. Anstelle der aufgelösten Divisionskommanden 1–4 waren bis Juli 1938 Infanteriekommandeure in Wien und St. Pölten und ein Artilleriekommandeur in Wien für die unmittelbare Führung der „deutsch-österreichischen" Truppenkörper verantwortlich. Mit 1. April übernahm das Generalkommando des XVII. Armeekorps (Wien) die Befehlsgewalt über alle in Wien, Niederösterreich, Oberösterreich und im Burgenland stationierten Truppen des Heeres. Gleichzeitig kamen als nachgeordnete Führungsstellen Divisionsstäbe der 4. Leichten und der 44. und 45. Infanteriedivision in Wien und Linz zur Aufstellung. Oberste Kommandobehörden der Wehrmachtteile Heer und Luftwaffe auf österreichischem Boden waren seit April 1938 das Heeresgruppenkommando 5 und das Luftwaffenkommando Österreich in Wien. Als Dienststellen der Kriegsmarine (Donauflottille) entstanden in Krems an der Donau eine Standortverwaltung und eine Marinebaudienststelle.

Noch im Frühjahr 1938 wurde mit der Planung und dem Bau von Fliegerhorsten in Niederösterreich begonnen. Standorte der geplanten Horste waren: Schwechat, Zwölfaxing, Langenlebarn, Fels am Wagram und Markersdorf an der Pielach. Der ehemalige Industrie-Flugplatz Kottingbrunn (Hirtenberger) sollte zum Fliegerhorst Bad Vöslau ausgebaut werden. Die Fertigstellung der Projekte erstreckte sich bis in die Jahre 1939 und 1940.

Anläßlich der Umstellung auf die deutsche Wehrersatzorganisation wurde mit August 1938 der Verwaltungs- und Ergänzungsbereich des XVII. Armeekorps (= Wehrkreis XVII) in mehrere Wehrersatzinspektionen und diese wieder in Wehrbezirke geteilt. Der neu errichteten Wehrersatzinspektion Niederösterreich (später Niederdonau) un-

Adolf Hitler mit Generälen auf dem Truppenübungsplatz Völtendorf im Frühjahr 1939.

terstanden Wehrbezirkskommanden in Baden bei Wien, Krems, Melk, St. Pölten, Wiener Neustadt und Zwettl, denen in diesen und anderen Orten einzelne Wehrmeldeämter nachgeordnet waren. Den Wehrersatzdienststellen oblagen neben anderen Aufgaben die Musterung, Aushebung und Einberufung zum Wehrdienst sowie die Kontrolle der Einberufenen und Reservisten.

Am 1. August 1938 war die „Umgliederung" der Wehrmacht in Österreich so weit fortgeschritten, daß die Regimenter und selbständigen Abteilungen (Bataillone) des ehemaligen Bundesheeres endgültig aufgelöst und die neuen deutschen Bezeichnungen angenommen werden konnten. Mit dieser Maßnahme war auf dem Gebiete der Heeresgliederung die „Reichseinheitlichkeit" hergestellt. Die hier stationierten Einheiten der Luftstreitkräfte hatten z. T. schon früher neue Bezeichnungen erhalten; sie gehörten seit Juli zum Luftgau XVII (Kommandositz Wien).

Die Unterbringung aller Heeres- und Luftwaffenteile einschließlich der aus dem „Reich" zugeführten Einheiten und Personalkader erforderte einen beachtlichen Ausbau der militärischen Infrastruktur, vornehmlich die Errichtung von Kasernen und Barackenlagern. Zu den aus dem Bundesheer stammenden Garnisonen traten im Laufe des Jahres 1938 noch folgende neue Truppenstandorte: Amstetten, Baden, Eggenburg, Gneixendorf, Hollabrunn, Mautern, Mödling, Neulengbach, Retz und Waidhofen an der Thaya. Die in Krems-Gneixendorf und St. Pölten-Spratzern er-

richteten Lager dienten der Unterbringung motorisierter (Panzer-)Truppen der 4. Leichten Division. Bei Wien entstanden ähnliche Unterkünfte für die stabile Garnisonierung der nach dem Einmarsch in Österreich verbliebenen 2. Panzerdivision. In St. Pölten (Völtendorf) und in anderen Standortbereichen der Wehrmacht wurden große Garnisonsübungsplätze angelegt oder alte Exerzierplätze zu modernen Ausbildungsorten ausgebaut.

Durch die geplante Gaueinteilung fiel das nördliche Burgenland noch 1938 als Wehrmeldebezirk an die Wehrersatzinspektion Niederösterreich (Niederdonau). Neue Garnisonsorte und Standorte der Wehrersatzorganisation erhielt das Land außerdem durch die Besetzung des Sudetenlandes (Bereich Südmähren).

Im Zuge der Besetzung der „Rest-Tschechoslowakei" im Frühjahr 1939 und der folgenden Kriegsvorbereitungen wurden das Fliegerhorst-Ausbauprogramm erweitert und die Truppenstationierungen auf weitere Örtlichkeiten des nunmehrigen Reichsgaues Niederdonau ausgedehnt. Im Krieg nahm der Auf- und Ausbau der Wehrmacht und ihrer Einrichtungen auf österreichischem und speziell niederösterreichischem Boden ungeahnte Dimensionen an. Die im Land zurückgebliebenen Stellvertretenden Generalkommanden bzw. Befehlshaber im Wehrkreis (Luftgau) XVII waren für die Ausbildung und Ergänzung der Ersatzeinheiten, für die Zuführung und den Nachschub von Personal und Material an die im Felde stehenden Verbände sowie für alle in ihrem Bereich fallenden Neuaufstellungen verantwortlich.

Links: Soldaten auf dem Truppenübungsplatz Döllersheim.
Rechts: „Tag der Wehrmacht" im Jahre 1939.

Militärische Aufrüstung

Die Schaffung des Truppenübungsplatzes Döllersheim

Als im März 1938 die deutschen Truppen in Österreich einrückten und der Anschluß erfolgte, wurde dieser gerade in jenem Teil des Waldviertels von vielen Menschen begrüßt, der später entsiedelt werden sollte. Schließlich stammte ein Teil von Hitlers Vorfahren aus der Gegend östlich von Zwettl und um Döllersheim, und immer wieder wurde die Region als die eigentliche Heimat des Führers hervorgehoben. Es gibt Photos von kleinen Veranstaltungen vor dem Geburtshaus von Hitlers Vater. Bei den Planungsstäben der deutschen Wehrmacht bestand aber bereits damals die Idee, einen militärischen Übungsplatz im nördlichen Niederösterreich zu errichten. Schon im Frühjahr 1938 entschied man sich für das Gebiet östlich von Zwettl. Es gab dafür wohl zwei Gründe: Der eine war die günstige militärische Lage zur Tschechoslowakei. Tatsächlich erfolgte hier in den ersten Wochen der Entstehung des Übungsplatzes eine große Ansammlung von Truppen. Der andere Grund war zweifellos die geringe Bonität des Bodens dieser Gegend. Dazu ist das Gebiet relativ eben und daher sowohl für Schießübungen wie auch für Großübungen von Infanterie und Panzern gut geeignet.

Bald nach dem Anschluß besichtigte der

Übung deutscher Truppen in Döllersheim.

Oberbefehlshaber des Heeres persönlich das in Aussicht genommene Gelände zwischen Döllersheim und Allentsteig und erteilte am 20. Juni 1938 in Wien die Ermächtigung, die deutsche Ansiedlungsgesellschaft mit der Beschaffung des Landes und mit der Absiedlung der Bewohner zu betrauen.

Schon im August 1938 standen die genauen Grenzen des geplanten Gebietes fest, und die Entsiedlung erfolgte abschnittsweise in mehreren Zonen. In den Monaten Juli und August 1938 wurde der Kernbereich abgelöst und die Bevölkerung in andere Gemeinden und Gegenden übersiedelt. Diese innere Zone lag inerhalb der Orte Allentsteig, Mannshalm, Dietreichs-Döllersheim und hatte das Zentrum in Groß-Poppen, von wo aus die Schießbahn ihren Ausgang nehmen sollte. Während diese Absiedlung im Sommer 1938 in Gange war, wurden bereits die ersten Schießübungen durchgeführt, und es fand eine massive Truppenkonzentration in diesem Gebiet statt. Bereits ab 8. August 1938 wurde auf dem Übungsplatz scharf geschossen, und die Bevölkerung wurde gewarnt, auf herumliegende Blindgängergeschoßteile oder Zünder achtzugeben. Die militärischen Stellen waren im Westen des Sperrgebietes bereits aktiv, und mit 1. September mußte der Dürnhof vom Stift Zwettl an das Militär abgetreten werden. Die Bewohner dieser ersten Entsiedlungsetappe

waren noch relativ gut unterzubringen, es gab damals in Österreich eine Reihe von Höfen, die zum Kauf angeboten wurden. Auch einige Meierhöfe wurden in den Bezirken Waidhofen oder Horn aufgeteilt und neue Bauernhäuser geschaffen. Allerdings taten sich die Aussiedler, wenn sie das Waldviertel verließen, sehr schwer. Sie waren in der Regel nie zuvor in die Fremde gekommen, und ihr Lebensbereich war das Dorf und die nächste Umgebung, eventuell die Pfarre. Es fiel daher vielen nicht leicht, sich in anderen Gegenden anzugewöhnen, und eine große Zahl der Umsiedler verstarb bald nach der Übersiedlung in andere Orte. Obwohl im Herbst 1938 und im Frühjahr 1939 nach der Abtretung der deutschsprachigen Randgebiete der Tschechoslowakei an das Deutsche Reich und nach der Umwandlung der Tschechoslowakei in das Protektorat Böhmen und Mähren die militärische Bedeutung zurückging, wurde der Truppenübungsplatz Döllersheim weiter ausgebaut. Im Sommer 1939 war eine weitere Zone entsiedelt, und zwar die im Osten anschließende mit den Orten Edelbach, Mestreichs, Äpfel-Gschwendt und mit jenen Bereichen, die in der Nähe von Göpfritz an der Wild lagen. Auch im Westen waren einige Landstriche dem Übungsplatz angeschlossen worden. Die dritte, westliche Zone des Übungsplatzes sollte ursprünglich bis 30. September 1939 geräumt sein, doch wurde dieser Termin dann bis Jahresende verschoben. Unterdessen war der Krieg ausgebrochen, und die Übungen waren für große Verbände der Wehrmacht von Bedeutung geworden. Es fand nun auch Artilleriescharfschießen statt, daneben wurden viele Infanterieübungen durchgeführt. Neben der Entsiedlung, die sich im Raum Döllersheim noch später hinzog, wurde mit dem Bau von festen Häusern für Offiziere und Wehrmachtsbedienstete begonnen. Solche Offizierswohnungen entstanden im Gebiet von Allentsteig und im Bereich der Stadt Zwettl. Bis zum 31. März 1941, als die Entsiedlung praktisch abgeschlossen war, fielen ihr 1389 Gebäude oder Gehöfte zum Opfer, insgesamt rund 6000 Menschen verloren ihre Heimat. Von den bis zum 1. Jänner 1941 ausgesiedelten Personen fanden 67 Prozent im Waldviertel einen neuen Wohnsitz, im gesamten Gau „Niederdonau" etwa 85 Prozent. Rund 11 Prozent zogen nach Oberösterreich, 4 Prozent in die Steiermark.

Mit 1. April 1941 kam es zu einer Änderung der Gesamtorganisation. Es wurde der Bezirkstruppenübungsplatz Döllersheim gebildet und damit die entsiedelten Gebiete aus den entsprechenden Gemeinden ausgegliedert. Eine Reihe von Gemeinden wurde damit aufgelöst und die Gemeindestruktur des Raumes völlig verändert.

Links: Werbeprospekt der Hitlerjugend 1939.
Rechts: Der Chirurg Anton Eiselsberg.

1939–1940

KALENDER

1939. Die Zuckerfabrik Hohenau brennt ab.

Die Schmidhütte übersiedelt aus Rottenmann nach Krems an der Donau. Dafür werden bis 1942 Wohnungen gebaut.

Das Gau-Symphonie-Orchester (später Nö. Tonkünstlerorchester) wird gegründet.

Die Aufhebung der staatlichen Patronate und des Religionsfonds erfolgt.

In Gmünd wird eine Kartoffelverwertungs-AG errichtet.

Ausbau der Wiener Neustädter Flugzeugwerke zu einem großen Rüstungsbetrieb.

1.1. Die staatliche Matrikenführung durch die Standesämter tritt in Kraft. Die Bezirkshauptmannschaften werden in Landratsämter umgewandelt.

16.3. Die Tschechoslowakei wird in ein Reichsprotektorat Böhmen und Mähren umgewandelt. Die Slowakei wird ein selbständiger Staat. Von NÖ aus rücken Truppen in beide Gebiete ein.

1.5. Das Gesetz über die Leistung von Kirchenbeiträgen tritt in Kraft.

Mai/Juni. Eingemeindung in verschiedene Städte Niederösterreichs, vor allem nach St. Pölten, Krems und Wilhelmsburg.

Juni. Krems wird zur Gauhauptstadt Niederösterreichs erklärt.

Sommer. Lager und Kasernen sowie Flugplätze entstehen in verschiedenen Teilen Niederösterreichs.

28.8. Lebensmittelkarten werden ausgegeben.

1.9. Beginn des Zweiten Weltkrieges.

25.10. Großes Eisenbahnunglück bei St. Valentin.

1940. In St. Valentin entsteht das „Nibelungenwerk" des Steyr-Daimler-Puch-Konzerns, das vor allem zur Herstellung von Panzern errichtet wird.

Ottenstein geht in das Eigentum des Deutschen Reiches über und wird in den Truppenübungsplatz Döllersheim einbezogen.

In nö. Kriegsgefangenenlagern werden Franzosen und Belgier untergebracht. Das Zentrallager befindet sich in Gneixendorf bei Krems.

Stift Altenburg wird für die Unterbringung von Umsiedlern aus Bessarabien verwendet.

In Neunkirchen wird eine Oberschule für Knaben errichtet.

Mai. Der Frankreichfeldzug, bei dem auch viele nö. Soldaten eingesetzt werden, findet statt.

GEBURTSTAGE

Helmut Rauch. Professor für Kernphysik an der TU Wien. Geboren 22. 1. 1939 in Krems.

Paul Rotterdam. Maler. Lebt in New York. Geboren 12. 2. 1939 in Wiener Neustadt.

Helmut Detter. Leiter des Forschungszentrums Seibersdorf. Geboren 11. 5. 1939 in Wiener Neustadt.

Karl Kern. Nö. Landesamtsdirektor. Geboren 28. 12. 1939 in Wien.

Gustav Kraupa. Bürgermeister von Wiener Neustadt. Geboren 25. 8. 1939 in Wiener Neustadt.

Herbert Zeman. Universitätsprofessor für Germanistik in Wien. Geboren 4. 6. 1940 in Pernitz.

TODESTAGE

Hermann Eckel. Jurist. Präsident der Wiener Rechtsanwaltskammer. Gestorben 21. 1. 1939 in Wien. (Geboren 9. 10. 1875 in Geras.)

Helene Odilon. Schauspielerin. Verheiratet mit Alexander Girardi. Gestorben 9. 2. 1939 in Baden. (Geboren 31. 7. 1865.)

Franz Schmidt. Komponist. Gestorben 11. 2. 1939 in Perchtoldsdorf. (Geboren 22. 12. 1874 in Preßburg.)

Josef Reiter. Komponist, Lehrer. Gestorben Mai 1939 in Bayrisch Gmain. (Geboren 9. 1. 1862 in Braunau.)

Theodor Alois Sonnleitner (eigentlich Alois Tlučhoř). Jugendschriftsteller („Die Höhlenkinder"), Lehrer. Gestorben 2. 6. 1939 in Perchtoldsdorf. (Geboren 25. 4. 1869 in Daschitz/Böhmen.)

Anton Eiselsberg. Chirurg. Universitätsprofessor in Utrecht, Königsberg und Wien. Einer der Begründer der Neurochirurgie. Forschung auf dem Gebiet der Chirurgie des zentralen Nervensystems, der Schilddrüse und des Magen-Darm-Kanals. Schuf 1909 gemeinsam mit Hochenegg Unfallstationen, die für die ganze Welt vorbildlich wurden. Gestorben 25. 10. 1939 bei St. Valentin (Eisenbahnunglück). (Geboren 31. 7. 1860 in Schloß Steinhaus bei Wels.)

Richard Gubin. Goldpräger, Fabrikant. Gründete das Erste Wiener Prägefolienwerk, 17 patentierte Erfindungen (u. a. Schnellprägepresse, präpariertes Blattmetall „Gubinol"). Gestorben 24. 2. 1940 in Wiener Neudorf. (Geboren 31. 2. 1870 in Valtroviče/Mähren.)

Michael Hainisch. Bundespräsident. Gestorben 26. 2. 1940 in Wien. (Geboren 15. 8. 1858 in Aue bei Gloggnitz.)

P. Damian Kreichgauer. S.V.D. Ordensgeistlicher, Naturwissenschaftler. Professor in St. Gabriel. Gestorben 10. 3. 1940 in St. Gabriel. (Geboren 1. 5. 1859 in Rockenhausen/Rheinpfalz.)

Friedrich Larysus Graf von Wellenburg. Beamter des Ministeriums des Inneren, arbeitete auf dem Fachgebiet „Österreichischer Adel und seine genealogischen Verbindungen vom Mittelalter in die Neuzeit". Gestorben 28. 3. 1940 in Schloß Haindorf am Kamp. (Geboren 9. 11. 1888 in Pola/Istrien.)

Matthias Zdarsky. Bahnbrechender Begründer der alpinen Schi-Methodik. Gestorben 20. 6. 1940 in St. Pölten. (Geboren 25. 2. 1856 in Trebisch/Mähren.)

Franz Xaver Kiessling. Heimatforscher. Beschäftigte sich vor allem mit den Sagen und Bodendenkmälern des Waldviertels. Gestorben 20. 10. 1940 in Krems. (Geboren 4. 4. 1859 in Wien.)

Karl Juhasz. Filmpionier. Kinobesitzer in Mödling. Gestorben 7. 11. 1940 in Mödling. (Geboren 13. 10. 1868 in Wien.)

Hans Wagner-Schönkirch. Komponist, Musikpädagoge, Chorleiter. Gestorben 12. 2. 1940 in Wien. (Geboren 19. 12. 1872 in Schönkirchen.)

Feier der NSDAP auf dem Flughafen Markersdorf.

Links: Der Komponist Franz Schmidt.
Rechts: Werbeprospekt für Jugendherbergen.

Franz Schmidt

Der am 22. Dezember 1874 in Preßburg geborene Komponist wuchs am Schnittpunkt deutscher, slowakischer und ungarischer Musikkultur auf. In Wien wurde er Schüler von Hellmesberger und trat 1896 als Violoncellist ins Hofopernorchester (Philharmoniker) ein. Daneben wirkte er auch als Lehrer am Konservatorium und wurde 1925 Direktor, später Rektor der Staatsakademie für Musik. Im Jahre 1931 trat er in den Ruhestand.

Schon im Jahre 1900 trat er mit einer ersten Symphonie vor die Öffentlichkeit und erhielt den Betthovenpreis der Gesellschaft für Musikfreunde. Insgesamt komponierte er bis 1934 vier Symphonien. Für Orchester schuf er „Variationen über die Husarenlieder" (1931). Daneben sind zwei Streichquartette und eine große Zahl von Orgelwerken bedeutend. Weniger Erfolg hatte er mit seinen beiden Opern „Notre Dame" (1914), die sich ebenso wenig durchsetzen konnte wie die 1924 entstandene Oper „Fredegundis". Höhepunkt seines Schaffens war aber das Oratorium „Das Buch mit den sieben Siegeln" (1935–1937), das als großartigster Beitrag dieser musikalischen Gattung im 20. Jahrhundert bezeichnet wird.

Matthias Zdarsky

Der am 25. 2. 1856 in Trebitsch in Mähren geborene Matthias Zdarsky wurde im Traisental zu einem Pionier der Schifahrtechnik. Von Beruf war er Maler und Bildhauer und kaufte 1889 das Gut „Habernreith" bei Lilienfeld. Nach etwa 200 Versuchen schuf er 1896 die „Lilienfelder Schibindung", die erstmals Steilabfahrten und Torläufe ermöglichte. Diese „Lilienfelder Bindung" war eine starke Federbindung. Zdarsky entwickelte auch die Lilienfelder Schifahrtechnik, die auf die Anwendung des Stemmbogens um einen einzelnen eingesetzten Stock ohne Teller beruhte.

Im Jahre 1905 organisierte er den ersten Slalomlauf der Welt auf den Hängen des Muckenkogels bei Lilienfeld. Seine Methode veröffentlichte er in seinem 1897 erschienenen Buch „Die Alpine (Lilienfelder) Schifahrtechnik", das bis zum Jahr 1925 17 Auflagen erzielte.

Seine letzten Lebensjahre verbrachte Zdarsky in St. Pölten, wo er am 20. 6. 1940 starb.

Marsch einer SA-Einheit während des Kriegsparteitages der NSDAP im Juni 1939 in St. Pölten.

Die Bezirksverwaltung März 1938

Mit Kundmachung des Reichsstatthalters in Österreich vom 28. November 1938 wurden die politischen Bezirke Österreichs in Landkreise umgewandelt, aus den Bezirkshauptmannschaften wurden Landratsämter gemacht. Ihre Amtswirksamkeit begann am 1. Jänner 1939. Ein Landratsamt hatte alle Agenden der Bezirkshauptmannschaft zu führen mit Ausnahme der politischen, die Sache der GESTAPO waren. An neuen Agenden kamen dazu: das Jugendamt, das Fürsorgeamt, das Ernährungsamt und das Wirtschaftsamt. Durch den Krieg und durch diese Ausweitung wurde der Beamtenstab dieser Bezirkshauptmannschaften immer größer. Der Landtag wurde von der NSDAP kontrolliert, und Vertrauensleute der NSDAP waren außerdem diesen Ämtern zugeteilt. Allerdings stand ihnen im internen Amtsbereich kein Einfluß zu. Die Landratsämter hatten ein halbes Jahr vor Kriegsausbruch bereits die Lebensmittelkarten vorzubereiten und zum Versand an die Gemeinden zu verpacken. Jedenfalls wurde die Bewirtschaftung von Benzin und Rauchwaren vorgesehen. Weiters wurde den Landräten auch der zivile Luftschutz zugeteilt, eine Aufgabe die immer wichtiger wurde, nachdem seit 1943 auch Österreich unter Luftangriffen der Alliierten zu leiden begann.

Die Bildung von Großgemeinden

Nach der Einführung der deutschen Gemeindeordnung wurden in Niederösterreich Gemeindezusammenlegungen durchgeführt und einige Großgemeinden geschaffen. Der Stadt Krems war mit 1. Oktober 1938 die Stellung eines Stadtkreises (früher Städte mit eigenem Statut) zuerkannt worden. Im Jahre 1938 wurden Rehberg, Stein und Landersdorf mit Krems verbunden; ebenso die südlich der Donau liegenden Städte Mautern, Gneixendorf, Furth und Egelsee. Im Jahre 1948 wurden einige dieser Orte wieder ausgemeindet. Stark vergrößert wurde im Jahre 1939 auch St. Pölten, das die Gemeinden Ratzersdorf, Radlberg und Stattersdorf sowie Teile von St. Georgen und Pyhra zugesprochen erhielt. Dadurch wuchs der Stadtbezirk auf 69 km², die Einwohnerzahl erhöhte sich auf 44.000. Die Stadt Waidhofen an der Ybbs verlor ihr Statut. Hingegen wurde der Markt Wilhelmsburg erweitert. Auch Herzogenburg erhielt einige Nachbargemeinden zugesprochen.

Links: Soldatenfriedhof bei Jagodin 1941.
Rechts: Architekt Rudolf Wondracek.

1941–1942

KALENDER

1941 Eine große Überschwemmung der March führt zur Verwüstung der Ufergebiete.

Es kommt zum Bau einer Reihe von Betrieben, etwa der Rax-Werke in Wiener Neustadt, die Kraftwerkskette an der Enns wird fertiggestellt. Das Nibelungenwerk, ein Rüstungsbetrieb in St. Valentin, wird eröffnet, in Gmünd eine Fabrik für Kartoffelverarbeitung.

März–April Die GESTAPO unternimmt eine Aktion gegen die illegale KP im Raum St. Pölten. Am 20. Oktober wird auch bei der Reichsbahn in St. Pölten eine Widerstandszelle aufgedeckt, ihre Angehörigen werden festgenommen.

6. 4. Der Krieg auf dem Balkan berührt auch Niederösterreich, das Hauptquartier der Deutschen Wehrmacht befindet sich einige Tage im Tunnel von Tauchen. Am 17. April erfolgt die Kapitulation Jugoslawiens, so daß sich der Krieg auf weiter entfernte Schauplätze verlagert.

22. 6. Der deutsche Feldzug gegen die Sowjetunion beginnt.

11. 12. Das Deutsche Reich erklärt den Vereinigten Staaten den Krieg.

1941/42 Es herrscht ein überaus strenger Winter.

1942. Im Stift Klosterneuburg wird eine Widerstandszelle ausgehoben. Pater Karl Roman Scholz ist die Zentralfigur.

Die Stifte Klosterneuburg, Altenburg und Göttweig werden aufgehoben, die Gebäude anderen Zwecken zugeführt.

Abnahme der Glocken in verschiedenen Kirchen zur Metallgewinnung.

24. 8. Die Schlacht um Stalingrad beginnt, die am 31. Jänner 1943 mit der Kapitulation der 6. deutschen Armee endet. Zu dieser Armee gehören auch aus Österreich rekrutierte Regimenter.

GEBURTSTAGE

Liese Prokop. Landesrat. Geboren 27. 3. 1941 in Wien.

Hademar Bankhofer. Journalist, Schriftsteller, Propagator für gesundes Leben. Geboren 13. 5. 1941 in Klosterneuburg.

Manfred Bene. Inhaber der Fa. Bene Büromöbel KG Waidhofen a. d. Ybbs. Geboren 11. 6. 1941.

Annemarie Moser. Lyrikerin, Geboren 17. 8. 1941 in Wiener Neustadt.

Herbert Koch. Geschäftsführer der Möbelfirma KIKA. Geboren 8. 11. 1941 in Krems.

Hugo Michael Sekyra. Chef der ÖIAG. Geboren 1941 in Mannersdorf am Leithagebirge.

Michael Salzer. Industrieller (Papiererzeuger). Geboren 21. 10. 1941 in Wien.

Johannes Coreth. Landesdirektor der Nö. Versicherung. Geboren 3. 8. 1942 in Budapest.

Abnahme von Kirchenglocken.

Gerhard Bocek. Gastwirt und Fremdenverkehrsfachmann. Geboren 21. 8. 1942 in Deutsch Wagram.

Adolf Stricker. Präsident des Landesschulrates. Geboren 24. 9. 1942 in Wien.

Traude Votruba. Landesrat seit 1981. Geboren 10. 10. 1942 in Felixdorf.

Franz Blochberger. ÖVP-Landesrat. Geboren 16. 10. 1942 in Krumbach.

Norbert Steiner. NÖ-Plan Vorsitzender. Geboren 13. 10. 1942 in Garmisch-Partenkirchen.

Johann Bauer. NR-Abgeordneter. Geboren 1942 in Ziersdorf.

Christian Boesch. Sänger. Geboren 1942 in Hainfeld.

Wachtposten 1941.

TODESTAGE

August Forstner. Sozialdemokratischer Politiker, eine der originellsten Persönlichkeiten der Sozialdemokratischen Partei. Fuhrwerker, Volksredner, Begründer der Zeitschrift „Die Peitsche". Reichsrats- und Nationalratsmitglied, Organisator des Verbandes der Transport- und Verkehrsarbeiter, dessen Zentralobmann er war. Gestorben 14. 2. 1941 in Wolfpassing. (Geboren 29. 7. 1876 in Wien.)

Josef Allram. Waldviertler Mundartdichter („Waldviertler Sepp"), Schuldirektor. Gestorben 19. 12. 1941 in Wien. (Geboren 22. 3. 1860 in Schrems.)

Johann Mayer. Landeshauptmann nach der Trennung von Wien und Niederösterreich. Gestorben 12. 10. 1941 in Bockfließ. (Geboren 28. 2. 1858 in Deutsch Wagram.)

Friedrich Weghaupt. Bildhauer. Gestorben 25. 1. 1942 in Perchtoldsdorf. (Geboren 4. 7. 1868 in Wien.)

Amand (Josef) John. O.S.B. Abt von Stift Melk. Gestorben 5. 7. 1942 in Melk. (Geboren 5. 11. 1867 in Kreibitz, Böhmen.)

Ferdinand Strasser. Vor 1934 Vizebürgermeister in St. Pölten, dann KP-Politiker. Gestorben 30. 9. 1942 (hingerichtet). (Geboren 3. 4. 1901 in Krems.)

Alexander Gaheis. Klassischer Philologe. Teilnahme an verschiedenen Forschungsreisen in Kleinasien, 1920–1933 Ausgrabungsleiter in Lauriacum. Gestorben 17. 11. 1942 in Wien. (Geboren 3. 2. 1869 in Hainburg.)

Rudolf Wondracek. Architekt. Seit 1927 in St. Pölten; er schuf u. a. Heldenkirche in Klosterneuburg. Gestorben 21. 11. 1942 in St. Pölten. (Geboren 9. 1. 1886 in Wien.)

Rudolf Kolisko. Politiker. Advokat in Hollabrunn, gründete als Landtagsabgeordneter die „Deutsche Volkspartei in Niederösterreich", 1908–1919 Bürgermeister von Hollabrunn, 1899–1931 Vorsteher der Sparkasse Hollabrunn. Gestorben 18. 12. 1942 in Hollabrunn. (Geboren 15. 3. 1859 in Wien.)

Architekt Rudolf Wondracek

Der in St. Pölten lebende und mit der Bearbeitung des Regulierungsplanes betraute Architekt wurde 1928 im Wettbewerb um die Fassadengestaltung des Justizpalastes in Wien mit einem zweiten Preis ausgezeichnet. Später erhielt er den Auftrag zum Umbau des äußeren Burgtores in Wien, zu einem österreichischen Heldendenkmal. Er errichtete in St. Pölten eine Reihe bemerkenswerter Bauwerke, unter anderem Siedlungs- und Wohnhäuser im Süden der Stadt und die Kirche von Wagram.

Links: Soldaten der Luft-
waffe mit einer Flieger-
bombe.
Rechts: Es mußte jeder
Flecken für die Erzeu-
gung von Lebensmitteln
genutzt werden.
Unten: Kundmachung
über die Verurteilung von
Widerstandskämpfern.

Kommunistische Widerstandsgruppe im Traisental

Im Jahre 1940 baute Johann Ebner im Traisental unter den Arbeitern der Reichsbahn
und verschiedener Betriebe eine kommunistische Widerstandsgruppe auf, die Geldbe-
träge sammelte, um Familien Inhaftierter zu
unterstützen. Die einzelnen Mitglieder leisteten monatlich Beiträge von 50 Pfennigen
bis 1,5 Mark. Im Jänner und März 1941
wurden einige Spitzenfunktionäre verhaftet,
doch bestand die Organisation weiter. Man
setzte sich auch politische Ziele und wollte
Sabotageakte organisieren. So sollten das
Pumpenhaus des Hauptbahnhofes St. Pölten gesprengt, Signalanlagen zerstört und
Weichen verstellt weren. Zu Sabotageakten
kam es aber nicht. Auch die geplante Verbindung der lokalen Organisation zur Wiener Zentrale der illegalen KP kam nicht
zustande, da die Wiener Organisation aufgedeckt wurde. Im Jahre 1942 unternahm
die GESTAPO eine Aktion gegen die Widerstandsgruppe im Traisental. 228 Personen wurden festgenommen, weitere 69 mel-
deten sich freiwillig als Angehörige der auf-
gedeckten KP-Organisation und wurden aus
diesem Grund in Freiheit belassen. Ein erheblicher Teil der Festgenommenen wurde
später vor Gericht gestellt, einige wurden
sogar hingerichtet.

Das Flugmotorenwerk Ostmark

Im Jahre 1941 gründete die Bank der Deutschen Luftfahrt-AG Berlin und die Junkers-
Motoren-AG Dessau die Flugmotorenwerke Ostmark-Ges.m.b.H. Das Hauptwerk
wurde auf Grundstücken in Wiener Neudorf, Biedermannsdorf, Guntramsdorf und
Laxenburg auf einer Fläche von 3 Millionen
Quadratmetern gebaut.
Außerdem wurde in Mödling anstelle einer
ehemaligen Schuhfabrik ein Vorwerk eingerichtet. Weitere Zweigwerke entstanden in
Brünn und in Marburg an der Drau. Das
Unternehmen diente Rüstungszwecken auf
dem Gebiet der Luftfahrt. Im Jahre 1942
wurden im Hauptwerk Wiener Neudorf
über 20.000 Personen beschäftigt, und der
Wert der Anlagen wurde mit 400 bis 500
Millionen Reichsmark beziffert. Bevor noch
der Ausbau vollendet war, begannen im
Sommer 1943 die Luftangriffe der Alliierten. Die kaum angelaufene Flugmotoren-
produktion wurde in zahlreiche Ausweich-
betriebe verlegt. Das Produktionsziel von
etwa 1.000 Flugmotoren pro Monat konnte
nicht erreicht werden. Nach Kriegsende
wurde das Hauptwerk Wiener Neudorf, das
Vorwerk in Mödling und alle Verlagerungs-
betriebe samt den Materialien in Niederösterreich von der russischen Besatzungsmacht beschlagnahmt und in Anspruch genommen. Die Werkshallen und Fabriksge-
bäude in Wiener Neudorf wurden demon-
tiert und dann gesprengt, so daß nur ein
Trümmerfeld zurückblieb.

Das Kriegsgefange-
nenlager 17b in Gneixendorf

Während des Zweiten Weltkrieges bestand
in Gneixendorf bei Krems ein großes
Kriegsgefangenen-Stammlager, in dem je
nach der Kriegslage Gefangene verschiedener Nationalitäten untergebracht waren. Im
Jahre 1939 waren es vor allem Polen, 1940
Belgier und Franzosen, später Russen, zuletzt amerikanische und englische Flieger.
Im Jahre 1939 und teilweise auch 1940 wurden die Kriegsgefangenen in Zelten untergebracht, dann wurde ein Barackenlager mit
mehr als 40 Baracken in der Größe von
30×73 m errichtet. Insgesamt wurden für
das Lager etwa 1 km² Bodenfläche verwendet. Ein Großteil der Insassen wurde auf
Arbeitskommandos geschickt oder war bei
Bauern verteilt, so daß sich im Lager nur
etwa 8.000 bis 10.000 Menschen befanden.
Nach dem Jahr 1941 kamen sehr viele russische Gefangene, später Amerikaner und
Engländer in das Lager. Im April des Jahres
1945 wurde es aufgelöst, die Amerikaner
marschierten nach Braunau ab. Durch ein
Standgericht wurden drei Bewachungssolda-
ten in Krems öffentlich gehängt.

Arbeitskräfte wäh-
rend des Zweiten Weltkrieges

Nachdem im Laufe des Krieges ein Großteil
der wehrfähigen Männer eingezogen worden war, wurden als Arbeitskräfte Kriegsgefangene und Zivilarbeiter, meist aus den
besetzten polnischen und russischen Gebieten, nach Niederösterreich gebracht. Ende
Oktober 1939 trafen die ersten polnischen
Kriegsgefangenen ein, denen bald polnische
Zivilarbeiter folgten. Nach der Kapitulation
Belgiens kamen belgische Kriegsgefangene,
später wurde auch französische und russische Gefangene eingesetzt. Diese Kriegsgefangenen wurden meist gemeinsam in einem
Lager untergebracht, etwa in einem leerste-
henden Haus, in Pfarrhöfen, in Schlössern,
in Mühlen, auch in Gasthaussälen, in Bara-
ken oder aufgelassenen Fabriken. Sie wurden von Landsturmmännern bewacht. Die
Ostarbeiter wurden zum Großteil einzeln
bei den Bauern, in deren Diensten sie standen, untergebracht. Einige von ihnen flüchteten, weil sie die Verhältnisse nicht ertru-
gen, aber das Verhältnis zwischen Fremdar-
beitern und Arbeitgebern war sehr unterschiedlich, je nachdem, wie sich die Arbeitgeber verhielten. Die Fremdarbeiter waren
der deutschen Sprache kaum mächtig und
praktisch ohne Rechte. Im allgemeinen war
die Zusammenarbeit mit den französischen
und belgischen Kriegsgefangenen besser als
mit den polnischen und ukrainischen Arbeitern. Den Kriegsgefangenen und Ostarbei-
tern war es untersagt, an den Gottesdiensten
der Einheimischen teilzunehmen. Manchen Pfarrern gelang es aber, die Erlaubnis
zur Abhaltung von Gottesdiensten für diese
Menschen zu erlangen. Allerdings mußten
die Gottesdienste in deutscher Sprache
durchgeführt werden, nicht in polnischer
Sprache.

Kundmachung.

Die am 1. August 1942 vom Volksgerichtshof
wegen Vorbereitung zum Hochverrat zum Tode und
zum dauernden Verlust der bürgerlichen Ehrenrechte
Verurteilten

der 33 Jahre alte

Jacob Doff

aus Dietersdorf bei Fohnsdorf,

der 36 Jahre alte

Othmar Schraußer

aus Webling (Graz-Land),

der 35 Jahre alte

Kajetan Wachter

aus Fohnsdorf,
sind heute hingerichtet worden.

Berlin, den 2. Dezember 1942.

Der Oberreichsanwalt
beim Volksgerichtshof.

Links: Jugendliche als Angehörige des Volkssturmes.
Rechts: Frauen aus Berndorf flüchten bei Fliegeralarm in die Keller.

1943–1944

KALENDER

1943 Das Erdgaskraftwerk Neusiedl wird fertiggestellt.

18. 2. Aufruf zum totalen Krieg. In der Folge werden alle Theater geschlossen. Die verfügbaren Arbeitskräfte, Männer von 16 bis 75, Frauen von 17 bis 45 Jahren, werden den verschiedenen Betrieben zugewiesen und zur Arbeitsleistung verpflichtet.

13. 8. Luftangriff der Amerikaner auf Wiener Neustadt. 77 Tote sind zu beklagen. In der Folge werden Rüstungsbetriebe unter die Erde verlegt. Zwischen Loosdorf und Melk sowie bei Mödling in der Seegrotte entstehen solche Betriebe.

20. 7. 1944 Putsch gegen Hitler.

18. 10. Der Volkssturm wird aufgestellt. Alle Männer zwischen 16 und 60 Jahren werden dazu verpflichtet. Baubeginn einer Reichsschutzstellung, des sogenannten „Ostwalles", im Burgenland, zu dem auch viele Niederösterreicher verpflichtet werden.

Nach einem Bombenangriff im Herbst 1944.

Hubert Profeld. Geometer, Dozent an der TH Wien. Gestorben 1. 6. 1944 in Mödling. (Geboren 9. 10. 1867 in Neuland bei Leitmeritz in Böhmen.)

Georg Gass. Förderer der Tierzucht; Heimatdichter des Marchfeldes. Gestorben 20. 7. 1944 in Wien. (Geboren 24. 3. 1878 in Drösing.)

Walter Breisky. Christlichsozialer Politiker, Ministerialbeamter, 1920 Staats-Sekretär für Inneres und Unterricht, 1920–22 Vizekanzler und mit der Leitung des Unterrichtsministeriums betraut; war einen Tag lang (26./27. Jänner 1922) Bundeskanzler. 1923–31 Präsident des Bundesamts für Statistik. Gestorben 25. 9. 1944 in Klosterneuburg. (Geboren 8. 7. 1871 in Bern.)

Josef Maria Eder. Chemiker, Mitglied der Akademie der Wissenschaften, Universitäts-Professor für Photochemie. Gestorben 18. 10. 1944 in Kitzbühel. (Geboren 16. 3. 1855 in Krems.)

Eduard Engelmann. Landesbaudirektor, Miterbauer der Mariazeller-Bahn. Gestorben 31. 10. 1944. (Geboren 14. 7. 1864 in Wien.)

GEBURTSTAGE

Wilhelm Brauneder. Universitätsprofessor für Rechtswissenschaft. Geboren 8. 1. 1943 in Mödling.

Wolfgang Bergner. Maler, Graphiker. Geboren 26. 2. 1943 in Langenlois.

Wolfgang Brandner. Direktor des Agrarverlages. Geboren 3. 3. 1943 in Mainau.

Gerhard Nowak. Vizepräsident der Nö. Arbeiterkammer. Geboren 26. 7. 1943.

Hermann Härtel. Graphiker. Geboren 7. 8. 1943 in Klosterneuburg.

Ulrich Küchl. Propst von Eisgarn, Komponist. Geboren 23. 11. 1943 in Königsberg.

Herwig Birklbauer. Gymnasialdirektor in Wieselburg. Geboren 1943 in Schrems.

Ewald Kloser. Eco-Plus- und Handelskammer-Geschäftsführer. Geboren 31. 5. 1944 in Wien.

Rosemarie Bauer. Fachschuldirektorin, Politikerin. Geboren 15. 7. 1944 in Melk.

Peter Zumpf. Autor, Geboren 3. 8. 1944 in Baden.

Heinz Boyer. Direktor der Bundeslehranstalt für Fremdenverkehr Krems. Geboren 2. 9. 1944 in Nappersdorf.

August Breininger. ÖVP Politiker, Bürgermeister von Baden. Geboren 14. 9. 1944 in Baden.

Gotthard Fellerer. Kunsterzieher, Maler. Geboren 1. 11. 1944 in Baden.

Gottfried Schuh. Bürgermeister von Klosterneuburg. Geboren 22. 6. 1944 in Wien.

TODESTAGE

Max Wladimir von Beck. Ministerpräsident. Gestorben 20. 1. 1943 in Wien. (Geboren 6. 7. 1854 in Wien.)

Maximilian Mück. Schriftsteller, Lyriker. Gestorben 9. 3. 1943 in Mauer bei Amstetten. (Geboren 28. 11. 1908 in Wien.)

Max Reinhardt. Schauspieler, Theaterdirektor, Regisseur. Gestorben 31. 10. 1943 in New York. (Geboren 9. 9. 1873 in Baden.)

Rudolf Junk. Graphiker, 1924–43 Direktor der Graphischen Lehr- und Versuchsanstalt in Wien. Gestorben 20. 12. 1943 in Rekawinkel. (Geboren 23. 2. 1880 in Wien.)

Michael Klieba. Schriftsteller, Lehrer, Bezirksschulinspektor, schrieb Gedichte und Bezirkschroniken. Gestorben 23. 12. 1943 in Texing. (Geboren 25. 9. 1874 in Wien.)

Otto Conrad. Nationalökonom. Gestorben 27. 12. 1943 in Wien. (Geboren 22. 6. 1876 in Schleinz.)

Ottokar Landwehr von Pragenau. General, erfand zusammen mit Porsche den elektrisch betriebenen geländegängigen Lastautomobiltransport. 1917–18 verantwortlich für die kriegswirtschaftliche Versorgung mit Lebensmitteln. Gestorben 13. 3. 1944 in Wien. (Geboren 12. 2. 1868 in Wien.)

P. Karl Roman Scholz. Schriftsteller, seit 1930 Augustiner-Chorherr in Klosterneuburg, leitete 1938–40 die Widerstandsgruppe „Österr. Freiheitsbewegung", 1940 verraten und verhaftet. Gestorben 10. 5. 1944 in Wien (hingerichtet). (Geboren 16. 1. 1912 in Mährisch-Schönberg.)

Julius Meinl. Wirtschaftstreibender, Gründer eines Großkaufhauses mit Filialnetz. Gestorben 16. 5. 1944 in Altprerau (Bezirk Mistelbach). (Geboren 18. 1. 1869 in Wien.)

Der erste Luftangriff auf Wr. Neustadt

Am 13. August 1943 wurde von der US-Airforce erstmals ein Ziel in Österreich, nämlich Wiener Neustadt, angegriffen. Die Flugzeuge starteten in Libyen. Nach viereinhalb Stunden Flug über den Balkan, den Platten- und den Neusiedler See kamen 21 Bombenflugzeuge des Typs Liberator über Wiener Neustadt an. Der Flak-Schutz von Wiener Neustadt befand sich damals erst im Aufbau. Batterien standen nur in Theresienfeld und bei Ternitz sowie bei Fischau. Diese drei Batterien waren nicht imstande, den Überraschungsangriff auf die Wiener Neustädter Flugzeugfabrik (die ehemaligen Daimler-Werke) und die Rax-Werke zu verhindern. Bei einem knapp 23 Minuten dauernden Angriff entstand in dem Flugzeugwerk kein besonders großer Schaden, doch gab es empfindliche Menschenverluste: 185 Tote, 150 Schwer- und 700 Leichtverletzte. Dieser Angriff löste einen großen Schock sowohl bei der Bevölkerung als auch bei der Wehrmacht aus. In der Folge wurde mit dem Bau von Großbunkern und dem Ausbau zahlreicher Luftschutzkeller begonnen. Löschteiche und Splittergräben wurden in den Städten und bei den Industriebetrieben angelegt. Überall veranstaltete man Luftschutzkurse, und das Alarmsystem wurde verbessert. Schließlich begann die Rüstungsindustrie, unterirdische Anlagen zu bauen. Wiener Neustadt mußte bis zum 1. April 1945 insgesamt 29 Luftangriffe über sich ergehen lassen.

Wiener Neustadt nach den schweren Zerstörungen der Jahre 1943 bis 1945.

Luftwaffenhelfer in den letzten Kriegsjahren

Ab dem Februar 1943 wurden auch im östlichen Österreich Gymnasiasten und Oberschüler der Jahrgänge 1926 und 1927 eingezogen und auf leichte und schwere Flak-Batterien (Flak = Flugzeugabwehrkanone) verteilt. Diese Schüler nahmen bald sämtliche Funktionen in den Batterien ein, sowohl an den Geschützen als auch an den Kommandogeräten. Die Luftwaffenhelfer wurden mit einer nach dem Muster der Flieger-Hitlerjugend entworfenen Uniform eingekleidet. Diese Jugendlichen wurden sehr bald mit dem Ernstfall konfrontiert, die ersten Luftwaffenhelfer fielen als Angehörige einer Flak-Batterie am 23. April 1944 bei Wiener Neustadt und Vöslau. Die in den ersten Wellen Eingezogenen verbrachten in der Regel nur einen Teil ihrer Dienstzeit bei der Flakartillerie und wurden anschließend – meist nach kurzer Zwischenstation beim Reichsarbeitsdienst – zur Wehrmacht eingezogen. Es waren dies die Angehörigen der Jahrgänge 1926 und 1927. Die jüngere Gruppe der Luftwaffenhelfer, die Jahrgänge 1928 und danach, verbrachten ihre gesamte Militärdienstzeit bei der Flak. In der letzten Phase des Krieges wurden sie zu regulären Soldaten gemacht und im Frühjahr 1945 mit ihren Batterien auch in den Fronteinsatz gebracht. Sie wurden im Wiener Raum und in Niederösterreich auch bei Erdkämpfen gegen die vordringende Rote Armee eingesetzt, wobei viele den Tod fanden. Die Luftwaffenhelfer wurden nach Schulen zugeteilt und waren theoretisch noch immer Schüler, manche erhielten sogar Unterricht. Ein Großteil kam im Raum Wien und Niederösterreich zum Einsatz, einige Schulen mußten die Luftwaffenhelfer aber auch nach Linz und Pilsen abstellen.

Der Luftkrieg gegen Niederösterreich

In der ersten Phase des 2. Weltkrieges wurden von den Alliierten keine Ziele in Niederösterreich angegriffen. Doch als es zu einer immer größeren Ballung von Rüstungsbetrieben in Wien, im Umland der Stadt und in Niederösterreichs Industriezonen kam, wurden ab dem Sommer 1943 auch Ziele im östlichen Österreich bombar

Zerstörtes deutsches Jagdflugzeug auf dem Fliegerhorst Markersdorf.

diert. Mit dem Ausbau der Fabriken war aber auch die Aufstellung eines umfangreichen Systems von Abwehrbatterien erfolgt. Solche Flakstellungen waren besonders im Süden Wiens konzentriert. Rund um die Stadt wurden feste Stellungen ausgebaut und mit Kanonen besetzt. Dazu kamen Einheiten von Jagdflugzeugen, die auf verschiedenen Flughäfen (Fliegerhorsten) stationiert waren.

Der erste große Angriff galt dem wenig geschützten Wiener Neustadt und hatte die Messerschmitt-Jägerwerke, sowie die Rax-Werke zum Ziel. Weitere Angriffe auf diese Stadt konnten auch durch vermehrten Flakschutz nicht verhindert werden, sodaß die Produktionsstätten für Flugzeuge völlig zerstört wurden.

Während die ersten Angriffe von Basen in Tunesien aus erfolgt waren, nahmen sie zu, nachdem die Alliierten die Flugbasis Foggia in Süditalien ausgebaut hatten.

Ab Mai 1944 galten die Angriffe vor allem den Erdölverarbeitungsanlagen, die in Niederösterreich verteilt waren. Vor allem die Betriebe in der Lobau und bei Moosbierbaum im Tullnerfeld waren bevorzugte Angriffsziele. Dort wurde auch der Flakschutz der deutschen Wehrmacht konzentriert. Seit dem Jahr 1943 wurden zu den Flakbatterien auch Schüler der Oberschulen eingezogen, Batterien durch den Reichsarbeitsdienst besetzt und den Batterien russische und italienische Kriegsgefangene als Hilfspersonal beigegeben. Auch Frauen kamen in verschiedenen Batterien zum Einsatz, besonders bei Scheinwerfern und Vernebelungseinheiten.

Seit dem Sommer 1944 wurden auch die Flugplätze in Fels am Wagram und Markers

dorf an der Pielach angegriffen, aber auch das Panzerwerk St. Valentin war am 16. Oktober Ziel eines Angriffs.

Seit dem Spätherbst richteten sich die größten Angriffe gegen Bahnhöfe, wobei auch Wohnhäuser in großer Zahl zerstört wurden und viele Zivilisten ums Leben kamen. Seit den letzten Wochen des Jahres 1944 vermehrten sich auch die Tieffliegerangriffe auf Züge.

Die deutsche Luftabwehr ging immer mehr auf die Flak über, da es kaum mehr Jagdflugzeuge gab. Die ortsfest stationierten Batterien kamen zuletzt auch im Erdkampf gegen russische Truppen im Gebiet von Bruck, im Marchfeld und im Tullnerfeld zum Einsatz.

Die Luftangriffe der Alliierten führten zu den größten Zerstörungen, die niederösterreichische Städte, Dörfer, Betriebe und militärische Anlagen im Laufe der Geschichte des Landes erleiden mußten. Verglichen damit waren die Zerstörungen während der Bodenkämpfe des Jahres 1945 geringer.

Dies war eine Folge des massiven Einsatzes von Flugzeugen, gegen die auch die massivste Bodenabwehr ziemlich machtlos war. Diese konnte zwar an einigen Tagen große Erfolge erzielen, doch sind insgesamt durch in Niederösterreich und in Wien stationierte Geschütze nur 135 Bomber abgeschossen worden, das war kaum ein Prozent der Angreifer.

Die deutsche Bodenabwehr war zum Schluß in der 24. Flakdivision zusammengefaßt. Die anfliegenden Verbände kamen in einer Höhe von 6.000 bis 7.000 Metern, die höchste Anzahl waren 200 bis 800 Flugzeuge bei einem Angriff. Die Jagdabwehr hatte seit Juni 1944 die 8. Jagddivision der Lufwaffe inne.

Im Zuge dieser Entwicklung des Krieges wurde auch der Luftschutz stärker ausgebaut, um die Personenverluste in den Städten geringer zu halten. Keller wurden adaptiert, auf Plätzen und in Parkanlagen wurden Löschwasserbecken errichtet. Wichtige Schlüsselindustrien wurden in unterirdische Fabriken verlegt, bei den Treibstoffwerken wurden die Tanks mit Splitterschutzwänden versehen.

Die Luftangriffe hatten bei den Rüstungsfabriken geringe Erfolge, da man beschleunigt Ersatzbauten errichtete, größere Wirkung hatten die Angriffe auf die Erdölanlagen, besonders auf das Hydrierwerk Moosbierbaum, das am Schluß nur noch mit 50 Prozent Kapazität arbeitete. Die Angriffe auf Bahnanlagen, die besonders in den letzten Monaten erfolgten, waren sehr wirkungsvoll, die größten Schäden entstanden aber an Wohnanlagen in der Umgebung von Wien, in Wiener Neustadt, St. Pölten, Krems und Amstetten.

Links: Der Ort Traisen nach den Kämpfen im April 1945.
Rechts: St. Pölten nach den Bombenangriffen zu Ostern 1945.

1945

Chronik des Luftkrieges gegen Niederösterreich

13. 8. 1943 64 amerikanische Bomber greifen die Messerschmitt Flugzeugwerke, die V2-Fertigung und Nebenziele in Wiener Neustadt an.

16. 9. Die Produktion der Wiener Neustädter Flugzeugwerke und der Rax-Werke läuft wieder auf Hochtouren.

1. 10. Wiener Neustadt wird neuerlich von amerikanischen Bombern angegriffen.

November Nach weiteren Angriffen beginnen die Wiener Neustädter Flugzeugwerke mit der Dezentralisierung in 24 Teilbetriebe.

17. 3. 1944 Bei einem Angriff von 200 Bombern auf den Raum Wien werden auch Schwechat, Fischamend, Großenzersdorf und Schönau bombardiert.

12. 4. Angriff auf die Messerschmitt-Werke in Fischamend, Wiener Neustadt und Bad Vöslau. Dabei werden 25 amerikanische Maschinen abgeschossen.

23. 4. 500 viermotorige US-Bomber und 300 Begleitjäger greifen um 13.20 Uhr Wiener Neustadt, Schwechat, Wiener Neudorf und Bad Vöslau an. Der Angriff auf Wiener Neustadt dauerte über eine Stunde und traf vorwiegend die Innenstadt. 70 Tote sind zu beklagen.

10. 5. Bei einem Großangriff auf österreichische Ziele werden die Krupp-Werke in Berndorf, die Werke in Kottingbrunn sowie das Gebiet zwischen Enzesfeld und Bad Vöslau angegriffen.

24. 5. Vor allem Angriffe auf Produktionsstätten der Luftrüstung, Fliegerhorte und ölproduzierende Werke in Wiener Neustadt, Neunkirchen, Atzgersdorf, Münchendorf, Moosbrunn, Wöllersdorf, Bad Vöslau, Zwölfaxing.

30. 5. Schwere Angriffe auf Wiener Neustadt, Pottendorf, Groß Mittel, Blumau und Neunkirchen. Bombenabwürfe erfolgen auch auf Tulln und Krems. Ab Juni 1944 werden von deutscher Seite alle verfügbaren Jäger an die Invasionsfront geworfen. Die Luftverteidigung liegt ausschließlich bei den Flakbatterien.

16. 6. Angriff auf Wien, Floridsdorf, Schwechat. In Schwechat brennt ein Tank mit 10.000 Tonnen Öl total aus.

26. 6. Schwere Schäden im Henkelwerk Schwechat, auf dem heutigen Flughafen Wien, sowie an Eisenbahnanlagen in Wien. Auch die Raffinerien Korneuburg und Moosbierbaum werden beschädigt.

29. 6. Der Fliegerhorst Fels am Wagram und St. Pölten werden angegriffen.

8. 7. Die Raffinerien Korneuburg und Wien-Floridsdorf sowie Vösendorf und Atzgersdorf sind das Ziel eines Großangriffes. Auch die Fliegerhorste Zwölfaxing, Münchendorf und Markersdorf werden mit Bomben belegt. Im Werk Quarz

Die Kämpfe um Baden im April 1945. Ölgemälde von Schiestl.

bei Loosdorf kommen 500 KZ-Häftlinge und 11 Aufseher ums Leben.

26. 7. Die Flugmotorenwerke in Wiener Neustadt, Zwölfaxing, Gumpoldskirchen, Vösendorf, Vöslau, Mödling, Markersdorf sind Ziele eines Angriffs von 330 Bombern.

22. 8. Angriff auf Raffinerien und Öllager in Korneuburg, Floridsdorf und Wien-Winterhafen.

23. 8. Angriff auf den Fliegerhorst Markersdorf.

28. 8. Großangriff auf das Hydrierwerk Moosbierbaum.

14. 10. Angriff auf das Ölgebiet Zistersdorf, ebenso Bordwaffenangriffe der Begleitjäger.

24. 10. Angriff auf Berndorf, 300 Häuser werden beschädigt oder zerstört.

5. 11. Größter Luftangriff auf ein Einzelziel, die Ölraffinerie in Floridsdorf mit 500 US-Maschinen.

18. 11. Die Raffinerien Korneuburg und Wien-Floridsdorf, aber auch Schwechat und Wiener Neudorf werden bei einem großen Angriff auf Wien getroffen.

19. 11. Ein neuer Angriff auf Schwechat und Vösendorf sowie auf die Flugzeugwerke Wiener Neustadt erfolgt.

2. 12. Angriff auf Straßhof, den größten Verschiebebahnhof Österreichs.

11. 12. Großangriff auf die Raffinerie Moosbierbaum und das Werk der Donaumonarchie, das schwer getroffen wird. Auch in Tulln fanden 87 Menschen, darunter 28 Kinder, den Tod.

1. 2. Angriff von Norden auf die große Raffinerie Moosbierbaum, auf die etwa 1500 Bomben abgeworfen werden. Unterdessen werden Fliegeran-

griffe zur alltäglichen Erscheinung. Immer wieder werden Orte und Eisenbahnlinien von einer großen Anzahl von Flugzeugen angegriffen, vor allem Ölzüge sind das Ziel.

1. 3. Angriff auf Moosbierbaum und Tulln, dann auf die Eisenbahnlinie Wiener Neustadt–Gloggnitz.

15. 3. Großangriff auf die Raffinerien Moosbierbaum, auf Schwechat, Bruck an der Leitha, Wiener Neustadt und St. Pölten.

23. 3. Großangriff auf den Bahnhof Gmünd. 336 Tote in einem Lazarettzug.

29. 3. Russische Bomber greifen Wiener Neustadt und Neunkirchen an.

1. 4. St. Pölten wird von 100 Maschinen angegriffen. Die Eisenbahnbrücke in Ybbs ist das Ziel amerikanischer Flugzeuge.

2. 4. Neuerliche Angriffe auf St. Pölten und Großangriff auf Krems. Zur selben Zeit erreicht die russische Armee die Ruinenlandschaft von Wiener Neustadt.

16. 4. Angriff russischer Flugzeuge auf Baden. 171 Tote. Angriff auf Amstetten, die Rote Armee steht bereits in St. Pölten.

17. 4. Russischer Luftangriff auf Mautern; 31 Tote.

Links: Letzte Aufrufe der Nationalsozialisten
im April 1945.
Rechts: Ostarbeiter auf der Rückwanderung im
Frühjahr 1945.

1945 – Kriegsende

23. 3. 1945 Bei Lembach in der Buckligen Welt erreicht die am 16. März begonnene sowjetische Großoffensive niederösterreichischen Boden.

1. 4. Ostersonntag. Wiener Neustadt wird von der Roten Armee erobert.

4. 4. In Hochwolkersdorf trifft sich Dr. Karl Renner mit dem sowjetischen Generaloberst Sheltov, um Gespräche aufzunehmen.

6. 4. Einem Massaker der SS in der Strafanstalt Stein fallen 368 Häftlinge zum Opfer.

10. 4. Im St. Pöltner Hammerpark werden 12 österreichische Patrioten – Polizisten, Arbeiter, Bauern und der Schloßbesitzer von Pottenbrunn, Graf Trauttmansdorff und seine Frau – von der SS hingerichtet.

13. 4. Wien wird zur Gänze von sowjetischen Truppen erobert.

15. 4. Die Rote Armee besetzt St. Pölten.
Bei Randegg werden etwa 100 ungarische Juden von SS-Leuten ermordet.

18. 4. Der sowjetische Stadtkommandant von Wien erteilt die Zustimmung zur Wiederaufnahme der nö. Landesverwaltung.
Um Mistelbach wird erbittert gekämpft.

27. 4. Einsetzung der Provisorischen Staatsregierung Dr. Karl Renner, der neben anderen Niederösterreichern auch Leopold Figl und Oskar Helmer angehören.

2.–5. 5. In einem Lager bei Persenbeug werden 223 Juden von SS-Männern erschossen.

8. 5. Kapitulation des Deutschen Reiches; letzte Kämpfe finden im Raum um die Burg Kreuzen-

Der Bürgermeister der Stadt St. Pölten

Kundmachung Nr. 12

Plünderungen
und Schändungen

müssen sofort, noch zur Zeit der
Tat, am Rathaus gemeldet werden

St. Pölten, am 20. April 1945.

Der Bürgermeister:
Benedikt

Kundmachung des Bürgermeisters von St. Pölten, erlassen fünf Tage nach dem Einmarsch der Roten Armee.

stein statt; in Erlauf treffen amerikanische Truppen aus dem Westen und sowjetische Truppen aus dem Osten zusammen. Die Front verläuft zuletzt vom Raum Lilienfeld über die Höhen zwischen Traisen und Pielach zum Dunkelsteinerwald, von Korneuburg über Ernstbrunn bis Laa.

9. 5. Der Gauleiter von Niederdonau, Hugo Jury, begeht in Zwettl Selbstmord.

GEBURTSTAGE

Josef Mohnl. SPÖ Politiker, Landesrat. Geboren 17. 7. 1945 in Wien.

Peter Schuster. Redakteur. Geboren 15. 8. 1945 in Wiener Neustadt.

Ernst Höger. SPÖ Politiker, Landeshauptmannstellvertreter. Geboren 30. 8. 1945 in Berndorf.

TODESTAGE

Wilhelm Wirtinger. Mathematiker, beschäftigte sich besonders mit der algebraischen Funktionstheorie. Gestorben 14. 1. 1945 in Ybbs an der Donau. (Geboren 19. 7. 1865 in Ybbs.)

Karl Leeder. Forstwissenschaftler, 1895–1919 k. k. Oberstjägermeister in Stixenstein, Präsident des Österreichischen Reichsforstvereins, Mitbegründer des nö. Gebirgsvereins. Gestorben 17. 2. 1945 in Siedling bei Stixenstein. (Geboren 30. 11. 1864 in Wien.)

Anton Hans Karlinsky. Maler. Gestorben 19. 3. 1945 in Rossatz. (Geboren 4. 5. 1872 in Wien.)

Heinrich Meier. Kaplan. Gestorben 22. 3. 1945 in Wien (hingerichtet als Widerstandkämpfer). (Geboren 16. 2. 1908 in Groß Weikersdorf.)

Ignaz Pilz. Kaufmann, Bürgermeister von Gmünd, Heimatforscher. Gestorben 23. 3. 1945 in Gmünd. (Geboren 1878 in Gmünd.)

Josef Weinheber. Lyriker und Romanautor. Gestorben 8. 4. 1945 in Kirchstetten (Selbstmord). (Geboren 9. 3. 1892 in Wien.)

Günther Schlesinger. Zoologe, Direktor der Nö. Landessammlungen (1923). Gestorben 11. 4. 1945 in Wien (Selbstmord). (Geboren 20. 12. 1886 in Dürnkrut.)

Heinrich Klapsia. Kunsthistoriker, ab 1931 am Kunsthistorischen Museum in Wien, daneben Lied- und Oratoriensänger. Gestorben 17. 4. 1945 in Gerersdorf b. St. Pölten. (Geboren 24. 8. 1907 in Troppau.)

Gregor Pöck, OCist. 1902 Abt des Stiftes Heiligenkreuz, 1917 Mitglied des österreichischen Herrenhauses. Gestorben 18. 4. 1945 in Heiligenkreuz. (Geboren 24. 2. 1862 in Wiener Neustadt.)

Otto Beyschlag. Pionier des Radsports und des Automobilismus in Österreich, gründete 1893 mit Heinrich Opel in Wien die erste Radfahrschule. Die Firma Opel & Beyschlag gewann über 130 Rennen auf dem Hochrad und stellte verschiedene bis heute noch nicht überholte Rekorde auf. Gestorben 24. 4. 1945 in Kaumberg. (Geboren 24. 1. 1869 in Nördlingen.)

Karl Pschorn. Mundartdichter, Lehrer. Gestorben 30. 5. 1945 in Wien. (Geboren 17. 7. 1885 in Waidhofen a. d. Ybbs.)

Franz Aigner. Physiker. Gestorben 19. 7. 1945 in Wien. (Geboren 13. 5. 1882 in St. Pölten.)

P. Friedrich Endl, O.S.B. Schriftsteller und Heimatforscher, Priester, Archivar in Altenburg. Gestorben 4. 8. 1945 in Horn. (Geboren 30. 7. 1857 in Franzen.)

Edmund Maliwa. Internist, Chefarzt der Gewerblichen Krankenkassen für NÖ und des Sanatoriums Esplanade in Baden. Gestorben 2. 10. 1945 in Baden. (Geboren 28. 1. 1887 in Wolfsberg.)

Alois Gstrein. Architekt. Gestorben 16. 12. 1945 in Brixen. (Geboren 1869 in Hainburg.)

Arthur von Rosthorn. Sinologe, Diplomat, Schriftsteller. Gestorben 17. 12. 1945 in Öd. (Geboren 16. 4. 1862 in Wien.)

Gauleiter Hugo Jury, der am 9. Mai in Zwettl Selbstmord beging.

Links: Lebensmittelration im Mai 1945.
Rechts: Russische Besatzungssoldaten im
Sommer 1945 in Böheimkirchen.

1945

Das Leben der Zivil-bevölkerung in den letzten Kriegsmonaten

Angesichts der großen Verluste an der Front aber auch durch die ständige Bedrohung zu Hause war das Weihnachtsfest 1944 schwer überschattet. Es gab Fliegeralarme, Angriffe auf Züge, viele laufende Meldungen über Gefallene, Einberufungen zum Volkssturm. Auch die Flüchtlinge hinterließen einen traurigen Eindruck. Die verschärften Verdunklungsvorschriften, die wegen der vielen Fliegeralarme und Angriffe notwendig geworden waren, zwangen zum Leben im Finstern. In manchen Orten, etwa auch im Stift Altenburg, wurden neue Lazarette eingerichtet. Auf den Menschen, die in der Heimat geblieben waren, Frauen, Mädchen, Kinder und ältere Männer, ruhte eine große Verantwortung. Sie mußten versuchen, das Leben aufrechtzuerhalten, waren aber großer psychischer Mehrbelastung ausgesetzt, vor allem der Sorge um die Angehörigen im Feld oder um Verwandte, die sich auf der Flucht oder irgendwo im Einsatz befanden. Dies bedeutete, daß sich die Bevölkerung innerlich immer stärker mit Unmut und Haß gegen die Nationalsozialisten und die Funktionäre der Partei und des Staates wandten. Es wagte aber niemand seinen Unmut laut kundzutun, da man mit strenger Bestrafung rechnen mußte. Der Druck war weiterhin groß, und es kam nicht selten vor, daß wegen unbedachter Äußerungen Angezeigte zu schweren Strafen verurteilt wurden. In den Landgebieten lebten auch viele Bombenflüchtlinge aus Wien sowie umquartierte Flüchtlinge aus Deutschland, die schon seit 1943 in österreichische Orte übersiedelt worden waren. Auch viele Kinder waren in Lager gebracht worden. Diese Kinderlandverschickung war eine breitgestreute Aktion, die vor allem Kinder aus Nord- und Westdeutschland betraf. Trotz dieser Schwierigkeiten war die Ernährungslage noch relativ zufriedenstellend, wenn man auch gegen Ende des Krieges nicht mehr allzu viele Lebensmittel bekam. Hunger gab es aber nicht. Erst gegen Kriegsende brach die Versorung zusammen, und es mußte sich jeder selbst helfen, was auf dem Land leichter war als in den Städten. In sämtlichen Schulen wurden die Weihnachtsferien 1944/45 wegen fehlenden Heizmaterials verlängert und dauerten bis Mitte Jänner. Oft wurden die Kinder aufgefordert, selbst

Beseitigung von Bombentrichtern durch deutsche Soldaten und Ostarbeiter im April 1945.

Brennmaterial in die Schule mitzubringen. Der Unterricht war sehr schwierig zu erteilen, denn die Klassen waren überfüllt. Es kamen immer wieder Kinder von Flüchtlingen, die nur einige Zeit in der Schule blieben und dann wieder weiterzogen. Auch die häufigen Fliegeralarme unterbrachen, besonders seit Mitte März, fast täglich den Unterricht. Das Wirtschaftsleben wurde dadurch arg gestört. In manchen Orten wurde bereits um 7.00 Uhr mit dem Unterricht begonnen, weil die Alarme meist zwischen 10.30 Uhr und 11.00 Uhr einsetzten. Im allgemeinen wurden die Kinder dann nach Hause geschickt, nur wenn es keine Vorwarnung gab, mußten sie im Keller der Schule Schutz suchen. Im März 1945 wurden viele Schulgebäude von ungarischen und deutschen Truppen als Quartier beansprucht, so daß oft nur Notunterricht gehalten werden konnte. Dann ergriffen viele Lehrpersonen die Flucht, so daß Schulen verweist waren. Kurz vor Kriegsende gab es überhaupt keinen Unterricht mehr, der Großteil der Schulen schloß um Ostern 1945, einige schon früher.

Der Flüchtlingsstrom der letzten Kriegsmonate

Seit Weihnachten 1944 flohen immer mehr Ungarn, sowohl Zivilisten als auch Soldaten, vor den Russen nach Westen. Man konnte ganze Wagenzüge mit Pferdebespannung beobachten, auch Herden von Vieh

wurden mitgetrieben, so daß sich oft die Kolonnen auf den Straßen stauten. In den letzten Wochen vor Kriegsende kamen immer mehr Ungarn, vorwiegend auch wohlhabende Leute, mit Pferd und Wagen auf ihrer Flucht durch Niederösterreich. Die Zigeunerwagen sind vielen älteren Menschen noch heute in Erinnerung. Einige lagerten längere Zeit in manchen Städten, die meisten versuchten aber doch, nach Westen weiterzukommen. Auch ungarische Truppen kamen in immer größerer Zahl nach Niederösterreich. Sie waren oft nur teiluniformiert und vielfach auch ohne Waffen. Woher sie kamen und wohin sie zogen, konnte man kaum erfahren, da sie mit der Bevölkerung wenig Kontakt aufnahmen. Im Februar 1945 setzte ein weiterer Flüchtlingsstrom ein, und zwar kamen diese Menschen aus dem schlesischen Kampfgebiet. Sie wurden durch Niederösterreich nach Westösterreich durchgeschleust. Im Ort Gars schätzte man die Zahl der durchwandernden Personen auf etwa 11.000. Sie wurden meist in Schulen untergebracht, die Lehrkräfte wurden für die Betreuung der Flüchtlinge eingesetzt. Die Verantwortung für den Ablauf des Durchzuges hatten Landräte, die Straßenbauamtsleiter und die Kreisleiter, selbstverständlich auch die Bürgermeister und die Hilfsorganisationen der betroffenen Orte. Durch diesen Flüchtlingsstrom wurden den Bewohnern des Landes die Probleme immer bewußter, die ihnen durch die heranrückenden russischen Truppen bevorstanden.

Sonntag im Frühjahr 1945 in einem niederösterreichischen Ort.

Links: Oskar Helmer, der führende Landespolitiker der SPÖ im Jahre 1945.
Rechts: Bürgermeistertagung in Neunkirchen im Herbst 1945.

Der Wiederaufbau der Niederösterreichischen Landesverwaltung

17. 4. 1945. Leopold Figl und Oskar Helmer beginnen im Nö. Landhaus mit dem Wiederaufbau der Landesverwaltung.

18. 4. Zustimmung der sowjetischen Stadtkommandanten von Wien zur Wiederaufnahme der Nö. Landesverwaltung unter der Bedingung, daß ein Vertreter der KPÖ (Otto Mödlagl) zugezogen wird.

21. 4. Karl Renner trifft in Wien ein und nimmt mit den drei von der Roten Armee zugelassenen Parteien (ÖVP, SPÖ und KPÖ) Verhandlungen zur Bildung einer Provisorischen Staatsregierung auf.

17. 4. Einsetzung der Provisorischen Staatsregierung, der auch Figl, Helmer und Mödlagl (ab 4. Mai) angehören; Proklamation der Annullierung des Anschlusses Österreichs an Deutschland; Unabhängigkeitserklärung und Wiederherstellung der demokratischen Republik Österreich im Geiste der Verfassung von 1920; die Provisorische Staatsregierung wird durch die Rote Armee anerkannt.

1. 5. Das Verfassungsüberleitungsgesetz und die vorläufige Verfassung werden am 13. Mai beschlossen und rückwirkend mit 1. Mai in Kraft gesetzt. Die vorläufige Verfassung enthält eine Regelung über die Verwaltung in den Ländern und die Wiedererrichtung der Bezirkshauptmannschaften.

9. 5. Staatssekretär Figl, Unterstaatssekretär Helmer und Minister a. D. Buchinger beschließen die Bildung eines provisorischen Landesausschusses für Niederösterreich, dem Vertreter aller drei Parteien (4 ÖVP, 3 SPÖ, 2 KPÖ) angehören sollen. Figl wird Vorsitzender und Helmer Stellvertreter. Die Bezirkshauptmannschaften sollen bis zum 15. Mai ihre Tätigkeit voll aufnehmen.

11. 5. Konstituierung des Provisorischen Landesausschusses; Errichtung einer sowjetischen Kontrollkommission am Sitz des Provisorischen Landesausschusses als zweite Kontrollinstanz neben der militärischen Landeskommandantur für Niederösterreich in der Wallnerstraße in Wien.

22. 5. Erste Sitzung der Landesorganisation Niederösterreich und der SPÖ. Obmann wird Oskar Helmer.

29. 5. Der Kabinettsrat ernennt Leopold Figl zum Provisorischen Landeshauptmann von Niederösterreich, Helmer und Mödlagl zu Landeshauptmannstellvertretern.

12. 6. Die Provisorische Staatsregierung bestellt Dr. Hans Vanura zum Provisorischen Landesamtsdirektor.

Landeshauptmann Leopold Figl mit russischen Begleitoffizieren bei einer Versammlung im Sommer 1945.

19. 6. Konstituierende Sitzung der Landesparteileitung NÖ der ÖVP. Obmann: Ing. Julius Raab.

3. 7. Oberpolizeirat Dr. Franz Baier wird Sicherheitsdirektor von Niederösterreich. Kurz vorher wurde Major Dr. Josef Kimmel vom Staatsamt für Inneres zum Provisorischen Kommandanten des Landesgendarmeriekommandos ernannt.

10. 7. Die Provisorische Staatsregierung beschließt das Vorläufige Gemeindegesetz, das den geordneten Wiederaufbau der Gemeindeverwaltungen ermöglicht.

14. 7. Erlaß des Provisorischen Landesausschusses über die Führung der Gemeindegeschäfte.

17. 7. Zustimmung der Provisorischen Staatsregierung zur Berufung von Johann Steinböck, August Kargl und Elias Wimmer (ÖVP) sowie von Heinrich Widmayer und Hans Brachmann (SPÖ) und Karl Podrazky (KPÖ) in den Provisorischen Landesausschuß.

20. 7. Behörden-Überleitungsgesetz. Die oberste staatliche Verwaltung und die allgemeine Verwaltung in den Ländern werden mit dem Stand vom 13. März 1938 wieder eingerichtet.

10. 8. Mit der Ernennung Hofrat Dr. Lakenbachers zum Provisorischen Bezirkshauptmann von Zwettl sind alle Bezirkshauptmannschaften mit provisorischen Leitern besetzt.

12. 9. Konferenz der Staats- und Landesämter über Ernährungsfragen im Niederösterreichischen Landhaus.

24.–26. 9. Erste Länderkonferenz im Niederösterreichischen Landhaus.

1. 10. Wiedererrichtung des Burgenlandes; Landeshauptmannstellvertreter Mödlagl tritt in die Burgenländische Landesregierung ein und wird im Provisorischen Landesausschuß von NÖ durch Laurenz Genner ersetzt.

9.–11. 10. Abänderung der Vorläufigen Verfassung; Umbenennung des „Provisorischen Landesausschusses" in „Provisorische Landesregierung"; das Gesetzgebungsrecht für die Länder geht von der Provisorischen Staatsregierung auf die Provisorischen Landesregierungen über; Umbildung der Provisorischen Landesregierung; Josef Reither löst Leopold Figl als Landeshauptmann ab.

16. 10. Übereinkommen zwischen Niederösterreich und Wien über die Randgemeinden im Hinblick auf die Durchführung der Nationalrats- und Landtagswahlen am 25. November.

20. 10. Anerkennung der Zuständigkeit der Provisorischen Staatsregierung für ganz Österreich durch den Alliierten Rat.

25. 10. Nationalrats- und Landtagswahlen in Österreich.

12. 12. Zusammentritt des neugewählten Landtages von Niederösterreich.

13. 12. Wahl der neuen Landesregierung durch den Landtag. Zweites Verfassungsüberleitungsgesetz 1945. Die Gesetzgebung in den Ländern geht von den Provisorischen Landesregierungen auf die Landtage über.

Die Aussiedlung der Südmährer

Nach dem Ende des Krieges wurden die deutschsprachigen Bewohner der Tschechoslowakei ihrer bürgerlichen Rechte beraubt und ausgewiesen. Schon im Monat Mai wurden viele bei äußerst schlechter Behandlung in Lager zusammengeholt und in den folgenden Wochen und Monaten alle, die sich als Deutsche bekannten, ausgesiedelt.

Aus den grenznahen Gebieten Südmährens, Südböhmens und der Slowakei wurden zehntausende Menschen nach Niederösterreich ausgewiesen, wo sie nur notdürftig untergebracht werden konnten. Besonders bedauernswert war das Schicksal der Bewohner der Sprachinseln Iglau und Brünn. Die Deutschen aus Iglau wurden entlang der Bahnlinie nach Zlabings getrieben oder seltener mit der Eisenbahn gebracht. Im Friedhof von Waldkirchen ist eine Anzahl von Personen, vor allem von Kindern, bestattet, die den Strapazen erlagen. Besonders viele Opfer forderte der Todesmarsch der Brünner Deutschen, die bei Drasenhofen über die Grenze getrieben wurden.

Als Folge dieser Aussiedlungsaktion endeten fast alle persönlichen Kontakte im Bereich der Grenze zur Tschechoslowakei. Besonders dramatisch war die Situation in Gmünd, wo der Stadtteil um den alten Bahnhof (Gmünd III = Česke Velenice) den Großteil der früheren Bevölkerung verlor. Auch die Bewohner der Stadt Feldsberg (Valtice), die bis 1920 Niederösterreicher gewesen waren, gingen ihrer Heimat verlustig.

Dies war der Beginn des „Eisernen Vorhanges", der bis 1989 die Nordgrenze Niederösterreichs vom Nachbarland abschloß.

Links: Moderne Küche um 1960.
Rechts: Bau eines Siedlungshauses durch Selbst-
hilfe.
Mitte: Physiksaal eines Gymnasiums.
Unten: Arbeiterinnen in der Knopffabrik Butonia
in Inzersdorf a. d. Traisen. Um 1960.

Alltag um 1950

Um 1950 war die Zeit des Überlebens überwunden. Der Wiederaufbau konnte begonnen werden, die Versorgung mit den notwendigen Lebensmitteln und Gebrauchsgütern begann sich zu normalisieren. Die Rationierung wurde abgeschafft. Der Großteil der Kriegsgefangenen war zurückgekehrt und hatte sich in den Arbeitsprozeß eingegliedert. Auch die ärgsten Zerstörungen waren beseitigt, wenn auch noch in vielen Orten Ruinen bestanden, die erst allmählich durch Neubauten ersetzt wurden.

In den Industrieorten war die Wohnungsnot sehr groß, da es seit Jahren keine größere Bautätigkeit gegeben hatte. In manchen Städten bestanden noch Baracken aus dem 1. Weltkrieg, die immer wieder bewohnt wurden. Auch die vielen Flüchtlinge aus den Nachbarländern hatten die Wohnungsnot gesteigert, so daß jeder Wohnraum genützt werden mußte. In den fünfziger Jahren begann ein organisierter Wiederaufbau und daneben auch der Neubau von Siedlungshäusern, wobei vielfach die Eigeninitiative eine große Rolle spielte. Auch Genossenschaften und Gemeinden bauten Wohnhäuser, die Infrastruktur mußte erst beigestellt werden. Die Zahl der Wohnsiedlungen wurde aber immer größer. Allerdings trat später an die Stelle der quantitativen Wohnungsnot eine qualitative.

Die Lebensgewohnheiten waren noch die gleichen wie vor dem Krieg und begannen sich erst in späteren Jahren zu ändern. Die häufigsten Nahrungsmittel waren neben Brot noch Kartoffel, Mehl und Gemüse.

Fleisch kam weniger auf den Tisch. In den Folgejahren nahm der Fleischkonsum aber stark zu. Auch Kühlschrank und Tiefkühltruhe wurden zum Allgemeingut. Dies bedeutete, daß die Konservierung von Lebensmitteln leichter wurde. In manchen Orten wurden in den fünfziger Jahren Gemein-

schaftskühlanlagen errichtet, die aber ein Jahrzehnt später überholt waren, als in den einzelnen Häusern Tiefkühltruhen aufgestellt wurden.

Die Nahversorgung erfolgte in der Regel durch Gemischtwarenhandlungen, Fleischhauereien und andere Geschäfte. Auch Handwerksbetriebe waren noch recht zahlreich vorhanden. Der Supermarkt wurde erst in den sechziger Jahren gebräuchlich. Auch manche Handwerker wie Wagner oder Hufschmiede brauchte man nicht mehr, als die Mechanisierung Fortschritte machte. In späteren Jahren verdrängten die Supermärkte viele Kaufleute und verschlechterten die Versorgung im ländlichen Bereich. Auch Konfektionsware begann sich durchzusetzen und viele Handwerker überflüssig zu machen.

In den fünfziger Jahren befand sich die Motorisierung erst in den Anfängen, Fahrräder und Mopeds waren zahlreicher als Motorräder und Autos. Zwei Jahrzehnte später wandelte sich das Bild völlig. Das Fahrrad wurde vom Moped weitgehend verdrängt und dieses schließlich vom Auto abgelöst. Im Jahre 1968 gab es bereits in jedem zweiten Haushalt einen Personenkraftwagen.

In den fünfziger Jahren wurden auch immer mehr Menschen gezwungen, den Arbeitsplatz von ihrem Wohnort entfernt zu suchen. Aus dem ländlichen Bereich wanderten viele Arbeitskräfte in das Gewerbe und in den Handel ab, blieben aber in den Dörfern wohnhaft. Allmählich wurde das öf-

Links: Holzfäller.
Rechts: Hallenschwimmbad.
Mitte: Schifahrer im Voralpengebiet. Um 1955.
Unten: Rückkehr der Kinder vom Erholungsurlaub.

fentliche Verkehrsnetz auch für die Schulfahrten der Kinder herangezogen. In den größeren Orten versuchte man, die Kernzonen durch Umfahrungsstraßen zu entlasten und die Geschäftsstraßen zu Fußgängerzonen umzugestalten.

In den fünfziger Jahren wurde auch das Schulwesen stärker verändert. Die Zahl der einklassigen Volksschulen wurde immer geringer. Durch neue Schulbauten wurde auch eine Reorganisation des Schulwesens möglich. Daneben wurde aber auch das Kindergartenwesen ausgebaut, mittlere und höhere Schulen entstanden in jedem Bezirksort.

Auch die Stellung der Jugendlichen in der Familie veränderte sich stark. Die verbesserten Wohnverhältnisse ermöglichten die Einrichtung eigener Kinder- und Jugendzimmer. Der Einfluß von Eltern und Familie auf junge Menschen wurde geringer, diese orientierten sich verstärkt an Freunden und Arbeitskollegen. Die Verkürzung der Arbeitszeit und größere Chancen im Rahmen des wirtschaftlichen Aufstieges ermöglichten neue Freizeitinhalte, wobei das Vorbild vielfach aus Amerika bezogen wurde; mit der größer werdenden Freiheit wandelte sich auch die Moral.

Stark verändert wurde auch die Rolle der Frau, die in immer stärkerem Maße berufstätig wurde. Auch die traditionell unterschiedliche Erziehung von Buben und Mädchen begann sich zu lockern. Mädchen übten nun auch verschiedene Lehrberufe aus, manche Bereiche wurden immer stärker von Frauen allein besetzt.

Auch die Drei-Generationsfamilie, bei der die Großeltern die Enkelkinder erzogen, wurde immer seltener. Getrennte Wohnungen von jungen und älteren Familien wurden zur Regel. Durch die gestiegenen Lebenserwartungen wurde aber auch die Versorgung der älteren Menschen zu einem Problem. Die Zahl der Altersheime wurde immer größer. Im Laufe der Zeit wurden auch andere Hilfsmöglichkeiten wie etwa die Aktion „Essen auf Rädern" geschaffen. Die größten Veränderungen erlebte die Landwirtschaft, aus der viele Arbeitskräfte abwanderten. Die Mechanisierung setzte sich immer mehr durch. Der Traktor wurde zum Symbol der bäuerlichen Jugend, die Maschinen vor allem für die Ernte, immer stärker herangezogen, auch die Fruchtfolge änderte sich.

Die industrielle Entwicklung NÖ war wohl während der Besatzungszeit zurückgeblieben, andererseits gelang nach 1955 die Eingliederung von ehemaligen USIA-Betrieben in bestehende Konzerne. Die Hochkonjunktur bestimmter Wirtschaftszweige benötigte viele Arbeitskräfte, so daß am Beginn der sechziger Jahre auch Fremdarbeiter in der Bauwirtschaft und in der Industrie eingesetzt wurden. Die Industrie begann neue Produkte zu entwickeln und sich immer mehr auf dem internationalen Markt durchzusetzen.

So ist in den fünfziger Jahren der Lebensstandard kontinuierlich gestiegen, neben der wirtschaftlichen und sozialen Besserstellung wurde auch in weiten Bevölkerungskreisen eine höhere Bildung erreicht. Damit stiegen aber auch die Ansprüche, die sich in der Wohnkultur, im Urlaubsverhalten und in der Freizeitgestaltung äußerten.

*Links: Bundeskanzler Leopold Figl im Gespräch mit einem Offizier der sowjetischen Besatzungsmacht.
Rechts: Beginn des Wiederaufbaus in Wiener Neustadt.*

1946–1948

KALENDER

5. 2. 1946. Die Landtagsparteien ÖVP, SPÖ und KPÖ beschließen, daß in allen Gemeinden bis zur Durchführung von allgemeinen Gemeinderatswahlen provisorische Gemeindeausschüsse gebildet werden sollen.

15. 2. Enquete über die Versorgungslage der Bevölkerung. Es fehlen vor allem Fleisch, Fett und Zucker.

17. 4. Erstes Auftreten des Nö. Landessymphonieorchesters (Dirigent Dr. Franz Königshofer) bei der Festsitzung des Landtages zum Jahrestag der Wiederaufrichtung der Verwaltung im Land NÖ.

24. 4. Aus Dänemark werden 90 Tonnen Lebensmittel für Niederösterreichs Kinder geliefert.

19. 6. Der Landtag beschließt das Gebietsänderungsgesetz, wonach 80 von 97 sogenannten Randgemeinden, die 1938 Groß-Wien zugeschlagen wurden, wieder zu Niederösterreich kommen sollen; der Nationalrat und der Wiener Landtag beschließen gleichlautende Gesetze; die Realisierung scheitert aber bis 1954 am Nein des Alliierten Rates.

5. 7. Genaloberst Kurassow, der russische Oberbefehlshaber, befiehlt die Übergabe des gesamten „Deutschen Eigentums" in der sowjetischen Zone an die Besatzung; das „Deutsche Eigentum" wird zur sogenannten „USIA" (Verwaltung der sowjetischen Besitzes in Österreich) zusammengefaßt.

13. 7. Der Landtagsabgeordnete Franz Gruber aus Amstetten wird verhaftet und in die Sowjetunion deportiert. Er stirbt dort am 2. 3. 1949.

24. 7. Errichtung der Handelskammer Niederösterreich; erster Präsident ist Ing. Julius Raab.

September 1946. Die erste nö. Landesausstellung findet im Schloß Harrach in Bruck an der Leitha statt. Sie wird 1948 in Krems, 1949 in Wiener Neustadt und 1950 in St. Pölten wiederholt.

September bis 1. 10. Zur Hebung des Staatsbewußtseins werden in vielen Orten Feiern zum Thema „950 Jahre Österreich" gestaltet.

21. 10. Die OROP (später ÖROP, österreichisch-russische Erdölproduktionsgesellschaft) wird gegründet.

10. 11. Im Hinblick auf die Benzin- und Reifenknappheit wird ein Sonntags-Fahrverbot für Benzinfahrzeuge in Niederösterreich verhängt.

1947. Das Nö. Bildungs- und Heimatwerk wird gegründet.

Januar/Februar. Ein Katastrophenwinter mit gewaltigen Schneeverwehungen führt zu großen Problemen.

30. 1. Die Landesregierung ruft die Landwirte zu einem „Notopfer" auf.

14. 3. Ernährungskonferenz im Nö. Landhaus; 60 Prozent der Kinder sind unterernährt; die Zahl der Tbc-Kranken steigt; in einer Resolution werden die Landwirte aufgefordert, alle verfügbaren Lebensmittel rasch und restlos abzuliefern.

11. 5. Die Aktien der NEWAG gehen aufgrund des Bundesgesetzes über die Verstaatlichung der

Heimkehrer eines Gefangenentransportes aus der Sowjetunion.

Elektrizitätswirtschaft vom 26. März 1947 in das Eigentum des Landes Niederösterreich über.

17. 5. Der freie Güterverkehr über die Demarkationslinie an der Enns zwischen der sowjetischen und den westlichen Besatzungszonen wird wieder gestattet; Ausnahmen sind Lebensmittel, Heizmaterial, Industrieeinrichtungen und Schrott.

1. 8. Die Österreichische Donaukraftwerke AG wird gegründet.

11. 9. Mit einem großen Heimkehrertransport treffen 1.200 Kriegsgefangene aus der Sowjetunion in Wiener Neustadt ein.

15. 9. Brand in der Kuppel der Stiftkirche Melk; 20 Feuerwehren mit rund 250 Mann sind im Einsatz; die Holzkonstruktion brennt aus, die Kuppel kommt aber nicht zum Einsturz.

15. 1. 1948. Da im Jahre 1947 800 Personen an Tuberkulose starben und 40.000 daran erkrankt sind, wird eine TBC-Kommission gebildet.

31. 1. Mit der Eröffnung einer wiederaufgebauten Brücke in Prinzersdorf ist die Bundesstraße 1 wieder durchgehend befahrbar.

21. 2. Das neue Landeskrankenhaus Tulln (ein ehemaliges Lazarett) wird eröffnet. Der Umbau erfolgte mit Hilfe der Schweck und der USIA.

30. 3. Während einer Tanzveranstaltung auf dem Josefsberg dringen russische Soldaten ein und schießen in die Menge – zwei Tote, 14 Schwer- und sieben Leichtverletzte.

24. 6. Der Landtag erhebt die 8.500-Einwohner-Gemeinde Ternitz zur Stadt.

28. 6. Mit einer Großkundgebung danken 6.000 nö. Schulkinder in St. Pölten den Vertretern der ausländischen Hilfskomitees; allein von der UNI-

CEF wurden bisher in NÖ für 3,5 Millionen Schilling Tagesportionen Essen an 52.000 Kinder ausgegeben.

17. 7. Wiedereröffnung der Lungenheilstätte Alland.

Das Norbertinum in Tullnerbach, früher Lazarett, wird als Fachschule eröffnet.

15. 9. Die wiedererrichtete Eisenbahnbrücke über die Donau in Tulln wird eröffnet.

8. 10. Konstituierende Sitzung der Kammer für Arbeiter und Angestellte für NÖ im Landhaus (in der Ersten Republik gab es nur eine gemeinsame Kammer für Wien, NÖ und Burgenland). Präsident wird Josef Fuchs (bis 1964).

12. 12. Eröffnung des Krankenhauses Hainburg in einer umgebauten Kaserne.

GEBURTSTAGE

Wolfgang Häusler. Historiker. Geboren 17. 5. 1946 in St. Pölten.

Gottfried Holzer. Stellvertretender Kammeramtssekretär der Landwirtschaftskammer NÖ. Geboren 29. 5. 1946 in Hollabrunn.

Franz Wurz. Motorsportler, Europameister im Rallye-Cross 1976. Geboren 2. 12. 1946 in Eggern.

Leopold Richentzky. Bürgermeister von Stockerau. Geboren 17. 11. 1946.

Links: Die Spitzenpolitiker.
Rechts: Die Zonengrenze an der Enns bei St. Valentin.

Erwin Pröll. Landeshauptmann-Stellvertreter. Geboren 24. 12. 1946 in Radlbrunn.

Hans Peter Schmidtbauer. Journalist, Herausgeber. Geboren 18. 9. 1946 in St. Pölten.

Kurt Kaufmann. Jurist, Politiker. Geboren 8. 2. 1947 in Krems.

Josef Höchtl. Soziologe, ÖVP-Politiker. Geboren 13. 5. 1947 in Hollabrunn.

Paul Bernhard. Direktor des Circus Roncalli. Geboren 20. 5. 1947 in Lilienfeld.

Günther Chaloupek. Wirtschaftswissenschaftler. Geboren 5. 6. 1947 in Zwentendorf.

Wolfgang Denk. Maler. Geboren 17. 9. 1947 in Seitenstetten.

Olga Pall. Olympiasiegerin im Abfahrtslauf 1964. Geboren 3. 12. 1947 in Göstling.

Rudolf Schwarzböck. Präsident der nö. Landes-Landwirtschaftskammer. Geboren 9. 12. 1947 in Korneuburg.

Robert Zauchinger. Journalist, Soziologe. Geboren 25. 9. 1947 in St. Pölten.

Charlotte Seidl. Keramikerin. Geboren 9. 3. 1948 in Neunkirchen.

Konrad Spaderna. Traberchampion. Geboren 23. 4. 1948 in St. Pölten.

TODESTAGE

Josef Knett. Geologe, Fachmann für Quellengeologie und Quellentechnik. Gestorben 1. 2. 1946 in Klosterneuburg-Weidling. (Geboren 22. 11. 1869 in Wien.)

Adolf Lorenz. Orthopäde, Begründer der modernen Orthopädie, 1889–1924 Direktor der Orthopädischen Universitäts-Klinik in Wien. Gestorben 12. 2. 1946 in Altenberg. (Geboren 21. 4. 1854 in Weidenau/Ö.-Schlesien.)

Max Haitinger. Chemiker, Bruder von Ludwig Camillo Haitinger. Kadettenschullehrer. Begründer der modernen Fluoreszenz-Mikroskopie und der Fluorchromierungs-Technik. Gestorben 19. 2. 1946 in Wien. (Geboren 20. 4. 1868 in Wien.)

Karl Hans Strobl. Schriftsteller. Gestorben 10. 3. 1946 in Perchtoldsdorf. (Geboren 18. 1. 1877 in Iglau.)

Heinrich Güttenberger. Pädagoge, 1922–38 Landesschulinspektor für die Pflichtschulen und Lehrerbildungsanstalten in NÖ. Gestorben 23. 5. 1946 in Mödling. (Geboren 14. 7. 1886 in Stetten.)

Friedrich August Kienast. Erzieher und Musikdichter. Gestorben 2. 7. 1946 in Krems. (Geboren 27. 7. 1853 in Melk.)

Franz Kirch. Mundartdichter, 1919–34 Bürgermeister von Ybbs. Gestorben 20. 10. 1946 in Ybbs an der Donau. (Geboren 11. 1. 1868 in Grein.)

Vinzenz Kudernatsch. Sammler von urgeschichtlichen Materialien, Münzen etc., sie wurden vom Nö. Landesmuseum, von der Stadt Mistelbach und vom Museum in Baden erworben. Gestorben 24. 12. 1946 in Poysdorf. (Geboren 1. 11. 1867 in Vestec/Böhmen.)

Josef Gürtler. (Pseudonym: Josef Kunte, Carl Herdach). Schriftsteller und Journalist. Gestorben 5. 1. 1947 in Ossiach. (Geboren 2. 2. 1862 in Persenbeug.)

Eduard (Ernst) Katschthaler. Historiker, 1886–1917 am Stiftsgymnasium Melk als Lehrer tätig. Gestorben 10. 1. 1947 in Seitenstetten. (Geboren 7. 11. 1857 in Innsbruck.)

Leopold Blauensteiner. Maler, Mitglied des Wiener Künstlerhauses. Gestorben 19. 2. 1947 in Melk. (Geboren 16. 1. 1880 in Wien.)

Josef Bergauer. Schauspieler. Gestorben 20. 7. 1947 in Wien. (Geboren 26. 1. 1880 in Laa a. d. Thaya.)

Max Vancsa. Historiker, Landesarchivar, Mitbegründer des Nö. Landesmuseums. Gestorben 24. 7. 1947 in Wien. (Geboren 1. 10. 1866 in Wien.)

Adalbert Jungwirth. Lehrer, Volksbildner, Dichter. Gestorben 20. 10. 1947 in St. Pölten. (Geboren 20. 4. 1886 in Kalisch/Böhmen.)

Otto Ellizon Freiherr von Nidlef. General, Kommandant der österreichischen Luftstreitkräfte. Gestorben 11. 11. 1947 in St. Stefan ob Stainz. (Geboren 6. 4. 1868 in St. Pölten.)

Friedrich Freiherr von Gagern. Dichter und Schriftsteller. Gestorben 15. 12. 1947 in Geigenberg-St. Leonhart am Forst. (Geboren 22. 6. 1882 in Mokrize/Krain.)

Hans Augustin Hammerstein-Equord. Justizminister, Dichter. Gestorben 9. 8. 1947 in Pernlehen, OÖ (Geboren 5. 10. 1881 in Sitzenthal bei Melk.)

Aurel Wolfram. Schriftsteller, Kulturphilosoph. Gründete 1947 den „Kreis des geistigen Lebens" in Wien. Gestorben 12. 8. 1948 in Krems. (Geboren 16. 10. 1896 in Wien.)

Karl Prodinger. Bergsteiger, Schulmann. Lebte ab 1932 in Korneuburg, vielseitiger Alpinist. Gestorben 4. 12. 1948 in Korneuburg. (Geboren 26. 2. 1875 in Leoben/Stmk.)

Ternitz

Mit Bescheid des Landtages vom 15. März 1923 wurden die Ortsgemeinden Dunkelstein, St. Johann am Steinfeld und Rohrbach am Steinfeld zur Ortsgemeinde Ternitz vereinigt. Damit wurde die Entwicklung von kleinen Orten und Weilern durch die Industrialisierung des 19. Jahrhunderts auch verwaltungsmäßig abgeschlossen. Durch den Bau der Südbahn und die Errichtung mehrerer Industriebetriebe – vor allem des Stahlwerkes zwischen Südbahnlinie und Schwarzafluß – sowie durch viele Arbeiterwohnungen wurde ein städtischer Siedlungsbereich geschaffen, dessen Verwaltungszentrum nach 1973 das ehemalige Gemeindeamt von Dunkelstein wurde. Auch eine neue Pfarrkirche und die in den Jahren 1957/59 geschaffene Stadthalle schufen ein Zentrum. Die nach dem Zweiten Weltkrieg einsetzende Bautätigkeit wurde durch die Erhebung zur Stadt am 24. Juni 1948 anerkannt.

Das nö. Bildungs- und Heimatwerk

Das nö. Bildungs- und Heimatwerk wurde 1946 über Anregung des damaligen bundesstaatlichen Volksbildungsreferenten Prof. Ing. Franz Hurdes gegründet. Es sollte eine Landesorganisation für die kulturellen und volksbildnerischen Einrichtungen sowie für die kulturell und geistig Schaffenden Niederösterreichs ins Leben gerufen werden. Vor allem bestand die Absicht, Niederösterreichs Eigenart besonders hervorzuheben, um dem Land ohne Hauptstadt eine sichtbare kulturelle und volkstumsmäßige Profilierung zu geben. Auf organisatorischem Gebiet wurden vier Schwerpunktebenen gestaltet: Aufbau von Ortsstellen, von Bezirksreferenten des Landessekretariates und schließlich die Organisierung zentraler Arbeitsgemeinschaften und Verbände. Ein besonderes Anliegen war von Anfang an die Pflege und Erneuerung der niederösterreichischen Tracht. Die Kulturschaffenden Niederösterreichs wurden in Arbeitsgemeinschaften organisiert, es kam über Anregung des Bildungs- und Heimatwerkes 1966 auch zur Schaffung eines niederösterreichischen Kulturpreises. Allmählich wurden im Bildungs- und Heimatwerk 11 verschiedene Arbeitsgemeinschaften zusammengefaßt. Im Rahmen des Bildungs- und Heimatwerkes wurde auch eine Heimatwerk-Verkaufsstelle in der Herrengasse in Wien geschaffen, die sich jedoch aus dem Verein löste. Haupttätigkeiten des Bildungs- und Heimatwerkes sind die Autorenabende im Marmorsaal des nö. Landhauses seit 1955, dazu Kulturtagungen, die weitgehend in St. Pölten durchgeführt wurden, Jahrestagungen für Volkskunde und für Heimatforscher, Erwachsenenbildnertage, die Familiensingwoche sowie Leopoldi- und vorweihnachtliche Adventfeiern. Seit 1973 gibt es auch Chorleiterschulungen. Im Land ist das Bildungs- und Heimatwerk durch Bildungswochen in Märkten und Dörfern tätig geworden. Pro Wintersaison werden in Niederösterreich durchschnittlich 60 Dorfbildungswochen durchgeführt.

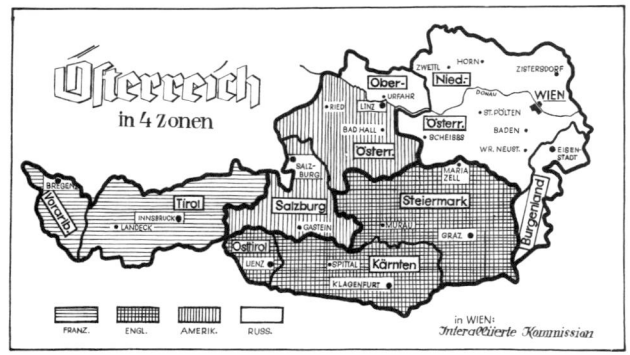

Unter sowjetischer Besatzung

USIA und SMV 1945–1955

Da die wirtschaftlichen Maßnahmen der sowjetischen Besatzungsmacht den unmittelbaren Lebensbereich des einzelnen Bürgers nachhaltigst tangierten, nahmen sie im Bewußtsein der Öffentlichkeit eine dominierende Stellung ein, noch vor den politischen Intentionen der Besatzer.

Akzeptierte man noch die ersten, unter den Begriff der „Beuteverwaltung" fallenden Requirierungen und war man den Sowjets sogar für viele Maßnahmen zur Linderung der Hungersnot 1945/46 dankbar, so stand die Bevölkerung den 1946 erfolgten Beschlagnahmungen einer Vielzahl von Betrieben aller Wirtschaftssektoren zumindest mit Verständnislosigkeit gegenüber. Die folgenden Bemerkungen haben sich nach einem Exkurs über die ökonomische Ausgangslage 1945 in gebotener Kürze mit jenen Problemen zu beschäftigen, die sich aus der Okkupation vieler niederösterreichischer Industriebetriebe als „Deutsches Eigentum" durch die sowjetische Besatzungsmacht ergaben. Der von Hitler am 19. März 1945 erlassene sogenannte „Nerobefehl", demzufolge militärische und zivile Verkehrs-, Nachrichten-, Industrie- und Versorgungsanlagen zur zerstören waren, hatte für Niederösterreich, das ab 30. März 1945 Kampfgebiet geworden war, verheerende Folgen. Nach von der Handelskammer Niederösterreich 1950 bekanntgegebenen Zahlen wurden „durch unmittelbare Kriegseinwirkung 140 Industriebetriebe völlig devastiert und 120 schwer in Mitleidenschaft gezogen". 53 Prozent der gesamten an Bauten eingetretenen Kriegsschäden in Niederösterreich betrafen die Industrie. Von den gesamtösterreichischen Industriebauschäden entfielen 71 Prozent auf das Gebiet des Bundeslandes Niederösterreich. Noch nach drei Jahren lagen 13 niederösterreichische Industriebetriebe in Folge von Bombenschäden still. Überdies wurden in nahezu allen Fabriken im Wiener Becken, soweit sie die Kampfhandlungen überstanden hatten, Demontagen durchgeführt. Kaum beschädigte, aber vollkommen leere Fabrikshallen waren zu dieser Zeit keine Seltenheit. In den Berndorfer Metallwerken wurden Requirierungen im damaligen Wert von rund 39 Millionen Schilling durchgeführt. Auch im größten Betrieb Niederösterreichs, den Enzersfelder Metallwerken, wurde der größte Teil der Maschinen durch russische Soldaten oft völlig unsachgemäß abgebaut, auf Waggons verladen und abtransportiert. Der dadurch verursachte Schaden wurde 1945 auf 67 Millionen Schilling berechnet. Daß diese Präzisionsmaschinen nie irgendwo Verwendung fanden, sei nur nebenbei erwähnt. Am 17. Juli 1945 verbot dann der Militärkommandant von Berndorf alle weiteren Requirie-

Abnahme des Sowjetsternes in einem Erdölbetrieb 1955.

rungen, drei Tage später wurde ein öffentlicher Verwalter eingesetzt. Das Nibelungenwerk von Steyr-Daimler-Puch in St. Valentin, in welchem bis zu 18.000 Arbeitskräfte mit der Herstellung von Panzern beschäftigt gewesen waren, war zu 65 Prozent durch Luftangriffe beschädigt. Nur in einer von neun Werkshallen wurde im Laufe des Jahres 1945, nach der Demontage großer Teile der Maschinenausrüstung, die Fertigung von landwirtschaftlichen Maschinen und Metallbedarfsartikeln aufgenommen. Einer Statistik des Instituts für Wirtschaftsforschung zufolge, soll der Wert der in Niederösterreich und Wien von den Sowjets beschlagnahmten Maschinen, Rohstoffen, Halb- und Fertigfabrikaten rund 650 Millionen Schilling betragen haben.

Am 2. August 1945 beschlossen die USA, die Sowjetunion und Großbritannien die Heranziehung der deutschen Vermögenswerte im Ausland zu Reparationsleistungen. Im „Potsdamer Abkommen" teilten sie die Inanspruchnahme der deutschen Betriebe und Besitzungen nach ihren politischen Einflußsphären auf. Die Sowjetunion verzichtete auf Ansprüche auf „Deutsches Eigentum" in den westlichen Zonen, die USA in den östlichen.

Die Sowjetunion plante vorerst eine Nut-

zung dieser ehemaligen deutschen Vermögenswerte im Osten Österreichs durch sowjetisch-österreichische Gesellschaften. Vor allem die Erdölfelder um Matzen und Zistersdorf sowie die DDSG als für den Donauhandelsverkehr wichtigstes Unternehmen fanden das Interesse Moskaus. Als sich die österreichische Regierung aus politischer Rücksichtnahme auf die westlichen Alliierten weigerte, die Gründung dieser bilateralen Gesellschaft zu unterstützen, gründeten die Sowjets im Herbst 1945 einen eigenen Verwaltungskörper (SMV: Sowjetische Mineralölverwaltung mit ihrem Vertriebssystem ÖROP) zur Ausbeutung der Erdölfelder. Ähnlich gingen die Sowjets auch bei der DDSG vor: Auch hier wurde die Gesellschaft als ehemaliges „Deutsches Eigentum" beschlagnahmt und einer sowjetischen Verwaltungsgesellschaft unterstellt.

Im Frühjahr 1946 verstärkten sich die Beschlagnahmungen ehemals deutscher Betriebe und Besitzungen durch die Rote Armee. Die Sowjetunion interpretierte dabei den Begriff des „Deutschen Eigentums" sehr weit: Darunter fielen nicht nur alle im März 1938 im Besitz von deutschen Staatsbürgern, Firmen und Organisationen befindlichen Unternehmungen, Vermögenswerte, Grundstücke etc. sowie deren während der NS-Herrschaft getätigte Investitionen, Betriebsausweitungen etc., sondern auch viele jener Vermögenswerte, die „arisiert" worden waren. Dieses geraubte, unter antisemitischem Druck erstandene und vorwiegend weit unter dem Handelspreis erworbene Vermögen war ja rechtmäßig nicht „Deutsches Eigentum" sondern jenes der früheren Besitzer. Diese hatten es vielfach schwer, ihre berechtigten Ansprüche gegen die USIA durchzusetzen.

Einen Rechtstitel gegen diese Beschlagnahmungen veröffentlichten die Sowjets in den Abendstunden des 5. Juli 1946: Zu diesem Zeitpunkt wurde der „Befehl Nr. 17" der sowjetischen Besatzungsmacht bekannt. Und dieser sah nun ganz offiziell die Beschlagnahmung des gesamten bei Kriegsende „Deutsches Eigentum" gewesenen Vermögens vor: „Alle österreichischen Behörden und die gesamte österreichische Bevölkerung sind davon in Kenntnis zu setzen, daß die im östlichen Österreich befindlichen deutschen Vermögenswerte, die dem Deutschen Reich, deutschen Firmen, Gesellschaften, Organisationen und physischen und juridischen Personen gehörten, als deutsche Reparationsleistungen in das Eigentum der Sowjetunion übergegangen sind".

Zur Verwaltung und Nutzung dieser Vermögenswerte hatte die Sowjetunion bereits einige Wochen vorher eine Organisation mit dem Namen USIA („Verwaltung des sowje-

Unter sowjetischer Besatzung

tischen Vermögens in Österreich") gegründet. Dieser sogenannte „Befehl Nr. 17" besagte unter anderem auch, was in Zukunft besonders für die österreichischen Arbeitnehmer wichtig sein sollte: daß in den nun in den Besitz der Sowjetunion übergegangenen Betrieben die bestehende Ordnung beizubehalten wäre, und jene Bedingungen zu gewährleisten seien, „die laut den Gesetzen der Republik Österreich Rechte und Interessen der Arbeiter und Angestellten garantierten".

Gerade jene Betriebe, welchen beim Wiederaufbau eine Schlüsselrolle zugedacht war, etwa Böhler, Voith, Enzesfelder, Leobersdorfer-Heid, Rottenmanner etc., mußten nun auf unabsehbare Zeit für die Sowjets produzieren. So blieb der Regierung, abgesehen vom Entfall der von diesen Betrieben zu entrichtenden Steuern, der Zugriff auf wichtige Unternehmen (bis 1955) versperrt, was für die wirtschaftsstrukturelle Entwicklung Niederösterreichs in den 50er Jahren negative Folgen zeitigte. Die USIA verwaltete in Niederösterreich nun – abgesehen von der von der SMV kontrollierten Erdölförderung – 117 industrielle und gewerbliche Betriebe sowie über 74.000 ha landwirtschaftlichen Besitzes. Über 23.000 Beschäftigte, das waren 27,3 Prozent aller in der niederösterreichischen Industrie Tätigen, standen auf den Lohnlisten der USIA. Die Bedeutung der sowjetischen Wirtschaftsverwaltung in den einzelnen Branchen war enorm: So beschäftigte die USIA über 70 Prozent aller in Niederösterreich in der Maschinen-, Eisen- und Stahlindustrie tätigen Arbeiter und Angestellten, nahezu 50 Prozent in der Glasindustrie sowie in den lederverarbeitenden und eisenerzeugenden Industrie. Die USIA dominierte besonders auch die für Gesamtösterreich wichtigen Schlüsselindustrien. Einige Beispiele mögen dies verdeutlichen: Die AG für chemische Industrie in Rannersdorf war mit 90 Prozent an der gesamten österreichischen Kochfetterzeugung beteiligt. Das Werk Gumpoldskirchen der Hydroxygen Ges.m.b.H. deckte die Hälfte des Bedarfs an autogenen Metallbearbeitungsgeräten, die Firma Okeros mit Betriebsstätten in Stockerau war der einzige Erzeuger von Ceresinen. Die Bedeutung der Glanzstoff AG in St. Pölten für die Kunstseideerzeugung ist allgemein bekannt, und die Relevanz der Böhler AG und der Schmidthütte in Krems für die Blechproduktion braucht nicht betont zu werden. Innerhalb der Holzindustrie hatte die Austria Holzwarenfabrik ein Monopol auf Schuhleisten, in der Papierindustrie die Firma Josef Greiner auf Matrizenpapier. Marktbeherrschende Monopole hatten in der Glasindustrie die Erste österreichische Maschinenglas AG in Brunn am Gebirge für Flachglas-

Lehrlinge des Feinstahlwerkes Traisen mit dem russischen Direktor Kotelnikoff im Jahre 1947.

erzeugung sowie die Moosbrunner Glasfabrik und die Firma Josef Inwald für Glaskolben für Glühlampen und die Glasdachfabrik Eberspächer für Spezialfenster inne. Die Rolle der Maschinen- und Metallindustrie, vertreten durch die Firmen Voith in St. Pölten, Berndorfer Metallwarenfabrik AG, Prym in Weißenbach an der Triesting, Stahl- und Temperguß AG in Traisen sowie der Enzesfelder Metallwerke AG darf als bekannt vorausgesetzt werden.

Wenn auch im Lauf der Jahre Erzeugnisse von USIA-Betrieben auch auf dem österreichischen Markt verkauft wurden, war in der ersten Nachkriegszeit der Schaden enorm. Besonders für die Betriebe selbst wirkte sich die USIA-Verwaltung fatal aus: Es wurden kaum Investitionen an Maschinen und Fertigungstechniken getätigt, kaum marktgerechte Produkte erzeugt und die Forschung vernachlässigt. Die USIA war dann auch der vehementen Kritik von ÖVP, SPÖ und VdU (FPÖ) ausgesetzt. Zahlreiche Zeitungsartikel jener Zeit veranschaulichen den publizistischen Kampf, der gegen den sowjetischen Wirtschaftskörper in Österreich geführt wurde. Eine wichtige innenpolitische Rolle spielten die USIA-Betriebe während der großen Streikbewegung Ende der 40er Jahre. In den Warnstreiks gegen die Durchführung des vierten Lohn- und Preisabkommens waren unzweifelhaft die mehrheitlich kommunistischen Betriebsräte in den USIA-Betrieben besonders aktiv. Mit von der Unternehmensführung zur Verfügung gestellten Lastwagen fuhren sie zu nichtstreikenden Kollegen anderer Betriebe und versuchten, diese für einen Generalstreik zu gewinnen. Sehr oft kam es dabei zu gewaltsamen Auseinandersetzungen zwischen Arbeitern von USIA- und anderen Betrieben. Diese Übergriffe, Straßen- und Bahnsperren und die gegenüber den Streikenden wohlwollende „Neutralität" der sowjetischen Besatzungsmacht trugen in der Bevölkerung dazu bei, die von der Koalitionsregierung ausgegebene Parole von der „Gefahr eines kommunistischen

Putschversuches" für erwiesen zu halten. Tatsächlich war aber die USIA-Verwaltung sowie jede private Unternehmung mit den Streiks Ende September und Anfang Oktober 1950 überhaupt nicht glücklich, zumal große Produktionsausfälle befürchtet wurden. In einigen Fällen intervenierten die USIA-Direktoren, wie in den Ybbstalwerken der Firma Böhler, für den Abbruch des Streiks.

Abschließend soll noch ein Blick auf die Erdölförderung in Niederösterreich geworfen werden. Im Frühjahr 1945 wurden Maschinen und Bohrgeräte im Wert von 25 Millionen Dollar abtransportiert, aber gleichzeitig – bereits im Mai 1945 – begann man mit der Förderung. Zu den Ölfeldern wurden von der SMV auch die Raffinerien von Korneuburg, Moosbierbaum, Vösendorf und Schwechat in Besitz genommen. Abgesehen von dem Raubbau an den Erdölreserven des Landes wurde Österreich bei Abschluß des Staatsvertrages 1955 verpflichtet, sechs Jahre hindurch Waren im Wert von 150 Millionen Dollar als Ablöse für die USIA-Betriebe und zehn Jahre hindurch eine Million Tonnen Erdöl an die Sowjetunion zu liefern. Wurden die Erdölreparationen auch 1960 herabgesetzt, so erreichten sie dennoch den Wert von 2,8 Milliarden Schilling (Wert 1960).

Erst nach dem Abschluß des Staatsvertrages begann sich die Wirtschaft Niederösterreichs langsam von jener Stagnation zu erholen, die 1945 bis 1955 trotz mannigfaltiger kommunaler und privater Aufbauleistungen bestimmend war.

Ernst Bezemek

Hissen der österreichischen Fahne in den Voith-Werken St. Pölten am 13. August 1955.

Links: Landeshauptmann Josef Reither bei seiner Rückkehr im Jahre 1945.

1949–1950

KALENDER

15. 2. 1949. Die Nö. Kriegsgräberfürsorge meldet, daß die zahlreichen Soldatengräber in den Straßengräben zum größten Teil beseitigt sind; die Toten wurden exhumiert und in den Ortsfriedhöfen beigesetzt.

1. 3. Die sowjetische Besatzungsmacht überträgt die Kontrolle der Zivilreisenden auf dem Flughafen Schwechat den österreichischen Behörden.

4. 5. Landeshauptmann Reither gibt seinen Rücktritt bekannt. Der bisherige Agrar-Landesrat Johann Steinböck wird sein Nachfolger.

22. 5. Schwere Unwetter verursachen in weiten Teilen des Landes große Schäden; Donau, Kamp und Ybbs treten aus den Ufern.

In Horn wird das wegen seiner urgeschichtlichen Bestände bekannte Höbarth-Museum wiedereröffnet.

7. 7. Der Landtag beschließt die Schaffung des Schulbaufonds (später zum Schul- und Kindergartenfonds ausgestaltet.)

27. 8.–4. 9. Die erste Wiener Neustädter Ausstellung nach dem Krieg findet statt.

8. 9. Auf der niederösterreichischen Seite beginnt der Bau des zweiten Semmering-Eisenbahntunnels.

3. 10. Landeshauptmann Steinböck nimmt in Thurnberg-Wegscheid den ersten Spatenstich für die NEWAG-Kampkraftwerke vor.

9. 10. Landtagswahl: Die ÖVP verliert, die KPÖ gewinnt ein Mandat: neue Sitzverteilung: 31 VPÖ, 22 SPÖ, 3 KPÖ.

16. 10. Erstes Sonntagnachmittagskonzert der Nö. Tonkünstler im Großen Musikvereinssaal in Wien.

22. 10. Die Konstituierende Delegiertenversammlung des „Verbundes der Unabhängigen" Niederösterreichs wählt Ferdinand Haidner zum Obmann. Die WdU (Wahlpartei der Unabhängigen), später VdU war am 26. 3. 1949 gegründet worden. Bei den Landtagswahlen blieb sie erfolglos.

Die Umfahrung von Melk wird fertiggestellt.

1950. Die Straßenbrücke in Tulln ist wieder befahrbar.

23. 1. In einer ehemaligen Pionierkaserne in Tulln wird die neue Nö. Feuerwehrschule eröffnet (1933 gegründet, war sie zunächst in Wiener Neustadt untergebracht).

27. 1. Konstituierende Versammlung des Vereines „Nö. Tonkünstlerorchester".

29. 4. Das Stadtmuseum Wiener Neustadt wird wieder eröffnet.

7. 5. Erste Gemeinderatswahlen seit Kriegsende. In 1579 Gemeinden werden 20.704 Mandate vergeben.

18. 6. Das Museum Carnuntinum in Deutsch Altenburg wird wiedereröffnet.

26. 8. Rund 600 Unternehmer zeigen bei der Nö. Landesausstellung in St. Pölten ihre Produkte.

Das Kamptal vor der Errichtung des Stausees.

26. 9. Beginn der kommunistischen Streikbewegung.

29. 9. Unruhen in einigen nö. Industriezonen.

4. 10. In Wiener Neustadt besetzen Einsatztrupps der Rax-Werke, eines USIA-Betriebes, die Hauptpost und die Telefonzentrale. Am 5. Oktober wird der Streik abgebrochen.

20. 10. Kreuzaufsetzungsfeier und Gruftübertragung Maximilians I. im Dom von Wiener Neustadt.

GEBURTSTAGE

Helmut Zenker. Autor. Geboren 11. 1. 1949 in St. Valentin.

Manfred Deix. Karikaturist. Geboren 22. 2. 1949 in Böheimkirchen.

Ewald Sacher. Vizebürgermeister von Krems. Geboren 3. 8. 1949 in Krems.

Hubert Wachter. Journalist. Geboren 20. 1. 1950 in St. Pölten.

Johann Penz. Bauernbunddirektor. Geboren 17. 8. 1950 in Maierhöfen bei Melk.

Rainer Küchl. Konzertmeister. Geboren 25. 8. 1950 in Waidhofen an der Ybbs.

Das Semmeringgebiet.

TODESTAGE

Josef Keckeis. Arzt. Gestorben 20. 1. 1949 in Krems. (Geboren 10. 4. 1862 in Nüziders, Vorarlberg.)

Josef Karas. Prälat, Gestorben 12. 4. 1949 in St. Pölten. (Geboren 16. 3. 1880 in Markt Aschbach.)

Hermann Stöhr. Primararzt. Gestorben 23. 4. 1949 in St. Pölten. (Geboren 16. 8. 1862 in St. Pölten.)

Johann Haller. Landesrat, Gestorben am 19. 5. 1949 in Sollenau.

Edmund Weber. Sektionschef, Präsidialmitglied und Pressechef des Nö. Bauernbundes, Gestorben 20. 5. 1949 in Wien. (Geboren 8. 5. 1900 in Wien.)

Carl Vaugoin. Christlichsozialer Politiker, Landesbeamter, Offizier. Gestorben 10. 6. 1949 in Krems. (Geboren 8. 7. 1873 in Wien.)

Walter Gamerith. Maler, Photograph, Mitglied des Wiener Künstlerhauses. Gestorben 10. 8. 1949 in Wien. (Geboren 30. 8. 1903 in Eggenburg.)

Wolfgang Pauker. Dr., Kunsthistoriker und Schriftsteller. Gestorben 9. 1. 1950 in Klosterneuburg. (Geboren 13. 12. 1867 in Tracht (Mähren).)

Kasimir Graff. Astronom, Univ.-Prof. u. Dir. d. Univ.-Sternwarte in Wien (1945–48), konstruierte astronom. Instrumente (Grau-Keil-Photometer, Blau-Gelb-Keil-Kolorimeter). Gestorben 15. 2. 1950 in Breitenfurt. (Geboren 7. 2. 1878 in Próchnowo (Polen).)

Rudolf Buchinger. Christlichsoz. Politiker, Landwirt, Nationalrat, Pionier des landw. Genossenschaftswesens, 1922–26 BM und 1945 Staatssekr. f. Land- und Forstwirtschaft, dann Generalrat der Nationalbank. Gestorben 20. 2. 1950 in Tulln. (Geboren 3. 3. 1879 in Staasdorf).

Franz Horst. Maler, verbrachte seine Jugend in Krems, lebte ab 1887 in Wien, dann ab 1896 in Klosterneuburg. Gestorben 24. 3. 1950 in Klosterneuburg. (Geboren 12. 6. 1862 in Wien).

Josef Reither. Landeshauptmann. Gestorben 30. 4. 1950 in Tulln. (Geboren 26. 6. 1880 in Langenrohr).

Hans Liebl. Hofrat, Sammler von Strafrechtsaltertümern. Gestorben 16. 5. 1950 in Wien. (Geboren 15. 10. 1887 in Hainfeld).

Alfred Kastil. Philosoph, Prof. d., Philosophie an der Univ. Innsbruck, beschäftigte sich mit den Werken F. Brentanos. Gestorben 20. 7. 1950 in Schönbühel a. d. Donau. (Geboren 12. 5. 1874 in Graz).

Emmerich Zederbauer. Agrarfachmann, Prof. f. Obst- und Gartenbau an der Hochschule für Bodenkultur in Wien. Gestorben 4. 9. 1950 in Wien. (Geboren 29. 9. 1877 in Nußdorf a. d. Traisen).

Karl Renner. SPÖ-Politiker, Staatsmann, Bundespräsident. Gestorben 31. 12. 1950 in Wien. (Geboren 14. 12. 1870 in Untertannowitz (Mähren).)

*Links: Die neuerbaute Hauptschule in St. Pölten.
Rechts: Unterricht für Behinderte in der Waldschule von Wiener Neustadt.*

Kriegsgräber in Niederösterreich

In den letzten Monaten des Krieges fielen in Niederösterreich viele deutsche Soldaten, aber auch viele Angehörige der Sowjetarmee. Russische Soldaten sind auch während der Besatzungszeit in größerer Zahl in Niederösterreich gestorben. Von seiten der Besatzungsmacht wurden die verstorbenen Angehörigen der Roten Armee in verschiedene Friedhöfe konzentriert beigesetzt, etwa in St. Pölten oder Wiener Neustadt, wo größere Friedhöfe entstanden. In den ersten Nachkriegsjahren wurden auch die meisten nur provisorisch beerdigten gefallenen deutschen Soldaten exhumiert und von der Kriegsgräberfürsorge auf vier verschiedene Soldatenfriedhöfe umgebettet. Einer der größten Soldatenfriedhöfe entstand in den siebziger Jahren in Oberwölbling, ein anderer in Retz für 867 Kriegstote und ein weiterer in St. Pölten.

Sowjetischer Soldatenfriedhof.

Die Ausdehnung der Erdölgewinnung

Nachdem am 21. August 1934 die Erschließung der ersten wirtschaftlich nutzbaren Sonde in Göstling gelungen und im Mai 1937 eine weitere ergiebige Quelle erbohrt worden war, erreichte die Erdölförderung im Jahre 1937 mit 32.923 Tonnen einen ersten Höchststand. Während der Anschlußperiode stiegen die Förderungen bis zum Jahr 1942 auf 1,213.000 Tonnen, da die deutschen Behörden auf die Ölversorgung aus dem Weinviertel großen Wert legten und alle Anstrengungen unternahmen, diese auszubauen. Im Jahre 1946 übernahm die sowjetische Besatzungsmacht die Erdölquellen und konnte die Förderung ständig ausweiten. Besonders die Auffindung des Erdölfeldes Bockfließ-Matzen im Jahre 1949 brachte einen großen Aufschwung, sodaß unter der sowjetischen Besatzungszeit bis zum Jahr 1955 die jährliche Förderung etwa 3,66 Millionen Tonnen erreichte. Später sank sie ab und konnte nur mehr einen Teil des Inlandsbedarfes decken. Während der Besatzungszeit wurde diese Firma ÖROP genannt, nach dem Jahr 1955 wurde der Name in ÖMV umgewandelt.

Das Erdölfeld bei Zistersdorf.

Der Nö. Schulbaufonds

Die erste große Bauepoche an Volks- und Bürgerschulen erfolgte in Niederösterreich nach dem Inkrafttreten des Rreichsvolksschulgesetzes von 1869. Eine weitere Welle erlebte die Schulbautätigkeit in Niederösterreich nach der Jahrhundertwende, wobei zum 60. Regierungs-Jubiläum Kaiser Franz Josephs im Jahre 1908 eine Reihe von Schulbauten entstand. In der Zwischenkriegszeit konnten nur wenige Schulen errichtet werden. Insgesamt entstanden in Niederösterreich in diesen beiden Jahrzehnten nur 18 Schulgebäude. Nach dem Ende des Zweiten Weltkrieges machte sich die Schulraumnot durch Kriegszerstörungen und Überalterung der Bauten und Einrichtungen besonders drückend bemerkbar. Aus diesem Grunde errichtete die nö. Landesregierung im Jahre 1949 einen Schulbaufonds, der aus Beiträgen des Landes und der Gemeinden gespeist wurde. Mit Hilfe dieses Fonds wurden Gemeinden, die Schulgebäude errichteten, Beihilfen und zinsenlose Darlehen gewährt. Dieser Schulbaufonds führte zu einer noch nie dagewesenen Bautätigkeit in ganz Niederösterreich. In der ersten Phase wurden vor allem neue Schulgebäude errichtet, um die Raumnot zu beseitigen. In kurzer Zeit wurden mehrere hundert Schulgebäude errichtet, dann begann in der zweiten Phase die Renovierung und Instandsetzung alter Schulgebäude, die auf einen modernen, zeitgemäßgen Stand gebracht werden sollten.

Gleichzeitig wurde auch mit dem Ausbau der Kindergärten begonnen. Das niederösterreichische Landeskindergartenwesen bedurfte einer Ausgestaltung. Deshalb wurden auch Kindergartenbauten in den Schulbaufonds miteinbezogen.

Landeshauptmann Josef Reither

Im Jahre 1949 trat der langjährige Landeshauptmann Josef Reither von seinem Posten zurück. Er war ein Bauer aus Langenrohr im Tullnerfeld, geboren am 26. 6. 1880 und im Rahmen des Nö. Bauernbundes schon in den frühen zwanziger Jahren hervorgetreten. 1928 wurde er dessen Obmann. Im Jahre 1925 wurde er Landeshauptmann-Stellvertreter und 1931 zum Landeshauptmann gewählt. In diesem Amt blieb Reither bis März 1938, doch war er dazwischen 1934/35 als Landwirtschaftsminister tätig. Im Jahre 1938 wurde er als einer der ersten österreichischen Politiker nach Dachau gebracht und kehrte erst im Herbst 1945 nach Österreich zurück. Im Oktober 1945 wurde er wieder zum Landeshauptmann von Niederösterreich gewählt und blieb dies bis 3. Mai 1949. Josef Reither galt als kompromißbereiter Politiker, der auch in den harten Auseinandersetzungen der frühen dreißiger Jahre die Zusammenarbeit mit den Sozialdemokraten suchte. Später war er ein überzeugter Funktionär des Ständestaates. Er starb ein Jahr nach seinem Rücktritt am 30. April 1950 in Tulln. Reither galt als markante Persönlichkeit des politischen Lebens in Niederösterreich.

Links: Bundespräsident Karl Renner.

1949–1950

Streiks und Unruhen

Als im Herbst 1950 ein viertes Lohn- und Preisabkommen ausgehandelt wurde, das am 1. Oktober in Kraft treten sollte, rief die kommunistische Partei und die von ihr geleitete „Gewerkschaftliche Einheit" zu einem Streik auf, der vor allem von den Arbeitern der USIA-Betriebe in Niederösterreich getragen wurde. In Wien kam es zu einer großen Demonstration auf dem Ballhausplatz. Am folgenden 27. September wurden in Wien und Niederösterreich Bahnanlagen und Postämter blockiert, Straßensperren errichtet und Rathäuser belagert. Da aber nur ein geringer Teil der Arbeiterschaft den Streikparolen gefolgt war, mußte dieser abgebrochen werden. Am 30. September beschloß eine Betriebsrätekonferenz einen Generalstreik für den 4. Oktober. Die Bundesregierung und die unter Führung der Sozialisten stehenden Arbeitnehmerorganisationen distanzierten sich, daher setzte sich die kommunistische Streikparole nicht durch. Nur in der Mehrzahl der USIA-Betriebe wurde organisiert gestreikt, und in Niederösterreich gab es einige kritische Punkte wie Ternitz, Wiener Neustadt und St. Pölten. Am 5. Oktober kam es nicht nur in Wien durch Störtrupps zu Gewalttätigkeiten, es wurde auch der Verkehr blockiert. Teile Niederösterreichs wurden von Kommandos durchzogen, die Bahnhöfe und Straßen sperrten, um den Verkehr lahmzulegen. Gegen diese Rollkommandos setzte der Gewerkschaftsbund eigene Gruppen ein. Am 6. Oktober brach der Streik zusammen. Zum ersten Mal hatten sich die in der sowjetischen Besatzungszone lebenden Österreicher aktiv gegen eine von der Besatzungsmacht unterstützte Organisation gestellt. Es war dies auch der letzte Versuch, auf politischem Weg die Demokratie in Österreich zu stürzen.

Das Nö. Tonkünstlerorchester.

Demonstration vor dem Bundeskanzleramt Ende September 1950.

Das Nö. Tonkünstlerorchester

Unter diesem Namen trat das Orchester erstmals am 29. September 1946 bei einem Konzert im Wiener Musikvereinssaal vor die Öffentlichkeit. Es war am 1. April 1939 als „Gausymphonieorchester Niederdonau" gegründet worden. Bis zum Oktober 1942 führte es 500 Konzerte durch, vielfach im Rahmen der sogenannten Truppenbetreuung. Das letzte Konzert dürfte am 30. August 1944 in Gmünd stattgefunden haben, dann löste sich der Klangkörper auf. Im Jahre 1945 traten drei Musiker an die nö. Landesregierung mit dem Vorschlag heran, das Orchester weiterzuführen. Tatsächlich wurde bereits am 3. Juli in Wien ein Konzert durchgeführt. 1947 wurde der aus Linz stammende Dirigent Kurt Wöss zum Chefdirigenten des Orchesters bestimmt, das sich seit Beginn der Saison 1946/47 Nö. Tonkünstlerorchester nannte. Aus amerikanischer Kriegsgefangenschaft zurückgekehrt, begann Wöss damit seine internationale Karriere, die ihn nach Australien und Japan führte. Im Jahre 1950 konstituierte sich der Verein Nö. Tonkünstlerorchester, der nun in enger Verbindung mit der Kulturabteilung des Landes Niederösterreich Träger dieses Orchesters war. Neben einer regen Konzerttätigkeit in Wien wurden auch in den folgenden Jahren die wichtigsten nö. Orte bespielt. Die Unterstützung durch das Land NÖ sicherte den Bestand des Orchesters.

Karl Renner in Niederösterreich

Dr. Karl Renner wurde am 14. Dezember 1870 in Untertannowitz geboren. Sein Vater war Kleinbauer, ermöglichte ihm aber doch das Studium am Gymnasium Nikolsburg (heute Mikulov, ČSFR). Später studierte er in Wien Jus. Im Jahre 1895 wurde er Bibliothekar im Reichsrat. Seit dem Jahre 1907 war er sozialdemokratischer Abgeordneter im Reichsrat und wurde 1908 auch in den nö. Landtag gewählt. Im Jahre 1910 kaufte er ein Haus in Gloggnitz und war damit Niederösterreich eng verbunden. Nach seiner Tätigkeit als Staatskanzler der Ersten Republik in den Jahren 1918 bis 1920 zog er sich vorübergehend von der Politik zurück und widmete sich der Genossenschaftsbewegung, insbesonders dem Entstehen der Arbeiterbank. Im Jahre 1930 wurde er Erster Präsident des Nationalrates. Ab 1938 lebte er in Gloggnitz, wo er an seiner Selbstbiographie arbeitete und seinen schriftstellerischen Neigungen nachging. In Gloggnitz traf er am 2. April mit sowjetischen Offizieren zusammen und war in den nächsten Wochen damit beschäftigt, wieder in das politische Geschehen einzugreifen. So konnte er die Unabhängigkeitserklärung Österreichs am 27. 4. 1945 erreichen. Von April bis Dezember 1945 war er erneut Staatskanzler und von Dezember 1945 bis 1950 Bundespräsident. Am 31. Dezember 1950 starb er in Wien. In seinem Haus in Gloggnitz ist ein Karl Renner-Museum.

*Links: Eisenbahnunglück bei Böheimkirchen am 4. August 1957.
Rechts: Der Stausee zu Thurnberg am Kamp.*

KALENDER

28. 1. 1951. Eröffnung des Sesselliftes auf das Eibl bei Türnitz.

1. 2. Mit der Fertigstellung des Kapitelsaales ist eine wichtige Etappe der Restaurierung des Minoritenklosters in Krems abgeschlossen.

19. 3. Stollendurchschlag beim neuen Semmeringtunnel der Bundesbahnen Österreichs.

30. 4. Der 1945 durch eine Bombentreffer zerstörte Wasserturm von Wiener Neustadt wird wieder in Betrieb gesetzt.

19. 5. In der Kremser Minoritenkirche wird eine Kremser Schmidt-Ausstellung eröffnet; bis 18. 10. kommen 39.000 Besucher.

2. 6. Der Bahnhof in Krems wird eröffnet, ab 27. 12. kann auch die Eisenbahnbrücke über die Donau benützt werden.

15. 7. Hagel-Unwetter in weiten Teilen Niederösterreichs. In einigen Wachau-Gemeinden werden 50 Prozent der Weinernte vernichtet.

22. 8. Das Gesetz über die landwirtschaftlichen Fortbildungs- und bäuerlichen Fachschulen macht den Besuch einer Berufsschule zur Pflicht.

4. 9. Die Baustelle des Donaukraftwerkes Ybbs-Persenbeug wird von der sowjetischen Besatzungsmacht der Bundesregierung übergeben.

17. 10. In Rohrendorf bei Krems stellt Lenz Moser seine Wein-Hochkultur vor, mit der er seit 25 Jahren experimentiert. Durch diese wird der Weinbau völlig verändert.

6. 12. Das Nö. Landesmuseum in der Herrengasse wird wiedereröffnet.

Der Wasserturm von Wiener Neustadt.

Der Eibllift in Türnitz.

1. 3. Verkehrsübergabe des fertiggestellten neuen Semmeringtunnels der ÖBB. Baubeginn war 8. 9. 1949.

13. 3. 1952. Die Landesregierung beschließt ein Bauprogramm für Notstandsgebiete zur Bekämpfung der Arbeitslosigkeit.

24.–26. 4. Triumphzug der Pummerin, der in OÖ neugegossenen Riesenglocke für den Wiener Stephansdom, durch Niederösterreich; Feiern fanden in Enns, Strengberg, Amstetten, Melk, St. Pölten und Gablitz statt.

8. 5. Die Stadt Wiener Neustadt übergibt die „Waldschule" dem Land Niederösterreich. Dieses richtet eine Sonderschule für körperbehinderte Kinder mit einem Schülerheim ein. Mit Hilfe der UNICEF wird die Anstalt zu einem Rehabilitationszentrum mit verschiedenen Werkstätten ausgebaut.

28. 5. Gründung des Nö. Blasmusikverbandes in St. Valentin mit vier Mitgliedskapellen.

21. 6. Die Donauschiffahrt wird in der sowjetischen Besatzungszone freigegeben; bereits am nächsten Tag nimmt die DDSG den Personenverkehr zwischen Wien und Linz auf.

9. 7. Die erste Stufe der Kamptalkraftwerke in Thurnberg-Wegscheid nimmt den Betrieb auf.

4. 8. Eisenbahnunglück des Schnellzuges Wien–Paris auf der Westbahn bei Böheimkirchen (1 Toter und 34 Verletzte).

31. 8. Der am 31. 3. von Papst Pius XII. zum Bischofkoadjutor der Diözese St. Pölten ernannte Dr. Franz König wird im St. Pöltner Dom zum Bischof geweiht.

19. 12. Die Bundesbahnstrecke Wien–Amstetten wird elektrifiziert in Betrieb genommen; damit ist die Westbahn in ihrer ganzen Länge elektrisch befahrbar.

GEBURTSTAGE

Johannes Ditz. Wirtschaftsfachmann, ÖVP-Politiker, 1987/88: Staatssekretär im Finanzministerium. Geboren 22. 6. 1951 in Kirchberg am Wechsel.

TODESTAGE

Pankraz Schuk. Volksschriftsteller. Gestorben 13. 1. 1951 in Maria Enzersdorf. (Geboren in Prosnitz in Mähren.)

Franz Vesely. Abgeordneter des Landtages. Gestorben 24. 1. 1951, verunglückt auf der Fahrt von Perchtoldsdorf ins Landhaus in Wien.

Ferdinand Porsche. Autokonstrukteur, 1899 bei Lohner, 1906–1923 bei Austro Daimler. Gestorben 30. 1. 1951 in Stuttgart. (Geboren 3. 9. 1875 in Maffersdorf bei Reichenberg.)

Eduard Fischer. Mitbegründer der österreichischen Daimler-Motorengesellschaft. Gestorben 4. 2. 1951 in Lichtenwörth. (Geboren 26. 11. 1868 in Wiener Neustadt.)

Ludwig Wittgenstein. Philosoph. Gestorben 29. 4. 1951 in Cambridge, England. (Geboren 26. 4. 1889 in Wien.)

Hermann Broch. Gestorben 31. 5. 1951 in New Haven. (Connecticut, USA). (Geboren 1. 12. 1886 in Wien.)

Josef Kollmann. Christlichsozialer Politiker, Kaufmann, 1919–38 Bürgermeister von Baden, Abgeordneter zum Nationalrat, 1926 Finanzminister. Gestorben 16. 6. 1951 in Baden. (Geboren 23. 10. 1868 in Laibach.)

Karl Giannoni. Heimatforscher, Denkmalschützer. Gestorben 23. 6. 1951 in Mödling.

Leopold Happich. Einer der Gründer und langjähriger Obmann des Touristenvereins „Die Naturfreunde"; organisierte internationale Bergtouren, 1945 Ehren-Präsident der Naturfreunde. Gestorben 20. 11. 1951 in Berndorf. (Geboren 1. 4. 1863.)

Carl Fahringer. Maler, Gestorben 4. 2. 1952 in Wien. (Geboren 25. 12. 1874 in Wiener Neustadt.)

Franz Riehl. Rechtsanwalt, Bürgermeister von Krems 1945–1950. Gestorben 4. 7. 1952 in Krems. (Geboren 6. 10. 1895 in Horn.)

Josef Höbarth. Heimatforscher, Gründer (1930) und Direktor des Höbarth-Museums in Horn. Gestorben 16. 12. 1952 in Horn. (Geboren 17. 3. 1891 in Reinprechtspölla.)

Theodor Deimel. Pfarrer in Zlabings (heute ČSFR), blieb nach der Austreibung der Deutschen als „Hirte ohne Herde". Gestorben 28. 12. 1852 in Zlabings. (Geboren 30. 10. 1866 in Zlabings.)

1951–1952

Der Triumphzug der Pummerin

Während des Zweiten Weltkrieges wurden ebenso wie im Ersten Weltkrieg viele Kirchenglocken eingezogen und teilweise eingeschmolzen. Ein Teil von ihnen war aber bei Kriegsende noch vorhanden und wurde den Kirchen zurückgestellt, andere Pfarren stellten durch Sammlungen die Mittel für neue Glocken bereit, wobei die Glockenweihe in den einzelnen Orten zu Festen besonderer Art wurde.

Einen Höhepunkt besonderer Art bildete aber der Transport der neugegossenen Pummerin, der Riesenglocke von St. Stephan, von der Glockengießerei in Oberösterreich nach Wien. Die Fahrt führte über die Bundesstraße 1, wobei es zwischen 24. und 26. April 1952 in verschiedenen Orten an der Strecke zu Zwischenstationen und Feierlichkeiten kam; der Neuguß der Glocke wurde von den Menschen als Symbol des geglückten Neubeginns empfunden.

Der Transport der Pummerin auf der Bundesstraße in Perschling.

Der Nö. Blasmusikverband

Im Frühjahr 1952 gründete der damalige Leiter der Gemeindekanzlei von St. Pantaleon Josef Leeb in St. Valentin mit einigen Kapellen des Mostviertels den Nö. Blasmusikverband und leitete damit eine der größten volkskulturellen Bewegungen der letzten Jahrzehnte ein. Zu dieser Zeit gab es zwar schon mehr als zweihundert Kapellen im Lande, doch waren die Instrumente und das Notenmaterial veraltet. In den folgenden Jahren gelang es, in vielen kleinen und in den größeren Orten, aber auch in Betrieben Blasmusikkapellen zu errichten und mit der Unterstützung des Landes in stilechter Tracht einzukleiden. Der Blasmusikverband, der anfangs nur zwölf Mitgliedskapellen hatte, wuchs so rasch, daß er bezirksweise organisiert werden mußte. Im Jahre 1971 hatte er 344, 1972 409 Mitglieder. Er führte in den kommenden Jahrzehnten eine Reihe von Wertungsveranstaltungen auf Bezirksebene, aber auch Großveranstaltungen durch. Darüber hinaus wirkten die Kapellen bei den verschiedensten gesellschaftlichen und kulturellen Anlässen mit, so daß sie ein wesentlicher Bestandteil des Kulturlebens in vielen Gemeinden wurden. Auch das Repertoire wurde modernisiert, und so gelang es, im Laufe der Jahre viele Jugendliche für die Mitwirkung zu gewinnen. Einen Höhepunkt erlebte das Blasmusikwerk, als ihm im Jahre 1988 das Schloß Zeillern zur Verfügung gestellt wurde. Als besonderer Freund der Blasmusik galt Landeshauptmann Andreas Maurer.

Die Wittgensteins und Niederösterreich

Im Jahre 1849 wanderte Hermann Christian Wittgenstein aus Deutschland nach Österreich ein, die Familie gelangte in der Industrie zu großem Reichtum. Carl Wittgenstein widmete allein für die Krebsforschung der Universität Wien 600.000 Kronen. Er stiftete auch den Klimt-Fries und wirkte als Mäzen von Gustav Mahler, Richard Strauss und Franz Schmidt ebenso wie von Rudolf von Alt oder Anton Hanak. Als Freund des Jugendstils stellte er den Baugrund für die Secession zur Verfügung, aber auch Villen in Goisern und Schladming als Waisenhäuser für Tuberkulosekranke. Ludwig Wittgenstein setzte diese Tradition fort und wendete noch 1913 einen Großteil seines Erbes als Mäzen bedeutender Künstler auf. Ludwig Wittgenstein (Geboren in Wien am 26. 4. 1889), der drei seiner Brüder durch Selbstmord verloren hatte, besuchte nach dem Ersten Weltkrieg die Lehrerbildungsanstalt und trat im kleinen Dorf Trattenbach bei Kirchberg seine erste Volksschullehrerstelle an. Seine exzessive Erziehungsmethode, die für keine Pause Zeit ließ, oft bis in die Nachmittage dauerte, führte zu Konflikten mit Eltern und Schulbehörden. Er mußte des öfteren die Schulen wechseln und unterrichtete in Ottertal, Haßbach und Puchberg. Immer stärker widmete er sich der Philosophie und übersiedelte schließlich nach Cambridge, wo er 1929 als 40jähriger dissertierte. Von 1939 bis 1947 war er in Cambridge Professor und starb dort am 29. 4. 1951.

Die Stellung der katholischen Kirche

Das kirchliche Leben nahm in der Nachkriegszeit einen großen Aufschwung, insbesondere kirchliche Jugendorganisationen wurden in vielen Orten gegründet und hatten großen Zulauf. Es kam auch zur Gründung von katholischen Bildungswerken in der Erzdiözese Wien und in der Diözese St. Pölten. Einen herausragenden Platz nahm dabei auch die liturgische Erneuerung ein, wobei es um ein besseres Verständnis des Gottesdienstes und um eine lebendigere Mitfeier der christlichen Gemeinde ging. Ein Vorkämpfer dieser Bewegung, Pius Parsch (1884–1954), war in Klosterneuburg tätig und konnte seine Ideen im ganzen

Links: Einweihung der Herz Jesu-Kirche in Gmünd durch Bischof-Koadjutor Franz König.
Rechts: Fahrt der ersten elektrischen Lokomotive auf der Südbahn von Gloggnitz nach Wien.

deutschsprachigen Raum verbreiten. Darüber hinaus wurden auch viele Laienorganisationen geschaffen, etwa die Aktion der katholischen Jungschar (Sternsingeraktion), die Katholischen Frauenbewegungen, der Katholischen Männerbewegung. Für die Kirche gab es nach dem Zweiten Weltkrieg kein Zurück mehr zum Staatskirchentum und zum Protektorat einer Partei über die Kirche. Sie beschränkte sich auf religiöse und karitative Aufgaben und gab keine Empfehlungen an weltliche Stellen oder politische Parteien weiter. Ein besonderer Höhepunkt des kirchlichen Lebens war der Katholikentag im September 1952, wo noch immer offene soziale Fragen wie Schutz und Förderung der Familie und Eingliederung der Heimatvertriebenen aufgezeigt wurden.

Elektrifizierung in Niederösterreich

Die Elektrizität setzte sich in der Zwischenkriegszeit in Niederösterreich immer stärker durch und wurde durch den Bau von regionalen Kraftwerken ermöglicht. Der Versuch, in Ybbs-Persenbeug ein Donaukraftwerk zu errichten, kam aber nicht zur Durchführung. Während der Anschlußperiode wurden regionale Kraftwerke von der NEWAG, die nun „Gauwerke Niederdonau" genannt wurde, übernommen. Diese wurden durch die Eingliederung von 31 gemeindeeigenen Kraftwerken, vier privaten und 12 genossenschaftlichen Anlagen sowie mehreren hundert Kleinverteilungsanlagen fast zum Monopolbetrieb für die Stromversorgung. Neben der Nutzung der Wasserkraft wurde in Neusiedl an der Zaya 1943 ein Erdgaskraftwerk fertiggestellt und mit dem Bau einer Kraftwerkskette an der Enns sowie des Donaukraftwerkes Ybbs-Persenbeug begonnen. Bei Kriegsende waren aber noch viele niederösterreichische Dörfer ohne Stromversorgung. Bald nach Kriegsende begann man die Elektrifizierung, vor allem der Bauerndörfer im Waldviertel und im Alpenvorland, so daß der große Energiebedarf aus dem im Land erzeugten Strom nicht mehr gedeckt werden konnte. Deshalb begann die NEWAG im Jahre 1949 mit dem Bau einer Kraftwerkskette am Oberlauf des Kamps, wobei im Jahr 1949 mit dem Bau des Ausgleichskraftwerks Thurnberg-Wegscheid begonnen wurde, das 1952 fertiggestellt werden konnte. Die Baustelle von Ybbs-Persenbeug war vorerst noch von der sowjetischen Besatzungsmacht beansprucht und wurde erst 1953 freigegeben.

Die Elektrifizierung der Eisenbahn

Die ersten elektrifizierten Bahnstrecken gab es schon am Beginn des 20. Jahrhunderts im Gebiet des westlichen Österreichs. Bis zum Jahre 1938 war ein Teil des westösterreichischen Eisenbahnnetzes elektrifiziert; 1940 war die Westbahnstrecke bis zum Bahnhof Attnang-Puchheim elektrisch befahrbar. Nach dem Kriegsende wurden sowohl die E-Werke als auch die Verteilernetze ausgebaut und neue Umformerwerke geschaffen. Am 19. Dezember 1952 wurde die Elektrifizierung der Westbahn nach der Fertigstellung der Strecke Amstetten–Wien abgeschlossen. Nach der Elektrifizierung der Südbahnstrecke wurden weitere Linien elektrifiziert, so im Jahre 1968 die Strecke St. Valentin–Klein-Reifling und Amstetten–Kastenreith; 1978 die Strecke Wien–Tulln der Franz Josefs-Bahn, 1981 die Strecke Tulln–St. Pölten und 1982 Wien–Krems, 1984 schließlich Absdorf-Hippersdorf–Sigmundsherberg der Franz Josefs-Bahn.

Traktor und Bindemühle in den Nachkriegsjahren.

Das Ende der Landwirtschaftskonjunktur

In der Nachkriegszeit waren landwirtschaftliche Produkte in Österreich sehr gefragt. Obwohl die Landwirte einen hohen Prozentsatz der Pferde, etwa 31 Prozent der Rinder, 56 Prozent der Schweine und 57 Prozent des Geflügels gegenüber dem Stand von 1944 verloren hatten, wurden in den ersten Nachkriegsjahren von den Stadtbewohnern auf sogenannten „Hamsterfahrten" viele Konsumgüter im Tausch gegen Lebensmittel aufs Land gebracht. Die stabilen Preise und der gesicherte Absatz durch staatliche Subventionen ermöglichten der Landwirtschaft, durch Maschinenkauf die immer stärker werdende Abwanderung von Arbeitskräften in die Industrieorte durch Mechanisierung wettzumachen. Traktoren verdrängten die Pferde, auch im Haus und Stall wurden neue Maschinen eingestellt. Die Konjunktur ermöglichte den Bauern in den Dörfern und den Gehöften des Streusiedelgebietes die Elektrifizierung und damit einen höheren Lebensstandard. Viele Maßnahmen der Landespolitik haben das materielle Niveau der Landwirtschaft gehoben, doch wurde der wirtschaftliche Abstand zwischen Flachland- und Gebirgsbauern immer größer. Daneben ging in den Dörfern die Zahl der kleinen Bauernwirtschaften, die neben einem Handwerk betrieben wurden, immer stärker zurück. Die bisherigen Nebenerwerbslandwirte gaben ihre Wirtschaften auf und wandten sich anderen Berufen zu, die große Zahl der Kleinhäusler in den Dörfern verschwand in den fünfziger Jahren.

Links: Ein Heimkehrer wird von seiner Mutter begrüßt.
Rechts: Bau der Bundesstraßenbrücke über die Traisen in St. Pölten.

1953

KALENDER

1953. Das Bildungsheim der Erzdiözese Wien in Groß Rußbach wird eröffnet.

6. 1. Der Josef Misson-Bund mit Sitz in Mühlbach am Manhartsberg, dem Geburtsort des Mundartdichters, wird gegründet. Am 15. 3. feiert der Verein im Landhaus den 150. Todestag Missons.

8. 6. Die Kontrollen der Reisenden an den Zonengrenzen wird beendet. Am 12. 8. wird die Briefzensur in der sowjetischen Besatzungszone aufgehoben, am 22. 8. werden mehrere Kommandanturen geschlossen.

21. 6. In Schönfeld im Marchfeld wird die erste genossenschaftliche Bewässerungsanlage in Betrieb genommen.

1. 7. Offizielles Ende der Lebensmittelkarten. In manchen Bereichen, etwa bei Milchprodukten, ist bereits Selbstversorgung möglich.

17. 7. Der Vertrag zwischen Österreich und der Sowjetunion über die Überlassung der Baustelle des Donaukraftwerkes Ybbs-Persenbeug wird unterzeichnet.

18. 7. Eröffnung des Kamptal-Kraftwerkes Dobra-Krumau der NEWAG.

8. 8. Eröffnung des Sesselliftes vom Semmering auf den Hirschkogel.

12. 8. In einer Sondersitzung beschließt der Landtag Soforthilfemaßnahmen in der Höhe von 3 Millionen Schilling für die Opfer einer Hagelkatastrophe, die weite Teile des Landes heimsucht.

20. 8. Die Landesausstellung und das Wachauer Volksfest in Krems werden erstmals gemeinsam durchgeführt und künftig eine Dauereinrichtung. Mehr als 400 Aussteller nehmen teil.

In Lilienfeld wird wieder eine Bezirkshauptmannschaft errichtet.

6. 9. Beginn des UKW-Sendebetriebes über den Sender Kahlenberg.

18. 10. Die am 28. Juni 1945 abgebrannte Fischerhütte auf dem Hochschneeberg wird wieder eröffnet.

25. 11. Bundespräsident Dr. Körner eröffnet in St. Pölten die neue Bundesstraßenbrücke über die Traisen.

TODESTAGE

Max Suppantschitsch. Maler. Lebte in Dürnstein. Gestorben 19. 2. 1953 in Krems (Geboren 14. 4. 1865 in Wien.)

Leopold Kunschak. Christlich sozialer Arbeiterführer, Sattlergehilfe; gründete 1892 und leitete bis 1934 den Christlichsozialen Arbeiterverein und schuf die Zeitung „Die Freiheit", 1904 wurde er Gemeinderat in Wien, 1907 Reichsrat, 1908 nö. Landtags-Abgeordneter, 1919 Mitglied des Nationalrates, 1920 Obmann der christlich sozialen Reichsparteileitung. Als Demokrat war er Geg-

Ankunft eines Heimkehrertransportes aus Rußland in Wiener Neustadt.

ner der Heimwehr-Bewegung und der autoritären Dollfuß-Politik; er versuchte vor den Februarkämpfen zwischen den Parteien zu vermitteln. Kunschak unterzeichnete mit Karl Renner am 27. April 1945 die Proklamation, mit der Ö. wieder als demokratischer Staat entstand. 1945–53 war er Erster Präsident des Nationalrates. Gestorben 13. 3. 1953 in Wien. (Geboren 11. 11. 1871 in Wien.)

Der Wiederaufbau von Brücken

Im Jahre 1945 zählte man 678 gesprengte Brücken in Niederösterreich. Darunter waren auch die Donaubrücken in Tulln und Krems. Bald nach Kriegsende begann man mit der behelfsmäßigen Errichtung von neuen Brücken. Schon 1946 wurde mit Hilfe der russischen Besatzungsmacht die Donaubrücke in Krems instandgesetzt. Daneben mußten auch kleinere Brückenbauwerke errichtet und die immer stärker belasteten Straßen durch neue Brücken verbessert werden. Einer der ersten und wichtigsten größeren Brückenbauten war die im Zuge der Bundesstraße 1 über die Traisen bei St. Pölten erbaute Brücke, die im Jahre 1953 eröffnet werden konnte.

Wiener Neustadt als Heimkehrerstadt

In den letzten Monaten des Krieges und bei Kriegsende gerieten viele Soldaten in Kriegsgefangenschaft, vor allem in sowjetrussische. Die Heimkehr, die seit dem Sommer 1945 in stärkerem Maße einsetzte, endete in der Regel im Bahnhof Wiener Neustadt. Dort kamen im Juli 1946 auch zwei Heimkehrertransporte mit etwa 1.000 entlassenen Soldaten aus der englischen Kriegsgefangenschaft an, und im Jahre 1948 trafen Heimkehrer aus Jugoslawien ein. Besonders zahlreich waren aber die Transportzüge aus der Sowjetunion, wobei am 16. Dezember 1946 erstmals einem Heimkehrzug aus dem Osten ein offizieller Empfang bereitet wurde. Besonders zahlreich waren die Heimkehrertransporte in den Jahren 1949 und 1950. Zum Empfang des 69. Heimkehrertransportes aus der UdSSR am 21. Oktober 1953 kam auch Bundespräsident Dr. Theodor Körner nach Wiener Neustadt. Der letzte offizielle Heimkehrertransport aus der Sowjetunion traf am 25. Juli 1955 in Wiener Neustadt ein.

Das Kraftwerk Dobra-Krumau

Das Spitzenwerk Dobra-Krumau, das jährlich 52 Millionen Kilowatt Strom liefert, erhielt 10 km oberhalb der Thurnberger Staumauer seine Sperre. Es ist wesentlich größer als das Werk Thurnberg-Wegscheid. Der Beckeninhalt beträgt fast 20 Millionen m³ Wasser, der Stauraum hat eine Länge von 9,7 km, die Stauoberfläche beträgt 1,4 km². Die Stauung erfolgt durch eine 220 m lange Betonmauer in Bogenform, deren maximale Höhe von der Gründungssohle bis zur Überfallskrone 52 m beträgt und von 90.000 m³ Beton gebildet wird. Vom Stausee wird das Wasser durch einen 3 km langen Triebwasserstollen, der einmal dem Kamp auf einer 178 m langen Rohrbrücke und den Gernitzbach auf einer 68 m langen Rohrbrücke zu überqueren hat, zu den drei Francisturbinen des Krafthauses Krumau geleitet, das am rechten Kampufer oberhalb des Marktes eingebaut wurde. Dobra-Krumau wurde im Jahre 1953 fertiggestellt und in Betrieb genommen.

Links: Die nö. Landesregierung im Jahre 1954.
Rechts: Der Motorradweltmeister Rupert Hollaus.

KALENDER

Das Hollabrunner Volksfest, Vorläufer der Weinlandmesse, wird erstmals durchgeführt.

Die NEWAG führt die Elektrogeräteaktion EMA zur Elektrifizierung der Haushalte und Kleinbetriebe durch (Bügeleisen, Kühlschränke, Rotax-Motoren).

3. 2. Bad Vöslau wird durch Landtagsbeschluß zur Stadt erhoben.

26. 6. Eröffnung des neuen Gymnasialgebäudes in St. Pölten.

8.–12. 7. Das schwerste Donauhochwasser seit Menschengedenken verursacht gewaltige Schäden; auch die Nebenflüsse treten aus den Ufern; 3.100 Häuser werden überschwemmt, Tausende müssen evakuiert werden, in vielen Orten ist das Brunnenwasser nicht mehr genießbar, und es besteht Seuchengefahr.

25. 7. Rupert Hollaus aus Traisen gewinnt mehrere Motoradrennen. Er wird Weltmeister in der 125 ccm-Klasse der Motorräder.

1. 9. 80 von insgesamt 97 Randgemeinden mit über 134.000 Einwohnern, die 1938 Groß-Wien zugeschlagen wurden, gehören wieder zu Niederösterreich; zwei neue Bezirkshauptmannschaften werden gebildet, Wien-Umgebung und Mödling. (Zustimmung des Alliierten Rates vom 11. Juni 1954).

4./5. 9. Die Stadt Tulln veranstaltet einen Blumentag mit einem großen Blumenkorso, an dem 150 Fahrzeuge teilnehmen; daraus sollte sich später die Gartenbaumesse entwickeln.

24. 9. Die sowjetische Besatzungsmacht übergibt die Baustelle der Autobahn der Bundesregierung. Mit den Brückenbauten wird am 8. 10. 1954, mit den Erdarbeiten am 5. 5. 1955 begonnen.

26. 9. Eröffnung der neuen Technischen Lehr- und Versuchsanstalt für Eisen- und Stahlwerke in Waidhofen an der Ybbs.

29. 9. Gründung der NIOGAS (Niederösterreichische Gaswirtschaftsgesellschaft).

1. 10. Mit den Arbeiten für das Donaukraftwerk Ybbs-Persenbeug wird begonnen.

17. 10. Bei den Landtagswahlen verliert die ÖVP ein Mandat, das die SPÖ gewinnt (30 : 23 : 3). Die KPÖ hält bei 3 Mandaten.

9. 10. Motorrad-Weltmeister Rupert Hollaus aus Traisen verunglückt in Monza (Italien) tödlich.

TODESTAGE

Oskar Benda. Universitäts-Professor für Germanistik. Gestorben 2. 1. 1954 in Mödling. (Geboren 24. 5. 1826 in Rokacze/Ungarn.)

Edmund Frieß. Heimatforscher. Gestorben 8. 2. 1954. (Geboren 23. 3. 1884 in Waidhofen a. d. Ybbs.)

Wilhelm Schmidt. Ethnologe, Religionswissenschaftler (Hauptvertreter der Kulturkreislehre),

Bau eines Dammes während der Hochwasserkatastrophe.

katholischer Geistlicher, 1896–1920 Professor am Missionshaus St. Gabriel in Mödling, 1920–38 Universitäts-Professor in Wien, 1931 Direktor des Anthropos-Instituts in Mödling. Gestorben 10. 2. 1954 in Freiburg (Schweiz). (Geboren 16. 2. 1868 in Hörde/Westfalen.)

Pius Parsch. Augustiner-Chorherr in Klosterneuburg, Schöpfer der Liturgischen Volksbewegung. Gestorben 11. 3. 1954. (Geboren 18. 5. 1884 in Olmütz/Mähren.)

Ernst Tomek. Kirchenhistoriker. Gestorben 10. 9. 1954 in Mödling. (Geboren 19. 10. 1879 in Wien.)

Rupert Hollaus. 1954 Motorradweltmeister auf NSU 125 ccm. Tödlich verunglückt 11. 9. 1954 in Monza (Italien). (Geboren 4. 9. 1931 in Traisen.)

Alois Schrattenholzer. Nonkonformistischer Sozialtheologe, Priester, Professor für Kirchengeschichte und Moraltheologie in St. Pölten. Gestorben 16. 10. 1954 in St. Pölten. (Geboren 13. 6. 1879 in Obermamau.)

Das Donau-Hochwasser vom Juli 1954

„Donau-Strom des Schreckens" überschrieben niederösterreichische Zeitungen ihre Berichte über das schwerste Hochwasser der letzten Jahrzehnte, welches das niederösterreichische Donautal zwischen 9. und 13. Juni 1954 erlebte. Nach tagelangen schweren Regenfällen in Tirol und Bayern stiegen alle Zuflüsse der Donau an, so daß der Strom schon in den ersten Julitagen stellenweise aus den Ufern trat. Am 9. Oktober schwoll er aber stark an, überflutete Auen, Felder und Siedlungen und fügte Mensch und Tier schweren Schaden zu. Besonders groß waren die Schäden im Gebiet des Machlandes, im Becken von Ardagger, um Ybbs, in Pöchlarn, Melk, im Raum Krems und bei Tulln. In Ybbs wurden mehrere Fabriken überflutet, in manchen Ortschaften im Umkreis der Stadt stieg das Wasser bis zu den Dächern der Häuser. Besonders stark wurde Pöchlarn heimgesucht, das nicht nur von den Wassermassen eingeschlossen war, sondern wo auch Straßenzüge, die Kirche und der Friedhof überflutet wurden. Im Gebiet von Pöchlarn war die Westbahn eine Woche lang unterbrochen. Auch in Melk kam das Wasser bis zum Hauptplatz, und die Hochwassermarken der Jahre 1897 und 1899 in Stein an der Donau wurden überschritten. Im Tullner Feld wurde der Damm der Großen Tulln durch das Hochwasser bedroht und konnte nur durch den Einsatz aller Feuerwehrmänner gerettet werden, die im Verein mit russischen Soldaten im Einsatz waren. Denn auch die Besatzungstruppen halfen bei der Bekämpfung der Wassermassen. Sowohl russische Amphibienfahrzeuge wie auch amerikanische Soldaten waren an den Rettungsarbeiten beteiligt.

Motorradweltmeister Rupert Hollaus

Am 25. Juli 1954 errang der aus Traisen stammende, 22 Jahre alte Rupert Hollaus im Motorradrennen um den „Großen Preis von Deutschland" in Stuttgart in der 125 ccm-Klasse den Sieg und damit den Weltmeistertitel. Es war dies der erste Sieg eines Österreichers bei der Motorradweltmeisterschaft.

Der bescheidene, ruhige junge Mann konnte sich seines Weltmeistertitels nur kurz erfreuen. Wenige Wochen später, am 11. September, verunglückte Hollaus beim Training in Monza tödlich. Die Maschine geriet angeblich durch einen Ölfleck auf der Bahn ins Schleudern. Weltmeister Hollaus erlitt einen Schädelgrundbruch, dem er wenige Stunden später erlag.

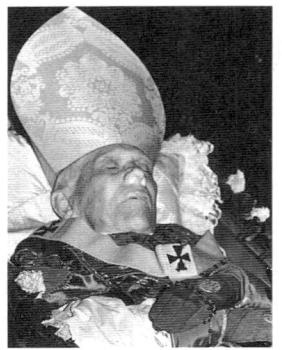

Links: Landeskursstätte in Langenlois zur Schulung des Nachwuchses im Wein-, Obst- und Gartenbau.
Rechts: Kardinal Theodor Innitzer auf dem Totenbett.

1955

KALENDER

2. 4. 1955. Eröffnung des Neubaues der in den letzten Kriegswochen zerstörten Hauptschule in St. Pölten.

15. 4. Die Heimkehr der österreichischen Regierungsdelegation, die in Moskau den Staatsvertrag ausgehandelt hat, vom russischen Militärflughafen Vöslau nach Wien wird zu einem Triumphzug.

24. 4. Gemeinderatswahlen in 1652 Städten, Märkten und Dörfern.

5. 5. Beginn der Erdarbeiten für die niederösterreichische Westautobahn.

8. 5. In Krems wird die erste österreichische Weinmesse eröffnet; es werden 270 Weine angeboten.

15. 5. In ganz Niederösterreich wird die Unterzeichnung des Staatsvertrages gefeiert.

26. 5. Auf dem Flugplatz Schwechat landet das erste österreichische Flugzeug nach 1945. Es war für Schädlingsbekämpfung und Werbeflüge vorgesehen.

31. 5. Die Landeskursstätte für Obst-, Wein- und Gartenbau in Langenlois wird eröffnet.

4. 6. In Wiener Neustadt trifft der erste größere Spätheimkehrertransport aus der Sowjetunion gemäß den Moskauer Verhandlungen ein.

13. 6. In Furth bei Göttweig explodiert ein russisches Munitionsauto.

9. 7. Das Spielcasino Baden nimmt wieder den Betrieb auf.

13. 7. Feierliche Übergabe der USIA-Betriebe, der DDSG und der russischen Mineralölverwaltung an die Österreichische Regierung.

9. 9. Der letzte Zug mit sowjetischen Besatzungssoldaten verläßt Niederösterreich.

25. 9. In Mitterschlag bei Langschlag findet die 1000-Lichtfeier statt. Seit 1945 wurden 22.600 Objekte an das Stromnetz angeschlossen.

5. 11. Gründung der Landesgruppe NÖ der Freiheitlichen Partei. Obmann wird Wilhelm Kindl.

15. 11. Am Landesfeiertag steht Klosterneuburg im Zeichen einer großen „Nö. Befreiungsfeier"; dabei erklingt erstmals das „Nö. Heimatlied" von Franz Karl Ginzkey, allerdings noch nicht mit der Beethoven-Musik der späteren Landeshymne, sondern mit einer Melodie von Pater Milo Offenberger.

Das geschmückte Rathaus von Traisen im Jahre 1945.

TODESTAGE

Anton Becker. Geograph, seit 1930 Präsident des Vereins für Landeskunde von NÖ., verdient um die Methodik des Geographie-Unterrichts und die Erforschung der „Bernsteinstraße". Gestorben 7. 1. 1955 in Wien. (Geboren 8. 11. 1868 in Budkau/Mähren.)

Hanns Plöckinger. Lokalhistoriker, Stadtarchivar, Gründer und Leiter des Weinmuseums in Krems. Gestorben 3. 4. 1955 in Krems. (Geboren 27. 7. 1882 in Krems.)

Enrica Handel-Mazzetti. Schriftstellerin. Lebte seit 1911 in Linz, verfaßte vorwiegend historisch-religiöse Romane und Novellen. Gestorben 8. 4. 1955 in Linz. (Geboren 10. 1. 1871 in Wien.)

Eduard Doležal. Geodät, Schöpfer des modernen österreichischen Vermessungswesens, dessen Zentralisierung und Neuorganisierung er durchsetzte, 1899 Professor an der Bergakademie Leoben, 1905 an der Technischen Hochschule in Wien. Doležal gründete 1907 die Österreichische, 1910 die Internationale Gesellschaft für Photogrammetrie und war Gründer des „Internationalen Archivs für Photogrammetrie". Gestorben 7. 7. 1955 in Baden bei Wien. (Geboren 2. 3. 1862 in Budwitz/Mähren.)

Otto König. Schriftsteller und Volksbildner. Gestorben 15. 9. 1955 in Klosterneuburg. (Geboren 12. 5. 1881 in Wien.)

Theodor Innitzer. Seit 1932 Erzbischof von Wien, seit 1933 Kardinal. Gestorben am 9. 10. 1955 in Wien. (Geboren 25. 12. 1875 in Weipert, Böhmen.)

Der Landesverband der nö. Kunstvereine

Im Jahre 1955 bildeten die damals schon bestehenden lokalen und regionalen Künstlervereine in Niederösterreich einen Landesverband, dessen Aufgabe in erster Linie die Vertretung der Interessen der bildenden Künste des Landes bei Bundes- und Landesbehörden, die Gestaltung von Ausstellungen in verschiedenen Städten des Landes, in anderen Bundesländern und im Ausland war. Weiters strebte er eine Dokumentation aller bildenden Künstler des Landes an. Seit 1977 sind dem Landesverband elf lokale Kunstvereine angeschlossen, von denen manche schon seit dem 19. Jahrhundert, andere in der Zwischenkriegszeit, andere wieder nach dem Zweiten Weltkrieg gegründet wurden. Sie vertreten nahezu 300 bildende Künstler des Landes. Der Landesverband hatte ursprünglich seinen Sitz in Krems, später in Laxenburg und dann in St. Pölten. Zu seinen wichtigsten Aufgaben gehört die Führung und Aktualisierung des Dokumentationszentrums der Künstler Niederösterreichs.

Der Abzug der Besatzungsmächte

Als am 15. Mai 1955 im Belvedere in Wien der Staatsvertrag unterzeichnet wurde, war auch der Abzug der russischen Besatzungstruppen in absehbare Nähe gerückt. Niederösterreich hatte nach den Jahren der Besetzung einen großen Rückstand aufzuweisen. Durch Demontage und Übersiedlungen nach Westösterreich waren viele wertvolle Fabriken verlorengegangen. Andere Betriebe, die während des Krieges erbaut worden waren, waren gänzlich verschwunden, so daß der Verlust an industrieller Substanz mit 12 Milliarden Schilling damaligen Wertes berechnet wurde. Während in den westlichen Bundesländern der Fremdenverkehr eine Säule der Wirtschaft geworden war und sich eine rege Gründungstätigkeit entwickelt hatte, stagnierte Niederösterreichs Wirtschaft, die auch bei den Hilfskrediten aus dem ERP-Fonds karg beteiligt worden war. So stand Niederösterreich 1955 vor zwei großen Aufgaben: der Eingliederung der ehemaligen USIA-Betriebe in die österreichische Wirtschaft und der Angleichung des Standards an die westlichen Bundesländer. Die Eingliederung der USIA-Betriebe gelang dort, wo solche Werke zu bestehen-

Links: Heimkehr der österreichischen Delegation aus Moskau am 15. April 1955. Rechts: Feier anläßlich der Vollendung der Elektrifizierung eines Dorfes.

den Konzernen gehörten. So übernahm die Linzer VÖEST die Schmidhütte in Krems, die Böhlerwerke übernahmen ihre Betriebe im Ybbstal, in St. Aegyd am Neuwald und in Enzesfeld, die Alpine Montan-Gesellschaft die Feinstahlwerke in Traisen, die holländische Aku-Gesellschaft die Glanzstoff-Fabrik in St. Pölten. Die ehemalige Kruppsche Fabrik in Berndorf wurde später gemeinsam mit einem Betrieb in Amstetten mit dem Aluminiumwerk Ranshofen vereinigt. In der Textilbranche, aber auch in der eisenverarbeitenden, in der holzverarbeitenden, der chemischen und lederverarbeitenden Industrie gab es Betriebe, die ganz auf die Belieferung von USIA-Verkaufsläden in Österreich und den Export in die Sowjetunion und die Oststaaten eingestellt waren. Eine drückende Last waren weiters die bis zum August 1955 nicht getilgten Schulden der russischen Militärbank an USIA-Betriebe in der Höhe von 762 Millionen Schilling. In Niederösterreich waren in diesen Betrieben rund 30.000 Personen beschäftigt.

Die Hoffnung, nach dem Abzug der Besatzungstruppen werde eine rege Gründungstätigkeit von Industriebetrieben einsetzen, erfüllte sich nicht ganz, doch war ein großer Optimismus in den nächsten Jahren zu verzeichnen, der Aufholprozeß Niederösterreichs begann.

Erdgas in Niederösterreich

Bei der Gewinnung von Erdöl tritt als Nebenprodukt Erdgas auf, das anfangs verbrannt wurde. Bald erkannte man aber, daß es sich um einen wichtigen Rohstoff handelte und begann mit der Verwertung. Das größte Trockenerdgasfeld Österreichs wurde im Raum Zwerndorf-Baumgarten unmittelbar an der österreichisch-slowakischen Grenze in den Jahren 1951–1959 erschlossen. Es wurde aus einem großen Sandhorizont in 1.500 Meter Tiefe gewonnen und zur Sammelstation in Baumgarten geleitet, wo es weiter aufbereitet wurde. Aufgrund neuer Erdgasfunde im Gebiet des alten Erdölfeldes Aderklaa wurde auch dort die Bautätigkeit in den beginnenden fünfziger Jahren intensiviert, wobei man Bohrtiefen bis 4.500 Meter erreichte. Da dieses Erdgas einen hohen Gehalt an Schwefelwasserstoff aufweist, wurde in Aderklaa eine Entschwefelungsanlage errichtet, deren Inbetriebnahme im Jahre 1962 erfolgte. Auch im Erdölfeld Matzen-Auersthal wurden Gashorizonte erschlossen und später auch in anderen Gebieten bei intensiven Bohrungsarbeiten. In den fünfziger Jahren wurde auch ein

Die Förderung von Erdgas und Erdöl im Weinviertel wird wieder Österreich übergeben.

modernes Verteilungssystem aufgebaut. Energiestränge des Erdgases wurden in die Steiermark in Richtung Donawitz, aber auch nach Oberösterreich und in das Traisental nach St. Pölten, nach Krems und verschiedenen andere Orte geleitet. Die Verteilung in Niederösterreich besorgt die neu gegründete Landesgesellschaft NIOGAS, während die Gewinnung großteils von der ÖMV durchgeführt wird. Da die Erdgasmengen aus österreichischen Quellen bald nicht mehr ausreichen, schloß die ÖMV mit einer sowjetischen Gesellschaft einen Vertrag, wonach seit September 1968 russisches Erdgas über die Station Baumgarten nach Österreich geleitet wird. Zusätzlich wurden unterirdische Speicher im Raum Matzen-Auersthal geschaffen.

Der letzte Transport sowjetischer Soldaten verläßt Baden.

Links: Bundespräsident Theodor Körner.
Rechts: Kinder im SOS-Kinderdorf Hinterbrühl.

1956–1957

KALENDER

1956 Der Landesverband der Trachten- und Heimatvereine wird gegründet.

Das Leopold Figl-Heim in Tulln wird als erstes Landes-Pensionistenheim in NÖ. eröffnet. Es folgen Amstetten, Korneuburg, Klosterneuburg, Scheiblingkirchen, Hollabrunn.

10. 5. Der Bischofkoadjutor von St. Pölten Dr. Franz König wird von Papst Pius XII. zum Erzbischof von Wien ernannt.

19.–21. 5. Erstmals wird die NÖ-Radrundfahrt durchgeführt.

9./10. 6. Mehr als 12.000 Personen nehmen am Landessängerfest des Sängerbundes für Wien und NÖ. in Baden teil.

29. 6. Unterzeichnung des Gesellschaftsvertrages zur Gründung der Österreichischen Studiengesellschaft für Atomenergie (Forschungszentrum Seibersdorf).

29. 9. Die ÖBB-Strecke Wien–Gloggnitz wird elektrifiziert in Betrieb genommen.

14. 10. Im Kampkraftwerk Ottenstein der NEWAG nimmt der erste von insgesamt vier Maschinensätzen die Stromerzeugung auf.

18. 10. Das Krankenhaus Mödling wird vom Land übernommen, das Krankenhaus Speising geschlossen.

24. 10. 10 Arbeiter kommen ums Leben, als beim Bau der Brücke über den Ottensteiner Stausee ein Gerüst bricht.

3. 11. Eröffnung der Landesberufsschule für kaufmännische Lehrlinge in Theresienfeld.

6. 11. Die Landesregierung appelliert an alle Hotel-, Gasthof- und Pensionsbesitzer, Quartiere für Ungarnflüchtlinge zur Verfügung zu stellen. Bis 14. 11. erklären sich 170 Betriebe bereit, 2176 Flüchtlinge aufzunehmen. Flüchtlingslager sind in Traiskirchen, Klosterneuburg, Judenau, Ulrichskirchen und Spratzern eingerichtet.

4. 12. Dr. Franz Žak wird zum Titularbischof von Appolonia und zum Bischofkoadjutor von St. Pölten ernannt.

12. 12. In Krems, Melk und Wiener Neustadt werden erstmals Jungmänner des österreichischen Bundesheeres angelobt.

1957 In der Landwirtschaft ist die Mechanisierung voll im Gang. Es gibt in Niederösterreich 31.422 Traktoren, 1946 waren es 2901, 1977 sind es schon 99.900 und 1981 105.000.

1. 2. In Baden wird der erste Kugelgasbehälter Österreichs in Betrieb genommen; er faßt 18.000 Kubikmeter Erdgas; Baden ist die erste nö. Stadt, die mit Erdgas versorgt wird.

29. 4. Das am 1. 9. 1956 in Klagenfurt errichtete Infanteriebataillon Nr. 10 bezieht die Garnison St. Pölten.

13. 5. Konstituierung des Verbandes Nö. Volkshochschulen durch Zusammenschluß zweier Vereinigungen.

Erzbischof Kardinal Franz König.

7. 6. Die Molkereigenossenschaft Herzogenburg, Obergrafendorf, Pöggstall, Prinzersdorf und St. Pölten schließen sich zum Milchring NÖ-Mitte zusammen; er wird später zur anlieferungsstärksten Molkerei Österreichs.

12. 6. Ein Vertrag zwischen der ÖMV und der NIOGAS wird unterzeichnet: die NIOGAS verzichtet auf ihre Erdöl- und Erdgas-Schürfrechte und erhält dafür das Monopol der Nö. Erdgasversorgung.

29. 6. Mit der Strauß-Operette „Die Fledermaus" wird nach 18jähriger Unterbrechung die Badener Sommerarena wieder eröffnet.

6. 7. Das Kamptalkraftwerk Ottenstein, das dritte und größte der Kette, nimmt den Betrieb auf.

29. 9. Die Stadt St. Pölten schließt eine Partnerschaft mit der japanischen Stadt Kurashiki.

12. 10. Der Bau der Ferngasleitung von Schwechat bis zur nö.-steirischen Grenze auf dem Semmering wird in Angriff genommen.

20. 10. Eröffnung des Neubaus der Nö. Landesfeuerwehrschule in Tulln.

22. 10. Als erster Großbetrieb wird die Tullner Zuckerfabrik an das Erdgasnetz der NIOGAS angeschlossen.

16. 11. In der Hinterbrühl wird ein SOS-Kinderdorf eröffnet.

GEBURTSTAGE

Kurt Welther. Maler und Graphiker. Geboren 15. 1. 1957 in Bad Vöslau.

Othmar Karas. ÖVP-Politiker. Geboren 24. 12. 1957 in Ybbs.

TODESTAGE

Wilhelm Miklas. Bundespräsident. Gestorben 20. 3. 1956 in Wien. (Geboren 15. 10. 1872 in Krems.)

Josef Pazelt. Ministerialrat, Mundartdichter. Gestorben 22. 4. 1956 in Wien. (Geboren 2. 2. 1891 in Platt.)

Ferdinand Andri. Maler, Akademieprofessor, Wiederbeleber der Fresko-Kunst. Gestorben 19. 5. 1956 in Wien. (Geboren 1. 3. 1871 in Waidhofen an der Ybbs.)

Hans Ranzoni d. Ä. Landschafts- und Architekturmaler, 1919–21 und 1930–37 Präsident des Wiener Künstlerhauses; seit 1944 in Dürnstein ansässig. Gestorben 18. 6. 1956 in Krems. (Geboren 18. 10. 1868 in Wien.)

Richard Plattensteiner. (Pseudonym: Robert Palten). Volksschriftsteller, Wander-Vortragsmeister (seit 1898). Gestorben 18. 7. 1956 in Wien. (Geboren 18. 3. 1879 in Wien.)

Otto Scheff. Sportler, Olympiasieger im Schwimmen 1905, Rechtsanwalt und Abgeordneter zum Nationalrat. Gestorben 26. 10. 1956 in Maria Enzersdorf. (Geboren 12. 12. 1889 in Berlin.)

Otto Elsner. Maler, lebte in Perchtoldsdorf. Gestorben 25. 11. 1956 in Mödling. (Geboren 11. 9. 1893 in Wien.)

Wilhelm Schier. Benediktiner, Historiker, Schulmann. Gestorben 1. 12. 1956 in Melk., (Geboren 12. 8. 1880 in Resita (Banat).)

Hans von Tabarelli. Schriftsteller, veröffentlichte zahlreiche literarische und Sachbücher über Wien. Gestorben 29. 12. 1956 in Mauer bei Melk. (Geboren 5. 7. 1988 in Innsbruck.)

Theodor Körner. Berufsoffizier, SPÖ-Politiker, Bundespräsident. Gestorben 4. 1. 1957 in Wien. (Geboren 24. 4. 1873 in Komorn.)

Erzbischof DDr. Franz König

Im Jahre 1956 wurde der St. Pöltner Bischofkoadjutor Franz König als Nachfolger von Kardinal Theodor Innitzer zum Erzbischof von Wien ernannt. König stammte aus Rabenstein an der Pielach, erhielt 1933 die Priesterweihe und studierte an in- und ausländischen Universitäten Philosophie und Theologie. In beiden Fächern erwarb er das Doktorat. Seine pastorale Arbeit begann er in St. Pölten, wo er in der Zeit des Anschlusses Domkurat und Jugendseelsorger war und sich besonders in den letzten Tagen des Krieges große Verdienste erwarb. Spä-

Links: Soldaten des Bundesheeres sprengen einen Eisstoß.
Rechts: Die Staumauer von Ottenstein.

ter habilitierte er sich an der Universität Wien für Religionswissenschaften und übernahm 1948 die Lehrkanzel für Moraltheologie in Salzburg. Zu dieser Zeit gab er die dreibändige Publikation „Christus und die Religionen der Erde" heraus. Im Jahre 1952 wurde er vom Papst zum Bischof-Koadjutor von St. Pölten ernannt, und vier Jahre später folgte seine Ernennung zum Erzbischof von Wien.

DDr. Franz König wurde in den folgenden Jahrzehnten zu einem der führenden Kirchenfürsten. Im Jahre 1958 zum Kardinal ernannt, nahm er bald Kontakte zu osteuropäischen Kirchen auf. Im Jahre 1960 wurde er auf dem Weg zum Begräbnis des kroatischen Bischofs Kardinal Stepinac bei einem Autounfall schwer verletzt. In den folgenden Jahren besuchte er verschiedene Kirchenfürsten des Ostblocks und konnte auch die Übersiedlung des ungarischen Primas Kardinal Mindszenty nach Österreich erreichen. Eine bedeutende Rolle spielte er beim Zweiten Vatikanischen Konzil (1962–1965). Unter Papst Paul VI. wurde er mehrfach als päpstlicher Legat eingesetzt und schuf das Vatikanische Sekretariat für die Nichtglaubenden. In dieser Funktion besuchte er den ökumenischen Patriarchen von Konstantinopel und bereitete den Boden für den Dialog mit den Orthodoxen. Er gründete weiters die Stiftung „Pro Oriente" und leitete den Eucharistischen Weltkongreß in Bombay.

DDr. König widmete sich besonders der Seelsorge in der Wiener Erzdiözese, die er bis 16. September 1985 leitete. Dann wurde sein Rücktrittsgesuch von Papst Johannes Paul II. angenommen, den er 1983 in Wien hatte begrüßen können. Als Erzbischof von Wien hatte König auch den Dialog zwischen den verschiedenen politischen Gruppen gefördert und dabei großes Ansehen erlangt.

Das Kraftwerk Ottenstein

Als das größte der drei Kamptalkraftwerke wurde das Pumpspeicherwerk Ottenstein neun Kilometer oberhalb der Sperre Dobra an einer Stelle des Kampflusses errichtet, wo der Große Kamp die linksseitig einmündenden Bäche Kühbach, Plöttbach und Rammersbach und den von Süden kommenden Purzelkamp, der selbst wieder knapp vor seiner Einmündung noch den in geringem Abstand parallel zum großen Kamp fließenden Friedersbach aufnimmt, einmünden läßt und so einen Knoten von Gewässern bildet. Dies ergibt bei gefülltem Stau-

see eine fjordähnliche Landschaft. 1954 begonnen und bis Oktober 1956 so weit fertig, daß der erste der vier Maschinensätze den Betrieb aufnehmen konnte, wurde das Kraftwerk am 6. Juli 1957 fertiggestellt. Der Stausee von Ottenstein faßt ebenso viel Wasser wie Kaprun. Die in den Jahren 1954 bis 1956 erbaute Sperre hat eine Länge von 69 Metern, eine Kronlänge von 240 Metern, eine Fundamentbreite von 24 Metern und eine Kronenbreite von 6,5 Metern. In ihr sind rund 130.000 m³ Beton verarbeitet.

Heimatpflege in Niederösterreich

Im Jahre 1956 wurde von insgesamt 51 Gemeinschaften in Niederösterreich ein Landesverband der Heimat- und Trachtenvereine gegründet. Bis zum Jahre 1961 stieg deren Zahl auf etwa 70 an, bis zum Jahre 1990 gibt es mehr als 600 verschiedenartige Brauchtumsgemeinschaften, Heimat- und Trachtengruppen, Volkstanzgruppen, Volksmusik- und Hausmusikgruppen, Volksliedgruppen, Goldhauben- und Kopftuchgruppen, Volkslied- und Laienspielgruppen, Bürger- und Schützengarden, Schützen- und Armbrustgilden oder Dorfgemeinschaften kultureller Art. Sie alle tragen zum kulturellen Leben in den Dörfern bei und bilden eine wesentliche Stütze der Traditionspflege. Seit dem Jahre 1969 besitzt der Verband ein eigenes Sekretariat in Mödling und veranstaltet von dort aus eine Reihe von Festen. Er nimmt auch an vielen Veranstaltungen im Ausland teil und führt vor allem im Rahmen der Kremser Landesausstellungen große internationale Volkskulturveranstaltungen durch. Sein Hauptziel ist aber die Ausprägung eines speziellen Landesbewußtseins in Niederösterreich und die Pflege des Brauchtums.

Die Aufstellung des Bundesheeres 1956

Im Dezember 1945 hatte der Alliierte Rat jede militärische Betätigung in Österreich verboten. Damit mußten auch das von der Provisorischen Staatsregierung geschaffene „Staatsamt für Heerwesen" und das am 2. 8. 1945 errichtete Militärkommando Niederösterreich aufgelöst werden. Dieses Verbot wurde am 27. 7. 1955, dem Tag, an dem der

Staatsvertrag in Kraft trat, aufgehoben. Vorangegangen war das Moskauer Memorandum, in dem die österreichischen Unterhändler mit den UdSSR den künftigen Neutralitätsstatus unseres Landes als „wie die Schweiz ihn handhabt" vereinbaren konnten, und die Wiener Botschafterkonferenz, in der von den militärischen Bestimmungen des Staatsvertragsentwurfes die personellen Vorgaben (Berufsheer, Stärke einschließlich Exekutive 53.000 Mann Land- und 5000 Mann Luftstreitkräfte) ersatzlos gestrichen wurden. Damit war der Weg zur allgemeinen Wehrpflicht, wie dann im Wehrgesetz vom 7. 9. 1955 beschlossen, aber auch zu der für einen souveränen Staat selbstverständlichen Gestaltung der Heeresorganisation nach eigenen Vorstellungen frei.

Der 1956 vom Ministerrat genehmigte Organisationsentwurf sah die Aufstellung von 8 gemischten Brigaden vor. Diese waren 3 Gruppenkommanden, deren Bereiche sich aus der geographischen Gliederung des Staatsgebietes ergaben, unterstellt. Sie sollten in Wien, Graz und Salzburg eingerichtet werden.

Im zuständigen Dokument heißt es: „Der Grenzraum Niederösterreich (mit Wien) und dem nördlichen Burgenland erhält seinen Schutz durch 3 Heeresverbände."

Dies waren die 1. Brigade in Eisenstadt, die 2. Brigade in Wien und die 3. Brigade in Krems. Die heeresunmittelbaren Verbände und die Schulformationen sollten mit dem bei jedem Gruppenkommando vorgesehenen Panzerverband zu einer 9. Brigade zusammengefaßt werden. Es wurde von Anfang an zum Ausdruck gebracht, daß als Rückhalt für einen später zu planenden territorialen Grenzschutz Garnisonen in grenznahen Räumen zu errichten wären, daß aber die Stationierung des Heeres von den vorhandenen Unterkünften abhängig sei. Damit sah es in Niederösterreich schlecht aus. Denn von 25 Kasernen in 22 Garnisonen waren 15 Objekte in einem Zustand, in dem sie vorerst nicht belegt werden konnten.

Am 16. 1. 1956 nahm das Ergänzungskommando Niederösterreich in der Breitenseerkaserne in Wien seinen Dienst auf. Mit Erlaß vom 22. 6. 1956 wurden die Gruppen- und Brigadekommanden errichtet, und am 15. 10. rückten die ersten Wehrpflichtigen des Geburtsjahrganges 1937 ein.

In Niederösterreich gab es damals folgende Garnisonen: Baden, Brunn am Gebirge, Felixdorf, Groß Enzersdorf, Götzendorf, Horn, Klosterneuburg, Krems, Langenlebarn, Melk, Wiener Neustadt und Zwölfaxing.

Die politischen Ereignisse in Ungarn machten ab 27. 10. 1956 eine Grenzsicherung erforderlich, zu der auch Alarmeinheiten aus Niederösterreich herangezogen wurden.

Links: Kunsthandwerk – Kurs für Frauen in einer nö. Volkshochschule.

1956–1957

Nach dieser Bewährungsprobe machte die Aufstellung des Bundesheeres erstaunlich schnelle Fortschritte. An neuen Garnisonen in NÖ. wurden bezogen: 1957 Allentsteig, Großmittel, Hainburg, Mautern, St. Pölten, Spratzern, 1958 Mistelbach, Stockerau, 1959 Neulengbach, Weitra, womit auch der Forderung nach grenznahen Garnisonen entsprochen wurde.

Die 3. niederösterreichische Brigade, als deren Zeichen ein die 4 Landesviertel symbolisierendes vierblättriges Kleeblatt gewählt wurde, bestand aus dem Kommando in Krems bzw. Mautern, dem Feldjägerbataillon Nr. 9 in Horn/Weitra, dem Infanteriebataillon Nr. 10 in St. Pölten/Spratzern und der Artillerieabteilung Nr. 3 in Allentsteig/ Neues Lager. Sie wurde mit 1. 8. 1960, nachdem die Umrüstung des Infanteriebataillons Nr. 10 in ein Panzerbataillon bereits angelaufen war, in die 3. Panzergrenadierbrigade umgegliedert.

Mit demselben Datum wurde nun auch die 9. Brigade errichtet, allerdings entgegen der ursprünglichen Planung unter Abstützung auf die Panzertruppenschule als 9. Panzergrenadierbrigade mit Stab und Panzerbataillon Nr. 34 in Götzendorf, Panzerbataillon Nr. 33 in Zwölfaxing/Bruck, Panzergrenadierbataillon Nr. 35 in Großmittel und der Panzerartillerieabteilung Nr. 9 in Baden. Damit standen nun im Donauraum 2 gepanzerte Großverbände zur Verfügung.

Herbert Staudigl

Von Döllersheim zu Allentsteig

Nach dem Ende des Zweiten Weltkrieges glaubte man an einer Wiederbesiedlung des Truppenübungsplatzes Döllersheim. Schon am 15. August 1945 faßte die provisorische Staatsregierung einen diesbezüglichen Beschluß, und in Zwettl konstituierte sich auch eine Überprüfungskommission zur Wiederbesiedlung des Gebietes. Unterdessen hatten sich aber die sowjetischen Besatzungstruppen im Übungsgelände einquartiert, und im Jahre 1946 wurde es zum Deutschen Eigentum erklärt. War man bisher der Meinung, die sowjetische Besatzungsmacht sei für die Wiederbesiedlungspläne, war nun alles anders geworden. Mit dem 27. Juli 1946, dem Tage der Veröffentlichung des Befehls Nr. 17 des Generalobersten Kurassow, der das ehemalige „Deutsche Eigentum" in den Besitz der Sowjetunion überleitete, war die Chance der Wiederherstellung vorbei. Das Gebiet sollte nun wie das übrige Deutsche Eigentum für die Sowjetunion möglichst hohen Gewinn abwerfen. Deshalb

Brigadeübung der dritten Panzerbrigade am Truppenübungsplatz Allentsteig.

wurden von der Besatzungsmacht an die Einheimischen ganze Ortschaften als Baumaterial verkauft, diese wurden niedergerissen und das Material abtransportiert. So waren es weniger die Zerstörungen durch Artilleriebeschuß oder militärische Übungen durch Deutsche Wehrmacht oder Rote Armee, die zum totalen Auslöschen der Siedlungsstruktur führten, sondern es waren Österreicher, die nach 1945 die Bauten abtrugen und das Material wegführten und für andere Zwecke verwendeten. Nach 1945 kam es zu weiteren Entsiedlungen, wie in Pötzles und Flachau. Für beide Orte brachte die Errichtung des Kamptalkraftwerkes Ottenstein das Ende, da durch die Stauseen die noch offenen Zufahrtsstraßen überflutet wurden.

Auch nach 1955 nützte man die Möglichkeit der Wiederbesiedlung des Übungsplatzes nicht. Ein Grund war, daß unterdessen eine Instandsetzung der Häuser nicht mehr möglich war. Auch die rechtliche Situation hatte sich geändert. Das Areal mit den inzwischen sehr abgewohnten und devastierten Unterkünften sowie einem nicht instandgehaltenen Wegenetz kam in die öffentliche Verwaltung und wurde am 8. 5. 1957 dem Kommando der 3. Brigade übergeben. Der Platz wurde nun systematisch entmint und von Blindgängern gesäubert, für die wirtschaftliche Nutzung wurde eine Heeresforst- bzw. Heereslandwirtschaftsverwaltung etabliert, und Unterkünfte wurden instandgesetzt.

Mit 20. 6. 1958 wurde ein eigenes Truppenübungsplatzkommando geschaffen und die Bezeichnung „Truppenübungsplatz Allentsteig" festgelegt. Der Platz verzeichnet eine jährliche Frequenz von etwa 40.000 Soldaten aus dem gesamten Bundesgebiet und ist der einzige österreichische Truppenübungsplatz, auf dem Gefechtsübungen im scharfen Schuß im Brigaderahmen möglich sind. Viele der 7000 Waldviertler, die ihre Heimat verloren hatten, erhielten keinen Ersatz des materiellen Schadens. Die einzige verbliebene Gemeinsamkeit waren die Friedhöfe, in denen sich am Allerseelentag die

Vertriebenen zusammenfanden. So wurde der devastierte Friedhof in Döllersheim allmählich instandgesetzt, und die Ruine der ehemaligen Pfarrkirche Döllersheim soll als denkmalgeschütztes Objekt erhalten bleiben.

Der Verband niederösterreichischer Volkshochschulen

Im Oktober 1955 wurde vom Präsidenten des Wiener Stadtschulrates Dr. Max Neugebauer und dem Vizepräsidenten des Landesschulrates Hans Handl von Gemeinden und Organisationen, die meist der SPÖ nahestanden, ein „Nö. Volksbildungsverband" gegründet. Daraufhin wurden unter Führung des Landtagsabgeordneten Franz Stangler auch in ÖVP-nahen Gemeinden Volksbildungseinrichtungen geschaffen, die sich im Jahre 1956 zu einem „Verband" nö. Volkshochschulen und Volksbildungsvereine" zusammenschlossen. Zu dieser Zeit bestand bereits ein bundesweiter Verband Österreichischer Volkshochschulen, der staatliche Gelder an Mitgliedsverbände weitergab. Das Bundesministerium für Unterricht vertrat aber den Standpunkt, in jedem Bundesland könne nur ein Landesverband bestehen und subventioniert werden. Daraufhin begannen Besprechungen zwischen den beiden niederösterreichischen Verbänden, die im Mai 1957 zum Zusammenschluß und zur Gründung eines Verbandes nö. Volkshochschulen führte. Zu dieser Zeit gab es 38 Volksbildungseinrichtungen in NÖ. In der Folge kam es aber zu weiteren Gründungen von Volkshochschulen, so daß die Zahl der Mitglieder in den nächsten Jahren auf 66 anstieg. Volkshochschulen gibt es vorwiegend in den Städten, während der ländliche Raum den Aktivitäten des Nö. Bildungs- und Heimatwerkes vorbehalten ist. Die einzelnen Mitgliedsorganisationen erstellen ihr Programm autonom. Aufgabe des Verbandes ist die Koordinierung der Tätigkeit und die Veranstaltung von Tagungen. Die Volkshochschulen in Städten und Industrieorten führen in erster Linie Kurse, Vorträge und Vortragsreihen durch. Neben der eigentlichen Erwachsenenbildung, die ein breites Spektrum aufweist, hat sich der nö. Verband auch schulbegleitenden Kursen gewidmet und sehr früh aktuelle Bildungs- und Ausbildungsprobleme miteinbezogen, etwa die Ausbildung am Computer.

Links: Eröffnung des Volksfestes in Wieselburg.
Rechts: Das Lagerhaus des ersten SPAR-Kaufhauses Kienzl in St. Pölten.

KALENDER

1. 3. 1958. Das Fernheizkraftwerk St. Pölten wird fertiggestellt und eröffnet.

22. 4. Grundsteinlegung für die Großraffinerien der ÖMV in Schwechat.

Der bekannte anglo-amerikanische Lyriker Wystan H. Auden läßt sich in Kirchstetten, Bezirk St. Pölten, nieder.

17. 5. 1. Nö. Dichtertagung in Krems. 60 Dichter und Schriftsteller nehmen teil.

26. 6. Traismauer wird vom nö. Landtag zur Stadt erhoben.

27. 6. Das Wieselburger Volksfest feiert den 30jährigen Bestand mit einer Erweiterung des Ausstellungsgeländes: Mit einem Fußgängerdurchgang unter der Bundesstraßenbrücke werden 2400 m² gewonnen.

24. 8. 1. Landesmusiktreffen des Nö. Blasmusikverbandes in Krems. 100 Kapellen nehmen teil.

9. 9. Fertigstellung der Brücke über den Stausee Ottenstein; sie ist mit 240 Meter die längste Spannbetonbrücke Österreichs.

17. 10. Die Straßenbrücke über die Donau beim Kraftwerk Ybbs-Persenbeug wird für den Verkehr freigegeben.

19. 10. Die 33,5 Kilometer lange neue Wachaustraße zwischen Stein und Emmersdorf wird eröffnet.

3. 12. 1. Verkehrsfreigabe des Westautobahn-Teilstückes St. Christophen–Pöchlarn (50,8 Kilometer).

14. 12. Die Militärakademie übersiedelt von Enns in die instandgesetzte Burg von Wiener Neustadt.

17. 12. Erzbischof DDr. Franz König wird zum Kardinal ernannt.

19. 12. Der Landtag beschließt die Stadterhebung von Gänserndorf.

14. 1. 1959 Gründung der Arbeitsgemeinschaft Komponisten im Rahmen des Nö. Bildungs- und Heimatwerks.

15. 1. In Oberweiden, Bezirk Gänserndorf, wird das erste von der NIOGAS fertiggestellte Erdgas-Ortsnetz in Betrieb genommen.

5. 3. Der Landtag beschließt die Schaffung eines Ehrenzeichens für Verdienste um das Bundesland Niederösterreich.

9. 3. Die Verwaltung der ehemaligen Ostmarkwerke in Wiener Neudorf wird dem Land Niederösterreich übertragen.

10. 3. Die Nö. Tonkünstler geben in St. Pölten ihr 1000. Konzert in einer nö. Gemeinde.

17. 3. Wilhelmsburg wird Stadt.

20. 4. Die Kaserne Mautern wird fertiggestellt (Baubeginn 1957).

2. 5. Premiere der Kirchschlager Passionsspiele in der neuen Passionsspielhalle.

3. 5. St. Pölten feiert den 800. Jahrestag der Verleihung des Stadtrechtes.

Die Wachaustraße bei St. Michael.

6. 5. Erster Spatenstich für den Bau der Südautobahn in der Nähe von Laxenburg.

10. 5. Nach der Landtagswahl sind nur mehr ÖVP und SPÖ im Nö. Landtag vertreten. Neue Sitzverteilung: 31 ÖVP, 25 SPÖ.

20. 5. Eröffnung der Großausstellung „Die Gotik in Niederösterreich" in der Minoritenkirche in Krems/Stein; bis 25. 10. kommen 179.200 Besucher.

31. 5. Das restaurierte Haydn-Haus in Rohrau wird eröffnet.

3. 6. Der Straßentunnel von Dürnstein wird seiner Bestimmung übergeben.

14. 6. Gänserndorf feiert die Erhebung zur Stadt.

Der Dichter Wystan H. Auden.

23. 6. Die Österreichische Akademie der Wissenschaften und der Verein für Landeskunde für Niederösterreich präsentieren den nach 10jähriger Arbeit fertiggestellten „Atlas von Niederösterreich".

21. 7. Schwere Regenfälle verursachen Überschwemmungen in den Bezirken Amstetten, Krems, Lilienfeld, Melk, Neunkirchen, Scheibbs, St. Pölten und Wien-Umgebung; in Kilb, Bezirk St. Pölten, steigen die Fluten innerhalb weniger Minuten bis in die ersten Stockwerke der Häuser.

3. 9. Eröffnung des Flughafens Krems-Gneixendorf.

12. 9. Eröffnung des Nö. Jagdmuseums in Marchegg.

28. 11. Eröffnung der von Prof. Roland Rainer geplanten Stadthalle in Ternitz.

TODESTAGE

Camillo Kronich. Hüttenwirt des Ottohauses auf der Rax. Gestorben 3. 2. 1958. (Geboren 1876.)

Hermann Stingl. Rechtsanwalt, Bürgermeister von Krems. Gestorben 27. 2. 1958 in Krems. (Geboren 4. 8. 1880 in Krems.)

Theodor Kramer. Dichter. Gestorben 3. 4. 1958 in Wien. (Geboren 1. 1. 1897 in Niederhollabrunn.)

Stefan Denk. Heimatforscher. Gestorben 12. 12. 1958 in Wieselburg. (Geboren 1898 in Troppau.)

Anton Pfalz. Mundartforscher, Universitätsprofessor. Gestorben 1958 in Wien. (Geboren 1885 in Deutsch Wagram.)

Vinzenz Oskar Ludwig. Augustiner Chorherr und Historiker in Klosterneuburg. Stiftsbibliothekar, Professor am Akademischen Gymnasium in Wien. Gestorben 22. 1. 1959 in Langenzersdorf. (Geboren 18. 6. 1875 in Niederhillfersdorf (Österreichisch-Schlesien).)

Johann Böhm. SPÖ-Politiker; Präsident des Gewerkschaftsbundes. Gestorben 13. 5. 1959 in Wien. (Geboren am 26. 1. 1886 in Stögersbach.)

Josef Heck. 1957 Kommandant der Militärakademie Wiener Neustadt. Gestorben 9. 7. 1959. (Geboren 4. 1. 1908 in Rossatz.)

Franz Miltner. Archäologe. 1923–32 Ausgrabungen in Carnuntum. 1940–45 Universitäts-Professor in Innsbruck und ab 1954 in Wien. Gestorben 23. 7. 1959 in Wien. (Geboren 28. 10. 1901 in Wien.)

Michael Distelberger. Generalvikar, Prälat, 1933–59 Kanzler des bischöflichen Ordinariates in St. Pölten, 1943 päpstlicher Hausprälat und Generalvikar der Diözese St. Pölten, Dompropst. Gestorben 27. 8. 1959 in St. Pölten. (Geboren 1886 in Steinakirchen am Forst.)

Josef Matthias Hauer. Komponist (Zwölfton-Musik). Gestorben 22. 9. 1959 in Wien. (Geboren 19. 3. 1883 in Wiener Neustadt.)

Franz Beydi. Rechtsanwalt, Bürgermeister von Zwettl. Gestorben 23. 11. 1959 in Zwettl. (Geboren 1893 in Zwettl.)

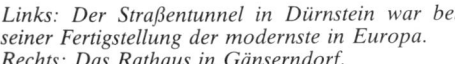

Links: Der Straßentunnel in Dürnstein war bei seiner Fertigstellung der modernste in Europa.
Rechts: Das Rathaus in Gänserndorf.

1958–1959

Gänserndorf

Das 1115 erstmals als „Genstribindorf" (Gänsetreiberdorf) genannte Ort gehörte zur Melker Mutterpfarre Weikendorf, aber auch Klosterneuburg hatte dort reichen Besitz. Die Pfarre wurde erst 1783 eingerichtet. Gänserndorf war aber unter acht Grundherrschaften aufgeteilt. 1744 wurde der landesfürstliche Anteil an den Deutschen Ritterorden verkauft, dafür erhielt Maria Theresia das benötigte Land für den Bau des Schlosses Schönbrunn. Der Aufschwung des Ortes begann mit dem Bau der Nordbahn im Jahre 1839, als Gänserndorf Knotenpunkt mehrerer Linien wurde. Seit 1901 ist der Ort Sitz der Bezirkshauptmannschaft sowie in der Folge verschiedener Ämter und Schulen. Am 19. 12. 1958 wurde er durch Beschluß des Landtages zur Stadt erhoben.

Traismauer

Aus dem am Ostufer der Traisen errichteten römischen Reiterkastell wurde im Mittelalter eine dem Erzbistum Salzburg zugehörige Siedlung, in der um 830/33 der Slawenfürst Privina getauft wurde. Salzburg blieb bis 1803 Inhaber des Marktes, im Schloß waren die Pfleger untergebracht. Nach der Säkularisierung kam dieses 1825 in den Besitz der Familie Geymüller. Traismauer wurde bereits vor 1458 Markt. Ein Wappenbrief des Salzburger Erzbischofs Leonhard von Keutschach stammt aus dem Jahr 1517. Auf das Marktrecht weist der Pranger hin, es gibt auch einige schöne Bürgerhäuser. Nach 1666 entstand eine Seidenfabrik in Walpersdorf, und seit dieser Zeit ist Traismauer immer wieder Sitz von Fabriken geworden, so 1782 der Stahlwarenfabrik Martin Miller, die von Wien hierher verlegt wurde. Auch Papier wurde hier erzeugt. Im 20. Jahrhundert stieg die Zahl der Industriebetriebe weiter an, der Weinbau in der Umgebung ist bedeutend. Der nö. Landtag erhob Traismauer am 26. Juni 1958 zur Stadt.

Fernheizkraftwerk St. Pölten

Am 1. März 1958 wurde das Fernheizkraftwerk St. Pölten fertiggestellt und durch Bundeskanzler Ing. Julius Raab eröffnet. Dieses Fernheizkraftwerk stellte eine moderne Pioniertat der vom Barock geprägten

Stadt dar und wurde aus der Notzeit der Nachkriegsjahre geboren. Für die Heizzentrale des Krankenhauses war während des Krieges ein Schiffskessel angeschafft worden, der sich als zu groß erwies. Deshalb wurde die 2,5 km entfernte neue Dr. Theodor Körner-Hauptschule ebenfalls an dieses Heizhaus angeschlossen. Die dorthin verlegte Fernleitung diente auch für die Versorgung weiterer Bauwerke, schließlich auch des neuen Gymnasiums. Damit war das Rückgrat einer zentralen Wärmeversorgung für ein größeres Gebiet geschaffen und die Notwendigkeit der Anschaffung weiterer Kessel gegeben. Im Zuge des im Jahr 1957 durchgeführten Endausbaus wurde auch eine Turbine mit drei Megawatt eingebaut. Mit der Fertigstellung dieses Fernheizkraftwerkes war die Entwicklung aber nicht abgeschlossen. In den kommenden Jahren erfolgte eine rege Anschlußtätigkeit, es war nicht nur eine Erneuerung der alten Kessel und eine Vergrößerung des Turbinenhauses notwendig. Im Süden der Stadt mußte ein zweites Fernheizkraftwerk gebaut werden, welches am 7. Dezember 1968 eröffnet werden konnte. In den nächsten Jahren wurde auch die Erneuerung des Fernheizkraftwerkes Nord notwendig, da der Neubau des Krankenhauses weitere Energie benötigte. So wuchs im Lauf eines Jahrzehntes die Länge des Fernheiznetzes (bis 1976) auf 37 km an. Der erzeugte Strom wird sowohl für das NEWAG-Netz als auch für das Krankenhaus und den Eigenbedarf verwendet. So konnten in St. Pölten im Lauf von zwei Jahrzehnten sämtliche öffentliche Gebäude, viele Betriebsstätten und etwa 6000 Wohnungen an das Fernheizwerk angeschlossen werden.

Militärakademie Wiener Neustadt

Wie alle anderen Offiziersausbildungsstätten wurde die Militärakademie im November 1918 aufgelöst und machte einer Bundeserziehungsanstalt Platz.
Im Bundesheer der Zwischenkriegszeit wurden die Offiziere an der „Heeresschule" Enns ausgebildet. Diese Anstalt wurde im August 1934 unter der alten Bezeichnung „Theresianische Militärakademie" zurück nach Wiener Neustadt verlegt, wo am 2. 9. 1934 nach 16jähriger Unterbrechung wieder eine Ausmusterung stattfand.
Auch die Deutsche Wehrmacht verzichtete nicht auf das traditionsreiche Gebäude. Von 1940 bis 1942 fand die Burg als „Unteroffiziersvorschule" Verwendung. Vorher war

hier die Kriegsschule 5 und nachher die „Schule für Fahnenjunker der Infanterie" untergebracht. Während die Fahnenjunker 1945 vor der herannahenden Front im Pittental Stellung bezogen, wurde die Burg am 16. 3. 1945 durch Bomben fast völlig zerstört.
Zur Heranbildung von Offizieren und Unteroffizieren der B-Gendarmerie wurde in Enns eine „Gendarmerieabteilung K" (Kurse) errichtet. Sie bekam am 27. 7. 1955 die Bezeichnung „Provisorische Grenzschutzschulabteilung K" und am 9. 4. 1956 den Namen „Militärakademie Enns". Schon zuvor, am 3. 2. 1956, fand in Wien die 1. Ausmusterung von 21 Leutnants und Fähnrichen statt. Am 14. 12. 1958 kehrte die Militärakademie in die inzwischen wiederaufgebaute Burg nach Wiener Neustadt zurück. In Wiener Neustadt befindet sich auch ein „Bundesrealgymnasium für Berufstätige" an der Militärakademie.

Gewerbe, Handel und Nahversorgung

Über ganz Niederösterreich verstreut gab es seit dem 19. Jahrhundert in den Kleinstädten, Märkten und vielen Dörfern ein Nahversorgungsnetz mit Gemischtwarenhandlungen, Fleischhauereien und vereinzelt auch Spezialgeschäften. Daneben bestanden kleine Handwerksbetriebe, Tischler, Schlosser, Schuhmacher, Schneider und andere, die für die Bevölkerung im Umkreis ihres Standortes produzierten. In den späten fünfziger Jahren begann eine Strukturänderung. Der wachsende Lebensstandard brachte mit steigenden Verbraucherwünschen auch die Notwendigkeit für einen Ausbau der Geschäfte, die Verbesserung des Warenangebotes und erhöhten Kundendienst. Es gab Berufszweige wie Schneider, Schuster, Wagner oder Hufschmiede, die man nicht mehr brauchte, weil es kaum mehr Zugtiere gab oder die Konfektionsware überhand nahm. Während im Jahre 1937 noch drei Viertel aller Orte im Lande zumindest einen Schmied oder einen Schuhmacher hatten, war dies 1969 nur mehr bei einem Drittel der Fall. An die Stelle der kleinen Geschäfte traten Supermärkte oder Spezialgeschäfte in den Städten, die viele kleine Kaufleute verdrängten, aber auch zu Versorgungsschwierigkeiten im ländlichen Bereich führten. Noch überlebende Betriebe stellten sich auf Massenproduktion um oder wurden Zulieferer für andere Firmen. Die dort Beschäftigten suchten neue Arbeitsplätze und wurden vielfach zu Pendlern.

Links: Einzug der Militärakademie in die wieder-
hergestellte Burg von Wiener Neustadt.
Rechts: Der Gewerkschaftspräsident Johann
Böhm.
Unten: Öffentliche Gemeinderatssitzung anläßlich
der Stadterhebungsfeier von Wilhelmsburg.

Johann Böhm

Der am 26. 1. 1886 in Stögersbach im Waldviertel geborene Johann Böhm war von Beruf Maurer und bereits in den Jahren 1928 bis 1934 Obmann der Bau und Holzarbeitergewerkschaft. Zwischen 1930 und 1933 gehörte er dem Nationalrat an und war dann 1934 und wieder 1944 in politischer Haft. Im Jahre 1945 war er unter den ersten Männern des Wiederaufbaues der österreichischen Verwaltung und wurde bereits im Jahre 1945 Staatssekretär für Soziale Verwaltung, Präsident des neu gegründeten österreichischen Gewerkschaftsbundes und Zweiter Präsident des Nationalrates. Als solcher war er einer der Begründer der Zusammenarbeit der politischen Parteien und der Sozialpartner. Er starb am 13. Mai 1959 in Wien.

Sommerarena Baden

Baden entwickelte sich im 19. Jahrhundert zu einer bedeutenden Kurstadt, in der auch das Theater seinen Platz hatte. Es wurden Bäder, ein Kurhaus, zahlreiche Hotels und Villen gebaut und 1907 eine eigene Bahnlinie nach Wien geschaffen. Die Meister der Wiener Operette Karl Zeller und Karl Millöcker blieben bis zu ihrem Lebensende treue Freunde der Kurstadt, auch das Orchester hatte Qualität. Neben dem Stadttheater, das in den Jahren 1907/09 gebaut wurde, erneuerte man auch die Arena neben dem Kurpark. Dieser bestand bereits seit dem Jahre 1841. Nun wurde 1906 ein Theatergebäude von Architekt Kraus geschaffen, das die Möglichkeit bot, bei Schlechtwetter das Glasdach zu schließen und die Aufführungen weiterzuführen. In dieser Arena wurden im Sommer vor allem Operetten gespielt. Im Jahre 1939 wurde die Arena auf lange Zeit zum letzten Mal bespielt. Im Jahre 1957 wurde nach 18jähriger Unterbrechung diese Tradition wieder aufgenommen. Seit dieser Zeit ist die Sommerarena Baden ein wichtiger Bestandteil des sich entwickelnden niederösterreichischen Theatersommers. Bis zu vier Operetten werden pro Saison an dieser Spielstätte inszeniert, die Aufführungen werden vor allem auch von Besuchern aus Wien und von Kurgästen frequentiert. Dadurch ist es in Baden möglich, neben der relativ kurzen Wintersaison auch alljährlich eine Sommerspielzeit im Theater abzuwickeln, denn der Operettensommer wird vom Orchester und dem Ensemble des Stadttheaters bestritten, das in einzelnen Rollen durch Gäste verstärkt wird.

Wilhelmsburg

Im 9. Jahrhundert als befestigte Anlage errichtet und nach dem Grenzgrafen Wilhelm benannt, wurde der Ort um 1000 durch einen Dreieckplatz und im 13. Jahrhundert durch einen Rechteckplatz erweitert. Um 1085 war er Hauptort jenes Gebietes, das der österreichische Markgraf Leopold II. dem Markgrafen der Steiermark als Heiratsgut seiner Tochter übergab. Damals entstand auch die große Pfarre St. Stephan als Mutterpfarre. Nach der Errichtung von Lilienfeld wurde 1209 Markt und Pfarre Wilhelmsburg an dieses Kloster übergeben, und bereits am Beginn des 14. Jahrhunderts wurde der Markt befestigt. Teile der Ringmauer stehen noch. Im Jahre 1597 war Wilhelmsburg letztes Zentrum der aufständischen Bauern, und 1703 wurde das Niederlagsrecht des Marktes für Wein, Holz und Getreide nach St. Pölten übertragen. 1848 gewährte ein Industrieller dem auf der Flucht befindlichen „Bauernbefreier" Hans Kudlich Unterschlupf. Seit dem Ende des 18. Jahrhunderts begann die Industrialisierung; die damals geschaffene Steingutfabrik besteht immer noch. Später entstand eine Lederfabrik. Auch metallverarbeitende Betriebe wurden gegründet. Nach dem Ersten Weltkrieg wurde der Ort durch Schließung mehrerer Fabriken zum Notstandsgebiet. Auch im Jahre 1945 litt er stark bei den Kämpfen. In den folgenden Jahren wurde er aber wesentlich ausgebaut und am 17. 3. 1959 zur Stadt erhoben.

Josef Matthias Hauer

Am 19. 3. 1883 wurde Josef Matthias Hauer in Wiener Neustadt geboren. Er wurde Lehrer und lebte seit dem Jahre 1914 in Wien, wo er immer mehr als Komponist hervortrat. Er legte das von ihm noch vor Arnold Schönberg 1911 entwickelte Zwölfton-System in mehreren theoretischen Schriften nieder. 1920 erschien als erstes Werk über Zwölfton-Musik „Vom Wesen des Musikalischen", drei Jahre später „Deutung des Melos", 1925 „Vom Melos der Pauke". Hauer schrieb zwei Oratorien, auch eine Oper, „Salambo", die im Jahre 1930 fertigstellt wurde, daneben Messen, Chöre, Lieder, aber auch Kammermusik. Zirka 1012 Tonspiele sind von ihm vorhanden. Er starb am 22. 9. 1959 in Wien.

407

Links: Besprechung einer sowjetischen Delegation mit Mitgliedern der österreichischen Bundesregierung im Juli 1960.
Rechts: Universitätsprofessor Dr. Franz Ruttner bei Forschungsarbeiten in Lunz.

1960–1961

KALENDER

1960 Die steirische Magnesit-Industrie gründet in Krems einen Betrieb.

20. 1. Anstelle des verstorbenen Ing. August Kargl wird Viktor Müllner Landeshauptmannstellvertreter.

26. 3. Das 1945 abgebrannte Schutzhaus auf dem Anninger ist wieder aufgebaut.

29. 3. Die Landesregierung vergibt erstmals Kulturpreise des Landes an die Dichter Friedrich Sacher und Lois Schiferl sowie an die Komponisten Albert Reiter und Fritz Durstmüller.

10. 4. Gemeinderatswahlen in Niederösterreich.

12. 5. Eröffnung der Großausstellung „Barock in Österreich – Jakob Prandtauer und sein Kunstkreis" im Stift Melk. Bis 26. 10. kommen 380.207 Besucher. Erstmals werden in Melk Sommerspiele abgehalten. Aufgeführt wird das „Große Salzburger Welttheater" von Hugo von Hofmannsthal.

30. 5. 3030 arbeitsuchende Männer und 6458 arbeitslose Frauen bedeuten den niedrigsten Stand an Arbeitslosen in NÖ. seit 1950/51.

2. 7. Der sowjetische Ministerpräsident Nikita Chruschtschow besucht Nationalratspräsident Leopold Figl auf dessen Bauernhof in Rust im Tullnerfeld; es kommt zur der bekannten „Kukuruz-Wette" zwischen den beiden Politikern.

12. 9. Erster Spatenstich für den Neubau der NEWAG- und NIOGAS-Generaldirektion in Maria Enzersdorf.

24. 9. In Brunn am Gebirge wird der 200. Schulbau seit 1949 eröffnet.

25. 9. Der Forschungsreaktor Seibersdorf wird erstmals in Betrieb genommen.

7. 10. Das älteste österreichische Handelsunternehmen, die Firma Julius Kienast in Gars am Kamp, feiert ein Doppeljubiläum: 375 Jahre Bestand des Geschäftes am Hauptplatz; 250 Jahre im Familienbesitz.

13. 10. Landeshauptmannstellvertreter Franz Popp tritt zurück, Nachfolger wird Dr. Otto Tschadek.

8. 10. Die Tbc-Fürsorgestelle der Landesregierung nimmt einen 18 Meter langen Gelenkbus als „Röntgenzug" in Betrieb.

1961 Die Firma Siemens und Halske Ges.m.b.H. baut eine Fabrik in Zistersdorf.

Das neu errichtete Gebäude des Flughafens Wien-Schwechat wird eröffnet.

Die Donau-Chemie AG gründet eine Schwefelsäure-Fabrik in Moosbierbaum-Zwentendorf.

Die Landwirtschaft bringt 21,6 Prozent der Wertschöpfung (1981 nur mehr 7,9 Prozent).

In Mödling wird ein Fernheizkraftwerk eröffnet.

1. 1. Die Stadt St. Pölten eröffnet ein Kulturheim und einen Park in der ehemaligen Villa der Familie Voith.

Landeshauptmann Johann Steinböck und Landeshauptmannstellvertreter Viktor Müllner.

18. 3. Großbrand im Schwarzkiefernwald an der Neunkirchner Allee.

21. 3. Volkszählung 1961 – mit 1,371.911 Einwohnern liegt die nö. Wohnbevölkerung um 28.567 oder 2 Prozent unter dem Ergebnis von 1951.

6. 4. Der Turm des Renaissanceschlosses Pottenbrunn stürzt ein.

17. 6. Eröffnung der Melker Sommerspiele mit Shakespeares „Was Ihr wollt" vor dem Pavillon im Stiftspark.

27. 6. Die ÖMV-Raffinerie Schwechat mit einer Kapazität von 1,8 Millionen Tonnen Rohöl im Jahr wird ihrer Bestimmung übergeben.

30. 9. Weihe und Eröffnung des Bildungs- und Exerzitienhauses St. Hippolyt der Diözese St. Pölten.

Dezember St. Pölten erhält als erste niederösterreichische Stadt eine Fußgängerzone.

16. 12. Verkehrsfreigabe auf den Teilstücken Preßbaum–St. Christophen (18 Kilometer) und Pöchlarn–Amstetten Ost (17,1 Kilometer) der Westautobahn.

18. 12. Eröffnung des neuen Gymnasiumsgebäudes in Horn.

Die Kremsergasse in St. Pölten als Fußgängerzone.

GEBURTSTAGE

Erich Amplatz. Mehrfacher Tischtennis-Staatsmeister. Geboren 6. 2. 1960 in Stein.

Gerhard Zadrobilek. Rad-Sportler seit 1982 Rad-Profi. Lebt in Breitenfurt. Geboren 23. 6. 1961 in Wien.

TODESTAGE

August Kargl. Landeshauptmannstellvertreter, Baumeister. Gestorben 6. 1. 1960 in San Remo. (Geboren 25. 4. 1848 in Langenlois.)

Waldemar Porak de Varna. Techniker und Erfinder, erfand 1901 in Mödling einen tragfähigen Hubschrauber, der bei 350 kg Eigengewicht bis 500 kg Last heben konnte. Gestorben 26. 2. 1960 in Wien. (Geboren 1880 in Galizien.)

Heinrich Rauscher. Direktor der Lehrerbildungsanstalt Krems, Heimatforscher, Gründer der Zeitschrift „Waldviertel". Gestorben 29. 11. 1960 in Krems. (Geboren 26. 6. 1891 in Waidhofen an der Thaya.)

Friedrich Baumhackl. Vizedirektor der Nationalbibliothek. Gestorben 1960 in Wien. (Geboren 1865 in Großenzersdorf.)

Franz Graf Gudenus. Gutsbesitzer in Mühlbach. Gestorben 10. 8. 1960 in Krems. (Geboren 30. 11. 1883 in Wien.)

Franz Endl. Politiker, 3. Präsident des Landtages. Gestorben 17. 2. 1960. (Geboren 4. 2. 1897 in Langenlois.)

Franz Biberschick. Heimatforscher. Gestorben 19. 2. 1962 in Krems. (Geboren 2. 4. 1878 in Scheibbs.)

Rudolf Erber. Ehrenbürger von Krems. Gestorben 3. 4. 1961. (Geboren 8. 9. 1876 in Wien.)

Franz Ruttner. Universitäts-Professor in Wien, Leiter der Biologischen Station in Lunz. Gestorben 17. 5. 1961.

Wilhelm Röder. SP-Politiker, Bürgermeister von Krems 1950–1955. Gestorben 26. 6. 1961 in Krems. (Geboren 25. 5. 1894 in Wien.)

Josef Weiland. Mundartdichter. Gestorben 12. 7. 1961 in Wien. (Geboren 21. 9. 1882 in Schrick.)

Michael Memelauer. Bischof von St. Pölten (seit 1927). Gestorben 1. 10. 1961 in St. Pölten. (Geboren 23. 9. 1874 in Sindelburg.)

Franz Rebiczek-Rosar. Jurist, Bezirkshauptmann in Krems. Gestorben 17. 11. 1961. (Geboren 6. 2. 1891.)

Links: Das Bildungshaus St. Hippolyt der Diözese St. Pölten.
Rechts: Melker Sommerspiele. Aufführung „Der Widerspenstigen Zähmung" vor dem Gartenpavillon.

Das Bildungshaus St. Hippolyt

Nachdem Dr. Franz Žak im Dezember 1956 Bischof-Koadjutor der Diözese St. Pölten geworden war, wurde immer stärker der Wunsch laut, ein Bildungshaus zu errichten, das Zwecken der Erwachsenenbildung dienen sollte. Am Rand der Altstadt von St. Pölten wurde eine alte Mühle gekauft, und in den Jahren 1959–61 wurde das Gebäude errichtet.
Am 30. Dezember 1961 konnte es eingeweiht werden. Zum Direktor wurde Ing. Leo Prüller bestellt.
In den ersten Jahren konzentrierte sich die Bildungsarbeit vor allem auf Burschen und Mädchen aus dem ländlichen Raum, daneben wurden aber auch Kurse für Familienbildung und kulturelle Veranstaltungen durchgeführt. Das Haus stand auch anderen Organisationen, wie dem Institut für Österreichkunde, für Tagungen zur Verfügung und entwickelte sich zu einem stark frequentierten Zentrum der Erwachsenenbildung in Niederösterreich. Da nicht nur Tagungsräume, sondern auch Unterbringungsmöglichkeiten für mehr als 100 Personen zur Verfügung stehen, eignet es sich auch für größere Kongresse.

Beginn der Melker Sommerspiele

Die Barockausstellung des Jahres 1960 gab die Anregung für künstlerische Darbietungen verschiedener Art in Melk. So wurden in der Stiftskirche musikalische Hochämter von bekannten Ensembles präsentiert. Am 12. Juni 1961 dirigierte Heinrich Hollreiser die 9. Symphonie von Anton Bruckner, auch der Gartenpavillon des Stifts wurde Schauplatz von Aufführungen. Die Mozartsängerknaben boten eine komische Oper von Karl Ditter von Dittersdorf. Im Jahre 1961 wurde dann die Aufführung des „Großen Salzburger Welttheaters" von Hugo von Hofmannsthal inszeniert und 1962 wiederholt. Regie führte Helene Thimig. Das Publikum war vor der Kirche und auf der Altane plaziert. Gleichzeitig inszenierte Peter Weihs Shakespeares „Was Ihr wollt" vor dem Gartenpavillon. Dieser war zunächst Shakespeare vorbehalten, dann wurden immer mehr auch Werke von Ferdinand Raimund nund Nestroy-Komödien zur Aufführung gebracht.

Der langjährige Schul- und Kulturreferent Landeshauptmannstellvertreter Franz Popp.

Atomreaktor Seibersdorf

Am 15. Mai 1956 wurde die Österreichische Studiengesellschaft für Atomenergie-Ges.m.b.H. begründet. Ihre Aufgabe war es, Möglichkeiten der friedlichen Energieverwertung zu analysieren und zu verwirklichen. Im November 1957 wurde ihr die Projektierung, der Bau und der Betrieb eines Forschungszentrums übertragen. Zu den ersten Aufgaben gehörte es, einen geeigneten Standort für das Reaktorzentrum zu finden. Man entschied sich schließlich für den Raum

Exkursion einer Volkshochschule zum Atomreaktor Seibersdorf.

südöstlich von Wien, zumal die Gemeinde Seibersdorf nach anfangs negativer Einstellung der Bevölkerung beschloß, sich um die Errichtung der Anlage in ihrem Gemeindegebiet zu bewerben. Die Standort-Untersuchungen fielen positiv aus. Daher wurde noch im Juli 1958 ein Gebiet von 110 ha gekauft. Schon im November 1958 begannen die Bauarbeiten. Die Forschungsanlagen und der Astra-Reaktor wurden am 29. September 1960 in Betrieb genommen. Zu den Aufgaben des Reaktorzentrums zählt, die Grundlagenforschung im eigenen Wirkungsbereich durchzuführen, den wissenschaftlichen Forschungsinstituten Österreichs Mitarbeitsmöglichkeit zu gewähren und Forschungs- und Entwicklungsaufträge für Industrie und Wirtschaft durchzuführen. Dazu war es notwendig, neben dem Reaktor zahlreiche Laboratorien und Hilfsanlagen zu schaffen.

Franz Popp

Einer der führenden Landespolitiker der Nachkriegszeit war Franz Popp, der am 14. September 1891 in Dobermannsdorf als Sohn eines Bauern geboren wurde. Er besuchte das Landeslehrerseminar in Wiener Neustadt und schloß sich als junger Lehrer einem Kreis um den Schulreformer Otto Glöckel an. Im Jahre 1914 rückte er ein, trat aber im Jahre 1918 wieder in den Schuldienst ein. 1919 wurde er nach Hohenau versetzt, wo er nicht nur als Lehrer tätig war, sondern auch am politischen Leben teilnahm. Er wurde Vertrauensmann der Sozialdemokratischen Partei und 1921 zum Bürgermeister gewählt. Im gleichen Jahr kandidierte er für den nö. Landtag, dem er bis 1934 angehörte.
Während seiner Amtszeit als Bürgermeister erlebte die Gemeinde Hohenau einen großen Aufschwung, über 200 neue Häuser wurden errichtet, ein eigenes Elektrizitätswerk gebaut, auch ein Rathaus entstand.
Im Februar 1934 wurde Franz Popp verhaftet, später unter Polizeiaufsicht gestellt und als Lehrer entlassen, so daß er bis 1945 als Versicherungsbeamter seinen Lebensunterhalt verdienen mußte. Im Mai 1945 wurde er Mitglied des provisorischen Landesausschusses, daneben auch Zentralsekretär der SPÖ. Im November 1945 kandidierte er für den nö. Landtag, wurde im Dezember Landeshauptmann-Stellvertreter und blieb dies bis Oktober 1960. Von 1956 bis 1960 war er auch Obmann der Landesparteiorganisation der SPÖ. In der nö. Landesregierung betreute er die Schul- und Kulturverwaltung und war an der Gründung des Schulbaufonds wesentlich beteiligt. Franz Popp starb hochbetagt am 8. September 1981.

Links: Hochwasserschäden im Mai 1962.
Rechts: Innenminister Oskar Helmer.

1962–1963

KALENDER

17. 1. 1962. Eröffnung des Schnellbahnverkehrs auf der elektrifizierten Strecke Floridsdorf–Gänserndorf–Stockerau.

31. 1. Leopold Figl wird zum Landeshauptmann gewählt.

16. 3. Unterzeichnung des Gründungsvertrages für die „Schloß Laxenburg-Betriebs-Ges.m.b.H." durch die Landeshauptleute Leopold Figl und Franz Jonas.

9. 5. Ein verheerendes Unwetter verursacht Millionenschäden vor allem in den Bezirken Hollabrunn, Horn und Tulln.

17. 5. Eröffnung der Ausstellung „Biedermeier – Friedrich Gauermann und seine Zeit" in Gutenstein und Miesenbach; 161.500 Besucher bis 11. 11.

24. 5. Nach Ausbau der weitverzweigten Gänge und Schächte wird die Nixhöhle bei Frankenfels für Besucher geöffnet.

26. 5. Die Südautobahn ist von Vösendorf bis Leobersdorf (25 Kilometer) durchgehend befahrbar.

30. 6. Der Naturpark Sparbach wird eröffnet.

12. 7. Die Bundesverfassungsgesetznovelle bildet die Grundlage für eine neue Gemeindeordnung.

15. 7. Enthüllung des Schrammelbrunnens in Litschau, dem Geburtsort des Vaters der Volksmusiker Johann und Josef Schrammel.

30. 9. Eröffnung des Fischereimuseums in Orth, seit 1979 ist es ein Teil des Nö. Landesmuseums.

Vollendung des größten SOS-Kinderdorfes Europas in der Hinterbrühl (30 Häuser).

27. 10. In Wiener Neustadt wird ein Landesfürsorgeheim (Pflegeheim) eröffnet.

30. 10. Im Stadttheater Berndorf findet die 2000. Veranstaltung im Rahmen der 1955 gestarteten Kulturaktion der nö. Arbeiterkammer statt.

16. 11. Errichtung der Nö. Siedlungswasserbau-Ges.m.b.H. (NÖSIWAG) als 3. Landesgesellschaft; Unternehmenszweck ist die Erschließung, Speicherung, Zuleitung und Abgabe von Trink- und Nutzwasser, die Sicherung und Erhaltung nutzbarer Grund- und Quellwasservorkommen sowie die Beseitigung und Aufbereitung kommunaler und industrieller Abwässer.

1963 Die Firmengruppe Unilever/Eskimo-Iglo erbaut in Großenzersdorf eine kombinierte Tiefkühlkost- und Speiseeisfabrik.

1. 1. Das Militärkommando Niederösterreich wird errichtet. Der Sitz ist vorläufig in Wien.

24. 1. Landesrat Rudolf Hirsch wird als Nachfolger des ausgeschiedenen Viktor Müllner zum Landeshauptmannstellvertreter gewählt.

3. 2. Schwere Schneestürme behindern den Verkehr. Der extreme Winter führt zu einem großen Wildsterben.

April In Tulln findet die erste österreichische Gartenbaumesse statt.

20. 3.–3. 4. Die Bohrung Schönkirchen T 5 bei Gänserndorf erschließt ein neues Ölfeld.

7. 4. Landeshauptmann Leopold Figl zieht eine Bilanz der Landeswohnbauförderung. Seit 1949 wurden 790 Millionen Schilling zur Verfügung gestellt, der Bau von 35.820 Wohnungen wurde ermöglicht.

25. 5. Eröffnung der Ausstellung „Paul Troger und die österreichische Barockkunst" im Stift Altenburg; bis 13. 10. werden 200.500 Besucher gezählt.

1. 7. Die Zahl der in Niederösterreich zugelassenen PKW hat im ersten Halbjahr erstmals die Zahl 100.000 überschritten.

8. 7. Eröffnung der Südstadt und des NEWAG-NIOGAS-Verwaltungsgebäudes; von geplanten 2000 Wohnungen sind 403 fertiggestellt; erstmals in Österreich werden alle Gebäude eines Ortes mittels Fernheizung versorgt.

24. 8. Als letzte geschlossene Gemeinde in NÖ. wird Harmanschlag an das Stromnetz angeschlossen.

1. 9. 1. Nö. Landestrachten- und Heimatfest im Rahmen der Landesausstellung in Krems; am großen Festzug nehmen 130 Gruppen teil.

Die Volks- und Hauptschule Melk ist die 250. fertiggestellte Schule seit Gründung des Schulbaufonds.

6. 10. Eröffnung des 2400 Meter langen Sesselliftes von Lackenhof auf den Ötscher.

14. 12. Das Südautobahnteilstück Leobersdorf-Wöllersdorf wird dem Verkehr übergeben.

GEBURTSTAGE

Hermann Fehringer. Leichtathlet (Stabhochsprung). Geboren 8. 12. 1962 in Neuhofen.

Paul Coxx. Pop-Sänger. Geboren 17. 12. 1962 in Wilhelmsburg.

Thomas Futterknecht. Leichtathlet (Läufer). Geboren 1962 in Mühldorf/Krems.

Alexander Bisenz. Entertainer. Geboren 1962 in St. Pölten.

TODESTAGE

Johann Steinböck. ÖVP-Politiker, Landwirt, seit 1932 Landtags-Abgeordneter, 1934–38 und ab 1945 Landesrat, 1949–63 Landeshauptmann von NÖ. Gestorben 14. 1. 1962 in Wien. (Geboren 12. 6. 1894 in Frauenhofen.)

Fritz Hinterndorfer. ÖVP-Politiker. 1934–1938. Bürgermeister von Stein. Gestorben 8. 3. 1962 in Krems. (Geboren 22. 7. 1899 in Obersdorf, Stmk.)

Ottokar Janetschek. Schriftsteller. Gestorben 27. 9. 1962 in Perchtoldsdorf. (Geboren 30. 4. 1884.)

Rudolf Buchner. Maler. Lebte in Deutsch Wagram, gründete 1920 die Marchfelder Vereinigung bildender Künstler, 1945 die Berufsvereinigung bildender Künstler Österreichs. Gestorben 15. 10. 1962 in Wien. (Geboren 15. 3. 1894 in Warnsdorf (Mähren).)

Fritz Skacel. Generaldirektor der NEWAG, Vizepräsident der NIOGAS. Gestorben 19. 10. 1962. (Geboren 12. 1. 1904 in Wien.)

Ernst Lauda. Internist, seit 1946 Vorstand der I. Medizinischen Universitäts-Klinik in Wien. Befaßte sich vor allem mit der Cortison-Therapie. Gestorben 25. 1. 1963 in Baden bei Wien. (Geboren 16. 11. 1892 in Wien.)

Erich Forstreiter. Landesarchivar. Gestorben 7. 2. 1963 in Wien. (Geboren 5. 3. 1897 in Wien.)

Oskar Helmer. SPÖ-Politiker, einer der Führer der Sozialdemokratie, ursprünglich Schriftsetzer, Redakteur der „Gleichheit" und der „Volkstribühne", 1919/20 und 1945–49 Mitglied des Nationalrates und 1921–1934 der nö. Landesregierung. Maßgeblich am Wiederaufbau des Landes beteiligt. 1945–59 Stellvertretender Vorsitzender der SPÖ. Gestorben 13. 2. 1963 in Wien. (Geboren 16. 11. 1887 in Tattendorf.)

Franz von Zülow. Graphiker. Gestorben 27. 2. 1963 in Wien. (Geboren 15. 3. 1883 in Wien.)

Raimund Zoder (Peudonym: Zeno, Drudmair). Volkstanz- und Volksliedforscher, Schuldirektor, 1931–59 Leiter des Volksliedarchivs für Wien und NÖ. Gestorben 26. 3. 1963 in Wien. (Geboren 20. 8. 1882 in Wien.)

Franz Karl Ginzkey. Dichter der nö. Landeshymne. Gestorben 11. 4. 1963 in Wien. (Geboren 8. 9. 1871 in Pola.)

Richard Donin. Kunsthistoriker, bis 1931 im Dienst der nö. Landesregierung; gründete das nö. Landesjugendamt. Gestorben 1. 5. 1963 in Wien. (Geboren 4. 6. 1881 in Wien.)

Eugen Margaretha. ÖVP-Politiker, Generalsekretär des Industriellen-Verbands, 1934–38 Mitglied des Bundeswirtschaftsrates, seit 1945 Abgeordneter zum Nationalrat, 1949–52 Finanzminister, 1952–60 Präsident der Nationalbank. Gestorben 25. 5. 1963 in Wien. (Geboren 6. 7. 1885 in Perchtoldsdorf.)

Otto Friedländer. Schriftsteller und Pazifist, Sekretär der Wiener Handelskammer, Gründungsmitglied der Österreichischen Völkerbundliga und Wiederbegründer der Österreichischen Friedensgesellschaft. Gestorben 20. 7. 1963 in Waidhofen an der Ybbs. (Geboren 31. 3. 1889 in Wien.)

Walter Till. Koptologe, Papyrologe, 1931–51 Vorstand der Papyrus-Sammlung der Nationalbibliothek, Universitäts-Professor in Wien und Manchester (England). Gestorben 3. 9. 1963 in Herzogenburg. (Geboren 22. 2. 1894 in Stockerau.)

Leopold Schönbauer. Chirurg. Universitäts-Professor, Politiker. Gestorben 11. 9. 1963 in Wien. (Geboren 13. 11. 1888 in Thaya.)

Maria Grengg. Erzählerin und Malerin, schrieb Heimatromane und Novellen. Bewohnte das ehemalige Hofmannsthal-Schlößl in Rodaun. Gestorben 8. 10. 1963 in Rodaun. (Geboren 26. 2. 1889 in Stein an der Donau.)

Links: Landeshauptmann Johann Steinböck.
Rechts: Der Kunsthistoriker Richard Donin.
Unten: Das Blumenfest in Tulln stand am Anfang der Gartenbaumessen.

Landeshauptmann Johann Steinböck

Als Sohn einer seit 1743 in Frauenhofen bei Horn ansässigen Bauernfamilie wurde er am 12. Juni 1894 geboren und besuchte die einklassige Volksschule in Frauenhofen, anschließend die Landwirtschaftliche Winterschule in Tulln. Während des 1. Weltkrieges geriet er schwer verwundet in russische Kriegsgefangenschaft, konnte aber 1916 heimkehren. 1922 übernahm Steinböck die väterliche Wirtschaft, widmete sich daneben aber auch dem Nö. Bauernbund und der Christlichsozialen Partei. 1928 wurde er

Bürgermeister seiner Heimatgemeinde, 1932 Abgeordneter des Nö. Landtages und gleichzeitig auch Obmann der Bezirksbauernkammer Horn. Von 1934–1938 leitete er als Landesrat das Gemeinde- und Agrarreferat der Landesregierung. Von 1938–45 konnte er keine öffentlichen Funktionen bekleiden. Im Mai 1945 wurde er Mitglied des provisorischen Landesausschusses; im Dezember wurde er als Landesrat mit der Führung des Ernährungsreferates und der landwirtschaftlichen Agenden betraut. Am

5. Mai 1949 wurde er Landeshauptmann von Niederösterreich und gleichzeitig auch Obmann des Nö. Bauernbundes und des Verbandes ländlicher Genossenschaften. Als Landeshauptmann widmete er sich allen Belangen der Landwirtschaft, besonders dem landwirtschaftlichen Schulwesen. Er erhielt den Titel „Ökonomierat" und war Träger höchster Auszeichnungen. Am 14. Jänner 1962 starb er in einer Wiener Klinik.

Messestadt Tulln

In der Umgebung der Stadt Tulln sind einige der größten Baumschulen und Gärntnereien in Niederösterreich ansässig. Dies war die Ursache dafür, daß man beschloß, mit Blumen für die Stadt Tulln zu werben. Im Jahre 1953 fand ein erster Blumenkorso statt, der so erfolgreich war, daß man die alljährliche Durchführung des Blumenkorsos beschloß. Diese Veranstaltungen wurden immer pompöser und zogen immer mehr Zuschauer in ihren Bann. Daher kam es 1963 zur Gründung der Tullner Blumen- und Gartenmesse-Ges.m.b.H., und im Jahre 1965 wurde die erste österreichische Gartenbaumesse veranstaltet. Aufgrund der ständigen Ausweitungen wurden die ursprünglichen Ausstellungsflächen im Bereich der Feuerwehrschule zu klein, so daß 1967 zur Errichtung eines eigenen Messegeländes im Westen der Stadt geschritten wurde. Dort ging im Jahr

1967 bereits die dritte österreichische Gartenbaumesse über die Bühne, wobei den Ausstellern neben dem Freigelände bereits mehrere Hallen zur Verfügung standen. Um die Gebäude auch weiterhin zu nutzen, wurde 1968 zusätzlich eine Freizeitmesse abgehalten, und im Jahre 1970 wurde gemeinsam mit dem österreichischen Campingclub und Touringclub die „Campa + Boot" als zweite Tullner Messeveranstaltung ins Leben gerufen. Während des weiteren Ausbaues wurde 1974 eine große Traglufthalle und in den Jahren 1977/78 anläßlich der 25. Wiederkehr des Blumenfestes eine Jubiläumshalle errichtet. Parallel zur Campa hat sich ab dem Jahre 1973 der „Österreichische Wohnwagensalon" in Tulln entwickelt, und in den Jahren 1975 und 1977 wurde auch der niederösterreichische Kulturbasar auf dem Messegelände abgehalten.

Die Schnellbahn im Raume Wien

Am 18. Jänner 1962 wurde in Wien der Schnellbahnverkehr auf der Strecke zwischen Meidling und Floridsdorf sowie auf den von Floridsdorf ausgehenden Außenstrecken nach Gänserndorf und nach Stokkerau eingeführt. Die Schnellbahnzüge verkehren während der gesamten Betriebszeit nach einem Taktfahrplan. Entsprechend der Inanspruchnahme durch Fahrgäste wird nach den Grundtakten 15, 30 oder 60 Minuten gefahren. Als Betriebsmittel stehen auf den Schnellbahnstrecken im allgemeinen Triebwageneinheiten im Einsatz. Die Höchstgeschwindigkeit beträgt 120 km/h. Die Schnellbahnzüge verkehren ausschließlich auf elektrifizierten Vollbahnstrecken, die auch von anderen Zügen befahren werden können.

Das Schnellbahnnetz wurde in den folgenden Jahren weiter ausgedehnt, vor allem in Richtung Hollabrunn, Mistelbach und Tulln. Vom Beginn an gab es bei der Wiener Schnellbahn eine Tarifgemeinschaft mit den Wiener Verkehrsbetrieben. Seit der Einführung des Verkehrsverbundes Ost im Jahre 1984 können sämtliche öffentliche schienengebundene Verkehrsmittel im Verbundraum sowie die Autobuslinien der Wiener Verkehrsbetriebe mit einheitlichen Fahrausweisen benützt werden. Somit ist das Schnellbahnnetz ein Verkehrssystem in einem von etwa 2,5 Millionen Menschen bewohnten Gebiet. Im Jahre 1986 erhielten nicht nur Gänserndorf, Stockerau, sondern auch der Flughafen Wien-Schwechat, Hollabrunn, Wolkersdorf, Mistelbach, Neusiedl am See und Tulln Anschluß an die Schnellbahn.

Links: Das Zentralgebäude der NEWAG und der Niogas in der Südstadt.
Rechts: Das fertiggestellte Direktionsgebäude.

1962–1963

Die Südstadt

In den Jahren 1960–1976 entstand als Ortsteil der Marktgemeinde Maria Enzersdorf am Gebirge im politischen Bezirk Mödling die Südstadt. Der Name nimmt Bezug auf den Großraum Wien. Den Anstoß bildete der Wunsch der nö. Landesgesellschaften NEWAG und NIOGAS, ein gemeinsames Verwaltungszentrum zu schaffen. Neben diesem sollte eine Gartenstadt, die dem Landschaftscharakter angepaßt war, entstehen. Auch ein Sportgebiet war vorgesehen. Aus wirtschaftlichen Gründen mußte der Vorentwurf der planenden Architekten Wilhelm Hubatsch, Franz Kiener und Gustav Peichl jedoch geändert und eine dichtere Verbauung durchgeführt werden. Nicht nur der Abstand der Häuser zueinander wurde verkleinert, man baute auch höher, so daß in einem Wohnblock 32 Wohneinheiten untergebracht wurden. Später entstanden auch zwei zwölfgeschoßige Hochhäuser mit insgesamt 114 Wohneinheiten, um die hohen Aufschließungskosten zu verringern. Diese Häuser enthalten ein Angebot von 15 verschiedenen Wohnungstypen im Flächenausmaß von 25–130 m². Zu den Einfamilienhäusern, die ein- und zweigeschoßig errichtet wurden, kommt noch ein Garten hinzu, bei den Mehrfamilienhäusern ist ebenfalls ein reiches Angebot vorhanden. Auf dem großen Gelände wurden auch planmäßig Grünanlagen errichtet, Windschutzanlagen und Parklandschaften geschaffen. Damit wurde ein groß angelegter Versuch, in Österreich eine geplante Gartenstadt des 20. Jahrhunderts zu errichten, durchgeführt.

Die Südstadt, oder Gartenstadt Süd – wie sie genannt wurde –, konnte im Jahre 1964 von den ersten Familien bezogen werden. Die meisten Zuwanderer kamen aus Wien und Niederösterreich, manche stammten auch aus anderen Bundesländern. Die Lage erwies sich als äußerst günstig, sowohl die Nähe Wiens als auch die des Wienerwaldes waren von Vorteil. Bald zeigte sich, daß viele Menschen beruflich stark engagiert waren und manche Häuserzeilen tagsüber nur von Frauen bewohnt waren. Auch die Infrastruktur, etwa das Fehlen von Apotheke, Post oder Gemeindeamt, war anfangs mangelhaft. Größere Mobilität wurde im Lauf der Jahre erreicht, als der Zweitwagen in den Familien üblich wurde. Dies bedeutete, daß der öffentliche Verkehr nur unzureichend genutzt wurde. Die 6000–7000 Einwohner zählende Stadt hatte kein Zentrum, auch der Altort selbst besitzt eigentlich keine Kernzone.

Univ.-Prof. Leopold Schönbauer in seinem Heimatort Thaya.

Universitätsprofessor Dr. Leopold Schönbauer

Am 11. September 1963 starb plötzlich, infolge eines Schlaganfalles, der weltberühmte Chirurg Professor Leopold Schönbauer kurz vor Vollendung seines 75. Lebensjahres. Er wurde am 13. November 1888 in Thaya bei Waidhofen an der Thaya als Sohn einer durch Generationen mit dem Ärzteberuf verbundenen Familie geboren. Der Name Schönbauer läßt sich durch 500 Jahre im Bezirk Waidhofen nachweisen. Schon 1499 finden wir ihn in Götzweis und Bösenneunzehn.

Schönbauer studierte in Prag, wo er 1914 „sub auspiciis imperatoris" promoviert wurde. Kurz danach, als „Operationszögling" an der damals Eiselsbergschen I. Chirurgischen Klinik in Wien, wurde er in einer „mobilen Chirurgengruppe" an der Ostfront eingesetzt, leistete Hervorragendes und kehrte verwundet nach Wien zurück. Durch seinen unermüdlichen Fleiß und seine Tatkraft stieg er rasch auf der akademischen Stufenleiter bis zum Professor empor. Nach verschiedenen Studienreisen übernahm Schönbauer 1930 die Leitung der Chirurgischen Abteilung des Lainzer Krankenhauses. Drei Jahre später richtete er zusammen mit Professor Julius Tandler die erste Krebsberatungsstelle von Wien ein und übernahm 1939 als Nachfolger Eiselsbergs die Leitung der I. Chirurgischen Universitätsklinik, die er ohne Unterbrechung bis zu seiner Emeritierung im Jahre 1961 führte. In den Kriegswirren des Jahres 1945 rettete er unter Einsatz seines Lebens das Allgemeine Krankenhaus vor der Zerstörung.

Univ.-Prof. Dr. Leopold Schönbauer wirkte v. a. auf dem Gebiete der Gehirnchirurgie bahnbrechend. Er war einer der letzten großen Repräsentanten der Wiener medizinischen Schule aus der Zeit, als sie noch Weltruhm genoß. Generationen von Studenten liebten ihn trotz seiner oft polternden Art, weil er für sie nicht nur der strenge Lehrer, sondern vor allem der väterliche Freund war. Er blieb zeitlebens seiner Heimat zutiefst verbunden. Oft weilte er in seinem Landhaus, das er sich bei Waidhofen an der Thaya erbaut hatte.

Von der Lehrerbildungsanstalt zur Pädagogischen Akademie

Seit dem Reichsvolksschulgesetz von 1869 wurden Lehrer in Niederösterreich in Lehrerbildungsanstalten ausgebildet. Solche Anstalten, die anfangs vom Landesausschuß geführt, aber nach dem 1. Weltkrieg vom Bund übernommen wurden, gab es in St. Pölten, Wiener Neustadt und Krems sowie eine Zeit hindurch in Hollabrunn. Eine Lehrerinnenbildungsanstalt führten auch die Englischen Fräulein in Krems. Durch die Schulreform 1962 wurde die Lehrerbildung umgestaltet, und die Lehrerbildungsanstalten wurden durch Pädagogische Akademien ersetzt, die im Jahre 1966 den Betrieb aufnahmen. Die Pädagogische Akademie des Bundes für Niederösterreich wurde in Baden errichtet, die der Diözese St. Pölten in Krems, und eine Pädagogische Akademie der Erzdiözese Wien entstand in Strebersdorf. Diese Akademien können von Lehrerkandidaten besucht werden, die eine Matura abgelegt haben.

Die Gebäude der bisherigen Lehrerbildungsanstalten wurden für den neuen Schultyp „Musisch-pädagogisches Realgymnasium" verwendet. Solche Schulen dienten vor allem für Absolventen von Hauptschulen, die eine höhere Schule besuchen wollten, und waren allgemeinbildende höhere Schulen mit spezieller musischer Ausbildung. Im Lauf der Jahre wurden weitere Anstalten dieser Art in Scheibbs und in Mistelbach gegründet. Die musisch-pädagogischen Realgymnasien wurden im Jahre 1985 in Oberstufenrealgymnasien umgewandelt.

Links: Das Schigebiet Hochkar.
Rechts: Der Teisenhofer-Hof in Weissenkirchen beherbergt seit 1965 das Wachaumuseum.

KALENDER

2. 1. 1964. Als erstes nö. Spital erhält St. Pölten eine eigene Urologische Abteilung.

29. 4. In Niederösterreich wurden seit 1945 575 zentrale Wasserleitungen gebaut und 170 erweitert.

21. 5. Eröffnung der Großausstellung „Romanische Kunst in Österreich" in der Minoritenkirche Krems/Stein; bis 29. 10. kommen 175.000 Besucher.

12. 6. In Heiligenkreuz-Gutenbrunn wird ein Nö. Barockmuseum als Außenstelle des Nö. Landesmuseums eröffnet.

20. 6. Eröffnung des Naturparks Blockheide-Eibenstein bei Gmünd, des zweiten in Niederösterreich.

27. 6. Der Sessellift von Lilienfeld auf den Mukkenkogel nimmt den Betrieb auf.

23. 7. Der Landtag beschließt die Errichtung eines landwirtschaftlichen Wohnbauförderungsfonds.

In Stockerau werden erstmals Freilichtspiele durchgeführt.

September In der SPÖ kommt es zum Bruch mit dem früheren Innenminister und Gewerkschaftspräsidenten Franz Olah. Als Landesparteiobmann wird er von Ernst Winkler abgelöst.

6. 9. Enthüllung eines Denkmals für den vor 150 Jahren in Klosterneuburg geborenen Komponisten des Andreas-Hofer-Liedes, Leopold Knebelsberger.

20. 9. Der Verein für Landeskunde von Wien und Niederösterreich feiert sein 100jähriges, das Katholische Bildungswerk der Diözese St. Pölten sein 10jähriges Bestehen. In St. Pölten findet der 8. Österreichische Historikertag statt.

26./27. 9. „Häuser der Landwirtschaft" werden in Mautern und Langenlois eröffnet.

13. 10. Gründung einer „Internationalen Lenau-Gesellschaft" in Stockerau.

16. 10. Franz Horr wird zum Obmann der nö. Arbeiterkammer gewählt.

17. 10. Das Wärmekraftwerk Hohe Wand in Peisching nimmt den Betrieb auf. Es wird 1987 stillgelegt.

27. 10. Starkes Erdbeben, besonders im Raum Wien; Zentrum ist die Thermenlinie südlich von Wien.

30. 10. Von den 392.730 unselbständig Erwerbstätigen sind 189.832 oder 48,3 Prozent Pendler.

1. 1. 1965. Dr. Franz Baumgartner wird als Nachfolger von Hans Vanura Landesamtsdirektor.

2. 2. Die Landesregierung kündigt eine Intervention bei der Bundesregierung zur Erhaltung des Rax-Werkes an; der Landtag beschließt eine Resolution in der gleichen Richtung.

16. 2. Die Landesregierung beschließt, anläßlich des 500jährigen Bestandes der Universität Wien ein Grundstück auf dem Schöpfl für den Bau einer Sternwarte zu widmen.

Landeshauptmann Dipl.-Ing. Eduard Hartmann.

4. 3. Der Landtag beschließt ein Gesetz zur Beschränkung der Auspflanzung von Weinreben: Ein Aussetzverbot bis 31. 12. 1967 und die Anlage eines Weinbaukatasters werden verfügt.

4. 4. Gemeinderatswahlen in 1644 Gemeinden.

22. 4. Schwere Überschwemmungen im südlichen Niederösterreich fordern ein Todesopfer und richten einen Schaden von über 50 Millionen Schilling an, neuerliche Überschwemmungen im Donautal finden am 13. 6. statt.

16. 6. Der nö. Landtag wählt Minister a. D. Dipl.-Ing. Eduard Hartmann zum Landeshauptmann.

16. 7. Der Landtag schafft mit dem Beschluß des Nö. Pflichtschulorganisationsgesetzes die Voraussetzungen für die Strukturreform im Schulwesen.

31. 8. Die Landesregierung beschließt die Stillegung von 82 einklassigen Volksschulen mit Beginn des Schuljahres 1965/66.

4. 9. Eröffnung der ersten „Österreichischen Gartenbaumesse" in Tulln.

25. 9. Bundespräsident Jonas eröffnet die Volks- und Hauptschule Schrems, den 300. Neubau seit Schaffung des Schul- und Kindergartenfonds.

30. 9. Der Kohlebergbau in Grünbach wird eingestellt.

3.–9. 10. Die größten Manöver des Bundesheeres seit 50 Jahren finden statt.

16. 10. In Weißenkirchen (Teisenhoferhof) wird das Wachaumuseum eröffnet.

Das Gesetz über die Krankenversicherung der in der Land- und Forstwirtschaft selbständig Erwerbstätigen (Bauern-Krankenversicherungsgesetz) gibt auch dieser Berufsgruppe größere soziale Sicherheit.

28. 11. Mit der Eröffnung einer Straße, eines Sessel- und eines Schleppliftes ist die erste Etappe der Erschließung des Hochkars abgeschlossen.

7. 12. Der Landtag beschließt eine neue Gemeindeordnung.

GEBURTSTAGE

Thomas Böhm. Schwimmer. Geboren 23. 11. 1965 in St. Pölten.

TODESTAGE

Julius Raab. Staatsmann, ÖVP-Politiker. Gestorben 8. 1. 1964 in Wien. (Geboren 29. 11. 1891 in St. Pölten.)

Joseph Dobrowsky. Maler, Akademieprofessor. Gestorben 9. 1. 1964 in Tullnerbach. (Geboren 22. 12. 1889 in Karlsbad.)

Gustav Gugitz (Pseudonym: G. Litschauer). Heimatforscher, Volkskundler und Schriftsteller. Gestorben 3. 3. 1964 in Rekawinkel. (Geboren 9. 4. 1874 in Wien.)

Richard Meister. Pädagoge, Philologe, Kulturphilosoph und Wissenschafts-Organisator. Gestorben 11. 6. 1964 in Wien. (Geboren 5. 2. 1881 in Znaim (Mähren).)

Josef Strommer. Präsident der Landwirtschaftskammer, Landtagsabgeordneter. Gestorben 29. 7. 1964 in Mold. (Geboren 18. 2. 1903 in Mold.)

Konrad Bayer. Schriftsteller, 1952 Mitbegründer der „Wiener Gruppe". Gestorben 10. 10. 1964 in Schloß Hagenberg (durch Selbstmord). (Geboren 17. 12. 1932 in Wien.)

Otto Benesch. Kunsthistoriker, Direktor der Albertina in Wien. Gestorben 17. 11. 1964 in Wien. (Geboren 29. 6. 1896 in Ebenfurth.)

Erich Swoboda. Archäologe, Erforscher von Carnuntum. Gestorben 22. 11. 1964 in Graz. (Geboren 1896 in Wien.)

Adolf Schärf. SPÖ-Politiker und Staatsmann. Gestorben 28. 2. 1965 in Wien. (Geboren 20. 4. 1890 in Nikolsburg.)

Rupert Hauer. Geistlicher, Heimatforscher. Gestorben 13. 3. 1965. (Geboren 14. 9. 1880 in Groß Siegharts.)

Emmerich Czermak. Politiker der 1. Republik. Gestorben 18. 4. 1965. (Geboren 4. 3. 1885 in Datschitze (Mähren).)

Leopold Figl. Bundeskanzler, Außenminister, nö. Landeshauptmann. Gestorben 9. 5. 1965 in Wien. (Geboren 2. 10. 1902 in Rust/Tullnerfeld.)

Edmund Adler. Lithograph. Gestorben 10. 5. 1965 in Mannersdorf an der Leitha. (Geboren 15. 10. 1876 in Wien.)

Rudolf Pleban. Maler. Lebte in Tullnerbach. Gestorben 1. 6. 1965 in Zwettl. (Geboren 25. 11. 1913 in Peterwardein.)

Alfred Missong. Katholischer Publizist. 1938 politische Haft, 1938–41 Emigration. 1945 Gründer und (bis 1950) Chefredakteur der „Österreichischen Monatshefte". Gestorben 7. 6. 1965 in Mistelbach. (Geboren 9. 3. 1902 in Höchst (Hessen).)

Otto Rommel. Literatur- und Theaterhistoriker, Mittelschullehrer, 1919–45 Direktor der Bundeserziehungsanstalt in Wien, forschte auf dem Gebiet der Altwiener Volkskomödie (Nestroy). Gestorben 6. 9. 1965 in Salzerbad. (Geboren 12. 6. 1980 in Mährisch-Schönberg.)

Heinrich Schneidmadl. Sozialdemokratischer Landespolitiker. Gestorben 31. 10. 1965 in Wien. (Geboren 20. 2. 1886 in Gutenstein.)

Links: Julius Raab erhält den Ehren-ring des Landes NÖ.
Rechts: Franz Olah mit Anhängern bei einer Versammlung.

1964–1965

Julius Raab

Julius Raab wurde am 29. 11. 1891 in St. Pölten geboren. Nach dem Ersten Weltkrieg wurde er Ingenieur, war in einer Baufirma tätig, widmete sich aber bereits seit 1927 seiner politischen Tätigkeit im Nationalrat. Er war einer der führenden Männer der niederösterreichischen Heimwehr. Im Jahre 1945 war er Mitbegründer der österreichischen Volkspartei und des österreichischen Wirtschaftsbundes und gehörte 1945 bis 1961 dem Nationalrat an. In den Jahren 1952 bis 1960 war er als Bundesobmann der ÖVP tätig und leitete von April 1953 bis April 1961 als Bundeskanzler die österreichische Bundesregierung. In dieser Zeit fand der wirtschaftliche Aufstieg Österreichs statt, und Julius Raab konnte auch den Staatsvertrag abschließen. Im Jahre 1963 bewarb er sich um das Amt des Bundespräsidenten, unterlag aber gegen Adolf Schärf. Am 8. Jänner 1964 starb er in Wien.

Leopold Figl

Der österreichische Staatsmann und ÖVP-Politiker Leopold Figl wurde am 2. 10. 1902 in Rust im Tullnerfeld geboren, besuchte das Gymnasium in St. Pölten und studierte Agrarwissenschaft. Im Jahre 1934 wurde er Direktor des Niederösterreichischen Bauernbundes und hatte damit eine zentrale Funktion im Ständestaat inne. 1938 wurde er ins KZ gebracht, blieb dort bis 1943 und war wieder von 1944 bis 1945 inhaftiert. In den letzten Kriegswochen wurde er sogar zum Tode verurteilt. Im April 1945 war er Mitbegründer und erster Obmann der ÖVP und wurde 1945 Staatssekretär sowie Landeshauptmann von Niederösterreich. Er blieb Landeshauptmann bis Oktober dieses Jahres. Nach den Wahlen des Jahres 1945 wurde er Bundeskanzler und blieb dies bis zum 2. 4. 1953, dann war er bis 1959 Außenminister und konnte in dieser Funktion den Staatsvertrag unterzeichnen. Später folgten drei Jahre als erster Präsident des Nationalrates. 1962 wurde er wieder zum Landeshauptmann von Niederösterreich gewählt und blieb dies bis zu seinem Todes am 9. Mai 1965.

Die Olah-Krise

Im Jahre 1964 erschütterte der Fall Olah die österreichische Innenpolitik. Olah war Präsident des österreichischen Gewerkschaftsbundes und übernahm 1962 das Innenmi-

Landeshauptmann Leopold Figl.

sterium. Dort löste er 1963 Unruhe aus, als er den niederösterreichischen Sicherheitsdirektor Hofrat Schobel absetzte. Um Weihnachten versetzte er einige politisch aktive Gendarmeriebeamte und kam damit in Konflikt mit der niederösterreichischen ÖVP. Der Innenminister ging zum Angriff gegen seine Kritiker über, erklärte, die Polizei habe ihre Funktion gewandelt, sie solle den Staatsbürger nicht bespitzeln, sondern beschützen. Zum Beweis früherer Methoden zeigte er im Fernsehen Akten der Staatspolizei, auch Details der Aufzeichnungen über seinen Vorgänger Josef Afritsch. Darob entspann sich eine heftige Diskussion, der Innenminister wurde in Zeitungen schwer angegriffen. Olah setzte sich mit Beschlagnahmen und harten Polizeimethoden zur Wehr und wurde so zum „Schatten über Österreich". Aber auch manchen Kreisen seiner Partei wurde er verdächtig, als er immer offener an die Spitze drängte. Während die Niederösterreichische SPÖ Olah zu einem ihrer stellvertretenden Parteiobmänner wählte, ließen andere Parteiführer ihn durch einen bekannten Psychiater mittels Ferndiagnose auf seinen Geisteszustand untersuchen. Als am 26. August der von Olah schwer gekränkte Josef Afritsch plötzlich starb, wurde die Trauerfeier zu einer stummen Anklage und gleichzeitig zum Auftakt einer innerparteilichen Offensive. Bei einem Schiedsgerichtsverfahren der SPÖ wurde Olah als Minister abberufen und an seine Stelle der junge Abgeordnete Hans Czettel gesetzt.

Die Absetzung des beliebten Mandatars Olah, der noch viele Anhänger bei der Gewerkschaft der Bau- und Holzarbeiter hatte, blieb nicht unwidersprochen. Die Antwort waren Arbeitsniederlegungen in Wien und Niederösterreich, wo der gestürzte Minister vorerst seine Funktionen behielt. Olah wurde zur Zurücklegung aller Funktionen im ÖGB gezwungen, wobei verschiedene finanzielle Transaktionen während seiner Präsidentschaft zum Anlaß genommen wurden. Am 29. Oktober 1964 erreichte der Fall Olah einen neuen Höhepunkt. Demonstranten aus Niederösterreich belagerten das SPÖ-Parteihaus in der Löwelstraße in Wien und griffen Spitzenfunktionäre tätlich an. Am 3. November 1964 wurde Olah aber aus der Partei ausgeschlossen.

Lebensgewohnheiten und Nahrung

In den letzten drei Jahrzehnten haben sich viele Lebengewohnheiten der Menschen stark verändert. Noch in den fünfziger Jahren waren Kartoffeln, Brot, Mehl und Gemüse die wichtigsten Nahrungsmittel, während Fleisch viel seltener auf den Tisch kam. Unterdessen sind andere Grundnahrungsmittel wie Reis in den Vordergrund getreten. Viele Speisen werden auch halbfertig

Ein Gemüseladen am Beginn der sechziger Jahre.

oder konserviert angeboten. Besonders der Fleischkonsum ist wesentlich gestiegen, auch in den Sorten und in der Zubereitung hat sich vieles verändert. Dies gilt auch für die Konservierung von Lebensmitteln. Während früher die Speisekammer Aufbewahrungsort vieler Speisen war, ist nun die Konservierung von verderblichen Lebensmitteln durch Kühlschrank und Tiefkühltruhe zum Allgemeingut geworden. In den späten fünfziger Jahren wurden in vielen kleineren Orten Gemeinschaftskühlanlagen errichtet, die mit großem Aufwand von der Dorfgemeinschaft gebaut und erhalten wurden. An die Stelle dieses überholten Systems ist die Tiefkühltruhe im eigenen Haus getreten. Während man früher in ländlichen Haushalten nur im Winter schlachten konnte, ist dies nun das ganze Jahr über möglich. Auch die Küche hat sich wesentlich verändert. Der Kohlenherd wurde durch neue Kochmethoden ersetzt, die moderne Einbauküche trat vielfach an die Stelle der früheren Wohnküche.

Der Flughafen Wien-Schwechat

Während des Zweiten Weltkrieges entstand östlich von Wien ein Fliegerhorst und Versuchsflugplatz der Heinkel-Werke. Dieses Flugfeld wurde nach Kriegsende der britischen Besatzungsmacht zugeteilt und ab 1947 von der britischen Fluggesellschaft British European Airways angeflogen. Nachdem die britische Besatzungsmacht im Jahre 1953 die Flughafenanlagen in österreichische Verwaltung übergeben hatte, wurde am 11. Dezember 1953 eine Wiener Flughafenbetriebsgesellschaft gegründet, die am 1. Jänner 1954 den gesamten Verwaltungsdienst in Schwechat übernahm. Auch das Land Niederösterreich erhielt Anteile. In den Jahren 1954/55 wurden die Ruinen der alten Anlage beseitigt, die Start- und Landebahn auf die erforderliche Mindestlänge gebracht und ein Generalausbauplan erstellt. Im Jahre 1956 fanden 4500 Abflüge statt, 90.000 Fluggäste wurden gezählt. Im Jahre 1957 wurden die „Austrian Airlines" konstituiert und begannen ein europäisches Streckennetz aufzubauen. In den nächsten Jahren stieg die Bedeutung des Flugverkehrs sehr rasch, und der Flughafen Wien mußte moderner gestaltet werden. Im Juni 1961 konnte das neue Flughafengebäude eröffnet werden, wodurch die erste Ausbauphase abgeschlossen war und Wien einen Flughafen mit internationalem Rang erhalten hatte.

Von den übrigen Flughäfen, die sich in NÖ. befanden, wurde nur der Betrieb für Sportflugzeuge in Aspern und der Flugbetrieb in Langenlebarn, wo das Bundesheer einen Stützpunkt erhielt, aufrechterhalten. Alle anderen Flughäfen wurden anderer Verwendung zugeführt, manche wieder in Akkerland umgewandelt.

Freilichtspiele Stockerau

Im August 1964 fanden auf dem Platz vor der barocken Stadtpfarrkirche in Stockerau die ersten Freilichtaufführungen von „Jeanne oder die Lerche" des Autors Jean Anouilh statt. Regisseur Otto Kroneder hatte den Gemeinderat von Stockerau überzeugen können, daß dieser Platz ein idealer Standort für ein Freilichttheater sei. In den nächsten Jahren wurden die Aufführungen mit großem Erfolg wiederholt. Nach dem tödlichen Unfall Kroneders im November 1970 übernahm Burgschauspieler Jürgen Wilke 1971 die Leitung der Festspiele und wurde als künftiger Intendant verpflichtet. Er brachte neue Ideen ein, und gemeinsam mit gediegenen Schauspielerleistungen wurden die Festspiele der nächsten Jahre ein großer Publikumserfolg. Auf dem Programm standen erprobte Werke wie „Der Widerspenstigen Zähmung" oder „Ein Sommernachtstraum" von William Shakespeare, aber auch das tragikomische Märchen „Turandot" von Carlo Gozzi oder „Jedermann 1976" von Manfred Vogel.

Die Stillegung des Raxwerkes

Ende des Jahres 1965 wurde der letzte metallverarbeitende Großbetrieb von Wiener Neustadt, das Raxwerk, stillgelegt. Dieser Betrieb stand bis 1955 unter USIA-Verwaltung und wurde im Jahre 1958 der Simmering-Graz-Pauker-AG in Wien angegliedert, die beabsichtigte, kleine Passagierflugzeuge herzustellen. Dieses Projekt war aber im Hinblick auf die internationale Konkurrenz zum Scheitern verurteilt. Es gelang auch nicht, das mit veralteten Maschinen ausgestattete Werk durch andere Produktionen wieder konkurrenzfähig zu machen. Deshalb sollte es verkauft werden, doch knüpfte man daran die Bedingung, daß kein Konkurrenzunternehmen der Simmering-Graz-Pauker-Werke entstehen dürfe. Trotz der Bemühungen der Stadt und des Landes gelang es nicht, den Betrieb fortzuführen, auch ein Sitz- und Hungerstreik von Betriebsangehörigen hatte keinen Erfolg, doch fanden die Beschäftigten dank der damals guten Konjunkturlage rasch neue Arbeitsplätze.

Bei diesem Konflikt war eine von der Kommunistischen Partei geführte Betriebsorganisation stark in den Vordergrund getreten. Noch im Jahre 1966 wollten kommunistische Betriebsangehörige das unterdessen stillgelegte Werk besetzen. Es war das eine der letzten großen Aktionen der KPÖ in Niederösterreich.

Eine Aufführung der Freilichtspiele Stockerau.

Links: Das Leopold Figl-Observatorium auf dem Schöpfl.
Rechts: Wilhelm Steingötter, Landtagsabgeordneter und Bürgermeister von St. Pölten 1950–1960.

1966–1967

KALENDER

16. 1. 1966. Der neue Schlepplift in Hollenstein ist die 60. Liftanlage in NÖ.

31. 1. In St. Pölten wird eines der modernsten Hallenbäder Österreichs eröffnet.

1. 3. Erste große NEWAG-NIOGAS-Debatte im Landtag über den Finanzskandal um Viktor Müllner.

27. 5. In Senftenberg wird ein Erweiterungsbau des Elektrotherapeutischen Institutes Dr. Nuhr eröffnet.

27. 7. Eröffnung der Landesausstellung „Friedrich III. – Kaiserresidenz Wiener Neustadt" in der Kirche St. Peter an der Sperr in Wiener Neustadt; bis 30. Oktober 105.000 Besucher.

12. 6. Der Turnierhof der Rosenburg ist Schauplatz des bisher größten Volkstanzfestes in NÖ. 500 Tanzpaare, 3000 Zuschauer.

1. 7. Im Laxenburger Schloßpark wird ein neues Erholungszentrum eröffnet.

7. 7. Von 45.427 ha Weingärten in Österreich entfallen 28.265 auf NÖ. Davon sind 51,2 Prozent auf Hochkulturen umgestellt.

14. 7. Mit Hilfe der Wohnbauförderung wurden bisher 42.000 Wohnungen gebaut. Der Landtag beschließt ein neues Wohnbauförderungsgesetz.

31. 7. Im Laufe dieses Monats hat die Zahl der in NÖ. angemeldeten KFZ erstmals die Zahl 300.000 überschritten.

11. 8. Das Jahrbuch 1966 der Nö. Arbeiterkammer enthält eine Pendlerstatistik; rund 190.000 Arbeitnehmer (48,3 Prozent) müssen pendeln, 71.160 haben ihren Arbeitsplatz außerhalb von NÖ.

19. 8. Große Überschwemmung im Gebiet Ardagger-Stephanshart.

5. 9. Mit Beginn des Schuljahres werden wieder 74 einklassige Volksschulen stillgelegt; Start des neunten Schuljahres mit fast 6900 Schülern in 240 Klassen an 138 Standorten.

13. 9. Grundsteinlegung für das Leopold-Figl-Observatorium der Universität Wien auf dem Mitterschöpfl.

28. 9. Im Landeskrankenhaus Mödling wird die erste Intensivstation Niederösterreichs eröffnet, die vierte in Österreich.

24. 11. Der Landtag wählt Agrar-Landesrat Andreas Maurer zum Landeshauptmann; in seiner Antrittsrede kündigt er u. a. eine rasche Bereinigung der NEWAG-NIOGAS-Affäre an.

13./14. 12. Im Landtag wird 22 Stunden lang über die NEWAG- und NIOGAS-Berichte des Rechnungshofes debattiert.

22. 12. Der Abschnitt Wien–Auhof–Preßbaum der Westautobahn wird dem Verkehr übergeben.

1. 1. 1967 Die neue Gemeindeordnung tritt in Kraft.

26. 1. Die restaurierte Burg von Perchtoldsdorf wird als Kulturzentrum eröffnet.

5. 3. Dr. Georg Prader wird zum Landesparteiobmann der ÖVP gewählt.

30. 4. Das Internat der Waldschule in Wiener Neustadt wird eröffnet. In diese Schule werden auch körperbehinderte Kinder anderer Bundesländer aufgenommen.

12. 5. Verkehrsfreigabe des Teilstückes Amstetten Ost – Amstetten West der Westautobahn (12, 7 km).

18. 5. Eröffnung der Landesausstellung „Gotik in Österreich" in der Minoritenkirche Krems/Stein.

23. 6. Die Nö. Landesbibliothek übersiedelt vom Landhaus in die Teinfaltstraße.

25. 6. Das Glasmuseum in Gmünd wird eröffnet.

26. 6. Die von privater Seite in den letzten 5 Jahren restaurierte Burg Neulengbach kann wieder frei besichtigt werden.

29. 6. Im Schloß Riegersburg wird eine Außenstelle des Österreichischen Museums für angewandte Kunst errichtet.

1. 7. In Greillenstein wird die Strafrechtssammlung des Nö. Landesmuseums öffentlich zugänglich gemacht. 1988 wurde die Sammlung in Pöggstall neu aufgestellt.

3. 7. Dr. Alois Stöger wird zum Titularbischof von Aptuca und Weihbischof von St. Pölten ernannt.

26. 7. Errichtung eigener ORF-Landesstudios für Wien, NÖ. und das Burgenland; 1. Nö. Landesintendant ist Hubert Haßlinger. Das Studio nimmt am 1. 10. 1967 seinen Betrieb auf.

16. 8. In Lindabrunn startet Mathias Hietz das erste Bildhauersymposion mit 11 österreichischen Teilnehmern.

1. 9. Die Südstadt-Leichtathletin Liese Prokop wird bei der Universiade in Tokio Studentenweltmeisterin im Fünfkampf.

22. 9. In Krems wird die Lehrerakademie der Diözese St. Pölten eröffnet.

14. 10. Weihe des neuen Schulgebäudes der Landesberufsschule Waldegg.

16. 10. Die Schleuse des Donaukraftwerkes Wallsee-Mitterkirchen nimmt den Betrieb auf.

13. 12. Der Nö. Landtag beschließt ein neues Schul- und Kindergartenfondsgesetz, durch das der seit 1949 bestehende Fonds verlängert und verbessert wird.

TODESTAGE

Ferdinand Trinka. Schriftsteller. Gestorben 6. 3. 1966 in Gablitz. (Geboren 1893 in Pilsen.)

Franz Ruhm. Koch, Herausgeber von Kochbüchern und Rezepten. Gestorben 20. 3. 1966 in Purkersdorf. (Geboren 31. 7. 1896 in Hirschstetten.)

Ernst Schönbauer. Rechtshistoriker. Gestorben 3. 5. 1966 in Wien. (Geboren 29. 12. 1885 in Windigsteig.)

Karl Schiestl. Maler. Gestorben 8. 5. 1966 in Baden. (Geboren 23. 5. 1899 in Baden.)

Hans Giebisch. Lehrer und Schriftsteller, schrieb v. a. Gedichte. Gestorben 24. 8. 1966 in Waidhofen an der Thaya. (Geboren 23. 9. 1888 in Brünn.)

Eduard Hartmann. Agrarpolitiker, Landeshauptmann. Gestorben 14. 10. 1966 in Wien. (Geboren 3. 9. 1904 in Laxenburg.)

Clementine Alberdingk. Glasmalerin, Graphikerin, Porträtistin. Gestorben 27. 11. 1966 in Klosterneuburg. (Geboren 14. 6. 1890 in Klosterneuburg.)

Wilhelm Steingötter. Arzt, Kommunalpolitiker, Bürgermeister von St. Pölten 1950–1960, Landtagsabgeordneter. Gestorben 30. 11. 1966 in St. Pölten. (Geboren 14. 10. 1888 in St. Pölten.)

Heimito von Doderer. Autor. Gestorben 23. 12. 1966 in Wien. (Geboren 5. 9. 1896 in Weidlingau.)

Igo (Ignaz) Etrich. Pionier des Flugzeugbaus; meldete 1905 das Patent für Flügelform und Luftschraube bei Flugzeugen an, konstruierte 1907 das erste österreichische Motorflugzeug, 1910 die „Etrich-Taube" (Eindecker), 1911 das erste österreichische Militärflugzeug. Sein Mitarbeiter Franz Wels veranstaltete 1906 den ersten Flug in Österreich (mit Gleitflug). Gestorben 4. 2. 1967 in Salzburg. (Geboren 25. 12. 1879 in Oberaltstadt (Böhmen).)

Hans Ledwinka. Autokonstrukteur. Gestorben 2. 3. 1967 in München. (Geboren 14. 2. 1878 in Klosterneuburg.)

Werner Riemerschmid. 1928–60 Rundfunk-Sprecher, Reporter, Autor, Regisseur. Gestorben 16. 4. 12967 in Mödling. (Geboren 16. 11. 1895 in Maria Enzersdorf.)

Hans Osberger. Weingutbesitzer. Gestorben 29. 4. 1967. (Geboren 1884 in Mautern.)

Erwin Steinmaßl. SPÖ-Politiker, Gewerkschafter. Gestorben 29. 4. 1967 in Wien. (Geboren 26. 7. 1924 in Krems.)

Rudolf Appel. SPÖ-Politiker, Abgeordneter zum Nationalrat und zum Bundesrat. Gestorben 3. 6. 1967 in Lilienfeld. (Geboren 11. 6. 1915.)

Paul Schebesta. Völkerkundler. Gestorben 17. 9. 1967 in St. Gabriel bei Mödling. (Geboren 23. 3. 1827 in Groß Peterwitz (Schlesien).)

Martin Gusinde. Ethnologe, Anthropologe, Missionar, Universitäts-Professor in Washington, Lehrer am Missionshaus St. Gabriel bei Mödling, erforschte die Ureinwohner auf Feuerland, wo er auch in einen Stamm aufgenommen wurde, und die Stämme Zentralafrikas und Papua-Neuguineas. Gestorben 19. 10. 1969. (Geboren 29. 10. 1886 in Breslau.)

Links: Weinernte.
Rechts: Das Hallenbad in St. Pölten.

Purkersdorf

Erstmals ist der Ort um 1125 urkundlich genannt, er war Sitz eines landesfürstlichen Ministerialengeschlechtes. 1333 erwarben die Herzöge von Österreich den Ort mit den Forsten. Um 1500 war Purkersdorf Zentrum des ausgedehnten landesfürstlichen Forstbesitzes im Wienerwald. Der Waldmeister saß im Purkersdorfer Schloß. 1850 wurde der Ort Sitz eines Bezirksgerichtes. Das klassizistische Posthaus von 1796 und die Station der Westbahn sind Zeugen von der Verkehrsbedeutung des Ortes, der im 19. Jahrhundert einen außergewöhnlichen Aufschwung nahm und 1929 zum Markt erhoben wurde. Am 14. 6. 1966 erhielt er durch Landtagsbeschluß das Stadtrecht.

Zweitwohnsitze im ländlichen Raum

Aus unterschiedlichen Gründen standen seit den 60er Jahren immer mehr Bauernhöfe und landwirtschaftlich genutzte Nebengebäude leer, und die Besitzer waren froh, sie verkaufen zu können. Dadurch entledigte man sich der finanziellen Belastung, die eine weitere Instandhaltung mit sich bringen würde und ersparte sich die Probleme eines Abbruches. In anderen Gegenden gab es Baugründe, die aus der Sicht landwirtschaftlicher Nutzung deshalb wertlos waren, weil sie nicht maschinell, sondern nur händisch bearbeitet werden konnten. Auch dafür gab es Bewerber, die dort Häuser als Zweitwohnsitz für Wochenenden bauten. Auf diese Weise wurden viele Neubauten errichtet und altes Baugut erhalten. Es gab aber auch viele gesellschaftliche Probleme. Viele Zweitwohnungsbesitzer scheuten das Engagement, sich in die dörfliche Gemeinschaft einzugliedern. Dies schuf auch bei den Einheimischen Unbehagen. Es gab aber auch beträchtliche soziale Gegensätze. Durch Zweitwohnsitze wurde die Struktur des ländlichen Raumes beträchtlich verändert, da diese meist während der Woche und auch in der Urlaubszeit verwaist sind und leerstehen.

Zweitwohnungsbesitzer in Niederösterreich sind zum größten Teil Wiener, die in schlechten Wohngegenden leben, oft auch nur kleine Wohnungen in der Stadt besitzen. Andere wieder wohnen in Hochhäusern, die sie dazu führten, in die ländlichen Gegenden auszuweichen und dort ihre Freizeit zu verbringen.

Die Riegersburg im nördlichen NÖ beherbergt eine Außenstelle des Österreichischen Museums für angewandte Kunst.

Außenstellen von Wiener Museen in NÖ.

Wiener Bundesmuseen besitzen oft große Depots mit Objekten, die aus Platzgründen nicht ausgestellt werden können. So entstand in den 60er Jahren die Idee, in Schlössern und ehemaligen Klöstern Außenstellen von Museen zu errichten. Drei Museen waren hier besonders aktiv, das Museum für Völkerkunde, das Museum für angewandte Kunst und das Volkskundemuseum.

Das Museum für Völkerkunde, das in der Wiener Hofburg einen Ausstellungsraum für etwa 4 Prozent seiner Sammlungen hat, veranstaltete seit 1966 im Schloß Matzen alljährlich Sonderausstellungen mit wechselnden Themen.

Das Museum für angewandte Kunst wieder hatte zeitweise drei Außenstellen, eine auf der Riegersburg im nördlichen Niederösterreich, wo besonders Möbel der Barockzeit gezeigt wurden, eine zweite im Schloß Petronell und eine dritte im Karmeliterhof in St. Pölten. In den späten 80er Jahren wurden allerdings diese Außenstellen reduziert, und es blieb nur das Museum auf der Riegersburg bestehen.

Das Volkskundemuseum in Wien hingegen hat eine Außenstelle in Gobelsburg eingerichtet, wo im Lauf der Jahre ebenfalls eine Reihe von Sonderausstellungen gestaltet wurde.

417

Links: Landeshauptmann Eduard Hartmann und Mitarbeiter.
Rechts: Ankunft eines Regionalzuges mit Pendlern.

1966–1967

Landeshauptmann Eduard Hartmann

In Laxenburg 1904 als Sohn eines Wirtschaftsbesitzers geboren, der später in Schwechat die Leitung einer Güterdirektion übernahm, besuchte Eduard Hartmann die Gymnasien in Melk und Wien-Hietzing. Anschließend studierte er an der Hochschule für Bodenkultur und erhielt 1927 den Titel „Diplom-Ingenieur". In der „Österreichischen Land- und Forstwirtschaftsgesellschaft" tätig, wurde er 1938 nach Linz versetzt. Ab April 1945 arbeitete er gemeinsam mit Leopold Figl an der Wiedererrichtung der Landeslandwirtschaftskammer für Niederösterreich und der Landwirtschaftskammer Steiermark. Am 6. Dezember 1946 wurde er als Figls Nachfolger zum Direktor des Nö. Bauernbundes bestellt. Diese größte Organisation der Bauernschaft hatte damals etwa 170.000 Mitglieder. In dieser Funktion blieb er bis zu seinem Tod am 14. Oktober 1966. Daneben übte er einige politische Funktionen aus. Als Mandatar des Bauernbundes im Rahmen der ÖVP wurde er 1949 in den Nationalrat gewählt, dem er bis 1963 angehörte, und am 16. Juli 1959 wurde er als Bundesminister für Land- und Forstwirtschaft in das Kabinett Raab III berufen. In dieser Zeit konnte das Landwirtschaftsgesetz mit dem „Grünen Plan" vom Nationalrat beschlossen werden. Auch während der Regierung Gorbach blieb Hartmann Landwirtschaftsminister und wurde 1962 zum Generalanwalt des Österreichischen Raiffeisenverbandes gewählt. Am 16. Juni 1965 wurde er als Nachfolger von Ing. Leopold Figl zum Landeshauptmann von Niederösterreich gewählt, doch verstarb er schon am 14. Oktober 1966 völlig unerwartet an einem Herzinfarkt.

Die Affäre Viktor Müllner

Der Hauptschullehrer Viktor Müllner war als junger Mann einer der Träger des „Freiheitsbundes" gewesen, einer Wehrinformation der christlichen Arbeiterschaft. In Schuschniggs Ständestaat bekleidete er Funktionen in der St. Pöltner Stadtverwaltung, wurde durch die Nationalsozialisten verfolgt und war im April 1945 der Vertreter

der Christlichsozialen in der Widerstandsbewegung 05. Bald trat er in die niederösterreichische Landespolitik ein, vertrat als Finanzreferent unter Steinböck einen harten Stil und wurde durch Leopold Figl an Einfluß und Wirkungskreis stark zurückgedrängt. Von jeher hatte er der Landesgesellschaft NEWAG sein besonderes Interesse gewidmet, den Bau der Kamptalkraftwerke durchgesetzt und 1954 als Gegenstück zu der verstaatlichten ÖMV die Gasvertriebsgesellschaften NIOGAS und Austria-Ferngas gegründet. Als Verwaltungszentrum für die Landesgesellschaften erbaute er die Südstadt bei Mödling. Im Jahre 1963 legte er seine Funktionen im Landhaus nieder und wurde Generaldirektor der NEWAG. Nach Figls Tod trat er wieder politisch in den Vordergrund und wurde zum geschäftsführenden Landesparteiobmann in Niederösterreich gewählt.

Schon während des Wahlkampfes 1966 wurden Probleme der niederösterreichischen Landesgesellschaften von der sozialistischen Propaganda aufgezeigt, doch war dies wenig beachtet worden. Als im Frühjahr 1963 der Rechnungshofbericht über die NEWAG einer Zeitung zugespielt wurde und an die Öffentlichkeit gelangte, wurden gigantische Korruptionen offengelegt. Schwerstens belastet mußte Müllner im Herbst 1966 seine Funktionen in der ÖVP und bei den Landesgesellschaften zurücklegen. Der im Jahre 1968 durchgeführte Prozeß deckte eine Reihe von komplizierten Finanzoperationen zum Nutzen seiner Partei, aber auch zugunsten seiner Familie auf.

Der gestürzte Landespolitiker Viktor Müllner im Hotel Panhans am Semmering.

Pendler

Seit den fünfziger Jahren wird die Pendelwanderung von Berufstätigen, die täglich größere Strecken vom Wohnort in die Arbeitsstätte zurücklegen müssen, von immer größerer Bedeutung. Die Stadtregion der Bundeshauptstadt Wien bot viele Arbeitsplätze, während Wohnraum relativ knapp war. Dies war die Ursache, daß immer mehr Menschen aus Niederösterreich täglich zu ihrer Arbeitsstätte pendelten, zumal die Abwanderung aus der Landwirtschaft, aber auch aus industriellen Problemzonen immer notwendiger wurde. Schon im Jahre 1961 war von den 637.000 in Niederösterreich wohnhaften Beschäftigten fast nahezu jeder Dritte ein Pendler, und von diesen 193.000 Personen arbeiteten wieder 165.000, also 85 Prozent, als Tagespendler. Davon waren rund 52.000 in Wien beschäftigt. Man schätzte, daß rund 8 Prozent einen täglichen Arbeitsweg von mehr als 100 Kilometer (Hin- und Rückfahrt) zurückzulegen haben.

Das Hauptkontingent kommt aus den unmittelbar an Wien angrenzenden Bezirken Wien-Umgebung, Mödling, Gänserndorf und Korneuburg. Allein in den Orten Klosterneuburg, Perchtoldsdorf und Purkersdorf lebten 9000 Wien-Tagespendler. Eine größere Anziehungskraft übte auch der oberösterreichische Zentralraum aus, wohin täglich 2800 Beschäftigte pendelten. Diese Situation hat sich in den 70er und 80er Jahren noch wesentlich vergrößert, wobei vor allem die Verbesserung des Nahverkehrs durch die Schnell-, die Bundesbahn und die Autobusse eine große Rolle spielte.

Auch innerhalb des Bundeslandes gibt es Tagespendlerzentren, wie etwa Wiener Neustadt, St. Pölten, Schwechat, Traiskirchen und Wimpassing, vorwiegend Industrieorte, die große Anziehungskraft ausüben.

Tagespendler sind in den wirtschaftlich prosperierenden Bezirken am zahlreichsten. Trotz verhältnismäßig günstiger Verdienstmöglichkeiten nutzt ein Teil der dort wohnenden Berufstätigen die noch attraktiveren Löhne und die besseren Aufstiegsmöglichkeiten der Bundeshauptstadt und fährt dorthin täglich zur Arbeit. In wirtschaftlich schwachen Gebieten ist die Nicht-Tagespendelwanderung viel stärker. Dies galt vor allem für Grenzbezirke Zwettl, Waidhofen an der Thaya und Horn, teilweise auch für den Bezirk Hollabrunn. Mit der zunehmenden Motorisierung wurde von den Tagespendlern die Fahrt mit eigenem Auto zu einem Ort mit guten Verkehrsverbindungen, nach Wien oder in andere Zentren, immer stärker in Kauf genommen.

Links: Königin Elisabeth von England besucht Klosterneuburg.
Rechts: Der Hof der Schallaburg vor Beginn der Restaurierung.

KALENDER

19. 1. 1968. Dr. Rudolf Gruber wird zum Generaldirektor von NEWAG und NIOGAS bestellt.

20. 1. Die Wintersportgebiete Gscheid und St. Ägyd werden erschlossen.

23. 2. Das Augustinusheim in Korneuburg wird eröffnet. Damit hat jeder Bezirk ein neues oder modernisiertes Altenheim.

18. 3. Das Bundesgymnasium Horn erhält vom Elternverein Österreichs modernstes Sprachlabor.

23. 3. Das Militärkommando NÖ übersiedelt von Wien-Hütteldorf in die St. Pöltener Hesser-Kaserne.

29. 3. Eröffnung des Donaukraftwerkes Wallsee-Mitterkirchen.

15. 4. In Lackenhof beginnt erstmals ein Ausbildungskurs für Schilehrer in NÖ.

23. 4. Das Land NÖ kauft die Schallaburg und ermöglicht dadurch die Sanierung des in den Nachkriegsjahren devastierten Schlosses.

1. 5. In Baden wird das Kongreßhaus, das durch einen Umbau des alten Kurhauses entstanden ist, eröffnet.

9. 5. Der Landtag beschließt nach jahrelangen Vorarbeiten das Nö. Raumordnungsgesetz; es tritt mit 1. Jänner 1969 in Kraft.

17. 5. Die Landeskunstausstellung „Romantik und Realismus" wird in Laxenburg eröffnet. Sie hat 75.000 Besucher.

29. 5. In Wien beginnt der Prozeß gegen Viktor Müllner. Er endet am 12. Juli mit einer Verurteilung zu vier Jahren Kerker und zur Zahlung von je 10 Millionen Schilling an das Land NÖ und an die NEWAG.

8.–16. 6. Auf dem Tullner Messegelände wird erstmals eine Freizeitmesse („Freizeit 68") präsentiert.

14. 6. An der Höheren Technischen Lehr- und Versuchsanstalt Mödling legt der 6.000. Maturant seit Bestehen der Anstalt die Reifeprüfung ab.

17. 6. Ein Gas-Importvertrag zwischen der ÖMV und der sowjetischen Gasexportgesellschaft wird unterzeichnet.

22. 6. In Geras wird der 3. nö. Naturpark eröffnet.

7. 7. Der Landtag setzt analog zur Bundesregelung das aktive Wahlrecht von 20 auf 19, das passive Wahlrecht für den Landtag von 26 auf 25, für den Gemeinderat von 24 auf 23 Jahre herab.

21. 7. In St. Christophen, dem ältesten österreichischen Kraftfahrer-Wallfahrtsort, feiert man „40 Jahre Autoweihe".

Ende Juli Eine Gruppe von Autoren gründet in St. Pölten die Zeitschrift „das pult".

21. 8. Einmarsch von Truppen des Warschauer Paktes in die ČSSR. Verbände des Bundesheeres werden an die Grenze verlegt.

2. 9. Zu Schulbeginn werden wieder 11 einklassige Volksschulen stillgelegt. Seit 1965 wurden bereits 246 niederorganisierte Schulen geschlossen; Bruck/Leitha ist der erste Bezirk, in dem keine

Das Wintersportgebiet St. Aegyd am Neuwald.

einzige einklassige Volksschule mehr geführt wird.

19. 9. Offizielle Eröffnung der – noch provisorisch in einem Volksschulgebäude untergebrachten – Pädagogischen Akademie des Bundes in Baden.

29. 9. Die Volks- und Hauptschule Allentsteig ist der 400. Schulbau seit Kriegsende.

2. 10. Öffnung der Begräbnisstätte der Babenberger im Stift Melk; sie enthält 15 Skelette, die im Wiener Naturhistorischen Museum anthropologisch untersucht und identifiziert werden.

10. 10. Eröffnung der Pädagogischen Akademie der Diözese St. Pölten in Krems.

12.–27. 10. Bei den Olympischen Sommerspielen in Mexiko erringen die Südstadt-Leichtathletinnen Liese Prokop und Eva Janko die Silbermedaille im Fünfkampf bzw. die Bronzemedaille im Speerwurf.

12. 11. Der Ministerrat beschließt, dem Land Niederösterreich aus Anlaß des 50jährigen Bestehens der Republik das in Bundesbesitz befindliche Nö. Regierungsgebäude (Herrengasse 11) zu schenken.

14. 11. Wolkersdorf wird durch Landtagsbeschluß zur Stadt erhoben.

24. 11. Gemeinderatswahlen in 77 Gemeinden, in denen Zusammenlegungen stattfanden.

13. 12. Der Landtag beschließt eine neue Bauordnung.

14. 12. Eröffnung der Reidllifte in Annaberg und des Doppelsesselliftes von Lackenhof auf den Eibenkogel.

1. 1. 1969. Das Nö. Raumordnungsgesetz tritt in Kraft.

12. 1. Starke Schneeverwehungen im westlichen NÖ legen teilweise den Verkehr lahm.

16. 1. Die nö. Tonkünstler geben in Krems ihr 2000. Konzert in NÖ.

Ende Jänner Im Lauf des Monats hat die Zahl der TV-Geräte in NÖ die 200.000er-Marke überschritten.

13. 2. Der Landtag wählte den früheren Innenminister Hans Czettel zum Landeshauptmannstellvertreter.

14. 3. Im Bahnhof St. Pölten wird von der Gesellschaft „Rettet das Kind" der erste Fahrschülerhort in NÖ eingerichtet.

14. 4. Die Führung der Südautobahn über den Wechsel wird entschieden.

16. 4. Eröffnung des Pädagogischen Institutes (für die Lehrerfortbildung) in Baden.

Mai/Juni Paratyphusepidemie in Niederösterreich, vor allem in Amstetten.

7. 5. Königin Elisabeth von Großbritannien besichtigt im Rahmen ihres Österreichbesuchs Klosterneuburg.

15. 5. Nach zweijähriger Renovierung wird das Stadttheater St. Pölten wiedereröffnet.

20.–28. 5. In Brunn am Gebirge wird im gotischen „Gliedererhof" ein Heimathaus eröffnet.

1. 7. In Krems werden internationale Feuerwehrwettkämpfe durchgeführt.

12. 7. In Baden wird das „Rosarium" im Doblhoffpark eröffnet, eine der größten Anlagen dieser Art in Europa.

29. 8. Der Kremser Faber-Verlag feiert sein 100jähriges Bestehen und gleichzeitig das 90-Jahr-Jubiläum der „Land-Zeitung".

9. 9. In Krems wird der Neubau der Pädagogischen Akademie der Diözese St. Pölten eröffnet.

23. 9. Eröffnung der Schnellstraße Korneuburg-Stockerau.

Der Neubau des Gymnasiums Gmünd wird fertiggestellt.

4. 10. Eröffnung des Naturparkes Hohe Wand (18 km²).

4./5. 10. Liese Prokop stellt im Südstadt-Stadion mit 5352 Punkten einen neuen Weltrekord im LA-Fünfkampf auf.

9. 10. In Ottenstein wird ein 4. Maschinensatz in Betrieb genommen.

10. 10. In Amstetten wird die erste Filiale der Landeshypothekenanstalt NÖ außerhalb von Wien eröffnet.

19. 10. Landtagswahlen in NÖ. Die ÖVP verliert ein Mandat (30 ÖVP / 26 SPÖ).

28. 10. In Wolkersdorf werden Grundstücke für ein neues Industriezentrum-Nord erworben.

7. 11. Mit der Fertigstellung des Teilstückes Amstetten Ost/Haag ist die gesamte nö. Westautobahn befahrbar.

1. 12. Die Schihauptschule Lilienfeld wird errichtet.

4.–9. 12. Starke Schneefälle und Verwehungen.

7. 12. Eröffnung der „Babenbergerhalle" in Klosterneuburg.

31. 12. Die neue Bauordnung, vom Landtag beschlossen und von der Bundesregierung beansprucht, tritt in Kraft. Sie ersetzt die aus dem Jahre 1883 stammende.

Links: Der Bildhauer Wilhelm Fraß.
Rechts: Der Theaterdirektor Hans Knappl (1900–1969).

1968–1969

TODESTAGE

Wilhelm Fraß. Bildhauer. Gestorben 1. 1. 1968. (Geboren 29. 5. 1886 in St. Pölten.)

Gustav Schütt. Landschaftsmaler. Gestorben 30. 1. 1968 in Laxenburg. (Geboren 9. 5. 1890 in Wien.)

Franz Bilko. Maler; lebte seit 1925 als freischaffender Künstler in Baden. Gestorben 24. 4. 1968 in Baden. (Geboren 5. 6. 1894 in Gumpoldskirchen.)

Rudolf Oertel. Schauspieler, Dramaturg, Schriftsteller. Gestorben 6. 7. 1968 in Wiener Neustadt. (Geboren 1900 in Wiener Neustadt.)

Paul Schebesta. Priester, Forschungsreisender, Völkerkundler, Professor im Missionshaus St. Gabriel in Mödling, Professor an der Hochschule für Welthandel in Wien. Zahlreiche Expeditionen (Afrika, Asien). Gestorben 17. 9. 1968 in Mödling. (Geboren 20. 3. 1887 in Groß-Peterweitz/Schlesien.)

Josef Müllner. Bildhauer. Professor und Leiter der allgemeinen Bildhauerschule an der Akademie der bildenden Künste. Gestorben 25. 12. 1968 in Wien. (Geboren 1. 8. 1879 in Baden.)

Gustav Steinhorn. Maler. Gestorben 25. 1. 1969 in Krems. (Geboren 12. 4. 1895 in Eger.)

Otto Tschadek. Politiker, Justizminister, Landeshauptmannstellvertreter. Gestorben 4. 12. 1969. (Geboren 31. 10. 1904 in Trauttmansdorf/Bruck a. d. Leitha.)

Ernst Schrom. Maler. Gestorben 8. 5. 1969 in Preßbaum. (Geboren 14. 10. 1902 in Wien.)

Hans Knappl. Theaterdirektor. Gestorben 28. 7. 1969 in Wien. (Geboren 29. 11. 1900 in Spital am Pyhrn.)

Martin Gusinde. Priester, Ethnologe, Anthropologe, Universitäts-Professor in Santiago de Chile, zahlreiche Expeditionen nach Afrika, Südamerika und Asien. Gestorben 18. 10. 1969 in Mödling. (Geboren 29. 10. 1886 in Breslau.)

Karl Hartl. Industrieller. Gestorben 12. 12. 1969 in Echsenbach. (Geboren 3. 11. 1901 in Wien.)

Landeshauptmann-Stellvertreter Otto Tschadek.

Otto Tschadek

Als Franz Popp am 12. Oktober 1960 seine Funktion als Mitglied der nö. Landesregierung zurücklegte, wurde am folgenden Tag Dr. Otto Tschadek zum Landeshauptmann-Stellvertreter gewählt. Er blieb dies bis zu seinem Tod am 4. Februar 1969. Als Elfjähriger war er Zögling der k. k. Militärrealschule Bruck an der Leitha geworden, die nach dem Ersten Weltkrieg in eine Bundeserziehungsanstalt überführt wurde. Nach dem juridischen Studium wurde er Gemeindeamtsleiter in Mannersdorf an der Leitha. Schon als Student hatte er sich der Sozialdemokratischen Partei angeschlossen und verlor deshalb im Jahre 1934 seine Stellung. So wurde er Rechtsanwalt. Im Jahre 1939 wurde ihm auch die Zulassung als Anwalt aberkannt. Er rückte zur Marine ein und war bis Kriegsende als Marinerichter in Kiel tätig. Von der englischen Besatzungsmacht wurde er in das Kieler Rathaus berufen, wo er bis April 1946 als Oberbürgermeister tätig war. Im November 1945 wurde er auch Mitglied des österreichischen Nationalrates und gehörte dem Parlament bis Ende Juni 1960 an. Von November 1949 bis September 1952 und von Juni 1956 bis Juni 1960 war er Bundesminister für Justiz, dann wurde er Mitglied der nö. Landesregierung. Mit seinem Tod endete die Epoche jener Politiker, die bereits vor dem Zweiten Weltkrieg aktiv gewesen waren.

Industriepark Wiener Neudorf

Nach dem Abschluß des österreichischen Staatsvertrages ging die Verfügungsgewalt über das Vermögen der ehemaligen Flugzeugwerke Wiener Neudorf auf den Bund über und wurde von diesem an das Land Niederösterreich übergeben. Nach Abwicklung aller rechtlichen Probleme war das Land seit 1968 Alleineigentümer aller Geschäftsanteile und hatte die Absicht, den Industriefriedhof in einen modernen Industriepark umzuwandeln. Auf dem ab nun „Industriezentrum Niederösterreich-Süd" genannten Gelände sollten vorwiegend Klein- und Mittelbetriebe angesiedelt werden. Dazu wurde eine Infrastruktur internationalen Ausmaßes geschaffen. Da dieses Industriezentrum nur sieben Kilometer vom südlichen Stadtrand Wiens entfernt ist, und auch der Flughafen Schwechat in der Nähe liegt, wurde es zu einem begehrten Ansiedlungsort. Bald siedelten sich an die 100 Betriebe verschiedenster Branchen – darunter Tochtergesellschaften von Weltkonzernen – an. Etwa 4000 Personen fanden hier Beschäftigung. Für die Betreuung dieses Gebietes wurde das Industriezentrum Niederösterreich-Süd-GmbH und die nö. Raumordnungsbetriebsansiedlungs- und Strukturverbesserungsgesellschaft unter dem neuen Namen ECO plus fusioniert.

Raumplanung

Am 9. Mai 1968 beschloß der nö. Landtag ein Raumordnungsgesetz, nachdem fast zehn Jahre hindurch in verschiedenen Formen an diesem Problem gearbeitet worden war. In diesem Gesetz wurden die Ziele der örtlichen und der überörtlichen Raumordnung vereinigt. Man konnte nun beginnen, Programme auf den verschiedensten Gebieten auszuarbeiten. Bereits 1971 wurden die ersten drei Raumordnungsprogramme fertiggestellt und genehmigt. Das erste diente der Verbesserung der Kommunalstruktur, das die Vereinigung von 358 Gemeinden zu 118 größeren Verwaltungseinheiten anregte. Ein weiterer Bereich waren Gewerbe und Industrie, um geeignete Standorte für neue Betriebe zu schaffen. Das dritte Raumordnungsprogramm war dem Fremdenverkehr gewidmet, wobei die Gemeinden in drei Stufen, allgemeine Standorte, Eignungsstandorte und Ausbaustandorte, gegliedert wurden. Im Jahre 1973 konnten weitere Programme verabschiedet werden, etwa für das Kindergartenwesen, in dem festgelegt wurde, wieviele Kindergartengruppen eine Gemeinde zur Bedarfsdeckung benötigt. Im Raumordnungsprogramm für das Gesundheitswesen war der Spitalsplan eingeschlossen, und im Programm zur Förderung der Land- und Forstwirtschaft wurde die Pflege der Landschaft behandelt. Schließlich wurde 1973 noch das „Zentrale Orte-Raumordnungsprogramm" fertiggestellt. Niederösterreich wurde in diesem Rahmen auch in Planungsregionen und Planungsräume unterteilt. Im Jahre 1975 verabschiedete man das Raumordnungsprogramm für den Verkehr, in dem die Hauptziele für die Verkehrsentwicklung herausgearbeitet wurden. Unter den Zielsetzungen fand sich auch die Einrichtung eines Verkehrsverbundes Wien–Niederösterreich–Burgenland, der im Sommer 1984 realisiert werden konnte. Im Jahre 1978 wurde ein Raumordnungsprogramm für das Schulwesen beschlossen und 1981 novelliert. In diesem wurden die einzelnen Schulstandorte festgelegt.

Rechts: Das Tanklager Wolkersdorf.

Wolkersdorf

Um 1170 wird der Ort erstmals genannt, es entstand dort auch ein festes Haus eines einheimischen Geschlechtes, das Lehensträger der Burggrafen von Nürnberg war und um 1340 erlosch. Im 15. Jahrhundert waren die Herren von Starhemberg Inhaber, dann die Habsburger. Karl VI. jagte gern im Hochleitenwald und ließ das Schloß 1706

umbauen. Josef II. ließ zur Sicherung des Verkehrs eine kleine Reiterkaserne anlegen. Im Jahre 1866 verlief die Demarkationslinie zwischen den Preußen und den Österreichern durch den Ort. Die günstige Entwicklung im Einzugsgebiet von Wien war die Ursache dafür, daß Wolkersdorf am 14. 11. 1968 zur Stadt erhoben wurde.

Die Nö. Bauordnung

Die Verfassungsgesetznovelle 1962 übertrug die Vollziehung der Bauangelegenheiten fast ausschließlich in die Kompetenz der Gemeinden. Aus diesem Grunde wurde das Baurecht in Niederösterreich in den folgenden Jahren durch das neue Raumordnungsgesetz und die neue Bauordnung geregelt. Die bisher gültige Bauordnung war im Jahre 1883 erlassen worden. Nun wurde durch das Raumordnungsgesetz auch die örtliche Raumordnung neu gestaltet. Jede Gemeinde hat ein örtliches Raumordnungsprogramm aufzustellen und muß einen Flächenwidmungsplan erarbeiten. In diesem sind die Widmungsarten Bauland, Grünland und Verkehrsflächen vorgesehen. Im Bauland werden Wohn-, Kern-, Betriebs-, Industrie-, Agrar- und Sondergebiete unterschieden. Das Bauland kann auch in verschiedene Aufschließungszonen unterteilt werden. Die Nö. Bauordnung, die am 31. Dezember 1969 in Kraft trat, regelte die Bestimmungen für bauliche Vorhaben aller Art ohne Rücksicht auf den Verwendungszweck. Grundlagen für das Baugeschehen hat ein Bebauungsplan zu sein, in dem Straßenfluchtlinien, Baufluchtlinien, die Bebauungsweise, die Höhe und Dichte der Bebauung sowie das Niveau der Verkehrsflächen und der öffentlichen Versorgungsanlagen festzulegen sind. Zur Pflege des Orts- und Landschaftsbildes und aus Gründen der Hygiene können Teile von Grundflächen von der Bebauung ausgenommen und zu Freiflächen erklärt werden. Die Bauordnung legt aber auch die Art der Aufschließung und die Größe der Wohngebäude fest. Ebenso werden die Baulandgestaltung, die Aufschließungen, Grundeinlösungen und die Verbote, die Höhe der Räumlichkeiten und Beschränkungen des Eigentumsrechtes in diesem umfangreichen Gesetz behandelt. Ein eigener Abschnitt ist den technischen Bauvorschriften, ein weiterer den Bewilligungspflichten und dem Bewilligungsverfahren vorbehalten. Die Bauordnung, die in ihrer ersten Fassung aus Holz errichtete Gebäude benachteiligte, wurde im Jahre 1974 erstmals novelliert.

150 Jahre St. Pöltner Stadttheater

Am 15. Mai 1969 konnte das von Grund auf renovierte und gestaltete Theatergebäude in St. Pölten seiner Bestimmung übergeben werden. Mit Hilfe des Landes und des Bundesministeriums für Unterricht hatte die Stadtgemeinde St. Pölten das Theater in den Jahren 1966–69 nach Plänen von Dipl.-Ing. Paul Pfaffenbichler renoviert. Das bisher einstöckige Gebäude erhielt ein 2. Stockwerk, der Zuschauerraum wurde weitgehend erneuert, die Bühne modernisiert, und zeitgemäße Probenräume wurden geschaffen.
Zu dieser Zeit konnte das Stadttheater seinen 150jährigen Bestand feiern, denn es war 1820 errichtet worden. Im Jahre 1893

war ein Umbau erfolgt, bei dem Zuschauerraum und Bühne in jener Art gestaltet wurden, wie sie bis 1966 vorhanden waren. Das Stadttheater war seit dem Jahre 1948 von Direktor Hans Knappl als Pächter geleitet worden, dessen Ära im Jahr 1966 endete. Am 5. April 1966 schloß das alte Theater mit der Operette „Land des Lächelns" von Franz Lehár seine Pforten. Auch im Jahr 1969 wurde das Theater verpachtet, diesmal an Hans Fretzer, doch entschloß sich die Stadt 1975, es in eigene Verwaltung zu übernehmen und durch einen Intendanten führen zu lassen. Der damals bestellte Intendant Herwig Lenau wird das Theater bis zum Sommer 1991 führen.

Links: Das neugestaltete Stadttheater St. Pölten.

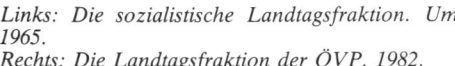

Links: Die sozialistische Landtagsfraktion. Um 1965.
Rechts: Die Landtagsfraktion der ÖVP. 1982.

Der Nö. Landtag in der zweiten Republik

Am 17. April 1945 ergriffen Leopold Figl und Oskar Helmer vom Nö. Landhaus und vom Regierungsgebäude in der Wiener Herrengasse Besitz und begannen mit der Wiedererrichtung der österreichischen Verwaltung in Niederösterreich. Leopold Figl nahm damit stellvertretend den Platz für den noch nicht aus dem Krieg heimgekehrten Landeshauptmann vor dem Anschluß, Josef Reither, ein. Die sowjetische Besatzungsmacht stimmte am 18. April 1945 dem Wiederaufbau der nö. Landesverwaltung nur unter der Bedingung der Hinzuziehung eines Vertreters der KPÖ, Otto Mödlagl, zu.

Am 9. Mai 1945 haben Figl, Helmer und Minister Rudolf Buchinger die Bildung eines Provisorischen Landesausschusses für Niederösterreich beschlossen, dem vier Vertreter der ÖVP, drei der SPÖ und zwei der KPÖ angehören sollten.

Am 12. Oktober 1945 trat Leopold Figl als Landeshauptmann von Niederösterreich zurück, um sich mehr seinen Aufgaben in der Provisorischen Staatsregierung widmen zu können. Er wurde von Josef Reither, der schon 1931 bzw. von 1932 bis 1938 Landeshauptmann war und im Juli 1945 aus Berlin nach Österreich zurückgekehrt war, in dieser Funktion abgelöst.

Die Landtagswahl vom 25. November 1945 erfolgte gleichzeitig mit der Nationalratswahl und mit den Landtagswahlen in den übrigen Bundesländern. Nur ÖVP, SPÖ und KPÖ waren vom Alliierten Kontrollrat zur Wahl zugelassen gewesen. Die ÖVP erzielte mit 32 Mandaten einen Vorsprung von 10 Mandaten vor der SPÖ (22), und die KPÖ erhielt zwei Mandate. Die ÖVP stellt seit 1945 den Landeshauptmann und so wie die SPÖ einen Landeshauptmannstellvertreter. Bis 1981 stellten ÖVP und SPÖ je zwei Landesräte, und seit der Aufstockung der Landesregierung von sieben auf neun Sitze im Jahr 1981 stellen ÖVP und SPÖ je drei Landesräte. Die KPÖ stellte von 1945 bis 1954 mit Laurenz Genner einen Landesrat als beratendes Mitglied der Landesregierung, der dieser über Auftrag der sowjetischen Besatzungsmacht angehörte.

Mit dem Zusammentreten des Landtages nach den Wahlen vom 25. November 1945 ging die Landesgesetzgebung am 12. Dezember 1945 von der Provisorischen Landesregierung auf den Landtag über.

Bei den Landtagswahlen vom 9. Oktober 1949 verlor die ÖVP ein Mandat, die KPÖ erhielt drei Mandate. Am 17. Oktober 1954 verlor die ÖVP abermals ein Mandat und sank auf 30 Mandate ab, die SPÖ steigerte sich auf 23 Mandate, die Volksopposition (KPÖ) blieb bei drei Mandaten. Das Wahlergebnis vom 10. Mai 1959 deckte sich mit den Ergebnissen der Wahlen vom 25. Okto-

ber 1964 und vom 9. Juli 1974: 31 ÖVP-Mandate gegenüber 25 SPÖ-Mandaten. Die Wahlen vom 19. Oktober 1969 haben der SPÖ 26 und der ÖVP 30 Mandate gebracht und damit den Abstand zwischen den beiden im Landtag vertretenen Parteien erstmals auf vier verringert. Infolge des Landtagswahlergebnisses vom 25. März 1979 schrumpfte der Abstand von ÖVP und SPÖ auf zwei Mandate, nachdem die ÖVP zugunsten der SPÖ zwei Mandate verloren hatte. Die Landtagswahl vom 16. Oktober 1983 brachte der ÖVP einen Zuwachs von drei Mandaten, so daß diese bis 1988 32 und die SPÖ 24 Mandate besaßen. Mit der Landtagswahl vom 16. Oktober 1988 schaffte die FPÖ erstmals den Einzug in den Nö. Landtag. Von ihren fünf Mandaten gingen drei zu Lasten der ÖVP, zwei Mandate verlor die SPÖ. Der Mandatsstand lautet seit 1988 29 ÖVP, 22 SPÖ und fünf FPÖ. Die FPÖ ist weder in der Landesregierung noch in den Ausschüssen des Landtages vertreten.

In den ersten Nachkriegsjahren lag der Schwerpunkt der Landtagsarbeit bei den Budgetberatungen und wirtschaftsfördernden Maßnahmen. Wegen der zehn Jahre dauernden Besatzungszeit durch die Sowjetunion setzte der Aufschwung in Niederösterreich später als in den meisten anderen Ländern ein. Bis 1948 herrschte Arbeitskräftemangel und eine schwierige Ernährungslage in Niederösterreich. Nach der Sanierung der Währung und des Staatshaushaltes setzten sowohl ein Ansteigen der Arbeitslosigkeit als auch allmählich eine landwirtschaftliche Überproduktion ein. Wirtschaftsfördernde Maßnahmen des Landtages, insbesondere auf dem Gebiet des Elektrizitätswesens, wirkten der Arbeitslosigkeit entgegen. Mit der Schaffung eines Landesschulbaufonds im Jahre 1948 setzte eine rege und bis heute andauernde Bautätigkeit im Schul- und Kindergartenbereich ein. Für Tierärzte und Landarbeiter wurden Ende der vierziger Jahre eigene Kammern geschaffen.

In den frühen fünfziger Jahren erfolgte die Schaffung eines Wohnbauförderungs- und eines Wirtschaftsförderungsfonds, die zur Konjunktur der Wirtschaft und zum raschen Aufschwung des Landes Niederösterreich in der zweiten Hälfte der fünfziger Jahre wesentlich beitrugen. Die Bereinigung der Gemeindestrukturen setzte ebenfalls in dieser Zeit ein.

Die Landeshaftung für die NEWAG zum Ausbau der Kampkraftwerke waren der Beginn einer länger andauernden Vertrauenskrise zwischen ÖVP und SPÖ, die im Jahr 1966 infolge des Einschauberichtes des Rechnungshofes bei den Landesgesellschaften NEWAG und NIOGAS zu einer Krise in der Landespolitik eskalierten.

Die zweite Hälfte der sechziger Jahre war gekennzeichnet von Hochkonjunktur und Personal- und Arbeitskräftemangel. Deshalb wurden besonders die Schulreorganisation und die Gemeindezusammenlegungen forciert und die ersten Raumordnungsmaßnahmen gesetzt.

Der Bevölkerungsverlust Niederösterreichs zwischen den Volkszählungen von 1951 und 1961, trotz eines Geburtenüberschusses im Land, führte zu verstärkten Investitionen in der Wirtschaft und zu Raumordnungsmaßnahmen. Die Bildung eines Betriebsinvestitionsfonds und die Gründung der NÖSIWAG (Nö. Siedlungswasserbau-GesmbH.) als Landesgesellschaft sind bis heute für die Wirtschaft des Landes von großer Bedeutung. Mit einer neuen Gemeindeordnung und einem Kindergartengesetz wurde Anfang der sechziger Jahre den Gemeinden verstärkte Hilfestellung durch das Land geleistet. 1971 erfolgte die Gründung eines eigenen Gemeinde-Investitionsfonds.

Bis zur Mitte der siebziger Jahre konnte infolge der Hochkonjunktur nicht nur der Schuldenstand des Landes von 42 Prozent des Budgetvolumens auf 12 Prozent gesenkt werden, sondern auch bedeutende Reformmaßnahmen wie die Kommunalstrukturverbesserung, die Reorganisation des Pflichtschulwesens und die Rechtsbereinigung des Nö. Landesrechts konnten abgeschlossen werden. Das nö. Umweltschutzorganisationsgesetz war die gesetzliche Grundlage für die Gründung der nö. Umweltschutzanstalt im Jahre 1974. Das nö. Sozialhilfegesetz von 1974 brachte eine grundlegende Neuordnung auf dem Gebiet der sozialen Fürsorge.

Zu den wichtigsten Gesetzesbeschlüssen des Nö. Landtages in der zweiten Hälfte der siebziger Jahre zählen: Das nö. Raumordnungsgesetz, das nö. Landwirtschaftsgesetz, das die Voraussetzung für den jährlich zu erstellenden „Grünen Bericht" schuf, das Seniorengesetz, ein neues Naturschutzgesetz und Ende 1978 eine neue Landesverfassung und eine neue Geschäftsordnung für den Landtag. Die neue Landesverfassung hebt insbesondere die Eigenständigkeit des Landes Niederösterreich hervor und ermöglicht die Mitwirkung der Landesbürger an der Gesetzgebung und bei der Vollziehung der Gesetze.

Die Konjunkturabschwächung von der Mitte der siebziger Jahre bis in die Mitte der achtziger Jahre führte zu verstärkten Wirtschaftsinvestitionen durch das Landesbudget. Trotz der angespannten Finanzlage konnten aber dennoch ein neues Jugendgesetz, ein Familiengesetz und ein Kulturförderungsgesetz verabschiedet werden, Maßnahmen, die beträchtliche Landesmittel erfordern.

Links: Die Shopping City Süd in Vösendorf.
Rechts: Zinnfigurendiorama im Museum Pottenbrunn.

KALENDER

13. 1. 1970 Die Landesregierung beschließt den Ankauf der größten niederösterreichischen Bauernmöbelsammlung, der „Sammlung Pfaffenbichler" aus Seitenstetten mit 250 Einzelstücken.

26. 3. Übergabe des sowjetischen Fahrgastschiffes „Wolga", des größten je in Korneuburg hergestellten Donauschiffes, in Korneuburg.

5. 4. Gemeinderatswahlen in 1.095 Gemeinden.

15. 4. In der Feuerwehrschule Tulln wurden bisher 60.000 Feuerwehrmänner ausgebildet.

25. 4. Eröffnung des Österreichischen Zinnfigurenmuseums im Schloß Pottenbrunn.

21. 5. In Vösendorf wird der größte Konsumentenmarkt Österreichs eröffnet.

23. 5. Im Schloß Rohrau wird die von Wien hierher übersiedelte Graf Harrachsche Familiensammlung, Österreichs größte private Gemäldegalerie, eröffnet.

5. 6. Eröffnung des Urgeschichtlichen Museums des Landes Niederösterreich in Asparn a. d. Zaya.

6. 6. Eröffnung des Anton Hanak-Museums in Langenzersdorf als Landesmuseum.

19. 6. Eröffnung des von der österreichischen Akademie der Wissenschaften eingerichteten „Instituts für mittelalterliche Realienkunde" in Krems.

27. 6. Eröffnung des Naturparks Ötscher-Tormäuer.

29. 6. Das Schiffahrtsmuseum in Spitz wird eröffnet.

10. 8. Ein Donauhochwasser verursacht im Raum Ardagger große Schäden.

Mitte August: In Niederösterreich sind mehr als 500.000 Kraftfahrzeuge gemeldet.

12. 9. Einrichtung des Naturparks Leiserberge.

26. 9. Auf der ÖBB-Strecke Leobersdorf–Puchberg fährt zum letzten Mal eine Dampflokomotive. Mit Beginn des Winterfahrplanes wird auf Dieselbetrieb umgestellt.

29. 10. Die Gebeine der ersten Babenberger, die zwei Jahre zuvor exhumiert und im Naturhistorischen Museum anthropologisch untersucht worden waren, werden wieder feierlich in der Melker Stiftskirche beigesetzt.

3. 11. Eröffnung des Großsenders Sonnwendstein; nunmehr können 93 Prozent der niederösterreichischen Bevölkerung mit allen vier Hörfunkprogrammen, 84 Prozent mit dem 1. und 74 Prozent mit dem 2. TV-Programm erfaßt werden.

1971 Ergebnis der Volkszählung 1971: Niederösterreich hat 1,414.161 Einwohner, 40.149 mehr als 1961.

Die Pensionsversicherung der Bauern wird eingeführt.

1. 1. In Niederösterreich bestehen nur mehr 814 Gemeinden.

5. 2. Im Industriezentrum Niederösterreich-Süd haben sich 29 Betriebe mit 1.400 Beschäftigten niedergelassen.

Die Sammlung Harrach im Schloß Rohrau.

22. 2. Die Ergebnisse der natürlichen Bevölkerungsbewegung 1970 weisen für Niederösterreich erstmals ein Geburtendefizit aus.

18. 3. Der Landtag beschließt das Nö. Sportstättenschillinggesetz; ab 1. Juli wird jeder Besitzer einer Rundfunkhauptbewilligung mit monatlich 2 Schilling für den Sportstättenausbau belastet.

21. 3. Rund 30 Personen demonstrieren vor dem NEWAG-NIOGAS-Gebäude in der Südstadt gegen den beabsichtigten Bau eines Kernkraftwerkes in Zwentendorf.

Mitte Mai Ein botanisches Gutachten bescheinigt dem bekannten Weinstock in Göttlesbrunn ein Alter von 150 bis 200 Jahren; er ist damit der älteste Österreichs und vermutlich sogar Europas.

27. 5. Im Dominikanerkloster Krems wird die Ausstellung „1000 Jahre Kunst in Krems" eröffnet (137.000 Besucher).

15. 6. Der Landtag beschließt die Vorfinanzierung des Bundessportzentrums in der Südstadt durch das Land, das bis 1975 100 Millionen Schilling vorstreckt.

In Neulengbach konstituiert sich die Literaturgemeinschaft „Podium".

Das Industriezentrum Niederösterreich Süd.

25. 6. Eröffnung des Erholungs- und Genesungsheimes der Nö. Gebietskrankenkasse in der Lehenrotte, Gemeinde Türnitz.

Juli/August Durch extreme Trockenheit kommt es zu vielen Wald- und Feldbränden.

24. 9. Der Teil der Außenring-Autobahn Steinhäusl-Klausenleopoldsdorf wird dem Verkehr übergeben.

3. 10. Eröffnung der Hauptschule Seitenstetten, des 500. Baues seit Schaffung des Schul- und Kindergartenfonds.

20. 10. Eröffnung des Philips-Eurocenters im Industriezentrum-Süd.

20. 11. Im Missionshaus St. Gabriel in Maria Enzersdorf feiern die „Sängerknaben vom Wienerwald" ihr 50jähriges Bestehen.

TODESTAGE

Alois Wrubel. Maler. Gestorben 10. 2. 1970 in Wiener Neustadt. (Geboren 21. 12. 1907 in Oderfurth, Mähren.)

Hermine Cloeter. Schriftstellerin. 1907–38 Veröffentlichungen in der „Neuen Freien Presse". Spezialisiert auf Wiener Lokalgeschichte. Gestorben 22. 2. 1970 in Weißenkirchen. (Geboren 31. 1. 1879 in München.)

Albert Reiter. Chordirigent und Komponist. Gestorben 24. 2. 1970 in Waidhofen an der Thaya. (Geboren 21. 12. 1905 in Alt-Nagelberg.)

Sergius Pauser. Maler. Gestorben 16. 3. 1970 in Klosterneuburg. (Geboren 28. 12. 1896 in Wien.)

Albert Widmann. Arzt und Universitäts-Professor (Dermatologie). Gestorben 19. 9. 1970 in Höflein. (Geboren 1901 in Magdeburg.)

Gilbert Thrattnigg. Kulturhistoriker. Gestorben 25. 9. 1970 in Porto San Ciorcio. (Geboren 26. 4. 1911 in Wiener Neustadt.)

August Sachsenender. Industrieller. Gestorben 30. 11. 1970. (Geboren 13. 4. 1893 in Lengenfeld.)

Werner Deibl. Zisterzienser, Ökonomierat (in Stift Zwettl). Gestorben 27. 11. 1970. (Geboren 1. 9. 1981 in Gobelsburg.)

Hubert Salvator Habsburg-Lothringen. Gutsbesitzer. Enkel Kaiser Franz Josephs. Gestorben 24. 3. 1971 in Persenbeug. (Geboren 30. 4. 1894 in Lichtenegg bei Wels.)

Carl Hübscher. Industrieller, Generalkonsul. Gestorben 9. 5. 1971 in St. Pölten. (Geboren 20. 10. 1882 in Basel.)

Franz Halla. Physiker, Chemiker. Gestorben 17. 5. 1971 in Kasten. (Geboren 19. 3. 1884 in Wien.)

Leo Müller. Kammeramtsdirektor der nö. Landwirtschaftskammer. Gestorben 18. 5. 1971 in Wien.

Josef Kraus. Landwirtschaftsminister. Gestorben 11. 7. 1971 in Kronberg. (Geboren 23. 2. 1890 in Kronberg.)

1970–1971

Die Harrachsche Gemäldegalerie im Schloß Rohrau

Seit dem Jahre 1524 war das Geschlecht der Harrach Eigentümer der Herrschaft Rohrau. Die im Kern aus dem 16. Jahrhundert stammende Wasserburg Rohrau wurde im folgenden Jahrhundert wiederholt durchgreifend verändert. Von den erhaltenen Bauteilen stammt der älteste aus der zweiten Hälfte des 17. Jahrhunderts, die Fassade wurde am Ende des 18. Jahrhunderts neu gestaltet.

Vertreter der Familie Harrach hatten in der ersten Hälfte des 18. Jahrhunderts bedeutende politische Funktionen inne. So war Aloys Thomas Harrach von 1728 bis 1733 Vizekönig in Neapel und bekleidete damit das bedeutendste Amt der Monarchie zu dieser Zeit. Er hatte von seinem Vater eine Gemäldesammlung geerbt und nahm nun Kontakt mit Malern Süditaliens auf, so mit Solimena und dessen Schwager Nicolo Maria Rossi, der Szenen vom Auftreten des Vizekönigs in der Öffentlichkeit festhielt. Auf diesen Kolossalgemälden ist die Prachtentfaltung des Hofes mit dem bunten neapolitanischen Leben vereint. Ein anderes Mitglied des Geschlechtes, Friedrich August, Obersthofmeister der Erzherzogin Maria Elisabeth, Statthalterin der Niederlande, brachte viele Gemälde niederländischer und flämischer Meister nach Wien. Auch im 19. Jahrhundert wurden Bilder zeitgenössischer Maler gesammelt, und im Jahre 1852 wurden alle diese Werke im Wiener Palais als Graf Harrachsche Gemäldesammlung zugänglich gemacht. Dort blieb die Sammlung bis zum Jahre 1968, dann beschloß die Besitzerin Stefanie Harrach, das Schloß Rohrau zu renovieren und verlegte die Bildergalerie von Wien in das niederösterreichische Schloß. Dort fand am 23. 5. 1970 die Eröffnung statt.

Das Zinnfigurenmuseum im Schloß Pottenbrunn

Am Renaissanceschloß Pottenbrunn bei St. Pölten stürzte am 6. April 1961 der Turm mit anschließenden Bauteilen ein. Durch die Unterstützung öffentlicher Stellen, besonders des Landes Niederösterreich, war der Wiederaufbau möglich, und im Jahre 1969 konnten die Räume wieder verwendet werden. Man entschloß sich, ein Zinnfigurenmuseum einzurichten, wobei die Objekte von Sammlern oder Museen zur Verfügung gestellt wurden. In erster Linie wurden große Dioramen mit Themen der österreichischen Geschichte, etwa der Türkenbelagerungen Wiens 1529 und 1683, der Schlacht bei Lützen 1632, der Eroberung Belgrads im Jahre 1717 und der Befreiungsschlacht von Leipzig 1813, ausgestellt. Daneben gibt es auch viele Kleindioramen. Ergänzt wird das Museum durch weitere Objekte und seit dem Jahr 1973 durch jährlich wechselnde Sonderausstellungen. Zinnfiguren werden von den Sammlern teilweise selbst hergestellt, teils sind sie als „Rohlinge" oder Blankfiguren im Handel erhältlich.

Schloß Pottenbrunn.

Der Naturpark Ötscher Tormäuer

Im Jahre 1970 wurde als Beitrag Niederösterreichs zum europäischen Naturschutzjahr dieser Naturpark statt eines ursprünglich geplanten Kraftwerkes der NEWAG errichtet. Das Gebiet der Tormäuer war schon vor der Errichtung des Naturparkes ein beliebtes Wandergebiet. Der 9.000 ha große Park, der größte Niederösterreichs, bietet viele Sehenswürdigkeiten. Der Naturlehrpfad Tormäuer erstreckt sich über 4 km, es handelt sich um einen Talwanderweg, wobei wichtige Geländepunkte angezeigt werden. Markante Punkte sind das Hochberneck, eine Bergalm mit einer herrlichen Aussicht auf den Ötscher und auf große Teile des Naturparkes, der Trefflingfall, wo der Trefflingbach zur Erlauf abstürzt, das Toreck, ein besonders enger Schluchtteil, die engste Stelle der Tormäuer, und die Teufelskirche, ein pyramidenförmiger, unten ausgehöhlter Felsturm als Zeugnis merkwürdiger Verwitterung. Insgesamt führen 24 km Wanderwege und Steige durch den Park.

Rechts: Der Naturpark Leiserberge.

Naturpark Leiserberge

Im Jahre 1970 wurde ein Naturpark mit einer Fläche von 4500 ha eröffnet, der sich von Schloß- und Wildpark Ernstbrunn über den Oberleiserberg, den Buschberg und Steinmandl bei Michelstetten fast bis Asparn an der Zaya erstreckt. Die Landschaft ist durch den Kalk geprägt, aus dem die Leiserberge und auch der Buschberg (mit 492 Meter die höchste Erhebung) aufgebaut sind. Diese Kalkklippen entstanden in der Jurazeit des Erdmittelalters. Stellenweise kommen auch Kreideablagerungen vor, die durch helle und sandige Verwitterungsprodukte auffallen. An Pflanzen des Berglandes herrscht der Eichenwald vor, aber auch die Hainbuche findet sich. Größere Bestände bilden die Rotföhre und die Schwarzföhre. Für das Aussehen der Pflanzendecke ist die Buschgruppenlandschaft charakteristisch. Ein Gebiet am Nordhang des Buschberges ist eingezäunt, um Frauenschuh und Kreuzenzian zu schützen, die sonst nicht mehr vorkommen. Der Naturpark wird von einem gut ausgebauten Wanderwegenetz durchzogen. Auf dem Buschberg wurde auch eine Flugleitstelle für den Flughafen Wien-Schwechat eingerichtet, die mit ihrer runden Kuppel an ein Observatorium erinnert. In den Naturpark ist der 1975 eröffnete Wildpark Ernstbrunn integriert.

Fremdenverkehr

In den ersten Jahrzehnten nach dem Krieg blieb Niederösterreich im Verhältnis zu den anderen Bundesländern in der Fremdenverkehrswirtschaft weit zurück. Bis 1970 konnten nicht einmal die Nächtigungszahlen der Vorkriegsjahre erreicht werden. Um dem abzuhelfen, bildete man Fremdenverkehrsverbände als echte Interessensgemeinschaften der Fremdenverkehrsgemeinden, denen vor allem die Werbearbeit anvertraut war. Gleichzeitig wurden verschiedene Einrichtungen des Fremdenverkehrs, der Bau von Bädern, später mit Badeanstalten mit vorgewärmtem Wasser, von Hallenbädern, von Sesselliften und Schleppliften in Wintersportorten nachhaltig gefördert. So wurde Niederösterreich in zunehmendem Maße zu einem Ausflugsgebiet, vor allem für die Großstädter, während die Nächtigungsziffern in manchen Gegenden, etwa in Baden, das als Kurstadt immer attraktiver wurde, erheblich anstiegen.

Landesberufsschulen

Die Berufsschulen in Niederösterreich wurden vor und nach dem 1. Weltkrieg auf lokaler und regionaler Basis gegründet und in der Zwischenkriegszeit ausgebaut. Seit dem Jahre 1937 wurden Fachkurse für einzelne Berufszweige geführt, und dieses System wurde während der Anschlußperiode ausgebaut. Nach Kriegsende wurde die Verfachlichung fortgesetzt, und im Jahre 1946 die erste lehrgangsmäßig geführte Berufsschule für Gastwirtlehrlinge in Waldegg eingerichtet. Man nannte diesen Typ Landesberufsschule. Seit dem Jahre 1949 wurden systematisch weitere Landesberufsschulen für verschiedene Gewerbe gegründet und dafür alte Betriebs-, Kloster- oder Schloßanlagen verwendet. Gleichzeitig wurden Gebietsberufsschulen aufgelassen. Während es im Jahre 1957 noch 42 Gebietsberufsschulen gab, denen mehrere Landesberufsschulen gegenüberstanden, war bis zum Jahre 1972/73 die Zahl der Gebietsberufsschulen auf vier geschrumpft, Landesberufsschulen gab es nun 37 an 17 Standorten. Seit dieser Zeit werden neue Schulgebäude mit Lehrwerkstätten in verschiedenen Orten errichtet, daneben wurden neue Schülerheime gebaut und der Verwaltung und wirtschaftlichen Führung der nö. Handelskammer übertragen. So war eine vollkommene Umstrukturierung des Berufsschulwesens in Niederösterreich möglich. In diesen Schulen konnten auch geprüfte Fachlehrer für die Ausbildung und Erziehung der Lehrlinge angestellt werden.

Spielmannszug in Perchtoldsdorf.

Die Literaturzeitschrift „das pult"

Im Jahre 1968 erschien erstmals in St. Pölten in vervielfältigter Form die Literaturzeitschrift „das pult". Um sie gruppierten sich einige jüngere Autoren, die durch die Aufbruchsbewegung dieses Jahres motiviert wurden und nicht nur im St. Pöltner Raum beheimatet waren. Herausgeber und Motor war der Lehrer Klaus Sandler, dem es gelang, diese Zeitschrift 16 Jahre lang zu sichern, die mehrmals den Verlag und auch das Format wechselte. Sie gab jedoch immer wieder Anregungen für die niederösterreichische Literatur- und Kunstszene. So wurde „das pult" immer mehr Organ aufstrebender österreichischer Talente und war auch im deutschsprachigen Ausland verbreitet. Nach dem Tod von Klaus Sandler im Jahre 1985 wurde die Zeitschrift eingestellt, die Idee lebte aber in anderer Form weiter.

Schülersonderverkehr

Seit der Gründung höherer Schulen in NÖ gibt es viele Schüler, die mit öffentlichen Verkehrsmitteln täglich weite Strecken zurückzulegen haben. In den 60er Jahren entstand durch die Stillegung von niederorganisierten Volksschulen und der Gründung von Hauptschulen sowie durch die Vermehrung der Schülerzahl an höheren Schulen ein besonderes Anwachsen des Schülerverkehrs, so daß die im Linienverkehr betriebenen Autobusse dafür oft nicht mehr ausreichten und Sondertransporte notwendig wurden. Anstelle des zu Fuß zurückzulegenden Schulweges wurde der Schülertransport üblich, besonders seit dem Jahre 1971, als die Schülerfreifahrt eingeführt wurde. Nun wurde in vielfältiger Weise, sowohl für Schüler von Volks- und Sonderschulen als auch für Hauptschulen oder Polytechnische Jahrgänge ein Schulbussystem eingerichtet, das den Schülertransport innerhalb größerer Gemeinden ermöglicht. In nicht geringer Zahl werden dafür von Privatunternehmen Fahrzeuge zur Verfügung gestellt, die daneben auch für andere Gelegenheitsverkehre herangezogen werden. Die Einführung der Schülerfreifahrt nach Änderung des Familienausgleichsgesetzes am 7. April 1971 führte dazu, daß auch viele Schüler höherer Schulen, die bisher in Internaten untergebracht waren, zu Pendlern wurden, so daß sich das Transportwesen für Schüler sowohl im öffentlichen als auch für den privaten Verkehr stark steigerte.

Links: Seuchenteppich anläßlich der Maul- und Klauenseuche 1973.
Rechts: Landesrat Emmerich Wenger.

1972–1973

KALENDER

1. 1. 1972 Es gibt nur mehr 574 nö. Gemeinden, von denen nur eine (Großhofen im Bezirk Gänserndorf) unter 100 Einwohner hat; St. Pölten wird zur ersten nö. Stadt mit mehr als 50.000 Einwohnern.

1. 3. Tiefstand an praktischen Ärzten in Niederösterreich: 816, um 78 weniger als am 1. März 1962.

14. 4. Eine Enquete der Arbeiterkammer in Neunkirchen befaßt sich mit der Krise dieser Industrieregion, in der zwischen 1956 und 1970 die Zahl der Industriearbeitsplätze von 14.462 auf 13.437 zurückgegangen ist.

16. 4. Um 11.10 Uhr Erdstöße in den Gebieten Hollabrunn, Bruck an der Leitha, Wiener Neustadt, Krems, St. Pölten, Horn, Melk, Amstetten, Mödling, Mistelbach, Zwettl, Waidhofen an der Thaya, Neunkirchen, Baden und Korneuburg; in Seebenstein, wo die Sachschäden am größten sind, stürzt ein Teil der Kirche ein.

23. 4. Dem Nö. Blasmusikverband gehören 359 Kapellen mit 120.000 Musikern an.

15. 6. Das Historische Museum Krems wird in der ehemaligen Dominikanerkirche eröffnet.

18. 6. Im Naturpark Blockheide-Eibenstein wird der 500.000. Besucher geehrt.

24. 6. Eröffnung des Naturparks Schwarzau im Gebirge.

21./22. 8. Auf dem Weg von Athen nach München durchquert das Olympische Feuer Niederösterreich.

Bei Schulbeginn werden weitere 96 Zwergschulen (einklassige Volksschulen) stillgelegt; erstmals wird ein Rückgang der Zahl der Pflichtschüler festgestellt.

Liese Prokop mit dem olympischen Feuer.

18. 9. Konstituierung des „Wiener Neustädter Kreises – Literaturkreis der Autoren".

29. 9. Nach vierjähriger Bauzeit wird das zentrale Lehr- und Werkstättengebäude des WIFI in St. Pölten eröffnet.

Eröffnung des Rehabilitationszentrums der Pensionsversicherungsanstalt der Angestellten in Hochegg, Gemeinde Grimmenstein.

1. 10. Die Zahl der TV-Geräte in Niederösterreich hat 300.000 überschritten; ein neuer Sender auf dem Sonnwendstein wird eröffnet.

14. 12. Mit der Eröffnung des Wählamtes Karlstein wird die Vollautomatisierung des Fernsprechnetzes in Niederösterreich abgeschlossen.

21. 12. Eröffnung des neuen Gebäudes der Nö. Arbeiterkammer in Wien.

22. 12. Verkehrsfreigabe auf den neuen Donaubrücken Melk und Hainburg.

13. 1. 1973 Die Donaubrücken Melk und Hainburg werden dem Verkehr übergeben.

Stapellauf des Wolga-Fahrgastschiffes „Maxim Gorki" in der Korneuburger Werft.

4. 4. Die Maul- und Klauenseuche-Epidemie in Groß-Schweinbarth und Ringelsdorf wird vom besonders gefährlichen Virus Null verursacht; erfaßt werden in den nächsten Wochen 1.515 Gehöfte in 99 Ortschaften bzw. in 11 Verwaltungsbezirken und einer Statutarstadt; 72.247 Tiere werden geschlachtet, 600.000 Rinder, 236.000 Schweine, 33.900 Schafe und Ziegen werden geimpft.

5. 4. Der Landtag beschließt die Beteiligung des Landes am Ausbau der Schloßanlagen Laxenburg für die Unterbringung des internationalen Institutes für Angewandte Systemanalyse (IIASA).

30. 4. Eröffnung des im restaurierten ehemaligen Horner Bürgerspital neu aufgestellten Höbarth-Museums.

4. 7. In Zwentendorf wird das Reaktorgehäuse, eine Stahlkugel von 23 Metern Durchmesser, in ihren Betonmantel eingefahren.

14. 7. Übergabe der neuen Donaubrücke in Krems.

Eröffnung des Oskar-Kokoschka-Dokumentationszentrums im Pöchlarner Geburtshaus des Künstlers.

28. 9. Erster Terroranschlag von Palästinensern in Österreich: Im Bahnhof Marchegg werden aus einem Zug mit jüdischen Emigranten aus der Sowjetunion vier Geiseln genommen und auf dem Flughafen Schwechat freigelassen, nachdem die Bundesregierung die Auflösung des Transitlagers Schönau zugesagt hat.

30. 9. Drei neue Museen in Perchtoldsdorf: das Heimatmuseum im renovierten Rathaus, das Sakrale Museum im ebenfalls restaurierten Wehrturm, und die Gedenkstätte im Wohnhaus des Komponisten Hugo Wolf werden eröffnet.

5. 10. Eröffnung der neuen Wieselburger Brauerei, die als eine der modernsten Europas gilt.

10. 11. Weihe der neuen St. Pöltner Domorgel.

10. 12. Konrad Lorenz erhält den Nobelpreis für Medizin und Verhaltensforschung.

TODESTAGE

Franz Schmutz-Höbarten. Dichter, Komponist, Sprachforscher. Gestorben 16. 6. 1972 in Wien. (Geboren 29. 3. 1886 in Groß Höbart.)

Hans Schad'n. Heimatforscher. Gestorben 21. 8. 1972 in Wien. (Geboren 10. 10. 1884 in Götzendorf.)

Michael Pfliegler. Theologe. Gestorben 11. 10. 1972 in Wien. (Geboren 26. 1. 1891 in Gutenbrunn bei Falkenstein.)

Karl Gunsam. Maler, Mitglied des Künstlerhauses und der Secession sowie des Hagenbundes. Gestorben 1. 11. 1972 in Wien. (Geboren 14. 8. 1900 in Wien.)

Emmerich Wenger. Landtagsabgeordneter 1949–1960. Landesrat 1960–1966. Gestorben 22. 1. 1973. (Geboren 1902.)

Wystan Hugh Auden. Dichter. Lebte in Kirchstetten. Gestorben 22. 2. 1973 in Wien. (Geboren 21. 2. 1907 in York.)

Janko von Musulin. Schriftsteller, Redakteur. Gestorben 6. 3. 1973 in Friedau bei Ober-Grafendorf. (Geboren 12. 8. 1916 in Wien.)

Albert Paris Gütersloh.

Albert Paris Gütersloh (eigentlich Albert Conrad Kiehtreiber). Maler, Schriftsteller, der geistige Vater der Wiener Schule des Phantastischen Realismus. Präsident des Art-Club, Vizepräsident der Wiener Secession. Gestorben 16. 5. 1973 in Baden. (Geboren 5. 2. 1887 in Wien.)

Felix Braun. Dichter. Gestorben 3. 11. 1973 in Klosterneuburg. (Geboren 4. 11. 1885 in Wien.)

Johann Pretzenberger. Kirchenmusiker. Gestorben 15. 11. 1973 in St. Pölten. (Geboren 18. 11. 1897 in Purgstall.)

Ignaz Jörg. Lehrer, Heimatforscher. Gestorben 28. 11. 1973 in Waidhofen an der Ybbs. (Geboren 11. 3. 1883 in Groß Siegharts.)

Links: Soldaten des Bundesheeres bei einem Manöver.
Rechts: Aufführung im Kurtheater Reichenau. 1981.
Unten: Wackelstein im Naturpark Blockheide.

Der Wiener Neustädter Kreis

Im Jahre 1972 konstituierte sich eine Gruppe von Literaten zum „Wiener Neustädter Kreis", der in den ersten Jahren mit dem „pult" in St. Pölten zusammenarbeitete und mit diesem gemeinsam eine Anthologie herausgab. Einige Autoren dieser Gruppe wie Peter Schuster oder Peter Zumpf veröffentlichten in den folgenden Jahren Romane, auch eine Gemeinschaftsausstellung mit Wiener Neustädter Künstlern kam zustande. Im Stadttheater Baden wurde 1977 das Stück „Die Stunde der Spieler", eine Gemeinschaftsproduktion von Peter Schuster und Peter Zumpf, uraufgeführt. An den Publikationen dieser Gruppe arbeitete auch die renommierte Autorin Jeannie Ebner mit, und Gotthard Fellerer vermittelte die Verbindung zu Malern.

Der Naturpark Blockheide

Einer der ersten Naturparks Niederösterreichs wurde in Eibenstein bei Gmünd eingerichtet. Der Naturpark Blockheide ist ganzjährig geöffnet und vermittelt einen Einblick in die Waldviertler Urlandschaft. Birken, Rotkiefern und Heidekraut sind typische Elemente des Pflanzenkleides, die Granitlandschaft mit ihren Blöcken, die die Anhöhen krönen oder im Wald und auf Wiesen aufragen, ist besonders beeindruckend. Diese „Urwelt-Blöcke" sind an Ort und Stelle durch Verwitterung entstanden und an manchen Stellen, wenn sie nur mehr punktförmig auf ihrer Unterlage ruhen, zu „Wackelsteinen" geworden. Es sind Überreste früher geschlossener Granitmassen, und man sollte daher nicht von „Findlingen", sondern besser von „Restlingen" sprechen. An manche dieser Naturgebilde knüpfen sich Sagen, die heute noch der Bevölkerung der Umgebung bekannt sind. Da gibt es „des Teufels Bettstatt" und „des Teufels Brotlaib" sowie den „Christophori-Stein", dessen Rücken eine Mulde zeigt, deren Form den Fußabtritt des heiligen Christophorus andeuten soll. Es gibt dann noch den „Koboldstein", einen „Fuchsenstein", verschiedene Haussteine, den einer riesenhaften sitzenden Kröte ähnelnden Eibenstein oder die Gruppe der Grillensteine. In früheren Jahrzehnten wurden solche Steine von den Bauern oft zertrümmert und als Baumaterial verwendet. Nun wird diese Landschaft erhalten und ist als Naturheide von besonderem Interesse. Durch den 140 ha großen Naturpark führen 16 km Wanderwege.

Das Kurtheater Reichenau

Seit 1972 werden im Sommer im Kurort Reichenau Theateraufführungen geboten. Als Aufführungsstätte wählte man das alte Kurtheater in Reichenau, das instandgesetzt und technisch ausgestattet wurde. Parallel zur Sommerspielzeit wurde in Reichenau auch die „Dramatische Werkstatt Niederösterreichs" durchgeführt, in deren Rahmen junge niederösterreichische Autoren eine Woche lang mit Schauspielern, Regisseuren, Dramaturgen und Bühnenbildnern Stücke erarbeiten und ihre Probleme diskutieren können.

Das Bundesheer

Die Mehrzahl der Waffenschulen des österreichischen Bundesheeres befindet sich in Niederösterreich, nämlich die Artillerieschule in Baden, die Fliegerabwehrschule in Langenlebarn, die Heereskraftfahrschule in Baden, die Panzertruppenschule in Zwölfaxing, die Pioniertruppenschule in Klosterneuburg; weiters die Heeresversorgungsschule, die 2. Kompanie für Fliegertruppen in Langenlebarn sowie Teile der Heeressport- und Nahkampfschule in Wiener Neustadt. An Anstalten liegen in Niederösterreich die Heeresbekleidungsanstalt in Brunn am Gebirge, die Heereswirtschaftsanstalt in Klosterneuburg und die Heeresmunitionsanstalt in Großmittel.
Gemäß der Heeresgliederung 1972 sollte die Bereitschaftstruppe als harter Kern der Landstreitkräfte über möglichst viele Kampftruppen und ein Minimum an Führungs- und Unterstützungstruppen verfügen. Daher wurde die Masse der mechanisierten Kräfte des österreichischen Bundesheeres unter Beibehaltung der Brigadegliederung in der ersten Panzergrenadierdivision zusammengefaßt. Aufgestellt wurde sie am 15. 7. 1975 in Baden.
Die Panzergrenadierdivision ist dem Armeekommando unmittelbar unterstellt. Sie besteht aus den Panzergrenadierbrigaden 3 / Mautern, 4 / Hörsching und 9 / Götzendorf sowie aus dem Fernmeldebataillon 1 / Wien, dem Fliegerabwehrbataillon 1 / Groß Enzersdorf und dem Heerespionierbataillon 1 / Melk. Die Garnisonen der Panzergrenadierdivision liegen in den Bundesländern Wien, Nieder- und Oberösterreich, Salzburg und Steiermark.

1972–1973

Der nö. Theatersommer

Im Jahre 1973 schlossen sich einige Orte, und zwar die Städte Baden, Melk und Stockerau mit den Carnuntumspielen in Bad Deutsch Altenburg und dem Stadttheater St. Pölten zu einer Arbeitsgemeinschaft zusammen, zu der ein Jahr später auch das Kurtheater Reichenau stieß. Die Tradition, im Sommer Theater, vor allem auch Operette aufzuführen, reicht in Baden bereits lange zurück, weil im vorigen Jahrhundert die Kurstadt als Sommerfrische besondere Bedeutung erlangte. Deshalb wurde im Jahre 1906 dort eine Sommerarena gebaut. Diese wurde nach dem Zweiten Weltkrieg wieder benützt, und auch Melk und Stockerau bauten im Sommer Theaterbühnen im Freien auf. Sehr bald entwickelten sich Spezialitäten, die vom Spielort her beeinflußt waren. Melk versuchte anfangs, auch schwierige Themen zu gestalten, etwa den „Turm" von Hugo von Hofmannsthal im Kolomanihof. Doch sehr bald hat man sich auf den Gartenpavillon konzentriert, wo etwa 700 Personen Platz haben. Im Zentrum der Aufführungen stehen Stücke von Nestroy, aber auch Ferdinand Raimund und andere Autoren werden aufgeführt. Stockerau hat ein gemischtes Programm. Auf dem Platz vor der Kirche wurden „Der Sommernachtstraum" von Shakespeare, aber auch „Jedermann 76" von Manfred Vogel aufgeführt. Einige Zeit hindurch bemühte sich auch Krems, Sommerspiele zu gestalten, kam aber nach wenigen Jahren davon ab. Dafür sind andere Spielorte, wie etwa Neulengbach, später auch Amstetten, zur Arbeitsgemeinschaft gestoßen.

Im Niederösterreichischen Theatersommer werden wegen der Sommerpause an Wiener Theatern vielfach Wiener Schauspieler eingesetzt. Nur die Ensembles von Baden und St. Pölten stellen mit eigenen Ensemblemitgliedern die Basis für die jeweilige Inszenierung. Der Theatersommer ist zu einem wesentlichen Faktor des niederösterreichischen Kulturgeschehens geworden.

Naturpark Sandstein-Wienerwald

In jenem Gebiet, in dem Josef Schöffel in den Jahren 1870 bis 1872 seinen Kampf gegen die Abholzung führte, wofür er den Ehrentitel „Retter des Wienerwaldes" erhielt, wurde im Jahre 1868 der Naturpark Sandstein-Wienerwald mit einer Größe von 73 ha eröffnet. Das Zentrum bildet der 431 m hohe Schöffelstein mit einem Schöffel-Denkmal, das am 3. Juli 1873 enthüllt worden war. Ein Naturlehrpfad führt von der Station Purkersdorf-Gablitz der Westbahn zu diesem zentralen Punkt, der 1967 von der Gemeinde Purkersdorf angelegt wurde. Auf dem Waldlehrpfad findet man eine Vielfalt von Bäumen, Sträuchern und typischen Wienerwaldpflanzen vor, von denen einzelne mit Holztafeln bezeichnet sind. Es gibt auch Hinweistafeln über Wachstum, Höchstalter, Größe und Verwendbarkeit einzelner Holzarten, über Jagdschutz und Schonzeiten des Wildes, aber auch mit Informationen über die geologische Beschaffenheit des Gebietes.

Die Modernisierung der Krankenhäuser

Im Jahre 1973 wurde im Raumordnungsprogramm für das Gesundheitswesen auch ein Ausbauplan für die allgemeinen Krankenanstalten Niederösterreichs veröffentlicht und 1981 aufgrund der inzwischen eingetretenen Entwicklung modernisiert. Die meisten der 27 öffentlichen Spitäler Niederösterreichs waren gegen Ende des 19. Jahrhunderts errichtet worden. Seit etwa 1960 gab es Ausbauten und Strukturveränderungen, die zur Gründung neuer Unfallabteilungen, zur Herauslösung von Fachabteilungen aus dem Verband der chirurgischen Abteilungen in den meisten Krankenhäusern und zur Erweiterung der Pflege- und medizinischen Versorgungsbereiche führten. Nun wurden in den meisten Gemeindekrankenanstalten große Investitionsvorhaben realisiert, wobei vom Land 60 Prozent der Kosten bezahlt wurden. Zwanzig Prozent der Kosten hatte die jeweilige Gemeinde beizutragen. Vier Krankenanstalten, in Baden, Gmünd, Krems und Zwettl, wurden zur Gänze neu errichtet, und in allen übrigen Häusern wurden Zubau- und Adaptierungsvorhaben, die zum Teil vom Ausmaß her neuen Spitälern nahekamen, ausgeführt. Auch die Landeskrankenanstalten wurden entsprechend ausgebaut, so daß Niederösterreich heute über ein modernes Krankenhausnetz verfügt.

Die größte Brauerei

Im Oktober 1973 wurde nach nur zweijähriger Bauzeit die damals größte und modernste Brauerei der Österreichischen Brau-AG in Wieselburg errichtet. Insgesamt investierte man 26 Millionen Schilling, um auf einem 200.000 m² großen Grundstück die neue Anlage zu errichten, die 100 l Bier pro Sekunde erzeugen kann. Dazu wurden Gärkeller für 32.000 hl und 4 Gärtanks mit je 795 hl gebaut. Das Lager für Malz und Rohprodukte faßt 2.100 Tonnen. Zum Brauwerk gehören auch zwei Brauwasserbrunnen und zwei Kühlwasserbrunnen sowie eine entsprechende Abwasserentsorgung.

Die Österreichische Brau-AG als größter Erzeuger und Verteiler erwarb in den siebziger Jahren die Mehrheit der Brauerei Schwechat, die ein weiterer großer Biererzeuger in Niederösterreich ist. Neben diesen bestehen auch einige kleinere Firmen, etwa in Laa, Zwettl, Hainfeld und Weitra.

Links: Veranstaltung in den Voith-Werken St. Pölten: Bürgermeister Rudolf Singer, Arbeiterkammerpräsident Franz Horr, Generaldirektor Dipl.-Ing. Karl Rabus.
Rechts: Landesamtsdirektor Hofrat Dr. Georg Schneider wird Ehrenbürger der Hochschule für Welthandel.

KALENDER

1. 1. 1974 Die bisher von der Landwirtschaftskammer geführte Gartenbauschule Langenlois wird vom Land übernommen.

12. 1. „Autofreier Tag" infolge der internationalen Ölkrise auch in Niederösterreich; insgesamt werden von den nö. Bezirkshauptmannschaften 31.140 „S-Pickerln" (Sondergenehmigung) ausgegeben, davon 90 Prozent nur für Fahrten zwischen Wohnort und Arbeitsplatz.

14. 1. Die Nö. Tonkünstler geben im St. Pöltner Stadtsaal ihr 2.500. Konzert in Niederösterreich.

31. 1. Der Landtag beschließt das Nö. Umweltschutzgesetz als Basis für die Gründung einer Umweltschutzanstalt sowie das Nö. Sportgesetz, das unter anderem die Förderungsmaßnahmen des Landes regelt.

19. 2. Josef Hesoŭn wird Präsident der nö. Arbeiterkammer.

22. 2. Der Landtag beschließt das nö. Sozialhilfegesetz; an die Stelle von 25 Bezirksfürsorgeverbänden tritt das Land als einziger Rechtsträger der Sozialhilfe. Es trägt 30 Prozent der Kosten, die Gemeinden 70 Prozent. Das Gesetz tritt am 1. 7. 1974 in Kraft.

1. 3. Nach St. Pölten erhält auch Wiener Neustadt Politessen.

25. 4. Der Safaripark Gänserndorf erhält einen „Baby-Zoo" mit Jungtieren.

Der Landtag novelliert das nö. Buschenschankgesetz.

3. 5. Mit der Ausstellung „Signale der Aggression" tritt das vom Künstlerehepaar Seidl geschaffene Kulturzentrum „impuls maria schutz" erstmals an die Öffentlichkeit.

11. 5. In Retz wird Österreichs größter historischer Weinkeller für Besucher geöffnet.

15. 5. Wiedereröffnung des restaurierten und völlig neu adaptierten Landtags-Sitzungssaales.

17. 5. In Waidhofen an der Thaya entsteht ein Verein zur Rettung der Ruine Kollmitz.

21. 5. In der mit einem Aufwand von 40 Millionen Schilling restaurierten Schallaburg wird die Ausstellung „Renaissance in Österreich" eröffnet; bis 17. 11. kommen 323.125 Besucher.

Juni: Der Naturpark Föhrenberg wird eröffnet.

9. 6. Bei den Landtagswahlen gewinnt die ÖVP ein Mandat (31 ÖVP : 25 SPÖ).

29. 6. Sommertheater-Premiere in Krems („Michael Kohlhaas" in der Regie von James Saunders).

1. 7. Das Nö. Sozialhilfegesetz tritt in Kraft, die Rechte und Pflichten der Bezirksfürsorgeverbände gehen auf das Land über, das 30 Prozent der Kosten übernimmt.

11. 8. Eröffnung eines privaten Wehrmachtsmuseums in Ardagger.

2. 9. In den neu erbauten Höheren Technischen Lehranstalten St. Pölten und Wiener Neustadt wird der Unterricht aufgenommen.

20. 9. Eröffnung des kalorischen Kraftwerkes in Theiß mit der größten Gasturbine Österreichs.

21. 9. Lehrlingsmangel – bei der Eröffnung der Berufsinformationswoche in Schwechat wird betont, daß in Niederösterreich rund 2000 Lehrstellen nicht besetzt werden können.

15. 10. Konstituierung des nö. Kultursenates.

12. 11. Eröffnung des Neubaues des Bundesgymnasiums in Gänserndorf.

14. 11. Landtagsbeschluß zur Förderung des geplanten Baues einer Sportschule des nö. Fußballvereines in Enzesfeld-Lindabrunn mit 8 Millionen Schilling.

8. 12. Durch den Rückgang der Konjunktur geraten 48 Betriebe in Schwierigkeiten, für 757 Arbeitskräfte wird Kurzarbeit eingeführt.

1. 1. 1975 Aufgrund der Änderung des Kommunalstrukturverbesserungsgesetzes und zweier freiwilliger Zusammenlegungen beträgt die Zahl der nö. Gemeinden nur mehr 558.

9. 1. Der amtsführende Präsident des Nö. Landesschulrates Ernst Schoiber tritt in den Ruhestand, sein Nachfolger ist Anton Sagbauer.

17. 1. Als Protest gegen den unklaren Zuckerpreis blockieren Rübenbauern mit 300 Traktoren die Zuckerfabrik Leopoldsdorf im Marchfeld.

Mitte Februar In rund 50 nö. Betrieben gibt es infolge wirtschaftlicher Schwierigkeiten Kurzarbeit, Entlassungen oder Kündigungen.

18. 2. Die Landesregierung behandelt den Bericht des Österreichischen Institutes für Raumplanung zum Thema Landeshauptstadt und kommt zu dem Ergebnis, vorläufig nur die Raumordnungsmaßnahmen zur Stärkung der Viertelshauptstädte fortzusetzen.

12. 3. Eine Studie zur sozialen Situation der bildenden Künstler in NÖ stellt fest, daß nur ein Drittel der Kunstschaffenden vom Verkauf seiner Arbeiten leben kann.

6. 4. In Zwettl wird Niederösterreichs erste Gruppenpraxis von drei Fachärzten in der Rechtsform einer GesmbH. eröffnet.

Gemeinderatswahl in 555 nö. Gemeinden.

15. 4. Der Ministerrat billigt den Gesetzesentwurf zur Fusionierung der Edelstahlwerke; Bildung der „Vereinigten Edelstahlwerke AG".

Eröffnung der Ausstellung „Renaissance in Österreich" auf der Schallaburg.

Links: Heurigenzeichen.

1974–1975

Das Freimaurermuseum in Schloß Rosenau bei Zwettl.

200 Jahre Buschenschank. Feier mit historischen Kostümen in Pfaffstätten.

23. 4. Eröffnung des Freimaurermuseums im Schloß Rosenau bei Zwettl.

26. 4. Eröffnung des Naturparks „Sandstein-Wienerwald" bei Purkersdorf.

2. 5. Offizielle Eröffnung des seit dem Herbst bestehenden Landhaus-Kindergartens im Amtshaus Wien I., Teinfaltstraße 8.

9. 5. Eröffnung des Wildparks Ernstbrunn-Steinberg, der von der Reußsschen Forstverwaltung mit Unterstützung des Landes geschaffen wurde.

14. 5. Beginn der Landesausstellung „Groteskes Barock" im Stift Altenburg mit 144.763 Besuchern.

16. 5. Eröffnung des Neubaues der Bezirkshauptmannschaft Amstetten.

6. 6. Eröffnung des vom Land vorfinanzierten Bundessportzentrums in der Südstadt, dem auch die Landessportschule für Niederösterreich angeschlossen ist.

Eröffnung der neuen Landesberufsschule für Kfz-Mechaniker in Stockerau.

25.–29. 6. Das Wieselburger Volksfest führt erstmals die Bezeichnung „Nö. Landwirtschaftsmesse"; eine neue Tierhalle wird ihrer Bestimmung übergeben.

29. 6. Die neue Hauptschule in Schönbach, Bezirk Zwettl, ist der 700. Schulneubau seit 1949.

1. 7. Hochwasser der Donau und vieler Nebenflüsse; vier Todesopfer; Gesamtschaden über 140 Millionen Schilling, allein 38 Millionen an Straßen und Brücken.

6. 7. Das ORF-Landesstudio Niederösterreich veranstaltet die erste Matinee auf der Schallaburg.

19. 7. Erstmals Sommertheater im Schloß Neulengbach, gespielt wird Grillparzers „Weh dem, der lügt".

25. 7. Verkehrsfreigabe des 13,2 Kilometer langen Teilstückes Wiener Neustadt–Seebenstein der Südautobahn.

1. 8. Eröffnung der Sport- und Mehrzweckhalle in Hollabrunn; es ist der größte Stabwerkskuppelbau in Österreich.

10. 9. Im Schloß Mailberg, der ältesten Gründung des Malteser-Ritterordens in Österreich, wird das Malteser-Museum eröffnet.

12.–14. 9. Rund 500 zeitgenössische Künstler und 17.000 Besucher beim „Ersten nö. Kulturbasar" in Tulln, veranstaltet vom ORF-Landesstudio, vom Land Niederösterreich und von der Stadt Tulln.

15. 9. Erwin Schauer wird als Nachfolger von Rudolf Cerny zum Präsidenten der Nö. Handelskammer gewählt.

19. 9. Das Krankenhaus St. Pölten feiert das 120jährige Bestehen mit der Eröffnung der ersten Baustufe des Neubaues.

18. 10. Die in Loosdorf geborene Maria Theresia Gräfin Ledochowska (1863 bis 1922) wird in Rom seliggesprochen.

19. 11. Eröffnung der Schleusenanlage des neuen Donaukraftwerkes Altenwörth.

10. 12. Eröffnung des Internatsneubaues in der landwirtschaftlichen Fachschule Edelhof.

15. 12. Mit der Freigabe der Erlauftal-Bundesstraße wird die Erreichbarkeit der Wintersportzentren Hochkar und Ötscher wesentlich erleichtert.

TODESTAGE

Philipp Krejs. Volksbildner. Gestorben 13. 1. 1974 in Krems. (Geboren 19. 9. 1913 in Klement bei Mistelbach.)

Franz Barbazekesch. Maler. Gestorben 20. 6. 1974 in Hainburg. (Geboren 17. 1. 1897 in Marienthal.)

Fritz Dworschak. Kunsthistoriker, Direktor des Kunsthistorischen Museums, Stadtarchivar in Krems. Gestorben 10. 9. 1974 in Krems. (Geboren 27. 2. 1890 in Krems.)

Eduard Kummer. Stiftsarchivar von Melk. Gestorben 19. 11. 1974 in Melk. (Geboren 28. 6. 1913 in Hadres.)

Viktor Kraft. Philosoph, Wirtschaftstheoretiker, Generalstaatsbibliothekar, Universitätsprofessor in Wien. Gestorben 3. 1. 1975 in Purkersdorf. (Geboren 4. 7. 1880 in Wien.)

Otto Hieshammer. Heimatforscher. Gestorben 4. 1. 1975 in Waidhofen an der Ybbs. (Geboren 10. 11. 1892 in Waidhofen an der Ybbs.)

Josef Stierschneider. Kreisgerichtspräsident in St. Pölten. Gestorben 10. 2. 1975 in Krems. (Geboren 28. 4. 1907 in Waidhofen an der Thaya.)

Emmy Feiks-Waldhäusl. Dichterin. Gestorben 4. 5. 1975 in Klosterneuburg. (Geboren 10. 11. 1899 in Pottenbrunn.)

Karl Friedrich Frank. Genealoge. Gestorben 18. 7. 1975 in Senftenegg bei Ferschnitz. (Geboren 6. 7. 1894 in Nosberg, Südtirol)

Karl Lechner. Universitätsprofessor, Landesarchivdirektor. Gestorben 5. 10. 1975 in Wien. (Geboren 5. 5. 1897 in Wien.)

Das Bundessportzentrum Südstadt

Im Zuge des Ausbaues der Südstadt bei Maria Enzersdorf wurde seit dem Jahre 1960 auch ein Sportzentrum geplant. Nach Teilzuschüttung eines Ziegelteiches und nach Planierung des Geländes wurde 1964 mit dem Bau eines Fußballstadions und einer Leichtathletikanlage begonnen. Da sich im Zuge der Ausführung Schwierigkeiten ergaben, wurde die Bitte an das Unterrichtsministerium herangetragen, die Anlagen zu übernehmen. Dies geschah, und man baute das Gelände anstelle eines geplanten Bundessportzentrums auf dem Georgenberg in Wien-Mauer aus. Am 5. August 1967 wurde das Areal dem Bund übergeben, aber erst 1970 erfolgte der Planungsauftrag an die Architekten Wilhelm Hubatsch und Friedrich Florian Grünberger. Im September 1971 setzten die Bauarbeiten ein, nach dreijähriger Bautätigkeit konnte jener Teil fertiggestellt werden, der die Schwimmhalle beherbergte und die Abwicklung der Europameisterschaften 1974 im Wasserball ermöglichte. Ein Jahr später wurde die Übergabe des gänzlich fertiggestellten Objektes vorgenommen. Im Bundessportzentrum, das ein Schulungs-, Trainings- und gesamtösterreichisches Leistungszentrum ist, stehen eine Mehrzweckhalle, ein Turnsaal, eine Schwimmhalle, zwei Warmwasserbecken, ein Schwimmkonditionsraum, acht Fahrradergometer, vier Sportkegelbahnen, eine Tennishalle mit drei Plätzen, Saunaanlagen sowie Lehrsäle zur Verfügung. Daneben gibt es ein Leichtathletikstadion mit acht Bahnen und allen Nebenanlagen sowie einer überdachten Tribüne. Dem Bundessportzentrum ist auch ein Fußballstadion für 15.500 Zuschauer angeschlossen. Es besteht weiters die Möglichkeit, 120 Sportler im Bundessportzentrum unterzubringen.

Das Bundessportzentrum Südstadt.

Partnerschaften des Bundesheeres

Am 6. 12. 1974 schloß das Militärkommando Niederösterreich eine Partnerschaft mit der Donaukraftwerke AG. Die Gesellschaft hat mit ihren Kraftwerken in Niederösterreich einen Anteil von 27,1 Prozent an der Erzeugung der öffentlichen Elektrizitätsversorgung Österreichs.
Die Stabskompanie des Militärkommandos Niederösterreich begründete am 4. 10. 1979 eine Partnerschaft mit der Stadt St. Pölten.

Es war die erste derartige Partnerschaft, und sie hat das bekannt gute Verhältnis der Garnison zu den Menschen und Behörden dieser Stadt weiter vertieft.
Von Bedeutung für das ganze Bundesheer wurde auch der Abschluß einer Partnerschaft zwischen der Panzergrenadierdivision und der Gewerkschaft Metall–Bergbau–Energie. Damit konnte eine Brücke zu weiteren Bevölkerungsgruppen geschlagen werden.

Karl Lechner

Der bekannte niederösterreichische Landeshistoriker Karl Lechner, der am 5. Oktober 1975 im 79. Lebensjahr verstarb, gab den Forschungen zur Geschichte Niederösterreichs im Mittelalter eine besondere Prägung. Schon als Student trat Lechner dem Verein für Landeskunde bei und war 1927–70 dessen Generalsekretär. Bereits im Jahre 1918 wurde über seine Anregung das Monatsblatt des Vereins in „Unsere Heimat" umbenannt. In den folgenden Jahren widmete er sich vor allem der Erforschung der Geschichte des Waldviertels. Sein letztes großes Werk war eine „Geschichte der Babenberger in Österreich", das erst nach seinem Tod veröffentlicht wurde. Durch zahlreiche Teilveröffentlichungen in Form von Aufsätzen konnte er die Grundlagen dafür schaffen.

„Burgschauspiele"

Seit 1975 werden auch in der Burg Neulengbach Aufführungen im Rahmen des Nö. Theatersommers durchgeführt, wobei die Zusammenarbeit mit dem Burgtheater gesucht wird. Die Linie des klassischen Lustspiels wurde 1975 mit Grillparzers „Weh dem, der lügt" begonnen und mit anderen Werken erfolgreich fortgesetzt. So gelangten Stefan Zweigs „Volpone"-Bearbeitung nach Ben Jonson, Kleists „Amphytrion", Lessings „Minna von Barnhelm" und Schillers „Der Parasit" zur Aufführung. Als Rahmenprogramm wurden immer wieder Kunstausstellungen gestaltet.

Das Nö. Kulturforum

Im Jahre 1975 wurde das der SPÖ nahestehende Nö. Kulturforum als Verein mit dem Ziel gegründet, die Gegenwartskultur in verschiedenen Bereichen zu fördern. Zur Aufbereitung und Erforschung der kultursoziologischen Situation wurden mehrere Symposien veranstaltet, deren Ergebnisse in Buchform erschienen. Ein besonderes Anliegen war dem Kulturforum auch die Darstellung der Situation der Literatur in den letzten Jahrzehnten. Es wurden mehrere Broschüren in Auftrag gegeben, um die Situation auf diesem Gebiet zu erforschen und darzustellen. Darüber hinaus wurden Ausstellungen von Künstlern der Gegenwart in verschiedenen Orten durchgeführt und in Zusammenarbeit mit lokalen und regionalen Organisationen auch andere Sparten der Gegenwartskultur gepflegt. Es fanden auch einige Uraufführungen von musikalischen Werken der Zeit statt.

Links: Flugzeug der AUA auf dem Flughafen Schwechat.
Rechts: Veranstaltung des Kulturbundes Weinviertel.

1976

KALENDER

5. 1. 1976 Orkanartige Stürme in ganz Niederösterreich.

9. 2. Die Straßenbahnlinie St. Pölten–Harland wird eingestellt.

13. 2. Erstes Kulturgespräch des Nö. Kultursenates; diskutiert wird u. a. die Idee eines nö. Museumsringes.

12. 3. In St. Pölten wird der Neubau der Druck- und Verlagsgesellschaft „Nö. Pressehaus" eröffnet.

15. 3. In der St. Pöltner Hesserkaserne nimmt die modernst ausgestattete ständige Stellungskommission, die die bisherigen fliegenden Kommissionen ablöst, die Arbeit auf.

24. 4. In Kirchberg am Wechsel beginnt das 1. Wittgenstein-Symposion.

14. 5. Eröffnung der Landesausstellung „1.000 Jahre Babenberger in Österreich" im Stift Lilienfeld; bis 15. November wird mit 465.841 Besuchern ein Rekord erzielt.

28. 5. Nach 27jähriger Unterbrechung erhält St. Pölten im restaurierten Karmeliterhof wieder ein Stadtmuseum.

Das neu adaptierte Stadtmuseum in St. Pölten.

6. 6. In Brunn an der Wild wird das Institut für Allgemeinmedizin zur Einführung von Jungärzten in die medizinische Allgemeinpraxis eröffnet.

12. 6. Eröffnung der Hoch- und Deutschmeisterdokumentation in der Perchtoldsdorfer Burg.

18. 6. Die neue Hauptschule in Weißenbach an der Triesting ist der 750. Bau seit Gründung des Schul- und Kindergartenfonds.

21. 6. Eröffnung der Karl-Beck-Sportschule des Nö. Fußballverbandes in Lindabrunn. 1. Lehrgangsgast ist das österreichische Fußball-Nationalteam.

3. 7. Die Zwettler Lokalbahn Schwarzenau–Zwettl–Martinsberg wird von Dampf- auf Dieselbetrieb umgestellt.

1. 8. Einsturz der Reichsbrücke in Wien.

31. 8. Eröffnung des neu errichteten Landesjugendheimes Lunz am See.

Oktober In Perchtoldsdorf wird ein Gymnasium gegründet.

1. 10. Oberst des Generalstabes Ernst Maerker wird Militärkommandant in Niederösterreich.

12. 1. 1977 Das Kuratorium des „NÖ.-Fonds" konstituiert sich in Klosterneuburg.

9. 2. Landeshauptmann Andreas Maurer spricht sich gegen eine Atommüll-Lagerung im Waldviertel aus. Die Gespräche verlaufen in der Folge ergebnislos.

4. 3. Eröffnung eines modernst ausgestatteten Krankenhaus-Zubaues in Waidhofen an der Ybbs.

26. 3. Das Donaumuseum in Schloß Petronell wird wiedereröffnet.

1. 5. Beginn der ersten Urlaubsaktion im Rahmen „Älter werden – jung bleiben".

6. 5. Eröffnung der Ausstellung „Die Kunst der Ostkirche" in Herzogenburg – 105.460 Besucher.

7. 5. Eröffnung einer neuen Volksschule in Rabenstein an der Pielach, des 800. Baues seit Gründung des Schul- und Kindergartenfonds.

Ende Mai Gründung der „Internationalen Chorakademie Krems".

28. 5.–6. 6. Der 2. Kulturbasar wird in Tulln abgehalten.

1. 6. In St. Pölten wird der bisher größte ÖAMTC-Stützpunkt in NÖ eröffnet.

4. 6. Eröffnung der Rheuma-Sonderanstalt der Nö. Gebietskrankenkasse in Baden.

30. 7.–8. 8. Bei der 6. Feuerwehrolympiade in Italien stellt die Feuerwehr St. Pölten in der Gruppe mit Alterspunkten einen neuen Weltrekord auf.

27. 8.–4. 9. Die Landesmesse in Krems wird von 600.000 Personen besucht.

September 1. Ausgabe der nö. Kulturzeitschrift „morgen".

7. 9. Fertigstellung der Elektrifizierung der Nordbahn (Gänserndorf–Bernhardsthal), damit Anschluß an die ČSSR.

11. 9. Eröffnung des Weinviertler Dorfmuseums in Niedersulz.

Oktober In Carnuntum wird ein zweites Militärlager, ein Reiterlager, entdeckt.

6. 10. Inbetriebnahme der 2. Start- und Landebahn des Flughafens Schwechat.

12. 10. Handelsakademie und Handelsschulgebäude in Horn werden eröffnet.

21. 10. Die neue Druckerei Berger in Horn wird eröffnet.

23. 10. Die im Dezember 1976 gegründete Gesellschaft für Kunst und Kultur tritt an die Öffentlichkeit mit der Ausstellung „Arnulf Rainer".

Druckmaschine im Nö. Pressehaus St. Pölten.

Links: Diplomverleihung an Krankenschwestern im Landeskrankenhaus Mödling.
Rechts: Die Druckerei Berger in Horn.

TODESTAGE

Franz Klein. Universitätsprofessor an der juridischen Fakultät der Universität Wien. Gestorben 26. 2. 1976 in Krems. (Geboren 1912 in St. Peter in der Au.)

Alfred Poyssl. Rechtsanwalt. Gestorben 8. 4. 1976 in Krems. (Geboren 4. 1. 1908 in Pöggstall.)

Siegfried Stoitzner. Maler. Gestorben 1. 5. 1976 in Unterloiben. (Geboren 1. 5. 1892 in Wien.)

Stephan Biedermann. Heimatforscher, Dichter. Gestorben 2. 5. 1976. (Geboren 22. 12. 1889 in Kautzen.)

Romand Resch. Landesrat. Gestorben 2. 6. 1976. (Geboren 27. 5. 1922 in Krems.)

Ferdinand Heger. Kommandant des Landesfeuerwehrverbandes. Gestorben 25. 7. 1976 in Lignano.

Herbert Mitscha-Märheim. Prähistoriker, Universitätsprofessor in Wien. Gutsbesitzer. Gestorben 8. 12. 1976. (Geboren 7. 11. 1900.)

Franz Joseph Mayer-Gunthof. Industrieller und Kulturmäzen. Gestorben 2. 2. 1977 in Wien. (Geboren 18. 8. 1894 in Guntramsdorf.)

Josef Buchinger. Heimatforscher. Gestorben 23. 2. 1977. (Geboren 12. 1. 1899 in Ratzersdorf.)

Eugen Wüster. Industrieller. Gestorben 29. 3. 1977. (Geboren 3. 10. 1898 in Wieselburg.)

Bürgermeister Franz Wilhelm, Vizebürgermeister Füchsel und Magistratsdirektor Dr. Thorwesten während einer Ehrung von Landeshauptmann Steinböck.

Franz Wilhelm. Industrieller, 1955–1969 Bürgermeister von Krems. Gestorben 31. 3. 1977. (Geboren 12. 6. 1914 in Krems.)

Walter Pach. Organist und Komponist. Gestorben 27 10. 1977 in Klosterneuburg. (Geboren 22. 8. 1904 in Wien.)

Eduard Kranner. Rechtsanwalt, Bürgermeister von Eggenburg. Gestorben 9. 8. 1977 in Eggenburg. (Geboren 1894.)

Eduard Walderdorff. Oberst, Kommandant der Grenzschutztruppen des Feldjägerbat. 9. Gestorben 27. 10. 1977. (Geboren 26. 8. 1914 in Wien.)

Georg Kotek. Volksliedforscher. Gestorben 2. 11. 1977. (Geboren 1889 in Wien-Währing.)

Stefan Wolfram. Dermatologe. Gestorben 16. 12. 1977 in Hainfeld. (Geboren 6. 4. 1901 in Hainfeld.)

Kulturbund Weinviertel

Seit dem Jahre 1976 erfüllt dieser Verein mit dem Sitz in Mistelbach die Arbeit eines regionalen Kulturamtes. Er veranstaltet Lesungen, Ausstellungen, Kammermusik und gibt Broschüren heraus, die über das Weinviertel berichten. Ein Heft war den Schlössern und Burgen des Weinviertels gewidmet. Wie diese instandgehalten werden, welchen Zwecken als Museum, Gutshof, Reitsportzentrum oder Hotel sie dienen, ist in dieser reichhaltigen Broschüre dargestellt. Eine weitere Broschüre war der „Kultur der Kellergasse" gewidmet. Darin wird das Phänomen der Weinviertler Kellergassen historisch, volkskundlich, wirtschaftlich und gesellschaftlich untersucht. Die Aufnahmen in diesem Buch stammen von Peter Kenyeres, der als Primarius für Augenheilkunde am Krankenhaus Mistelbach arbeitet. Er hat auch an den früheren Broschüren und an deren photographischer Ausstattung wesentlichen Anteil.

Die Stellungskommission des Bundesheeres

Zur Verbesserung des Stellungswesens hatte die Bundesheerreformkommission vorhandene Stellungsmodelle in Europa geprüft und sich für eine Übernahme in abgeänderter Form entschlossen. Als Standort für die erste ortsfeste Stellungskommission wurde St. Pölten gewählt.
Im neuen Stellungssystem ist die militärische Tauglichkeit nur ein Teilaspekt. Der weit größere Nutzen liegt in der Bedeutung für die Volksgesundheit, auch im Hinblick auf die elektronische Datenverarbeitung, die eine Auswertung der erhobenen Befunde auf statistischer Basis in einer Weise ermöglicht, die ihresgleichen in Österreich sucht. Die Anlage ging 1976 in Betrieb. Nach dem St. Pöltner Modell wurden alle übrigen ortsfesten Stellungskommissionen in Österreich errichtet.

Krankenpflegeschulen

Im Jahre 1955 bestanden in Niederösterreich die drei Krankenpflegeschulen in St. Pölten, Wiener Neustadt und Mistelbach, dazu noch die Landeskinderpflegeschule in Wien-Speising. Da zu dieser Zeit die geistlichen Orden sich immer mehr von der Krankenpflege zurückzogen, war der Aufbau eines neuen Systems erforderlich. Es kam zur Gründung und zum Neubau weiterer Krankenpflegeschulen. Bis zum Jahre 1976 wurde die Zahl dieser Schulen auf elf allgemeine, drei Kinderkranken- und Säuglingspflegeschulen, vier Schulen für den medizinisch-technischen Fachdienst, eine Schule für gehobene medizinisch-technische Dienste sowie zwei Schulen für die psychiatrische Krankenpflege erweitert. Damit war Niederösterreich mit diesen Einrichtungen gut versorgt, und der steigende Bedarf an Krankenpflegepersonal konnte bis zum Jahre 1990 abgedeckt werden. Danach wird sich erwartungsgemäß Bedarf an weiterem Krankenpflegepersonal ergeben.

Der Niederösterreich-Fonds

Im Jahre 1976 wurde anläßlich des zehnjährigen Amtsjubiläums von Landeshauptmann Andreas Maurer ein wissenschaftlicher Fonds gegründet, dessen Ziel die Unterstützung kultureller und wissenschaftlicher Initiativen im Lande ist. Zu den Hauptaufgaben des Fonds gehört die Herausgabe einer Kulturzeitschrift mit dem Titel „morgen", dessen Gründer der mittlerweile verstorbene Schriftsteller György Sebestyén war. Diese Zeitschrift will die kulturellen Zukunftsprobleme des Landes analysieren. Für die Mitarbeit konnte sie bedeutende Persönlichkeiten gewinnen. Die Zeitschrift sollte auch ein Wegweiser durch die Gegenwart sein. Sie versucht einen musischen Auftrag zu erfüllen und die kulturellen Aktivitäten in die niederösterreichische Realität einzubinden. Die Zeitschrift veranstaltet auch Symposien mit namhaften Vertretern der niederösterreichischen Politik, Wirtschaft und Kultur und versucht eine Art Zukunftswerkstatt des Kulturschaffens zu initiieren.
Die Satzungen des Niederösterreich-Fonds nennen auch die „Förderung wissenschaftlicher Tätigkeiten, Werke und Publikationen" als Ziel. So gelang es, einige wertvolle Veröffentlichungen, u. a. eine Darstellung der Geschichte Niederösterreichs in der Zwischenkriegszeit, zu erarbeiten und zu publizieren.

Links: Bundesminister Dr. Josef Staribacher in der Brauerei Wieselburg.
Rechts: Das Seniorenheim Stockerau. 1977.

1976–1977

Wieselburg

Schon zur Zeit Kaiser Ottos II. gründete Bischof Wolfgang von Regensburg hier zwischen 976 und 979 eine Schutzburg, neben der sich der Ort entwickelte. Unter dem Kirchenberg entstand der Ort, der 1586 erstmals Markt genannt wurde und später das Recht auf mehrere Jahrmärkte erhielt. Eine Weiterbildung dieser Märkte ist das Wieselburger Volksfest mit landwirtschaftlicher Messe. Im Schloß entstand das Francisco-Josephinum, die älteste und größte landwirtschaftliche Lehranstalt in Österreich. In wirtschaftlicher Hinsicht wurde Wieselburg vor allem als Stätte der Biererzeugung bekannt. Der Landtag hat am 8. 4. 1976 Wieselburg zur Stadt erhoben.

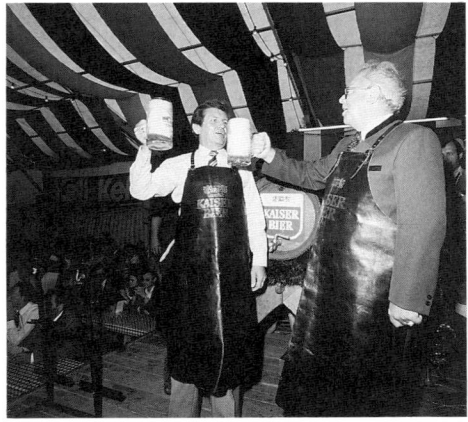

Beim Wieselburger Volksfest.

Die Niederösterreich-Gesellschaft für Kunst und Kultur

Im Jahre 1977 trat diese kulturelle Organisation, deren Leiter der Landtagsabgeordnete und Badener Bürgermeister Viktor Wallner war, erstmals mit Ausstellungen an die Öffentlichkeit. Ziel der Vereinigung war in erster Linie, die zeitgenössische Kunst und Kultur zu fördern und die Skepsis, die gegenüber diesen Werken bei vielen Zeitgenossen vorhanden ist, abzubauen. Vor allem sollte die kulturelle Landschaft Niederösterreichs erfaßt und die Eigenständigkeit im kulturellen Bereich hervorgehoben werden. Man fördert neben Ausstellungen auch die Herausgabe von Büchern sowie die Durchführung von Symposien und arbeitet mit lokalen und regionalen Organisationen zusammen. Daher sieht sich die Niederösterreich-Gesellschaft als veranstaltende Einrichtung mit unternehmerischem Charakter sowie als initiative und ergänzende Einrichtung zu den Aktivitäten bestehender Institutionen, vor allem jenen der öffentlichen Hand.

Franz Joseph Mayer-Gunthof

Am 2. Februar 1977 starb im Alter von 82 Jahren der Ehrenpräsident der Vereinigung österreichischer Industrieller, Dr. h. c. Franz Joseph Mayer-Gunthof, der bis in seine letzten Lebenstage am wirtschaftlichen, politischen und kulturellen Geschehen Österreichs und Niederösterreichs besonderen Anteil hatte. In Guntramsdorf 1894 als Sohn einer Familie geboren, die vielfach mit der Industrie verbunden war, trat er nach dem Besuch des Theresianums und nach dem Jurastudium in die k. k. Armee ein und geriet im Ersten Weltkrieg in russische Kriegsgefangenschaft. Nach der

Franz Joseph Mayer-Gunthof und Manfred Mautner Markhof bei einer Veranstaltung der Industriellen Vereinigung.

Rückkehr übernahm er die Leitung der väterlichen Baumwollspinnerei im Mährisch-Trübau und war schon damals in einer Reihe österreichischer Industrieunternehmen im Aufsichtsrat tätig. Am 22. Mai 1945 wurde er mit der öffentlichen Verwaltung der Vöslauer Kammgarnfabrik AG betraut, deren Generaldirektor er später wurde. Sein besonderes Interesse galt der Förderung des österreichischen Exportes. Er war auch einer der Mitbegründer der Vereinigung österreichischer Industrieller, an deren Spitze er von 1960 bis Juni 1972 stand. Auch an der Wiedereröffnung der Wiener Börse im Jahre 1948 wirkte er mit und gehörte ihrer Leitung an. Er war aber auch am kulturellen Leben Niederösterreichs sehr interessiert und lange Zeit im Vorstand des Nö. Tonkünstlerorchesters tätig, als dessen Sponsor er mehrere Male auftrat.

Seniorenbetreuung

Am 29. November 1977 beschloß der Nö. Landtag ein Seniorengesetz. Schon im Jahr zuvor hatte die Landesregierung die Aktion „Älter werden – jung bleiben" ins Leben gerufen. Ziel dieser Aktion war, das Verständnis zwischen den einzelnen Altersgruppen zu fördern. Bei der Landesregierung und in den Bezirkshauptmannschaften wurden Komitees gegründet, in denen Körperschaften, Organisationen und Vereine vertreten waren, die in irgendeiner Weise dem Ziel dienen konnten. Auch Gemeinden wirkten mit. An der Seniorenbetreuung beteiligten sich auch Verbände der politischen Parteien, der Kirchen, Volkshochschulen und Bildungswerke.

Das Hallenbad in Krems.

Hallenbäder

Seit den sechziger Jahren wurden in Niederösterreich eine Reihe von Hallenbädern geschaffen, so daß bis 1983 80 kleinere und größere Schwimmhallen im Lande vorhanden waren. Die meisten wurden in einer Zeit billiger Energie geplant. Als in der Mitte der siebziger Jahre die Energiekosten plötzlich sprunghaft anstiegen, wurden diese Anlagen zu verlustreichen Institutionen, und der Betriebsabgang belastete die meisten Gemeinden stark.

Links: Die Sportschule Lindabrunn.
Rechts: Die Bildungsanstalt für Kindergärtnerinnen in St. Pölten.

KALENDER

12. 1. 1978 Mit einer Karl Korab-Ausstellung wird das Dokumentationszentrum für moderne Kunst im St. Pöltner Karmeliterhof eröffnet.

13. 4. Die Landeshauptleute von NÖ, Wien und dem Burgenland, Maurer, Gratz und Kery, unterzeichnen in Laxenburg einen Länder-Staatsvertrag über die Gründung der Planungsgemeinschaft-Ost.

25. 4. Die Landesregierung beschließt die Schaffung eines Nö. Institutes für Landeskunde.

Das Land Niederösterreich leistet einen Beitrag zum Ausbau der Schnellbahn nach Mistelbach.

28. 4. Eröffnung der Landesausstellung „Jagd einst und jetzt" im Schloß Marchegg; bis 14. 11. kommen 150.000 Besucher.

8. 5. Das Haus Wien I., Operngasse 21 wird für die Unterbringung von Teilen der Landesverwaltung erworben.

21. 5. Eröffnung der Sporthalle in der Sportschule Lindabrunn.

30. 5. Bei einer Gasexplosion in St. Pölten werden zwei Feuerwehrmänner getötet.

Das 100. Schiff, das in Korneuburg seit 1945 für die Sowjetunion gebaut wurde, läuft von Stapel.

10. 6. Eröffnung des Kurhotels Bad Schönau.

27. 6. Eröffnung der Privatbrauerei Egger in St. Pölten.

30. 6. In Niederösterreich gibt es 270.058 Telefonanschlüsse.

1. 7. Eröffnung des neuen Kurzentrums „Kaiserbad" in Bad Deutsch Altenburg.

19. 8. In Herzogenburg beginnen erstmals Nö. Kindersommerspiele.

4. 9. Der Neubau der Bildungsanstalt für Kindergärtnerinnen und Arbeitslehrerinnen in St. Pölten ist fertiggestellt.

18. 9. Eröffnung der Ausbaustufe B des Kraftwerkes Theiß. Damit ist dieses das größte kalorische Werk Österreichs.

29. 10. Die Strecke Wien–Tulln der Franz Josephs-Bahn ist elektrifiziert.

5. 10. Der Landtag beschließt die neue Landesverfassung.

10. 10.–10. 11. 1. USA-Tournee des Nö. Tonkünstlerorchesters mit 24 Konzerten.

5. 11. Volksabstimmung über das Kernkraftwerk Zwentendorf in ganz Österreich. 1,576.709 (49,5 Prozent) Ja-Stimmen, 1,606.777 (50,5 Prozent) Nein-Stimmen; in Niederösterreich stimmen 341.831 (50,9 Prozent) mit Ja, 330.323 (49,1 Prozent) mit Nein.

11. 11. In St. Pölten wird das größte Bundesschulzentrum in Niederösterreich eröffnet: Höhere Technische Lehranstalt, Handelsakademie und Handelsschule mit zusammen 2350 Schülern. Drei Tage später erfolgt die Eröffnung des Internats der Landesberufsschule St. Pölten.

13. 11. Das Internat der Landesberufsschule Baden wird eröffnet.

16. 12. Mit der Fertigstellung der Volks- und Hauptschule Loosdorf wird das 64. Schul- und Kindergartengebäude dieses Jahres eröffnet.

28. 12. Der Grenzübergang Laa an der Thaya wird geöffnet.

31. 12. Im abgelaufenen Jahr wurde Niederösterreich von 47 Insolvenzen betroffen, darunter der größten seit vielen Jahren, dem Konkurs der Vöslauer Kammgarnfabrik AG. und der Firma Eisert im Waldviertel. Auch die Glanzstoff AG in St. Pölten soll geschlossen werden, doch wird der Betrieb weitergeführt.

2. 1. 1979 3000. Konzert der Nö. Tonkünstler in Niederösterreich in Ternitz.

Mitte Januar NEWAG und Verbundgesellschaft beschließen, neben dem ursprünglichen Kernkraftwerk Zwentendorf in zwei Etappen das kalorische Kraftwerk Dürnrohr zu errichten.

19. 1. Schwere Schneefälle und Stürme in weiten Teilen des Landes.

25. 1. Das neugegründete Institut für Internationale Politik im Schloß Laxenburg nimmt seine Arbeit auf.

5. 3. Beginn der Aufschließung des Industriezentrums Niederösterreich-Nord in Wolkersdorf.

In Gloggnitz wird ein Dr. Karl Renner-Museum eröffnet.

25. 3. Bei den Landtagswahlen verliert die ÖVP zwei Mandate an die SPÖ; die neue Sitzverteilung lautet: 29 ÖVP, 27 SPÖ.

17. 4. Die Renovierung des Stadttheaters Wiener Neustadt wird abgeschlossen.

26. 4. Das neue Krankenhaus in Zwettl wird eröffnet.

11. 5. Eröffnung der Landesausstellung „Die Zeit der frühen Habsburger – Dome und Klöster 1279 bis 1379" im Wiener Neustädter Dom; bis 28. Oktober kommen 166.300 Besucher.

27. 5. Der Schnellbahnverkehr von Stockerau nach Hollabrunn wird aufgenommen.

10. 7. Gründung der Franz-Kafka-Gesellschaft Wien–Klosterneuburg.

24. 8. Die bisherige Nö. Landesausstellung in Krems trägt erstmals den Titel „Nö. Landesmesse" und erzielt mit 640.000 Besuchern einen neuen Rekord.

1. 9. Dr. Leopold Speiser wird als Nachfolger von Dr. Georg Schneider Landesamtsdirektor.

3. 9. Schulbeginn: Erstmals 5-Tage-Woche an 345 Volks-, 72 Sonder- und 20 Polytechnischen Schulen; zwei weitere einklassige Volksschulen werden stillgelegt; erstmals können nicht alle Bewerbungen von Junglehrern um Aufnahme in den nö. Schuldienst berücksichtigt werden.

21. 9. In Hollabrunn wird eine Höhere Technische Lehranstalt und Österreichs größtes Studienheim (900 Plätze) eröffnet. Das Gebäude wird später als Sporthotel und pädagogisches Institut genutzt.

30. 9. Weihe des Soldatenfriedhofes in Retz, in dem 867 Kriegstote bestattet werden. Es ist der erste von vier zentralen Soldatenfriedhöfen in NÖ.

19. 10.–31. 12. Im Nö. Landesmuseum wird erstmals der Nachlaß Egon Schieles der Öffentlichkeit präsentiert.

20. 10. Wiedereröffnung des innen und außen renovierten Stadttheaters von Baden. Der Zuschauerraum hat 700 Sitzplätze und 120 Stehplätze.

13. 11. Offizielle Eröffnung des Amtshauses Wien I., Operngasse 21.

11. 11.–18. 11. 1. Internationales Puppenfestival in Mistelbach.

TODESTAGE

Lenz Moser. Weinbaupionier. Gestorben 1. 1. 1978 in Krems. (Geboren 22. 6. 1905 in Rohrendorf.)

Franz Elsner. Maler, lebte in Mödling und Wien. Gestorben 19. 7. 1978 in Wien. (Geboren 31. 7. 1884 in Wien.)

Franz Zejdlik. Brigadier, Militärkommandant. Gestorben 8. 9. 1978 in Krems. (Geboren 25. 10. 1906 in Voitsberg.)

Hans Schmid. Nachrichtentechniker. Gestorben 4. 11. 1978 in Wien. (Geboren 7. 6. 1902 in Himberg.)

Josef Pritz. Universitätsprofessor für Theologie in Wien. Gestorben 17. 12. 1977 in St. Pölten.

Karl Erich Rotter. Lyriker, Romanschriftsteller. Gestorben 18. 1. 1979 in Wien. (Geboren 21. 7. 1907 in Hadersdorf.)

Wilhelm Franke. Schulrat; Dichter des Waldviertels. Gestorben 24. 2. 1979 in Wien. (Geboren 28. 5. 1901 in Wien.)

Rudolf Singer. Nationalratsabgeordneter, 1960–1970 Bürgermeister von St. Pölten. Gestorben 3. 4. 1979 in St. Pölten. (Geboren 30. 5. 1907 in Wien-Oberlaa.)

Hans Schima. Jurist, Spezialist des internationalen Zivilprozeßrechtes. Gestorben 28. 4. 1979 in Mistelbach. (Geboren 23. 11. 1894 in Wien.)

Ernst Mader. Bauer in Breiteneich, Gründer des Horner Landwirtschaftsmuseums. Gestorben 3. 5. 1979 in Horn. (Geboren 4. 10. 1892 in Rodingersdorf.)

Lois Schiferl. Heimatdichter. Gestorben 22. 6. 1979. (Geboren 20. 11. 1906 in Hadres.)

Carl Merz. Schriftsteller und Kabarettist. Gestorben (Selbstmord) 31. 10. 1979 in Kirchberg. (Geboren 30. 1. 1906 in Kronstadt, Siebenbürgen.)

Ernst Paul. Orchestermusiker, leitete 1954–1960 das Notenarchiv des Österreichischen Rundfunks in Wien, 1972 musikwissenschaftlicher Referent des ORF, Komponist (400 Werke). Gestorben 3. 11. 1979 in Klosterneuburg. (Geboren 18. 11. 1907 in Wien.)

Anton Wichtl. Schriftsteller und Maler. Gestorben 7. 11. 1979 in Baden. (Geboren 25. 2. 1920 in Baden.)

Jakob Baxa. Soziologe, Kulturhistoriker. Gestorben 10. 11. 1979 in Mödling. (Geboren 15. 2. 1895 in Wien.)

Links: Das nicht in Betrieb genommene Atomkraftwerk Zwentendorf.
Rechts: Handballsport.

1978–1979

Der Wohnbau der 70er Jahre

Zwischen 1971 und 1981 wurden in Niederösterreich 142.000 Wohnungen fertiggestellt, das waren 32 Prozent des 1971 verfügbaren Wohnraumes. Insgesamt gab es aufgrund der Volkszählung 1981 591.000 Wohnungen in Niederösterreich, davon stammten 80.400, 14 Prozent, aus der Zeit zwischen 1945 und 1950, 20.000 aus dem Jahrzehnt 1961 bis 1971. In diesem Jahrzehnt war vor allem die Standardverbesserung auffallend, die Wohnungen waren mit Bad und WC ausgestattet. Das bedeutete, daß der Wohnbau in Niederösterreich nach Beseitigung des quantitativen Notstandes in eine Phase der qualitativen Verbesserung getreten war.

In Niederösterreich waren 1945 75.000 Wohnungen in irgendeiner Weise beschädigt, 12.000 konnten überhaupt nicht mehr bewohnt werden. Mit Hilfe des im Jahr 1948 gegründeten Wohnhaus-Wiederaufbaufonds, der Darlehen bis zur vollen Höhe der für die Wiederherstellung beschädigter oder zerstörter Häuser erforderlichen Kosten mit einer Laufzeit von 100 Jahren gewährte (die später auf 75 und 50 Jahre herabgesetzt wurde), konnte in Niederösterreich eine große Anzahl von Wohnungen instandgesetzt werden. Seit 1950 gab das Land Niederösterreich vorwiegend für Einfamilienhäuser ebenfalls eine Wohnbaubeihilfe, und 1954 wurde ein neues Wohnbauförderungsgesetz beschlossen, das bis zum Jahre 1968 in Gültigkeit war und in zunehmendem Maße dem Lande die Möglichkeit bot, individuelle Maßnahmen zu setzen. In Niederösterreich wurden neben Einfamilienhäusern vor allem Eigentumswohnungen gefördert, während Wohnungsgenossenschaften daneben noch Mietwohnungen errichteten. Eine neue Phase der Wohnbauförderung wurde im Jahre 1985 durch eine neue gesetzliche Regelung eingeleitet.

Veränderung in der Landwirtschaft

Auch in den siebziger Jahren gab es wesentliche Veränderungen in der landwirtschaftlichen Struktur. Die Landarbeit wurde fast ausschließlich nur noch durch bäuerliche Familien geleistet. Die Großfamilie löste sich auf, und ein Teil der Bauernkinder wanderte in andere Berufe ab. Dies führte zu einer Bevölkerungsverminderung bei gleichzeitiger Überalterung in den Landgebieten, wobei sich in den 70er Jahren auch die Landjugend zunehmend von der land- und forstwirtschaftlichen Berufstätigkeit abwandte. So gab es in Niederösterreich 1968 36.000 Vollerwerbsbetriebe, aber 38.500 Nebenerwerbsbetriebe, wobei in zunehmendem Maße auch Mittelbauern zu Nebenerwerbslandwirten wurden. Der selbständige bäuerliche Betrieb, der ausschließlich oder überwiegend vom landwirtschaftlichen Einkommen lebt, wurde auch in Niederösterreich zu einer Minderheit, da sich starke Verschiebungen bei den Erwerbsarten ergaben. Das Betriebsausmaß, auch der Nebenerwerbsbetriebe, wurde immer größer, etwa ein Fünftel verfügt bereits über mehr als 10 Hektar Fläche. Ein Sechstel davon wirtschaftet ohne Vieh, was durch den hohen Anteil an Weinbauwirtschaft mitbedingt wird. Daneben kam es zu einem ständigen Spezialisieren der landwirtschaftlichen Produktion, etwa auf die Erzeugung von Getreide, von Nebenprodukten, von Gemüse oder (in der Viehhaltung) von einer Konzentration auf die Schweinezucht. Der Rückgang an Arbeitskräften konnte durch die Mechanisierung der Produktion vollständig wettge-macht werden, wobei immer leistungsstärkere Typen von Zugmaschinen, Mähdreschern, Düngerstreuern und anderen Geräten angeschafft wurden. Auch im Bereich des ländlichen Baubestandes sind starke Veränderungen vor sich gegangen. Die Zahl der landwirtschaftlichen Substandardwohnungen ging zurück. Etwa ein Drittel der Bauernhäuser wurde nach 1945 neu erbaut, wobei ein eigener landwirtschaftlicher Wohnbauförderungsfonds wesentliche Hilfe leistete. Die Vollerwerbslandwirte strebten die Verbesserung der Wirtschaftsgebäude an, während sich Nebenerwerbslandwirte vorwiegend auf das Wohngebäude konzentrierten. Dies bedeutete auch eine Abkehr von den alten Hofformen, die nur schwer erweiterbar waren. Moderne Hallenbauten traten an ihre Stelle, wobei vielfach auf die Ensemblewirkung im Dorf wenig Rücksicht genommen wurde.

Links: Bäuerinnen bei der Rübenernte.

Das Trainingszentrum Lindabrunn

Im Jahre 1970 plante der Österreichische Fußballbund, eine Sportschule zu bauen. Über Vorschlag des nö. Verbandes entschied man sich für Lindabrunn, wo ein Areal von 95.000 m² zur Verfügung stand. Bereits 1976 konnte der erste Betrieb aufgenommen werden und in einer 2. Bauetappe, die 1978 abgeschlossen wurde, konnten weitere Sportplätze und eine Sporthalle fertiggestellt werden. Mit einer 3. Bauetappe war die Sportschule im Jahre 1980 fertiggestellt. Im Laufe der Jahre haben auch Sportler anderer Disziplinen wie Volley-, Basket- und Handballer die Sportschule benützt, da sie für viele Sportarten gute Trainingsmöglichkeiten bietet.

Handball und Basketball

Im Jahre 1970 wurde das Feldhandballspiel eingestellt, und seitdem wird nur mehr Kleinfeldhandball und Hallenhandball gespielt. Seit dem Jahre 1969 besteht auch eine Hallenstaatsliga. In den folgenden Jahren nahm der Handballsport in Niederösterreich einen beträchtlichen Aufschwung, und in mehreren Orten konnten sich sowohl Herren- als auch Damenmannschaften qualifizieren. Im Jahre 1977 gab es 26 Vereine mit 44 Männermannschaften, 13 Frauenmannschaften und 16 Mannschaften der männlichen Jugend. Der niederösterreichische Handballsport besitzt auch international einen guten Namen, vor allem die Damenmannschaft der Südstadt konnte internationale Erfolge erringen.

Im Jahre 1978 gewann die Mannschaft BKNÖ-Versicherung Klosterneuburg den Titel eines österreichischen Basketballmeisters der Männer. Damit wurde deutlich, daß Klosterneuburg ein besonderes Zentrum des Basketballsports in Niederösterreich geworden war. Diese aus den USA importierte Sportart setzte sich in Österreich in den siebziger Jahren allmählich durch und fand auch Sponsoren. In Klosterneuburg wurde die Babenberger Halle für Zwecke des Basketballsports adaptiert und dadurch die Voraussetzung für die Spiele der Meisterschaft geboten.

Links: Das Rosarium in Baden.
Rechts: Die landwirtschaftliche Fortbildungsschule in Warth.

Katzenberger Quatember

Seit 1979 ist die Katzenberger Filialkirche, bei Kapelln im Perschlingtal gelegen, in den vier Quatemberwochen (1. Woche in der Fastenzeit, Woche vor Pfingsten, 1. Woche im Oktober und im Advent) Begegnungsort der bildenden Kunst, der Musik und der zeitgenössischen Literatur. Das geschichtlich und architektonisch interessante Bauwerk schien zum Verfall verurteilt zu sein, als Robert Gärtner, der Pfarrer von Kapelln, die Renovierung durchsetzte. Der Name Quatember wurde gewählt, da die vierteljährlichen Zäsuren eines Jahres schon in frühchristlicher Zeit der religiösen und christlichen Erneuerung dienten. Kunstausstellungen, Konzerte und literarische Abende mit hohem Niveau werden hier abgehalten, und diese Möglichkeit, mit den Kulturschaffenden des Landes in direkten Kontakt zu kommen, wird auch von vielen Niederösterreichern dankbar genützt – eine bemerkenswerte Belebung der Kulturszene des Landes.

Die Kirchschlager Passionsspiele

Im Jahre 1959 erhielten die Kirchschlager Passionsspiele eine neue Festspielhalle, die 1200 Sitzplätze faßt. Die 1932 erstmals durchgeführten Spiele werden von etwa 320 Männern und Frauen der knapp 3000 Einwohner zählenden Gemeinde getragen. Mit den Proben wird mit Jahresbeginn eingesetzt, die Aufführungen dauern von Mai bis Oktober. Zur Aufführung gelangt eine von Hofrat Dr. Neumayr erstellte Fassung, die in den siebziger Jahren überarbeitet wurde. Die Passion dauert vier Stunden, stellt also sowohl an Akteure wie auch Zuschauer hohe Anforderungen.

Niederösterreich im Blumenschmuck

Seit dem Jahre 1968 wurden in Niederösterreich Blumenschmuckwettbewerbe durchgeführt, wobei bald Kategorien von Gemeinden bis zu 5000 Einwohnern und solchen darüber geschaffen wurden. Diese Aktion wirkte sich auf die Ortsbildgestaltung, vor allem der Dörfer, sehr günstig aus, während größere Gemeinden nur in geringerer Zahl teilnahmen. Auf diese Weise fanden wieder mehr Blumen als Schmuck und zur Gestaltung des Ortsbildes Verwendung, auch bei Ortschaften, die beim Wettbewerb nicht selbst teilnahmen oder keine Preise erzielen konnten.

Rohstoff Wasser

Der steigende Bedarf an Wasser im Zusammenhang mit der Flächenbewässerung der Landwirtschaft, der Industrialisierung, der Erhöhung des Lebensstandards und der Schaffung von Reserven ist in vielen Ländern ein großes Problem. Es stellt sich auch in Niederösterreich, wo die Wasserverteilung recht unterschiedlich ist. Während in manchen Räumen mit geringem Niederschlag Wassermangel herrscht, tritt in anderen Überschuß auf, der meist ungenützt abfließt und manchmal sogar Schaden statt Nutzen bringt. Der Wasseranfall ist sowohl von der geologischen Beschaffenheit des Bodens wie auch von den Niederschlägen stark beeinflußt. Mit Ausnahme der nördlich der Donau gelegenen Landesteile, die eigene hydrographische Räume bilden, sind alle Gebiete in irgendeiner Weise von den Alpen beeinflußt. Das Waldviertel ist durch seine Höhenlage, durch die Nachbarschaft zum Trockenraum Österreichs und seine Geologie ausgezeichnet und zeigt eine starke regionale Differenzierung, im Winter mehr den alpinen, im Sommer mehr den pannonischen Klimacharakter. Das Alpenvorland ist sowohl durch den Grundwasserbegleitstrom der Donau als auch durch die niederösterreichischen Alpen mit Wasser ausgezeichnet versorgt. Dies hängt mit den hohen Niederschlagsmengen zusammen, die etwa im Ötscherbereich pro Jahr 1917 mm, in Lunz 1630 mm im Durchschnitt erreichen. Die von den Bergen zur Donau führenden Flüsse sind wie das Donautal ebenfalls durch Grundwasserströme begleitet, so daß dem Grundwasser für das Leben und den Siedlungen große Bedeutung zukommt. Einer der größten Grundwasserspeicher im niederösterreichischen Industriegebiet ist die Mitterndorfer Senke, die in den letzten Jahren zum Problemfall geworden ist. Im Gegensatz dazu sind die nördlichen Landesteile wesentlich schlechter und spärlicher mit Grundwasser versorgt. In den letzten Jahrzehnten wurde sowohl die uneingeschränkte Entnahme von Grundwasser für die wirtschaftliche und siedlungsmäßige Verwendung als auch die zunehmende Verschmutzung von Grundwasser durch Abwässer zu einem besonderen Problem. Dafür sind sowohl industrielle Abwässer als auch Überdüngung im landwirtschaftlichen Bereich verantwortlich, so daß die Wasserversorgung und die Erhaltung der Wassergüte eines der größten Umweltschutzprobleme der Gegenwart darstellt.

Links: Pumpstation des Wasserwerkes Krems.

Links: Bei der Ausstellung „Kaiser Joseph II." in Melk wird der 300.000ste Besucher erwartet. Rechts: Das Barockschlößl in Mistelbach.

1980–1981

KALENDER

1. 1. 1980 In Niederösterreich sind 721.000 Kfz gemeldet; die Zahl der Pkw hat im Vorjahr 400.000 überschritten.

19. 2. Kontroverse um die Landeshypothekenanstalt. Der Rechnungshof wird um vorzeitige Prüfung ersucht.

2. 3. Bertrand Baumann wird zum Abt von Zwettl gewählt.

3. 3. In St. Pölten wird das größte und modernste Postamt Niederösterreichs eröffnet.

14. 3. Eröffnung des Neubaues der Bezirkshauptmannschaft Hollabrunn.

16. 3. Enthüllung eines Gedenksteines „Zu den drei Königsrusten" in Trautmannsdorf; er erinnert an das Treffen von Kaiser Maximilian I., König Sigismund von Polen und König Ladislaus II. von Böhmen und Ungarn im Juli 1515.

23. 3. Gemeinderatswahlen in 552 Gemeinden.

28. 3. Eröffnung der Landesausstellung „Österreich zur Zeit Kaiser Josephs II." im Stift Melk; mit 666.000 Besuchern bis 16. November wird ein neuer Rekord erzielt.

1. 4. Die Zahl der TV-Geräte in Niederösterreich hat im März 400.000 überschritten.

10. 5. Eröffnung der Ostarrîchi-Gedenkstätte in Neuhofen an der Ybbs.

Im Industriezentrum Niederösterreich-Süd wird der 80. Betrieb eröffnet. Auch das Eumig-Werk übersiedelt von Bad Deutsch Altenburg dorthin.

7. 6. Eröffnung des Nö. Schulmuseums in Michelstetten, Gemeinde Aspern an der Zaya.

10. 6. Eröffnung des 10. Landespflegeheimes in Tulln.

28. 6. Eröffnung des Moorheilbades Harbach.

1. 7. Die Drogenbehandlungsstation in der Vorderbrühl nimmt den Betrieb auf.

Die Stadt Krems erhält eine der höchsten internationalen Auszeichnungen für Denkmalpflege, die Medaille von „Europa Nostra".

10. 7. Durch eine vom Landtag beschlossene Satzungsänderung wird die Landeshypothekenanstalt zur „Vollbank" umgewandelt.

25. 7. Gründung des „Club NÖ – Interessengemeinschaft ländlicher Raum"; Präsident ist Landesrat Dr. Erwin Pröll.

24. 8. In Kettenreith wird der erste Heilkräuter-Lehrpfad in NÖ eröffnet.

10. 9. Eröffnung der Stölzle-Glasfabrik in Pöchlarn.

13. 9.–21. 9. Erstmals Internationale Beethoventage in Baden.

14. 9. Reaktivierung des 1933 aufgelösten Bürgerkorps von Waidhofen an der Thaya.

9. 10. Der bisherige Kulturlandesrat Leopold Grünzweig wird zum Landeshauptmann-Stellvertreter gewählt.

1. 11.–4. 11. Plötzlicher Wintereinbruch mit Schneeverwehungen und Glatteis.

7. 11. Eröffnung des Bundesschulzentrums Tulln mit 1300 Schülern.

20. 11. Eine Bürgerinitiative übergibt der NE-WAG 7000 Unterschriften gegen den Bau eines weiteren Kamptalkraftwerkes.

29. 11. In Ybbs an der Donau wird die 25. Sporthalle in Niederösterreich eröffnet.

7. 12. Eröffnung des 1000. Baues seit Schaffung des Schul- und Kindergartenfonds, es ist die Volks- und Sonderschule Lassee.

12. 12. Von 10.738 Kilometern Landstraßen in NÖ sind bereits 10.000 Kilometer staubfrei.

1. 1. 1981 Die Zahl der Kraftfahrzeuge in Niederösterreich hat mit Ende des Jahres 1980 die Zahl 750.000 überschritten.

1.–6. 1. Schwere Schneefälle in ganz Niederösterreich.

22. 1. Nach dem Rücktritt von Andreas Maurer wählt der Landtag Siegfried Ludwig zum Landeshauptmann und Landesrat Dr. Erwin Pröll zum Landeshauptmann-Stellvertreter.

6. 2. Der nö. Fremdenverkehrsverband meldet, daß 1980 erstmals mehr als 6 Millionen Nächtigungen registriert wurden.

4. 3. In der Landesregierung und bei den Bezirkshauptmannschaften werden Abendsprechstunden eingeführt.

14. 3. Durch einen Spruch des Verfassungsgerichtshofes wird die Aufteilung der Gemeinde Gerersdorf auf die Stadt St. Pölten und die Gemeinde Prinzersdorf (seit 1972) aufgehoben und diese Gemeinde neu errichtet.

19. 3. Die Landesregierung wird von sieben auf neun Mitglieder aufgestockt.

26. 3. Durch Großinsolvenzen und Krisen (VEW-Ternitz, Eumig, Sleepy, Klimatechnik usw.) sind 2.500 Arbeitsplätze gefährdet.

9. 4. Anstelle von Dipl.-Ing. Josef Robl wird Ferdinand Reither zum Präsidenten des Landtages gewählt.

15. 5. Eröffnung der Landesausstellung „Die Kuenringer und das Werden Niederösterreichs" im Stift Zwettl; 395.000 Besucher bis 26. Oktober.

1. 6. Der elektrifizierte Betrieb auf der ÖBB-Strecke Tulln–St. Pölten wird aufgenommen.

9. 6. In Gugging wird ein Zentrum für Kunst und Psychotherapie eröffnet, das „Haus der Künstler" in Gugging generalsaniert.

Tiefster Winter im Voralpengebiet.

17. 6. Enquete über die Verwendung von Biosprit.

20. 7. Fast alle nö. Flüsse führen Hochwasser; die Donaubrücke Melk muß vorübergehend gesperrt werden.

24.–26. 7. Bei Wettkämpfen in Böblingen (BRD) stellt die Feuerwehr St. Pölten-Stadt einen neuen Weltrekord auf.

18. 8. Gespräch über die in Konkurs befindliche Firma Eumig im Landhaus; die Länderbank erklärt sich zur Gründung einer Auffanggesellschaft mit 360 Mitarbeitern (statt 1.490) bereit, das Land Niederösterreich sagt seine Unterstützung zu.

August/September: Bedeutende archäologische Funde beim Bau der Schnellstraße S 33 (St. Pölten–Krems).

18. 9. Eröffnung des restaurierten Mistelbacher Barockschlössls als Kulturzentrum für das westliche Weinviertel.

1. 10. Novellierung der Landtagswahlordnung.

19. 10. Die Ortsbildaktion „Niederösterreich schön erhalten, schöner gestalten" wird gestartet.

26. 10. Start des Lokalradios „Radio Niederösterreich" im Rahmen der Hörfunkregionalisierung.

31. 10. Eröffnung der Donauufer-Autobahn A 22 Korneuburg–Langenzersdorf–Wien.

3. 11. Die Landesregierung erklärt die Donau-March-Thaya-Auen zum Landschaftsschutzgebiet.

TODESTAGE

Ernst Ocwirk. Fußballer. Gestorben 23. 1. 1980 in Kleinpöchlarn. (Geboren 7. 3. 1926 in Wien.)

Oskar Kokoschka. Maler. Gestorben 22. 2. 1980 in Villeneuve (Montreux). (Geboren 1. 3. 1886 in Pöchlarn.)

Theo Eggendorfer. 1945–1955 Bundesrat, Vizepräsident der Nö. Landes-Landwirtschaftskammer. Gestorben 30. 3. 1980. (Geboren 1901 in Schönberg.)

Josef Frank. Volksbildner, Schulrat. Gestorben 1. 5. 1980. (Geboren 31. 8. 1895 in Altpölla.)

Wolfgang Holzer. Psychiater, Neurologe. Gestorben 25. 5. 1980 in Graz. (Geboren 20. 4. 1906 in Krems.)

Walter Steinhauser. Ortsnamenforscher, Universitätsprofessor für Slawistik in Wien. Gestorben 3. 8. 1980 in Wien. (Geboren 7. 2. 1885 in Wien.)

Rosa Albach-Retty. Schauspielerin. Gestorben 26. 8. 1980 in Baden. (Geboren 26. 12. 1874 in Hanau, Hessen)

Hans Czettel. Landeshauptmannstellvertreter. Gestorben 27. 9. 1980 in Ternitz. (Geboren 20. 4. 1923 in Wien.)

Hans Tomandl. Magistratsdirektor. Gestorben 28. 9. 1980 in St. Pölten. (Geboren 1. 3. 1919.)

Herbert Faber. Verleger und Zeitungsherausgeber. Gestorben 24. 10. 1980 in Krems. (Geboren 4. 4. 1894 in Krems.)

Links: Die Schule in Lassee.
Rechts: Die Ostarrîchi-Gedenkstätte in Neuhofen a. d. Ybbs.

Franz Kainz. Sparkassendirektor, Heimatforscher. Gestorben 21. 12. 1980. (Geboren 1903 in Neulengbach.)

Manfred Mautner-Markhof. Industrieller, Präsident des Nö. Fonds. Gestorben 4. 1. 1981 in Wien bei einem Autounfall. (Geboren 19. 9. 1903 in Wien.)

Randolf Rungaldier. Geograph. Gestorben 15. 1. 1981 in Wien. (Geboren 13. 8. 1892 in Marburg an der Drau.)

Gerhard Bittner. Kunsthistoriker. Gestorben 27. 3. 1981 in Wien. (Geboren 6. 11. 1919 in St. Pölten.)

Anton Preger. Philosoph (Allgemeine Formenlehre). Gestorben 23. 7. 1981 in Preßbaum. (Geboren 11. 1. 1894 in Rotterdam.)

Franz Popp. Landeshauptmannstellvertreter. Gestorben 8. 9. 1981 in Wien. (Geboren 8. 4. 1894 in Dobermannsdorf.)

Ferdinand Stransky. Maler. Gestorben 30. 9. 1981 in Katzelsdorf. (Geboren 16. 9. 1904 in St. Pölten-Viehhofen.)

Karl Lütgendorf. Berufsoffizier, Politiker, 1971–1977 Bundesminister für Landesverteidigung. Gestorben 9. 10. 1981 in Schwarzau im Gebirge. (Geboren 15. 10. 1914 in Brünn.)

Leopold Schmidt. Direktor des Museums für Volkskunde in Wien, Universitätsprofessor für Volkskunde an der Universität Wien. Gestorben 12. 12. 1981 in Wien. (Geboren 15. 3. 1912 in Wien.)

Ausbau der Sozialhilfe

Das ab 1. Jänner 1975 gültige Nö. Sozialhilfegesetz brachte eine völlige Umstellung der Fürsorge. Anstelle der Bezirksfürsorgeverbände gab es nun einen Landesverband, wobei die Gemeinden zur Aufbringung der Kosten einen beträchtlichen Anteil zu zahlen haben. Die Folge dieser Umstellung war ein Ausbau der Pensionistenheime und der Neubau oder die Erweiterung von Heimen, wenn die vorhandenen nicht mehr den Anforderungen entsprachen. Auf diese Weise konnte bis zur Mitte der achtziger Jahre eine Flächendeckung bei den Pensionistenheimen erreicht werden. In einigen dieser Heime wurden auch Pflegestationen errichtet, weil dafür ein immer größerer Bedarf entsteht. Es gibt auch im Lande eine Reihe von ausschließlichen Pflegeheimen; das im Juni 1980 in Tulln eröffnete ist eines der modernsten.

Hans Czettel

Am 23. April 1923 als Sohn eines städtischen Bediensteten geboren, begann Hans Czettel die Lehre eines Maschinenschlossers und mußte 1942 einrücken. Nach dem Krieg übersiedelte er 1946 nach Ternitz und war in der Firma Schoeller & Bleckmann beschäftigt. Er schloß sich der Sozialistischen Partei an, besuchte die Sozialakademie und trat erstmals im Oktober 1950 politisch hervor. Im folgenden Jahr wurde er Mitglied des Betriebsrates, war Landesobmann der Sozialistischen Jugend und wurde 1953, als damals jüngster Abgeordneter, in den Na-

Landeshauptmannstellvertreter Hans Czettel.

tionalrat gewählt. Ein Jahr später wurde er Mitglied des niederösterreichischen Parteivorstandes. 16 Jahre gehörte er dem Parlament an. Gleichzeitig blieb er aber dem Betrieb Schoeller & Bleckmann verbunden, wo er 1961 Zentralbetriebsratsobmann wurde. Im Jahre 1964, als Franz Olah als Innenminister abgesetzt wurde, wurde Czettel sein Nachfolger und im Mai 1968 niederösterreichischer Landesparteiobmann und damit Anwärter auf die Nachfolge von Otto Tschadek. Nach Tschadeks Tod wurde Czettel am 13. Februar 1969 zum Landeshauptmann-Stellvertreter gewählt und damit in der Landesregierung Partner von Andreas Maurer. Er betreute das Gemeindereferat und den Naturschutz. Zu seiner Zeit wurde das Kommunalstrukturverbesserungsgesetz beschlossen. Gleichzeitig kam es auch zu einer Sensibilisierung in der Umweltpolitik, die zu einem zentralen Diskussionsthema der Landespolitik wurde. Czettel führte ein überbeanspruchtes Leben und erlitt 1974 einen ersten Herzinfarkt, dem einige Jahre später ein zweiter folgte. Am 28. September 1980 verstarb er an einem dritten Herzinfarkt im Alter von 57 Jahren. Als ein aus der Betriebsorganisation herausgewachsener und mit der Wirtschaft ständig verbunden gebliebener Mensch besaß er in seinem Heimatgebiet großes Ansehen. Er war auch ein musischer Mensch, der Gedichte verfaßte, musizierte und zeichnete. Eine Mappe mit von ihm verfertigten niederösterreichischen Landschaften von seiner Hand wurde in großer Zahl verkauft.

Denkmalpflege und Altstadtsanierung am Beispiel Krems

Bereits in den späten 50er Jahren begann die Stadt Krems mit der Sanierung ihres Althausbestandes, wobei mit Hilfe des Landes und des Wohnhauswiederaufbaufonds devastierte Häuser instandgesetzt wurden. Das erste Beispiel war das Haus Landstraße 72 in Stein, das vorher nur mehr von drei Personen, nach den Sanierungsarbeiten 1959 von 57 Personen bewohnt wurde. In den Jahren 1957–1960 wurde das ehemalige Palais des Stadtrichters Gozzo erneuert. In den folgenden Jahren wurde eine weitere Anzahl von Bauwerken saniert. Das Wohnbauförderungsprogramm 1968 brachte rechtliche und finanzielle Voraussetzungen für einen Teil der Revitalisierungsmittel, aber auch die Stadt Krems gewährte seit 1959 privaten Hauseigentümern zinsenlose Darlehen und nahm seit 1983 die Mittel der Fassadenaktion des Bundesministeriums für Wissenschaft und Forschung in Anspruch. Ziel der Sanierung war, die Eigenheiten der Bausubstanz (Gewölbe, unterschiedliche Niveaus, Laubengänge und Stiegenhäuser) nach Möglichkeit zu bewahren und in neue Wohnfunktionen zu integrieren. Die von der Stadt Krems erbrachten Leistungen auf dem Gebiet der Denkmalpflege wurden 1974 dadurch belohnt, daß Krems zur österreichischen Modellstadt im Zusammenhang mit dem europäischen Jahr des architektonischen Erbes erklärt wurde, und das zwischen 21. und 24. April 1975 dritte Symposion des Europarates dort stattfand. Diese Veranstaltung brachte nahezu 400 Fachleute aus 23 Ländern in die Donaustadt. Im Jahre 1980 wurde Krems auch die Silberne Medaille von Europa-Nostra verliehen. So wurde die Bausubstanz der Städte Krems und Stein, die vorwiegend aus dem 15. bis 18. Jahrhundert stammt, nach Jahrzehnten starker Verwahrlosung wieder der normalen Nutzung zugeführt.

Links: Das Straßendenkmal an der Schnellstraße S 33 bei Traismauer (Hinweis auf die Archäologie und die Tabula Peutingeriana).

1982–1983

Archäologie und Großbauprojekte in Niederösterreich

Obwohl in Österreich auch in früheren Zeiten immer wieder im Zuge von Bauprojekten archäologische Funde zum Vorschein kamen, so machten insbesondere in jüngerer Zeit mit größeren Erdbewegungen verbundene Straßenbauarbeiten in bekannt fundeversprechenden Regionen Rettungsgrabungen des Bundesdenkmalamtes oder anderer einschlägiger Fachinstitutionen nötig. Hier wäre z. B. die Errichtung einer Umfahrungsstraße von Petronell (Bundesstraße B 9) durch Teile der Römerstadt Carnuntum (Hauptstadt der Provinz Oberpannonien) beispielhaft zu nennen. Einen bislang ungeahnten Höhepunkt erreichten diese Aktivitäten ab dem Jahre 1981 durch den Bau der 32,7 Kilometer langen Kremser Schnellstraße S 33 durch das Untere Traisental.

Die Schaffung dieses wichtigen Verkehrsweges durch den niederösterreichischen Zentralraum 1981–83 lösten die bisher umfangreichsten archäologischen Untersuchungen auf dem Gebiete der Prähistorie in Österreich aus. Denn auch nach der Eröffnung der Schnellstraße sorgten gewaltige Schotterentnahmen, durch landwirtschaftliche Nutzung bedingte Geländekorrekturen (Weingartenterrassierungen und Kommassierungen) und vor allem die Einrichtung der neuen niederösterreichischen Landeshauptstadt im Großraum St. Pölten für dauernde Erdbewegungen. Durch den ständigen Einsatz der Abteilung für Bodendenkmale des Bundesdenkmalamtes (Grabungsleitung Univ.-Doz. Dr. Johannes-Wolfgang Neugebauer) gelang es, daß Baumaßnahmen und archäologische Forschungen parallel vor sich gingen. Die bis 1990 erzielten Ergebnisse sind sowohl für die Prähistorie, wie auch für die historische Anthropologie beeindruckend: Über 80 neue Fundstellen wurden nicht nur geortet, sondern zumeist auch vollständig ausgegraben. Es handelte sich um Siedlungsplätze und Gräberfelder aus sechs Jahrtausenden. Besondere Schwerpunkte stellten hiebei die frühe Bronzezeit (2300 bis 1600 v. Chr.) und die frühe La-Tène-Zeit (Zeit der frühen Kelten, 450 bis 300 v. Chr.) dar.

In Franzhausen, Gemeinde Nußdorf ob der Traisen, wurden unter anderem die zwei bislang größten frühbronzezeitlichen Gräberfelder Mitteleuropas entdeckt und erforscht: Der Friedhof Franzhausen I mit 714 Hockergräbern und Franzhausen II mit weit über 1000 frühbronzezeitlichen Bestattungen. Trotz arger Plünderungen durch urzeitliche Grabräuber ließen noch erhaltene regelhafte Waffen- und Schmuckausstattungen Tracht und Bewaffnung der „Traisentaler" der Bronzezeit erschließen. Ausgesprochene Raritäten, wie Prunkäxte und kunstvolle Kopfzierden aus Bronze sowie Lockenringe und Schmuckscheiben aus Gold

Das urgeschichtliche Gräberfeld bei Franzhausen im unteren Traisental.

kamen hinzu. Untersuchungen der Skelette am Naturhistorischen Museum in Wien (Dr. Nicola Teschler) ermöglichten die biologische Rekonstruktion der bronzezeitlichen Bevölkerung (Körperhöhe, Lebenserwartung, Krankheiten, aber auch Kampfverletzungen).

Kamen in früh-la-Tène-zeitlichen Gräbern des Raumes Herzogenburg vor allem charakteristische Erzeugnisse des Kunsthandwerkes des frühesten Keltentums in unserem Raum zu Vorschein (z. B. figürliche Fibel aus Ossarn oder Achsnagel mit Maskendarstellung aus Unter-Radlberg), so erregte in Pottenbrunn ein reich ausgestatteter Sonderfriedhof keltischer Landadeliger aus der Zeit von 400 und 300 v. Chr. Aufsehen. Einfluß und Reichtum der zumeist inmitten von quadratischen und kreisförmigen Grabgärten Beigesetzten äußerte sich u. a. durch reich verzierte Schwerter sowie durch Bronze- und Edelmetallschmuck; herausragend eine Silberkette mit Bommel und Rankenzier. Bemerkenswert ist weiters die Bestattung eines offenbar heil- und zauberkundigen Waffenträgers mit Eisenskalpell und Beinpendel.

Manfred Mautner-Markhof

Am 4. 1. 1981 fiel der 75jährige Industrielle Manfred Mautner-Markhof an einem Wintertag auf der Rückfahrt von seinem Anwesen in Wolfstal einem Verkehrsunfall zum Opfer. Er war einer der letzten Vertreter des liberalen Großbürgertums und einer der größten Kunstmäzene des Jahrhunderts in Österreich. Als Präsident des Niederösterreichfonds war er an vielen kulturellen Initiativen beteiligt, und seine Tätigkeit als Kunstsammler war legendär. Fritz Wotruba fand nach seiner Rückkehr aus der Emigration bei ihm einen sachkundigen und begeisterten Sammler und Freund. Ernst Fuchs, Arnulf Rainer, Friedensreich Hundertwasser und andere wurden von ihm in ihrer Laufbahn gefördert. Auch an der Gründung der Kulturzeitschrift „morgen" war er wesentlich beteiligt. Als Kritiker an der Mysterienoper „Jesu Hochzeit" wurde zwar seine Freundschaft zu Gottfried von Einem nicht wirklich getrübt, doch hat Manfred Mautner-Markhof seine wenig gute Meinung über das Werk mit Leidenschaft zum Ausdruck gebracht. Manfred Mautner-Markhofs markante Erscheinung prägte über Jahrzehnte das Bild offizieller Anlässe im Wirtschafts- und Kulturleben des Landes.

Landeskrankenhaus Grimmenstein

Im Jahre 1981 hat das Land Niederösterreich von der Gesellschaft vom Österreichischen Roten Kreuz die Trägerschaft der öffentlichen Sonderkrankenanstalt für Lungenkrankheit und Tuberkulose in Grimmenstein übernommen. Damit wurde die Weiterführung dieser Einrichtung sichergestellt. Es gibt seither fünf niederösterreichische Landeskrankenhäuser; die Krankenanstalten in Mödling und Tulln, die Sonderkrankenhäuser für Psychiatrie und Neurologie in Klosterneuburg, Gugging und Mauer bei Amstetten sowie Grimmenstein. Nach der Übernahme dieses neuen Landeskrankenhauses wurde dort mit der Modernisierung im baulichen, medizinisch-technischen und sicherheitstechnischen Bereich begonnen.

Links: Der Soldatenfriedhof Oberwölbling.
Rechts: Imma von Bodmershof.

KALENDER

Jänner–Oktober 1982 Notgrabungen des Bundesdenkmalamtes im Bereich der Baustellen der Schnellstraße S 33 erschließen ein Gräberfeld aus der Frühbronzezeit bei Franzhausen.

29. 1. Das Ergebnis der Volkszählung 1981 wird bekanntgegeben: Nö. hat 1,403.337 Bürger und ist damit erstmals bevölkerungsstärkstes Bundesland; Einsprüche von seiten Wiens wegen des Problems der Zweitwohnungsbesitzer.

Ende Jänner: Die großzügig ausgebaute Kuranstalt „Moorbad Großpertholz" nimmt den Betrieb auf.

27. 3. Festakt „30 Jahre Nö. Blasmusikverband" in Stadt Haag; in den vorhergehenden 10 Jahren ist die Zahl der aktiven Blasmusiker von 9.300 auf 15.000 gestiegen.

28. 3. Das seit 1978 geschlossene und völlig neu aufgestellte Nö. Jagdmuseum im Schloß Marchegg wird wiedereröffnet.

31. 3. Die Wiedereröffnung des neugestalteten Haydn-Geburtshauses in Rohrau ist Auftakt zahlreicher Veranstaltungen zum 250. Geburtsjahr des Komponisten.

14. 5. Eröffnung der Landesausstellung „800 Jahre Franz von Assisi" in der Kremser Minoritenkirche; bis 17. Oktober rund 160.000 Besucher.

23. 5. Auf der Westbahn wird der „Takt-Fahrplan" eingeführt.

9. 6. Mit der Eröffnung einer landwirtschaftlichen Fachschule für Mädchen wird Zwettl-Edelhof zum größten landwirtschaftlichen Schulzentrum Österreichs.

12. 6. Eröffnung des Naturparks Dobersberg, des 15. in NÖ.

7. 7. Die Textilfirma Palmers übersiedelt mit zunächst 50 Mitarbeitern in das ehemalige Eumig-Gebäude in Wiener Neudorf.

2. 8. Wie die Industriellenvereinigung mitteilt, haben 1981 in NÖ 49 Unternehmen mit 1.566 Arbeitsplätzen den Betrieb stillgelegt, während 39 mit 985 Arbeitsplätzen neu gegründet wurden.

15. 9. König Olaf V. von Norwegen besucht das SOS-Kinderdorf Hinterbrühl.

24. 9. Die Bahnstrecke Absdorf–Hippersdorf–Krems ist elektrifiziert.

27. 9. Eröffnung des Neubaues des Schwerpunktkrankenhauses Krems.

29. 9. Eröffnung des Donaukraftwerkes Melk.

25. 10. Konstituierende Hauptversammlung der „Akademie für Umwelt und Energie" mit Sitz in Laxenburg; die „Grüne Akademie" ist eine in Europa einzigartige Einrichtung.

11. 11. In Gumpoldskirchen wird der 400.000. Telefonanschluß in NÖ übergeben.

14. 11. Weihe des neuerrichteten Zisterzienserinnenklosters Marienfeld in Maria Roggendorf, Bezirk Hollabrunn.

9. 12. Wiedereröffnung des revitalisierten Traditionshotels „Panhans" auf dem Semmering.

24. 12. Das Fernseh-Regionalstudio Niederösterreich wird errichtet.

Mitte Jänner 1983 Erstmals mehr als 900.000 Rundfunk- und Fernsehbewilligungen in NÖ.

Ende Jänner. Die Zahl der KFZ in NÖ überschreitet 800.000.

20. 2. Das revidierte Volkszählungsergebnis 1981 liegt vor; 11.288 Personen, die bereits NÖ. zugezählt waren, werden Wien zugerechnet; damit beträgt die Bürgerzahl 1,392.061, die Wohnbevölkerung 1,427.849.

23. 3. In Mistelbach wird der Neubau des Schwerpunkt-Krankenhauses eröffnet.

10. 4. Der Nö. Landesverband der Trachten- und Heimatvereine, dem 488 Gemeinschaften mit 25.000 Mitgliedern angehören, ändert seinen Namen in „Nö. Heimatpflege".

12. 6. St. Valentin, bisher das größte nö. Dorf, feiert die Erhebung zur Stadt; durch Landtagsbeschluß vom 24. 3. 1983 64. Stadt in NÖ.

2. 7. Großgerungs feiert die Stadterhebung und die Eröffnung eines neuen Herz- und Kreislaufrehabilitationszentrums, des modernsten in Österreich.

7. 7. Der Landtag beschließt eine Novellierung des Nö. Spitalsärztegesetzes (mehr Ausbildungsplätze, zusätzliche Einstellung von Assistenzärzten, Verankerung der Spitalsärztevertreter).

Das Nö. Kulturförderungsgesetz, das u. a. vorschreibt, bei Bauten des Landes 2 Prozent der Rohbaukosten für die künstlerische Gestaltung vorzusehen, wird vom Landtag beschlossen.

16. 7. Eröffnung des Krankenhaus-Neubaues in Baden.

28. 7. Erstmals „Nestroy-Festspiele" unter der Leitung von Elfriede Ott und Hans Weigel auf Burg Liechtenstein, Gemeinde Maria Enzersdorf.

26. 8. Der beim Krankenhaus Krems stationierte ÖAMTC-Rettungshubschrauber „Christophorus 2" wird offiziell in Dienst gestellt.

13. 9. Das Weintanklager Wolkersdorf (für 4,9 Millionen hl) wird fertiggestellt.

17. 9. Weihe des neuen zentralen Soldatenfriedhofes für das Viertel ober dem Wienerwald in Oberwölbling, Bezirk St. Pölten.

19. 9. Betriebsversammlung des VEW-Werks Ternitz mit vehementen Protesten gegen das 3. Strukturkonzept, das die Schließung von 7 Hüttenbetrieben in Ternitz vorsieht.

23. 9. Auf der elektrifizierten Strecke Wolkersdorf-Mistelbach wird der Schnellbahnverkehr aufgenommen.

24. 9. Eröffnung einer Dialysestation im Krankenhaus Wiener Neustadt – damit ist die Versorgung für Nierenkranke mit Dialysebedarf landesweit gedeckt.

8. 10. Mit der Eröffnung des 37. Nö. Landespensionistenheimes, des Gänserndorfer „Barbaraheimes", ist das Neubauprogramm auf diesem Sektor abgeschlossen.

16. 10. Bei der Landtagswahl gewinnt die ÖVP 3 Mandate; die neue Sitzverteilung lautet: 32 ÖVP, 24 SPÖ.

23. 10. Mit der Übergabe der letzten 3 Baulose ist die Schnellstraße S 33 von Krems nach St. Pölten durchgehend befahrbar.

TODESTAGE

Karl Heigel. Maler und Graphiker. Gestorben 22. 1. 1982 in Wiener Neudorf. (Geboren 10. 3. 1913 in Wien.)

Josef Weinwurm. Maler. Gestorben 31. 1. 1982 in Bad Vöslau. (Geboren 4. 10. 1893 in Budapest.)

Lothar Machura. Naturwissenschaftler. Tätig im Nö. Landesmuseum. Gestorben 23. 5. 1982 in Wien. (Geboren 13. 12. 1909 in Jägerndorf.)

Imma von Bodmershof (Freifrau von Ehrenfels). Dichterin. Gestorben 26. 8. 1982 in Rastbach. (Geboren 10. 8. 1895 in Graz.)

Oskar Matulla. Gestorben 13. 10. 1982 in Stadlau. (Geboren 4. 11. 1900 in Wien.)

Friedrich Sacher. Schriftsteller. Gestorben 22. 11. 1982 in Wien. (Geboren 10. 9. 1899 in Wieselburg.)

Der Maler Oskar Matulla in seinem Atelier.

Carl Zahraddnik. Maler und Graphiker. Gestorben 27. 11. 1982 in Wien. (Geboren 17. 11. 1909 in Wien.)

Franz Stangler. 1949–1974 Abgeordneter, ÖVP-Klubobmann, 1963 Obmann des Finanzkontrollausschusses. Gestorben 30. 3. 1983 in Erlauf. (Geboren 1910 in Wien.)

Josef Feichtinger. Maler. Gestorben 5. 4. 1983 in Wiener Neustadt. (Geboren 3. 7. 1890 in Krems.)

Rudolf Rasser. Generalanwalt des Raiffeisen-Verbandes. Gestorben 3. 8. 1983 in Bad Ischl. (Geboren 1. 2. 1913 in Gumpoldskirchen.)

Links: Dr. Lothar Machura bei einer Museumsführung.
Rechts: Hinweisschild auf die Expositur St. Pölten des ORF-Landesstudios Niederösterreich.

1982–1983

Wintersportgebiet Hochkar

Das Hochkar (1.808 m) ist der schönste Aussichtsberg der steirisch-niederösterreichischen Kalkalpen. Von seinem Gipfel hat man einen großartigen Blick über die Gesäuseberge bis zum Dachstein und zum Großglockner und im Norden über die Donau bis zum Böhmerwald. Von Lassing führt eine gut ausgebaute Mautstraße, die ganzjährig befahrbar ist, bis zum Schutzhaus in 1.440 m Höhe. Von dort führt ein Sessellift bis knapp unter den Gipfel.

Durch den Bau von Schleppliftanlagen, eines Landesschischulheimes und den Ausbau der Hochkar-Alpenstraße ist hier ein lawinenfreies und bis Ende April schneesicheres Wintersportzentrum entstanden. Der alte Eisenmarkt Göstling an der Ybbs am Fuße des Hochkars ist heute noch vor allem Fremdenverkehrsort und zur Zeit der Narzissenblüte besonders stark besucht.

Rechts: Doppelsessellift im Wintersportgebiet Hochkar.

Das ORF-Landesstudio Niederösterreich

Das Landesstudio Niederösterreich entwickelte sich in den siebziger Jahren zum Rundfunk mit dem meist gehörten Programm im Osten des Bundesgebietes. Seine tägliche Reichweite erfaßte etwa 880.000 Hörer, von denen viele in Niederösterreich, dem Burgenland, aber auch im benachbarten Ausland lebten. Dies waren Werte, die man sich bei der Schaffung des Landesstudios nicht erträumt hatte. Im Jahre 1972 war Kurt Bergmann dem bisherigen Landesintendanten Hubert Haßlinger gefolgt, unter dem ein entscheidender Durchbruch im Informations- und Kulturbereich gelang. Das Studio übernahm eine Veranstalterrolle im Lande und begann mit der Hörfunkaktion „Licht ins Dunkel". Anfang 1976 folgte Ernst Wolfram Marboe, der später FS 2-Intendant wurde, Bergmann auf dem Posten des Landesintendanten. Er verstärkte die Verbindung mit den Landesstellen und Gemeinden und setzte mit dem Renaissancefest auf der Schallaburg und anderen Aktionen spektakuläre Akzente. Nach ihm wurde im Herbst 1978 Dr. Paul Twaroch Landesintendant, der die unkonventionellen Wege seiner Vorgänger fortsetzte und neue Ideen einbrachte. Vor allem wurden die Öffentlichkeitsarbeit um das Studio verstärkt und Programmschwerpunkte gesetzt. Die erfolgreiche Sendereihe „Radio 4/4", Faschingssendungen, der Grafenegger Advent, Volksmusik- und Literatursendungen, eine starke mediale Unterstützung der Landesausstellungen aber auch grenzüberschreitende Aktionen waren besondere Kennzeichen dieser Zeit. Das Landesstudio erfüllt aber vor allem auch spezielle Aufgaben in Gebieten, die keine regionalen Tageszeitungen besitzen.

Eröffnung der Expositur St. Pölten des ORF-Landesstudios Niederösterreich im Stadtsaal.

Lothar Machura

Am 23. Mai 1982 starb Lothar Machura, einer der bedeutendsten Naturschützer und Museumsgestalter Niederösterreichs. Er konnte in der naturkundlichen Abteilung des Landesmuseums Lebensräume, Lebenseinheiten mit all ihren Eigenheiten und Schönheiten vorstellen. In Machuras „lebendigem Museum" wurden Schaugruppen aus Sumpf, Steppe, Wald und Hochgebirge gestaltet, Tierstimmen auf Tonband miteinbezogen, Terrarien und Aquarien aufgestellt. Im Rahmen des Naturschutzbundes wirkte er für den Wienerwald, die Donau und das Marchfeld mit seinen Auen und Sanddünen. Unzählige Vorträge im Rundfunk und an der Universität halfen, seine Ideen populär zu machen. Er war auch an der Errichtung der Naturschutzgebiete Niederösterreichs maßgebend beteiligt.

Links: Der Landtagsabgeordnete Franz Stangler.
Hinter ihm Präsident Dipl.-Ing. Josef Rohl.
Rechts: Eine historische Weinpresse.

Die Aulandschaften im Donau-Marchbereich

Die großartigen niederösterreichischen Aulandschaften an Donau, March und Thaya stellen Raritäten europäischer Flußlandschaften dar, die in ganz Europa ihresgleichen suchen. Diese üppige Wildnis schöpft ihre Kraft aus den jährlichen nährstoffspendenden Überschwemmungen, die sie zu einer Formenvielfalt von geradezu tropischer Fülle wuchern läßt. Im Nahbereich der Großstadt Wien gedeiht ein Urwald von seltener Schönheit, für viele Pflanzen- und Tierarten, die in der umgebenden Kulturlandschaft längst ausgerottet sind, ein letztes Refugium. Das Nebeneinander von Schotter- und Sandbänken, feuchten Ufer- und heißen Trockenzonen, fließenden und stehenden Gewässern und schattigem, undurchringlichem Dickicht schafft ein Mosaik aus Klein-Ökosystemen, die eine vielfältige Natur so dringend braucht.
Hier gedeihen Orchideen, Sumpf-Schwertlilien, See- und Teichrosen und die Schwanenblume. Lianen ranken sich an Urwaldriesen empor. Hier lebt die Europäische Sumpfschildkröte neben Ringelnatter und Biber. Lurche und Fische finden vorzügliche Laichplätze, Hirsch und Reh suchen Rückzugsgebiete.

Seit altersher war dieses Gebiet von historisch entscheidender Bedeutung. Nach Jahrzehnten ruhigerer Entwicklung im Schutz einer „toten" Grenze zum Symbol für Umweltschutz geworden, rückt seit der Demokratisierung des Ostens gerade diese Landschaft in das zentral-europäische Interesse.

Mit den neuen Industrie-, Handels- und Tourismusbeziehungen, der Weltausstellung in Wien und Budapest und dem damit verbundenen Ausbau der Verkehrswege wird die Ostregion eine starke Belebung erfahren. Es wird sehr gewissenhaft und verantwortungsvoll zu planen sein, die wirtschaftliche Chance zu nutzen und trotzdem diesen einzigartigen natürlichen Reichtum Niederösterreichs an Donau-March und Thaya unversehrt zu erhalten.

Aulandschaft an der March.

Franz Stangler

Am 30. März 1983 starb der Politiker Franz Stangler in seiner Heimatgemeinde Erlauf. Er war einer der Mitbegründer der Österreichischen Jugendbewegung und lange Jahre als Vertreter der ÖVP im niederösterreichischen Landtag tätig, wo er zuletzt Vorsitzender des Kontrollausschusses wurde. Stangler war auch Mitbegründer vieler nö. Volkshochschulen und zweiter Vorsitzender des Verbandes der Volkshochschulen. Er arbeitete für das Nö. Tonkünstlerorchester, bei der Gesellschaft der Musikfreunde, im Rundfunk und auch im Nö. Kultursenat. Alle diese Funktionen hat er mit großer Leidenschaft bekleidet und viel für die Kultur seines Heimatlandes geleistet. Besonders setzte er sich auch für die Rettung und Revitalisierung der Schallaburg ein.

St. Valentin

Der Raum an der Enns war schon seit der jüngeren Steinzeit besiedelt, die mittelalterliche Besiedlung setzte im 7. Jahrhundert ein. Im 9. Jahrhundert sind Slawen nachzuweisen. Die Kirchsiedlung St. Valentin entstand in der späten Karolingerzeit und wurde zur Mutterpfarre des Gebietes zwischen Enns, Donau und Url. Die Pfarre stand vom 12. Jahrhundert bis 1832 unter dem Patronat des Klosters bzw. der Gutsherrschaft Erla. Einen besonderen Aufschwung nahm der Ort durch den Bau der Westbahn und als künftiger Eisenbahnknotenpunkt. Während des Zweiten Weltkrieges wurde mit dem Nibelungenwerk ein großer Industriebetrieb errichtet. Dort wurden 4.350 Panzer IV (von insgesamt 8.200) hergestellt. Nach Kriegsende wurde der Betrieb den Steyrwerken eingegliedert. St. Valentin wurde durch Landtagsbeschluß vom 24. März 1983 zur Stadt erhoben.

Großgerungs

Mitte des 12. Jahrhunderts wurde in den ausgedehnten Waldgebieten zwischen der Mark Österreich und dem Mühlviertel die Burg und die gleichnamige Siedlung durch Ulrich von Stiefern und seinen Söhnen errichtet. Der Landstrich gehörte zum alten Hoheitsbereich der Kuenringer. Erst 1460 wurde das Landgericht von dem von Weitra abgetrennt. 1430 war Gerungs bereits zum Markt erhoben worden. Im 16. Jahrhundert ist die alte Burg verfallen, der Ort wurde im Dreißigjährigen Krieg mehrmals geplündert und niedergebrannt, ist aber rasch wieder aufgebaut worden. Er wurde Sitz eines Bezirksgerichtes; um 1854 wurde eine Leinen-Baumwollwarenfabrik errichtet und 1903 die Flügelbahn von Gmünd eröffnet. Die Stadterhebung erfolgte am 2. Juli 1983.

Das Weintanklager Wolkersdorf

Im Jahre 1982 gab es mit 4,9 Millionen Hektoliter eine noch nie dagewesene Rekordernte von Wein. Da sich auch für 1983 ein überreicher Erntesegen abzeichnete und 3,7 Millionen Hektoliter eingebracht wurden, sanken die Weinpreise bei Faßwein unter S 3,– pro Liter. Das war der niedrigste Preis seit 30 Jahren. Aus diesem Grund wurde von der Nö. Landeslandwirtschaftskammer in Wolkersdorf ein zentrales Weintanklager mit 450.000 Hektoliter Fassungsraum errichtet. In dieser Stadt befand sich schon früher ein Lager des Nö. Winzerverbandes, so daß die notwendige Infrastruktur vorhanden war. Am 13. September 1983 konnte der erste Tank gefüllt werden, und in den nächsten Wochen wurden weitere Teile fertiggestellt. Man hoffte auf entsprechende Exporterfolge, doch wurde im Jahre 1985 durch die Glycolaffäre der österreichischen Weinwirtschaft ein schwerer Rückschlag zugefügt.

Links: Kardinal Dr. Alfons Stickler.
Rechts: Minister a. D. Dr. Georg Prader im Gespräch mit Landeshauptmann Dr. Hartmann.

1984–1985

KALENDER

1. 1. 1984. In einer gemeinsamen Konferenz der Sozialpartner (Arbeiterkammertag, Bundeskammer der gewerblichen Wirtschaft, ÖGB, Industriellenvereinigung, Bauwirtschaft) wird der rasche Bau des Donaukraftwerkes Hainburg gefordert.

31. 1. Gründung der Ferdinand-Ebner-Gesellschaft in Gablitz, wo der Philosoph lange als Lehrer wirkte.

15. 2. LH Siegfried Ludwig stellt im Rahmen einer Pressekonferenz die Frage einer eigenen nö. Landeshauptstadt zur Diskussion und kündigt die Einsetzung einer Projektgruppe an.

20. 2. Mit der Grundsteinlegung erfolgt der Start zu einer 1,4 Milliarden Schilling-Investition zur Modernisierung des Semperit-Reifenwerkes Traiskirchen; es ist die größte Investition, die je in einer österreichischen Fabrik bei laufender Produktion durchgeführt wurde.

29. 4. Eröffnung der Landesausstellung „Das Zeitalter Kaiser Franz Josephs" im restaurierten Schloß Grafenegg; sie erzielt bis 28. Oktober 380.000 Besucher.

2. 5. Vertragsunterzeichnung über den Verkehrsverbund Ostregion im Bundesministerium für Finanzen (Bund, NÖ, Wien, Burgenland).

21. 5. Eröffnung des Donaukraftwerkes Greifenstein.

Mit einer Ausstellung „Kult und Kultur des österreichischen Judentums" wird die Restaurierung der ehemaligen St. Pöltner Synagoge abgeschlossen.

3. 6. Der Verkehrsverbund Ostregion tritt in Kraft; er umfaßt 148 Verkehrslinien auf einer Fläche von 7.000 km²; gleichzeitig wird die Pendlerhilfe des Landes wirksam.

15. 6. Eröffnung der neugebauten Landesberufsschule für Metall-Berufe in Neunkirchen.

19. 6. Im restaurierten Dürrnhof bei Zwettl wird das in der ganzen Welt einzigartige Museum für Medizin-Meteorologie eröffnet.

Aubesetzer bei der Donaubrücke bei Hainburg.

Der ÖAMTC-Rettungshubschrauber „Christophorus III".

28. 6. In St. Pölten wird das neu aufgestellte Diözesanmuseum eröffnet.

4. 7. Franz Joseph II., regierender Fürst von Liechtenstein, nimmt an der Namensgebungsfeier der Liechtenstein-Kaserne in Allentsteig teil.

13. 7. Schwere Hagelunwetter verursachen große Schäden an Gebäuden und auf den Feldern; insgesamt über 200 Millionen Schilling in 180 nö. Gemeinden.

10. 9. Eröffnung eines Neubaus mit modernst ausgestatteten Klassen in der Landesberufsschule für Installateure in Zistersdorf.

15. 9. Mit der Indienststellung des ÖAMTC-Rettungshubschraubers „Christophorus 3" in Wiener Neustadt ist NÖ. das erste Bundesland mit einem weitgehend flächendeckenden Notrettungsdienst aus der Luft.

28. 9. Auf der 43 km langen Strecke Absdorf-Hippersdorf-Siegmundsherberg der Franz Josephs-Bahn wird der elektrische Betrieb aufgenommen.

29. 9. Eröffnung des Leopold-Figl-Museums in der ehemaligen Schule seines Geburtsortes Rust im Tullner Feld.

24. 10. Eröffnung eines neuen Rohrbetriebes und Grundsteinlegung für die neue Schlauchfabrik im Semperit-Werk Wimpassing.

29. 10. Eröffnung der „Hotelfachschule Semmering" als weiterer Schritt der „Panhans"-Revitalisierung.

8. 11. Der Landtag beschließt, daß Deutschwagram zur Stadt erhoben werden soll.

26. 11. LR Dr. Ernest Brezovsky erteilt die naturschutzrechtliche Bewilligung für den Bau des Donaukraftwerkes Hainburg.

27. 11. Anti-Hainburg-Demonstration im Landhaus.

10. 12. Rund 1.500 Umweltschützer besetzen die Stopfenreuther Au bei Hainburg und verhindern den Beginn der Rodungsarbeiten für den Bau des Donaukraftwerkes.

15. 12. Eröffnung des ersten nö. Dreiersesselliftes in Lackenhof am Ötscher.

19. 12. 19 Verletzte beim Versuch der Exekutive, die Stopfenreuther Au zu räumen; in der Folge verkündet die Bundesregierung einen „Weihnachtsfrieden in der Au".

5. 2. 1985 Der nö. Fremdenverkehr meldet für 1984 mit 6,17 Millionen Nächtigungen einen neuen Rekord.

13. 3. Universitätsprofessor Dr. Bernhard Raschauer wird zum nö. Umweltanwalt bestellt.

23. 3. Ein Erdrutsch an der Südautobahn zwischen Seebenstein und Grimmenstein verursacht mehrtägige Verkehrsbehinderungen.

29. 3. Eröffnung der nö. Landesausstellung „Der heilige Leopold – Landesfürst und Staatssymbol" im Stift Klosterneuburg.

14. 4. Gemeinderatswahlen in 562 nö. Gemeinden mit Gewinnen der ÖVP vor allem auf Kosten der SPÖ.

26. 4. Eröffnung der Ausstellung „Die wilden fünfziger Jahre" auf der Schallaburg.

Offizielle Eröffnung der neuen Amtsräume des Landesschulrates für NÖ in der Wiener Wipplingerstraße.

7. 5. Die Regionalzeitung des Faber-Verlages erscheint in neuer Aufmachung unter dem Titel „Die Neue".

9. 5. Der 38jährige Landtagsabgeordnete Rudolf Schwarzböck wird zum neuen Präsidenten der Nö. Landeslandwirtschaftskammer gewählt.

16. 5. 20.000 Gläubige feiern auf dem St. Pöltner Domplatz das 200-Jahr-Jubiläum der Diözese St. Pölten.

28. 5. Der aus Neunkirchen stammende Leiter der Vatikanischen Bibliothek Erzbischof Dr. Alfons Stickler wird zum Kardinal ernannt.

31. 5. Vertragsunterzeichnung für Österreichs erstes Technologiezentrum, das in Seibersdorf vom Österreichischen Forschungszentrum und von der Nö. Betriebsansiedlungsgesellschaft ECO-plus eingerichtet wird.

2. 6. Der Schnellbahnbetrieb wird auf der Strecke Wien–Tulln aufgenommen.

5. 6. Eröffnung des Nö. Museums für Volkskultur in Großschweinbarth, Bezirk Gänserndorf; es ist die 11. Außenstelle des Landesmuseums.

19. 6. Bundesrat Adolf Stricker wird zum neuen amtsführenden Präsidenten des Landesschulrates für NÖ bestellt (ab 2. Juli).

23. 6. Pulkau, Bezirk Hollabrunn, feiert die Erhebung zur Stadt, der 67. in NÖ.

24. 10. Konstituierung der Akademie für Umwelt und Energie in Laxenburg.

7. 11. Der Landtag beschließt das Gesetz über die Durchführung einer Volksbefragung über eine Landeshauptstadt in Niederösterreich.

22. 11. Eröffnung der Südautobahnstrecke über den Wechsel.

Links: Ehrung von Landesamtsdirektor Dr. Hans Vanura.
Rechts: Demonstration in der Stopfenreuther Au.

1984–1985

TODESTAGE

Franz Baumgartner. Landesamtsdirektor. Gestorben 31. 1. 1984.

Heribert Potuznik. Maler. Gestorben 22. 4. 1984 in Mistelbach. (Geboren 26. 12. 1910 in Wien.)

Rudolf Hirsch. Landeshauptmannstellvertreter 1962–1969. Gestorben 19. 8. 1984 (Geboren 24. 11. 1903.)

Walter Blaha. Beamter der nö. Landesregierung. Gestorben 5. 10. 1984 durch Unfall. (Geboren 1923 in Wien.)

Wolfgang Friedl. Schisportler. Gestorben 14. 10. 1984 in Waidhofen an der Ybbs. (Geboren 30. 10. 1908 in Lilienfeld.)

Leopold Haumer. Maler. Gestorben 2. 11. 1984 in Lengenfeld. (Geboren 15. 7. 1896 in Wien.)

Gregor Hradetzky. Orgelbauer. Zweifacher Olympiasieger 1936. Gestorben 24. 12. 1984. (Geboren 31. 1. 1909.)

Johannes Fruhmann. Maler. Lebte in Lengenfeld. Gestorben 27. 1. 1985 in Lengenfeld. (Geboren 22. 4. 1928 in Weißenstein.)

Hans Vanura. Landesamtsdirektor. Gestorben 21. 2. 1985. (Geboren 1899 in Wien.)

Walter Sachs. Dichter. Gestorben 5. 3. 1985 in Traisen. (Geboren 1901 in Traisen.)

Georg Prader. ÖVP-Politiker. 1964–1970 Bundesminister für Landesverteidigung, Landesobmann des ÖAAB. Gestorben 16. 3. 1985 in Wien. (Geboren 15. 6. 1917 in St. Pölten.)

Gustav Hummel. Obmann des Gewerkschaftlichen Berufsschulrates. Gestorben 20. 3. 1985.

Friedrich Kummer. Arzt, Primarius und Krankenhausdirektor in Krems. Gestorben 2. 4. 1985 in Krems. (Geboren 1906.)

Heinrich Tahedl. Maler. Gestorben 14. 4. 1985 in Krems. (Geboren 1. 7. 1907 in Wien-Oberlaa.)

Walter Biberschick. Chemiker. Gestorben 19. 4. 1985 in Rio de Janeiro. (Geboren 1915 in Krems.)

Josef Tobner. Maler. Gestorben 20. 5. 1985 in St. Pölten. (Geboren 7. 11. 1906 in St. Pölten.)

Hans Wutz. Bildhauer. Gestorben 9. 10. 1985 in Wien-Mauer. (Geboren 1. 4. 1909 in Landeck/Tirol.)

Fritz Zerritsch. Maler. Gestorben 9. 11. 1985 in Wien. (Geboren 28. 8. 1888 in Wien.)

Die Debatte um das Kraftwerk Hainburg

Schon im November 1983 begannen Debatten über die Staustufe Hainburg zwischen Experten. So meinte Professor Dr. Hannes Maier vom Institut für Waldbau der Universität für Bodenkultur in Wien, das Projekt sei ökologisch nicht ausgereift, man solle einen umweltfreundlicheren Standort für das Kraftwerk suchen. Ein deutscher Wasserbauexperte meinte, die Staustufe Hainburg könnte die bei solchen Bauten immer gegebenen technischen Risiken minimieren und stelle in bezug auf die Einbindung in die Landschaft eine optimale Lösung dar. Die Befürworter argumentierten, der Energieverbrauch sei zwar in den letzten Jahren rückläufig gewesen, weil die schlechte wirtschaftliche Lage die Zuwachsraten hatte sinken lassen, der Stromverbrauch sei jedoch seit Jahrzehnten kontinuierlich gestiegen. Die elektrische Energie aus Donaukraftwerken sei besonders billig. Die Kilowattstunde aus Hainburg werde rund 50 Groschen kosten. Bei Wärmekraftwerken lägen die Kosten bei über einem Schilling. Je mehr Strom aus Wasserkraft gewonnen würde, umso weniger müßten Wärmekraftwerke eingesetzt werden. Die Kraftwerksgegner meinten, die Elektrizitätswirtschaft verzeichne Überkapazitäten, der Stromverbrauch sei in den späten 70er Jahren viel langsamer gestiegen, als die Kraftwerksplaner angenommen hätten. Man solle die Kosten von 11 Milliarden Schilling dafür einsetzen, eine Verringerung der Energievergeudung zu erreichen. Die in Österreich eingesetzte Energie werde nur zu 30 Prozent vom Endverbraucher genützt, der Rest gehe verloren. Die Befürworter stellten fest, man werde der Bewahrung der Aulandschaft großes Augenmerk widmen. Um ihre Eigenheit zu erhalten, sei vorgesehen, bei höherem Wasserstand der Donau Wasser in die Au zu leiten. Einem eigenen Gerinne, das in der Au angelegt werden solle, werde Donauwasser zugeführt. Eine wichtige Folge des Kraftwerkbaues wäre die Anhebung des Grundwasserspiegels in der Au, wo es derzeit Austrocknungstendenzen gäbe. Die Kraftwerksgegner wieder meinten, von Wien bis zur Staatsgrenze erstreckt sich der letzte große Auwald Österreichs, ja des ganzen Donauraumes. Dieser Wald sei gleichzeitig auch die letzte „Urlandschaft" in Mitteleuropa. Sie sei deswegen unbedingt zu schützen, weil sie den Lebensraum für eine besondere Tier- und Pflanzenwelt darstelle.

Das Donaukraftwerk Greifenstein.

Links: Schnellbahnzug.

Wildtiermuseum Oberwölbling

Im April 1984 eröffnete das internationale Sondermuseum in Oberwölbling im Bezirk St. Pölten, das dem Thema „Wildtiere der Welt" gewidmet ist, seine Tore.

In einem auf Privatinitiative beruhenden Museum – Begründer und Betreiber ist der Verhaltensforscher und Großwildjäger Robert K. Hytha – wird dem Publikum in einer neuerrichteten Ausstellungshalle eine Fülle von Exponaten dargeboten. Unter den Trophäen, die hervorragend präpariert sind, befinden sich alle bekannten Wildtiere dieser Erde.

Deutsch Wagram

Der älteste Ortsteil von Deutsch Wagram ist ein Angerdorf. Der Name wurde um 1560 nach der Besiedlung des Marchfeldes durch Kroaten geändert. Zwischen 5. und 6. Juli 1809 kam es in der Nähe des Ortes zur Schlacht zwischen dem österreichischen Heer und den Truppen Napoleons, wobei die Österreicher unterlagen. Das zweite überregional bedeutende Ereignis war die offizielle Eröffnung der Kaiser Ferdinand-Nordbahn am 6. Jänner 1837, nachdem bereits am 23. November 1836 und auch schon zuvor Probefahrten durchgeführt worden waren. Im Jahre 1929 wurde der Ort zum Markt erhoben, am 8. November 1984 erfolgte die Stadterhebung. Gleichzeitig ergriff man die Gelegenheit, mittels Errichtung und Erneuerung von Gedenkstätten an die beiden historischen Großereignisse zu erinnern. Schon 1959 hatte man das Schlachtfeld von 1809 markiert.

Pulkau

Der Ort entstand in der 1055 genannten böhmischen Mark und war ab 1135 Pfarrort. Zwischen 1155 und 1160 übergab Herzog Heinrich II. Jasomirgott die Pfarre dem Wiener Schottenkloster. Bereits 1308 wurde Pulkau Markt genannt und war später Lehen der Burggrafen von Maidburg-Hardegg. 1339 wurde jene Kapelle gestiftet, die 1393 zur Heiligen-Blut-Kirche ausgebaut und 1431 vollendet wurde. In ihr befindet sich einer der schönsten spätgotischen Schnitzaltäre der Donauschule, ein Werk des Meisters von Pulkau. Die um 1520 gemalten Altartafeln stammen von Niklas Breu. Aus dem Ort gingen einige bedeutende gelehrte Persönlichkeiten hervor. Pulkau wurde am 13. Dezember 1984 zur Stadt erhoben.

Das Wildtiermuseum in Oberwölbling.

Die Glycol-Affäre

In den frühen achtziger Jahren gab es in ganz Europa und auch in Niederösterreich besonders gute Weinernten. Um die Überproduktion einzulagern, wurde ein großes Tanklager in Wolkersdorf errichtet. Im Frühjahr 1985 wurde nun bekannt, daß in der Bundesrepublik Deutschland aus Österreich stammende Weine mit dem Frostschutzmittel „Diäthylen Glycol" verfälscht worden waren. Solche Produkte wurden als Qualitätsweine exportiert und billig verkauft. Die Folge dieses europaweiten Skandals waren Untersuchungen bei verschiedenen Weinbaubetrieben und Händlern in Niederösterreich, von denen viele in den Verdacht geraten waren, Weine verfälscht zu haben. Große Mengen Wein wurden in Verbrauchermärkten und Geschäften beschlagnahmt. Der Export brach zusammen, und die folgenden Untersuchungen ergaben nicht nur eine sehr starke Verbreitung dieser Verfälschung, sondern auch die Gewißheit, daß einige große Betriebe gewaltige Mengen an Kunstwein hergestellt hatten. Ein renommierter Betrieb in Fels am Wagram mußte sogar geschlossen werden. Die Inhaber wurden vor Gericht gestellt. In der Folge wurde das in Österreich gültige Weingesetz verschärft, um künftig solche Manipulationen auszuschließen.

Die Synagoge in St. Pölten

Der Israelitischen Kultusgemeinde von St. Pölten, die seit 1857 besteht, wurde 1885 im Bereich der Gasser-Fabrik ein Gebäude übergeben, das sie zu einer Synagoge ausbaute. Der Tempel erwies sich bald als zu klein für die rasch wachsende jüdische Gemeinde. Deshalb suchte man nach einem Baugrund und fand diesen neben dem bestehenden Tempelgebäude. Gleichzeitig hatte man eine beträchtliche Summe angespart, so daß 1910 die Neuerrichtung der Synagoge eingeleitet werden konnte. Verschiedene Architekten mit entsprechender Erfahrung wurden zu einem Wettbewerb eingeladen, und schließlich wurde das Projekt des Wiener Architekten Theodor Schreier ausgewählt, dessen Entwurf der Umgebung am besten angepaßt war. Im Frühjahr 1912 wurde mit dem Neubau begonnen. Bereits am 17. August 1913 konnte die Eröffnung der Synagoge vorgenommen werden. Neben dem Tempelbau war im Kantorhaus ein Versammlungsraum, ein Schulraum, eine Wohnung für den Kantor und eine für den Tempeldiener vorgesehen. Später zog auch der Oberrabbiner in das Gebäude ein. Die jüdische Gemeinde St. Pölten vergrößerte sich bis 1938 nicht mehr wesentlich. In der „Reichskristallnacht" vom 10. November 1938 wurde der Tempel von St. Pölten im Inneren zerstört, während das Gebäude erhalten blieb. In den folgenden Kriegsjahren wurde das Bauwerk nur provisorisch instandgesetzt und diente ab 1942 als Auffanglager für zwangsverpflichtete russische Zivilpersonen. In den letzten Kriegstagen entstanden Schäden, die nur notdürftig ausgebessert wurden, die Fenster blieben mit Brettern verschlagen. Als die Israelische Kultusgemeinde Wien als nunmehriger Besitzer beim Bundesdenkmalamt um die Abbruchgenehmigung ansuchte, wurde die Demolierung verweigert, gleichzeitig wurde nach Wegen gesucht, um die Synagoge zu retten. Schließlich kam es zur Bildung eines Kuratoriums, und im Herbst 1979 konnte mit der Instandsetzung begonnen werden. Als Hauptproblem erwies sich die Rekonstruktion der nur mehr fragmentarisch vorhandenen Schablonenmalerei. Vom Kuratorium wurde festgelegt, die ehemalige Synagoge als Kulturzentrum zu verwenden und im ersten Sommer eine Ausstellung „Kult und Kultur des österreichischen Judentums" zu veranstalten. Die Objekte dafür wurden vom bekannten Wiener Sammler Max Berger zur Verfügung gestellt.

Links: Die ehemalige Synagoge in St. Pölten.
Rechts: Das Kraftwerk Dürnrohr.

Verkehrsverbund Ostregion

Das historisch gewachsene Verkehrsnetz in Wien, Niederösterreich und dem Burgenland entsprach nicht mehr den Erfordernissen. Der Betrieb der Regional- und der Schnellbahn wurde von den ÖBB besorgt, Straßen-, Stadt- und U-Bahnen sowie viele Autobuslinien in Wien werden von den Wiener Verkehrsbetrieben geführt. Andere Verkehrsträger sind die Wiener Lokalbahnen, denen die Badner Bahn gehört, Autobuslinien der ÖBB, der Post und privater Unternehmer. Dies hatte unterschiedliche Tarif- und Informationssysteme zur Folge. Es war oft nicht möglich, die Fahrpläne und Anschlüsse abzustimmen. Deshalb wurde im Jahre 1973 die Schaffung eines Verkehrsverbundes für den Zentralraum Wien-Niederösterreich-Burgenland beschlossen. Bis zu seiner Verwirklichung dauerte es aber noch zehn Jahre. In dieser Organisation wurden die Republik Österreich, die Bundesländer Wien, Niederösterreich und das Burgenland im Verhältnis 50 : 30 : 15 : 5 beteiligt. Die 1974 geschaffene Gesellschaft hatte die Aufgabe, die Einführung in rechtlicher, organisatorischer und technischer Hinsicht vorzubereiten. Ziel war eine Tarif- und Verkehrsgemeinschaft, in der die öffentlichen Verkehrsmittel – Regional-, Schnell-, U-, Stadt-, Straßenbahn und Autobus – zu einem leistungsfähigen regionalen Verkehrsnetz mit einheitlichen Tarifen, abgestimmten Fahrplänen und einem integrierten Informationssystem zusammengefaßt wurden. Die erste Etappe des Verkehrsverbundes wurde mit Beginn des Sommerfahrplanes am 3. Juni 1984 eingeführt. Den Fahrgästen steht ein Streckennetz von nahezu 1.600 km zu einem einheitlichen Tarif und mit weitgehend abgestimmten Fahrplänen zur Verfügung. Die neue Organisation betrifft die Stadt Wien und Teile von Niederösterreich in einem Umkreis von etwa 40 km um die Bundeshauptstadt.

Notarztdienst

Seit dem Jahre 1984 verfügt Niederösterreich über einen flächendeckenden Notarzthubschrauberdienst des ÖAMTC, der in Zusammenarbeit mit dem Land und dem Landesverband des Roten Kreuzes, von Krems und Wiener Neustadt aus betrieben wird. Darüber hinaus wurden Notarztwagen des Roten Kreuzes in immer mehr Standorten eingerichtet.

Leopold Grünzweig und sein Nachfolger Ernst Höger.

Umweltschutz

Am 1. Jänner 1985 trat das neue Nö. Umweltschutzgesetz in Kraft, das vom Landtag am 8. November des Vorjahres beschlossen worden war. Ziel des Gesetzes ist es, „die natürlichen Lebensbereiche von Menschen, Tieren und Pflanzen in Niederösterreich zu erhalten, zu verbessern oder wiederherzustellen". Zu dieser Zeit war der Umweltschutz ein wesentliches Anliegen vieler Menschen geworden und beschäftigte auch die politischen Instanzen in den Gemeinden und im Land. So wurde eine Umweltanwaltschaft eingerichtet, und jede Gemeinde hatte einen Gemeinderatsabgeordneten für Umweltfragen zu bestellen. Diese Organe haben über die Umwelt im Gemeindebereich zu wachen, schädigende Eingriffe anzuzeigen oder Empfehlungen über Maßnahmen zu geben. Der Umweltanwalt hat bei Umweltschutzverfahren auf Landesebene Parteistellung und soll die Landesbürger in Verfahren beraten. Die bereits seit zehn Jahren bestehende Nö. Umweltschutzanstalt und die „Akademie für Umwelt und Energie" in Laxenburg wurden in das Umweltschutzgesetz eingebunden. Die Akademie wurde eine Einrichtung des öffentlichen Rechtes und erhielt die Aufgabe, Forschungen auf den Gebieten Umweltschutz, Umweltgestaltung und Alternativenergie zu fördern.

Kraftwerk Dürnrohr

In der Nähe des stilliegenden Kernkraftwerkes Zwentendorf wurde auf einem alten Industriegelände, wo einst die Ölraffinerie Moosbierbaum stand, das Kohlekraftwerk Dürnrohr als Gemeinschaftsprojekt der staatlichen Verbundgesellschaft und der Landesgesellschaft NEWAG errichtet. In zwei Blöcken, die 405 Megawatt und 320 Megawatt Leistung haben, wird so viel elektrische Energie erzeugt, wie das verhinderte Atomkraftwerk herstellen sollte. Für den Betrieb des Kraftwerkes werden pro Tag 6.000 Tonnen, also jährlich mehr als 1 Million Tonnen polnische Steinkohle verbraucht. Um die gewaltigen Mengen an Schadstoffen und Rückständen zu entsorgen, war der Bau entsprechender Anlagen erforderlich. Die Umgebung von Dürnrohr wird von der Umweltschutzanstalt mit einem Frühwarnmeßnetz überwacht, das die Überschreitung der festgelegten Grenzwerte verhindern soll. Außerdem werden an 20 Punkten der Umgebung regelmäßig Laub- und Nadelproben genommen und untersucht. Über die Nutzung der Wärme des Kühlwassers ist bisher noch keine Entscheidung gefallen.

Leopold Grünzweig

Der langjährige Landeskulturreferent Leopold Grünzweig wurde am 24. 12. 1923 in Freundorf im Bezirk Tulln geboren. Er besuchte die Lehrerbildungsanstalt in St. Pölten, die er nach der Rückkehr aus Kriegsdienst und englischer Kriegsgefangenschaft beenden konnte. Als Lehrer wirkte er in Sieghartskirchen, und im Bezirk Tulln vollzog sich sein politischer Aufstieg. Im Jahre 1959 wurde er in den Nö. Landtag gewählt, dem er zehn Jahre lang angehörte. 1969 wurde er als Nachfolger von Emil Kuntner Mitglied der Nö. Landesregierung. In den 15 Jahren seiner Tätigkeit als Schulreferent wurden in Niederösterreich 700 neue oder neugestaltete Schulen und Kindergärten eröffnet und die Schulreorganisation abgeschlossen. Darüber hinaus betreute Leopold Grünzweig Landesbibliothek und Landesarchiv und alle kulturellen Agenden. So wurden in dieser Zeit das Nö. Tonkünstlerorchester, eines der führenden österreichischen Konzertorchester und die Landesausstellungen weit über die Grenzen Österreichs hinaus bekannt, und auch die Denkmalpflege ist intensiv weitergeführt worden. Im Jahre 1980 wurde Grünzweig Parteivorsitzender der SPÖ und Landeshauptmannstellvertreter. Diese Funktionen übte er bis zum Jahre 1985 aus.

Links: Der Dichter Wilhelm Szabo (1901–1986).
Rechts: Der Maler Franz Traunfellner (1913–1986).

1986

KALENDER

Jänner Es gibt 86 Kinos in Niederösterreich; 634 Postämter und 460.000 Telefonanschlüsse werden gezählt.

1. 1. Es gibt in Niederösterreich 77.253 Feuerwehrmänner, darunter sind 84.590 aktiv, 1,7 Prozent Jugendliche, 39,7 Prozent Arbeiter, 20,5 Prozent Landwirte.

Alarmierendes Ansteigen der Arbeitslosigkeit in Niederösterreich auf 33.685 Stellungsuchende, 7.000 mehr als im Vorjahr.

11. 2. Die Landesregierung beschließt die Gründung des „Siegfried-Ludwig-Fonds" für universitäre Einrichtungen in Niederösterreich.

2. 3. Ergebnis der Volksbefragung über die Landeshauptstadt (61,3 Prozent Wahlbeteiligung): 56 Prozent Ja-Stimmen, 44 Prozent Nein-Stimmen. Von den positiven Stimmen waren 44,6 Prozent für St. Pölten, 29,3 Prozent für Krems, 8,2 Prozent für Baden, 5,3 Prozent für Tulln, 4,1 Prozent für Wiener Neustadt.

17. 3. Erstes Gespräch zwischen ÖVP und SPÖ über die Errichtung der Landeshauptstadt.

10. 4. Der Landtag beschließt das Luftreinhaltegesetz.

15. 4. Das englische Thronfolgerpaar Prinz Charles und Prinzessin Diana sind zu Besuch in Niederösterreich.

21. 4. Eröffnung der Ausstellung „Prinz Eugen und das barocke Österreich". Bis Ende Oktober kommen 368.000 Besucher.

26. 4. Die Reaktorkatastrophe von Tschernobyl in der Ukraine nahe Kiew bringt auch in Niederösterreich radioaktiven Niederschlag.

2. 5. Protestierende Weinbauern blockieren den Grenzübergang Drasenhofen.

13. 5. Umbildung der Landesregierung: Landesrat Schauer tritt zurück; Handelskammerpräsident Vinzenz Höfinger wird Landesrat, und Bundesrat Leopold Maderthaner wird Präsident der Handelskammer. Landeshauptmannstellvertreter Leopold Grünzweig scheidet aus der Regierung aus, sein Nachfolger wird SPÖ-Landesobmann Ernst Höger. Franz Slavik wird Landesrat. Im Zuge des Revirements übernimmt LH Ludwig das Kulturreferat.

15. 5. Bauerndemonstrationen in Krems und Tulln.

5. 6. 33. Österreichischer Gemeindetag in Baden.

8. 6. Bundespräsidentenwahl (2. Wahlgang). Dr. Kurt Waldheim wird mit 54 Prozent der Stimmen gewählt.

26. 6. Die Ostautobahn wird bis Fischamend eröffnet.

10. 7. Der Landtag beschließt einstimmig die Errichtung einer eigenen Landeshauptstadt durch Änderung der Verfassung.

14. 7. Baubeginn am Marchfeldkanal in Gerasdorf.

Delegation aus St. Pölten im Hof des Landhauses am 10. Juli 1986.

22. 7. Schwere Unwetter im Gebiet von Kirchberg am Wagram.

Juli Der Autobahnanschluß Böheimkirchen wird eröffnet.

16. 7. Hans Hermann Groër wird zum Erzbischof von Wien ernannt.

4./5. 8. Schwere Unwetter bei Tulln, Korneuburg, Wien, Mödling und Wiener Neustadt.

24. 8. Der Naturpark Jauerling wird eröffnet.

28. 8. Der Naturpark Mannersdorf wird eröffnet. Es gibt nun 19 Naturparks im Land.

September. In Niederösterreich sind 967.000 Fahrzeuge zugelassen.

Die Renovierung der Arbeiterwohnsiedlung „Kolonie" in Mödling wird abgeschlossen.

20. 9. Die „rückgebaute" und verkehrsberuhigte Ortsdurchfahrt von Langenzersdorf wird dem Verkehr übergeben.

28. 9. Der Zentralverschiebebahnhof Kledering bei Schwechat nimmt den Betrieb auf.

Oktober Es gibt 441.749 unselbständig Erwerbstätige in Niederösterreich.

22. 11. Eröffnung des neuen Landespensionistenheimes in Hainfeld.

Dezember. Die Harlander Coats schließen die Fabrik in Harland, dagegen hat die Glanzstoff Austria-AG erstmals wieder positive Betriebsergebnisse.

In Niederösterreich wurden 903.422 Tonnen Rohöl gefördert, das sind 15,3 Prozent des Inlandbedarfes.

GEBURTSTAGE

Sabine Mandl. „Hauptstadtkind". Geboren am 11. Juli 1986 in Herzogenburg.

TODESTAGE

Franz Freitag. Mittelschullehrer, Dialektforscher. Gestorben 20. 1. 1986 in Krems. (Geboren 17. 7. 1909 in Wien.)

Roland Minkowitsch. Bauernbundfunktionär, ÖVP-Politiker. 1968–1970 Staatssekretär, 1975–1977 Präsident des Nationalrates. Gestorben 22. 1. 1986 in Wien. (Geboren 13. 1. 1920 in Spittal an der Drau.)

Franz Traunfellner. Maler und Graphiker. Gestorben 17. 2. 1986 in Gerersdorf bei Pöggstall. (Geboren 25. 3. 1913 in Gerersdorf.)

Wilhelm Szabo. Lehrer, Hauptschuldirektor in Weitra, Lyriker, Essayist. Gestorben 14. 6. 1986 in Wien. (Geboren 30. 8. 1901 in Wien.)

Richard Eybner. Schauspieler, Vortragskünstler. Gestorben 20. 6. 1986 in Wien. (Geboren 17. 3. 1896 in St. Pölten.)

Ernst Grabenhofer. Leiter der Abteilung für Stiftungen der Landesregierung. Gestorben Juni 1986. (Geboren 24. 7. 1923 in Wien.)

Josef Waldhütter. Kontrollamtsdirektor. Gestorben 5. 8. 1986 in Mödling. (Geboren 22. 4. 1901 in Mödling.)

Die Arbeitersiedlung „Kolonie" in Mödling

In Mödling wurde im September 1986 die Renovierung der Arbeitersiedlung „Kolonie" abgeschlossen. Diese Siedlung wurde in der Zeit von 1830 bis 1835 von dem Lokomotivfabrikbesitzer Franz Xaver Manhart für die Arbeiter seines Unternehmens errichtet und kam im Jahr 1875 zur Schuhfabrik Fränkel. 1921 wurde die „Kolonie" von der Gemeinnützigen Bau- und Wohnungsgenossenschaft Mödling übernommen. 1978 wurde sie auf Initiative eines neugegründeten Vereines zu ihrer Erhaltung unter Denkmalschutz gestellt. In den Jahren 1981 bis 1986 wurde die Arbeitersiedlung mit Unterstützung von Bund, Land und der Gemeinde Mödling renoviert. Sie verfügt heute über 279 zeitgemäße Wohnungen.

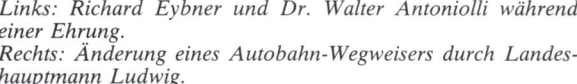
Links: Richard Eybner und Dr. Walter Antoniolli während einer Ehrung.
Rechts: Änderung eines Autobahn-Wegweisers durch Landeshauptmann Ludwig.

Das Werden der Landeshauptstadt

Am 15. Februar 1984 stellte Landeshauptmann Siegfried Ludwig die Frage der Landeshauptstadt Niederösterreichs zur Diskussion und gab die Einsetzung einer Projektgruppe bekannt, die diese Frage innerhalb eines Jahres prüfen sollte. Damit wurde eine Diskussion angeregt, die es innerhalb der letzten 63 Jahre immer wieder gegeben hatte. Bei den Trennungsverhandlungen zwischen Wien und NÖ im Jahre 1921 war von einer neuen Hauptstadt nur am Rande die Rede gewesen. Vor allem das Schicksal des Landhauses wurde für jeden Eventualfall festgelegt. Sollte der niederösterreichische Landtag auf Dauer von Wien wegverlegt werden, würde das Landhaus wieder gemeinsames Eigentum von Wien und Niederösterreich werden und Wien hätte das Vorkaufsrecht auf die Niederösterreich gehörende Hälfte des Hauses. Niederösterreich hat sich darüber hinaus mit dem Trennungsgesetz die Berechtigung gesichert, Landtag und Landesregierung in Wien zu belassen. Spätere Hinweise auf die Notwendigkeit der Errichtung einer eigenen nö. Landeshauptstadt kamen nur von Orten, die selbst gern diese Funktion übernommen hätten. Die führenden Politiker dachten nicht daran, eine derartige Lösung vorzuschlagen, obwohl es sich zeigte, daß die finanzielle Lage des Landes durch das Fehlen der Hauptstadt wesentlich schlechter war, als man angenommen hatte. Auch die Nationalsozialisten lösten die Hauptstadtproblematik des Gaues „Niederdonau" nicht. Im „Ostmarkgesetz" von 1939 wurde Krems zwar zur Gauhauptstadt erklärt und damit zum politischen Mittelpunkt des Landes gemacht, die Verwaltung blieb aber in Wien, da der Krieg eine Übersiedlung und die notwendige Bau-

Ludwig und Höger erhalten im Rathaus von St. Pölten durch Bürgermeister Gruber und seine Stellvertreter ein Erinnerungsgeschenk.

Mitglieder des Landtages und der Landesregierung bei der Verkündung des Landtagsbeschlusses vom 10. Juli 1986.

tätigkeit unmöglich machte. In den folgenden Jahren kam es des öfteren zur Diskussion über den Vorteil einer Verlegung der Landeshauptstadt, wobei der Landtagsabgeordnete Wilhelm Steingötter, Bürgermeister von St. Pölten, am stärksten dafür eintrat. Bei der Budgetdebatte des Jahres 1954 nannte der Finanzreferent Landesrat Viktor Müllner einen Betrag von 600 Millionen Schilling, der dem Land Niederösterreich zugunsten Wiens verloren gehe. Man wollte auf diese Weise einen Vorzugsanteil Niederösterreichs im Finanzausgleich erringen, scheiterte aber trotz mehrmaligen Versuchs. Im Jahre 1955 ließ die niederösterreichische Landesregierung durch eine Arbeitsgemeinschaft für Raumforschung und -planung prüfen, ob die Verlegung des Amtes nach Klosterneuburg oder Mödling zweckmäßig sei. Dabei wollte man keine Landeshauptstadt schaffen, sondern nur ein Verwaltungs- und Kulturzentrum. Damals wurde die Idee eines niederösterreichischen Landesschwerpunktes im Raum St. Pölten–Krems entwickelt, aber eine Verlegung der Landesverwaltung wurde nicht für möglich gehalten. Am 6. Dezember 1970 wurde beim Landesparteitag der ÖVP Niederösterreich in Tulln die Landeshauptstadtfrage erneut diskutiert. Daraufhin kündigte Landeshauptmann Maurer eine wissenschaftliche Untersuchung des Problems an, die vom Österreichischen Institut für Raumplanung bis 1974 durchgeführt wurde. Die Frage einer eigenen Landeshauptstadt blieb aber unbeantwortet. Daraufhin wurde das Problem zurückgestellt und mit dem Ankauf eines großen Verwaltungsgebäudes in der Wiener Operngasse im Jahre 1978 die Wiener Position der Landesregierung gestärkt. Anknüpfend an die Studie des Institutes für Raumplanung wurde 1984 von Landeshauptmann Ludwig die Diskussion wieder eröffnet.

St. Pölten wird Landeshauptstadt

Am 10. Juli 1986 war die Sitzung des letzten Nö. Landtages vor der Sommerpause, der Änderung des Artikels 5 der Landesverfassung gewidmet. Demzufolge wurde St. Pölten zur neuen Landeshauptstadt erklärt und festgelegt, daß die Stadt grundsätzlich die gleichen Funktionen wie andere Landeshauptstädte haben sollte, nämlich Sitz der obersten Organe von Gesetzgebung und Verwaltung des Landes zu sein.

Damit war die im Februar 1984 in Gang gesetzte Diskussion abgeschlossen, und St. Pölten, das bei der ersten nö. Volksbefragung mit 45 Prozent der abgegebenen Ja-Stimmen an die erste Stelle gereiht worden war, hatte die größte Anzahl von Zustimmungen erhalten. Dies war deshalb möglich, weil im Raum St. Pölten beide politische Parteien für die Landeshauptstadt eintraten.

Bei den Verhandlungen zur Schaffung der Landeshauptstadt war es vor allem der SPÖ Niederösterreichs darum gegangen, das Problem der Regionalisierung durchzusetzen. Damit sollten im Laufe von 20 Jahren etwa 13 Milliarden Schilling Fördergelder zusätzlich in Gemeinden und Regionen vergeben werden. Dies war verlangt worden, weil viele Industrieorte Angst hatten, eine so starke Konzentrierung der Gelder des Landes in der neuen Hauptstadt würde für die übrigen Gebiete Niederösterreichs nachteilig sein. So war innerhalb der politischen Kräfte des Landes im Juni der notwendige Konsens erzielt worden, der Voraussetzung für den einstimmigen Beschluß des Landtages war. Nach einer Unterbrechung der Sitzung begaben sich die Mitglieder der Landesregierung auf den Balkon des Landhauses. Im Hof hatten sich Abordnungen aus St. Pölten eingefunden, die nun vom Landeshauptmann begrüßt wurden. Gleichzeitig wurde ihnen mitgeteilt, daß St. Pölten nunmehr zur Landeshauptstadt bestimmt worden sei. In der Stadt selbst wurde am folgenden Freitag, dem 11. Juli, eine Festsitzung des Gemeinderates anberaumt. Die Mitglieder der Landesregierung waren erschienen, um auf diese Weise den Hauptstadtbeschluß auch den Bewohnern der neuen Hauptstadt kundzutun. Stadt und Land wollten in Zukunft eng kooperieren, für die Durchführung des Beschlusses sollte ein Hauptstadtmanagement von St. Pölten aus agieren. Am selben Tage wurde in St. Pölten auch ein großes Stadtfest organisiert, das vom ORF-Landesstudio NÖ übertragen wurde. Das Landesgesetz wurde aber erst nach der Zustimmung des Bundes im August gültig.

Links: Prof. Walter Hofmann (1907–1987).

1987

KALENDER

Insgesamt wurden seit 1949 1.225 Bildungsgebäude gebaut oder renoviert, 1987 45 (15 Kindergärten neu, 18 Umbauten; 2 Volksschulen neu, 9 Umbauten; 1 Hauptschul-Umbau).

1987 gab es 2.641 Brände: 34,3 Prozent in Industrie, 29,7 Prozent in der Landwirtschaft.

Die Nebenbahnverordnung löst Unruhe aus, einige Bahnlinien sollen eingestellt werden.

1. 1. Dr. Karl Kern wird Landesamtsdirektor von Niederösterreich.

Divisionär Gerald Propst wird Militärkommandant von Niederösterreich.

Die „Landeshauptstadt-Planungsgesellschaft" nimmt die Arbeit auf.

6. 1. Strenger Winter mit sehr tiefen Temperaturen, Schneechaos auf den Straßen. Der strenge Frost verursacht Schäden in den Weingärten der Thermenlinie, im Raum Krems-Langenlois und im Pulkautal.

1. 2. Die verbesserte Wohnbauförderung tritt in Kraft.

2. 2. Der Syndikatvertrag mit der Stadt St. Pölten über die Errichtung der Landeshauptstadt wird unterzeichnet.

16.–20. 2. Das Manöver „Wintersturm" des Bundesheeres findet westlich von St. Pölten statt.

24. 2. Konstituierende Sitzung des Aufsichtsrates der Landeshauptstadt-Planungsgesellschaft.

10. 4. Eröffnung des Donaumuseums in Schloß Orth; von 1956 bis 1973 und von 1977 bis 1986 befand sich das Museum in Petronell.

24. 4. Auf der Schallaburg wird die Ausstellung „Spielzeug, Spiel, Spielereien" eröffnet; bis Oktober 208.014 Besucher.

7. 5. Der Landtag beschließt die Erhebung von Mank zur Stadt.

8. 5. Eröffnung der Landesausstellung „Das Zeitalter Kaiser Franz Josephs I." in Schloß Grafenegg.

Juni. Das letzte Wasserrad an der Traisen (die Aignermühle in St. Pölten am rechten Werkbach, 1947 gebaut) wird durch eine Turbine ersetzt.

1. 6. Das Nö. Pressehaus übernimmt den Faber-Verlag in Krems mit 18 Wochenzeitungen.

4. 6. Der Landtag beschließt die Novellierung des Kindergartengesetzes (Senkung der höchstzulässigen Kinderzahl pro Gruppe von 35 auf 30, Einrichtung eines Elternbeirates und verstärkte Förderung von Privatkindergärten).

24. 6. Österreichisches Militärmusikkapellentreffen in Krems und St. Pölten.

Der Neubau des Krankenhauses Krems wird eröffnet.

Juli. Schwere Unwetter im Raum Ybbsitz.

Das Weinkolleg in Und (zwischen Krems und Stein).

9. 7. Der Landtag beschließt die Erhebung Fischamends zur Stadt.

22./23. 8. Die renovierte Kellergasse in Radlbrunn wird eröffnet.

September. In Niederösterreich gibt es 199.300 Schüler in 1.260 Schulen; sie werden von 17.000 Lehrern unterrichtet.

Die Aktion „Niederösterreichs Schuljugend lernt die Landeshauptstadt kennen" läuft im Herbst an.

2. 9. Die Nö. Landesmesse in Krems wird eröffnet, es ist die 20. Veranstaltung in Krems seit 1924.

5. 9. Die 15. Internationalen Kirchenmusiktage beginnen in Lilienfeld.

15. 9. Der neu gestaltete Soldatenfriedhof St. Pölten wird eingeweiht. Dort liegen 809 Tote des Ersten Weltkrieges, 610 deutsche Gefallene des Zweiten Weltkrieges und 30 andere Kriegstote. 1984 bis 1987 wurde der Friedhof vom „Schwarzen Kreuz" erneuert.

18. 9. Das Weinkolleg in Und wird eröffnet.

19./20. 9. Pflügerweltmeisterschaft im Marchfeld.

24. 10. Die 9. Internationalen Puppenspiele in Mistelbach werden eröffnet.

5. 11. Dem Landtag wird eine Mitteilung der Staatsanwaltschaft Wien vom 14. Oktober 1987 zur Kenntnis gebracht; darin wird die Einstellung aller gegen Landeshauptmann Siegfried Ludwig anhängigen Verfahren bekanntgegeben.

6. 11. Das neue „Schömer-Haus" in Klosterneuburg wird eröffnet (Sitz der Firma Baumax).

7. 11. Eröffnung des umgebauten und erweiterten Landespensionistenheimes in Baden.

9. 11. Der Verein zur Erforschung der Geschichte der Juden übernimmt die Synagoge St. Pölten.

23. 11. Unterzeichnung des Übereinkommens mit Wien über die Zusammenarbeit bei der für 1990 geplanten Weltausstellung, bei der Müllentsorgung und beim Bau des Donau-Oder-Kanals.

Dezember Die Glashütte Stölzle in Nagelberg gerät in Schwierigkeiten. Eine neue Gesellschaft „Stölzle Kristall" soll einen Teil der 400 Arbeitsplätze retten.

Ende des Jahres werden die Umfahrung von Hollabrunn, die Straße bei Judenau–Tulln sowie einige Brückenbauten eröffnet.

22. 12. Das Land verkauft das Amtshaus in der Operngasse in Wien der CA-BV. Das Benützungsrecht bleibt aber bis zur Übersiedlung der Behörden nach St. Pölten gewährleistet.

TODESTAGE

Franz Jansky. Lehrer, Bezirksschulinspektor, Maler. Gestorben 11. 1. 1987 in Melk. (Geboren 1922 in St. Pölten.)

Rudolf Henz. Schriftsteller, Kulturschaffender, Rundfunkfachmann. Gestorben 12. 2. 1987 in Wien. (Geboren 10. 5. 1897 in Göpfritz.)

Walter Lorenz. Staatsanwalt. Gestorben 23. 3. 1987 in St. Pölten. (Geboren 29. 10. 1907 in St. Pölten.)

Josef Pfandler. Lehrer, Dichter. Gestorben 28. 7. 1987 in Wien. (Geboren 3. 7. 1900 in Böhmzeil/Gmünd.)

Walter Hofmann. Mittelschulprofessor, Leiter des Nö. Musikschulwerkes. Gestorben 20. 10. 1987 in St. Pölten. (Geboren 24. 9. 1907 in St. Pölten.)

Kurt Woess. Dirigent der Nö. Tonkünstler 1947–1951. Gestorben 4. 12. 1987 in Dresden. (Geboren 2. 5. 1914 in Linz.)

Hans Gruber. Bezirksschulinspektor. Leiter des Bildungs- und Heimatwerkes, Volksbildner. Gestorben 22. 12. 1987 in Wien. (Geboren 13. 10. 1914 in Groß Haslau bei Zwettl.)

Links: Das Donaumuseum in Schloß Orth.

Links: KmzR. Karlheinz und Agnes Essl, Inhaber der Sammlung bauMax. Ölgemälde von Josef Bramer. 1986.

Die Sammlung bauMax

Im Jahre 1987 wurde das neue Verwaltungsgebäude der Firma Schömer (bauMax) in der Aufeldgasse in Klosterneuburg eröffnet. Diese Firma unterhält u. a. eine Reihe von Baustoffmärkten. Im neuen Verwaltungsgebäude ist eine der bedeutendsten Sammlungen österreichischer Gegenwartskunst untergebracht, die von den Besitzern angelegt wurde. Nach Meinung der Firmeninhaber sind Kunst und Kultur die Wurzeln der menschlichen und gesellschaftlichen Tradition, Mahner und Wegweiser zugleich. Sich damit zu beschäftigen, schafft persönliche Bereicherung, stärkt das individuelle Urteilsvermögen und fordert zur kritischen Auseinandersetzungen mit den Fragen unserer Zeit auf. Die „Schömer – bauMax – Unternehmensgruppe" hat sich daher entschlossen, Exponate österreichischer Gegenwartskunst zu erwerben und diese ihren Mitarbeitern und darüber hinaus der Öffentlichkeit zugänglich zu machen. Aus Werken dieser Sammlung werden Ausstellungen gestaltet, die an verschiedenen Orten gezeigt werden. Sie sollen einen Querschnitt durch die Strömungen der Gegenwartskunst geben. Dabei wird besonders auf die Vielfältigkeit der Künstler und Exponate, auch auf ihre Gegensätzlichkeit und differenzierten Auffassungen Bedacht genommen. Bei den Bildern geht es in erster Linie um Aussagekraft und nicht um den ästhetischen Reiz.

Nö. Pressehaus übernimmt Faber-Zeitungen

Ab 1. Juni 1987 wurde eine enge Kooperation zwischen den niederösterreichischen Wochenzeitungen „Niederösterreichische Nachrichten" und „Die Neue, Landeszeitung für alle Niederösterreicher" wirksam. Die „Birken Verlag Ges.m.b.H." – eine Tochtergesellschaft des Niederösterreichischen Pressehauses – übernahm die Anlage des Faber-Verlages sowie die hauptamtlichen Mitarbeiter des Kremser Verlages und pachtete die Herausgaberechte an den 18 traditionsreichen Wochenzeitungen. Eigentümer der Titelrechte blieb die Muttergesellschaft der „Faber Druck- und Verlags-Ges.m.b.H.", die „Niederösterreichische Zeitungsverlags-Gesellschaft".

Das Raiffeisenlagerhaus in Trautmannsdorf.

Die Entwicklung des Raiffeisenverbandes

Die Raiffeisengenossenschaften wurden nach dem Zweiten Weltkrieg zu Mitträgern der sozialen Marktwirtschaft; dies wurde vor allem durch die Schaffung eines Verbundnetzes der verschiedenen Genossenschaftsgruppen möglich. Schon im Jahre 1964 wurde eine „Warenzentrale österreichischer Verbände landwirtschaftlicher Genossenschaften" gegründet, ein Jahr später der „Österreichische Molkerei- und Käsereiverband". Gleiches geschah mit den Kreditgenossenschaften, weil sich die Raiffeisenkassen immer mehr vom bäuerlichen Bereich trennten und auch städtische Kundschaften suchten. Eine besondere Rolle spielte die Genossenschaftliche Zentralbank, die sich um ausreichende Liquidität des Raiffeisensektors bemühte. Ebenso wurde aus den Lagerhäusern mit Hilfe der Warenzentrale nicht nur eine Sammelstelle landwirtschaftlicher Produkte eingerichtet, sondern auch ein Versorgungssystem für Dünger und andere Gerätschaften des landwirtschaftlichen Bereiches. Schwerpunkte waren Saatgut und Sämereien, Getreide, Futter- und Düngemittel, Landmaschinen, Treibstoffe sowie der Haus-, Hof- und Gartenbereich. Auch der Baustoffhandel entwickelte sich zu einer wesentlichen Sparte. Eine besondere Rolle spielten die Genossenschaften auch in der Weinwirtschaft und in der Verarbeitung der Milch. Im Lauf der achtziger Jahre ergab sich die Notwendigkeit, die Raiffeisenorganisation neu zu gliedern, zu straffen und zu rationalisieren. Man versucht, neue Dienstleistungsbereiche wie die Raiffeisen-Bausparkasse, die Raiffeisen-Versicherungsgesellschaft, den Raiffeisen-Reisedienst, aber auch die Marktstellung der Geldorganisation und der Warenorganisation auszubauen und zu stabilisieren. Große Bedeutung kommt den Verwertungsorganisationen zu, die landwirtschaftliche Produkte für den Konsummarkt aufbereiten.

Das Moorheilbad Harbach

Anfang der siebziger Jahre wurde der Ort Harbach im Waldviertel zur Fremdenverkehrsgemeinde erklärt. Ziel war, in dieser Gegend ein Kurzentrum zu errichten. Im Jahre 1976 wurde eine Gesellschaft „Kurzentrum Mandelstein-Nebelstein Ges.m.b.H." gegründet, die eine Kuranstalt mit einem Moorbad errichtete, das im Juni 1980 eröffnet werden konnte. Die Therapie war auf 350 Personen ausgerichtet, das Kurhaus wies 190 Betten auf. Nachdem schon in den ersten Jahren eine gute Frequenz erreicht wurde, schritt man 1982 an die Erweiterung. Weitere Freizeiteinrichtungen wurden geschaffen, und schließlich wurde 1987 als dritte Ausbaustufe das Stoffwechselzentrum mit weiteren 120 Betten eröffnet. Somit weist das Kurhaus insgesamt 490 Betten auf und beschäftigt 200 Personen. Die Gästenächtigungen in Harbach stiegen von 21.700 im Jahre 1977 auf 194.800 im Jahr 1986.

Rudolf Henz

Rudolf Henz wurde am 12. 5. 1897 als Sohn eines Lehrers in Göpfritz im Waldviertel geboren. Später übersiedelte die Familie nach Großweikersdorf im Weinviertel, wo der Vater als Oberlehrer wirkte. Henz kam als Gymnasiast in das Erzbischöfliche Knabenseminar nach Hollabrunn. Nach dem Ersten Weltkrieg studierte er in Wien und ging zum im Aufbau begriffenen österreichischen Rundfunk, wo er rasch Karriere machte. 1938 wurde er aus politischen Gründen außer Dienst gestellt, 1945 als Programmdirektor reaktiviert. Mit seinem 1932 erschienenen Erstlingsroman „Die Gaukler" konnte er sich einen Namen als Schriftsteller machen und verfaßte in den folgenden Jahren der Berufslosigkeit historische Romane. 1943 erschien „Der große Sturm", in der er die Epoche Walthers von der Vogelweide beschrieb. Im Jahre 1950 erschien seine „Österreichische Trilogie". Darüber hinaus schrieb er auch Werke für die Laienbühne, Hörspiele und ein TV-Dokumentarstück „Rebell in der Sutane", das 1970 aufgeführt wurde. Rudolf Henz verstarb am 12. Februar 1987 in Wien.

Links: Herbert Boeckl. Landschaft bei Nappersdorf. Ölgemälde. 1951. Wien, Nö. Landesmuseum.

Malerei in NÖ nach 1945

Noch bevor die neue österreichische Regierung kulturpolitische Maßnahmen ergreifen konnte – ihre Bildung erfolgte bekanntlich am 27. April 1945 – übernahm wenige Tage nach der Befreiung Wiens Herbert Boeckl am 19. April 1945 provisorisch die Geschäfte des Rektors der Akademie der bildenden Künste in Wien; am 23. April begann wohl in bescheidenem Rahmen, aber immerhin, der Unterrichtsbetrieb.

Als am 27. Juni 1945 das Kollegium zur ersten Sitzung zusammentrat, waren außer Boeckl von den Professoren nur der Bildhauer Josef Müllner (Baden), der Maler Sergius Demser (Waidhofen/Ybbs) und der Bühnenbildner Emil Pirchan anwesend. Aber die Weichen wurden gestellt, provisorische Lehraufträge beantragt. Boeckl holte den in die Schweiz emigrierten Bildhauer Fritz Wotruba an die Akademie. Die 1939 aufgelösten und in die Reichskunstkammer übergeführten österreichischen Künstlervereinigungen wurden reaktiviert. Das Wiener Künstlerhaus hatte den Vorteil eines unzerstörten Gebäudes, auch die Zedlitzhalle im ersten Bezirk, das Haus des „Hagenbundes", war erhalten geblieben. An Stelle des alten trat der „Neue Hagenbund", gegründet von den Restmitgliedern Rudolf Richly, Franz Herberth und dem St. Pöltner Franz Luby. Die Secession als Haus war ausgebrannt, der für die Kultur in Wien zuständige Stadtrat Viktor Matejka sorgte nicht nur für eine rasche Beseitigung der Trümmer, sondern auch für die „alten" Secessionisten, und so zeigte die Secession bald neues Leben. Noch bevor die erste Ausstellung der

Sergius Pauser. Rektor Christian Martin. Ölgemälde. 1958. Wien, Akademie der bildenden Künste.

Ferdinand Stransky. Liegender Akt. Ölgemälde. 1969.

Secession am 5. April bis 12. Mai 1946 stattfand, hatte der „Verein heimischer Künstler Klosterneuburg" unter seinem Präsidenten Ludwig Karl Strauch die erste Ausstellung nach dem Kriegsende im Herbst 1945 auf dem Getreidemarkt in Wien veranstaltet.
Über die Situation der Nachkriegsjahre im Bereich der bildenden Kunst schreibt Hans Bisanz im Katalog „Der Kreis – Dokumentation einer Wiener Künstlervereinigung 1946–1980" so: „Im Gegensatz zur politischen Befreiung, die von außen kam, mußte die kulturelle Befreiung von innen her, durch die eigene Aktivität der dafür Befähigten erfolgten. Die Aufgabe war schwer, da sie nicht nur die Wiedererweckung und Neufassung einer österreichischen Kunst erforderte, sondern auch eine Wiedergewinnung und Erweiterung des Publikums." Das Abstreifen von früheren Fesseln ging nur allmählich vor sich... Wirklichen Mut zu Neuem, wirkliche Freude am wieder möglich gewordenen Experiment, kann man nur zwei kleinen Gruppen bescheinigen, die damals im Rahmen von Großausstellungen Werke zeigten: dem „Art-Club" und dem „Kreis". Albert Paris Gütersloh wurde erster Präsident des „Art-Club", Arnulf Neuwirth leitete seit 1950 den „Kreis". Im Künstlerhaus sammelten sich die konservativen, in der Secession die gemäßigt modernen Künstler, unter ihnen auch alle bekannten Namen aus Niederösterreich.
Freilich löste der Einbruch der abstrakten Kunst in die Kunstszene des Landes bestimmte Probleme aus und brachte eine heftige Unruhe in die Künstlerschaft, aber auch in die mit der Kunstförderung befaßten offiziellen Stellen des Landes und der größeren Städte. Auseinandersetzungen darüber liefen quer durch alle beteiligten Schichtungen, und vielfach wurde vergessen, daß dieses sogenannte „Neue" in anderen Ländern längst seinen festen Platz gefunden hatte.
Für die aus dem Kriege Zurückgekehrten und die in die Akademie neu Eintretenden stellte sich Boeckl als die überragende Per-

sönlichkeit dar. An ihm wurde man gemessen und maß sich selbst. Ähnliches galt am Beispiel Wotruba für die Bildhauer. Pauser, Dobrowsky und Elsner gelten zwar als beliebte Lehrer, aber nicht so sehr als Leitfiguren, wobei Dobrowsky durch seine expressive Haltung noch am ehesten von seinen Schülern akzeptiert wurde. Vielfach herrschte auch eine völlige Unwissenheit über das Wesen der Abstraktion, eine Verwechslung mit einer Formenvereinfachung geschah laufend und schlug sich im künstlerischen Schaffen des Landes ebenso nieder wie anderswo. Die Wendung von der Gegenständlichkeit zur Ungegenständlichkeit vollzog sich schrittweise. Das Ölbild „Baugrube des Donaukraftwerkes Ybbs-Persenbeug" aus 1956 von Carl Unger ist dafür ein gutes Beispiel. Gustav Hessing, damals einem eher kleinen Kreis von Studenten bekannt, löste die Gegenständlichkeit in Kleinformen und Flecken auf, ohne auf die größere Figuration zu verzichten. Ausflüge in kubistische Gefilde waren wie bei Stransky von kurzer Dauer, bei Potuznik finden wir solche Versuche bis zu seinem Tode. Otto Riedel verwendete eine kubistische Formensprache, durch Franz Cizek modifiziert, zunächst als graphische Überlagerung, um sie später in seinen Acrylbildern als Flächenteilungen einzubringen. Oskar Matulla blieb im Figurativen verhaftet, reduziert auf einfache Formen, die durch einzelne kubistische Kleinformen angereichert werden. Der Mödlinger Hans Essinger suchte eine vereinfachte, große Formensprache, die Poysdorferin Maria Ohmeyer schwankte

Rudolf Plehar. Meeresfrüchte. Ölgemälde. Um 1955.

452

Rechts: Hans Fronius. Erschießen. Ölgemälde. 1980.

Oskar Matulla. Pürstendorf. Ölgemälde. 1970.

zwischen einer solchen und impressionistischen Ausdrucksformen, wie sie mit breiten Pinselstrichen Carl Fahringer und in der Nachfolge der Bisamberger Emil Rizek vorzogen. Dobrowsky war nach wie vor die Leitfigur einer expressiven Richtung, die über Gunsam, Pipal, Birstinger, Jakowitsch, Buchner, Potuznik bis zum Expressionismus des Viehofeners Stransky reichte. Der Vöslauer Weinwurm, der Badener Bilko waren die Hauptvertreter eines traditionellen Naturalismus innerhalb der österreichischen Stimmungsmalerei.

Der Badener Arnulf Rainer trat bei der Ausstellung der „Hundsgruppe", genannt nach der gleichzeitig aufgelegten Lithographiemappe „Cave canem", am 21, März 1951 mit den „Tiefseebildern" und als agent provocateur auf, indem er ein Glas voll Spucke über die Anwesenden mit den Worten „Meine Spucke auf Euer Hemd" schüttete. Im November des gleichen Jahres zeigte er neben „atomarer Malerei" unter dem Pseudonym „ZULU" leere Bilderrahmen in Klagenfurt. Das Nö. Landesmuseum erwarb bei der Wiener Ausstellung den „Taucher".

Rainer zog sich in eine Villa bei Gainfarn zurück, um dort intensiv zu arbeiten. Ausstellungen, die damals in Niederösterreich wanderten, berücksichtigten Rainer nicht. Fast 20 Kunstausstellungen stellte Dr. Rupert Feuchtmüller, Kustos am Nö. Landesmuseum, zusammen, die in den Bezirksorten gezeigt wurden, und die bekannte und bewährte Namen umfassen.
Etwa ab Mitte der fünfziger Jahre trat eine neue Generation von Künstlern des Landes in Erscheinung, einmal geprägt durch die Boecklschule, zum anderen schwankend

Malerei in NÖ nach 1945

Adolf Frohner. Erinnerungen. Acryl auf Holzplatte. 1988.

das Prädikat „Phantastischer Realismus" erhielt, mit einer großen Ausstellung im Oberen Belvedere in Wien eine neue Gruppierung an die Öffentlichkeit. Zusammen mit Edgar Jené, Ernst Fuchs, Wolfgang Hutter und Fritz Janschka gründete Rudolf Hausner im „Art-Club" eine surrealistische Gruppe, der sich später Anton Lehmden und Arik Brauer anschlossen. In der ersten Ausstellung dieser Gruppe im Foyer des Wiener Konzerthauses mußte das „Aporische Ballett" Hausners auf Grund von Protesten der Konzertbesucher dreimal vorübergehend entfernt werden. Wenn wir uns vergegenwärtigen, daß damals die Grundströmung zur Abstraktion hinging, kann man sich vorstellen, daß sich so mancher der Künstler begierig einer Richtung, die sich der Gegenständlichkeit, dem literarischen Inhalt, der hintergründigen Ausdeutung desselben, der Metapher, noch dazu vorgetragen von einer altmeisterlichen Manier, zuwandte. Freilich blieben Leistungen, wie sie Rudolf Hausner in seinen „Introspektiven", den „Adambildern" vollbringt, unerreicht.

Der Laaer Kurt Mikula war einer der ersten, die sich den Möglichkeiten dieser phantastischen Richtungen bewußt wurden, der im Weinviertler Falkenstein geborene Karl Korab, Peter Klitsch, Peter Proksch folgten mit Abstand später. Korab wird sich anderen Ufern zuwenden. Hausner, seit 1972 in Mödling ansässig, wird in Josef Bramer aus dem Erlauftal nicht nur einen Schüler und Assistenten, sondern auch indirekt einen Übernehmer seiner Vorstellungen finden. Ist es bei Hausner Adam, in dem er sich künstlerisch artikulieren kann, so verwendet Bramer die Figur des Kaspar, oder des Kasperls, hinter der er sich verbergen kann, verstecken, aber auch offenbaren.

Ausgehend vom Wiener Aktionismus eröffnen sich neue bildgestaltende Möglichkeiten. Der aus Groß Inzersdorf im Weinviertel stammende Adolf Frohner wird von ihnen wesentlich beeinflußt. Er macht die Brutalisierung der Frau zum Hauptthema seines Schaffens, wendet sich der Auslotung der Sexualisierung zu, verbindet diese Anliegen mit einer heftigen, gestischen Gestaltungsweise, die die Auflösung des Humanifiguralen des Leobersdorfers Walter Eckert noch übertrifft. Auch durch seine Professur an der Hochschule für angewandte Kunst Wien zählt Frohner zu den bedeutendsten Kräften im Lande. Unmittelbar in der Nähe des Geburtsortes Frohners erwirbt Hermann Nitsch, der Gründer des Orgien-Mysterien-Theaters, das Schloß Prinzendorf. Nitsch, Aktionist par excellence, der Regie und Inszenierung gleicherweise beherrscht, ist bis heute der wichtigste Vertreter des

zwischen dem expressiven Postimpressionismus Pausers und der expressionistischen Grundhaltung der Dobrowskyklasse. In die rauhe und oftmals unverständige Wirklichkeit lokaler und regionaler Verhältnisse entlassen, versandeten manche Talente rascher als erwartet, viele suchten ihr Heil im Unterrichtsfach Kunsterziehung.

Ebenfalls Ende der Fünfziger trat mit der Namensbezeichnung und Gründung der „Wiener Schule", die an Stelle der Einordnung zum Surrealismus von Johann Muschik

*Rechts: Karl Korab. Kopf. Ölgemälde. 1983.
Sammlung bauMax.*

Malerei in NÖ nach 1945

Anton Elsinger. Grüne Form. Ölgemälde. 1978.

Aktionismus, auch der umstrittenste, und neben Arnulf Rainer der bekannteste.

Der Pluralismus der divergierendsten stilistischen Richtungen ist heute wie überall auch in Niederösterreich feststellbar. Neben den bereits besprochenen oder auch nur angeführten finden wir die „malerischen" Maler ebenso, wie die „literarisch-erzählenden", die „romantisch-naiven" wie die, welche sich von mystisch-religiösen Themen angesprochen fühlen. Arnulf Neuwirth, zurückgekehrt in die Heimat seiner Väter, schildert das Waldviertel und hebt es ins Mythologische, Hermann Painitz, seit Jahren auch in Kirchstetten im Weinviertel ansässig, hebt dieses in eine analytische Dimension, Kurt Ingerl aus Wiener Neustadt hält es mit dem Computer, Robert Kabas aus dem Mostviertel verstrickt den Menschen in unentwirrbare Verschlingungen, Wolfgang Denk geht den Weg der Ent- und Verflechtung, der Kenntnis und Erkenntnis formelhafter Zeichen. Sie sind Einzelgänger ebenso wie der Brunner Anton Elsinger, der Gutensteiner Hubert Aratym, der Wiener Neustädter Gotthard Fellerer. Überblickt man derzeit das Kunstgeschehen in Niederösterreich im Hinblick auf seine malerische Ausformung, so zeigt sich in zunehmendem Maße vor allem bei den jungen Kräften eine Hinwendung zu einer einerseits gestisch-wilden, andererseits in vielen Fällen zu einer ausgesprochenen „malerischen" Haltung. Vielfach sind es die späten Bilder der großen Impressionisten, von denen sie ausgehen, aber auch Einflüsse des norddeutschen Expressionismus sind nicht zu übersehen. Allen ist gemeinsam der Hang zum großen, ja sehr großen Format, die Freude am Bedecken der Fläche mit Farbe, am Umgang mit der Farbe. Die Auseinandersetzung mit formalen Problemen scheint in den Hintergrund getreten zu sein, der Wille zur Manifestation des inneren Erlebnisses, was immer darunter verstanden sein mag, ist stets in der Beschreibung ihrer eigenen Arbeit präsent.

Franz Kaulfersch. Stürzende Wasser. Pastell. 1984.

Nach wie vor ist auch heute – mit wenigen Ausnahmen – das gesellschaftskritische Moment hierzulande in der Bilderwelt wenig ausgeprägt. Sind es nicht die „klassischen" Themen der Malerei, welche der Maler bevorzugt, so wendet er sich eher der ungegenständlichen Bildauffassung zu und sucht Gestaltwerdung aus der Malerei selbst zu entwickeln. Rückgriffe auf früher Gemaltes sind erlaubt, Zitate anderer Künstler werden eingebracht, Hommagen sind beliebt.

Links: Das Technologietransferzentrum in St. Pölten.
Rechts: Der Maler Hans Fronius (1903–1988).

1988

KALENDER

Jänner–Juni In einigen Städten Niederösterreichs werden gebührenpflichtige Kurzparkzonen eingeführt.

1. 1. Die im Jahre 1986 fusionierte Energiegesellschaft Niederösterreichs (NEWAG-NIOGAS) nennt sich künftig EVN (Energieversorgung Niederösterreich). Sie beschäftigt 3.500 Mitarbeiter.

25. 2. Im niederösterreichischen Landtag erfolgt eine Veränderung: Präsident Ferdinand Reiter tritt zurück, an seiner Stelle wird Franz Romeder Landtagspräsident, und Edgar Schober wird dritter Präsident des Landtages.

2. 3. Der Aufsichtsrat der Landeshauptstadt-Planungsgesellschaft beschließt den Standort des Regierungsviertels am Traisenufer in St. Pölten.

3. 3. Staatssekretär Johann Ditz muß nach einer in einer Zeitung abgedruckten Kritik an Vizekanzler Alois Mock zurücktreten. Sein Nachfolger wird Günther Stummvoll.

12. 3. Gedenkveranstaltung im Landhaus: die „Iden des März".

21. 4. In Tulln findet die „Grüne Messe" statt.

Mai Der Personenverkehr wird auf mehreren Nebenstrecken der ÖBB in Niederösterreich eingestellt.

10. 6. Eröffnung des Landespensionistenheimes Himberg.

11. 6. Das Piaristenkolleg in Horn wird als Kulturzentrum eröffnet. Es wurde mit einem Aufwand von 44 Millionen Schilling renoviert.

18. 6. Das Donaufestival „Ganz Niederösterreich ist Bühne" wird in Krems eröffnet.

21. 6. Die Nö. Landesbibliothek feiert ihren 125jährigen Bestand.

23. 6. Zweiter Papstbesuch in Österreich. Die Feier für Niederösterreich findet in Enns statt. In diesem Rahmen wird ein Grundstein für das künftige Landhaus gesegnet.

27. 6. Der Wiener Erzbischof Hans Hermann Groër wird zum Kardinal ernannt.

5. 7. Das Führungsteam der Nö. Landesakademie wird bestellt.

22. 9. „Grüne Aktionisten" besetzen das Landhaus.

7. 10. Die wissenschaftliche Landesakademie wird durch Wissenschaftsminister Tuppy eröffnet.

16. 10. Bei der Landtagswahl verlieren ÖVP und SPÖ Mandate an die FPÖ.

November Der langjährige Badener Bürgermeister Viktor Wallner legt sein Amt zurück.

23. 11. In St. Pölten wird ein Gründer- und Technologietransferzentrum eröffnet.

Das Direktionsgebäude der EVN in der Südstadt, davor das Zeichen mit dem neuen Namen.

TODESTAGE

Johann Tesar. Landtagspräsident. Gestorben 16. 1. 1988. (Geboren 4. 3. 1895 in Annaberg.)

Stefan Koren. Universitätsprofessor für Wirtschaftswissenschaften, ÖVP-Politiker, Finanzminister, Präsident der Nationalbank. Gestorben 26. 1. 1988 in Wien. (Geboren 14. 11. 1919 in Wiener Neustadt.)

Hans Fronius. Maler, Illustrator, Graphiker. Mitglied der Secession Graz, lebte zuletzt in Perchtoldsdorf. Gestorben 23. 3. 1988 in Mödling. (Geboren 12. 9. 1903 in Sarajewo.)

Otto Zeiller. Briefmarken-Designer (an die 200 Exemplare.) Beheimatet in Gablitz. Gestorben 18. 4. 1988. (Geboren 13. 4. 1913 in Wien.)

Ferdinand Chalupek. SPÖ-Politiker, Lehrer. Gestorben 19. 4. 1988 in Krems. (Geboren 21. 4. 1900 in Fichtau bei Neubistritz.)

Rudolf Rotter. Porträt- und Landschaftsmaler, Zeichenlehrer. Gestorben 22. 6. 1988 in Krems. (Geboren 1909 in Brunn an der Wild.)

Viktor Müllner. ÖVP-Politiker; Landeshauptmannstellvertreter. Gestorben 10. 7. 1988 in Wien. (Geboren 10. 7. 1902 in Wien.)

Franz Sottola. Prälat. Tätig in Hollabrunn. Gestorben 8. 8. 1980 in Wien. (Geboren 20. 8. 1911 in Wien.)

Adolf Görg. Gymnasialdirektor. Gestorben 14. 9. 1988 in Krems. (Geboren März 1908 in Kottingbrunn.)

Karl Rozum. Landtagsabgeordneter der ÖVP. Gestorben 2. 12. 1988.

Hans Fronius

Hans Fronius war als Kunsterzieher tätig und wurde erst in den beiden letzten Jahrzehnten seines Lebens als Maler und Graphiker von überregionaler Bedeutung entdeckt. Im Jahre 1970 trat er erstmals mit einer kleinen Ausstellung in Wien vor die Öffentlichkeit und konnte ein Jahr später eine große Kollektivausstellung in Wiener Neustadt gestalten. Dort wurden seine Landschaften und Städtebilder, Porträts, Arbeiten zu religiösen Themen und viele graphische Blätter gezeigt. Dann folgten Ausstellungen in der Österreichischen Galerie und in anderen Museen. Man darf im In- und Ausland ihn zu den bekanntesten Gegenwartskünstlern Österreichs zählen. Von Museen und privaten Sammlern wurden seine Werke angekauft, Monographien und viele Artikel erschienen über ihn.
Hans Fronius verstarb am 23. 3. 1988 in Mödling.

Das Gmünder Werk der Firma AGENA

Im Jahre 1935 wurde in Gilgenberg bei Waldkirchen im Waldviertel eine Stärkefabrik errichtet, die Kartoffeln verarbeitete. In den Jahren 1941/42 wurde in Gmünd ein neues Verarbeitungsunternehmen errichtet, das immer weiter ausgebaut wurde. Von 1966 an wurden im Gmünder Werk neue Produktionen aufgenommen und entsprechende Investitionen getätigt, so daß ein moderner Betrieb entstand, der pro Jahr 200.000 Tonnen Stärkeindustriekartoffeln, 20.000 Tonnen Speiseindustriekartoffeln und 350.000 Tonnen Milch verarbeitet.

Güterwege

Besonderes Augenmerk wurde in den letzten Jahrzehnten auf den Ausbau von Güter- und Wirtschaftswegen gelegt, vor allem im Waldviertel und im Einzelhofgebiet. Insgesamt sind 10.000 km Wege entstanden, wobei etwa 9.000 Höfe eine leistungsfähige Zufahrt erhielten. Die Wege werden meist von der Nö. Agrarbezirksbehörde in Gebieten mit Grundstückszusammenlegungen und Flurbereinigungen angelegt. Obwohl von der öffentlichen Hand hohe Zuschüsse geleistet werden, ist die Anlage dieser Wege auch für die Bauern eine besonders starke Belastung, die bei manchen bis an die Grenze der wirtschaftlichen Möglichkeit geht.

Links: Der frühere Landtagspräsident Johann Tesar mit den Nachfolgern Dipl.-Ing. Josef Robl und Ferdinand Reiter.
Rechts: Eröffnung des Donaufestivals in Krems durch Bundespräsident Kurt Waldheim und Landeshauptmann Siegfried Ludwig.

Die Nö. Landesakademie

Mit Landesgesetz vom 25. 2. 1988 wurde eine wissenschaftliche Landesakademie für Niederösterreich gegründet. Als Sitz wurde die ehemalige Tabakfabrik in Krems/Stein gewählt und adaptiert. Am 7. Oktober 1988 wurde die Landesakademie eröffnet. Sie hat sich keiner bestimmten Wissenschaftsrichtung und keiner bestimmten Struktur in der Lehre verschrieben, sondern sich für Probleme der Gegenwart und Zukunft offen gehalten. Ihre Aufgabe ist die Förderung von Forschung und Wissenschaft, die Übertragung und Schaffung von universitären Einrichtungen nach Niederösterreich und in weiterer Folge die Ausgestaltung zu einer postgradualen Universität. Die internationale Entwicklung zeigt, daß in bestimmten Universitäten der weiteren Ausbildung von Absolventen kaum Rechnung getragen wird, daß die Praxis dies aber in zunehmendem Maß fordert. Daher ist die Einbindung von bereits in der Berufspraxis stehenden Absolventen und die Entwicklung der wissenschaftlichen Forschung eines der großen Ziele der Landesakademie. Weiters stellt sich die Landesakademie zum Ziel, Defizite und Lücken aufzufüllen, die sich in Österreich auf dem Gebiet der Forschung und Lehre finden. Es wird versucht, kein allzu buntes Programm zu bieten, sonderen mittels langfristiger Planung verschiedene Lehrgänge aufzubauen.

Eröffnung der Nö. Landesakademie in Krems.

Aktion „Niederösterreichs Schuljugend lernt die Landeshauptstadt kennen".

Jugend und Freizeit

Das Interesse der Jugend hat sich in den letzten Jahrzehnten stark verändert, doch treten mehr Jugendliche als man allgemein annimmt, öffentlichen Organisationen bei. Insgesamt sind etwa 60 Prozent der niederösterreichischen Jugendlichen Mitglieder eines Vereines oder einer Organisation, wobei etwa die Hälfte bei mehreren Vereinen aktiv tätig ist. Die Höchstbeteiligung (etwa 33 Prozent) verzeichnen die Sportvereine, d. h. jeder dritte niederösterreichische Jugendliche ist Mitglied irgendeines Sportvereines. Stark vertreten sind auch die kirchlichen und konfessionellen Vereine mit 12 Prozent, während Musikvereine, hier vorwiegend Blasmusikkapellen, immerhin 9 Prozent der Jugend binden. Naturverbundene Vereine sind ebenso stark wie etwa die örtliche Feuerwehr oder das Rote Kreuz mit je 8 Prozent vertreten, während politische Vereine mit 6 Prozent wesentlich weniger Interessenten finden und vielfach auf Skepsis stoßen. Die kulturellen Organisationen wie Volkstanzgruppen oder Laientheatergruppen können mit 5 Prozent der Jugendlichen rechnen. Das Teilnahmemotiv ist weitgehend die Gemeinschaftspflege. Die Bewältigung einer Aufgabe schweißt junge Menschen mehr zusammen als Feiern und Unterhaltung. Im allgemeinen haben Lehrlinge oder im Beruf stehende Jugendliche mehr Freizeit als Schüler, besonders dann, wenn diese berufsbildende Schulen besuchen. Die meiste Freizeit verwenden die Jugendlichen für Musikhören zu Hause aber auch für das Zusammensein mit anderen Jugendlichen, wobei die vorhandenen Möglichkeiten eine sehr differenzierte Situation bieten. Beliebt sind auch örtliche Feste und Feiern, wo es die Möglichkeit gibt, Gleichaltrige kennenzulernen und etwas mit ihnen zu unternehmen.

Das erste Donaufestival

Im Jahre 1986 beschloß die Nö. Landesregierung, in den Monaten Juni bis August 1988 ein vorwiegend auf zeitgenössische Kunst und Kultur ausgerichtetes Festival zu veranstalten. Man wählte dafür den Namen „Donaufestival". Schwerpunkt war das Wachauer Theaterfest, weiters eine Anzahl von Ausstellungen und eine in einem Hangar des Flughafens Schwechat durchgeführte Welturaufführung „1000 airplanes on the roof" von Philip Glass & Ensemble.
Auch eine größere Anzahl von populären Veranstaltungen war vorgesehen. Zur Durchführung wurde ein Verein „Nö. Donaufestival-Gesellschaft" gegründet, die nö. Landesregierung stellte beträchtliche Subventionsmittel zur Verfügung. Die Veranstaltungen stießen auf unterschiedliches Interesse, die Ausstellungen waren eher schwach besucht. Im Jahr 1989 führte der hohe finanzielle Abgang zu Diskussionen im Landtag.

Die Schenkungen Dr. Peter Hierzenberger – Dr. Johannes Jaksch

Zu Ende des Jahres 1988 wurde die Kunstsammlung des Landesmuseums durch eine großzügige, reichhaltige Schenkung wesentlich bereichert. Aus zwei bedeutenden Privatsammlungen gelangten damit insgesamt 7 gotische Plastiken, 6 gotische Tafelbilder, 1 Barockbild sowie eine Kollektion von 39 Gemälden wichtiger österreichischer Maler der klassischen Moderne aus der Zeit von der Jahrhundertwende bis in die fünfziger Jahre an das Museum, dessen Bestand bisher in erster Linie auf von niederösterreichischen Künstlern geschaffene oder im Land entstandene Arbeiten ausgerichtet war. Diese Schenkung ergänzte den gewachsenen Bestand in einzelnen Bereichen und bringt darüber hinaus eine gesamtösterreichische Komponente in die Kunstsammlung.

Konstituierung des NÖ Kultursenates am 26. 4. 1989

Das Jahr 1989 hat Niederösterreich wieder eine Reihe von Erfolgen auf allen Gebieten gebracht. Dazu kam die Öffnung unserer Staatsgrenze im Norden und Osten, womit für unser Bundesland auch in gesamteuropäischer Sicht eine neue Situation entstand. Wir sind in diesem zu Ende gehenden Jahr dem lange angestrebten Ziel, von der Randlage ins Zentrum des Kontinents zu rücken, entscheidend nähergekommen.

LH Ludwig im ORF zum Jahreswechsel

1989

KALENDER

Jänner/Februar. Im Gebiet von Horn findet die Übung „Bridgadeschild 89" des Bundesheeres statt.

28. 2. In Niederösterreich gibt es 433.860 unselbständig Beschäftigte, um 11.832 mehr als im Vorjahr. Dies ist ein Resultat der guten Konjunktur.

1. 4. Eröffnung eines Dokumentationszentrums für Literatur in St. Pölten.

April. Im Stift Melk wird die Ausstellung „900 Jahre Benediktiner in Melk" eröffnet. Sie wird bis November von 589.000 Personen besucht.

15. 4. Die modernste Feuerwehrzentrale Österreichs wird in St. Pölten eröffnet.

30. 4. In Pottenstein wird die Landesausstellung „Magie der Industrie" eröffnet. Bis Ende Oktober wird sie von 133.000 Personen besucht.

5. 6. Mit der Eröffnung der Nordbrücke über die Traisen in St. Pölten ist das erste Landeshauptstadt-Bauwerk fertiggestellt.

13. 6. Der Ideenwettbewerb für die Gestaltung des Regierungsviertels in St. Pölten wird abgeschlossen. Gleichzeitig findet die 1. Sitzung der NÖ. Landesregierung in der Landeshauptstadt statt.

19. 6. Grundsteinlegung zum Archäologiepark Carnuntum, die Fertigstellung ist für 1993 geplant.

13. 7. Eröffnung des Krankenhausneubaus in Tulln (Kosten 560 Mio. Schilling).

August. Der nö. Radrennfahrer Roland Königshofer wird bei der Rad-Weltmeisterschaft in Lyon Weltmeister der Amateure im Steher-Bewerb, sein Bruder Thomas erreicht den dritten Rang.

September. Eröffnung des Museums für Frühgeschichte in Traismauer.

Oktober/November. Im Rahmen des „Zeitgenössischen Herbstes" werden 40 Veranstaltungen durchgeführt.

16. 11. Der Landtag beschließt die Stadterhebungen von Mannersdorf und Gföhl.

Herbst. Ungarn öffnet die Grenze für DDR-Flüchtlinge, die über NÖ in die BRD auswandern.

27. 11. Die EVN wird durch die Ausgabe von Aktien teilprivatisiert. Der Betrieb hatte 1988/89 Umsatzerlöse von 7,7 Milliarden, einen Cash-Flow von 1,7 Milliarden.

November. Der vor der Fertigstellung stehende Talübergang der Semmering-Schnellstraße S 6 bei Schottwien weist Schäden auf und kann erst im Dezember eröffnet werden.

1. 12. Wiener Neustadt erhält vom Heiligen Stuhl den Rang „Titularbistum". In der Burg von Wiener Neustadt ist auch der Sitz des Militärbischofs.

4. 12. Der Öffnung der ČSSR-Grenze folgt nach vier Jahrzehnten der Abbau des Eisernen Vorhanges.

6. 12. Großbrand des Möbelhauses Leiner in der St. Pöltner Altstadt.

Brand im Einrichtungshaus Leiner am Rathausplatz in St. Pölten

Das Einrichtungshaus Rudolf Leiner am Rathausplatz in St. Pölten ist das größte Geschäftshaus der Stadt. Am 6. Dezember 1989, um etwa 16.00 Uhr, begann zwischen 3. und 4. Obergeschoß ein Brand, der sich rasch ausbreitete und bis 18.30 Uhr auch den hinteren Teil des dort fünfstöckigen Gebäudes erfaßt hatte. Dank der guten Organisation konnten etwa 400 im Haus befindliche Bedienstete und Kunden das Gebäude verlassen. Nur eine Bedienstete, Frau Annemarie Bergmann, wurde von Qualm und Flammen überrascht und fand im Gebäude den Tod. Bei großer Kälte bemühten sich 500 Feuerwehrleute, den großen Brand unter Kontrolle zu bekommen. Eine Zeit hindurch war auch das anschließende Stadttheater und das Nebengebäude stark gefährdet. Im Haus selbst entstand wohl großer Schaden. Es kann aber instandgesetzt werden.

Das Möbelhaus Rudolf Leiner ist seit 1910 in Familienbesitz und hat sich besonders nach dem 2. Weltkrieg stark vergrößert. Kommerzialrat Rudolf Leiner, 1913 geboren, übernahm 1948 als geschäftsführender Gesellschafter die Leitung des Hauses. In den fünfziger Jahren wurde das St. Pöltner Haus vergrößert und neu errichtet, ab 1960 erfolgte die Expansion in andere Städte, so daß die Firma derzeit 12 Kaufhäuser mit 1.800 Mitarbeitern unterhält. In Niederösterreich besteht ein Leiner-Möbelhaus seit 1960 in Wiener Neustadt, seit 1976 in der Shopping-City Süd und seit 1980 in Krems. 1984 wurden in St. Pölten auch ein großes Zentrallager und Verwaltungsgebäude errichtet.

Die Ungarn und Tschechen kommen

Nachdem an der ungarischen Grenze schon Ende 1988 eine Lockerung des Reiseverkehrs eingetreten war und viele Ungarn in Österreich vorwiegend technische Geräte kauften, kam es im April 1989 nach einer Änderung der Zollbestimmung durch Ungarn zu einem Rückschlag. Im Spätsommer 1989 versuchten viele in Ungarn und der ČSSR auf Urlaub weilende DDR-Bürger, über die österreichische Grenze in die Bundesrepublik Deutschland zu gelangen. Nach wochenlangem Zögern entschloß sich die ungarische Regierung, diese Menschen ausreisen zu lassen. Durch die Massenflucht kam es zum Sturz des SED-Regimes. Dies löste auch solchen Druck auf die ČSSR aus, daß sich diese entschloß, ihren Staatsbürgern ab 4. Dezember Reisen nach Österreich zu gestatten. In den folgenden Tagen und Wochen wurden Wien und die niederösterreichischen Grenzregionen von Tausenden ČSSR-Reisenden überflutet, da die Visapflicht zeitbegrenzt aufgehoben wurde. Der Eiserne Vorhang wird abgebaut.

Links: Elisabeth Kraus-Kassegg im Museum Lunz

Rechts: Der Talübergang der Semmering-Schnellstraße bei Schottwien

TODESTAGE

Viktor Banndorf. Autor. Gestorben 7. 1. 1989. (Geboren 14. 11. 1917 in Brünn.)

Norbert Müller. Bezirkshauptmann von Gänserndorf. Gestorben 27. 1. 1989. (Geboren 17. 11. 1939.)

Otto Altmann. Direktor der Sparkasse Korneuburg 1948–1981. Gestorben 29. 1. 1989.

Karl Leeb. Veterinärdirektor der nö. Landesregierung. Gestorben 4. 2. 1989.

Elisabeth Kraus-Kassegg. Leiterin des Heimatmuseums Lunz. Autorin, seit 1920 in Lunz ansässig. Gestorben 7. 2. 1989. (Geboren 1898 in Ossiach/Kärnten.)

Konrad Lorenz. Ethologe, Mitbegründer der vergleichenden Verhaltensforschung. Nobelpreisträger. Gestorben 27. 2. 1989. (Geboren 7. 11. 1903 in Altenberg/Donau.)

Ex-Kaiserin Zita. Die Prinzessin von Bourbon-Parma heiratet am 21. 10. 1911 Erzherzog Karl. Gestorben 14. 3. 1989 in der Schweiz. (Geboren 9. 5. 1892.)

Karl Cornides. Verleger. Gestorben 16. 3. 1989. (Geboren 17. 2. 1911.)

Franz Binder. Fußballer. Gestorben 24. 4. 1989 in Wien. (Geboren 1. 12. 1911 in St. Pölten.)

Franz König. Bauer in Pummersdorf. Gestorben 17. 7. 1989. Verunglückt ebenso wie sein Schwager und seine Gattin nach Sturz in die Jauchegrube.

Hilde Figl. Witwe nach Bundeskanzler und Landeshauptmann Leopold Figl. Gestorben: 15. 8. 1989.

Josef Scherer. Politiker, 1954–1964 im Landtag, 1964–75 Nationalrat. Gestorben 26. 8. 1989.

Josef Reischer. Landtagsabgeordneter 1964–1983. Gestorben 17. 9. 1989. (Geboren 30. Mai 1920 in Weißenbach a. d. Triesting.)

Leopold Schmid. Maler und Graphiker. Lebte in Gutenbrunn am Weinsberger Wald. Gestorben 26. 9. 1989. (Geboren 16. 7. 1901.)

Ferdinand Lindner. Musiker, Ehrenobmann der Stadtkapelle. Gestorben 9. 11. 1989 in Waidhofen a. d. Ybbs.

Franz Luby. Maler. Gestorben 18. 11. 1989 in Wien. (Geboren 10. 7. 1902 in St. Pölten.)

Sepp Mayrhuber. Maler, lebte in Pöchlarn. Gestorben 20. 11. 1989. (Geboren 16. 9. 1904 in Obeltsham/OÖ.)

Michael Stern. Rechtsanwalt. Gestorben 1. 12. 1989 in Wien. (Geboren 12. 12. 1897 in Wr. Neustadt.)

Sepp Zöchling. Maler. Gestorben Dezember 1989.

Robert Löffler. Politiker, Bürgermeister von Hollabrunn. Gestorben 8. 12. 1989 in Hollabrunn.

Alfred Wobisch. Wirtschaftstreuhänder und Steuerberater. Gestorben 9. 12. 1989 in Waidhofen a. d. Thaya.

Die Mitterndorfer Senke

Im Jahre 1989 haben zwei Umweltorganisationen Anzeigen gegen Politiker und Behördenvertreter wegen der Grundwasserversorgung der Mitterndorfer Senke erstattet. Unter der Mitterndorfer Senke liegt das größte Grundwasserreservoir im östlichen Österreich, das durch chlorierte Kohlenwasserstoffe aus den Industriegebieten des südlichen Steinfeldes und aus großen Mülldeponien verunreinigt wird. Seit 1983 wird versucht, das Problem zu lösen: Vielen Betrieben wurden Sanierungsaufträge erteilt. Bisher ist es aber noch nicht gelungen, das Problem tatsächlich in den Griff zu bekommen.

Prof. Franz Luby

Der im Jahre 1902 in St. Pölten geborene Künstler widmete sich relativ spät der Malerei. Er war 1947 Mitbegründer des „Neuen Hagenbundes" und leitete diesen bis zum Jahre 1954. In seinem künstlerischen Ausdruck liebte er das Phantastische, doch neigte er in der Durchführung zur Gegenständlichkeit. Er näherte sich damit der Wiener Schule des phantastischen Realismus, blieb aber doch ein Einzelgänger. Nicht selten findet man in seiner Bildsprache bissigen Humor, die Darstellung menschlicher Schwächen und hintergründige Beobachtung. Er konnte viele Ausstellungen beschicken und auch Personalausstellungen gestalten.

„Kindheit in St. Pölten", Ölgemälde von Franz Luby

Das Ehepaar Konrad Lorenz

Nobelpreisträger Konrad Lorenz

Im Jahre 1973 erhielt Konrad Lorenz, profilierter Vertreter der vergleichenden Verhaltensforschung, gemeinsam mit Nikolaas Tinbergen und Karl von Frisch den Nobelpreis für Medizin in Anbetracht „der Tragweite ethologischer Erkenntnisse auch für Psychiatrie und Psychosomatik" verliehen. Nach dem 1. Weltkrieg studierte er an der Columbia-Universität in New York Medizin, interessierte sich aber auch für Zoologie, Paläontologie und Psychologie. Nach Österreich zurückgekehrt, wurde er von der deutschen Max-Planck-Gesellschaft mit Arbeiten zur vergleichenden Verhaltensforschung beauftragt. Nach dem 2. Weltkrieg setzte er diese Forschungen bis zu seiner Emeritierung im Jahre 1973 fort. Seine letzte Arbeitsstätte war das Institut für vergleichende Verhaltensforschung der Österreichischen Akademie der Wissenschaften in Grünau im Almtal in Oberösterreich. Er hat seine Erkenntnisse in mehreren, teils sehr erfolgreichen Büchern niedergelegt. Besonders bekannt wurde „Die Rückseite des Spiegels" (1973). Er entwickelte sich auch zu einer Leitfigur auf dem Gebiet des Umweltschutzes und setzte sich 1984 für die Verhinderung des Donau-Kraftwerkes Hainburg ein, die im „Konrad-Lorenz-Volksbegehren" gipfelte.

Links: Kundendienststelle Krems der EVN.

Die Energieversorgung des Landes

Die EVN Energieversorgung Niederösterreich Aktiengesellschaft ist das Energieversorgungsunternehmen des Landes mit den Produkten Strom, Gas und Wärme. Vor 1986 war die Versorgung Niederösterreichs mit Strom Aufgabe der 1922 im Zuge der Trennung von Wien und Niederösterreich gegründeten NEWAG; Gas und Wärme wurden von der 1954 gegründeten NIOGAS angeboten. Im Jahr 1986 wurden die beiden Landesgesellschaften verschmolzen, um vereint kostengünstiger und kundennäher zu arbeiten. Die 1988 erfolgte Änderung des Firmennamens auf „EVN Energie-Versorgung Niederösterreich Aktiengesellschaft" war sowohl eine folgerichtige Konsequenz aus dieser Verschmelzung als auch Ausdruck daraus entwickelter neuer Zielsetzungen, die unter dem Kompetenzanspruch „Energie vernünftig nutzen" in praktische Konzepte umgesetzt werden.

Bis 1989 stand die EVN im Alleineigentum des Landes Niederösterreich, das in zwei Privatisierungsschritten (1989 und 1990) insgesamt 49% seiner Anteile private Anleger verkauft hat und heute nur mehr über 51% des Aktienkapitals verfügt.

Strom, Gas und Wärme aus einer Hand

Der wichtigste Geschäftszweig der EVN ist die Elektrizitätsversorgung. Rund 70% der Gesamterlöse resultieren aus diesem Bereich. 13% der gesamtösterreichischen Stromabgabe kommen von der EVN. Der Strombedarf steigt im Versorgungsgebiet der EVN stärker als im österreichischen Durchschnitt. Allein im Geschäftsjahr 1988/89 wuchs der Elektrizitätsabsatz um 4,7%. Drei Wärmekraftwerke (in Dürnrohr, Korneuburg und Theiß) und mehr als 40 Wasserkraftwerke mit einer Gesamtkapazität von 1.121 Megawatt, die Beteiligung an den beiden Donaukraftwerken Melk und Greifenstein von zusammen 59 Megawatt und der Fremdstrombezug mit einem hohen Anteil an Wasserkraft garantieren eine sichere Stromversorgung. Der Einsatz mehrerer Primärenergieträger für die Stromerzeugung, die Streuung der Bezugsquellen und optimale Lagerhaltung sichern die Versorgung und vermindern das Risiko von Preis- und Lieferschwankungen am Weltenergiemarkt. Kohle wird in erster Linie aus Polen bezogen, aber auch Bezugsquellen in Übersee werden genutzt.

Das zweite große Standbein der EVN ist das Gasgeschäft, aus dem zirka 25% der Gesamterlöse stammen. Zur Versorgung Niederösterreichs mit Erdgas betreibt die Landesenergiegesellschaft mit mehr als 4.500 Kilometern das längste Rohrleitungsnetz Österreichs. Seit 1973 hat sich die Zahl der EVN-Erdgaskunden auf über 100.000 mehr als verdoppelt. Erdgas aus dem EVN-Netz deckt heute rund ein Viertel des niederösterreichischen Gesamtenergieverbrauchs. Lieferverträge, die bis über das Jahr 2000 reichen und gezielte Lagerhaltung sichern auch bei Gas die Versorgung und reduzieren die Abhängigkeit von der Weltmarktentwicklung. Die EVN bezieht Erdgas aus ganz Österreich, der UdSSR und in Zukunft auch aus der Nordsee.

Mit der Wärmeversorgung schließlich hat die EVN ein besonders zukunftsträchtiges Geschäftsfeld erschlossen. Die Landesenergiegesellschaft betreibt ein Fernheizkraftwerk in Mödling und je ein Blockheizkraftwerk in Wiener Neustadt und in Ternitz. Darüber hinaus wurde das Nahwärmeservice eingeführt, das ist ein Leistungspaket für mittlere und große Heizungsanlagen, welches Beratung, Betrieb, Instandhaltung, Erneuerung und auch die Finanzierung umfaßt.

Energie-Dienstleistungen

Bei der Umsetzung des Konzepts „Energie vernünftig nutzen" legt die EVN besonderen Wert auf gut informierte und zufriedene Kunden. Deshalb bietet die Landesenergiegesellschaft einen umfangreichen Kunden- und Beratungsdienst an. Jährlich führen die 140 EVN-Energieberater rund 35.000 Beratungen durch. Dazu kommen rund 100.000 Kundengespräche pro Jahr bei Messen und Ausstellungen. Wärmedämmung, Baubiologie und alternative Energiequellen, wie Wärmepumpe, Biomasse und Solarenergie stehen im Mittelpunkt dieser Beratungstätigkeit.

Im Rahmen ihrer Energieberatung sammelt die EVN auch Erfahrungen bei der Erprobung und wirtschaftlichen Anwendung neuer Energiequellen und Technologien. So betreibt das Unternehmen auf dem Gelände der HTBLA St. Pölten die größte Photovoltaikanlage Niederösterreichs. Das Kraftwerk liefert nicht nur Sonnenstrom ins EVN-Netz ein, sondern bietet auch den Schülern der HTBLA die Möglichkeit, diese umweltfreundliche Energietechnologie praktisch kennenzulernen. Vier kleinere Solaranlagen wurden mit Know-how und finanzieller Hilfe der EVN auf Berghütten errichtet. Als besonders wirtschaftlich hat sich im Bereich des Unternehmens der Einsatz von Photovoltaik beim kathodischen Korrosionsschutz von Stahlrohrleitungen erwiesen. Ebenfalls im betrieblichen Einsatz stehen drei Elektromobile, mit denen die EVN Erfahrungen für umweltfreundliche Alternativen im Individualverkehr sammelt. Im Jahr 1986 war die EVN das erste Elektrizitätsversorgungsunternehmen Österreichs gewesen, das ein Elektroauto in Betrieb genommen hat.

Das Kleinkraftwerk Merkenstetten der EVN mit Fischtreppe.

Die Energieversorgung des Landes

Solaranlage der EVN in der HTL St. Pölten.

Zukunftsaspekte

Am 17. April 1990 beschloß die 30. außeror-
dentliche Hauptversammlung der EVN die
Änderung und Neufassung von Paragraph 2
der Satzung, der den Geschäftsgegenstand
der Gesellschaft bestimmt. Mit dieser Satzungsänderung wurde die Grundlage für
Aktivitäten des Unternehmens in neuen Ge-
schäftsfeldern, zum Beispiel in den Bereichen Wasserwirtschaft, technisches Engi-
neering und Consulting, Abfallverwertung
und Recycling, geschaffen.

Die Versorgung Niederösterreichs mit
Strom, Gas und Wärme wird auch in Zukunft im Mittelpunkt der Unternehmenstä-
tigkeit der Landesenergiegesellschaft stehen. Dabei kommt der Ausdehnung des
derzeitigen Versorgungsgebietes der EVN
auf jene niederösterreichischen Landesteile,
die derzeit noch von den Wiener Stadtwer-
ken mit Strom bzw. mit Erdgas beliefert
werden, besondere Bedeutung zu. Im Bereich der Gasversorgung konnte die EVN
bereits beachtliche Erfolge erzielen: Neun
Gemeinden, darunter Klosterneuburg,
Brunn am Gebirge und Perchtoldsdorf, haben sich entschlossen, mit den Wiener
Stadtwerken-Gaswerke bestehende Liefer-
übereinkommen aufzukündigen und die
Vorteile einer Gasversorgung durch die
EVN zu nutzen.

Auf dem Gebiet der Stromversorgung hat
der Nö. Landtag am 17. Mai 1990 mit der
einstimmigen Beschlußfassung über das Nö.
Elektrizitätswesengesetz die Grundlage dafür geschaffen, daß eine jahrzehntelange
Benachteiligung Niederösterreichs beseitigt
werden kann. Derzeit versorgen nämlich die
Wiener Stadtwerke-Elektrizitätswerke rund
10 Prozent der Landesfläche, wo zirka 20
Prozent der niederösterreichischen Bevölkerung leben und wo etwa 30 Prozent des
Strombedarfs anfallen. Das Wiener Versor-
gungsunternehmen beliefert also die dicht
besiedelten Gebiete des Landes mit Elektrizität, während der EVN vor allem Regionen
mit geringerer Versorgungsdichte verbleiben. Jährlich fließen rund 2,3 Milliarden
Schilling an Stromerlösen von Niederösterreich in die Bundeshauptstadt ab. Durch das
Nö. Elektrizitätswesengesetz ist die Möglichkeit einer ausreichenden, sicheren und
kostengünstigen Stromversorgung der niederösterreichischen Bevölkerung und Wirtschaft durch Herstellung einer ausgewogenen Versorgungsstruktur in greifbare Nähe
gerückt.

Links: Die Landessportschule St. Pölten.
Rechts: Der Industrielle Josef Umdasch (1912–1990).

1990

KALENDER

1. 1. 1990 Der Flughafen Schwechat konnte im vorhergehenden Jahr fast 5 Millionen Passagiere verzeichnen. Davon waren 892.000 Passagiere von Charterflügen.

März. Zur ČSFR werden neue provisorische Grenzübergänge geschaffen, um den großen Besucheraustausch zu ermöglichen.

1. 3. Ein gewaltiger Sturm verwüstet viele Wälder in Niederösterreich.

25. 3. Bei den Gemeinderatswahlen verlieren die Großparteien leicht, die FPÖ gewinnt Mandate in vielen Gemeinden.

1. 5. Anstelle von Anton Dr. Strasser wird Dr. Gerhard Weintögl aus Kilb zum Präsidenten der Nö. Ärztekammer gewählt.

3. 5. Auf dem Flughafen Schwechat wird ein World-Trade-Center (Kommunikations-, Ausstellungsbüro und Service-Center) mit 16.000 m² Fläche eröffnet.

17. 5. In Maria Taferl wird auf Initiative Niederösterreichs die ARGE Donauländer gegründet. Daran beteiligen sich außer Niederösterreich noch Bayern, Oberösterreich, Wien, das Burgenland, 7 ungarische Komitate, Serbien und die Moldavische SSR (Rumänien, Bulgarien und die ČSFR sind durch Beobachter vertreten). Das Ziel ist die Zusammenarbeit in Belangen der Gesellschaft, des Fremdenverkehrs, Verkehrs, der Kultur, der Wissenschaft und des Umweltschutzes.

18. 5. In Weitra wird ein Textilmuseum eröffnet.

Juni. Der 60 m hohe Siloturm des Lagerhauses Groß-Mugl für 532 Waggonladungen Getreide geht in Betrieb.

12. 6. In Tulln wird ein Egon Schiele-Museum eröffnet.

15. 6. In Carnuntum wird als erste Stufe des Archäologieparks der Diana-Tempel im Spaziergarten eröffnet.

17. 6. Das mit Landtagsbeschluß vom 16. 11. 1989 zur Stadt erhobene Gföhl (73. Stadt von 568 Gemeinden) feiert die Stadterhebung.

10. 7. Der Wettbewerb über die Errichtung des neuen Landhauses in St. Pölten kann nicht abgeschlossen werden. Die ausgewählten Projekte müssen bis 30. September überarbeitet werden.

TODESTAGE

Franz Gaumannmüller. 1969–1983 Abt von Heiligenkreuz. Gestorben 11. 1. 1990. (Geboren 1931 in Gaaden.)

Rudolf Stölzle. Industrieller. Gestorben 17. 1. 1990.

Josef Umdasch. Industrieller in Amstetten. Gestorben 5. 3. 1990. (Geboren 17. 8. 1912 in Au an der Donau/OÖ.)

Karl Österreicher. Dechant in Hollabrunn. Gestorben 28. 3. 1990. (Geboren 3. 8. 1902 in Alt-Höflein bei Großkrut.)

Rudolf Noll. Archäologe, Numismatiker. Universitätsprofessor in Wien. Gestorben 27. 4. 1990. (Geboren 17. 4. 1906.)

György Sebestyen. Schriftsteller, Herausgeber der Zeitschrift „morgen". Gestorben 6. 6. 1990 in Wien. (Geboren 30. 10. 1930 in Budapest.)

Philipp Heinrich Graf Gudenus. Gutsbesitzer. Gestorben 9. 6. 1990 in Waidhofen an der Thaya. (Geboren 10. 12. 1905 in Vestenötting.)

Walter Pongratz. Heimatforscher. Bibliothekar der Universitätsbibliothek Wien. Gestorben 28. 6. 1990 in Waidhofen an der Ybbs. (Geboren 1912 in Wien.)

Johann Galler. Hauptschuldirektor. Bürgermeister von Volkersdorf. Gestorben 2. 7. 1990.

Bruno Kreisky. Staatsmann, Bundeskanzler, SPÖ-Politiker. Gestorben 29. 7. 1990 in Wien. (Geboren 22. 1. 1911 in Wien.)

Hans Lampalzer. Volksbildner, Dichter. Gestorben 30. 7. 1990. (Geboren 1927 in Atzgersdorf.)

Gerhard Wagner. Generaldirektor der Österreichischen Länderbank. Gestorben 16. 8. 1990 in Trabenreith. (Geboren 4. 10. 1933 in Grafenschlag.)

Dorferneuerung in Niederösterreich

Seit den siebziger Jahren wird die Erneuerung der Dörfer von der Landesregierung gezielt gefördert, so daß sich Dutzende Gemeinden bereits dieser Aktion angeschlossen haben. Von Fachleuten der Landesregierung wird die Planung durchgeführt. Im Planungsprozeß wird versucht, die Verflechtungen der Probleme aufzuzeigen, um nahezu alle sozialen Gruppen für die Idee zu gewinnen. Man hofft auf diese Weise, das Selbstbewußtsein, die Eigenverantwortlichkeit und die Fähigkeit zur Selbsthilfe zu wecken. Im Baubereich sollen wieder verstärkt bodenständige Materialien eingesetzt, die Versorgung mit Energie durch eigene Grundstoffe möglich werden. Auf Gestaltung und Pflege von Grünflächen soll besonders geachtet werden. Dabei wird die Renovierung von Kapellen, die Gestaltung von Kinderspielplätzen oder Bushaltestellen genau so wie die Abwasserbeseitigung und die Löschwasserversorgung in die Gesamtplanung miteinbezogen.

Eine revitalisierte Kellergasse.

Links: Das Siegerprojekt des Architekten Ernst Hoffmann für das neue Regierungsviertel in St. Pölten.
Rechts: Generaldirektor Gerhard Wagner (1933–1990).

Architektenwettbewerb für das neue Regierungsviertel

Im Jahre 1988 wurde nach Verhandlungen zwischen Land und Stadt als Standort für das neue Regierungsviertel in St. Pölten das Gebiet an der Traisen südlich und nördlich der Bundesstraßenbrücke vorgesehen. Es waren langwierige Verhandlungen mit Inhabern von Kleingärten notwendig, um das Baugelände zu sichern. Im Anschluß daran wurde ein internationaler architektonischer und städtebaulicher Projektwettbewerb ausgeschrieben, an dem sich Architekten aus verschiedenen Ländern (Österreich, Bundesrepublik Deutschland, ČSFR, Italien) beteiligten. Aus den 166 Einreichungen wurden 11 Entwürfe ausgewählt und deren Verfasser eingeladen, im Rahmen einer zweiten Wettbewerbsstufe Pläne für das zu errichtende neue Landhaus und die Gestaltung des Regierungsviertels mit Kultureinrichtungen und Bauwerken für Interessenvertretungen zu gestalten. Vorher war von Land und Stadt ein Leitprojekt ausgearbeitet worden, in dem die Grundlagen dafür festgelegt worden waren. Dieser Wettbewerbsabschnitt wurde Anfang Juli 1990 abgeschlossen, doch konnte kein bestes Projekt ermittelt werden. Daher wurden drei Projektanten aufgefordert, Verbesserungen an ihren Einreichungen vorzunehmen. Über diese Arbeiten tagte die Jury am 30. September und kam zum Ergebnis, dem Projekt des Wiener Architekten Ernst Hoffmann den ersten Preis zuzuerkennen. Dieser sieht ein weiträumig gestaltetes Regierungsviertel mit entsprechenden kulturellen Einrichtungen (Landesstudio des ORF, Veranstaltungssaal, Landesmuseum, Landesbibliothek, Landesarchiv, Landesgalerie und Institut für Landeskunde) vor, wobei die Bauhöhe nicht die am Rand der Altstadt üblichen Maße überschreitet. Als äußeres Zeichen ist ein „Klangturm" vorgesehen. Ausschlaggebend waren neben der Berücksichtigung des Maßstabes der Stadt auch stadträumliche Qualitäten und gute Verkehrsvorschläge. Das Projekt des Wiener Architekten Wilhelm Holzbauer, der ein monumentales Landhaus vorschlug, wurde nur von einem Teil der Juroren als bestes angesehen. Das Projekt einer tschechischen Architektengruppe wurde auf den 3. Platz verwiesen und kam nicht in die engere Wahl. Nach dem Abschluß dieses Wettbewerbes kann die Planung für das Landhaus vergeben werden, damit dieses bis zum Jahre 1996 bezugsfertig sein kann.

Erzeugung von Biodiesel

In Bruck an der Leitha wurde vor einigen Jahren eine Ölmühle errichtet, die Raps und Sonnenblumen zu Speiseöl verarbeitet. Im Jahre 1990 plant man auch mit einer zusätzlichen Rapsmethylesteranlage, die Produktion von Biodiesel zu ermöglichen. Dazu muß die Anbaufläche für Raps um 10.000 ha aufgestockt werden, damit zusätzlich 30.000 Tonnen für die Erzeugung von 10.000 Tonnen Biodiesel geerntet werden können.

Das Egon Schiele-Museum in Tulln.

Egon Schiele-Museum in Tulln

Am 12. Juni wurde in Tulln das neueingerichtete Egon Schiele-Museum zum 100. Geburtstag Schieles (12. Juni 1890) eröffnet. Die Idee zur Schaffung des Museums stammt von Norbert Gardisch, einem weitschichtigen Verwandten und Verwalter des Nachlasses von Schieles älterer Schwester, Melanie Schuster. Er bot der Stadtgemeinde an, in seinem Besitz befindliche Werke als Dauerleihgabe in Tulln zu belassen. Als Museumsobjekt wählte man das ehemalige Bezirksgefängnis in Tulln, um auf Schieles dreiwöchigen Gefängnisaufenthalt in einer Neulengbacher Zelle hinzuweisen. Den Kern der Museumsbestände bildet die Sammlung Gradisch, ein weiterer Teil der ausgestellten Grafiken und Bilder kommt aus den Beständen des Nö. Landesmuseums. Insgesamt werden rund 90 Originalwerke gezeigt.

Im unteren Geschoß wurde eine Dokumentation über Schieles Leben und seine Zeit untergebracht. Im Erdgeschoß befindet sich eine Gefängniszelle, die derjenigen nachempfunden wurde, in der Schiele in Neulengbach 1912 gefangengehalten wurde. Das Tullner Bahnhofsgebäude, in dem Schiele geboren wurde, wurde von den österreichischen Bundesbahnen aus demselben Anlaß renoviert; in seinem Geburtszimmer soll ein Gedenkraum eingerichtet werden.

Diskussion zwischen Landeshauptmann Siegfried Ludwig und Mitgliedern der Architekten-Jury.

Niederösterreichs Landeshauptstadt

Entscheidung nach 65 Jahren – oder: Eine verwirklichte Vision

Kaum ein anderes Thema hat in den vergangenen Jahren die Aufmerksamkeit der Niederösterreicher, aber auch vieler Betrachter außerhalb des Landes so beschäftigt wie die Gründung einer eigenen niederösterreichischen Landeshauptstadt. Dieses Thema ließ nahezu keinen Niederösterreicher kalt. Ob pro oder kontra: Die Hauptstadt und die Debatte darüber lösen meist Emotionen aus. Mit keinem anderen Thema kam Niederösterreich auch derart in die internationalen Medien wie mit der Gründung einer eigenen Hauptstadt. Dieses Ereignis ist gegenwärtig einmalig, freilich nicht erstmalig. Es gab gerade in der jüngeren Geschichte schon wiederholt Hauptstadtdebatten – etwa als Folge des letzten Weltkrieges oder einer neuen Situation, die sich in einem Land (vor Jahrzehnten beispielsweise in Brasilien) ergeben hat. Es gab ebenso Hauptstadtdebatten in Provinzen der Dritten Welt. Und es gibt diese Hauptstadtdebatte wieder in dem nach Jahrzehnten nun wiedervereinigten Deutschland. Aber es gab noch selten eine Hauptstadtdebatte oder eine Hauptstadtsituation, die mit jener in Niederösterreich vergleichbar wäre. Man könnte daher auch sagen: Niederösterreichs Hauptstadt und Hauptstadtdiskussion sind anders gelagert, sind sozusagen ein zeitgeschichtliches Unikat.

Diskussion riß nie ab

Dabei muß eines vorausgeschickt werden: Die Hauptstadtdebatte in und um Niederösterreich, wie sie Mitte der achtziger Jahre ihren Höhepunkt erlebte, ist in diesem Bundesland nicht neu, könnte auch gar nicht neu sein. Denn als sich am 30. Dezember 1921 Wien und Niederösterreich getrennt haben, als diese jahrhundertelange Zusammengehörigkeit als Folge der neuen innerösterreichischen Struktur beendet wurde, als man sich nach monatelanger Verhandlung endlich auf ein für beide Seiten tragbares Ergebnis einigte, da war ebenso klar: Ab sofort gab es den unnatürlichen Zustand, daß gerade das größte Bundesland Österreichs ohne eigene Hauptstadt war, und ab sofort hatte das neugegründete Bundesland Niederösterreich damit einen Sonderstatus. Es gab seither in der Hauptstadtdiskussion, die nie ganz abriß, drei Strömungen: Die erste Meinung ging dahin, daß es nur eine echte Chance gegeben hätte, eine Hauptstadt zu gründen, und die sei 1921 mit der Trennung von Wien vertan worden. Diese Meinung wurde mittlerweile durch die Ereignisse widerlegt. Die zweite Meinung bestand darin, daß der Zustand, wie er 65 Jahre lang, also bis zur Ernennung St. Pöl-

tens zur Hauptstadt, bestand, den realen Verhältnissen durchaus am besten entsprach. Und dann hat es von Anfang an, seit der Trennung von Wien, auch die Auffassung gegeben, je früher Niederösterreich eine Hauptstadt erhalte, umso besser sei es für das Land, seine Finanzen und vor allem auch für sein Selbstverständnis.

Das muß man bei dieser Hauptstadtdiskussion gleichfalls wissen: Sie ist in diesen 65 Jahren nicht nur nie abgerissen, sie wurde schon vor der endgültigen Trennung im damals gemeinsamen Landtag Wien-Niederösterreich sowie in den beiden Kurien der später getrennten Länder intensiv und mit Engagement geführt. Wenn man sich die Landtagsprotokolle etwa aus der Ersten Republik durchliest, so findet man gerade in dieser Zeit eine Reihe hochstehender Debattenbeiträge zum Thema Hauptstadt. Dabei ist auch bemerkenswert, daß dieses Thema bei allen möglichen Gelegenheiten oft völlig überraschend immer wieder aufgetaucht ist, in Wirtschaftsfragen und vor allem in Kulturdebatten. Damals, gleich nach 1921, war es klar, daß eine eigene Hauptstadt aus finanziellen Gründen einfach nicht tragbar war. Wie man heute längst weiß, ist Niederösterreich bei den damaligen Verhandlungen mit Wien und dem Bund finanziell nicht gut ausgestiegen. Der angestrebte Sonderstatus für das „blau-gelbe" Regierungsviertel in Wien, eine sogenannte „Vatikan-Lösung", wurde in den Verhandlungen zeitweise angestrebt, erwies sich aber als unrealistisch.

Historischer Beschluß

Tatsache ist und bleibt, und damit wird sein Name immer verbunden sein, daß eine endgültige Lösung der Hauptstadtfrage, nachdem sie in den Jahren 1970/71 neuerlich kulminiert war, erst durch Landeshauptmann Siegfried Ludwig ermöglicht wurde. Ludwig hat diese Diskussion offiziell in einer Pressekonferenz am 15. Februar 1984 eröffnet, ganz kurze Zeit nach der Landtagswahl vom 16. Oktober 1983. Das Argument Ludwigs für diesen Zeitpunkt war und ist einleuchtend: Hätte er, wie er immer wieder betont, die Hauptstadtfrage zu einem Wahlkampfthema gemacht, so wäre dies eher als wahlpolitischer Gag abgetan worden. So aber hatte die neue Legislaturperiode eben erst begonnen, und es war damit zu rechnen, daß dieses Thema nunmehr in Ruhe einer Lösung zugeführt werden konnte. Von „Ruhe" in dieser lebhaft geführten Diskussion konnte freilich keine Rede sein. Für Ludwig war allerdings eines klar: Nach so vielen Diskussionsanläufen, wie es sie in den letzten mehr als sechzig Jahren gegeben hatte, sollte und mußte die

Hauptstadtfrage nunmehr einer Lösung zugeführt werden. Man einigte sich schließlich auf das in Niederösterreich erstmals verwendete demokratische Instrument der Volksbefragung. Das Ergebnis ist bekannt: Es gab am 1. und 2. März 1986 eine klare Mehrheit für eine Hauptstadt, 56 Prozent stimmten dafür, und dabei wiederum gab es eine Mehrheit für St. Pölten. Schließlich machte die Traisenstadt nach einer entsprechenden Feinstudie das Rennen.

Dann ging alles sehr rasch: Landeshauptmann Ludwigs Dynamik und der Auftrieb, den er durch diese positive Volksbefragung bekommen hatte, bescherten dem Land am 10. Juli 1986 den Hauptstadtbeschluß im Landtag. Fast 70 Jahre hauptstadtlose Zeit waren vorbei, eine neue Ära in Niederösterreich begann, das Land erhielt eine neue Struktur, und zwar nicht allein mit der Hauptstadt, sondern auch mit der gleichzeitig beschlossenen Stärkung der Regionen und Gemeinden, wofür es ab nun jedes Jahr zusätzlich eine halbe Milliarde Schilling als Finanzierung geben sollte. Der entscheidende Anfang war getan, nun aber begann die Knochenarbeit der eigentlichen Errichtung und des Aufbaues einer Hauptstadt mit all ihren Einrichtungen.

Neue Struktur brachte Aufschwung

Eine Vision war damit Realität geworden. Der vielzitierte Teufel liegt aber bekanntlich oft im Detail. Unter dem Strich (mit Stand vom Herbst 1990) vollzieht sich die Hauptstadtwerdung dennoch Schlag auf Schlag und jedenfalls mit sichtbarem Erfolg: Der Schaffung eines Hauptstadtmanagements folgten die Installierung der Gesellschaft und des Managements in St. Pölten selbst, die Sicherstellung der nötigen Baugründe für das geplante Regierungsviertel, die Durchführung eines internationalen Architektenwettbewerbes und, als vorläufiger Höhepunkt, die Projektfindung für das neue Hauptstadtviertel. Das waren nur die wichtigsten Stationen dieses Weges. Und auch seine weiteren Schwerpunkte und Leitlinien sind vorgezeichnet: Baubeginn in der zweiten Hälfte des Jahrs 1992, die schrittweise Übersiedlung diverser landeszentraler Dienststellen des Bundes und Landes in die Hauptstadt, im österreichischen und niederösterreichischen Millenniumsjahr 1996 die endgültige Übersiedlung von Verwaltung, Regierung und Landtag in die neue Landeshauptstadt.

Eines ist sicher: Landeshauptmann Ludwig hat mit Mut und enormem Einsatz eine Frage der Entscheidung zugeführt, die jahrzehntelang ungelöst gewesen war. Wie richtig der Schritt dieser Strukturerneuerung des Landes war und ist, beweisen seither

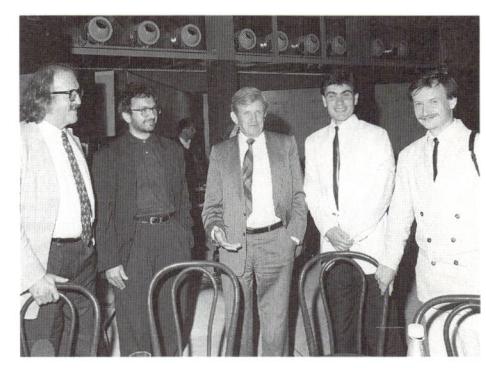

Landeshauptmann Siegfried Ludwig mit den in die engere Auswahl gezogenen Wettbewerbs-Architekten.

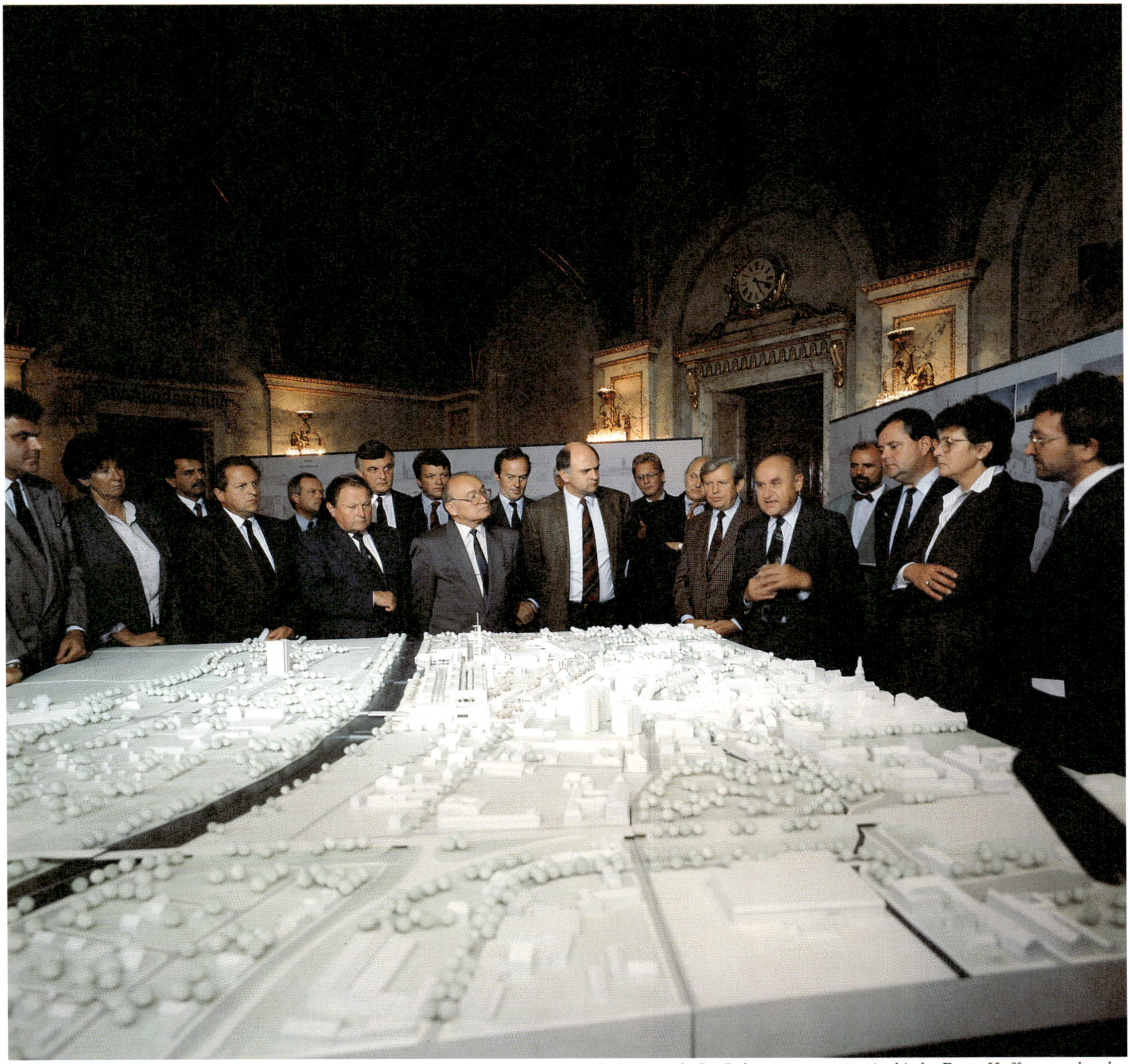

Das preisgekrönte Architektenprojekt für das neue Regierungsviertel in der Landeshauptstadt St. Pölten stammt von Architekt Ernst Hoffmann, der den Zuschlag der internationalen Jury unter Gustav Peichl erhielt. Im Bild Landhauptmann Siegfried Ludwig mit den Mitgliedern der Landesregierung und den Jury-Vorsitzenden.

alle Wirtschaftsdaten – nicht nur in der Region St. Pölten, sondern im ganzen Land: Mit der Hauptstadtgründung und der Regionsstärkung ist in Niederösterreich und damit in der gesamten Ostregion Österreichs endlich jene Dynamik eingekehrt, die das Land aufgrund seiner Größe, Bedeutung und zentralen Stellung schon lange verdient hat. Niederösterreich ist heute, nicht zuletzt dank seiner neuen inneren Situation und Struktur, Österreichs wirtschaftliches „Flaggschiff“. Daß diese Entscheidung für die Hauptstadt und für die gestärkten Regionen und Gemeinden gerade auch im Lichte der jüngsten Ost-Liberalisierung goldrichtig sein würde, konnte man Mitte der achtziger Jahre sicher noch nicht wissen. Aber politische Entscheidungen, so sie richtig und zukunftsweisend sind – und das sollten sie sein –, bedürfen auch eines gerüttelten Maßes an „Fortüne“. Niederösterreich und mit dem Land sein Landeshauptmann haben eine derartige „Fortüne“ demokratisch herbeigeführt.

Franz Oswald

Natur- und Umweltschutz

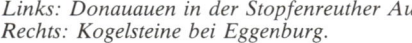

Naturschutzgebiet Schönau.

Die Probleme der Umwelt und der Erhaltung der Natur ist in den letzten Jahren ins Zentrum der politischen Erörterung gestellt worden. Die Natur als Lebensgrundlage des Menschen soll so geschützt und gepflegt werden, daß ihre Vielfalt und Eigenart, aber auch der Artenreichtum der Pflanzen- und Tierwelt sowie deren natürliche Lebensräume und ein möglichst ungestörtes ökologisches Gefüge des Naturhaushaltes als Lebensgrundlage für Menschen, Tiere und Pflanzen erhalten werden. Bereits im Raumplanungsgesetz und in der Bauordnung ist die Ausweisung von Grünland vorgesehen, im Naturschutzgesetz soll der Schutz der freien Landschaft im Vordergrund stehen. Dazu gehören vor allem Vorsorgen bei der Errichtung und Umgestaltung von Baulichkeiten im Grünland, die Neuanlage oder Verbreiterung von Straßen, die Neuanlage oder Vergrößerung von Bergbauanlagen, Rohrleitungen, Hochspannungsfreileitungen, Sendemasten, aber auch von Eisenbahnen, Sesselliften, Seilbahnen oder Schleppliftanlagen, von Schipisten, Rodelbahnen und Sportplätzen verschiedenster Art. Auch die Errichtung und

Erweiterung von Anlagen zur Gewinnung von Steinen und Erden aller Art sowie Abgrabungen und Anschüttungen, die Rodung von Auwald sowie die Aufstauung und die Verrohrung oder Umgestaltung von Wasserläufen sollen zu den nach Naturschutzvoraussetzungen bewilligungspflichtigen Anlagen zählen, ebenso die Anlage von Ablagerungsplätzen und von Lagerplätzen aller Art, wenn sie eine gewisse Größe übersteigen. Dabei soll nicht nur das innere Gefüge der Landschaft, sondern auch das Landschaftsbild im Grünland in Betracht gezogen werden. Dies bedeutet eine Ausweitung der Beurteilungskriterien des Naturschutzes unter dem Gesichtspunkt der künftigen Erhaltung eines vielfältigen und landschaftsunterschiedlich gestalteten Kulturraumes wie er in Niederösterreich gegeben ist. Künftig soll die Zersiedlung einer Landschaft verhindert und die natürlichen Oberflächenformen wie Hügel-, Hang-, Terrassen- und Tallandschaften, natürliche Gewässer und ihre Ufervegetation unverändert erhalten bleiben. Schutzbedürftig sind aber nicht nur Naturgebilde, sondern auch im Laufe der Zeit entstandene künstliche Anlagen wie

große Parkbereiche. Eine große Bedeutung kommt auch dem Artenschutz in der Tier- und Pflanzenwelt zu. Durch Kulturumwandlumgen im land- und forstwirtschaftlichen Bereich und gewerbliche Nutzungen haben sich in den letzten Jahrzehnten starke Veränderungen ergeben. Daher soll künftig dieser Bereich besonders geschützt werden.
Um dies zu ermöglichen, sollen Feuchtgebiete wie Moor- und Sumpfflächen, aber auch Schilf- und Röhrichtbestände sowie die Au- und Bruchwälder besonders sorgfältig behandelt werden. Anschüttungen, Entwässerungen und Grabungen, die den Lebensraum von Tier und Pflanzen in diesem Bereich bedrohen, sollen unterbunden werden. Ebenso ist jede Veränderung von Trockenstandorten durch Umbrechen oder Umwandlungen in Ackerland, Aufforstung oder intensive Düngung zu unterlassen. So die Forderungen des Naturschutzes. Alle diese Maßnahmen sind nur dann wirksam, wenn die Vollziehung des Naturschutzgesetzes sowie des Raumordnungsgesetzes und der Bauordnung durch Vernetzung erfolgen und damit die entsprechenden Voraussetzungen geschaffen werden.

Links: Naturschutzgebiet
Hundsheimer Berge.
Rechts: Landschaftsschutz-
gebiet Rax.

Natur- und Umweltschutz

Landschaftsschutz-
gebiet mittleres
Kamptal.

Donau-March-Auen (links und rechts).

Niederösterreich steht zu Beginn der neunziger Jahre aufgrund einer gelungenen Strukturerneuerung und der Modernisierung seiner Wirtschaft als Bundesland mit den besten Wirtschaftsdaten Österreichs da. Die Ost-Liberalisierung und der zu erwartende EG-Beitritt Österreichs bieten dem Land neue zusätzliche Chancen einer günstigen Weiterentwicklung. Die Funktion Niederösterreichs als Brücke in den Donauraum hat zugenommen, unsere Initiative zur Schaffung der Arbeitsgemeinschaft der Donauländer hat mit der Unterzeichnung einer gemeinsamen Erklärung der Regierungschefs der Anrainerländer im Frühjahr 1990 einen echten Durchbruch erlebt. Die niederösterreichische Wirtschaft ist heute europareif, unser Land auf vielen Gebieten Vorbild und Modellfall. Die Voraussetzungen für eine günstige Weiterentwicklung Niederösterreichs waren schon lange nicht mehr so günstig, wie Anfang dieser neunziger Jahre.

Durchbruch in der Donauraumpolitik

Das im Mai erfolgte Treffen der Regierungschefs der Länder und Regionen der Donau gestaltete sich zu einem großen Erfolg für Niederösterreichs Landesaußenpolitik, die wir seit Jahren konsequent verfolgen. Vor allem wurden Partnerschaften mit einigen mitteleuropäischen Regionen, die bis vor kurzem Teil des sogenannten Ostblocks waren, erfolgreich angeknüpft und ausgebaut. Die Gründung der Arbeitsgemeinschaft der Donauländer war eine unbestreitbare Initiative Niederösterreichs, die vor allem im Zeichen des europäischen Aufbruchs in Mittel- und Osteuropa in ein neues konkretes Stadium tritt. Mitglieder der Arbeitsgemeinschaft sind der Freistaat Bayern, die österreichischen Bundesländer Oberösterreich, Niederösterreich, Wien und Burgenland, die ungarischen Komitate Györ-Sopron, Komarom, Pest, Fejer, Bacs-Kiskun, Tolnan und Baranya, die sozialistische Republik Serbien und die Moldavische SSR. Beobachterstatus haben der Südmährische Kreis und der Westslowakische Kreis, Vertreter haben auch Rumänien und Bulgarien entsendet. Als Hauptaufgaben der Arbeitsgemeinschaft werden die informative und fachliche Behandlung und Koordinierung der Bereiche Wirtschaft, Raumordnung, Verkehr, Natur und Umweltschutz, Fremdenverkehr sowie Kultur und Wissenschaft genannt. Als weiterer Bereich wurde auch die Frage der Atomkraftwerke ins Spiel gebracht. Zunächst wurden fünf Arbeitskreise eingesetzt. Die nächste Konferenz der Regierungschefs findet in Serbien statt.

Gegenüberliegende Seite: Schloß Schönbühel an der Donau.

Die beiden Außenminister Alois Mock und Jiři Dienstbier sowie Landeshauptmann Siegfried Ludwig beim Durchschneiden des „Eisernen Vorhangs".

Das Kraftwerk Dürnrohr.

Landesentwicklungsplan mit Hauptstadt

Auf der Basis der neuen politischen und wirtschaftlichen Voraussetzungen wird in nächster Zeit ein neuer niederösterreichischer Landesentwicklungsplan mit Blick auf das Jahr 2000 erstellt. Die großen Zielvorstellungen dabei:

● Die achtziger Jahre haben dem Bundesland die neue Hauptstadt gebracht, die neunziger Jahre bringen ihre Fertigstellung. Im Herbst 1990 wurde die zweite Stufe des Architektenwettbewerbes abgeschlossen, Mitte 1992 kann mit dem konkreten Bau begonnen, im österreichischen und niederösterreichischen Jubiläumsjahr 1996 mit der endgültigen Übersiedlung der Landesbehörden aus Wien nach St. Pölten gerechnet werden. Die Realisierung der Landeshauptstadt wird nach mehr als siebzig Jahren einen unbefriedigenden Zustand beenden. Mit dem Hauptstadtbau werden gleichzeitig wesentliche wirtschaftliche Impulse, werden Investitionen in Milliardenhöhe ausgelöst.

● In der Umweltpolitik geht es vor allem um vier Schwerpunkte: um die Lösung des Müll- und Entsorgungsproblems einschließlich des Sondermülls, die Sanierung der Mitterndorfer Senke, die weitere Verbesserung der Luft- und Wasserqualität samt einem Höchstmaß an Lärmschutz sowie die Schaffung des Nationalparks Donauauen, den wir zusammen mit Wien und dem Bund, vor allem zusammen mit der betroffenen Bevölkerung realisieren werden.

● 1992 ist ein niederösterreichisches Top-Jahr: Mit dem Baubeginn der Hauptstadt erfolgt auch die Fertigstellung des Hauptgerinnes des Marchfeldkanals sowie Ende 1992 des Rhein-Main-Donau-Kanals. Beides sind Jahrhundertprojekte, die Niederösterreichs ökonomische Weiterentwicklung wesentlich beeinflussen werden.

● Wirtschaftspolitisch schaffen wir weiters grenzüberschreitende Technologie- und Innovationszentren, richten uns auf den kommenden EG-Binnenmarkt ein und öffnen uns weiter in Richtung auf die ehemaligen Ostblockländer.

● Zu den bedeutendsten Aufgaben der neunziger Jahre zählen natürlich auch Bildung und Kultur: Bildungspolitisch ist für uns die Umwandlung der Landesakademie in eine Universität neuen Stils, vor allem in eine Universität für Weiterbildung, das Hauptziel. Kulturpolitisch geht es um den Ausbau des Ausstellungs- und Museumsnetzes, um ein flächendeckendes nö. Theaterkonzept und

Rechts: Die ehemalige Tabakfabrik in Stein an der Donau, Sitz der Nö. Landesakademie.

Landeshauptmann Siegfried Ludwig

Die Rosenburg beherbergte 1990 eine der erfolgreichsten Landesausstellungen („Adel im Wandel").

Ansprache des Landeshauptmannes Siegfried Ludwig anläßlich der Eröffnung des Feriendorfes Litschau, eines der größten Regionalisierungsvorhaben.

Landeshauptmann Siegfried Ludwig unterschreibt die gemeinsame Erklärung der ARGE Donauländer.

um die Neuausrichtung des nächsten nö. Donaufestivals (1992). An konkreten Einzelbeispielen möchte ich den in seiner Art einmaligen Archäologiepark Carnuntum und die Marchfelder Schlösserstraße nennen.

Die Regionalisierung brachte 6-Milliarden-Investition

Besondere Markenzeichen unserer Landespolitik jetzt und in Zukunft werden die Weiterführung der Regionalisierung sowie der Dezentralisierung sein. Die Stärkung der Regionen und Gemeinden ist untrennbar mit dem Beschluß vom Jahre 1986 verbunden, St. Pölten zur Landeshauptstadt zu erheben. Die Regionalisierung, für die ebenso wie für den Bau der Hauptstadt ein eigenes Management geschaffen wurde, hat in knapp vier Jahren 300 Projekte mit Gesamtinvestitionen von etwa 6 Milliarden Schilling gebracht. Das Entscheidende dabei: Diese Projekte und Milliardeninvestitionen hätte es ohne die Forcierung der Regionalisierung nicht gegeben. Ein landesweites Netz wirtschaftlicher Innovationszentren, neue Akzente in der Agrarpolitik zur Förderung der Familienbetriebe ebenso wie der Alternativproduktionen und die Teilprivatisierung der EVN (Energieversorgungsgesellschaft Niederösterreich) haben zusammen mit der Hauptstadtgründung und der Förderung der Regionen und Gemeinden die starke wirtschaftliche Position des Landes untermauert.

Dezentralisierung mit 15 BH-Außenstellen

Große Erfolge gab und gibt es in der Dezentralisierung der Landesverwaltung, die ein weiterer Schritt dazu ist, Verwaltung und Politik bürgernäher und transparenter zu machen. Weit fortgeschritten ist die Dezentralisierung der Straßenverwaltung, von Lärmschutzmessungen über die Verlegung von Straßen- und Brückenbaueinrichtungen in die Regionen bis zu Maßnahmen im Güterwegebau. Dezentralisiert wird ebenso die Agrarbezirksbehörde. Ganz wesentlich ist auch die Einrichtung von 15 neuen Außenstellen der Bezirkshauptmannschaften. In diesem Bereich gab es noch zahlreiche weitere Dezentralisierungsmaßnahmen, nicht zuletzt die Einrichtung von Außenstellen der Wohnbauförderung an mehreren BHs.

EVN-Privatisierung: Strukturerneuerung und Vermögensbildung

Auch in der Privatisierung geht Niederösterreich neue Wege: So dient die Teilprivatisierung der Nö. Energieversorgungsgesellschaft EVN nicht nur der Strukturerneuerung des Landes, sondern auch der Vermö-

Reformen im Inneren – aktiv nach außen

gensbildung aller interessierten Mitbürger. Der Privatisierungserlös wird in NÖ. sicher nicht zum Stopfen von Budgetlöchern herangezogen. Die Mittel der ersten Tranche der EVN-Privatisierung werden folgendermaßen aufgeteilt: 500 Millionen fließen in den Umweltschutz (Müllbeseitigung, Ausbau der Fernwärme), 500 Millionen in die Strukturerneuerung (Ennshafen-Ausbau, Innovationszentren in den Grenzregionen, Landesakademie), 500 Millionen schließlich sind für die Wirtschaftsförderung, die Gemeinden und die Kultur vorgesehen. Eine zweite Tranche der EVN-Privatisierung wurde ebenfalls bereits durchgeführt. Niederösterreichs Nachbarn im Norden und Osten profitieren von dieser Privatisierung insoferne, als auch sie die Innovationszentren in den Grenzgebieten benützen können.

Neue Humanpolitik Niederösterreichs

Kennzeichnend für die Landespolitik sind auch die Bestrebungen Niederösterreichs zur Umsetzung einer neuen Humanpolitik. Auch hier wurde Schritt für Schritt ein spezifisches „blau-gelbes" Modell entfaltet. Dazu zählen viele Maßnahmen zur Verbesserung der Lage der Familien, insbesondere auch zur Besserung der Situation der sozial Schwächsten, und nicht zuletzt ein umfassender Ausbau des Gesundheitswesens. Pendlerhilfe, Familienhilfe, verbesserte Sozialhilfeeinrichtungen sowie ein umfassender Spitalsausbau und die Verdoppelung der Zahl der Ärzte in eineinhalb Jahrzehnten stehen stellvertretend dafür. Einkommensschwächere und kinderreiche Familien genießen eine spezifische Förderung des Landes in verschiedensten Bereichen, dies gilt insbesonders auch für junge Ehepaare. Zur Erreichung der Ziele dieser neuen niederösterreichischen Humanpolitik dient vor allem auch die niederösterreichische Wohnbauförderung, wofür in jüngster Zeit ein eigenes Landes-Wohnungsförderungsgesetz geschaffen wurde. Das ist das Ergebnis der lange gewünschten „Verländerung" der Wohnbauförderung. Nicht zuletzt gehört zu einer effizienten Humanpolitik auch der Ausbau der Bürgerrechte und des Bürgerservice. Auch hier hat Niederösterreich vorbildliche Wege beschritten, die zur Vermenschlichung der Politik und zu deren besserer Umsetzung zum Wohle des einzelnen Landesbürgers geführt haben.

Neues Persönlichkeitswahlrecht – eine nö. Initiative

Eine Wahlrechtsreform in Niederösterreich wird einer der Schwerpunkte der weiteren politischen Arbeit im Lande sein: Es wird ein in dieser Form für Österreich neues Persönlichkeitswahlrecht eingeführt. Grundsatz

Innenaufnahme des kalorischen Kraftwerkes Dürnrohr.

Die Landessportschule St. Pölten.

Das regionale Innovationszentrum in Wiener Neustadt.

Rechts: Blick über die Marchauen.
Unten: Donauschlinge bei Ybbs.

Landeshauptmann Siegfried Ludwig

dabei: Der Wähler muß Gelegenheit haben, in einem Wahlkreis nicht nur eine Partei, sondern auch eine einzelne Person mit jenem Vertrauen auszustatten, das für die Erlangung eines Landtagssitzes erforderlich ist. Der nö. VP-Landtagsklub hat dazu bereits eine entsprechende Initiative ergriffen. Noch in der laufenden Legislaturperiode des nö. Landtages soll dieses Persönlichkeitswahlrecht für Niederösterreich verabschiedet werden. NÖ. ist damit bei der Schaffung eines derartigen Wahlrechtes in Österreich federführend.

Epochale Großereignisse 1995/96

Für die Großereignisse der Jahre 1995/96 wird Niederösterreich voll gerüstet sein: Es sind dies die Weltfachausstellung 1995 in Österreich und Ungarn mit einem attraktiven NÖ.-Angebot und 1996 die 1000-Jahr-Feier Österreichs und Niederösterreichs mit Schwerpunkt auf unserem Bundesland; und es ist, ebenfalls 1996, die geplante Übersiedlung der Landesregierung in die neue Landeshauptstadt. Was die Weltfachausstellung betrifft, so haben wir sichergestellt, daß dieses einmalige internationale Großereignis unter voller Einbeziehung Niederösterreichs stattfindet. Unser Angebot reicht vom schon erwähnten Archäologiepark und der Schlösserstraße bis zu Aktivitäten im Zentralraum, im Süden und Norden Wiens und zu einem weiteren Donaufestival.

Der Grundsatz für die neunziger Jahre lautet daher: Niederösterreich baut seine Stellung in der Republik, seine Rolle als Flaggschiff und Reformland weiter aus und nutzt die Chancen der europäischen Integration nach Osten und Westen.

*Die Donau, die Lebensader des Kernlandes Nie-
derösterreich.*

Reformen im Inneren – aktiv nach außen

Verzeichnis der wichtigsten Literatur

Topographie

E. Zöllner, Geschichte Österreichs, 7. Aufl. (1988)
E. Bruckmüller, Sozialgeschichte Österreichs (1985)
M. Vancsa, Geschichte Nieder- und Oberösterreichs, 2 Bde. (1905–1927)
Österreichische Kunsttopographie, Bd. 1 (Bez. Krems), Bd. 3 (Bez. Melk), Bd. 4 (Bez. Pöggstall), Bd. 5 (Bez. Horn), Bd. 6 (Bez. Waidhofen/Th.), Bd. 8 (Bez. Zwettl), Bd. 18 (Bez. Baden), Bd. 19 (Bez. Stift Heiligenkreuz) und Bd. 19 (Stift Zwettl)
Handbuch der hist. Stätten Österreichs, Bd. 1 (1970)
Geschichte der deutschen Länder, „Territorien-Ploetz", 2 Bde. (1964–1971)
Historisches Ortsnamenbuch v. Nö., 8 Bde. (1964ff.)
Österreich. Biogr. Lexikon, Bd. 1–7 (1957ff)
J. Nagl – J. Zeidler – E. Castle, Deutsche Literaturgeschichte, 4 Bde. (1899–1937)
A. Schmidt, Dichtung und Dichter Österreichs im 19. und 20. Jh., 2 Bde. (1964)
G. Stenzel, Nö. Geschichte und Kultur in Bildern und Dokumenten (1983)
Karl Gutkas, Geschichte des Landes Niederösterreich, 6. Aufl.,1983 (Bildband 1984)
ders., Geschichte Niederösterreichs 1984
Katalog: Staat und Kirche in Österreich, St. Pölten (1985)
H. Fasching (Hrsg.), Dom und Stift St. Pölten und seine Kunstschätze (1985)
G. Egger, W. Hesslev, W. Payrich, Pyhringer-Zwanowetz, H. Fasching, Stift Herzogenburg und seine Kunstschätze (1982)
H. u. G. Egger, G. Schweighofer, G. Seebach, Stift Altenburg und seine Kunstschätze (1981)
B. Wagner, Stift Seitenstetten und seine Kunstschätze (1988)
F. Röhrig, H. Fasching, Stift Klosterneuburg und seine Kunstschätze (1984)
G. M. Lechner, H. Fasching, Stift Göttweig und seine Kunstschätze (1977)
Katalog: 900 Jahre Stift Göttweig, Göttweig (1983)
G. Flossmann, W. Hilger, H. Fasching, Stift Melk und seine Kunstschätze (1976)
Katalog: 900 Jahre Benediktiner in Melk, Melk (1989)
Katalog: Seitenstetten. Kunst und Mönchtum an der Wiege Österreichs. Seitenstetten 1988
F. Schragl, Geschichte der Diözese St. Pölten (1985)
Dehio Nö Nord (1990)
G. Gerhartl, Wiener Neustadt – Geschichte, Kunst, Kultur, Wirtschaft (1978)

Chronologie

R. Pittioni, Urgeschichte des österr. Raumes (1954)
ders., Geschichte Österreichs 1/1 (1981)
J. W. Neugebauer, Urgeschichte in Nö., WS 39/40 (1979)
ders., Österreichs Urzeit, 1990
G. Dobesch, Die Kelten in Österreich nach den ältesten Berichten der Antike (1980)

Katalog: Die Römer an der Donau, Noricum und Pannonien, Petronell (1973)
Katalog: Die Römer in Niederösterreich, Pottenbrunn (1989)
H. Windl, Nö. nördlich der Donau in der römischen Periode, WS 52 (1981)
E. Swoboda, Carnuntum, seine Geschichte und seine Denkmäler, 4. Aufl. (1964)
W. Jobst, Provinzhauptstadt Carnuntum (1983)
R. Noll, Eugippius, Das Leben des heiligen Severin (1963)
R. Zinnhobler – E. Widder, Der hl. Severin (1982)
F. Lotter, Severinus von Noricum, Legende u. histor. Wirklichkeit (1976)
Katalog: Severin zwischen Römerzeit und Völkerwanderung, Enns (1982)
I. Zibermayr, Noricum, Bayern und Österreich, 2, Aufl. (1965)
H. Mitscha-Märheim, Dunkler Jahrhunderte goldene Spuren (1963)
B. Eberl, Die Bajuwaren (1966)
H. Friesinger, H. Adler, Die Zeit der Völkerwanderung in Nö., WS 41/42 (1979)
H. Wolfram, Geschichte der Goten von den Anfängen bis zur Mitte des 6. Jhs., 2. Aufl. (1980)
H. Friesinger, Die Slawen in Niederösterreich, WS 15 (1980)
H. Wolfram – F. Daim, Die Völker an der mittleren und unteren Donau im 5. und 6. Jh. (1980)
H. Wolfram, A. Schwarz, Die Bayern und ihre Nachbarn, 2 Bde. (1985)
F. Daim, Die Awaren in Nö., WS 28 (1977)
H. Wolfram, Die Karolingerzeit in Nö., WS 46 (1980)
H. Dopsch, Salzburg und der Südosten, Südostdt. Archiv 21 (1978)
Katalog: Großmähren, Wien (1966)
K. Bosil, Kyrill und Method. Ihre Stellung und Aufgabe in der römischen Kirchenorganisation, Zs. f. bayer. Lg. 27 (1964)
M. Mitterauer, Karolingische Markgrafen im Südosten, AÖG 123 (1963)
K. Oettinger, Das Werden Wiens (1951)
P. Csendes, Die Straßen Nös. im Früh- und Hochmittelalter (1969)
KatF. Lüttich, Ungarnzüge in Europa im 10. Jh. (1910)
K. Zatloukal, Das Nibelungenlied und Nö., WS 33 (1978)
Th. v. Bogyay, Lechfeld, Ende und Anfang (1955)
H. Appelt, Die Schlacht auf dem Lechfeld, Bl. f. Heimatkunde 29 (1955)
K. Lechner, Beiträge zur Geschichte der österr. Markgrafen, Zur Genealogie der österreichischen Markgrafen, MIÖG 71 (1963)
R. Zinnhobler, St. Wolfgang, Leben – Legende – Kult (1975)
K. Lechner, Die Babenberger, Markgrafen und Herzöge von Österreich 976–1246 (1976)
K. Gutkas, Die Babenberger in Österreich, WS 13/14 (1977)
Katalog: 1000 Jahre Babenberger in Österreich, Lilienfeld, 4. Aufl. (1976)
M. Mitterauer, Zur räumlichen Gliederung Österreichs in der frühen Babenbergerzeit, MIÖG 78 (1970)
L. Auer, Die Schlacht bei Mailberg am 12. Mai 1082, Mil. hist. Schr. 31 (1976)
Der hl. Altmann, Bischof von Passau, sein Leben und sein Werk, Festschrift zur 900-Jahr-Feier (1965)
G. Wacha, Leopold III., der Heilige, WS 12 (1975)
P. E. Neuser, Zum sogenannten „Heinrich von Melk", Überlieferung, Forschungsgeschichte und Verfasserfrage der Dichtungen „Vom Priesterleben" und „von des todes gehugde" (Kölner Germ. Sud.), XVI (1975)
K. J. Heilig, Ostrom und das Deutsche Reich um die Mitte des 11. Jhs. Die Erhebung Österreichs zum Herzogtum 1156 und das Bündnis zwischen Byzanz und dem Westreich (1944)
H. Fichtenau, Von der Mark zum Herzogtum (1958)
H. Appelt, Privilegium minus, 2. Aufl. (1980)
W. Kleindel, Österreich, ein Herzogtum. Das Privilegium minus (1981)
M. Weltin, Die „tres comitatus", Otto von Freising und die Grafschaften der Mark Österreich, MIÖG (1976)
K. Lechner, Wappen und Farben des Gaues Niederdonau in ihrer historischen Entwicklung (1942)
H. Buschhausen, Der Verduner Altar (1980)
K. Helleiner, Österreichs ältestes Stadtrechtsprivileg, Beiträge zur Stadtgeschichtsforschung (1959)
K. Gutkas, Die mittelalterlichen Stadtrechte Nös., ebenda
Katalog: Die Kuenringer, Zwettl (1981)
Kuenringer-Forschungen, Jb. f. Lkde. 46/47 (1981)
K. Brunner, Die Kuenringer, WS 53 (1981)
F. Gall, Die Herzöge von Mödling, AÖG 119 (1952)
O. Redlich, Die Pläne einer Erhebung Österreichs zum Königreich, Zs. d. Ver. d. Steiermark 23 (1927)
H. Meier, Gertrud, Herzogin von Österreich und Steiermark, Zs. d. hist. Ver. f. Steiermark 23 (1927)
H. Dienst, Die Schlacht an der Leitha, Mil. hist. Schr. 19, 2. Aufl. (1978)
Katalog: Romanische Kunst in Österreich, Krems (1964)
M. Schwarz, Romanische Architektur in Nö., WS 17/18 (1977)
R. Wagner-Rieger, Mittelalterliche Architektur in Österreich; hrsg. v. A. Rosenauer, bearb. v. M. Schwarz (1988)
P. Baldass, W. Buchowiecki, W. Mozart, Romanische Kunst in Österreich (1962)
E. Frodl-Kraft, Die mittelalterlichen Glasgemälde in Nö., 1. Teil (1972)
A. Kusternig, Die Zeit König Ottokars in Österreich 1251–1276/78, WS 34 (1978)
Ottokar Forschungen, Jb. f. Lkde. 44/45 (1979)
M. Weltin, Ottokar II. Przemysl, Die Steiermark und Österreich, UH 48 (1977)
O. Brunner, Das Wiener Bürgertum in Jans Enikels Fürstenschlacht bei Dürnkrut am 26. Aug. 1278 (1968)
A. Gerlich, Landfriede und Landrecht in Österreich 1276–1281, Bl. f. d. Lg. 99 (1962)
A. Kusternig, Erzählende Quellen des Mittelalters. Die Problematik mittelalterlicher Historiographie am Beispiel der Schlacht bei Dürnkrut und Jedenspeigen 1278 (1982)
Liber fundationis Zwettlensis, Faksimileausgabe der Bärenhaut (1981)
A. Lhotsky, Geschichte Österreichs seit der Mitte des 13. Jhs. (1967)
A. Dopsch, Die Ständemacht in Österreich zur Zeit Friedrichs des Schönen, MIÖG 52 (1938)
Katalog: Die Zeit der frühen Habsburger, Dome und Klöster 1279–1379, Wr. Neustadt (1979)
G. Hödl, Friedrich der Schöne und die Residenz Wien, Jb. Wien 26 (1970)
K. Gutkas, Ein österrr. Staatsmann des 14. Jhs., Jb. f. Lkde 32 (1957)
Ch. Tepperberg, Die Herren von Puchheim im Mittelalter. Beiträge zu Geschichte des landsässigen Adels von Nö., Diss. Wien (1978)
F. Röhrig, Das nö. Landeswappen, WS 57 (1981)
Ernst K. Winter, Rudolf IV. von Öterreich, 2 Bde. (1934–1936)
A. Lhotsky, Privilegium Maius, Geschichte einer Urkunde (1957)
U. Begrich, Die fürstliche „Majestät" Herzog Rudolf IV. von Österreich, ein Beitrag zur Geschichte d. fürstl. Herrschaftszeichens im späten Mittelalter (1965)
E. Obermayr-Marnach, Zur Gründungsgeschichte der Universität Wien, MIÖG 68 (1960)
Otto Stowasser, Zur inneren Politik Herzog Albrechts III. von Österreich, MIÖG 41 (1926)
K. J. Heilig, Leopold Stainreuter, der Verfasser der sog. Chronik von den 95 Herrschaften, MIÖG 47 (1933)
A. Strnad, Herzog Albrecht III. von Österreich, Diss. Wien (1961)
W. Schwarz, Gotische Architektur in Nö., WS 49/50 (1980)
H. Steininger, Die münzdatierte Keramik des Mittelalters und der frühen Neuzeit in Öterreich, Diss. Wien (1963)
E. Englisch – G. Jaritz, Das tägliche Leben im spätmittelalterl. Nö., WS 19–21 (1976)
K. Gutkas, Das österr. Städtewesen im MA, in: Die mittelalterl. Städtebildung im südöstl. Europa (1977)
H. Knittler, Städte und Märkte, in: Die mittelalterl. Städtebildung im südöstl. Europa (1977)
P. Feldbauer, Herren und Ritter, in: Die mittelalterl. Städtebildung im südöstl. Europa (1977)
E. Bruckmüller, Täler und Gerichte, in: Die mittelalterl. Städtebildung im südöstl. Europa (1977)
H. Stradal, Die Prälaten, in: Herrschaftsstruktur und Ständebildung, hrsg. v. M. Mitterauer, 3 Bde. (1973)
F. Dworschak, Gotik in Nö. (1963)
G. Hödl, Albrecht II., Königtum, Reichsregierung und Reichsreform 1438–1439 (1978)
H. Peters, Passau, Wien und Aquileia, Forschungen z. Lkde. (1976)
G. Koller, Princeps in ecclesia (1964)
F. Stöller, Österreich im Kriege gegen die Hussiten, Jb. f. Lkde. 22 (1929)
St. Petrin, Die Hussitenkriege in Nö., Mil. hist. Schr. 44 (1982)
K. Schalk, Aus der Zeit des österr. Faustrechts 1440–1463, Abh. z. Gesch. u. Quellenkunde Wiens 3 (1919)
K. Gutkas, Der Mailberger Bund von 1451, MIÖG 74 (1965)
K. Großmann, Die Frühzeit des Humanismus in Wien bis zu Celtis Berufung, Jb. f. Lkde. 22 (1929)
A. Lhotsky, Thomas Ebendorfer, ein österr. Geschichtsschreiber, Theologe und Diplomat des 15. Jhs. (1957)
Katalog: „Friedrich III. – Kaiserresidenz Wiener Neustadt" (1966)
E. Zernatto, Die Zusammensetzung des Herrenstandes in Österreich unter der Enns 1406–1519, Diss. Wien (1960)
O. Rychlik, Der Grabstein der Kaiserin Eleonore in Wiener Neustadt, UH 52 (1981)
K. Schober, Die Eroberung Nös. durch Matthias Corvinus in den Jahren 1482–1490, B. d. Ver. f. Lkde. v. Nö. 13–14 (1879–1880)
G. Razso, Die Feldzüge des Königs Matthias Corvinus in Nö. 1477–1490 (1973)
K. Gutkas, Friedrich III. und Mathias Corvinus, WS 65 (1982)
Katalog: Matthias Corvinus und die Renaissance in Ungarn, Schallaburg (1982)
F. Maschek und V. O. Ludwig, König Matthias Corvinus und Barbara Edelpöck, Jb. f. Lkde. 32 (1956)
K. Nehring, Matthias Corvinus, Kaiser Friedrich III. und das Reich (1975)
F. Röhrig, Der Babenberger-Stammbaum im Stift Klosterneuburg (1975)
Katalog: Der hl. Leopold – Landesfürst u. Staatssymbol, Klosterneuburg (1985)

H. Fichtenau, Der junge Maximilian (1959)
R. Buchner, Max I., Kaiser an der Zeitenwende (1959)
H. Wiesflecker, Kaiser Maximilian, 4 Bde. (1971–1982)
Katalog: Die Kunst der Donauschule, St. Florian (1965)
A. Nagl, Der Innsbrucker Generallandtag vom Jahre 1518, Jb. f. Lkde. 17/18 (1919)
F. Eheim, Ladislaus Sunthaym, MIÖG 67 (1959)
W. Bauer, Die Anfänge Ferdinands I. (1907)
A. Novotny, Ein Ringen um ständische Autonomie 1519–1522, MIÖG 71 (1965)
P. Sutter-Fichtner, Ferdinand I. of Austria (1982)
W. Hilger, Ikonographie Kaiser Ferdinands I. (1969)
F. Stundner, Die Kanzlei des Regimentes der nö. Lande zur Zeit Ferdinands I., Jb. f. Lkde. 31 (1954)
Ch. Möschl, Doktor Markus Beck von Leopoldsdorf, ein Staatsmann Ferdinands I., Diss. Wien (1969)
G. Heinz, Das Porträtbuch des Hieronymus Beck v. Leopoldsdorf, Jb. d. KH. Sammlungen 71 (1975)
G. Reingraner, Protestantismus in Österreich (1981)
ders., Protestantismus in Niederösterreich, WS. 27 (1977)
A. Scheiblin, Reformation und Gegenreformation in St. Pölten, Jb. d. Prot. 62,64 (1941/6)

E. G. Gutsch (= Schimka), Die Zusammensetzung des nö. Herrenstandes von 1520–1620, Diss. Wien (1967)
A. Hametner, Die nö. Landtage von 1530–1564, Diss. Wien (1969)
F. Stöllner, Soliman vor Wien, Mitt. d. Vereins für Geschichte der Stadt Wien 9/10 (1930)
Katalog: Wien 1529, Die erste Türkenbelagerung (1979)
G. Gerhartl, Die Niederlage der Türken am Steinfeld 1532, Mil. hist. Schr. 26 (1974)
O. Pickl, Das älteste Geschäftsbuch Österreichs, Die Gewölberegister der Wiener Neustädter Firma Alexius Funk (1966)
E. Hillbrand, Das Ungeld in Nö. und ÖO. mit bes. Berücksichtigung der Zeit 1500–1700, Diss. Wien (1953)
H. v. Srbik, Studien zur Geschichte des österr. Salzwesens (1917)
Karl Gutkas, Stadt und Herrschaft in Nö. im 16. und 17. Jh., Ber. über d. 8. österr. Historikertag (1964)
O. Brunner, Städtische Selbstregierung und neuzeitlicher Verwaltungsstaat in Österreich, Österr. Zs. f. öffentl. Recht 6 (1954)
H. Hassinger, Die Landstände der österr. Länder, Jb. f. Lkde. 36/2 (1964)

P. Baldass, R. Feuchtmüller, W. Mrazek, Renaissance in Österreich (1966)
R. Feuchtmüller, Die Schallaburg (1974)
ders., Renaissance in Österreich (1974)
Katalog: Renaissance in Österreich, Schallaburg (1974)
Katalog: Adel im Wandel. Politik, Kultur, Konfession 1500 – 1700, Rosenburg (1990)
V. Bibl, Maximilian II., der rätselhafte Kaiser (1929)
L. Bittner, Das Eisenwesen in Innerberg-Eisenerz bis zur Gründung der Innerberger Hauptgewerkschaft im Jahre 1625, AÖG 89 (1901)
G. Reingrabner, Adel und Reformation, Forsch. z. Lkde. v. Nö. (1966)
V. Bibl, Die Einführung der katholischen Gegenreformation in Nö. durch Rudolf II. (1900)
ders., Erzherzog Ernst und die Gegenreformation in Nö. 1576- 1590, MIÖG Erg.-Bd. 6 (1901)
F. Stangler, Neue Ergebnisse d. Ständeforschung, UH 44 (1973)
R. Hübl, Die Gegenreformation in St. Pölten (1966)
G. Floßmann, Die Loosdorfer Schulordnung, Facs. Ausg. 1974
H. Wurm, Die Jörger von Tollet (1955)
H. M. Ivo, Die Schürung des Hexen- und Teufelwahns in der zeitgen. Berichterstattung des 16. und 17. Jhs., Diss. Wien (1963)
A. Coreth, Job Hartmann v. Enenkel, MIÖG 55 (1944)
K. Großmann, Reichard Streun von Schwarzenau, Jb. f. Lkde. 20 (1926)
K. J. Mac Hardy, Der Einfluß von Status, Konfession und Besitz auf d. pol. Verhalten d. nö. Ritterstandes 1586–1620, Wiener Beiträge 8 (1981)
H. Nader, Das Bereitungsbuch von 1590/91, UH 47 (1976)
K. Klein, Der Häuserbestand Nös. um 1590, UH 47 (1976)
G. E. Frieß, Der Aufstand der Bauern in Nö. am Schlusse des 16. Jhs., Bl. f. Lkde. 31 (1897)
H. Feigl, Der nö. Bauernaufstand 1596/7 (1978)
K. Vocelka, Die politische Propaganda Rudolfs II. (1981)
O. F. Winter, Nö. und die Türkenkriege 1593–1606, Jb. f. Lkde. 34 (1960)

J. Franzl, Ferdinand II., 2. Aufl. (1988)
V. Bibl, Die katholischen und protestantischen Stände in Nö. im 17. Jh., Jb. f. Lkde. 2 (1903)
H. Kretschmer, Sturmpetition und Blockade Wiens im Jahre 1619, Mil. hist. Schr. 35 (1979)
H. Wertitsch, Die Kipperzeit in den österr. Ländern, Diss. Graz (1967)
E. Kusin, Die Anfänge des Kapuzinerordens im Erzherzogtum Österreich unter der Enns, Diss. Wien (1951)
Katalog: Der oö. Bauernkrieg 1626, Linz (1976)
K. Teply, Die kaiserlichen Großbotschaften an Sultan Murad IV. 1628. Des Freiherrn Hans Ludwig von Kuefsteins Fahrt zur Hohen Pforte (1976)
P. Broucek ,Der Schwedenfeldzug nach Nö., Mil. hist. Schr. 7 (1982)
N. Mussbacher, Abt Matthäus Kolweiß v. Lilienfeld (1975)
G. Gugitz, Österreichs Gnadenstätten in Kult und Brauchtum, Bd. 1–2 (1955)
H. Aurenhammer, Die marianischen Gnadenbilder Wiens und Nös. in der Barockzeit (1956)
F. Überlacker, Sonntagberg, Vom Zeichenstein zur Basilika (1968)
A. Becker, Der Gföhler Wald, Jb. f. Lkde. 24 (1936)
F. Posch, Die niederländische Armaturmeisterschaft in Wiener Neustadt, UH 21 (1950)
E. Silva-Tarouca, Graf Ferdinand Sigmund Kurz von Senfftenau, ein österr. Staatsmann, in: 300 J. Gymn. Horn (1957)
O. Biba, Der Piaristenorden in Österreich (1975)
K. Peball, Die Schlacht bei St. Gotthard-Mogersdorf 1664. Mil. hist. Schr. 1 (1978)
Katalog: Raimund Montecuccoli, Hafnerbach (1980)
H. Hassinger, Johann Joachim Becher (1952)
H. v. Srbik, Wilhelm von Schröder, WSB 164 (1910)
F. Posch, Philipp Wilhelm von Hörnigk, MIÖG 61 (1953)
G. Otruba, Die Anfänge und die Entwicklung der Industrie in Nö., UH 24 (1953)

L. Moses, Die Juden in Nö. (1935)
F. Mathis, Zur Bevölkerungsstruktur österreichischer Städte im 17. Jh., Sozial- und wirtschaftshistorische Studien 11 (1977)
K. Helleiner, Das Bild der Wirtschaft und Gesellschaft bei Abraham a Sancta Clara, MIÖG 60 (1952)
O. Brunner, Adeliges Landleben und europäischer Geist (1949)
E. Schaffran, Die venezianische Barockoper am Wiener Hof des 17. Jhs., UH (1919)
F. Eheim, 3000 Jahre Topographia Windhagiana, Historisches Jb. d. Stadt Linz (1957)
F. Olbort, Pestbild und Pestbekämpfung im Nö. des 17. Jhs., UH 48 (1977)
Th. M. Barker – A. u. G. Broucek, Doppeladler und Halbmond, Entscheidungsjahr 1683 (1982)
R. Waissenberger (Hrsg.), Die Türken vor Wien. Europa und die Entscheidung an der Donau (1982)
K. Gutkas, Nö. im Türkenjahr 1683, WS 61 (1983)
P. Watzl, Flucht und Zuflucht (1957)
R. Kreutel, Kara Mustapha vor Wien, 4. Aufl. (1982)
Katalog: Das Türkenjahr 1683 in Nö., Pottenbrunn (1983)
Katalog: Was von den Türken blieb, Perchtoldsdorf (1983)
Katalog: Die Türken vor Wien, Hist. Museum, Wien (1983)
M. Braubach, Prinz Eugen, 5 Bde. (1963/5)
K. Gutkas (Hrsg.), Prinz Eugen und das barocke Österreich (1985)
Katalog: Prinz Eugen und das barocke Österreich, Schloßhof-Niederweiden (1985)
J. P. Spielmann, Leopold I., Zur Macht nicht geboren (1981)
S. Petrin, Stukkateur und Maler der Perchtoldsdorfer Rathausstuben, UH 45 (1974)
O. Redlich, Das Werden einer Großmacht, 3. Aufl. Neudr. (1962)
H. C. Ehalt, Ausdrucksformen absolutistischer Herrschaft. Dargestellt vor allem am Beispiel des Wiener Hofes unter Leopold I., Joseph I. und Karl VI., Diss. Wien (1978)
F. Matsche, Die Kunst im Dienst der Staatsidee Karls VI., 2 Bde. (1981)
H. Güttenberger, Die Begründung des nö. Straßenwesens unter Karl VI., Jb. f. Lkde. 21 (1928)
V. Hofmann, Beiträge zur neueren österr. Wirtschaftsgeschichte, AÖG 108 (1918)
H. Aurenhammer, Der gegenständliche Wandel des Andachtsbildes in der Zeit von 1683 bis 1780 in Nö., Diss. Wien (1957)
B. Grimschitz, R. Feuchtmüller, W. Mrazek, Barock in Österreich (1962)
G. Brucher, Österreichische Barockarchitektur (1983)
H. Sedlmayr, Johann Bernhard Fischer von Erlach (1956)
Katalog: Jakob Prandtauer und sein Kunstkreis, Melk (1960)
Katalog: Johann Bernhard Fischer von Erlach, Graz, Wien, Salzburg (1957)
H. Hantsch, Jakob Prandtauer (1926)
G. Wagner, Joseph Munggenast 1680–1741, Diss. Wien (1940)
F. Olbort, Barocktheater in Nö., UH 46 (1975)
B. Grimschitz, Johann Lucas von Hildebrandt (1959)
M. Koller, Peter Strudel (1660–1714), Diss. Wien (1972)
L. Pühringer-Zwanowetz, Matthias Steinl (1966)
E. Knab, Daniel Gran (1977)
E. Hubela, Johann Michael Rottmayr (1981)
K. Blauensteiner, Georg Raphael Donner (1944)
B. Heinzl, Paul Troger (1965)
Katalog: Franz Anton Maulpertsch (1974)
W. Aschenbrenner, Paul Troger (1965)
Chr. Kitzler, Die Errichtung des Erzbistums Wien 1718 – 1729, Diss. Wien (1968)
A. Coreth, Österr. Geschichtsschreibung in der Barockzeit (1950)
G. Turba, Die Pragmatische Sanktion (1913)
Katalog: Jagd einst und jetzt. Marchegg (1978)
A. V. Arneth, Geschichte Maria Theresias, Bd. 1–4 (1863 – 1870)
W. Koschatzky (Hrsg.), Maria Theresia und ihre Zeit (1979)
Katalog: Maria Theresia und ihre Zeit, Schönbrunn (1980)
Katalog: Joseph Haydn und seine Zeit, Eisenstadt (1982)
J. Schwerdfeger, Der bayerisch-französische Einfall in Ober- und Niederösterreich und die Stände der Erzherzogtümer, AÖG 87 und 91 (1899–1902)
H. Strakosch, Privatrechtskodifikation und Staatsbildung in Österreich von 1753 bis 1811 (1976)
F. Lackner, Die Jesuitenprofessoren an der philosophischen Fakultät der Wiener Universität (1712–1773), Wien (1973)
M. J. Knofler, Das theresianische Wien. Der Alltag in den Bildern Canalettos (1979)
F. Walter, Die theresianische Staatsreform von 1749 (1958)
A. Gürtler, Die Volkszählungen unter Maria Theresia und Joseph II. (1909)
H. Cloeter, Johann Trattner, Ein Großunternehmer im theresianischen Wien (1952) A. Machatschek, Verkehrsbauten des 18. Jhs. zwischen Wien und Linz, Diss. Wien: Technik (1962)
G. Otruba, Der Manufakturenbestand Österrreichs u. d. Enns zur Zeit Maria Theresias und Josephs II., Jb. f. Lkde. 36 (1964)

H. Feigl – A. Kusternig, Die Anfänge der Industrialisierung Niederösterreichs, Stud. u. Forsch. a. d. Nö. Inst. f. Lkde. 4 (1982)
J. Kumpfmüller, Die Hungersnot von 1770 bis 1772 in Österreich, Diss. Wien (1969)
Die Auswirkungen der theresianisch-josephinischen Reformen auf die Landwirtschaft und die ländliche Sozialstruktur Nös., Stud. u. Forsch. a. d. Nö. Inst. f. Lkde. 3 (1982)
H. Engelbrecht, Geschichte des österr. Bildungswesens, 4 Bde. (1982 - 1986)
L. Bodi, Tauwetter in Wien. Zur Prosa der österr. Aufklärung (1977)
H. Zeman (Hg.), Die österreichische Literatur. Ihr Profil an der Wende vom 18. zum 19. Jh., 2 Bde. (1979)
R. Feuchtmüller, Der Kremser Schmidt (1989)
Karl Gutkas, Kaiser Joseph II. Eine Biographie (1989)
L. Mikoletzky, Kaiser Joseph II., Herrscher zwischen den Zeiten (1979)
Katalog: Österreich zur Zeit Kaiser Josephs II., Melk (1980)
G. Winner, Die Klosteraufhebungen in Nö. und Wien (1967)
H. Hollerweger, Die Reform des Gottesdienstes zur Zeit des Josephinismus (1976)
E. Kovacs, Katholische Aufklärung und Josephinismus (1979)
M. Loscheder, Die österr. Allgemeine Gerichtsordnung von 1781 (1978)
F. Maaß, Der Josephinismus, 5 Bde. (1951–1961)
E. Winter, Der Josephinismus und seine Geschichte (1962)
E. Lesky, Österr. Gesundheitswesen im Zeitalter des aufgeklärten Absolutismus, AÖG 122 (1959)
A. Wandruszka, Leopold II., 2 Bde. (1963)
V. Bibl, Die Restauration der nö. Landesverfassung unter Kaiser Leopold II. (1902)
D. Szilagi, Die Jakobiner in der Habsburgermonarchie (1964)
ders., Aufgeklärter Absolutismus und Revolution. Zur Geschichte des Jakobinertums und der frühdemokratischen Bestrebungen der Habsburgermonarchie (1980)
R. Lorenz, Volksbewaffnung und Staatsidee in Österreich (1926)
Katalog: Napoleon in Österreich, Pottenbrunn (1973)
Katalog: Freiheit, Gleichheit, Brüderlichkeit auch in Österreich?, Wien (1989)
R. Egger, Das Gefecht bei Dürnstein-Loiben 1805, Mil. hist. Schr. (1978)

W. Boguth, Die Okkupation Wiens und Nös. durch die Franzosen im Jahre 1809 und ihre Folgen für das Land, Jb. f. Lkde. 7 (1908)
M. Rauchensteiner, Die Schlacht von Aspern am 21. und 22. Mai 1809 (1969) ders., Die Schlacht bei Deutsch Wagram, Mil. hist. Schr. 36 (1977)
R. Feuchtmüller, W. Mrazek, Biedermeier in Österreich (1963)
Katalog: Bürgersinn und Aufbegehren – Biedermeier und Vormärz in Wien 1815 – 1848, Wien (1987/88)
V. Wallner, Die Bauten J. Kornhäusels in Baden, Festschrift (1982)
H. v. Srbik, Metternich. Der Staatsmann und der Mensch, 3 Bde. (1925–1954)
R. Till, Hofbauer und sein Kreis (1951)
E. Hosp, Zwischen Aufklärung und katholischer Reform (1962)
S. Pressburger, Österreichische Notenbank 1816–1966 (1966)
J. Slokar, Geschichte der österr. Industrie und ihrer Förderung unter Kaiser Franz I. (1914)
F. Wawrik, Hammerherr Andreas Töpper, UH 23 (1952)
K. Schib – R. Gnade, Johann Conrad Fischer (1954)
H. Vogler, Die Eisenverarbeitung an der oberen Traisen und Gölsen 1790–1870, Diss. Wien (1970)
G. Holzmann, Unternehmer aus Nö., Handwerker, Kaufleute und Industrielle aus fünf Jahrhunderten (1967)
H. Güttenberger, Eisgang und Hochwasserkatastrophe 1830, UH 3 (1930)
E. Hartmann, Die Hofreisen Kaiser Franz I., Diss. Wien (1968)
G. Martin, Das silberne Vlies, Die österrr. Krupp in Berndorf (1971)
G. Otruba, Wirtschaft und soziale Lage Österreichs im Vormärz, ÖGL 10 (1966)
J. Marx, Österreichs Kampf gegen die liberalen, radikalen und kommunistischen Schriften 1835–1848, AÖG 128 (1970)
R. Krüger, Biedermeier. Eine Lebenshaltung zwischen 1815 und 1840 (1982)
H. Stekl, Österreichs Aristokratie im Vormärz. Die Fürstenhäuser Liechtenstein und Schwarzenberg (1973)
W. Häusler, Von der Massenarmut zur Arbeiterbewegung (1979)
Katalog der Biedermeierausstellung: F. Gauermann und seine Zeit (1962)

B. Höller, Die Wachau im Spiegel der Historisch-Topographischen Literatur und Landschaftsmalerei 1815–1848, Diss. Wien (1981)
R. Feuchtmüller, F. Gauermann (1962)
ders., Leopold Kupelwieser und die Kunst der österr. Spätromantik (1970)
W. Häusler, Die Franzensburg (1979)
B. Grimschitz, F. G. Waldmüller (1957)

K. A. Schröder, Ferdinand Georg Waldmüller (1990)
P. Weninger, Nö. in alten Ansichten (1975)
M. Schwarz, Architektur des Klassizismus und der Romantik in Nö., WS 62, 63 (1982)
V. Bibl, Die nö. Stände im Vormärz (1911)
P. Martinz-Turek, Untersuchungen über den englischen Kultureinfluß in Österreich um 1800, Diss. Wien (1971)
J. Marx, Die wirtschaftlichen Ursachen der Revolution von 1848 in Österreich (1965)
F. Prinz, Hans Kudlich, Versuch einer historisch-politischen Biographie (1962)
ders., Hans Kudlichs Bedeutung für die österr. Geschichte und sein historisches Verdienst (1969)
Katalog: Hans Kudlich und die Bauernbefreiung in Niederösterreich, Nö. Landesmuseum (1983)
H. Kudlich, Rückblicke und Erinnerungen, 3 Bde. (1873)
K. Hugelmann, Die Landtagsbewegung des Jahres 1848 in Österreich unter der Enns, Jb. f. Lkde. 13/14 (1915)
H. Niebour, Die Abgeordneten Nös. bei der deutschen Nationalversammlung in Frankfurt am Main, Jb. f. Lkde. 12 (1913)
L. Mikoletzky, Die nö. Stände und das Landhaus im Sturmjahr 1848, UH 50 (1979)
W. Häusler, Das Gefecht bei Schwechat am 30. Oktober 1848, Mil. hist. Schr. 34 (1977)
P. Müller, Feldmarschall Fürst Windischgrätz (1934)
A. Starzer, Die Konstituierung der Ortsgemeinden Nös. (1904) 100 Jahre Bezirkshauptmannschaften in Österreich (1970)

Katalog: Das Zeitalter Kaiser Franz Josephs 1 (1848 – 1880), 2 Bde., Grafenegg (1984)
Katalog: Das Zeitalter Kaiser Franz Josephs 2 (1880 – 1916), 2 Bde., Grafenegg (1987)
G. Haag, Die Bauernbefreiung in Österreich, ihre entwicklungshistorische, ökonomische und soziale Bedeutung (1961)
B. Pesl, Die Verfassung und Verwaltung Nös. von 1848 bis 1851, Diss. Wien (1951)
F. Neubauer, Die Gendarmerie in Österreich 1849–1924 (1924)
K. Vocelka, Verfassung oder Konkordat 1868 (1978)
125 Jahre Sparkasse in der Stadt St. Pölten (1979)
Ein Jahrhundert Creditanstalt-Bankverein (1957)
G. Lobentanz, Die Anfänge der Telegraphie in Österreich, Diss. Wien (1967)
G. Kolmer, Parlament und Verfassung in Österreich, 8 Bde. (1920ff.)
F. Böck, Die nö. Abgeordneten im Parlament von 1861 bis 1879, Diss. Wien (1948)
A. Wandruszka, Schicksalsjahr 1866 (1966)
G. Mayer, Josef Feßler und sein Kreis. Ultramontanismus bis 1861. Diss. Wien (1980)
E. Unterberger, Der Liberalismus in St. Pölten (1870–1918), Diss. Wien (1968)
Der Wiener Hochverratsprozeß (1911)
F. Klenner, Die österr. Gewerkschaften, 2 Bde. (1951ff.)
Landhaus und Villa in Nö. (1840–1914) (1982)
K. Lechner, Hundert Jahre Verein für Landeskunde von Nö. im Rahmen der wissenschaftl.-landeskundl. Bestrebungen seit Ende des 18. Jhs. (1964)
E. Gerstenmayer, Die Volksbildung in Nö. mit bes. Berücks. d. allgem. nö. VB-Vereines, Diss. Wien (1962)
P. Ladinger, Die soziale Stellung ds Volksschullehrers vor und nach dem Reichsvolkschulgesetz, Diss. Wien (1975)
J. Günther, Das nö. Pressewesen von 1848 bis 1918 mit Ausnahme Wiens, Diss. Wien (1973)
D. G. Graf, Die lokalen Wochenzeitungen Nös. 1848–1914, Diss. Wien (1970)
W. Kitlitschka, Historismus und Jugendstil in Nö. (1984)
H. Zeman (Hg.), Die österreichische Literatur. Ihr Profil im 19. Jh., 1830 bis 1880 (1982)
H. Benedikt, Die wirtschaftliche Entwicklung der Franz-Joseph-Zeit (1959)
R. Büttner, St. Pölten als Standort industrieller und großgewerblicher Produktion (1972)
Katalog: Magie der Industrie. Leben und Arbeiten im Fabrikszeitalter, Pottenstein (1989)
J. Mentschl, Österr. Wirtschaftspioniere (1959)
G. Otruba, Industrietopographie Nös. vom Zeitalter des Merkantilismus bis zum Ersten Weltkrieg (1956)
E. Bruckmüller, Landwirtschaftliche Organisation und gesellschaftliche Modernisierung. Vereine, Genossenschaften und politische Mobilisierung der Landwirtschaft Österreichs (1977)
H. Steiner, Die Arbeiterbewegung Österreichs 1867–1889 (1964)

Katalog: Traum und Wirklichkeit – Wien 1870 – 1930, Wien (1985)
Katalog: Egon Schiele – Frühe Reife, Ewige Kindheit, Wien (1990)
Katalog: Oskar Kokoschka, Wien (1958)
Katalog: Oskar Kokoschka, zum 85. Geburtstag, Wien (1971)
H. Artner, Allgemeine öffentl. Krankenhäuser im heutigen Nö. in der zweiten Hälfte des 19. Jhs., Diss. Wien (1973)
R. Knoll, Zur Früh- und Entwicklungsgeschichte der christlich-sozialen Bewegung in Österreich bis 1907, Diss. Wien (1971)
J. Prammer, Konservative und christlich-soziale Politik im Viertel ob dem Wienerwald 1848–1914, Diss. Wien (1973)

J. Zelenka, Die Entstehung und Entwicklung der pol. Parteien in Wiener Neustadt unter bes. Berücksichtigung der Deutschnationalen, UH 46 (1975)
U. Mossler, Joseph Schöffel (1832–1910). Eine politische Biographie, Diss. Wien (1972)
K. Skalnik, Dr. Karl Lueger, Der Mann zwischen den Zeiten (1954)
E. Pichl, Georg Ritter von Schönerer, 6 Bde. (1902ff.)
Andrew G. Whitside, Georg Ritter von Schönerer, Altdeutschland und sein Prophet (1984)
J. Winkler, Die deutschnationalen Bestrebungen und der Gedanke des Anschlusses der Deutschösterreicher an das Deutsche Reich von 1870/71 bis 1807, Diss. Wien (1974)
W. Mayer, Gebietsänderungen im Raum Wien 1850–1910, Diss. Wien (1972)
Kaiserhaus, Staatsmänner und Politiker, Aufzeichnungen des k.k. Statthalters Erich Graf Kielmannsegg (1966)
B. Hamann, Rudolf, Kronprinz und Rebell (1978)
E. Binder, Dr. Albert Gessmann, Diss. Wien (1950)
G. Balzer, Die Lex Kolisko, Diss. Wien (1942)
W. Maderthaner, Die Metallarbeiter des Traisen- und Ybbstales von d. Jahrhundertwende bis zum Ersten Weltkrieg, Diss. Wien (1980)
O. Hofmann, Die Organisation der deutsch-österreichischen Sozialdemokratie bis zum Beginn des Ersten Weltkrieges, Diss. Wien (1948)
R. Glock, Die österr. Sozialdemokraten und der Weltkrieg, Diss. Wien (1952)
H. Meier, Die österr. Christlichsozialen während des Ersten Weltkrieges, Diss. Wien (1966)
E. Danzinger, Die Anfänge des österr. Flugzeugbaues, Bl. TG 22 (1960)
G. Stangler, Die Luftfahrt in Nö., 38 (1979)
75 Jahre Verband ländlicher Genossenschaften in Nö. (1973)
E. Rabl, Matthäus Bauchinger (1851–1934). Vom Redemptoristenpater zum christlich-sozialen Agrarpolitiker, Diss. Wien (1974)
E. Hillbrand, Der Brückenkopf Wien im Ersten Weltkrieg, Mitt. St. A. 14 (1961)
R. Riedl, Die Industrie Österreichs während des Krieges (1932)
W. Dietschy, Wiener Neustadt –, ein Zentrum der Rüstungsindustrie während des Ersten Weltkrieges, Dipl. Arbeit Univ. Wien (1976)
R. Koch, Das Kriegsgefangenenlager Sigmundsherberg 1915–1919, Diss. Wien 151 (1981)
G. Grutz – R. Schüller, Der wirtschaftliche Zusammenbruch Österreich-Ungarns, Die Tragödie der Erschöpfung (1930)
O. Landwehr, Hunger, Die Erschöpfungsjahre der Mittelmächte 1917–1918 (1931)
W. Winkler, Die Totenverluste der österr.-ungarischen Monarchie nach Nationalitäten (1919)
R. Neck, Arbeiterschaft und Staat im Ersten Weltkrieg, 2 Bde. (1964/68)
F. Bodo, Wiener Neustadt, Jb. f. Lkde. 36 (1964)

L. Kammerhofer, Niederösterreich zwischen den Kriegen 1918 – 1938 (1987)
W. Goldinger, Geschichte der Republik Österreich (1962)
E. Weinzierl, K. Skalnik (Hgg.), Österreich 1918–1938. 2 Bde. (1983)
H. Riepel, 50 Jahre Landtag von Nö., Bd. 1 (1972)
Katalog: Die Zwischenkriegszeit, Pottenbrunn (1976)
P. Malina, Nö. Zeitungen und Zeitschriften seit 1918, UH 53 (1982)
W. Fritz, Geschichte des österr. Films. Aus Anlaß des Jubiläums 75 Jahre Film (1969)
C. Vlcek-Jacot, Der republikanische Schutzbund in Österreich. Geschichte, Aufbau und Organisation, 2 Bde., Diss. Wien (1971)
F. Weissensteiner, Michael Hainisch, 75 Jahre aus bewegter Zeit (1978)
E. Fischer, Der nö. Bauernbund von seiner Gründung 1906 bis 1938, Diss. Wien (1979)
Die Ereignisse des 15. Juli 1927, Protokoll des Symposiums in Wien am 15. Juni 1977 (1979)
F. Schweiger, Geschichte der nö. Heimwehr von 1928 bis 1930 mit bes. Berücksichtigung des sogenannten „Korneuburger Eides", Diss. Wien (1960)
R. Brandstötter, Dr. Walter Riehl und die Geschichte der nationalsozialistischen Bewegungen in Österreich, Diss. Wien (1969)
H. J. Neumann, Arthur Seyss-Inquart (1970)
L. Wimmer, Die Weltkrisenjahre 1929–1933 (1966)
K. Haas, Industrielle Interessenpolitik in Österreich zur Zeit der Weltwirtschaftskrise, Jb. f. Zeitgeschichte (1978)
Bergbau in Niederösterreich, Stud. u. Forsch. a. d. Nö. Inst. f. Lkde. 10 (1987)
G. Jagschitz, Der Putsch. Die Nationalsozialisten 1934 in Österreich (1976)
U. Eichstädt, Von Dollfuß zu Hitler (1955)
H. Arnberger, Die politische Situation im Raum Schwechat von 1930 bis 1945, Diss. Wien (1977)
J. Buttinger, Am Beispiel Österreichs (1953)
L. Reichhold, Opposition gegen den autoritären Staat (1964)
L. Jedlicka, Zur Vorgeschichte des Korneuburger Eides, ÖGL 7 (1963)
F. Gall, Zur Geschichte des österr. Jungvolkes 1935–1938. Festschrift L. Jedlicka (1976)

G. Botz, Die Eingliederung Österreichs in das Deutsche Reich (1976)
E. A. Schmidl, März 38, Der deutsche Einmarsch in Österreich (1987)
N. Schausberger, Gesch. d. österr. Elektrizitätswirtschaft, ÖGL 14 (1970)
L. Wittek-Saltzberg, Die wirtschaftspolitischen Auswirkungen der Okkupation Österreichs, Diss. Wien (1970)
K. Flanner, Widerstand im Gebiet Wr. Neustadt (1973)
H. Rosenkranz, Verfolgung und Selbstbehauptung. Die Juden in Österreich 1938 bis 1945 (1978)
I. Brauneis, Widerstand von Frauen in Österreich gegen den Nationalsozialismus 1938–1945, Diss. Wien (1974)
E. Pfeiffer, Beiträge z. Gesch. d. österr. Widerstandbewegung d. kom. Lagers, 1938–1940, Diss. Wien (1963)
Th. Rossiwall, Die letzten Tage (1970)
P. Gosztony, Endkampf an der Donau 1944/45 (1969)
J. Ulrich, Der Luftkrieg über Österreich 1939–1945 (1967)
G. Holzmann, Der Einsatz der Flak-Batterien im Wiener Raum 1940–1945 (1970)
N. Schausberger, Rüstung in Österreich (1970)
M. Rauchensteiner, Krieg in Österreich 1945 (1971)
J. Buchinger, Das Ende des Tausendjährigen Reiches (1972)
Katalog: Die Stunde Null, Nö. LM (1975)
Widerstand und Verfolgung in Niederösterreich, 1934–1945, 3 Bde. (1982–1987)
W. Hafner, Die verfassungsrechtliche Entwicklung des Amtes des Reichsstatthalters, Diss. Wien (1963)

Pioniere des Fortschrittes, Zehn Jahre Wiederaufbau in Österreichs Städten, Bd. 1 (1955)
A. Brusatti, G. Heindl, Julius Raab (1986)
S. Seltenreich, Leopold Figl (1963)
E. Weinzierl – K. Skalnik (Hg.), Die Zweite Republik, 2 Bde. (1972)
R. Büttner – E. Klee, St. Pölten als Industriestandort, Wiener geograph. Schriften 8 (1959)
J. Dorner, Wiener Neustdt, Wiederaufbau einer Industriestadt, Wiener gegraph. Schriften 4 (1959)
E. Besenböck, Krems als zentraler Ort und sein Einzugsbereich, Diss. Wien (1966)
E. Kunze, Das Städtedreieck Krems – Stein – Mautern, seine Strukturentwicklung seit 1750, mit bes. Berücksichtigung d. sozialgeographischen Entwicklung, 3 Bde., Diss. Wien (1966)
E. Seger (Heinze), St. Pölten. Eine sozial- und wirtschaftsgeographische Analyse, Diss. Wien (1966)
E. H. Luitz, Die Städte des nordöstlichen Weinviertels (Laa, Mistelbach, Poysdorf und Zistersdorf) als Marktzentren und zentrale Orte, Diss. Wien (1964)
M. A. Fesl, Die Städte um Wien und ihre Rolle im Wandel der Zeit (1966)
H. Waldhauser, Vier blau-gelbe Jahrzehnte. Niederösterreich seit 1945 (1985)
F. Kaindl, Malerei in Niederösterreich. 1918 – 1988 (1988)
J. Zehetner, Die regionalen und lokalen Wochenzeitungen Nös. 1945–1965, Diss. Wien (1966)
M. Rauchensteiner, Der Sonderfall, Sowjetische Besatzungszeit in Österreich 1945–1955 (1979)
Die USIA-Betriebe in Nö. Geschichte, Organisation, Dokumentation, Stud. d. Forsch. d. Nö. Inst. f. Lkde. 5 (1983)
H. Riepl, Der Landtag in der Zweiten Republik, 50 Jahre Landtag, Bd. 2, Wien (1973)
W. Wiltschegg, Industrie in Nö. WS 7 (1974)
H. Ströbitzer/H. P. Schmidtbauer, Wer regiert Nö., 9. Aufl., seit 1972
K. Hürbe, Die Bezirkshauptmannschaften in Nö., Kompetenzen, Funktionen, Arbeitsweise, WS 3/4 (1974)
Nö. Landesverfassung 1979, mit Erläuterungen nach dem Stand vom 1. Mai 1979, hrsg. v. d. Nö. Studiengesellschaft für Verfassungs- und Verwaltungsrechtsfragen (1979)
F. Popp, Um ein besseres Nö., 40 Jahre Politik im Kernland (1976)
O. Tschadek, Jahre der Freiheit, Österreich seit dem Staatsvertrag (1967)
K. Gutkas, Die Zweite Republik Österreich 1945 – 1985 (1985)

Bildnachweis

Die Luftaufnahmen wurden vom Bundesministerium für Landesverteidigung freigegeben.

Nö. Landesregierung, Presseamt, Bildstelle: 8, 9, 12, 14, 15, 18–20, 22–29, 32, 33, 38, 39, 40, 43, 44, 49–52, 55–57, 64, 66, 67, 72, 73, 75, 85, 86, 88, 93, 96, 100, 101, 102, 106, 109, 115, 126, 129, 132, 133, 135, 140–143, 145, 146, 149–154, 157–160, 162–165, 168, 170, 177, 179, 180, 185, 186, 188, 189, 191, 194, 219–221, 229, 232–236, 238, 240–242, 245, 247, 249, 250, 251, 256, 258, 274–281, 286, 288, 291, 300–303, 306, 315, 318, 319, 321, 324, 325, 327, 330, 331, 334, 340, 348, 349, 365, 372, 376, 382, 387–390, 392, 393, 395–402, 404–416, 418–432, 435–447, 449, 451–459, 464–466, 468–472. Bezirksbildstelle St. Pölten: 10, 60, 61, 281. Nö. Landesbibliothek: 10, 44, 75, 251. Dokumentation 1000 Jahre Babenberger (Kulturabt. d. Nö. Landesregierung): 8, 9, 95, 96, 98–111, 118–122, 124–127. Dokumentation Prinz Eugen (Kulturabt. d. Nö. Landesregierung): 28, 205, 213, 223, 226, 227, 229, 231, 238, 239, 240–243, 246, 247, 249, 257, 261. Dokumentation Österreich zur Zeit Kaiser Josephs II. (Kulturabteilung der Nö. Landesregierung): 248, 249, 250–253, 255–258, 262, 264. Archiv EVN: 412, 413, 457, 460, 461. Österr. Nationalbibliothek, Bildarchiv: 88, 292, 293, 305–308, 312, 313, 326, 327, 334, 335, 338, 344–346, 350, 352, 364, 367, 370, 376, 384, 396, 408. Bundesdenkmalamt, Abt. f. Bodendenkmale (Dr. Neugebauer): 72–85, 440. Wien, Naturhistorisches Museum: 74, 76. Wien, Österreichisches Archäologisches Institut (Dr. Kandler): 84–87, 90, 91. Bundesdenkmalamt (Bildarchiv) 113, 123, 126, 148, 324, 325. St. Pölten, Dokumentationszentrum für Moderne Kunst in Nö: 328, 329, 333, 441, 449, 452, 453–455. St. Pölten, Stadtmuseum: 13–21, 31, 32, 39, 53, 56, 57, 60–63, 81, 83, 84, 85, 93, 127, 148, 150, 156, 157, 161, 165, 167–173, 174, 176, 180, 182, 186, 187, 192, 193, 196, 198, 209–213, 216–220, 222, 223, 226, 228, 234, 242, 244, 245, 248, 258, 260, 266, 267–273, 275, 176, 284–287, 290, 292–299, 304, 305, 307, 310–312, 314, 315, 317–319, 322, 323, 327, 330, 331, 334, 338, 340, 341, 347, 348–349, 351, 352, 356–361, 363, 373, 374, 376–379, 382–384, 391–394, 398, 404, 409, 411, 416, 417. Dokumentation Arbeitswelt früherer Zeiten (Stadtmuseum St. Pölten): 16, 32, 169, 174, 175, 178, 205, 212, 307, 308, 313, 314, 322, 323, 330, 334, 336–339, 341–343, 347, 348, 350, 351, 353–358, 361–366, 370–375, 379–383, 385–389, 391, 395, 399–401, 407, 414, 418, 448, 463. Dokumentation Staat und Kirche (Stadtmuseum St. Pölten): 84, 85, 89, 92, 94, 96, 129, 131, 138, 139, 141, 156, 162, 166, 167, 169, 172, 173, 176–180, 183, 188, 191, 193–195, 197, 200, 201, 214–218, 224, 225, 230, 253, 254. Archiv des Musikvereines St. Pölten: 320, 327, 363. St. Pölten Diözesanmuseum: 148. Landesbildstelle Kärnten: 154. Krems, Stadtmuseum: 147, 148, 164, 165, 266. Wiener Neustadt, Stadtmuseum: 44, 45, 205, 228. Wien, Kunsthistorisches Museum: 93, 141, 143, 151, 177, 180–182, 186, 251, 252, 310. Wien, Haus-, Hof- und Staatsarchiv: 99, 137, 141, 144, 208. Wien, Albertina: 232, 280. Wien, Historisches Museum: 134, 176, 278, 289, 312, 316. Wien, Österreichische Galerie: 279. Perchtoldsdorf, Museum: 228. Stift Melk: 137. Günther Pöchhacker, Waidhofen a. d. Ybbs 54, 55. Foto Fasching: 92, 108, 150, 156, 220, 231, 240, 310. Werner Fröhlich, Zwettl: 16, 17. Dr. Peter Kenyeres, Mistelbach: 26, 27. Dipl.-Ing. Peter Kunerth, Amstetten: 51, 52. Bezirksbildstelle Waidhofen a. d. Thaya: 14, 15. Pfarramt Kapelln (Katzenberg): 437. Pfarramt Traismauer: 96. Sammlung Gutscher, Kasten: 367, 369. Erich Stulik, St. Pölten: 459. Industriellen Vereinigung Wien: 434, 440. Archiv Christian Brandstätter, Wien: 12, 14, 18, 20, 23–25, 30, 38, 40–43, 47–50, 53, 54, 62, 68, 69, 115, 116, 130, 131, 136, 143, 144, 156, 161, 173–176, 183–183, 189, 190, 192, 194, 198, 208, 211, 278, 279, 280, 339, 341, 376. Werner Gamerith, Waldhausen: 466, 467. Franz Hubmann, Wien: 6, 7, 18, 26, 41, 43, 47, 57, 71, 116, 117, 133, 145, 174, 184, 212, 219, 264, 280, 284, 287. Gerhard Trumler, Wien: 112, 115, 169, 207, 236, 237, 276. Josef Gottfried, Wien: 7, 41, 46, 70, 71, 88, 91, 96, 105, 116, 132, 168, 186, 189, 237, 260, 276. Georg Riha, Wien: 12, 13, 22, 24, 30, 31, 34, 35, 43, 48, 50–52, 54, 62, 66, 67, 70–73, 228, 324. Franz Gangl, Linz: 95. Verlag Christian Brandstätter, Wien: 119, 125, 143, 146, 236, 154, 255, 258, 262, 267, 274, 278, 282, 283, 284, 289, 294, 296, 297, 299, 303, 316, 317, 339, 344, 345, 370, 371. Erich Lessing, Wien: 89. Antiquariat Gilhofer & Ranschburg, Wien: 10/11.

Personenregister

481

Orts- und Sachregister

484